劉琳　刁忠民　舒大剛　尹波等校點

上海古籍出版社

宋會要輯稿　禮五二

巡幸

【宋會要】

❶國朝之制，車駕幸寺觀焚香、園苑遊宴，其日内客省使至通事舍人、閤門袛候並鞾笏，樞密都承旨、袛應諸司使以下並公服繫鞵，與内侍都知已下常起居，班首（奉）〔奏〕聖躬萬福。應起居者皆然。次殿前馬步軍以下于内東門廊南階下，次執毬杖供奉官以下於内東門南對立，次諸班並常起居。次舍人引宰臣以下應隨駕官，並鞾笏，一班常起居。非汎駕幸諸處並常起居，曾起居止奏萬福。執毬仗供奉官候引駕回，於内東門南對立，常起居。皇帝服鞾袍出，降座，鳴鞭出内。至寺觀殿上焚香訖，宣從臣喫茶，舍人引宰臣以下再拜就座。喫茶訖，復再拜退。或宣道僧録以下喫茶，舍人引當御前，躬三呼萬歲，就座。喫茶訖，退，皆躬三呼萬歲。如賜茶絹或茶果，即舍人宣勅喝賜如常儀。如宣隨駕官對御食，進酒、賜酒、就座，如大宴儀。應隨駕官宰臣、親王、樞密使以下，學士、三司（副使）〔使副〕、知開封府、使相、節度使至刺史、當直修起居注常從外，知制誥、待制、統軍上將軍，閤門旋定旨。中書、親王、樞密及宣徽使並禁衛内行馬，餘官並禁衛後序行。駕回，並從至門内方退。應新授職官未朝謝特宣召者，座次閤門臨時奏裁。如視朝後非時行幸，宰臣、親王以下並公服繫鞵，除不赴内東門起居外，餘如上儀。未謝朝謁、祈報各見本篇。

太祖

【宋會要】

❷建隆元年四月十六日，幸玉津園。八月五日、二年閏三月六日、四年七月六日，乾德二年六月十六日、七月八日、八月十二日，開寶三年八月十九日、開寶六年五月十日、八月六日、七年五月十八日、七月六日、八年四月二十六日、九年五月十五日，凡十三臨幸。

六月二十四日，車駕至潞州，幸延唐寺。

九月十一日，幸宜春苑。二年二月十七日、三年二月十八日，又臨幸。

二年正月七日，幸造船務觀習水戰。是月二十四日、二月六日、三年十月二日、四年正月十二日、八月二十日，乾德二年八月十二日、五年二月一日，開寶八年三月十三日〔一〕，凡八臨幸。

十八日，幸元化門犒設修河丁夫。

二月二日，幸飛山軍閲砲車。

十日，幸城南觀修水櫃。

〔一〕開寶：原脱，據《長編》卷一六補。

八月二十日，幸崇夏寺觀修三門。

十月九日，幸大相國寺。乾德二年二月一日、六月十六日、六年八月四日，開寶六年三月二十二日，又臨幸。

十二月十二日，幸新修河倉。

（開寶）三年三月九日〔一〕，幸太清觀〔二〕。四月十一日、十月二日，又臨幸。

四年七月六日，幸教船池，詔近臣觀習水戰。是月十七日，乾德二年二月一日、三月五日，賜水軍將士衣物〔三〕。六月十六日、七月八日、四年九月十四日、五年二月三十日、三月十七日，開寶三年四月二十四日、七月二十九日、八月十八日、四年三月九日、五月二十七日、五年三月十三日，凡十四臨幸。

九月十九日，幸金鳳園。乾德五年十一月五日〔四〕，開寶二年十一月十一日、二十三日，又臨幸。

乾德二年七月二十二日，幸北郊觀稼。

二年九月二十一日，幸西水磑。開寶二年七月二十七日、十月二十四日、八年四月二十八日，又凡三臨幸。

四年閏八月二十九日，幸皇弟開封府尹北園。開寶八年八月十六日、十月二十七日，又臨幸。

五年六月二十四日，幸建隆觀。開寶三年二月十九日，再臨幸。

六年七月二十五日，幸鐵騎營，賜軍士錢及羊酒有差。

八月七日，幸飛龍院。九月二十九日、十月十一日、開寶二年正月十一日，賜從臣馬，仍令天雄軍節度符彥卿等十二人自擇之。十月二十四日，賜近臣名馬。四年二月十一日，賜從臣馬。九年正月十二日、五月三日，凡七臨幸。

開寶二年七月十一日，幸封禪寺。十月二十四日、三年十一月十一日，觀新鍾。四年四月十三日、九年八月十一日，觀經藏。凡四臨幸。

八月十八日，幸開封府。

三年二月十九日，幸西茶庫。

五月十三日，幸城北水磑。六年八月二十八日、七年正月二十九日，又臨幸。

六年七月十日，幸都亭驛。八年四月十一日、臨河亭閱新造戰船。十八日，臨汴水觀飛江兵士乘刀魚船習戰〔五〕。凡再臨幸。

七年五月十九日，幸講武池習水戰。是月二十九日、七月六日、**3** 八月十四日、軍士萬人各賜緡錢。二十九日、八年四月二十六日、九年五月〔十〕四日〔六〕，凡六幸。

八年四月三日，幸東水磑。八月十六日、觀魚。九年五

〔一〕「三年」上原衍「開寶」二字，據《宋史》卷一《太祖紀》一删，此仍是建隆。

〔二〕太：原作「大」，據《宋史》卷一《太祖紀》一改。

〔三〕此七字原作大字。據《長編》卷五，賜水軍將士衣物僅指三月五日一次，爲使層次清晰，今改爲小字。以下似此者皆同。

〔四〕乾德：原脱，據《長編》卷八補。

〔五〕刀：原無，據《長編》卷一六補。

〔六〕十：原脱，據《長編》卷一七補。

月三日，又臨幸。

五月十三日，幸新修染院。十月二十七日、九年八月十一日，又臨幸。

十一月三日，幸綾錦院，賜錦工衣有差。

二十八日，幸新修龍興寺。十二月十一日、九年八月五日，又臨幸。

九年二月二十日，幸禮賢院宅。先是，命薰風門外起大第一區，器用儲偫之物悉備〔一〕，以待錢俶，仍賜名禮賢宅〔二〕。至是，聞俶將至，故先臨視焉。及俶至，三十日又臨幸，九月二十七日再臨幸。

三月二十四日，車駕（注）〔駐〕西京，幸龍門廣化寺，開無畏三藏塔。

七月三日，幸晉王第，觀水入新池。先是，命水工自左掖門按地形爲大輪，激金水河注晉王邸第，帝自步出宮門相視。及水通，乃臨幸。

八月十一日，幸等覺寺。

九月二十七日，幸城南池亭。

八年十月〔三〕，將議巡幸，遣莊宅使王仁珪、内供奉官李仁祚與知河南府焦繼勳同修洛陽宮室〔四〕。明年四月，帝至洛，覩其壯麗，繼勳等並優進秩。

太宗

太宗太平興國元年十一月二十一日，幸相國寺。九年三月七日、端拱二年九月十五日，又臨幸。

十二月二十七日，幸玉津園。四年十一月十三日，再臨幸。

二年正月三十日，幸講武池。五年閏三月二十七日，再臨幸，觀樓船卒習船。

二月十四日，幸新鑿池，賜役卒三萬五千人各千錢、布一端。

三十日，幸太平興國寺。四年八月十七日、五年九月十七日，又臨幸。

同日，幸造船務。三年四月十七日、八月二日，又臨幸。

三月二十八日，幸開寶寺。六月二十六日、三年三月二十八日、登經樓。九月十六日、五年二月八日，凡三臨幸。

五月五日，幸新水磑。是月二十三日、九月十四日、賜役夫錢帛有差。十二月一日、賜從官飲。四年閏三月三日、召近臣觀魚。九年十二月十九日，凡五臨幸。

六月二十六日，幸飛龍院，賜從臣馬各一匹。三年六月二十九日、宴從官。六年十月二日，雍熙二年九月十三日，

〔一〕偫：原作「待」，據《長編》卷一五改。
〔二〕名：原無，據《長編》卷一五補。
〔三〕按，此年月不誤，但不當在此，恐是後來補入。
〔四〕焦繼勳：原作「周繼勳」，據《長編》卷一六、《宋史》卷二六一《焦繼勳傳》改。

帝親選名馬賜近臣。淳化三年九月二十四日，閱馬，賜從官馬一匹。

凡四臨幸。

閏七月十日，幸白鵲橋，臨金水河。

九月十六日，幸造箭院，賜工徒人千錢、布一端。

同日，幸新修三館，賜役夫錢有差。三年二月十六日，再臨幸。

十一月二十七日，幸新修御龍弓箭直，賜軍士錢帛。

三年正月二十八日，幸乾明寺。

二月一日，幸鄭國公主第，賜駙馬都尉王承衍銀器百兩，帛百匹。

十六日，幸西綾錦院，命近臣縱觀織室機杼，賜工役人錢帛。四年八月十七日再幸，賜綾錦使襲衣、銀帶、錢十萬，工人衣服□錢。

四月十七日，幸建隆觀。

同日，幸西染院。

二十六日，出景風門，駐輦觀刈麥。

十月八日，幸齊王府，賜銀萬兩，絹萬匹。十一月十九日，再臨幸。

同日，幸武功郡王第。

4 七年二月六日，幸新修御廩。

十月十日，幸瓊林苑。

十四日，幸新尚書省。

八年三月四日，幸安遠門，賜修城卒人千錢。

九年正月六日，幸景龍門外水磑。帝臨水而坐，召從臣觀之。因謂曰：「此水出于山源，清澄甘潔。近河之地水味皆甘，豈河潤所及乎！」宋琪等曰：「亦猶人性善惡染習所然。」帝曰：「卿言是也。」

四月十四日，幸金明池習水戰。帝御水殿，召近臣觀之，謂宰相曰：「水戰，南方之事也。今其地已定，不復施用，時習之，示不忘戰耳。」因幸講武臺閱諸兵[一]，都試軍中之絶技者，遞加賞賫。登瓊林苑樓，樓前百戲皆作，士庶闐咽。擲金錢，令樂人争之，極歡而罷。雍熙二年四月二十二日，再臨幸。

五月二日，出南薰門觀稼，召從官列坐于田中，令民刈麥，咸賜以錢帛。迴幸玉津園，觀魚張樂，習射久之，宴飲極歡而罷。

雍熙二年五月二十日，幸城南觀麥，賜田夫布帛有差。〔二〕〔三〕年二月二十七日[二]，幸新騏驥院，迴，召近臣宴于後苑。帝臨池釣魚，令侍臣賦詩。飲從官酒，盡醉而罷。

四年四月十五日，幸金明池觀水嬉，賜從官飲。帝曰：「雨霽天涼，中外無事，宜勿惜醉也。」因登苑中樓，擲金錢繒綵于樓下，令人争取，極歡而罷。

[一] 講：原作「請」，據《長編》卷二五改。
[二] 三年：原作「二年」，據《玉海》卷七五改。

淳化三年三月二十二日，幸金明池觀水嬉，命爲競渡之戲。擲銀甌于波間，俾軍人擻波取之。因御樓船，命奏教坊樂于池岸，都人士女縱觀者億萬。帝顧視高年皓首者，命以白金器皿就賜之。宴從官于瓊林苑，帝作《遊瓊林苑》詩賜近臣。

九月二十四日，幸潛龍園，駐輦池東岸，臨水，謂近臣曰：「朕不至此已十年。昔尹京日，無事常痛飲池上，倒戴者無數〔一〕。今池邊之木已成喬林矣。」因顧教坊使郭守忠等數人曰：「汝等前日以樂童從我，今亦皓首矣，何光陰易得如此！」嗟嘆久之〔二〕，帝親引滿舉大白，詔群臣盡醉〔三〕。

五年二月二十四日，幸南御莊觀稼。

真宗

【宋會要】〔四〕

真宗咸平元年八月二十三日，幸諸王宮。九月二十六日、四年四月六日，以曹國公元儼將出閣，臨視新宮。景德二年六月七日，大中祥符元年八月二日，十二月二十四日，寧王〔元〕偓、舒王元偁宮。皆臨幸。

二年九月二十四日，幸開寶寺福聖院。四年八月十一日，景德三年四月五日，大中祥符元年十二月十七日、二年二月十九日、三年十二月十七日、四年五月十七日、六年十二月十八日、七年三月十七日、八年八月四日，天禧元年五月十五日、十一月十一日、二年十月二十七日、三年四月六日、四年七月二十四日，凡十四臨幸。

【宋會要】5 咸平三年正月十七日，車駕駐北京，幸太安寺紫微宮。

五月十三日，幸金明池，御水心殿，東向觀水嬉。又西向觀（兢）〔競〕渡，揚旗鳴鼓，分左右翼，植木繫綵以爲標〔五〕，方舟疾進，先至者賜之。移幸瓊林苑，登露臺，（釣）〔鈞〕容直奏樂于臺下，闐闐百戲競集，有戲熊令捧壺盤槊者，遂宴于前殿。由水殿（泊）〔洎〕苑中，召從臣坐者五，皆酒數行。帝歡甚，從臣皆醉，善游軍士及諸獻技者賜物有差。

十一月〔六〕，幸御龍營，閱射弓，遂觀稼于北郊。四年四月十六日。景德元年幸天駟監。

〔一〕倒戴：《玉海》卷一七一作「倒載」。

〔二〕久之：原倒，據《玉海》卷一七一乙。

〔三〕群：原作「郡」，據《宋史》卷一一三《禮志》一六改。

〔四〕宋會要：按徐松原稿有此三字，爲後來整理者圈去，今仍恢復，以存徐稿之舊。本門以下皆同。

〔五〕繫：原作「擊」，據《宋史》卷一一三《禮志》一六改。

〔六〕按此條以下三事文字有誤。「十一月」疑爲「十一日」，指咸平四年八月十一日，事見下文。「景德元年」條爲此年正月七日事，後文亦有。唯「四年四月十六日」條未知爲何事。自此以下，多條年月均有錯誤，蓋經《大典》編者竄亂。

四年四月九日〔一〕，帝作《金明池閲水戰》詩賜近臣；大中祥符三年三月十三日，帝作七言詩賜近臣和；六年四月十五日，帝作歌，近臣畢歌。凡四臨幸。

〔咸平三年〕九月十八日〔二〕，幸大相國寺，升三門。四年十二月八日、六年十一月十六日，景德二年五月一日、三年五月四日、四年八月九日，大中祥符二年二月十九日、四年正月十七日、令近臣留飲行香院。九年正月十四日，天（嬉）〔禧〕元年正月十六日，凡九臨幸。

四年八月四日，幸左藏庫，賜主藏官吏器帛有差。大中祥符八年八月五日再臨幸。

十一日〔三〕，幸御龍營，閲射勁弓，賜緡錢有差，遂觀稼于北郊。

五年二月二十三日，幸上清宮。景德四年八月八日、大中祥符元年十二月十七日、二年二月十九日、三年十二月十七日、四年正月十七日、五月十七日、六年十一月十八日、七年三月十七日、八年八月五日，天禧元年八月一日、十一月十五日、三年四月七日，凡十二臨幸。

四月七日，幸玉津園，觀刈麥。景德二年五月一日、三年五月四日，大中祥符二年五月六日、四年五月四日、觀刈麥種稻〔四〕，賜役卒衣服緡錢。五年五月十七日、帝作《觀稼》詩，近臣繼和。六年四月二十五日、帝作《觀稼》詩賜近臣。九年五月七日，天禧元年五月二日、三年四月二十三日、帝作《觀稼》詩，群臣畢和〔五〕。四年五月七日，凡十臨幸。

七月十七日，幸三館祕閣，閲書久之，賜直官校理器帛、書吏緡錢有差。景德四年八月八日，再臨幸。

真宗咸平五年七月二十一日〔六〕，詔有司，每行幸，翰林學士、侍講、侍讀〔七〕、樞密直學士並從，不須臨時取旨。

〔一〕按以下三事，據詩題「金明池閲水戰」觀之，應爲幸金明池事，與上文「五月十三日」條相接。此處「四年四月」應爲景德四年四月。《玉海》卷一四七有「景德金明池觀水戰」一條，引《會要》，惜其下文字已闕，但内容正與此條吻合。此條之末言「凡四臨幸」，而此只三事。據《玉海》等書載，真宗幸金明池凡六次，除以上四次外，尚有祥符五年四月五日壬寅幸金明池瓊林苑宴射，作五言詩；又天禧三年四月十六日癸卯幸金明池瓊林苑，作七言詩賜近臣（並見《玉海》卷三〇）。是又不止「四臨幸」也。

〔二〕咸平三年：原無，據《宋史》卷六《真宗紀》一補。

〔三〕按，《宋史》卷六《真宗紀》一、《玉海》卷七五、一四五均繫此事於十三日壬子，疑此處「十一」當作「十三」。

〔四〕種：原作「秧」，據《玉海》卷七七改。

〔五〕群：原作「郡」，據《玉海》卷七七改。

〔六〕按，考此門北宋之條文，絶大多數只叙巡幸之具體事件，僅少數條文記述有關巡幸之詔令、制度，如本條即是。而此類條文之紀時，或年號、年月與前後條重複，或年月次序顛倒，無一例外。史家記事，不應如此，且決非偶然。如本條之「真宗、咸平、五年」六字，均與上文重複。據此可斷，此類條文，《宋會要》原本當别屬另一門目（如「巡幸雜録」之類），蓋《大典》輯録時移併於此，而又照録原文，未加整理。參以下有關校記。

〔七〕讀：原作「講」，據《長編》卷五二改。

大中祥符二年八月十五日〔一〕，車駕幸金明池，特詔御史中丞趙昌言預焉。憲官從游宴，自昌言始也〔二〕。大中祥符八年正月十九日〔三〕，中書門下上言：「伏覩今月十四日皇帝詣諸宫寺焚香，總三十餘處，過百拜以上。臣等侍從，倍增憂灼，昨崇政殿已面奏陳。臣聞尊事萬靈，固先精意；登用百禮，乃貴時中。在經久之從宜，必裁正而惟允〔四〕。伏望特命攸司，載詳定式。自今車駕幸諸宫觀、寺院，正殿再拜，及諸殿令群臣以下分拜，庶垂億載，允叶通規。」不允。自是再上表懇請，乃詔禮儀院詳定差減焉。

景德元年正月七日，幸天駟監，賜從官馬。三年九月十五日再幸〔五〕，賜從官馬，6本監官吏、將士綿帛。

十一月二日，車駕駐澶州，幸開福寺、城南臨河亭。

【宋會要】

景德二年三月十八日，幸軍器内弓箭庫，賜官吏、兵健綿帛有差。

九月二十五日，幸太平興國寺，至傳法院觀新譯經。又至戒壇（完）〔院〕，召僧官、譯經僧座，賜茶綵有差。入自右掖門，幸殿前指揮使班觀馬射，賜緡錢，宴從官於崇和殿。

三年四月五日，幸御龍直班院，閱弓刀技，第賜緡錢。又幸左騏驥院，賜從官馬，群牧使已下器帛有差。迴幸崇文院，觀四庫圖籍及所編君臣事迹，賜編修官金帛〔六〕、書吏等緡錢有差，遂宴從臣於崇政殿。

四年正月二十九日，詔曰：「朕以春露既降，時感載深，祇謁寢園，躬申奠酹。蓋達誠于孺慕，非取樂於遊豫。瞻彼山川〔七〕，時惟二宅，而守籥之長，留局之臣，耆耋之氓，緇黄之衆，翹心望幸，投袂拜章〔八〕。況數舍之匪遥，且群情之至確〔九〕，式迴輿駕〔一〇〕，言歷舊都，慰其徯仰之心，舉此省巡之典。朕以來月二日暫幸西京，所司準式。」

二月二日，次西京，車駕由上東門，駐（畢）〔蹕〕於迎鑾綵

〔一〕按，此處年月有誤。下文所述幸金明池，詔御史中丞趙昌言預宴一事，《長編》卷二七載於雍熙三年六月乙卯，注云：「憲官從游宴不得其時，今附見於此。」《宋史》卷二六七《趙昌言傳》亦記於太宗時。考《長編》卷二七及《宋史》本傳，昌言以太宗雍熙三年七月八日召爲御史中丞，四年四月七日己亥遷樞密副使，則昌言預金明池游宴必在此期間。查《玉海》、《宋史》等書，惟雍熙四年四月十五日丁未太宗幸金明池略與此相近，但亦在罷御史中丞任之後，蓋史書所載尚有闕漏。真宗之朝，昌言雖再爲御史中丞，亦在咸平年間。至於此處所云「大中祥符二年八月十五日」，考之《長編》卷七二，正是趙昌言卒之日，時爲吏部侍郎，不知《永樂大典》何以謬誤如此！

〔二〕自：原作「日」，據《長編》卷二七改。

〔三〕大中祥符八年：原作「十年」，據《宋史》卷一一三《禮志》一六改。

〔四〕允：原作「久」，據《宋史》卷一一三《禮志》一六改。

〔五〕九月十五日：《宋史》卷七《真宗紀》二作八月十四日癸巳。

〔六〕金：原作「品」，據《長編》卷六二改。

〔七〕山：《宋大詔令集》卷一四四作「三」。

〔八〕投：原作「奇」，據《宋大詔令集》卷一四四改。

〔九〕群：原作「郡」，據《宋大詔令集》卷一四四改。

〔一〇〕式：原作「或」，據《宋大詔令集》卷一四四改。

樓。少頃，入大內〔一〕。

五(月)〔日〕，幸天宮、崇德二寺，迴，宴從臣於講武殿。

七日，幸永芳園，謁上清宮，賜道士紫衣、茶帛。

十二日，幸廣化寺，觀無畏三藏真身塔。又至龍門，南望香山寺，還御廣化寺，賜從官食。移幸潛溪寺，所至賜主事僧紫衣、貧民老疾者緡錢。

十五日，幸廣愛寺、會節園，賜從官食。又幸魏仁浦園。

二十四日，車駕發西京，幸白馬寺。晚次偃師縣，幸慈雲寺，賜知寺僧紫衣，僧衆茶絹。自是所至爲常。

二十五日，次鞏縣，幸永福、勝果二院。

二十六日，次滎陽縣，幸大海寺、玉像院、護聖院。

二十七日，至鄭州，幸開元寺、保安院。

二十九日，次中牟縣，幸智度寺。

三月二日，至自西京〔二〕。

四月二日，幸秦國(主公)〔公主〕第。十二月二十四日，再臨幸。

八月七日，幸寶相寺。

四年八月八日，幸內藏庫，賜提點劉承珪以下器幣、官健緡錢。大中祥符八年八月五日，再臨幸。

大中祥符元年四月十八日，幸晉國、魯國長公主第，並賜白金千兩、綵二千匹。

五月二日，幸玉津園南新亭，觀刈麥，監園官吏、刈麥軍士賜物有差。先是，每歲有司止設帳殿於園南〔三〕，主吏言旁有隙地，請構亭以備遊幸。及是亭成，始御(馬)〔焉〕。

九月十八日，幸右騏驥院，賜從官馬一匹。

十二月十七日，幸景德寺。二年二月十九日、三年十二月十七日、四年五月十七日，凡三臨幸。

二年九月二十六日，幸崇真資聖院。三年六月三日，再臨幸。

三年閏二月十七日，幸開封府射堂。帝謂從臣曰：「朕昔尹京府，先帝爲創此堂，俾之習射。」周覽久之，多所感慕。又至西堂閱太宗御書圖畫數十軸〔四〕，遂宴于射堂。帝作七言詩，從臣畢賦。

十一月二十四日，幸太一宮。

【宋會要】

7 大中祥符四年十二月十七日，幸玉清昭應宮。四年五月十七日〔五〕、八年八月四日，天禧元年十一月十一日、二年七月二十七日、三年四月六日、四年七月二十四日，凡

〔一〕此下原有「三月二日至西京」七字，已移至下文，見下條校記。

〔二〕「自」字原脱，據《長編》卷六五補。按，此條原在上文「二月二日」條之後，此必非《宋會要》之舊。蓋因《永樂大典》書吏抄落「自」字，編纂者遂誤以爲此日方至西京，而以下皆三月以後事，遂妄移於「二月二日」條後，不知「二月二日次西京」已是至西京，至三月二日方自西京回到東京。今移正。

〔三〕止：原作「正」，據《玉海》卷七七改。

〔四〕「西堂」原作「西京」，「畫」原脱，並據《長編》卷七三改補。

〔五〕四年：疑誤。按，幸玉清昭應宮之時日，諸書所載多與此互異，未可統一。

六臨幸。

五年九月七日，車駕臨視新作延安橋，因幸大相國寺、上清宫。

二十五日，幸故鄆王、兖王宫，奠其畫像。又宴相王元偓宫，從臣宫僚畢預〔一〕，帝作七言詩賜之。元偓等奉觴上壽，咸(陽)〔賜〕襲衣、(命)〔金〕帶、器幣、緡錢。又與宗室射于宫之西南亭。申時，從官退，帝獨以中官從，復幸元偁、元儼宫。又宴元偓宫，夜三鼓而罷。

六年八月十三日〔二〕，幸瑞聖園觀稼，帝作《郊外觀稼》詩，近臣皆和。八年七月二十九日，再幸，帝又作《觀稼》五言詩，近臣繼和。天禧元年八月六日，又幸，帝作《觀稼》七言詩，近臣皆和。

八年七月十九日，幸相王元偓新宫〔三〕。(元偓)表獻御衣、金器、銀、繒、綿、錢凡八千，詔迴賜之，别賚襲衣、金帶、鞍勒馬、緡錢，悉加常數。又遣使賜城南諸王宫緡帛各有差。

八月五日，幸會靈觀。九年正月十四日，天禧元年八月一日、十一月十五日、三年四月七日，凡四臨幸。

二十四日，幸端王元儼新宫，賜元儼襲衣、金帶、鞍勒馬、緡錢。還幸相王元偓宫。

九年七月二十五日，幸天清寺。

天禧二年八月一日，幸景靈宫。三年四月六日、四年七月二十六日，又臨幸。

同日，幸祥源觀。三年四月七日，再臨幸。

四年正月十四日，幸建隆觀、太平興國寺。

十七日，詣祥源觀，幸資善堂。

仁宗

【宋會要】

天聖三年五月十二日，幸南御莊觀稼〔四〕。翌日，帝諭宰臣曰：「昨親疆畔，聞旁舍軋軋有機杼之聲，因召問，乃一貧婦人紡織耳。尋令賜與茶帛。織造辛苦，不免貧寒。」王曾等奏曰：「陛下深知耕織艱辛，曲軫聖念，實天下生民之幸。」五年五月三日，再幸，賜宰臣、刈麥穗兵士等緡錢。

同日，幸玉津園，命殿前指揮使射柳枝。五年五月三日、九年五月十一日，觀刈麥蒔稻，賜耕者錢絹衫屨。慶曆四年五月十一日，觀刈麥種稻。凡三臨幸。

八月十七日，幸瑞聖園觀稼亭觀刈粟，賜墾田兵士錢有差。六年八月二十一日，御幄殿，賜近臣酒五行、刈粟兵士帛有差。景祐三年八月十七日，寶元二年八月二十八日，康定二年八月一日，慶曆二年八月二十八日、五年八月四日，皇祐元年八月十五日，凡七臨幸。

〔一〕宫：原作「官」，據《玉海》卷三〇改。
〔二〕十三日：《玉海》卷七七作十二日辛未。
〔三〕新宫：原脱，據《長編》卷八五補。
〔四〕莊：原作「苑」，據《長編》卷一〇三改。

四年九月二十一日，幸玉清(詔)〔昭〕應宫。

同日，幸建隆觀。

五年十月八日，帝同皇太后幸御書院，翰林院學士宋綬撰記，刻石院壁。

六年五月八日，幸開寶寺靈感塔。八年十二月十五日、九年八月二十五日，明道二年十二月八日，景祐二年三月九日、十二月十九8日、四年八月六日，寶元元年十二月八日，凡七臨幸。

同日，幸上清宫。八年十二月十五日、九年八月二十五日，明道二年十二月八日，景祐二年十二月十七日、四年八月六日，寶元元年十二月八日、二年八月八日，凡七臨幸。

十七日，幸顯聖寺天聖塔。

九月十二日，幸新修西太一宫，路次觀農民執耒種蒔，賜茶帛有差。十二月三日、九年九月八日，又臨幸。

同日，幸普安禪院。十二月三日，明道二年三月八日，又臨幸。

八年四月三日，幸金明池水心亭觀水戲，移西幄觀櫂船争標。又幸瓊林苑，登望波臺，宴從臣，賜軍士緡帛。九年四月三日，景祐二年四月七日，慶曆二年四月一日、六年四月一日、八年四月六日，皇祐二年四月一日，凡七臨幸。

十月二十六日，幸洪福院。明道二年三月八日，再幸，命從官遊覽山亭，賜道傍耕者茶絹。

十二月十五日，幸景德寺。寶元二年八月八日，再臨幸。

九年九月八日，幸順天禪院。

明道二年十二月八日，幸祥源觀。景祐二年十二月九日，寶元元年十二月八日，又臨幸。

同日，幸會靈觀。景(德)〔祐〕二年十二月九日，寶元元年十二月五日，康定二年十二月四日，慶曆二年五月十四日、二十三日，凡五臨幸。

景祐元年九月十六日，幸萬壽觀。二年十二月十七日、四年三月五日，寶元元年十二月八日，慶曆七年十二月十五日，凡四臨幸。

景祐二年三月十七日〔一〕，詔開封府：「車駕行幸，今後諸色人不得升屋登高觀看。如違犯，勘鞫，嚴行斷遣。更有合行鈴轄事件，即仰肅整禁衛所擘畫條奏。」

三年二月七日，詔：「今後車駕幸宫觀、寺院，令閤門依例喝賜茶酒。」四月十三日，閤門詳定到車駕幸宫觀、寺院支賜茶絹等第例，詔依奏。景靈宫、會靈觀、祥源觀、萬壽觀、上清宫、建隆觀、東西太一宫：道録絹七疋，茶五

〔一〕按，以下四條載有關巡幸之制度，插於記述具體巡幸事件各條之間，造成下文年月混亂（叙景祐三年，又返自景祐二年）。蓋《會要》原文本屬「雜録」之類，《大典》移併於此。今後若重編《宋會要》，應移出。

斤；副道録絹五疋，茶五斤；都監絹三疋，茶二斤；鑒儀、守闕鑒儀，各絹一疋，茶一斤；宮觀主、本宮觀都監，各絹一十疋，茶五斤；逐宮觀道衆共絹三十疋，茶二十斤；駕經過起居道衆共絹二十疋，茶一十斤。延祥觀及諸道觀，道衆共絹一十五疋，茶一十斤；駕經過起居道衆共絹五疋，茶三斤。大相國寺、開寶寺、太平興國寺、啓聖院、景德寺、顯聖寺、太清寺、顯寧寺、奉先禪院、普安禪院、慈恩寺：僧録絹七疋，茶五斤；副僧録絹五疋，茶二斤；講諭、講經首坐，各絹三疋，茶二斤；鑒(義)〔儀〕、守闕鑒(義)〔儀〕，各絹二疋，茶二斤；僧衆共絹三十匹，茶二十斤；駕經過起居僧衆共絹二十匹，茶一十斤。啓聖院、普安禪院、奉先禪院、慈孝寺院，各絹一十匹，茶五斤。開寶寺塔、顯聖寺塔、起居寺僧衆，共絹一十疋，茶五斤。報恩院、惠辯院、惠聖院、奉聖院、水陸院、崇福院、法濟院、明禧院、法雲院、承天院并諸寺院僧尼衆，逐院 9 共絹十匹，茶五斤；駕經過起居僧尼衆共絹五匹，茶三斤。太平興國寺譯經大卿、小卿，各絹七匹，茶五斤；同譯經僧，各絹二匹，茶二斤。上元觀(登)〔燈〕，相國寺佛牙閣僧衆共絹一十疋，茶五斤。

八月十七日，(閣)〔閤〕門言：「準詔，車駕(寺)〔幸〕宮觀、寺(寺)院，令(閣)〔閤〕門依例喝賜茶絹，更不候傳宣。其迎駕起居僧尼道士，欲乞車駕親臨寺觀前後門經過，即依例喝賜。」從之。

十一月一日，詔今後(除)車駕幸宮觀、寺院燒香及諸處遊宴，即喝賜茶酒。

二年八月十五日，幸奉先資福禪院。慶曆七年十二月十五日，再臨幸。

同日，幸啓聖禪院。寶元元年十二月五日，康定二年十二月四日，慶曆七年十二月十五日，至和二年四月四日，凡四臨幸。

九日，幸大相國寺。寶元元年十二月五日，康定二年十二月四日，慶曆三年五月十四日、二十三日，凡四臨幸。

三年九月五日，幸睦親宅，先詣祖宗神御殿，次徧閱第舍，賜帛有差。宴宗室及兩制以上于都廳，教坊作樂，酒七行罷。

寶元元年十二月五日，幸慈孝寺。康定二年十二月四日，皇祐三年九月一日，又臨幸。

慶曆七年三月九日，毁後苑龍船。初，有司請修以備幸御，詔毁之。

至和三年七月二十八日，幸景靈宮、慈孝寺、太平興國寺、啓聖禪院。

景祐三年，幸睦親宅〔一〕。

神宗

神宗熙寧元年正月十九日，幸集禧觀、天清寺〔二〕、醴泉觀、大相國寺。

二年八月二十日，幸太平興國寺、啓聖禪院、景靈宮、慈孝寺。元豐二年正月十一日、五年十一月，凡兩幸太平興國寺、啓聖禪院。

二十二日，幸奉先禪院。

三年四月三日，幸金明池觀水嬉。移幸瓊林苑，登寶津樓，宴從官，教坊作樂。

四年正月十四日，幸集(嬉)〔禧〕觀，宴從臣于齋殿。幸大相國寺。

二月十四日，閤門言：「自來車駕幸宮觀、寺院朝謁燒香，迎駕僧道喝賜茶絹，承例只告報祇候庫就賜。欲乞今後依聖節、南郊回賜例，告報僧道等赴閤門，差閤門祇候監散。」從之。

六年十月二十九日〔三〕，馬步軍司言：「乞遇車駕出新舊城門，諸軍正副指揮使内留一名在營部轄。」從之。

六年十一月十六日，幸太一宮。次詣凝祥池、崇禧殿、集禧觀、奉神殿，以太一宮成也。

九年七月四日，中書門下(奉)〔奏〕：「中太一宮言，皇帝今後正月十四日詣集禧觀燒香，次崇真殿行禮訖，乞自凝祥池山亭子西街道入本宮凝暉門，入東偏門，至御閤降輦。」從之。

九年十月十五日，幸開寶寺福聖院慶壽崇因閣，以閣新成也。

元豐元年正月十四日，幸集禧觀、中太一宮、大相國寺。二年正月十四日，〔又〕臨幸。

元豐二年正月十五日，詔：上元節車駕登門及行幸燕所，并令樞密副都承旨張誠一提舉幾察。

四月三日，幸金明池觀水嬉。

三年五月十六日，幸蜀國公主第(規)〔視〕疾，因幸陳國長公主第。

五年正月十五日，幸 10 集禧觀、凝祥池、中太一宮、大相國寺。

六年正月十四日，幸集禧觀、中太一宮、醴泉觀、大相國寺。

十一月〔十〕九日〔四〕，恭謝萬壽觀，乃幸凝祥池、中太

〔一〕睦：原作「六」。按宋代有睦親宅而無「六親宅」，蓋「睦」訛作「陸」，又訛作「六」，今改。此條實即上文「(景祐)三年九月五日」條，僅文字詳略不同，蓋《大典》據他書添。

〔二〕天清：原倒，據《文獻通考》卷七七乙。

〔三〕按，此條及下「九年七月四日」、「元豐二年正月十五日」、「六年十一月二十四日」諸條亦屬巡幸詔令，《會要》原文本不在此，乃《大典》移來，故「六年」、「九年」、「元豐」、「六年十一月」等字與上下文重複。

〔四〕十九：原脱「十」字，據《長編》卷三四一補。

一宮、集禧觀。

六年十一月二十四日，宰臣王珪等言：「車駕幸尚書省，自尚書以下並遷秩〔一〕。臣等職在外輔，豈可復與諸曹例霑聖恩？竊不自安，乞寢罷。」上批：「君臣之際，惟義而已。尚書以下既以推恩，卿等義所當得，毋固辭也。」

哲宗

哲宗元祐元年正月二十七日，幸大相國寺祈雨。

五月十三日，揚王顥、荆王頵遷外第，太皇太后、皇帝幸其第，詔顥二子、頵七子並特轉一官〔二〕。六月十二日，詔：「自來行幸，職事官帶學士、待制者許隨駕，不帶職合隨駕者仍舊。」

四年正月十四日，幸凝祥池、中太一宮。五年正月十四日〔三〕、六年正月十四日〔四〕、七年正月十四日、十一月二十六日、八年正月十四日，（詔）〔紹〕聖三年正月十四日、四年正月十三日，元符元年正月十四日、五月八日，凡九臨幸。

同日，幸集（嬉）〔禧〕觀。五年正月十四日、六年正月十四日、七年十一月二十六日、八年正月十四日，紹聖三年正月十四日、四年正月十二日，元符元年正月十四日、五月八日，凡八臨幸。

同日，幸大相國寺。五年正月十四日、六年正月十四日、七年正月十四日、十一月二十六日、八年正月十四日，紹聖三年正月十四日，凡六臨幸。

五年三月二十七日，工部言：「車駕幸瓊林苑、金明池，舊制三月下旬取旨。」詔今歲權罷〔五〕，仍依舊令支賜。

六年正月十四日，幸醴泉觀。八年正月十四日，紹聖四年正月十二日，元符元年正月十四日、五月八日，二年九月六日，凡五臨幸。

九月十九日，幸上清儲祥宮。七年正月十四日，元符元年十一月二十八日、二年九月五日，凡三臨幸。

十月十五日，朝獻景靈宮，退幸國子監，賜豐稷三品服〔六〕，本監官、學官等賜帛有差。

六年八月二十七日〔七〕，詳定編修閤門儀制所言〔八〕：

〔一〕遷：原作「巡」，據《長編》卷三四一改。

〔二〕頵：原作「郡」，據《長編》卷三七八改。

〔三〕「幸凝祥池」至「十四日」十五字，原無，則此條不知行幸何處。查《長編》，所謂「九臨幸」者，均爲游幸凝祥池、中太一宮、集禧觀、醴泉觀、大相國寺，其中尚有元祐五年正月十四日一次不見於此文。據此，「四年正月」句之後必是脱去「幸凝祥池、中太一宮」（其他集禧觀等并非每次皆幸），其下又脱去「五年正月十四日」。兹據《長編》卷四二一、四三七補。如此方足「九臨幸」之數。

〔四〕正月：原作「六月」，據《長編》卷四五四改。

〔五〕權：原作「榷」，據《長編》卷四三九改。

〔六〕豐稷：原作「農稷」，據《長編》卷四六七改。當日稷講《尚書》。

〔七〕按，此條亦是巡幸制度，蓋《大典》從《會要》他處移來，但所插入位置非是，故月分失次。

〔八〕閤：原作「閣」，據《長編》卷四六四改。

「按舊制，車駕行幸，文臣待制已上並隨駕。自改官制後來，止以舊日兩制即令隨從。看詳典故，兩省常侍、給、舍、諫議正係供奉及備顧問之官〔二〕，理當隨從。今欲乞將上件官于新儀内修入隨駕〔二〕。」從之〔三〕。

紹聖三年三月二十七日，幸申王府，又幸端王府。元符元年三月二十一日，幸申王府。二十二日，幸端王府。

紹聖三年十一月二十七日〔四〕，皇城司言：「車駕行幸諸處，即本處官司豫行檢察，整肅排辦，從來未著通用令文。請今後差入内内侍省長立使臣二人，管押禁衛并行門親從人員二人，節級四人，長行二十四人，應車駕行幸處所，即先往本處計會，官司再行檢察。」從之。

四年三月八日，詔：「自今遇車駕出新城，令殿前馬步軍司取旨，權差馬步軍赴新城外四面巡檢下祇應。每壁馬軍二百人，並於城外巡警。」

四年三月二十日，幸金明池。

九月二十三日，幸中太一宮，爲民祈福也。

元符元年四月六日，幸東宮、[11]莘王、簡王府，因幸睿成宮。二年四月八日，止幸莘王第。

二十二日，幸睿成宮。詔先朝從龍官並等第推恩，内朱有章與白身子孫恩澤〔五〕，亡殁者賜銀絹有差，並付其家。

五月九日，詔：「比幸睿成宮〔六〕，其先朝從龍官等已推恩外，其宮官責授崇信軍節度副使韓維特復左朝議大夫致仕，仍與一子宮觀差遣〔七〕。故孫固、邵亢、王陶、陳薦、孫永、孫思恭家〔八〕，各賜銀絹共三百匹兩。」

二年正月十四日，幸開寶寺慶壽崇因閣。

四月八日，幸懿親宅。

徽宗

〔元符〕三年九月二十三日〔九〕，幸潛邸，徐勣、何執中各轉一官。

徽宗崇寧元年三月二十七日，幸懿親宅定王偲第〔一〇〕。

三年四月二十四日，幸金明池。大觀元年三月三日，再幸。

十一月四日，幸太學，遂幸辟廱，詔國子司業吳絪等轉官，改官，循資，賜章服，文武學生授官、免省試、免文解、賜帛有差。宣和四年三月二日，又幸，祭酒韋壽隆等轉官職，

〔一〕供：原作「侍」，據《長編》卷四六四改。
〔二〕「官」原作「宮」，「隨駕」原無，據《長編》卷四六四改補。
〔三〕從之：原脱，據《長編》卷四六四補。
〔四〕按，以下二條亦是從他處移來，故年號、年月與前後條重複。
〔五〕「内」原作「而」，「章」原作「童」，據《長編》卷四九七改。
〔六〕比：原作「北」，據《長編》卷四九八改。
〔七〕仍：原作「乃」，據《長編》卷四九八改。
〔八〕思：原作「家」，據《長編》卷四九八改。
〔九〕元符：原無，按此已是徽宗即位後，因爲題所隔，茲添二字。
〔一〇〕定：原脱，據《宋史》卷一九《徽宗紀》一補。

諸生賜茶。

四年八月二十一日，幸九成宮。

大觀元年正月十一日，幸興德禪院，以英宗、神考誕育之地，濮安懿王子孫可特與推恩。

三年正月二十三日，幸佑神觀。 政和元年正月十三日，宣和三年正月十四日、七年十二月九日，凡三臨幸。

政和三年正月十四日，幸醴泉觀。 五年九月八日，宣和元年七月二十三日、三年正月十日，凡三臨幸。

三月三十日，幸東太一宮。

九月一日，幸延福宮。

四年四月五日，幸尚書省。

政和四年五月二十四日〔一〕，詔今後遇旦、望、冬、年、〔天〕寧節，車駕並詣宮觀燒香。

八月十五日，幸筠莊。

五年二月十五日，幸玉清和陽宮。

四月六日，幸秘書省，在省官皆遷秩一等，人吏轉一資，卒徒支賜有差。

六年六月五日，幸陽德觀。 宣和三年正月十日、七年十二月十日，凡再臨幸。

八月二十六日，幸建隆觀，又幸太師魯國公蔡京賜第。

七年正月十四日，幸凝祥池。 宣和元年正月十四日、三年正月十四日、六年正月十四日、七年十二月十日，凡四臨幸。

同日，幸中太一宮。 宣和七年十二月十日，又臨幸。

三月三十日，幸瓊林苑。

宣和元年三月七日，幸蕃衍宅。 十二月十三日，又幸景王位。

宣和三年正月十日，景靈宮朝獻既畢，詣陽德觀等處燒香。 道過少保鄧洵武賜第，時洵武在殯，特令止樂。

【宋會要】

宣和四年四月十八日〔二〕、五年三月十三日、十九日，凡五臨幸。

四年三月二日，幸秘書省，御道山堂幄次。 俟班齊，御右文殿，羣臣起居畢，移幸秘閣，宣群臣觀書及古器。 再御右文殿，賜茶，在省官轉官、賜章服。再御提舉廳，宣三公、宰執、親王、使相、從官觀御府書畫，賜御書畫有差，又出御墨分賜羣[12]臣。 是日進早饍畢，次幸太學。

八月十九日，幸鄆王府，賜諸王宴。

二十五日，幸太清儲慶宮及重芳貽慶寺。

五年正月十四日，幸上清儲祥宮。 七年十二月十一

〔一〕按，此條亦是巡幸制度，乃自他處移來，故年號、年分重複。

〔二〕按，此條與下條月次顛倒，且脱上文，不知臨幸何處。 考《宋史》卷二二《徽宗紀》四載：宣和四年「夏四月丙午，詔置補完校正文籍局，録三館書，置宣和殿及太清樓、祕閣。」四月丙午正是此條之四月十八日，應是當日徽宗幸祕書省，故下此詔。 若此推測成立，則此條原文當是接於下條之後，錯簡在此。

日，又臨幸。

十一月十七日，幸太（博）〔傅〕王黼賜第，觀芝草，親屬並推恩有差。

十二月九日，幸神霄宮。

欽宗

【宋會要】靖康元年四月二十五日，左司諫陳公輔言：「竊覩陛下以孟夏享景靈東、西二宮，遂幸陽德、佑神觀。夫誠心齋戒，以薦明神，瞻其威靈，如在其上，退而思之，不忘于心，豈容此日擁嬪御，具聲樂以肆游幸之樂耶？伏望孟享既罷，即時還宮，其餘行幸，皆乞暫罷。」詔今後孟享〔一〕，更不帶過宮觀，供帳飲食已曾減省，可更令簡儉。

高宗

【宋會要】建炎〔三〕〔元〕年九月二十二日〔二〕，詔：「據群臣章疏，請幸東南。金賊狡詐，難以便憑探報，遠去中原，專備一方。可暫駐蹕淮甸，庶四方有警，皆易接應。除河北、河東已相繼發兵，及京師已應副綱運并委措置防托外〔三〕，可分留精兵，科撥錢物〔四〕，于應天、拱、泗州等處防守，準備使喚，增重中原之勢。應合行事務，令三省、樞院同共措置施行。今來巡幸，即非遷都，捍禦稍定，即還京闕〔五〕，以待二聖之復。駐蹕之地，不爲久計。仰先次行下，不得輒有興修改易，以致勞費。」先是，詔將來巡幸，駐蹕揚州，行下知揚州呂頤浩修治城池，命膳部員外郎陳兖幹辦頓遞行宮一行官吏將佐軍兵安泊去處，虞部員外郎李儔幹辦舟船并椿辦糧草，發運使李祐、淮南轉運使李傳正并差隨軍轉運使。

十月一日，車駕登舟，巡幸淮甸，宰執、侍從、百官、三衙禁旅、御營使司、五軍將佐扈衛以行〔六〕。

十四日，次泗州。

十五日，詣普照寺塔下〔七〕，宰執、從臣扈從。

二十七日，至揚州駐蹕。詔：「應軍吏官兵等，昨自應天府扈衛從至揚州，道路勤勞，並與轉一官資，合轉（員）〔官〕者與（員）〔官〕。該載未盡者，條具取旨。」

（十月）〔十一月〕十五日〔八〕，車駕巡幸淮甸壽寧寺，詣僖祖以下神主前燒香。

〔一〕孟：原作「並」，據《靖康要録》卷四改。

〔二〕元年：原作「三年」，據《建炎要録》卷九改。以下亦爲元年事。

〔三〕綱：原脱，據本書方域二之四補。

〔四〕撥：原作「發」，據本書方域二之四改。

〔五〕闕：原作「關」，據《建炎要録》卷九改。

〔六〕五軍將佐：原作「五將軍佐」，據《三朝北盟會編》卷一一三乙。

〔七〕照：原作「詔」，據《建炎要録》卷一〇改。

〔八〕十一月：原作「十月」，誤，壽寧寺在揚州（見周必大《文忠集》卷一二五），而據上文，十月十五日高宗尚未到揚州，不可能幸壽寧寺。按《建炎要録》卷一八原注引《日曆》載建炎元年十一月戊申（二十二日）高宗手詔，云親饗壽寧寺祖廟。則此「十月」應是「十一月」之誤，因改。

【宋會要】

建炎三年二月三日，詔宰執、百司、諸軍並扈衛車駕渡揚子江。是日至鎮江府，十三日至杭州。

三月一日，詔：「昨金人逼近，倉卒南渡，暫至錢塘，勢非得已。每念中原，未嘗終食敢忘。今累據探報，金人軍馬已離揚州，錢塘非久留之地，便當稍進，移駐江寧府，經理中原。可于四月上旬擇日進發。應江寧府合預排辦並沿路一行程頓等事，有司疾速施行，務要前期趁辦。應副諸軍外，餘事盡從簡便，不得騷擾。」

三日，命尚書右丞葉夢得專一提領户 13 部財用〔一〕，充車駕巡幸頓遞使。

二十八日，詔曰：「國家曆運中微，干戈未弭，時因巡省，蓋順權宜。以江寧府王氣龍盤，地形繡錯。據大江之際，茲惟用武之邦；當六路之衝〔二〕，實有豐財之便。將移前蹕，暫駐大邦，外以控制于多方，內以經營乎中國。尚慮有司排辦過于奉承，百姓追呼，疲于道路，儻齊民之或擾，豈非德之敢安！將來巡幸，緣路州郡及兩浙路、江東監司、江寧府，不得分毫騷擾，以安人心。」

四月二十日，車駕進發，自杭州幸江寧府。五月八日，至建康府駐蹕。舊江寧府是日改爲建康府。

【宋會要】

閏〔六〕〔八〕月二十六日〔三〕，詔車駕幸浙西。二十七日，詔户部侍郎葉份先次點檢沿路排頓去處。知建康府湯東野充巡幸應辦事務官，先次令往平江府排辦事件。

二十八日，次鎮江府。九月四日，次常州荆溪堂。五日，次無錫縣。

【宋會要】

紹興元年十一月五日，詔：紹興府駐蹕日久，漕運艱梗，軍兵薪水不便，可移蹕臨安府。令徐康國日下前去權知臨安府，措置移蹕事務，候席益到交割府事訖，依舊同共措置。

十二月二十四日，詔：車駕移蹕臨安府，留神武右軍統制官劉寶、張宗顔兩項人馬，仍且在紹興府駐劄，聽候朝廷指揮起發。令張俊統其餘兵並中軍將全裝軍兵結成隊伍，準備扈從。

二十三日〔四〕，尚書省言：「車駕用來年正月十七日移蹕臨安府，所有侍從百司官吏，竊慮難以一併起發。」詔令侍從及百司官吏並自正月十日許逐旋從便先次起發前去外，留户部侍郎並郎官一員，左右司郎官各一員，樞密院檢詳官一員，糧審院官各一員，左藏西庫官一員，量（戴）〔載〕見錢金銀，隨從進發。

二年正月一日，閤門言：「〔車〕駕移蹕臨安府，正月十

〔一〕丞：原作「承相」，據《文獻通考》卷一〇九删改。
〔二〕六：原作「各」，據《三朝北盟會編》卷一二三改。
〔三〕閏八月：原作「閏六月」，據《建炎要録》卷二七改。
〔四〕二十三日：依日次，疑是「二十五日」。

日登舟。今比附舊例，畫一事件如〔左〕：一、車駕登舟日更不視事，至日禁衛行門等殿内排立，皇帝出禁，禁衛等迎駕，自贊常起居，隨拜三呼萬歲。皇帝坐，閤門官已下，帶御器械官并祗應官等，並一班起居，次管軍一班起居，官〔各〕〔合〕宣名即宣名。次引宰臣宣名常起居訖，宰臣并管軍、閤門官已下并祗應官等，並頭巾、窄衣、帶子。皇帝升輦，至御舟降輦。或乘馬，臨時聽旨。一、沿路逐日住程處，引三省、樞密院起居，升舟奏事，先應奉、閤門官已下并管軍並赴起居，如有上殿臣僚并閤門官奏事，并升舟奏事如儀。早朝依例放。一、沿路州府縣鎮現任官并就本處迎駕起居，不許輒離本界。一、沿路遇忌辰日，臣僚並免起居。一、沿路如值雨雪霑濕，臣僚等並免起居。一、車駕至臨安府，其日江岸禁衛、閤門等並排立，并應奉官已下立定，皇帝出禁城，〔禁〕衛等迎駕，自 14 贊常起居。隨拜三呼萬歲。次閤門官並合應奉官迎駕，常起居訖，皇帝升輦行宮，或乘馬，臨時聽旨。侍從官并百〔歲〕〔司〕欲乞依例于行宮門外迎駕起居。」詔依。

同日，太常寺言：「正月十日車駕進發，移〔畢〕〔蹕〕臨安府，今參酌到合行事件：一、車駕自紹興府進發，登舟日并至臨安府，各合差侍從官一員詣天慶觀聖祖殿燒香。其香並令入内内〔寺〕〔侍〕省請降，付紹興府、臨安府本觀收掌，至日供燒。一、車駕巡幸，沿路所過名山大川，係逐州府差官致祭。今來乞令紹興府、臨安府依例施行。」詔依。

十四日，車駕至臨安府駐蹕。

四年十月一日，宰臣趙鼎等進呈韓世忠奏報，番僞賊馬自淮陽軍犯承、楚州。上曰：「朕爲二聖在遠，及天下生靈久罹塗炭，屈己請和，而黠虜貪惏不已，復肆侵凌，朕當親總六師，往臨大江，決於一戰。」遂詔先遣張俊統率所部軍馬前去應援韓世忠，及令劉光世移軍建康。

十一日，殿中侍御史張致遠言：「近緣警報，車駕將親總六師，往臨大江，事屬機密，恐合早降黄榜，預行約束，每事簡省，務在不擾而集。如稍有配率，許人陳告，仍委侍從、臺諫官覺察彈劾。」詔依。

同日，詔：「已降指揮，親總六師，往臨大江，其扈從臣僚，從官可差孫近、梁汝嘉、王居正、劉岑，臺諫趙霈〔一〕、張致遠，都司王縉，檢詳陳昂，郎官汪思温〔二〕、李元瀹、吴并。」百司官吏除侍從、臺諫官自合依例，并三省、樞密院已選留人吏外，百司留吏、户部、祠部、大理寺、糧料院、審計司、左藏東西庫、省倉、内藏庫、榷貨務、官告院、〔馳〕〔駝〕坊、閤門、御厨、御馬院、禁衛所、皇城司、通進司並量留官吏人兵外，其餘三省、樞密院諸房及應干曹部官司局所等官吏，并本管下人兵，並令從便于諸州縣權暫寄居。仍仰逐州縣照在行在日文曆，已請終至，接續批勘請給。内見係行在就都曆批勘。仍令户部依例分劈小曆前去，合用錢米，許于諸州縣應干見在儲司，不以是何窠名，除朝廷日近樁辦下錢米不許支使外，餘並許取撥應副。稍有闕誤，許寄居官司官吏等徑赴尚書省陳訴，具違戾當職官吏重〔制〕〔置〕典憲。仍並候春暖，逐旋發赴行在。

二十七日，車駕至平江府。

〔一〕霈：原作「霑」，據《建炎要録》卷八一改。

〔二〕官：原作「汪」，據《建炎要録》卷八一改。

五年正月十九日，參知政事(一)、行宮留守孟庾恭請車駕暫還臨安府，詔依。

二十七日，行宮留守司言：「臨安府狀，勘會前來車駕進發，于鹽橋章亭驛登舟，出天宗水門(二)。(念)〔今〕來車駕回鑾，未審于甚處登岸。」詔章亭驛登岸，備儀衛還行宮。

二十八日，詔可于二月三日進發回臨安府，劄與諸官司照會。

二月二日，御史臺、太常寺、閤門言：「已降指揮，暫回臨安駐蹕，今具儀制條令故事下項：一、《車駕省方儀令》：車駕巡幸請還京，及期出城百里外奉迎，主當物務并監臨官免赴。臨京再于五里外起居，次日入問聖體。一、儀制，車駕臨京，詣城外奉迎，起[15]居依閤門儀。內執政及兩省、御史臺官并尚書侍郎以上侍從官、節度使俟迎駕訖，分左右前(道)〔導〕入內。一、檢會《因革禮》，太平興國五年，太宗北面回，禮院言鑾駕回京，是日早留守文武百官並出城奉迎，再拜起居如常儀，退。中書、門下兩省常侍以下、舍人以上，御史中丞，並引駕至昇龍門下馬，分班序立。駕至，中書、門下橫行，餘官不橫行，俱再拜三呼萬歲，俟駕過。其不引駕官先至丹鳳門外立班，俟駕至，橫行起居，再拜，隨拜三呼萬歲，分班，俟駕過。次日，中書、門下、文武百官內殿起居如常儀。一、今來前項儀令故事，比附參酌，若依儀起居訖前導官前導，緣今來車駕係乘御舟進發，竊恐難以前導。兼員數止有三兩員，若依令除主當物務并監臨官不赴外，餘官出城百里外奉迎，其合赴官數目亦是不多。兼俟迎駕班退，合赴近城五里外起居，其經由道路窄隘，或至日值雨，慮恐難以趁赴。及百里外即非程頓去處，若行(倉)〔創〕造待班幕次，顯是勞費。欲乞並行權免，止依儀集應見任文武臣僚並寄居待闕官京官、小使臣以上，出城五里外立班，(奏)〔奉〕迎起居。一、今擬定將來奉迎車駕節次。其日留守率應見任文武臣僚并寄居待闕京官、小使臣以上，並履笏，內將校止窄衣、執杖子。出餘杭門五里分立定，俟御舟將至，舍人揖躬喝拜，兩拜起且躬，留守奏聖躬萬福。再喝拜，兩拜訖，各祗候。俟御舟過，並退。內留守先入門，赴章亭驛御幄下側立定。俟車駕降御舟，入御幄坐。管軍官僚並合從駕祗應官，欲乞免奏萬福。留守自赴幄殿下立定，舍人揖，宣名奏萬福，喝祗候。留守升幄殿當頭問聖體訖，兩拜，如有宣諭又兩拜。訖，詣御座左側奏事如儀。俟奏事畢，降階，退。皇帝升輦還內。如宣馬，臨時聽旨。沿路官局並履笏迎駕起居，應合從駕官并管軍臣僚、祗應官等，並從駕還內如儀。一、已降指揮，車駕章亭驛登岸，備儀衛還行宮，百官免前導。所有城內前導官，緣道路窄(溢)〔隘〕，亦乞依城外禮例，更不前導。」詔依。

三日，車駕自平江府次吳江縣。四日次平望鎮，五日次秀州，

(一) 知：原作「和」，據《建炎要録》卷八四改。
(二) 天宗：原作「天聰」，據《咸淳臨安志》卷一八改。

六日次崇德縣，七日次臨平鎮。

七日，御史臺、太常寺、閤門言：「依（修）〔條〕令故事，俟車駕還内，次日文武百官内殿起居，問聖體如常儀。所有今來車駕還内，次日起居問聖體，伏乞朝廷取旨施行。勘（合）〔會〕已降指揮，車駕候到臨安府，依例作歇泊假三日。」詔候歇泊假滿日，依自來條例施行。

八日，至臨安府，上乘輦還行宮大内。

【宋會要】

〔九日〕〔一〕，詔：「應昨日自臨安府扈從及隨逐官吏、禁軍、内諸司各與轉一官資，餘人犒設一次。内有該載不盡之人，令有司取見詣實，比類施行。白身人候有 16 名〔目〕日收使。」

【宋會要】

六年八月九日，詔：「將來進發〔二〕，三省、樞密院、百司以紹興四年隨從人數三分爲（卒）〔率〕，差撥二分前去。應軍旅非泛支降錢穀、差除，並隨行在所處分外，其餘百司常程事務並留臨安府依舊行遣，聽行宮留守司與決。内事有不決者〔三〕，即申奏行在所。」令解潛于本司所管軍馬内〔四〕，揀選精鋭一千人隨逐前去。邊順留臨安府彈壓，兼治殿前馬軍司事務。侍從官更互赴行在所共職。應一行事務並椿辦移運錢糧、草料之類，並令隨軍都轉運使梁汝嘉措置應辦。合行事件，仰疾速條具申尚書省。

【宋會要】

十四年三月十八日，幸太學，祗謁先聖。禮畢，御敦化堂，頒手詔命禮部侍郎秦熺執經，國子司業高閌講《周易·泰卦》，賜閌三品服。已而遂幸養正、持志二齋。太學、國子監官各轉一官，選人改合入官，大職事已該永免解人與免省，未該免解人與免解一次，學生支賜束帛，餘轉資、犒設有差。

【宋會要】

十五年正月十八日，車駕幸景靈宮朝獻。禮畢，次幸天竺寺燒香。

六月三日，幸太師秦檜新第。檜降制加恩，妻封兩國夫人，新婦封郡夫人，孫女封令人，孫並除直秘閣，賜紫章服，幹辦使臣推恩有差。

十七年二月十三日，親祀高禖禮畢，幸龍井、壽聖院等處燒香。

十八年正月十四日，車駕御景靈宮朝獻禮畢，幸天竺寺院燒香，次幸玉津園。十九年正月二十日、二十年正月十八日、二十一年正月十八日，又幸。

三月二十二日，以太一宮告成，車駕親詣燒香。

〔一〕九日：原脱。《建炎要録》卷八五記此事於五年二月九日癸未，即至臨安府之次日，據補。

〔二〕按，據史，此指將自臨安進幸平江督戰。

〔三〕決：原作「缺」，據《建炎要録》卷一〇四改。

〔四〕「令解潛」以下，據《建炎要録》卷一〇四，爲次日另一詔。

十九年二月十六日，親郊禮畢，車駕詣太一宮恭謝燒香，就西齋殿進早膳，宣臣僚對御，賜酒食。自是郊禮畢並行此禮。

二十一年十月八日，車駕詣景靈宮朝獻禮畢，幸太傅、清河郡王張俊第。制以俊爲太師，弟保特轉遥郡防禦使，男直敷文閣子顔、直敷文閣子正、直秘閣子仁並升兩職，姪子儀、子安、子文，姪孫宗元〔一〕、宗弼、宗亮、宗説、宗益、宗穎，各轉兩官。内子儀除兩浙東路安撫司參議官，宗元除大宗正丞，女、新婦、姪新婦並封郡夫人，幹辦府以下推恩有差。

二十二年正月十八日，車駕詣景靈宮朝獻禮畢，幸延祥觀等處燒香，次幸玉津園。二十三年二月四日、二十四年正月十八日、二十五年正月十八日、二十七年正月十八日、二十八年正月十八日、二十九年正月十八日，又幸。

【宋會要】

17 高宗紹興二十五年二月十日，御厨、翰林司言：「自(令)〔今〕後每遇車駕行幸去處，從駕官令破器食酒果，除宰執、親王、使相、侍從、臺諫、三衙管軍正任、兩省都知、押班、御帶、御(樂)〔藥〕、門司、卿監、郎官、宗室遥郡、横行五司官依舊供應，其餘除米麵物件不給外，將合得猪、羊、酒、果數開具牒臨安府，估定錢數，徑行曉示合赴官等，從人一面赴行在糧審院入曆批勘。」從之。

二十八年十二月十(九)〔三〕日〔二〕，詔新知平江府陳正同、知鎮江府楊揆以侍從官補外，未經朝辭，令赴太一宮班對御茶酒。

十八日，詔：「軍頭司等子每遇車駕行幸，(牧)〔收〕接唐突人，除宗室、宗女、宗子、宗婦外，餘人各行毆擊。比來諸司人亂有詢問，急于得知，擅行止約不得毆擊，理宜禁止。可自今後除親從快行接表當詢問〔三〕，入厢入殿御前祗應許毆擊訖量問事因〔四〕，餘人不得詢問。如尚敢違戾及本司人漏泄，並依無故輒入通進司法斷罪。仍令軍頭引見司覺察聞奏。」

二十九年四月六日，詔：「車駕行幸，禁衛排立之後，尚有諸色人從等坐卧諠譁，往還不已，甚失恪恭之禮。可令有司立法斷罪止絶。皇城司、禁衛所如輒(從)〔縱〕容犯者，不行收執，從杖一百科罪。」

【宋會要】

紹興三十二年八月十七日〔五〕，孝宗皇帝已即位，未改元。詔：「去年官吏扈從太上皇帝巡幸建康者，並已推恩，自今

〔一〕按，據周麟之《海陵集》卷二三《張循王神道碑》、周密《武林舊事》卷九《高宗幸張府節次略》，張宗元爲張俊孫，而非姪孫，《會要》誤。

〔二〕十三日：原作「十九日」，據《建炎要録》卷一八〇改。若作「十九日」，與下條日分亦失次，故當以「十三」爲是。

〔三〕接：原作「按」，據本書職官三六之九〇改。

〔四〕入厢：本書職官三六之九〇作「八厢」。

〔五〕原稿有「紹興」二字，被圈去，今恢復。

日以後，凡扈從無券曆者，更不推恩。」以殿中侍御史張震言：「近因二府掾屬申請，應扈從官吏不曾給券之人，令扈〔從〕官司保明刺報檢正檢詳審度，出給付身。各隨從官吏未有不給券者，今有此指揮，則不係隨從之人例皆附會，貨賂公行，展轉相攀，源源不已。且當時視師，正爲捍禦大敵，後苑作人吏何緣從行？此一項推恩已至一百十三人，以類推之，必皆非實。若更不爲之限，則遷延歲月，無有了時。」故有是詔。

孝宗

【宋會要】（隆興）〔淳熙〕五年九月十二日〔一〕，幸秘書省。十二日〔二〕，孝宗幸秘書省，如紹興十四年之儀。帝賦詩，群臣皆屬和。

十年七月四日，朝獻景靈宮回，幸明慶（幸）〔寺〕燒香祈雨。十四年七月十四日，再幸。

十一月十三日，幸龍山教場抽摘馬軍按閱回，幸玉津園。

十六年十月二十八日〔三〕，進早膳畢，車駕幸候潮門外大教場閱兵。

孝宗乾道二年二月四日〔四〕，車駕幸玉津園射，次幸龍井。凡車駕行幸出郊，皇太子及管軍、應從駕臣僚並戎服扈從，宰執已下免從駕。或宰臣及使相許從至某所，臨時降旨。

十一月二十四日，車駕幸候潮門外大教場，進蚤膳畢，次幸白石教場閱兵。

四年正月二十七日，車駕幸景靈宮朝獻 18 畢，次幸天竺寺燒香，（次幸天竺寺）晚幸玉津園。

十月十六日，車駕幸茅灘抽摘諸軍人馬按教。

六年十〔二〕月三日〔五〕，車駕幸大教場，蚤膳畢，次幸白石教場按教。

八年正月二十八日，車駕（諸）〔詣〕景靈宮朝獻畢，〔幸〕天竺寺燒香，次幸冷泉亭，（曉）〔晚〕幸玉津園。

九年閏正月二十八日，車駕幸天竺寺燒香，次幸玉津園。

光宗

【宋會要】紹熙二年四月八日，進早膳畢，車駕詣重華宮，恭請至

〔一〕原稿此句僅作「九月十二日」，旁批「隆興五年」。按隆興只二年，今據《宋史》卷三五《孝宗紀》三改。

〔二〕十二：原作「十三」，據上文改。按以下幾句當爲另一門類之文，故事件重複。

〔三〕按此已是光宗即位以後之事，當移入光宗。

〔四〕按，以下七條應移前。蓋因《永樂大典》編者誤認以上四條爲隆興事，故反而誤編於此。

〔五〕十二月：原脱「二」字，據《宋史》卷三四《孝宗紀》二補。

尊壽皇聖帝、壽（城）〔成〕皇后同幸聚景園。四年三月二十六日如之。

五年四月三日，進早膳畢，車駕幸玉津園，進晚膳。

寧宗

寧宗慶元（元）〔二〕年十月二十九日〔一〕，車駕幸候潮門外大教場閱兵。

六年三月十六日，進早膳畢，車駕詣壽慈宮起居，恭請壽成惠慈皇太后同幸聚景園。

嘉泰二年十二月二十日，幸大教場按閱諸軍人馬。

三年正月二十八日，幸太學，祗謁先聖。先詣至聖文宣王殿行禮，次幸太學講書畢，賜茶。次赴（照）〔昭〕烈武成王殿行禮，次幸武學，賜茶。

三月十六日，幸聚景園。

開禧二年三月十八日，車駕詣壽慈宮起居，恭請太皇太后同幸聚景園。

嘉定元年閏四月二十七日，車駕詣太一宮祈雨燒香，次詣明慶寺靈感觀音前燒香。二十四日御筆：「朕念常暘爲沴〔二〕，夕惕靡寧，雖已齋心致禱于宮中，外命群臣徧走名祀，而精誠未至，雨澤尚愆。朕以二十七日親詣太一宮及明慶寺燒香，仍令三省行下諸路監司守臣〔三〕，各體朕意，虔加祈求〔四〕，務獲通濟。」

八年四月六日，車駕詣景靈宮孟夏朝獻。禮畢，又以禱雨詣太一宮及明慶寺。（以上《永樂大典》卷一八五八六）

〔一〕二年：原作「元年」，據《玉海》卷一四五改。
〔二〕暘：原作「賜」，據本書禮一八之二八改。
〔三〕司：原作「寺」，據本書禮一八之二八改。
〔四〕加：原作「如」，據本書禮一八之二八改。

宋會要輯稿　禮五三

册后〔一〕

【宋會要】

❶太祖建隆元年八月十九日〔二〕，制曰：「軒轅四星，爰著正妃之象〔三〕；虞舜二女，誕彰内治之功。崇陰教而敦國風，體坤儀而修壼政，兹所以正人倫之大本也。瑯琊郡夫人王氏代襲勳賢，心游圖史，肅雍可以奉禋祀，勤儉可以率中闈，實鍾開國之祥，允賴宜家之助。淑慧天賦，英徽日隆。既侔太姒之賢，宜正長秋之號。可立爲皇后，所司擇日備禮册命。」自後凡制書云册命者，多不行册禮。

太宗雍熙元年十(一)〔二〕月十七日〔四〕，制曰：「姬周之盛，本自姜、任之烈；虞舜之聖，亦資皇、英之助。蓋化行于内而陰教以孚，位正于中而人倫以叙。始于宫闈，迨于家邦。前典具存，敢忘循舉？隴西李氏柔嘉維則，和順積中，茂慶著于侯藩，盛烈傳于勳閥。頃自作嬪帝室，毓德椒塗，象服垂風，《關雎》播美。服阿保之箴誡，知臣下之勤勞。固已績茂公桑，道光彤管。而造舟之禮，尚稽于徽命；褘翟之貴，未正于中宫。宜考舊章，焕兹縟禮。法軒星而踐位，配皇帝以爲尊。可立爲皇后，有司擇日備禮册命。」自後册命后妃，皆寫告身，用遍地塗金花龍鳳羅紙，以金塗標袋，有司進入。

至道三年五月二十四日，制曰：「王者法星軒之文，正椒掖之號，所以協宣陰教，敦厚人倫。故嬀汭美嬪虞之賢，塗山光翼夏之德，著之典訓，刑于家邦。斯爲大猷，朕所祗尚。秦國夫人郭氏生彼華胄，歸于列藩，婉嫕有儀，柔嘉成性，寅恭罄奉上之德，慈仁符逮下之規。景命維新，純熙載集，俾膺徽稱，用則舊章。宜立爲皇后，仍令所司備禮册命。」二十八日，羣臣拜表稱賀，又詣内東門奉牋賀皇后。

真宗大中祥符五年十二月二十二日，中書門下上言，以中宫母儀萬國，不可久虚位號，詔允所請。二十四日，制曰：「朕仰承嘉運，嗣守洪基，思厚人倫，聿崇王化。眷惟中壼，實有舊章，宜得淑賢，佐于懃毖。爰敷明命，誕告外庭。德妃劉氏毓萃高門，鍾英甲族，載挺閑和之質，茂昭婉嫕之風。覽圖史之格言，早揚惠問；躬組紃之懿績，實顯令猷。自升冠于掖庭，頗貿更于歲月。肅雝之美，表率于六宫；敦睦之仁，協和于九族〔五〕。事遵彤管，兆協玉衣。

〔一〕題下原批：「案册后宜在妃册皇太子册前。」按，似當云「宜在『册命皇太子妃』前。」「册命皇太子妃」即本書之下一門。蓋徐松原稿之次序，「册后」在「册命皇太子妃」之後，故整理者作此批。

〔二〕十九日：《宋大詔令集》卷一八、《長編》卷一均繫於十七日甲申。

〔三〕正：原作「王」，據《宋大詔令集》卷一八改。

〔四〕十二月：原作「十一月」，據《長編》卷二五改。

〔五〕「協」下原有「合」字，據《宋大詔令集》卷一八删。

邦教聿隆，嬪則攸著。長秋虛位，宰輔上言，援據古今，契予褒擇。於戲！《詩》有《思齊》之詠，《易》垂厚載之文，福祉攸滋，邦家所賴。肅膺典册，其懋戒哉！可立爲皇后，擇日備禮册命〔一〕。」

仁宗天聖二年十一月二十一日，制曰〔二〕：「古之有國家者，體乾坤之象，明教化之源，必正人倫，以齊天下。姜、任之佐周道，陰、馬之隆漢風，皆有茂規，垂於方册。朕猥以涼德，紹膺丕祚〔三〕。允賴盈成之業，敢忘勵翼之勤！皇太后慈念素深，誨勖斯至〔四〕，歷選門閥，爲求良善。得人果協于聖心，班詔以聞于列位〔五〕。擇兹吉旦，乃降命書。贈中書令郭崇韜孫女〔六〕，將相之家，簪纓不絶，漸仁義于宗黨，播柔芳于閫闈。遂生賢明，式耀勳緒。炳俔天之表，夐出常倫；謹珮玉之聲，率由懿範。蓋已動中圖史，言成矩模。徽音藹聞，慎簡胥協。宜其升訓九列，統齊六宫，秉椒極之舊章，陟軒星之正位。於戲！上承宗廟 2 之重，下契臣民之則，夫惟匪懈，克廣令猷。盡爾孝恭，事于文母。執饔膳以佐餕，端縰笄而承顔。守其静方，濟以純儉。使四海之内，九族之中，仰褘翟之禮容，識朝廷之婦順，傳芳永世，豈不盛歟！可立爲皇后，仍令所司擇日備禮册命。」

仁宗景祐元年九月十八日，制曰：「王者握符御宇，繼體守文。保于萬方，允資外輔；率乎六列，實藉中闈。是以塗山之興，協禹功而彌遠；有莘之娶，贊湯祚以滋昌。朕受命昊穹，居尊夷夏。念長秋之虛位，覽上宰之敷言，且曰皇王之猷，必端天地之本。明《關雎》之風化，美《螽斯》之衆多。欲正邦基，在求德閥。詢于壼範，敦此人倫。誕告彤庭，庸彰懿爍。贈尚書令、冀王、配饗太祖廟庭曹彬孫女，生于鼎族，教自公宫。眷乃祖之孫謀，著元勳于廟祀。慶流令淑，望藹高華。而性稟柔閑，體含仁厚，援圖史以自鑑〔七〕，節環佩而有容。宜登金屋之榮，用表玉衣之瑞。褘褕無闕，龜筮協從。於戲！立后之規，建國所繫，上承宗祏之重，内憑輔佐之勤。思進賢才，以昭陰教。修紘綖而隆禮〔八〕，執圭瓚而訓恭，肅奉徽章，欽惟永命。可立爲皇后。所陳嘉會，仍俟吉辰，所司擇日備禮册命。」

二十九日，詔太常禮院詳定册皇后儀制以聞。禮院言：「皇后玉册如皇太子制度，用珉玉五十簡，匣隨册之長短。寶用金，方一寸五分，高一寸，其文曰『皇后之寶』。盤螭紐，其綬并緣册寶法物即比附書制，匣、盝並朱漆，以金塗銀裝。又準令文，皇后服首飾花十二株，小花如大花之數，並

〔一〕此制自「長秋虛位」以下原脱，據《宋大詔令集》卷一八補。
〔二〕以上二句原無，據前後文例及《宋史》卷九《仁宗紀》二補。
〔三〕此制自「古之有國家者」至此原脱，據《宋大詔令集》卷一八補。
〔四〕勖：原作「辭」，據《宋大詔令集》卷一八改。
〔五〕聞：原作「開」，據《宋大詔令集》卷一八改。
〔六〕韜：原脱，據《宋大詔令集》卷一八補。
〔七〕「援」原作「授」，「鑑」原作「覽」，據《宋大詔令集》卷一八改。
〔八〕隆：原作「降」，據《宋大詔令集》卷一八改。

兩博鬢。褘衣，深青織成爲之，文爲翬翟之形，素織五色，十二等。青紗中單，黼領，羅縠褾襈，蔽膝，隨常色，以緅領緣，用翟爲章，二等。大帶，隨衣色，朱裏，紕其外，上以朱錦，下以緑錦，鈕約用青組〔一〕。以青衣革帶，青韈、舄，舄加金飾。白玉雙佩，黑組，雙大綬。章采尺寸與乘輅同〔二〕。」從之。

十一月三日，行册禮。是日冬至，文武百官稱賀，禮畢，復詣文德殿庭立班。内臣二員自内中承旨，降皇后册寶出垂拱殿，捧册寶官俱搢笏，率執事人以次捧舉。禮官、通事舍人導中書侍郎押册，中書令後從；門下侍郎押寶，侍中後從。由東上閤門出，至文德殿庭權置。禮官、通事舍人引册寶使副就位，次引侍中于使前，西向稱有制。典儀曰再拜，贊者承傳，使副、應在位官皆再拜訖，宣曰：「贈尚書令、冀王曹彬孫女册爲皇后，命公等持節展禮。」使副再拜，侍中還位，門下侍郎帥主節者詣使東北，主節者以節授門下侍郎，〔門下侍郎〕執節授册使，〔册使〕跪受，興，付主節，幡隨節立于使左。次引中書令、侍中詣册寶使東北，西面立，中書侍郎引册案立于中書令右，中書令取册授册寶使，册寶使跪受，興，置于案。册文曰：「皇帝若曰：天地定位，陰陽相成。人道貫之，以綱大倫；后德配之，以熙内治。聖人有以端其本也，故造舟之迎 3 言乎備；詩人有以美其化也，故《周南》之風著乎始。粤朕冲昧，祗若丕構。深惟承荷之重，輔佐攸艱，用簡納賢明，以協于人神之望〔三〕。咨爾贈尚書令、冀王、配饗太祖廟庭曹彬孫女，惟乃祖克有武略〔四〕，勤勞王家，保勳不伐，饗厥終慶。教流後昆，薰然慈和，善祥憑積〔五〕，生此邦媛。其漸漬醇醲，發聞馨香，所從來遠矣。起居閑習〔六〕，不待姆師之訓；風容矩度，自爲宗黨之憲。長秋曠位，陰教未序，咨求訓範，統正六列。宗公鼎臣，誦言于朝，願即嘉時，聿申典禮。朕以《春秋》之義，必娶大國；摯疇之家，乃稱福耦。謀及泰筮，聘以縠圭，惟吉之從，有命既集。今遣使工部尚書、同平章事李迪，副使户部侍郎、參知政事王隨，持節册命爾爲皇后。欽哉！夫惟肅恭可以事上，夫惟謙裕可以接下，泰而能約則驕弗至，動而慎思則悔弗萌。懋乃后德，修乃嬪職，奉承宗廟，儀刑家國，永綏無疆之祉，不其韙歟！」中書令與中書侍郎退復本班，門下侍郎引寶案于侍中之右，侍中跪取寶以授册寶使，使跪受〔七〕，興，置于案。侍中(興)〔與〕門下侍郎俱退復本班。典儀曰再拜，贊者承傳，册寶使副、在位文武官皆再拜訖，禮官、通事舍人引使副押册寶，持節者前導，捧册寶官捧舁，援衛如式，以次出朝堂門，由右昇

〔一〕用：原無，據《宋史》卷一五一《輿服志》三補。
〔二〕采：原作「綬」，據《宋史》卷一五一《輿服志》三改。
〔三〕以：原無，據《宋大詔令集》卷一九補。
〔四〕略：原作「力」，據《宋大詔令集》卷一九改。
〔五〕祥：原作「神」，據《宋大詔令集》卷一九改。
〔六〕閑：原作「祖」，據《宋大詔令集》卷一九改。
〔七〕使：原脱，據《文獻通考》卷二五六補。

龍門入大慶殿門〔一〕，次由宣祐門至内東門，附内臣入進。内臣引内外命婦俱入就位如儀，内侍詣閤請皇后服褘衣。册寶至内東門外位，使、副俱東向，内給事進南向位。禮官、通事舍人引使就内給事前面北向跪〔二〕，稱「册寶使李迪、副使王隨奉制授皇后册寶」。俛伏，興，退復位。内給事入詣受册寶殿閤皇后前跪奏訖，俛伏，興，退。内侍進詣使前，面西跪，受册寶以授内謁者監，使退復位。内謁者監、主當内臣持册寶入内東門，内侍從之，以次入詣殿庭。内侍贊引皇后降詣庭中，北向，内侍跪取册，次内侍跪取寶，興，進立皇后右少前西向，内侍二員進立皇后左，少前東向。又内侍稱有制，内侍贊皇后再拜。拜訖，内侍奉册進授皇后，皇后受以授内侍，内侍奉寶授皇后，皇后受以授内侍訖，内侍贊皇后再拜。拜訖，内侍前導皇后升座，南向，内臣引内外命婦稱賀如儀。畢，内侍進詣皇后前跪奏禮畢〔三〕，内侍前導皇后降座還閤，内外命婦班退。宰臣、文武百官詣東上閤門拜表稱賀。

英宗嘉祐八年四月二十八日，英宗即位未改元。制曰：「天子之有后，如天之與地，惠養萬物；如日之與月，臨照四方。苟稱號之弗崇，則臣民之安仰？京兆郡君高氏，生閥閱之後而不自矜大，處富貴之習而能安素約。服在藩邸，宜于室家；肆朕纘承〔四〕，嘉乃輔佐。惟長樂之奉養，左右不可不虔；惟六宫之表儀，晨夕不可不肅。爰正軒星之位，以爲國風之倡。舉是典册，告于治朝。於戲！邦教所基，人倫兹重。塗山啓夏，4 太任興周，勤勞一時，焜燿萬世。乃其總笄櫛纚，日侍慈顔，衡紞紘綖，時承宗祀，庶幾天下之俗，知我門中之私。可立爲皇后。其合行册禮，令有司檢詳典故以聞。」

治平二年九月十八日，命參知政事趙槩撰册文并書。十(二)〔一〕月十六日〔五〕，郊祀禮畢，帝御文德殿，遣攝太尉、宰臣曾公亮〔六〕，攝司徒、樞密副使陳升之，持節册命皇后。册文曰：「皇帝若曰：惟坤儀承天以亭育萬物，惟陰景配日以照臨四方，惟后德佐王以化成天下，蓋風乎遠者必始于近，正其國者先齊其家。有(辛)〔莘〕翼商，塗山興夏。舜以二女，茂昭釐降之文；周以大姒，聿稱《大明》之詠。此有國之成憲，古今之常道也，可不慎焉！朕猥當洪業，獲奉皇圖，襲先帝之大基，承長樂之慈蔭。粤求内助，率迪故常。咨爾高氏，惟乃祖休有丕烈，顯于家邦，勳昭前人，慶浹後世。眷乃淑哲，雍和粹純，貴而能去其驕，動而能約以禮。自嬪藩邸，肇正壼儀；肆朕纘服，輔予憂勤。矧慈壽徽音，方資善繼；六宫懿範，宜有宗師。故羣公卿

〔一〕昇：原作「并」，據《文獻通考》卷二五六改。
〔二〕面：原作「向」，據《文獻通考》卷二五六改。
〔三〕奏：原作「奉」，據《文獻通考》卷二五六改。
〔四〕承：原作「成」，據《宋文鑑》卷三四改。
〔五〕十一月：原作「十二月」，據《宋史》卷一三《英宗紀》改。
〔六〕公：原作「元」，據《宋史》卷二一一《宰輔表》二改。

士，僉繹舊典，遂加褕狄之飾，允正長秋之位。誕告有衆，既籲外庭；式契元龜，協諏穀旦。今遣攝太尉、中書侍郎、兼户部尚書、同中書門下平章事、集賢殿大學士曾公亮，攝司徒、樞密副使、尚書禮部侍郎陳升之，持節册命爾爲皇后。夫《家人》正内，《易》所以顯于象中；《關雎》進賢，《詩》所以爲之風首。惟其懋乃德，迪厥善，暢肅雍之化，敦《螽斯》之義，尚播美于彤史，以光乎萬世，豈不韙歟！」百官自文德殿移班閤門拜表稱賀，又上表箋賀皇太后、皇后于内東門。

神宗治平四年二月六日，即位未改元。制曰：「王者制治當天，法陰陽而布風化；自家刑國，正夫婦以穆人倫。惟長秋之冠六宮，首内教而光萬寓〔一〕。朕祇膺顧命，獲荷丕基，秩容典以敦睦，稽禮經而必叙。安國夫人向氏〔二〕，德教柔順，道義賢和〔三〕，鍾相閥以挺生，積善祥而襲慶。自居藩邸，輔佐朕躬，肅珩珮以無譁〔四〕，鑒圖史而有毖。屬纘承于寶祚，用進陟于坤儀。咨以僉諧，重于國體。於戲！晨昏養之大〔五〕，思謹奉于兩宮；粢盛祭之倫，必虔恭于七廟。著雍睦爲嬪則，尚節儉爲民彝，茂宣懿猷，助我善教。可立爲皇后。其合行册禮，令有司檢詳典故以聞。」

熙寧二年正月十四日〔六〕，命參知政事王安石撰册文并書。

四月二十六日，上御文德殿，遣攝太尉、樞密使呂公弼，攝司徒、參知政事王安石〔七〕，持節册命皇后。册文曰：「皇帝若曰：自昔有天下，必擇建厥配，以承宗廟，以御家邦。肆朕受命，奉循前烈，考慎典册，以祈協于神民。咨爾向氏，懿柔淑恭，舊有顯聞。肇功惟祖〔八〕，弼亮帝室，流德之澤，覃延後嗣，是産碩媛，比賢姜、任。越朕初載，來嬪藩邸，盥饋在中，率禮無違。以至嗣服〔九〕，祇承内事，齋明夙夜，罔有曠失。宜崇位號，表正宮庭。今遣攝太尉、樞密使、檢校 5 太傅、行尚書刑部侍郎呂公弼，攝司徒、右諫

〔一〕内：原作「六」，據《宋大詔令集》卷一八改。
〔二〕向：原作「尚」，據《宋大詔令集》卷一八改。
〔三〕「德教」二句：《宋大詔令集》卷一八作「德敷柔順，道蔚賢和」，較勝。
〔四〕珩珮：原作「行佩」，據《宋大詔令集》卷一八改。
〔五〕大：原作「文」，據《宋大詔令集》卷一八改。
〔六〕正月：疑爲「二月」或「三月」之誤，蓋據《宋史》卷二一一《宰輔表》二、《宰輔編年録》卷七等史書載，王安石以熙寧二年二月三日庚子始自翰林學士、工部侍郎、兼侍講除右諫議大夫、參知政事，正月間王安石之職爲翰林學士。因此，若本句「正月」不誤，則下句「參知政事」必爲「翰林學士」之誤。然以字形而言，終以「二」、「三」誤作「正」之可能性爲大。再就制度或慣例而言，因皇后地位崇高，其册文多由宰執撰寫，本書本卷中其例甚多，且無例外。故而，疑本句月分有誤（史籍中「五」字亦常誤作「正」），但因本次册禮在四月，撰册必在其前，故可不論。
〔七〕王安石：原作「唐介」，據下文改。按，《宋史》卷一四《神宗紀》一、又卷二一一《宰輔表》二：四月三日丁未，參知政事唐介卒。則四月二十六日唐介不可能參與皇后册禮，此處「唐介」乃「王安石」之誤。
〔八〕功：原作「初」，據《臨川先生文集》卷四五、《宋大詔令集》卷一九改。
〔九〕嗣服：原脱，據《臨川先生文集》卷四五、《宋大詔令集》卷一九補。

議大夫、參知政事王安石〔一〕，持節册命爾爲皇后。夫惟興王，釐厥士女，咸自内始，達于四海。朕克勤，人用弗怠；朕克儉，人用弗奢；朕克正，人用無敢側頗僻。爾勤相朕〔二〕，乃濟登茲。於戲！匪初惟艱，惟慎厥終，爾忱念茲，朕以永饗天禄，爾亦豫有無疆之福，豈不韙哉！」

哲宗元符二年九月七日，手詔賜宰臣章惇曰〔三〕：「朕以卿等上表請建中宮事稟于兩宮，皆以爲莫宜于賢妃劉氏，柔明懿淑，德冠後宮，誕育元良，爲宗廟萬世之慶。中宮將建，非斯人其誰可當？所宜備舉典册，以正位號。恭依慈訓，即班禮命。」

八日，制曰：「朕獲以菲質，紹承寶圖。歷觀王化之興，莫非内德之茂。惟時淑媛，祇事掖庭，生爾天材，立我國本。其涓穀旦，升冠長秋，章婦道于家人，焕母儀于天下。賢妃劉氏心容具善，德履參和。弓韣祠禖，蚤歆帝武之敏；簟笰考室，遂占熊夢之祥。誕降元良，來符亨會。屬中宮之虛位，適宰府之有言，以七廟祭祀必有以共承，兩宮奉養不可以無助。朕躬稟慈訓，欽聆玉音，謂其有柔明之姿，懿淑之德，載育長嗣，垂慶萬年，亮非斯人，誰可爲后。宜舉典册之備，以正位號之崇。播告治朝，是頒休命。於戲！虞舜之釐二女，帝嚳之登四妃。冠德後宮，遠則貴人選〔逯〕〔建〕于永平之歲；鍾英甲族，近則德妃禮命于祥符之年。匪朕私恩，具咨故實。尚協修于陰教，其篤叙于壺彝。憂若《關雎》之進賢，仁如《樛木》之逮下，成《麟趾》之信厚，致《螽斯》之衆多，燕及家邦，永綏福祚。可立爲皇后，令所司備禮册命。」先是〔四〕，將立后，内出皇太后手詔曰：「非此人其誰可當？」翰林學士蔣之奇載其語于白麻，故有「亮非斯人誰可爲后」之語。其後皇太后臨朝，以瑶華無辜被廢，遣治元符立后之因，詔之奇進所奉手詔，驗其字畫，乃劉友端所書。之奇簾前奏曰：「當時降制用手詔語，謂皆得旨〔五〕，不謂皇太后不知也。」皇太后諭曰：「當時實未嘗見〔六〕，唯九月二日先帝來殿中〔七〕，云章惇等乞立中宮，議已定，欲初七日降制。自後文字皆不曾見。友端、郝隨輩誤先帝多矣。」它日曾布問惇：「立元符手詔是劉友端書，外間有人進入文字，皇太后未嘗見聞〔八〕，何也？」惇遽曰：「是惇進入。先帝云已得兩宮旨，令撰此詔意。」于是二府以惇語奏，徽宗及皇太后曰：「惇罪誠不可貸，然不可暴揚者，正爲先帝爾。」是時章惇專政，結内侍郝隨以固權

〔一〕王安石：《宋大詔令集》卷一九同。《臨川先生文集》卷四五作「王珪」，誤，王珪次年十二月始除參知政事。此皆後人妄改。

〔二〕勤：原作「勵」，據《臨川先生文集》卷四五改。

〔三〕「手詔」前原有「皇太后」三字，據後詔文稱「朕」，又云「稟于兩宮」，又云「恭依慈訓」，顯爲哲宗皇帝口吻，《長編》卷五一五亦無此三字，因删。

〔四〕自「先是」至此段之末全同於《長編》卷五一五，《會要》似不應有此等大段辨論是非之文，疑是《永樂大典》抄《長編》之文附入於此。

〔五〕謂：原脱，據《長編》卷五一五補。

〔六〕嘗：原作「常」，據《長編》卷五一五改。

〔七〕帝：原作「常」，據《長編》卷五一五改。

〔八〕聞：原作「問」，據《長編》卷五一五改。

寵，劉友端助之。三人兇狡相濟，故長樂手札悖撰定進入，友端矯制書之。宮禁事秘，人莫得而辨也。

同日，命尚書左丞蔡卞撰册文并書。

二十七日，上御文德殿，遣攝太尉、宰臣章惇，攝司徒、中書侍郎許將，持節册命皇后。册文曰：「皇帝若曰：古之明王，天立厥配，以贊助其行事，御于家邦。朕嗣有令緒，撫綏萬方，若稽大 6 猷，嚴所登建，以奉宗廟。非朕敢私，圖惟其人，在帝所右[一]。咨爾賢妃劉氏，懿柔淑哲，維德之行。自初叙御，率禮不越，震夙之慶，協于聲詩。乃生元子，誕受帝祉，立我國本，垂休無疆。朕率籲庶言，恭承慈訓，敷教在位，莫如爾賢，神人允諧，命爾予翼。其膺典册，正位宮庭。今遣攝太尉、金紫光禄大夫、守尚書左僕射、兼門下侍郎章惇，攝司徒、右光禄大夫、守中書侍郎許將，持節册命爾爲皇后。夫王化之美，必自内始，浹于四海，凡厥攸行，罔不在初。爾惟順[二]，故能上承兩宮，化天下以婦道；爾惟明，故〔能〕迪朕夙夜無怠，以懋爾德，毗（于）〔予〕一人，永綏兆民[三]。天其申命于我家，爾亦永膺多福，豈不韙歟！」禮畢，羣臣詣東上閤門拜表稱賀，又賀皇太后、皇太妃、皇后于内東門。

元符三年二月二十八日，徽宗即位未改元。制曰：「朕嗣守令緒，若稽前人。王假有家，所以始基邦教；天作之合，所以纘成治功。肆朕柬求[四]，惟古時憲。咨爾萬方之有家，聽予一人之告猷。順國夫人王氏，徽柔懿和，温恭慈順。冑自勳閥，嬪于王藩。夙夜在公，克明其德；朝夕匪懈，淑謹其身。兹入紹于基圖，用申加于位號，以承九廟之祀，以刑四海之風。於戲！古先哲王，肇修人紀，釐厥士女，御于家邦。惟克艱則罔有後艱，惟克正則罔敢不正。爾勱朕相[五]，予惟汝嘉，朕其永孚于休，爾亦並受其福。可立爲皇后，令有司擇日備禮册命。」

徽宗崇寧二年六月五日，上御文德殿，遣攝太尉、宰臣蔡京，攝司徒、中書侍郎趙挺之，持節册命皇后。册文曰：「皇帝若曰：昔之制，后纘王之事，以聽天下之内治，其義配于乾坤。非有《關雎》之淑則不足以帥六宮，非有《樛木》之仁則不足以羞衆善。王化之美，自其躬興，播之聲詩，後世承式。肆朕時若，以蕲協于前人。咨爾王氏，徽柔静專，夙蹈彝訓。惟乃顯祖，服勞王家，慶鍾令人，啓大厥後。越朕初載，來嬪于藩，爰逮纘承，克資勱相朕。上帝眷祐，元子挺生，恪勤祇修，夙夜靡懈。膺受册典，神人允諧。今遣攝太尉、右光禄大夫、尚書左僕射、兼門下侍郎蔡京，攝司徒、中大夫、中書侍郎趙挺之，持節册命爾爲皇后。惟先哲王，建用皇極，能使天下好于其家。爾克誠，其膺不僭；爾

[一] 所右：疑當作「左右」。
[二] 惟：原作「爲」，據《宋大詔令集》卷一九改。
[三] 「永」、「兆」二字原脱，據《宋大詔令集》卷一九補。
[四] 柬：原作「作」，據《宋大詔令集》卷一九改。
[五] 勱：原作「勵」，據文意改。

克和，其應不乖。爾尚輔予，惟以一德，無俾姜、任專美于周，則有宋惟時建無窮之基，爾亦與有無窮之聞，豈不韙歟！」

大觀四年十月二十一日，制曰：「天地定位，二氣合而萬物生；日月並明，四序時而百度正。朕祗膺先烈，嗣守丕圖，顧脩身而治家，將明内而齊外。稽《關雎》正始之義，攷《思齊》嗣徽之音，用昭儷極之尊，爰求碩德之媛，揚于路寢，正厥坤儀。貴妃鄭氏，婉淑柔明，謙恭靖密。輔予内治，顧已歷年。懷《卷耳》之進賢，體《樛木》之逮下，警戒有相成之道，憂勤無私謁之心。鑒圖史之訓以持身，謹珩珮之節[7]以率下。德高禁闈，位極元妃。屬長秋之久虛，致大臣之屢請。遠惟東漢，得永平選建之公；近則真皇，有祥符宣制之比。龜筮協吉，褘翟有光。既勤績于壺中，更儀刑于天下。一人有慶，萬世無疆。於戲！王假有家，化必資于陰教；天作之合，理非（侍）〔待〕于人爲。靈承七廟之休，表倡六宮之治。惟久迺濟，非初其難。用燕及于家邦，茲永綏于福禄。可立爲皇后，仍令有司擇日備禮册命。」

十二月十八日，議禮局奉御筆：「據所奏皇后受册儀制，頗未詳備。比覽《開元禮》嘉禮，册命皇后，於皇后殿張幄位，設宮架樂，進重翟，諸位屯門列仗之類，其禮詳盡。宜精加討論，重别議定。」本局看詳：臨軒册使，皇帝御文德殿，服通天冠、絳紗袍，羣臣並朝服，陳黃麾細仗，依古用宮架。册使出殿門，依近議不乘輅。權以穆清殿爲受册殿。其日皇后服褘衣，其奉册寶授皇后，皆用内侍。受册訖，皇后上表謝皇帝，内外命婦立班稱賀，羣臣入殿賀皇帝，于内東門上牋賀皇后。其上禮儀（註）〔注〕，乞依進馬條令施行。其會羣臣及皇后會外命婦儀（註）〔注〕，並乞遵用《開元》、《開寶禮》[一]。從之。又按《開元》、《開寶禮》，皇后受册及内外命婦班賀，皆于受册之殿陳宮架，用女工，陛降行止並以樂節。乞定樂名，别撰樂章。及修皇后謁景靈宮儀注，詔付議禮局。

政和元年正月二十五日，皇后上表乞免受册排黃麾仗及乘重翟車、陳小駕鹵簿等。詔依所乞，其延福宮受册依已降指揮，朝謁景靈宮止依近例。

二月九日，早一刻，開内門，文武百官、未陞朝官由右掖門，宗室及諸司使副至殿直由東華門、左掖門，入赴朝堂内外幕次換朝服，未陞朝官公服。赴殿庭立班。俟皇帝赴文德殿西閤，皇后册寶降出，由東正閤門至文德殿庭權（直）〔置〕。侍中奏中嚴外辦，承旨索扇，皇帝服通天冠、絳紗袍以出，樂作。即御座，樂止。扇開，太尉、司徒入門，奏《正安》之樂，樂作[二]，至位，樂止。在位官皆再拜。侍中宣制曰：「册貴妃鄭氏爲皇后，命公等持節展禮。」宣訖，太尉、

[一] 開寶：原無「開」字，據《宋史》卷一一一《禮志》一四補。下文同。

[二] 樂作：此二字似爲衍文。

司徒再拜，侍中退。門下侍郎以節授太尉訖，次中書令取册授太尉訖，興，置於案，舉案退。册文曰：「皇帝若曰：王者體象二儀，憲法兩曜，登建正后，以臨兆民，蓋以端本人倫，始基王化。朕親承丕緒，若稽前訓，睠圖碩德，以御邦家。咨爾貴妃鄭氏，秉柔明之懿則，賦燕婉之令猷。襲慶儒宗，俔天異表。自居藩邸，蚤輔朕躬。感會雲龍之期，浸膺褕翟之貴。寤寐思服而有進賢之志，夙夜匪懈而無私謁之心。深避外家之寵榮，每堅冲懇；屢被褒功之典策，推以惠疇。無珠玉美麗之矜，惟詩書理義之閲。行高往籍，德冠後庭。睠長秋之久虛，屬大臣之屢請，朕考古以定命，卜龜而見祥。宜進正于中宮，俾專聽于内治。今遣攝太尉某、攝司徒某，持節册命爾爲皇后。夫上承九 8 廟之禋潔，下隆六寢之表儀，位彌高則施愈光，德益新則望愈重。塗山啓夏，太任興周，流芳六經，垂譽萬世。爾其益聖素蘊，追配前人，朕永享無窮之休，爾亦有無窮之聞，豈不韙歟！」太尉、中書令、中書侍郎復本班，侍中取寶以授司徒訖，興，置于案，舉案退。司徒、侍中、門下侍郎復本班，在位官皆再拜，太尉押册，司徒押寶，出文德殿門。禮儀使奏禮畢，皇帝降坐，承旨索扇，樂作。入東房，樂止。所司承旨放仗，在位官皆再拜訖，退歸幕次。俟太尉、司徒詣文德殿庭復命訖，文武百僚常服赴東上閤門拜表賀皇帝，内東門司進牋賀皇太后。

欽宗宣和七年欽宗即位未改元。十二月二十五日，制曰：「進賢而王化基，道允資于淑女；正家而天下定，議蓋總于嚴君。朕蚤踐儲闈，肇臨宸極。仰遵聖訓，當茂建於長秋；俯重人倫，肆誕揚于異數。載涓良日，敷告具僚。皇太子妃朱氏性稟賢明，心存婉嫕。毓于慶閥，素隆邦媛之風；嬪我震維，夙悟陰儀之政。居每觀于圖史，動常謹于珮環。節儉《葛覃》之功，服澣袍而無厭；和平《芣苢》之德，撫列媵以咸均。實生(申)〔甲〕觀之孫，彌荷中宮之睠。爰當履阼，方賴協心。朕欲黛耜勸耕，爾則供後熟之種；朕欲紫(壞)〔壇〕蒇事，爾則備親蠶之衣。可以遠過于二《南》，可以丕宣于四教。是用褒其蘭馭，登以椒塗，焕縟禮于金根，藹令名于王度。制皆攷古，恩匪狥私。於戲！嫣水興虞，遂致五典克從之効；塗山翊夏，終成九功惟叙之歌。勉繼徽音，益光懿範。可立爲皇后，其合行册禮，令有司檢詳典故以聞。」(以上《永樂大典》卷一九三一八)

【宋續會要】〔一〕

9 淳熙十六年二月二日，詔：「恭奉至尊壽皇聖帝聖旨，皇太子妃李氏册爲皇后。」

十一日，制曰：「纘女于莘，三代必資於内助；自家刑國，二《南》寔首於正風。朕嗣守宗祧，始基王化。恭稟聖皇之命，儀圖婦德之良。粤在初潛，得君子好逑之配；逮

〔一〕此下原有標目「后禮」。按以下仍爲册后之禮，非別是一門，今删。

茲踐祚，建長秋儷極之尊。爰擇剛辰，誕揚涣號。妃李氏柔嘉而莊栗，仁儉而静專。箴規不待於姆師，言動率循於法度。表應倪天之異，藹著令猷；慶鍾指李之祥，亶爲名閥。有來懿範，作合朕躬。吉占叶於和鳴，盛禮光於釐降。曩開恭邸，已疏定國之封；洎正儲闈，遂錫元妃之册。就館早臨於甲觀，抱孫久副於慈懷。每娱侍於親庭，實佐予于子職。憂勤在念，警戒相成。朕有慚文命之賢，揖遜欽承於堯舜；爾能法《思齊》之行，音徽嗣響於姜、任。祗奉國章，俾儀坤極。於戲！予治外而后治内，所以明人倫；予親耕而后親蠶，所以風天下。予欲奉三宫之孝養，爾則助調於旨甘；予欲嚴九廟之烝嘗，爾宜躬視於滌濯。協宣陰教，訓迪閫彝，益昭不顯之光，長保無疆之禄。可立爲皇后，令所司擇日備禮册命。」

九月二十一日，詔書撰册文并篆寶文，差同知樞密院事葛邲。

十一月四日，詔李氏立爲皇后，册寶日分用正月十九日。

十二月四日，禮部、太常寺言：「依儀，皇帝御文德殿發册寶，皇后受册寶於穆清殿，乞令都大主管官相視殿分，權作穆清殿受册寶行禮。」詔以後殿權爲穆清殿。

十五日，禮部、太常寺言：「皇后受册，合差内給事、内謁者監并讀册舉册寶及(夫)主當内侍等官，乞依禮例，令太常寺具窠目報内東門司取旨差。尚宫、司贊、典贊等，並係宫人至日贊引行禮，乞依禮例差内侍官三員，取太常寺受册儀範於禁中教習。」從之。

同日，又言：「依儀，皇帝御文德殿發册，其日尚輦陳大輦於西階下，東向，乞依例權不陳設。」從之。

二十一日，詔：奉册寶使，差右丞相留正；奉册寶副使，知樞密院事王藺；奉册取册授奉册寶使并後從册，同知樞密院事葛邲；奉寶取寶授奉册寶副使并後從寶，户部尚書葉翥。

二十六日，詔册命皇后，臨軒發册寶：禮儀使前導，權吏部尚書鄭僑；奏中嚴外辦，權兵部尚書、兼知臨安府張杓；御前奏中嚴外辦，吏部侍郎余端禮；奏解嚴，禮部侍郎李巘；御前奏解嚴，給事中胡晉臣；承旨宣制，中書舍人羅點；奉節，右諫議大夫何澹；舉册官，權吏部侍郎陳騤，權户部侍郎趙彦逾；舉寶官，權吏部侍郎吴博古，殿中侍御史范處義；太常卿押樂，右正言黄掄；太常博士引奉册寶使，監察御史計衡；引奉册寶副使，監察御史林大中；引禮儀使，太常少卿丘崈；協律郎舉麾詣文德殿下，太常丞林湜；詣[10]穆清殿門外，太常博士兼實録院檢討官汪逵。

二十七日，詔皇后受册外符寶郎二員：倉部郎中趙伯達，太常寺主簿徐柟。

紹熙元年正月十四日，禮部、太常寺言：「皇后受册，依禮例，宰執率文武百僚詣文德殿，次詣重華宫拜表牋稱賀。乞令禮部修撰，俟拜表牋訖，令本殿官進入。」從之。

同日，又言：「正月十九日發中宮册寶，欲前三日赴文德殿庭并穆清殿門外習儀，其日禮部册寶下，並用介（績）〔幘〕緋衫。」從之。

同日，又言：「依《五禮新儀》，皇后受册畢，擇日乘重翟車，有司陳小駕鹵簿儀仗朝謁景靈宮。所有今來皇后受册畢，欲乞先詣欽先孝思殿祖宗神御前行燒香之禮訖，次詣慈福宮朝謝壽聖皇太后，次詣重華宮朝謝至尊壽皇聖帝、壽成皇后。其朝謁景靈宮，緣重翟車等未備，今欲乞止用肩輿、龍檐子。」從之。

十九日，上御文德殿，遣右丞相留正、知樞密院事兼參知政事王藺持節册命皇后。册文曰：「皇帝若曰：天地合德，所以成陰陽之和；君后齊體，所以聽内外之治。朕以菲質，膺壽皇付託之重，嗣有令緒，永惟伉儷之懿，稽經諏律，亦惟其禮之稱而已。肆承慈訓，俾進位于長秋，神人允諧，朕躬敢弗祇若！咨爾妃李氏，慈明正淑，備有嘉德，夢月之祥，俔天之表。生于勛閥，早昭惠問。越自初載，來嬪藩邸，克相朕躬，以御于家邦，日宣令猷，警戒不怠。自家刑國，誠可以正坤極而母儀天下矣。今詢考卜筮，顯設容物，遣使正議大夫、右丞相、清源郡開國公、食邑四千五百户、食實封一千二百户留正，副使太中大夫、知樞密院事、兼參知政事、廬江郡開國侯、食邑一千二百户、食實封三百户王藺，持節册命爾爲皇后。於戲！三代多内德之助，二《南》爲王化之基。洪惟我家，代有壼則，姜、任並美，千載一時，嗣厥徽音，惟后時克。予欲奉兩宮之養，后則視饔膳以致乎順；予欲嚴太室之享，后則助烝嘗以致乎欽。無險詖私謁則可以輔佐君子，能恭儉節用則可以化成婦道。佑我鴻圖，光于彤管。朕承休無斁，后亦並受其福，豈不韙歟！」寶以「皇后之寶」爲文。

紹熙五年七月六日，詔：「恭奉太皇太后聖旨，皇子嘉王已即皇帝位，夫人韓氏册爲皇后。」

八月十四日，制曰：「王者體元以居正，方臨中夏之朝；君子治國先齊家，爰舉長秋之禮。乃眷菲涼之質，仰承熙洽之期。尊尊親親，既隆于孝理；夫夫婦婦，式懋于人倫。播告大廷，用孚羣聽。崇國夫人韓氏柔和而端敏，肅靖而寬容。居惟圖史之遵，動中珮環之節。頃奉重闈之命，肆求名閥之良，作合潛藩，克彰懿範。輔佐于内，形朝夕至勤之思；警戒不忘，有夙夜相成之道。惟爾祖一德格天之業，爲我家兩朝定策之勳。安社稷而勒功於鼎彝，仍父子而配食于宗廟，丕積慶羡，篤生令姿。兹予 11 入紹於基圖，俾爾申加於位號，以應隆慈之旨，以明正始之風。於戲！《書》稱堯、舜、禹之傳，朕實艱於負荷；《詩》美姜、任、姒之聖，后惟謹于儀刑。服澣濯以躬儉，則可以教行於宮中；執饔膳以佐餕，則〔可〕以化成於天下。助修治道，益顯家聲。可立爲皇后，令所司擇日備禮册命。」

慶元二年五月二十四日，禮部、太常寺言：「皇帝御文德殿發册，其日尚輦陳大輦於西階下，向東，乞依例權不陳設。」從之。

七月十二日，詔書撰册文并篆寶文，差簽書樞密院事葉翥。

八月十五日，禮部、太常寺言：「依儀，皇帝御文德殿發册寶，皇后受册寶於穆清殿，乞令都大主管官相視殿分，權作穆清殿受册寶行禮。」詔以後殿權爲穆清殿。

二十七日，詔：奉册寶使，太傅〔一〕、左丞相京鏜；奉册寶副使，太保、知樞密院事鄭僑〔二〕；中書令奉册取册授奉册寶使并後從册，參知政事謝深甫；侍中奉寶取寶授奉册寶副使并後從寶，參知政事何澹；禮儀使前導，簽書樞密院事葉翥。

九月十二日，禮部、太常寺言：「依《五禮新儀》，皇后受册，擇日乘重翟車，有司陳小駕鹵簿儀仗朝謁景靈宮。今來皇后受册畢，欲乞先詣欽先孝思殿祖宗神御前行燒香之禮訖，次詣慈福宮朝謝壽聖隆慈備福光佑太皇太后，次詣壽慈宮朝謝壽成惠慈皇太后，次詣壽康宮朝謝聖安壽仁太上皇帝、壽仁太上皇后。其朝謁景靈宮，緣重翟車未備，今乞止用肩輿、龍檐子。」從之。

十三日，禮部、太常寺言：「十月六日皇后受册畢，宰執率文武百僚詣文德殿拜表賀皇帝，次移班稍東拜牋賀皇后，次詣壽康宮殿下拜表賀聖安壽仁太上皇帝，次移班稍南拜牋賀壽仁太上皇后，次詣慈福宮殿下拜牋賀壽聖隆慈備福光祐太皇太后，次移班稍東拜牋賀壽成惠慈皇太后。其表牋乞令禮部修撰，所有慈福宮、壽慈宮、壽康宮牋表，俟拜牋表訖，係本殿官進入。」從之。

同日，詔皇后受册外符寶郎二員：吏部郎中張釜、太常丞張震。

同日，禮部太常寺言：「發中宮册寶前三日，赴文德殿庭并穆清殿門外習儀，其日禮部册寶下，並用介幘緋衣。」從之。

十九日，禮部、太常寺言：「皇后受册，合差内給事、内謁者監并讀册舉册寶及主管内侍等官，乞依禮例令太常寺具稟目報内東門司取旨差。内所差尚宮、司贊、典贊等，並係宮人至日贊引行禮，乞依禮例差内侍官三員，取太常寺受册儀範於禁中教習。」從之。

二十一日，詔册命皇后，臨軒發册寶：中嚴外辦，翰林院學士傅伯壽。御前奏中嚴外辦，權吏部尚書許及之。奏解嚴，中書舍人謝源明。御前奏解嚴，諫議大夫劉德秀。承旨宣制，起居郎兼刑部侍郎張孝伯。參知政事奉節，起居舍人胡(絃)〔紘〕。舉册官，太府少卿兼知臨安府王溉、殿中侍御史[12]姚愈。舉寶官，監察御史張伯垓、金部郎中趙師炳。太常卿押樂，祕書郎兼都(管)〔官〕郎官費士寅。太常博士引奉册寶使，太常寺主簿張經。引奉册寶〔副〕使，太府寺

〔一〕太傅：原作「太常」，據後册文改。
〔二〕知：原脱，據後册文補。

主簿商飛卿。引禮儀使，祕書郎陳宗召。協律郎畢麐詣文德殿下，祕書丞曾(焕)〔喚〕。詣穆清殿門外。祕書省校書郎陳峴。

九月二十八日，詔將來皇后受册寶畢日，命婦並免入賀。

十月六日，上御文德殿，遣右丞相京鏜、知樞密院事鄭僑持節册命皇后。册文曰：「皇帝若曰：乾元之大，必有坤元以合其德；外治之聽，必有内治以輔其成。朕祇奉燕詒，紹休丕緒。載攷古昔，王化有基，《關雎》首於《周南》，《家人》繇於羲《易》，蓋所以明君后齊體，宜崇伉儷，以配宸極之尊。是用遵隆慈之旨，彰作合之祥，正位長秋，其曷敢後？咨爾夫人韓氏，淑哲自天，静專居體，動中禮法，不勤姆師〔一〕。堂堂忠獻，實惟爾之舊門，定策兩朝，勳在王室，濬源流光，以大厥後。宜其曾沙啓慶，俔天有子。來嬪藩邸，維德之行。底予踐祚，亦既登建，分任陰教，佐理初元。稽彝典，舉褥儀，恭上三宫之徽號，后乃母臨萬國，夙有稟發令門而新彤管之輝，進群御而有金環之喜。適符亨會，命，容物顯設，亶維其時。今遣使攝太傅、右丞相京鏜，副使攝太保、知樞密事鄭僑，持節册命爾爲皇后。於戲！念之哉，有周之興，任、姒並美。曰任思媚，能慕大姜之所行；曰姒嗣徽，能纘太任之女事。詩雅稱述，克繼是先。后執婦道，内則事姑，又有二大姆在上，躬行揭則得於親承。惟肅敬宗廟，乃助予致孝享也；惟欽奉重闈，乃助予嚴至養也。予欲崇儉，宜安服於練繒；予欲省耕，宜率職於繭館。言不踰閫則無私謁之心，仁以逮下則有和平之樂。并此衆善，彰厥有常。仰協今日，同而無愧，毗予一人，共承天命，錫羡開統，則百斯男。我國家無疆惟休，后亦受福千萬年有永，豈不韙歟！」

嘉泰二年十二月十四日，制曰：「天下繫一人之本，治必始於齊家；王者形四方之風，化允資於后德。朕方務輯寧於萬寓，孰其專聽於六宫？眷中壼之久虚，屬重闈之有命，陞賢妃掖，作儷宸居。爰即路朝，誕揚顯册。貴妃楊氏温和而婉淑，聰睿而敏明。窈窕好逑，聲播睢河之遠；恭儉節用，志存葛谷之延。系遥綴於赤泉，選亟充於紫禁。動皆合度，無煩女史之規；巧出自然，不待天孫之乞。惟時堯母，念我文孫，美其冠於後庭，使之見於丙殿。進止仰風容之盛，勤勞殫朝夕之思。象既炳於次星，華遂參於褕狄。秉心彌恪，處貴益謙。圖籍陳前，覽古今而洞鑑；珩璜在佩，諧韶濩以鏘鳴。占合壽房，異符俔表。朕追懷良佐，孰紹芳猷，顧嘗居坐論以首陪，必能追行事而踵及。衆雖共屬，事靡敢專。兹奉壽慈之訓言，俾正長秋之位號。爰差穀旦，進處椒房。夫合坤元者惟柔正之攸行，而13在中饋者由巽順而無遂。予欲嚴清廟之祀，爾其躬織紞而奉齍；予欲承長樂之顔，爾必勤侍膳而佐(駿)〔餕〕。撫育則宜勞瘁之過，薦達則當寵寓之增。用開百世本支之祥，以慰兆民父母之望。於戲！遵永平之(事故)〔故事〕，已先令

〔一〕不：原作「丕」，據文意改。

德之登；嗣大姒之徽音，勉企思齊之聖。內翊宣於陰教，俯篤棐於民彝。惟能明章婦順之成，斯保綏將福履之固。可立爲皇后，令所司擇日備禮册命。」

十九日，禮部、太常寺言：「依儀，皇帝詣文德殿發册寶，皇后受册寶於穆清殿，乞令都大主管官相視殿分，權作穆清殿受册寶行禮。」詔以後殿權爲穆清殿。

二十七日，又言：「依《五禮新儀》，皇后受册，擇日乘重翟車，有司陳小駕鹵簿儀仗朝謁景靈宮。今來皇后受册畢，乞先詣欽先孝思殿祖宗神御前行燒香禮訖，次詣壽慈宮朝謝壽成惠聖慈佑太皇太后。其朝謁景靈宮，緣重翟車等未備，乞止用肩輿、龍檐子。」從之。

三十日，又言：「將來皇后受册畢，宰執率文武百僚詣文德殿拜表賀皇帝，次移班稍東拜牋賀皇后，次詣壽慈宮殿下拜牋賀壽成惠聖慈祐太皇太后，其表牋乞令禮部修撰。所有壽慈宮、文德殿牋表，俟拜牋表訖，係本殿官進入。」從之。

同日，又言：「皇后受册，合差內給事、內謁者監并讀册寶及主管內侍等官，乞依禮例令太常寺具窠目報內東門司取旨差。所差尚宮、司贊、典贊等，並係宮人至時贊引行禮，依禮例差內侍官三員，取太常寺受册儀範於禁中教習。」從之。

同日，又言：「發中宮册寶前三日，赴文德殿庭并穆清殿門外習儀。其日册寶下，並用介幘緋衫。」從之。

閏十二月二十九日，詔〔册〕命皇后，臨軒發册寶：中〔殿〕〔嚴〕外辦，中書舍人顏棫。御前奏中嚴外辦，權吏部侍郎曾㬇。奏解嚴，權工部侍郎、兼國子祭酒李寅仲。御前解嚴，中書舍人王容〔一〕。承旨宣制，權禮部侍郎、兼中書舍人林采。參知政事奉節，權户部侍郎王〔邋〕〔蓬〕。舉册官，殿中侍御史張澤、左司諫宇文紹節。舉寶官，監察御史李景和、監察御史林行可。太常卿押樂，太常少卿薛紹。太常博士引奉册寶使，將作少監、兼權尚右郎官陳景思。引奉册寶副使，軍器少監、兼知臨安府李澄。引禮儀使，禮部郎官陳峴。協律郎舉麾詣文德殿下，太常博士錢易直。詣穆清殿門外。太常寺主簿葉時。

三年正月十一日，詔撰册文知樞密院事陳自强，書册文參知政事許及之，篆寶文參知政事張巖。

二十五日，詔奉册寶使，太傅、知樞密院事陳自强；奉册寶副使，太保、參知政事許及之；中書令奉册取册授奉册寶使并後從册，同知樞密院事袁説友；侍中奉寶取寶授奉册寶副使并後從寶，權吏部尚書、兼給事中費士寅；禮儀使前導，吏部侍郎張伯垓。

二月六日，上御文德殿，遣知樞密 14 院事陳自强、參知政事許及之，持節册命皇后。册文曰：「皇帝若曰：正二《南》而始化基，《詩》所以詠后妃之德；立六宮而聽內治，《禮》所以章家國之和。朕纘紹帝圖，修明邦典。椒壼

〔一〕王容：原作「王客」，據《南宋館閣續録》卷九改。

虛位，歷日彌長，睠我哲媛，當冠妃掖。太母有命，庸建爾於長秋；神人協龢，朕其敢不祗若！咨爾貴妃楊氏，敏齊端靖，淑譽日章。維昔河洛之間，受姓顯著，綿綿系緒，席慶延光，懿德天成，動合繩矩。自其名參宮秩，益播管彤；見于長樂，進止有度。逮登配次星之象，亦既宣內則之勤。日者展禮東朝，揚徽鏤玉，榮懷之祉，衍於我家，是用虔稟慈(音)〔旨〕，趣正位號。螭璽采綬，翬衣翟車，諏合彝章，昭陳容物，於以承天祿而表坤極也。遣使宣奉大夫、知樞密院事、清源郡開國公、食邑三千八百户、食實封一千四百户陳自强，副使宣奉大夫、參知政事、同提舉編修敕令、永嘉郡開國公、食邑三千九百户、食實封一千二百户許及之，持節册命爾爲皇后。於戲，念之哉！朕惟中興以來，三聖授受，母儀儷極，家法相傳，雖堯妃舜嬪，塗山配禹，不是過也。纘美嗣徽，惟后時克。予欲享九廟，后共玉齍，崇吉蠲也；予欲事重闈，后備珍養，奉怡愉也。繭館親蠶，相予耕藉，示崇本也；練(常)〔裳〕絹飾，贊予卑服，昭尚儉也。使私謁之謁不行，而和平之美可輯，則予一人以懌，后亦永有無疆之休，不其韙歟！」臨軒發册儀注，並如慶元二年十月册皇后之制。皇后受册儀注，並如慶元二年十月册皇后之制。皇后表謝、皇后受內外命婦賀、皇后會外命婦儀注，並如慶元二年十月册皇后之制。皇后還宮，禮畢，宰執率文武百僚詣文德殿拜表賀皇帝，次移班稍東拜牋賀皇后，次詣壽慈宮拜牋賀壽成惠聖慈佑太皇太后。（以上《永樂大典》卷一九三一九）

册命皇太子妃

【宋會要】 15 册命皇太子妃。徽宗政和五年三月二十九日，御筆：「朕嗣有令緒，惟懷永圖，御于家邦，預建太子。若古之訓，揚於大廷，以厲君臣父子大倫之恩，以立宗廟社稷萬世之本。無疆之恤，申命于休。年既冠于阼階，禮及時而有室，必立之配，以宜其家。可令有司選皇太子妃，仍討論典禮以聞。」

六年五月九日，命翰林學士承旨王黼書撰册文，禮部尚書白時中書篆印文。後王黼丁父憂，改命翰林學士劉嗣明書撰。

六月十三日，制曰：「朕祇承天序，懋建儲闈。既假有家，式厚人倫之本；用求厥配，助成王化之基。眷乃懿親，惟時淑女，誕揚顯命，敦告群工。少傅、恩平郡王朱伯材女孺人朱氏，毓德粹温，秉心淵静。以祇以順，夙資天性之良；有言有容，允蹈公宮之教[一]。家風素紹，祖澤覃延。慶在後人，譽聞當世。出自欽成之裔，來嬪上嗣之賢。朕

[一] 宮：原作「官」，據《宋大詔令集》卷二五改。

臨御治朝，講明盛禮，縉紳在列，金石充庭，爰親飭於邇臣[一]，肆丕成於慶事。蓍龜既吉，薦鴈甫期，宜侈閎休，以昭異數。燦然儀服之盛，申以册書之榮。國典有稽[二]，師言惟穆[三]。於戲！合二姓之好，是謂政先；形四方之風，率繇近始。尚迪柔嘉之則，往思盥饋之恭。克稱（龍）〔寵〕庥，永膺燕譽。可特選充皇太子妃，仍令所司備禮册命。」

十七日，發册。册文闕。以上《續國朝會要》。《國朝》、《中興會要》無此門。

孝宗 16 乾道元年九月八日，制曰：「建元良而正萬國，有嚴天序之承；明内則以風四方，斯迪人倫之厚。迺睠儲闈之貴，允資妃閫之賢。宜懋舉於典章，用申崇於位號。廣國夫人錢氏，氣鍾和粹，性稟靚淵。生忠孝之家，襲將相侯王之慶；遵圖書之戒，備言容功德之全。擢秀外姻，作嬪上嗣。服飾盛笄珈之美，起居循珩瑀之音。兹予肇啓於青宮，惟爾增華於彤管。畫堂甲觀，既升鶴禁之華；綺紱金龜，爰煥龍光之渥。詔布綸言之寵，載加册命之優。以篤邦彝，且章婦順。於戲！受祉而施于子，方隆監撫之權；治〔國〕在齊其家，尤賴肅雍之化。祗承徽數，益茂芳猷。可立爲皇太子妃，令所司擇日備禮册命。」辭不受册。

七年三月二日，制曰：「門下：御家邦而爲治，既茂於儲闈；助匕鬯以寧親，蓋有資於内梱。眷時淑媛，夙著婦功，方開二極之祥，宜進元妃之貴。肆頒顯命，用播芳猷。定國夫人李氏，柔正而和，静專以肅。望高閥閱，參聯四姓之華；行飾箴規，久蹈二《南》之教。惠問藹稱於冠族，盛年作合於嗣賢。固非衣絳緣以徼内殿之觀，實乃正結褵以諧中饋之禮。德容蘭郁，久疏定國之封；福禄（州）〔川〕增，爰啓春宮之慶。顧元良之克立，斯伉儷之兼崇。副珈昭象服之宜，懿範應前（前）星之焕。寔章明於嬪則，益敬戒於爾儀。庸篤恩徽，聿隆風化。於戲！佩珩璜而中節，蚤膺君子之逑；事笄總以承顔，亶示人倫之正。其祗家訓，以對寵光。可立爲皇太 17 子妃，令所司擇日備禮册命。」辭不受册。（以上《永樂大典》卷一二六七）

親王娶

【宋會要】 18 宋朝親王娶，初賜女家銀萬兩以脩房從。敲門用羊、二十口。酒、二十瓶。紅絹，四十匹。下定用羊、三十口[四]。酒、三十瓶。紅絹、六十匹。臘面茶、五十斤。縛子茶、五十斤。果、六盤。花、六罩。花粉、十二奩。眠羊卧鹿花餅、千枚。頭須

〔一〕飭：原作「飾」，據《宋大詔令集》卷二五改。
〔二〕稽：原作「期」，據《宋大詔令集》卷二五改。
〔三〕惟：原作「雅」，據《宋大詔令集》卷二五改。
〔四〕三十：原作「二十」，據《宋史》卷一一五《禮志》一八改。

紅綾絹、三十匹。塗金銀勝、二十合。羅畫勝、百合。小色金銀錢、三十千。金釵釧、四雙十兩。金纏、一副十兩。真珠琥珀瓔珞、二項。真珠翠毛玉釵朵、二副。銷金生色衣、各一襲。塗金銀合、二，各百兩。錦綺綾羅。共三百匹。其日女家獻象牙笏、一。玉帶、一，塗金，銀匣盛。泥金綴珠衣、一襲七事。真珠翠毛花、十枝，戴花金釵勝副之。塗金銀鞍轡馬、一，銀纓及絨毛座褥副之。紫絲席帽、一，紫羅金袋副之。烏皮樺〔一〕、一。塗金銀合、一。銀錢。千文。納財用函書、一通。玄纁羅、五匹。綾、十匹。押函馬、二匹。羊、五十口。酒、五十瓶。紅絹、百匹。花粉、十奩。果、十盤。花、六罩。塗金銀勝、二十合。羅畫勝、二百合。銷金生色繡衣、共十襲。真珠翠毛玉釵朵、三副。黃金器、百兩。銀器、千兩。衣着、千匹。錢、五百千。錦綺羅綾、二百匹。生白綾絹。六百匹。房從則真珠、翠毛、水精玉、琥珀、瓔珞、瓏璁、耳環、面花、釵梳、冠朵、共百二十七事。金釵釧纏粧具、共百五十三兩。塗金銀器鞍轡等、五十兩。綴珠銷金貼金戧金生色繡衣、二十襲，又散衣百八十，鞋韈二百緉，手巾百三十，裙簟十八。畫勝、十五合。緋羅繡畫、銀泥帳幔、圖鄣、仰額、壁柱、箱籠、牀衣、照帊、粉夾、共二百三十四。五色蠟燭、百枚。錦繡被、十五。氈褥簾席、百四十五。卓倚什物、百八十三。鎮櫃錢銀絹、各一百。馬。四匹，鞍轡副之。又從人金釵五枝，銀飾粧具二百五十兩，衣三襲，散 19 衣二百三十，帳幔氈褥子十二。親迎日，命親王夫人一人往迎，賜塗金銀裝擔子，銀一千兩。檐子官、十三人。小殿侍，二人。又給行鄣、二。坐鄣、二。方圓扇、四。引帳花、十。燭籠、十。釵插童子。八人騎，分左右前導。及成禮之翌日，宰臣、親王、使相、節度使以上各進馬或銀稱賀。女家兄弟亦或各獻馬稱賀。（以上《永樂大典》卷一二六八）

〔一〕樺：疑當作「鞾」。

宋會要輯稿　禮五四

改元詔 [一]

【宋會要】

1 太祖建隆元年正月五日，詔曰：「五運推移，上帝於焉眷命；三靈改卜，王者所以膺圖。朕早練龍韜，常提虎旅。當周邦末造，從二帝以征行；洎喬嶽纏哀，翊嗣君而纂位。罄一心而事帝，諒四海以皆聞。一昨北虜侵疆，邊民受弊，朕長驅禁旅，克日平戎。六師纔發於近郊，萬衆喧譁而莫遏。擁迴京闕，推戴眇躬。幼主以曆數有歸，尋行禪讓。兆庶不可以無主，萬幾不可以暫停，勉徇羣心，已登大寶。宜改顯德七年爲建隆元年，改國號爲大宋。」

四年十一月十六日，詔曰：「朕自三靈眷命，五讓興邦，躬親罔憚於萬幾，德教將加於四海。歲時屢稔，華夏大同。蓋上穹垂祐於皇家，非凉德自隆於昌運。繇是率百王之舊制，遵千古之憲章，墜典必修，無文咸秩。潔犧罇而謁清廟，被大裘而郊上天。明德既馨，神心有答。乃迴金輅，載御應門。律且協於黃鐘，日正臨於甲子。順三元之更始，庶萬彙之咸亨。宜覃曠蕩之恩，用慰黎元之望。可改建隆四年爲乾德元年。」

乾德六年十一月二十四日，詔曰：「國家受天景福，率土咸賓，聲明洞照於萬方，德教咸加於四海。風雨順而歲稔，干戈戢而刑清。荷上帝之垂休，致中原之大定。仰答自天之祐，恭陳告謝之儀。具物薦誠，神心昭格，霏煙呈瑞，嘉氣降祥。宜與寰區，同茲胥 2 悅。盡日月照臨之內，罔間幽遐；極車書混同之邦，咸均雨露。庶成端拱，永洽提封。宜改乾德六年爲開寶元年。」

【宋會要】

開寶九年十二月二十二日，太宗已即位。詔曰：「朕猥以眇躬，嗣守洪業，託於人上，奄宅域中。常念王業之艱難，勉副兆民之推戴。神器大寶，既負荷以維艱；薄冰深淵，實臨履而增惕。自躬親庶政，勵翼小心，晦朔僅同，中外胥悦。蓋(宗祖)〔祖宗〕之垂貺，非寡昧之克(戡)〔堪〕。今者方國會朝，無防風之後至；公卿在列，見考文之益恭。及物之澤未孚，戴予之心斯切。改元發號，宜表於自新；肆赦眚災，聿彰於大賚。可大赦天下，改開寶九年爲太平興國元年。」

太宗太平興國九年十一月二十一日，詔曰：「惟皇撫運，建洪業於中區；惟辟奉天，表至誠於大報。朕自祗膺眷命，嗣守丕基，夕惕晨興，宵衣旰食，九年於此，罔敢怠荒。而豐歲屢臻，五兵不試，符瑞昭應，書軌大同。顧惟冲人，何能致此，蓋昊穹之所降鑒，宗社之所儲休。所以躬事

[一] 原稿旁批「嘉禮」。

禋燔，告謝天地。文物以之大備，聲明於是孔昭，六變升聞，百神降假。純嘏之錫，豈獨在予，思與萬邦，同茲大慶。宜改紀元之號，仍均作解之恩。可大赦天下，改太平興國九年爲雍熙元年。」

雍熙五年正月十七日，詔曰：「王者握圖御極，膺駿命於上穹；務穡勸農，庇蒸民於率土。朕嗣臨大寶，十有三年，每思勤儉之風，用洽雍熙之化。民惟[3]邦本，雖無怠於輯寧；食乃民天，宜務敦於教導。是用舉累朝之墜典，籍千畝於近郊。載陟青壇，躬展接神之禮；三推黛耜，式隆敦本之風。豈惟備郊廟之粢盛，抑亦勵蒸黎之播殖。萬國駿奔而述職，千官星拱以在廷。望宮闕城社之尊，睹聲明文物之盛。豈惟寡昧獨荷於洪休，思與華夷同均於大慶。宜革紀年之號，仍覃作解之恩。可大赦天下，改雍熙五年爲端拱元年。」

端拱三年正月一日，詔曰：「朕司牧黎元，對越穹壤，小心祇慄，明發不遑，思以答上帝之眷懷，躋羣生於仁壽。而疆場甫定，京坻屢登，閭閻臻乎小康，金革至於不用。去秋以驕陽孔熾，膏澤愆期，分命近臣，並走羣望。徹縣減膳，損抑斯甚；跕原擠壑，祇畏彌深。至誠上通，靈應如響。雲始膚寸，已彰救旱之應；雪復盈尺，益表豐年之祥。顧惟眇躬，奉順天意，宜革紀元之號，用覃肆眚之恩。可大赦天下，改端拱三年爲淳化元年。」

淳化六年正月一日，詔曰：「朕以眇躬，纘承丕構，託於兆民之上，二十載於茲矣。夙興夜寐，罔敢遑寧，未嘗發一念不在於黎元，舉一事不先於政教。庶修人紀，用答天工。近歲已來，荐逢災厲，蜀土暴興於狂孽〔一〕，齊民頗匱於倉箱。予心浩然，罔知攸濟。是用側身思道，期洽隆平。彌增宵旰之憂，果獲昊穹之祐。祅氛漸弭，禾稼咸登。對越上天，載深祇惕。當惟新於大政，庶永保於鴻猷〔二〕。發號改元，與民更始。宜改淳化六年爲[4]至道元年。」

至道四年正月一日，真宗已即位。詔曰：「朕誕受皇圖，紹承茂烈，深惟抑畏，豈敢遑寧。歲阜民康，邇安遠肅。承上穹之眷命，宅大寶以踰年。四序復端，萬物資始。式遵古義，俾易初元。可改至道四年爲咸平元年。」

真宗咸平七年正月一日，詔曰：「國家皇天眷命，四海歸仁。太祖以神武定寰中，肇基王業；太宗以睿文化天下，光闡洪圖。朕以眇躬，嗣承丕構，仰荷餘慶，俯臨萬邦，夙夜憂勤，不遑寧處。五辰遷易，七載于茲，何嘗不寤寐賢良，講求遺逸。親決庶政，期於小康，永懷克恭，式紹丕訓。月正元日，條風發春，方貢在庭，周行備列，聿更元號，用叶靈心。宥罪布和，與物更始。宜改咸平七年爲景德元年。」

景德五年正月（三）〔六〕日〔三〕，詔曰：「朕欽承命曆，惠

〔一〕土：原作「士」，據《宋大詔令集》卷二改。

〔二〕永保於鴻猷：原作「免保於永圖」，據《宋大詔令集》卷二改。

〔三〕六日：原作「三日」，按《長編》卷六八、《宋史》卷七《真宗紀》二、《宋大詔令集》卷二等皆繫於六日戊辰，據改。

綏黎元，撫御萬方，憂勤一紀，何嘗不順考古道，惟欽永圖。嚴祀事以奉神祇〔一〕，潔至誠以享宗廟。刑政是恤，茂育於羣生；恩信所加，同躋於壽域。罔敢自逸，期臻太和。荷上帝之眷懷，啓靈心而降鑒。燭祥輝於內寢，神告先期；肅清醮於齋壇，天垂寶籙。誕敷粵訓〔二〕，垂諭眇姿。清靜爲宗，濬發愛民之旨；延洪儲祉，遠踰卜世之期。嘉應非常，愓然增懼。是用特均慶賜，仰答高明，虔遵錫瑞之文，用易紀年之號。式均大賚，普洽洪休。可大赦天下，改景德五年爲大中祥符元年。」

大中祥符九年十一月十五日，詔曰：「朕奄受元符，克**5**紹駿命〔三〕，示以延洪之旨，誨其清靜之方。爰建號以紀年〔四〕，用垂鴻而流慶。登封喬嶽，禋瘞隆脽〔五〕，薦錫蕃禧，彌思昭報。是用率寰區之臣庶，崇霄極之尊稱。屬獻歲方初，涓日惟吉，詣真居而致潔，奉恭册以陳儀。將刊薦信之辭，式舉建元之典。歸尊之禮，庶協於惟新；誕告之文，特申於先甲。來年正月一日，宜改爲天禧元年。」

天禧六年正月一日，詔曰：「朕祗荷慶靈，嗣守洪業，懼涉道之多昧〔六〕，念守文之惟艱。未明求衣，既昃忘食，兢兢業業，靡敢怠荒。而天地儲休，宗社垂祉，嘉生屢降，庶政斯和，民俗阜康，邊陲清謐。興言致此，益用愧懷。屬歲律之肇新，慶春祺之紛委，式建紀年之號，佇申及物之恩。宜自正月一日改天禧六年爲乾興元年〔七〕。」

乾興二年正月一日，仁宗已即位。詔曰：「王者奉天子民，握圖御宇，率循彝憲，式煥大猷。肆予冲人，獲嗣丕構，兢兢業業，罔敢怠荒，曷嘗不念長世之善經，思守文之格訓，冀隆先烈，以保至寧。而穹昊眷懷，宗社垂祐，九圍嘉靖，百穀豐登。而又軒墀將相之臣，告猷而體國；表著簪紳之列，勤職以循公。刑政交修，夷夏胥悅。顧慙涼德，饗是洪休。屬萬彙發春，三微戒序，蕃禧載集，景命惟新，俾建號以紀元，庶與民而更始。宜自正月一日改乾興二年爲天聖元年。」

仁宗天聖十年十一月六日，詔曰：「朕紹膺駿命，欽奉先猷，繼累聖之成基，爲羣元之司牧。內則慈闈申**6**誨，叶助於懿綱；外則多士盡規，億寧於百度。獲保丕構，於茲十年。念守文之至難，思置器之攸重，罔敢自逸，期臻太和。居常慮善納忠，憂勤於旰日；務農勸穡，敦厚於時風。懋建永圖，庶無闕政。昨以仲秋在序，炎燎挺災，諒儆戒之有繇，顧眇冲之增懼。伊禁闈之胥葺，遂不日以斯成，咸集事功，聿新締搆。載安燕御之所，敢忘修省之懷？是用答二儀並貺之仁，荷九廟發祥之祉。潔齊路寢，致明察之

〔一〕祀：原作「紀」，據《宋大詔令集》卷二改。
〔二〕粵：似當作「奧」。
〔三〕紹：原作「昭」，據《宋大詔令集》卷二改。
〔四〕以：原脱，據《宋大詔令集》卷二補。
〔五〕脽：原作「睢」，據《宋大詔令集》卷二改。
〔六〕涉：原作「陟」，據《宋大詔令集》卷二改。
〔七〕「改」下原衍「元」字，據《宋大詔令集》卷二删。

誠；薦鬯太宮，伸優肅之志。精衷克展，純嘏來同。因紀號以建元，庶順時而布惠。爰臨端闕，大賚庶邦。可改天聖十年爲明道元年。」

明道二年十二月二十四日，詔曰：「朕欽膺駿命，臨御中區，守三后之成基，爲羣黎之司牧。四隅底定，一紀于茲。乃至圖任忠良，博詢讜直，罔敢暇逸，務致隆平。自明道之建元，逮作噩之居歲，祲災荐起，暵潦相仍，人多癘疫之傷，稼有蟲螟之害。亦嘗去溢美之號，損兼膳之珍。宵旰不遑，但虞於闕政；牲幣靡愛，徧禱於羣神。然而豐澤尚慫，和氣猶鬱，物價騰湧，編氓阻饑。常賦既蠲，廪粟皆振，豈恤隱之心弗至，致休若之應未臻。側身内思，其咎安在？且夫陰陽之道叵測，變則能通；天地之戒甚明，順則成福。消災之理斯在，影響之報可期〔一〕。惟上春首祚之辰，及萬物向榮之始，因舉授時之典，載更紀歲之名。祇若靈心，庶迎丕貺。式布惟新之令，先申誕告之文。宜改明道三年爲景祐元年。」

7 景祐五年十一月十八日，詔曰：「升禋陟配，誠孝所以兼申；擁休肆眚，人靈於是交豫〔二〕。朕奉承丕曆，欽率先謨，永惟置器之重，浩若涉川之廣，託在尊極，弗敢遑寧。幸席成規，侵尋至治，而疆陲賓款，歲物順蕃，民罔時恫，政克用乂。斯皆穹昊開佑之況，宗祊燕貽之謀，幽贊於茲，朕將何力！内循涼寡，期保顧存，是用圖講舊（義）〔儀〕，思修大報。嚴飾壇兆，豐潔粢盛，虔會迎長之辰，躬陳合祭之典。至于前獻道祖，歷祼廟昭〔三〕，盡禮經必先之文，庶哲王能享之義。措事之日〔四〕，備物有嚴，百執駿奔，三聖參侑。獲率强功，以底盛容，居歆在上，降鑒如答。迪拜胙之吉，敢曰余勤〔五〕；霈崇朝之澤，方思衆共。再念嚮循羣議，許加徽名，深揆浮實之華，如乖克己之訓。宜因冠號，俾易建元，顧無專享之福，更示惟新之命。可改景祐五年爲寶元元年。」

寶元三年二月二十一日，詔曰：「朕紹膺駿命，繼御庶邦，祇迪先猷，甫浹九閏〔六〕，何嘗不稽探前載，詢納邇言，克念永圖之安，聿求小毖之助，靡敢暇逸，迄臻治康。而近歲以來，眚災間作，穹躔示象，星舍舛期，靈戒有開，史占攸著。每惟涼薄，茂對鑒觀，夙夜疚懷，儆懼兼切。企湯乙在予之誥，慕周王側身之思，屢省實勤，厥咎非遠。雖徹盛食之品〔七〕，躬懷旰朝之憂〔八〕，務罄焦勞，以佇消伏〔九〕。是用推筴正本，協紀求中，庶迎嘉氣之和，式新瑞曆之授〔一〇〕。

〔一〕響：原作「饗」，據文意改。報：原作「振」，據《宋大詔令集》卷二改。
〔二〕於是：原作「由其」，據《宋朝事實》卷四改。
〔三〕祼：原作「課」，據《宋朝事實》卷四改。
〔四〕措：原作「指」，據《宋朝事實》卷四改。
〔五〕余：原作「餘」，據《宋朝事實》卷四改。
〔六〕九：原作「章」，據《宋大詔令集》卷二改。
〔七〕「雖」下原有「復」字，據《宋大詔令集》卷二刪。
〔八〕懷：原脱，據《宋大詔令集》卷二補。
〔九〕「務罄」二句，《宋大詔令集》卷二作「恐未足導迎至和，消伏衆變」。
〔一〇〕瑞：原作「端」，據《宋大詔令集》卷二改。

宜改寶元三年爲康定元年。」

康定二年十一月二十日，**8** 詔曰：「朕繼膺寶命，嗣守洪基。荷上靈降鑒之祥，奉列聖紹庭之憲，撫寧興運，司牧黎元。謹保盈成之難，思隆久大之業，祗勤抑畏〔一〕，垂二十年，何嘗不中昃厲精，幽微博聽？慮一夫之不獲，期百志之惟熙。務湯銘之日新，致禹疇之時若。至於秉慈儉之訓，絶游畋之娱，器服屏琱文之功，刑政革煩苛之弊。雖未臻於淳古，庶無怠於始初。幸以諸夏謐清，百嘉彙茂，民涵豐楙之樂，物弭疵癘之傷。玉燭四時，蕭勺羣祀〔二〕。斯皆三神之所孚佑，九廟之所撫綏〔三〕，豈繄眇眇之躬，克召穰穰之福！是用揆天元景至之序，定國陽郊廟之儀。皇穹地祇，動瞻嘉饗之厚；藝祖文考，毖陳升侑之嚴。交集盛容，克成美報。禮繇衆舉，慶靡專承。當天地並況之仁，幸均大嘏；法雷雨既解之施，用霈洪恩。仍建號以紀元，美受釐而布慶。宜改康定二年爲慶曆元年。」

慶曆八年十二月一日，詔曰：「朕執象御民，稽古布度。顧幅員之至廣，常臨履以自持，莫不順人之心，奉天之道，慮一物之失所，斯庶政之惟和。稼穡雖登，或未臻于豐稔；兵戈載戢，尚靡格於偃銷。惕惕居懷，兢兢在念，惟兹黔庶，僅底樂康。而自春夏之交，霖雨作沴，傷暴禾麥，漂溢堤防〔四〕。河北之民，尤罹弊苦，粒食罄闕，廬室蕩空，流離鄉園，攜挈老幼，十室而九，自秋徂冬，噭噭道塗，溝壑爲慮。愍其失業，彌甚納隍。當原究其由來，冀銷弭於災變。宜均霈澤，以召嘉祥。仍更紀歲之元〔五〕，**9** 用冀自天之祐。宜改慶曆九年爲皇祐元年。」

皇祐六年三月十七日，詔曰：「朕以寡闇，守兹盈成，緬念爲君之難，深惟置器之重，罔敢怠忽，思致治平，而王澤未孚，治道多闕。皇天降譴，豫陳薄蝕之災，近在正陽之朔。經典所忌，陰慝是嫌。尋災異之攸興，緣政教之所起。永思厥咎，在予一人，德不能綏，理有未燭，賞罰失序，聽納不明，庶政未協於中，衆冤或壅於下，有違萬物之性，以累三光之明。上穹動威，陽精示變，此皆彰朕過失，警予省修。畏天之威，慄慄危懼，若將隕於淵谷，兹用惕於夙宵。庶幾減損之誠，或蒙降鑒之眷。是用改避正寢，却去常珍，俾更元曆之名，冀召太和之氣。仍敷惠澤，益霈眚恩，庶達眇沖之心，更回億兆之祐。宜改皇祐六年爲至和元年，以四月一日爲始。」

至和三年九月十二日，詔曰：「朕纘承基緒，統御幅員〔六〕，周視萬機，僅成三紀。思守文之尤重，念居上之至難，或未明而衣，或既旰迺食。惟正人是訪，惟公論是稽。

〔一〕抑：原作「益」，據《宋朝事實》卷四改。
〔二〕祀：原作「慝」，據《宋朝事實》卷四改。
〔三〕撫：原作「擁」，據《宋朝事實》卷四改。
〔四〕漂：原作「壇」，據《宋大詔令集》卷二改。
〔五〕更：原作「經」，據《宋大詔令集》卷二改。
〔六〕統：原作「繼」，據《宋朝事實》卷四改。

恬然過勤，舉不知困。比春云始〔一〕，平履或虧。荷高明之博臨，膺厚順之丕擁，宗社降福，士民輸忠。眇眇之躬，遄臻於綏乂；便便之政，率遂於講修。雖屬水潦遘災，河流移道，眷言方國，咸克妥安。邦經所繫，朕力何有！亶茲循省，彌用戰兢。秋凜戒期，農收畢務，誕詢故事，參繹前文，約郊壇之儀，嚴路庭之制。工師虔鞏，物品晏清。祇罄誠忱，潔伸款見。上以答玄元之開 10 右，下以蕲生聚之樂康。寖通明靈，交示肸蠁，宜與兆庶，共均休嘉。式覃涣汗之恩，仍易紀年之號，以孚神貺，以順物宜。可大赦天下，宜改至和三年爲嘉祐元年。」

嘉祐九年正月一日，時英宗已即位。詔曰：「朕以眇躬，獲承洪緒，涉道猶淺，燭理弗明，大懼菲沖，罔克負荷，深惟抑畏，曷敢荒寧！然而仰憑社稷之靈，俯賴股肱之助。先帝至德，遺惠結於人心；列聖重光，流澤長於世祚。所以自新庶政，甫涉逾年〔二〕，中外乂寧，風雨時若。惟《春秋》之正始，蓋歷代之通規。獻歲發春，方臨於吉旦；開元易紀，祗率於舊章。宜改嘉祐九年爲治平元年。」

英宗治平五年正月一日，神宗已即位。詔曰：「朕膺憑几之遺音，遵委裘之定業。動則銘於周席，處則見於堯牆。深虞朽馭之難持，大懼菑田之弗獲，恭思至道，勉繼先猷。采獲善謀，不敢忽負薪之諫；敷求吉人，庶幾成搆厦之功。白雲未遠於遺弓，駃景俄驚於過隙。屬窮陰之畢歲，肇蒼德以建正。茂惟《春秋》(五)〔正〕始之文，載考人君逾年之制，不求其端則不足以承天命，不正其元則不足以法諸侯。表嘉靖之休辰，揭熙寧之美號。欲躋黎庶，永底時雍。王統於此遂尊，法象繇之乃出。混齊六合，敢期盡入於甄陶；鼓舞萬民，將以一新其耳目。宜自正月一日改治平五年爲熙寧元年。」

神宗熙寧十年十二月六日，詔曰：「朕奉承聖緒，一紀於茲，兢兢業業，罔敢暇逸。賴天之祐，年穀順 11 成。其因來歲之正，以新元統之號。式循舊典，對越神休。宜自明年正月一日改爲元豐元年。」

元豐九年正月一日，哲宗已即位。詔曰：「朕紹承大統，遹駿燕謀，於乎皇王〔三〕，永世克孝。維予小子，未堪多難，業業兢兢，夙夜欽止。尚賴親慈擁佑，神保況臨，年穀順成，方内安乂。永惟《春秋》正始之義，深見天人相與之符。即位逾年，改元布政，以俟屬景命，以作新斯民。顧惟守成，敢忘繼序！宜自正月一日改元豐九年爲元祐元年。」

哲宗元祐(八)〔九〕年四月十二日〔四〕，詔曰：「朕荷皇穹之眷命，守列聖之丕基，十年於茲，四海用乂。日聽外朝

〔一〕比：原作「此」，據《宋朝事實》卷四改。
〔二〕涉：原作「陟」，據《宋大詔令集》卷二改。
〔三〕王：原作「上」，據《宋大詔令集》卷二改。
〔四〕九年：原作「八年」，據《宋大詔令集》卷二改。按，《通鑑長編紀事本末》卷一〇〇録《長編》及《宋史》卷一八《哲宗紀》二繫此改元詔於紹聖元年（即元祐九年）四月九日癸丑。

之治，躬勤萬務之微，眇若涉淵，未知所濟。顧念祇承上帝，誕保受命〔一〕，惟駿惠於先猷，以纘隆於下武。力稽仁祖之成憲，思大文考之烈光。其因盛夏之辰，載新元統之號，庶導迎於景貺，用敷錫於羣黎。宜改元祐九年爲紹聖元年。」

紹聖五年五月十九日，詔曰：「朕統承聖緒，紹述先猷，克享天心，屢蒙嘉貺。甘露荐降，靈光屬天，申錫無疆，神璽自出。顧德菲薄，荷帝溥臨，敕命之幾，惟聖時憲。嚴恭寅畏，懼弗克勝，思荅神休，以協瑞應。其易統年之號，用昭受命之符。宜自紹聖五年六月朔改爲元符元年。」

元符三年十一月十三日〔二〕，徽宗已即位。詔曰：「朕丕承祖宗，奉若天命，思建皇極，嘉靖庶邦。蓋嘗端好惡以示人，本中和以立政，日謹一日，期月於兹。稽曆數在躬之文，念《春[12]秋》謹始之誼，肇新元統，國有常典。是遵踰歲之期，以易紀年之號。豈惟昭示朕志，永綏斯民；庶幾仰協靈心，導迎景福。宜自來年正月一日改爲建中靖國元年。」

徽宗建中靖國元年十一月二十三日，制曰：「朕紹膺寶命，祇遹洪圖。躬勤儉以御邦，本寬仁而敷政。維先訓是式，維師虞是從。永言繼序之艱，克謹持盈之戒。荷皇天之降祐，蒙列聖之詒謀，方夏乂寧，蠻夷賓服，三時不害，六府孔修。建皇極而王道明，即康功而民志愜，以迪純熙之運，以形平富之風。豈朕德之能勝，緊帝臨之下屬。肇稱禋祀，祇答閎休。是用參酌上儀，鋪昭曠典，奉神考恭行之志，繹紹聖申講之文，將蕆事於皇祇，先致饗乎穹昊。迺候景涓日，飭躬詔虔〔三〕，祼清廟以肅將，款圜壇而拜享，侑我列祖，秩於百神。禮嚴欽翼之容〔四〕，樂備雝和之奏。蒼璧既奠，紫煙其升〔五〕。于時乾象粹精，靈心嘉嚮，和氣洋溢，景光陸離。瑞慶大來，俾緝熙於純嘏；膏澤並下，用敷錫厥庶民。豫建新元，誕揚渙號。可大赦天下。仍自來年正月一日改爲崇寧元年。」

崇寧五年七月十三日，制曰：「朕克謹天戒，順受民時。若稽前王，遹追先烈，卜降年之有永，導新布之嘉祥。宜因來歲之初，是正紀元之號，思與萬國，衷對神休。可自明年正月朔改爲大觀元年。」

大觀四年十一月三日，制曰：「朕奉承聖緒，遹追先猷，荷穹昊之休，蒙宗廟之祐，昭事翼翼，夙夜惟寅。中外靖綏，年[13]穀登稔，禮樂明備，百志用成，嘉與多方，布新顯號。可以來年正月一日改元政和。」

〔一〕命：原作「民」，據《宋大詔令集》卷二改。

〔二〕十三日：按《宋大詔令集》卷二載此詔作十一月二日甲子，《宋史》卷一九《徽宗紀》一、《東都事略》卷一〇、《宋史全文》卷一四等則均云十一月八日庚午詔改明年元，未知孰是。

〔三〕詔：原作「紹」，據《宋朝事實》卷五改。

〔四〕容：原作「答」，據《宋朝事實》卷五改。

〔五〕紫：原作「柴」，據《宋朝事實》卷五改。

政和八年十一月一日，制曰：「得天之統〔一〕，上帝所以申景命之休；以道爲門，聖人所以對高真之貺。朕紹承丕緒，祇遹先猷，荷穹昊以降康，罄寰區而作乂。法完令具，禮備樂成。迺追邃古之淳，迺發内經之隱。順斗布合宫之政，分方調文鼎之和。修德錫符，維新九寶；迎日推策，載列三雍。兹者氣應仲冬，日極南至，當甲子之月朔旦，逢己酉之會復元。遂契臾區之言〔二〕，上同黄帝之世。於時太一，適次乾維。基迹潛宫〔三〕，仰憲紫微之象；妥神熉幄，下娭黄祕之庭。叢祥並祚于邦圖，冠號肇更於年統。與四時而合序〔四〕，以莫不增；參萬歲以成純，終而復始。肆颺大號，溥宥多方。可大赦天下。其今年十一月一日爲重和元年。」

重和二年二月一日，詔曰：「農者天下之本，朕躬執耒耜以勸天下，賴天降康，禮成涓日。用協惟新之政，誕揚率土之休。可於布政之初，用冠紀元之號。宜以重和二年爲宣和元年。」

宣和七年十二月二十九日，欽宗已即位。詔曰：「朕光膺眷祐，夤奉燕詒。載惟菲薄之資，獲撫盈成之運，宵衣罔怠，旰食靡遑。發政施仁，懷日靖四方之志；經文緯武，圖永康兆民之功。式紀初元，是新美號，庶格神靈之助，遂臻華夏之和。茂謹王春，豈特遵魯史踰年之義；遹寧國步，蓋將紹周人過曆之期。自宣和八年正月一日改爲靖康元年。」14

高宗建炎元年五月一日，詔曰：「皇天祐宋，卜世過於漢唐；藝祖承周，受禪同乎舜禹。列聖嗣無疆之曆，保邦隆不拔之基。屬以朝姦，稔成邊釁，恃中都之安富，忘外敵之憑陵，馴致金人，來犯京邑。初登城而不下，終邀駕以偕行。痛念鑾輿，遠征沙漠，宗族從而盡徙，宫闕爲之一空。仍抑臣僚，俾僭位號。朕以介弟之親而受指，開元帥之府以總師。方輸敵愾之忠，並奉講和之詔。豈徒變故，終致阽危。蓋嘗指日以誓諸軍，使前迎而後請；不憚瀝血而檄率土，冀外附而内親〔五〕。而三事大夫與萬邦黎獻，共致樂推之懇，靡容牢避之私。謂亹亹萬機，難以一日而曠位；矧皇皇四海，詎可三月而無君。勉循羣情，嗣登大寶。宵衣旰食，紹祖宗垂創之基；疾首痛心，懷父兄播遷之難。顧號令久隔，衆罔繫心，軍旅荐興，農多失業。慰民耳目之注，敷朕腹心之言，爰布湛恩，誕綏區夏。可大赦天下。朕惟火德中微，天命未改，考光武紀元之制，紹建隆開國之基，用赫丕圖，益光前烈。以靖康二年五月一日改爲建炎元年。」

紹興元年正月一日，詔曰：「聖人受命以宅中，莫大邦

〔一〕統：原作「紀」，據《宋大詔令集》卷二改。
〔二〕臾區：原作「史區」，據《宋大詔令集》卷二改。
〔三〕宫：原作「官」，據《宋大詔令集》卷二改。
〔四〕與：原作「興」，據《宋大詔令集》卷二改。
〔五〕附：原作「撫」，據《三朝北盟會編》卷一〇一改。

圖之繼；王者體元而居正，盍新年紀之頒。朕遭時艱難，涉道寡昧，熟視斯民之荼毒，莫當彊敵之侵陵。負此百憂，於今五載。曷嘗不未明求治，當饋思賢。念兩宮之遠而菲陋是安，恐九廟之顛而艱危[15]是蹈。苟禍可弭，雖勞弗辭。然生靈久困於干戈，城郭悉殘於煨燼。丁壯縶身於異域，旄倪暴骨於中原。田桑失時，男女廢業，僅存常產者苦斗舂之斂，乍失故鄉者無尺土之依，或逼飢寒，散爲盜賊。始於莫之加恤，終而無以自還。致汝於斯，皆予之過。幸高穹之未厭，哀否運之已窮，戎馬雖來，邊防粗備。嘉與照臨之內，共圖休息之期，紹奕世之閎休，興百年之丕緒。爰因正歲，肇易嘉名，發渙汗於治朝，霈洪恩於寰海。其建炎五年可改爲紹興元年。」

孝宗紹興三十二年十一月十六日，即位未改元。詔曰：「朕仰膺太上皇帝付託之重，夙夜圖回，務隆紹興之聖政。其以來年正月一日改元爲隆興。」令學士院降詔曰：「朕猥以眇身，惕膺大寶。問安視膳，敢忘付託之恩；任賢使能，庶盡圖回之效。自臨宸極，荐閱朔辰。躬親雖總於萬機，利澤未周於四海，而邇遐咸乂，邊鄙粗安。豈涼德之克堪，皆慈謀之所致。屬當正歲，肇易新名。惟建隆創業之宏規，洎紹興中天之聖烈。繼高光之統，益謹丕承；合正元之稱，用循故事。其以明年爲隆興元年。」

乾道元年正月一日，制曰：「朕仰受燕謀，獲承洪業。剸六經之王制，監百代之禮文，治壇燎以祭天，警邊氛而遷日〔一〕。蓋昌陵始避於近晦，在太宗嘗改而用辛。誠意動而二儀通，孝道專而九廟格，致鄰國講休兵之好，實上穹開悔禍之[16]期。前事俱捐〔二〕，弗念乎薄物細故；烝民咸乂，靡分乎爾界此疆。五辰循宣夜之躔，三白示豐年之兆。進玉卮而介親壽，爰創縟儀；偕椒屋以慶母慈，有光徽躅。祇荷博臨之況，敢忘昭報之虔？啓蟄而郊，飭周人蕆秸之具；奉牲以告，協漢世竹宮之時。式履孟陬之端，遂逢先甲之吉。靈心可卜，帝武是繩。輒裒四極之驩，用潔一純之薦。款閟宮而朝獻，假太室以祼將。酌沿襲不同之宜，取齋戒自新之旨。瑄璧縝㮚〔三〕，權火配藜〔四〕。高斿滇滇臚所求，美光旁燭；百官濟濟敬厥事，熙典備成。載惟我宋之肇禋，迺當乾德之盛際。法皇祖紀元之義，采羲文行健之辭，誕易嘉名，以寧大器。宜推作解之宥，益廣好生之仁。可大赦天下。其隆興三年改爲乾道元年。」

乾道九年十一月九日，制曰：「合二儀而蕆事，聿嚴報本之誠；假九廟以揭虔，式表奉先之孝。朕親承慈訓，寅紹丕圖，念創業守文之難，有臨深履冰之懼。宵旰將周於

〔一〕警：原作「驚」，據《盤洲文集》卷一一改。

〔二〕捐：原作「損」，據《盤洲文集》卷一一改。

〔三〕縝：原作「填」，據《盤洲文集》卷一一改。《荀子·法行》：「縝栗而理，知也。」謂縝密堅固。

〔四〕藜：原作「黎」，據《盤洲文集》卷一一改。揚雄《甘泉賦》：「樵蒸焜上，配藜四施。」配藜，披離也。

一紀，幾康夙謹於萬微。庶與黎元，共臻嘉靖。荷上穹之孚佑，賴列聖之儲休，威械戢而疆埸安，農事卲而田疇闢，氣順消乾溢之變，政平亡愁嘆之聲。顧非涼菲之堪，敢罄齊明之報。陽適亨於明復，物正底於西成。稽肆類於《虞書》，丕講精禋之禮；考思文於《周頌》，益崇陟配之儀。是用修朝獻於郊宫，謹祼將於太室〔一〕。迺肅青城之駕，迺親紫畤之祠。多士駿奔，執豆籩而顯相〔二〕；一純致格，奉珪幣以思誠。神鴹吉而嘉 17 虞，樂寫和而奮豫。美光旁燭，宵然（盻）〔肹〕蠁之交；馨德昭升，紛若福祥之下。用覃四海之澤，上接三靈之歡。壽慈極以稱觴，御端闈而肆眚。載惟年統，仰體乾剛。既用九以宅師，將通貫變；宜改元而發號，茂介純熙。肇易嘉名，肆敓慶賚。可大赦天下。其乾道十年正月一日改爲淳熙元年〔三〕。」

淳熙十六年十一月十四日，光宗已即位，未改元。詔來年正月一日改元爲紹熙，令學士院降詔。既而詔曰：「朕懋纘基圖，丕膺曆數。相受一道，日親奉於燕謀；繼照四方，時適乘於亨會。粤繇臨御，莫敢追遑。幸農穡之初登，屬邊疆之咸謐，凡修庶政，實踵成功。荐推朔月之更，寖告春朝之届。正歲序事，宜先紀號之新；欽天授時，尤重體元之始。肆當穀旦，肇易嘉名。惟紹興宏遠之摹，不忘取法；而淳熙明昌之運，方務祗承。用孚億載之休，允穆萬邦之聽。其以明年爲紹熙元年。」（以上《永樂大典》卷五一四九）

【宋會要】

18 光宗紹熙五年閏十月二十（一）〔五〕日〔四〕，寧宗已即位，未改元。詔來年正月一日改元爲慶元。詔曰：「朕以眇身託于兆人之上，惟日兢兢，懼無以紹列聖之庥而對揚上皇之慈訓也。永惟當今之務何者爲急，豈非欲百官修輔而民力裕歟？夫親君子，遠小人，慶曆、元祐之所以尊朝廷也；省刑罰，薄稅斂，慶曆、元祐之所以惠天下也。是彝是訓，歷年彌長。肆于中興，舉偏補敝，皆於此乎取法，克至今日，中外乂寧。朕幸蒙遺業，繼繩祖武，而敢一日忘乎！掇取美號，於以紀元。《詩》云『不愆不忘，率由舊章』，蓋庶幾周成焉。」

寧宗慶元六年十二月二十一日，詔來年正月一日改元爲嘉泰。詔曰：「朕祗奉燕謀，懋膺鴻業。寅恭自度，期克享於天心；兢業惟幾，陟丕釐於帝命。粤臨大寶，幸汔小康。夫何降割於我家，繼趣賓空於慈極。痛念重憂之荐集，敢言定數之莫逃。用震于衷，深求其故。諒災祥之在德，何後責躬；凜夙夜之畏威，力蘄轉禍。亶是三陽之協吉，休兹七始之更華。月窮星回，旋啓亨嘉之會；歲正事

〔一〕謹：原脱，據《中興禮書》卷三八補。
〔二〕籩：原作「邊」，據《中興禮書》卷三八改。
〔三〕淳：原作「純」，據《中興禮書》卷三八改。
〔四〕二十五：原作「二十一」，據《宋史》卷三七《寧宗紀》一、《宋史全文》卷二八改。

序，誕迎交泰之期。爰輯美稱，肇新端朔。迹武皇元光之紀，有赫炎圖；仰章聖景德之規，益恢熙運。率踐祚六年而後易，顧流輝千載以相望。肆惟冲人，祇若前代。方舉偏而補弊，訖用咸和；尚儲祉以垂恩，其自今始。匪獨覬一人之慶，庶永均四19海之歡。播告多方，明聽朕志。」

嘉泰四年十二月十一日，詔來年正月一日改元爲開禧。詔曰：「大《易》論變則通，通則久，莫如故以取新〔一〕；《春秋》謂正次王，王次春，尤重表年而首事。朕猥（漸）〔慚〕涼德，嗣守（不）〔丕〕基。無怠無荒，每躬親於庶政；何修何飭，可坐致於隆平。賴宗社之翊扶，荷穹祇之況施，年穀（婁）〔屢〕書於中熟，邊垂觕弭於外虞。汔可小康，未知攸濟。宵旰焦勞而治効愈邈，夙夜寅畏而和氣未臻。至於衆大之區，間有鬱攸之變。士鮮公忠經遠之操，人懷媮墮自營之私。聞見熟〔二〕，（爲謂）〔謂爲〕當然，風俗流失，恬而不怪。思欲洗凡而破陋，宜先滌穢以蕩瑕。矧庚申受命以至今，踰二百載；自甲子循環而復始，又六十年。茲迓續於方來，期增光於既往。爰因嗣歲，載易美名。法開寶肇造之初，洎天禧全盛之日，庶幾二祖之烈，永底（丞）〔烝〕民之生。既大號之渙孚，宜洪恩之解作。」

開禧三年十二月二十六日，詔來年正月一日改元爲嘉定。詔曰：「朕嗣承大統，勤撫庶邦，更星紀之一周，見曆元之三易。頻年相繼，寰宇多虞。邊釁遽開，顧生靈之何罪；蟲蝗爲孽，與旱潦以相仍。皆權臣誤國之致斯，在菲質應天之敢慢！今則典刑已正，綱紀益張。乃因正月之和，適際三陽之泰，誕揚大號，亶告多方。取商宗『嘉靖』之言，暨周王『耆定』之義，用光嗣歲，式迓休祥。庶幾叶氣之薰，太平可望；行見萬民之集，得所爲期。衍丕祚於無疆，與斯人而更始〔三〕。」（以上《永樂大典》卷五一五〇）

20 理宗嘉熙四年十月癸巳〔四〕，詔以明年正月初一日爲淳祐元年。勅：「門下：春秋內夏外夷，寔重三正之統；王者改元立號，每因萬國之心。朕猥以眇躬，嗣膺大曆。踐祚十有三載，若涉春冰；臨朝一日萬機，靡遑旰食。旣更張於鴻化，期開際於多艱。厲精雖勤，計効愈邈。仰而觀諸天運，未臻協氣之橫流；俯而驗諸人情，但見澆風之華競。惟口興戎而民生匱，藩身以貸而吏道衰。疆埸騷然，戎狄驚甚。必欲庶邦之靖，必圖百志之安，若非憲法於前猷，何以作興於群聽！重念仁、孝兩朝之盛，藹如唐虞、成周之和。節用愛人，此嘉祐所以永天命；經文緯武，此

〔一〕「故」上當脫一字，如「革」、「去」之類。

〔二〕「熟」字上或下當脫一字。

〔三〕天頭原批：「闕寶慶、紹定、端平、嘉熙改元詔。」又批：「夾注『更始』下。」

〔四〕自此以下出《永樂大典》卷一六九二四「詔」字韻「改元」目。陳智超曰：「《大典》卷一六九二四寧宗前內容已被删，餘下者爲理宗朝，似非《會要》文。」（《解開宋會要之謎》頁一五九）。按陳說是，由以下各條紀日用干支亦可知決非《會要》之文，大抵爲《永樂大典》抄集《宋史全文》、《宋史》等書而成。

淳熙所以恢聖謨。用表新年之名，以達〔斯〕〔期〕治之意。（以上《永樂大典》卷一六九二四）

〔期〕〔其〕以明年正月朔爲淳祐元年。」

淳祐十二年九月壬午，詔以明年改爲寶祐元年〔一〕。

〔寶祐六年〕十二月丙子朔〔二〕，詔曰：「勅門下：更化則可善治，所以開太平之期〔三〕；發號而定告元〔四〕，所以膺緝熙之慶。朕昭承丕緒，誕保受命，荷上帝之降康，蒙列聖之垂祐。既歷三紀，夙夜罔敢遑寧；底綏四方，淵冰未知攸濟。每兢兢而行道，期穆穆以迓21衡。然察文審己而庶政靡齊，務本重農而群生寡遂。朝綱隳而積玩，吏習狃於懷私。國勢僅定而未强，邊機多虞而未靖。思艱以圖其易〔五〕，補弊而舉其偏。惟三百年德澤之深，式克至于今日；而萬億載基圖之永，用昭受於天休。欲通變於宜民，乃取新而凝命〔六〕。若稽成憲，遹廣駿聲。法藝祖之宏規〔七〕，會車書之一統；踵仁祖之盛際，致朝野之咸和。爰易嘉名，以興嗣歲。導迎善慶〔八〕，振起群心。茂凝常久之功，永底輯寧之福。其以明年正月一日改爲開慶元年〔九〕。」

咸淳十年七月癸未，奉遺詔即皇帝位于柩前。〔十月〕甲子〔一〇〕，詔以明年爲德祐元年。

德祐二年五月乙未朔，宜中等立昰于福州〔一一〕，以爲宋主，改元景炎元年。〔至元十五年〕四月戊辰〔一二〕，昰殂于碙洲，其臣號之曰端宗。庚午，衆又立衛王昺爲主，以陸秀夫爲左丞相。是月，有黃龍現海中。五月癸未朔，改元祥興。

〔一〕按，此條紀日爲「九月壬午」，同於《宋史全文》卷三五，《宋史》卷四三《理宗紀》三則繫於八月辛巳，提前一日。

〔二〕寶祐六年：原無，據《宋史全文》卷三五補。

〔三〕太：原脱，據《宋史全文》卷三五補。

〔四〕告元：原作「誥教」，據《宋史全文》卷三五改。

〔五〕艱：原作「報」，據《宋史全文》卷三五改。

〔六〕新：原作「斯」，據《宋史全文》卷三五改。

〔七〕藝祖：原作「勢」，據《宋史全文》卷三五改補。

〔八〕導：原作「遵」，據《宋史全文》卷三五改。

〔九〕開慶：原作「寶祐」，據《宋史全文》卷三五改。又天頭原批：「闕開慶、景定、咸淳改元詔。」又批：「夾注『寶祐元年』下。」按，批語有誤，「開慶」當改作「寶祐」。

〔一〇〕十月：原脱，據《宋史》卷四七《瀛國公紀》補。

〔一一〕昰：原作「昱」，據《宋史》卷四七附《二王傳》改。下同。

〔一二〕至元十五年：原脱，據《宋史》卷四七附《二王傳》補。

宋會要輯稿 禮五五

聽政

【宋會要】

1 請聽政御殿。太祖建隆二年六月二日，昭憲皇太后崩。五日，宰臣范質等上表請聽政，不允。繼三上表固請，詔允。九日，始見百官于殿門。

開寶九年十月二十日，太祖崩，太宗即位。二十三日，宰臣薛居正等上表請聽政，詔答不允。二十四日，成服於萬歲殿，居正前跪奏固請，可之。即日移御長春殿聽政，羣臣皆喪服就列。

太宗至道三年三月二十九日，太宗崩，真宗即位。四月二日，宰臣呂端等上表請聽政，不允。繼三上表，詔允。四日，御崇政殿之西序，群臣入謁，帝號慟以見，輔臣以次奏事。十四日，端等復請御正殿〔一〕，三上表，始允。五月三日，御崇政殿視朝，還御後殿閲事如常儀。

真宗景德元年三月十五日，明德皇太后崩。十七日，宰臣李沆等上表請聽政，不允。十九日，再上表。二十一日，沆等詣萬安宮門請對，帝號泣見之。沆曰：「軍國事繁，不可暫曠，願以天下爲念，早俞衆懇。」於是繼上四表，猶不許。沆等復請對，言西北邊屯重兵，機務不可暫滯。帝曰：「梓宮在殯，四方之事各有司存，所請聽政，朕情所未忍。」沆等瞻仰聖顔，毁瘠至甚，因退復上言曰：「伏以先后升遐，宸衷哀慕，痛深創（詎）〔鉅〕，擗（擁）〔踊〕傷摧，殆此彌旬，煢然在疚。雖三日聽政，備遺誥以丁寧，四表叫閽，罄群情之懇禱，而詔旨敦諭，（刑）〔形〕於未忍，朝野惶駭，不知所圖。竊以機務至繁，不可暫曠；治命至重，不可輒違。況自先后聖體弗康，載離寒暑，陛下衣不解帶，藥必先嘗，躬禱神祇，徧走群望，親（後）〔候〕安否，（至日）〔日至〕寢門。或常膳之載加，然乃御食；雖中夕而屢起，靡敢寧居。動静承顔，勤勞不貫，天子之孝，載籍所無。及兹上仙，追懷罔極，無窮永感，諒闇不言。臣等獲造倚廬，面陳至懇。願以宗社爲念，少抑哀懷；望遵顧命之文，俯親庶政。而易月之制，聖情誓守於几筵；宅憂以來，天顔殆至於欒棘。臣等兢惶屏息，不敢仰視。伏望循祖宗之舊典，稟母后之遺言，節哀順變，式叶前經，垂拱嚮明，躬決庶務，以天下爲大計，俾群臣覩清光。則長樂如在之靈，實歆孝德；有司各揚之職，不紊官常。所繫非輕，期於得請。」沆等又上奏曰：「伏奉詔諭，誓守哀制。陛下宅憂過禮，中外不違。竊以歷代禮文，三日聽政，蓋於便座視事，俟易月始御前殿，以示變禮之漸。今候易月，方允聽政，便升前殿，即廢便座視事之儀；更於便殿視朝，緣服制已終，無此典禮。伏望

〔一〕正：原作「政」，據《長編》卷四一改。

節哀順變，俯就禮文，庶安群心，免滯機務。」沆等復詣宮門求見，告以邊事軍機，深慮有所曠闕。帝泣謂沆曰：「勉依卿等所請，有軍國急務，即於便殿商量。」

二十四日，帝杖絰御萬安宮西偏對輔臣。翌日，有司設幄於崇政殿廊，帝去杖絰，服縗裳，近臣扶（節）〔即〕御座，哀慟左右。2沆等跪奏：「陛下毁瘠過甚，伏望割哀強食，以爲宗廟社稷，臣等不勝大願。」

四月七日，始御崇政殿聽政。九日，（郡）〔群〕臣復請御正殿。三上表，始允。

四年四月十六日，莊穆皇后崩，詔崇文院討尋皇帝視事故事。檢討杜鎬言：「徧觀載籍，歷代皇后上仙，無群臣〔請〕聽政表，即皇帝無不視事之文明矣。又唐德宗明德皇后以貞元二年十一月丁酉上仙，壬寅成服之日，宣撫軍節度使劉元佐、幽州行營節度使曲環、鄂岳觀察使盧玄卿來朝，詣延英門謁見。竊詳自丁酉至壬寅六日，已接見藩臣，明是服内聽政，其延英是便座。欲望皇帝依輟朝例，前殿不座，便殿視事如儀。」詔太常禮院詳定以聞。禮院上言：「歷代無服内不視事之文，欲請如鎬所（義）〔議〕，視事便殿，俟釋服後即復常儀。其攢殯及釋服日皆不視事。」從之。

真宗乾興元年二月十九日，真宗崩，仁宗即位。二十一日，宰臣丁謂等上表請聽政，不允。二十二日，詣内東門拜表，請皇太后依遺制處分軍國事，不許。二十三日，皇帝表三上，詔允。二十四日，皇太后表三上，批答宜許。二十五日，皇帝聽政於崇政殿之西廡下，有司設御座，垂簾，簾幕皆用縞素。中書門下、文武百僚、諸軍將校於殿門外立班。帝自宮中縗服，去杖絰，服布襴衫，腰絰，斜巾垂帽，號慟而出。侍臣扶侍升御座，通事舍人引百僚入至殿庭，西向合班。俟簾捲，百僚再拜，宰臣班首奏聖（宮）〔躬〕萬福，隨拜三呼萬歲。班首出並少前，跪奏稱：「臣某等言，請皇帝聽政。」復位，宣徽使承旨稱制可，百僚再拜，隨拜三呼萬歲。班退，宰臣等升殿奏事，軍頭司引呈雜公事，並如舊儀。是日，宮中設祭大行皇帝，而後赴聽政。三月四日，謂等復請御正殿。三（日）〔上〕表，始允。二十一日，御崇政殿。

明道二年三月二十九日，章獻明肅皇太后崩。四月二日，宰臣呂夷簡等上表請聽政，不允。繼五上表固請，詔允。十三日，聽政於崇政殿之西廂。十六日，夷簡等復請御正殿。表三上，始允。二十七日〔一〕，御紫宸殿。

嘉祐八年三月二十九日，仁宗崩，英宗即位。四月五日，宰臣韓琦等上表請聽政，不允。表三上。初，帝欲命琦攝冢宰，躬行諒闇三年之禮，執政皆以爲不可，乃止。

八日，詔曰：「朕承大行之遺命，嗣列聖之丕基。踐祚之初，銜哀罔極，遂罹疾恙，未獲痊和，而機政之繁，裁決或壅。皇太后母儀天下，子育朕躬，輔佐先朝，練達庶務，因

〔一〕二十七日：原作「二十日」，據《宋史》卷一〇《仁宗紀》二補。

請同於聽覽，惟曲賜於矜從。俾緩憂勤，冀速康復。(後)〔候〕將來聽政日，請皇太后權同處分，應文武臣僚並權放朝參，俟平愈日依舊。」帝感疾未瘳，故有是詔。禮院奏請自十一日皇帝同皇太后御内東門小殿垂簾，中書、樞密合起居，以次奏事，而帝方服藥，權居柔儀殿東門之西室，皇太后居其東室，3 輔臣日入東閤候問聖體，因奏政事。至五月二十七日，帝初御延和殿。至六月三日，復不出。是時惟輔臣得入對柔儀，退詣内東門小殿簾帷之外，覆奏事於皇太后。至七月十三日，帝始間日御前後殿視朝聽政。輔臣每退朝，入内東門小殿覆奏如初。至治平元年五月，皇太后降手詔，遂徹小殿簾帷，不復處分軍國事。以上《國朝會要》。

英宗治平四年正月八日，英宗皇帝崩，神宗皇帝即位。十一日，宰臣韓琦等上表請聽政，不允。繼三上表固請，詔允。十七日，始見百官。二十一日，御迎陽門幄殿。二十四日，琦等復請御殿，表三上，始允。二月六日，御正殿。

元豐二年十月二十日，慈聖光獻皇后崩。二十六日，宰臣王珪等上表請聽政，不允。繼七上表，乃詔候終易月之制，有司定日御殿。十一月十九日，御崇政殿聽政。上服素紗幞頭、淡黃衫、黑犀帶，於殿西廡幄次號哭見群臣。西向起居畢，中書、樞密院，次使相至閤門副使，次翰林學士至修起居注官，並升殿奉慰。二十八日，宰臣吳充等再上表請御正殿，詔曰：「朕既逾易月，即御便朝，外雖攬於繁機，内更深於悲慕。何需章之來上〔一〕，祈路寢之親臨〔二〕。宜體至情，勿爲迫遽。所請宜不允。」至是五表，乃從之。至十二月二十三日，始御垂拱殿。

三年二月二十二日，上御崇政殿。上自十六日以大行太皇太后發引不視事〔三〕，是日始御後殿，至祔廟乃御前殿。

八年三月五日，神宗皇帝崩，哲宗皇帝即位。八日，群臣上表請聽政，又詣内東門請太皇太后聽政，並三表，從之。二十一日，上御迎陽門聽政，見百官。瞻神宗皇帝像于集英殿，宰臣等及文臣御史、武臣横行已上以次陞殿，舉哭盡哀而退。二十五日，群臣復請御正殿，三上表，乃從之。四月三日，上初御紫宸殿，宰臣以下奏事，諸司猶未許對。

元祐八年九月三日，宣仁聖烈皇后崩。七日，宰臣呂大防等入見上於崇慶殿之東楹，奏稟拜表請聽政，曰：「光獻上仙，神宗皇帝七表而許，今依祖宗故事，五表可也。」上曰：「朕有所不忍。且先帝故事，不敢損也。」八日，文武百官詣東上閤門拜表請聽政，自是七表，乃從之。十月四日，上御崇政殿親政。七日，文武百僚復請御正殿，五上表，始

〔一〕上：原作「止」，據《宋大詔令集》卷一四六改。
〔二〕寢：原缺，據《宋大詔令集》卷一四六補。
〔三〕太皇太后：原作「皇帝」，據《長編》卷三〇二改。

允。十一月一日，御垂拱殿〔一〕。

元符三年正月十二日，哲宗皇帝崩，徽宗皇帝即位。二十五日，宰臣章惇等上表請聽政，凡五表，從之。至二月二日，上御迎陽門幄殿，宰臣請聽政，與親王、宗室、侍從、管軍臣僚陞殿面(尉)〔慰〕，上慟哭久之。三省、樞密院奏事訖，同詣簾前，又慰皇太后，對輔臣慟哭。輔臣覆奏訖，退。自是以爲常。是日，以皇帝聽政奠告於大行皇帝。四日，宰臣章惇等請御殿，三表，從之。至十二日，上御崇政殿。

徽宗建中靖國元年正月十三日，欽聖憲肅皇后 4 崩。十九日，宰臣韓忠彦等上表請聽政。凡七表，從之。至二月十三日，百官進名慈德殿門奉慰。上服素紗幞頭、淡黄衫、黑犀帶御迎陽門，宰臣等起居。聽政訖，次升殿奉慰，上淹泣久之。十四日，宰臣韓忠彦等請御殿，五上表，從之。三月三日，上始御紫宸殿，群臣起居、見、謝、辭如儀。

高宗紹興元年四月十四日，隆祐皇太后崩，遺誥：「皇帝服期以日易月，仍不候除服御朝聽政，勿以吾故妨廢軍國事務。」十七日，成服。二十三日，宰臣范宗尹等上表請聽政，不允。三上表固請，批答：「卿等以四方未靖，萬機不可久曠爲言，所請宜允。」五月一日，宗尹等復上表請御正殿。五日，三上表，始允。

七年正月二十五日，問安使何蘚至自金國，得報道君太上皇帝紹興五年四月二十一日崩，寧德皇后相繼上仙。宰臣張浚等入見於内殿後廡，皇帝號慟擗踴不勝哀，内侍扶掖之。二十七日，成服於几筵殿。二十九日，浚等上表請聽政，不允。二月五日，五上表，内批：「俟過小祥，几筵之(則)〔側〕權設素幄，許輔臣(奉)〔奏〕事。」又上表固請，批答：「卿等以戎車方駕，軍檄交馳，朕不得已，爲之俯從。俟過小祥，延見近輔，宮中自行三年之喪。」凡六表，始允。十九日，復上表請御殿。二十三日，三上表，宜允。

二十九年九月二十日，皇太后崩於慈寧殿，遺誥皇帝成服三日聽政。二十三日，成服。二十四日，宰臣湯思退等率百官上表請聽政，不允。二十八日，五上表，批答：「俟過小祥，於梓宮之側權設素幄，令(轉)〔輔〕臣奏事。」十月五日，復上表請御殿。十四日，三上表，批答：「俟過禫除，勉遵遺誥。」十八日，御前殿，視朝如常儀。

三十一年五月二十二日，金國人使報孝慈淵聖皇帝升遐，詔：「朕當持斬衰三年之服，以申哀慕。」二十二日，成服於几筵前。六月一日，宰臣陳康伯等上表請聽政，不允。四日，三上表，始允。八日，復上表請御正殿。十六日，三上表，宜允。（以上《永樂大典》卷一六五七二）

〔一〕垂：原脱，據《宋史》卷一七《哲宗紀》一補。

宋會要輯稿　禮五六

朝會

【宋會要】

1 大朝會。其日，準擇時刻，陳布將士填街，及左右金吾、六軍、諸衛勒所部，列黃麾大仗屯門及陳於殿庭，如常儀。文武百寮及羣官、客使等俱入朝，文武常參官朝服，陪位官等公服。近仗就陳於閤下。太樂令、樂工、協律郎俱入就位，中書侍郎以諸方鎮表案，給事中以所奏祥瑞案，俱俟於大慶門外之左右。諸侍衛之官各服其器服，符寶郎奉寶，俱詣閤門奉迎。羣官、客使、陪位官俱入就位立定，侍中版奏請中嚴，又奏外辦。聞鳴鞭，宮縣撞黃鍾之鍾，右五鍾皆應。殿上承旨索扇，皇帝服袞冕，御輿以出，曲直華蓋侍衛如常儀。協律郎舉麾，宮縣奏《乾安》樂，鼓吹振作。皇帝服袞冕，執珪，出自西房，即御座，南向。扇開，協律郎偃麾戛敔，樂止。符寶郎奉寶置於御座前，文武三品以上、尚書省四品自大慶門入。三品以上官初入門，奏《正安》之樂，至位，樂止。中書侍郎、給事中押表案、祥瑞案入，詣東西階下相對立。侍郎、給事置表，瑞案訖，各還侍臣班，俟起居訖還表、瑞案位。中書門下、學士、兩省、御史臺、供奉官橫行北向，樂止。典儀贊再拜，在位官拜舞起居訖，太尉將升，中書令、門下侍郎俱降至兩階下。太尉詣西階下，太尉升降皆禮官、通事舍人引，餘官止通事舍人引之。解劍脱舄升殿。中書令、門下侍郎各於案取所奏之文詣褥位，解劍脱舄，以次升，分東西立以俟。太尉詣御座前，北向跪奏稱2賀云，俛伏，興，降階，佩劍納舄〔一〕，餘官升降劍舄並準此。還位。在位官俱再拜舞蹈訖，侍中進當御座前承旨，稱制宣答。橫行官分班序立，中書令、門下侍郎升詣御座前，各奏諸方鎮表及祥瑞訖，户部尚書就承制位跪奏諸州貢物，請付所司。侍中承旨稱制可，退。次禮部尚書奏諸蕃貢物，請付所司，司天監奏雲物祥瑞，請付史館，皆如上儀。侍中進當御座前，奏「禮畢」，殿上承旨索扇，宮縣撞蕤賓之鍾，左五鍾皆應。協律郎舉麾，宮縣奏《乾安》樂，鼓吹振作。皇帝降座，御輿入自東房，扇開，偃麾戛敔，樂止。侍中奏解嚴，文武百僚相次退還次，諸州客使、陪位官、蕃客等並退。

仗衛排列如舊，以俟上壽。中書門下、文武百僚立班如朝賀儀，並朝服。侍中版奏中嚴外辦，聞鳴鞭撞鍾，殿上索扇，皇帝服通天冠、絳紗袍，御輿以出，舉麾，奏樂、鼓吹。皇帝即御座，扇開，偃麾戛敔。中書門下、文武百寮橫行拜舞，分班，並如賀儀。光禄卿詣橫街南奏「請允群官上壽」，侍中承旨稱制可，文武百寮並橫行拜舞。太尉升殿，詣壽

〔一〕舄：原作「寫」，據《宋史》卷一一六《禮志》一九改。

樽所，北向。尚食奉御酌御酒一爵授太尉〔一〕，太尉搢笏執爵，詣御座前跪進，皇帝執爵。太尉執笏，俛伏，興，少退，跪奏稱上千萬歲壽云，降階。在位官皆拜舞。公王詣東西階升殿，劍履者各解脱於階下。羣官升東西廊，並立於席後。群臣解劍脱舄並於席位。太樂令引歌者及琴瑟至階下升，就位座，其笙管者進階。尚食奉御進酒，殿中監省酒以進，3 皇帝舉第二爵，登歌作《甘露之曲》。飲訖，樂止。皇帝飲訖，殿中監受虚爵。中書門下殿上横行，通事舍人曰「各賜酒」，上下群官拜呼萬歲，就坐，搢笏受酒，宫縣作《正安之樂》。飲酒巡周，凡行酒訖，並太官令奏「巡周」。樂止。尚食奉御進食，升階，以次置御座前。又設群官食訖，凡設食訖，太官令奏「食遍」。太樂丞引《盛德升聞之舞》入，作三變，止。殿中監進皇帝第三爵，群官立席後，登歌作《瑞木成文之曲》〔二〕。飲訖，群官皆座。又行群官酒、作樂、進食、設群官食，如上儀。太樂丞引《天下大定之舞》，作三變，止。殿中監進皇帝第四爵酒，登歌奏《嘉禾之曲》，如第三爵之儀。皇帝四盞，百僚三盞，其食即兩度進設，二舞各作三變。通事舍人曰「可起」，百僚皆立於席後。群官皆佩劍納舄，候升殿官降即降。侍中進御座前跪奏「禮畢」〔三〕，俛伏，興，群官俱降階復位，北向立班，拜舞，分班序立。次殿上索扇，太樂撞鍾，舉麾，奏《乾安樂》〔四〕，鼓吹振作。皇帝降座，御輿入自東房，扇開，戛敔，樂止。侍中奏「解嚴」，所司承旨放仗，文武百僚再拜訖，相次退。《文昌雜録》：舊儀，宰臣、兩省、學士、待制至殿中侍御史先就丹墀位，乘輿升御座，方引諸司三品、四品入大慶偏門，《正安之樂》作。按李德裕《兩朝獻替録》云〔五〕：「每遇正、至，與兩省官侍立香案兩邊，終朝會無拜賀之禮。嘗奏請自今且立香案南，俟扇開，贊拜，再拜，出班致詞賀，又再拜訖，分香案東西侍立。」乃知唐儀丹墀祇是兩省供奉官侍立之地〔六〕，宰相一員攝太尉，與一品、二品、三品、四品列于殿門，樂作就位。蓋宫架之樂〔七〕，本爲上公。今元會新儀，百官就位，皇帝升座，禮官乃引宰相、親王、使相押文武三品等官分東西門入，《正安之樂》作。雖刊正謬誤，而兩省供奉官猶拜賀于丹墀，未復侍立之制。詳定所上《朝會儀注》二卷，《令式》四十卷，其詳密如此，恐尚有未至者焉〔八〕。

太祖建隆元年五月朔，有司請受朝，時司天上言日當食，故罷。視 4 朔御殿，非古也。唐德宗以數術之説肇行斯禮〔九〕，憲(中)〔宗〕元和中以其不經，罷之。後唐同光中，復詔舉行。至是猶循舊例。

十一月冬至，帝親征揚州，不受朝，宰臣率百官詣行宫拜表稱賀。至二年正月朔始行其禮〔一〇〕。自是凡正、冬及五月朔，皆太常禮院奏請。其無事而罷會者，下敕但云「不

〔一〕奉：原作「奏」，據《宋史》卷一一六《禮志》一九改。

〔二〕瑞：原作「端」，據《宋史》卷一一六《禮志》一九改。

〔三〕奏：原作「奉」，據《宋史》卷一一六《禮志》一九改。

〔四〕奏：原作「奉」，據《宋史》卷一一六《禮志》一九改。

〔五〕替：原作「贊」，據《文昌雜録》卷三改。

〔六〕知：原脱，據《文昌雜録》卷三補。

〔七〕之：原作「立」，據《文昌雜録》卷三改。

〔八〕有未至：原作「未有立」，據《文昌雜録》卷三乙改。

〔九〕説：原脱，據《玉海》卷七〇補。

〔一〇〕此句原脱，據《文獻通考》卷一〇七補，無此句則下句文意不明。

御殿」，至日宰臣文武百官詣閤門拜表稱賀。五月朔亦無拜表之禮。其無事而罷會，不録。

二年正月朔，御崇元殿受朝賀，服衮冕，設宫懸、仗衛如儀。仗退，常服御廣德殿，群臣上壽，用教坊樂。《通考》：仗退，群臣詣皇太后宫門奉賀。

十一月冬至，不受朝，以昭憲皇太后始祔廟故也。

四年十一月冬至，行郊祀之禮，群臣詣齋宫拜表稱賀。

五月朔，御崇元殿受朝，帝服通天冠、絳紗袍，宫縣、仗衛如式。

乾德二年正月朔，不受朝，以孝明皇后在殯故也。自後凡冬至日值行禮者〔一〕，皆拜表賀。

十一月冬至，不受朝。

三年正月朔，不受朝。皆以王師在蜀故也。

十一月冬至，受朝賀於文明殿。帝服通天冠、絳紗袍，餘如元會之儀。

四年正月朔，御文明殿受賀，退詣崇德殿上壽。

十一月冬至，御乾元殿，退御大明殿，群臣上壽，始用雅樂登歌，二舞，賜群臣酒，五行而罷。《玉海》：是年正、至朝會，撰二十四曲，《白龜》、《甘露》、《紫芝》、《嘉禾》、《玉兔》。

開寶三年正月朔，不受朝，雨雪故也。

四年正月朔，不受朝，王師征嶺南故也。

五年正月朔，不受朝，雨雪故也。

七年十一月冬至，不受朝。八年正月朔，不受朝；十一月冬至不受朝。皆以出師江南故也。《玉海》：開寶 5 九年正月戊辰朔〔二〕，受朝乾元殿，降王在列，聲容大備，知制誥扈蒙上《聖功頌》述其事，詔褒之。

九年太宗即位未改元。十一月冬至，不受朝，以太祖梓宫在殯故也。太平興國二年正月朔亦然。

十二月二十二日，帝服衮冕御乾元殿。百官朝服班於位，六軍、諸衛、殿中省仗衛如元會之儀〔三〕，太常縣而不作。百官稱賀。大赦，改元爲太平興國。宣制畢，御大明殿上壽。是年十月二十日，帝即位，至是始朝會，改元。

太平興國二年十一月冬至，御朝元殿受朝賀〔四〕，退御大明殿上壽，復用教坊樂。

三年五月朔，御乾元殿受朝〔五〕，如冬至之儀。時以陳洪進、錢俶來朝故也。

雍熙五年正月朔，不受朝，以將有事耕籍故也。《玉海》：太平興國五年正月丙子朔〔六〕，御乾元殿受朝賀，退御大明殿上壽。淳化元年正月戊寅朔，御朝元殿受朝賀，下詔改元。

〔淳化〕三年正月朔〔七〕，服衮冕御朝元殿受朝賀。禮

〔一〕後：原作「俊」，據《補編》頁四九三改。
〔二〕戊辰：原作「戊寅」，據《玉海》卷六〇改。
〔三〕衛：原作「服」，據《補編》頁四九三改。
〔四〕朝：《長編》卷一七作「乾」。
〔五〕乾：原作「朝」，據《補編》頁四九三改。
〔六〕「太平興國」原無，「子」原作「寅」，據《玉海》卷七一補改。
〔七〕淳化：原脱，據《長編》卷三三、《玉海》卷七一補。

畢，改通天冠、絳紗袍升座，受群臣上壽。帝即位以來，每朝賀畢退御大明殿，常服上壽，奏教坊樂。至是，始命有司約《開元禮》定上壽儀〔一〕，皆以法服行禮，設宮懸、萬舞，酒三行而罷，復舊制也。又取嗣位以來祥瑞作《祥麟》、《丹鳳》、《白龜》、《河清》、《瑞麥》五曲用之。

十一月冬至，不受朝，以許王薨日近故也。

五年十一月冬至，詔以劍南用兵，罷朝會。

真宗至道三年十一月冬至，不受朝，以喪制中故也。自是至咸平二年皆然。

咸平三年正月朔，駐蹕天雄軍，群臣詣行宮拜表稱賀。

五月朔，前一日，所司於朝元殿陳仗衛，質明，將受朝，以雨霑服，命閤門使宣放仗，百僚常服起居於長春殿，退詣正衙立班宣制[6]焉。

十一月冬至，御朝元殿受朝賀，群臣上壽。又詣萬安宮進名賀皇太后。時宰臣張齊賢已下檢詳建隆二年正月朔受朝賀〔二〕，仗退，百僚詣皇太后宮稱慶故事，又詔禮官詳定而行之。《玉海》：景德元年春正月丙戌朔，御朝元殿受朝，改元，大赦。三年，撰《祥麟》、《丹鳳》、《河清》等十三曲。四年正月己亥朔，御朝元殿受朝賀，群臣上壽，諸道進奉，契丹、諸蕃使在焉，下詔肆眚。司天言日抱戴佳氣覆宮闕，上作《九》〔元〕日會朝》詩賜近臣屬和。祥符元年，撰《醴泉》、《祥芝》〔等〕五曲。

大中祥符元年十一月冬至，車駕次澶州，群臣詣行宮拜表稱賀。

二年正月朔，不受朝，召輔臣至內殿朝拜天書。自是歲以爲常。

三年正月朔，不受朝，以晉國公主喪故也。

五年閏十月一日，詔以來年正月一日御朝元殿受朝賀。先是，詔用冬至受朝賀，時以聖祖降慶，設道場一月於朝元殿，而冬至在恭謝玉皇致齋之內，故有是詔。

八年正月朔，帝詣玉清昭應宮上玉皇聖號，禮畢還宮，常服御崇德殿，群臣稱賀。

乾興元年十一月仁宗即位未改元。冬至，不受朝，以喪制故也。自是至天聖二年皆然。

仁宗天聖四年十二月十二日，國信所言：「正旦朝會，契丹使未審赴班否？」禮官請如舊儀設位於龍墀上，次節度使之南，升殿坐位如侍宴之儀。從之。《玉海》：天聖三年四月，上問五月一日御殿故事〔三〕，王欽若對：「唐以陰氣始盛，設君臣相見之儀，然近歲未嘗行。」

十六日，帝諭宰臣曰：「元正御殿，緣北朝人使自遠而來，爲皇太后上壽，朕欲至時先率百官赴會慶殿上皇太后壽酒訖，然後御天安殿。」皇太后曰：「元日御殿立仗之儀，帝王舊式，餘並不得輕議。」王曾等再拜[7]賀曰：「皇帝以孝治之德上奉母儀，皇太后以謙尊之美深全國體，中外聞之，誰不感悅？實宗社之休，生民之福也。」翌日，帝手詔

〔一〕始：原作「司」，據《補編》頁四九四改。
〔二〕齊：原作「齋」，據《補編》頁四九四改。
〔三〕上問：原作「閏」，據《玉海》卷七〇補改。

付中書門下，元日先率百官上皇太后壽酒訖，然後赴天安殿，仍令太常禮院依此修定儀制。

【宋會要】

七年十月，御史臺言：「冬至御殿舊儀，公卿自殿門外叙班以入。今緣文班三品、四品以上並闕，又左右金吾上將軍、大將軍各二員，將軍各四員，分左右立班。今同判左金吾張斌久病在假，南班見止二員，並望差官充攝。」詔樞密直學士李諮、知制誥李仲容攝公卿，左千牛衛將軍符承煦與西京左藏庫副使石孝孫等七人分攝左右金吾。

慶曆六年十二月十五日，管勾西驛所言：「夏國進奉人未經正月一日御殿稱賀，未審赴班否？」詔首領等赴，習儀稱賀。

嘉祐元年正月朔，御大慶殿受朝。前一夕，殿庭設仗衛既具，而大雨雪，至壓宮架折。帝於禁中跣而告天，至是日雖開霽，然帝暴感風眩，促行禮而罷。

英宗治平四年正月朔，詔罷元會，只受册尊號。先是，詔會朝上册尊號，英宗不豫，遂罷會。

神宗熙寧二年三月二十五日，詔罷五月一日御大慶殿受朝，太常禮院今後無復申請。

十一月三十日冬至，上御大慶殿受朝。是日，宰臣、文武百官又詣内東門賀太皇太后、皇太后。

三年十二月十六日，右諫議大夫宋敏求言：「淳化 8 二年，詔來年正月一日御殿，皇帝更衣再坐，執圭，候太尉進酒，差官受圭。第四盞畢，却進圭。後來有司失於奏請，再坐上壽，遂不執圭。今欲乞並依舊儀。又正冬御殿，朝臣自太子中舍、洗馬而上并攝南班官，皆得赴坐賜酒，惟皇親大將軍以上至率府副率獨不與坐，亦無侍立明文。當賜酒之時，徘徊階陛，班列不肅。又緣其日宗室正任以上亦皆赴坐，今欲乞令將軍以上並赴坐，其率府副率以下隨班上壽訖，先退。」並從之。

九年七月二十一日，詔閤門，近許上壽赴坐宗室，大慶殿朝會亦令與。

元豐元年十一月十九日，詔龍圖閣直學士、右諫議大夫、史館修撰、修國史宋敏求，右諫議大夫、權御史中丞蔡確，西上閤門使、樞密副都承旨張誠一，太常博士、集賢校理，同修起居注、直舍人院、權同判太常寺李清臣，詳定正旦御殿儀注。先是〔一〕，令宋敏求同閤門、御史臺看詳，上批以「逐處官多，議論難一，恐曠日持久不能畢，宜於御史臺、閤門、太常禮院各差一員，與敏求詳定」。既而詳定正旦御殿儀注所言：「《周禮》王執鎮圭，釋以爲祭天地、宗廟及朝日夕月則執之。若朝覲，諸侯受玉於王，但受玉撫玉而已。《考工記》天子執冒四寸以朝諸侯。蓋諸侯執圭以

〔一〕「先是」前一行，原稿有「宋會要」，「先是」提行。按文不當隔斷，今不取比三字，並接排。

授天子〔一〕，天子以冒圭邪刻之處冒諸侯之圭，以齊瑞信，如後世之**9**合符，然未有臨臣子而執鎮圭者。唐興，殿中監掌御服之事，凡大祭祀則進大圭、鎮圭。若元正、冬至大朝會，止有進爵之禮。《開寶通禮》始著元會執圭，出自西房。淳化中又以上壽進酒，以内侍捧圭。臣等遠稽周制，近考唐禮，皆爲未合〔二〕，其元會受朝賀，伏請不執鎮圭，上壽準此。」從之。

二十三〔日〕〔三〕，詳定正旦御殿儀注所奏：「正旦朝會用黄麾仗及以車輅輿輦充庭，乞先頒降，以本所祗應職掌及諸司排儀仗班次等人，赴大慶殿豫審度容布儀仗輦輅等地，具圖以聞。」詔車輅未設，餘依所請。

【宋會要】

〔元豐二年〕十一月冬至〔四〕，不受朝，以慈聖光獻皇后喪制故也。

十二月六日，詔元日御殿，執儀仗人均差天武神衛。

三年五月二十八日，詳定朝會儀注所言：「今定大慶殿之後門内東西設幄爲閤，又於殿扆左右設帟爲東西房〔五〕，以爲乘輿出入所由之地。」又言：「朝會所陳平輦、逍遥，舊設於西朵殿〔六〕，今宗室一坐西朵殿賜酒，欲移平輦等於東西龍墀上。」並從之。《四朝志》：三年，詳定所又言：「昨定朝會圖〔七〕，於大慶殿横街止陳大輦、逍遥、平輦，而輿未陳也〔八〕。當增腰輿一〔九〕。」改製偏扇、團方扇爲三等，繡雉〔一〇〕。

五年十二月二十三日，詔：「正旦朝會日，引駕殿前左右班及人員，侯至殿閤，即分立於殿東西，夾行門立於龍墀東西勾欄内〔一一〕，起居郎、舍人、左右巡使並就本位拜。其起居郎〔一二〕、舍人朔日視朝，拜亦準此。」

【宋會要】

10八年正月朔，不受朝，以上寢疾故也。

二月二十七日，詔諸朝會，殿中侍御史闕，牒監察御史；又闕，牒在京職事官。起居舍人闕，牒著作、秘書郎、著作佐郎；又闕，牒中書舍人。其餘執事官闕，牒班内官攝，並報閤門。

哲宗即位，禮部言：「冬至、正旦在諒闇，當罷朝賀，欲令群臣於東上閤門、内東門表賀。」從之。

十一月冬至，不受朝，以喪制故也。自是至元祐二年正月朔皆然。

〔一〕授：原作「受」，據《補編》頁四九六改。
〔二〕爲：原作「向」，據《補編》頁四九六改。
〔三〕日：原脱，據《補編》頁四九六補。
〔四〕元豐二年：原無，據本書禮五七之三補。
〔五〕帟：原作「帝」，據《長編》卷三〇四改。
〔六〕西：原作「四」，據《長編》卷三〇四改。
〔七〕朝：原作「昨」，據《補編》頁四九六改。
〔八〕陳：原作「成」，據《補編》頁四九六改。
〔九〕輿：原作「於」，據《補編》頁四九六改。
〔一〇〕雉：原作「維」，據《宋史》卷一四三《儀衛志》一改。
〔一一〕門：原作「間」，據《長編》卷三三一改。
〔一二〕郎：原無，據《長編》卷三三一補。

元祐八年四月六日，禮部言：「秘書省正字、兼權太常博士陳祥道言〔一〕：伏覩禮文，有合改正。按貴人賤馬，古今所同。故覲禮馬在庭，而侯氏升堂致命〔二〕；聘禮亦馬在庭，而賓升堂私覿。今元會儀，御馬立於龍墀之上，而特進以下立於庭，是不稱尊賢才〔三〕、體群臣之意。按元會儀，車輅皆在庭中，御輦、御馬在龍墀之上，輦、馬不相須。兼車輅已在庭中，今以御馬乃在庭，儀物別無未稱。又公王、侍從班在丹墀，雖居馬上，而特進以下皆在沙墀，實居馬下。若以御馬在庭，以明尊賢賤馬之意，於義爲允。」從之。

十一月冬至，不受朝，以宣仁聖烈皇后喪制故也〔四〕。自是至紹聖二年皆然。

元符元年四月八日，禮部、太常寺言：「今五月朔，於故事當大朝會，乞就是日行受寶之禮。依上尊號寶册儀，前一日上齋于内殿，翌日上服通天冠御大慶殿，降坐受寶，群臣上壽稱賀。」從之。

十二月二十一日，禮部言：「將來正旦御大慶殿朝會，奉迎天 11 授傳國受命寶。」從之，仍著爲令。

二年正月朔，不受朝，雨雪故也。

二年十一月冬至，不受朝，以喪制故。自是至崇寧元年正月朔亦然。

徽宗崇寧元年十一月冬至，不受朝，以欽成皇后喪故也。

大觀元年十一月十一日，詔來年元日御大慶殿恭受八寶〔五〕。

二年十一月冬至，不受朝，以顯恭皇后喪故也。

政和二年十一月二十五日冬至，受元圭于大慶殿。

三年十一月冬至，不受朝，以昭懷皇后喪故也。《四朝志》：其年議禮局上大慶殿大朝會儀衛，黃麾大仗五千二十五人，文德殿視朝黃麾半仗二千二百六十五人，文德殿發册黃麾細仗一千四百二人。

五年十二月十四日，太常寺言：「來年正月一日，皇帝御大慶殿受文武百僚朝賀。勘會《五禮新儀》，大慶殿元正大朝會上壽，係上公。檢會去年十一月三十日敕，皇太子在三公之上，凡慶會上壽，依天禧之制，押百僚於外殿。及昨皇太子受册畢開宴日上壽，係皇太子陞殿上壽。」詔上壽差上公，皇太子内殿稱賀。

【宋會要】

八年正月一日，御大慶殿受定命寶。

宣和三年十一月冬至，不受朝，以明節皇后喪故也。

六年正月一日，皇帝御大慶殿受朝賀，次詣明堂布政，還大慶殿上壽。

紹興三年十二月二十五日，輔臣進呈金使李永壽等正

〔一〕祥：原作「詳」，據《宋史》卷一一六《禮志》一九改。

〔二〕侯：原作「俟」，據《宋史》卷一一六《禮志》一九改。

〔三〕稱：原作「相」，據《宋史》卷一一六《禮志》一九改。

〔四〕喪：原脱，據本書禮五七之三補。

〔五〕受：原作「授」，據《補編》頁四九六改。

旦入見故事，百官俱入。上曰：「全盛之時，神京會同，朝[12]廷之尊，百官之富，所以夸示夷狄。今暫駐於此，事從簡便，舊日禮數，豈可盡行？無庸俱入。兼元日亦未嘗受賀也。」建炎之初，鑾輿南幸，庶事未備，而朝會之儀未暇舉焉。正、至但循例，宰臣率文武百官拜表稱賀而已。紹興改元，以道君皇帝、淵聖皇帝北狩，權宜皇帝躬率百僚遥拜畢，次御常御殿，朝參官起居。至是，臣僚建言，詔命有司舉行之。（以上《永樂大典》卷五三五一）

皇帝朝德壽宮

【宋會要】

淳熙元年九月四日，宰執内殿奏事畢，上顧謂曾懷等曰：「前日詣德壽宮，太上皇帝飲酒樂甚。太上皇帝年將七十，而步履飲食如壯年時。每侍太上皇帝行苑囿間，[13]登降皆不假扶掖。朕見太上皇帝壽康如此，喜固不可言。」回顧皇太子在側，曰：「時和歲豐，中外無事，人情熙熙，三世同此安樂，其樂有不可形容者。」懷等奏曰：「此皆陛下聖德聖孝昭格天地，有以致之。」

二年十二月十七日，皇帝帥文武百僚詣德壽宮行慶壽禮。十三年正月十日同此。

九年九月十三日，皇帝詣明堂行禮畢，帥文武百僚詣德壽宮起居上壽，飲福稱賀。恭承太上皇帝聖旨，爲泥濘免到宮。

十年十二月十六日，皇帝詣德壽宮起居，行太上皇后慶壽禮。

命婦内朝

【宋會要】

真宗大中祥符二年七月一日，内東門司言：「皇親諸命婦應入宮庭覲見者，承前未嘗豫奏，不待報而入謁，有司無由致詰。自今望令前一日具奏待報。」詔長公主不須待報，但令以隨從女僕人數具奏。又言：「戚里及臣僚家尊長亡殁後，其息女子婦，恩旨悉令入見，自是承例於宮庭貢獻。今請止令家長入謁。」從之。其諸婦、息女舊當入貢者，並特賜時服。

仁宗天聖三年三月，詔皇城司：「自今内夫人并使臣及尚書内省文字，於宮院宣唤人入内，更不令下帖子，便隨所宣指揮入内。」

寶元二年五月九日，臣僚上言：「乞自今後除皇親國戚之家許奉朝請外，其餘一切臣僚之家并女冠尼寺等人，並不許入内。如遇朔望，命婦之家[14]只令進表起居。」詔入内内侍省，除親王、長公主依舊外，餘皇親之家遇節序、聖節、南郊慶賀許依例進奉入内，非次不得妄作名目告求入内，永爲定式。

十二月五日，詔外命婦每歲孟冬朔及因事上禮，唯見任、前任并薨歿執政之臣，及節度使以上、見任入内内侍省内侍都知、押班妻，許中參奉獻，餘皆罷。先是，外戚疏遠之家因緣歲時，並入宮掖，有賞錫煩費、干祈祝託之弊。上封事者言其失，乃勑三司使晏殊詳定，至是從其請。

康定二年九月二十七日，贈武勝軍節度使任福妻王氏乞賜妾并子婦入内朝謁，詔聽王氏及子懷亮婦時節入内。

皇祐四年九月八日，詔：「臣僚之家自外到闕入内，合進士儀物色者，許依舊例。皇親戚里遇節序慶賀及乾元節、南郊，方許入内進奉，其朔望更不得入内。臣僚命婦（并命婦）并女冠尼寺院等，非遇乾元節、南郊及慶賀，毋得妄作名目告求入内。」

治平四年三月十九日，神宗即位未改元。太常禮院言：「檢會乾興元年乾元節，以真宗梓宮在殯，所有在京臣僚、内外命婦等進奉並權罷。」詔如舊例。

哲宗元祐元年二月二十九日，禮部〔言〕：「神宗皇帝小祥，欲比附故事，是日外命婦並詣神御前奠酹，及奉慰太皇太后、皇太后訖，退。」從之。

十一月一日，禮部言：「將來冬年節，命婦賀太皇太后，合比附坤成節例，改牋爲表。」從 15 之。（以上《永樂大典》卷五三五六）

宋會要輯稿　禮五七

朝賀 〔一〕

【宋會要】

1 〔天聖〕七年十月〔二〕，御史臺言：「冬至御殿舊儀，公卿自殿門外叙班以入。今緣文班三品、四品以上並闕，又左右金吾上將軍、大將軍各二員，將軍各四員，分左右立班，今同判左金吾張斌久病在假，南班見止二員，並望差官充攝。」詔樞密直學士李諮、知制誥李仲容攝公卿，左千牛衛將軍符承煦與西京左藏庫副使石孝孫等七人分攝左右金吾。

慶曆六年十二月十五日，管句西驛所言：「夏國進奉人未經正月一日御殿稱賀，未審赴班否？」詔首領等赴，習儀稱賀。

嘉祐元年正月朔，御大慶殿受朝。前一夕，殿庭設仗衛既具，而大雨雪，至壓宮架折。帝於禁中跣而告天，至是日雖開霽，然帝暴感風眩，促行禮而罷。

英宗治平四年正月朔，詔罷元會，只受册尊號。先是，詔會朝上册尊號，英宗不豫，遂罷會。

神宗熙寧二年三月二十五日，詔罷五月一日御大慶殿受朝，太常禮院今後無復申請。十一月三十日冬至，上御大慶殿受朝。是日宰臣、文武百官又詣内東門賀太皇太后、皇太后。

三年十二月十六日，右諫議大夫宋敏求言：「淳化二年，詔來年正月一日御殿，皇帝更衣再坐，執圭，候太尉進酒，差官受圭。第四盞畢，却進圭。後來有司失於奏請，再坐上壽，遂不執圭。今欲乞並依舊儀。又正、冬御殿，朝〔廷〕〔臣〕自太子中舍、洗馬而上并攝南班官，皆得赴座賜酒，惟皇親大將軍以上至率府副率獨不與坐，亦無侍立明文，當賜酒之時，徘徊陛階，班列不肅。又緣其日宗室正任以上亦皆赴坐，今欲乞令將軍以上並赴坐，其率府副率以下隨班上壽訖，先退。」並從之。

九年七月二十一日，詔閤門，近許上壽赴坐宗室，大慶殿朝會亦令與。

元豐元年十一月十九日，詔龍圖閣直學士、右諫議大夫、史館修撰、修國史宋敏求，右諫議大夫、權御史中丞蔡確，西上閤門使、樞密副都承旨張誠一，太常博士、集賢校理、同修起居注、直舍人院、權同判太常寺李清臣，詳定正旦御殿儀注。

〔元豐八年〕〔三〕，哲宗即位，禮部言：「冬至、正旦在諒

〔一〕按此門内容，實爲節録上卷「朝會」門中之條文。
〔二〕天聖：原無，據本書禮五六之七添。
〔三〕元豐八年：原無。按禮五六之一〇「朝會」門，此條乃承上文元豐八年，此處删去前後文，致此條年代不明，今補年分。

閤，當罷朝賀，欲令群臣於東上閤門、內東門表賀。」從之。

宣和六年正月一日，皇帝御大慶殿受朝賀，次詣明堂布政，還大慶殿上壽。（以上《永樂大典》卷一七四六四）

【宋會要】〔一〕

[2] 太祖建隆元年十一月冬至，帝親征揚州，不受朝，（羣）〔宰〕臣率百官詣行宮拜表稱賀。自是凡正、冬及五月朔皆太常禮院奏請。其無事而罷會者不録。

二年十一月冬至，不受朝，以昭憲皇太后始祔廟故也。

四年十一月冬至，行郊祀之禮，羣臣詣齋宮拜表稱賀。自後凡冬至日值行禮者，皆拜表賀。

乾德二年十一月冬至，不受朝，以王師在蜀故也。

三年十一月冬至，受朝賀於文明殿。帝服通天冠、絳紗袍，餘如元會之儀。

四年十一月冬至，御乾元殿，退御（文）〔大〕明殿，群臣上壽，始用雅樂登歌、二舞，賜群臣酒，五行而罷。

開寶七年十一月冬至不受朝，八年十一月冬至不受朝。皆以出師江南故也。

九年太宗即位未改元。十一月冬至，不受朝，以太（宗）祖梓宮在殯故也。

太平興國二年十一月冬至，御朝元殿受朝賀，退御（文）〔大〕明殿上壽，復用教坊樂。

淳化三年十一月冬至，不受朝，以許王薨日近故也。

五年十一月冬至，詔以劍南用兵，罷朝會。

真宗至道三年十一月冬至，不受朝，以喪制中故也。

咸平三年十一月冬至，御朝元殿受朝賀，群臣上壽。又詣萬安宮進名賀皇太后。時宰臣張齊賢已下檢詳建隆二年正月朔受朝賀，仗退，百僚詣皇太后宮稱慶故事，又詔禮官詳定而行之。

乾興元年十一月仁宗即位未改元。冬至，不受朝，以喪制故也。自是至天聖二年皆然。

天聖七年十月，御史臺言：「冬至御 [3] 殿舊儀，公卿自殿門外叙班以入。今緣文班三品、四品以上並闕，又左右金吾上將軍、大將軍各二員，將軍各四員，分左右立班。今同判左金吾張斌久病在假，南班見止二員，並望差官充攝。」詔樞密直學士李諮、知制誥李仲容攝公卿，左千牛衛將軍符承煦與西京左藏庫副使石孝孫等七人分攝左右金吾。

神宗熙寧二年十一月三十日冬至，上御大慶殿受朝。是日，宰臣、文武百官又詣內東門賀太皇太后、皇太后。

元豐二年十一月冬至，不受朝，以慈聖光獻皇后喪制故也。

〔一〕天頭原批：「朝賀二」。按，因此門篇幅不大，不再另立標題。以下內容抄自《永樂大典》卷一一四「冬」字韻「冬至朝儀」目，其實除末二條外，前「朝會」門中亦全有。

八年十一月冬至，不受朝，以喪制故也。哲宗即位，禮部言：「冬至、正旦在諒闇，當罷朝賀，欲令群臣於東上閤門、內東門表賀。」從之。

元祐八年十一月冬至，不受朝，以宣仁聖烈皇后喪故也。自是至紹聖二年皆然。

元符二年十一月冬至，不受朝，以喪制故也。

徽宗崇寧元年十一月冬至，不受朝，以欽成皇后喪故也。

〔大觀〕二年十一月冬至〔一〕，不受朝，以顯恭皇后喪故也。

政和二年十一月二十五日冬至，受〔元〕圭于大慶殿。

三年十一月冬至，不受朝，以昭懷皇后喪故也。

宣和三年十一月冬至，不受朝，以明節皇后喪故也。

高宗紹興十二年十月十六日，臣僚言：「竊以元正一歲之首，冬至一陽之復，聖人重之，制爲朝賀之禮焉。自上世以來，未之有改也。主上臨御十有六年，正、至朝賀，初未嘗講。茲者太母還宮，國家大慶，四方來賀，亶惟其時。望自今冬至、元正舉行朝會之禮。**4** 依國朝故事，冬至、正旦，有司前兩月申請，取旨排辦。昨自艱難之際，權寢未行，欲依所請檢舉，依議設黃麾大仗、車輅、逍遥、平輦、法物、樂舞等，百僚服朝服，再拜上壽〔二〕，宣公王等陞殿，間飲三周。」詔依，仍自來年正旦舉行。建炎之初，鑾輿南幸，庶事未備，而朝會之儀未暇舉焉。正、至但循例，宰臣率文武百官拜表稱賀而已。紹興改元，以道君皇帝、淵聖皇帝北狩，權宜皇帝躬率百僚遥拜畢，次御常御殿，朝參官起居。至是臣僚建言，詔命有司舉行之。

十一月三十日，禮部侍郎王賞言：「朝會之制，正旦、冬至及大慶賀受朝，係御大慶殿與文德、紫宸、垂拱殿，禮制不同。月朔視朝則御文德殿，謂之前殿正衙，仍設黃麾半仗。其餘紫宸、垂拱，皆係別殿，不設儀仗。今來舉行朝會之儀，緣元正在近，所有大慶殿之禮，事務至多，竊恐排辦不及，欲乞先舉行文德殿視朝之制。其大朝會合服朝服，并設樂、上壽、間飲、祥瑞表案等，並乞候來年冬至前別行取旨。」從之。（以上《永樂大典》卷一四）

上壽

德壽宮太上皇帝慶壽〔三〕

【宋會要】**5** 淳熙二年十月六日，詔以十二月十七日立春行慶壽禮。

〔一〕大觀：原無，據前禮五六之一一同條補。顯恭皇后卒于大觀二年，見《宋史·后妃傳》。

〔二〕拜：原作「坐」，據《宋史》卷一一六《禮志》一九改。

〔三〕以下小題原寫在正文內，應是《會要》原有。

十一月十三日，執政進呈禮部尚書趙雄、太常少卿顔度奏：「恭奉詔旨，太上皇帝聖壽無疆，新歲七十，立春日行慶壽禮。依大禮，慶成上壽，百官常服、簪花、用樂。緣上件典禮，稽諸載籍，亘古未有，自非禮文致美，無以彰盛典。」上曰：「朕當如何？此正老萊子斑衣之意。」龔茂良等奏云：「禮以義起，茲甚合宜，但至尊服御當令有司討論。」既而禮官言：「聖節大宴，皇帝再坐簪花。今事體尤重，欲乞是日皇帝自内服靴袍，至德壽宮大次簪花，行慶壽禮。」從之。

二十四日，御史臺、閤門、太常寺言：「十二月十七日立春，行慶壽禮。是日皇太子及從駕文武百僚、應奉官、禁衛等，并德壽宮官，並常服簪花。皇太子及從駕官、禁衛等，並簪花從駕往回，餘悉如天申聖節之儀。不從駕官並常服簪花，先赴德壽宮門外迎駕起居訖，以俟立班。」從之。

二十六日，禮部、太常寺言：「故事，車駕出，奏樂。緣上件慶典亘古未有，非禮儀詳備無以副中外歡愉慶忭之心。欲是日車駕往回並用樂。」從之。

十二月四日，詔慶壽行禮，受盤醆奉酒，參知政事龔茂良。復受盤醆，參知政事李彦穎。承旨宣制，簽書樞密院事王淮。奏禮畢，户部尚書韓彦直。殿中監，禮部尚書、兼給事中趙雄。殿中少監，權吏部尚書蔡沇。前(道)〔導〕太常卿，太常少卿顔度。贊引太常卿太常博士。太常博士、兼權倉部郎官許蒼舒。十三年元日，慶壽行禮官同。

十三日，詔立春詣德壽宮慶壽，從駕臣僚、禁衛等往回並簪花外，其百司及從人等亦許令簪花，仍並依郊祀大禮畢恭謝回體例。淳熙十三年慶壽同。

十七日立春，行慶壽禮。前一日，有司設大次於德壽宮門内，南向，小次於殿東廊，西向。設皇帝褥位二：一於太上皇帝御座之東，西向；一於御座之南，北向。尚醞設御酒尊酒器於御座之東，又設御茶牀於御座之西稍北。其日，皇帝服靴袍，升輦，至德壽宮。從駕應奉官、禁衛等並簪花，不從駕官徑赴德壽宮，並簪花，以俟迎駕起居。前導太常卿、閤門官、太常博士、禮直官及管軍、御帶、環衛官詣大次前分班于左右，文武百僚詣德壽宮殿下，東西相向立。皇帝至大次，降輦入次，簪花，服靴袍。皇太子以下應從駕官入詣德壽殿下，東西相向立。前導官導皇帝入小次。太上皇帝升御座，前導官導皇帝升殿東階，詣折檻前北向褥位立，奏請皇帝再拜，躬奏聖躬萬福，又再拜。前導官導皇帝詣太上皇帝御座之東褥位西向立，皇太子及文武百僚北向立。舍人贊皇太子以下再拜，搢笏舞蹈，又再拜，躬。班首奏聖躬 [6] 萬福，又再拜，分東西相向立。禮直官引奉盤醆參知政事、受盤醆參知政事、承旨宣答簽書樞密院事及奏禮畢户部尚書、殿中監、殿中少監升殿。内侍進御茶牀，尚醞典御以盤醆酒注授殿中監、殿中少監訖，禮直官引奉盤醆參知政事詣酒尊所，北向搢笏立。殿中監以盤醆授奉盤醆參知政事，捧盤醆西向立。殿中監酌醆，殿中少監以酒注于醆，奉盤醆參知政事奉酒詣皇帝前北向，禮直官引受盤醆參知政事詣太上皇帝御座前西向立，皇太子及文武百僚北向立。奉盤醆參知政事躬進皇帝，皇帝奉酒，禮直官前導皇帝詣太上皇帝御座前躬進。受盤醆參知政事躬接盤訖，復受奉盤醆參知政事奉盤於皇帝褥位之北，西向立。禮直官等前導皇帝詣太上皇帝御座前褥位，北向，俛伏，跪，皇太子及文武百僚躬。皇帝致詞稱賀太上皇帝：「皇帝臣昚稽首言：天祐君親，錫茲難老，維春之吉，年德加新。臣昚與群臣等不勝大慶，謹上千萬歲壽。」畢，興，皇帝再拜，在位官皆再拜。禮直官引簽書樞密院事詣太上皇帝御座前稍東北向，躬承旨，詣皇帝褥位之北西向立，皇帝躬，皇太子及文武百僚躬。簽書樞密院事承太上皇帝聖旨宣答曰：「酌此春醪，介予眉壽，家邦盛事，允愜慈懷，與皇帝并百僚內外同慶。」退復位。皇帝再拜，在位官皆再拜訖，分東西（向相）〔相向〕立。禮直官前導皇帝詣太上皇帝御座東，西向立，奉盤醆參知政事以盤北向躬進皇帝訖，奉盤醆參知政事復位，皇帝捧盤詣太上皇帝御座東，西向立，樂作。太上皇帝飲酒訖，皇帝躬接醆，樂止。受盤醆參知政事躬受，以授殿中監，殿中監以授尚醞典御，各復位，皇太子及文武百僚北向立。前導官導皇帝詣褥位北向，奏請皇帝再拜，在位皆再拜訖，前導官導皇帝詣太上皇帝御座之東褥位西向立，皇太子以下躬。典儀曰拜，在位官皆再拜，搢笏舞蹈，又再拜。內侍舉御茶牀，禮直官引户部尚書詣太上皇帝御座前北向跪，奏禮畢，退復位。典儀曰拜，在位官皆再拜。太上皇帝駕興，皇帝從入宮，文武百僚、前導應奉官等以次退。

皇帝、皇太子入賀太上皇后，如宮中之儀。執政率文武百僚再詣德壽宮，上太上皇后牋。牋文曰：「臣茂良等言：恭覩光堯壽聖憲天體道性仁誠德經武緯文太上皇帝今月十七日立春慶壽禮成，謹帥文武百僚拜牋稱賀者。壽祉兼隆，天人合契。徽章疊舉，歡聲雷動於九重；寶册對揚，叶氣雲蒸於四裔。臣茂良等誠懽（誠）抃、頓首頓首。恭惟壽聖齊明廣慈太上皇后殿下仁如太姒，（導）〔道〕備有莘，執慈寶以躬行，儷皇明而下照。周旋三紀，規範六宮。逮茲燕翼之安，寖閱隆平之久。雖嘗講未央之大典，修長樂之上儀，猶未侈於鴻稱，以丕崇[7]於聖孝。爰當朔旦，茂履一陽，測圭之景爲舒，鏤玉之文偕上。縱心而不踰矩，脩齡方衍於天皇；有德而必得名，介福具臻於王母。慶超邃古，美冠來今。臣等叨預近司，欣逢盛旦。想內庭之班賀，喜極怡愉；拜列辟之牋辭，舉同抃蹈。」駕興，從駕官及應奉官、禁衛等並簪花，從駕還內。

赦文曰：「太極之功不宰，其可贊者兩儀之生；大明之照無疆，所能推者千歲之至。欽惟聖父，誕保我家。二百餘載而中天，定神器於欹側艱虞之始；三十六年而宅位，授朕師於康强暇豫之持。上穹綿有永之年，下土洽無爲之化。興言菲質，日侍慈顔，竭幅員之富而未足伸至養之誠，極尊美之稱而未足表難名之德。茲載新於歲律，庸展慶於耆齡。前殿奉卮，企高皇以踵武；大安進膳〔一〕，邁貞觀之彌文。鏘金奏以充庭，儼臣工而在列，和氣遄周於宇宙，盛容創見於古今。仍內奉於母儀，庸備殫於子道。爲酒以介眉壽，具膺純嘏之常；立春而下寬書，更廣庶民之福。可大赦天下。」

二十一日，執政率文武百僚詣文德殿上皇帝表。表文曰：「臣茂良等上表：今月十七日立春慶壽禮成，謹帥文武百僚拜表稱賀者。縱心物表，璇穹介以修齡；展慶親闈，縟典肇于今日。恩涵發育，貺懋延洪。臣茂良等誠懽誠抃，頓首頓首。竊以黄帝二十推而授筴無窮，鴻名孰衍；放勛七十載而在位彌永，盛禮寧聞。仰惟協帝之華，備事親之道〔二〕。恭以光堯壽聖憲天體道性仁誠德經武緯文太上皇帝，德隆兼愛，業濟中興。謂逸樂必始於憂勤，坐致垂裳之〔始〕〔治〕；而崇高莫大乎富貴，視猶脱屣之輕。宜安樂以延年，益優遊而彌性。壽聖齊明廣慈太上皇后，安行慈實，密贊聖謨。藹任姒之徽音，率循禮法；及唐虞之盛際，共享尊榮。恭〔以〕皇帝陛下躬受丕基，日嚴至養，鏤玉方迎於朔至，奉卮式謹於王春。太極生兩儀，雖巧曆而莫計；君子有三樂，非至誠其孰能。事既非常，禮多創見。小興慶、大安之故事，掩未央、長樂之前聞。條風應而霈澤流，叶氣符而頌聲作。臣等恭陪近列，欣頌榮觀。歛福錫民，固已賴一人之慶；因親教愛，又將形四海之風。」

二十五日〔三〕，慶壽赦：「應歷事太上皇帝、曾任執政侍從官，可特與轉一官，內年七十以上轉兩官，礙止法人依條回授。仍令州縣長吏致禮存問。緣武臣亦有曾任將帥、歷事太上皇帝之人，令吏部將曾任三衙及都統制人，依前項赦文一體推恩。」

十二年十月二十七日，詔元日行慶壽禮〔四〕。

三十日，詔來歲太上皇帝壽登八十，慶典既行，可令天下寺觀自元日爲始啓建祝壽道場五日，仍禁屠宰，務要嚴潔。

十二月十七日，御史臺、閤門、太常寺言：「已降指揮，元日行太上皇帝慶壽禮。是日皇太子、文武百僚先赴大慶殿立班稱賀。正旦禮畢，8 其從駕官以俟常服簪花〔五〕，從駕詣德壽宮；不係從駕官，俟稱賀立班訖，並常服簪花，先赴德壽宮門外迎駕起居訖，以俟立班。皇太子并從駕禁衛等並簪花，從駕往回。應合趁赴迎駕、起〔居〕官赴幕次，去花，常服，以俟迎駕。」從之。

十三年正月一日，行慶壽禮。儀注與二年慶壽同。禮畢，

〔一〕膳：原作「繕」，據周必大《周文忠公集》卷一〇一改。

〔二〕「備」上疑脱一字。

〔三〕按，此條赦文又略見本書職官三二之一三，蓋十七日赦條之一，至二十五日乃頒布。

〔四〕壽：原作「賀」，據後兩條文例改。

〔五〕「以俟」二字疑衍。

宰執（師）〔帥〕文武百僚再詣德壽宮，上太上皇后牋。牋文曰：「臣淮等言：恭覩光堯壽聖憲天體道性仁誠德經武緯文紹業興統明謨盛（列）〔烈〕太上皇帝，今月一日慶壽禮成，謹帥文武百僚拜牋稱賀者。玉皇衍慶，金母齊休。禮式講於庭闈，賀荐伸於宮壼。臣淮等誠歡誠抃，頓首頓首。恭惟壽聖齊明廣慈備德太上皇后殿下，發祥渭涘，協德河洲。地承天而成覆載之功，月遡日而廣照臨之運。迎東郊二氣之始，占南極一星之明。懽浹禁中，尊臨太上。爰率後宮之屬，來從前殿之朝。瞻蓂莢之初開，指幡桃之將實。玉卮雙舉，虔修子婦之恭；銅狄屢摩，並致舅姑之祝。益嚴溫清，忻奉晨昏。臣等深（功）〔切〕榮懷，豈勝抃舞！宜大夫庶士，載賡燕喜之章；拜天子萬年，願續揚休之雅。」

同日，文武百僚赴文德殿簪花聽赦。赦文曰：「聖人得寧親之道，大四表之歡心；君子推錫類之仁，永萬年之景命。朕懋遵（否）〔丕〕訓，紹闡令圖。維慈皇德盛於中興，肆上帝休申於多祐。對昌期之舄奕，登鴻筭之延長。且尊歸於父者子之誠，若美報其上者下之誼。俶涓嘉旦，祗講彌文。備物典策之儀，遹敷於光藻；蕃祉老壽之祝，益迓於善祥。載臨獻歲之元，迺衍脩齡之帙。詔蹕於嚴駕，班會朝於顯庭。歡騰漢殿之呼，敬協堯封之請。荷神明之右序，獲貺施之宣臻。五福之曰壽康，亶駢膺於備順；億載之爲父母[一]，忻並奉於亨嘉。眷言比屋之民，興播康衢之頌。逢熙聖運，介美春祺。新日新而又新，將繼颺於懿鑠；老吾老以及老，宜均賚於群黎。矧振古之難逢，實丕天之大慶。特超彝制，用錫豐章。可大赦天下。於戲！尊明號而同三皇，彌厚方增之祉；廣德教而加百姓，務先博愛之恩。顧邇遐夙被於休風，在耄艾久霑於潤澤。會聲文之交暢，諒鼓舞之咸和。尚服隆寬，共彰榮治。」

同日，宰執先入內殿奏事，上曰：「昨早風雪大作，及晚便獲晴霽，可喜。」王淮等奏：「自去歲每遇慶事，無有不晴，此皆陛下誠敬格天所致。」上曰：「昨日遣人諭北使，云來日欲爲太上慶壽八十，可早起朝賀。使者云：皇帝孝治，慶太上皇帝聖壽，古今罕有，載之典（刪）〔册〕，煞是好。」

四日，宰執（師）〔帥〕文武百僚詣文德殿上皇帝表。表文曰：「臣王淮等上表：今月初一日慶壽禮成，謹帥文武百僚拜表稱賀者。皇增睿筭，方隆有秩之期；吉叶新元，式展無疆之慶。冠帝王而稱盛，合華夏以交忻。臣淮等誠歡誠抃，頓首頓首。竊以位在九五 9 而事父母於一堂，年登八十而閱子孫於四世，此國家之創見，而今昔之罕聞。矧當累洽之時，誕舉希逢之典。涓辰而陳寶册，既上鴻名；獻歲而奉玉卮，式介眉壽。冕旒焜綵衣之色，警蹕嚴嵩呼之聲。於是宣大號於路朝，霈曠恩於寰宇。宮花倍錫，湛燕庭紳；帑積分頒，溥霑禁旅。老老廣及人之惠，親親推愛物之仁。嘉與臣民，共爲喜樂。恭惟皇帝陛下法舜

[一] 句首原有「祝」字，據《中興禮書續編》卷二二删。

業業，誦堯巍巍，精微自得於心傳，久大斯存於目擊。跨陶唐，有虞之懿，並祝於兩宮；廣乾道、淳熙之儀，迭行於千載。脩齡未艾，縟禮彌嘉。臣等和氣激於鳶飛，懽聲均於鼇抃。天之經，地之義，曾莫贊於聖謨；熾而昌，壽而臧，第願陳於嘉頌。」

太上皇后慶壽

淳熙十年九月十七日，上謂輔臣曰：「太上皇后新歲七十，欲行慶禮，卿等可具來。」

十二月六日，左丞相王淮等言：「面奉聖訓，壽聖齊明廣慈太上皇后新歲七十，將以立春日詣德壽宮行慶賀禮。臣等恭惟皇帝陛下日奉親歡，與天同久。屬者太上皇帝嘗行慶典，今茲太上皇后復舉盛儀，介福萬年，曠古未有。臣等不勝抃蹈，欲躬帥百僚拜表牋稱賀，以彰聖朝尊養之永，以效臣(之)〔工〕頌祝之誠。」從之。

九日，禮部尚書、兼侍讀張大經等言：「參照淳熙二年太上皇帝慶壽典禮，車駕詣德壽宮行禮，往回並用樂。是日，俟皇帝入宮行慶賀禮，次宰執帥文武百僚詣德壽殿下拜表稱賀太上皇帝，移班拜牋稱賀太上皇后。翼日，宰執帥文武百僚詣文德殿拜表稱賀皇帝，移班拜牋稱賀皇后。合用表牋，乞下禮部修撰。」從之。

十日，左丞相王淮等言：「臣等欲備上壽禮物，詣德壽宮投進，使相亦乞令進奉。」詔恭奉太上皇帝聖旨，免投進。

十六日，皇帝詣德壽宮行慶壽禮。詔：「朕荷太上之燕謀，承至尊之休德。順稽帝道，丕迪重華之徽；寅賴母儀，胥洽二《南》之化。惟天純佑，侈國多祥。皇年方衍於萬春，甲曆纍登於七帙。奉巵介壽，嘗祇闈於閎休；含飴保和，兹繼符於昌筭。緊我家之累盛，軼聯册之前聞。爰舉曠文，躬伸慶禮。上南山之祝，永偕慈極之隆；首東軼之辰，肆推凱澤之被，式敦及老之義，併彰錫類之仁。疊慶庭闈，茂對歡嘉之旦；均恩方夏，亶形愛敬之風。咨爾庶邦，體予至意。」

同日，宰執帥文武百僚詣德壽宮上太上皇帝表。表文曰：「臣淮等言：恭覩壽聖齊明廣慈太上皇后無疆之壽，新歲七十，皇帝就宮中行慶賀禮，臣等謹帥文武百僚拜表稱賀者。禮崇金母，七帙介祥；喜溢玉皇，萬年偕老。惟宸極備全於至養，乃慈闈疊講於慶儀。臣淮等誠歡誠抃，頓首頓首。竊以燕處大庭，外心形而自德；坐臨少廣，內根本以固存。率探妙道之微，皆享長生之樂。配乾坤而悠久，齊日月以照臨。粤若今茲，敻無前比。恭惟光堯[10]壽聖憲天體道性仁誠德經武緯文太上皇帝陛下，凝真物表，玩意極先，德遠邁於唐虞，化久形於(仁)〔任〕姒。夫夫婦婦，居聖域以並優；子子孫孫，鞏皇圖而益固。臣等與觀盛事，采切賀悰。愛敬事親，敢讚揚於舜德；富壽祝聖，同歌頌於堯封。臣等無任瞻天望聖激切屏營之至，謹奉表稱賀以聞。」次移班上太上皇后牋。牋文曰：「臣淮等言：恭覩壽聖齊明廣慈太上皇后無疆之壽，新歲七十，皇帝就宮中行慶賀禮，臣等謹帥文武百僚拜牋稱賀者。玉巵介壽，敬奉一雙；金篋賜齡，忻逢七十。導至和於穹壤，彰盛美於邦家。臣淮〔言〕〔等〕誠懽誠抃、頓首頓首。竊以《語》述縱心，《禮》嚴二膳。二首六身之數，蓋振古之所稀；萬有千歲之期，將自今而以始。恭惟壽聖齊明廣慈太上皇后殿下，母儀萬國，子視群生。立配慈皇，夙咸推於内助；坐朝聖子，茲並舉於彌文。臣等深切榮懷，敬陳善禱。置未央之酒，群臣共喜於三呼；侍長樂之朝，十載行觀於再議。謹奉牋稱賀以聞。」

十七日，辛執帥文武百僚詣文德殿上皇帝表。表文曰：「臣淮等言：恭覩壽聖齊明廣慈太上皇后無疆之壽，新歲七十，車駕詣德壽宮行慶賀禮，臣等謹帥文武百僚拜表稱賀者。尊儷慈皇，共適縱心之樂；慶崇壽母，益彰養志之誠。祥輯宮闈，懽均區寓。臣淮等誠懽誠抃、頓首頓首。竊以爰及姜女，古公俾立室家；思齊大任，文王以受方國。輔成大業，積累丕圖。聖德萃於一家，備福光於四海。恭惟皇帝陛下茂隆寶緒，寅奉燕謀。明有尊而有親，廣教敬而教愛。比既行於盛典，茲復講於彝儀。天仗肆陳，陋東朝之數蹕；春醪交酌，跨前殿之奉巵。臣等祇帥群工，幸逢嘉會。事父孝，事母孝，迭觀縟禮之成；與臣言，與子言，咸聽頌聲之作。臣等無任瞻天望聖激切屏營之至，謹奉表稱賀以聞。」次移班上皇后牋。牋文曰：「臣淮等言：壽聖齊明廣慈太上皇后無疆之壽，新歲七十，車駕詣德壽宮行慶賀禮，臣等謹帥文武百僚拜牋稱賀。壽啓七旬，祥開千歲。爰展雙親之慶，誕申多祉之祈。介萬乘以雲行，率六宮而星集。蓋文母備康寧之福，則虞嬪偕燕喜之私。事冠古今，賀均中外。臣淮等誠懽誠抃、頓首頓首。恭惟皇后殿下德凝坤載，道配乾元。以任姒婦姑之賢，見勛華父子之盛。輔成孝治，嗣續徽音。臣等猥列庭紳，榮觀邦典。光動鈎鈴之色，永詔流芳；仰瞻箕翼之躔，並伸善頌。謹奉牋稱賀以聞。」

十八日，左丞相王淮等奏：「前日行慶壽禮，天氣甚好。」上曰：「中外懽悦，二親和氣，不可形容，所以回晚。」

慈福宮慶壽

紹熙四年八月十七日，詔：「壽聖皇太后聖壽無疆，來歲八十，用新歲元日行慶壽禮。」

十一月二十六日，詔：「將來慈福宮行慶壽禮，就用十一月二十日上尊號，所賜花朵 11 止令宮中應奉，禮畢更不簪戴。」

十二月五日，禮部、太常寺言：「已降指揮，元日行慶壽禮。是日皇帝服靴袍，至重華宮，率文武百僚朝賀至尊壽皇聖帝正旦。禮畢，皇帝入詣慈福宮，簪花，行慶壽禮如宮中之儀。應入慈福宮應奉官等，並簪花應奉。禮畢，至尊壽皇聖帝、壽成皇后詣慈福宮賀壽聖隆慈備福皇太后，皇帝就宮中賀至尊壽皇聖帝、壽成皇后畢，皇帝賀壽聖隆慈備福皇太后、壽成皇后正旦禮，並如宮中之儀。」從之。

五年正月一日，皇帝詣慈福宮行慶壽禮。詔曰：「坤元之德光大，夙推厚載之無疆；禹疇之福壽康，首謹彝倫之攸敘。朕祗承熙運，獲侍重闈。天地介祥，金篋方增於洪筭；子孫集祐，綵衣並洽於懽心。爰涓陽復之期，預上號榮之册。言其純備，既崇文母之思齊；俾爾熾昌，更邁魯邦之燕喜。肆元日〔一〕，載蒇令儀。詔清蹕以親行，祝繁禧而彌衍。聲呼萬歲，密連北內之尊；養飭常珍，高視東朝之樂。惟當今之曠典，示及老之均恩。爰廣邦條，益彰孝治。有福事則慶賀，共侈逢辰之休；感人心而和平，永孚錫類之誼。尚咨爾衆，克體予懷。」

四日，爲慶壽禮畢，宰執率文武百僚詣文德殿拜表稱賀。

六日，詔壽聖隆慈備福皇太后慶壽八十，親屬并本殿官吏各轉一官。

會慶節上壽

紹熙元年十月二十二日，會慶聖節，皇帝帥文武百僚詣重華宮上壽。前期，儀鸞司設御座於重華宮殿上當中，南向；設大次於重華宮門內，南向；小次於殿東廊，西向。設皇帝褥位二：一於御座之東，西向；一於御座之南，北向。尚醞設御酒罇酒器於御座之東，設御茶牀於御座之西，俱稍北。其日，文武百僚內不係從駕者，並先赴重華宮門外，以俟迎駕起居。質明，後殿皇帝服靴袍出，即御座，從駕臣僚、禁衛起居如常儀。皇帝降御座，乘輦，將至重華宮，文武百僚迎駕兩拜起居訖，如值雨霑濕，〔衣〕〔依〕元降指揮免起居。前導官、太常卿、閤門官、太常博士、禮直官詣大次前分左右立定，俟皇帝至重華宮大次，降輦入次，御史臺、閤門、太常寺分引文武百僚入詣〔庭〕〔殿〕庭，東西相向立定。前導皇帝入小次，簾降，管軍、知閤、前導官、御帶、環衛官、諸司應奉官等階下面北，俟迎至尊壽皇聖帝，四拜起居。御史臺、閤門、太常寺引文武百僚並橫行北向立。俟至尊壽皇聖帝出宮陞御座，鳴鞭，前導官起居訖，小次簾卷。前導官導皇帝陞殿東階，詣殿上折檻前北向褥位再拜訖，躬奏聖躬萬福，又再拜。前導皇帝詣至尊壽皇聖帝御座之東褥位，西向立。前導官於殿上隨地之宜立。次舍人揖班首以下躬，典儀曰再拜，贊者承傳，在位官皆再拜，搢笏舞蹈，又再拜，躬身。班首不離位，奏聖躬萬福訖，典儀曰再拜，贊者承傳，在位官皆再拜訖，直身立，分東 12 西相向立。禮直官引奉盤盞官、受盤盞官、承旨宣答官、奏禮畢官、殿中監、少監陞殿東階，奉盤盞官、受盤盞官、殿中監、少監詣酒罇所西稍北，南向立，承旨宣答并奏禮畢官詣折檻東西向立。舍人通樂人姓名以下四拜起居。看盞人稍前謝上殿，贊拜，兩拜。贊上殿，祗候內侍進御茶牀，殿侍酙

〔一〕「肆」下脫一字，疑是「涓」。

酒訖，尚醞典御以盤盞、酒注授殿中監、少監。次禮直官引奉盤盞官詣酒罇所，北向搢笏。殿中監奉盤盞授奉盤盞官，捧盤盞西向立，殿中監啓盞，殿中少監以酒注于盞，奉盤盞官奉酒詣皇帝前，南向。禮直官引受盤盞官詣至尊壽皇聖帝御座前，西向立。御史臺、閤門、太常寺分引文武百僚橫行北向立。奉盤盞官躬進皇帝，皇帝奉酒，前導官導皇帝詣至尊壽皇聖帝御座前躬進訖，少後，以盤授受盤盞官，復授奉盤盞官，奉盤盞南向立定。前導官導皇帝詣御座前褥位，北向俛伏跪，殿下百僚躬身。皇帝奏：「臣惇謹率文武百僚稽首言〔一〕，會慶令節，臣惇與百僚等不勝大慶，謹上千萬歲壽。」奏訖，〔俛〕伏，興，再拜。典儀曰再拜，贊者承傳，在位官皆再拜訖，直身立。禮直官引承旨宣答官詣御座前稍東北向躬承旨，詣皇帝褥位北東壁西向立。皇帝躬身，殿下百僚並躬身，承旨宣答官宣曰：「得皇帝壽酒，與皇帝并百僚内外同慶。」承旨宣答官退，復位。皇帝再拜，典儀曰再拜，贊者承傳，在位官皆再拜訖，直身立，分東西相向立。前導官導皇帝詣御座東，西向立，奉盤盞官以盤南向躬進皇帝訖，奉盤盞官復位立。皇帝捧盤詣御座東〔二〕，西向立，樂作。俟至尊壽皇聖帝飲酒訖，皇帝躬接盞訖，皇帝少後，以盤盞授受盤盞官，受盤盞官躬受訖，以授殿中監，殿中監以授尚醞典御，各復位立。御史臺、閤門、太常寺分引文武百僚橫行北向立，前導官導皇帝詣褥位北向。皇帝再拜，典儀曰再拜，贊者承傳，在位官皆再拜訖，直身立。前導官導皇帝詣御座之東褥位西向立，揖班首以下躬。典儀曰再拜，贊者承傳，在位官皆再拜，搢笏舞蹈，又再拜訖，直身立。内侍舉御茶牀，禮直官引奏禮畢官詣御座前，北向俛伏跪奏：「具官臣某言，禮畢。」奏訖，〔俛〕伏，興，退復位。典儀曰再拜，贊者承傳，在位官皆再拜訖，直身立，分東西相向立。次舍人贊樂人謝祗應，兩拜訖，至尊壽皇聖帝駕興，皇帝從入，文武百僚、前導應奉官等以次退。每歲皆如此儀。

壽成皇后生辰

紹〔興〕〔熙〕元年二月二十七日，以壽成皇后生辰前，皇帝詣重華宮起居進香。恭承至尊壽皇聖帝聖旨，免到宮。二年、三年、四年、五年亦如之。

三月六日，壽成皇后生辰，皇帝詣重華宮上壽。二年如之。三年、四年、五年，恭承至尊壽皇聖帝聖旨，免到宮。

重明節上壽

紹熙五年重明節，上詣壽康宮起居，宰13臣、文武詣宮拜表賀。時以孝宗服制免上壽。慶元元年亦如之。

慶元二年重明節，上率文武百僚詣壽康宮起居上壽。是日恭承太上皇后聖旨，爲太上皇帝聖體未甚痊安，特免。

〔一〕惇：原作「御名」，據光宗名回改。下同。

〔二〕詣：原作「指」，據《文獻通考》卷一〇〇改。

三年重明節，太上皇帝聖旨，爲臟腑〔一〕，皇帝免到宮。是日，宰臣率文武百僚詣壽康宮拜表賀。

四年重明節，太上皇帝詔皇帝免到宮。是日，宰臣率文武百僚詣壽康宮拜表賀。

五年重明節，上詣壽康宮起居上壽，如宮中之儀。宰臣、文武百僚詣宮拜表賀。

太上皇后生辰

慶元元年九月十三日，太上皇后生辰前〔二〕，車駕詣壽康宮進香。

二十二日〔三〕，太上皇后生辰，車駕詣壽康宮起居上壽。

二年九月二十三日，壽仁太上皇后生辰，恭承壽仁太上皇后聖旨，車駕免到宮上壽。三年、四年、五年亦如之。（以上《永樂大典》卷一九二五二）

誕聖節〔四〕

【宋會要】14 國朝誕聖節日，皇帝先垂拱殿座，内侍都知已下、翰林、儀鸞、御厨使、帶御器械一班常起居。内侍都知已下，儀鸞、御厨使並公服繫鞵，翰林使鞾笏，帶御器械窄衣。 内殿起居班絶，至行門指揮使起居訖，舍人引樞密院已下大班（人）〔入〕，學士、待制、應内殿起居朝臣、管軍防禦使已下更不起居，並赴紫宸殿班。 立定。通事舍人平身通某姓名已下應諾，喝拜，常起居訖，樞密使已下及三司使轉于殿下面西立，餘官並退。客省使一員、呈進目〔五〕。 閤門使一員奏臣僚進壽酒。 並升殿西向立。不祗應客省已下至閤門祗候並殿下侍立。次舍人通教坊使姓名已下拜，再拜訖，奏聖躬萬福。又喝拜，再拜，隨拜萬歲，喝「各祗候」。次（着）〔看〕盞二人進近前，舍人喝拜，再拜，隨拜萬歲，喝「上殿祗候」，分立。次舍人引親王班入常起居訖，北向立。舍人引上壽金器、散馬從西邊入，（刻）〔列〕于親王後，酒器在馬前，文武官奏聖躬萬福如常儀。 殿上内侍進御茶牀，殿下内侍酹酒訖，閤門使殿上當御座前鞠躬，奏某姓名已下進壽酒。親王、王親上奏名。 舍人揖躬喝拜，再拜，隨拜萬歲，喝「各祗候」。翰林使二員捧御罇及執盤盞近前，引親王二人同升殿，一捧盤，一捧酒。 跪進壽酒訖，各以酒罇及盤授翰林使訖，降階歸位。又喝拜，再拜，隨拜萬歲，搢笏跪，各出進奉上壽表。客省使進至御座東，讀進目。舍人殿下接表訖，親

〔一〕此句當有脱文。
〔二〕前：原無，參照上頁「壽成皇后生辰」條補。太上皇后生辰在二十二日或二十三日，無此字則不通。
〔三〕二十二日：按壽仁生辰下條作二十三日，二者必有一誤。
〔四〕按，《大典》卷一六七四九原目爲「聖節宴」。
〔五〕目：原作「日」，據下「讀進目」改。又此三字原作大字，據文意改爲小字。

王俛伏〔一〕，興。又喝拜，再拜，隨拜萬歲。再引班首升殿，于御座東捧盤側立，諸王殿下分班東西序立。上壽酒器依舊，餘人馬並分立，東西相向。皇帝聽樂，飲壽酒訖，親王跪受盞，以授翰林使訖，却引降階，諸王橫行。喝拜，再拜，隨拜萬歲，且鞠躬。客省使殿上喝「進奉收」，應喏，又喝拜，再拜，搢笏舞蹈，三拜。喝「各祇候」，卷班西出，人馬却當殿立。客省使殿上喝「進奉出」，天武（宫）〔官〕應喏，進奉物並員僚引出。教坊使喝「送御酒」，又再拜〔二〕，隨拜萬歲。近前進御訖，退。次引樞密使已下及三司使當殿北向立，閤門使殿上當御座前鞠躬，奏某姓名已下進壽酒。除班首一員升殿，餘並如親王儀。謝收進奉訖，並揖升殿侍立。次使相入，次管軍節度、留後、觀察使入，次節度、留後、觀察使入，已上逐班起居進壽酒，除班首一員升殿，餘並同親王儀立殿下。逐班並舍人贊引，殿上並閤門使接引。候班絶，舍人喝「教坊已下拜」，再拜，隨拜萬歲。閤門使近前側立，奏「無事」，皇帝降座還内，樞密、三司使赴紫宸殿侍立。親王以下及不管軍節度使以下，並赴紫宸殿立班，三司副使垂拱殿起居，蓋亦赴紫宸殿立班。三司副使不座，如契丹人使綴班上壽，或曾假官即座。垂拱殿上壽將退，御史退，催班于紫宸殿庭，分班立定。15 樞密、三司、内客省使殿上侍立，閤門進班齊牌，皇帝座，鳴鞭，通事舍人喝東西班殿侍再拜後，奏聖躬萬福，又喝班，隨拜萬歲，喝「各祇候」。通事舍人引中書門下、文武百僚並橫行，典儀曰「再拜」，在位官俱再拜舞蹈，三稱萬歲，又再拜起居訖，又再拜，分班東西序立。教坊使已（以）〔下〕入見如常儀訖，少頃，中書門下、文武百僚並橫行，典儀曰「再拜」，在位官皆再拜，隨拜三呼萬歲。通事舍人引太尉自東階升，詣酒罇所北向，（而）〔尚〕食奉御酌御酒一爵授太尉，搢笏執爵，跪進。皇帝執爵，太尉執笏，俛伏，興，少退，跪奏稱：「文武百官攝太尉具官臣某等稽首言：誕聖令節，臣等不勝大慶，謹上千萬歲壽。」俛伏，興，退復階下位。典儀曰「再拜」，在位官俱再拜，隨拜三呼萬歲。宣徽使承旨退，臨階西向宣曰：「得公等壽酒，與公等内外同慶。」典儀曰「再拜」，在位官俱再拜，隨拜三呼萬歲。中書門下分班東西序立，太尉升殿侍立，皇帝舉酒，奏樂。俟飲訖，太尉受虚爵復于坫，降階復位橫行。典儀曰「再拜」，在位官皆再拜舞蹈，三稱萬歲，又再拜。宣徽使承旨退，臨階西向宣曰：「群官升殿。」典儀曰「再拜」，群官隨拜，三呼萬歲。通事舍人引中書門下并一品致仕官、舊授平章已上及翰林學士、文武二品、尚書省三品、四品、兩省常侍已下、舍人已上、御史中丞詣東西階升，群臣各就席後立。尚食奉御進酒，殿中監省酒已，進，皇帝舉酒，奏樂。飲訖，殿中監受虚爵，中書門下橫行，通事舍人曰「各賜酒」，典儀曰「再拜」，上下群官隨拜，三呼萬歲。通事舍人曰「各就座」，太官令行羣官

〔一〕俛伏：原作「悦服」，據《宋史》卷一一二《禮志》一五改。
〔二〕又：原作「人」，據《宋史》卷一一二《禮志》一五改。

酒，太官令以常主酒近臣充。羣官搢笏受酒，樂送巡周。殿中監進皇帝第三爵，群官立于席後，(奉)〔奏〕樂。飲訖，殿中監受虛爵。通事舍人曰「各就座」，群臣皆座，太官令又行群官酒，樂送巡周。殿中監進皇帝第四爵，如第三爵之儀。太官令又行群官酒，樂送巡周。通事舍人曰「可起」，群官立于席後。侍中進御座前跪奏稱「攝(事)〔侍〕中具官臣某言，禮畢」，俛伏，興。羣官俱降，立于殿庭，北向立班。典儀曰「再拜」，羣臣皆再拜舞蹈，三稱萬歲，又再拜訖，相次退。皇帝降座還内。

國初上壽，太樂令設登歌于殿上，二舞立于懸南。第一爵奏《禧安之樂》，第二爵奏《神龜之樂》，群臣授酒，《正安之樂》作。尚食奉御進食于御座，又設羣官食訖，太樂丞引《元德升聞之舞》入，作三變。皇帝第三爵奏《甘露之樂》，群官授酒，《正安之樂》作。尚食奉御進食于御座，又設群官食，太樂丞又引《元德升聞之舞》，作三變。皇帝第四爵，登歌奏《紫芝之樂》，群官授酒如第二爵之儀。尚食奉御進(酒)〔食〕，又設群官食，太樂丞引《天下大定之舞》入，作三變。皇帝第五爵，奏《嘉禾之樂》，群官授酒，進食，並如第四爵之儀。第六爵，登歌奏《玉兔之樂》，群官授酒亦如第四爵之儀。後【16】止用教坊樂。

長春節 [一]

太祖建隆元年正月十七日，宰臣范質等上言，請以二月十六日爲長春節，群臣上壽，百司休(暇)〔假〕如式。從之。

二月長春節，(率)〔攝〕太尉、宰臣范質率文武百官詣廣政殿上壽，賜群臣衣各一襲。

十九日，大宴廣政殿，中書門下、端明、翰林、樞密直學士，文武常參官，見任、前任節度、觀察、防禦、團練使，刺史，諸軍將校，諸道進奉使，外國藩客皆預，酒九行而罷。

二年二月長春節，群臣詣萬春殿上壽，復召至廣政殿賜酒，教坊作樂，三行而罷。文武近臣、〔藩〕鎮皆有貢獻。

二十日，大宴廣政殿。

三年二月長春節，群臣詣廣政殿上壽，賜酒，錫宴如儀。四年、乾德三年上壽賜宴並如儀。

〔乾德〕二年二月長春節，群臣上壽如儀。二十日，大宴廣政殿，以孝明皇后在殯[二]，不舉樂。

四年二月長春節，群臣上壽于崇德殿。二十八日，大宴大明殿。五年、六年，開寶三年、四年、五年、六年、七年、八年、九年，上壽賜宴並如儀。

開寶二年二月長春節，群臣上壽如儀，以車駕北征罷宴。

[一] 本門原稿無此類小題，仿後文「節」門之例添，以清眉目。

[二] 孝：原作「考」，據《宋史》卷二四二《孝明王皇后傳》改。

乾明節

太宗太平興國二年五月十四日，宰臣薛居正等上言，請以十月七日爲乾明節，從之。

十月乾明節，群臣詣崇德殿上壽如儀，不舉樂，罷宴。

三年十月乾明節，群臣上壽如儀，以郊祀近罷宴。

四年十月乾明節，群臣詣長壽殿上壽如儀。次御崇德殿，延群臣，賜酒三行。二十日，大宴大明殿。五年、六年、七年、八年、九年，雍熙二年、三年、四年，端拱元年、二年，淳化二年、三年、四年、五年，至道元年、二年，上壽錫宴並如儀。

淳化元年正月二日，詔改乾明節爲壽寧節。十月壽寧節，群臣上壽如儀，以魏國公主喪罷宴。

承天節

至道三年八月八日，真宗已即位，未改元。宰臣呂端等上言，請以十二月二日爲承天節，從之。十二月承天節，群臣詣崇德殿上壽，不舉樂，罷宴。

真宗咸平元年，上壽如儀。

咸平二年十二月承天節，群臣上壽如儀。十二日，大宴含光殿。四年、五年、六年，景德四年，大中祥符元年、四年、五年、六年、七年、八年、九年，天禧元年、二年、三年、四年、五年，上壽錫宴並如儀。

景德元年十二月承天節，車駕駐澶州，群臣上壽于行宮，罷宴。

二年十一月二十九日，契丹國母遣使來賀承天節，入見，宴于長春殿，酒五行而罷。

十二月承天節，群臣上壽如儀。鄆王喪，不舉樂。五日，宴尚書省五品、諸軍都指揮使以上、契丹使于崇德殿，不舉樂。時契丹初來賀承天節，擇膳夫五人齎本國異味，就尚食局造食。詔賜膳夫衣服[一]、銀帶、器帛，以明德太后喪制故也。

三年十二月承天節，群臣上壽如儀，以將朝陵罷宴。

大中祥符二年十二月承天節，詔以晉國大長公主喪罷上壽，群臣詣閤拜表稱賀，行香、齋會如儀。

三年十二月承天節，群臣上壽如儀，以將祀汾陰罷宴。

乾元節 附長寧節

乾[17]興元年仁宗已即位，未改元。二月二十六日，宰臣丁謂等上言，請以四月十四日爲乾元節，從之。四月乾元節，詔以大行皇帝梓宮在殯，罷上壽，百官詣閤拜表稱賀，退詣大相國寺行香，散道場。

十一月九日，詔以正月八日皇太后降誕日爲長寧節。

仁宗天聖元年正月長寧節，群臣詣內東門拜表奉賀，

[一] 衣服：原作「衣膳」，據《宋史》卷一一三《禮志》一六改。

賜衣服有差。樞密使率三司使副、學士、內職，宰臣率百官，各就相國寺，罷道場，會于錫慶院。二年亦如之。

四月乾元節，親王、樞密使已下詣長春殿，宰臣、文武百官、契丹使詣崇德殿上壽，賜酒三行止，賜御筵于錫慶院。後三日，復賜筵于錫慶院。二年上壽賜宴如儀。

三年正月長寧節，皇太后御崇政殿垂簾，宰臣、樞密、三司使、學士、知制誥、待制、節度使、留後、觀察使、契丹使班于殿庭，攝太尉王欽若于簾外進酒上壽，內臣宣答如禮。宣宰臣已下升殿，賜酒三行。尚書右丞馬亮率百官詣內東門拜表稱賀，群臣並詣大相國寺行香，罷散道場，赴錫慶院齋筵。四年、五年、六年、七年、八年、九年、十年，上壽賜酒錫宴皆如儀。

四月乾元節，群臣上壽如儀。十六日，大宴會慶殿。四年、五年、六年、七年、八年、九年，景祐三年、四年、五年，(開)寶(元)二年，康定元年、二年，慶曆二年、三年、四年、五年、六年，皇祐元年、二年、三年、四年，至和元年，嘉祐二年、三年、四年、五年、六年、七年，上壽錫宴如儀。

明道二年正月八日長寧節，皇太后御集英殿，中書門下率百官并契丹國信使上壽，作樂。詔群臣就座，酒三行罷，仍集相國寺，罷道場，遂宴于錫慶院。

四月乾元節，以章獻明肅皇太后喪罷上壽，百官詣紫宸殿門謝賜衣，集相國寺，罷道場，賜契丹使宴于都亭驛。

景祐元年四月乾元節，群臣上壽于紫宸殿，宴賜如明道二年之儀。以章獻明肅皇太后喪未再期，罷大宴。二年亦如之。

慶曆四年四月乾元節，群臣上壽如儀。以翌日燕王葬罷垂拱殿置酒〔一〕，十七日以雨宴罷。

皇祐五年四月乾元節，群臣上壽如儀，以雨罷宴。

至和二年四月乾元節，群臣上壽如儀，祀不舉樂〔二〕，罷宴。

三年四月乾元節，群臣上壽如儀，以帝初康復罷宴。

壽聖節

嘉祐八年英宗即位未改元。八月二十三日，宰臣韓琦等上言，請以正月三日爲壽聖節。從之。

英宗治平元年正月壽聖節，親王、樞密使、管軍、駙馬、諸司使副詣垂拱殿，宰臣、文武百官、大遼國使詣紫宸殿上壽，只獻一觴罷，復賜酒，不作樂。

二年正月壽聖節，群臣上壽如儀，復命座，賜酒三行，不作樂。

三年正月壽聖節，群臣上壽如儀。六日，大宴于集英殿。

四年正月壽聖節，帝不豫，群臣詣閤拜表稱賀。

〔一〕燕王：原作「宴王」，據《長編》卷一四八改。

〔二〕此句疑有脫文，當云「以某祀不舉樂」。

同天節

神宗治平四年已即位，未改元。二月十一日，宰臣韓琦等上言，請以四月十日爲同天節，從之。四月同[18]天節，罷上壽，群臣拜表稱賀。

熙寧元年四月同天節，親王、樞密使、管軍、駙馬、諸司使副詣垂拱殿，宰臣、文武百官、大遼國使詣紫宸殿上壽，復命坐，賜酒三行，不作樂。

二年四月同天節，以災變罷上壽，徹樂。

三年四月同天節，群臣及遼使上壽如儀。十三日，宴集英殿。四年、五年、六年、七年、八年、十年，元豐元年、二年、五年、六年，上壽賜宴如儀。

九年四月同天節，以大遼國母卒，特輟上壽，罷宴賜會如儀。

元豐三年四月同天節，宰臣率百官及遼使詣閤門拜表賀，以慈聖光獻皇后喪罷宴。四年亦如之。

元豐七年四月同天節，群臣及大遼使上壽如儀。宰臣言賜遼使御筵于都亭驛，以莘國公主薨輟朝故也。

興龍節

八年五月五日，時哲宗已即位。宰臣王珪等上言，請以十二月八日爲興龍節。從之。上寔七日生，以避僖祖改焉。

十二月興龍節，群臣及遼國、高麗、于闐使副詣東上閤門拜表稱賀，罷上壽及宴。

哲宗元祐元年十二月興龍節，群臣及遼使詣東上閤門拜表稱賀，罷上壽，賜宴，不作樂。

二年十二月興龍節，群臣及遼（安）〔使〕詣紫宸殿上壽如儀。十一日，大宴集英殿。四年、五年、六年、七年，紹聖二年、三年、四年，元符元年、二年同。

八年十二月興龍節，群臣詣東上閤門拜表稱賀，罷上壽并宴，以宣仁聖烈皇后喪服故也。紹聖元年亦如之。

天寧節

徽宗元符三年四月十一日，尚書左僕射章惇等請以十月十日爲天寧節。從之。時已即位，未改元。十月天寧節，群臣及遼、夏使上壽于垂拱殿，以諒闇賜遼使宴于都亭驛。建中靖國元年、崇寧元年亦如之。崇寧二年、三年、四年、五年，大觀元年、二年、三年，政和三年、四年、五年、〔六年〕，並闕。

大觀四年十月天寧節，群臣上壽于紫宸殿。宣和二年、四年宴並闕。

政和元年十月天寧節，群臣、遼夏國使上壽于紫宸殿。十二日，大宴。六年同。

二年十月天寧節，群臣上壽于紫宸殿。十二日，大宴。宣和元年、五年並同。

七年十月天寧節，十二日大宴。上壽儀闕。

八年十月天寧節，羣臣及遼使上壽于紫宸殿。十二日，大宴。

宣和三年十月天寧節，群臣及遼使上壽于紫宸殿。闕宴。

六年十月天寧節，群臣及高麗、夏國使副上壽于紫宸殿。十二日，大宴。

七年十月天寧節，群臣及金國使副上壽于紫宸殿。十二日，大宴。

乾龍節

欽宗靖康元年二月二十六日，宰臣吴敏率文武百僚上表，請以四月十三日爲乾龍節，從之。四月十三日乾龍節，百官上壽，賜宴于紫宸殿。

天申節

高宗建炎元年五月六日，宰臣等上言，請以五月二十一日爲天申節。從之。五月天申節，群臣詣東上閤門拜表稱賀。先是，有詔曰：「朕承祖宗遺澤，復託士民之上，求所以扶危持顛之道，未知攸濟。念二聖之鑾輿在遠，萬民失業，將19士暴露，百官有司靡所底寧，夙夜痛悼，幾廢寢食。倘可以復二聖而保生靈，朕不愛身，其敢自豐殖以重國禍？況以眇躬之故聞樂飲酒以自爲樂乎？非惟深拂朕志，寔增感于朕心。所有將來天申節百官上壽常禮，可令寢罷。」至是止就佛寺啓散祝壽道

場，詣闕、閤門或後殿拜表稱賀而已。二年、三年、四年，紹興二年、三年、四年、五年、六年、七年、八年、九年、十一年、十二年，並如儀。

紹興元年五月天申節，群臣拜表稱賀如儀，啓散道場祝香。以隆祐皇太后初崩，不舉樂。

十年五月天申節，群臣拜表稱賀如儀，啓散道場祝香。以遣使迎護徽宗皇帝、顯肅皇后梓宫，不舉樂。

十三年五月天申節，樞密已下詣垂拱殿，次宰臣率百僚詣紫宸殿上壽，賜酒三行，退。次赴明慶寺滿散道場，賜齋筵于尚書省。後二日，大宴集英殿。先是，臣僚上言：「陛下圖濟中興，而誕聖盛儀，其可不舉行之？望許有司一遵舊制，百官得以捧萬年之觴，寔天下幸甚。」詔令禮部、太常寺討論，故從其請，至是始復上壽之禮。

十四年五月天申節，宰臣率文武百僚、金國使副並詣紫宸殿，上壽、賜酒、齋筵、錫宴並如前儀。十五年、十六年、十七年、十八年、十九年、二十年、二十一年、二十二年、二十三年、二十四年、二十五年、二十六年、二十七年，並如儀。齋筵徙于貢院，人使就驛賜(晏)〔宴〕，以兩府押伴。

二十(五)〔八〕年五月天申節〔一〕，文武百僚、金國使副上壽如儀。

二十九年，上壽、賜酒、齋筵如儀。錫宴並以雨改垂

〔一〕二十八年：原作「二十五年」，承上條改。

拱殿。

三十年五月天申節，文武百僚、金國使副上壽如儀。以顯仁皇后服制中，罷齋筵、錫宴，就驛賜人使御筵，開啓滿散，不舉樂。

三十一年五月天申節，以欽宗皇帝訃音，免上壽拜表，罷齋筵、錫宴，就驛賜人使御筵，開啓滿散，不舉樂。三十二年以欽宗皇帝小祥，並如此制。

會慶節

紹興三十二年孝宗已即位，未改元。八月二十六日，宰臣陳康伯等上言，請以十月二十二日爲會慶節。從之。十月會慶節，百官赴文德殿拜表稱賀，以車駕詣德壽宮起居，時以欽宗服制免上壽。

隆興元年十月會慶節，親王、樞密使已下赴垂拱殿，宰臣以下赴紫宸殿，上壽，賜酒並如儀。權不作樂，免排宴。二年同。上壽儀注已具《中興會要》。

乾道元年十月會〔慶〕節，皇太子、親王、樞密使已下上壽垂拱殿，宰臣以下及金國賀生辰使副上壽紫宸殿，作樂如儀。二十六日，大宴集英殿。自是至九年皆同，惟三年以會慶節在郊祀大禮散齋之内，上壽權免作樂。時已有旨，二十四日賜宴，以使人病不能赴，改用二十六日。自二年至九年，仍用二十四日。（以上《永樂大典》卷一六七四九）

節一

重明節〔一〕

【宋會要】

20 紹熙五年重明節，上詣壽康宮起居，宰臣、文武詣宮拜表賀。時以孝宗服制免上壽。慶元元年亦如之。

慶元二年重明節，上率文武百寮詣壽康宮起居上壽。是日恭承太上皇后聖旨，爲太上皇帝聖體未甚痊安，特免。

三年重明節，太上皇帝聖旨，爲臟腑，皇帝免到宮。是日，宰臣率文武百僚詣壽康宮拜表賀。

四年重明節，太上皇帝聖旨，皇帝免到宮。是日，宰臣率文武百僚詣壽康宮拜表賀。

五年重明節，上詣壽康宮起居上壽，如宮中之儀。宰臣、文武百僚詣宮拜表賀〔二〕。

紹熙五年七月六日，禮部、太常寺言：「重明聖節以至尊壽皇〔聖〕帝喪制，乞依典故，三省、樞密院官依舊分日開啓滿散道場，常服黑帶立班，不用樂。」從之。

八日，禮部、太常寺言：「重明聖節，依禮例止合開啓

〔一〕原無此題，今添。下文「瑞慶節」題亦同。

〔二〕按，以上五條與前「上壽」門同。

滿散道場，即不合排宴作樂。乞令有司下諸路州軍等處施行。」從之。

二十三日，禮部、太常寺言：「已降指揮，禫除後每遇朔望，(郡)〔群〕臣並朝臨奉慰。將來重明聖節內，樞密院官於八月一日赴明慶寺開啓，至九月一日滿散，即有相妨。乞改用七月二十八日開啓，至八月二十八日滿散。」從之。

八月二十五日，禮部、太常寺言：「重明聖節上壽，以大行至尊壽皇〔聖〕帝梓宮在殯，依典禮免上壽，宰執率文武百僚常服黑帶，詣泰安宮拜表稱賀。」詔恭依。

慶元二年二月五日，禮部、太常寺言：「將來重明聖節，皇帝率文武百僚詣壽康宮上壽，乞用九月一日行上壽之禮。」從之。

四月六日，禮部、太常寺言：「已降指揮，重明聖節皇帝率文武百僚詣壽康宮，用樂、上壽，權用九月七日，上壽儀乞令御史臺、閤門、太常寺參照修定施行。」從之。

七月二十四日，詔重明聖節後二日禮例，就壽康殿排設大宴，恭承太上皇帝聖旨權免。三年亦如之。

八月二十七日，殿中侍御史、兼侍講姚愈言：「竊見宰執率文武百僚文德殿拜表，請皇帝自九月七日因重明聖節詣壽康宮上壽舉樂，此蓋仰體陛下事親盡孝之心，俯竭臣子尊君敬上之義，國家典禮之至大者也。後準省劄，文武臣權用九月六日賜齋筵於貢院。臣檢照向來天申聖節五月二十一日上壽，至二十二日賜御筵於貢院；會慶聖節十月二十二日上壽，至二十三日賜御筵於貢院。皆用上壽之次日，方始賜宴。今來重明聖節係是用樂之始，九月六日太上皇帝、皇帝陛下猶未聽樂，若於是日先賜宴用樂，至初七日方始上壽，則臣下聽樂乃在君父之先，其於禮儀實爲未便，臣子之心跼蹐不安。乞將賜御筵日分照舊來體例，改用上壽之次日。」從之。

三年五月十八日，禮部、太常寺言：「重明聖節，依禮例合用樂，開啓滿散道場及排宴，乞[21]令有司下諸路州軍等處依此施行。」從之。

八月二十三日，詔壽康宮上壽，受盤盞奉酒，右丞相京鏜；復受盤盞，參知政事、兼知樞密院事謝深甫；承旨宣制，參知政事何澹；奏禮畢，簽書樞密院事葉翥；殿中監，吏部尚書、兼給事中許及之；殿中少監，兵部尚書劉德秀。

四年七月十三日，禮部、太常寺言：「重明聖節係在憲聖慈烈皇后服制之內，是日皇帝詣壽康宮起居，如宮中之儀。次宰臣率文武百僚拜表稱賀。」從之。

淳熙十六年二月二十一日，宰臣等上言，請以九月四日爲重明節。從之。

五月十二日，詔今年重明聖節，並乞依會慶聖節禮例，諸路州軍止開啓滿散道場，不許排宴，亦未合用樂。自來年以後用樂。

六月二十六日，詔：重明節，依條宰臣、執政官等合該進馬，并該進奉上壽金酒器〔一〕、銀香合、馬臣僚，並與權免今歲進奉。紹熙元年至四年同。

七月五日，禮部、太常寺言：「已降指揮，九月二日至五日並係不御前殿日分，今乞用九月一日行上壽之禮。」從之。

八月二十四日，禮部、太常寺言：「照得自來聖節使人到闕上壽，係於集英殿作大宴，今來重明聖節，合於集英殿作大宴，權不用樂、簪花。」從之。

九月四日重明聖節，樞密使以下上壽垂拱殿，宰臣以下及金國賀生辰使副上壽紫宸殿，作樂如儀。十一日，大宴集英殿。紹熙元年、二年，以值雨改宴垂拱殿。

紹熙元年七月二十一日，詔重明節齋筵今年權免，三省官滿散改用九月六日，今後準此。

八月七日，太常寺言：「九月十日季秋祀上帝，依禮例前三日致齋，皇帝不遊幸，不作樂。所有九月七日重明聖節上壽，係在祠官致齋之內，有妨作樂。」詔依治平二年典故作樂。

十月一日，詔臣僚等每遇會慶聖節，可依格與合得恩賜，其重明節更不給賜。

瑞慶節

【宋會要】

紹熙五年九月十七日，學士院改巽聖節名曰瑞慶。從之。先是，宰臣請以天祐爲名，至是詔改焉。

紹(興)〔熙〕五年八月二十三日，樞密使趙汝愚言：「十月十九日天祐聖節，是日係不御前殿日分，乞用十八日行上壽之禮。依禮例，前一日三省、樞密院官分日詣明慶寺啓建道場，不作齋筵及不作樂。」從之。

十月十八日，詔：應係諸州軍進瑞慶聖節功德疏、香合，並權免進奉。

嘉泰二年七月三日，禮部、太常寺言：「今歲瑞慶聖節，諸路州軍等處依例止合開啓滿散作道場，即不合排宴，亦不合作樂。」從之。以光宗皇帝大祥内故也。嘉定元年，以成肅皇后大祥，亦如之。

八月二十六日，詔將來金國賀瑞慶節使人到闕，以光宗皇帝禫祭之内，國樂未舉，殿幄陳設等顏色，照嘉泰元年體例排辦。

二十八日，禮部、太常寺言：「瑞慶聖節[22]上壽，乞權免大宴，就驛賜人使御筵，不用樂。」詔依，仍免上壽。依典故文武百僚及使人並詣文德殿拜表。

九月十四日，詔：瑞慶節，宰臣、執政官等合該進奉上壽金酒器、銀香合、馬臣僚，並與權免今歲進奉。

三年十月七日，禮部、太常寺言：「瑞慶聖節，三省官赴紫宸殿上壽。茶酒畢，赴明慶寺滿散，次赴貢院齋筵。

〔一〕金：原作「合」，據下文嘉泰二年「九月十四日」條改。

乞依天申聖節體例，改就十月十九日賜御筵於貢院。」從之。

四年十二月二十七日，禮部尚書蕭逵、禮部侍郎李壁言：「伏見瑞慶聖節賜宴，伶工讀致語至皇帝陛下處，群臣列坐自如，直至口號，方各起立，揆之禮分，深所未安。乞今後聖節及賀正等錫宴，遇讀致語至皇帝陛下處，群臣並端笏起立。」從之。

開禧二年十月十四日，詔：「朕惟方此隆冬，將士邊陲暴露，有惻于心，寧忍宴樂？所有瑞慶節集英殿宴，權免一次。」

嘉定十一年十一月四日，臣僚言：「恭以瑞慶聖節賜宴百官於貢院，臣備數檢察，如廳上合赴坐正任西班，除樞密外，全成虛設；廊廡之間，卿監郎曹以下多不預。大庭御筵雖止及正任武臣、郎官以上，而其間復有托故者，其何以侈君賜而重君恩？乞下臣此章，昭示百官，凡今後遇有慶宴，不得無故托疾，求便己私，以盡臣子愛敬之誠，以全尊君親上之義。」從之。

十三年九月二十八日，臣僚言：「竊惟華封祝堯，《天保》報上，此殆臣子之至情，而非君上之所容心也。慶節茲臨，善頌四起，薄海内外，瞻望南極，歌詠南山，特其沐浴膏澤，仰答洪施，而欲效螻蟻之(才)〔寸〕誠耳。當是之時，州縣之間，壽典畢舉，歲有常儀，費有常額，無非取辦於公家。邇年以來，州縣胥吏上罔其官，下欺其民，類多假借慶壽隆名，乘時射利，移文給引，滋彰多事。有鼇山固所當建，而乃追逮樵斧之微；道場固所當啓，而乃擾遍緇黃之衆；放生本以示德，而漁弋者或苦於誅求；錫宴本以寓禮，而工技者或病於糾率。百色科抑，無一獲免，殊失臣下歸報之美意。欲望警飭州縣，嚴行禁戢，毋縱胥吏掊斂，(茲)〔滋〕擾細民，而於聖朝斂福錫民之道不爲無補。」從之。

十四年十月十八日，詔瑞慶聖節集英殿御宴，令南班宗室大將軍、將軍赴座，所有上壽茶酒，今後令正副率府率以上並赴座。

節 二

興龍節

【宋會要】

23 元豐八年六月八日，詔：「興龍節諸處合試童行，撥放並依舊例。坤成節以大行皇帝梓宮在殯，惟開封府度僧道，比興龍節減三之二，仍禁屠、決大辟罪。餘依元豐令。」時哲宗即位未改元。

十二月，詔興龍節以諒闇〔一〕，宜罷上壽。

〔一〕興龍：原倒，據《長編》卷三六二改。

天寧節

元符三年徽宗即位未改元。正月十四日，詔皇太后權同處分軍國事，並依嘉祐、治平故事。三省檢會嘉祐、治平故事，皇太后不御殿，百司不奏事，不立生辰節名，不遣使契丹。詔恭依。

八月十五日，詔：「天寧節上壽賜晏，並不作樂，在京臣僚、內外命婦等進奉並權罷，僧尼、道士、女冠功德疏，許令入遞通進。候三年開樂，即並仍舊。諸道州、府、軍、監進貢銀、絹、馬等，建置道場，行香依舊。」

十月八日，三省、樞密院奏：「夏國賀天寧節回賜銀絹，依例於答詔中豫降賜目，誕辰所頒在歲賜二十五萬數中，夏主生日禮物乃在數外。」詔如故事。

建中靖國元年九月一日，禮部、太常寺狀：「天寧節係在欽聖憲肅皇后小祥之內，檢會元豐三年同天節在慈聖光獻皇后小祥內，其上壽賜宴并內外臣僚及命婦、僧道等進奉並罷，諸道州、府、軍、監銀絹馬等進貢及在京在外僧道等功德疏文，並聽依例投進。」詔依故事施行。右僕射曾布言：「去歲哲宗小祥，已上壽賜宴，北使皆赴座。如不上壽，北使問何以與去年不同，將何以對復？」詔上壽賜宴如去年故事。

崇寧三年九月十六日，廣南東路提舉司申：「乞依監司例，每年天寧節用常平司頭(于)〔子〕錢收買銀，隨表疏上進。」詔除常平息、免役寬剩錢不得支用外，並於本司諸色錢內支充，候到京，於元豐庫送納，自來年爲始。

大觀元年四月二十一日，臣僚上言：「天寧節禁屠，緣賜宴群臣，理難菲薄，可於節後增禁屠宰二日。」從之。

二年九月二十一日，臣僚上言：「伏見天寧節日，京府軍縣鎮城寨並賜御筵，烹宰野味，不可勝計。竊見春秋并聖節集英殿大宴，上自玉食以及所賜食味，皆係羊食。伏望聖慈使天下州軍等處並依大宴體例，如此則所減物命無慮十萬數，上廣陛下好生之德，下安臣子虔祝之誠。」詔依所奏。

十月四日，太常寺言：「有旨，天寧節上壽在大行皇后未釋服內，可罷。按元豐三年三月慈聖光獻皇后祔廟，四月十日同天節，許臣僚拜表上壽，退賜宴於尚書省，不作樂。餘乞悉依元豐三年故事〔一〕。」從之。

政和四年十一月十四日，臣僚上言：「竊按政和《斷獄令》，諸罪人遇天寧節并壬戌日，杖以下情輕者聽免，稍重者聽贖。伏聞四方之吏奉法不虔，是日例正停決，則反致留獄矣。伏望申嚴法令，故違者寘以 24 違制之罪。」詔依。

五年六月十四日，詔天寧節應罪人在禁量久飲食〔二〕，徒罪以下散禁一日。

〔一〕餘：似當作「欲」。

〔二〕「久」字疑當作「給」。

六年四月二十五日，臣僚上言：「竊見祠部格令，大禮恭謝畢及上元、清明節，並開寺觀，放士庶燒香，以答福祐，而天寧節乃聖誕之辰，壬戌爲本命之日，獨未著甲令，事若有闕。欲乞前件節辰，並許開宮觀三日，以聽士庶燒香，仰祝君父無疆之壽。其外州縣在城宮觀依此施行。」從之。

七年八月三十日，尚書祠部員外郎李楊言：「每歲天寧節，内外臣僚各有祝聖壽道場，多（詛）〔詣〕僧寺開建，禮非所宜。欲望聖慈許詣神霄玉清萬壽宮道觀開建。」詔除宰臣、樞密已下依例大相國寺外，餘並詣道觀，違者以違御筆論。

八年七月二十八日，中書省言：「欲遇天寧節日，民間不許喪葬哭泣，衰絰之人自啓建道場至罷散日，並不得至啓建道場觀寺。」從之。

宣和元年十月七日，詔天寧節道場，諸路無道士宮觀去處，許於德士宮觀開啓。

五年十二月七日，中書省言：「提舉道録院狀，伏見天下宮觀等處道官投進功德疏，欲乞睿旨許道録院收接，類聚進呈。仍乞依在京例，與度牒一道回賜，以彰榮遇。」從之。

六年十一月二十一日，詔左右街道録院每年天寧節賜度牒不得過五百道，紫衣不得過一百道，師號不得過五十道，立爲定制。

七年八月十七日，詔：「宰輔、百僚（此）〔比〕歲遇天寧節，例於宮觀齋設道衆，祝釐歸福。誠雖報上，然不經而近諛，豈朕意哉？可並罷。」

九月一日，〔詔〕外路州軍遇天寧節，監司及提總之官並合趁赴，不得以本司錢別行排（辨）〔辦〕。如違，計贓計庸定罪。

重和元年十一月一日，禮部奏：「太常丞梁修祖言：竊惟壬戌日天下並設祝聖醮筵，行禮之際，其在州郡尚或未同。欲乞著爲定制，頒之四方。」下太常寺修立到儀注：壬戌前七日，郡守率在城官詣天寧萬壽觀殿下北向，班首稍前，餘官重行，以東爲上。再拜訖，班首陞殿上香，候開啓訖降階復位，再拜訖退。如監司在本處亦赴。以後每日輪知、通已下至掾官一員，詣本觀燒香，壬戌日郡守赴[一]。並如上儀訖退。次至壬戌日晚，郡守率在城官詣天寧萬壽觀殿下北向再拜訖，班首陞殿上香，降階復位，並拜訖權退。次至請聖，〔次〕至讀青詞，次至亞獻上香，次至終獻上香，次至遍啓畢，（群）〔郡〕守已下並復位，北向立。次至焚詞畢，在位官皆再拜。

乾龍節

欽宗靖康元年三月十三日，詔：「道君皇帝聖節、本命等道場，並依道君聖旨；乾龍節、本命等，並依祖宗法。」

四月一日，詔：「朕祗奉慈訓，獲承至尊，戰戰兢兢，懼

[一] 郡守：原作「郡首」，據文意改。

不克任。屬者道君皇帝南幸，朕未獲躬晨昏之養，乾龍上壽，誠不遑安。卿等乃力貢封章，請如故事。上皇還闕有日，誼無以辭。載惟忠勤，良25用嘉歎。請祝聖壽，有愧堯仁；謹舉君觴，姑從漢制。所請宜允。」以宰臣徐處仁率文武百僚詣東上閤門上表，故有是詔也。

七月五日，禮部、太常寺言：「討論到天寧節儀注：在京於前一日，文武臣僚就神霄玉清萬壽宮建置道場，至初九日滿散，更不作齋筵。外路道場、進奉、宴設並罷。至皇帝率百官詣龍德宮上壽畢，就本宮賜侍從官以上宴。道君皇帝坐以申福殿北之中，皇帝坐於稍東，並南向。用金茶牀、龍椅。其合用儀注，乞令御史臺、閤門、太常寺修定以聞。中外於節日禁屠宰及禁決流以上罪。」詔並從之。內上壽日惟道〔君〕皇帝用龍牀。

紹興元年二月十九日，太常寺言：「四月十三日乾龍節，依巡幸駐（驛）〔蹕〕禮例，前一月宰臣率百僚詣佛寺開啓道場，至乾龍節日拜表滿散，更不作齋筵。其表不入詞，禮部收掌，候問安使行日附行。」從之。

二年二月二十一日，詔乾龍節開啓滿散，樞密院官已下各前二日、三省官已下至日趁赴。內三衙只就臨安府寶蓮寺起建道場，其神武五軍統制官並免赴天竺寺開啓滿散。今後遇聖節開啓滿散依此。

三月六日，太常寺言：「四月十三日乾龍節日，樞密院官已下滿散日，並係在昭慈獻烈皇后小祥前禁樂日內，依禮例令所屬設樂不作。大祥依此。」從之。

四月十一日，知臨安府宋煇言：「宰執百官並赴天竺寺滿散乾龍節道場，所有新及第狀元以下，未審合與不合趁赴？」詔雖祇受出身勅牒，尚未注官，未曾朝謝，不合趁赴。

紹興五年三月九日，尚書左僕射趙鼎言：「今月十一日，樞密院開啓乾龍節道場，是日既爲淵聖皇后祝壽開啓，恐當崇重其禮，欲權免常參、六參官起居。將來開啓滿散天寧節道場，亦乞依此。」從之。

六年八月二十日，太常寺言：「遇聖節開啓滿散道場，集應見任〔一〕、寄居待闕文武百僚，更不分日，並赴明慶寺立班行（者）〔香〕。」從之。

七年二月二十九日，太常寺言：「二月二十七日，車駕進發，巡幸至建康，遇三月十三日乾龍節啓建道場。至日宰執率應扈從文武百僚詣寺觀開啓，至節日拜表滿散，不作齋筵。其表不入詞，禮部收掌，候問安使行日附進。如來至建康府，沿路止就所至州軍寺院依此啓建滿散。依禮例並合作樂，緣在道君皇帝、寧德皇后禁樂之內，更不施設。」從之。

三月五日，行宮太常寺言：「四月十三日乾龍節，（徐）〔除〕作樂係在禁樂之內更不施設外，禮例前一月，行宮留守率應行宮文武百僚詣明慶寺開建道場，至拜表訖滿散，

〔一〕集：疑當作「乞」。

仍作休務假一日。」從之。

九年三月三日，太常寺言：「三月十一日、十三日，乾龍節啓建，係徽宗皇帝、顯肅皇后（禪）〔禫〕制之内，不合作樂外，所有四月十一日、十三日滿散日，合行作樂。又緣已遣使迎護徽宗皇帝、顯肅皇后梓 26 宮在途，欲乞權不作樂。」從之。（以上《永樂大典》卷次原缺）〔一〕。

上元節〔二〕

【宋會要】

27 乾德五年〔三〕，詔：「朝廷無事，區宇咸寧，况年穀之屢豐，宜士民之縱樂。上元可更增兩夜，起於十四，止於十八。」自後十六日，開封府以舊例奏請照放兩夜。（以上《永樂大典》卷五二三二）

【宋會要】

28 乾德五年，詔：「朝廷無事，區宇咸寧，况年穀屢豐，宜士民之縱樂。上元可更增十七、八兩夜。」《東京夢華録》云〔四〕：元宵大内前，自歲前冬至後，開封府絞縛山棚，正對宣德樓。悉以綵結山沓，上皆畫神仙故事，或坊市賣藥賣卦之人。上有大牌，曰「宣和與民同樂」。綵山置燈數萬盞。正月十四日，駕幸五岳觀，至晚還内次。駕入燈山，輦前喝「隨竿媚來」〔五〕。御輦團轉一遭，倒行觀燈山，謂之「鵓鴿旋」。十六日，御座臨軒，宣萬姓先到者得瞻見天表。至三鼓，車駕還内，樓外擊鞭一聲，則山樓上下燈燭數十萬盞一時滅矣。至十九日收燈，五夜城闉不禁。餘詳「元」字、「夜」字、「宵」字。

天慶節

真宗大中祥符元年十一月二十一日，詔以正月三日天書降日爲天慶節，休假五日，兩京、諸路州、府、軍、監前七日選道流于長吏廨宇或擇宮觀建道場設醮，所須之物並從官給，仍令三司降例。其月已斷屠宰〔六〕，更不處分。節日臣僚士庶特令宴樂，其夕京師燃燈。著在令式。

十二月五日，詔宣政使李神福、内侍副都知竇神寶管勾天慶節道場。前七日，于上清宮起建，罷散日一如承天節例。賜文武官御筵，並令條例以聞。開啓道場日，仍令教坊第一部祇應。中書、樞密院早赴行香訖，賜齋筵。其開封府準敕所設齋醮，令就壽寧宮排設，一依三司定例支給。舊制斷屠日，御厨皆供蔬食，諸宮洎内侍皆肉食，是節令亦備素膳。

二年正月天慶節，百官行香于上清宮，又行香于大相國寺，退賜中書、親王、樞密、百官、諸司使副、諸軍都虞候以上宴于錫慶院。又命知制誥周起宴契丹賀正使于都

〔一〕按，自禮五七之二〇「紹熙五年重明節」條至此，原稿未標明《永樂大典》卷次。究其内容爲「聖節」，查《永樂大典目録》應在《大典》卷二一四一六至二一四三一「節」字韻「聖節」目，然不知確出於何卷。
〔二〕此題原在下條之前，今移於此。
〔三〕天頭原批：「此條在『上元節』下。」
〔四〕此句以下原作大字，今改爲小字。
〔五〕來：原作「求」，據《東京夢華録》卷六改。
〔六〕月：原作「身」，據《宋大詔令集》卷一四四改。

亭驛。

四月二十六日，詔太常禮院詳定諸州天慶節道場齋醮儀式頒下。

五月八日，詔：「六月六日天書降泰山日，令兗州長吏前七日詣天貺殿建道場設醮，永爲定式。」

二十二日，詔：自今遇天慶節，五日内不得用刑。

二十八日，左右街道録院上新定天慶節諸州設道場儀，命崇文院摹印頒下。

六月六日，詔曰：「去歲將封岱嶽，荐降元符，當展禮之有期，荷儲祥于是日。況薰風溥暢，朱夏清和，宜推休務之恩，用慶自天之貺。其六月六日，在京百司及諸路並賜休假一日。」前一日，遣中使詣宰臣王旦第，特令中外賜假。是日，賜中書、樞密院、翰林及侍讀、侍講、樞密直學士、知制誥已上宴于中書，殿前都指揮使洎諸司使已下酒食。

七月十一日，樞密直學士劉琮言：「六月六日天書再降日，望令諸司皆設醮。」從之。

八月十四日，太常禮院言：「六月六日諸州設醮，望令道録院詳定科儀頒下。」詔如天慶節，29 其青詞委逐州選文學官修撰。

（二）〔三〕年四月十五日〔一〕，詔每歲天慶節及天書再降日，令兗州會真宮建道場三晝夜。

六月四日，權知開封府周起言：「天書降泰山日，本府欲〔不〕行刑。」詔是日京師諸司皆無得行刑。

十一月十九日，詔天慶節雖禁屠宰，其内外筵設任肉食。

〔天聖〕二年五月十四日〔二〕，詔天慶節、天降聖節，奉上壽及宴會并停，其道場醮（餘）〔除〕依舊用名山茶水、時菓、藥苗供養及官吏行香外，自來禁刑屠七日者止五日，五日者止三日。

六月十六日，開封府言：「天慶、先天、降聖節，徒流笞杖罪，正節日權住行刑一日外，其大辟罪即仍舊權住五日。」從之。

十月八日，知審刑院滕涉言：「先詔天慶、先天、降聖、乾元、長寧節，前後共十一日住奏大辟公案，自餘公案住奏二日。今請大辟公案前後共三日，自餘只正節一日住奏。」從之。

四年十二月二十二日，中書門下言：「天慶等節，上清宮道場宰臣已下並赴齋宿，此乃初降靈文，未修宮觀，權立此制。至後來宮觀道場，宮使親詣逐處開啓罷散，其上清

〔一〕三年：原作「二年」。按，上文已叙二年，不應又重叙二年，「二」實「三」之誤。因下條云「權知開封府周起」，考《長編》卷七二、七三、七五，周起權知開封府在祥符二年八月至四年二月之間，則以下三條爲祥符三年無疑。據改。

〔二〕此條原無年號，承前亦似爲祥符二年，則前後年月又失次。考下文「十月八日」條，本書職官一五之三〇亦載其事，時間爲天聖二年十月，其中所云乾元、長寧節乃仁宗及劉太后之誕節，乃悟此條「二年」上脱去「天聖」二字。因補。

宮今取進止。」

（大中祥符）七年十月十八日〔一〕，詔天慶等四節，有司勿進刑殺文字。

天祺節

天禧元年正月二十三（日），詔曰：「大中祥符元年四月一日，天書再降內中功德閣，其建爲天禎節〔二〕，一如天貺之例。」乾興元年二月，禮儀院上言，四月一日，詔以天祺節爲名〔三〕。詳見「祺」字。

五年四月十五日，御史中丞李虛己言：「天禎節，宗室、近臣準例並赴上清宮行香，昨自宰臣已下止十一日預會，望申戒飭。」詔宮觀副使遇齋醮留一員，餘悉（起）（赴）會。

乾興元年仁宗即位未改元。二月二十三日，禮儀院言：「四月一日天書降日，節名下一字與御名同。」詔改「天祺」。

三月三日，禮儀院言：「天祺、乾元、天貺、先天、降聖節，除起建道場及赴行香并乾元節進奉仍舊外，其臣僚宴樂并先天等節進奉帶縷香合、諸節公主上壽，並請權罷。」從之。

十月十四日，中書門下言：「十七日，中書、樞密院並赴上清宮宿齋，開啓道場，緣次日五更往板樓奉迎神主，望差學士已下官兩員上清宮宿齋行禮，其十八日已後仍舊番宿。」詔差翰林學士劉筠、龍圖閣直學士馮元。

天聖元年二月二十七日，上封者言天慶、天祺、天貺、先天、降聖五節費用尤廣，而禮儀院亦言：「每歲醮紙散配民間甚擾，逐節諸宮觀同時開啓三清、玉皇，一日開祠者五七，又歲設醮四十有九，頗爲煩瀆。欲自今五節并四季、三元，輪定宮觀設醮，歲可省醮二十有七。」詔舊醮皆二千四百分，今減其半，餘並依奏。官吏宿齋，所有酒菓蠟燭之類，並令減省。時汾州人上言，天慶節醮紙多以故麻屨擣造，30 是不潔淨。又江陰軍道士許自然上言：「《（皇）〔黃〕帝內傳》云：黃帝時，西（皇）〔王〕母降于帝宮，帝爲母設食，王母止之曰：『吾之仙衆不飲不食，豈欲人間飲食之饌乎？』若以人間飲食向神仙者，如將世間不淨之物置于寶器之中，即招大咎。今請天慶等節醮只備香燈、花果、名山泉水、本產藥苗，以致肅潔。」禮院言：「望自今設醮州軍，除共三十一處作舊修設，自餘州軍更不設醮，止以香燈、花果、山泉、藥苗供養，僻小處仍不用供養。節日臣僚更不宴樂。」詔新定設醮州軍依舊錫宴外，餘如奏，悉罷之。

五月二十二日，太常禮院言：「先天、降聖節，延壽帶、續命縷，欲望並住進奉及宣賜。」從之。

天貺節

大中祥符元年六月六日，天書降兗州泰山醴泉亭〔四〕。

〔一〕此條原稿亦無年號。查《長編》卷八三，乃是大中祥符七年十月十八日辛未事，因補。蓋《大典》從他處抄來，脱去年號，遂胡亂置於此目之末。

〔二〕禎：原作「祺」，據《長編》卷八九改。下條同。仁宗即位乃改「禎」爲「祺」，見下文。

〔三〕「乾興」以下原作大字，按此爲《大典》之注，今改爲小字。

〔四〕亭：原作「縣」，據《長編》卷六九改。

二年五月八日，詔曰：「其六月六日天書降泰山日，宜令設醮，在京、諸州並賜休假一日。」

四年正月，詔六月六日爲天貺節，在京禁屠宰。九日，詔諸路並禁。從歐陽彪之請也。

六月六日，詔天貺節日，宰臣、親王于上清宮行香賜會。參知政事一員開寶寺塔行香畢，却復上清宮筵設。其後諫舍、卿監、觀察使以上宗室悉會。

九日，詔天貺節日，諸路並禁屠宰，從殿中丞歐陽彪之請也。

五年三月二十六日，詔：自今兩京諸路每遇天慶節七日，天貺節一日，毋得行刑。帝曰：「今後天慶等節並依天(祺)〔禎〕、天貺節例，輔臣至日往彼燒香、宿齋，文武百官亦不立班，其逐節道場即依舊開建。」

三月二日㈠，詔：「兖州奉符縣乾元觀，每年天貺節道場，皆知州行禮，往來頗涉勞擾，自今依奉符縣會真宮例，只令知縣行禮。」

八年六月天貺節，令玉清(照)〔昭〕應宫太初殿建黄籙道場一月，本宫使、副使代拜。其上清宫道場仍舊排設，宰臣、親王、樞密使至待制並赴。

先天節

大中祥符五年閏十月八日㈡，詔以七月一日聖祖下降日爲先天節，十月二十四日降延恩殿日爲降聖節㈢，並休假五日，諸州、府、軍前七日選道流于長吏廨宇或擇宮觀建道場設醮，所須之物並從官給。假內不得行刑，仍禁屠宰，節日並聽宴樂。著爲定式。

十二月二十三日，詔：「天貺、先天、降聖、承天節，權止行刑。如聞所在輒以輕繫例亦留禁，自今節日，杖以下情輕者釋之，情重及須證左者責保知在，假開日區斷。」

六年六月十一日，詔：「先天節、降聖節日，除休假、齋醮、斷屠宰、禁刑罰一依定式，令天下以延壽帶、續命縷、保生酒更相贈遺，著于令式。」先是，内出帶、縷様示宰臣等，言金銀羅繒爲之，飾以綵繒，塗金綴珠。復以(盡)〔畫〕本付有司，并榜坊市，令人模 31 (模)造。王旦等曰：「陛下制此美事，非惟昭示崇奉，蓋欲福及萬民也。」

十五日，中書、樞密院上表，請以先天、降聖節日，許羣臣行上壽保生酒之儀。批答宜允。時翰林學士晁迥率近臣，兵部侍郎趙安仁率百官，並上表請獻壽，皆優詔答之。

二十六日，中書、親王、節度使以先天節，並進金縷延壽帶、金絲續命縷各一兩。制知開封府、直館閣、三司判官、文武百官及刺史已上並進金縷(銀)延壽帶、銀絲續命縷各一副，以銀合。

二十八日，詔諸司公宇自今每遇天慶、先天、降聖節建

㈠ 此條日分與上條失次，疑有誤。

㈡ 天頭原批：「寄案：《大典》卷四千四百五十四作『一日』。」今按《長編》卷七九亦繫于閏十月八日壬申。

㈢ 延　原作「筵」，據《宋史》卷一一二《禮志》一五改。

道場，未禁刑日即權(從)〔徙〕他所，令左官監斷。

二十九日，詔先天、降聖、天慶節前後一日並不視事〔一〕。

七月先天節，宰臣率百官詣上清宮行香，罷散道場，親王、樞密使、副使、三司使、殿前都指揮使已上至駙馬都尉，各先詣長春殿進奉金縷延壽帶、金絲續命縷，上保生壽酒畢，改御崇德殿，宰臣、百官上保生酒，遂賜飲如誕節儀。又以金縷延壽帶、金塗銀結續命縷、緋羅緑羅延壽帶、綵線續命縷分賜百官。前一日賜百官，是日戴以入。復賜百官會于錫慶院〔二〕。

九月二十九日，提舉校勘道藏王欽若言：「天慶、先天、降聖節，請令諸州軍長吏已下，前七日依大祠散齋例建置道場。前三日，應行事、陪位官並宿齋于長貳廳。天貺節齋一宿罷散。」從之。

十月七日，詔：「如聞諸州應緣慶節宴會，先一月召集樂工按習于司理院者，頗妨推劾。自今止得前七日按閱，違者當寘其罪。」從供奉官鄧雅之奏。

十一月八日，禮儀院言：「諸節所禁刑罰，今請以前後詔旨類例頒下〔三〕。應大辟罪，遇天慶、先天、降聖、承天節前七日後三日，天貺、天(祺)〔禎〕節一日，並權住決斷。其徒流已下犯在節前四日內，公廨開建道場則權移他所，遣官斷決。節前三日内犯者，並過節次日施行。節日杖已下許本處裁量，情輕者特放。」從之。

〔天禧〕四年六月二十五日〔四〕，閤門言：「新除太子太傅寇準先天節所賜(筵)〔延〕壽帶縷，望依僕射例頒賜。」從之。

天應節

徽宗政和四年正月二十九日，詔曰：「朕修祀事，荷帝溥臨，旌旗、輦輅、冠(仗服)〔服仗〕衛見于雲際，萬衆咸睹。可以十一月五日爲天應節。」

六月九日，禮部、太常寺言：「天應節内中排辦表文章，合依天慶節内樂局令文施行。所有建置道場朝拜，今欲比附天慶節，藩府節鎮于天寧萬壽觀，餘州軍于天慶觀建置道場，長吏率在城官吏朝拜。仍依天祺、天貺節，作休務假一日。」從之。

五年三月二十一日，試刑部尚書慕容彦逢等奏：「天應節開道場，宰百官朝謁，并不決大辟，並已依天慶、先天節外，欲望申詔禁屠宰。」從之。

五月七日，禮部奏：「乞諸禁屠宰，天慶、先天、降聖、天應節及壬戌日各一日，32天寧節五日。」從之。

〔一〕天慶節：原作「節慶節」，據《長編》卷八一改。

〔二〕院：原作「元」，據《宋史》卷一一二《禮志》一五改。

〔三〕以：原作「已」，據《長編》卷九〇改。

〔四〕天禧：原無。按，據《長編》卷九五，寇準罷相爲太子太傅在天禧四年六月十六日丙申，則此條之四年乃天禧四年，據補。

六月二十七日，起復朝請大夫、充集賢殿修撰、淮南江浙荆湖制置發運副使李偃言：「應天下州、府、軍、監不如建立天寧觀去處〔一〕，凡遇壬戌日，即于所在天慶觀三清殿，並依節鎮例修設大醮，崇奉壬戌本命之辰，仍許監司、守臣率在職官僚開啓罷散如禮。」從之。

六年閏正月十四日，詔：天應節應縣鎮有天慶觀三清殿去處，依州、府、軍、監例建置道場設醮外，其縣鎮壬戌日設醮，難以更令監司、守臣前去。詔逐處長吏率餘官開啓罷散，餘依已降指揮。

三月十六日，尚書刑部員外〔郎〕何安中奏：「臣伏觀陛下宸翰所紀天真示現及夏祭神應之事，以仲冬五日爲天應節，仍禁屠宰，用端命于上帝。而地示來享，彰表未加。夫天地合祭，其來久矣，陛下奮然破群議於數千百年之後，斷而行之，故雖當盛暑，衮冕執圭，儼若冬服，而壇場、時日、牲牢、器幣靡不從類，此方澤之靈所（有）〔以〕呈露幽祕、羽衛咸覿者也。臣願陛下依倣天應名節之義，復下明詔，以仲夏十一日製爲美名，其有所禁，如天應焉。」詔以五月十二日爲寧貺節。

五月十三日，詔斷屠宰諸節（上）〔止〕一日，依已得指揮，天寧節依舊三日。

七年六月十八日，詔天下州軍道場，可依旁通立定格法。三京帥府處一年三十一次〔二〕：天慶〔觀〕五次〔三〕，天慶節、天祺節、天寧節、上元節、中元節、下元節、壬戌日。神霄玉清萬壽宫十五次。天應節、寧貺節、元成節，每月上七。節鎮每處一年十四次：天慶觀三次，天慶節、天祺節、天貺節。天寧萬歲觀八次，真元節、天寧節、壬戌日。神霄玉清萬壽宫三次。天應節、寧貺節、元成節。上州并監司州軍、輔州每州軍一年十一次：天慶觀兩次，先天節、降聖節。天寧萬歲觀七次〔四〕，天寧節、壬戌日。神霄玉清萬壽宫兩次。天應節、元成節。中州、望緊州、雄州、下州、同下州每州一年四次：天慶觀一次，降聖節。天寧萬歲觀一次，天寧節。神霄玉清萬壽宫兩次。寧貺節、元成節。

八月十三日，詔諸路天慶、天祺、天貺、先天、降聖等通作八節，建置道場設醮，令學士院立式行下諸州軍，依式修寫，添入守臣名銜。

宣和元年二月二十一日，翰林院學士、朝散郎、知制誥、兼侍讀王安中言：「聞日者孟冬癸卯，屈萬乘之尊，以玉清神霄華瓊室禁經祕籙傳受成賜開度，又以仲冬乙卯開寶籙大陳法會。欲望以其日依天寧、天貺例，製名紀節。」詔以其日爲天符節。

二年四月十九日，太常寺言：「應天府鴻慶宫係聖朝興王之地，乞將每年正月四日，依降聖等節體例立一節名。」詔以開基節爲名，在京合於景靈宫皇武殿、州軍於有

〔一〕不如：似當作「如不」。
〔二〕三十一次：按下文次數與此總數不符，又無天寧萬歲觀，當有脱誤。
〔三〕五次：據下小注，實爲十二次。
〔四〕歲：原作「壽」，據前後文改。

太祖皇帝神御處燒[33]香。

七月十一日，臣僚上言：「臣聞辟以止辟，刑期于無刑。頃歲議者建明，天慶節等日前後各一日停囚止決，輕刑憲[一]，指日而爲之，惠奸長惡，莫此之甚。伏望聖慈特詔有司，天寧及天慶、先天、降聖、天應、寧貺、天符、天貺、天祺節并元日等，應不行決、情輕放免等事，并遵倣元豐舊制，餘日及應續降申明更不施行，庶幾使之無訟。」從之。

（以上《永樂大典》卷二一四一五）

長春節[二]

建隆元年正月十七日，宰臣、文武百官于大相國寺開建道場祝聖壽。

二月十五日，習上壽儀。長春節日上壽，退赴寺行香，賜會，遣中（賜）〔使〕以香奩、上樽酒、時果、教坊樂賜之。

二年二月十日，開封府上言：「准舊制，左右街僧道合簾前賜紫衣、師號者二十人。」從之。其日僧録引所奏僧入內，賜齋饌于閤門，遂賜敕牒或命紫服。

三月十三日，詔常參官、諸司使副、見任前任節度行軍副使并致仕官、僧道、百姓等，今後長春節及諸慶賀，毋得進奉。

開寶三年二月長春節，上壽退，對知制誥盧多遜于長春殿，面賜金紫。先是，每誕節皆命中書舍人一員攝殿中監進酒，多賜章服，後罷此例。

五年二月四日，詔長春節自今更不談經，只齋在京僧道官以下，等第支賜。

十五日，親王、樞密使、翰林學士、諸節度使、諸司使、副使詣大相國寺行香，罷道場訖，齋會如儀。先是，中書、樞密院同設道場，至是始分焉。駙馬都尉、內侍三班亦各預別設道場。是節，帝先御長春殿上壽，次御崇德殿，其後又定長春殿。初坐，諸王上壽，次樞密使副[三]、宣徽使[四]、三司使，次使相，次管軍節度使、兩使留後、觀察使，次節度使、兩使留後、觀察使，次皇親任觀察使以下者[五]，各上壽酒[六]。仍以金酒器、銀香合[七]、馬，袖表爲獻。既畢，並赴崇德殿侍立叙班。

八年十月十四日，賜中書、樞密院人吏、翰林待詔緡錢有差。二十日，內出錢五十萬賜文武百僚，並以修齋祝聖壽故也。

乾明節

太平興國二年十月乾明節，親王、宰臣、文武兩班、諸

[一] 此句疑有脱文。

[二] 「長春節」上原有「宋」字，依前後文例删。

[三] 副：原脱，據《宋史》卷一一二《禮志》一五補。

[四] 宣：原脱，據《宋史》卷一一二《禮志》一五補。

[五] 者：《宋史》卷一一二《禮志》一五無此字。

[六] 酒：《宋史》卷一一二《禮志》一五無此字。

[七] 香合：原脱，據本書禮五七之二一補。

司使副同設道場于相國寺，其後復如開寶五年之制。

七年十月二十四日，中書門下言：「乾明節選二十三日大宴。二十日夜，參知政事竇偁卒〔一〕，翌日皇帝親幸其第臨喪〔二〕，慟哭設奠，還宮，即命罷宴。伏以有司告備，六樂在懸，睿聖至仁，聞哀而罷，足以顯君父愛慈之道，勵臣子忠孝之心。伏請宣付史館〔三〕，以彰聖德。」從之。至十一月十六日始宴。

九年十月乾明節，崇德殿上壽，次延群官賜酒。帝顧御史中丞滕中正曰：「三爵之儀，是爲常禮，朕與臣僚更飲一盃，可乎？」中正奏曰：「陛下聖恩隆厚，臣僚幸甚。」即命取巨盃，帝飲訖，以虛爵示群[34]臣。

十二日，詔乾明節大明殿賜五臺僧淨業已下齋會。

壽寧節

淳化四年正月二十二日，詔壽寧節宴，直官京官並令赴座。

至道二年十月壽寧節，詔皇太子赴佛寺宴飲。

承天節

咸平元年十二月承天節，百僚上壽，退行香，賜宴。帝謂閤門副使潘惟正曰：「兩廊將校酒行多不徧，所司自今切宜檢校。」

景德二年十二月承天節，群臣上壽，契丹國信使預，班在上將軍之下，大將軍之上。舊制，中書門下、樞密院、文武百僚、內職既上壽，詣大相國寺行香，設會于資聖閣。至是，樞密使而下前一日罷道場赴會。是日，樞密與學士、三司使副復集，遂以爲常。

三年二月九日，三司使丁謂上言：「伏覩國家以天慶節日不禁刑罰禁烹宰，竊惟誕慶之日，動植歡心，雖均宴樂之私，未頒惻隱之令。伏見唐武德、開元以來詔令，皆節日不行刑，禁屠釣，慶成、慶陽、壽昌等節皆禁烹宰。欲望承天節日准天慶節例，前後禁屠宰，輟刑罰，著于甲令，用爲常式。」從之。

大中祥符八年十月二十九日，宰臣王旦等言：「每歲中書建承天節道場，相國寺行香畢，就錫慶院會食，左右丞、侍郎、舍人不及十員，欲自今只就行香院賜會。」從之。

十一月五日，注輦使娑里三文等以承天節，詣啓聖禪院會僧祝壽。

天禧二年九月二十二日，詔京城諸司賽神毋用十月七日，以太宗誕辰故也。

四年十月十七日，秘書郎、館閣校勘王舉正等言：「上誕聖節及諸慶節日，望許依京官檢討、校理例進奉上壽。」

〔一〕偁：原作「你」，據《宋史》卷二六三《竇偁傳》改。
〔二〕帝：原脱，據《宋史》卷一一四《禮志》一七補。
〔三〕史：原作「司」，據《宋史》卷一一四《禮志》一七改。

從之。

五年(一月十四日)〔十月十日〕〔一〕，中書門下請：凡慶會，並皇太子押班，奉觴上壽，望令禮官別定儀注。其日親王、樞密使已下、内職，並隨皇太子赴崇政殿立班，其長春殿更不設。從之。

乾元節

乾興元年仁宗即位未改元。三月八日，禮儀院上言：「今月十三日，百官起乾元節道場，緣尚在禫制之中，望許其日權以吉服行香。」從之。

四月乾元節，詔以大行梓宮在殯，惟譯經院獻經、開封府僧道，餘悉罷之。是月詔乾元節前後各一日禁喪葬、屠宰、哭泣，權止行刑七日。杖罪已下情輕，特與免放；如情理重，並知在，候假開日施行。

天聖元年三月八日，禮儀院言：「自來聖節，親王、樞密使已上長春殿上壽，宰臣率百僚崇德殿上壽。今乾元節尚在諒陰之内，欲望其日宰臣、親王、樞密並只就崇德殿上壽，餘俟服滿。」從之。

二年三月二十六日，樞密院言：「今年乾元節後賜宴，欲依 35 去年例，就錫慶(元)〔院〕賜，不作樂，不賜花。」從之。

四月乾元節，賜宴，百官方入，將就班，值大雨，詔罷宴，中書、樞密、兩制、節度、觀察、防禦、團練使、刺(使)〔史〕等各賜酒食，文武百官于朝堂賜酒食，諸軍副指揮使已上許取便請食。命樞密副使張士遜赴都亭驛押(拌止)〔伴北〕朝人使御筵，用教坊樂。

六月二十八日，荆湖北路(展)〔轉〕運使孫冲言：「承天節禁屠七日，其齋筵任設肉食，即不得于假内宰殺。乾元節正在孟夏，南地稍熱，慮成損惡。」禮儀院言：「乾元節御厨肉食並于十二日宰殺，望令荆湖、江浙、淮南、福建、廣南路于聖節前一日預辦肉食。」從之。

六年正月十四日，詔每歲誕節，西川進奉織成功德，其悉罷之。

二月六日，詔乾元、長寧節禁決大辟前〔後〕各二日，餘罪唯正節日權停。

景祐元年三月十七日，客省言：「先奉詔，應諸處宮觀寺院，今後香合、山儀更不得進奉，其功德疏許逐處收接入遞附進者。據五臺山僧正廣蓮等下到進奉乾元節銀香合、功德疏、山儀物色，未敢收接。」詔令客省依舊例收接，内東門司進奉者不得爲例。

二十二日，詔諸處宮觀、寺院，乾元節進奉山儀并香合等，更不令進，功德疏入遞進納。從之〔二〕。

四月十三日，侍御史蔣堂言：「敕差江東(展)〔轉〕運使，未曾朝辭，遇乾元(即)〔節〕乞隨班上壽。」詔許令陪位上

〔一〕十月十日：原作「一月十四日」，據《長編》卷九七、《玉海》卷七四改。

〔二〕「從之」二字疑衍。

壽，應授差遣未辭謝人准此例。

三年四月十三日，詔乾元節聽休務三日。

十一月一日，詔曰：「國家每因誕節，遍錫宴私，式均需食之恩，用答華封之祝。如聞州郡，廣事炮燔，在犒飫而或宜，于暴殄而爲甚。宜申戒飭，用儆過差。當隱卹于含靈，無窮極于厚味。體我好生之德，協兹示惠之方。宜令三京及諸路州、府、軍、監等，今後每遇乾元節，依敕命禁斷屠事，所有節前宴設，即許量事烹炮，不得廣殺生命。」

寶元二年四月九日，大宗正司言：「右衛率府率克修遇乾元節乞上壽更不赴錫慶院。」從之。仍令大宗正司相(慶)〔度〕，率者不許綴班〔一〕。

慶曆元年正月十九日，詔乾元及天慶、天祺、天貺、先天、降聖節，自今惟正節日禁刑外，乾元節仍前後各一日停斷大辟罪。

二年五月十二日，詔乾元節減回賜皇后以下進奉物之半，皇親并外命婦並權罷，候邊事寧日取旨。

四年三月七日，帝謂宰臣章得象等曰〔二〕：「每歲乾元節，宮中先習新曲，以備上壽。今以親王在殯，令更不習新曲，上壽日(正)〔止〕用舊樂〔三〕。」

四月七日，詔御史臺：「臣僚言替未見〔四〕，已授差遣、辭與未辭在京待闕者〔五〕，今後如遇乾元節，並許隨班上壽。」

五年二月二十七日，詔乾元節合奏僧道紫衣、師號人數，自今聽如舊。

皇祐元年四月十二日，詔駙馬都尉李瑋垂拱殿上壽，次楊景宗已下别班上壽畢，却赴百官班。瑋起復雲麾將軍、濮州團練使，景宗建寧軍節度使觀察留36後。

三年三月二十六日，詔以齊國獻穆大長公主薨，罷(元乾)〔乾元〕節作樂。

二十七日，中書門下上表請聽樂，詔答曰：「故齊國獻穆大長公主，先帝同體，爲朕諸姑，宗黨所嚴，尊親莫貳，奄捐外館〔六〕，增悼予衷。屬誕節之邇期，有稱觴之彝制，俾毋舉樂，用以稱情。乃援降服之文，請御在庭之奏。義之所厚，情固難勝。所請宜不允。」表再上，始從之，猶詔輟契丹使見日作樂。

至和元年二月二十四日，詔乾元節度僧尼，自今兩浙、江南、福建、淮南、益、梓、利、夔等路，率限僧百人度一人，尼五十人度一人，京師及他路僧尼率五十人度一人。道士、女冠不以路分，率二十人度一人。

是月，詔京畿(展)〔轉〕運使，自今遇乾元節許上壽，仍

〔一〕此句似有脱誤。
〔二〕得：原作「德」，據《宋宰輔編年録》卷五改。
〔三〕樂：原作「藥」，據文意改。
〔四〕言替：似當作「得替」。
〔五〕待：原作「侍」，據文意改。
〔六〕捐：原作「損」，據《宋大詔令集》卷一四六改。

歲終一人奏事。

嘉祐元年四月，閤門言：「垂拱殿上壽，舊皇親郡王、使相、樞密使副、宣徽使、三司使至管軍駙馬都尉共六班，今權請合爲四班，仍令減拜。」從之。

五年四月十二日，詔閤門，侍衛親軍馬軍副都指揮使張茂實乾元節上壽，依王德用例進酒，只六拜。

六年四月十三日，太子少傅致仕田況言：「乾元節乞依致仕龐籍、王子融例，于內東門投進功德疏。」從之。

七年三月十三日，管勾齋筵所言：「乾元節錫慶院十三日、十四日齋筵，文武百官并契丹人使立班謝恩，如遇陰雨立班不得，即乞放謝恩，便令赴坐。」從之。

四月八日，太子太保致仕龐籍言：「乾元節乞陪班上壽，不赴習儀。」從之。

十四日，樞密使張昪言：「乾元節上壽，臣爲患右臂顫弱，不敢進酒。」詔令以次進酒。

八年四月十日，契丹賀乾元節使(那)〔耶〕律穀等進書奠梓宮，見帝于東階。時英宗即位未改元。

壽聖節

英宗治平元年正月七日，詔減壽聖節所賜師號、紫衣、祠部牒。故事，聖節所賜三百道，而妃、修儀、公主猶別請，至是減爲二百，而別請者在數中。

二年十二月十七日，太常禮院言：「正月六日上辛祀昊天上帝，致齋之內不作樂。緣正月三日壽聖節在上辛致齋之內，若依嘉祐七年正旦御殿受賀例，改用正月十六日，舊例詣慈孝寺朝謁作樂，各有妨礙。參詳每遇元旦御殿、聖節上壽，雖在正月上辛祠官致齋日內，並當用樂。其大宴即乞移日，或就賜。」從之。（以上《永樂大典》卷二一四一六）

長寧節

【宋會要】37 乾興元年十一月九日，詔長寧節中書、樞密不得以金酒器爲獻，諸州亦罷貢奉，及不得奏請賜僧道紫衣、師名。三京諸州比試童行，比乾元節，與度三分之一。中書門下上言，請前一月文武官各就大相國寺起道場，罷散日錫慶院賜會。前三日，內外命婦各進香合，至日入內上壽。在京禁刑罰、屠宰共七日。從之。其命婦進奉上壽、錫慶院賜會，並候喪制三年畢施行。

十一日，禮儀院言：「準詔，乾元等節並在服內，在京進奉長寧節上壽並權罷，俟服滿開樂仍舊者。按至道三年太宗皇帝十一月三日祔廟畢，至十二月二日承天節，臣僚上壽，惟不作樂。此來皇太后雖示謙德，皇帝方切孝思，其如契丹使來，如無上壽之儀，深恐禮容不便。況有舊例，亦合遵行。其長寧節、乾元節，望許在京臣僚進奉及上壽，長寧節亦望許令中書、樞密院臣僚及命婦進奉。節日命婦入內上壽，逐節並就錫慶院賜宴，並不作樂。」詔乾元節許臣僚上壽，不作樂。長寧節上壽權停，兩節進奉權罷，惟於錫慶院賜會。禮儀院復請長寧節羣臣詣内東門拜表稱賀，命婦進表，從之。

十二月，太常禮院撰定長寧節上壽儀注。其日，皇太后垂簾，中書、樞密、學士、三司使、節度使、觀察留後，契丹使分班立。宰臣已下進奉上壽，閤門使於殿上簾外序立。宰臣升殿，跪進酒於簾外，内臣跪接以入。宰臣跪奏曰：「長寧節，臣等不勝歡忭，謹上千萬歲壽。」復位，再拜，三呼萬歲。内臣承旨宣曰：「得公等壽酒，與公等同喜。」咸再拜。宰臣升殿，立於簾外。俟飲訖，内臣出簾外跪授虚盞，班首跪接，復位，再拜，舞蹈，三稱萬歲。内臣承旨宣升殿，酌酒三行。餘如乾元節之儀。其日百官詣内東門拜表稱賀。内取高者一人爲班首。其外命婦舊入内者即入内上壽，不入内者進表。其日前殿百官退，内臣先引内命婦上壽，次引外命婦，如百官儀。從之。

〔天聖〕三年正月五日〔一〕，契丹遣使蕭從順、韓紹芳來賀長寧節，見于崇政殿〔二〕。

十二日，開封府言，長寧節請如乾元節，度僧道三百八十人。詔止度三百人。

四月六日〔三〕，殿前都指揮使王守斌言：「聖節合進壽觴，以臣在假多時，萬難拜跪，今欲隨班起居後，却令馬軍副指揮使楊崇勳代臣上壽，庶免失儀。」從之。

十二月，詔長寧節皇親、臣僚家命婦入内上壽者，並前一日入内。

八年九月一日，詔長寧節賜羣臣衣及天下州郡上慶作樂，並準乾元節例，准進奉章表附驛以聞。先是，有上言者論其事，内刊去姓名付中書門下。至是宰臣等奉而行之。

十二月十六日，詔長寧節百官上壽于崇政殿。初，帝〔論〕〔諭〕輔臣曰：「昨郊禮畢，朕嘗率羣臣賀皇太后於會慶殿。明年長寧 [38] 節，宜定百官上壽儀。」下太常禮院議，而請御會慶殿上壽，皇太后不欲御會慶殿，故降是詔。

坤成節

【宋會要】

元祐元年六月十六日，禮部言：「坤成節用乾興年故事，權罷上壽；其在京并諸州軍依故事〔四〕，賜宴不作樂。」從之，興龍節亦如之。

二年五月八日，詔坤成節聽臣僚進奉，如興龍節例。

二十四日，開封府言：「坤成節請依長寧節故事度僧道，共三百人爲額。」從之。

〔一〕天聖：原無，據《長編》卷一〇三補。
〔二〕崇政殿：原作「崇德殿」，據《長編》卷一〇三改。
〔三〕按，長寧節（劉太后誕日）在正月八日，此條「聖節」當是指四月十四日乾元節（仁宗誕日）。《會要》原書蓋以此二節合叙，參見本書禮五七之一六「乾元節」目。
〔四〕依：原作「旅」，據《長編》卷三八〇改。

六月十二日，詔開啓坤成節道場齋筵，許依例用樂。十八日，詔坤成節依天聖三年長寧節故事，文武百官、諸軍將校於崇政殿上壽，及許臣僚進奉，内外命婦前三日各進香合，至日入内上壽。

七月二十三日，詔還坤成節臣僚所進金酒器。

三年六月二十二日，詔坤成節崇政殿上壽，皇親團練使以上並赴，百官表賀於内東門。

十二月七日，詔宗室在式假，興龍節許易帶上壽。

四年正月十八日，詔坤成節進奉物色，准天聖八年九月故事留本處，止奉表附驛以聞。

紹聖元年九月十三日，詔興龍節上壽并進奉尚書省齋筵並罷，開啓日仍不作樂，其遼國使人就驛賜筵。（以上《永樂大典》卷二一四三〇）

宋會要輯稿　禮五八

諡

【宋會要】

1 王公及職事官三品以上薨，本家録行狀上尚書省考功，移太常禮院議定，博士撰議，考功審覆，判都省集合省官參議，具上中書門下，宰臣判準，始録奏聞，敕付所司，即考功録牒，以未葬前賜其家。省官有異議者，聽具議以聞。蘊德丘園，聲實名著，雖無官爵，亦奏賜諡曰先生。

太宗太平興國八年八月二十八日，詔增周公《諡法》五十五字：美諡七十一字爲一百字，平諡七字爲二十字，惡諡十七字爲三十字。仍令翰林學士承旨扈蒙、中書舍人王祜詳定〔一〕。蒙等奏議曰：「上所增五十五字皆可用，其沈約、賀琛《續廣諡》請停廢。」從之。

雍熙四年五月，直史館胡旦言：「舊制，文武官臣僚皆以功行上下各賜諡法，近朝以來，遂成闕典，皆須本家請諡，而所費甚多。今有建隆以後文武臣僚三品以上合賜諡者百餘人，望令史館編録文狀，送禮官定諡，付館收入國史。今後臣僚薨卒至，並令禮官取本家行狀定諡，送考功詳覆，仍令考功關送史館，永爲定式。」從之。

真宗景德三年八月(二)十五日〔二〕，諸王府侍講孫奭言：「臣聞周公制《諡法》，大行受大名，小行受小名，所以勸善而懲惡，節惠而尊名也。《周禮》，卿大夫之喪，太史賜諡讀誄，皆於葬而舉諡。故《穀梁傳》曰：『諡所以成德也，於卒事乎加之矣。』言諡者行之迹，所以表德，人之終卒事畢於葬，故於葬定稱 2 號也。自唐喪亂，不守典經，乃有葬後定諡。近者宰臣畢士安、樞密使王繼英皆葬後議諡，此於朝政恐或闕遺。望令有司詳求典故，如別無明據，則請自今依舊葬前定諡，於祖奠時遣官讀誄，庶合禮文。」從之。

大中祥符五年正月二十二日，詔文武薨卒當定諡者，自今如本家申請，即準故事施行，不須先具奏入俟報。唐制，職事官三品以上，散官二品以上亡者，其佐吏録行狀申考功，考功責歷任勘校送太常禮院擬諡訖，復送考功，都堂集省官議奏聞。贈官同職事〔三〕，無爵者稱子，先是皆稟進止而議，及降是詔，乃議訖以聞。

仁宗天聖五年十月四日〔四〕，直集賢院王皞言：「伏聞諡者行之表也，善行有善諡，惡行有惡諡，蓋聞諡知行〔五〕，

〔一〕祜：原作「祐」，據《宋史》卷二六九《王祜傳》改。
〔二〕「十五」上原有「二」字，據《長編》卷六三刪。
〔三〕事：原作「準」，據本書禮五八之五「熙寧三年八月」條改。
〔四〕按，《長編》卷一〇六繫此條事於天聖六年二月辛未（六日），李燾原注云：「據《會要》，皞論諡法及論封贈皆在五年十月，今並從《實録》。蓋皞所論先下禮院，乞如所請施行故也。」是《會要》所載爲皞上言之日，《長編》所載爲詔從之日。
〔五〕知：原作「之」，據《長編》卷一〇六、《宋史》卷一二四《禮志》二七改。

以爲勸戒。《六典》，太常博士掌王公以下擬謚，皆迹其功德而爲之褒貶。職事官三品以上，散官二品以上，佐吏録行狀申考功，下太常議謚訖，申省議定奏聞。近日臣僚薨卒，雖官品合該擬謚，其家子弟自知父祖别無善狀，慮定謚之際斥其繆戾，皆不請謚。竊以《謚法》自周公以來垂爲不刊之典，蓋以彰善癉惡，激濁揚清，使其身殁之後是非較然，用爲懲勸。今若任其遷避，則爲惡者肆志而不悛。欲乞今後凡有臣寮薨謝，不必候本家請謚，並令有司舉行。如此，則隱慝無行之人有所沮勸〔一〕。若謂須佐吏録行狀申訖方行擬議，臣略觀方册，别無明證。惟《春秋》衛公叔文[3]子卒，其子戍請謚於君，曰『日月有時，將葬矣，請所以易其名者』。臣謂春秋之時，周德下衰，於時禮壞樂缺，公叔之卒有司不能明舉舊典，故至將葬始請謚於君。且周制太史掌小喪賜謚，小史掌卿大夫之喪賜謚讀誄〔二〕，以此知有司之職，自當舉行明矣。」詔禮院詳定〔三〕，後如所請。

景祐四年六月二十三日，權判尚書都省宋綬言：「本省集官覆謚，而請謚之家皆自具飲饌。夫考行易名，用申勸沮，而饗其私饋，頗非政體，請自今官給酒食。」從之。

乾興元年（仁宗）已即位，未改元。四月十七日〔四〕，詔太常禮院議改謚恭孝太子之號以聞。按禮經既葬言謚，蓋爲陳其行迹，録以爲名。衛公叔文子卒，其子請謚於君曰：「日月有時，將葬矣，請所以易其名。」是皆考行於闔棺之後，讀誄於會葬之際也。恭孝薨逝僅三十年，當時節惠尊名既定矣，又恭孝之稱亦云美矣，今乃易號爲褒寵之恩，非舊典也。先朝臨御之初，但加贈兄叔諸王官秩，今循此制可矣。掌禮者不能援古抗執，時論惜之。

嘉祐二年九月一日，翰林學士承旨孫抃等言：「故翰林侍讀學士、兼侍講學士、尚書吏部郎中王洙陪侍講筵垂二十載，欲望特於贈官外，依馮元、楊徽之、楊億例賜謚號。」詔特贈給事中，仍賜謚曰文。敏而好學曰文。既而御史吳中復等言洙官不應得謚，及其子力臣等亦以非例辭不敢。從之。

五年十二月十八日，太常禮院言：「自今文武臣[4]寮薨卒，法當謚者，考功於未葬前取索行狀，移禮官考定。如其家速葬，集議不及，則許賜之。其有勳德，既葬而未嘗請謚者，亦聽取旨。」從之。

六年十月三日，詔以太常禮院見置局編纂禮書，委本院編纂官以周公、《春秋》、《廣謚》、沈約、賀琛、王彦威及雍熙中所編定《謚法》類聚詳酌，取方今可行用者編定以聞。於是判太常寺兼禮儀事、翰林學士范鎮等，與編纂官秘書丞姚闢、霸州文安縣主簿蘇洵言：「謹按世之以謚著書而

〔一〕慝：原作「匿」，據《長編》卷一〇六、《宋史》卷一二四《禮志》二七改。

〔二〕「喪」原作「家」，「讀」原作「請」，據《周禮注疏》卷二六、《長編》卷一〇六改。

〔三〕詔：原作「設」，據《宋史》卷一二四《禮志》二七改。

〔四〕按，此條亦見《長編》卷九八李燾注，確爲《會要》之文，但景祐之後忽插入乾興，時序顛倒，《會要》原文恐非如此，當前移。

可以名家者止於六家，其王彦威之徒皆祖述舊文，無所增損。六家之中，其名『周公』者最無條貫，同謚異條，或分見數處，紛紜雜亂，難以省覽。其餘《春秋》、《廣謚》、沈約、賀琛、扈蒙雖綱目具存，而脱謬已甚，或當時之妄誤，或傳寫之訛失，有司行用，實難依據。臣等今已講求別本，證之史傳，別其同異，去其重複，刊繆補缺，務令完正。其有訛謬已久，世俗承用不復疑，如以『壯』爲『莊』，以『僣』爲『替』，如是者亦不敢輒改，皆隨件加注。」凡注數十百條，號曰《六家謚法》二十卷，八年上之。蘇洵既於此條注舛誤，又別撰《謚法》[一]，并上之。下其書兩制看詳，有言不可用者，遂不用。

神宗熙寧三年八月九日，考功言：「故工部尚書李兑以八月三日葬，葬之日行狀方上考功。按治平編敕：『文武臣寮薨卒合定謚者，本家於葬前陳請定謚。在外州者，本州據本家所請奏聞，在京者具狀申考功。仍並取索自出身[5]至贈官已來行狀三本，繳連申考功，即牒太常禮院即日集官議謚，下考功覆議，判都省官即於都堂集合省官議定聞奏，牒本家及史館遵行。贈官同職事，無爵者稱子。或本家自不請謚者，本州取索子孫詣實文狀奏聞，下尚書省，合太常禮院衆官議生平履行善惡，依公定謚，並須葬前牒付本家，并牒史館。如謚不以實，曲徇私情，或報仇償忿，横加惡名，即依選舉不以實論罪。如已葬方有奏請者，更不定謚。』伏詳敕意，蓋緣臣下薨卒間或有年祀久遠，其子孫方爲請謚，則善惡之行傳聞於人，有所不及，而聚官集議所憑者本家行狀而已，虚美隱惡，緣是而起。雖欲直筆，何由辨明？故近制限以葬前請謚，既葬而後陳請者更不定謚，所以防歲久之易誣也。如唐郭知運既逾五十年矣，而其子英乂乃以爲請，若此者雖勿許可也。顔杲卿、盧奕輩忠烈在人，既葬賜謚，則又有之。今李兑卒未逾年即葬，其子幼弱，未知公家事體，致行狀到省與葬同日，竊謂亦宜定謚。雖不及事，而賜之私家，使告廟主，及送史館，以昭示善惡之報。伏況近制，本家雖不請謚，猶下尚書省依公合議，蓋主於勸懲善惡而已。伏乞裁酌，特賜依常法定謚。并乞今後應有臣寮薨卒合依謚之人[二]，如葬前曾請謚，或本家不請謚者，雖葬後並與定謚。」從之。

五年七月二十四日，六宅副使、知丹州宋孟孫言：「外曾祖故贈僕射扈[6]蒙官列尚書，歿未曾請謚，乞特賜以謚。」禮院言蒙卒已八十餘年，其人行實與今之士大夫聞見不接，難以考議。從之。

哲宗紹聖四年二月六日，新提點河東路刑獄徐君平奏：「謚有美惡，所以示勸沮也。方今賜羣臣謚，定於太常，覆於考功，集議於尚書省，非不重矣。然集議官聚於廡下，考功吏方約所覆狀示之，讀未終篇，趣書名而去，至或

[一] 法：原作「注」。按蘇洵所撰《謚法》四卷，今存，據改。
[二] 依謚：「依」字似誤，或當作「定」。

漠然不知誰何，雖欲建明，而倉卒不暇矣。願詔有司，凡集議前期三日，以考功狀偏示，當議之先紬繹，而後集於都堂詢之，庶有所見者得以自伸。」從之。

元符元年三月二十五日，權吏部尚書葉祖洽言：「伏見太常寺定到韓縝謚議，申吏部覆議。按縝在垂簾之初，内則交結張茂則、梁惟簡以取宰相，外則附司馬光輩逐蔡確，爲自安之計。至今更改法度，縝嘗陰致其力，凶虐貪穢之迹暴著中外，『莊敏』美謚，非縝所宜。」詔更不定謚。

高宗紹興三年正月二十一日，中書舍人陳與義等言：「舊來百官謚不命詞，至政和、宣和以後，有不經太常，考功議定，百官集議而特賜謚者，始命詞。近來乃一概命詞，乞改正。今後特恩賜謚命詞給告外，餘給勑。」從之。

五年十一月四日，詔：「文臣光禄大夫、武臣節度使以上身亡，依條取索本家行狀，方許定謚。自軍興以來，因金賊侵犯，守臣守禦，臨難不屈，死節昭著之人，若限以官品賜謚，即節義之人其名不顯，無以激勸。應守【7】臣守禦臨難不屈，死節昭著，不以官爵上下，取旨特賜謚。」

七年五月十一日，太常博士黄積厚言：「竊見今太常寺、禮部定謚，據請謚之家所納行狀、墓誌，遂以名之。夫行狀、墓誌皆其親舊之厚善者所作，虚美隱惡，人情不免。縱不虚美，尚書隱惡〔一〕，有司信此以定謚，果能得其實乎？又古者將葬請謚，今或儌倖之徒偶饕身寵，自顧生無片善，死有百責，則誡其子孫不復請謚，故惡謚遂不行於今。惡謚不用，則美謚人人得之，亦不足貴矣。昔李虞仲有言：『茅土爵禄，僇辱流放，皆緣一時，非以明示百代。然而後之所以知其行者，唯謚是觀。』可不兼而用之？欲今後臣寮合得謚者，俟陳乞恩數於朝廷，即以姓名下禮部、太常寺定謚，仍許令關會史館，以採其終始。如此，則名隨實得，善惡俱張，不惟可以垂信於無窮，庶亦使士大夫平日知所畏慕焉。」詔依，令吏部、太常寺遵守。

二十四日，太常寺言：「國朝禮例，諸后謚寶，垂簾聽政用玉，不曾垂簾聽政用金。」詔寧德皇后謚寶用金。

二十六年六月二十二日，宰執進呈次，上曰：「陳瓘昔爲諫官，甚有讜議，近覽所著《尊堯録》，無非明君臣之大分，深有足嘉。《易》首乾坤，孔子作《繫辭》亦首言天尊地卑，《春秋》之法亦無非尊王。王安石號通經術，而其言乃謂道隆德俊者，天子當北面而問焉，其背經悖禮甚矣。瓘宜特令賜謚以旌表之。」

三十年正月十九日，禮部、太常【8】寺言：「大行皇太后謚曰顯仁皇后，依禮例合行迴避。兼諸路州、軍、縣、鎮、寺觀、廟額、封號，如有上件稱呼，亦合行改正。祖宗朝迴避謚號稱呼，如文明殿、武定軍、廣孝寺，各專爲一處改正，所以當時止换易一字。今來顯仁皇后謚號如並行改正，緣名項稍多，若止改易一字，又恐該括不盡。欲乞諸路州、

〔一〕「書」字疑誤，當爲「多」、「易」之類。

軍、縣、鎮等有同稱者改爲『顯政』，宮觀有同稱者改爲『顯真』，寺院有同稱（顯）者改爲『顯慈』，廟額、封號有同稱者改爲顯烈外，有天下人名同者，任令從便改易。」從之。

乾道四年五月二十三日，宰執進呈禮官擬故相趙鼎謚忠簡，上曰：「此謚甚稱。」陳俊卿奏曰：「真所謂正直無邪曰簡。」上曰：「近降賜謚指揮，甚合衆論。」俊卿奏曰：「中外無不稱朝廷此舉得宜，皆陛下聖明，獎勵忠嘉，爲天下後世勸。」蔣芾奏曰：「前日韓世忠封王，趙鼎賜謚，一將一相，皆合公議。」

乾道五年七月二十三日，禮部、太常寺言：「故禮部侍郎、贈延康殿學士譚世勣孫昭祖乞與祖世勣請謚。世勣在靖康時，虜立僞楚，堅不稱臣。及令直學士院，力拒不受，痛憤至死。然所贈官序不該定謚，又不應守臣守禦賜謚指揮，若朝廷特旨賜謚，旌褒守節，即無定法。」詔特依所請。

六年十月十一日，吏部員外郎張（拭）〔栻〕言：「太常寺擬故兵部尚書司馬朴謚，按法，危身奉上曰忠，執心決斷曰肅。竊惟朴當國步傾危之際，奉使讎虜，陳義激切，遂遭拘縻，又以傳 9 建炎赦書致械繫。既而虜亦義之，逼授僞行臺左丞，堅拒不受，竟以徙死。守節終始，不爲虜汙，可謂（之）〔知〕爲臣之義，明詔賜謚，實慰人心。然太常所定美則美矣，而危身奉上，執心決斷，恐未足以暴白公之事。按《謚法》，臨患不忘國曰忠，不汙不義曰潔，請改曰忠潔。」從之。

八年八月十二日，太常博士楊萬里等言：「故右監門衛大將軍、吉州團練使、贈保寧軍節度使士䞍，當靖康間，憤金虜之猘，痛宗國之屯，結豪傑三千人以赴京師。在建炎中，復結義士數千，爲朝廷取河北，竟以謀泄，虜人執之，斷腰於市。生富貴安佚之中而能殺身成仁，其孤忠耿耿，使異方遐域知吾天族之有人，亦足以挫其鋭而奪之氣。請謚曰忠果。」從之。

八年十一月十四日，臣寮言：「請謚一事，有法令相戾、制度可疑者。在法，光禄大夫、節度使以上定謚，議於太常，覆於考功。紹興間，以守臣捍禦，臨難不屈，死節昭著，而其官品或未該定謚，於是有特賜謚指揮，故以定謚者給敕，而以賜謚者給誥。竊惟法意蓋以定謚者，惟其官品之應得，故必太常議之，考功覆之，或過其實，則許駁正，必協於衆論，然後降敕。既不專於褒美，宜無事於書贊，其公（具）〔且〕嚴如是。乃若官品雖未應得謚，而節義在所旌表，既出君上之特恩，斯有綸言之加寵。是定謚、賜謚，給敕、給誥，各有攸當，不得相亂。近請謚之家，有官品合該定謚，而輒經朝廷陳乞賜謚。不 10 議於太常，不覆於考功，獨舍人命詞行下，是太常、考功二職皆廢，而美謚乃可以幸得。大凡命詞給誥，皆三省官奉制宣行，列名於其後。今特恩賜謚，禮命優重，冠王言於其首，而宰相、參政、給舍並不入銜，獨吏部長貳、考功郎官於後押字，殊不類告體，甚非所以尊王命、嚴國制。況舍人掌詞命之官，獨不入銜，而賜謚初不議於考功，乃亦押字，理有未安。乞自今定謚，一遵前後條制指揮，所有誥命，乞令禮官、詞臣攷尋舊章，詳議當否。」從之。明年三月，中書舍人李彦穎檢照典故，告命之制，别無該載。有旨給誥從舊式，餘依。（以上《永樂大典》卷一三三四七）

歷代帝謚

【宋會要】

11 太祖建隆元年二月五日，有司言追尊四廟，合撰帝后謚號、陵名。詔翰林學士、判太常寺竇儼撰進。

三月二十四日，竇儼請上皇高祖文安府君謚曰文獻皇帝，廟號僖祖，陵曰欽陵；皇曾祖中憲府君謚曰惠元皇帝，廟號順祖，陵曰康陵；皇祖驍衛府君謚曰簡恭皇帝，廟號翼祖，陵曰定陵；皇考太尉府君謚曰昭武皇帝，廟號宣祖，陵曰安陵。詔恭依禮。議曰：「臣聞后王受命，祖宗發祥，尚禮以尊之，奉先之道也，靡不致誠清廟，追謚鴻名，埳空其牆垣，倣像其宫室，奉誠莅止，思孝齋如。爰稽考于前朝，咸遵行于盛禮。伏惟皇帝陛下應機御極，惟德司元[一]。休氣榮光，祚長于天壍；赤文丹宇，德兆于靈圖。乘運鬱興，變家爲國。乾坤不能頓爲寒暑，寒暑漸于陽秋；君后不能驟作基扃，基扃在乎祖考。恭惟皇高祖文安府君履行高潔，藴德粹深，宏闡英風，遐鍾聖世。惟克成之鴻烈，自開始之長源。謹按《謚法》：道德博聞曰文，聰明叡哲曰獻。請上尊謚曰文獻皇帝，廟號僖祖，陵號欽陵。恭惟皇曾祖中憲府君英秀虛元，温明惠哲，貽謀錫羨，奕世重光。傳積聖以無窮，寔先幾而有兆。謹按《謚法》：柔質慈明曰惠，主義行德曰元。請上尊謚曰惠元皇帝，廟號順祖，陵號康陵。恭惟皇祖驍衛府君沖素無渝，光謙是尚，建基立本，緯義經仁。今赤詔之君尊，自黄裳之襲吉。12 謹按《謚法》：平易不煩曰簡，正德美容曰恭。請上尊謚曰簡恭皇帝，廟號翼祖，陵號定陵。恭惟聖考太尉府君明允篤誠，肅恭純懿。武全七德，排大敵而立豐功；善降百祥，保太和而御禔福。美談同于萬口，休詠播于八音。焜耀耿光，權興丕命。謹按《謚法》：明德有功曰昭，折衝禦侮曰武。請上尊謚曰昭武皇帝，廟號宣祖，陵號安陵。又按《謚法》：行見中外曰懿，容儀恭美曰明，布德執義曰穆。皇高祖妣崔氏請上尊謚曰文懿皇后，皇曾祖妣桑氏請上尊謚曰惠明皇后，皇祖妣京兆郡太夫人劉氏請上尊謚曰簡穆皇后。伏以謚也者行之丹青，號也者言之表著，非謚無以彰其迹，非號無以辨其名[二]。是以開創之君，追崇其禮，增敷前烈，恢闡令猷，俾徽稱永流，異世彌振，以對天地，以虔宗祧。師師在位之庶官，顒顒式瞻于盛典云爾。」

[一] 司：原作「同」，據《太常因革禮》卷八九改。《晉書・桓玄傳》：「匪君莫治，惟德司其元。」

[二] 「彰其迹非號無以」七字，原脱，據《太常因革禮》卷八九補。

僖祖〔一〕

僖祖立道肇基積德起功懿文獻武睿和至孝皇帝初謚「文獻」，大中祥符五年閏十月十八日加上「睿和」，國書不載謚法。大觀元年八月十四日，再加上(京)〔今〕號。

建隆元年九月九日，太常禮院言：「將來皇帝御崇元殿備禮册四親廟，按禮文，天地、宗廟之饗及出征、巡狩、大射、養老，皆博士引卿，卿引皇帝，惟追崇祖宗不載太常博士贊引之事。唐大中初，追尊順宗、憲宗謚號，皇帝于宣政殿授玉册，遣宰臣以下持節奉册赴太廟。授册日，帝既御殿，百僚拜訖，乃降階跪授册于太尉。拜授訖，禮官俟太尉 13 奉册出宣政門，然後升殿。伏請自今凡皇帝親行禮，皆太常卿贊導禮奉引。」奏可。

二十七日，帝御崇元殿〔二〕，備禮遣使奉册，上四廟謚號。僖祖册文曰：「孝曾孫嗣皇帝臣匡胤再拜稽首上言〔三〕：恭以昊天有命，皇宋勃興，括厚載以開階，宅中區而撫運。夷夏蠻貊，罔不獻誠；山川鬼神，罔不受職。非臣否德，肇此丕圖，寔賴先正儲休，上元降鑒。既虔膺于大寶，乃眇覩于遐源。敢遵歷代之規，式薦配天之號。伏惟皇高祖府君昊穹淪粹，翕闢資華，慕龍蟄以存神，樂鴻冥之遂性。藏名晦用，不從四嶽之明揚；履素含貞，自體兩儀之訢合。積仁斯久，與道而隆。始濬發于天潢，果誕敷于帝業。亦猶重華納麓，慶寔自于窮蟬；周發受圖，功始因于后稷。今鴻基既啓，清廟斯崇，將嚴禘嚳之儀，上報勤商之績。爰詢典禮，上正宗祧。謹遣使司空、兼門下侍郎、同中書門下平章事王溥，副使兵部尚書李濤，奉寶、册上尊謚曰『文獻皇帝』，廟號僖祖。天保初定，祖德惟馨。登歌合奏于陶匏，毖祀畢陳其彝斝。孝誠惟潔，休烈載揚。億萬斯年，永隆休祉。謹言。」

真宗大中祥符五年閏十(一)月十一日〔四〕，詔曰：「猥以眇質，獲紹寶圖，緬念聿修，居懷若厲。比者躬延真馭，啓迪帝先。孚佑黎元，積豐功于上古；保綏宗社，垂鴻慶于後昆。錫羡聿昭，感慰交集。是敢揚祖禰之丕烈，增典册之徽稱，茂展孝思，用光燕翼。太廟六室各奉上尊謚二字〔五〕，擇日 14 備禮奉册。」初，宰臣以太祖謚號有同聖祖名上字，將議易之。帝曰：「真祖臨降，皇家大慶也，六室並當增謚號。」乃下詔。

十八日，中書門下與禮官等參議，請加上僖祖曰文獻睿和，順祖曰惠元睿明，翼祖曰簡恭睿德，宣祖曰昭武睿

〔一〕原無此小題，今添。本目以下小題並同。
〔二〕崇元殿：原作「崇政殿」，據本書帝系一之九、《長編》卷一改。按此事，《長編》卷一、《宋史》卷一《太祖紀》一皆繫於九月九日丙午。
〔三〕匡胤：原作「御名」，今據宋太祖名回改。
〔四〕閏十月：原作「閏十一月」，據《長編》卷七九、《宋史·真宗紀》三删「一」字。
〔五〕二字：原作「六一」，據《宋大詔令集》卷一四〇改。

聖，太祖曰啓運立極英武睿文神德聖功至明大孝，太宗曰至仁應道神功聖德文武睿烈大明廣孝。詔恭依，仍俟上聖祖册禮畢奉上。命樞密使王欽若撰僖祖册文，陳堯叟撰順祖册文，參知政事丁謂撰翼祖册文，宰臣王旦撰宣祖册文，向敏中撰太祖册文，王欽若撰太宗册文，并書。

天禧元年正月九日，帝詣文德殿，備禮奉寶，册拜授攝太尉向敏中，持節奉册升輅以赴太廟。翌日，敏中奉上六室。僖祖册文曰：「孝孫嗣皇帝臣恒謹再拜稽首上言曰[一]：臣聞肇基王迹，寔自於上仁；貽厥孫謀，仰繄于至德。矧茂克昌之烈，誕彰錫羡之靈，佑實緒之重熙，感先游之來格。用展遹追之禮，式昭駿惠之風。伏惟僖祖文獻皇帝潛隱韜明[二]，廣淵藏用。稟元精而毓粹，積純嘏以流輝。陟降上天，始恢于成命；儀型後裔[三]，大集于繁禧。臣猥以眇冲，獲膺嗣服。奉宗祧之重，惟懷永圖；卹宇縣之勞，敢忘丕則？祇受貽訓，馴致治平。屬禋瘞之交修，荷穹昊之報降，真期允協，飈馭載臨。諭長發之遐源，申聿懷之多福。監觀攸接，允謂于凝祥；舄奕有開，寔資于累洽。謹奉玉册玉寶，增上尊謚 15 曰僖祖文獻睿和皇帝。道隆觀德，孝極因心，方期對越之靈，遹播龐鴻之祐[四]。時萬時億，永矣無疆。謹言。」

徽宗大觀元年六月七日，内出手詔曰：「尊祖奉先，孝饗爲大。僖祖皇帝積功累行，肇基王迹，覃及後嗣，撫有四海，尊隆廟（祐）〔祏〕，萬世不祧。其徽號未足以顯功垂後，可集官議定，于宗祀前備禮加上，以稱嚴恭之意。」

十二日，有旨加上僖祖文獻睿和皇帝謚號共爲一十六字，令三省、樞密院官、御史中丞、雜學士、太中大夫以上，與太常寺同共集議合增徽號。仍令禮部詳具典禮以聞。

二十四日，命宰臣蔡京撰册文并書，知樞密院事張康國書册寶，翰林學士薛（昴）〔昂〕撰議文。又詔于宗祀大禮初致齋日行（行）發册寶及上徽號之禮如故事。

八月四日，宰臣蔡京等奏請上僖祖皇帝徽號曰立道肇基積德起功懿文獻武睿和至孝皇帝。議曰：「臣等聞商受天命，纘禹舊服，寔在成湯，而推原所自，乃肇于契。故《詩》曰『濬哲維商，長發其祥』，言有天下之祥自契而發也。周受天命，卒其伐功，寔其武王[五]，而推原所自，乃肇于稷。故《詩》曰『厥初生民，時惟姜嫄』，言天下之民自后稷生也。契、稷未嘗有天下，而曰天下之祥自契時發，天下之民自后稷生，豈不以汪洋之流發于洪源，挺特之幹權于大本歟？我宋寵受天命，奄有九有。太祖皇帝、太宗皇帝削除禍亂，混一海宇，建立綱矩，爲萬世法；真宗皇帝、仁宗皇帝含養 16 休息，不務咎罰，海内乂安，衣食滋殖；英宗

[一] 恒：原作「御名」，今據真宗名回改。
[二] 僖：原作「熙」，據《太常因革禮》卷九〇改。
[三] 型：原作「形」，據《太常因革禮》卷九〇改
[四] 遹：原作「適」，據《太常因革禮》卷九〇改
[五] 其：似當作「在」。

皇帝嗣承曆服，欲大有爲，貽厥孫謀，以燕翼子；神宗皇帝飭千載之蠱，追三代之隆，大綱小紀，本數末度，截然齊一，煥然可述；哲宗皇帝繼志述事，罔敢失墜，昭哉嗣服，大業用成。以至于今，治極盈成，民躋晏粲，禮樂教化，臻于太平，九夷八蠻，罔不率俾，光明盛大，其有所自乎！恭惟僖祖皇帝稟濬哲之姿，韜利用之器，積善以躋盛德，種德以基王功。精微之藴泯于不言者，上必有以合乎天；惠澤之施不責其報者，下必有以合乎人。天眷誠篤則福禄既大而彌長，人懷允孚則愛戴既久而愈固。蕩蕩難名，理可槩見，發揚稱述，言或未殫。是宜明詔以謂可集議加上，以稱嚴恭之意也。臣等謹驗于所已見，推其所可知。蓋天下之所由以治者道，以聖德體其妙，此道之所以立；邦憲之所因以興者基，以王德開其迹，此基之所以肇。順其可欲而不違，修其可爲而不怠，所以爲積德；志之所存可因以圖寧，事之所兆可述以趣成，所以爲起功。以經爲體，以緯爲用，因時乘理，爲之不暴而寖以光大，此之謂懿文；以義爲體，以威爲用，匪棘其欲，不自布昭而貽謀方來，此之謂獻武。本于修爲，而其明至于無所不通之謂睿；參于可否，而其利至于與物無乖之謂和。上以順承天而得天意，下以順化民而得民心，宗廟饗之，子孫保之，天下萬世莫不尊親焉，此之謂至孝。合[17]是衆美，因寔生名；擬諸形容，言以昭實。伏請增上徽號曰僖祖立道肇基積德起功懿文獻武睿和至孝皇帝。」詔恭依，宜以所上議諸太廟本室奏請。

九月二十五日，上詣文德殿備禮奉徽號册、寶授蔡京，上于太廟室。册文曰：「孝曾孫嗣皇帝臣佶謹再拜稽首言[一]：臣聞在昔先王，奄宅天下，敷遺後人，嗣有令緒，推而上之，逮厥本初。惟我有宋，藝祖文考，顧諟明命，撫綏萬邦，道洽政治，垂百五十年于兹，社稷、宗廟罔不祗肅，遠邇内外罔不率俾。原其所自，本乎上世，權輿萬事，貽燕所及。蓋惟我僖祖皇帝潛德訓行，遵養時晦，邁迹自身。上帝顧歆，克昌厥後，貽厥子孫，誕受多方，率乃祖之攸行格于皇天，以迄于今。施及寡昧，祇受休烈，迪惟前人，光施于後，罔敢遏佚，丕釐九廟之制。若稽于古，萬世不祧，惟厥名稱，率由故常，未克丕顯，夙夜祗慄，懼弗克稱。用請命于上帝，誕揚典册。夫以真治身，以緒應世，由之以行，因之以著，之謂立道；王之所成，業之所興，以有家邦，以造區夏，之謂肇基。不顯乎世，不成乎名，始于篤寔，終以光輝，此德之所積；居而有之，作邦作對，佑我後裔，無競維烈，此功之所起。經緯其道，飾設其用，隱而不輝，以懿其文；沉潛剛克，載用有嗣，式遏亂略，以憲其武。致慮以明，允執其中，是謂睿和；以假有廟，保世滋大，是謂至孝。合是衆美以形容盛德，肆冒聞于上下神祇。謹遣册[18]寶使、司空、尚書左僕射、門下侍郎、上柱國、魏國公、食邑八千二百户、食寔封二千六百户蔡京，奉玉册玉寶，加上徽號

[一] 佶：原作「徽宗御名」，今據其名回改。

曰立道肇基積德起功懿文憲武睿和至孝皇帝，以迪我祖考追孝奉先之心，慰在天之神，嚴廟祏之奉，昭示萬世，承天之休無斁。謹言。」

順祖

順祖惠元睿明皇帝初謚「惠元」。柔質慈(民)〔明〕曰惠，主善行德曰元。後加上「睿明」，國書不載謚法。

太祖建隆元年，上册文曰：「伏以天命匪忱，惟歸于有德；人文設教，必始于貽謀。乘時既肇于興王，報本敢稽于尊祖？非隆徽稱，則大饗何以配神；匪鏤良珉，則洪烈何由垂世。方作猗那之頌，永嚴昭穆之容。伏惟皇曾祖府君濯慶遐源，積仁上世。籯金非寶，立言常貴于中庸；虹玉韜光，不琢蓋全于大朴。加以既明且哲，審理通權。安莊、老之靈和，惟思後己；持曾、顔之德行，克繼前修。達其變則指掌寰瀛，潔其身則錙銖軒冕。如圭如璧，但藏器于當年；爲龍爲光，竟垂休于後裔。今則繇符鼎革，響變笙鏞。六位乘時，眇質勉思于肯構；七世觀德，洪名敢追于追尊。今遣使王溥、(使副)〔副使〕李濤奉寶、册，上尊謚曰惠元皇帝，廟號順祖。惟天之命，從民慕羶。神器大寶，冕服紘綖。祝嘏告福，金石在懸。觀德宗廟，儲英上元。以燕以翼，億萬斯年。」

真宗天禧元年正月九日，帝詣文德殿備禮奉册、寶拜授攝太尉向敏中，持節奉册、寶升輅以赴太廟。翌日，敏中奉上册文曰：「伏以 [19] 無疆之序，自積累以承基；祗遹之心，仰開先而尊祖。孝之大者，禮其捨諸？故列辟之所先〔一〕，曩籍之攸尚。恭惟順祖惠元皇帝儲精剛健〔二〕，稟氣中和，守素居真，含輝隱耀，冲襟默而自運，盛德晦而彌彰。笙鏞之音，將從于丕變；龍蛇之蟄，固蘊于多奇。惠流千乘之邦，道冠六藝之圃。創業垂裕，仰藉于慶靈；資始守成，緬欽于燕翼。宜乎隆會昌之帝祉，受丕顯之尊名〔三〕。粵以眇姿，紹膺元曆〔四〕，荷貽謀于接統，成至治于洽平。鉅禮交修，真遊狎降。邦家襲吉，允載于發祥；典禮考言，敢忘于追遠？稽合古訓，濬發皇猷，昭遺烈而益徽稱，順元展而奉恭册〔五〕。謹奉玉册玉寶，加上尊謚曰順祖惠元睿明皇帝。伏惟威神下濟，福祿荐臻，克敷鴻鑒，永庇後昆。」

翼祖

翼祖簡恭睿德皇帝初謚「簡恭」。平易不訾曰簡，正德美容曰恭。後加上「睿德」，國書不載謚法。

〔一〕「先」下原衍「大」字，據《宋大詔令集》卷一四〇刪。
〔二〕元：原作「文」，據《宋大詔令集》卷一四〇改。
〔三〕顯：原作「變」，據《宋大詔令集》卷一四〇改。
〔四〕紹：原作「昭」，據《宋大詔令集》卷一四〇改。
〔五〕元展：似當作「元辰」。《禮記·月令》：「乃擇元辰。」陸贄《聽太和樂賦》：「順元辰，體乾德。」

太祖建隆間，奉上册文曰：「伏以人瞻烏止，運叶龍飛。非發源之長，析派不能通上漢〔一〕；非積基之厚，嗣孫不能有中區。今人紀肇修，孝思罔極，酌百王之損益，薦四廟之烝嘗。伏惟皇祖驍衛府君上善難名，大成若缺。內韞動天之德，不可階升；陰施及物之功，廣侔河潤。加以服信行義，奉神畏人，修其家則慈儉爲先，于其位則爵禄相讓。善行無迹，至賾莫能造其微；與物同塵，衆智莫能知乎隱。接輿嘆鳳，來靡爲于司農；尼父傷麟，生不伸于作聖。保寧五福，昭感百靈。繄我祖之立[20]興門，昌裔孫而成大業。今則風行王化，樂作頌聲，將修對越之儀，恭薦易名之典。謹遣使王溥、副使李濤奉寶册，上尊謚曰簡恭皇帝，廟號翼祖。禮備三代，歌終九成。群后助祭，三恪趨庭。皇極肇建，祖德惟明。享此孝誠，是福蒼生。」

真宗天禧元年正月九日，帝詣文德殿，備禮奉册、寶拜授攝太尉向敏中，持節奉册、寶升輅以赴太廟。翌日，敏中奉上册文曰：「恭以肇基皇統，寔本于累仁；祗遹孫謀，克昌于來裔。屬交修于鉅禮，復逖(悟)〔晤〕于仙宗。稽靈命以致虔，方伸昭事；述鴻徽而追孝，敢竭精衷。伏惟翼祖簡恭皇帝宅粹洪源，澄神妙鍵，茂岐豳之至德，啓姚姒之丕圖。道協維幾，功歸不宰。發祥垂世〔二〕，飛玉籙之名〔三〕；屈己濟人，踐朱幡之位。開階列聖，錫祚眇躬。削五代之荒屯，契三神之幽贊。武臻銷偃，文洽化成。蠻貊承風，混同而無外；昆蚑浸澤，行溢而咸懷。覩飈御之格思，苟濬穹之眷佑。紹靈長之業，獲對真期；奉尊極之稱，式隆美報。永惟觀德，斯用薦誠。仰止太宮，備茲縟典。外盡物而內盡志，翼達明馨；由大行而受大名，益揚顯懿。謹奉玉册玉寶，加上尊謚曰翼祖簡恭睿德皇帝。群后在列，六樂是陳。祇若嚴祀，刻以溫珉。令聞不已，禔福惟新。」

宣祖

宣祖昭武睿聖皇帝初謚「昭武」。明德有功曰昭，折衝禦侮曰武。後加上「睿聖」，國書不載謚法。

太祖建隆元年，奉上册文曰：「昔者流火開祥，周發薦文王之號；黃星應[21]運，曹丕揚魏祖之功。咸因教孝之誠，式展尊親之義。顧臣寡昧，仰荷慶靈，迫于人心，奄有天下。祀明堂而配上帝，方擁鴻庥；假清廟以走諸侯，俟豐純嘏。爰遵大典，亟上尊稱。伏惟聖考太尉府君五緯鍾靈，千年挺秀。晦欽明文思之德，慮逼于帝期；負彌綸經緯之才，止修于臣道。達霸王之大略，懋將帥之英風。奮武以佐時，策勳以就位。夷凶剪暴，力濟于黎元；立極定傾，功横于函夏。人寰以之受賜，帝業于是有開。遂俾眇躬，虔膺大寶。金銷火盛，當受命以惟寅；霜降露濡，仰在

〔一〕析：原作「折」，據《宋史》卷一〇八《禮志》一一改。
〔二〕祥：原作「祚」，據《宋大詔令集》卷一四〇改。
〔三〕之：原脱，據《宋大詔令集》卷一四〇補。

天而罔極。永懷懿鑠，願正鴻名，以覿耿光，以揚大烈。謹遣使王溥、副使李濤奉寶册，上尊謚曰昭武皇帝，廟號宣祖。《禮》崇嚴配，《詩》美肇禋。七世可觀，萬邦其訓。天長地久，子孫保之。」

真宗天禧元年正月九日，帝詣文德殿備禮奉册、寶拜授攝太尉向敏中，持節奉玉册升輅以赴太廟。翌日，敏中奉上册文曰：「臣聞天序丕承，運膺于纘服；祖功錫羨，禮重于歸尊。純嘏鋪昭，靈期以之協應；徽名升薦，慶典以之宣明。伏惟宣祖昭武皇帝醇粹在躬，幾神周物，總戎昭以致用，殖德基而馮厚。勤王懋績，右武申威〔一〕。道濟于三才，慶垂于千億。赤符啓祚，黄圖宅中。萬寓來同，二聖繼善。賡詠綿瓞，增茂于本枝；濬發深源，誕流于重潤。肆臣涼薄，獲紹宗祏，邊鄙不聳，神人以和。勒崇仙閭，奉祇汾曲〔二〕。曠絶交舉，聲文寖盛。偉兆彰戒，飛軿降輮。悟開聖[22]系，翕受禔福。景命懷屬，率由燕翼之謀；榮號講求，丕昭積累之業。惟睿通乎奥賾，齊聖兼乎哲明。懿鑠誕敷，休烈惟大。謹奉玉册玉寶，加(謚)〔上〕尊謚曰宣祖昭武睿聖皇帝。冀紆沖鑒，膺受丕稱。謦欬如聞〔三〕，敷佑無極。」

太祖　太宗

太祖啓運立極英武聖文神德(元)〔玄〕功大孝皇帝初謚「英武聖文神德」。道德應物曰英，除奸静難曰武，窮神知化曰聖，經緯天地曰文，陰陽不測曰神，功成民用曰德。後加上「啓運立極英武聖文神德(元)〔玄〕功大孝」，謚議不載。(法)〔後〕再加上「啓運立極英武睿文神德聖功至明大孝」，國書不載謚法。

太宗至仁應道神功聖德文武睿烈大明廣孝皇帝初謚「神功聖德文武」。應變無方、不疾而速曰神，施爲于民、裁成萬物曰聖，萬邦爲憲、帝德廣運曰文，保大定功、奄有九域曰武。後加上「至仁應道神功聖德文武大明廣孝」，謚議不載。(法)〔後〕再加上「至仁應道神功聖德文武睿烈大明廣孝」，國書不載謚法。

真宗大中祥符元年六月五日，詔曰：「朕以寡昧，獲奉宗祧〔四〕，恭膺累洽之祥，汔致小康之理。乾文昭錫，瑞命荐臻。仰承孚祐之仁，上賴貽謀之慶。迫于輿頌，將議升中。蓋以答三靈之眷懷，奉二聖之登配。戒期有素，講禮惟夤。且念建號施名，蓋率遵于典故；奉先尊祖，宜罄盡于追崇。考于舊史之文，仍存加謚之制。即當講求茂寔，蹈詠鴻徽。備物典章，祗薦于寢廟；侑神宗祀，對越于高明。庶盡沖人之心，以[23]報昊天之德。太祖英武聖文神德皇帝、太宗神功聖德文武皇帝，宜令所司定加尊謚，俟封

〔一〕右武申威：原作「石武由威」，據《宋大詔令集》卷一四〇改。
〔二〕曲：原作「典」，據《宋大詔令集》卷一四〇改。
〔三〕謦：原作「罄」，據《太常因革禮》卷九〇改。
〔四〕奉：原作「夫」，據《太常因革禮》卷九〇改。

禪禮畢，擇日恭上寶、册。」

七月八日，詔宰臣王旦撰謚議㈠，參知政事馮拯撰太祖謚册文并書，趙安仁撰太宗謚册文并書，拯又書謚寶文。初議加尊謚，盡有司檢討撰文故事㈡，且言唐自睿宗已前謚議皆命丞郎撰㈢，順宗、憲宗所加尊謚太常卿撰。帝曰：「尊奉祖宗，豈拘常例，特命輔臣撰書，以稱朕孝思之志也。」

八月一日，王旦上議，請加謚太祖曰啓運立極英武聖文神德玄功大孝皇帝㈣，太宗曰至仁應道神功聖德文武大明廣孝皇帝。詔恭依，遣官告天地、廟社，仍命配座玉册并告廟文並載新號。議曰：「恭以追遠之誠，爰伸大孝；尊親之道，斯謂鴻猷。昭升屬于建封，丕顯期于歸美。節其一惠，惟懿號而是崇；法乎二儀，取强名而斯在。用昭茂寔，以導永懷。伏惟太祖英武聖文神德皇帝受瑞聖之符，蘊神武之略。兆民欣戴，群后駿奔。顯龍顔日角之奇，無黄鉞白旄之罰。大勳克集，神器有歸。列郡承風，苛政斯革。四方竊號，汙俗尚存，于是徵節制之兵，遣折衝之將。弔民伐罪，勢若風霆；代虐以寬，惠如時雨。與民休息，務穡于先疇；異類懷來，委質于重譯。誕敷聖教，震疊皇靈。得猛士以守方，式清牧圉；擇循良而共治，俾撫烝黎。威震殊鄰，化孚品彙，增修人紀，丕變時風。聖謨汪洋，動探于理本；帝德廣運，高出于古24先。復萬邦之貞淳，蕩累朝之澆季。省官而修衆職，法令著明；節用而養群生，黎元滋殖。憂勞勤于庶政，恭儉過于百王。振經國之宏綱，啓卜年之鴻緒。王猷焕于方册，德澤浸于齊民。焦思勞身，同文命之底績；雄材大度，啓天漢之美名。濬哲紹興，丕圖累洽，元化溥博，庶工緝熙。大貽厥之謀，布惟新之命。民躋仁壽之域，史載符瑞之書。丕應昭格，詳議僉同。願頌美之誠，獻登封之奏。屢形謙拒，難奪于臣誠；乃示帝俞，式咨于典故。仍從諭旨，固避告成。上報洪休，奉揚先烈。象功昭德，庶禮樂以交修；紀禪勒封，詠祖考之來格。嚴配之儀具舉，孝思之念滋深。發自宸衷，誕垂詔旨。慰霜露之感，無大易名；委廊廟之臣，式重其事。表堯舜之行，順天地之功，寅奉靡皇，發明何極！博詢清議，載考前聞，且啓運膺圖㈤，造邦立極，火德滋盛，乾綱以正。龐鴻錫祚，立丕丕之功；純至因心㈥，有烝烝之孝。合是具美，益其大名。伏請加上尊謚曰啓運立極英武聖文神德（元）〔玄〕功大孝皇帝。」又議曰：「恭以錫羨儲祉，啓無疆之休；孺慕增懷，申罔極之報。矧從輿誦，方屬慶成。封禪盛儀，式揚于景鑠；典章備物，恭上于尊名。

㈠旦：原作「干」，據《太常因革禮》卷九〇改。
㈡盡：疑誤，或當作「命」。
㈢旦：原作「且」，據《長編》卷六九改。
㈣德玄功：原作「功元德」，據《太常因革禮》卷九〇改。
㈤且：原作「具」，據《宋大詔令集》卷一三九改。
㈥至：原作「王」，據《宋大詔令集》卷一三九改。

表讓德之至誠，慰因心之永感。伏惟太宗神功聖德文武皇帝撫同文之運，鍾上聖之姿。初創寶圖，肇膺駿命。佑我烈祖，登大寶之尊；首進昌言，下先庚之令。京邑以之安（謚）〔謐〕，寰海由是底寧。久符徯后之心，已著動天之德。25爲宗社之鎮，早洽于謳歌；以天日之表，自當于曆數。躬承末命，式恢大業。羈縻之國獻地，負固之邦泥首。霜露所墜，文軌攸同。黎庶有覆盂之安，蠻貊走占風之貢〔一〕。俗用丕變，時臻大和。軒后治兵，神武之功定矣；帝堯稽古，文思之化行焉。由是廣典校之司，增庠塾之制，待賢良以不次，班憲度以惟明。咸秩無文，允釐庶政。革猶貪之弊，布在寬之教。霈勤恤之惠，式洽民和；盡（衷）〔哀〕矜之情，幾致刑措。長楊罷獵，靈臺偃武，示慈而好生也；卑宮菲食，黄收純衣，節用而昭儉也。中昃聽理而忘倦，乙夜讀書而爲樂。窮神知化，將聖多能。脗合淵宗〔二〕，高視治古〔三〕。盡哲王之能事，焕王者之大猷。詠歎聲詩，汪洋汗簡。威神輝赫，瞻雲馭以在天；福祉靈長，延龜圖于卜世。早留成範，爰抑升中。條制具存，講求斯備；遺功有待，垂裕無窮。屬在欽明，深惟纂服，廣鴻猷而善繼，敦至道以丕承。修德錫符，荐膺純嘏之貺；展采錯事，咸上登封之書。瑞命下臨，物情上迫，勉思從欲，仍示好謙，匪自告于豐功，止奉成于先志。茂對穹昊，答乎佑之仁；肅奉神宗，展昭配之典。尚形至性〔四〕，垂詔宰司。極歸美之誠，追崇斯至；副顯親之重，擬議何階。祖述唐虞，範圍覆載，循節惠之法〔五〕，存至公之議。且惠綏仁育，道洽化成，則太極之二儀，奉混元之三寶〔六〕。皇明被于八表，燭幽無私；孝德邁于百王，化民歸厚。薦兹顯號，以永英聲。伏請加上尊謚曰至仁應道神26功聖德文武大明廣孝皇帝。」

十一月二十七日，帝于朝元殿備禮奉祖宗尊謚册、寶，再拜授攝太尉王旦，奉之以出，安太祖册、寶于玉輅，太宗册、寶于金輅〔七〕，詣太廟奉上。太祖册文曰：「孝子嗣皇帝臣恒謹再拜稽首上言〔八〕：臣聞長發其祥〔九〕，流芳于《商頌》；克昌厥後，播美于周《詩》。慶以積善而綿長，祖以有功而丕顯。純熙之祉，舄奕無疆，由資始于景靈，爰錫羡于來裔。追崇盛典，仰屬洪猷〔一〇〕。伏惟太祖英武聖文神德皇帝奮武開階，膺圖構象，神機天縱，睿斷飈馳。爰自五代荒屯，四方剖裂。號令競出，文告靡賓；興運有開，王塗斯廓。靈旗直指，革輅親征，多壘蕩平，中區俾乂。削去僥

〔一〕占風：原作「風占」，據《宋大詔令集》卷一四〇乙。
〔二〕淵：原作「真」，據《宋大詔令集》卷一四〇改。
〔三〕視：原作「宗」，據《宋大詔令集》卷一四〇改。
〔四〕性：原作「任」，據《宋大詔令集》卷一四〇改。
〔五〕節：原脱，據《宋大詔令集》卷一四〇補。
〔六〕混元：原作「元元」，據《宋大詔令集》卷一四〇改。
〔七〕「太宗」句原脱，據本書帝系一之九補。
〔八〕恒：原作「御名」，今據真宗名回改。
〔九〕其：原作「光」，據《宋大詔令集》卷一四〇改。
〔一〇〕屬：原作「厲」，據《宋大詔令集》卷一四〇改。

季，蠲除苛虐，敦劭農業，欽慎刑書，憲度章明，禮樂修舉。偃五兵而不用，謹百職以咸宜，建皇極以敘倫，振長策以馭遠。民用丕變，時臻大同。遺烈具存〔一〕，信書攸紀。臣猥以沖眇，逮茲纂承，履大寶之尊，奉神器之重。寤寐思治，旰昃忘勞。動循燕翼之謀，克致治平之化。兵鋒載戢，年穀順成，琛賮來庭，邊防罷警。仰昊穹之敷祐，緊宗社之儲休。景貺荐臻，寶符申錫。將伸昭報，祗事禋燔。而臣庶相趍，表章狎至，願遵時邁，固請升中。勉徇輿情，用成先志。上封喬嶽，既畢于增高；歸格太宮，敢忘于尊祖？粵若應期之康（隮）〔濟〕，創業之艱難，底績之基圖，歸厚之風化，垂于不朽，可得而言。欽奉威靈，重揚徽懿。謹遣攝太尉、工部尚書、平章事王旦奉册、寶，謹加上尊謚曰 27 太祖啓運立極英武聖文神德（元）〔玄〕功大孝皇帝。在天降鑒，錫祚有孚，眷佑後昆，永永無極。謹言。」

太宗册文曰：「臣聞應期受命，聖人所以致太平；卜世其昌，上帝所以祚明德。然則升中昭事，既報本于圜方；順美歸功，當尊崇于簡册。伏惟烈考太宗神功聖德文武皇帝，丕功不宰，妙用無方。若唐堯之聖神，有周公之才藝。在朱邸也，懸象集聯珠之慶；紹寶曆也，長江出瑞石之文。閩越砥寧，汾陽遂定。若乃得人而致治，用文以立教，經武以定功，信賞而慎罰。講三王之禮，備六代之樂，躬肆類以享帝，尊二祖以配天。百靈効祥，重譯來貢，和氣充塞，德澤涵濡。然猶旰食勵精，寔行慈儉，除宮室之藻飾，絶弋獵之嬉遊，省除名稱，抑罷封禪。積德深厚，垂慶綿長，俾臣薄躬〔二〕，誕膺丕錫。守位一紀，率土咸懷，疊委祥符，屢爲稔歲。徇黎庶之虔請，循虞夏之舊章，告成介（立）〔丘〕，昭紀大號，奉揚前烈，傳之無窮。而陟配方嚴，鴻名未稱，敢不昭援古道，侔揣大猷，上以協靈祇之心，下以伸臣子之志。再章節惠，永播英聲。謹遣攝太尉、工部尚書、平章事王旦奉册、寶，謹加上尊謚曰太宗至仁應道神功聖德文武大明廣孝皇帝。恭惟至神，俯歆令典，延休萬葉，介福兆人。」

真宗天禧元年正月九日，帝詣文德殿備禮奉册、寶拜授攝太尉向敏中，持節奉玉册升輅以赴太廟。翌日，敏中奉上太祖册文曰：「臣聞闢大統者功侔于蒼昊，28 建皇極者德被于黎元。膺曆數以在躬，固天人之合契。若乃廓九圍而底定，恢億載以熙隆。長發其祥，貽謀于永世；有秩斯祐，儲慶于後昆。禮莫大于易名，孝莫大于追遠。率循令範，丕顯鴻休。伏惟太祖啓運立極英武聖文神德（元）〔玄〕功大孝皇帝〔三〕，凝命有孚，惟睿作聖，奮成湯烈烈之武，布周文赫赫之明。天授寶圖，運興淳耀。登閎大業，震疊皇稜。總八極以居尊，乘六龍以行健。平夷多壘，康靖

〔一〕烈：原作「列」，據《太常因革禮》卷九〇改。
〔二〕俾臣薄躬：原作「但薄言躬」，據《宋大詔令集》卷一四〇改。
〔三〕聖：原作「神」，據《宋大詔令集》卷一四〇改。

群生，混一車書，敉寧區夏。復三古之憲度，革五代之荒屯。至化淳元，英聲載路。垂無疆之茂烈，固累盛之鴻基。臣猥以眇躬，欽承聖緒。獲鍾亨會，允洽和平；祗受元符，誕昭靈貺。繇是升中喬嶽，報本汾脽〔一〕。既盛哲之章明，仰仙遊之臨暨〔二〕。侍睟容于咫尺，聞景命于希微。斯蓋穹厚之降祥，宗祏之垂裕。惟真祖之德，爰奉尊稱；而列聖之靈，載崇丕號。于以述宣景鑠，對越威神。稽節惠之文，導永懷之感。謹奉玉册玉寶，加上尊謚曰太祖啓運立極英武睿文神德聖功至明大孝皇帝。恭惟昭升盛禮，允鑒至誠，誕慶徽章，永惟純嘏。」

太宗册文曰：「臣聞有秩之祐〔三〕，申錫無疆；允文之功，克昌厥後。矧惟丕烈，誕降景靈。對越皇天，茂昭于道蔭；肆于累葉，克集于神休。仰膺妙用之仁，敢怠顯承之志？伏惟太宗至仁應道神功聖德文武大明廣孝皇帝，二儀宅粹，五緯儲精，德宇淵明，威霆震疊。黎民於變，播陶唐惟大之功；五典克從，[29]秉虞舜慎徽之道。惠和宣洽〔四〕，英武渙揚。拯汾晉之民，方隅底定；納吳越之款，天下同文。爰偃節以建櫜，每臨軒而旰食。綴學立制〔五〕，昭式于典章；類帝禋宗，發輝于禮樂。登庸亮直，體象清明。報降有融，尚抑封崇之事；儀型是式〔六〕，誕彰遹駿之聲。宣哲貽謀，積仁垂慶，俾臣沖眇，獲奉宗祧。仰承燕翼之私，日勵躬勤之志。紹承景貺，保集大和。四氣凝祥，嘉生茂育；百工獻頌，毖祀交修。荷上帝之鑒觀，感高真之昭格。睟容欽覿，諄誨親聞。諭寶胄之龐鴻，悟洪基之邃遠。廣敷純錫，遐被群生。載惟永世之祥，寔賴在天之慶。方嚴陟配，合荐鴻名，茂宣錫羡之祥，用極寅威之至。謹奉玉册玉寶，增上尊謚曰太宗至仁應道神功聖德文武睿烈大明廣孝皇帝。恭惟神超紫表，化炳幾先。混六合而一統，恢大寶于億年。踰繩越契，際地浹天。仰妙道之行矣，寔無象以名焉。增崇聖緒，永祚仙源。」

十一日，帝行朝享之禮。初，中書門下上言：「準御札，以來年正月十日親享太廟，奉上寶、册。臣等已曾面奏，如太廟躬上寶、册，復行薦享，慮成煩縟，有爽寅威。望准舊制，先遣有司上奉寶、册，後親行享禮。」三請，乃許之。

（以上《永樂大典》卷一三三四八）

真宗

【宋會要】

真宗膺符稽古成功讓德文明武定章聖元孝皇帝初謚「文明章聖元孝」。經緯天地曰文，無幽不察曰明，法度明

〔一〕脽：原作「睢」，據《宋大詔令集》卷一四〇改。
〔二〕暨：原作「塈」，據《太常因革禮》卷九〇改。
〔三〕祐：原作「祏」，據《宋大詔令集》卷一四〇改。
〔四〕宣：原作「雖」，據《宋大詔令集》卷一四〇改。
〔五〕學：原作「覺」，據《宋大詔令集》卷一四〇改。
〔六〕型：原作「形」，據《太常因革禮》卷九〇改。

大曰章，通達先知曰聖，主善行德曰元，慈惠愛親[30]曰孝。後加謚「武定」。克定禍亂、威强睿德曰武，大慮慈民、安民法故曰定。再加上「膺符稽古成功讓德文明武定章聖元孝」，國書不載謚法。

仁宗天聖二年八月十五日，詔曰：「先皇帝臨御八紘，憂勞萬務，兩巡河朔，親統戎師，以櫛風沐雨之勤，成展義省方之事。繇是殊鄰修好〔一〕，中夏偃戈，西裔稱藩，三邊絶警。牛馬休于林麓，疆畝遂其耕耘。路罕拾遺，家無轉餉。烝民老幼，得全其生。二十年間，最爲隆盛。而謚號之内，略其威武之稱；中外之人，咸有鬱嗟之論。斯豈朕奉揚先烈、褒顯世功之意也！始于前歲，嘗議增加，屬奉山陵，因而稽緩。今者類禋俯及，孝享方伸，瞻二聖之舊規，有追崇之茂典，用昭美稱，式播無窮。宜于先帝謚號内用此意重詳定，加二字爲八字。仍令兩制與太常禮院詳定以聞。」

二十七日，翰林學士承旨李維等請加上真宗謚號曰文明武定章聖元孝皇帝，詔恭依。議曰：「恭以真宗皇帝君臨萬寓，道冠百王。經文以守成，神武而不殺。兩河巡狩，大信感于殊鄰；西土懷柔，醲化浹于遐俗。繇是四鄙不聳，黎民厚生，偃師節于靈臺，固邦基于億載。功超夐古，莫得而名。謹按《謚法》曰：克定禍亂曰武，威强叡德曰武。又云：大慮慈民曰定，安民法故曰定。王者統天育民，表德建謚，傳于册府，貽厥來世，所以奉彝制而揚徽烈也。伏請加上謚號曰文明武定章聖元孝皇帝。」

十一月十日，帝備禮[31]大慶殿庭，奉册、寶，命宰臣王欽若持節上于廟室。册文曰：「孝子嗣皇帝臣禎謹再拜稽(言)〔首〕言〔二〕：伏以古之王者侔天地之燾載，並日月以照臨，功業臻乎盛隆，謚號以之尊顯，蓋所以昭播景鑠、貽于來世者也。伏惟真宗文明章聖元孝皇帝徽柔迪德，英睿在躬。昔自上嗣，宅于丕后，事母儀以孝愛，協宗戚以敦睦。登賢擢儁，去邪遠佞。却璧馬以進道，麗雲漢以爲章。慎獄恤刑，蠲徭削賦。禹卑宮而敦儉，堯捐金而復朴。政罔不舉，澤無不洽。疆陲尚梗，親御戎軒；河朔再巡，大揚武節。風行電照，陸慴水慄，殊鄰款塞而修好，西鄙稱藩而面内。至于遐方叛寇，俶擾編民，絶徼群蠻，猖狂異域，莫不特授成算，指期掃定。繇是要荒之衆，連袂入朝，盡納兵器，誓遵王化，邊城晏鑰，戎部虚候。遐琛遠賮，月至風揚。民富庶而知禮節，世鴻均而躋仁壽。上靈降鑒，萬祥畢臻。錫珍符，格飈馭，彰寶命，悟仙階，登封降禪，講禮興樂，太平之治洽，盛德之事備。方且居穆清而静拱，體淵妙以無爲，遽遺末命，奄棄萬國。顧兹沖昧，獲紹基圖，旋考六籍，博求群議。稽兹文德，虔易于尊名；尚以武烈，未昭于徽稱。夙夜思省，惕然靡寧。今禋享方伸，孝感增極，敢遵舊

〔一〕修：原作「絶」，據《太常因革禮》卷九一改。
〔二〕禎：原作「御名」，今據仁宗名回改。

典，載揚茂寔。謹遣攝太尉、司徒、兼門下侍郎、昭文館大學士、監修國史臣王欽若，奉玉册玉寶，上尊謚曰文明武定章聖元孝皇帝。伏惟皇靈昭格，睿聖幽贊，膺是典禮，介福無【32】疆。謹言。」

仁宗慶曆七年七月八日，詔曰：「先皇帝繼聖御圖，右文敷化，睦鄰講好，封岱告成，二紀之間，三代可復。載惟謚號之册，未殫善美之文，夙夜靡遑，人神觖望。屬肇修于元祀，宜加上于徽名，傳之無窮，庶申永慕。將來南郊，宜增真宗皇帝尊謚，如先朝再上祖宗謚號之儀。其令兩制、太常禮院詳定以聞。」

八月十一日，命宰臣陳執中撰加謚册文，樞密使夏竦書。

二十五日，翰林學士張方平請加上真宗謚號曰膺符稽古成功讓德文明武定章聖元孝皇帝，詔恭依。議曰：「恭以先皇帝奄宅八區，逮將三紀。經文緯乎天地，武震曜乎戎夷。西土懷德以稱藩，朔漢輔威而講好。于是包干戈于武庫，息烽燧于邊庭。含氣之類，運乎休養；戴白之老，不見夭瘥。乃登岱宗而薦成，禪云亭而紀號。汾(睢)〔脽〕修美報之典，渦曲舉仁風之行。協氣旁流，象物昭格。禮交樂舉，咸秩于無文；乾符坤珍，荐蒙于上瑞。高拱而覃清淨之教，淵嘿而臻治定之風。可謂昭受珍圖而順考古道，元功克成而盛德能讓者矣。臣等伏思，陛下以先帝之丕鑠未極美稱，上配祖考，猶有闕然，迺降明詔，發揚德音，追崇烈光，排于罷億，臣等得以奉承之。伏請加上謚號曰膺符稽古成功讓德文明武定章聖元孝皇帝。」

二十六日，召近臣觀御書真宗加謚位板于崇政殿。初，帝跪設位版，書畢再拜，涕泣久之。

十一月十五日，詔學士院撰加【33】上真宗謚號樂章。

二十五日，帝詣大慶殿備禮奉真宗加謚册、寶，拜授攝太尉陳執中，持節奉册升輅赴太廟奉上。册文曰：「孝子嗣皇帝臣禎再拜稽首上言曰〔一〕：臣聞道侔圓覆者，體一氣以統生；德猶方載者，遂萬物而均育。兼括機微之妙，周施繫象之先〔二〕。至若河洛謹其圖書〔三〕，星緯昭其憲度，利澤潰肌骨，威聲慴戎夷，餘烈遺恩，輝映千古。而尊極之稱，未煥于簡編；在遹追之誠，靡遑于夙夜。伏惟真宗文明武定章聖元孝皇帝紹丕顯之聖，大繼照之明，翼翼小心，兢兢御下。純孝塞于天地〔四〕，至理通于神明。御物以慈〔五〕，化民以儉，親厚賢傑〔六〕，踈斥姦邪。革車再駕而北狄乞盟，羽檄未馳而西羌面內。五兵偃息，重譯會同。祇受元符，謹大中之訓；交修盛則，盡告成之恭。順祀隆脽，

〔一〕禎：原作「御名」，今據仁宗名回改。
〔二〕施：原作「馳」，據《太常因革禮》卷九一改。
〔三〕謹：《太常因革禮》卷九一作「讓」。
〔四〕純：原作「惟」，據《太常因革禮》卷九一改。
〔五〕御：原作「衛」，據《太常因革禮》卷九一改。
〔六〕厚賢：原倒，據《太常因革禮》卷九一乙。

欽真景亳，飈游來格，實瑞畢臻〔一〕。萬國聳瞻，百王晦美，天人攸贊，運曆彌昌。俾臣眇沖，獲承重器，寤寐求治，二紀于茲。慮一善未周〔二〕，仰愧清廟；懼一言違道，下負群生。高明之鑒聿回，純陽之休允洽。九土嘉靖，四氣凝和。聲教誕敷，華裔胥悦。適揆天元之吉，爰舉郊見之儀。且禮莫大于歸尊，祭莫先于嚴配，深惟功號之表，當殊節惠之文，敢集鴻名，克揚景鑠。謹遣攝太尉、工部侍郎、同中書門下平章事、昭文館大學士陳執中，奉玉册玉寶，上尊謚曰真宗膺符稽古成功讓德文明武定章聖元孝皇帝。恭惟皇靈下濟，神聽惟聰。縟禮寅奉，精[34]誠杳通。意容衛而可接，服眷祐以斯隆。茂本枝于永世，期億萬以無窮。謹言。」

仁宗

【宋會要】仁宗體天法道極功全德神文聖武睿哲明孝皇帝，初謚「神文聖武明孝」〔三〕。一民無爲曰神〔四〕，經緯天地曰文，通達先知曰聖，保大定功曰武，照臨四方曰明，慈惠愛親曰孝〔五〕。元豐六年五月二十五日，加上今號。

神宗元豐六年三月二十五日，詔仁宗皇帝尊謚宜加上至十六字，有司詳具典禮聞奏，仍于大禮前擇日奉上册、寶。

五月二日，詔加上仁宗皇帝尊謚改作奉上徽號，仍令三省官、雜學士以上與太常寺官同詳定，以禮部尚書撰議文。

閏六月四日，詔改差翰林學士鄧潤甫撰仁宗徽號議文。

二十五日，宰臣王珪等請上仁宗皇帝徽號曰體天法道極功全德神文聖武（濬）〔睿〕哲明孝皇帝。議曰：「臣等聞名者實之昭也，實著則名美；號（之）〔者〕功之表也，功駿則號隆。此自然之符、不易之道也。故自古（濬）〔睿〕哲之君臨制四海，其道至于配神明、享天地，其德至于澤萬物、和天下，治侔往初，功無與二。然生必膺大名，終必崇徽號，而後能揚對天之烈，昭無窮之聞，罔允蹈而不昌，疇或遺而能存。夫冠德卓絶者，莫崇于二帝；收功雋偉者，莫隆于三王。稽其所行，率由茲道。故《典》、《謨》之所紀，《盤》、《誥》之[35]所載〔六〕，『生商』〔七〕、《長發》之所歸美，《清廟》、《執競》之所詠歌，赫乎如日月，震乎如雷霆，傳之子孫，與天無極。唯宋有天下，以聖繼聖，以神繼神，蓋未嘗易此

〔一〕實：原作「寔」，據《太常因革禮》卷九一改。
〔二〕周：原脱，據《太常因革禮》卷九一補。
〔三〕神文聖武明孝：原脱，據《太常因革禮》卷九一補。
〔四〕一：《華陽集》卷四五、《太常因革禮》卷九一作「治」。
〔五〕惠：原作「畏」，據《太常因革禮》卷九一改。
〔六〕「所紀盤誥之」五字原脱，據《宋大詔令集》卷一四一補。
〔七〕商：原作「適」，據《宋大詔令集》卷一四一改。

也。恭惟仁宗皇帝躬上聖之質，宅丕平之期，有聰明睿知之材，有徽柔懿恭之德。粤自握乾符，闡坤珍，則儲思于極治，垂鑒于太清。馳仁聖之極摯，蹈帝王之登閎。若夫知落天地而不自慮，辨同萬物而不自説，虛己以延俊乂之策，和顔以來直諒之諫，拂心忤耳，罔不并容。此乃虞舜之察邇言也。汎愛黎庶，惟刑之恤，建明察以官之，擇慈惠以長之，文疑者請讞，罪疑者予民，用法誤人，斥而不復。故微文巧詆之俗易，勝殘去殺之化成。此乃帝堯之哀庶戮也。履三聖之重熙，乘四海之既富，貲與地侔廣，貴與天比崇，而克己循禮以先天下，斥侈靡，示太素。此乃文王之卑服即功也。昭事上帝，小心翼翼，雨暘之不時，天異之或見，未嘗不潔誠齋戒，側身修行，以答塞咎應，導迎福祉。此乃高宗之寅畏天命也。攬權綱，核名實。玉几聽斷，至于日中；黼帷訪覽，逮于夜艾。欲吏之勤也，明賞信罰，以勸以懲；欲民之裕也，簡政敷惠，以俯徇之〔一〕。天宇之下〔二〕，涵養理極，薰以太和，灑以時雨。凡其所欲，不謁而獲〔三〕；凡其所惡，不祈而息。戴白之老，不識兵革，澤浸而益深，仁翔而益溥。迨夫乘久安之基，憫累積之弊，則奮然進用大臣，收斂豪俊，欲變天下之治，以還復三代之隆。數開延閣 36 以訪其先務，又降神翰以督其施爲。群臣承命，震慴奔走。發德音，下明詔，興學校，勸農桑，修廢官，舉逸民。破拘攣之例以薦進人才，革因循之法以旌别能否〔四〕。節用度而先之宫禁，制財賦而歸之有司。減任子之數，設守宰之課。于時四方拭目，以觀太平。緝熙之績過乎於穆，盛德之頌續于猗那。躬籍以率天下之耕，祫祭以教天下之孝〔五〕。八見郊時〔六〕，而拜貺肇禋之禮成；再祀明堂，而嚴父報本之志盡。收遺俊，理秘文，以潤色鴻業；定雅樂，均鈞石，以逆釐三神。合大宗于外邸，而惇睦辨章之化洽；錫諸將以新書，而攻守應敵之略具。陟配三后，並假二廟，隆孝治也；親屈車駕，臨幸太學，崇儒術也；制定六經，罷黜百家，揭正道也；奮詞摛藻，昭回雲漢，明聖作也；廢放鄭聲，屏棄田獵，抑損燕私，以勞天下，尊德性也；秘殿之下，錦几之上，論經居前，勸誦在後，道問學也。其禦戎也，迫而後應；其治兵也，動而必勝〔七〕。故靈旗西伐而玉關請盟，天戈南揮而兇渠就戮〔八〕。揚旌絶域之表，勒功朱垠之野〔九〕。雖《詩》之雷霆，《易》之折首，不能過也。至于決大策，建大本，未嘗不圖萬世之安〔一〇〕，符四海之望。稽天

〔一〕俯：《宋大詔令集》卷一四一作「撫」。
〔二〕宇：原作「子」，據《宋大詔令集》卷一四一改。
〔三〕謁：原作「竭」，據《宋大詔令集》卷一四一改。
〔四〕革：原作「聿」，據《宋大詔令集》卷一四一改。
〔五〕祫：原作「裕」，據《宋大詔令集》卷一四一改。
〔六〕時：疑作「畤」，《宋大詔令集》卷一四一作「祀」。
〔七〕動：原作「勤」，據《宋大詔令集》卷一四一改。
〔八〕戮：原作「截」，據《宋大詔令集》卷一四一改。
〔九〕朱：原作「未」，據《宋大詔令集》卷一四一改。
〔一〇〕世：原作「出」，據《宋大詔令集》卷一四一改。

從人，援立聖子，而社稷以安，九有以寧〔一〕。雖禹之知啓，文之立武，不能踰也。故四十二年，表裏禔福。綱紀完密，易治也；法度昭明，易則也；英才鱗集，易用也；軌迹平夷，易循也。德澤之流，川衍海渟，旁魄四塞，沾濡行葦，蒙被馬牛〔二〕；符瑞之衆，37水湧山出，間見層布，徧于史牒，詠于樂歌。莊周曰美成在久，信乎其久也；孔子曰必世後仁〔三〕，信乎其仁也。觀之前聖，考之近古，蓋未有殊尤絶跡，善始善終，如此其盛也〔四〕。夫澤被天下，民莫能名，非體天乎？爲而不恃，應而不藏，非法道乎？兵寢不試，刑措不用，非極功乎？六通四闢，兼濟萬物，非全德乎？制禮作樂，播及天地，非神文乎？不怒而威，不殺而服，非聖武乎？占天與子〔五〕，以嗣大曆，非（濬）〔睿〕哲乎？旁燭無疆，萬物並照，非至明乎？慈惠愛親〔六〕，刑于四海，非至孝乎？卓哉昭爛，真神明之表也，非道備全美，孰能兼此！伏請上徽號曰仁宗體天法道極功全德神文聖武（濬）〔睿〕哲明孝皇帝。」

七月二十七日，詔仁宗皇帝徽號册文，命宰臣王珪撰，門下侍郎章惇書。

十一月二日，帝詣大慶殿備禮，奉徽號（玉）〔册〕、寶授左僕射王珪，赴太廟奉上仁宗室。册文曰：「孝孫嗣皇帝臣頊謹再拜稽首言曰〔七〕：臣伏觀古先哲王，莫不大名發于前而大惠昭于後，其法皆本于至公而不可易。至後世臣子，又欲盡報上之道，以謂君德甚盛，其言不足以包衆美，于是有至郊加謚之文〔八〕。夫欲推事存之禮，述追遠之志，則奉素享之榮號，益新紀之鴻烈，謀群公，請太室，洋洋乎際天接地而震顯之，不亦當靈心而傅古誼乎？恭惟仁宗神文聖武明孝皇帝躬清明之資，賦神睿之略，乾行施之不息，仁性根于自然。時乘六龍，端御大器，知窮八荒而不見38其迹，澤及萬彙而不居其功。而乃簡拔雋賢，放遠邪佞，宥恕刑獄，懷保鰥寡。賞不徇所私，罰不失于理。興農桑之本務，緝禮樂之墜文。有慘怛好生之心，吏或誤入重辟，必終身見斥；有寬裕從諫之度，言者屢進狂直，必曲意見容。念兵革之傷夷，則不殺而服；念稼穡之勤勞，則罔寧于逸。矧履天下之尊而持之以抑畏，享天下之富而寶之以儉素，輿馬不聞于游盤，鐘鼓不涉于閒燕，宮室亡奢靡之飾，器服亡瑰奇之玩。加以夙夜齋栗，事天之誠盡；霜露怵惕，念親之感深。方朝廷之久安，迺大革因循，而聖政又新；爲社稷之重計，迺前定禍亂，而皇嗣蚤立。故四十二年，仁恩川流，涵濡薰蒸，格于上下。日月華，風雨時，四時

〔一〕九：原作「凡」，據《宋大詔令集》卷一四一改。
〔二〕蒙：原作「濛」，據《宋大詔令集》卷一四一改。
〔三〕必：原脱，據《宋大詔令集》卷一四一補。
〔四〕如：原作「于」，據《宋大詔令集》卷一四一改。
〔五〕占：原作「故」，據《宋大詔令集》卷一四一改。
〔六〕慈：原作「玆」，據《宋大詔令集》卷一四一改。
〔七〕頊：原作「御名」，今據神宗名回改。
〔八〕郊：原作「部」，據《華陽集》卷九改。

和，百穀(番)〔蕃〕。北有獷狄而不能驕，西有黠羌而不能軼。蟲魚遂性，自安川藪之游；男女潔誠，更趨耕織之樂。故有幽遐荒昧之俗，不約而子來；奇偉倜儻之瑞，不創而時見者矣〔一〕。丕赫哉！憲度鴻明，聲文沛施，自載籍之傳，蓋未有休功盛業可加于兹也。重循涼菲，永念猷訓。今將款清廟，陟紫壇〔二〕，遂受厚福，以浸黎元。宜于此時，臨彤庭，發玉版，上不敢隳祖宗之典，下不敢恝神明之情〔三〕。如堯如舜，如禹如湯，豈不高一世之聞而流萬世之聲哉！爰飭上儀，載揚景鑠。謹遣銀青光禄大夫、尚書左僕射、兼門下侍郎、上柱國、太原郡開國公、食邑七千六百户、食實封二千五百户王珪，奉玉册玉寶，加上【39】徽號曰仁宗體天法道極功全德神文聖武(濬)〔睿〕哲明孝皇帝。恭惟明德在天，臨受徽稱，維億萬年，永錫皇祉。謹言。」

英宗

英宗體乾膺曆隆功盛德憲文肅武睿神宣孝皇帝，初謚「憲文肅武宣孝」〔四〕。聖能法天曰憲，經天緯地曰文，剛德克就曰肅，保大定功曰武，重光麗日曰宣，尊仁安義曰孝。元豐六年五月二十五日，加上今號。

神宗元豐六年三月二十五日〔五〕，詔英宗皇帝尊謚宜加上至十六字，有司詳具典禮聞奏。仍于大禮前擇日奉上册、寶。

五月二日，詔加上英宗皇帝尊謚改作奉上徽號，仍令三省官、雜學士以上與太常寺官同詳定，以禮部尚書撰議文。

閏六月四日，詔翰林學士鄧潤甫撰英宗徽號議文。

二十五日，宰臣王珪等請上英宗皇帝徽號曰體乾膺曆隆功盛德憲文肅武睿神宣孝皇帝。議曰：「臣等聞運行無窮，橐籥萬物，而其迹不可見者天也；微妙不測，化育萬類，而其功不可名者帝也。夫天之迹雖不可見〔六〕，然言其氣則謂之昊，言其仁則謂之旻；帝之功雖不可名，然稱其化則謂之聖，稱其妙則謂之神。亦道其可見與其可名者而已矣。故自五德初起以還，聰明睿知之主，莫不察天人睠與詠歌之心，紀祖宗殊尤卓偉之烈，崇徽號，備典策，以協大公之議，以稱褒揚之誠，炳之四方，傳之後世，豈不盛與！恭惟英宗皇帝受命穆清，履道淵懿，秉《乾》之剛健，體《離》之文明。粵自潛隱宗藩，出就庠序，【40】其神靈之德，粹美之行，已穎然見于宗室之表。篤于學問，明旦不寐，究道德之高明，原仁義之歸趣，察古今之變貫，蹈聖賢之中庸，斯乃高宗之學于河洲所不能方也。故養正聖功，

〔一〕不創而時：《華陽集》卷九作「不務而特」。
〔二〕陟：原作「涉」，據《華陽集》卷九改。
〔三〕恝：原作「絜」，據《宋大詔令集》卷一四一改。《華陽集》卷九作「慝」。
〔四〕憲文肅武宣孝：原無此六字，據下文及《宋史》卷一三《英宗紀》補。
〔五〕三月：原作「五月」，據《長編》卷三三四改。
〔六〕夫天：原作「大夫」，據文意改。

裕然自得，於穆令問，衆莫不聞。譬夫應龍之將飛也，必文采著見，而後能擭膠葛〔一〕、騰九閎；大明之將升也，必光氣前發，而後能掀氛翳、燭六合。此神明之祚，自然之符也。仁宗皇帝深見天命，燭知至德，斷之聖心，授以宗器。而謙卑自守，弗即承詔，有予德不嗣淵穆之對，有確乎不拔中正之操〔二〕。逮乎越歲踰時，迺始遷思回慮，以翼相邦家，讚揚濬哲。斯乃漢文之遜代邸所不能偕也。及夫膺當天之明命，乘炎上之興運，則抗意于閎眇，儲思于泰寧。念昭考之託也，則達三年之戚而不改其道；念文母之慈也，則極四海之養而不能竭其誠。拜況圜丘，則刺六經、綴禮樂，而肅祗羣臣之禮備；登祼清廟，則合諸侯、諧金石，而顯相多士之德洽。決萬微之務也，踰于日昃；覽四方之奏也，至于夜艾。其于政也，興同利而除同害；其于民也，予所欲而捐所惡〔三〕。發廩以賑窮乏，抑末以勸農桑。患吏之寬則濟之以嚴，患俗之薄則矯之以厚。施不次之賞，用不測之罰，明忠信以示之，振綱律以維之。勵冥冥之志〔四〕，式昭昭之明，秉翼翼之心，就赫赫之蹟。體貌大臣，賓禮故老，悦色以開諫諍，前席以待俊乂〔五〕。數下明詔，敷求讜言。至于日臨經幄以延 41 講議〔六〕，隆學也；間開祕殿以論獻納，廣聽也；置宗子之學以彊蕃衛，洪業也；增册府之員以育英才，盛觀也；合兵于農而不牽浮論，明斷也；拔材于隱而不間疎親，善馭也；糾合諸侯而斥棄禁（禦）〔籞〕，至仁也；入繼大統而嚴于尊祖，上德也；躬定聖嗣以安天下，光哲也。若夫承富有之業而示之以敦朴，宅丕平之期而莅之以勤毖，絶卻聲色之好，屏去遊田之娛。左右嬪嬙，無椒風、增成位號之授；苑囿臺沼，微長楊、屬玉觀覽之靡。克己以化民，力行以率下。左右齋慄，懷金貂慕學之善；貴戚循禮，杜濯龍車駕之僭。四方承風，百僚仰法。況復宣藝祖之重光，襲神宗之遠略。信幣北指，匈奴畏恐以謹明；輶軒西馳，黠羌震慴而請命。不頓一戟，不煩尺組，而三垂宴然矣。是以五年之間，大勳允集，環海之内，含生之倫，莫不蒙被潤澤。其效祥薦瑞，應圖合牒者，馴擾坰牧〔七〕，厲揭邦畿，卓犖郡國，洋溢要荒。儻天開永命，增錫壽祉，則將度三王之軌躅，歷二帝之登閎，奮張德威，斥大疆土，揚旌北户之野，飲馬幽崖之水，文加乎日域，令肅乎河源，包上聖之所不征，盡至仁之所不服，爛然竹帛，不可殫紀者已。臣謹稽之前古，考之行事，察縉紳之所傳，究六藝之所趨。夫剛健粹精，不言所利，非體乾乎？繼天統極，傳之無疆，非膺曆乎？丕承之烈，盈塞天淵，非

〔一〕擭：原作「戢」，據《宋大詔令集》卷一四一改。「擭膠葛，騰九閎」出揚雄《解難》。
〔二〕拔：原作「授」，據《宋大詔令集》卷一四一改。
〔三〕捐：原作「措」，據《宋大詔令集》卷一四一改。
〔四〕冥冥：原作「明明」，據《宋大詔令集》卷一四一改。
〔五〕前席：原作「前前」，據《宋大詔令集》卷一四一改。
〔六〕議：原作「儀」，據《宋大詔令集》卷一四一改。
〔七〕坰牧：原作「泂攵」，據《宋大詔令集》卷一四一改。

隆功乎？輝光日新，格于上下，非盛德乎？華藻照爛，經緯乾坤，非憲文乎？四[42]裔震疊，莫不來庭，非肅武乎？窮理而通，致一而明，睿也；鼓舞萬物，民莫能名，神也；昭明義問，不匿厥指，宣也；承顏安親，惇叙九族，孝也。盛哉鑠乎，真帝王之極摯，今昔之上儀，足以焜耀四方，烏奕千載，非滄然無極、衆美從之者，孰能與于此！伏請上徽號曰英宗體乾膺曆隆功盛德憲文肅武睿神宣孝皇帝〔一〕。」詔恭依，宜以群臣所上議詣太廟本室奏請。

七月二十七日，詔英宗皇帝徽號册文，命宰臣蔡確撰〔二〕，中書侍郎張璪書〔三〕。徽號寶文命尚書右丞王安禮書。

十一月二日，帝詣大慶殿備禮奉徽號，授徽號寶、册于右僕射蔡確，赴太廟奉上英宗室。册文曰：「孝子嗣皇帝頊謹再拜稽首言曰〔四〕：臣聞古之盛王，有功有德，施于四海，燕及後昆，追美之稱，非一而止。若商之先，以除虐造邦，其號爲湯，而本其業盛道崇，則曰烈祖，曰高后。若周之先，以受命改制，其謚爲文，而言其治安欽和，則曰寧王，曰穆考。皇矣累聖，循厥古憲，奉先徽册，至于再三。典禮雖殊，其揆一也。肆及寡昧，獲承其統，永懷罔極，敢忘斯義！恭惟英宗憲文肅武宣孝皇帝道配天地，德協祖宗，生而神靈，赫然顯著。赤光照室，應炎運之興；黃龍蠖略，符真人之出。粵在潛邸，有倬令問。以生知之上性，天錫之大智，而進德以修業，緝熙于光明。仁宗皇帝顧諟三靈之心，將託九鼎之重，勞謙虔鞏，爰至歷年。蔽志先定而莫之移，眷命有開而[43]不可避。及夫執大象，建皇極，聖作而萬物覩，身修而天下服。內則欽孝于東朝，外則敦睦于九族。圜丘禋帝則協氣廓乎積晦，大饎享親則至誠見于思成。昧爽丕顯，惟懷永圖，紹庭上下，克篤前烈。當斯時也，收主威，奮剛斷，飭法度，信命令，賞不私近，罰不異遠，舉偏補弊而事無遺慮，循名責實而人靡遁情。懋邇臣以先務，而開昭曠之原；戒庶工以載采，而懲苟簡之習。宗室廣學而親賢盛，兵農一籍而戎備修。進循良，斥貪暴，察冤滯，禁奇（袤）〔衺〕，闢污萊，勸耕稼，賑貧乏，恤煢獨。政事之純粹，仁恩之深厚，此有生相與鼓舞，六合所頌歌者也。至于妙道淵度，則疇足以窺彷彿而望末光？其出如雲，黃帝之聖也；其運如神，放勛之智也；其德嶷嶷，高辛之化也；其明斤斤，姬武之略也。是故制大典而後世無以議，決大政而異說不能摇，熙大業而四方訓之，子孫保之。荒忽不羈之俗罔不來威，生植蚑蟯之類罔不遂字。嚮明而治，曾未再閏，巍巍蕩蕩，如此其盛也！若夫清閒之燕，訪納無射，澹泊之樂，藝文是玩，百金之費不加館囿，屬車之塵不及遊田，杜外戚之橫恩而正以禮法，裁王姬之浮用而

〔一〕神：原作「聖」，據本條首句改。
〔二〕宰：原作「册」，據本書帝系一之一一改。
〔三〕璪：原作「某」，據本書帝系一之一一改。
〔四〕頊：原作「御名」，今據神宗名回改。

迪以肅雝，兹其前史所稱，以爲帝王之高躅者已，在我英考之道，猶江漢之一勺、山嶽之一簣也。今夫綱紀文章，嚮于大備，非沖人克新厥政，惟我英考之詒謀；日月所照，神民協和，非沖人克有敉功，惟我英考之餘澤。44光靈如前，（罄）〔謦〕欬莫聞。嚴明堂之宗祀，奉嘉邕以踧踖；考原廟之新宫，瞻玉衣而横涕。載惟崇報之典，尚懼講求之闕。夫德高于假樂，聲繼乎猗那，而金匱所藏，玉板所刻，殆于稱謂，未究昭融。詢之師虞，稽之故事，迺以負扆之日既嘗膺受，與夫垂世之美可得而形容者，于以增鴻名，章偉績，邁振古，攄無窮，庶幾乎慰中外之望，以致孝思之萬一。謹遣太中大夫、守尚書右僕射、兼中書侍郎、上柱國、清源郡開國侯、食邑一千七百户、食實封七百户臣蔡確，奉玉册玉寶，加上徽號曰英宗體乾膺曆隆功盛德憲文肅武睿神宣孝皇帝。伏惟清明在天，鑒觀于下，享時茂典，於赫駿聲，流祉錫光，永綏厥後。謹言。」

神宗

神宗體元顯道法古立憲帝德王功英文烈武欽仁聖孝皇帝，初謚「英文烈武聖孝」。道德應物曰英，經緯天地曰文，秉德尊業曰烈，保大定功曰武，窮神知化曰聖，繼志述事曰孝。紹聖二年五月十八日，加上「紹天法古運德建功英文烈武欽仁聖孝」。崇寧三年七月二十三日，再加上「體元顯道帝德王功英文烈武欽仁聖孝」。政和三年八月二十九日，又再加上今號。

哲宗紹聖二年正月二十一日，帝謂輔臣曰：「祖宗謚號各加至十六字，神宗皇帝今止初謚，尚未增加，宜考求典故以聞。」宰臣章惇等對曰：「祖宗加謚，歲月不定。真廟初加八字是天聖二年，今神宗祔廟已十年。故事，加徽號必45在南郊前，謹如聖旨討閲以聞。」

三月四日，詔曰：「朕恭惟先皇帝經德秉哲，君臨萬邦，十有九年。若古之道，考其政事〔一〕，功烈之茂，匹休三王，而謚號所紀，曾未足以究宣萬一〔二〕。朕嗣有大業，懼德不類，無以光于前人。蓋聖人之在天下也，神化獨運，民無能名，而盛德形容，莫可擬象〔三〕。矧是追崇之禮，固存列聖之規。其率舊章，申加徽號，用揚顯烈，垂之無窮。先帝謚號見今六字〔四〕，宜增上徽號十字，如祖宗故事。令三省、樞密院官、御史中丞、雜學士已上，同太常寺集議聞奏。仍令禮官詳具典禮以聞〔五〕。」

二十八日，命翰林學士蔡卞撰議文。

四月二十七日，詔加上神宗皇帝徽號，于大禮前三日行禮如故事。

〔一〕考其：《宋大詔令集》卷一四一作「措之」。
〔二〕以究：原倒，據《宋大詔令集》卷一四一乙。
〔三〕莫：原作「言」，據《宋大詔令集》卷一四一改。
〔四〕六字：原脱，據《宋大詔令集》卷一四一補。
〔五〕典：原脱，據《宋大詔令集》卷一四一補。

五月十一日，尚書禮部言：「增上神宗皇帝徽號係大禮前三日皇帝初齋日，大慶殿爲明堂，欲乞文德殿行發册寶之禮。」從之。

十七日，詔加上神宗皇帝徽號册文又命宰臣章惇撰，門下侍郎安燾書册（寶）〔文〕，中書侍郎李清臣書（册）〔寶〕文。

十八日，宰臣章惇等請上神宗皇帝徽號曰紹天法古運德建功英文烈武欽仁聖孝皇帝。議文曰：「臣等聞功者德之緒，名者實之賓。時有險夷[一]，故事有先後；道有顯藏，故言有微彰。是故堯、舜以帝而紹，文、武以王而興，皆聖人也，而《書》稱其德，或謂之俊，或謂之元。《清廟》祀文而深妙眇冥，以見文王之清；《執競》祀武而宣著煒燁，以揚武王之烈。非其不同，稱實而已。歷選列辟，揆其[46]所成。自周之衰，道與世降。秦、漢、隋、唐之君，見聞單狹，其所講究不至三代以上，天下之民不獲與被王澤之施者千有餘年。我宋受命，克享天心，睿哲相承，與周同符。恭惟神宗皇帝躬上聖卓然之姿，而輔之以緝熙光明之學。深智妙用，有開于天，蓋自伏羲之所畫，黄帝之所名，箕子之所陳，仲尼之所傳，微詞奥義，意會心徹，而得其所不言者。故于立政造事，操之以爲驗，稽之以爲決，動皆合于先王，而非俗學小道之所能察也。自初嗣服，歷監前代，法久而弊，變而通之。非常之元，異意交沮，公聽並觀，與神爲謀，信任同德，（卒）〔率〕圖康功。用能拔舉一時之才，盡飭難變之蠹。本數末度，無不畢陳；文物聲明，焕乎可述。加惠天下，十有九年，百姓蒙德，四夷來賓。此其功在天下而章明較著者也。若夫事親之（之）盡其道，睦族之致其恩，修身之謹，齊家之飭，從善之易，聽政之勤，事天之畏，禮神之恭，有後世欲治之主得一以爲賢者，而身兼之；篤行之士强勉以爲難者，而安行之。可謂澹然無極而衆美從之者也。功大而不有，名顯而不居，發揚閎休，寔在後嗣。是以明詔以謂乃者謚號所紀未足以究宣萬一，無以尊大誼，施無窮，率循舊章，增上徽稱。臣等謹考諸行事，質之先王[二]。蓋先之以合其幾，後之以奉其時，所以爲紹天；若之以經其常，稽之以緯其變，所以爲法古。存諸内者天而神，被諸外者動而化，此德之[47]所以運；作其大而小者述之，立其本而末者從之，此功之所以建。摭道之餘以應物，開物之理以明民，此之謂英文；惟剛也故立而莫競，惟神也故威而不殺，此之謂烈武。不自以爲足而尊其所可尚之謂欽；兼利天下而已不與有之謂仁；以道爲門、兆于變化之謂聖；而終始于人道，以立天下之本者，孝也。合是衆美，以爲之名，各以賓寔，莫之可誣，擬其形容，庶可槩見。伏請增上徽號曰神宗紹天法古運德建功英文烈武欽仁聖孝皇帝。」詔恭依，宜以群臣所上議詣太廟本室奏請。

〔一〕險：原作「阻」，據《宋大詔令集》卷一四二改。
〔二〕質：原作「貫」，據《宋大詔令集》卷一四二改。

七月四日，宰臣章惇上所撰增上神宗皇帝徽號册文，詔恭依。

九月十六日，帝詣文德殿備禮奉徽號册、寶授宰臣章惇，上于太廟神宗室。册文曰：「孝子嗣皇帝臣煦謹再拜稽首言〔一〕：臣聞帝莫盛于堯，堯無能名也，然頌其德則曰乃聖乃神，乃武乃文；莫賢于禹，禹惟不伐也，然稱其美則曰克勤克儉，成允成功。夫聖人精神之運，道德之妙，天下雖欲稱之，蓋非言詞之所能諭。然而善積而響來，功顯而名立，則位號之至，亦有所不可得而辭。嗚呼！惟我聖考在宥天下十有九年，功德成就，巍巍蕩蕩，齊乎堯之難名；深執謙沖，屏却徽稱，同乎禹之不伐。澤流當時，施及後世，四方誦之，萬世師之，殫竹帛之載不足以叙述，罄雅頌之奏不足以形容。然而清廟宗德之稱，臣子歸美之報，積崇累鉅〔二〕，非止一再。肆惟小子，竊稽 48 大誼，其敢苟且？恭惟神宗英文烈武聖孝皇帝，挺黄帝之神靈而服虞舜之大孝，兼成湯之勇智而勵文王之小心。紹列聖無疆之休，當百年承平之久。弗恃其安，弗有其治，望古以有爲，愛日如不及。憫自晚周以來，王者之迹熄，而言治者無復見古人之大體，慨然以唐虞三代爲可復。顧秦漢而下卑不足議，臨御之初，即引名世之士，講明六經之文，得于言意之表，黜諸儒攣拘之論，革千載玩弊之習〔三〕，興造事業，作新人才。當是時也，民懼非常，士守固陋，淫朋比德，環視蠭起。唱險膚之説〔四〕，以震驚于天下，合流俗之衆，欲取必于人上。然而曲學不能撓義理之正，異意不能移委任之專。闢正道于群狂必争之際，報孤忠于衆讒交毁之中。屏黜乖邪而莫敢以沽徼爲異，放遠憸佞而莫敢以附合爲同。雖頑狠傲戾，皆革而退聽，天下曉然知德意志慮之所在。以身爲度，以稽爲決，言必據經，事以道揆，（採）〔探〕索其隱奥，發揮其精華。默焉而天潛，動焉而神會。叙有典，秩有禮，章有德，討有罪。官正其名，士典于學，寓兵于民，隸軍于將。弛役以便農，平估以抑末。刊法令，定律吕。自熙寧之始，迄于元豐之際，文章制作，樞機品式，粲然一新，覆載之内，有耳有目者，莫不延頸企踵，奔走承聽，相與乎其德，樂其成，是可謂大有爲之時，曠然難逢之會也。嗚呼！其道妙矣，不可得而言矣，所可言者緒餘土苴，應帝王之迹而已。49 迺者王公卿士逮蠻夷之長，叩閽稽顙，願上尊號者至于十數，卒詔有司毋復以言。及夫升祔太室，有請于郊，人謀天同，錫兹定命。然尚懼并包衆美，未能髣髴，十年于兹，靡遑夙夜。爰卜季秋，躬修宗祀，而中外合辭〔五〕，祗遹舊典〔六〕，方開明堂，配上帝，宜增紀徽名，對越祖考。

〔一〕煦：原作「御名」，據哲宗名回改。
〔二〕鉅：原作「距」，據《宋大詔令集》卷一四二改。
〔三〕玩：原作「抗」，據《宋大詔令集》卷一四二改。
〔四〕膚：原作「敷」，據《宋大詔令集》卷一四二改。
〔五〕辭：原作「辟」，據《宋大詔令集》卷一四二改。
〔六〕舊：原脱，據《宋大詔令集》卷一四二補。

赫然金聲，揭之玉版。猶之度量天地，莫測其高厚；横寫日月，徒駭其光明。姑述所知，期于自竭，于以彌古今之文，申人神之願，擬而象之，垂示無極。謹遣左正議大夫、守尚書左僕射、兼門下侍郎、上柱國、豫章郡開國公、食邑四千四百户、食實封一千一百户臣章惇，奉玉册玉寶，加上徽號曰神宗紹天法古運德建功英文烈武欽仁聖孝皇帝。伏維昭德在天，降鑒于下，於昭受祉〔一〕，永綏厥後。謹言。」

徽宗崇寧三年三月二十八日，詔曰：「恭惟神宗皇帝以道涖天下〔二〕，而以政事治之，若稽唐虞三代之隆，垂裕萬世無疆之統，與天地造化相爲終始，其功德之盛，豈言之一二所能該徧！而奉上徽號，循用舊章，必假丕揚，著之典册。紹聖之詔，竭意追崇，（著之典册紹聖之詔竭意追崇）當時議臣，講求弗盡。夫帝德廣運，非運德也；巍巍乎其有成功，非建功也。言既未安，理亦隨失，殆未足以仰慰在天之神而昭示于後世。哲宗皇帝屢欲更定，未及修行。肆予纘承，安敢輒止？宜令三省、樞密院官、御史中丞、雜學士、太中大夫以上，與太常寺同共集議，禮 50 官詳具典禮以聞。」

五月六日，命翰林學士承旨張康國撰神宗皇帝徽號議文〔三〕。

六月六日，命宰臣蔡京撰神宗皇帝徽號册文并書。

七月二十三日，宰臣蔡京等上更定神宗皇帝徽號曰體元顯道帝德王功英文烈武欽仁聖孝皇帝。議曰：「臣等聞，天子之孝所以事宗廟者，莫大于率籲衆志，發揚宏休。故歷世之君，皆有徽稱，著在典册，以詔無窮。然名止于實，必求其當，揆之以理則協，施之于言則信，質之前聖而有合，垂之後世而無憾，然後可以慰在天之神而成孝思之美。若乃群臣之議，出于一時，非不大也，而理猶未稱；非不盛也，而言有未安。則雖嘗請于太室，薦于明神，亦將審議度情，以時更定。蓋事之大，烏可已哉！恭惟神宗皇帝以聰明睿智莫可企及之姿，輔之以廣大悉備無所不通之學。自初嗣服，慨然遠觀，當百年承平，内外流弊之餘，非大有爲則不能盡飭萬事之蠱。憫秦、漢而下，卑陋狹促，無足以論，而斯民不與被先王之澤，于是獨取堯舜三代之所爲見于《詩》、《書》者舉而行之。至于性命之微，道德之妙，則又自得于心術之間，而操以爲驗，稽以爲決者，悉本于聖人之訓。故内則孝養于兩宮，惇叙于九族；外則登用同德，信任不疑，拔舉賢能，咸以類進。異意交沮，不潰于成；非常之元，卒無所懼。于是立政造事，百度一新。尊經術以革取士之科，明義訓以變俗學之弊。募力役以 51 除差擾之害，時斂散以行補助之仁。勸農桑，阜貨賄，嚴保伍，

〔一〕祉：原作「之」，據《宋大詔令集》卷一四二改。
〔二〕涖：原作「在」，據《宋大詔令集》卷一四二改。
〔三〕號：原作「謚」，據本書帝系一之一二改。

均租賦，修水土之官，厚衣食之本。以至立原廟以燕祖考，别二郊以事神祇，酌《六典》以正官名，制九軍以飭戰法。拔士于片言而拓河隴之境，築城于遐徼而拊蠻荆之酋，問罪于西夏而師不踰時，通使于東夷而仁不異遠。德意相向，爲無不成。方且寅畏以奉天，儉約以率下，卻尊號而不受，有大美而不居。十有九年，海内豐富，民安其業，物遂其性，和氣充塞，嘉祥荐臻，自成周以來，未有若此之盛也。雖然，豈勞精神、役志慮于叢脞庶務，從事于末流也哉！猶一氣于造化之初，萬物賦形，各隨其分，無不造其極者，是謂體元。體則體此而未始離也。道藏于無形，不可以爲象，無乎不在，亦無乎不爲，而神之所降，明之所出，皆見于有爲之迹，是謂顯道，顯則顯此而未始散也。得道以在我，由神以應物，所同者二帝，則總之曰帝德。措于事業，民以歸往，所同者三王，則總之曰王功。而元者貫三才以爲首，道者通古今而無弊[一]。德不可以先言運，功不可以特言建。昔者群臣之議曰紹天法古，所謂非不大而理猶未稱也；其曰運德建功，所謂非不盛而言有未安也。易而正之，寔在今日。若夫經緯錯綜，而聲明藻色見于敷榮，所以爲英文；沉潛不殺，而威制强慝見于無競，所以爲烈武。不自滿假，敬以直内之謂欽；博施濟衆，視民如傷之謂仁；自睿而作、大而[52]能化之謂聖；始于愛敬，刑于四海之謂孝。昔者群臣之議，無得而易矣。惟聖人并包衆用，莫可形容，强以命名，皆非其至，庶乎髣髴，槩見于斯。伏請更定徽號曰神宗體元顯道帝德王功英文烈武欽仁聖孝皇帝。」

八月十一日，命中書侍郎趙挺之書神宗皇帝徽號寶文，尚書右丞吳居厚書哲宗皇帝徽號寶文。初命門下侍郎許將書神宗徽號寶文，挺之書哲宗徽號寶文，將出知河南府，故易之。

十一月二十三日，上詣文德殿，備禮奉更定神宗皇帝徽號册，寶授宰臣蔡京，上于太廟室。册文曰：「孝子嗣皇帝臣佶謹稽首再拜言：臣聞自古在昔，作之君師，立政造事，聖有所生，王有所成，盛德大業，暴白當世。或放于功而曰勳，或協于帝而曰華，或可名于大，或可名于小，雖出人心，亦天所命。至若名不偕于功，言不順于事，遏佚前人之光，惟厥後嗣，罔敢庸釋。末予沖人，奉承大統，克篤先烈，率時昭考，念無以報。而乃者群臣所上，典策所稱，紹天之命，法古而治，功始建而未成于功，德以運而非運于德，大懼不足以駿惠在天之靈，慰神明之心。竊迹先王，運量四海，體元以統天，顯道以應世，以德而帝，以業而王，非至神其孰能與于此！惟我神考以上聖之材，接百王之緒，典謨所載，風雅所歌，本數末度，述而作之，放黜嵬瑣，與時變通，作新斯人，更法定令，正身齊家，小大祗若，外薄四海，罔有不欽，藏[53]用于密，無能名焉。然驗諸猷爲，形容

[一] 道者：原脱，據《宋大詔令集》卷一四二補。

擬議，則而象之，可考而言。資始于乾，資生于坤，弗違于天而爲之先，合氣于漢而原其本，首出庶物，以體于元。神而明之，大而化之，列而在事，陳而爲法，緝熙光明，以顯于道。欽明文思，濬哲温恭，以身爲度，表正萬邦，帝德也；九功爲叙，九叙爲歌，有典有則，貽厥子孫，王功也。恭惟神宗皇帝備道全美，其大若此。追既往之未究，伸孝思之罔極，舉是四者，丕揚顯烈，合併舊章，于是爲稱。今燎禋泰壇，戒事有日，率籲衆志，申命自天，對越祖宗，昭示萬世。謹遣司空、尚書左僕射、兼門下侍郎、上柱國、嘉國公、食邑五千八百户、食實封一千六百户蔡京，奉玉册玉寶，上徽號曰體元顯道帝德王功英文烈武欽仁聖孝皇帝。伏惟靈德在上，臨下有赫，昭受明命，綏我思成，永世有辭，克昌厥後。謹言。」

哲宗 [一]

哲宗憲元繼道顯德定功欽文睿武齊聖昭孝皇帝，初謚「欽文睿武昭孝」。威儀悉備曰欽，道德博聞曰文，家方蓋平曰睿，闢境斥土曰武，聖欽日躋曰昭，繼志成事曰孝。崇寧三年七月二十三日，加上「憲元繼道顯德定功欽文睿武齊聖昭孝」。政和三年八月二十九日，改「顯德定功」爲「世德揚功」。

徽宗政和三年正月十一日，内出手詔：「朕嗣承祖宗丕祚，懼德弗類，率時昭考，永惟熙寧、元豐盛德大業，述而明之，孚于四海。故自纘緒以來，循親疏惇叙之詔，而爲之建兩京敦宗之54令；遵學校養士之法，而申之以鄉舉里選之政。追董正治官之志，制名定位，訓迪文武之秩；紹均輸裕國之制，懋遷有無，阜通山海之利。秉常平羨餘以惠養鰥寡，使民養生送死無憾。嗣開拓武功，以柔遠人，闢牂牁、積石，列爲郡縣。一紀于兹，迄用有成。和足以廣樂，富足以制禮，聲名文物，于是大備。荷天之休，諸福之物畢至，錫以元圭，告成厥功，推原本始，寔自我烈考弛張彌綸[二]，權輿萬事，以克用乂。亦惟我哲宗繼志述事，克篤先烈，顧朕何德以堪之！朕若稽古，《那》祀成湯，以衎烈祖；《維清》太平，以告文王。肆朕纘述，緝熙先烈，共成康功，永言孝思，不敢不告。可差官册告永裕、永泰陵。神宗尊謚比祖宗已各十六字，然不著稽古建立法度之意；哲宗遵制揚功，未能昭顯，蓋不足以慰在天之靈，垂示萬世。其令羣臣參議，加上神宗四字，改定哲宗舊謚以聞。俟將來冬祀享廟，躬卜奉上，以稱朕功成不居、歸美顯親之心。咨爾中外，其體至懷。」

二月三日，命翰林學士張閣撰加上神宗皇帝徽號議文，翰林學士承旨白時中撰更定哲宗皇帝徽號議文。閏四月十一日，張閣卒，改命翰林學士强淵明撰神宗謚議。

[一] 按，以下内容以哲宗爲主，但亦含神宗。

[二] 弛：原作「施」，據《宋大詔令集》卷一四二改。

二十八日，命太師、魯國公蔡京撰神宗皇帝、哲宗皇帝徽號册文并書，少師、太宰何執中書神宗皇帝徽號寶文，門下侍郎余深書哲宗皇帝徽號寶文。

八月二十九日，太師、魯國公蔡京等55上加上神宗皇帝徽號曰體元顯道法古立憲帝德王功英文烈武欽仁聖孝皇帝。議曰：「臣等聞帝有所生，王有所成，事業不同，名聲異號，其來尚矣。自昔至治之君，殊功俊德，敷于四海，垂裕後昆，必有丕顯之號發揚而光大之，著在簡册，揭若日月。然後普天之下，於萬斯年，傳誦不絶，嗚呼盛哉！若乃懋建非常之業而未備非常之稱，仰不足以慰在天之靈，俯不足以厭兆民之情，則在我嗣聖，敷賁前人，率籲衆志，弗敢已也。恭惟神宗皇帝稟上聖之姿，躡興王之運。爰自初政，慨然有爲。遠鄙漢、唐之因循，近悼五季之卑陋。解越拘攣，追縱三代。帝王之美，巍巍煌煌，光塞天地，不可殫述，姑摭其大略而敷繹之。惟我神考，欽事兩宫，孝思維則；親睦九族，和樂且孺。旌別淑慝，登崇俊良。立原廟以燕祖宗，而春秋非懈；別二郊以事神祇，而天地明察。黜雕蟲篆刻之文以求經術之士，攷賓興賢能之法以革科舉之弊。以免役息民而力有餘，以青苗助民而用不匱。賑恤艱阨則有常平以理財，懋遷有無則有市易以通貨。乃勸農桑，而千耦其耘，百穀盈止；乃嚴保伍，而兵政以寓，奇衺以察。酌《六典》而正官名，則分職率屬而百僚師師；制九軍以飭戰法，則有嚴有翼而征師烈烈。乃議禮文，以興制度，而下土是式；乃考鐘律，以審音樂，而先祖是聽。至于西戎匪茹，敢讎大邦，乃命將帥，恭行天討，豈窮兵哉，勤56恤民隱也。東夷慕義，來獻其琛，乃遣使臣，寵宣王靈，豈好大哉，澤及四海也。是以十有九年之間，天下均被其賜，日星循軌，川洛效珍，叶氣嘉生，薰爲太平。至若精微之學，表裏六經，雲漢之章，昭回萬物，則天縱之能，得乎自然。功蓋天下，謙以自牧，屢却尊號，發于至誠，則不居之聖，無愧前哲。洋洋乎大哉！由三代以還，信史所載，未之聞也。大勳既集，泰陵紹統。于斯時也，群臣訂議，請于太室，薦于明神，所以合國人之公願，以鋪張對天之宏休，匪曰後人之私也。歲在崇寧，明詔下頒，以謂德不可以先言運，功不可以特言建，乃易大號，于德曰帝德，于功曰王功，亦云至矣。然議臣講求，理有未盡，則丕昭究宣，其有待于今日。臣等聞之，堯、舜盛帝也，而二《典》所書以『若稽古』爲言；文、武顯王也，而詩人歌之曰『皇王惟辟』。惟神宗皇帝與堯、舜、文、武相望于千百載之後，道同而心契之。是以先民是若，舊章是由，操以爲驗，稽以爲決者，有所謂法古；權輿萬事，綱紀四方，有典有則，有倫有要，制而用之以爲法，舉而措之以爲業者，有所謂立憲。而崇寧加號，曾未之及，固宜軫孝思，發德音，增長鴻烈，著于徽稱。若夫參天之載，順帝之則，不言而四時行，得一而天下正，所以爲體元；降神出明，探賾索隱，形于五味，列爲九變，所以爲顯道；如天之無不燾，如地之無不載，而遠同乎二帝，是之謂帝德；六府孔修，三事惟和，而[57]上比乎三王，是之謂王功；藻色以明之，聲音以揚之，所以藩飾顯設者無所不備，是之謂英文；陽開陰閉，雷動風行，所以震曜威服者無所不至，是之謂烈武。於穆不已，兼愛無私，非曰欽仁乎？大而化之，永言保之，非曰聖孝乎？則昔時之議，無得而易矣。竊惟神人無名，不可以形容；大聖有作，或得而擬議。合而言之，庶幾道備德全，善并美具，寫之琬琰，編之詩書，永永萬年，與宋無極。伏請增上徽號曰神宗體元顯道法古立憲帝德王功英文烈武欽仁聖孝皇帝。」

是日，又上更定哲宗皇帝徽號曰憲元繼道世德揚功欽文睿武齊聖昭孝皇帝。議曰：「臣等聞，自昔聖人體道應世，垂創典則，將以傳之無窮，施之罔極，必有繼體之君嗣前人，恭明德，必在乎緝熙而褒其大功，故休烈盛美，光輝日新，有隆而無替。周之三后，文謨武烈，以顯以承，而成王受之，率循篤緒，戰戰兢兢，善始善終，編之詩書而無愧，垂之後世而不惑，卓乎不可尚已。恭惟哲宗皇帝蚤以元良，紹膺大統。臨御之初，恭默退託，而權臣擅政，朋黨蔽朝，肆爲紛更，以逞私意，熙豐之良法善制掃盪盡矣。爰自躬攬，震赫威斷，雷厲風飛，神明不測，投竄姦慝，大正典刑，舊臣遺隽，得開其忠。然後神考之盛德大業，得以振復于搶攘委墜之後，闇者以章，儨者復起。譬猶氛曀開除而日月遽照，前人之光無所遏佚，可謂盛矣。夫名正于實，義設[58]于適，繼昭夏，崇號謚，將以鋪張宏休，垂示無極；而名弗究于當年，義不白于後世，顧豈足以慰上天之靈而稱今日歸美之意哉！此宜明詔之所申諭也。蓋聞聖人體神合變，藏用于密，蕩蕩乎民無能名焉。然其制行以人，應時而造者，既以顯于云爲，斯可得而擬象。故因其直心致道而天下之理得，則謂之德；因其興事造業而天下之務成，則謂之功。德積于躬，無爲而治，有若二帝；功被于萬物，不勞而成，有若三王。此神考之所以啓佑後人者也。若乃體乾健以爲制斷之剛，繼離明以盡照臨之察，寅畏而奉天地，欽愛以事兩宮，學緝熙于光明，誠不牽于好惡。親睦九族，隆惇叙之恩；惠康小民，躬儉勤之行。聲色弗邇而臨下以簡，貨利弗殖而理財以義。不貳于任賢，不遷乎異志。凡一話一言，莫不駿惠我神考之訓。由是以觀，哲宗皇帝可謂能世德者矣。黜詞賦，尊經術，增師儒，崇學校，復常平之使，釐差役之擾，修均輸之政，嚴保伍之令。左斷橫山，率有指之疆土；右闢河隴，撫願附之羌戎。申飭憲度，考訂星曆，訓兵務農，修禮嚴分。凡大綱小紀，罔不儀式刑神考之典。由是以觀，哲宗皇帝可謂能揚功者矣。夫然，故能基久安之勢，垂長治之業，我（龍）〔寵〕受之，迄用有成。于斯時也，九族既睦，四夷咸附，士興于學，吏稱其職，民安其業，物遂其性，富足以備禮，和足以廣樂。聲名文物，粲然大備，諸福之祥，莫不畢[59]至，天錫大實，告成厥功。推原本始，創法立制，權輿萬事，自我神考；而繼猶述事，克篤先烈，亦惟我哲宗之達孝也。前日群臣所上議『顯德定功」，夫顯則顯其在我者，而未足以昭世德之求；定則定其在時者，而不足以盡揚功之義。然則以時更定，發揮大美，寔在今日。若夫憲元以法天，繼道以善世，欽以直己而成經緯之文，睿以研幾而致不殺之武，惟精惟一之爲齊，大而能化之爲聖，昭以察事物之情，孝以通神明之德。合併舊典，申命上帝，告于宗祏，以輝無窮，于是爲稱。伏請更定徽號曰哲宗憲元繼道世德揚功欽文睿武齊聖昭孝皇帝。」詔恭依，宜以所上議詣太廟本室奏請。

十一月三日，文武侍從六參官以上、宗室正任刺史以上、禁軍都虞候以上，並服朝服，赴大慶殿立班。皇帝御殿備禮，奉神宗皇帝徽號册、寶授于魯國公蔡京，奉哲宗皇帝徽號册、寶授于少師、太宰何執中。京奉神宗册、寶于玉輅，執中奉哲宗册、寶于金輅，並詣太廟幄殿權奉安，以俟四日皇帝詣景靈宮行禮畢，赴太廟宿齋。

五日，文武陪官各服朝祭服入就位，以俟皇帝服衮冕躬行奉上神宗皇帝册、寶于本室。册文曰：「孝子嗣皇帝臣佶稽首再拜言：聞道不可名，其可名者非道。然古我先王，駿惠其先烈，罔敢遏佚，彊爲之名，用祇命于上帝，其道隆德著，永世有辭。顧惟寡昧，奉承聖緒，夙夜基命宥密，肆其靖之，惟 60 厥志是繼，惟厥萬事是述。十有四年，道洽政治，民用丕變。六府三事孔修，利用厚生惟和，鰥寡孤獨有養，什伍其丁壯，賓興其賢能，惟我神考睿知，稽古有爲。海隅萬里，罔不率俾：西至積石，南至于牂牁、夜郎，富以備禮，和以廣樂，亦惟我神考建法立制，克和厥中。盛德大業，光于四海，格于天地，無遠弗屆，大綱小紀，本數末度，有條而不紊，若卜筮罔不是孚，亦惟我神考于古其訓以克用乂。永觀厥成，蓋迄于今，天休滋至，地不愛寶，告成厥功，錫以元圭。末予沖人，誕受厥命，靡敢安居，夙夜惟厲。迪惟前人，光施于我後嗣。稽謨自天，酌于師言，謹以法古始、立憲度〔一〕，增厥徽稱。今燎禋圜壇，大享祖廟，躬以玉册玉寶加上曰體元顯道法古立憲帝德王功英文烈武欽仁聖孝皇帝。夫顯名惟德，顯德惟名，率時昭考，孝思惟則，洞洞屬屬，若在其上。爰伸命于皇帝，垂訓來裔，以光我烈考于無極。謹言。」

又躬行奉上哲宗皇帝册、寶于本室。册文曰：「孝弟嗣皇帝臣佶謹再拜稽首言：臣聞昔者先王褒顯其世德，名階于功，言順于事，傳言萬世，遠而益彰，莫之能易。顧德不類，嗣承先業，永惟大思畀付之重，夙夜震懼，弗知攸報。恭惟哲宗皇帝英武剛健，盛德大業，著在典册，載于徽稱，不可以加。至于嗣政之始，恭默不言，蒙養聖功，沉潛剛克。爰自親政，睿知濬發，南面而聽，赫然昭徹，如日之升。追念先烈，明發永懷，61 震悼詆誣，臨朝出涕，除惡昭姦，靡有佚罰。外攘夷狄，以復境土；內修法度，是正紛更。上定郊丘之制，下復省耕斂征役之科，天下靡然，喜于王

〔一〕憲：原作「意」，據文意改。按此二句釋「法古立憲」四字。

化。復行熙寧、元豐之政，德意志慮，廢而復興。遵制揚功之美，繼志述事之孝，孚于神明，冒于下土。以迄于今，地平天成，海内乂安，萬邦作孚，天錫之瑞，元圭自至。考循初終，寔惟前人，光施後裔。永惟盛美，罔敢居有，亦罔敢自功。參稽彝憲，僉協人言，德莫大于世前人之德，功莫先于昭先人之功。而往者所上徽稱，未究斯意。名以賓實，實有餘而名不足，大懼不足以彰顯丕烈，用伸命于上帝。今燎禋圜壇，薦享太室，躬以玉册玉寶，改上曰憲元繼道世德揚功欽文睿武（齋）〔齊〕聖昭孝皇帝。恭惟在天之靈，昭鑒于下，來格來寧，膺此名實，永孚于休無斁。」次行朝享太廟之禮畢，赴南郊青城宮。

徽宗崇寧三年三月二十六日〔一〕，詔曰：「哲宗皇帝聰明睿智，天性夙成。嗣服之初，遵養淵默。洎總威柄，發揮權剛，黜除姦回，修復法度，熙豐之政，燦然再新。十有六年，底于至治。而謚號所紀，未能究宣。朕自纘承，因心則友，凡在典禮，必極其隆。仰稽追崇之文，具存祖考之訓。雖體道之妙，莫顯于言聲；而御世之經，可求于擬象。載揚丕烈，（照）〔昭〕示無窮。宜加上哲宗皇帝謚號共爲一十六字，令三省、樞密院官、御史中丞、雜學士、太中大夫以上，與太常寺同共集議合增徽號，仍令禮官詳 62 具典禮以聞。」

五月六日，命翰林學士承旨張康國撰更定神宗皇帝、增上哲宗皇帝徽號議文。

六月六日，命宰臣蔡京撰神宗皇帝、哲宗皇帝徽號册文并書。

七月二十三日，又上增哲宗皇帝徽號曰憲元繼道顯德定功欽文睿武（齋）〔齊〕聖昭孝皇帝。議曰：「臣等聞，聖人無名，所謂必得其名者，應帝王而已；至敬無文，所謂以（進）〔敬〕爲文者，行典禮而已。然帝王之名垂于簡編者未嘗絶〔二〕，而典禮之文行于宗廟者致其顯，則盡天下之至美以擬象，合天下之公願以增崇，是惟舊章，宜其祇率。恭惟哲宗皇帝清明剛健，有開自天，淵默沉潛，發爲英斷。幼沖履位，嶷然若神，灼見幾微，不動聲色，惟以誠孝，事于兩宮，緝熙光明，他無所嗜。左右近習，曾莫察其喜怒之色。蓋如是者九年，而無一日之異。及其總攬威柄，駿發至權，雷動風行，中外丕應。去姦慝如振槁，復法度如轉圜。博收神宗所用之臣，聚于廟廷，以爲紹述之助。于是掃盡朋黨，委用才能，申嚴賞罰，明示好惡，而作人之法、取士之制、理財之義、裕民之仁、禮之廢興、刑之輕重，始于朝廷，布在郡邑。凡元祐之所變亂者，次第而悉復之。然後修我戎兵，震聾醜虜，選練將帥，恢拓土疆。横山、天都，既入輿地，隴右酋長，稽顙請歸，執訊獻俘，殆無虚日。凡元祐之

〔一〕按，前文叙政和三年更定哲宗徽號，此以下反述崇寧三年事，年代顛倒。疑下文與上文在《大典》中本不相接，徐稿抄書者連抄，而又漏寫「宋會要」字樣。

〔二〕簡：原作「垂」，據《宋大詔令集》卷一四二改。

所棄捐者，盡取而廣有之。遠近之情，歡欣鼓舞，再覩熙豐之盛。而所以致此者，蓋在于應天以實，63臨下以簡，致知以察邇言，審聽以塈讒說。苟麗于法，一視而無戚疏；苟害于治，畢除而無細大。宵旰願治，十有六年，四方無虞，動植咸若。天不愛其道，地不愛其寶，風雨時序，日星順行，神光發祥，玉璽自至，珍符異瑞，史不絕書。至治之隆，固非一言之所能盡。今將圖上丕號，闡揚洪烈，則亦因其應帝王之迹，推本所自而昭發之爾。夫鼓一氣之自然，成三才之妙用，行乎至虛，爲物之始者，元也；惟聖時憲，則效法于此，無所異焉，此之謂憲元。乾坤之所以(闇)〔闔〕闢，日月之所以往來，萬物並由，莫見其迹者，道也；繼之者善，則運量酬酢，無不承焉，此之謂繼道。始則遵養時晦，謹密而不出；終則泛應曲當，輝光而日新。開之廓然，被于四表，非顯德乎？觀會通之宜，御方來之變，應時而造者以莫不興，爲國之利者舉無遺策，浮言不能惑，異意不能沮，非定功乎？不自以爲足，不忘其所恭，達經緯之原，順剛柔之用，可謂欽文矣。虛以致其明，思以合其幾，運不測之神，成無競之烈，可謂睿武矣。有萬不同，莫能一致，自我總之之謂齊；以天爲宗，以德爲本，六通四闢之謂聖〔一〕；而昭則無小不察，容光必照；孝則克篤前烈，遹觀厥成。合是數者，雖未足以窺其緒餘，而至美之所存，公願之所在，冒昧自竭，無餘蘊矣。伏請增上徽號曰哲宗憲元繼道顯德定功欽文睿武齊聖昭孝皇帝。」詔恭依，宜以所上議詣太廟本室奏請。

64十一月二十三日，奉哲宗皇帝徽號册、寶授知樞密院蔡卞，上于太廟室。册文曰：「孝弟嗣皇帝臣佶謹稽首再拜言：臣聞昔者明王崇德廣業，舉而措之天下，日見之行，于用則藏，于仁則顯，其稱名或小，其取類則大。故令聞廣譽，克有辭于永世，無得而加焉。乃若德有餘于業，名不稱其實，未足以丕揚顯烈，以端命于上帝，則在我後之人。恭惟哲宗欽文睿武昭孝皇帝仁覆四海，十有六年。肆其即位，越在沖幼，沉潛剛克，以蒙養正。動靜有度，不大聲色，左右僕御、侍從之臣亦罔能知，蓋不言者九年。爰及親政，率時昭考，永言孝思，追悼先烈，弗克欽若，潰于厥成。放逐姦宄，是正詆誣，遵制揚功，儀刑典則。登用善良，協于克一，四方風動，如日之中。至于清静而寡欲，體仁而繼善，先後天時，遇災而懼，遵道貴德〔二〕，靡所不欽。南面而聽，尊嚴若神，癉惡雖弗容貸，而好善常若不及。故小大祇若，無侮無拂，市無剖斗折衡之争，朝無錯立族談之犯。慈故能勇，外攘夷狄，開闢境土，克繼前人，卒其武功。皇天眷佑，諸福畢至，地不愛寶，神璽自出，英聲茂實，莫可殫窮。末予沖人，祗奉顧託，付以大業，夙夜祗慄，懼弗能勝。乃者姦臣乘隙，(覆)〔復〕出爲惡，公肆抵戲，用正典刑，

〔一〕六：原作「大」，據《宋大詔令集》卷一四二改。
〔二〕道：原作「者」，據《宋大詔令集》卷一四二改。

無有佚罰。顯謨丕烈，既晦而明，然其垂之將來，昭示無極，其敢不虔？爰卜日至，禋于圜丘，哀對明神，增備徽典。稽諸故實，協于師言。自天申錫，萬邦作孚。[65]謹遣金紫光禄大夫、知樞密院事、上柱國、南陽郡開國公、食邑三千三百户、食實封八百户蔡卞，奉玉册玉寶，上徽號曰哲宗憲元繼道顯德定功欽文睿武齊聖昭孝皇帝。恭惟在天之靈，降鑒于下，來燕來寧，膺受兹禮，於昭于天，俾緝熙于純嘏。謹言。」禮畢，群臣拜表稱賀。

徽宗

徽宗體神合道駿烈遜功聖文仁德慈憲顯孝皇帝，初謚「聖文仁德顯孝」。窮理盡性曰聖，經緯天地曰文，功施于民曰仁，有義可尊曰德，受禄于天曰顯，慈惠愛親曰孝。後加上「體仁合道駿烈遜功憲慈」十字。（以上《永樂大典》卷一三三四九）

后謚

【宋會要】[66]皇高祖文懿皇后崔氏。「文」同帝謚，行見中外曰「懿」。册文曰：「粤若天生萬物，資坤載以順成；日麗九華，配陰靈而合照。人倫以之圍範，王化於是權輿。當駿命之有歸，眇洪源之所自。濬川垂裕，良因啓母之賢；卜世延休，蓋自姜嫄之德。永懷明烈，是薦鴻名。伏以皇高祖母崔氏，夕月淪輝，柔祇比義。鳳鳴襲吉，始成將育之占；鵞墮開祥，終啓咸宜之祚。在昔皇基未構，帝籙猶緘，肥家實賴於正規，開國誠因於内助。慶隆中外，福被雲來。惟舜曆之受終，自堯門之誕聖。臣屬當主祭，恭議薦羞。敢奠瑶斝以潔誠，方期有事；緬玉衣之告兆，曾是貽謀。旌維鵲之風，上正濯龍之貴。謹遣使王溥、（使副）〔副使〕李濤奉寶册，上尊謚曰文懿皇后。寢廟奕奕，磬筦鏘鏘，酌禮於舊儀，從祀於先后，庶歆備物，永祐丕圖。」

皇曾祖惠明皇后桑氏。「惠」同帝謚，容儀恭美曰「明」。册文曰：「臣聞飛星入昴，帝期雖顯於乘時；朱草成房，靈氣寧忘於發地。今十朋兆吉，百姓與能。思聖善之風，若不基於上世，則旋樞之運，何以齊於眇躬。四懸將薦於登歌，六服式尊於懿號。伏惟曾皇祖母桑氏，慈修母訓，學奉女師。賦汝水之條枚，閔其君子；聞漢宮之大練，思齊古人。誦詩則義達王風，肅閨則世傳家法。順成聖祖，昭著陰功。冲人自構於丕基，無日不思於靈貺。非含章之德，素積於無疆，[67]則闕統之孫，寧昌於有後？今則按興王之茂典，舉配祖之明文。克謹奉先，雖廟以觀德；恭思歸厚，當立以正名。謹遣使王溥、副使李濤奉寶、册，上尊謚曰惠明皇后。宋室受命，上應大辰。浚郊太廟，肇自冲人。功由聖母，施及孝孫。告成之頌，永播雲門。」

皇祖簡穆皇后劉氏。「簡」同帝謚，布德執義曰「穆」。册文曰：「昔者運屬金行，女節感流虹之瑞；天開土德，皇軒承統極之祥。咸資妃后之賢，終茂帝王之業。矧乃年逾七百，始自於《關雎》；國盛八遷，實因於簡狄。當受圖之伊始，思假廟之有期。爰考舊章，式崇尊謚。伏惟皇祖母京兆郡太夫人劉氏，炎靈聖緒，沙麓祥符，法厚載於含章，體中和而毓粹。彤雲配潤，承帝胄於千齡；朱芾斯皇，誕天資於一世。自樂《葛覃》之詠，宛符「瓜瓞」之言。式是母儀，光於祖德。應四星於列象，雖不逮於當年；鍾百禄於後昆，實有開於景運。爰舉奉先之典，載揚儷聖之風。用表因心，所期觀德。謹遣使王溥、（使副）〔副使〕李濤奉寶、册，上尊謚曰簡穆皇后。篆金以頌美，奠玉以薦誠。庶施文母之芳猷，用慰孝孫之精懇。宗祧既正，皇祚永昌。」

皇考昭憲皇后杜氏。「昭」同帝謚，聖善周達曰「憲」。初謚「明憲」〔一〕，照臨四方曰「明」。

太祖孝惠皇后賀氏。謚法闕。

孝明皇后王氏，初謚章順。法度明大曰章，慈和遍服曰順。後改謚孝明，不載謚法。

孝章皇后宋氏。慈愛忘勞曰孝，温克令儀曰章。

太宗淑德皇后尹氏。言行 68 不回曰淑，富貴好禮曰德。

懿德皇后符氏。温柔聖慈曰懿，富貴好禮曰德。

明德皇后李氏。無幽不察曰明，中和純備曰德。

元德皇后李氏。茂德丕績曰元，中和純淑曰德。真宗祥符六年十月二日，宰臣、攝太尉王旦奉册、寶詣元德皇太后廟，改上徽號曰元德皇后，升祔太宗廟室。册文曰：「孝子嗣皇帝臣某謹再拜稽首上言：恭以婉資生之德〔二〕，莫大於母儀；隆歸厚之基，率由於子道。夫其貫統百行，漸被四海，日用不匱，天經爲本。内顧菲薄，粤自冲幼，夙膺皇訓，允迪化源，故得罄烝烝翼翼之心，尚尊尊親親之教，守國令典，承家積慶。函蒙博愛，藴結孝思，永慕有慈，聿懷追遠。伏惟元德皇太后星軒凝粹，石文定祥〔三〕，藹彤史之清芬，耀白雲之冠族。輔佐先帝，誕生眇躬，鞠育之念深，顧復之恩重。惠和宫掖，茂宣度憲，周仁恕以惻隱，盡箴規以達聰。方流詠於河洲，遽纏哀於風木。屬當嗣服，弗逮承顔，徒以尊長樂之稱，恢儀坤之制，成易名於懿實，契節惠於前經。有恤斯嚴，惟馨致薦。日月逾邁，霜露增感。劬勞曷報，瞻言罔極。是用廣因心之孝，從有位之謀，考明徵於舊章，遵合饗於清廟。庀職攸叙，揆日斯良，式竭至誠，恭行盛禮。謹遣攝太尉、尚書右僕射、兼門下侍郎、同中書門下平章事、充玉清昭應宫使、昭文館大學士、監修國史臣王旦，奉寶、册改上徽號曰元德皇后，升祔于太宗皇帝殿室。洪惟聖靈，諒鑒勤懇，仰慶 69 登格，永申配侑，叶符介福，延施無疆之休。謹言。」

〔一〕初謚明憲：原脱，致下句無所承。按《宋史》卷二四二《后妃傳》上：杜太后初謚明憲，乾德二年更謚昭憲。據補四字。

〔二〕「恭以婉資生之」六字原脱，據《宋大詔令集》卷一三八補。

〔三〕石文定祥：《宋大詔令集》卷一三八作「文定儲祥」。

真宗章懷皇后潘氏，初謚莊懷。(復)〔履〕正志和曰莊，慈仁哲行曰懷。後改「莊」爲「章」，以從帝謚。

慶曆四年七月二十二日，詔俟南郊禮前改謚莊懷皇后曰章懷，莊穆皇后曰章穆，莊獻明肅皇太后曰章獻明肅，莊懿皇太后曰章懿，莊惠皇太后曰章惠。八月二十五日，太常禮院言故事只以册、寶告廟，更不改題神主。從之。議具「廟議」。

十一月二十二日，帝備禮大慶殿庭，奉册、寶授太尉，上于廟室。章懷皇后册文曰：「孝子皇帝臣某謹再拜稽首上言曰：伏聞周稱文母，漢著光烈，繫王之號，與廟俱傳。雖忠質遞變，詳簡殊尚，至於統尊無遂〔一〕，其誼一也。恭以莊懷皇后挺俔天之稟，率流荇之恭。作儷儲禁，收華早世，逮即洪祚，追位長秋。時推内範之懿，厥有大名之受。真室升遐，天誄垂鴻，攸司持循，偶失參考。今議者援述祖則，執據舊章，以謂后無外事，法不專謚。況陽秋之善，大乎復古；聖哲之訓，必也正名。禮雖溢美〔二〕，神弗安饗。是敢以『章』代『莊』，申告典册，奉承聖孝〔三〕，順迪母儀。謹遣攝太尉、樞密使、檢校太傅、行尚書工部侍郎賈昌朝，奉玉册玉寶，改上尊謚曰章懷皇后。伏惟光靈有在，鑒諟孔昭，捨可改之權制，安不遷之永憲，錫類昌後，以攄無窮。謹言。」

章穆皇后郭氏，初謚莊穆。履正志和曰莊，賢德信修曰穆。後改爲『章』，以從帝謚。

慶曆四年改謚册文曰：「伏以 70 尊母儀者，功歸于聖淑；配宸極者，體同於稱謂。稽夫漢有光烈，唐有文德，所以著大法、示來葉也。若乃飾鴻徽，揚景鑠，古今通誼也。恭以皇妣莊穆皇后郭氏，河汾甲族，姜任令猷。特治長秋，正位坤掖〔四〕，輔佐聖考，述宣陰教。謙肅以居體，慈喆以流譽。靡臻曼壽，永貽茂範，升祔清廟，垂裕彤管。夫以宗祊之重，有司定論，僉以託母天下，體無攸遂。式遵先典，仰圖懿實，追正禮謚之失，稽合禰宮之號。順公議之協濟，正徽名而允穆。上以廣思齊之美，下以伸遹追之孝。謹(追)〔遣〕攝太尉、工部尚書、同中書門下平章事、兼樞密使、昭文館大學士、監修國史章得象，奉玉册玉寶，改上尊謚曰章穆皇后。伏願昭格明靈，具膺典册，祐蕃昌之緒，易顯懿之稱，敷宣景輝，攄之罔極。」

章獻明肅皇后劉氏，初謚莊獻明肅。履正志和曰莊，聰明睿智曰獻，無幽不察曰明，威德克就曰肅。後改「莊」爲「章」，以從帝謚。

慶曆四年改謚册文曰：「伏以奉宗祧、遵聖緒者，莫重于顯親；正坤極、母天下者，匪專于殊號。嘗講求因革，參考遺墜。昔藝祖在御，易昭憲之稱，惟禮所以稱情，惟名所

〔一〕統尊無遂：《宋大詔令集》卷一四一作「奉先統，遵母極」。
〔二〕溢：原作「沒」，據《宋大詔令集》卷一四一改。
〔三〕孝：原作「考」，據《宋大詔令集》卷一四一改。
〔四〕正：原作「在」，據《宋大詔令集》卷一四〇改。

以配德，垂鴻萬葉，敢不詳正！伏惟莊獻明肅皇太后俔天稟粹，曾沙膺慶，輔佐文考，正位內朝。《關雎》之德，賢才是進；濯龍之誡，外戚咸勸。顧惟菲質，夙荷慈蔭，保祐丕構，億寧中夏，長樂之訓，淑聲無已。今容臺定論，援據纖悉，謂東漢諸后法同(常)〔帝〕謚，用章聖稱 71 天之誄冠夫德號。臣工之所盡志，典册之所正名，著之方來，不可闕也。謹遣攝太尉、尚書吏部侍郎、同中書門下平章事、兼樞密使、集賢殿大學士杜衍，奉玉册玉寶，改上尊謚曰章獻明肅皇太后。伏惟徽音無極，靈監聿昭，奄受丕稱，幽贊鴻祉，子孫千億，垂休無疆。」

五年(二)〔十〕月九日〔一〕，攝太尉、宰臣陳執中奉册寶詣奉慈廟，改上章獻明肅皇太后徽號曰章獻明肅皇后，升祔真宗廟室。章獻明肅册文曰：「孝子嗣皇帝臣某謹再拜稽首上言曰：恭聞宗廟之制，昭穆有定位，禘祫有常禮。是故婦緣姑次，所以示恭順之大；后從帝饗，所以隆恩義之至。憲度昭布，典經具存〔二〕。伏以章獻明肅皇太后陰教純備，寶慈炳迪〔三〕，膺荷顧託，護康冲眇。延洪積累之慶，增固盈成之守。是以豐功溥博，至德曼羨，流之於廣宇，浹之於生民，書之於簡編，播之於金石，卓乎徽懿，高視往古。向採攸司之議，遂崇別廟之薦。瞻言閟祏〔四〕，尚隔大宮，禮典之所未宜，神心之所未協。至於霜露濡降，春秋祼獻，惕然念慮，亶無遑寧。是用講配食之明文，稽奉先之正範，上以率乎大誼，下以徇乎群謀。謹遣攝太尉某官某奉玉册玉寶，改上徽號曰章獻明肅皇后，升祔真宗廟室。伏惟降格光靈，昭乎顧禔，丕佑聖考，永嚴宗祊。垂休寶圖，錫乂生齒，世世潔祀，底于無疆。謹言。」

章懿皇后李氏，初謚莊懿。履正志和曰莊，温柔聖善曰懿。後改「莊」 72 爲「章」，以從帝謚。

【宋會要】

改上章懿皇太后升附真宗廟室册文曰：「恭以孝莫大乎顯親，尊莫大乎嚴配。父以配天，母以配父。若稽先帝，推本禮意，神宗三后，並升(祐)〔祏〕室。敢率成憲，參用群議，恭祔昭主，合食于位。伏惟章懿皇太后儀德坤載，融精霄魂，柔嘉齊栗，靜淵粹和，誕集慶靈，克昌基祚。維眇躬之纘服，悼慈顏之早隔，緬懷鞠育，哀哀罔極。頃從權制，就饗別廟，日月其邁，昭穆未正。爰稽舊典，陟序禰宮，庶伸追養之誠，以明欲報之志。謹遣攝太尉某官某奉玉册玉寶，改上徽名曰章懿皇后，升祔真宗廟室。伏惟神鑒，歆茲吉蠲。永侑文考，百世不遷。流徽音於煒管，光淑範於青編。禴祠烝嘗，期萬斯年。」

章惠皇太后楊氏，初謚莊惠。維德端嚴曰莊，慈哲遠識曰惠。後改「莊」爲「章」，以從帝謚。

〔一〕十月：原作「二月」，據《宋大詔令集》卷一三九、《長編》卷一五七改。
〔二〕以上二句，「布」原作「而」，「存」原作「訂」，並據《宋大詔令集》卷一三九改。
〔三〕以上二句，「教」原作「致」，「寶」原作「實」，並據《宋大詔令集》卷一三九改。
〔四〕祏：原作「祐」，據《宋大詔令集》卷一三九改。

慶曆四年改謚册文曰：「恭聞先帝時，懷、穆二后早世上仙，崇告天謚，用題廟主，有爲而作，未從定制。明肅厭務，容臺誄功，因仍前比，遂使懿號弗繫於真聖，不可謂順；異於祖法，不可謂宜。惕然深念，思從詳正。伏以莊惠皇太后静婉柔嫕〔一〕，仁明厚博。輔佐聖考，知臣下之勞；擁衛眇質，均母氏之愛。向緣閎（祐）〔祏〕，已易大名，不當神心，未協禮意。是以採攸司之執奏，稽中古之成憲。統尊則有典，據舊則易遵。閎諮公議，弗謀而叶。謹遣攝太尉、尚 73 書吏部侍郎、同中書門下平章事〔二〕、兼樞密使、集賢殿大學士杜衍，奉玉册玉寶，改上尊謚曰章惠皇太后〔三〕。伏惟慈烈如在，容物是膺，捨暫誤之華謂〔四〕，揭永孚之淑聲，子子孫孫，式克欽承舊制。」

仁宗慈聖光獻皇后曹氏。愛民好與曰慈，能以仁教曰慈；通達先知曰聖，窮理盡性曰聖；和寧百姓曰光，格于上下曰光；聰明睿智曰獻，博聞多能曰獻。

温成皇后張氏。德性寬柔曰温，齊聖廣淵曰成。

英宗宣仁聖烈皇后高氏。聖善周聞曰宣，施而不私曰宣；克己復禮曰仁，功施於民曰仁；窮理盡性曰聖，裁成萬物曰聖；秉德遵業曰烈，安民有功曰烈。

【宋會要】

神宗欽聖憲肅皇后向氏。敬事節用曰欽，威儀悉備曰欽〔五〕；通達先知曰聖，揚善賦謀曰聖；刑政四方曰憲，聖能法天曰憲；剛德克就曰肅，執心決斷曰肅。

【宋會要】

欽成皇后朱氏。威儀悉備曰欽，敬事節用曰欽；婦德均一曰成，夙夜警戒曰成。

欽慈皇后陳氏。威儀悉備曰欽，敬事節用曰欽；一心均愛曰慈，能以仁教曰慈。

哲宗昭慈聖獻皇后孟氏，初謚昭慈獻烈。明德有功曰昭，視民如子曰慈，聰明睿智曰獻，安民有功曰烈。後改昭慈聖獻，備物成器曰聖。

【宋會要】

74 昭懷皇后劉氏〔六〕。初入宫爲婕妤，昭慈既廢，立爲皇后。徽宗立，册爲元符皇后。

徽宗顯恭皇后王氏，初謚靖和。柔德教衆曰靖，恭仁鮮言曰靖；雍熙閫内曰和，閨門有禮曰和。大觀四年十二月十六日，改惠恭。紹興七年六月一日，改今謚。

光堯壽聖〔紹興〕七年四月六日，太常少卿吴表臣言：「侍從官議上惠恭皇后改謚，俟敕下，有司合行製造册、寶。檢照昨加上神宗皇帝、哲宗皇帝謚號，係於政和三年冬祀

〔一〕莊：原作「章」，據《宋大詔令集》卷一四一改。

〔二〕同中書：原脱，據《宋大詔令集》卷一四一補。

〔三〕改上：原脱，據《宋大詔令集》卷一四一補。

〔四〕謂：原作「肎」，據《宋大詔令集》卷一四一改。

〔五〕儀：原脱，參《逸周書·謚法解》補。

〔六〕昭懷：原作「昭德」，據《宋史》卷二四三《后妃傳》下改。

大禮前一日，皇帝行朝饗禮前躬行奉上。所以將來奉上惠恭皇后改謚冊、寶，合依加上神宗謚號禮例，將來大禮躬行奉上。」詔恭依。

五月二十三日，命給事中胡世將撰謚議，參知政事張守撰冊文，知樞密院沈與求書冊文，參〔知〕政事陳與義篆寶文。

七月五日，給事中、兼直學士院胡世將上顯恭皇后謚議，詔恭依。議曰：「惟天生覆萬物，地以順承而代有終；惟帝臨涖四方，后以静專而修内則。於皇母儀，體坤効法，義貴有從，事無攸遂。周之文母，漢之（烈光）〔光烈〕，咸取媲德，禮不專謚。國朝之制，監于前古。粤自乾德，推尊昭憲，仰協宣祖，著爲丕範。（建）〔逮〕我烈聖，率循故典。恭惟惠恭皇后天稟柔明，性鍾慈惠，生於王公之族而志存謙下，習於富貴之養而躬行儉約。尊儷宸極，祇循婦順。肅環佩以中禮，援圖史以自鑒。櫛縰笄總，建供養於東朝；副禕褕翟，謹薦羞於時祀。四德兼備，六宫承式。有《樛木》逮下【75】之仁，有《卷耳》進賢之志。《桃夭》宜其家室，《芣苢》美其和平。用能夙歆帝武之敏，誕膺長發之祥。是生聖子，丕承大業。雖省方巡狩，遠邁於朔野；而深仁厚德，益昌於炎圖。宜有徽稱，以彰貴範。惟大觀誄行，嘗紀於鴻名；而烈考上賓，方嚴於升祔。顯孝錫謚，既命于天，廟主易題，宜繫于帝，則『惠恭』二美，義難偏舉。臣謹按《謚法》，嚴欽事上曰恭。蓋考合衆善，節以一惠，其大要佐崇觀宵旰之治，盡長樂温清之禮，齊肅以承宗廟，毖謹而絶私謁，非嚴欽事上乎？仍此懿號，仰配先烈，則以『顯』易『惠』，抑惟舊章。請改上惠恭皇后謚曰顯恭皇后。」

九月二十一日，明堂前一日，奉冊、寶上于廟室。冊文曰：「孝子嗣皇帝臣某。伏以生而媲德宸極，寔贊於皇猷；死而升侑宗祊，必從於帝〔一〕。后不專謚，禮有故常。在漢則光烈之於光武，在唐則文德之於文皇。爰洎本朝，垂宗室昭憲之規，更定陵五后之號，蓋古今之通議也。雖仙遊已邈，而遺範具存，用詔方來，丕昭景鑠。恭惟惠恭皇后坤靈肖静，月體儲精。鍾慶勳門，來儀潛邸。翼六龍而御極，正重翟以居中。肅雍之德，本乎天成；勤約之風，行乎宇内。協祐初政，恪恭東朝。飭身刑家，率禮不越；進賢（建）〔逮〕下，視古有光。功既茂於補天，祥蚤開於夢日。誕（肖）〔育〕元（司）〔嗣〕，禪膺寶圖。豈期盛年，遽棄昭代。（願）〔顧〕以冲眇，逮兹纂承，雖莫覿於母儀，尚欽聞於内則。向者（已固）〔固已〕考實於彤史，易名於閟宫，踰三十【76】年，禍發意表，（大）〔太〕上皇帝厭世，諱問奄聞，復以梓宫隔於要荒，（祐）〔祏〕室稽於薦饗。藏鼎湖之弓劍，殆未有期；游高廟之衣冠，非所當後。是宜卜日升祔，因時正名。（盍）〔蓋〕推誄於皇天〔二〕，既推崇於先烈；而繫號乎帝，乃稽合於舊

〔一〕「帝」下當脱一字。
〔二〕按，此句與下句失對，又「推」字與下句重，似當作「蓋稱誄於天」。

章。載揚徽音，以『顯』易『惠』，永嚴禋祀，對越在天。謹奉册、寶，上尊謚曰顯恭皇后。伏惟明靈，觀膺受典，迪我昭考，燕兹新宫，益綿鴻休，施于罔極。謹言。」

〔紹興三年〕十二月十三日〔一〕，詔：昭慈聖獻皇后改謚册、寶，命使發策、告遷、權安奉神御，迎奉至温州太廟，奉上册、寶。景靈宫安奉神御禮畢，禮儀使已下并官吏等比擬除几筵例，各支銀絹有差。

七年二月十九日〔二〕，三省言：「已議上徽宗聖文仁德顯孝皇帝尊謚，所有惠恭皇后合易舊謚，禮部、太常寺今討論：竊聞周之文母、唐之文德及東漢諸后皆同帝謚，議者以爲后無外事，法不專謚，故繫於帝以爲稱謂。國朝以來，〔烈〕〔列〕聖諸后悉遵此制。至於昭憲皇后初謚明憲，後改曰昭，以從宣祖昭武之謚也。真宗皇帝五后，初皆謚曰莊，後皆改莊曰章，以從真宗章聖之謚也。今徽宗皇帝已議上尊稱曰聖文仁德顯孝皇帝，寧德皇后已議尊謚稱曰顯肅皇后，伏請改惠恭皇后謚連『顯』字，仍依故事集官議謚。」既而吏部尚書孫近等集議，易惠恭皇后謚曰顯恭皇后。詔恭依。議曰：「恭惟惠恭皇后稟坤德之至柔，配離明之淳耀。鍾粹公侯之族，發爲宫掖之祥。言則有常，77克奉詩書之訓；動而合禮，無煩保傅之嚴。用能正位居室，作賓于京，綱紀人倫，母儀天下。行四教以興内朝之治，〔師〕〔帥〕六宫而親北郊之蠶。服澣濯之衣，崇節儉也；有進賢之志，念艱難也。無險詖，無嫉妬，不以燕私之意〔刑〕〔形〕于外也；進賢才，知勤勞，不以外家之事請于朝也。是以奉神靈之統，理萬物之宜，配至尊作宗廟主而天下化之。乃若猗蘭夢日，華渚流虹，天祐下民，是生淵聖。以三善之德，重列聖之光。雖逸駕蹌鸞〔三〕，方周流於八極；而深仁厚澤，以滲漉於無垠。然則推原内助之風，上論繼明之自，必有徽號，永配宸極。臣等按《謚法》：嚴欽事上曰恭，嚴欽鬼神曰恭，夙夜恭事曰恭，接下不驕曰恭。夫思媚諸姑，歸寧父母，非嚴欽事上乎？躬視滌溉，爲豆孔庶，非嚴欽鬼神乎？肅環珮之節，謹雞鳴之戒，非夙夜恭事乎？有逮下之言，盡衆妾之心，非接下不驕乎？國家重規沓矩，比迹周漢。昭憲之謚，仰法乎宣祖；五后之號，並同於章聖。至乎宣孝之祔，欽仁之配，罔不由斯。其意若曰，婦無遂事，理不專美，後順得常之道也。臣等請上惠恭皇后尊謚曰顯恭皇后。臣等謹議。」

昭懷皇后劉氏。容儀恭美曰昭，慈仁短折曰懷。

明達皇后劉氏。明達懿文貴妃，追册爲明達皇后。謚法闕。

〔一〕紹興三年：原無。按，此條又見本書帝系一之一四，乃紹興三年事，且與顯恭皇后無關。帝系一之一四此條亦與下條相連，《大典》蓋因此誤抄於此。

〔二〕按，本書帝系一之一四此條在上紹興「七年四月六日」條之前，是也。不知《大典》何以誤編在此處。蓋《大典》此門亦是抄合而成，不盡爲《宋會要》之舊貌。

〔三〕蹌：原作「鎗」，據本書禮三四之一一眉批改。

明節皇后劉氏。明節和文貴妃，追册爲明節皇后。謚法闕。（以上《永樂大典》卷一三三五二）

【宋會要】

78 欽宗仁懷皇后朱氏。恭寬敏惠曰仁，克己復禮曰仁；德禮不易曰懷，執義揚善曰懷。

高宗憲節皇后邢氏。初謚懿節。柔克有光曰懿，能因所守曰節。後改。有善可紀曰憲，能固所守曰節。

憲聖慈烈皇后吴氏。聖能法天曰憲，通達先知曰聖，視民如子曰慈，安民有功曰烈。

【宋會要】

成穆皇后郭氏。初謚恭懷，繼改安穆，後改成穆。婦德均一曰成。

【宋會要】

成恭皇后夏氏。初謚安恭，後改成恭。夙夜警戒曰成。

【宋會要】

光宗慈懿皇后李氏。視民如子曰慈，温柔聖善曰懿。

（以上《永樂大典》卷一三三五三）

王謚

【宋會要】

79 兗王埈，謚冲惠。幼少短折曰冲，遺愛在民曰惠。

邠王坦，謚冲温。幼少短折曰冲，德性寬和曰温。

郢王增，謚冲英。幼少短折曰冲，出類拔萃曰英。

華王坰，謚冲穆。幼少短折曰冲，敬明其德曰穆。

順王圻，謚冲懷。幼少短折曰冲，慈仁短折曰懷。

申王塘，謚冲懿。幼少短折曰冲，體和居中曰懿。

肅王垍，謚冲質[一]。幼少短折曰冲，名實不爽曰質。

邳王坻，謚冲美。幼少短折曰冲，令德不忘曰美。

太保、侍中、中書令、韓王趙普，謚武穆。

揚武翊運功臣、太師、鎮南武安寧國軍節度使、充醴泉觀使、咸安郡王、追封蘄王韓世忠，賜謚忠武。

少保、樞密副使、武勝軍節度使、萬壽觀使、追封鄂王岳飛，謚武穆。

故宣徽南院使、贈尚書令、追封譙王郭守文，謚忠武。

太師、清源郡王何執中，謚正獻。

忠武軍節度使、追封衛王高瓊，〔謚烈武〕。安民有功曰烈，折衝禦侮曰武。《續〔會〕要》云：初謚烈武，以校書郎王仲修言瓊謚與神考徽號字同，太常請改爲武烈，詔可。

（淳熙）〔嘉定〕十四年八月（二）〔十五〕日御筆[二]：「故太師、追封越王、謚文惠史浩，係孝宗皇帝舊學，首躋相位，君臣一德，始終三紀，備罄忠誠，輔成孝治。侑食清廟，久

[一] 冲質：《宋史》卷二三三《宗室世系表》一九作「冲靖」。

[二] 「嘉定」原作「淳熙」，「十五日」原作「二日」，並據本書禮一一之一一改。《宋史》卷四〇《寧宗紀》四繫於嘉定十四年八月十四日乙丑。

未舉行，賜謚易名，弗稱厥實，非所以仰副烈祖眷禮師臣之意，朕深念焉。可配享孝宗廟廷，特改謚忠定。」

武[80]勝軍節度使、太師、尚書令、兼中書令、秦王錢俶。危身奉上曰忠，履正志和曰懿。時都省集議，虞部郎中張佖言：「考功狀内有『亢龍無悔』四字，非臣子所宜言，已於議後請改四字，免盡雷同無君。伏乞特降詔旨，令其修改。」户部郎中、判考功張洎言：「秦國王明德茂勳格于天壤，處崇高之富貴，絶纖芥之譏嫌〔一〕。考功詳覆之時，嘉其行實，故其議狀曰：『茲所謂受寵若驚，居亢無悔者也。』謹按《易·乾卦》九三云：『君子〔終日〕乾乾，夕惕若厲，无咎。』王弼注云：『處下體之極〔二〕，居上體之下，履重剛之險，因時而惕，不失其機，可以无咎。處下卦之極，愈於上九之亢也。』《易例》云，初九爲元士，九二爲大夫，九三爲諸侯。《正義》云〔三〕，《易》之本理，以二體爲君臣。九三居下體之極，是人臣之體也；九四居上體之下，是人君之體也。九三處下卦之上而免亢龍之咎者，《正義》云九三是人臣之極，可以慎守，苟無其禍，故云免亢極之悔也。不同上九居上體之上，有驕亢之咎。竊詳《乾卦》九三處下卦之極，爲諸侯之位，而愈於上九之亢。諸侯人臣，爵位俱極，履重剛之險，危之甚者，而能終日乾乾，夕惕若厲，所以無悔。今秦國王啓真王之賦，錫維師之號，是居下卦之上，人臣之極也。東越南陽，于疆于理，是處諸侯之位也。因時而惕，高朗令終，是免亢極之悔也。論功譔德，考行易名，而曰居亢無悔，不亦然乎？竊覽前代詞人用《乾卦》九三之義者，略舉一二而言之。《漢書》載梁商讚云〔四〕：『順帝之代，商稱爲賢輔，豈不以其地居亢滿而[81]能以愿謹自終者乎？』又楊植《許先生碑》云：『錙銖九有，亢極一夫。』唐宰相杜鴻漸《免副元帥表》云：『素以賤塵，敢期貴達？今禄位亢極，過逾涯量。』又盧杞《郭子儀碑》云：『居亢無悔，其心益降。』李翰《書霍光傳》云：『有伊周負荷之明，無九三亢極之悔。』又《漢書》載陰興奏對云：『貴人不讀書記耶，亢龍有悔。』張説撰《祁國公碑》云：『一無目牛之全，一無亢龍之悔。』斯蓋引《乾卦》九三注義，或有亢龍之悔，或無亢龍之悔。夫《易》者，効法天地，妙用無方，錯綜以成文，變通而定業，自非識參繫表，理會宗極，則安能探其賾而遺其象乎？茲漢史、張説所以於九三人臣之位假亢龍之喻也。此皆史臣墨客引用經文，顧遺簡以俱存，在斯言而可復。且《乾卦》九三是人臣之位，故不稱龍焉；能夕惕若厲，故無悔焉，所以《正義》云居亢無悔。上九是聖人之象，故稱龍焉；以陽氣至盛，故稱亢焉，所以繇詞云亢龍有悔。九三、上九，内外之卦，既分有悔、無悔，君臣之道斯

〔一〕譏：原作「機」，據《宋史》卷二六七《張洎傳》改。
〔二〕處下體之極：原作「處休之體極」，據十三經注疏本《周易正義》改。
〔三〕義云：原脱，據《宋史》卷二六七《張洎傳》補。
〔四〕漢書：原作「漢考」。按下引數句見范曄《後漢書·梁統傳》之後論。此奏下文稱《後漢書》爲《漢書》，則此處「漢考」亦爲「漢書」之誤，今改。

革，各從厥類，其理昭然。佖奏俶是藩臣，名不可稱龍。洎昨詳覆禮院謚議狀詞，云『受寵若驚，居亢無悔』，即本無『亢龍無悔』之語。」詔從洎議，釋佖罪。謚忠懿。

贈太師、追封安王，改封越王元傑〔一〕，謚文思。

贈昭信節度、南康郡王世永，謚修孝。

贈太尉、循王宗景，謚思恪。

贈太尉、永嘉郡王允迪，謚思恪。

贈太師、中書令、追封衛王史彌遠，謚忠獻。

贈太師、平陽郡王允升，謚懿恭。

贈太82師、尚書令、追封魏郡王鄭清之，謚文惠。

贈開府儀同三司、追封信王世開，謚獻敏。

嗣濮王、贈太傅、追封郇王仲御，謚康孝。

贈中書令、追封南陽郡王惟吉，謚康孝。

贈中書令、追封岐王德芳，謚康惠。

昭化軍節度使楊應詢，謚康理。

荆南節度使、兼中書令、南平王高保融，謚正懿。

保寧軍節度使、贈少師、追封咸寧郡王師皐，謚昭肅。

贈宣德節度、同平章、追封廣陵郡王德雍，謚康簡。

嗣濮王、贈寧國節度、同平章、追封舒王宗懿，謚良靖。

嗣濮王、贈少師、追封思王士俴，謚温靖。

安定郡王、贈少師令廌，謚襄靖。

特贈太師、追封潤王師彌，謚節惠。

建雄軍節度使、追封康王高繼勳，謚穆武。

嗣濮王、贈太保、追封欽王宗祐，謚穆恪。

太師、嗣秀王、追封崇王伯圭，謚憲靖。

太師、吳郡王楊谷，謚敏肅。

太師、寧遠昭慶軍節度使、和義郡王、追封和王楊存中，謚武恭。

少傅、永王師嵒，謚敏惠。

少師、保康軍節度使、嗣秀王、贈太傅、追封和王師禹，謚端肅。

奉國軍節度使、同知大宗正事、贈少師、追封咸安郡王士銖，謚敏靖。

少傅、吳興郡王、贈太保、追封沂王抦〔二〕，謚靖惠。

贈太師、追封崇王宗瑗，謚孝温。

贈武寧節度、同平章、追封濟王宗蓋，謚孝良。

贈保寧節度、同中書平章、東陽郡王宗悌，謚孝憲。

贈太師、尚書令、兼中書令、追封相王允弼，謚孝定。

安德節度使、開府儀同三司、贈太師、83追封賀王士㚷，謚孝敏。

嗣濮王、贈太師、追封榮王宗綽，謚孝靖。

贈太尉、博陵郡王承選，謚孝靖。

嗣濮王、贈太師、追封惠王宗楚，謚僖節。

〔一〕傑：原作「桀」，據《宋史》卷二四五《宗室傳》二改。

〔二〕抦：原作「柄」，據《宋史》卷二四三《寧宗紀》二改。

贈太尉、北海郡王、追封袁王宗勝，謚僖孝。

昭化節度、贈太師、追封潤王宗隱，謚僖惠。

鎮江節度、封丹陽郡王守節，謚僖穆。

嗣濮王、贈太師、中書令、追封和王宗樸，謚僖穆。

贈太尉、信安郡王允寧，謚僖簡。

贈侍中、追封同安郡王惟正，謚僖簡。

太師、鎮南軍節度使、樂平郡王鄭紳，謚僖靖。

贈保寧節度、東陽郡王仲曄，謚榮順。

嗣濮王、贈太師、追封懷王宗暉，謚榮順。

贈太師、韓王宗諤，謚榮思。

贈太師、尚書令、追封定王允良，謚榮易。

贈開府、濟陽郡王、追封奘王宗輔，謚榮孝。

嗣濮王、中書令、追封祁王宗誼，謚莊孝。

秦國公、追封楚王孟昶，謚恭孝。

嗣濮王、贈太傅、追封儀王仲湜，謚恭孝。

贈太尉、滕王宗旦，謚恭孝。

太傅、申王貴謙，謚恭和。

贈少師、追封新興郡王師垂，謚恭良。

興國軍節度使、開府儀同三司、贈少師、追封新安郡王師夔，謚恭榮。

特進、少師、追封新安郡王師夔，謚恭榮〔一〕。

贈太師、尚書令、追封鎮王元偓，謚恭孝。

贈中書令、追封吳王德昭，謚恭榮。

贈安化節度、開府儀同三司、追封虢王世清〔二〕，謚恭安。

贈太尉、中書令、追封申王德文，謚恭裕。

贈開府楊惟忠，謚恭勇。

追封齊王、進封魏王元佐，謚恭憲。

岳陽 84 軍節度使、開府儀同三司、追封韶王士摶，謚恭靖。

贈靜難節度、新平郡王宗保，謚恭靖。

贈太尉、樂平郡王承亮，謚恭靖。

贈太師、尚書令、追封陳王元份，謚恭靖。

贈昭信節度、開府儀同三司、追封蕭王宗博，謚恭僖。

贈天策上將軍、徐兗二州牧、追封周王元儼，謚恭肅。

武當軍承宣使、贈太師、追封永嘉郡王士程，謚恭惠。

開府儀同三司、贈太傅、追封(盾)〔循〕王士㒟，謚忠恪。

贈太尉、尚書令、追封曹王、改封蔡王元偁〔三〕，謚恭惠。

贈司空、南陽郡王宗喬，謚恭康。

建武軍節度使、知太原府、追封安化郡王王稟，謚忠壯。

〔一〕按此條與上條是一人重出。

〔二〕虢：原作「號」，據《宋史》卷二四四《宗室傳》一改。

〔三〕蔡：原作「察」，據《宋史》卷二四七《宗室傳》四改。

追封和義郡王，累贈太師士珸，謚忠靖。

太傅、護國鎮安保静軍節度使，贈太師，追封鄜王劉光世，謚武僖。

太傅、奉國軍節度使、四川宣撫使、新安郡王、追封信王吴璘，謚武順。

太尉、忠武節度、衛國武烈王高瓊，謚武烈。

追封澧王師揆，謚恭惠。

贈彰化節度、安定郡王承簡，謚和懿（懿）。

保静節度王昭遠，謚和惠。

贈護國節度、河東郡王承衍，謚和惠。

少師、會稽郡（王）希邏，謚和惠。

檢校少保、開府儀同三司、保平軍節度使、漢東郡王向宗回，謚榮縱。

太師、秦王吴益，謚恭惠。

贈中書令、博平郡王允初，謚安恭。

贈太尉、中書令、追封濮王允讓，謚安懿。

贈太師、中書令、追封秀王子偁，謚安僖。

安定郡王、追封榮王從式，謚安僖。

太師、静江寧武靖海軍節度使、追封循王 85 張俊。詔曰：「俊蚤以忠力，屢經委任，平寇捍難，功勤尤著。奉上恭順，始終不渝。可取危身奉上、安民有功之義，賜謚忠烈。」

太師、尚書左僕射、贈申王秦檜，謚忠獻。（以上《永樂大典》卷一三三五四）

群臣謚

【宋會要】

86 崇信軍節度使、贈侍中錢惟演，〔謚文僖〕〔一〕。初，博士張瓌議〔二〕：「惟演幼名敏惠，長工屬文。始以父任，累官至環衛。咸平中獻文，召試，换爲太僕少卿。自爾歷更清華，陞用宥密。定陵之上尊謚也，用有唐天寶之典，雖重名複號而未盡聖美，獨能援列前準，顯備大功，斯博學業文之効已。此其所優也。先是，母后助治，或專斷決，晚歲稍任左右，女謁寖行，浮薄之徒，因緣諂會。惟演時以葭莩之近，罷樞衡之委，久處外服，意頗不樂，故其篇詠，率多怨刺。明道耕籍，入（倍）〔陪〕大禮，懇求中職，得留轂下。逮明肅違世，主上躬政，英規獨運，粹照盡神，悉屏群邪，再清百度。坐附援求益，迎合輕議，爲執憲所糾，故左降偏郡。夫位兼將相，不爲不達矣；任意中外，不爲不用矣。所宜引滿覆之誡〔三〕，保高明之寵，貪慕權要，釁生不足，此其所劣也。前史稱沈約昧於榮利〔四〕，有志台司；元稹大爲賂

〔一〕謚文僖：原無，據《宋史》卷三一七《錢惟演傳》補。無此三字則後文云「故改謚」不知改何謚。

〔二〕張瓌：原作「張環」，據《宋史》卷三一七《錢惟演傳》改。

〔三〕誡：原作「誠」，據《長編》卷一一五改。

〔四〕史：原作「書」，據《長編》卷一一五改。

遺〔一〕，經營相位。負才好進，正此儔矣。謹按《謚法》：敏而好學曰文，貪而敗官曰墨。請謚文墨。」惟演子暧等訴曰：「先臣遭遇三朝，踐揚四紀，本以文學，遍歷兩制。真宗朝曾任樞近，兼陛下東宫日賓客。先祖効順，勳冠諸藩。先臣昨以憲司彈劾，坐擅議祔廟及連姻戚里，蒙朝廷止解臺司，退守侯服。亡殁之後，贈官賜賻，遣使護喪，哀榮之恩，並越彝等。此乃聖 87 上追録勳舊，原宥過失之深意也。而禮官定謚，曲加惡名，乞別令詳議。」詔送翰林學士、判太常寺章得象，與禮官詳議。得象等議：「惟演始自降官，逮于即世，務專率職，以趣自新。悼功名不居之誠，有惶懼可憐之意。但以身在遐遠，衆弗及知，故後善雖勤而牽復未加，前吝已彰而譏議猶集。瓌之所謚〔二〕，理或在玆。今若更荐其文，則違降秩之典；苟謂之墨，又無瀆貨之狀。推原本意，似爽厥中。謹按《謚法》：『追悔前過曰思。』惟演晚節脩省，可謂過而知悔矣，宜謚曰思。」詔從之。惟演嘗(謂)〔請〕章獻、章懿二后祔真宗廟室，由此左遷。既謚曰思，慶曆三年行升祔之禮，其子暧等又訴於朝，故改謚。

翰林侍讀學士、兵部侍郎、兼秘書監、贈太子太師楊徽之，謚曰文莊。德美才秀曰文，履正志和曰莊。初贈兵部尚書，景祐二年以外孫參知政事宋綬言徽之嘗侍真宗藩邸，故加贈太子太師，及賜謚曰文。

永興軍節度使、司徒、兼侍中、尚書令韓琦，謚忠獻。

樞密副使、給事中、贈禮部尚書包拯，謚孝肅。

尚書右丞、贈資政殿學士范純禮，謚恭獻。

護國軍節度使、同中書門下平章事狄青，謚武襄。

校書郎、霸州文安縣主簿、編修《太常因革禮》蘇洵，謚曰文。李壁《與蘇洵定謚劄子》：臣竊見國朝故事，臣僚三品以上方許賜謚，其有抱道藴德、聲實俱高者，官品雖未及而法亦得賜。故邵雍官止校書郎，元祐二年賜謚康節；徐積宣德郎，政和六年賜謚節孝。此祖宗尊賢尚德之意，不專以品秩崇卑爲間，其旨遠矣。臣伏見故校書郎、文安縣主簿、編脩《太常因革禮》蘇洵，學綜六藝，詞雄百 88 家，通于王政，達于權事。方時燕安，中外以兵爲諱，洵獨著書極論爲國之大計，與制虜之長策，皆指事切理，不爲空言。故歐陽脩一見太息，比之荀卿，而韓琦亦(未)〔謂〕雖賈誼不能過。獨王安石惡其異己，指爲戰國縱横之流，天下不以爲然也。晚霑一命，訂禮容臺，浸鄉於用，不幸齎志没地，獨其書偉然配況、雄以傳。而琦尤加器重，以爲『文追典誥，論極皇王』。自斯言之出，學者益以尊信，非若專門淺局之士好高泥古，於用則疎者之比也。仰惟陛下恢洪遠猷，崇尚實學，如洵之賢，宜在褒表。況軾、轍先已蒙恩，並得美謚，易名之寵，止及其子，尚遺其父，推本而言，于義爲闕。臣于慶元元年任館職日，嘗因賜對，乞將范祖禹、常安民、張(廷)〔庭〕堅等一處定謚，即蒙聖慈開可，付外施行。今者忝貳秩宗，實司邦禮，懷有未盡，不敢隱默。兼本州守臣劉光祖見行陳乞，欲望睿明特飭攸司，參照邵雍、徐積體例，與洵定謚，以示朝廷尊賢尚德之意，其于治道不爲無補。

顯謨閣待制、贈特進葛勝仲，謚文康。葛立方《歸愚集·謝先人賜謚文康啓》：爵以馭貴，既登二品之崇；詔以尊名，更被兩言之寵。藐孤祇命，潛德增輝。仰推標榜之公，實有陶鎔之自。感深而骨刻矣，泣盡而血繼之。伏念先考早以英材，寖躋膴仕。雕龍擅價，摛華國之文章；佩犢流恩，

〔一〕賂遺：原作「路岐」，據《長編》卷一一五改。

〔二〕瓌：原作「環」，據《長編》卷一一五改。

布宜民之豈弟。三科中青錢之選，四郡興五袴之謠。膺是易名，固非虛美。白公掌制，唐朝止著於文稱；黔子辭封，戰國僅加於康號。獲兼二懿，實邁前芳。而況神聖撫中興之朝，賢傑運上公之祊，操勵世磨鈍之具，提循名責實之綱，固應實副其華，豈俾名浮於行。茲蓋伏遇某官片言寤主，一德格天。以甚易而成天下之甚難，以至靖而息天下之至擾。巨鼇鎮於海翻之後，色石鍊於天缺之時。百六之運遂回，千一之期立致。自非體妙道以在己，闡神化以及民，安危究消長之宜，文武得弛張之術，則何以乂皇家如反掌，靜穹廬若發蒙！至於禮務旌賢，仁存錫類，尤軫懷於平日，欲勸善於將來。致是醇儒，特膺表行，恩綸告第，詔墨揚幽。善者怙焉，已侈闔棺之賜；逝者已矣，應圖結草之酬。

正奉大夫、守尚書户部侍郎、贈金紫光禄大夫張子顔，諡僖敏。

同簽書樞密院事、贈通議大夫王倫，諡節愍。

參知政事范仲淹，諡文正。

寶文閣直學士、左朝奉大夫、知制誥、贈左朝議大夫胡安國，諡文定（公）。

户部侍郎、贈兵部尚書蔡齊，諡文忠。

禮部尚書、端明殿學士、贈 89 資政殿學士蘇軾，諡文忠。香山先生喻良能集《讀邸報東坡追諡文忠》一絶：禄位見輕揚執戟，履屐猶藏魯乘田。蓋世窮名蒙美諡，故應千載識真賢。

龍圖閣學士、贈光禄大夫劉甲，諡清忠〔一〕。

資政殿大學士賀允中〔二〕，（請）〔諡〕清簡。

端明殿學士、光禄大夫、贈開府儀同三司李大性，諡清惠。

通議大夫、提舉江州太平興國宮致仕林栗，諡簡肅。

資政殿學士、太中大夫致仕沈夏，諡簡肅。

宣德郎、直龍〔圖〕閣鄒浩，諡忠宣。

崇信軍節度副使、贈太傅曹利用，諡襄悼。

兵部侍郎、知樞密院事、贈右僕射李諮，諡憲成。

端明殿學士、金紫光禄大夫、贈特進鄭丙，諡簡節〔三〕。

嗣濮王、判宗〔正寺〕、贈太師、岐王仲忽，諡簡獻。

禮部侍郎高閌，諡憲敏。

贈開府儀同三司沈樞，諡憲敏。

顯謨閣直學士、通議大夫、贈光禄大夫李偃，諡敏肅。

資政殿大學士、太中大夫、提舉江州太平興國宮王之望，諡敏肅。

資政殿學士、贈左光禄大夫魏良臣，諡敏肅。

顯謨閣直學士、通奉大夫胡宗回，諡敏節。

樞密副使、追復資政殿學士王庶，諡敏節。

監察御史常安民，諡敏節。

康州防禦使、内侍副都知梁從吉，諡敏恪。

資政殿學士、左太中大夫致仕、贈左宣奉大夫湯鵬舉，諡敏肅。

參知政事張璪，諡簡翼。

〔一〕諡：原作「請」，據《宋史》卷三九七本傳改。

〔二〕賀允中：原作「智允中」，按宋代無智允中其人，以資政殿大學士而又名允中者惟有賀允中。《宋史》卷三三《孝宗紀》一：隆興二年八月，「以資政殿大學士賀允中爲知樞密院事、兼參知政事」，是也。據改。

〔三〕簡節：《宋史》卷三九四本傳作「簡肅」。

資政殿學士蔡挺，謚敏肅。

資政殿學士、左通奉大夫、贈左光禄大夫辛次膺，謚簡穆。

徽猷閣直學士、太中大夫致仕、贈光禄大夫韓彦質，謚敏達。

資政殿學士何鑄，先謚通90惠，改謚敏恭。

特贈朝奉大夫、直華文閣沈焕，謚端憲。

瀛海軍承宣使、駙馬都尉〔一〕、贈慶遠軍節度使韓嘉彦，謚端節。

太尉、彰化節度使、贈開府儀同三司韓誒，謚端敏。

禮部侍郎、贈延康殿學士、左太中大夫譚世勣，謚端潔。

威塞節度馮守信，謚勤威。

户部侍郎、贈銀青光禄大夫陳知質，謚介敏。

資政殿學士、通奉大夫、贈光禄大夫劉章，謚靖文。

祕書省正字、籍溪先生胡憲，謚靖文。

延福宮使、寧遠軍承宣使、贈節度李珂，内侍。謚靖文。

中大夫、同知樞密院事趙瞻，謚懿簡。

彰德節度使、檢校太師王拱辰，謚懿恪。

贈開府儀同三司世陜，謚孝穆。

廣州觀察使、贈開府儀同三司、贈少師士慊，謚孝莊。

通奉大夫、顯謨閣待制、贈銀青光禄大夫孫馨，謚通靖。

集慶軍承宣使、知大宗正事不流，謚孝敏。

奉政大夫、秘書監賈翔，謚孝懿。翔字衝霄，以醫術顯。

集慶軍節度觀察留後高公紀，謚僖懷。

入内内侍省内侍副都知、贈保順軍節度使皇甫繼明，謚僖良。

入内内侍省内侍都知、贈武康軍節度使王惟忠，謚僖恭。

入内内侍省都知、贈振武節度使史崇信〔二〕，謚僖勤。

入内内侍省都知、贈太尉、昭德節度王守忠，謚僖安。

入内〔内〕侍省内侍右班副都知、贈大同軍節度使劉從愿，謚僖恪。

入内内侍省内侍副都知、贈鎮江軍節度使鄧保吉，謚僖温。

樞密副使、尚書左丞、贈太子太保趙稹，謚僖質。

91通奉大夫、徽猷閣待制莊徽，謚僖簡。

景福殿使、邕州觀察使、贈安德軍節度使藍繼宗，謚曰僖靖。

慶遠軍節度使、贈檢校少保張澄，謚僖敏。

延福宮使、保康軍承宣使、贈保康節度黄冕，謚僖靖。

景福殿使、贈安德節度馬彦博，謚僖靖。

〔一〕馬：原作「軍」，據《建炎要録》卷二一改。

〔二〕史：原脱，據《春明退朝録》卷上補。

武泰軍節度使朱伯材，謚僖靖。

岳陽軍節度使、檢校少傅、贈太尉蕭鷓巴，謚榮順。

檢校少保、大同軍節度使、提舉萬壽觀、贈開府儀同三司蒲察久安，謚榮順。

榮禄大夫、昭文館大學士、守司徒、大都留守張九思〔一〕，謚榮懿。

駙馬都尉王詵，謚榮安。

贈太尉陳守貴，謚榮穆。

宣政使、金州觀察使、贈節度使康弼，謚榮節。

武成軍節度使、同中書門下平章事、駙馬都尉柴宗慶，謚榮密。

保静軍節度使郭承祐，謚榮密。

殿前都指揮使、建雄軍節度使許懷德，謚榮毅。

太子太師致仕張耆，謚榮僖。

入内内侍省副都知、贈保大軍節度使藍元用，謚榮恪。

康州防禦使鄭綽，謚榮僖。

懷州防禦史張蘊，謚榮毅。

參知政事、贈兵部尚書魯宗道，謚肅簡。

寶(謀)〔謨〕閣待制李祥，謚肅簡。

資政殿大學士、左太中大夫、贈開府儀同三司宇文虚中，謚肅愍。

閬州觀察使、贈寧遠軍節度使裴良琮，謚榮恪。

檢校少保、陸海軍節度使鄭翼之，謚榮恭。

中大夫、同知樞密院事、兼權參知政事、贈光禄大夫、資政殿學士謝廓然，謚榮敏。

内客省使、奉國軍節度 92 觀察留後、知入内内侍省事郝隨，謚榮恪。

金紫光禄大夫汝述，謚榮虚。

兵部尚書朱端常，謚榮愿。

宣政使、金州觀察使康弼，謚榮節。

敷文閣學士、贈特進汪大猷〔二〕，謚文忠。

利州都統曹友聞，謚毅節。

直秘閣、知濮州、贈太中大夫藺中謹，謚莊愍。

（節度使郭承祐謚保静）〔三〕

同知樞密院事、資政殿學士、贈銀青光禄大夫黄祖舜，謚莊定。

右衛上將軍宋偓，謚莊惠。

觀文殿學士、通奉大夫、贈金紫光禄大夫汪澈，謚莊敏。

徽猷閣直學士、宣奉大夫、贈特進、顯謨閣直學士蔣猷，謚莊定。

資政殿學士、贈左銀青光禄大夫王存，謚莊定。

〔一〕張九思：按，此乃元人，《元史》卷一六九有傳，此當屬誤載。

〔二〕汪：原作「江」，據《宋史》卷四〇〇《汪大猷傳》改。

〔三〕此九字原作正文大字。按上文云「保靜軍節度使郭承祐，謚榮密」，此九字即該條之重文而又訛脱，今刪。

殿前副都指揮使、保康軍節度使、檢校司空苗授，謚莊敏。

通議大夫張翼，謚莊敏。

太子太師致仕梁適，謚莊肅。

少師、安德軍節度使、魯國公史嵩之，謚莊肅。

參知政事李光，謚莊簡。

太師、秦王吳近，謚莊簡。

光禄大夫、贈開府儀同三司曾㬇，謚莊簡。

參政兼樞密知院費士寅，謚莊簡。

同知樞密章楶，謚莊簡。

參知政事龔茂良，謚莊簡。

贈特進、少師王師心，謚莊簡。

少師吳淵，謚莊簡。

端明殿學士薛叔似，謚恭翼。

步軍副都指揮使、贈武安節度張濬，謚恭壯。

贈少保甘澤，謚恭敏。

正議大夫薛向，謚恭敏。

資政殿學士、通議大夫蒲宗〔孟〕，謚恭敏。

（孟）安德軍節度觀察留後李端愨，謚恭敏。

彰化軍節度觀察留後致仕馮世寧，內侍。謚 93 恭節。

四方館使、贈保順軍節度使曹傳，謚恭懷。

禮部尚書張存，謚恭安。

樞密使、檢校太傅王繼英，謚恭懿。

武功大夫、榮州團練使、贈明州觀察使程迪，謚恭愍。

中大夫、集英殿修撰、知拱州〔一〕、贈通奉大夫錢歸善，謚恭愍。

龍圖閣直學士、永興軍路經略安撫使、贈資政殿學士唐重，謚恭愍。

岳陽軍節度使、贈太尉韓公裔，謚恭榮。

檢校太保、安德軍節度使、龍神衛四廂都指揮使、兼淮南東路招撫使、充鎮江府駐劄御前諸軍都統制張子蓋〔二〕，謚恭壯。

都指揮使、贈武安軍節度使張濬，謚恭壯。

右屯衛上將軍致仕高化，謚恭壯。

檢校少保、奉國軍節度使、金房開（謚恭毅）達州安撫使郭浩〔三〕，謚恭毅。

太子太保致仕楊崇勳，謚恭毅。初，有司謚恭密，及將葬，詔改之，謚恭毅。

贈崇信軍節度使任澤，謚恭僖〔四〕。

開府儀同三司吳珽，謚恭僖。

右衛大將軍、贈寧國軍節度使杜審瓊，謚恭僖。

〔一〕拱：原作「洪」，據《建炎要録》卷一〇一改。

〔二〕府：原作「度」，據《建炎要録》卷一九九改。

〔三〕「達州」以下原誤作另一條，其上又衍「謚恭毅」三字，今據《宋史》卷三六七《郭浩傳》改正。

〔四〕恭僖：原倒，據《宋史》卷四六四《任澤傳》乙。

彰信軍節度使、兼侍中李用和，謚恭僖。

武信軍節度(使)觀察留後、贈定武軍節度使石全彬，謚恭僖。

贈安慶(使)〔軍〕節度使張去爲，謚恭靖。

慶遠軍節度使、開府儀同三司致仕、贈太師韓同卿，謚恭靖。

樞密副使、給事中、贈刑部尚書宋湜，謚恭質。

贈光禄大夫劉賡，謚恭簡。

同知樞密院事、贈左銀青光禄大夫、資政殿大學士王剛中，賜謚恭簡。

慶遠軍節度使、贈開府儀同三司邢焕，謚恭簡。

端明殿學士王巖[94]叟〔一〕，謚恭簡。

護國軍節度使、駙馬都尉王承衍，謚恭肅。

户部尚書温仲舒，謚恭肅。

集慶軍節度使、贈太尉吴珹，謚恭惠。

端明殿學士、贈光禄大夫楊輔，謚恭惠。

保信節度、贈太師王公昌，謚恭惠。

檢校少保、寧武軍節度使李好義〔二〕，謚忠壯。

焕章閣直學士、贈少傅閻蒼舒，謚恭惠。

左驍衛上將軍致仕張美，謚恭惠。

静難軍節度使杜審進，謚恭惠。

直秘閣趙訓之，謚忠果。

贈光禄大夫李百宗，謚恭惠。

通侍大夫、奉寧軍承宣使、知恩州田祐，謚恭惠。

〔内〕侍都知、贈保順軍節度使張惟吉，謚忠安。

清遠軍承宣使、贈太尉、清遠軍節度王禰，謚忠安。

宣州刺史、觀察使、贈武泰軍節度使李憲，初謚敏恪，後改忠恪。

御史中丞、贈禮部尚書李及，謚恭惠。

太子少師致仕任布，謚恭惠。

知鄧州、兼京西南路安撫使、贈太中大夫劉汲，謚忠介。

同知樞密史宅之，謚恭惠。

刑部尚書、贈觀文殿學士王雲，謚忠介。

龍圖閣直學士滕茂實，謚忠節。

觀文殿學士、贈特進蔡確，謚忠懷。

直祕閣、通判建康府、贈朝議大夫楊邦(義)〔乂〕，謚忠襄。

太尉、威武軍節度使、累贈太師李顯忠，謚忠安。

徽猷閣待制陳隆之，謚忠安。

少保、節度孟珙，謚忠安。

黎州通判何充，謚忠安。

直寶文閣、太府少卿李植，謚忠安。

〔一〕巖：原作「嚴」，據《宋史》卷三四二《王巖叟傳》改。

〔二〕好：原作「孝」，據《宋史》卷四〇二《李好義傳》改。

武功大夫、知晉寧軍、兼嵐石路安撫、贈晉州觀察使徐徽言，謚忠壯。

青州觀察使、知95真定府、贈昭化軍節度使李邈，謚忠壯。

御營右軍都統制、再贈武成軍節度使馬彥溥，謚忠壯。

江陵都統、知東陽樊文彬，謚忠壯。

金紫光禄大夫席益，謚忠清。

馬軍副都指揮使〔一〕、贈安化節度曹琮，謚忠恪。

贈晉州觀察使徐徽言，謚忠壯〔二〕。

資政殿學士、贈太師宣繒，謚忠靖。

觀文殿大學士、左光禄大夫、尚書右僕射、贈特進朱勝非，處苗劉之變，謚忠靖。

昭信軍節度使、開府儀同三司、贈少保曹勛，謚忠靖。

特贈右諫議大夫任伯雨，謚忠敏。

入内内侍省都知、贈保康節度張延慶，謚忠敏。

樞密知院沈與求，謚忠敏。

兵部侍郎、贈尚書司馬朴，謚忠潔。

右武大夫、寧州觀察使、節制商虢州軍馬、同兼虢州制置使、知陝州、贈彰武軍節度使李彥仙，謚忠威。

清溪主簿張舉，謚正素。

武寧軍節度使、同中書門下平章事陳洪進，謚忠順。

右武大夫、贈集慶軍節度使、開府儀同三司姚興，謚忠毅。

和州防禦使、左武衛將軍、贈太師孟宗政，謚忠毅。

馬軍副都指揮使、武昌軍節度使彭睿，謚忠毅。

馬軍都指揮使、贈忠武軍節度使周美，謚忠毅。

《向子韶傳》〔三〕：子韶知淮寧府，建炎二年，金人犯淮寧〔四〕，率諸弟城守，城陷被執。金人坐城上，欲降之，酌酒於前，左右抑令屈膝，子韶直立不動，戟手責駡，金人殺之，闔門皆遇害。事聞，贈通議大夫，官其家六人，後謚忠毅。

慶遠軍節度使、贈太尉李96道，謚忠毅。

通侍大夫、昭慶軍節度觀察留後梁和，謚忠憲。

贈右諫議大夫耿傅，謚忠憲。

武翼大夫、榮州刺史朱冲，謚忠憲。

金紫光禄大夫、龍圖閣待制趙希言，謚忠憲。

太師、魏郡王楊石，謚忠憲〔五〕。

太尉、定江軍節度使、贈少師吳挺，謚武穆。

太尉、威武節度、贈開府儀同三司劉錡，謚武忠。

殿前都指揮使、安武節度使郝質，謚武莊。

〔一〕都：原脱，據《宋史》卷二五八《曹彬傳附子琮傳》補。

〔二〕按徐徽言前已有，此重出。

〔三〕按：此是節録《宋史》卷四四七《向子韶傳》。

〔四〕人犯：原作「入范」，據《宋史》卷四四七《向子韶傳》改。

〔五〕按，據《宋史》卷四二《理宗紀》二，楊石卒於淳祐元年，此條當非《會要》文。蓋《永樂大典》此門乃雜録《會要》及他書，大致按韻編排，已非《宋會要》之舊貌。

寧武軍節度使、贈檢校少師王琪，謚武莊。

建雄軍節度使王超，謚武康。

鎮安軍節度使崔翰，謚武毅。

左千牛衛上將軍曹翰，謚武毅。

保平静難軍節度使、開府儀同三司、四川宣撫使吳玠〔一〕，謚武安。

忠武軍節度使、同中書門下平章事王德用，謚武恭。

忠武軍節度使曹瑑，謚武懿。

彰武軍節度使曹瑋，謚武穆。

武勝軍節度使、兼侍中高懷德，謚武穆。

鎮安節度、守中書令石守信，謚武烈。

敷文閣待制尹焞，謚和靖。

太子少傅致仕王舉正，謚安簡。

宣慶使、贈寧國軍節度使王承勛，謚安簡。

資政殿學士、禮部侍郎、贈刑部尚書邵亢，謚安簡。

禮部侍郎、贈尚書周起，謚安惠。

太子少師致仕任中師，謚安惠。

端明殿學士王克仁，謚安惠。

右衛上將軍致仕鄭守忠，謚安毅。

保静軍節度使、開府儀同三司吳璹，謚安恪。

贈保順軍節度使盧守(勤)〔懃〕，謚安恪。

贈安國軍節度使從賓，謚安恪。

安遠軍節度使、兼中書令錢惟濬，謚安僖。

97 贈太師、尚書令、兼中書令曹玘，謚安僖。

閬州觀察使王殊，謚安僖。

入内内侍省副都知、贈振武軍節度使岑守素，謚安僖。

徽猷閣待制、知鎮江府胡唐老，謚安愍。

端明殿學士、朝議大夫、簽書樞密院事、兼參知政事致仕權邦彦，謚質肅。

給事中、參知政事、贈禮部尚書唐介，謚質肅。

資政殿學士、通議大夫、知青州曾孝序，謚曰威愍〔二〕。

瀘川軍節度使〔三〕、累贈太師劉仲武，謚威肅。

鎮撫使、特贈奉國軍節度使、開府儀同三司趙立，謚忠烈。

尚書左丞、贈禮部尚書余靖，謚曰襄。

觀文殿學士、禮部侍郎、贈兵部尚書孫沔，謚威敏。

河北東路提刑、贈資政殿學士郭永，謚勇節。

贈威武節度陳廣，謚勇節。

龍神衛四廂都指揮使、建寧軍承宣使、河東路經略安撫使、知代州、贈奉國軍節度、開府儀同三司王忠植，謚曰義節。

直祕閣、知同州、贈通議大夫鄭驤，謚威愍。

〔一〕玠：原作「介」，據《宋史》卷三六六《吳玠傳》改。

〔二〕愍：原脱，據《宋史》卷四五三《曾孝序傳》補。

〔三〕瀘川：原作「瀘州」，據《宋史》卷三五〇《劉仲武傳》改。

内侍省都知、贈武安節度使麥允言，謚威勤。

清遠節度、贈太保王德，謚威定。

侍衛馬軍都指揮使、贈太尉趙樽，謚威質。

資政殿大學(侍)〔士〕、贈光禄大夫黄洽，謚定獻。

寶文閣學士、太中大夫、贈光禄大夫顔師魯，謚定肅。

密州觀察使、贈昭德軍節度使向傳範，謚惠節。

資政殿學士、户部侍郎、贈兵部尚書薛奎，謚簡肅。

端明殿學士、中大夫致仕、贈正議大夫黄中，謚簡肅。

龍圖閣學士、正議大夫致仕、贈銀青光禄大夫 98 張大經，謚簡肅。

劉宰字平國，以進士官至直顯謨閣，壽七十四而卒，謚文清。

吏部侍郎莫叔光，謚文清。

左通奉大夫、敷文閣待制、贈光禄大夫曾幾，謚文清。

端明殿學士、贈光禄大夫章誼，謚忠恪。《章誼集》謚敕：尚書省牒，吏部狀，准都省批送下臨安府奏，據持服章駒狀，乞父故端明殿學士、左通奉大夫致仕、贈光禄大夫章誼定謚，府司保明詣實，伏候敕旨。今據太常寺擬到，謹按謚法，危身奉上曰忠，欽恭官次曰恪，請謚曰忠恪。尋請考功員外郎錢葉覆謚一同，伏乞朝廷詳酌施行，伏候指揮。奉敕，可謚曰忠恪。

宣慶使、蔡州觀察使、入内内侍省副都知宋用臣。權工部尚書豐稷等言：「尚書省集官定謚，贈安化軍節度使宋用臣曰僖敏。稷等竊考謚法，當取其人平生行事之實，用以易名。今用臣謚議，雖辭語稱道過爲褒美，而與『僖敏』二字全不相合。又凡稱公者，皆須耆老大臣與鄉黨有德之士，而今用臣謚議乃曰『廣平宋公』，又曰『公以才奮』，又曰『天子擢公爲承受，聞望藹然，遂稱天下』，又曰『念公之勞，久徙于外』，又曰『新天子嗣位，聞公之名』，此尤非所宜言。其曰『念公之勞久徙于外』，斯乃古周公之事。如此等語言，顯有不當，稷等不敢曲從。勘會太常官屬朝廷，所撰謚議若此，其人可知，望賜詳酌。」詔止令賜謚。

吏部(郎侍)〔侍郎〕、贈吏部尚書趙昌言，謚景肅。耆意(天)〔大〕圖曰景，執心決斷曰肅。《公是先生集》議曰：「昔仲尼之徒，求也藝，由也果，稱以爲政事。夫興利除害，圖功宜民，肅給而不怠，所謂藝也。方物出謀，先慮成務，明察而不貳，所謂果也。尚書在外則强家巨猾斂手就職，恩被朔土；在内則兇徒桀賊厥角歸死，威動徼外。政事之幹，兼藝與果矣。冉、季偏能，不足遠過，謚以景肅，僉謀爲宜。謹議。」

贈太師、中書令、兼尚書令、清 99 河郡王張堯封，謚景思。德行可仰曰景，念終如始曰思。

翰林學士、追復龍圖閣學士、贈少師錢勰，謚文肅。博聞多見曰文，剛德克就曰肅。

宣徽北院使、奉國軍節度使鄭戩，謚文肅。德美才秀曰文，布德執義曰肅。

太子少傅致仕盛度，謚文肅。

端明殿學士汪應辰，謚文安。

資政殿大學士、户部侍郎、贈兵部尚書吴奎，謚文肅。

端明殿學士彭方，謚文定。

起居舍人、集英殿修撰楊邁，謚文定。

參知政事陳貴誼，謚文定。

少保、觀文殿大學士致仕、贈少師葛邲，謚文定。道德博聞曰文，安民大慮曰定。

同知樞密院事丘崈，謚文定。

中丞、尚書右丞、兼宗正卿、贈吏部尚書趙安仁，謚文定。

司空致仕張齊賢，謚文定。

參知政事張方平，謚文定。

司空、太子太傅致仕李迪，謚文定。

徽猷閣直學士、左通議大夫、贈左光禄大夫洪擬，謚文定。

檢校少保、建武軍節度使、開府儀同三司劉正夫，謚文定。

正議大夫、延康殿學士强淵明，謚文定。

贈忠正節度、開府儀同三司克愉，謚文思。

侍中、左光禄大夫、開府儀同三司王敬弘，謚文貞。

特進、端明殿學士戴溪，謚文端。

給事中、參知政事、贈禮部尚書明鎬，謚文烈。

直祕閣、荆湖轉運判官游九言，謚文介。

左正言陳禾，謚文介。

通奉大夫、刑部尚書慕容彦逢，謚文友。

致仕張方平，謚文友。

奉國軍節度使許將，謚文恪。

觀文殿學士王陶，謚文恪。

觀文殿學士、尚書左丞、贈吏部尚書張觀，謚文孝。

左通奉大夫、敷文閣待制、贈光禄100大夫曹綫，謚文清。

贈寶謨閣學士楊簡，謚文清。

太子少傅致仕晁迥，謚文元。

觀文殿大學士、左僕射賈昌朝，謚文元。

延康殿學士姚祐，謚文僖。

參知政事陳彭年，謚文僖。

參知政事呂惠卿，謚文敏。

資政殿學士、左中大夫李邴，謚文敏。

資政殿大學士、給事中、贈工部尚書晁宗慤，謚文莊。

端明殿學士、光禄大夫、贈開府儀同三司洪邁，謚文敏。

工部尚書、同中書門下平章事張知白，謚文節。監察御史王嘉言奏：「博士謝絳所議，以知白疾革之際，乘輿臨問，覩其寢處素簡，爲之改容，故以知白廉財克己，用『節』副『文』，以易其名，似略大録小。臣按《謚法》：『内外賓服曰正。』劉熙曰：『靖恭爾位，正直是與，讒諂不行，則内外咸服公正也。』知白當官不撓，守道持正，請以『文正』易名。」王曾等曰：「節字亦是美意，不須改易。」從之，謚文(正)〔節〕。

寶(謀)〔謨〕閣學士楊萬里，謚文節。

承議郎、主管台州崇道觀劉子翬，謚文靖。

工部侍郎、贈龍圖閣直學士、左中大夫楊時，謚文靖。

觀文殿學士、通奉大夫、贈特進朱倬，謚文靖。

資政殿大學士、左正議大夫張守，謚文靖。

贈金紫光禄大夫、資政殿大學士胡晉臣，謚文靖。

資政殿學士、左中大夫、贈正奉大夫楊椿，謚文安。

參知政事魏了翁，謚文靖。

資政殿大學士、中大夫、贈宣奉大夫洪遵，謚文安。

翰林學士楊億，謚曰文。

右僕射、兼門下侍郎、同中書門下101平章事李沆，謚文靖。

右僕射王珪，謚文恭。

左諫議大夫、參知政事、贈工部尚書李穆，謚文恭。

端明殿學士、中大夫、知樞密院事、贈光禄大夫陳誠之，謚文恭。

樞密副使、太子少師致仕胡宿，謚文恭。

尚書左僕射、贈太師陳康伯，謚文正。

太保、威武節度、領樞密院事鄭居中，謚文正。

檢校少保、鎮東節度、開府儀同三司蔡卞，謚文正。

贈禮部尚書王曉〔一〕，追謚文朝〔二〕。

參知政事李(璧)〔壁〕，謚文懿。

華文閣直學士、正奉大夫、贈金紫光禄大夫陳居仁，謚文懿。

正議大夫、權兵部尚書、贈銀青光禄大夫蔡幼學，謚文懿。

吏部侍郎、參知政事、贈左僕射、太師、中書令王堯臣，謚文安。

侍中、司空、同中書門下平章事陳堯佐，謚文惠。

彰信軍節度使、同中書門下平章事王隨，謚文惠。

尚書右僕射、觀文殿學士、正議大夫、贈特進洪适，謚文惠。

太宰李邦彥，謚文和。

端明殿學士、尚書右丞、贈禮部尚書錢明逸，謚修懿。

顯謨閣直學士、贈光禄大夫鄭僅，謚修懿。

資政殿學士、通議大夫、右丞、吏部尚書胡宗愈，謚修簡。

翰林侍讀學士、尚書右丞、贈禮部尚書李昭述，謚修恪。

武勝軍節度使、兼侍中馮拯，謚文懿。

太子少傅致仕孫抃，謚文懿。

同知樞密院事管師仁，謚文懿。

翰林侍讀學士、禮部尚書郭贄，謚文懿。

太傅致仕張士遜，謚文懿。

端明殿學士、簽書樞密院事、贈太師鄭穀，謚102忠穆。

節度使李寶，謚忠勇。

中書侍郎、贈開府儀同三司張愨，謚忠穆。

〔一〕王曉：宋代大臣無名「王曉」者，而有王曙，爲仁宗朝宰輔，後代典籍避英宗諱，多改作「曉」，本書中王曙亦多作王曉。然據《宋史》卷二八六《王曙傳》，曙卒後贈太保、中書令，與此云「贈禮部尚書」不同，未知是否爲同一人。

〔二〕文朝：按「朝」非謚，此當有誤。《宋史》卷二八六《王曙傳》云謚「文康」。

贈吏部尚書徐禧，謚忠穆。

贈昭化節度李舜舉，謚忠愍。

贈寶謨閣直學士楊巨源，謚忠愍。

檢校少傅、保信軍節度使、開府儀同三司汪伯彦，謚忠定。

宣政使、均州觀察使致仕、入内〔内〕侍省押班、贈保信軍節度使康謂，謚忠定。

觀文殿大學士趙汝愚，謚文惠。

中大夫致仕、贈開府曹誘，謚忠定。

少傅、威德軍節度使、充萬壽觀使、贈太傅高世則，謚忠節。

特進、觀文殿大學士致仕、贈太師、右丞相李綱，謚忠定。葉適撰《故丞相李公綱謚忠定議》，議曰：「公自起居郎極論都城水災，斥爲監當，而抗直之聲震于天下矣。及斡離不來寇〔一〕，在廷茫然，將從乘輿以出，獨公請與執政辨詰，遂奪其議，力守京師，虜以退却。然其留割三鎮詔書，擊女真之歸，而募兵以防其再至，皆爲同列所排，不果用也。高宗中興，首命公自輔，于是張邦昌以僭逆誅矣。先是〔二〕河北、河東録堅守者〔三〕，建遣張所、傅亮往援接之，乞幸襄、鄧以係人心而無走東南，使周望、傅雱通問二聖而無踵和約。時中原尚未潰也，公方除京、黼亂政，漸復祖宗舊法，奏請施行數十事，多中機要。使稍得歲年之須，則兩河不遂陷，而虜不敢復鼓行入内地矣，而讎耻因可報也。不幸又七十五日而罷去，迄其後常疎外坎壈，雖僅免顛沛，而曾不少得其意焉。自是禍難百出，而南北竟以分裂，此爲國家惜者所以哀公之志，而深悲其相之不終。士至有未嘗識公面，而坐論救公以死，彼豈有所顧望附託而然哉，蓋公之賢自當時市井負販，莫不喜爲之道説。然而謗公者亦衆矣，其尤甚者，罪公特以計取顯位而已，京師之禍公實使之。嗚呼！當是之時，所謂謀國者，豈有它道哉，避走而乞和，譬賊虜而卑中國爾。以避走、乞和、譬賊虜、卑中國之人而議公之得失，故其自許爲謀詳慮密，而謂公爲略而疎；自以爲鎮重能消弭，而謂公爲輕鋭而喜事。其恬視君父之仇，畏死持禄，甘爲世所賤侮，而以公之能尊君，以身徇國，爲人望所屬者，謂爲朋黨要結以自營。故主和者非致寇，而守京師者爲失策矣，則公之負謗于時，固亦其理之所宜得也，何足辨哉！顧獨有可恨者，夫是非毁譽之 103 相蒙，亦必至於久而後論定，是從古已然者也〔四〕。公之殁五十載矣，世之論公者卒亦未有以大異於前日也，何歟？孔子曰：『微管仲，吾其被髮左衽矣。』考公之行事而深察其志，使要其功烈之所成就，則豈有媿于孔子之所稱者哉？悲夫！謹按《謚法》：慮國忘家曰忠，安民大慮曰定。請以『忠定』爲公謚。」

正奉大夫錢昂，謚忠定。

樞密知院孫傅，謚忠定。

特進、觀文殿大學士、贈少師余端禮，謚忠肅。

朝奉大夫、寶謨閣待制、贈寶謨閣直學士彭龜年，謚忠肅。

觀文殿學士、通奉大夫、吴興郡開國公致仕、贈銀青光禄大夫錢端禮，謚忠肅。

端明殿學士、贈少師趙方，謚忠肅。

端明殿學士、鄜延路安撫使趙禼，謚忠肅。

右僕射范宗尹，謚忠肅。

〔一〕及：原作「乃」，據《水心集》卷二六改。
〔二〕是：原作「事」，據《水心集》卷二六改。
〔三〕守：原作「首」，據《水心集》卷二六改。
〔四〕已：原作「以」，據《水心集》卷二六改。

起居舍人郭磊卿，謚忠肅。

贈太尉、武康軍節度、特贈少師王俞，謚忠肅。

同知樞密、觀文殿學士、太中大夫、贈光禄大夫劉珙，謚忠肅。

太子中舍、贈太常少卿曹覲，謚忠肅。

資政殿學士、太中大夫、贈開府儀同三司陳過庭，謚忠肅。

右司員外郎、贈右諫議大夫陳瓘，謚曰忠肅〔一〕。

參知政事劉大中，謚曰忠肅〔二〕。

太子少保致仕馬亮，謚忠肅。

河陽三城節度、同平章事王顯，謚忠肅。

安遠節度觀察留後、贈鎮江節度劉承規，謚忠肅。

觀文殿學士、特贈少師劉摯，謚忠肅。

和州防禦使、主管馬軍司周虎，謚忠惠。

參知政事、贈太師余天錫，謚忠惠。

端明殿學士蔡襄，謚忠惠。

山南東道節度、駙馬都尉吳元扆，謚忠惠。

參知政事翟汝文，謚忠惠。

朝請大夫、直祕閣滕膺，謚忠惠。

資政殿學士、僉書樞密 104 宇文紹節，謚忠惠。

翰林學士王陶，謚文恪。

資政殿學士胡世將，謚忠獻。

資政殿大學士、禮部尚書范雍，謚忠獻。

少師、保信軍節度使、魏國公、贈太師張浚，謚忠獻。

太子少傅致仕韓億，謚曰忠獻。

龍圖閣學士、左通奉大夫、贈端明殿學士張闡，謚忠簡。

尚書右丞、資政殿學士、贈正奉大夫許景衡，謚忠簡。

資政殿學士、朝奉大夫宗澤，謚忠簡。

追復特進、觀文殿大學士、少傅、右丞相趙鼎，謚忠簡。

樞密副使、禮部侍郎、贈兵部尚書王疇，謚忠簡。

參知政事婁機，謚忠簡。

集英殿修撰、贈寶文閣待制王介，謚忠簡。

龍圖閣學士、贈開府傅伯成，謚忠簡。

鎮安軍節度使、同中書門下平章事石保吉，謚忠武。

山南東道節度使、同中書門下平章事李繼隆，謚忠武。

利州觀察使、贈少師郭棣〔三〕，謚忠武。

待制、兵部侍郎徐誼，謚忠文。

端明殿學士洪咨夔，謚忠文。

觀文殿大學士、中大夫張叔夜，謚忠文。

觀文殿學士、光禄大夫致仕、贈少保李彥穎，謚忠文。

〔一〕肅：原無，據《宋史》卷三四五《陳瓘傳》補。

〔二〕肅：原無，據《攻媿集》卷四九補。

〔三〕郭棣：原作「郭某」。按陳傅良《止齋集》卷一三有《故利州觀察使致仕郭棣特贈寧遠軍承宣使制》，故知是郭棣。棣爲孝宗、光宗間名將，明人避永樂皇帝朱棣諱隱「棣」作「某」也。

資政殿學士黃裳，謚忠文。

端明殿學士范鎮，謚忠文。

通奉大夫宋喬年，謚忠文。

銀青光禄大夫范鎮，謚忠文〔一〕。

龍圖閣學士、左朝奉郎致仕、贈正議大夫王十朋，謚忠文。

吏部侍郎鄒浩，謚曰忠。

司農簿呂祖儉，謚曰忠亮〔二〕。

軍器簿、知洋州游仲鴻，謚曰忠。

工部侍郎徐元杰，謚曰忠愍〔三〕。

户部侍郎劉漢弼，謚曰忠。

贈太[105]子少保致仕李柬之，謚懿安。

端明殿學士、工部尚書王素，謚懿敏。

龍圖閣學士、左通議大夫、贈宣奉大夫胡沂，謚獻簡。

敷文閣待制、贈銀青光禄大夫史彌大，謚獻文。

少師吳琚，謚獻惠。

宰相陳升之，謚獻肅。

祕監、贈寶章閣待制柴中行，謚獻肅。

樞密使王藺，謚獻簡。

集英殿修撰、吏部侍郎孫逢吉，謚獻簡。

中書侍郎傅堯俞，謚獻簡。

司空、太尉韓絳，謚獻肅。

蔡州團練使、贈保寧軍節度使劉從德，謚康懷。

金紫光禄大夫竇舜卿，謚康敏。

龍圖閣學士、通奉大夫、贈光禄大夫吳芾，謚康肅。

太子太師致仕張昇，謚康節。

太子少師致仕辛仲甫，謚康節〔四〕。

武信軍節度使陳堯咨，謚康肅。

太子少師、左丞、觀文殿學士趙槩，謚康靖。

太子少傅致仕李若谷〔五〕，謚康靖。

資政殿學士、通議大夫孫永，謚康簡。

端明殿學士、簽書樞密院事、贈資政殿學士、正奉大夫林大中，謚正惠。

忠武軍節度使、同中書門下平章事王審琦，謚曰懿。

鎮江節度、同平章事劉升之，謚成肅。

正奉大夫、尚書僕射、同中書門下平章事、兼樞密使、贈特進葉顒，謚正簡。

太子太保呂端，謚正惠。

彰德軍節度觀察留後、贈侍中馬知節，謚正惠。

觀文殿大學士吳充，謚正憲。

〔一〕范鎮重出。

〔二〕亮：原無，據《宋史全文》卷三三補。

〔三〕愍：原無，據《宋史》卷四二四《徐元杰傳》補。

〔四〕與上條重出。張昇以太子太師致仕，見《宋史》本傳，作「少師」亦誤。

〔五〕谷：原作「容」，據《宋史》卷二九一《李若谷傳》改。

兵部尚書袁甫，謚正憲。

資政殿學士、贈太師施師點，謚正憲。

贈華文閣待制吳柔勝，謚正【106】肅。

資政殿學士、宣奉大夫致仕、贈少傅蕭燧，謚正肅。

資政殿大學士、尚書左丞、贈吏部尚書吳育，謚正肅。

禮部侍郎袁燮，謚正獻。

中大夫、參知政事、贈光禄大夫、資政殿大學士鄭聞，謚正獻。

徽猷閣學士、宣奉大夫、贈特進趙師睪，謚宣敏。

端明殿學士魏峻，謚宣敏。

武昌軍節度觀察留後、贈平江軍節度使錢惟濟，謚宣敏。

三司使、户部侍郎、贈禮部尚書楊察，謚宣懿。

右僕射魏仁浦，謚宣懿。

中奉大夫、徽猷閣待制李浦，謚宣簡。

太師、秦王吳近，謚宣靖〔一〕。

參知政事、兵部尚書宋綬，謚宣獻。

資政殿大學士、參知政事樓鑰，謚宣獻。

太子少傅致仕田況，謚宣簡。

贈中書令楚昭輔，謚景襄。

資政殿學士、左中大夫、贈左正奉大夫程克俊，謚章靖。

龍圖閣直學士、右光禄大夫滕甫，謚章敏。

資政殿學士、左通議大夫致仕、贈光禄大夫張綱，謚章簡。

太子少保元絳，謚章簡。

樞密知院鄭昭(光)〔先〕，謚元襄。

參知政事鄒應龍，謚元襄。

宣州通判舒璘，謚元襄。

禮部侍郎張宓，謚元襄。

贈少保史彌忠，謚元襄。

資政殿學士、左太中大夫致仕、贈僉書樞密、太師韓肖胄，謚元穆。

右千牛衛上將軍李崇矩，謚元穆。

泰寧節度、同中書門下平章事李昭亮，謚良僖。

嗣安定郡王、贈奉國節度世恩，謚良僖。

鎮潼節度觀察留後、贈威武節度使李端，謚良定。

相州觀察使、贈昭慶【107】節度使劉從廣，謚良惠。

振武節度李璋，謚良惠。

武寧軍節度使張永和，謚良恪。

成州防禦使、入内内侍省副都知馮宗道，謚良恪。

景福殿使、湖州觀察使致仕、内侍省副都知、贈保大軍節度使藍安石，謚良恪。

威塞軍節度使馮守信，謚勤威。

〔一〕按，前文禮五八之九一云：「太師、秦王吳近，謚莊簡。」人重而謚異。

集慶軍節度使張孜，謚勤惠。

贈安武節度宋守約，謚勤毅。

四川總領、寶謨閣待制陳咸，謚勤節。

昭武軍節度觀察留後、贈昭德軍節度使石全育，謚勤僖。

資政殿學士、光禄大夫、中山府路安撫使、贈特進陳亨伯，謚愍節。

左驍衛上將軍、贈昭信軍節度使杜審琦，謚温肅。

保康軍承宣使、贈慶遠軍節度使張見道，謚温恪。

右光禄大夫、知樞密院事孫固，謚温靖。

皇城使、海州團練使、入内内侍省副都知、贈奉國軍節度使蘇利涉，謚勤僖。

武康軍節度使、侍衛馬軍都指揮使、贈太尉吳拱，謚襄烈。

知樞密院事、太中大夫、贈特進王綸，謚章敏。

徽猷閣待制、知黄州令峸，謚襄毅〔一〕。

太尉、武當節度、贈開府楊政，謚襄毅。

少保、崇信軍節度使、贈少傅趙密，謚襄恪。

僉書樞密、累贈太傅樓炤，謚襄靖。

安遠軍承宣使、贈少師、昭慶軍節度使王進，謚襄懋。

徽猷閣直學士、贈左光禄大夫席貢，謚襄榮。

知西和州、特贈華文閣待制陳寅，謚襄節。

雄武軍承宣使、贈昭化軍節度使關師古，謚毅勇。

鄉德軍節度使、簽書樞密院事、贈少108保王淵，謚襄愍。

《劉亮傳》亮位刺史，卒謚曰襄〔二〕。

（前殿）〔殿前〕副都指揮使、武康軍節度使劉昌祚，謚毅肅。

太常少卿王萬，謚節惠。

建寧節度觀察留後、贈安武軍節度使楊景宗，謚壯定。

耀州觀察使、贈昭信軍節度使夏隨，謚壯恪。

馬軍副都指揮使、贈彰武軍節度使王凱，謚壯恪。

户部尚書、贈資政殿學士、宣奉大夫梅執禮，謚節愍。

尚書左丞、贈禮部尚書余靖，謚節愍〔三〕。

工部侍郎、贈顯謨閣學士丁黼，謚節愍。

登州防禦使、贈定江軍節度使郭鈞，謚壯平。

龍神衛四厢都指揮使、保寧軍承宣使、贈檢校少保、昭化軍節度使閻勍，謚壯節。

步軍都指揮使、邕州觀察使、兼權侍衛馬軍司劉永年，謚壯恪。

贊善大夫、知康州、贈光禄少卿趙師旦，謚壯愍。

奉寧軍承宣使、追封鄉德軍節度使、開府儀同三司、贈

〔一〕按《宋史》卷四四七《趙令峸傳》謚愍忠，與此異。

〔二〕按，此是西魏人，見《周書》卷一七《劉亮傳》。闌入於此，大謬！

〔三〕此條有誤，余靖未嘗爲尚書左丞，亦不謚節愍，宋代曾任尚書左丞者亦别無余靖其人。

少師种師中，謚壯愍。

追復宣州觀察使曲端，謚壯愍。

奉國軍承宣使、贈奉國軍節度王資之，謚温恭。

延福宫使、贈寧國節度陳永錫，謚温恭。

静江軍節度觀察留後、贈太尉劉平，謚壯愍。

馬軍都虞候、贈武勝軍節度使任福，謚壯愍。

寧遠軍節度使、殿前副都指揮使楊遂，謚壯敏。

武勝軍節度觀察留後王厚，謚壯敏。

武信軍承宣使、贈保静軍節度使張宗顔，謚壯敏。

捧日天武四廂都指揮使、昭信軍承宣使、贈慶遠軍節度使王勝，謚毅武。

威武軍承宣使梁邦彦，109 謚清節。

殿前都指揮使、武信軍節度使燕達，謚毅敏。

徐州觀察使、涇原路經略安撫使劉舜卿，謚毅敏。

端明殿學士范之柔，謚清獻。

朝奉郎致仕葛思書，謚清孝。

追復樞密直學士豐稷，謚清敏。

龍圖閣學士、贈左光禄大夫、太傅子潚，謚清敏。

軍器監、直顯謨閣范應鈴，謚清敏。

資政殿大學士、中大夫、贈正奉大夫周葵，謚簡惠。

參知政事、贈兵部尚書薛奎，謚簡肅。

中大夫、門下侍郎温益，謚定簡。

檢校少保、建武軍節度使、捧日天武四廂都指揮使、江南西路副都總管、贈開府儀同三司楊惟忠，謚恭勇。

贈推誠宣力功臣、資德大夫、中書右丞、上護軍石抹青山，謚武定[一]。

宣徽南院使、内客省使、武州團練使郭守文，謚忠武。

華文閣直學士、宣奉大夫致仕、贈特進程叔達，謚莊節。

觀文殿大學士、左僕射賈昌朝，謚文元。

右監門衛大將軍、吉州團練使、贈保寧軍節度使趙士跂，謚忠果。楊萬里《誠齋集·節使趙忠果謚議》議曰：「身與義孰重，曰義重；志與功孰難，曰志難。古人不以天下易兩臂，蓋以身重于天下故也。然身不可殺，乃有殺身以成仁；生不可舍，乃有舍生而取義。蓋以天下至重之器在義而不在身。古人不以九合易一死，蓋以功難于濟世故也。然以其君霸者，或有比之而不悦；以其君顯者，或有耻之而不爲。君子是以知天下至難之業，不在功而在志。故節使趙公奮至難之志而不懼，捐甚重之身而無愛，功雖不就，義則獨高矣。矧公神明之胄，宗室之英，乃與上古之仗節死義者争日月之光，凌霜雪之嚴，是歲寒之松生于高宗之景山，疾風之草生于文王之靈囿也。《詩》不云乎：『豈無他人，不如我同姓。』議禮者當正色而謚之，夫何疑焉！公在靖康之間，憤金虜之猘，痛宗國之屯，結豪傑三千人以赴京師。在建炎之間，復結義士數千人，欲爲 110 朝廷取河北。竟以謀泄，虜人執之，斷腰于市。嗚呼，痛矣！謹按《謚法》：殺身報國曰忠，犯衆所懼曰果。公之志欲取河北于既陷之後，不亦犯衆所懼乎？公之義能捐一身于衆人貪生之日，不亦殺身報國乎？宜以忠果爲謚。」

徽猷閣直學士、左朝散大夫洪皓，謚忠宣。洪遵《乞賜謚

[一] 按，此條爲誤收，石抹青山乃元人，見《元史》卷一七九《蕭拜住傳》。

劄子》：勑中書門下省，左朝奉郎、守起居舍人洪遵劄子奏：「臣輒控危悰，仰干天聽，退省僭易，甘伏刑誅。臣茲者瞻望清光，曲蒙宸眷，軫念先世，顧問再三。謂臣兩任館職，曾攝書(面命)〔命，面〕奉玉音，擢修記注，而臣弟邁又蒙收召，備數館閣。雖陛下以臣輩叨竊詞科，相繼恩除，而臣資淺材下，不次擢用，特緣先臣之故。千載榮遇，望過所期，隆天重地，何以報塞！臣追惟先臣銜命執節，十有五年，觸冒萬死，數以機事申奏。南歸之初，天語褒嘉，錫予稠疊，蒙皇太后以先臣在燕嘗獲朝覲，特賜召見，恩光卓赫，夐古所無。而入朝見嫉，馴致斥死。遭值陛下躬攬，在逐臣中首復舊職，于臣存没，已爲大幸。但緣先臣元係徽猷閣直學士，當來有司失契勘，止復敷文閣。雖徽猷、敷文階品無殊，臣竊慮天下後世無以表見，謂是貶黜，未復舊班，人子之心，實不遑處。故敢披瀝肝膽，歸命君父，欲望聖慈追復舊職，仍乞憐臣哀懇，特(旨)〔賜〕睿旨下太常寺，取索先臣行狀，稽考平生，錫以美謚。豈特臣一門父子之榮，實爲萬世忠義之勸。臣冒瀆宸旒，無任激切戰懼待罪之至。取進止。」貼黄稱：「臣伏覩《紹興令》，諸光禄大夫以上請謚，其藴德丘園，聲聞顯著，雖無官爵，聽所屬奏賜。臣竊惟先臣官雖未及光禄大夫，而忠義之節實不在藴德丘園之下。兼前後臣僚官職甚微而賜謚者亦多，伏望聖慈特賜憐察。」三月二十八日，三省同奉聖旨，依所乞。

左宣教郎、太常博士鮑彪撰〔謚議〕：「檢(書)〔會〕舊例，賜謚人起紹興元年，自豐清敏、宗忠簡而下二十九人，並不載議文。今索到洪尚書家行狀，字數不少，難以具上，略疏如下。公天姿忠孝，性稟剛直，吏治强明，發自初載，學問淵博，拔于輩流。狀公行治者數千言，未易殫數也，姑略其細，摭其大，得二美焉，曰忠曰宣。謹按《謚法》：『慮國忘家曰忠，善聞周達曰宣。』公之銜命出疆也，擢自上知，辭不獲命，則母子相勉以義。幼稚呱泣弗顧，抗旍鼓行，濱死者數矣。至太原時，牢拒僞命之官，而以鼎鑊自甘。遞冷山時，連拄悟室之怒，而以沉淵自分。其來歸也，天語褒之，曰『卿忠貫日月，雖蘇武不過』。復官之制又曰：『惟知忠力以衛上，不顧險夷之在前。』是不曰『慮國忘家』者乎？公之司嘉禾録也，會秋不雨，流冗塞途，毅然以荒政自任，所全活九萬五千人，故郡人以『佛子』目之。至雲中時，粘罕之下稱其忠，止劍以脱其死。議遣歸時，留守之副嘉其忠，易牘而護其行。其二子中詞科也，天 111 語褒之曰：『父在遠，能自立，此忠義報也。』復官之制又曰：『誠貫日月，聲震朔方。』是不曰『善聞周達』者乎？有此二美，故敢仰承明詔，謚之曰忠宣。」

賜謚忠宣制：「勑：見危授命，人臣徇國之大忠；定謚易名，王者旌賢之盛典。茲永懷於哲艾，嘗執義於殊鄰，追賁榮稱，用申褒法。故徽猷閣直學士、左朝散大夫洪皓，忠貫日月，志懷雪霜。堂堂棟幹之姿，卓卓珪璋之德。抱至剛而養氣，奮不顧以致身。銜威而有成功，請行萬里；伏節而不可屈，惟盡一心。傳二國之言而無私，贊五利之和而不聳。念十五年沙漠之外，全節之歸；爲二千石桑梓之邦，擁麾而治。聲猷並著，智勇兼全。慨挺生於傑才，殊未究於大用。偶罹媢忌，没在譴訶。雖優復職之恩，尚缺叙勳之禮。肆疇往行，定議曲臺，俾參美於八元，緊垂芳于千古。噫！忠之盛而孝亦至也，獲終養于慈闈；嗣其勞而世有後哉，萃英才於子舍。特加異數，益勵純臣，尚其爽靈，歆此渙渥。可特賜謚忠宣。」

《盤洲文集》洪适《謝賜先臣謚忠宣表》：「伏蒙聖恩，以臣弟左朝散郎、守起居舍人臣遵有請，特賜先父徽猷閣直學士、左朝散大夫臣某謚忠宣者。先臣銜使，不忘徇國之忠；同産抗章，仰拜易名之寵。哀榮終始，感涕縱横。臣中謝。竊以六家所以成書，斷自周公而下；三品然後節惠，詳夫唐世以來。褒貶咸決于君前，善惡不誣於身後。非有傑出之迹，安得殊常之榮？伏念先臣當鳴鏑之敗盟，以單車而脩好。聞諸夫子，不辱命于四方；執我行人，甘茹毛于窮海。艱難備矣，操守確然。數其亂華之僭〔一〕，折彼取蜀之問。及上介汙賊庭之禄，之死靡他；至同倫易虜帳之官，没身不屈。屢臨白刃，弗變南冠。至于間道以奏祐陵，冒禁而朝太后，祕計屢通于係帛，危機嘗困于晝牢。流遞冷山，七八月而見雪；操持禿節，十五載而入疆。蒙神聖之簡知，值權邪之毁隔，遠投裔土，莫駐頹齡。幸逢琴瑟之更張，遂致絲綸之溶出。賜之嘉

〔一〕僭：原作「僣」，據《盤洲文集》卷三五改。

諡，卓爾異恩。著甲令以顯褒，達丁年之善聞。諸孤不肖，益殫戴舜之誠；幽壤有知，必效亢回之報。茲蓋伏遇皇帝陛下躬行仁政，心念功臣。謂匡衡之排妒陳湯〔一〕，皆其私怒，而忠州之譴逐陸贄，恨不生還。隆曲澤以飾終，示清朝之彰善。事光存没，風勸邇遐。使忠貫日月之稱，在德蘊丘園之上。臣謬居冢嫡，獲奉烝嘗。掃地焚黄，丕變松楸之色〔二〕；瞻天上牘，不勝狗馬之心。臣無任。」

《敬書先忠宣賜謚制書後》：「臣聞足再刖而玉顯其美，火百鍊而金知其精。人臣忠邪，至身後而是非始判。發潛德之幽光，誅奸諛于既死，孔子作《春秋》之旨也。先臣當戎馬紛紜之際，使不可測之絶國，十有五年然後歸。陛下謂蘇武不能過，且許筆賜其傳。會先臣席不煖而逐〔三〕，弗獲藏奎璧之寶。今又十有五年，弟遵入對，陛下褒歎忠節，復道前語，恩隱再三，寵之令謚。生雖奇剥，芬香 112 多矣。臣謂衛律、李陵屢説而武不降，先臣則爲韓昉所逼，三〔晚〕〔换〕官而不受。張勝事泄，武有擬劍幽窨之危，先臣則不同龔璹仕齊，寧蹈利刃。冷山無以異于窮海之北，餬口于悟室，無異于軒王隻影南翔〔四〕，所不及牧羝者四歲。至若通永祐之表，朝長樂于燕；間道蠟書，其至有九；潛見王人，幾償牢户；問答往反，皆有關庇民之語〔五〕；投其詩文，篇篇以戢兵爲意。此則武所無者。陛下以爲武不能過，聖訓明哉！然燕王聲霍光之罪，以武久縶而歸，財得一典屬國，楊敞無功，迺爲搜粟都尉，遂謂光顓權自恣，疑有非常。而秦檜排妒先臣，不使一旬寓乎玉堂之直，致陛下有大用之意而不遂，終之流放醜地，九年不返，則得禍之酷特甚于武。武之一子黨叛人而誅，漢廷憐之，爲之遠贖胡出，蘇氏賴以不絶。而臣以先臣故獲戾，亡檜至謂家傳强暴，曲法免官。非遇天日清明，則亦禁錮就死。嗚呼！一言華衮，萬世不刊，易名崇終，匹休麒麟圖畫，諸孤不肖，咸叨録用，恩徧存没，又過蘇氏。臣礱石以識異渥。泰龜逢吉，鎮之松區，洩九京之冤，鼓忠義之氣，於茲見之。」

《右僕射贈特進洪适謚議》〔六〕：奉議郎、太常博士黄黼謚議，〔謚〕〔議〕曰：「飾乎外而無乎内，其失也誣；有乎内而不飾乎外，其失也固。君子以爲與其誣也寧固。故華實貴乎相稱，表裏貴乎相符，言行貴乎相顧，既其文不既其實，君子不由也。故丞相洪公某以文章發身，以純實履行，其亦華與實稱，表與裏符，言與行顧者歟！方忠宣公某之〔再〕〔在〕虜中也，公猶未冠，能自刻厲，掇取異科。忠宣還朝，牴牾時宰，竄謫瘴地，公之仲、季角立傑出，如璩、瑒處魏，機、雲入洛。公益務自晦，不敢萌一毫干進意。迨受知兩朝，出入中外，其爲政則興利除害而有惠術，其立朝則守法奉公而無私心。聲實蜚騰，眷簡隆渥。不數年間，徑至大用，其亦遭時遇主然耶！竊嘗比其始末而究觀之。按庚江東也，病役使不均，則論上中十户均差，而使貧下得以受惠。方鬻逃田，則請業主以元估就贖，而使流徙得以復業。總餉淮東也，均海州解圍之賞，而士卒無異辭；增沿邊降胡之券，而歸附無離心。則公之惠利，抑亦宏矣。至於視草擅湧泉之譽，批勑有回天之風。洎膺柄用，首竄三省、密院額外吏，而正堂後官謝褒私其子之罪。劉貢之始除臺察也〔七〕，公以其賢而譽之。後昵近技術之流，頗撓臺憲，未幾除殿中，公於上前斥言其過，除書不啓而貢罷，上益知其無私。周旋省闥，登踐政塗，在相位無幾，而未嘗爲親故干求榮進。論事務理勝，而無私怨有所不卹〔八〕。薦進先寒素，而其失舉也，不敢自恕，斷斷然無毫髮之私。居閑十六年，幅巾藜杖，倘佯緑野之適。涵茹古今，陶冶物態，時寓于歌詠紀述之間，榮利不入其心。其進也若畏，其退也若休，則公之平生大槩亦可睹矣。世固有興除利害，搜剔敝蠹，113 使實惠在民，而遺愛及遠，是其政也，而或病其少文。亦有摛藻掞庭，舒文華國，可以用世，可

〔一〕匡：原作「康」，據《盤洲文集》卷三五改。
〔二〕楸：原作「秋」，據《盤洲文集》卷三五改。
〔三〕席：原作「度」，據《盤洲文集》卷六二改。
〔四〕「軒」原作「靳」，「隻」原作「雙」，據《盤洲文集》卷六二改。
〔五〕有關：原作「存闕」，據《盤洲文集》卷六二改。
〔六〕按，以下二段宜移於前文禮五八之一〇一洪适條後。
〔七〕劉：原缺，據許及之撰洪适行狀（《盤洲文集》附録）補。
〔八〕無：似當作「於」。

以行遠，是其文也，而或病其無實。乃公兼之。按《謚法》：『德美才秀曰文，遺愛在民曰惠。』哀是二美，則于公其有合矣。」

覆謚，朝散郎、考功員外郎鄭汝諧撰。議曰：「故忠宣洪公某以不辱命羈留虜庭，一旦握節來歸，忠義之聲暴白於天下。卒爲時相所忌，擯棄嶺外，識者冤之。是生三子，皆能以文學世其家，蓋天以是豐其報也。丞相、大觀文某生而俊邁，未弱冠已爲名公之所稱賞。兄弟相踵，俱中宏博之選，洪氏家學，遂名一世，接武華貫，亦相先後。公獨蚤結主知，致位宰輔，惜其用不甚久，其所抱負不能見之大施設、大勳業。然平日所居之官，其略可覩。外而佐州典藩，持節總餉，無非裕國便民之事，內而論思獻納，建議揆策，亦皆關國家之大體。其詳載於行實，而太常亦舉其凡申言之，兹不復云云。以『文惠』易名，蓋摭其實也，于義爲稱。」

敷文閣直學士、朝請大夫、贈通奉大夫陳良翰，謚獻肅。

孫應時《燭湖集·代請陳詹事良翰謚狀》：「臣等孤遠小臣，微比螻蟻，輒干萬死，仰叩九閽。臣竊以榮親者人子之至情，章善者朝廷之令典。矧逢際會，敢後控陳？伏念臣等先父敷文閣直學士、左朝請大夫致仕、臨海縣開國男、食邑三百户、賜紫金魚袋、贈左太中大夫臣良翰，早以儒生，進陪國論。頃乾道己丑歲，任左諫議大夫，方皇帝陛下潛德朱邸，而東宮虛位，天下屬心，惟先臣嘗手疏面陳，願早定議，以繫國本。壽皇聖帝察其樸忠，開懷獎納，以爲人所難言。越明年，下詔建儲。先臣已奉祠里居，首與故從臣王十朋並膺妙簡，除領詹事，兩降詔旨趣行，仍令州郡禮遣。暨入陛對，慰諭隆渥，專委調護，不兼他官。先臣亦感激自幸，每事罄竭，仰蒙皇帝陛下禮接尤重，度越常等。其冬以疾求去，有詔特聽五日一參，問『誰可代卿者』，先臣即以故從臣胡沂、周操爲對，尋即相繼召用。病劇告老，畀職領祠，遣使勞撫，賜以衣帶。還家踰年，無祿即世，遺奏贈秩，具如彝章。惟是易名之請，限于階品，未敢上列。兹者恭遇皇帝陛下繼舜受曆，龍飛御天，振古大慶，恩施周普，至若官寮庶尹，並蒙超奬，榮耀聯屬，爲千載一時之會。臣等私自慨念，先臣於諸舊僚名在第一，事迹本末如前所陳，已不及身見今日之盛，理勢隔絶，萬無他覬，唯有飾終一節，猶可望賜九泉。臣等不以此時籲天有請，大懼先臣有善弗傳，孤負聖明當時任遇之意。兼臣又覩著令，諸官不應得謚，而聲稱顯著者亦許定謚。載念先臣平生正色立朝，直道事主，公論所與，信史所載，未可一二縷數。初任言責，論捨淮防江之非計，爭唐、鄧、海、泗之不可捐，辯張浚精忠老謀，湯思退姦邪誤國，反復剴切，天 114 下韙之。太學諸生伏闕上疏，請復召用。去國未幾，還陟從列，封駁論諫，排抑權倖，益無所顧避。進退去就，截然明白。壽皇聖帝素加器遇，嘗有『卿以正直爲朕所知』之褒。（曉）〔晚〕職端尹，尤號得人。至于事親處鄉，牧民察吏，行誼風績，靡不可書，揆之聲稱顯著之文，實亦無媿。臣等不敢欺罔，昧死以聞，伏望皇帝陛下天地垂仁，不遺細微，日月委照，罔間幽潛。推念舊之恩，可以示天下之厚；舉勸賢之義，亦以明天下之公。使先臣蒙節惠之榮，則臣等雖就戮不恨。所有知漳州朱熹前任迪功郎日撰先臣行狀一通，謹繕寫成册，隨狀投進。欲乞聖慈降付有司，特賜定謚施行。臣等無任瞻天望聖、激切屏營之至。」

太師、平章軍國重事文彥博。

先謚忠烈，後奪謚，政和五年賜恭烈。

翰林學士、追復龍圖閣學士范祖禹，謚正獻。

追封成國公希懌〔一〕，謚正惠。

（以上《永樂大典》卷一三三六〇）

處士謚

【宋會要】

115 **宋承事郎、贈宣教郎王庠，謚賢節處士。** 庠（正）〔政〕和中授廉遜處士號，後來朝廷雖與授官，並不就禄。淳熙元年，緣其子進士本陳

〔一〕「希懌」上原有「林」字。按宋代無封成國公之林希懌其人。據《宋史》卷二四七《宗室傳·〔趙〕希懌傳》，希懌嘉定五年卒，封成國公。則此「希懌」乃趙希懌，非林希懌。按宋制宗室不題姓，今删「林」字。

乞，太常寺擬謚，寵至益戒曰賢，好廉自克曰節。

僧謚

【宋會要】[一] 咸平三年八月，梵僧法賢卒，謚慧辨。四年，法天卒，謚元覺。其後施護卒，謚明悟。《真宗（寶）〔實〕録》：大中祥符六年六月甲申，詔謚誌公真覺大師宜加爲道林真覺大師。宋敏求《東京記》：（詳）〔祥〕符五年，謚真覺大師。又曰：大中祥符六年六月，詔泗州僧伽大師加號普照明覺大師。（以上《永樂大典》卷一三三六五、一三三六六）[二]

[一] 按，以下一段乃録自《事物紀原》卷七，其中「謚明悟」以上標明引自《國朝會要》，其下並非《會要》文。

[二] 按，以上二目原未標《大典》卷次，陳智超據《永樂大典目録》定於卷一三三六五、一三三六六（《解開宋會要之謎》頁一六〇），今從之。此二卷爲「謚」字韻「事韻」目，其前諸卷即「歷代群臣謚」。

宋會要輯稿　禮五九

册命親王大臣

❶國朝《開寶通禮》載三師、三公、親王、大臣臨軒册命儀。凡降制命宰相、親王、使相、樞密使、西京留守、節度使及公主制書，皆有備禮册命之文，多上表辭免而未嘗行。其制並翰林草詞，夜中進入，翌日自内置於箱，二黄門對捧，立於御座之東。内朝退，黄門捧箱降殿，出殿門外，宣付閤門使，降置案上。俟文德殿立班，閤門使引制案出東上閤門横街南，當殿宣付中書門下。宰臣跪受，捧制歸位，轉付通事舍人，赴宣制位，舍人唱其名。宣訖，復授宰臣，宰臣轉授堂後官。若后妃、親王、公主，即先稱有制，百官再拜，宣畢，復舞蹈。如宰臣加恩制書，即宣付通事❷舍人，引宰臣於宣制石東〔一〕，北向再拜，立聽訖，拜舞還位。如百官授制者，即自班中引出聽麻，文班在宣制石東，武班在西，並如宰臣儀。聽訖，出赴朝堂。其罷相者，即引出赴朝堂金吾仗舍。如别無中書門下及參知政事，其制書直〔赴〕〔付〕堂後官。凡宰臣、親王、樞密使、節度使告勑，皆閤門使於朝謝前一日從内出東上閤門外宣詞以賜。凡降麻者，所授勑使相並列銜。如授節者，仍交旌節。授賜者俛伏，執旌節交於頸上者三。凡參知政事、宣徽使、樞密副使、大兩省、兩制、祕書監、上將軍、觀察使以上，其授官告、勑牒，皆拜勑舞蹈於殿門下。若止授勑或宣頭者，止再拜。餘官於殿門階下，止再拜。若止授勑或宣頭不拜〔二〕。御史大夫、中丞拜殿，授東上閤門使，又引至殿門外中籠門再拜。凡親王、使相、節度使官誥，並載以綵輿迎歸第。親王輿中設銀師子香合〔三〕。輦官、十二人，並幞頭、緋繡寬衣。旌節、各二。馬、四。穳稍官，十六人，執旌節攏馬對引〔四〕。由乾元門西偏門以出至門外。馬技騎士、五十人。槍牌步兵、六十人。教坊樂工六十五人。及百戲蹴踘、鬭鷄、角觝，次第迎引，左右軍巡使具軍容前導至本宫〔五〕。使相、節度使輿中用銀香鑪。輦官、十二人，金鷰帽〔六〕、錦絡縫紫絁寬衣。旌節、各一。馬、二。穳稍官、八人。馬技騎士、二十人。槍牌步兵。二十四人。軍巡使不前導，餘如親王之制。

太宗淳化五年五月六日，兩降白麻，以府州觀察使❸折御卿爲永安軍節度使，加檢校太保，食邑五百户，以同討李繼捧之功也。是日夏至假，百僚不入，御史臺未明追班，序立於庭，以宣制書，非常也。

二十一日，右僕射李昉以司空致仕，令男宗諤齎詔書

〔一〕石：原作「右」，據《宋史》卷一一一《禮志》一四改。
〔二〕止授：原作「上」，據《宋史》卷一一一《禮志》一四改補。
〔三〕「銀」下原有「香」字，據《宋史》卷一一一《禮志》一四删。
〔四〕攏：原作「擺」，據《宋史》卷一一一《禮志》一四改。
〔五〕具：原作「其」，據《宋史》卷一一一《禮志》一四改。
〔六〕鷰：原作「鵔」，據《宋史》卷一一一《禮志》一四改。

就第賜之。

真宗景德二年二月三日，武寧軍節度使、同中書門下平章事石保吉、馬軍都指揮使、感德軍節度使葛霸上言：「奉制加恩，舊例自閤門拜受，出乾元門，用鼓吹、優樂前導歸第。伏以聖上居大行皇太后心喪，方在徹縣，迎受之儀，望賜停寢。」從之。

十月七日，詔：「每遇降麻及宣御劄，皇城司、殿前司指揮把門人員，不得放非立班人於殿庭聽宣。如違，並當重行朝典。」

大中祥符元年十二月十五日，帝謂王旦等曰：「先帝每命宰臣、親王，降制則不御崇德殿視朝，應有故事，其旨以命宰臣、親王，示帝王不專耶〔一〕？」是日以慶行，宰臣、親王、節度使皆有制加恩，故帝詢及於此。

三年十二月，詔刺史、少卿監已上在外任，其加恩告勅如有親屬願齎送去者並聽，自餘馬遞降下。

四年六月，寧王元偓等言：「昨奉聖恩，俱膺寵命，以從弟德存身亡，顯有服式，迎授之日，合陳音樂，有此未便。又緣諸鎮節度使各授麻制，望頒朝旨，先令迎授。」從之。

八年四月十五日，樞密院言：「新樞密使王欽若、陳堯叟及武勝軍節度使寇準各上表辭恩命，其不允批答合差使臣六人齎賜。」詔樞密副承旨、中書堂後官、4主事齎送，所得事例各令均分。副承旨、堂後官爲一等，主事、守（闕）〔闕〕主事爲一等，內提點五房公事劉明恕量與加賜。自今並依此例。

二十二日，王欽若、陳堯叟上言：「臣等欲以二十八日與寇準同入謝，緣準二十七日私忌，望許準先中謝訖，別日迎受。」帝曰：「此非故事，理亦不便，不若各自謝也。」準又表請罷迎受，可之。

二十三日〔二〕，榮王元儼降封端王，宣制於崇政殿門之外。時榮王宮火，延燔殿庭故也。

十二月十七日，禮儀院言：「皇子壽春郡王告勅，望令中書進呈，別擇良日閤門使押引詣內東門進納，宮中給賜。」詔令閤門使就內東門依降麻官告例賜。

二十四日，閤門言：「儀制，宣賜親王告勅，閤門使稱『有敕』，再拜，口宣訖，搢笏跪授。候箱過，俛伏，興，再拜，搢笏，舞蹈三拜，退。將來宣賜壽春郡王告勅，稱有勅，再拜，口宣，應諾，跪授後，擬只再拜，隨拜萬歲，退。」詔可。

九年八月十三日，樞密使、同平章事陳堯叟罷爲右僕射，表辭恩命。答詔不允，遣使臣齎賜第，召堯叟子賜之。

天禧二年二月四日，樞密院言：「楚王加恩，自來不遣使賜批詔，望依例進內。壽春郡王加恩，合有迎授恩命。」詔罷迎授之禮，其告勅如八年例，於內東門賜王，餘如所

〔一〕示：原作「視」，據《長編》卷七〇改。

〔二〕按，據《長編》卷八四：四月二十三日壬申榮王宮失火，至五月二日壬午，榮王降爲端王，此處繫日不確。

請。旌節令周懷政就元符觀內安置。

八月五日，王旦授太尉、玉清昭應宮使。時旦居疾在告，不能赴朝謝，特命其子大理評事雍就賜。其謝恩日賜物，亦令就第賜之。以上《國5朝會要》。

治平四年神宗即位未改元。三月十九日，皇弟東平郡王顥言：「(家)〔蒙〕恩授兩鎮節度使，進封昌王，仍令所司擇日備禮冊命。竊以臨軒冊命之禮，國朝以來，雖元功鉅德之臣，未嘗敢有當之者。伏望收寢冊命。」從之。

哲宗元祐三年四月五日，尚書右僕射、兼中書侍郎呂公著除司空、同平章軍國事，一月三赴經筵，二日一朝，因至都堂議軍國事。令所司備禮冊命。於是公著免冊禮，令學士院降詔，從之。故事，親王、大臣例辭冊禮，後不復書。以上《續國朝會要》。

高宗紹(興)三十年三月二十七日，詔曰：「朕荷天祐序，承列聖之丕業，思所以垂裕於後，夙夜不敢康。永惟本支之重，彊固王室，親親尚賢，厥有古義。普安郡王瑗〔一〕，藝祖皇帝七世孫也。自幼鞠于宮闈，嶷然不群，聰哲端重，閱誼有立，亢于宗藩。歷年滋久，厥德用茂，望實之懿，中外所聞。朕將考禮正名，昭示天下。立愛之道，始于家邦，自古帝王以此明人倫而厚風俗者也。稽若前憲，非朕敢私。其以瑗爲皇子〔二〕，仍改賜名瑋〔三〕。可特授寧國軍節度使、開府儀同三司，進封建王，仍令所司擇日備禮冊命。」制曰：「聖人謹禮，其垂百世之規；君子篤親，爰假有家之吉。朕祗膺景命，寅奉丕圖，思置天下於磐石之安，必侈公室於維城之固。恩繇貴始，國以宗彊。聿資右序之休，用協棠懷之慶。我有明命，敭于大庭。皇子檢校少保、常德軍節6度使、普安郡王瑗邃稟天成，雋猷時敏，體備五行之秀，氣兼四序之和。問安蚤侍於宮闈，學禮不煩於師傅。旋開邸第，就畀齋旄。卓犖不群，允矣神明之胄；溫良持重，居然信厚之風。韞才識以益充，居富貴而不溢。遊心典籍，惟前言往行之師；接席賓僚，有春誦夏弦之樂。用是深存睠奬，肆示褒嘉。錫山與田，冊王封之真命；維袞及黼，視宰路之縟儀。易宣城之巨藩，疇爰田之多邑，以壯本支之形勢，以新中外之觀瞻。於戲！昭令德以示子孫，朕無忘於斯義；藩王室以和兄弟，爾思配於前人。勉服訓辭，益光蕃衍。」辭免受冊，降詔宜允。以上《中興會要》。

紹興三十二年孝宗即位未改元。七月八日，特進、觀文殿大學士、判建康府、充江南東路安撫使、馬步軍都總管、兼行宮留守、專一措置兩淮事務、兼節制淮東西建康鎮江府江池州軍馬、和國公張浚除少傅，依前觀文殿大學士、充江淮東西路宣撫使，建康府置司，仍節制建康鎮江府江陰軍江池州屯駐軍馬，進封魏國公，令所司擇日備禮冊命。

〔一〕瑗：原作「孝宗舊名」，據《宋史》卷三三《孝宗紀》一改。下文「瑗」並同。

〔二〕皇子：原作「皇太子」，按《宋史・孝宗本紀》，此時乃立爲皇子，至紹興三十二年五月方立爲皇太子，據刪「太」字。

〔三〕瑋：原作「孝宗舊名」，據《宋史》卷三三《孝宗紀》一改。

二十一日，少保、保康軍節度使、充萬壽觀使吳益除少傅，進封(太)〔大〕寧郡王，充醴泉觀使，仍令所司擇日備禮册命。

九月一日，皇子蘄州防禦使愭除少保、永興軍節度使，進封鄧王。皇子貴州團練使愷除雄武軍節度使、開府儀同三司，進封慶王。皇子榮州刺史惇除鎮洮軍節度使、開府儀同三司，進封[7]恭王。並令所司擇日備禮册命。

二十八日，少傅、奉國軍節度使、四川宣撫使、領御前諸軍都統制職事、充利州西路安撫使、判興州、充陝西河東路宣撫招討使、成國公吳璘除少師，餘如故。令所司擇日備禮册命。

孝宗隆興元年十二月三日，特進、尚書左僕射、同中書門下平章事、兼樞密使、信國公陳康伯，罷尚書左僕射，授少保、觀文殿大學士、判信州，進封福國公。仍令所司擇日備禮册命。

乾道元年五月二日，少師、奉國軍節度使、四川宣撫使、領御前諸軍都統制職事、充利州西路安撫使、判興州吳璘除太傅，進封新安郡王，餘如故。仍令所司擇日備禮册命。

六月十六日，少傅、保康軍節度使、充醴泉觀使、大寧郡王吳益除少師，餘如故。寧武軍節度使、開府儀同三司、充萬壽觀使、永嘉郡開國公吳蓋除少保，餘如故。並令所司擇日備禮册命。

三年十二月十八日，少師、保康軍節度使、充醴泉觀使、大寧郡王吳益除太傅，餘如故。令所司擇日備禮册命。

七年二月八日，皇子雄武軍節度使、開府儀同三司、慶王愷除雄武保寧軍節度使，依前開府儀同三司、判寧國府，進封魏王，餘如故。令所司擇日備禮册命。

八年九月十二日，少傅、觀文殿大學士、江淮東西路宣撫使虞允文除少保、武安軍節度使、充四川宣撫使，進封雍國公。令所司備禮册命。

九年十二月十七日，皇叔祖檢校[8]少保、昭化軍節度使、開府儀同三司、判大宗正事、嗣濮王士輵除少保，餘如故。令有司備禮册命。

同日，皇兄檢校少保、岳陽軍節度使、開府儀同三司、充萬壽觀使、永陽郡王居廣除少保，餘如故。仍令所司備禮册命。以上並辭免册命，降詔從之。以上《乾道會要》。(以上《永樂大典》卷三一八七)

群官儀制

【續宋會要】

[9]淳熙元年八月十一日，詔右丞相曾懷朝參日，許肩輿至殿門外，令閤門差承受二人，以備扶掖起居、陞殿奏事。

〔四年〕五月三日〔一〕，詔少保、觀文殿學士、充醴泉觀使、侍讀史浩免從駕。先是，史浩言：「被旨，令臣合班處於宰臣之東一行歇空立班，從駕日在少保、永陽郡王居廣之東，行馬並在執政官之上。臣竊〔以〕執政大臣實佐天子出令，非歸班奉祠之比，使居上列，臣所未安。欲援少傅、嗣濮王士輵例，特免從駕。其立班乞只於執政一行近東別作一班。」故有是命。

〔七年〕九月十四日〔二〕，上謂輔臣曰：「每日常朝可同後殿之儀，不必稱（承）〔丞〕相名。」趙雄奏曰：「君前臣名，禮也，臣豈敢當？陛下欲少更朝儀，須俟他日有碩德在位，行之未晚，決不可自微臣始。」上曰：「記得蘇洵亦嘗論此，謂名呼而進退之，非體貌大臣，丞相不須多辭。」於是詔自今垂拱殿日參，宰臣特免宣名。尋詔除朝賀六參并人使在庭依儀，其餘并免宣名。內樞密使日參，如遇押班，亦免宣名。

十年十一月十一日，詔史浩以藩邸舊臣再登揆席，力求休致，已徇所請，可特依曾公亮例，令赴闕入謝。浩以病弱無力乞寬假，別具陳乞入謝。詔從之。

紹熙元年三月十六日，詔榮陽郡王伯圭到闕，差內侍任邦俊傳宣撫問，并賜銀合茶藥。

六月十日，詔太師、魏國公史浩：「庚暑方隆，宜加調養，當10俟小愈，可即造朝。」既而浩言：「蒙荐賜宣召，臣以老病未瘳，嘗三具辭免，準詔不得更有陳請。臣幽棲田里，入所不顧，獨（渏）〔倚〕兩宮軫記疇昔，不忘舊物，俾趨闕庭。綸言三錫，恩意鼎來。又蒙親灑宸翰，有曰『至尊壽皇聖帝深念舊學之臣，見於慈訓』，而陛下亦以違去之久，每懷注想。今臣宜體眷渥，亟爲此來。誠以抱病行及半年，未有生理，正恐當此隆暑，跋履三江，實命中途。乞降敕旨，許免此行，容臣一意調養。」故有是詔。

二年二月二十一日，詔太師、魏國公史浩候到闕朝見等，許肩輿入至隔門裏，仍令子孫一人扶持。同日，又詔令學士院降詔，疾速赴闕。

四月三日，太師、魏國公史浩言：「昨自引年休致，伏蒙至尊壽皇聖帝憫臣爲係攀附舊臣，再曾入相，許給全祿，請給、人從、恩數等並依前任少保至少師日已得指揮。臣既爲閒人，不管職事，乞將俸賜止依致仕祿格支破，吏卒悉從罷遣。」詔：「賦祿、給使，此壽皇聖帝優佚故老之恩，朕惟子道先於養志，當務增加，豈應鐫削？所乞不允，不得再有陳請。」

七日，詔太師、魏國公史浩孫定之特與循兩資。以定之扶侍浩朝見，故有是命。以上《光宗會要》。

慶元元年二月六日，詔皇伯祖太師、嗣秀王伯圭，可賜

〔一〕四年：原脱。按，據本書職官一之六載：淳熙四年三月五日，史浩遷少保、觀文殿大學士、醴泉觀使、兼侍讀。五年三月八日爲右丞相。十一月十五日罷，特授少傅、保寧軍節度使。觀本條，史浩仍爲少保等，但又非在相位。以此可斷，本條乃淳熙四年事，因補。

〔二〕七年：原脱，據本書儀制一之一七補。趙雄爲宰相在淳熙五至八年。

贊拜不名。以伯圭爵齒俱茂，特降是詔。

六年五月十九日，詔左丞相京鏜權令乘轎入內，趍赴朝參。以鏜瘡瘍，特降是詔。

嘉泰三年十一月十一日，南郊赦：「應[11]文武陞朝官以上致仕者，等第賜粟、帛、羊、酒。內曾任太中大夫、觀察使以上，仍別作等差，務從優厚。」開禧二年以後明堂赦並同。

同日，赦：「內應士庶男子、婦人年九十以上，與依格給賜粟、帛等。令戶部疾速行下所在州縣就賜，於係省錢內支，具給賜過姓名聞奏，不得追擾。仍仰監司檢察。」

開禧三年三月十三日，詔項安世父奉議郎致仕項溫恭教子以忠，屢宣勞效，特轉朝奉大夫致仕，仍賜紫章服。以上《寧宗會要》。（以上《永樂大典》卷三一八七）

配享功臣[一]

[12]真宗咸平二年二月十二日[二]，詔曰：「朕聽政之暇，觀書益專，遂見國初，始經王業，我太祖皇帝將膺帝籙，已肇人謀。當或躍之秋，屬難艱之際，周微呂望，安能定不拔之基？漢匪蕭何，無以（左）〔佐〕勃興之運。時則有故太師、贈尚書令、追封韓王、謚忠獻趙普，蘊負鼎之雄才，畜經邦之大略，首參密畫，力贊沉機。輔弼兩朝，出入三紀，茂巖廊之碩望[三]，分屏翰之劇權。正直不回，始終無玷，播爲巨美，勒在豐碑。實千載之偉人，庶九原之可作。烈魄未陪於嚴祀，彝章曷稱於有知！遂俾縉紳，詳求典故，考行既聞於餘裕，出綸必叶於通規。義著幽明，道符今古。宜以普配[13]饗太祖廟庭，仍遣官奏告本室。」

八月二十五日，翰林學士承旨宋白等議，請以故樞密使、兼侍中、贈中書令、追封濟陽郡王曹彬配饗太祖廟庭，故司空、兼門下侍郎、同中書門下平章事、贈太尉、中書令薛居正，故忠武軍節度使、同中書門下平章事、贈中書令潘美，故尚書右僕射、贈侍中石熙載，配饗太宗廟庭。詔從之。

九月二十七日，太常禮院言：「準詔定配饗功臣禘祫之日祀儀。請令有司先事設幄次、布褥位於廟庭東門內道南，當所配室。西向設位板，方七寸，厚一寸半。籩、豆各二，簠、簋、俎各一，知廟卿奠爵，再拜。」詔可。

仁宗（乾道）〔乾興〕元年十一月二日[四]，翰林學士承旨李維等奏議曰：「伏以真宗文明章聖元孝皇帝紹隆景業，

[一] 此處原稿標目爲「册命親王大臣二」，然核其內容實與册命親王大臣無關。查以下文字抄自《永樂大典》卷三一八四「臣」字韻，原標目爲「配享功臣」（見《永樂大典目録》卷九），是也。今據《大典》改題。本書禮一一亦有「配享功臣」一門，出《大典》卷一七〇六四「宋宗廟」目，其文與此大體相同而較詳，乃《大典》兩處同用。

[二] 按，此條之前原有「（紹興）十八年」一條，乃後文錯簡在此，今已據本書禮一一之五移至紹興八年條後。

[三] 廊：原作「廓」，據《宋史》卷二五六《趙普傳》改。

[四] 乾興：原作「乾道」，據《宋史》卷一〇九《禮志》一二改。

馴致治平。睿聖之功，誠超踰於邃古〔一〕；忠賢之佐，亦協贊於大猷。爰舉禮經，用陪廟食。有若尚書右僕射、兼門下侍郎、同中書門下平章事、贈太尉、中書令李沆，往以碩望，賓于東朝，洎翊天飛，首登宰府，咸平之治，實著嘉謀。以方正端朝，以嚴重鎮俗，始終待遇，冠於一時。太尉、贈太師、尚書令王旦，踐歷台樞將二十載，贊弭兵之論，興曠世之儀，紀律用張，方夏咸乂，藹然令德，洽于民瞻。忠武軍節度使、同中書門下平章事、贈中書令李繼隆，舊勳之門，克嗣前烈，沉毅有勇，倜儻好謀。從幸澶淵，實總兵要，奮威却敵，厥功茂焉。並宜列太室之庭，預大烝之饗，冀昭盛烈，允叶舊章。伏請並配【14】饗真宗皇帝廟庭。」詔禮官參議，詔可。

天聖元年二月，樞密使錢惟演上言：「真宗皇帝將祔大宮，有司議以功臣配饗。臣先臣尚父、秦國忠懿王俶，勳隆奕葉，位重累朝。親率王徒，平百年之僭僞；躬持國籍，獻千里之封疆〔二〕。忠誠格于皇天〔三〕，茂績標於惇史。所以太祖、太宗命無下拜，賜以不名。洎先聖之纂承，念遺勳而益厚，舉諸殊渥，萃此一門，在乎皇朝，誠居第一。至今清廟之內，未預配享。況吳芮歸漢，甲令書勳；竇融入朝，雲臺畫像。隋唐而下，侯王配食，方册之內，往例甚明。伏望依禮降詔，配饗祖宗廟庭。」詔兩制與崇文院檢討、禮官同共詳議以聞。翰林學士承旨李維等奏議，請錢俶配饗太宗廟庭。奏入不下。

英宗嘉祐八年十月十九日，翰林學士王珪等奏：「准詔下兩制定議，仁宗祔廟，當以何人配享。臣等伏以仁宗饗國長久，勵精政治，以知人之明，得馭臣之體，是以豪英材傑樂爲之用，外宣威靈，內經廟略，臣主感會，馴致太平。輔相則有故尚書右僕射、贈尚書令、謚文正王曾，忠允清亮，履德經哲，致位上宰，燮和大政。乾興之初，輔翊兩宮，仗正持重，中外以安。所謂以道事君，無媿前哲。故太尉、贈尚書令、謚文靖呂夷簡，聰明亮達，規模宏遠。服在大僚，歷登三事，左右皇極，勤勞王家，二十餘年，厥功茂焉。將帥則有故彰武軍節度使〔四〕、贈侍中、謚武穆曹瑋，敦詩閱禮，秉義經武。參謀帷幄，折衝萬里，鎮綏【15】方面，隱如長城。加以恂恂循道，有古名將之風焉。皆有功迹，見稱於世，伏請並配饗仁宗廟庭。」從之。以上出《國朝會要》。

神宗熙寧八年六月二十七日，制曰：「功茂者賞惟其稱，德厚者報不可忘。故命册褒崇，舊史有追封之典；祀祧躋配，前書存與饗之文。蓋君臣之義，不獨欲榮寵之於其生；抑邦家之光，實亦冀顯揚之於不朽〔五〕。惟時故老，翼我前朝，式敷詒於治庭，肆儀圖於典禮。故永興軍節度

〔一〕踰：原作「諭」，據本書禮一一之二改。
〔二〕疆：原作「彊」，據本書禮一一之二改。
〔三〕忠：原重此字，據本書禮一一之二刪。
〔四〕帥：原作「師」，據本書禮一一之三改。
〔五〕於：原無，據本書禮一一之三補。

使、守司徒、檢校太師、兼侍中、魏國公、贈尚書令韓琦，才資沈偉，宇量恢宏，勇義出於至誠，朴忠可以大受。盡瘁於國，利無知而不爲；任重於時，事雖難而必濟。惠澤有加於四海，謀猷實紀於三朝。緬懷弼亮之勤，重起淪亡之痛。是用進登烈考之清祏，俾序功臣於大烝，上以慰祖宗之靈，下以爲忠義之勸。於戲！爲臣至此，可無愧於前良；與國同休，庶永傳於茂烈。茲惟盛美，以答元勳。可配饗英宗廟庭。」

十年十二月二十八日，詔太常禮院講求親祠太廟不及配饗功臣禮例以聞。

元豐元年閏正月七日，太常禮院言：「今講求到，親祠太廟，不及配享功臣，非所以稱國家褒録祖宗功臣之意。禘祫之外，親祠太廟，並以功臣配饗。」從之。

二十八日，詔贈太師、中書令曾公亮配饗英宗廟庭。

八月二十六日，太常禮院言：「依典禮今年十月八日孟冬薦饗太廟，合改爲祫饗，并徧祭七祀，兼配饗功臣。」從之。

三年六月二十八日，詳定郊廟奉 16 祀禮文所言：「謹按《書·盤庚》曰：『茲予大饗于先王，爾祖其從與饗之。』《周禮·司勳》：『凡有功者，祭於大烝。』然則《書》之所謂大饗，即《禮》之所謂大烝也。烝，冬祭也。謂之大者，物成衆多之時，其祭比三時爲大也。方是時，百物皆報焉，祭有功宜矣。《禮記·祭統》衛孔悝之鼎銘曰：『勤大命，施于烝彝鼎。』後世烝祭不及功臣，既不合禮，而禘祫及之，事不經見。梁初誤禘功臣，何佟之以謂夏物未成而禘功臣，爲非典禮。至唐，韋挺亦曰：禘無配功臣〔一〕，理不可易。今禘祫以功臣配饗，而冬烝不及，與經不合，蓋因仍之誤也。伏請每遇冬烝，以功臣配饗，其禘祫配饗罷之。」詔凡冬饗、禘祫及親祠，功臣並配饗。

四年六月二十四日，太常禮院言：「詳定到太廟配饗功臣位版題號。稽參故事，在漢史所圖名臣及二十八將，事異配饗；惟唐廟配食功臣，見於《通典》及《會要》，既著立朝爵位，仍題初贈官。故昨來議著所終及所贈官，以本唐典。今再看詳，將檢校官刪除，自趙普而下並令一體外，所有後來緣恩加贈官，如以出自恩禮，義難不著，即乞自朝廷詳酌。」(照)〔詔〕送禮院，如單書姓名，有無典據。禮院言，檢詳配饗功臣位版，單書姓名，即無典據。詔用見贈官。

崇寧元年二月九日，詔觀文殿大學士、贈太師蔡確配饗哲宗廟庭。《政和會要》載〔二〕：上謂韓忠彦等曰：「確於哲廟甚有功。方皇太后當從神宗靈駕西行，確密有文字，令 17 弟碩屬内臣閻守懃達太后，請留保護。太后以故輟行〔三〕，保佑哲廟，晨夕常與之俱，食以銅匕箸，至於飲水亦爲之親嘗，爲德甚厚。確文字今尚在。」故有是詔。

〔一〕功臣：原作「不可去臣」，據《通典》卷五〇改。
〔二〕自此以下一段原作大字，今據本書禮一一之四改爲小字。
〔三〕以：原作「請」，據本書禮一一之四改。

政和七年十二月十八日，禮制局言：「配饗功臣位版尚用舊官，並合除去，止用所贈及封國、爵、謚，如王安石稱『太傅、舒王、謚文』之類。」從之。以上《續國朝會要》。

高宗皇帝建炎元年五月八日，詔曰：「朕惟宣仁聖烈皇后當元豐末立哲宗皇帝爲皇太子，遂嗣大統，藩王初無顗覦，大臣未嘗異論，其事載于《神宗實録》。及垂簾聽政，保佑哲宗，有安社稷之功。二王出居外第，所以别嫌明微，德意深遠。比者姦臣鈎黨附會，敢以空造之言仰誣盛德，著于史牒，以欺天下後世，聞者莫不憤惋〔一〕。《神宗皇帝實録》，章惇提舉修撰，審有建立之功，不應乃自刊削不載。參考其事，本末甚明，可令國史院别差官摭實刊修，播告天下。其蔡確、蔡卞、邢恕、蔡懋，三省取旨行遣，仍不得引用建炎元年五月一日赦文。」十七日，蔡確追所贈太師、汝南郡王，責授武康軍節度副使〔二〕；蔡卞追所贈太師、衛國公，責授寧國軍節度副使；邢恕追所贈少師，責授常德軍節度副使；蔡懋責授單州團練副使，英州安置。尋有詔，以司馬光配饗哲宗廟庭。此據《司馬光傳》修入，月日檢未獲。

〔二〕〔三〕年夏〔三〕，久陰不解，詔百執事赴都堂，給劄條具時政闕失。司勳員外郎趙鼎言：「自紹聖以來，學術政事敗壞殘酷，致禍社稷，其源實出於安石。今安石之患未除，不足以言政。」於是罷安石配享神宗廟庭。尋詔以富弼配饗神宗廟庭。此據《王安石傳》修入，日月檢未獲。此二節《續國朝會要》内移入。

〔紹興〕八年三月十七日，左朝奉大夫、試刑部尚書、兼侍讀胡交修，翰林學士、左朝奉大夫、知制誥、兼侍講、資善堂翊善朱震，左奉議郎、試御史中丞 18 周祕，右朝散大夫、試户部侍郎梁汝嘉，左朝請大夫、試工部侍郎、兼侍講趙霈，左朝散大夫、試給事中、兼直學士院、兼侍講胡世將，左朝散郎、試中書舍人張燾，左朝奉大夫、權户部侍郎、兼詳定一司勑令王俣，左朝請郎、權禮部侍郎、兼侍講吴表臣，左朝奉大夫、權禮部侍郎陳公輔，左朝請郎、守起居郎、兼權中書舍人樓炤狀：「准尚書省劄子，奉聖旨，令侍從官詳議徽宗皇帝祔廟配饗功臣。伏以徽宗皇帝在位二十六年，席盛大之時，包富有之業，虚中屈體以來天下之英，聚精會神以成天下之務。用能上下一心，同底于道。于時輔相，有故左光禄大夫、尚書左僕射、兼門下侍郎、贈太師、魏國公、謚文定韓忠彦，明允篤成，公忠亮達，至仕上宰，無愧前人。建中之初，左右厥辟，招徠俊乂，列于庶位，除苛解嬈，厥功茂焉。雖居位日淺，而始終無疵，允所謂以道事君者歟！實有顯效，至今稱之。伏請配饗。」奉聖旨依，令學士院降詔。曰：「古之有功於國者，書於太常，祭於大烝，凡與饗于先王則司勳詔之，所以善於無窮也。故左光禄大

〔一〕本條以上一段原脱，據本書禮一一之四補。

〔二〕康：原作「泰」，據《建炎要録》卷五改。

〔三〕三年：原作「二年」，據《建炎要録》卷二四、《宋史》卷二五《高宗紀》二改。二書均繫於本年六月。

夫、尚書左僕射、兼門下侍郎、贈太師、魏國公、謚文定韓忠彦，純誠端亮，終始如一，德業之盛，不忝前人。建中之初，入踐冢司，損益施設，成天下之務，開不諱之門，塞私邪之路。選賢任能，各當其職。一時忠鯁之士，遂能擊彊禦暴，所向摧折，當乎人心，後世賴之，以克有濟。朕覽舊史，慨然 19 嘉歎，允所謂世濟其美，不損其名。其以忠彦配享徽宗皇帝廟庭。」先是，禮部侍郎吳表臣言：「本朝自祖宗以來，推擇將臣相臣始終有令德者以配食列聖〔一〕。恭惟道君皇帝道恢在宥，德合高明，統御宸極二十有六載，天下歸仁焉。弼亮之賢，固有其人矣。望命官詳議，取當時輔佐厚德重望，爲天下公論所屬者，用配清廟，序於大烝。」有旨令侍從官詳議聞奏。

十八年〔二月二十三日〕〔二〕，監登聞鼓院徐璉言：「國家遠稽三代，肇建原廟，凡是佐命配享與夫當時輔弼勳勞之臣〔三〕，繪像於廟庭，以示不忘崇德報功之意。累朝佐命配享功臣不過十餘人，今之臣僚與其家之子孫必有存其繪像者，望詔有司尋訪，復摹於景靈宮廷之壁，非獨假寵諸臣之子孫，所以增重祖宗之德業，以爲臣子之勸。」禮部討論，欲下諸路轉運司，委所管州軍尋訪配享功臣之家：韓王趙普，周王曹彬，太師薛居正、石熙載，鄭王潘美，太師李沆、王旦，李繼隆，王曾，呂夷簡，侍中曹瑋，司徒韓琦，太師曾公亮，富弼，司馬光，韓忠彦，各令摹寫貌像投納，繪畫於景靈宮廷壁。從之。

二十七年五月二十五日，太常博士張廷實言：「望依《政和五禮新儀》，今後宗廟祫饗，設祀配饗功臣。」從之。詳見《緣(事)〔祀〕裁制》。　以上《中興會要》。

〔乾道〕五年九月十一日〔四〕，太常少卿林栗等言：「孟冬祫饗在近，所有欽宗皇帝廟庭配饗臣寮尚虛其位。當時遭值艱難，莫救淪胥，臣寮罕可稱述，而以身徇國、名節暴著者不無其人。雖生前官品不應配饗之科，然事變非常，難拘定制。乞特詔侍從、臺諫集議以聞，預於十月三日祫饗以前降付有司施行〔五〕。」從之。已而吏部尚書汪應辰奏：「當時死事之臣，前後非一，建炎以後，皆次第褒贈。今若令配饗欽廟，典故所無；如創行之，又當訪究本末，差次輕重，有所取舍，尤不可輕易。竊謂配饗功臣既無其人，則當闕之。乞特降旨，令更不集議。」其議遂罷。以上《乾道會要》。（以上《永樂大典》卷三一八四）

【續宋會要】

〔一〕相臣：原脱，據本書禮一一之五補。
〔二〕此條自本門「真宗咸平二年」條之前移來。二月二十三日：原無，據本書禮一一之五補。
〔三〕勞：原作「榮」，據本書禮一一之五改。
〔四〕乾道：原無，據本書禮一一之六補。
〔五〕十月：原作「二月」，據本書禮一一之六改。

〔開禧三年正月十四日〕〔一〕，【20】章穎上所撰劉、岳、李、魏四人傳表，言：「天扶昌運，必生禦侮之臣；帝念隽功，當有特書之史。事關勸激，跡貴昭明。敢哀竹帛之藏，仰徹冕旒之聽。臣粵若稽古，誰能去兵。執干戈以衛社稷者，是固所難能〔二〕；聞鼓鼙而思將帥，則求之已晚。欲厲有爲之志，當於無事之時。仰惟國家之興，尤得人材之盛。開基創業，虓將雲蒸；復古中興，虎臣角立。率厲熊羆之士，掃空蛇豕之群。名書旂常，功耀天地。或繪像於原廟，或侑食於大烝。爪牙宣勤，項背相望。當時稱誦，姓名可止於兒啼；後世傳聞，韜略尚驚於敵膽。頃紛紜於議論，稍變易於是非。事實寖以湮微，士氣爲之沮抑。雖已加於褒典，猶未快於輿情。非假汗青，何由暴白？故太尉、威武軍節度使、贈開府儀同三司劉錡，甚隽順昌之戰，大摧兀朮之鋒。誰其妨功而害能，遂爾投閑而置散。故少保、武勝定國軍節度使、贈太師岳飛，兵方精而可用，功竟沮於垂成，既撓良謀，更成奇禍。事皆有證，其書雖見於辨誣；言出私家，後世或難於取信〔三〕。故太尉、威武軍節度使、贈開府儀同三司李顯忠，家世諸李，父子一忠，縛撒里曷若雞豚，視僞齊豫如犬彘。氣吞逆虜，志在本朝。當其杖策之歸，適近櫜弓之際。故右武大夫、果州團練使、贈寧國軍節度使魏勝，爲山東忠義之冠，當清口寇攘之衝〔四〕，雖血戰於淮陰，竟身膏於草野。【21】況又皆志未盡展，時不再來，失機一瞬之間，抱恨九泉之下。雖生未及盡俘於醜類，其没或能爲厲於敵人。宜有屢書，以旌多伐。況方大規恢之略，所宜彰果毅之能。恭惟皇帝陛下天運廟謨，日開公道，用宣昭於賞罰，以駕馭於豪英。代不乏人，用則爲虎。西有梁洋之義士，東多荆楚之奇材。怒髮衝冠，雄心撫劍。儻在上有激昂之術，則凡人懷奮發之心。臣嘗忝史官，獲觀舊載，悉紀當時之實，以塵乙夜之觀。伏乞斷自宸衷，付諸東觀，然後可傳於百世，庶幾聳動於四方。張大國家之威，發舒華夏之氣。事雖已往，可爲鑒於將來；謀或有遺，幾成功於今日。臣所撰到劉、岳、李、魏傳，繕寫成計七册，謹隨表上進。」（以上《永樂大典》卷三一八五）

賜功臣號〔五〕

國朝循唐制，宰相、樞密使初拜，必賜焉。參知政事、樞密副使初或未賜，遇加恩乃有之。刺史已上階勳高者，亦【22】或得賜。太平興國三年，賜翰林使、饒州防禦使杜彦珪「推忠宣力」；大中祥符四年，賜豐州防禦使王承美「翊戴」；天禧二年，賜富州刺史向

〔一〕原無此年月日，據《玉海》卷五八補。此標明出《續宋會要》（按，指李心傳《總類國朝會要》），原書自應有時間，蓋《大典》漏抄。
〔二〕是：原無，據《南宋文録録》卷六補。
〔三〕難：原作「疑」，據《南宋文録録》卷六改。
〔四〕寇：原作「冠」，據《南宋文録録》卷六改。
〔五〕號：原作「字」，據《永樂大典目録》所載《大典》卷三一八五原標目改。

漢通「保順」。中書、樞密則有推忠、協謀、同德、佐理，餘官則推誠、保德、奉義、翊戴，掌兵則忠果、雄勇、宣力，外臣則純誠、順化之名。每以二字協意，或造或因，取爲美稱。宰相初加則六字，餘並四字。其進加則二字或四字，多者有至十餘字。天聖八年，賜趙德明功臣凡二十字，國家綏寵外臣，非常數也。又有崇仁、佐運、守正、忠亮、保順、宣德、忠正、保節、宣忠、亮節之號，文武迭用焉。中書、樞密院所賜名，若罷免或出鎮則改之，亦有不改者。乾德二年，范質、王溥、魏仁浦罷相，淳化二年呂蒙正罷相，太平興國八年石熙載罷樞密使，大中祥符八年寇準罷樞密使，皆不改賜功臣。又有官不當賜而特賜者。開寶四年，祕書少監、韶州刺史王明，太平興國八年，度支使陳從信、户部使郝正，並賜「推誠翊戴」。其諸班直、禁軍將校，則賜拱衛、翊衛、衛聖諸號〔一〕，遇恩累加，但改其名，不過兩字。其因舊名而始被賜，及緣功寵而別爲美名者，咸略記其人。又國初功臣有扶天、保慶、致理、竭忠、輸誠、効義、忠力、効忠、毅勇、保塞之號，皆漢、周時所賜，今亦不録。

23 推忠佐理：建隆二年，以此四字賜趙普。

推誠奉義同德翊戴：建隆二年，賜王景「推誠奉義同德翊戴」。太平興國初，或改「奉義」爲「奉國」。

守正保德：建隆二年，賜皇弟「推忠守正保德」。

協謀：乾德元年，賜趙普「推忠協謀佐理」。

保順：乾德元年，賜皇弟「協謀同德保順」。

宣力：乾德元年，賜李崇矩「推忠宣力」。

保義：賜宋延偓「推忠宣力保義」，賜張永德等「推忠保義同德」〔二〕。太平興國元年或改爲「保順」。

効節：乾德元年，賜王全德「推忠効節」。

協力：乾德元年，賜高懷德「推忠協力保順」。

順化：乾德元年，賜陳洪進「推誠順化」。

承家保國宣德守道忠貞恭順〔三〕：乾德元年，以「承家保國」等十二字賜吴越王錢俶。

崇仁：乾德元年，賜符彦卿「崇仁昭德宣忠保正翊亮」。

順德貞亮：開寶元年〔四〕，（錫）〔賜〕王彦超「推誠奉義順德翊戴貞亮」。

佐運：開寶四年，賜曹彬、李進卿、党進等「推誠佐運同德宣力」。

奉節：開寶四年，賜皇子德昭「推誠奉節同德保順」。

順節：開寶四年，賜陳洪進「推誠順節忠正翊戴」。

〔一〕衛聖：原脱「衛」字，據後文補。

〔二〕《職官分紀》卷四九無「同德」二字。

〔三〕貞：原作「正」，原注云「正字舊同仁宗廟諱」。按此是避諱改字，今據《吴越備史》卷四四改。

〔四〕「順德貞亮開寶」六字原脱，據《職官分紀》卷四九補。此句及下句「貞」原作「正」，《職官分紀》卷四九於下句之末注云「正字犯仁宗廟諱」，是本字亦爲「貞」，今改。又，自此條至「開吴鎮越」條凡七條原錯簡在上文「推忠佐理」條之前，今據《職官分紀》卷四九移正。《職官分紀》此卷「功臣」條全抄自《會要》此文（自序文至「果毅肅衛」條）。

保節：開寶四年，賜李重勳「推誠保節宣力」。

効忠：開寶四年，賜白進超「効忠宣力」。

開吳鎮越崇文耀武宣德守道：開寶五年，以此十二字賜錢俶。

守節〔一〕：開寶六年，賜高麗王王昭「推誠順化守節保義」。

輸誠：開寶六年，賜孟元喆「輸誠保義翊戴」。

奉國：開寶六年，賜伊審徵、焦繼勳、吳虔裕「推誠奉國翊戴」。

竭誠奉化：太平興國五年，以此四字賜瓜沙州曹延禄。

承天懷忠：太平興國七年，賜皇子衛王德崇「承天佐運懷忠 24 守正」。

寧江鎮國：太平興國三年賜「寧淮鎮海」。雍熙元年，賜漢南國王錢俶「寧江鎮國崇文耀武宣德守道」。

保運忠正：雍熙二年，賜皇子陳王〔元佐〕「崇仁保運忠正」。

安時：端拱元年，賜漢南國王錢俶「安時鎮國崇文耀武宣德守道」〔二〕。

興邦：淳化三年，賜趙普「興邦佐運同德翊戴忠正」。

効順：至道三年，賜趙保吉「保運推忠効順」〔三〕。

亮節：景德三年，賜趙德明「推忠保順亮節翊戴」。

忠亮：天禧二年〔四〕，賜王欽若「推誠保德崇仁忠亮翊戴」。

協恭昭順：天聖二年，賜楚王元佐「推誠協恭昭順同德崇仁宣忠亮節守正保運翊戴」。

純誠：乾興元年，賜趙德明「推忠宣德崇仁保順純誠亮節協恭守正翊戴」。

經邦：天聖二年，賜王欽若「推忠協謀同德守正經邦佐理」。

贊治：天聖八年，賜德明「推忠宣德崇仁保順純誠亮節協恭贊治佐運守正翊戴」。

體仁：熙寧七年十二月，賜皇子永國公俊「體仁保運同德」。

宣仁：熙寧八年四月，賜皇子景國公傭「宣仁翊運」〔五〕。

雄勇：此下賜武臣掌兵者。

忠果、衛護、拱衛：此下賜諸班直禁軍衛士將校。

翊衛、衛聖：大中祥符元年二月，詔諸班已賜「雄勇」、

〔一〕守節：原脱，據《職官分紀》卷四九補。

〔二〕漢南：原作「南陽」，據《職官分紀》卷四九改。

〔三〕趙保吉：原作「趙普」，據《職官分紀》卷四九改。按趙保吉即西夏國王李繼遷，太宗賜名趙保吉。據《長編》卷四二、《宋史》卷四八五《夏國傳》，至和三年十二月，真宗授保吉定難軍節度使，加封邑，益功臣號，即其事。

〔四〕二年：《職官分紀》卷四九作「三年」。

〔五〕翊運：《職官分紀》卷四九作「翊戴」。

「英勇」者〔一〕，各加「衛聖」，以戊辰赦書從事也。

忠勇、拱極、英勇、護聖、奉慶：天禧元年四月，賜諸班衛奉使。

果毅、肅衛。以上《國朝會要》。

贊運：熙寧十年十二月，賜皇子价「崇仁贊運」。以上《續國朝會要》。

推誠順化：紹[25]興二年三月，以賜李乾德男陽煥。

保節：紹興五年閏二月，加賜李陽煥。

揚武翊運：紹興六年四月，賜韓世忠。

和衆輔國：紹興七年三月，賜劉光世。

安民靖難：紹興九年正月，賜張俊。

順化：賜李天祚。

崇義：紹興十年十月，加賜李天祚。

懷忠：十三年正月，加賜李天祚。

保信：十四年十月，加賜李天祚。

嚮德：十七年十一月，加賜李天祚。

安遠：二十一年二月，加賜李天祚。

承和：二十三年八月，加賜李天祚。

秉禮：二十六年七月，加賜李天祚。

歸仁：八月，加賜李天祚。

協恭：二十九年三月，加賜李天祚。

勵節：三十年，加賜李天祚。

繼美：三十二年，加賜李天祚。以上《中興會要》。

遵度〔二〕：乾道元年六月，加賜李天祚。

履正：乾道四年正月月，加賜李天祚。

彰善：乾道六年十二月，加賜李天祚。以上《乾道會要》。

神宗元豐元年十一月二十九日，宰臣吴充等言：「臣等竊以功臣非古，始唐德宗多難之餘，乃賜『奉天定難』之號，不應盛世猶襲陳迹。況於重複文意，有至二十餘字，加賜未已，甚亡謂也。恭以陛下聖德神功，推而不有。即位以來，(郡)〔群〕臣引祖宗故事上徽號，至于數十而不許。顧若臣等，何功之有，而例蒙恩數，寔覥面顔，乞並於結銜細位中先行減罷。」詔答曰：「朕惟往古君臣，咸有一德，比善戮力，同寅協恭，務先篤誠，靡事誇詡。唐之中世，時屬多虞，制爲功臣，寵厥將吏。因仍弗革，稱謂寖繁，溢美過[26]情，空名眩實。踵習流弊，矜尚浮虚，誼豈當然，古誠無有。施之近世，或適權宜；襲於來今，固匪通制。卿等同予心德，任國疑丞，悃愊無華，惇大成裕。覽觀露奏，援據舊章，帥先臣鄰，願罷功號，深自退托，弗居寵名。嘉乃謨明，可即聽許。式稽古典，董正治官，更賴交修，共熙庶績。宜如所請。」知樞密院馮京等繼請，從之。於是又詔管軍臣僚以下至諸軍班所帶功臣者並罷。

功臣，舊制自「推忠佐理」至「保運經邦」二十二字，以

〔一〕英勇：原無，據《職官分紀》卷四九補。
〔二〕遵度：原作「遵美」，據本書蕃夷四之四七改。

賜中書、樞密院臣僚；自「推忠保德」至「効順順化」三十八字，以賜皇子、皇親、文武官、外臣；自「拱衛翊衛」至「果毅肅衛」二十字，以賜諸班直將士、禁軍。上自即位，不受徽號，於是悉罷功臣號。

徽宗政和三年二月二十四日，工部尚書、修國史、詳定鄭久中劄子：「先奉朝旨，將來經編排臣僚用史册考定勳德〔一〕，編類姓名聞奏。今來已定到合編類勳德臣僚共一百一十六人，三朝二十八人，兩朝六十六人，神宗朝二十二人。緣上件人數並係用正史列傳節略，合取勳德編類成書。今若用姓名聞奏，深慮不見得所取勳德事實。今欲將上件考定編節到逐朝勳德史傳，以列傳先後爲序，繕寫成册，分類卷秩，引用一册録姓名總數，仍以《政和詳定國朝臣僚勳德》爲名投進，以副朝廷褒舊念功之意。」詔依。以上《續國朝會要》。（以上《永樂大典》卷三一八五）

〔一〕來：似當作「未」。

賜酺

【宋會要】

❶太宗雍熙元年十二月十日，詔曰：「王者賜酺推恩，與衆共樂，所以表昇平之盛事，契億兆之歡心。累朝以來，此事久廢，蓋逢多故，莫舉舊章。今四海混同，萬民康泰，嚴禋始畢，慶澤均行〔一〕，宜令士庶之情，共慶休明之運。可賜酺三日。」酺飲起自秦。秦法，三人已上會飲則罰金，故因事賜酺，吏民會飲，過則禁之。魏、晉之後無聞焉。唐景雲、開元、天寶間舉行之。至是，郊禋始畢，大慶溥洽，有是詔。帝因謂宰臣曰：「朕讀書至睿宗已後，賜酺或連夜，至七日、九日，亦或彌月，無乃太甚乎？娛樂不可過度，三日爲得宜矣。明皇令三百里内刺史、縣令各率音樂集都下，亦勞擾之甚也。」

二十一日，御丹鳳樓觀酺，召侍臣賜飲。自樓前至朱雀門張樂，作山車旱船，往來御道。又集開封府諸縣及諸軍樂人列於御街，音樂雜發，觀者溢道。縱士庶遊觀，遷市肆百貨於道之左右，召畿甸耆老列坐樓下，賜之酒食。

二十二日，賜宰臣、樞密、翰林學士、文武官等宴於尚書省，作詩二首以賜。其日晚，又降中使宣旨曰：「今日卿等宴會，恐未盡歡，其更賜來日宴樂。」群臣獻歌詩賦頌者數十人，並付史館。

真宗景德四年二月七日，特賜西京酺三日，命宣政使李神福、内侍省副都知閻承翰、西上閤門副使曹瑋同治其事。

十七日，御五鳳樓觀酺，近臣預座，唯親王別〔設〕教坊樂。端門内爲山車二，每車前後設樂，凡四部。旱船四，每船設樂一部，以船翼車而進。其進至樓前，退至端門。樓前東西街爲棚〔車〕各❷三，每車設樂一部，凡六部。樂作，東西迭進。召洛陽父老五百人座樓下，賜飲。

十八日，復御樓，賜宗室、百官宴於都亭驛。翌日如之。自是凡賜酺，皆遣官主之，事畢各賜〔契〕〔器〕幣。

大中祥符元年正月四日，詔以天書降，賜東京大酺五日，以二月初一日爲始。

二十八日，詔應致仕官並赴都亭驛酺宴，其御樓日合預座者亦聽。朝臣受命者已辭及到闕未見者，並令預會。

二月一日，御乾元門觀酺，召從官及尚書丞郎、給諫侍座，兵部尚書致仕宋白預焉。樓前築土爲露臺，半門扉，上設教坊樂。又駢繫方車四十乘，上起綵樓者二，分載鈞容直、開封府樂。復爲棚車二十四，每車聯十二乘爲之，皆駕以牛，被之錦繡，〔縈〕〔縈〕以綵紉，分載諸軍、京畿妓樂，又於衢中編木爲欄處之。徙〔方〕〔坊〕市邸肆，對列御道，百貨駢布，競以綵幄鏤牓爲飾，金碧綺繪，照燿紛錯。召京邑父老千五百人，分爲〔吾〕〔五〕番，列座樓下。帝臨軒傳旨，問其安否，再拜連呼萬歲。帝舉觴，教坊樂作，二大車自昇平橋而北〔二〕，又有旱船四挾之以進，棚車由東西街交騖，並往復日

〔一〕均：原作「切」，據《宋史》卷一一三《禮志》一六改。

〔二〕橋而：原作「樓西」，據《長編》卷六八、《宋史》卷一一三《禮志》一六改。

再焉。東距望春門，西連閶闔門，百戲競作，歌吹騰沸。宗室諸親、近列牧伯洎舊臣、(家)〔宗〕官，爲設綵棚於左右廊廡。士庶觀者，駕肩疊迹，車騎填溢，歡呼震動。有王太微者，年僅百歲，語諸叟曰：「不識兵戈將六十載，今天子明聖，海内清宴，豈意垂老，覩此太平。」皆抃蹈喜躍，至感泣，酣醉而去。遣中使就尚書省賜知貢舉晁迥等酒食。詔諸營教閱、諸司工作，各給假五日。

二日，賜文武百官宴都亭驛。命內侍就賜教坊樂，御製《荷天書降大酺》五、七言詩，咸令屬和。中飲，又命內侍賜上尊酒、果子并花。別作《勸酒》二韻詩賜之。宗室宴於寧王元偓宮。

三日，宴宗室、內職於都亭驛，近臣於宰臣王旦第。都驛亭用樂，賜詩及酒果等，並如百官。

四日，宴百官於都亭驛，宗室於玉津園。

五日，宴宗室、內職於都亭驛，近臣於宜春苑。初，有司定止賜百官都亭驛宴二日，帝特命分就私第、禁苑賜會。自是凡賜酺 3 五日，皆用此例。自一日至五日，皆令殿前都指揮使劉謙、馬軍都指揮使曹璨、步軍都指揮使王隱，各會所部將校，及賜諸班直茶酒。先是，遣使臣押賜諸軍燕會，多不從容，即時而罷。又其日使臣亦預座。自是令樞密院指揮，不得赴座，專切管勾，務在豐潔，仍令至(脯)〔晡〕晚而罷。又分遣中使六人，往河北、河東、陝西諸路，賜總管、鈐轄等宴，一應官吏並預，而官給其費。

十月二十六日，東封赦書：「應西京、諸州、府、軍、監並賜酺三日，官給其費。」

十月二十六日，詔并、代別賜酺三日。時使臣言，前設酺宴不豐，軍校皆不預會故也。

二十八日，詔兗州賜酺三日，宜以十一月二日爲始。

十一月二日，御兗州之子城門樓觀酺，凡三日。賜樓名曰「回鑾覃慶」。樓前起露臺，列山車、棚車、綵船以載樂。從臣侍座，兗州父老、諸道進奉使、蕃客等宴於樓下。賜父老綿袍、茶帛有差。

三日，並賜宰臣、親王、百官宴於延聖寺。

八日，駐鄆州門樓，賜樓名曰「升中延福」。

十五日，駐澶州，賜酺宴於行宮之南綵殿。是州以行宮迫隘，故當宮側結綵爲殿，賜名駐蹕延禧之殿。

十二月二十五日，詔以封禪禮成，賜東京酺五日，以來年二月五日爲始。

二年春，京師愆雨，右僕射張齊賢上言：「宴樂，陽事也，甫經上元，將事酺飲，請俟雨足。」乃詔權罷酺宴。及降雨，遂舉前詔，仍以三月十六日爲始。

二年三月十六日，御乾元樓觀酺，自是凡五日。是日，宴從臣於樓上，父老、蕃官樓下。

十七日，宴文武百官於錫慶院，臣僚有受官未謝者亦赴。宗室於 4 寧王宮，帥臣於本司。帝作《大酺》五言詩，百官繼和。又作《勸酒》二韻詩賜之。

十八日，宴宗室、內職於錫慶院，近臣於王旦第。

十九日，宴百官於錫慶院，宗室於含芳園〔一〕。

〔一〕含：原脱，據本書禮四五之七補。

二十日，宴宗室於錫慶院，近臣於玉津園，帥臣於本司。

四年二月十八日，（分）〔汾〕陰赦書，西京、諸道賜酺如東封之制。

十九日，詔河中府賜酺三日，以二月二十一日爲始。

二十一日，駐蹕河中府，御鼓角樓觀酺，凡三日。賜樓名曰「駐蹕宣恩」。是日，宴羣臣於樓上，諸蕃朝貢使、父老於樓下。

二十二日，賜親王、輔臣、百官酺宴於行在尚書省，凡二日。

二十六日，次華陰頓〔一〕，賜酺宴於行宮南垣之望仙亭，賜亭名曰「宣澤」。

二十八日，次湖城頓〔二〕，宴虢州父老於行宮門。

三月二日，駐蹕陝州，賜酺宴於州門樓，賜樓名曰「霈澤惠民」。

八日，詔西京賜酺三日，以三月十六日爲始。

十六日，駐西京，御五鳳樓觀賜酺。

十七日，宴宰臣、親王、文武百官於河南府舍。

十八日，復御樓觀酺。初，有司將改樓名，帝以「五鳳」太祖賜名，故不改。

二十六日，駐鄭州，宴父老於殿門外，不作樂。初，將設酺宴於子城門，賜樓名曰「回鑾慶賜」，尋以甫近太宗忌日，乃詔罷酺，止宴犒。

四月七日，詔京師賜酺五日。以時漸炎燠，宜以九月十四日爲始。後改以二十三日。

九月二十三日，御乾元樓觀酺，從臣侍座，父老列於樓下，又合樂。如是者五日。

二十四日，以雨輟。二十五日，復賜酺宴，文武百官於錫慶院，宗室於 5 相王宮。帝作《大酺》五言詩賜群臣和。

二十六日，宴宗室、内職於錫慶院，近臣於王旦第。帝又作五言詩賜相王元渥已下和。

二十七日，宴百官於錫慶院，宗室瓊林苑。

二十八日，宴宗室、内職於錫慶院，近臣於玉津園，帥〔臣〕會於本司。

五年十月二十四日，聖祖降，詔東京賜酺五日，西京諸路三日。

六年正月十七日，詔東京賜酺宜以二月六日爲始，百官放朝參，畿縣父老委開封府量地遠近，取二月五日畢集，毋先期呼擾。

二月六日，御乾元門樓酺，近臣咸預。宴畿内父老於樓下。自是凡五日。

七日，宴文武百官於錫慶院，宗室諸親於潛龍園。帝作《大酺》七言詩，群臣皆和。

〔一〕華陰：原作「華陽」，按當作「華陰」，詳見本書禮四五之七校記。

〔二〕湖城：原作「湘城」，按當作「湖城」，詳見本書禮四五之七校記。

八日，宴宗室、内職於錫慶院，近臣於王旦第，帥臣於本司。

九日，宴百官於錫慶院，修玉清宮使丁謂已下於本宮。（凡）自修宮以來，凡遇錫宴，修宮使等洎使臣、軍校、兵匠皆别賜會。

十日，宴宗室、内職於錫慶院，近臣於玉津園，帥臣於本司。其日，又賜太常博士、中書堂後官劉明恕等錢二十千、羊五口、酒十罇，令賜酺日飲會。時明恕等上言：「向來酺宴，樞密院副承旨已下至大理寺法直官皆預，堂後官各有正官，望比類聞奏。」王旦言預宴非便，故特有是命。

七年正月二十日，詔以朝謁太清宮禮畢，亳州、應天府各賜酺三日〔一〕，羣臣仍賜會於佛寺。門樓賜名，亳州曰「奉元均慶」，應天府曰「重熙頒慶」。

二十三日，御奉元均慶樓觀酺，從臣預座。宴父6老於樓下，賜時服、茶、絹，設山車百戲，聽民縱觀。

二十四日，復御樓宴父老，賜羣臣宴於咸平寺。帝作《大酺》五言、《勸酒》七言詩賜王旦等。

二十五日，以順祖忌罷酺宴〔二〕。

二十六日，復觀酺，凡三日。

二十九日，御重熙頒慶樓觀酺，召父老列座樓下。翌日，行。

十月十一日，詔以玉清昭應宮成，賜在京酺五日，西京、南京三日，諸州一日。京師以十一月十日始，諸州並以十二月内擇日。帝以景靈宮建創以來中外協力，因命徧頒飲宴〔三〕。

十一月十日，帝御乾元門觀酺者五日。是日，近臣咸預，宴京畿父老於樓下，賜綿袍、茶、絹。

十一日，宴百官於錫慶院，宗室於瑞聖園。帝作七言詩，群臣咸和。

十二日，宴宗室、内職於錫慶院，近臣於王旦第。

十三日，宴百官於錫慶院，宗室於瓊林苑。

十四日，宴宗室、内職於錫慶院，近臣於玉津園，帥臣會於本司。

九年四月二十三日，詔以景靈宮及兗州宮觀慶成，賜在京酺五日，西京、南京三日，諸州、軍、監一日，並取八月内陳設。諸縣父老有疾病及艱於步履不願赴者，勿强之。應赴酺者，長吏躬親點閲姓名，安酒給食，無令失所。

七月十二日，詔：前詔賜酺，宜俟來春行之。

天禧元年正月七日，詔在京賜酺五日，以二月三日爲始。

十日，詔以奉上聖號寶册禮畢，賜三京及諸道府、（州）、軍、監酺五日。

〔一〕府：原作「門」，據下文改。
〔二〕順祖：原作「順宗」，據本書禮四五之八改。
〔三〕頒：原作「額」，據本書禮四五之八改。

二月三日，御正陽門觀酺，大合樂，京畿父老列座樓下，賜茶、帛、衣服，如是者五日。是日，從臣侍座。

四7日，宴百官於錫（院）慶院〔一〕。帝作《景靈宮慶成賜酺》七言詩賜，令繼和。又宴宗室於相王宮。

五日，宴宗室、內職於錫慶院，近臣於向敏中第。

六日，宴百官於錫慶院，宗室於瓊林苑。

七日，宴宗室、內職於錫慶院，近臣於玉津園，帥臣各於本司。

二年八月十四日，詔：「前歲上聖號寶册所賜酺，今秋豐稔，可追行之。」

九月二十三日，御正陽門樓觀酺，自是凡五日。是日，皇太子洎從官侍座，京畿父老列座樓下，賜綿袍、茶、帛有差。

二十四日，宴百官於錫慶院，宗室於通王宮。帝作《大酺》七言七韻、《勸酒》四韻詩分賜之。

二十五日，復御樓宣賜父老，後三日皆然。宴宗室、內職於錫慶院，近臣於向敏中第，帥臣於步軍司。

二十六日，宴百官於錫慶院〔二〕。

二十七日，宴宗室、內職於錫慶院，賜輔臣果酒。時將宴於苑中，向敏中等懇辭，故罷之。

四年九月二十三日，詔曰：「朕祗若靈命，撫臨庶邦。屬荷宗稷之發祥，洽清寧之並貺。方隅底定，表裏咸和。素律之協辰，慶甫田之告稔。稽於前典，著合飲之明文；乃眷上都，實異方之交湊。恩延鯢齒，廣惠衢樽。在京可賜酺五日，京城兩赤縣父老並令赴，其不願者亦聽。恩賜如例。」

二十四日，詔開封府賜酺日，罪人酗酒而不傷人者咸釋之，酺假內再犯論如法。後賜酺皆〔如〕此詔。

十月三日，詔：「應大酺已前授恩命及差遣臣僚，並宜放謝辭拜正衙，取便進發。其合得例物，仰閤門取索支賜。」五年賜酺亦如之。

五日，御正陽門觀酺，凡五日。是日，宴皇太子、宗室、近臣於樓上，父老於樓下，西南（藩）〔蕃〕進奉使咸預。

六日，宴百官於錫慶院，宗室於涇王宮。帝作七言詩賜之。

七日，宴宗室、內職於錫慶院，帥臣於步軍司。

八日，宴百官於錫慶院，宗室於瓊林苑。

九日，雨，輟酺，宴帥臣於殿前司。

十日，宴宗〔室〕、內職於錫慶院，近臣於丁謂第。帝自仲春不豫，至是康復，五日御闕門，民庶瞻望威顏，罔不歡忭。

〔一〕按原稿自此句「慶院」至「二十六日」條之「宴」字，原錯簡在下頁五年「三月五日」條「繫鞋於天安」之後，以致年月錯亂，內容割裂，文意不通。今據年月順序、文意並參考本書禮四五之九至四五之一一改（該處文字多與此處相同）。

〔二〕「百官於錫慶院」六字原因錯簡而脫落，今據本書禮四五之一〇補。

五年二月二十一日，詔曰：「朕每念烝民之重，且思庶獄之繁，中宵疚懷，當食興歎。屢申戒勵，冀免滯淹。眷乃攸司，克遵朝旨，削封章而來上〔一〕，述案牘之無留〔二〕，囹圄盡空，憲令幾措。而又青春在序，玉燭揚明，百卉芳華，群生茂遂〔三〕。降康 8 之慶豈獨於眇沖，合飲之歡宜均於遠邇。在京賜酺五日，西京、南京三日，諸州一日。」先是，審刑院奏無留（按）〔案〕，宰臣丁謂賀雨，因上言：「聖躬康裕，人情欣悦，欲望賜酺，所冀萬姓瞻仰天顔，與人共樂。」帝可之，乃下詔。

三月五日，閤門言：「每遇大酺，前後殿不座〔四〕，内客省使至閤門祇候、内諸司使副、宗室將軍已下公服繫鞋，於天安殿門東門起居；宰臣、親王以下應侍宴臣僚繫鞋，於天安殿門外起居〔五〕，隨駕登樓。皇親已下并駙馬都尉，中筵後依例不座。勾當賜酺諸司（使）副於朝元門外，次已辭未發合赴酺宴團練使已下别班起居，執毬仗供奉官於靈臺北，勾當賜酺内侍使臣於靈臺南，次軍巡使、巡檢、廂都指揮使已下並常起居， 9 次父老起居訖，赴座。」從之。

三月六日，御正陽門觀酺，皇太子、近臣並預，賜父老衣服、茶、帛有差。

七日，復御樓。自是凡四日宴百官於錫慶院，宗室於涇王宫。

八日，宴宗室、内職於錫慶院。

九日，宴百官於錫慶院，宗室於涇王宫。

十日，宴宗室、内職於錫慶院，近臣於丁謂第，帥臣各宴於本司。（以上《永樂大典》卷二一三五）〔六〕

〔一〕上：原脱，據《宋大詔令集》卷一四五補。

〔二〕案：原作「按」，據《宋大詔令集》卷一四五改。

〔三〕群：原作「郡」，據《宋大詔令集》卷一四五改。

〔四〕不：原作「下」，據本書禮四五之一改。

〔五〕本句「天安」下原有上文之一段錯簡在此，已移至前。按本書禮四五之一亦録有此段文字，此句作「於天安殿門外起居」，據此可確知錯簡之文之起止。

〔六〕《大典》卷次原缺，據《永樂大典目録》卷七補。

宋會要輯稿　禮六一

旌表

【宋會要】

1 太祖開寶七年，陳州項城民常真父母死，廬墓終喪，負土成墳，不茹葷血。詔旌表門閭。先是，周廣順中已賜旌表，至是再有是命。其後真妻病，子晏割股肉以食母。及死，次子守規徒跣，日一食，廬墓三年。太平興國八年，又詔旌表之。

太宗太平興國三年七月，濟州言金鄉縣民李光襲十世同居，内無異爨，詔旌表門閭，常税外免其他役。

四年十一月，徐州言彭城縣民彭程四世同居，旌表門閭，常税外免其他役。

五年四月，襄州襄陽縣民張巨源五世同居，無異爨，詔旌表門閭。巨源嘗習刑名書，特賜明法及第。又濟州言金鄉縣民李延通自唐武德以來同居，内無異爨，世世廬墓，或父母病，必割股肉以食，詔旌表門閭。

六年十一月，詔冀州阜城縣義門户李罕澄宜與旌表門閭。罕澄義居七代，居家百餘口，漢乾祐三年詔改鄉里名[一]，許立義門，仍加旌表。至是，罕澄上言，願别降恩旨，故有是命。

七年，江州言，德化縣民許祚八世同居，長幼七百八十一口，詔旌表門閭。

五月，陝州言，湖城縣張文裕六世同居，無異爨。詔旌表門閭，常税外免其他役。

雍熙元年，京西轉運使言，襄州民劉方五世同居[二]，宗屬凡百口。詔旌表門閭。

二年十二月，洪州胡仲堯三世同居，家屬百五十口，以孝義聞，詔旌表門閭。

三年二月，南劍州民張虔父死，廬墓，2 墓側瑞草生，詔旌表門閭，加賜粟帛。

至道三年，台州黄巖縣民郭琮事母極恭順，轉運使以聞，詔旌表門閭。琮幼喪父，及娶妻有子孫，移居母室，凡母之所欲，必親奉之。居常不過中食，絶飲酒茹葷者三十年，以祈母壽。母年百歲，耳目不衰，飲食不減，鄉黨異之。詔書存恤，而有是命。

八月，南康軍建昌縣民洪文撫六世義居，室無異爨，詔旌表其門閭。

真宗咸平元年，劍州普城民張岫一七世守塋域，有甘露降墓栢，詔旌表門閭。又江陰軍民陳思道喪父，事母兄以孝悌聞，詔賜束帛，仍旌表其門閭。思道以鬻醯爲業，母

[一] 名：原脱，據《宋史》卷四五六《孝義傳》補。
[二] 劉方：《宋史》卷四五六《孝義傳》作「劉芳」。

病，思道衣不解帶者數月，雙目瘡爛，食飲隨母多少。自母喪，水漿不入口七日。既葬，盡取鬻醢之利得錢十萬奉兄，結廬墓側，日夜悲慟。思道妻時攜兒女詣之，思道拒不與見。夏種瓜以待過客。晝則白兔馴狎，夜則虎豹環其廬而臥。本軍以聞，而有是命。

景德二年，池州言，青陽縣民方綱八世同爨，家屬七百口，居舍六百區，每旦鳴鼓會食。詔旌表門閭。

大中祥符元年，資州民黃德輿葬父母，負土成墳，甘泉湧其側，詔旌表門閭。

八月，詔旌表門閭人，自今稅外免其雜差役。

天禧四年二月，詔諸州旌表門閭户與免户下色役，自餘合差丁夫科配，即准例施行。

仁宗天聖元年八月十四日，洪州旌表門閭、光禄寺丞致仕胡仲容言，爲州縣令同人户差配，乞依江州義門陳氏
3 例蠲免。詔本路轉運司契勘舊例施行。

七年三月六日，試國子四門助教劉中正上言，家本襄州，以義居表門，昨授試秩，今遇放選，乞依鮮于播例注官。從之。

皇祐二年五月十三日，河北轉運司言，定州安喜縣民李能同居十世，乞旌表門閭。從之。

嘉祐八年英宗即位未改元。八月二十五日，河北轉運司言，北京冠氏縣陳文翊九世同居，聚（旌）〔族〕百口，閨門雍穆，及子孫有因葬父負土成墳者，詔旌表其門閭。

英宗治平三年十二月二十三日，詔：「應天下義夫、節婦、孝子、順孫，事狀灼然，爲衆所推者，委逐處長吏按驗聞奏，當與旌表門閭。」

哲宗元祐元年四月二日，詔故太常寺太祝包繶妻壽安縣君崔氏〔一〕，特封永嘉郡君，仍旌表門閭。以保信軍言其節行著於鄉里也。

六月二十二日，禮部言，太原府交城縣民褚文，自唐義聚九世，二百餘年。詔旌表門閭。

八月四日，杭州民俞舉慶七世同居，家園木連理，州以聞，詔特旌表門閭。

三年四月二十七日，永寧軍博野縣民張永昌五世同居〔二〕，詔加旌表。

七年三月九日，唐州言：「本州泌陽縣故江寧府録事參軍吳賁女年二十四，歸布衣王令。未一年，令卒，獨有一子。其兄欲嫁之，號泣弗許，歸老于家，今三十二年。居于黃池陂，每歲農隙，躬率田夫數千人治陂水灌田，利及一方，邑人服其教令。欲乞特賜旌表。」詔賜絹一十匹、米一十石〔三〕。

（六）〔四〕月七日〔四〕，4 睦州言，青溪縣百姓宋安世九

〔一〕繶：原作「億」，據《長編》卷三七四改。
〔二〕寧：原作「監」，據《長編》卷四〇九改。
〔三〕一十石：《長編》卷四七一作「二十石」。
〔四〕四月：原作「六月」，據《長編》卷四七二改。

代一門，望旌奬以風四方。詔賜米、絹各五十石匹。

九月二十六日，岳州言，前通判潭州黄誥廬父墓三年，生芝草甚衆。詔本州支賜絹五十匹，仍以誥知歙州。

八年十月十八日，翰林學士、兼修國史范祖禹言：「昨修《神宗皇帝實録》，伏見元豐六年資州奏，資陽縣民支漸熙寧中喪母，因廬墓側，諸祥備至，詔賜粟帛。臣修正史，再牒資州會問，支漸見年八十，元祐五年内髮白再黑，四齒落復生。望授漸一長史、助教名目，旌其至行。」詔支漸與資州助教。

紹聖元年十二月五日，（詔）〔知〕衛州王奎言：「本州節婦王氏少爲竇安時妻，期年而安時卒，婦方孕。後數月，生男曰岸。婦哀其舅姑甘旨無奉，且幸有子以爲之託，乃自守弗嫁。今十二年，奉養舅姑無失，教育訓子有方，鄉人稱之。請申賞典，以勵志節。」詔賜米十斛、絹十匹。

元符二年四月二十三日，詔賜前復州景陵縣主簿趙隨帛三十匹〔一〕、米三十石，以本州言隨（表）〔喪〕母廬墓，故旌之。

徽宗崇寧元年五月二十九日，處州言，麗水縣童子周奇九歲喪母，卧墳側二年，有赤雀十數巢其旁，皆可俯窺。詔賜粟帛。

四年十二月二十六日，興元府言：「城固縣民周文綰妻久患，次男周任割肝與母，即日平安。除已比附割股支與（倒）〔例〕物訖，今後如有似此爲祖父母、父母割肝，乞遍下諸路依割股條支賞施行。」禮部檢准敕，京畿轉運司 5 狀，陳留縣王堅爲父割肝，乞優加支賜。詔支絹五匹、米麵各一石，酒二斗。禮部勘當，如有割肝之人，欲依上件則例支給。從之。

五年八月十五日，蘇州言：「崑山縣寄居前本州巡塘、供奉官趙約之妻夏氏爲患日久，有男公適割股救母痊復。」禮部檢到潤州奏，市易務監官、供奉官趙叔錕爲母患割股，詔支賜絹三十匹、米十石、麵十石、酒一石。本部看詳法案，檢到常人割股給賜條格，無似此宗室之家支賜體例。詔趙公適依趙叔錕例減半支給。

大觀元年四月二十九日，詔安化軍諸城縣民王文爲假將仕郎〔二〕，賜袍笏并帛米麵酒。以文母病，卧冰得魚也。

閏十月十八日，通仕郎繆潛言：「伏爲臣營葬祖父母，有鶴飛塋上，河北西路提舉常平司敷奏，蒙恩特循一資，及賜絹五十匹、米十石。念父諫素行著於鄉里，訓臣有方，遂至叨忝科第。臣禄養弗逮，欲將今來循資恩命、支賜米帛更不祗受，乞回授臣父一官。」詔繆潛依已得指揮與循一資，米、帛更不支給，繆諫特贈承務郎。

二年三月十二日，棣州言〔三〕：「厭次縣申，百姓蘇功

〔一〕復：原作「後」，據《長編》卷五〇九改。
〔二〕諸：原脱，據《元豐九域志》卷一補。
〔三〕棣州：原作「隸州」，據《宋史》卷八六《地理志》二改。

成病重，長男十三、次男十四、次男十五三人割股與父食，當時安樂。又功成妻阿杜患半月未安，其男三人亦是割股與母食得安。州司雖依條支賞賜，緣童子無知，能割兩股肉以愈親疾，欲望别加旌賞，乞降史館。」詔送祕書省，其蘇十三等三人各支賜絹二十匹。

三年七月[6]九日，權知兖州王詔言：「檢准崇寧四年十二月二十六日敕節文，今後如有爲祖父母割肝之人，支絹五匹、米麪各一石、酒二㪷。竊見本州諸縣累申諸色人割肝，官司驗視，多見肋脇間微有瘢痕，若果傷臟腑，理無生全。緣愚民無知，利於給賜，妄自傷殘。欲乞朝廷詳酌，删去上條，杜絶僞冒之弊。」詔崇寧四年十二月二十六日指揮更不施行。

政和二年七月二十六日，提舉永興軍等路學事施垌言：「願考《周書》表厥宅里之義，取行實之尤者旌其門閭，以爲一鄉之勸。」從之。

三年三月六日，江寧府言：「故諫議大夫、天章閣待制王雱止有一女，三歲而雱卒。及長，適通直郎呂安中，生二女而安中卒。時王氏年方二十有七，持喪如禮。及服除，即歸宗守義，自誓(正)〔貞〕潔。或諭以改嫁，王氏獨毅然謝絶。頃居母蕭氏喪，哀毁過制，宗族稱歎。治閨門有法，不妄笑語，内外整肅。至於追遠奉先，皆可矜式。故夫呂安中雖任通直郎，緣未經大禮，而安中卒，王氏遂無封邑。伏望朝廷特賜旌表，加之封號，非特上副聖時崇奬安石父子之意，亦足爲天〔下〕節婦之勸。」從之。

四年十一月，仙井監言：「民樊譚母趙氏病，割股以療。母五月思橙，譚泣橙木下，得實以饋。」詔以譚爲榮州助教。

六年六月二十七日，詔開封府東明縣民陳奉安、尉氏縣民張師厚，並令旌表門閭。以奉安父歿廬墓，罷遣妻子，師厚兄弟同居三十餘年[7]故也。

七月，杭州言：「昌化縣民章欽妻何氏病，長婦潘氏刲股，次婦盛氏刳肝，相繼食之而愈。」詔旌表門閭。

八月，詔贈吉州吉水縣項氏爲孺人，以强民脅迫不從，斷指而死，故旌之。

九月二十九日，淄州言：「學生張祁狀，父受八歲、叔滿三歲亡失祖父晟，受與祖母孀居，自後祖母繼亡，受幼孤立，義居到今，五十餘年。乞依王權義居體例給賜，旌表門閭。」詔張祁本家特賜旌表門閭。

十月三日，淄州言：「淄川縣税户趙唐(兄)〔兄〕弟五人，自元祐間父母亡殁，居喪盡禮，服闋之後，誓不分居，到今二十餘年。其家六十餘口，聚於一門，兄友弟恭，長慈少謹。雖義居年深，長幼無異言，上下同一心。緣此孝義，家資數倍。然一户内累經重難差役，諸子争相爲先，乞立義門。」詔趙唐特賜旌表門閭。

七年正月十二日，翰林學士許光凝言：「臣前知河陽日，伏見故大理寺丞陳芳家同居三百年，一門十四世，無異籍之親，實聖朝美事。」詔陳芳旌表門閭。

五月二十八日，鄆州言，平陰縣民楊屺四世同居，鄉黨高其義。詔旌表門閭。

宣和元年二月二十八日，興仁府言，民宋端營産贍兄，義節顯著。詔旌表門閭。

四年五月三十日，開封尹王革言：「陳留縣民楊珪母亡廬墓，後因屋仆，出無所損，衆謂孝感。封丘縣民李從善與弟文、元昌析居，後文貧乏，從善、元昌復以財産同居。故孟京傑妻王氏年二十二寡居，男始四歲，父8母俾再適，王氏剪髮自誓，鄰里不識面，節義卓然。乞並賜褒顯。」詔楊珪、李從善旌表門閭，王氏特封孺人。

五年二月十八日，詔越州女子湯氏特封孺人，賜帛十匹。以守臣言其節操正潔，彊暴不能侵陵，故旌之。

七年正月二十九日，提舉京東東路常平劉敏才言：「巡歷至萊州膠水縣，訪聞得本縣百姓安平幼失父母，長能遷葬，受顧得錢充食用之費，躬自負土爲墳。二十六歲至今不已，獨自庵居守墳；兼親戚無子孫者亦與安葬。其純孝卓行，出於至誠，伏望優寵，激勸風俗。」詔安平支賜絹十匹。

十一月十九日南郊制：「如有曾被旌表門閭者，仍依式建立，以示激勸。應天下義夫、節婦、孝子、順孫，委所在長（史）〔吏〕常加存恤，事狀顯著者具名奏聞。」

高宗建炎三年四月八日赦：「應忠臣、孝子墳墓所在，仰州縣檢照圖經驗實，量加封護，不得侵損。如有曾被旌表門閭者，仍依式建立，以示激勸。」

十一月三日德音：「應天下義夫、節婦、孝子、順孫，委所在長吏常加存恤，事狀顯著者具名聞奏。」

紹興元年十月十四日，詔：「寶文閣待制、知廣州林遹〔一〕，當苗傅、劉正彦作過之時，首先致仕，可除龍圖閣直學士以寵其節。」

五年九月十七日，常州奏：「垂慶鄉民潘念八取肝救父，致疾痊損，乞加旌賞，以敦風化。」詔賜絹五匹、米五斗、麵五斗、酒一斗，仍令本縣常切存恤。

十月二十六日，楊珪母太宜人郭氏特贈郡夫人。郭9氏在僞齊，獨令男珪歸正，不從僞命，拘留僞地，死於國事，忠義可嘉，故有是命。

七年五月二十二日，南平軍奏：「據隆化縣化咸鄉民户言，稅户羅紀妻李氏在姑王氏墳側結茆誦經，日負土積墳者三，晝夜號泣，孝道彰聞，遠近欽欸，乞賜旌賞，以崇風化。」詔令本軍量賜粟帛，仍常切存恤。

九年五月二十一日，處州言：「青田縣柔遠鄉民梅仲真死，其孫元眉方七歲，哭泣無時，每夜常抱棺木睡，不嗜肉味。逮至出葬，元眉即隨喪往葬所。將蓋棺間，元眉哭之慟，即跳身入槨內，凡送喪人無不驚駭。及葬畢，親客俱

〔一〕知：原脱，據《建炎要録》卷四八補。

散，元眉伏地不歸。是夜半，即有羣鵲喜噪，忽見祥光遍照塚所。童子孝行尤異，乞加旌賞。」詔令本州量賜粟帛。

六月八日，詔盛修己特贈武翼郎、閤門宣贊舍人，令本州守臣封表其墓，仍送史館。修己建炎三年十月以保義郎權通判宿州，拒賊不屈，遇害。因州民請而有是命。

八月二十九日，詔賜成州同谷縣民趙清臣旌表門閭。以成州言：「清臣事父母至孝，事兄嫂至謹。母病則刲股以進，兄亡則恤孤甚恩。加耕以救貧乏，出穀以助軍須，而其長子廷産、次子和皆孝弟異常。」故有是命。

九月四日，簽書樞密院事樓炤言〔一〕：「臣入陝西采問節義之士，有原州通判米璞，當劉豫僭竊，羣僞争進之日，杜門謝病，終不受污，關陝之人見璞則知有朝廷。前知隴州劉化源建炎間守隴州，城既陷，10虜使人守視之，不得死。驅入河北販賣蔬菓，隱民間十年，卒不屈辱以歸。前博州簽判劉長孺，當劉豫僭逆初萌之日，嘗致書於豫，勸其轉禍爲福。豫毁除告命囚之，而日後復起之以官，終不屈。三人皆老病，乞並特除宮觀差遣，仍與進官，庶幾激勵風俗。及有陰晫，陷隔以來守節不仕，已具奏乞差充鳳翔府教授，欲乞更賜褒擢。」從之。

十年五月一日，詔以達州文學睦昇爲修職郎，令本路帥司與陞等差遣。耀州言昇不仕金國、僞齊，故命之。

十三日，臣僚言：「乞倣漢及國朝故事，詔諸路州縣長吏精加察舉所部内有孝行殊異、卓然爲衆推〔朕〕〔服〕者，皆以名聞。士人擢用，民庶表其門閭，厚加賜予，以旌别之。或有其人而不舉，或舉非其人者，皆罰之，庶幾中外矜式，欽愛之風無愧前古。」從之。

閏六月十一日，詔以右迪功郎王寵爲承務郎。丹州言嘗有薦寵於僞齊令擢用，寵託疾不行，不受僞命，故命之。

八月七日，權發遣廣德軍洪興祖言：「本軍廣德縣左迪功郎李彭年言行有常，鄉里稱孝。昨者賊兵入境，彭年二親相繼被害，冒犯白刃，收斂營葬，追慕哀慟，人不忍聞。除喪累年，蔬食飲水，誓終此身，〔詔〕〔語〕及其親，悽愴泣下。出於至誠，委有顯迹，可以激勵風俗。」詔賜旌表門閭。

同日，南平軍言：「隆化縣弓手吴沂事母至孝，養生送死，兩盡其節，乞賜旌賞。」詔令本軍量賜粟帛。

十一年正月二十九日，徽州言：「休寧縣11民程柘妻李氏病，男程缺即割股以進之，遂安。」詔令徽州依格給賞，仍令本縣常加存恤。

三月二十一日，詔賜中亮大夫、康州防禦使〔二〕、權發遣熙河蘭鞏路兵馬鈐轄、右護軍〔三〕、右部同統制程俊旌表門閭。以鄜延安撫司言其孝於父母，義於兄弟，委有實跡，乞賜旌表，故有是命。

〔一〕炤：原作「佋」，據《宋史》卷四五三《劉化源傳》改。

〔二〕康：原缺，據《建炎要録》卷一三九補。

〔三〕右護軍：原作「□都護」，據《建炎要録》卷一三九改。

五月六日，詔賜成州同谷縣民王澤家旌表門閭。以澤家六世不分，兄弟和睦，澤存撫遺孤，鞠養貧族，行義異常，植物見瑞，成州言其實狀，故有是命。

六月二十九日，詔賜全州葛全鄉免解進士蔣舉旌表門閭。全州奏舉持喪盡節，結茅守墓，孝行感動，十芝生於墳側，乞賜旌表，故有是詔。

十二年九月十三日赦：「應孝子、順孫、義夫、節婦，所宜旌表，以厚人倫。事狀顯著，仰長吏保明以聞。」

十二月十二日，詔賜明州楊慶行旌表門閭。以本州言慶行累割肝乳以愈親疾，乞賜旌表，故有是詔。

十三年三月六日，詔信州（銘）〔鉛〕山縣民王小十刲腹取肝以愈母疾，可旌表門閭，易其鄉名爲旌孝，仍宣付史館。從本州請也。

六月三日，詔賜興化軍莆田縣國學進士郭義重旌表門閭。以本軍言義重事親至孝，母死廬墓，竭盡哀節，感致瑞物，乞加旌表，故有是詔。

十月二十五日，湖州言，長興縣民華小九取肝以療父疾，孝行顯著，乞賜褒加。詔賜旌表門閭，宣付史館。

十八年閏八月二十五日，潮州言：「保義郎林昌朝自
12 曾祖以來，四世不析居異財，一家長幼並循禮法。紹興六年，本州荒歉，昌朝出米以濟貧民，全活者甚衆。」詔賜旌表門閭。

乾道五年四月二日，權發遣廣州、主管廣南東路經略安撫司公事龔茂良奏：「到任之初，布宣德意，詢問風俗。有士民等陳狀稱：仰惟朝廷孝治均被天下，雖在遐陬，民知觀感。近年本州劉氏二女刲肝割股以療母疾，州司具奏，雖恩奬未下，衆實欽（幕）〔慕〕。邇來有傷風敗教如陳植、陳讜兄弟，平日與其姊有間言，一日姊死，植、讜訴其夫，以爲毆姊致死，必欲陵辱其軀。檢驗至四，並無他故，植、讜致坐虛妄。關係風俗教化，莫大於此。」詔劉氏本家賜旌表門閭，仍宣付史館，令本州依格倍給支賜。陳植、陳讜疾速根勘，具案聞奏，令刑部立法申尚書省。

六年十一月六日，大禮赦：「應忠臣、孝子墳墓所在，仰州縣量加封護，不得侵損。如有曾被旌表門閭者，仍依式建立，以示激勸。」

九年二月十五日，詔雅州榮經縣進士趙仝、邵州邵陽縣學生聶致堯，各以孝行節誼顯著，并寧國府宣城縣百姓俞楫三世兄弟同居，遵奉先訓，保家勤儉，並賜旌表門閭。以逐州應赦保奏故也。

十一月二十五日，詔漢州什邡縣進士陳敏政家特賜旌表門閭。自敏政高祖母王氏遺訓，至今五世同居，以孝友儒業著聞，鄉黨推慕，本州保明聞奏，故有是命。

淳熙二年十二月十七日，慶壽赦：「應孝行節義著於鄉閭者，令長吏保明以聞，當議旌録。」

三年十一月十二日，南郊 13 赦：「應義夫、節婦、孝子、順孫，委所在長吏常切存恤，事狀顯著，具名以聞。」六

年、九年明堂赦同。

淳熙十六年二月四日，登極赦：「應孝子、順孫、義夫、節婦，所宜旌表，以厚人倫。事狀顯著者，仰長吏保明來上，其間孝行卓異之士，别項保奏。」

紹熙二年十一月二十七日，南郊赦：「應義夫、節婦、孝子、順孫，委所在長吏常切存恤，事狀顯著者，具名以聞。應忠臣、孝子、義夫、節婦墳墓所在，仰州縣檢照圖經驗實，量加封護，不得侵損。如有曾被旌表門閭者，仍依式建立，以示激勸。」

紹熙五年七月七日，登極赦：「應義夫、節婦、孝子、順孫，所宜旌表，以厚人倫。事狀顯著，仰長吏保明來上。其間孝行卓異之士，别項保奏。」

嘉定四年九月六日，詔真州揚子縣懷義鄉里居吳汝明賜旌表門閭，令長吏致禮。以守臣潘友文言：「汝明積世同居，慈孝輯睦，母病刲股全活，所居舍側芝草發生，蝗蝻犯境，不食其家禾稼。賑救飢困，全活爲多。門首異木合生，人皆稱義木。照明堂赦文，具名以聞。」故有是命。

五年二月十四日，江州言：「德安縣進士陳炎狀，積世義居，始自唐朝，更歷五代，皆曾旌表。至于本朝，累被聖恩。因遭兵火，家屬離散，自建炎以來，高祖至炎及孫委實七代同居，有一百餘口，自幼至長，不蓄私財，鄉里父老衆所共知，乞加旌表。」詔與特賜旌表門閭，仍令長吏致禮。

七年十一月二十日，江南西路轉運司言：「吉州安福

縣[14]進士彭經與弟顯、綱、繼累世孝義，居母喪以及父喪，十年卻酒肉。每飯以盆置于庭，畢集乃飯，否則莫敢先。私室惟藥爐外，雖瓶罌亦不敢設。其童稚皆有徐行後長之習。高伯祖謨、叔祖育，其後不傳，經等爲之經紀甚備。非忠信孝悌不出諸口，不行諸身。欲照赦書旌褒，以爲天下之勸。」詔特旌表門閭，仍令長吏致禮。

淳熙三年三月十六日〔一〕，詔成州天水縣民胡公預家，令本州倍賜束帛，旌表門閭，仍宣付史館。既而成州言〔二〕：「公預建炎初被金人虜至河中府，公預與子璋告以父母垂白，無人供侍，虜愍而縱之，得歸。母李氏憂念哭泣，將失明，公預舐目復明。其子璋又善承顏，子孫世世義居。」故有是命。

九月三日，詔吉州安福縣鄉貢進士劉承弼旌表門閭，仍令長吏致禮。既而而吉州言：「承弼事父母至孝，居母喪哀毀骨立，孝行節義，實宜旌録。」故有是命。

十二月二十九日，蘄州言黃梅縣民户甫三世同居，詔旌表門閭。

六年正月二十九日，詔潼川府中江縣進士楊榆旌表門閭。既而縣人言榆母病，刲肝供饋，潼川府上其事，故有是命。

〔一〕按，上文已叙至嘉定，此又返叙淳熙，未知何故，疑是李心傳《續總類會要》後來有所添補。

〔二〕既而：按下文乃説明下此詔之緣由，依時間關係與因果關係，當云「先是」或「以」。但本書中多處如此使用，殊不可解。今且依舊，以俟再考。

是命。

九年十二月六日，詔：「新筠州臨江軍巡轄馬遞鋪王忠直孝行俱聞，世實希有，特與陞等差遣，令福州依格給賜，仍宣付史館。」以父進任福州（轄鈐）〔鈐轄〕，因患危困，忠直七剔股、一取肝救父痊瘉，繼燃臂謝罪于天，（以）福州奏聞，故有是命。

十二年十一月三十日，平江 15 府言，武功大夫、英州刺史、特添差浙西副總管開趙取肝救父。詔開趙昔忠於國，今孝其親，可特轉濮州團練使。（以上《永樂大典》卷一一五四八）

宋會要輯稿　禮六二

賚賜一

【宋會要】

1 宋太祖建隆元年正月，賜宰相、樞密使、諸軍列校襲衣、犀玉帶、鞍勒馬有差。

七月，宴侍衛親軍馬步軍都指揮使韓令坤等於禮賢講武殿，賜襲衣、器幣[一]、鞍馬有差。以賞澤潞之功也[二]。

十月，始賜宰相、樞密院、宣徽、三司使、端明、翰林、樞密直學士、見任前任節度、觀察、防禦、團練使、刺史、諸軍列校冬服有差。郡國長吏、邊防將士，遣使就賜之。

二年三月，賜王昭衣帶、鞍馬。

十一月己卯[三]，上始獵於近郊，賜宰相、樞密使、節度、觀察、防禦[四]、團練使、統軍、侍衛諸軍都校錦袍。

慕容延釗爲山南東道節度，是冬大寒，遣中使賜以貂裘、百子氈帳。

三年四月，李彝興遣使貢馬，上以玉帶賜之。

十月，始賜文武常參官冬服。先是，累朝以來止賜將相、翰林學士、諸軍大校。至是，太祖謂侍臣曰：「冬服不賜百官，甚無謂也，宜並賜之。」乃以冬十月乙酉朔賜文武常參官時服，自後(隨)[遂]爲定制。

郭進守雄州[五]，太祖令有司造第於御街之東，欲以賜之，使盡用甋瓦。有司言非親王、公主例不應用，太祖大怒曰：「進爲我捍契丹十餘年，使我不憂西北[六]，豈不可比我兒女？」卒用之。宅成，以賜進，進屢辭，乃敢受。太平興國中，始別賜進宅，或以爲因展修相國寺併入爲寺基也。

乾德二年十一月[七]，命王全斌等伐蜀。冬暮大雪，上設氈帷於講武殿，衣紫貂裘帽以視事，謂左右曰：「我被服如**2**此，體尚覺寒，西征將帥衝犯霜霰，何以堪處？」即解裘帽，遣中黄門馳驛賜全斌，且諭旨諸將，以不能徧及也。全斌感泣。

太祖問雷德驤曰[八]：「古者以官奴婢賜臣下，遂與本家姓，其意安在？」對曰：「古人制貴賤之分，使不可瀆，恐後世譜牒不明，有以奴主爲婚者。」太祖曰：「卿還得古人立法意。」歎息久之。詳《雷德驤傳》。

[一] 幣：原作「弊」，據《長編》卷一改。
[二] 也：原作「始」，據《長編》卷一改。
[三] 按，此條忽改以干支紀日，非《會要》之文，乃抄自《玉海》卷八二。下條亦同。
[四] 原稿「觀察」下有「使」字，而脱「防禦」二字，據《長編》卷二刪補。《玉海》亦脱「防禦」，益可見此文乃抄自《玉海》。
[五] 按，此條文字全同於葉夢得《石林燕語》卷三，當即抄自《石林燕語》。
[六] 西北：原作「西山」，據《石林燕語》卷三改。
[七] 此條抄自《玉海》卷八二。
[八] 此條不著年月，不似《會要》之文，而其事略見於魏泰《東軒筆録》卷一，文字僅有小異。

三（月）〔年〕正月，命參知政事呂餘慶知成都府，賜衣一襲，金束帶一，絹五百匹，金鍍銀鞍勒馬一。又命樞密直學士馮瓚知梓州，賜衣一襲，金束帶一，絹百匹。

（是歲）〔開寶三年〕〔一〕，召王昭素賜坐便殿，講《乾卦》至九五「飛龍在天」，曰：「此（及）〔爻〕正當陛下今日之事。」因風諫，上悦。三月辛亥，以爲國子博士。

【宋會要】

〔太宗太平興國〕二年三月〔二〕，知江州周述言：「廬山白鹿洞學徒常數百人〔三〕，望賜九經書，使之肄習。」詔國子監給以印本，仍傳送之。

〔端拱二年〕十月〔四〕，賜宰輔、近臣《刑統》各一部，仍詔書令中外臣僚於公事之外常讀律書，使研究其義，施之足以斷事，守之可以檢身。

（是月）〔太平興國二年十月〕〔五〕，賜百官、諸軍校百夫長以上（各）〔冬〕服有差。將校之在外者及藩鎮州郡，悉遣使賫以賜之。自是歲以爲常。

三年〔六〕，幸崇文觀書，宰輔、諸王檢閱問難。賜飲中堂，盡醉而罷。

四年十一月，詔賜沿邊戍卒衣服悉以綿，遣使者護送之。

八年六月辛亥〔七〕，賜宰相、文明、翰林、樞密直學士、中書舍人、節度觀察使建州所貢新茶。

❸ 九年五月，賜臣僚時服，自是歲以爲常。

凡五月五日賜服：二府宰相至同簽書樞密院事、親王、三師、三公、使相、東宮三師、觀文殿大學士、僕射、宣徽使、殿前都指揮使至馬步軍都虞候、節度使、駙馬都尉；五事：潤羅公服、繡抱肚、黄（縠）〔縠〕汗衫、熟線綾夾袴、小綾勒帛。銀裝扇子二。舊式，大綾夾袴，勒帛，都尉須觀察使已上。金吾將軍、皇親刺史已上；五事，扇子並同宰臣，惟小綾勒帛。兩使留後、觀察使、四廂都指揮使、忠佐領團練使；五事，扇子同皇親刺史，惟大綾夾〔袴〕，無潤羅。東宮三少、尚書、三司使至權發遣使公事、觀文殿學士至樞密直學士；並同僕射，惟綾繡抱肚。舊式，尚書同待制、三司使。防禦、團練使、刺史；同留後，惟綾繡抱肚。舊式：同三司使，惟無潤羅。御史中丞、閣直學士、宮觀判官；四事：潤羅公服、黄（縠）〔縠〕汗衫、小綾勒帛、熟線綾夾袴。銀裝小扇子二。舊式，大綾夾袴。權中丞

〔一〕開寶三年：原作「是歲」。按，此條乃抄自《玉海》卷二六，原文作「開寶三年」，《長編》卷一一載召王昭素事亦在開寶三年。蓋《永樂大典》編者剪貼資料時，此條僅有「三年」二字，遂誤以爲乾德三年而置於此，並改爲「是歲」。又，此事與「賚賜」無關，亦不當編於此，可見《大典》雜抄拼湊之迹。

〔二〕太宗太平興國：原無，據《長編》卷一八補。

〔三〕數百人：《長編》卷一八作「數千百人」。

〔四〕端拱二年：原無，據《玉海》卷六六補。

〔五〕太平興國二年十月：原作「是月」，按，據《隆平集》卷二「革弊」目，此乃太平興國二年十月事，因改。

〔六〕三年：此下未載月日，據《長編》卷一九，事在太平興國三年二月辛未（十六日）。

〔七〕按，此條乃抄自《玉海》卷九〇。

如待制之例，知審刑、判檢院並同。諸統軍；四事，同中丞，惟無潤羅，扇子無銀裝。諸衛上將軍；同統軍，惟增綾繡抱肚，又改小綾汗衫。常侍、賓客、丞郎、給諫、舍人、知制誥、待制、卿監、祭酒、詹事、三司副使至發遣公事；五事：羅公服、綾繡抱肚、小綾（衫）〔汗〕衫、勒帛、大綾夾袴。舊式，三司副使如宮觀判官。內客省使、延福宮、景福殿使；同防禦使，惟扇子無銀裝。皇親大將軍、將軍、諸司使、副使；四事：羅公服、小綾汗衫、勒帛、大綾夾袴。銀裝小扇子二。少卿[4]監、知雜、司業、庶子、諭德、郎中、樞密都承旨至諸房副承旨、橫行使、宣慶、宣政、（照）〔昭〕宣使、諸司使、大將軍，入內、〔內侍〕省都知、押班；四事：羅公服、小綾汗衫、勒帛、大綾夾袴。無扇子。舊式，三司判官、判勾準此，知雜、入內都知並同員外郎，押班同承旨。皇親崇班以上；三事，同諸司使而無袴。舊式有扇子而無銀裝。起居郎至著作郎、三院御史、員外郎、少詹事、率更（領）〔令〕、博士、三丞、大理正以上、開封府判官、將軍、橫行諸司副使、樞密逐房副承旨、皇親殿直以上；三事，同少卿監而無袴。通事舍人、承制、崇班及閤門祗候；二事，同諸司副使而無勒帛。中允至洗馬、尚藥奉御至五官正、閤門看班、三司勾當使臣、京官任在京職事者；二事：羅公服、絹汗衫。今選人充館閣職任同。幕職州縣官、三班使臣任在京職事當賜者；止羅公服。監文思院門，紫絁衫。內侍兩省使臣，供奉官並紫羅公服，內常侍加小綾汗衫。內侍至黃門、入內殿頭至奉輦管勾，紫羅窄衫、絹襴。內侍祗候高品至後（皷）〔苑〕散內品、入內貼祗候內品至雲韶部內品，紫（宮）〔官〕絁窄衫、絹襴。其內侍非宿直及在京勾當，不給。入內後苑內品至散內品，紫平絁窄衫、絹襴。寄班祗候、寄職、借職，羅公服。殿直以上加絹汗衫。舊式，帶器械高品以上並羅公服、絹汗衫。

凡諸軍捧日、天武、龍衛、神衛、拱聖、驍勝、宣武、神勇、虎翼、步武、龍猛、吐渾、驍騎軍都指揮使、諸班殿前指揮使、遙郡都虞[5]候、御前忠佐馬步都軍頭及遙郡副都軍頭；五事：羅公服、綾繡抱肚、黃縠汗衫、小綾勒帛、大綾夾袴。扇子二，舊有銀裝。不遙郡副都軍頭；五事，並同都軍頭，惟小綾汗衫、小扇子二。捧日至神衛不遙郡虞候及諸班內員僚御龍四直都虞候、指揮使、御前忠佐步軍副都軍頭已上，行門殿前散直、鈞容直指揮使；五事，並同都軍頭，惟絹汗衫。開封府馬步都指揮使；四事：羅公服、小綾汗衫、勒帛、大綾袴。無扇子。拱聖至驍騎及雲騎、奉節、歸聖、効忠、武騎、雄武、渤海、寧朔都虞候，捧日至神衛指揮使，殿前都指揮都知；四事：羅公服、絹汗衫、大綾夾袴、小綾勒帛。小扇子二。內殿直、散員、散指揮、散都頭、散祇候、龍旗、金槍、東西班、內員僚、外殿直都知；三事：羅公服、絹汗衫、大綾夾袴。小扇子一。開封府馬軍、步軍副都指揮使以上，牢城都指揮使；三事，同外殿直都知而無扇子。拱聖至寧朔及驍猛馬直、步直，揀中龍神衛、契丹、飛猛、衛聖、威虎、神威、宣効、橫塞、威猛、廣勇、鞭箭、雲捷、歸明雄武指揮使，捧日至神衛及御龍四直副指揮使，教駿、廣備、忠節、威武都虞候，殿前指揮使副都知；三事：羅公服、絹汗衫、小綾夾袴。小扇子一。內殿直至外殿直副都知、殿前散直都知；三事：羅公服、絹汗衫、勒帛。拱聖、歸明雄武副指揮使，教駿、騎御馬、歸聖、順聖、勇捷、步鬭、雄勇、廣德、靜戎、平塞、歸化、順化、忠節、橋道、清塞、廣備、歸恩、雄勝、威武、6懷勇、効順、懷愛指揮使，六軍搭材都虞候，殿前指揮使押班；二事，同威武都虞候而無袴，亦小扇子一。御龍四直都頭；二事，同殿前指揮使押班而無(子)〔扇〕子。皇城司都虞候；二事：羅公服、小綾汗衫。教駿至懷愛副指揮使，内殿直至外殿直押班、押(審)〔蕃〕，御龍四直副都(副)〔頭〕，新立内員僚直行首、副行首，殿前散直副都知、押班，龍神衛剩員，保寧、搭材、窑務〔一〕、廣德指揮使，開封府六軍副指揮使以上；羅公服。殿前指揮使行門殿直及内殿直之進御弩者，鈞容直、招箭班都知、副都知；紫羅旋襴、小綾汗衫。鈞容直、招箭班押班、都部頭，内園御輦、翰林、儀鸞、八作、綾錦、事材、車營務諸司都虞候；紫羅綾襴。捧日至神衛軍使、都頭，龍神衛剩員至廣德副指揮使〔二〕，効節指揮使，員僚直行首、押蕃已上，軍頭司副兵馬使以上；紫羅寬衫、旋襴。捧日至神衛副兵馬使、副都頭，拱聖至鞭箭軍使至副都頭〔三〕，軍頭司强壯及散指揮使、副指揮使以上，契丹、渤海、吐渾軍使以(下)〔上〕赴起居者；紫羅寬衫、絹襴。龍衛及骨(子朵)〔朵子〕直、内殿直至内員僚直、殿前散直、招箭班及外殿直、散祗候、東西班權管指揮者，軍頭司散員至副兵馬使，强壯副都頭、散副都頭以上，契丹、渤海、吐渾軍使以上不赴起居者，教駿、騎御馬軍使、副兵馬使，歸明散員僚諸司指揮使、副指揮使以上，軍頭司副都頭以上；紫羅(穿)〔窄〕衫、絹襴。御龍、弓箭、弩、鈞容、契丹、吐渾等直，歸聖7至懷愛、龍神衛剩員至廣德都頭、副都頭，六軍喝探副都頭以上，開封府步軍副都頭及諸司軍使、副都頭以上；紫官絁衫子。御輦院供御輦官以上，車子院將虞候；紫平絁衫子。外仗使作坊前宿直者、軍頭司承局、御輦院下都輦官、車子院官健；紫南紬衫子。凡增立諸軍並准視名額等第給之。

凡在京諸色人：中書堂後官、樞密主事；二事：羅公服、小絹汗衫。前諸司使；二事：羅公服、絹汗衫。翰林天文、知歷筭、御書待詔、翰林醫學、書藝、書直、藝學〔四〕、御書祗候，前防禦、團練副使，當直、奉職以上，宣詞令、左右軍巡使、中書主事、諸鎮節度進奏官、教坊使；羅公服。中書録事、守當官以上，樞密院令史、書令史，宣徽院前行，三司孔目官，教坊副使、色長，監承進司高品，學士院書詔、孔目(客官)〔官、客〕省行首、勾押官；紫羅寬衫。樞密院雜事，承進、銀臺司帖房、三司勾覆官以上，宣徽院後行、客省、閤門承受諸州進奏官，檢鼓院糾察、提舉司府吏後行以上，祕閣典書、翰林醫人；紫羅(穿)〔窄〕衫、絹襴。禮賓院、客省、軍頭司譯語，御輦院專典、提舉司貼司；紫官絁衫子。祕閣楷書，御輦院曹司，乳酪匠，學士院親事官，皇城鏁鑰庫子；紫平絁衫子。内衣物庫專典；二事：小綾背子、絹汗衫。軍頭司勾押官以下。黄絹汗衫。其品目均者準此，餘以青絹紬、赤黄皂雜布衫袴、黄絹等第給之。

〔一〕窑：原作「藝」，據本書儀制九之二五改。
〔二〕副：原無，據本書儀制九之二五補。
〔三〕使：原作「役」，據本書儀制九之二五改。
〔四〕藝：原脱，據本書儀制九之二六補。

凡十月一日賜服：二府宰臣至同簽書樞密院事、親王、三師、三8公、使相、東宫三師、觀文殿大學士、僕射、宣徽使、殿前都指揮使至步軍都虞候、節度使、駙馬都尉、皇親正任團練使以上；寬對衣。五事：紫潤羅夾公服、天下樂暈錦寬錦袍、小綾汗衫、勒帛、熟線綾夾袴。舊式：大綾夾袴，都尉任觀察使者方給潤羅。皇親遥刺史以上；並同正任團練使，惟簇四鵰寬錦袍。舊式刺史以上並同親王。東宫三少、尚書、三司〔使〕至權發遣使公事、觀文殿學士至樞密直學士、内客省使；紫潤羅夾公服、簇四鵰寬錦袍、小綾汗衫、勒帛、熟綿綾夾袴。舊式：尚書同丞郎。兩使留後、觀察使、四廂都指揮使、皇親大將軍、將軍、諸司使、忠佐領團練使；紫羅夾公服、川錦寬錦袍、小綾汗衫、勒帛、大綾夾袴。舊式：簇四鵰錦。統軍上將軍、防禦、團練使、刺史、皇親諸司副使；五事：紫羅夾公服、翠毛細錦寬錦袍、小綾汗衫、勒帛、大綾夾袴。御史中丞、閣直學士、宫觀判官，紫羅夾公服、師子大錦寬錦袍、小綾汗衫、勒帛、大綾夾袴。舊式：知通進銀臺司、勾當三班、知審（形）〔刑〕、判檢院準此。常侍、賓客、丞郎、給諫、舍人、知制誥、待制、卿監、祭酒、詹事、三司副使至權發遣公事；五事：羅夾公服、綾繡夾（袍）〔抱〕肚、小綾汗衫、勒帛、大綾夾袴。舊式：三司副使同宫觀判官。延福宫使、景福殿使；五事：紫潤羅公服、熟綿綾夾袴，餘同統軍。金吾大將軍；紫羅夾公服、紅錦寬錦袍、小綾汗衫、勒帛、大綾夾袴。舊式同統軍。少卿監、知雜、司業、庶子、諭9德、郎中、横行使、宣慶、宣政、昭宣使、樞密承旨至諸房副承旨、大將軍、諸司使，入内、内侍省都知、押班；羅夾公服、小綾汗衫、勒帛、大綾夾袴。舊式：三司判官、判勾准此，知雜同員外郎，内侍省都知、入内都知、副都知同横行副使，内侍省副都知、押班、入内押班同通事舍人。起居郎至著作郎、三院御史、員外郎、少詹事、率更令、博士、三丞、大理正以上，横行諸司副使、將軍，皇親率府率、副〔率〕，樞密院逐房副（丞）〔承〕旨；羅夾公服、小綾汗衫、勒帛。舊式：皇親崇班以上同諸司使，殿直以上同副使。通事舍人、承旨、崇班、率府率、副率；紫羅夾公服、小綾汗衫。中允至洗馬、尚藥奉御至五官正、三司勾當使臣、京官（在）〔任〕在京職事者；羅夾公服、絹汗衫。今選人充館閣職任同。舊式：京官任親（正）〔王〕諸宫者，惟無汗衫。幕職州縣官、三班使臣任在京職事當賜者；止羅夾公服。閤門看班、軍巡使；以紫綾綿旋襴爲差。内侍兩省使臣。内常侍、供奉官，紫羅夾公服、小綾汗衫；入内殿頭至奉輦管勾，内侍殿頭至黄門，紫光色大綾綿旋襴；祗候高班内品至入内品，紫袍絁綿旋襴；入内貼祗候内品至後苑散内品，内侍祗候高品至後苑散内品，紫小綾綿旋襴；（宰）〔寄〕班祗候，紫乾色大綾綿旋襴。舊式：内常侍同宣事舍人，内侍並紫大綾綿旋襴，殿頭以上帶器械紫羅綿旋襴。

凡諸軍捧日至驍騎軍都指揮使，諸班御龍四直、遥郡都虞候、忠佐馬步都軍10頭及遥郡副都軍頭；翠毛細錦旋襴。不遥郡諸班及御不遥郡副都軍頭；舊式方勝宜男細錦綿旋襴。不遥郡諸班及御龍四直、内員僚直、捧日至神衛軍都虞候，諸班至員僚直及殿前散直、行門、鈞容直指揮使，忠佐步軍副都軍頭以上，開封府馬步都指揮使；盤毬雲繡細錦綿旋襴。拱聖、神勇、驍騎、雲騎、武騎、宣武、龍猛、雄武、虎翼〔一〕、吐渾、廣備、渤

〔一〕翼：原缺，據本書儀制九之二七補。

海、驍勝、寧朔都虞候，捧日至神衛及員僚直指揮使；師子大綿綿旋襴。拱聖至寧朔及順聖、衛聖、歸聖、奉節、廣德、効忠、馬直、步直、威虎、雲捷、聲駿、伴飯、騎御馬、内員僚直、龍神衛剩員指揮使，捧日至神衛、御龍四直、員僚直、神勇、吐渾、渤海副指揮使，忠佐都虞候，開封府馬步副指揮使，供奉官以下權管軍者；方勝練鵲錦綿旋襴。飛猛、横塞、神威、宣効、威猛、歸明雄武指揮使；紅團花大錦綿旋襴。諸軍副指揮使，勇捷、歸化、順聖、清塞、忠節、橋道、保寧指揮使，六軍搭材都虞候，開封府馬步都虞候以上；紅團花中錦綿旋襴。六軍廂虞候；細團花次中錦綿旋襴。殿前及行門都知；紫地紫花透身欹正綿旋襴。内殿直、散祗候、散指揮使、散都頭、散員、東西班、金槍、龍旗、内員僚、殿前散直、外殿直都知，皇城都虞候；紫羅綿旋襴。内殿直至外殿直及殿前行門副都知，鈞容直，招箭班都知、副都知，諸班直押番、押班，皇城等諸司都虞候；紫乾色大綾綿旋襴。内殿直以下及殿前節級、十將，捧日已 11 下軍使至都頭，員僚直行首、押番，伴飯、騎御馬軍使、副兵馬使，勇捷至保寧副指揮使，六軍指揮使，軍頭司都指揮使至副都頭，鈞容、招箭押班，東西班小底，披帶殿衛，開封府本城指揮使，皇城諸司等指揮使，忠佐軍使、副兵馬使；紫夾綾綿旋襴。御龍弓箭、弩手長行；紫花絁綿旋襴。東西班下茶酒殿侍之内宿者，内員僚、鈞容、殿前散直長行；紫羅大綾綿旋襴。諸軍都頭、副都頭以上，内員僚、員僚〔一〕、契丹、女真等長行，軍頭司散副都頭以上，教駿、喝探、伴飯軍使、副兵馬使，皇城等諸司副指揮使至副都頭；紫小綾綿旋襴。玉清昭應宮雜役十將，皂紬綿旋襴。牛羊司放牧軍士、外仗作坊前宿直長行。黄絹綿襖。凡增立諸軍，各隨名額等第給之。

凡在（官）〔京〕諸色人：前任防禦至刺史；翠毛細（綿）〔錦〕旋襴。供奉官以下，皇城内監庫務及騏驥牧監文思院者；二事：羅公服、小綾汗衫。翰林天文、知歷筭、御書待詔，翰林醫官、醫學、書藝、書直、藝學、御書祗候、樞密主事，中書堂後官、主事，學士院録事；羅公服。教坊使；紫羅綿旋襴。中書録事至守當官，樞密令史、書令史，三司孔目、勾（神）〔押〕官；紫羅寛袍。前諸司使、教坊副使至色長；紫乾色大綾綿旋襴。宣詞令、左右軍巡使、供奉官以下當直者，節度使進奏官，祕閣典書，三班監左藏庫〔二〕、文思院門及進奏、店宅務者，教坊都知；紫大綾綿旋襴。樞密院雜事，承進、銀臺司貼房，宣徽院後行 12 以上，三司勾覆官，祕閣楷書，客省、閤門承受，學士院書詔，孔目官，諸州進奏官，客省、禮賓院譯語，軍頭司押司官，檢鼓院，糾察，提舉司府史後行以上，翰林醫人，天文院節級，御輦官節級以上；紫小綾綿旋襴。司天節級，天文院學生，理檢院令史，祕閣，通進銀臺司親事官，契丹譯語，大内鑰匙庫子，乳酪匠，御輦〔院〕下都輦官，車

〔一〕下「員僚」原脱，據本書儀制九之二八補。
〔二〕三班：原作「三省」，據本書儀制九之二八改。

子院官健；皁細綿旋襴。軍頭司承局以上、儀鸞卓帳匠。黃絹綿襖。其品目均者準此，餘以赤黃紬綿襖、皂絹綿旋襴、緑平二宜紬襖子、絹夾袴等第給之。

凡賜外任初冬衣襖：使相、節度使、兩使留後、觀察使；五事：暈錦旋襴、大綾背子、夾袴、小綾汗衫、勒帛。尚書、管軍四廂都指揮使以上及知益州；五事：次暈錦綿旋襴，餘同觀察使。學士、直學士、丞郎及知并州；三事：簇四鵰細錦旋襴、小綾汗衫、大綾夾袴。給諫、舍人、待制、横行使以上；翠毛細法錦綿旋襴。防禦、(圍)〔團〕練使及正(副)〔刺〕史知州者；倒仙牡丹細錦綿旋襴。若任總管、鈐轄者及他官知廣州，皆賜三事：翠毛細法錦綿旋襴、小綾汗衫、大綾夾袴等。遥郡諸司使及益州鈐轄；方勝宜男細錦綿旋襴，益州鈐轄仍加小綾汗衫。諸司使、横行副使、副都軍頭以上；盤毬雲鴈細錦綿旋襴。大卿監至陞朝官、諸司副使至供奉官、大將軍至將軍、内侍至高品以上；紫敧正錦旋襴。天聖年後改用紫羅。京官侍禁至借職、醫官及幕職知春州，紫乾色大 13 綾錦旋襴。舊亦止賜紫敧正〔一〕，景德元年賜方勝練鵲大錦綿旋襴。其溪洞刺史；倒仙牡丹細錦綿旋襴。溪洞知州；方勝宜男細錦綿旋襴。溪洞都巡檢使及陝西沿邊巡檢、蕃官供奉官以上；方勝練鵲大錦綿旋襴。溪洞首領及陝西緣邊蕃官刺史以上知唐龍鎮；紅團花大錦綿旋襴。溪洞義軍指揮使及陝西緣邊巡檢、蕃官、侍禁以下知豐州；紅團花中錦綿旋襴。溪洞義軍副指揮使及蠻界邊寨指揮使、把截寨將以上；紫小綾綿旋襴。凡外任通判、監(監)押、巡檢、駐泊、知城寨以上，皆賜。荆南、杭、益州監臨物務，及真州(權)〔榷〕貨務、雄州榷場、泗州守橋、府界捉賊、巡黃汴河，皆賜之。駐泊就糧、屯駐本城諸軍巡檢隨行者，皆降勑書示諭，第賜衣襖。

凡誕聖節賜服：二府宰臣至同簽書樞密院事、親王、三師、三公、使相、東宫三師、觀文殿大學士、僕射、宣徽使、殿前都指揮至步軍副都指揮使、節度使、皇親遥〔郡〕刺史以上；六事：紫潤羅公服、紅羅繡襠、抱肚、小綾汗衫、勒帛、熟綿綾夾袴。舊式：大綾夾袴，東宫三師、僕射無襠，駙馬都尉任觀察使以上准此。東宫三少、尚書、三司使至權發遣使公事、觀文殿學士至寶文閣直學士、中丞、宫觀副使；五事：紫潤羅公服、綾繡抱肚、小綾汗衫、勒帛、熟線綾夾袴。舊式：大綾夾袴，閣直學士無潤羅，尚書(司)〔同〕丞郎。殿前都虞候至步軍都虞候、内客省使、延福宫 14 使、景福殿使；五事，同節度使而無襠。兩使留後、觀察使、四廂都指揮使、皇親大將軍、將軍、忠佐領團練使，紫羅公服、紅羅繡抱肚、小綾汗衫、勒帛、大綾夾袴。舊式：同步軍(郡)〔都〕虞候，惟無潤羅。金吾上將軍，舊式同僕射。上將軍、統軍；同留後。常侍、賓客、丞郎、給諫、舍人、知制誥、待制、卿監、宫觀判官、三司副使至權發遣公事、祭酒、詹事、率更令、防禦、團練使、刺史、皇親諸司使、副使、大將軍；同留後，惟綾繡抱肚。舊式：知審官院准此，大將軍同統軍。少卿監、知雜、司業、庶子、諭德、少尹、郎中、横行使，宣慶、宣政、昭宣使，樞密〔承〕旨至諸房副承旨，諸司

〔一〕亦：原作「非」，據本書儀制九之二九改。

使、將軍，入內都知、押班，皇親殿直以上，羅公服、小綾汗衫、勒帛、大綾夾袴。舊式：知雜同員外郎，兩省都知並准此，押班無勒帛。起居郎至著作郎、三院御史、員外郎、少詹事、博士、大理正以上，率府率、副率〔一〕，横行諸司副使、樞密（使）〔院〕逐房副承旨，三事：羅公服、小綾汗衫、勒帛。通事舍人、承制、崇班，羅公服、小綾汗衫。中允至洗馬，尚藥奉御至五官正，閤門祇候、三司勾當使臣、京官任在京職事者，羅公服、絹汗衫。幕職、州縣官（屯）〔充〕館閣職任者准此。舊式：三司推官、巡官並同京官，編修、校勘者止羅公服。幕職、州縣官、三班使臣任在京職事當賜者；止羅公服。內侍兩省使臣；內常侍同崇班。供（供）奉官及寄班羅公服，殿頭至黄門並紫羅窄衫，入內祇候殿頭至後苑散內品紫官絁窄衫。舊式：當[15]直、奉職內侍帶器械者並羅公服，內常侍加小綾汗衫，小底以上並紫羅窄夾四䙆〔二〕，監祇候庫內品，紫羅官絁窄夾四䙆。

凡諸軍捧日至驍騎軍都指揮使，諸班及殿前指揮使，御龍四直遥郡都虞候，御前忠佐馬步都軍頭、副都軍頭；五事：羅公服、綾繡抱肚、小綾汗衫、勒帛、大綾夾袴。諸班直及內員僚、御龍四直不遥郡都虞候、指揮使，鈞容、行門散直指揮使，忠佐步軍都軍頭以上；五事：同遥郡都虞候，惟絹汗衫。開封府馬步都指揮使；四事：同都軍頭，惟小綾汗衫。拱聖至寧朔都虞候，捧日至神衛及員僚直指揮使，殿前都知，伴飯指揮使；四事：羅公服、絹汗衫、小綾勒帛、大綾夾袴。開封府馬步副都指揮使；（二）〔三〕事：羅公服、小綾汗衫、大綾夾袴。拱聖至寧朔及雲捷、雄武指揮使，（奉）〔捧〕日至神衛、員僚直副指揮使，殿前副都知，內殿直至外殿直及鈞容、招箭班都知；三事，同馬步副都指揮使，惟絹汗衫。內殿直以下副都知、御龍都頭；三事：羅公服、絹汗衫、小綾勒帛。皇城司都虞候；二事：羅公服、小綾汗衫。拱聖至寧朔副指揮使，搭材都虞候，教駿至騎御馬指揮使，伴飯副指揮使；二事：羅公服、絹汗衫。忠節至廣德指揮使，教駿至騎御馬副指揮使，御龍直副都頭，殿前及內殿直以下押班，內員僚直行首、副行首，龍神衛剩員，保寧指揮使、副指揮使，伴飯軍使；止羅公服。捧日至虎翼軍使、副都頭以上，御龍內〔員〕僚、[16]員僚直押番以上，鈞容直都部頭，軍頭司散兵馬使以上，忠節搭材副指揮使；紫羅寬夾四䙆。招箭押班，行門殿直、皇城等諸司都虞候；紫羅夾旋襴。皇城等諸司副指揮使以上，法酒庫都頭以上，教駿、騎御馬副兵馬使以上；紫羅窄夾四䙆。御龍直、骨朵子、內殿直至金槍直〔三〕、行門天武官，軍頭司副押班、副都頭以上，宫觀雜役副指揮使，內宿殿侍、招箭殿侍、鈞容直；紫花絁窄夾四䙆。御龍弓箭弩直，內員僚至員僚直，教駿至喝探副兵馬使以上，諸軍諸司副都頭以上，契丹、女真〔四〕、渤海軍頭至長行；紫官絁窄夾四䙆。樞密院大程官副都頭以上，外仗作坊前宿直長行；紫南紬窄四䙆。凡增立諸軍，各准視名額等第給之。

〔一〕副率：原脱，據本書儀制九之三〇補。

〔二〕䙆：原作「揆」，據下句改。

〔三〕金：原脱，據本書儀制九之三〇補。

〔四〕自「至員僚直」至「女真」凡二十八字原脱，據本書儀制九之三〇補。

凡在官諸色人：諸鎮進奏衙内指揮使；四事，同諸司使。樞密主事，中書堂後官、主事，諸州進奏衙内指揮使；二事，同崇班。翰林天文、知歷筭、御書待詔、翰林醫官、醫學、書藝、書直、藝學、御書祇候，左右軍巡使、左藏監門奉職，諸州進奏判官、節度使進奏官、禮直官、副禮直官，學士院録事；羅公服。教坊使、副使；紫羅寬夾四褑、小綾汗衫。監承進司内侍，諸州進奏官，諸州進奏軍將以上，中書守當官、樞密書令史以上，學士院孔目官，宣徽院後行，三司孔目官，客省、閤門勾押官以上，教坊色長以上；紫羅寬夾四褑。諸州進奏人，樞密通進司雜事，客省、閤門承受；紫羅窄夾四褑。客省、禮賓院譯語；紫官絁窄夾四褑。三司勾覆官以上，尚衣庫專典；小綾背子、絹汗衫。軍頭[17]司承局以上；絹汗衫。其品目均者准此，餘以紫花平絁等第給之。

【宋會要】

凡大臣生日及文武官内職中謝、朝見、受外任及出使朝辭，並於閤門支賜分物，及諸州鎮、蕃國進奉牙校人從見辭，皆有賜。或駕出田獵，從官賜紫羅絹綿旋襴、暖韡等。凡言賜衣五事者：紫羅衫一、小綾汗衫一、七綾韡頭袴一、勒帛一、繡抹肚一充。三事，無勒帛、抹肚。賜羅衫者，紫羅(穿)〔窄〕衫一。其所支賜錢物，每於合屬庫務取索，賜訖，閤門出憑由付逐受除破。又有朝辭别賜，並樞密院奏定其數，付入内内侍省差使臣押賜。兩制以上有主錢銀，雖或數百它百〔一〕，有二三百千至數十千已上，各有常數。

凡親王、宰相、使相生辰，並賜衣五事，錦綵百匹，金花銀器百兩，馬二疋，金塗銀鞍勒。凡宰相、樞密使、參知政事、樞密副使、宣徽使、簽書樞密院事初拜加恩，中謝日並賜衣五事，金帶一，舊荔枝帶〔二〕，淳化後宰相、參知政事、文臣任樞密副使〔三〕，改賜方團胯毬路金帶〔四〕，加以金魚。塗金銀鞍勒馬一。三司使、學士、御史中丞初拜，中謝日賜衣五事，荔枝金帶一，金塗銀鞍勒馬一。文明殿學士以下，初賜金裝犀帶，後改賜金帶。中書舍人賜襲衣犀帶。宰相以下對御擡賜。樞密直學士、中書舍人謝訖，中使押賜，再入謝於别殿。中書舍人或告謝日已改賜章服，則[18]罷中使押賜。

凡使相、節度自鎮來朝，入見日賜衣五事，金帶、鞍勒馬；朝辭日賜窄衣六事，金束帶，鞍馬一，散馬二。節度使減散馬二。爲都總管者，别賜帶甲鞍勒馬。凡觀察使爲都總管、副都總管赴本任、知州，賜窄衣三事，金束帶，鞍勒馬。防禦、團練使、刺史爲總管、鈐轄，賜窄衣三事，金束帶。諸司使爲鈐轄，賜窄衣、金束帶。凡僕射以上知判州軍，二月後支窄衣三事，絹五十匹；十月後歒正綿旋襴一，絹五十匹。上將軍統軍、尚書、左右丞、侍郎、學士、給事、諫議、中書舍人、知制誥、待制、大卿監、諸司使知判州府軍監、通判、轉運使、副使、都監、都巡檢、知軍、知監、軍使、監使，二月後窄衣三事，絹三十匹；十月後歒正綿旋襴一，絹三十匹；總管人夫修河、修城、巡河、養馬，止賜絹三十匹。大

〔一〕此句似有脱誤。
〔二〕帶：原無，據《宋史》卷一五三《輿服志》五補。
〔三〕任：原作「在」，據《宋史》卷一五三《輿服志》五改。
〔四〕「毬」原作「毬」，「帶」原作「事」，並據《宋史》卷一五三《輿服志》五改。

將軍以下至率府副率，少卿監、郎中以下至贊善、洗馬、五官正、諸司副使知州、通判、轉運使、副使、判官、知軍〔一〕、都監、巡檢、知軍、知監、軍使、監使，二月後窄衣三事，絹二十匹；十月後大綾綿旋襴一，絹二十匹。總管人夫修河、修城、巡河、養馬，止賜絹二十匹。大將軍以下至率府副率（府）及朝官充兵馬都監，及知縣兼兵馬都監、監押，監當兼兵馬都監、監押，二月後窄衣三事，絹二十匹；十月後大綾綿旋襴一，絹二十匹。中郎將、京官內殿承旨〔二〕、崇班、內常侍、閤門祇候、供奉官、侍禁、殿直、三班奉職知州、知軍、通判、軍使、知監、監使、監押、巡檢、同 19 巡檢，知縣兼都監、監押，監當兼都監、監押，及陝府、河陽、澶、泗、壽州守浮橋，二月後羅衫一，絹十匹；十月後大綾綿旋襴一，絹十匹；總管人夫修河、修城、巡河、養馬，止賜絹十匹。試大理評事、幕職州縣官充廣南西川諸州知州、通判，二月後羅衫一，絹十匹；十月後大綾綿旋襴一，絹十匹。防禦、團練使、刺史知州、知軍、知監、都監、巡檢，知縣兼都監，二月後支窄衣三事，絹三十匹；十月後欹正綿旋襴一，絹三十匹；總管人夫修河、修城、巡河，止賜絹三十匹。已上差遣如權差，即不支賜。新除防禦使赴本任，二月後窄衣三事，二十兩渾金渡銀束帶一條；十月後欹正綿旋襴一，二十兩渾金渡銀束帶一條。新除團練使、刺史赴本任，二月、十月並十五兩金渡銀束帶，衣服同上。醫官、醫學差隨軍諸州及駐泊看醫，二月後支羅衫一，絹十匹；十月後大綾綿旋襴一，絹十匹。判司天監進新曆日，支絹十疋，五兩銀椀一口。權任亦同。內提點曆筭同進，支絹十匹，三兩銀椀一口。

西京、南京留司百官差官齎表到，支色絹十匹。車駕省方，東京留司百官差官齎表到行在，亦依此例支賜。使臣朝臣、京官差諸處推勘公事，朝辭賜錢十千。使相、節度使差押衙齎賀勝捷及南郊禮畢皇親加恩表，賜錢二千，諸表、奏狀賜錢二千；兩使留後、觀察防禦團練使、刺史差軍將齎賀勝捷及南郊禮畢皇親加恩表，賜錢二千；諸表、奏狀 20 賜錢一千。諸處差押人押匹帛，押省買羊馬并牛皮、甲葉、翎毛、箭幹并諸雜物等，及齎圖到京者，如使相、節度使差押衙軍將千里外內者，並賜錢二千。兩使留後、觀察防禦團練使、刺史差人千里外內者，賜錢一千。知成都府、梓州、廣州差軍將，並賜錢三千；知昇州、杭州及西川、廣南知州、府、軍、監、縣差軍將，並賜錢一千。江南、兩浙、福建知州、軍、監、縣差軍將及西川、廣南散從步奏官，並賜錢一千。江南、兩浙、福建散從步奏官及西川、廣南承符人、院虞候、手力、弓手，並賜錢五百。江南、兩浙、福建承符人、院虞候、手力、弓手，賜錢三百。荊湖并在北知州、轉運司、軍監、知縣、監押差軍將，賜錢一千；押省買羊軍將，三百口以上賜錢一千；散從步奏官賜錢三百；承符人、院虞候、手力、弓

〔一〕此處「知軍」疑衍，下文有。
〔二〕「京官」上原有「郎」字，「旨」原作「制」，並據《宋史》卷一五三《輿服志》五刪改。

手五百里外，賜錢三百，五百里內不賜。靈州差軍將押省買馬，賜錢三千，牽馬衙官賜錢五百；節度副使、行軍司馬、判官、支使、推官差軍將齎表奏，賜錢一千。夏州及廣（內）〔南〕支郡押賣馬差押衙軍將及五十匹，十月後賜錢五千，滄錦夾旋襴十，四兩銀腰帶一；四十九匹已下至二十一匹，十月後賜錢三千，滄錦夾四褛十，四兩銀腰帶一；二十四已（上）〔下〕至十五匹，支賜錢三千；十四匹以下，支賜錢二千。並至二月後賜紫官絁褛一，銀腰帶。静等州差軍將押到馬五十匹〔一〕，十月後（腰）〔賜〕錢二千，滄錦夾四褛一，四兩銀腰帶一；四十九匹已下至 21 二十一匹，錢減一千，錦褛、銀帶同；二十匹以下，止賜二千。並至二月後賜官絁衫一。凡諸道衙內都指揮使、都虞候已下進誕聖節并南郊及大禮，除客省定賜分物外，朝辭日賜紫羅（夾四褛窄四千）〔窄夾四褛〕一，渾金渡銀腰帶。如進署朝見銀者，却依數賜腰銀〔二〕；進馬者依騏驥院估到價（銀）〔錢〕，每一千賜銀一兩。如是銀價過錢一千以上，即支本色錢一千（石）；若銀（腰）〔價〕不及錢一千，即依原宣內所定支賜銀一兩。不進者不賜。如授官，除客省定賜分物外，所進對見物色並奏聞，賜放謝衣服，束帶更不賜。

節賜

凡立春，宰臣、親王、使相簽賜，大（鍡）〔餵〕餅、中（鍡）〔餵〕餅各三，大棗䭃餅一，素䭃餅二，猪内膾、白割内各二盤，白熟三十，法酒三㪷。樞密使、知樞密院、參知政事、樞密副使、簽書院事、宣徽使、三司使、觀文殿大學士、三師、三公、東（公三司）〔宮三師〕、三少致仕曾任中書門下者亦賜。僕射、大夫、侍衛馬步都指揮使至步軍都虞候、節度使、留後、觀察使，餵、餅、膾內並同上，惟減法酒一斗。資政殿大學士至龍圖閣直學士、中丞、權知開封府、三司副使、內客省使、海外諸蕃進奏使、副使，大餵餅、中餵餅各二，棗、素蒸餅各一，膾、內各二盤，白熟二十，法酒一斗。觀察使以上及皇親刺史，副率以上，統軍上將軍、內客省使、駙馬都尉，又賜渾金渡銀幡勝二，絹幡勝五。資政殿大學士以下至待制，及防禦團練使、刺史、廂都指揮至都虞候、忠佐諸司 22 使之領（都）〔郡〕者，知通進銀臺、審官、審刑，糾察刑獄、太子庶子、三司判官、横行使、副使、樞密都承旨至諸房副承旨。間金渡銀幡勝二，絹幡勝五。

凡正旦，宰臣、親王、使相、樞密使，羊五口，米二碩，麵五碩，米酒二斗。知樞密院至宣徽使，並同宰臣，惟米減一石。觀文殿大學士、學士、三司使、三（司）〔師〕至大夫、管軍節度使，羊三口，米一石，麵三石，糯酒二斗。殿前侍衛都虞候、管軍留後、觀察使、統軍留後、觀察使，同節度，惟減麵一石。資政殿大學士至龍圖閣直學士，同觀察使，惟減羊一口。四廂都指揮使至神衛廂都指揮使，羊二口，米五斗，麵二石，糯酒二斗。中丞、舍人、權知開封

〔一〕静等州：「静」上有脱文。

〔二〕「腰」字疑承上而衍。

府、三司副使、判三〔司〕勾院、知通進銀臺、審刑院、防禦使至刺史、内客省使至諸司使、諸班值、諸軍值、忠佐之領郡者，樞密都承旨、海外諸蕃進奉使、副使。羊一口，米五斗，麵二石，糯酒一㪷。

凡春秋二社節賜，並同立春。凡寒食節料，並同正旦。又簽賜宰臣、親王、使相，連珠神餤五子泥粥一分，白〔錫〕〔餳〕一斤，法酒二斗。樞密使至三司使、觀文殿大學士、學士、三〔司〕〔師〕至大夫、管軍至步軍都虞候、節度使、留後、觀察使，同宰臣，惟減酒一斗。資政殿大學士至龍圖閣直學士、中丞、知開封府、三司副使、内客省使、海外進奉使、副使。連珠神餤三子泥粥一分，黑〔錫〕〔餳〕二斤，法酒一斗。

凡端午，宰臣、親王、使相賜，白團、粽子各二百，粉食一百，法酒三斗。樞密使至三司使、觀文殿大[23]學士、學士、三師至大夫、管軍至步軍都虞候、節度使、留後、觀察使，同宰臣，惟減酒一斗。資政殿大學士至龍圖閣直學士、中丞、知開封府、三司副使、内客省使、海外進奉使、副使。白團二百，粽子一百，粉食五十，法酒一斗。

凡初伏日，宰臣、觀察使已上賜，米麨、麵麨各五升，蜜一斤。翰林學士承旨以下。米麨、麵麨各三升，蜜半斤。舊式資政殿大學士以下。

凡重陽，宰臣、親王、使相賜，百葉、黄、白、龍總、黄米、格子、點糐、水拖、雲霞、雪臆、褐餻凡十一種，法酒三斗。樞密使至觀察使，同宰臣，惟減酒一斗。翰林學士承旨已下。餻減格子一種，酒減二斗。舊式資政殿大學士已下。

凡冬至節賜，並同寒食。

公用錢

公用錢制，使相、節度使、親王有至二萬貫者，其次萬貫至七千貫，節度使五千貫，兩使留後、觀察防禦團練使、〔正副〕〔至刺〕史皆第給之。刺史亦有不給者，觀察已下任禁軍校者〔一〕，皆不給。守在邊要或加給之，罷日如故。皆隨月給受，如禄俸焉。咸平五年，令河北、河東、陝西諸路皆逐季給〔二〕。京師給公用者：中書，宰臣月各給廚錢五十貫，參知政事三十五貫，又有添支錢百四十貫，添廚錢五十貫，制物樞密院堂後官已下共百七十二貫，凡五百二十三貫。樞密院，每月東廚三百五貫，西廚二百七十貫。玉清昭應宮使，每月百貫。景靈宮使，每月七十貫。會靈觀使，每月六十貫。祥源觀都大管勾，每月五十貫。宣徽院，每月[24]廚錢八十貫。三司，每月廚錢三百貫。今每歲公用萬貫。開封府，每歲萬貫。門下省，每月五十貫。學士院，每月廚錢百貫。舍人院，每月三十貫。崇文院，每月七十貫。祕閣，每月二十貫。審官兩院，每月各三十貫。三班院，舊每月五貫，後增十貫，今三十貫。通進銀臺司，每年百貫。理檢院，每月五貫。登聞檢院，每月五貫。鼓院，每月五貫。起居院，每月十貫。尚書都省，舊每歲百貫，今二百貫。兵部，每月五貫，今每歲一千五百貫。刑部，每月蘄州茶三百八十四斤，今每歲一千八百斤。官告院，每

〔一〕禁：原作「革」，據《宋史》卷一七二《職官志》一二改。
〔二〕令：原作「冬」，據《宋史》卷一七二《職官志》一二改。

月五貫。御〔史〕臺，每月三百貫，每至年終計支二百貫。太常寺，舊每月二十五貫，今十貫。禮院，舊每月十貫，今四十貫。宗正寺，每月十五貫。大〔禮〕〔理〕寺，每月二百六十三貫二百五十文。舊給茶，大中祥符二年八月計估給之。國子監，每歲一千貫，增至一萬二千貫。提舉諸司庫務司，每給三十貫，支盡續給，不限年月。司農寺，每月十貫，今每歲三千五百貫。軍器監，每歲二千貫。將作監，每歲二千貫。都水監，每歲二千五百貫。都提舉市易司，每歲二千貫。太醫局，每月十五貫。三京及諸道州、府、軍、監舊皆有常數，其官高及曾任中書、樞密院者，臨時取旨加給。並準宣定支，計月均給。知州、通判或職官上曆同支〔一〕，歲終支不盡者納州庫。若大兩省、横行使（使）以上充此差遣，有添賜錢數，皆繫特旨。熙寧中，特增定其額而分四季，每季一支。西[25]京、南京，各六千貫。舊西京二千貫，南京一千貫。北京，八千貫，舊三千貫。京東路：東路青州，四千貫。舊五百貫。密州，一千貫。齊州，二千貫。舊二百貫。沂州，八百貫。登州，一千貫。舊二百貫。萊州，五百貫。維、淄二州，各一千貫。舊淄州二百貫。淮陽軍，八百貫。西路兖州，一千五百貫。舊五百貫。徐州，二千五百貫。曹州，二千貫。舊二百貫。鄆州，四千貫。舊三百貫。濟州，一千五貫。單州，五百貫。濮州，一千五百貫。舊三百貫。廣濟軍。舊一百貫，今廢。京西路：南路襄州，二千貫。舊五百貫。鄧州，三千貫。隨、金、房、均、郢五州，各五百貫。唐州，八百貫。舊二百貫。北路許州，四千貫。舊五百貫。孟州，三千貫。蔡州，二千貫。舊三百貫。陳州，三千貫。穎州，二千五百貫。汝州，一千貫。信陽軍，四百貫。滑、鄭二州。舊各一千貫，鄭後使相陳堯佐奏添一千貫。今並廢。河北路：東路澶州，五千貫。舊二千貫。滄、冀二州，各四千貫。瀛州，六千貫。博州，一千貫。舊百五十貫。棣州〔二〕，一千五百貫。舊二百貫。莫州，三千貫。舊二千貫。雄州，一萬貫。舊五千貫。霸州，四千貫。舊一千貫。德、濱二州，各一千貫。舊各五百貫。恩州，四千貫。舊二千貫。永靜軍，一千貫。舊三百貫。乾寧、信安、保定三軍：各二千貫。乾寧、保定舊五百貫，信安舊四百貫。西路真定府，七千貫。舊二千貫。相州，二千貫。舊三百貫。定州，八千貫。邢州，一千八百貫。舊一千貫。懷州，一千一百五十貫。舊二百貫。衛州，一千三[26]百貫。洺州，一千一百五十貫。舊五百貫。深州，一千二百貫。舊七百貫，又比平塞五百貫。德清、通利二軍，各二百貫。磁州，一千一百五十貫。舊二百貫。祁州，三千貫。舊五百貫。趙州，一千一百五〔百〕〔十〕貫。舊五百貫。保州，五千貫。舊二千貫，有沿邊巡檢、都監五百貫在內。安肅軍，二百貫。舊一千五百貫。永寧軍，二千貫。舊五百貫。廣信軍，二千貫。舊二千貫。順安軍。二千貫。舊五百貫。陝西路：永興軍路永興軍，舊三千貫，今未定。河中府，三千五百貫。舊七百貫。陝州，□貫。舊□貫。延州，舊二千貫，今未定。同州，一千五百貫。舊三百貫。華州，三千五百貫。舊三百貫。耀州，一千貫。舊二百貫。邠州，二千五百貫。舊一千貫。鄜州，三千貫。舊五百貫。解州，一千貫。舊五百貫。慶

〔一〕同：疑當作「月」。

〔二〕棣：原缺，據《元豐九域志》卷二補。按，此文所述政區及次序幾乎全同於《九域志》，可據以互校。

州，舊五百貫，今未定。虢州，八百貫。商州，六百貫。寧州，二千貫。舊五百貫。坊州，一千貫。丹州，四百貫。環州，一千貫。舊數同。保安軍。二千貫。舊四千貫。秦鳳路鳳翔府，五千貫。舊一千五百貫。秦州，舊一千貫，今未定。涇州，二千五百貫。舊七百貫。熙州，四萬二千貫。隴州，二千貫。成州，六百貫。鳳州，二千貫。舊五百貫。岷州，一萬四千貫。渭州，舊一千貫，今未定。原州，一千五百貫。舊七百貫。階州，六百貫。舊一百貫。河州，一萬三千貫〔一〕。鎮戎軍，五千貫。舊一千三百貫。德順軍，四千貫。通遠軍。一萬二千貫。河東路：太原府，舊三千貫，今未定。潞州，三千貫。舊一千貫。晉州，二千五百貫。27 舊三百貫。府、麟二州，各二千貫。舊府一千貫，麟七百貫。絳州，八百貫。代州，三千貫。舊二千貫。隰州，一千貫。舊二百貫。忻州，一千二百貫。舊五百貫。汾州，一千五百貫。舊二百貫。澤州，一千二百貫。舊三百貫。憲州，一千貫。舊二百貫。嵐州，一千一百五十貫。舊三百貫。石州〔二〕、豐州，各一千二百貫。舊各五百貫。威勝軍，一千貫。舊三百貫。平定軍，五百貫。寧化、火山、保德三軍，各一千二百貫。舊寧化、保德各三百貫，火山二百貫。岢嵐軍。二千五百貫。舊五百貫。淮南路：東路揚州，五千貫。舊五百貫。亳州，二千貫。舊七百貫。宿州，四千貫。舊三百貫。楚州，五千貫。舊三百貫。海、泰二州〔三〕，各八百貫。泗州，五千貫。舊三百貫。滁州，一千貫。真州，五千貫。舊三百貫。通州；七百貫。西路壽州，一千五百貫。舊三百貫。廬州，一千九百貫。舊三百貫。蘄、和二州，各八百貫。舒州一千貫。濠州，八百貫。光州，七百貫。黄州，八百貫。無爲軍。七百貫。兩浙路：杭州，七千貫。舊一千五百貫。越州，二千八百貫。蘇州，四千貫。舊五百貫。潤州，三千貫。舊二百貫。湖州，二千貫。婺州，八百貫。明州，二千六百貫。常州，三千貫。温、台、處三州，各六百貫。衢州，一千貫。睦州，八百貫。秀州。三千貫。江南路：東路江寧府，四千貫。舊七百貫。宣州，一千四百貫。舊二百貫。歙州，八百貫。江、池二(府)〔州〕，各一千貫。舊一百五十貫。饒州，一千二百貫。舊二百貫。信州，八百貫。太平州，一千貫。南康軍，八百 28 貫。廣德軍。五百貫。西路洪州，二千四百二十貫。舊五百貫。虔州，一千九百四十貫。舊二百貫。吉州，一千九百貫。袁、撫、筠三州，各四百八十貫。興國軍，三百貫。南安軍，六百貫。臨江軍，七百貫。建昌軍。四百貫。荆湖路：南路潭州，四千貫。舊七百貫。衡州，八百貫。道州，四百貫。永州，六百貫。郴州，四百貫。邵州，一千五百貫。舊二百貫。全州，九百貫。舊二百貫。桂陽監。二百貫。北路江(寧)〔陵〕府，四千貫。舊一千貫。鄂、安二州，各七百貫。鼎州，八百貫。舊一百貫。澧州〔四〕，一千貫。舊二百貫。峽、岳二州，各七百貫。歸州，五百貫。舊一百貫。辰州，一千貫。舊二百貫。沅州。未定。成都府路：成都府，三萬貫足。舊一萬貫，又有鈐轄五千貫。眉州，二千五百貫足。舊五百貫。蜀州，二千貫足。舊五百貫。彭州，一千五百貫足。舊五百貫。綿州，三千貫足。舊一千貫足。漢州，三千二百貫足。舊二千貫。又有(貫駐泊都益)〔駐泊都

〔一〕「河州」之後，《元豐九域志》卷三尚有蘭州，疑此脱。
〔二〕「石州」之後，《元豐九域志》卷四尚有遼州，疑此脱。
〔三〕泰：原作「州」，據《元豐九域志》卷五改。
〔四〕澧：原作「灃」，據《元豐九域志》卷五改。

監〕錢一千五百貫。嘉州，二千五百貫足。舊五百貫。邛州，一千六百貫。舊五百貫。黎州，一千貫足。雅州，九百貫足。茂、簡二州，各二千貫足。內茂州糯米二十石，麵二百斤。威州，五百貫足。永康軍，六百貫足。舊五百貫。陵井監。八百貫足。梓州路：梓州，四千貫足。舊二千貫。遂州，四千五百貫。舊一千五百貫，又有梓夔鈐轄一千貫。果、資二州，各一千貫足。舊五百貫。普、昌二州，各八百貫足。戎州，一千五百貫足。舊一千貫。瀘州，三千貫足。舊一千貫。合州，一千貫足。**29** 榮、渠二州，懷安、廣安二軍〔一〕，富順監。各八百貫足。利州路：興元府，一千貫。舊數同。利州，三千五百貫。舊三千貫。洋州，七百貫。閬州，一千貫。舊數同。劍州，一千貫。舊一千五百貫。巴州，四百貫。文州，一千貫。舊五百貫。興州，一千貫。舊一千五百貫。蓬州，五百貫。龍州，四百貫。三泉縣。一百貫。夔州路：夔州，二千五百貫足。舊一千五百貫。黔州，七百貫足。舊五百貫。達州，五百貫足。施州，一千貫足。舊五百貫。忠、萬二州，各五百五十貫足。開州，五百貫足。涪州，八百貫足。渝州，二千五百貫足。雲安軍，五百貫足。梁山軍，五百五十貫。南平軍，未定。大寧監。四百五十貫足。福建路：福州，二千貫。舊五百貫。建州，四百貫〔二〕。邵武、興化二軍。各三百貫。廣南路：東路廣州，四千五百五十貫。舊六百貫。韶州，九百貫。循州，一百九十貫。潮州，二百貫。連州，一百九十貫。賀州，一百九十貫。舊二百貫。封、端二州，各二百五十貫。新州，一百九十貫。康州，二百五十貫。南恩州，一百九十貫〔三〕。南雄州，五百貫。英州，四百貫。惠州；二百五十貫。西路桂州，四十貫。舊四百貫。容州，三百二十貫。邕州，二千一百二十貫。象州，二百四十貫。融州，五百貫。舊一百貫。昭州，一百二十貫。梧州，一百貫。藤州，一百二十貫。龔、潯、貴、柳四州，各一百貫。宜州，一千二百貫。舊五百貫。賓州，一百五十貫。橫、化、高、雷、白五州，各一百貫。欽州，五百貫。舊一百貫。鬱林州，一百貫。廉州，四百貫。舊一 **30** 百貫。瓊州，二百五十貫。昌化、萬安、朱崖三軍。各四百貫。

使相，初賜七千貫，加賜有至萬貫者，親王有至二萬貫者。節度使，初賜二千貫，加賜有至五千貫者，樞密使（成）〔及〕宗室管軍有初賜三千貫者。兩使留後，初賜一千貫，加賜有至四千貫者。觀察使，初四千貫〔四〕，加賜有至三千貫者。防禦使，初賜千貫。加賜有至二千貫。團練使，初賜千貫，加賜有至千五百貫。刺史，初賜千貫。並準宣定支本官自用。若皇親及管軍任者或移鎮加恩，皆添賜，並繫特旨。（以上《永樂大典》卷一三七二三）

【宋會要】

31 〔咸平五年〕五月〔五〕，詔：「環州最近邊，風土不佳，難得井泉，樵採稍遠，薪水之價倍於諸郡，洪德、淮安鎮尤甚。其戍兵每月可別給緡錢，免令失所。」

〔一〕廣安：原作「惠安」，據《元豐九域志》卷七改。

〔二〕「建州」之後，《元豐九域志》卷八尚有泉、南劍、汀、漳四州，此下當有脱文。

〔三〕「南恩州」後，《元豐九域志》卷八尚有梅州，疑此脱。

〔四〕四：似當作「賜」，其説有二。其一，前後各條皆云「初賜」，此云「初四」，文例不符。其二，觀察、防禦等官班相近，此爲四千，彼乃一千，不合情理。

〔五〕咸平五年：原無，據《長編》卷五二補。

七月庚戌〔一〕，幸三館、祕閣，閲四庫書，賜直官、校理器幣。

景德元年，真宗幸河，詔文思院、南北作坊仍製造春幡勝。中丞、侍郎、宗正卿、給事、諫議並賜間金鍍銀幡勝一，并綃幡勝一，紙五事。

九月〔二〕，賜占城良馬。

河北轉運使劉綜言〔三〕：「每歲朝廷遣使賜邊城冬服，諸軍將校皆給錦袍，唯轉運使副止頒皁花欹正〔四〕。」丁亥，并賜河東、北〔五〕、陝西三路使副方勝練鵲錦袍。

閏九月五日，西上閤門副使李允則〔爲〕鎮定高陽關三路都監，辭，例賜窄衣三件，絹二十匹，特旨改賜紫羅窄衫、金束帶。詔諸州兵在京執役者，兩月一賜緡錢〔六〕。

二年正月，工部侍郎、參知政事王欽若加階及封邑，中謝日，賜襲衣、金帶、鞍勒馬。故事，輔臣加恩無頒賜之例，以欽若守藩之勞，特寵異之。

五月戊申〔七〕，幸國子監謁拜先聖，既而御講堂，召從臣、學官賜坐。

六月，賜殿前都指揮使高瓊九經書疏、諸史板本各一部，從所請也。

十月，賜宰執、近臣、親王新印《周禮》、《儀禮》、《公羊》、《穀梁》傳疏。

三年二月，客省言：「樞密（院）〔使〕陳堯叟見在河中，所有立春節儀，未委賜與不賜。」詔賜有差。

四月丙子〔八〕，〔幸〕崇文院觀四庫圖籍及所編《君臣事迹》，徧閲門類，詢其次序。王欽若、楊億悉 32 條對，或未當者，上立命改正。因謂侍臣曰：「今編此書，欲爲將來（曲）〔典〕法，使開卷者有益也。」賜編修官器帛有差，遂宴百（僚）〔官〕于崇政殿。〔四年〕八月壬寅，幸崇文院觀所編《君臣事迹》，王欽若、楊億以草本進御，上徧覽之。又入四庫閲視圖籍，賜修書官器幣。

四年六月丙辰〔九〕，賜編《君臣事迹》官冰十匣，以暑甚特賜之。

七月丙子〔一〇〕，賜黎龍廷九經，從其請也。

八月庚子，蒲端國進貢使上言：「伏見占城使蒙恩賜鞍勒馬二，神旗二，願依例霑賚。」有司以蒲端在占城之下，

〔一〕按，此條抄自《玉海》卷二七。

〔二〕按，據《長編》卷五七，此事在景德元年九月己酉（二十八日）。

〔三〕按，此條乃抄自《長編》卷五七，以用丁亥紀日，知非《會要》文。丁亥爲九月六日。

〔四〕欹正：原脱，據《長編》卷五七補。「欹正」爲絲綿織品花紋形式之一種。

〔五〕北：原脱，據《長編》卷五七補。

〔六〕按，據《長編》卷五七，此事在閏九月十八日己巳。

〔七〕按，此條乃抄自《玉海》卷二七。

〔八〕按，此條乃抄自《玉海》卷二七。其中訛脱之字均據《玉海》改補。「八月壬寅」以下乃《玉海》引《實録》之文，《永樂大典》編者照抄之，不察其内容重複，又與下條月日顛倒。

〔九〕按，此條乃抄自《玉海》卷九〇。

〔一〇〕按，以下三條均抄自《玉海》卷一五四。

請給雜采小旗五，從之。

九月己巳，鑄交趾郡王印，製安南旌節，付廣南運司賜之。

賜交州黎龍廷佛經一藏，從其請也〔一〕。

八月，詔：「近日外國人使并諸蕃酋長入貢朝見，所賜例物中有輕踈闇弱者，可專委閤門使、副覺察檢校，不得更然。」

八月壬寅〔二〕，幸崇文院觀書，賜修書官器幣。

九月，詔：「三司請給左藏次色金造帶，以備賜近臣。國家寵待俊髦，務存優異，惜費敦儉，豈在于斯？自今並以上色金造。」

【宋會要】

〔大中祥符〕三年正月〔三〕，詔河東吐渾安慶軍校，自今歲給錦襖。

二月，詔：「舊制，自二月朔，諸軍入見，賜單（袷）〔袷〕服。今以天氣尚寒，令賜錦衣。」

是月丙子〔四〕，知樞密院陳堯叟上《泰山封禪聖製頌》，詔答之。上又以其詞有規切之意，作歌以賜。戊寅，作新製《泰山銘記周備》五言詩賜王旦。

三月十三日，33 李公蘊貢方物，詔賜太宗御製御書一百卷軸。

九月，詔：「自今每遇節賜臣僚喫食，令内侍省差使臣就御厨先點檢精細，即付客省宣賜。若有不便，回換，仍具以聞。」

九月十二日，帝作《宗室座右銘》并注，分賜寧王（元）偓等。帝謂宰臣曰：「判宗正司趙湘請朕親著箴誡之文以示宗室，因製此銘以申誨導，可付學士院降詔賜之。」寧王等因此亦降詔諭意分賜。」

十二月十六日，内出南陽郡王惟吉書蹟七卷并目録，并御製序送祕閣。惟吉子守節又獻其父真草書《千字文》石本，詔付史館，而賜守節勅書。

四年正月，帝謂知樞密院王欽若等曰：「此月二十四日寧王元偓生日，其日方在祀（分）〔汾〕陰途路，中司移就十七日，仍依例差使臣押賜器幣等如例。」是日，帝又曰：「應祀汾陰一行白當并禮畢文武臣僚已下支賜，今後如遇南郊及别行祀事，不得爲例。」

七月辛巳〔五〕，賜蒲端國旗幟、鎧。

〔一〕此條無年月，據《宋史》卷七《真宗紀》，賜黎龍廷九經與佛經爲同時事，皆在七月，不當置於此。

〔二〕按，此條亦是抄自《玉海》卷二七，原文即在前「四月丙子」條「宴百官於崇政殿」之下。

〔三〕大中祥符：原無，按以下各條均在大中祥符中，據補。

〔四〕按，此條乃抄自《玉海》卷二八，但《玉海》原文此句作「（祥符）三年正月丙子」，《大典》乃改「正月」爲「是月」，又誤置於二月之後。不知此年正月辛亥朔，丙子爲二十六日；二月辛巳朔，當月則無丙子。是此條當移於「二月」條之前。

〔五〕此條抄自《玉海》卷一五四。

五年正月二十七日，帝作七言詩賜允寧等。先是，允寧等誦《易》終篇，習虞世南書頗有楷法。帝悦其向學，故賜詩獎焉。

十二月，賜在京諸班直、諸軍厢主以下至剩員以上柴炭各有差。先是，真宗以連日雪寒，柴炭價貴，故特有給賜。其軍士外戍家屬在營者半之。凡柴五百七十八萬，炭五百八十五萬。

六年十一月，賜御史臺九經、三史、《三國志》、《晉書》，從所請也。

七年二月，給涇原路籠竿城公用錢歲二十萬。時都34鈐轄曹瑋言，本城鬻酒課二百三十萬，請以其羨數給公用，故有是賜。

八月，詔河東轉運司以官物制韋裘氈韈，給代州沿邊巡警兵士，恤其寒苦也。

【宋會要】

（十二月）〔大中祥符七年十一月〕〔一〕，賜刑部尚書、新授兼御史中丞馮拯襲衣、金帶、鞍轡馬，仍賜繡韉。以拯嘗歷中書、樞密院，非常例也。

八年正月，賜玉清昭應宮國子監印本經書各一部〔二〕，從判官夏竦之請也。

二月辛酉〔三〕，聖製文集賜玉清昭應宮。

三月癸卯〔四〕，崇文檢討馮元講《論語》首篇，賜緋。

五月，三司言，端午合賜臣僚時服，以禁帑經火，編排未得。帝以時服不可後期，仍令先給諸軍班及賜内侍。

（九月）〔五〕，詔同玉清昭應宮副使、户部侍郎林特，給事中、知制誥、同知審官院錢惟演冬服，並依學士例給錦袍。特自三司使授，惟演嘗知通進銀臺司，因上言，故給之。又詔賜注輦使冬服錦袍。使方勝宜男錦，副使盤毬雲鴈錦，判（言）〔官〕方勝練鵲錦，仍賜八節燎羊、法酒。

五月，詔增鎮戎軍公用錢歲二十萬。初，本軍歲給百三十萬，地當極邊，軍屯頗衆，故增焉。仍賜銀千兩，以備器用。是月，又賜邕州公使錢歲二十萬，以其地管蠻洞，備犒設也。

九月八日，賜知秦州、兼涇原路沿邊安撫使曹瑋公用錢歲三百萬，仍詔自今不兼安撫使者給其半。

十二月十八日，閤門言：「立春日，内外文武百僚宣賜春幡勝，門賜放謝，逐35幕次各賜茶酒。其日懿德皇后忌，欲候文武百僚西上閤門進名奉慰退，令戴幡勝，依例唱賜。」從之。

十二月癸酉〔六〕，高麗遣使郭元至闕下，請賜曆日及

〔一〕「大中」句，原作「十二月」，按《長編》卷八三，事在祥符七年十一月丁未（二十五日），據改。
〔二〕經：原脱，據《長編》卷八四補。
〔三〕此條抄自《玉海》卷二八。
〔四〕此條抄自《玉海》卷二六。
〔五〕九月：原脱，據本書儀制九之三一補。按，本條應移後。
〔六〕此條抄自《玉海》卷一五四。

《登科記》、御製賜詩。九年正月丙寅，郭元辭，賜王詢詔書七函、衣帶、器幣、鞍馬、九經、《史記》、《兩漢書》、《三國志》、《晉書》、諸子、曆日、《聖惠方》，從其請也。

九年十一月二十三日癸亥〔一〕，召近臣觀書龍圖閣，楊億、呂夷簡與，上作詩五章分賜。

【續宋會要】〔二〕

天禧元年二月二十八日，新授保平軍節度使、同中書門下平章事、駙馬都尉魏咸信判天雄軍，召到未見，亦賜新史。

二月，賜宗正寺本經史各一本〔三〕，以備修撰玉牒。

七月，賜中書、樞密院、兩制已上新印《翊聖保德真君傳》各一册。

【宋會要】

十二月，詔賜諸軍班直、六軍修倉裝卸兵健已上柴炭，以歲寒故也。柴六百七十五萬，炭七百二十七萬。

二年四月，上封者言：「歲遣使臣賜府州蕃部冬服，悉召蕃部面給之，其使臣頗成留滯。望令麟、府州駐泊石知顒及知府州折惟忠受之，納于公庫，召蕃部給付，冀免（從）〔侵〕欺留滯。」從之。

九月癸酉〔四〕，龍圖閣待制李虚己上奉詔集群臣所和御製詩爲《明良集》五百卷，詔賜器幣。

十一月辛未二十一日〔五〕，召近臣至太清樓觀太宗御書及聖製壘書〔六〕，33 賜宴樓下，上作《太清樓閲書》歌詩二首〔七〕。

三年九月丙子〔八〕，召宗室、宰臣、兩制以上於清景殿觀御製〔九〕，賜皇太子《元良述》、《六藝箴》各一卷，《承華要畧》十卷，《授時要録》十二卷，又以御覽《國史》、《兩朝實録》、《太宗御集》、緯術祕書〔一〇〕、經史子集并御集、御覽群書賜太子〔一一〕，命從臣（偏）〔徧〕閲，又作七言十韻賜宰臣準等〔一二〕，遂宴于殿内。

十二月辛卯〔一三〕，賜輔臣《元良述》、《六藝箴》各一卷，《承華要略》、《正説》各十卷。《要略》再賜〔一四〕，則總爲二十卷也。

四年七月，新除吏部侍郎、兼太子少傅、同平章事李迪

〔一〕此條抄自《玉海》卷二七。

〔二〕按，「續」字當衍。天禧事應出自元豐增修《國朝會要》，非乾道所修《續國朝會要》。

〔三〕本經史：「本」上當有脱文，如「國子監印本」之類。

〔四〕此條抄自《玉海》卷二八。

〔五〕此條抄自《玉海》卷二七。

〔六〕至太清樓：原無，按《玉海》卷二七原文「近臣」下有「至是樓」三字，「是樓」者，承上文即玉清樓。《永樂大典》删此三字，語意不明，今補四字。

〔七〕書：原脱，據《玉海》卷二七補。

〔八〕此條抄自《玉海》卷二八。

〔九〕於：原作「對」（乃照抄《玉海》），據《長編》卷九四改。

〔一〇〕緯術祕書：原作「緯書□祕書」，據《玉海》卷二八改。

〔一一〕御覽：原脱「御」字，據《玉海》卷二八補。

〔一二〕七言：原作「七詩」，據《玉海》卷二八改。

〔一三〕比條亦抄自《玉海》卷二八，與上條相接。

〔一四〕要略：原作「要録」，據《玉海》卷二八改。

等，告謝日面賜襲衣〔一〕、金帶、鞍勒馬，非常例也。

十月，賜天下宮觀《祥符降聖記》各一本。

五年二月十二日，賜內客省使、群牧使、桂州觀察使楊崇勳新火，內客省使賜新火自此爲例也。

三月戊戌〔二〕，〔天章〕閣成。《會要》二月畢功，癸酉上梁臨幸。

庚子，令具兩街僧道威儀，教坊作樂，奉御集、御書自玉清昭應宮安于天章閣。羣臣稱賀，賜宴。

五月，賜翰林學士承旨李維《册府元龜》一部〔三〕。維上表陳乞，帝以維嘗同編修此書，故賜之。

八月庚午〔四〕，詔以御集二十一本賜天下名山寺觀，及賜輔臣一本。

十二月，賜權高麗國主王詢陰陽地理書、《聖惠方》，從所請也。

乾興元年八月，樞密院言：「河北戍兵故（也）〔事〕每季賜銀鞖錢，至道三年三月，經先帝即位賞給，至九月乃支。又環慶戍兵兩月一賜薪草錢，遇南郊即加至四月。昨經御樓及皇帝即位，賞給已及六月，欲37如例加賜。」從之。

仁宗天聖元年四月，詔：「自今三班使臣殿直以上，雖未經差使，見赴起居者，並依例賜聖節公服。」

九月戊寅〔五〕，召輔臣觀馮元講《論語》，賜御飛白書。

二年二月乙丑，召輔臣觀講《孝經》于崇政殿西廡。六月己未講徹，賜馬宗元三品服。

三年三月己酉，召輔臣于崇政殿西廡，觀孫奭講《曲禮》，仍賜御書古詩各一章。

十一月七日〔六〕，召宰執聽講，越二日賜宴。

四年六月，賜汴河禁卒緡錢。凡汴水漲一丈，即命殿前馬軍司禁卒緣岸列鋪巡護，以防決溢，及五晝夜即賜以緡錢。

五年二月十七日，樞密直學士劉筠知（隸）〔棣〕州迴，到闕未朝見，差知貢舉，詔賜其家新火。

四月，賜（親）〔新〕及第進士王堯臣已下《禮記·中庸篇》各一本。

九月壬午〔七〕，邇英講書，賜御書詩一首，賜御筵于東宮。

〔一〕告：原作「召」，據《長編》卷九六改。

〔二〕此條抄自《玉海》卷二八（注引《會要》云云，更可見正文非《會要》文）。

〔三〕李：原作「學」，據《宋史》卷二八二《李維傳》改。

〔四〕此條抄自《玉海》卷二八。

〔五〕以下三條抄自《玉海》卷二六。

〔六〕按，《玉海》卷二六：「（紹興）二十三年十一月七日（經筵講《尚書》）終篇，召宰執聽講，越二日賜宴。」《建炎要録》卷一六五亦載：紹興二十三年十一月七日「壬辰，經筵講《尚書》徹章」。《永樂大典》蓋抄《玉海》，「二十三年」漏抄「二十」二字，僅存「三年」，而又誤以爲天聖三年，遂將此條編於此，不但年代大誤，且使讀者不知「聽講」何書。

〔七〕按，天聖五年九月戊戌朔，當月無壬午。查《玉海》卷二六：「（元祐五年）九月壬午，邇英講書，賜御書詩一首。十月二十九日終篇，賜御筵於東宮。」此條顯然抄自《玉海》，但誤認爲天聖五年九月壬午，又漏抄末句之月日。

九月，詔：自今無得差朝臣押賜諸路衣襖，仍令御史臺於朝堂牓諭。

十月甲午〔二十〕八日〔一〕，上與皇太后幸御書院，觀太宗、真宗御書，賜本院内臣等器幣。

六年六月，賜秀州城北門外荒田三頃，召客耕種，以爲公用。

八年四月，賜新及第進士王拱辰已下《禮記·大學篇》各一本。自後登第者，賜聞喜宴日必遣中使賜《儒行》或《中庸》、《大學》篇一軸，以爲常。

【宋會要】

〔景祐二年〕九月二十九日〔二〕，詔曰：「朕紹承丕構，懷撫懿親，荷廟祧錫38羨之祥，致藩戚廣滋之慶。並開邸第，散處都城。念讌集之或暌，加室居之多隘，（卑）〔俾〕遷爽塏，載易規摹，示列次之有倫，庶在宗之胥樂。宜以舊玉清昭應宮地修蓋潞王等宮院，仍賜名睦親宅。」

三年九月五日，以睦親宅成，帝臨幸，賜宗室器幣、工匠役卒緡錢有差，遂宴宗室及從官於都廳。

七月十九日〔三〕，初置大宗正司，以寧江軍節度使允讓知大宗正事〔四〕，彰化軍節度觀察留後守節同知大宗正事，仍賜器幣、襲衣、金帶、鞍勒馬。

寶元二年六月，詔曰：「朕猥奉鴻業，深惟永圖，恭己愛人，勵精求理。欲朴素形於天下，必風化始於朝廷。專命近臣，議去浮費。爰自乘輿之所御〔五〕，以至宮掖之所須，盡屏紛華〔六〕，一敦簡儉〔七〕。若夫設官置吏，分總事職，經武制軍，參處營衛，惟其廩稍之給〔八〕，具載等差之常，務爲定規，無或過議。其文武百官及軍班等俸賜，宜令詳定所不得輒行裁減。」初，宰臣奏減節費用事，仁宗曰：「國家擇人任官，豈可減其禄賜？況上下皆有定制，今遽變更，恐中外疑惑，宜申諭之。」故降是詔。

十一月癸巳〔九〕，宴輔臣、宗室于太清樓〔一〇〕，觀《三朝寶訓》，賜詩。

十二月，賜自京至鄜延路馬遞及急脚鋪卒緡錢，及鄜延路戍兵緡錢。

康定元年三月丁丑〔一一〕，始遣中使存問劉平、石元孫家

〔一〕按，此條乃抄自《玉海》卷二七，然天聖五年十月丁卯朔，甲午乃二十八日，《玉海》脱去「二十」二字。《永樂大典》抄《玉海》，照抄而不察，今補二字。

〔二〕景祐二年：原無，據《長編》卷一一七補。

〔三〕按，以上二條又見本書帝系四之五，年月日均不誤，但編次顛倒，此《大典》之疏誤。

〔四〕允讓：原作小字「濮（支）〔安〕懿王名」，今據其名回改。

〔五〕自：原作「日」，據《宋朝事實》卷一五改。

〔六〕「盡」原作「晝」，「華」原作「革」，並據《宋朝事實》卷一五改。

〔七〕敦：原空，據《宋朝事實》卷一五補。此因避光宗諱而空字。

〔八〕稍：原作「少」，據《宋朝事實》卷一五改。

〔九〕此條抄自《玉海》卷二七。

〔一〇〕太清：原無。《玉海》承上文省此二字，《大典》照抄，今據《長編》卷一二五補。

〔一一〕此條乃抄自《涑水紀聞》卷一二。

屬，加賜贈。

九月辛酉[一]，賜陝西軍士羊裘。言者以塞上苦寒，請以羊裘賜戰士[二]，一裘用五羊皮，聽軍士自製。

十月朔，賜翰林 39 學士對衣、紅錦袍。

十一月四日，(任)〔仁〕宗親製《風角集占》三卷，備古今之要，仍鏤版印賜輔臣，又面諭徧賜陝西都總管等。

慶曆二年四月，詔：「近令三司減省諸費，其文武官及諸班、諸軍(糧)錢糧、衣賜、賞給、特支，並聽如故。」

五月十日，詔：「自今南郊支賜，皇后及宗室女各減舊數之半。」

四年正月，賜德順軍《太平聖惠方》及諸醫書各一部。

是月，詔取荆王元儼墨跡及所著賦詠分賜輔臣，餘以藏祕閣。

五年閏五月十六日，賜新除宣徽北院使、建武節度使李用和本任公使錢，歲百萬。

十月十三日，詔彰信軍節度使、同中書門下平章事李用和，宣徽南院使、河陽三城節度使夏竦升祔支賜，準兩府例。

是年，賜在京開浚城壕役卒特支錢。賜秦州修隴城川堡使臣、役卒銀絹有差。以雪寒賜諸班諸軍薪。樞密使王貽永、副使龐籍、丁度奏，司封員外郎、分司西京趙希言常侍講禁中，年八十而家貧，上賜三品服，仍賜錢十萬。

六年四月二十一日，賜北面戍兵特支、銀鞋有差，環州戍兵、環慶巡檢、諸軍柴草錢有差。自京至益州擔遞物帛軍士，各賜布衫。

十一月十七日，講《詩》徹，宴近臣，賜花作樂，從官皆獻詩頌。

七年三月丙申[三]，講於迩英。己亥，賜曾公亮三品服。

七年九月二十二日，賜北宅名曰「廣親」。先是，以秦王宗子蕃多而所居隘狹，乃命以故宰臣王欽若第增修之。及成而賜名。

40 皇祐元年十二月乙丑[四]，盧士宗講《泰卦》，賜紫[五]。

二年〔九月〕辛卯[六]，詔明堂禮畢，並以襲〔衣〕、金帶、器幣、鞍勒馬賜夏竦、王德用、程琳、李昭亮。將相在外遇大禮有賜自此始。

(四年三月)〔二年九月〕十六日[七]，知制誥嵆穎新除翰林學士，未及謝卒，詔賜明堂賚物。

七月[八]，詔：「防河禁軍自今日支食錢五十文，八作

[一] 此下二條抄自《玉海》卷八二。

[二] 請：原作「謂」，據《長編》卷一二八、《玉海》卷八二改。

[三] 此條抄自《玉海》卷二六。

[四] 此條抄自《玉海》卷二七。

[五] 「紫」下原衍「數」字，據《玉海》卷二七刪。

[六] 九月：原脱，據《長編》卷一六九補。此條即抄自《長編》，故以干支紀日。

[七] 二年九月：原作「四年三月」，據《長編》卷一六九、《翰苑群書》卷一二改。

[八] 此「七月」或承原稿上條爲四年七月。

司并排岸司兵士日支三十文，其罷五日特支。」

五年七月，詔：「廣南西路安撫司比留禁軍四千戍邕，其月給錢三百，季給銀鞋錢千〔一〕，候桂州募足雄略軍，即代還之。」

十月五日，判大宗正司允讓言〔二〕：「宗室養子須五歲然後賜名授官，毋得依長子不限年。」從之。

十一月，詔陝西轉運司，自永興軍至益州遞鋪軍士方冬苦寒，挽運兵器不息，其各賜緡錢有差。

至和元年九月十五日，右屯衛大將軍克繼寫國子監《論語》石本五卷，賜銀絹各五千。

二年四月，賜夏國大藏經。

十二月十一日，大宗正司言：「故從善新婦張氏奏，蒙宣以故仲郢男士朋充繼嗣，乞依例賜士朋依本宮從行名連『令』字稱呼。」從之。

嘉祐二年七月，賜諸軍雨壞營舍不出軍都虞候至十將軍士米，五日一石，其出軍及入營者半。

三年十二月，觀文殿大學士、尚書左丞、知定州龐籍朝辭，詔賜物如節度使例。

五年六月，詔鏤《新唐書》頒行，印賜二府，下逮修書官。

七年四月，夏國主諒祚進馬五十匹，上表求太宗御製真草、國子監九經、41《冊府元龜》、《唐書》并本朝賀正旦、冬至二節儀。詔止以九經賜之，還其馬。

五月癸亥〔三〕，賜講讀官燕(子)〔于〕資善堂，以讀《後漢書》也。司馬光有《迩英閣讀畢後漢書蒙恩賜御製》詩。

八年四月，英宗即位後，以九經及《正義》、《孟子》、醫書賜夏國，從所請也。

五月，賜鄭州公使錢五百貫，以靈駕所過故也。

六月十八日，賜西京公使錢千貫，以山陵所在故也。

七月，賜河北國信路公用錢，雄州二千貫，北京七百貫，餘州軍各五百貫，以契丹慶弔、祭奠使人往來故也。

【宋會要】

英宗治平二年十一月二十五日，閤門言：「新降翰林學士賈黯知陳州〔四〕，爲病患已放辭謝，所有中謝例物候指揮。」詔特賜。

三年五月，詔以七史依《唐書》例賜二府，下逮編校官。

四年正月，詔前樞密副使吳奎父亡，見持服，特賜衣一襲、笏頭、金腰帶、銀鞍轡馬。以覃恩例賜也。

四年〔五〕，賜李日尊對衣、金帶、銀器、銀鞍轡馬。

是年二月七日，山陵使言，都護宋守約乞全給公使錢，

〔一〕季：原作「委」，據《長編》卷一七五改。

〔二〕允讓：原作小字「濮安懿王名」，據《長編》卷一七五改。

〔三〕此條抄自《玉海》卷二七。

〔四〕降：疑當作「除」，蓋賈黯以病求外，除學士知陳州，非貶斥也。事見《宋史》卷三〇二本傳。

〔五〕按，此條抄自《玉海》卷一五四。

從之。

三月六日，賜昌王顥公使錢歲萬緡，半給之。

【續宋會要】

神宗熙寧元年六月十四日，涇原路經略使蔡挺賜詔書獎諭，以其建議築熙寧寨工畢。副都總管張玉特賜對衣、金帶、鞍轡馬，以典護寨役故也。

九月十二日，（奉）〔秦〕42鳳路經略司言，修甘谷等三城堡工畢，護役官員乞與酬獎。本路副都總管楊文廣賜對衣、金帶、銀鞍勒馬，餘賜有差。

二十八日，三司言：「天章閣待制王獵奏，皇親月料、嫁娶、生日、郊禮給賜，乞檢定則例，編附《（録）〔禄〕令》。省司看詳，其間頗有過當及不均一，欲量行裁減。」從之。

十月，詔河北流已閉斷，賜翰林學士、兼侍讀學士、右諫議大夫司馬光對衣、金帶、鞍轡馬。昭宣使、利州觀察使、入内副都知張茂則賜銀一百五十兩〔一〕、絹一百五十匹。

二年五月一日，命買涼笠、雨衣賜河北修河兵士。

十四日，詔中書，河北諸役方當炎暑，兵士不易爲力，朝廷宜用意照恤。於是與特支有差。（以上《永樂大典》卷一三七二四）

【續宋會要】〔二〕

43熙寧二年十月二十九日，特賜淮南等路發運司每年公用錢三百貫，只得管設支用，不得輒將饋送。

十二月十三日，詔賜澤州防禦使宗愈睦親北宅地居止，仍官爲計口修蓋。宗愈子孫人數未曾外居〔三〕，詔以先帝同母弟，餘人毋得援例。

三年正月十七日，詔：「定制，皇族非祖免以下更不賜名授官，只令應舉。今後其所生男女及死亡者關報。逐祖下襲公爵者置籍纂録，歲終上玉牒所；其未出官者，依舊入大小學。祖宗祖免親外兩世貧無官，合量賜田者，大宗正司今後體量，有如此即具詣實以聞。祖宗祖免男，近制賜名授官，與右班殿直，年十五支請授裹頭穿執、逐日喫食、祔葬送殯盤纏錢，依舊時服，南郊賞給依外官例，至赴朝參日賜馬一匹價錢。祖宗祖免女未出適日給食，出適支料錢三貫。祖宗祖免親新婦日給食，并夫亡無子孫食禄者，料錢、衣賜依舊，餘請給物皆罷。祖宗祖免及非祖免男、女、新婦諸請給物，係降勅已前合支者依舊例。」

四月七日，樞密院言：「河北、河東諸軍，三月支銀并麻鞵；陝西環州等駐泊并環慶州巡檢下諸軍，兩月一賜薪芻錢。」詔自今只擬進依例指揮。

六月二十五日，詔大宗正司：「應祖免以下親勅前授

〔一〕則：原脱，據《宋史》卷九一《河渠志》一補。
〔二〕此下原有標目「賚賜五」，今删。
〔三〕「人數」下疑有脱文。

副率已上者，勑後合請裹頭穿執、逐日喫食、送殯盤纏，赴朝日支馬一匹，依祖免授殿直 44 例支給。」

十二月十二日，賜恩州防禦使宗晟芳林園宅地一區。

四年三月十八日德音：「兩路馬步禁軍并曾因軍事(撤)〔搬〕運糧草、材木、修築堡寨等諸般差使厢軍，後自京至沿邊急脚、馬遞鋪兵士，除宣撫司日近已與特支人外，餘未經支賜者，並等第與特支。內曾經入賊界攻討及曾與賊接戰，並曾差(提)〔捉〕殺慶州作過軍人者，雖已經宣撫司支賜，宜更等第與特支。」

九月二十二日，詔賜濮王子通州防禦使宗隱芳林園宅一區〔一〕，仍計口給屋〔二〕。後宗傳、宗瑗、宗瑋、宗蓋依此。

五年八月十六日，以衲袍二萬(頃)〔領〕賜武勝軍征役軍人，邊城早寒故也。

【宋會要】

〔元豐元年〕三月四日〔三〕，賜(寒)〔塞〕決河役兵特支錢。

五月七日，賜捕殺荆湖北路猺賊軍士土丁特支錢〔四〕。

十月八日，上批：「瀘州軍前兵士皆自遠遣，委韓永(拭)〔式〕，候討賊還日賜禁軍等特支錢。」

十一月十四日，上批：「捕詹遇兵暴露日久，冒歷山險，實甚勞苦。今賊已敗獲，分屯歸所在，宜各賜特支錢。諸效用人比類給。」

五月十四日，詔權及權發遣郡府推判官及職司等、職任，除依本資序奏薦外，請給錫賜並依正入資序例。

十一月十六日，檢(檢)〔校〕太尉、宣徽南院使、西太一宮使王拱辰辭，賜方團金帶。時許拱辰居西京，辭日有是賜。

二年二月一日，詔保州作院募民爲工匠，其給銀鞋錢及南郊賞賜視厢軍。以諸 45 州軍作院所給舊並係厢軍投换故也〔五〕。

三月一日，賜辰州捕猺賊兵丁特支錢。

四月十七日，賜固護黄河南岸卒特支錢。

五月十二日，詔歲增茶場司公用錢二百千。

六月四日，賜導洛通汴司開河築隄役兵特支錢。

八月二十八日，三司言：「發神騎等指揮戍桂州，後止令駐湖南，有多給路費特支錢萬六千九十五緡。」詔蠲之。

二十九日，經制熙河路邊防財用司言：「已拘收本路州軍公使醋坊歸本司資助，請以逐處月收課利約定監官三等食錢，月終紐計，于醋坊净利錢内給。」從之。

十二月十二日，詔增雄州公使錢二千緡，以坊場錢給。以知雄州苗授言，熙寧中裁減公使錢爲八千緡，用度不足，

〔一〕防：原脱，據《長編》卷二一六補。
〔二〕口：原作「日」，據《長編》卷二一六改。
〔三〕元豐元年：原無，據《長編》卷二八八補。以下皆元豐事。
〔四〕「殺」原作「賊」，「猺賊」原作「猺役」，據《長編》卷二八九改。
〔五〕厢：原脱，據《長編》卷二九六補。

當國信往來頓舍之地，非他郡比故也。

【宋會要】

〔元豐〕四年七月九日，鄜延、涇原〔一〕、環慶、熙河、麟府路各賜金帶十五條，銀帶、錦襖七百，銀器萬兩，交椅、水〔鑵〕〔罐〕、手巾筒〔二〕、水叉五十副，鞍轡纓二十副，象笏三十面。仍計置輕疾步乘付逐路經略司〔三〕，麟府路付王中正。

二十三日，上批：「出界諸軍支禁軍錢千，民兵、廂軍、剩員降一等。」

八月二十六日，詔鄜延、麟府兵士出界招納已回，斬獲有勞，並賜特支錢。

十二月八日，詔環慶、涇原路行營兵元未經王中正喝賜〔四〕，並賜特支錢。先逃亡招撫到，即不支。

五年四月二十七日，賜河北提舉義勇保甲狄諮每年公使 46 錢千緡〔五〕，專給犒設。

五月十五日，詔：「應支給軍前漢蕃士卒特支犒設并醬菜錢等，如三日內不支，其轉運司及合支官司並當除名。」

〔六年〕十月十四日〔六〕，詔：「自今歲賜諸軍綿襖〔七〕，官司爲印號〔八〕，押賜官所至州軍，計會長吏、兵官，驗封號，當官給付〔九〕。」以麟府路走馬承受賈宗元言，技術官押賜衣襖，匿其精惋，與諸軍爲市故也。

〔五年〕八月，詔賜交阯郡王李乾德釋典一大藏。

〔元祐五年〕九月二十一日〔一〇〕，邇英講書，讀《寶訓》，賜御書詩一首。十月二十九日，講書終篇，賜宴東宮。

〔元豐〕六年二月十七日，賜誠州公使庫錢千緡〔一一〕，從知州周士隆請也。

九月十五日，上批付劉昌祚：「所進器械具悉。今于京師見作軍仗，賜卿金線烏梢弓一〔一二〕，神臂弓二，將官甲、馬軍甲、偏挨甲各二〔一三〕，斧合竹馬槍、馬軍刀、步人刀各五，欒竹步人排、附排刀各一〔一四〕，標二，透蝎尾馬黃弩樁一，以備出入。卿更省閱，具使否以聞。」先是，上批：「聞鄜

〔一〕涇原：原作「太原」，據《長編》卷三一四改。

〔二〕巾：原作「中」，據《長編》卷三一四改。

〔三〕仍計：原脱，據《長編》卷三一四補。

〔四〕「涇」原作「深」，「元」原作「員」，「喝」原作「唱」，並據《長編》卷三二一改。

〔五〕河：原脱，據《長編》卷三二五補。

〔六〕六年：原無，承上似仍爲元豐五年，但據《長編》卷三四〇，此事實爲元豐六年十月十四日丙戌事，因補。下條則仍爲五年事。

〔七〕綿：原作「錦」，據《長編》卷三四〇改。

〔八〕官司爲印號：原作「官印提號」，據《長編》卷三四〇改。

〔九〕付：原缺，據《長編》卷三四〇補。

〔一〇〕元祐五年：原無。按，此條出自《玉海》卷二七，時間爲元祐五年。《大典》抄之，脱去年號、年分，誤編於此，今補。下條則仍爲元豐。

〔一一〕誠州：原作「成州」，據《長編》卷三三三改。

〔一二〕一：《長編》卷三三九作「十」。

〔一三〕二：《長編》卷三三九作「一」。

〔一四〕刀：原脱，據《長編》卷三三九補。

延路經略使劉昌祚屢諳戰鬥〔一〕，精于騎射，而留心兵仗，所用多窮要理。委走馬承受霍丙諭昌祚，令（其）〔具〕所習用馬步戰器械并目擊士卒禦賊可用利械，入遞進入。」故有是賜。

七年十月三日，詔涇原、鄜延兩路發赴城寨堡鎮防秋諸軍，比諸路特早，並與特支錢。

十一月四日，樞密院言：「準朝旨，涇原路差赴城寨堡鎮防秋卒比之諸路早發，並與特支，其常例差發者不給。」

二十五日，涇原路總管姚麟乞特給公使錢，詔如更有**47** 邊事出入給。

八年正月十八日，鄜延路經略司言，第二、第四、第五將出塞討賊獲八十八級〔二〕，詔禁軍、（兵民）〔民兵〕、蕃兵並與特支錢。

三月十日，詔賜内直長上諸班縉錢有差。

三月二十七日，詔以登位賜致仕前宰相、守太師、潞國公文彥博，前執政、宣徽南院使、太子少師張方平，觀文殿學士、知河陽馮京，觀文殿學士、提舉西京嵩山崇福宮孫固，資政殿大學士、知揚州呂公著，資政殿學士、知太原府呂惠卿，資政殿學士、知亳州蒲宗孟，端明殿學士、知江寧府王安禮寬衣、金帶、銀、帛有差。

【續宋會要】

哲宗元祐元年二月十二日，詔：河北路解發到保甲，内尚榮、孟陰、李賓與三班差使，更減二年磨勘；孔震與三班借差，並賜袍帶，令歸吏部承受差遣〔三〕。以試驗武藝出等推恩也。

十六日，詔賜端明殿學士、光禄大夫致仕范鎮對衣、鞍轡鞍馬。

【宋會要】

四月十二日，詔揚王顥、荆王頵遷外第，歲各增公使縉錢五千，並特支與寔數，仍給見錢。

五月四日，詔揚王、荆王外第各賜監書一本。

五月，賜高麗《文苑英華》。

五月二十八日，詔河州南川寨圍閉賊馬並已退散，所有因今來事宜，曾因抽差牽制應援漢蕃軍兵等，並令劉舜卿以勞佚輕重等第特支。

【宋會要】

48 十月十二日，詔以大禮特賜左武衛大將軍郭逵銀、絹、羊、酒，以逵嘗任同簽書樞密院事故也〔四〕。

十二月七日，以大雪寒賜諸軍薪炭錢。

十六日，賜京師厢軍、諸司人及剩員薪炭錢。其癃老凍餒者，即營中計口給之。

二年正月二十八日，以登極恩賜前宰相、執政官及宗

〔一〕「使」原作「司」，「諳」原作「請」，據《長編》卷三三八改。
〔二〕八十八：原脫，據《長編》卷三五一補。
〔三〕受：原脫，據《長編》卷三六六補。
〔四〕書：原脫，據《長編》卷三八九補。

室戚里衣帶、器幣有差。

九月十五日，講論語終篇〔一〕，賜宴東宮，賜詩。講《論語》賜宴及御書詩，講《尚書》賜宴〔二〕。

三年五月六日，賜鄜延路第三、第六將及塞門寨守禦軍兵特支有差。以西賊犯順〔三〕，牽制及守禦有勞也。

六月十二日，詔賜北京、恩、冀州界修河役兵夏藥、特支錢。

十一月二十五日，詔歲以十月給望火巡城兵衣裘。

閏十二月六日，詔太中大夫以上知、判州府，添賜公使錢。正任團練使、遥郡防禦使以上至觀察使〔四〕，並分大郡、次郡。初除次郡，俸錢各減四分之一，移大郡全給。留後、節度使分大鎮、次鎮、小鎮，遞減五萬。刺史以下、使相以上不減。其刺史至節度使公使錢，依俸錢分數裁減。

四年九月十八日，詔觀文殿大學士、知永興軍韓縝，觀文殿學士、知(穎)〔潁〕昌府范純仁，並依《大禮令》賜物外，加賜縝器幣三百匹，純仁半之。

二十日，詔太子太保致仕張方平，依《大禮令》賜器幣。

【宋會要】 49 五年五月二日，詔陝西、河東地界近已定議，以觀文殿學士、知(穎)〔潁〕昌府范純仁知延安府，樞密直學士、中大夫趙卨爲端明殿學士，仍遷一官，知太原府。特賜銀絹各一千匹兩。

六年八月四日，賜朝奉郎、直龍圖閣、專切措置荆湖北路邊事唐義問銀絹一百匹兩。以渠陽、貫保罷戍，護領居民出漢無虞也。

七年七月二十八日，詔諸路安撫、鈐轄司并西京、南京，各賜《資治通鑑》一部。

十月二十六日，以西賊出塞，賜環州及被賊鎮寨策應軍兵特支錢有差。

紹聖元年六月一日，詔故嗣濮王宗暉，令户部以係官屋一百間賜本位居住。

十月十三日，三省言滑州修河橋役兵艱勞，上曰：「可遣使以差賜錢。京城冬浚濠兵士執鍤泥水中，苦甚，亦宜有以卹之。」

二年十月十九日，詔諸司使已下差新舊城裏都同巡檢，南郊宿衛，依《大禮令》，内管勾事加賜銀絹，御厨、翰林儀鸞司應奉官，武臣諸司使，文臣朝奉郎以上，諸司副使、通直郎以上，内殿承制以下，并小使臣宣德郎至承務郎，銀絹有差。

三年十月八日，熙河蘭岷路經略司言：「西賊見侵鄜

〔一〕講論語終篇：原無，據《玉海》卷二六、卷三四補。

〔二〕按，此二句實爲《玉海》卷二七内一條之標題，原題「講論語」上尚有「元祐」二字。其中第一句即指本條上文所述之事，第二句則爲元祐五年十月事，《大典》不顧内容，不察年月，妄加抄合。

〔三〕犯：原作「范」，據《長編》卷四一〇改。

〔四〕防：原脱，據《長編》卷四一九補。

延路，本路近移十將兵馬并邊駐泊，今來乘事機興修女遮，四面併力，半月可畢。」詔特支入役人兵等錢有差。

十一月二十四日，環慶路經略司言：「探得宥州界正名哆等各帶領人馬，于曲律、六掌等處駐劄，欲寇塞安等寨。鈐轄張存領兵將掩擊，50斬首九百餘級。」詔賜出界軍兵特支有差。

四年四月十七日，保安軍李沂申：「今月五日入西界，獲首級一百六十有五，俘二人，得牛馬駝畜甚衆。」詔賜出戰諸軍特支錢有差。

八月五日，鄜延路經略使呂惠卿言：「近遣將官王愍破蕩宥州，燒燬族帳，斬獲五百餘級，牛羊以萬數。」詔賜出界軍兵特支有差。

十一月二十五日，御批：「日近沍寒，諸軍班直等艱苦，其令內藏庫給薪炭錢有差。」

元符元年七月十九日，禮部言：「講議玉璽官，翰林學士蔣之奇與祕書省〔一〕、御史臺、少府、將作監官，凡十三員。」詔之奇賜銀絹各一百匹兩，餘各賜二十匹兩。

二年八月十一日，樞密院言：「熙河蘭慶路收復邈州講朱等城，并接納首領部族不少，將佐（仕）〔士〕卒暴露甚勞。」詔特支士卒錢有差。

十二月二十九日，詔應見在河北苗履、姚雄、王愍、王瞻等下戰守蕃漢軍兵，各更與特支有差。其以上諸軍暴露久，特賜之。

《徽宗紀》〔二〕：大觀元年三月三日，臣僚言：「伏覩諸路將勑節文，公使錢內歲給買藥錢，每五千人三十貫。據一歲之久，五六千人之多者，止以三（千）〔十〕貫爲率，切恐有所未周。況逐將公使錢除犒設等支用外，每歲各有餘剩，乞指揮諸（將）每歲量人數病狀多寡，相度于公使錢內量增藥錢，用心均給。」詔將歲給藥錢每將于公使錢內各添錢十貫文。

二年正月二十七日，詔：「賜使相已上生日幣帛、器物，當遣人銜命，51而故事止差親戚，沿襲未改，失寵遇大臣之意。自今並取旨差官。」

五月十一日，户部尚書、詳定一司勑令左膚等劄子：「立定自學士至兵馬都鈐轄公使錢：（水）〔外〕任給，內曾任執政官以上不限內外並給。觀文殿大學士曾任宰相，錢一千五百貫；觀文殿學士、資政殿大學士、資政殿學士、端明殿學士曾任宰相、執政官，錢一千貫，餘七百貫；龍圖、天章、寶文、顯謨、徽猷閣學士、直學士、待制、樞密直學士及太中大

〔一〕與：原無，據《長編》卷五〇〇補。

〔二〕按，自此以下引《徽宗紀》、《欽宗紀》、《高宗紀》，且似非只管一條，而是領轄其下所有條文。此三《紀》似指《國史》本紀，然《會要》引《本紀》，似不合理，亦所未見。且觀下文記事之體裁，決非正史本紀之書法。其一，本紀記事，只舉大綱，非如下文之瑣細。其二，本紀紀日，皆用干支，而下文全用數字。以此可斷，以下文字決非《國史》本紀。據其體例與風格觀之，應仍爲《會要》之文。疑《大典》本欲標「徽宗」、「欽宗」、「高宗」三細目而誤添「紀」字。

夫以上，五百貫。已上兼安撫經略使或馬步軍都總管、兵馬都鈐轄，各加錢一百貫。乞從本所依此刊爲定制，仍乞不限内外，并所領職任一等支給。」詔依所奏，其資政殿學士可以七十貫別爲一等〔一〕。

【宋會要】建中靖國元年三月二十五日，詔：「自刺史至節度使公使錢並減半，使相以上不過五千貫。」紹聖中罷此令，復用元豐舊制，唯宗室公使及生日支賜依元祐條格。至是以覃恩遷正任者衆，三省以爲言，故有是詔。

崇寧元年四月一日，客省使、雄州防禦使、涇原路兵馬鈐轄兼第十一將郭城，遣中使齎詔獎諭，賜以御府兵器、袍帶、金、帛。

四年十一月十日，詔衛王、定王公使錢各增三(十)〔千〕貫，通舊各作一萬三千貫。

政和三年二月四日，詔：「應在京内外修造作匠、役兵，並與支賜。作匠五百文 52 已上，役兵三百文已上人員各增上，作匠不得過二貫，役兵不得過一貫。(甚)〔其〕錢(出)〔並〕于元豐庫錢内支撥。」

七年二月，賜高麗雅樂及樂譜。三月，賜籩豆十二，簠簋四，登一，鉶一，鼎二，罍洗二，尊二。銘曰：「惟爾令德孝恭，世稱東藩〔二〕，用錫寶尊，以寧爾祖考，子子孫孫，其永保之。」

六年五月十四日，詔賜太師蔡京出入金銀從物：金鍍銀燎籠一副，湯茶合子二具，各匙子全。大湯缾二隻，中湯瓶二隻，湯茶托子一十隻，厮羅一面，唾盂鉢盂一副，蓋全。湯藥盤子二面，好茶湯瓶一隻，揙提一隻，熟水榼子一隻，撮銚一隻，水罐子、手巾筒子一副，湯茶盤各二十隻，通裹裝釘交椅一張，青羅涼扇二柄。各袋全。從人四襈紫絁衫二百領，紅藍羅直繫二百條，間金鍍銀太平花腰帶二百條。

七年三月，詔：「故宗室仲的，濮安懿王孫，年高官卑，未嘗求進，聚族百餘人，無所依賴，殊可矜憫。其見居屋宇，可特撥賜本位子孫，永充己業。其妻滕氏可特封康國夫人，恩例，請給並依仲縮新婦例倍給。」

宣和三年八月十二日，詔：「應自京至兩浙、江東急脚馬遞鋪兵士，並令轉運司量與特支。」

【宋會要】八月十日，禮制局言：「被旨雕印御筆手詔，共五百本。」詔賜宰臣、執政、侍從、在京職事官、外路監司守臣各一本。

《欽宗紀》：靖康元年正月十九日，户部言：「赦令所載諸 53 軍將士並特優賞，慮諸路錢物不給，欲依在京、京畿去冬大禮合支賞賜之數，以見緡增三分。」從之。

〔一〕七十：疑是「七百」。

〔二〕按，《宋史》卷一一九《禮志》二二此句下尚有「有來顯相，予一人嘉之」二句。

三月二十一日，詔扈從行宮將校軍兵，齎銀絹前去等第支賜。

五月八日，詔河北軍兵暴露日久，可與依度支第三等格特支一次。

閏十一月三日，上披甲登城，以御膳賜士卒，易火飯以進，人皆感激流涕。中宮以内庫幣帛、雜作、綿擁項及衣衾，分賜將士。

十一月二十日，賜北道都總管趙野袍帶、弓甲。

閏十一月十一日，車駕幸西壁，張叔夜領兵起居于南薰門外，軍容具肅。上善之，即城樓解何桌毬文帶以賜。

《高宗紀》：紹興元年四月九日〔一〕，賜侍讀王綯、胡直孺，侍講汪藻、胡交修、侯延慶御書杜詩扇，王綯曰「霖雨思賢佐，丹青憶老臣」，直孺曰「文物多師古，朝廷半老儒」，交修曰「相門韋氏在，經術漢臣須」。

七年閏十月十二日〔二〕，說書尹焞入見，講《衛靈公》末章稱旨，遂給筆札，解《論語》以進。八年四月二十日上之，五月四日賜緋魚，復命解《孟子》。

十一年四月九日〔三〕，賜侍讀吳表臣、蘇符新茶〔四〕。二十七日，賜復古墨。紹興中，賜講讀官御書扇，賜茶、墨〔五〕。

十六年三月十九日辛卯，講《孟子》終篇。翌日，賜講官鞍馬、象笏、金硯、水瓶、筆墨等。越三日，賜御筵于城隍司，賜侍讀香茗，初復故事也。

二十三年十一月七日，講《尚書》終篇，賜侍讀、侍講、說書、修注官金帶、象簡、鞍馬。越二日乙巳，賜御筵于祕
54 書省，就賜香茗，皆作詩以進。自是爲故事。

二十五年四月二十三日，講《易》終篇，以犀帶、象牙簡、金鞍勒馬賜宰相，賜侍讀已下金帶、象簡、鞍馬、銀幣，内王珉加賜金魚硯匣。越二日，賜御筵〔六〕。

七月〔七〕，賜李天祚襲衣、銀器、金御仙花帶、鞍轡。

二十六年八月乙未，賜天祚襲衣、金帶、鞍馬、器幣，以其來貢也。

二十七年十月十六日〔八〕，經筵讀《三朝寶訓》終篇，賜侍讀王師心象簡、金鞍勒良馬、象管、端硯、檀香匣、復古殿墨、象牙粘板、壓紙金研、水瓶。越二日乙巳，賜御筵，始用化成殿樂，遣中使賜香茶。舊例春季賜茶、墨，隆興元年止賜茶。

（以上《永樂大典》卷一三七二五）

〔一〕按，以下九條全抄自《玉海》，此條見《玉海》卷二一七，但無「高宗紀」三字。

〔二〕此條見《玉海》卷二一六。

〔三〕以下四條見《玉海》卷二一七。

〔四〕蘇符：原作「蘇得」，據《玉海》卷二一七改。

〔五〕「紹興中」以下本爲《玉海》卷二一七此條所在之標題，唯無「中」字。

〔六〕賜：原脱，據《玉海》卷二一七補。

〔七〕以下二條見《玉海》卷一五四。

〔八〕此條（含小注）見《玉海》卷二一七。

賚賜 二

【宋會要】

國家自南渡以來，應文武臣初除正謝并及第出身人，依格賜襲衣、章服等，並遵用省記崇寧看詳袛候庫格。文多，不復登載。

建炎元年五月十六日，樞密院言：「淮南東路鈐轄司、發運司、淮東諸司州軍統制勤王軍馬張憲，今月一日在南京城下恭奉大册禮畢，得旨發回一行兵衆，戮力向前，無敢逃散，若不少有所激，無以奬勸。乞候至元來州軍分，差等級錢應副給散。」詔長行每名三貫文，節級、十將及軍員指揮使遞增二貫。其錢候至元來軍州，令所屬應副給散。

六月十三日赦：「應河北、河東守臣差往逐州幹辦，淹留敵寨未歸，其家屬在京或寄寓他郡，恐致失所，許經所在官司自陳，支賜銀55絹五十匹兩。」

二年九月，詔外戍諸軍前賜緡錢減在營者半，今特全給。

四年五月十二日，詔户部支降銀三萬兩給付韓世忠，犒設一行官兵。

六月四日，詔閤門，今後初除宰執正謝[一]，可依舊例擡賜對衣、金帶、鞍馬，仍依格全給。

二十二日，太尉、奉國軍節度使劉光世言：「隨臣部落蕃官並各闕欠盤纏，乞支給銀絹各二百匹兩。」

八月二十八日，詔差周虎臣往撫諭李成，降敕書賜成槍牌、戰袍、金束帶。

十二月十四日，詔行在禁衛諸班直、親從親事輦官、宿衛親兵、神武并神武副諸[二]、樞密院三衙軍兵、宰執下親兵，並令户部依年例特支雪寒柴炭錢一次。將校一貫文，十將節級七百文，長行五百文。

【宋會要】

紹興元年三月十九日，詔行(有)[在]禁衛諸班直、親從親事輦官、宿衛親兵、神武諸軍、樞密院三衙兵軍、宰執下親兵，並令户部依例犒設一次。

六月一日，詔劉光世下招降女真、漢兒等，今見行措置增添錢糧外，令劉寧止于合起户部米内，先次支撥二千石椿管，專一應副支用。

六月二十七日，詔差睿思殿袛候羅亶賜兩浙西路安撫大使劉光世玉帶、金帶、西蕃鞍提刀、玉珠翠首飾及新製纈帛，仍令即日繫所賜玉帶，具知稟。

八月十八日，詔將來明堂禮畢例有給賜，除掌兵官及諸軍56并禁衛諸班直、親從親事官、輦官等，令户部一切

[一] 正謝：原作「王謝」，據文意改。上文云「應文武臣初除正謝，依格賜襲衣、章服等」，是也。

[二] 此句文字有誤。按下條文例，似當作「神武諸軍」。

椿辦給賜。

十二月八日，詔令張俊取見邵清所管的確人數，特行犒設一次，仍每人支錢一貫文。合用錢，令李光于户部支給。

二十二日，權神武中軍統制巨師古言：「中軍日近將全裝器甲下逐部串整，欲赴皇城司教場内呈拽，置籍拘上，乞量支錢三二千貫，至日支散激賞。」詔令户部支錢三千貫，擇日呈拽。

二年閏四月七日，詔賜荆湖南路宣撫副使韓世忠金帶。同日，詔户部支金四十兩，造金帶二條，賜高麗奉表官。

二十四日，詔忠訓郎趙子齊特添差臨安府兵馬監押，令户部賜錢一百貫。

七月十三日，詔臣僚合賜衣帶，已經賜者更不再賜。

十月五日，詔：「今後見任及出使，并前任宰臣、執政如有遷除合加賜魚袋者，許加賜。

官路由國門及到闕，并前五日報御藥院聞奏取旨，差官傳宣撫問，并賜銀合茶藥。」

十一月三日，詔：「今後宰臣、(報)〔執〕政初除并遷轉，合得支賜更不減半。」

十二日，輔臣言：「韓世忠已授太尉，合依兩府恩數。」上曰：「朕令中使先賜世忠帶、笏、狨坐等物以寵之。昔周賞晉侯，賜之大輅、戎輅、彤弓、玈矢、秬鬯，今世忠有功〔一〕，宜厚賜予。」

三年二月三日，詔文思院打造蕉葉酒器一副賜岳飛，其金仰户部支給。

五月五日，參知政事席益奏辭昭慈獻烈皇后除几筵充禮儀使所賜銀絹一百匹兩，從之。

九月十三日，賜岳**57**飛金帶一條，衣甲金裝一副，撚金線戰袍一領，手刀一口，銀纏笴鎗一條，戰馬一匹，海馬皮鞍并弓箭一副，馬甲一副，飛子戰袍一領。

十二月十三日，迎奉奉安昭慈聖獻皇后神御兼奉上册寶都大主管所言：「昭慈聖獻皇后改謚册寶等事，其禮儀使以下并官吏等各有禮畢支賜銀絹，今依除几筵例比擬下項：發册寶，奉寶侍中、奉册中書令各一員，無例，並不支賜；禮儀使一員，銀絹一百匹兩。行事、陪位官一十員：禮部侍郎二員、中書舍人一員，各三十匹兩；郎官五員、太常博士二員，各七(百)〔匹〕兩。睿思殿祇應散祇候共二十一員，各三匹兩。告廟，行事、陪位官四員：侍郎一員、中書舍人一員，各三十匹兩；郎官二員，各七匹兩。神御進發，太祝郎官一員，七匹兩。告廟禮直官五人，各三(四)〔匹〕兩。發册寶并告遷權安奉，諸司官二員，各三十匹兩。温州行事、陪位官七員：郎官二員，各七匹兩；温州官五員，各五匹兩。告遷權奉安，治路至温州奉安主管諸司官

〔一〕「今」原作「令」，「功」原作「有」，據《建炎要録》卷六〇改。

二員，各三十匹兩。扶侍内侍官三員，昨扶（獲）〔護〕几筵官各一十匹兩。覻步照管官一員，昨照管事務官七匹兩。告廟發册、造遷神御、治路至温州奉安禮儀使都大主管官一員，二百匹兩。承受奏報一員，二十五匹兩。都大主管所使臣、人吏、禮直、尅擇官等共一十九人，人吏二匹兩，使臣、禮直官各三匹兩，尅擇官五匹兩。主管諸司提轄事務下人吏四人，58各二匹；使臣一名，三匹。贊者二人，各二匹；供官二人，各一匹。巡視等親事官一十八人，各一匹。發册寶、告遷權奉安諸司下行遣人吏四人，各二匹。親事官四人，各一匹。温州景靈宫主管官一員，三十匹兩。温州景靈宫太廟幹辦官三員，各五匹兩。」詔並依，令户部支給。

四年三月二十二日，神武右軍都統制張俊言，擺拽本軍人馬于臨安府候潮門外教場内閲習陣隊。詔令户部支銀一萬兩、錢三萬貫付張俊，充教閲激賞。

四月十二日，詔岳飛下將佐王貴、張憲、徐慶各賜戰袍一領、金束帶一條。

十八日，詔翟宗遠來貧乏，特令户部支賜銀絹各一百匹兩，仍支本色。

五月五日，樞密院言：「李横、牛臯、董先、李簡並自京西遠來不易。」詔李横、牛臯、董先各特賜銀一千兩，李簡五百兩。牛臯、董先已發回江西，令本路帥司到日先次支給。見到行在人，令户部支給。

十六日，中書門下省言：「李横一行官兵已赴行在，遠來暴露不易，累年不曾支衣。」詔特令户部支絹一萬匹付張俊，等第俵散。

七月二十八日，中書門下省言：「神武中軍撥到張俊下統領將佐使臣等，昨自川陝將帶前來行在，道路日久。」詔特令户部賜錢一萬貫付楊沂中，等第支給。（以上《永樂大典》卷一三七二五）

【宋會要】

紹興四年八月二十一日，詔賜岳飛五十兩金束帶一59條。

十月二十日，川陝荆襄都督府幹辦公事、工部員外郎楊晨，已差齎詔往川陝宣諭司等處，詔令户部日下支銀三百兩，仍支本色。

二十五日，樞密院言：「劉光世奉御筆差發軍馬，本軍見闕兵幕使用，今來霖雨不止，正當冬月，暴露寒冷。乞下所屬支降，應副急闕使用。」詔令户部支紬絹共三千六百匹，付本軍自造，仰劉光世差人前來請領。

十月二十九日，淮南東路宣撫使韓世忠言：「本司官兵見今伺便趁戰，遠追賊騎，乞支降乾糧一百萬斤。恐州縣做造費力，欲計價支錢，付司自行做造。」詔令户部先次支錢一萬貫，仰本軍自造。

十一月二十一日，入内内侍省言：「樞密院得旨，差内侍官詣劉光世、韓世忠、張俊、岳飛、王𤫉老小寨傳宣撫問，安泊去處暴露及疾病死亡之家，仍賜錢付逐軍。內劉光世、韓世忠、張俊各一萬貫，岳飛五千貫，王𤫉三千貫，並支撥輕齎。令逐軍差屬官、將官各一員，如有病患身亡闕乏，仰即時隨宜周恤，開具數申樞密院。」詔劉光世、岳飛差李肖，韓世忠、張俊、王𤫉差汪浩。

十二月二十一日，詔陳獻兵書進士葉汝舟，特賜絹二十疋。

五年正月十九日，詔韓世忠、劉光世、張俊各賜銀三千兩，絹三千疋，賞其入覲，有卻敵之功故也。

二十九日，劉光世言：「近遣統制官酈瓊等攻取光州了當，其一行軍馬遠涉千里，（異）〔暴〕露日久，乞賜犒設一次。」詔令户部支錢一萬 60 貫充激犒。

二月一日，詔賜岳飛銀絹二千匹兩，令户部支給本色。

閏二月二十八日，後殿進呈次，上曰：「昨范温帶來東京民兵，比效用請給春秋特支衣絹一疋〔一〕。昨日令中軍引見，頗有藍縷者，朕出内帑絹二千匹賜之。」趙鼎等曰：「陛下内帑縑帛之數非承平比，每賜將士，此盛德也。」上曰：「朕宮中未嘗妄費，雖内帑所有不多，專用以激犒將士而已。」

五月十三日，詔：「諸軍教閱勞苦，當此盛暑，慮有病患之人，可令委屬官一員傳旨撫問，仍各賜錢修合夏藥。」

十九日，詔：「知台州陳槖清謹不擾，治狀著聞，今一家難，邦人頗惜其去，詣闕控陳，誠可嘉尚。特賜錢三百貫，令所在州軍于上供錢内支給。」

十二月八日，詔曰：「時雪天寒，戍邊士卒暴露不易，可特賜柴炭錢。韓世忠、劉光世、張俊、岳飛軍各一萬五千貫，楊沂中軍八千貫。仰逐軍逐隊支散，仍各就本軍見樁排月錢内，日前先次借撥給散。內韓世忠、劉光世、張俊、楊沂中軍借過錢，卻令建康府榷貨務依數撥還。」

九日，詔以雪寒，特支行在禁衛諸班諸軍柴薪錢有差。

六年十一月，詔高麗國使持牒官金稚珪、劉待舉，各賜絹一十三疋，銀椀二隻，重八兩。間金鍍銀雙鹿帶一條，重八兩。紫綾披襖、小綾綿襖、絹汗衫各一領。軍士二人各錢三貫，絹十疋。從四人各錢二貫，絹五疋。令祗候庫支賜外，更令户部支賜金稚珪、劉待舉銀絹各一百疋 61 兩，餘人銀絹各三十四兩。

是月，賜張浚古端石硯、筆墨。

七年正月四日，詔賜權發遣劍州王彦金帶，以安撫制置大使席益列其治最，乞加褒異故也。

三月十五日，詔廣東路鈐轄韓京禦寇有功，特先賜金束帶、戰袍、銀纏笴鎗。其一行官兵支錢五千貫，等第犒設。

二十三日，詔：「宇文虛中、朱弁奉使日久，宜有支賜，

〔一〕「效」原作「詃」，「給」原無，據《建炎要録》卷八六改補。

以慰忠勤。宇文虚中可賜金五十兩，綾、絹各五十疋，龍鳳茶各五斤；朱弁可賜金三十兩，綾、絹各三十疋。並令户部支給。」

五月二十七日，詔閻臯賜袍帶，以四川安撫大使席益言其訓練之勞，乞加褒賞故也。

六月十八日，詔：「席益鎮守川蜀，治効著聞，頗寬憂顧，遣兵入衛，忠誠可嘉，特賜銀合茶藥、笏頭、金帶、牙笏。」

十一月十七日，昭化軍節度使、嗣濮王（嗣）〔士〕輵奏：「祠堂官及臣合破馬下抱笏祗應六人，書表、客司、通引官七人，宣備兵士三十五人，并臣出入接見諸處投下文字，並依外官法。伏覩宗暉初除嗣濮王日，得旨男與正率〔一〕，女上三人與縣主，今臣止有兩女，乞並封縣主。其踏逐祠堂主管香火官，理爲資任，支破士輵等請給，下所屬出給付身。内知客一員，依例支破茶湯錢一十五貫。並抱笏祗應，乞踏逐已未到部小使臣、校尉、副尉或白身人代充，内有官人理爲資任。并書表、客司、通引官，依例每月各人支破添給茶湯錢一十二貫。上件官吏，乞隨祠堂香火官，于紹興府幫62勘。所有臣本身應支給舊請支賜、宣借等，于行在幫勘。如遇臣生日，乞令所屬取賜。」從之。

九年正月五日，内降新復河南州軍赦，應内外諸軍並與犒設一次。

二月六日，詔陝西六路帥臣並賜銀合茶藥、袍帶，以差充宣諭故也。

十二日，詔郭仲荀已除東京同留守，士㒟、張燾祗謁陵寢，周聿差陝西宣諭，方庭實三京淮北宣諭，並特支賜銀絹。士㒟、郭仲荀各三百疋兩，張燾、周聿各二百疋兩，方庭實一百五十疋兩。

十年六月十八日，詔李顯忠下將軍崔臯、崔贊、拓拔忠、王全、武世雄、曹高麥可並賜金帶，以有戰功，勞其還也。

九月二十九日明堂大禮，詔賜交趾郡王寬衣一對，金帶一條，銀匣盛細衣着一百匹，馬二匹，金花銀器二百兩，衣着二百疋，金鍍銀鞍轡一副，纓、複全〔二〕。

十一年十月二日，詔寶文閣直學士、樞密都承旨鄭剛中除寶文閣學士，令户部賜銀絹二百匹兩。

秋〔三〕，皇叔祖右監門衛大將軍仲䍃卒于臨安〔四〕，至無以斂。判大宗正事齊安郡王士㒟言于朝〔五〕，詔緦麻親任環列以上亡者賜錢三百千，祖免減三之一。九月甲辰〔六〕。今

〔一〕正：原作「王」。按「王」當作「正」，「正率」即率府率之别稱，對率府副率而言，故稱「正」。宋代率府率、副率多授予宗室子弟。
〔二〕全：原作「金」，據本書兵二四之二改。
〔三〕按，此條乃抄自《文獻通考》卷二五九，非《會要》文。
〔四〕䍃：原作「瑤」，據《建炎要録》卷一四一改。
〔五〕齊安郡王士㒟：原作「齊王郡王吉㒟」，據《建炎要録》卷一四一改。
〔六〕此四字原作正文大字，據《文獻通考》卷二五九改作小字。按，《通考》乃是注上文之時間，非是起下句。

以爲例焉〔一〕。

十二年八月十八日，詔(萬)〔万〕俟卨、邢孝揚充大金報謝使、副，各支賜銀絹二百匹兩。万俟卨賜錢一千貫，邢孝揚賜錢八百貫充起發，並令户部支給。

十三年正月辛丑立春節〔二〕，學士院始進貼子詞，百官賜春幡勝。自建炎以來久廢，至是始復。

63 二月一日，詔：「今後宰臣、執政轉官加恩正謝，合賜衣帶、鞍馬，並令全賜，更不減半。」

十九日，詔：「宰臣以下遇節序，客省合僉賜節料，自今後依格賜，内酒麵並令臨安府供應。」

四月四日，詔殿前馬步軍司見趁赴朝參將校二百七十五人，並與支破三節全分時服。

十二月二十七日，金國遣(元)〔完〕顔曄、馬諤等來賀。是年和議方定，始令有司立每年金國賀正、賀生辰使人錫類格目。到闕，使二百兩，金花(鈔)〔金〕鈔鑼唾盂子一副；副使八十兩，金花銀鈔鑼唾盂子一副。朝見，使衣八件：紫春羅夾公服、淡黄羅綿襖子、綿背子、勒帛、熟白小綾寬汗衫、寬夾袴、紅羅軟(秀)〔繡〕夾抱肚、三襜；金二十二兩御仙花腰帶，金五兩數魚袋，牙笏，靴，幞頭，折馬銀五十兩，銀一百兩鈔鑼一面。副使衣七件：紫春羅夾公服、淡黄羅綿襖子、勒(常)〔帛〕、熟白小綾寬汗衫、寬夾袴、紅羅軟繡夾抱肚、三襜；金二十兩御仙花腰帶，金五兩數魚袋，牙笏，靴，幞頭，折馬銀五十兩，銀一百兩鈔鑼一面。都管各衣五件：紫春羅夾旋襴、熟白小綾窄汗衫、夾襪頭袴、淡黄大綾綿襖子、小綾勒帛；金鍍銀一十五兩荔枝腰帶，銀二十兩蓋椀，絲鞋。上節各衣五件：中荅紅錦葵花夾旋襴、熟白小綾窄汗衫、夾襪頭袴、淡黄大綾綿襖子、小綾勒帛，金鍍銀一十五兩雙鹿兒束帶，銀二十兩蓋椀，絲鞋。中節各衣四件：小荅紅綿葵花夾旋襴、熟白小綾夾襪頭袴、淡黄 64 大綾綿襖子、小綾勒帛；金鍍銀一十兩雙鹿兒束帶，銀二十兩數椀，絲鞋。下節各衣五件，紫小綾夾旋襴、熟白小綾窄汗衫、絹夾襪頭袴、淡黄小綾綿襖子、勒帛；金鍍銀一十兩雙鹿兒束帶，銀一十兩數椀，節衣。賀正旦，賜使衣六件：紫素羅夾公服、淡黄小綾勒帛、熟白小綾寬汗衫、寬夾袴、紅羅軟繡夾抱肚、三襜。副使衣五件：紫羅夾公服、淡黄小綾勒帛、熟白小綾寬汗衫、寬夾褲、紅羅軟繡夾抱肚。都管各衣三件：紫春羅夾旋襴、熟白小綾窄汗衫、淡黄小綾勒帛。三節人從各衣三件：紫素羅夾旋襴、熟白小綾窄汗衫、淡黄小綾勒帛。射弓，使衣五件：紫春羅窄夾四䙆黄羅襴、熟白小綾窄汗衫、夾襪頭袴、淡黄羅綿襖子、紅羅軟繡夾抱肚；金二十兩數御仙花束帶，折馬銀五十兩。副使衣五件：紫春羅窄夾四䙆黄羅襴、熟白小綾窄汗衫、夾襪頭袴、淡黄羅綿襖子、紅羅軟繡夾抱肚；金一十五

〔一〕今：原作「令」，據《文獻通考》卷二五九改。

〔二〕此條乃抄自《玉海》卷九〇，非《會要》文。

兩數御仙花束帶，折馬銀五十兩。伴射官衣五件：紫羅窄夾四褛淡黃大綾襴、熟白小綾窄汗衫、夾襪頭袴、淡黃小綾勒帛、紅羅軟繡夾抱肚；金二十兩數腰帶，以金料充。節度使二十五兩，銀七十兩數鞍轡一副，以銀料充，折馬銀五十兩。館伴副使衣五件：紫素羅窄夾四褛淡黃大綾襴、熟白小綾窄汗衫、夾襪頭袴、淡黃小綾勒帛、紅羅軟繡夾抱肚；金二十兩數腰帶，以金料充。館伴使不射弓，賜七兩數銀椀65一隻。朝辭，使衣八件：紫春羅夾旋襴、熟白小綾窄汗衫、夾襪頭袴、淡黃羅綿襖子、錦背子、勒帛、紅羅軟繡夾抱肚、三襜；金二十兩數御仙花束帶，銀一百兩鈔鑼一面。副使衣七件：紫春羅夾旋襴、熟白小綾窄汗衫、夾襪頭袴、淡黃羅綿襖子、勒帛、紅羅軟繡夾抱肚、三襜；金一十五兩御仙花束帶，銀一百兩鈔鑼一面。都管各衣五件：紫春羅夾旋襴、熟白小綾窄汗衫、夾襪頭袴、淡黃大綾綿襖子、小綾勒帛；銀二十兩蓋椀，絲鞋。上節衣各五件：紫大綾綿旋襴、熟白小綾窄汗衫、夾襪頭袴、淡黃大綾綿襖子、小綾勒帛；銀二十兩蓋椀，絲鞋。中節衣各四件：紫大綾綿旋襴、熟白小綾夾襪頭袴、淡黃大綾綿襖子、小綾勒帛；銀二十兩蓋椀，絲鞋。下節各衣五件：紫細紬綿旋襴、熟白小綾窄汗衫、絹夾襪頭袴、淡黃小綾綿襖子、勒帛；銀二十兩蓋椀。密賜，使一千兩，内二百兩盆一口，一百兩數内瓶二隻，鈔鑼二面，合二具，注椀二隻。副使五百兩，内一百兩盆一口，瓶二隻，注椀一隻，鈔鑼一面。

十四年七月二十七日，詔賜祕書少監游操緋章服，以車駕幸省故也。

十五年四月二日，詔賜太師、尚書左僕射、同中書門下平章事秦檜銀一萬兩，絹一萬疋，錢一萬貫，綵一千疋，花一千四百朵，金銀器皿、綿綺帳褥等六百八事。

十月三日，上遣中使賜太師、尚書左僕射、同中書門下平章事秦檜御書閣牌，曰「一德格天之66閣」，就第賜御筵，仍賜金鍍銀鈔鑼唾盂、照匣、手巾筒子、罐子、裝釘頭籠茶燎子、熟水榼子各一，金鍍銀湯瓶二，灰匙大筯一，黑漆桌子、杌子各一，銀絲劄柄青羅撒一，金鍍銀太平花腰帶、紫羅單四褛衫、真經羅直繫各五十事。

二十年二月六日，詔：「今後臣僚如遇朝辭合賜衣帶、鞍馬，令依格擡賜。」

二十二年十一月五日，詔崇信軍節度使、龍神衛四廂都指揮使、主管侍衛步軍司公事趙密大禮支賜〔一〕，與(衣)〔依〕節度使例支破。

十七日，詔：「天氣寒凜，應從駕諸班直、親從親事官并諸軍軍兵將校等柴炭，並令增三分給賜。如願請錢者聽。」

二十五年九月三十日，詔占城國進奉人支賜，見：使紫羅寬衫、小綾寬汗衫、大綾夾襪頭袴、小綾勒帛、一十兩

〔一〕大：原無，據文意補。「大禮」指本月十八日郊祀。

金腰帶、幞頭、絲鞋、衣着三十匹、紫綺被褥氈一；副使紫羅寬衫、小綾寬汗衫、大綾夾襪頭袴、小綾勒帛、七兩金腰帶、幞頭、絲鞋、衣着二十匹；判官各羅寬衫、絹汗衫、小綾夾襪頭袴、一十兩金花銀腰帶、幞頭、絲鞋、衣着一十匹；防援官各紫官絁衫、絹汗衫、絹夾襪頭袴、絹勒帛、幞頭、麻鞋、衣着七匹。辭：使紫羅窄衫、小綾窄汗衫、小綾勒帛、銀器五十兩、衣着三十匹；副使紫羅窄衫、小綾窄汗衫、小綾勒帛、銀器三十兩、衣着二十匹；判官各紫羅窄衫、銀器一十兩、衣着一十匹；防援官各銀器七兩、衣着五匹。

十一月二十二日，詔別賜占城國國信禮物：翠毛細法錦夾 67 襖子一領，二十兩金腰帶一條，銀器二百兩，衣着絹三百匹，白馬一疋，八十兩鬧裝銀鞍轡一副。所屬製造訖，送祇候庫打角，學士院封題請御寶，付客省關送押伴所施行。因其遣使入貢，故以賜之。

二十六年十一月十六日，詔賜三佛(齋)〔齊〕國王初封禮物：寬衣一對六件，紫羅夾公服一領，小綾寬汗衫一領，勒帛一條，熟白大綾襪頭袴一腰，紅羅軟繡夾三襜一副，抱肚一條，二十兩金腰帶一條，銀五十兩腰帶匣一具，衣着二百疋，係雜色絹。金花銀器二百兩，係鈔鑼二面。馬一疋，鞍轡一副。賞其入貢之勤也。

二十九日，詔三佛齊入貢使、副以下支賜，並依占城例施行。

二十七年七月十二日，成都潼川府夔州利州路安撫制置使、兼知成都軍府事蕭振以病亟乞致仕，從之，仍特賜銀絹五百疋兩。

十月九日，詔知金州王彦與賜夏臘藥，其統制、統領、將佐、官屬，依例賜夏藥。令賜川中夏臘藥官一就給賜，仍傳宣撫問。

二十九年二月十七日，詔：「前降詔書，士庶子婦人年八十以上給賜束帛，令户部行下諸路州軍，如有縣間有闕乏，未曾給賜處，仰于上供物帛内支給，不得減裂違戾。」續有旨：「如闕本色，可依市價折錢，于上供錢内支給。」以太后年八十推恩故也。

二十日，昭化軍節度使、嗣濮王(吉)〔士〕輵奏乞生日支賜，從之。先是，有旨權行住支，士輵以爲請故也。

三十年九月十五日，詔安德 68 軍節度使、同知大宗正事士街特依士籛例，每遇生日取賜。

十八日，詔：「諸軍出戍戰守軍兵，効用，天寒暴露不易，各賜絹一疋，令諸軍開具人數，各于逐路總領所支給。如無見在，即便差人前來左藏庫支請。」

三十一年正月二十一日，詔：雪寒異常，特賜諸軍柴炭錢，殿前司五萬貫，馬軍司二萬五千貫，步軍司一萬五千貫，諸班直等五千貫。

三十二年七月十七日，皇帝登寶位饗太廟都大主管所言：「本司今于受誓戒、習儀、致齋、宿齋、行事數内，先次裁減受誓戒、習儀兩次更不支給外，禮儀使一百匹兩，欲支七十四兩；都大主管官一百匹（匹）兩，欲支五十四兩；承受官七十四兩，欲支四十四兩；諸司官各六十四兩，欲支二十四兩；照管事務官三十四兩，欲支二十四兩；合該（欲）〔行〕事執政官一百匹兩，欲支七十四兩；侍從官并正任以上各五十四兩，內太尉七十四兩，欲各支三十四兩；橫行并卿監郎官以上各三十四兩，欲各支二十四兩；內總轄儀仗郎官二千匹兩，欲支一千五百〔匹〕兩；寺監（承）〔丞〕簿以下各二十四兩，欲各支一十五匹兩；太廟幹辦官，宮闈令官各一十四兩，欲各支十四兩；合該宿齋日排辦臨安府通判一十四兩，欲支七匹兩。催（捉）〔促〕照管事務使臣、主管文字諸司下使臣、禮直官并承受諸司下人吏、投送文字親事官、快行親從官、三省禮房提點職級行遣人支賜，裁減有差。」

八[69]月一日，詔皇子生日并諸節序，各合取賜物色，除端午扇依已得指揮減半外，餘並依元豐令取賜。

王師至洮州〔二〕，金人所命知洮州阿令結往北界軍前未回〔一〕，其妻包氏率官吏軍民來歸〔三〕，特封令人，見在西和州居。趙彥博到宕昌買馬，令包氏招誘洮、疊、熙、鞏一帶蕃商，以致歲額增羨。宣撫司聞于朝，上曰：「可封郡夫人，令宣撫司就給賜絹一百匹。」

【宋會要】

孝宗隆興元年六月一日，詔殿前步馬軍三司出戍淮上官兵家屬，可令左藏南庫特與給賜錢銀，犒設一次。統制官銀五十兩，統領官銀三十兩，正副將銀二十兩，部隊將、準備將、訓練官等各錢二十貫，使臣、効用、入隊軍兵各錢五貫，不入隊各錢三貫。內無家屬人，令各司樁管，候正身到日給散。

二日，御前忠勇軍都統制李擴言：「契勘忠勇軍已蒙支降到銀一萬兩，緣本軍創置之初，緩急應付，委是急闕，乞賜支降錢三萬貫。」詔令戶部支降。

六日，戶部言：「今年三月內起發右軍、後軍、神勇軍官兵，合支起發犒設錢三萬四貫文，本軍並稱樁管在軍。（令）〔今〕訪聞得神勇軍于去年八月內先曾差出，已請起發犒設錢八千二百八十八貫文，製辦行裝使用，續有指揮，却不起發。今來同右軍、後軍差出，所有合支起發犒設錢，緣本軍將先已支散錢却充今來折會，竊見逐人所請錢，去年已是費用無餘。今來若不依衆軍例[70]支破，竊慮闕少支費。本部今乞行下淮東總領所，將神勇軍官兵折會過起發犒設錢數，照應已請則例，于軍前見樁管錢內點名支散。

〔一〕按，此條可疑。其上無年月，當有脫文。據《建炎要録》卷一九二，包氏以洮州降在紹興三十一年九月。然據本書儀制一〇之三七、四〇，包氏封令人在乾道元年五月十三日，封郡夫人在乾道七年五月二十八日，是本條似不當編於此。

〔二〕「金人所命知洮州阿令」原無，「未」原作「李」，據《建炎要録》卷一九二補改。

〔三〕其妻：原無，據《建炎要録》卷一九二補。

所有本司中軍先已請過起發犒設官兵，將來若行差出，亦乞依〔比〕〔此〕支破。」從之。

八月二十四日，忠義軍都統制魏勝申：「勝統押忠義人在海州，提舉四壁守禦措置，合支激犒，欲望支降錢一萬貫，應付犒賞之費。」詔令總領所支降。

十一月二十五日，詔：「三衙鎮江、建康府、江、池、鄂州，荆南出戍官兵離家日久，雪寒暴露不易，可依紹興三十二年九月二十三日指揮體例犒設一次，令逐路總領所支給。」

十二月十七日，中書門下省言：「諸處出戍忠勇軍并明州、平江府、江陰軍、海州見屯出戍官兵，及海舡差出橰梢，離家日久，雪寒暴露不易。」詔依例犒設一次，令逐州府及總領所支給，内已該今年十一月二十五日指揮犒設人，令所屬除豁。

二年正月二十三日，詔湯思退、張浚新除左右丞相，合得取賜銀絹，依所乞寢罷。

十二月二日，詔沈介已除權兵部尚書，可依例給賜衣帶，今後在外臣僚除授准此。

〔乾道二年〕七月十〔二〕日〔一〕，皇叔祖檢校少保、昭化軍節度使、嗣濮王士輵言：「臣叨冒聖恩，襲封嗣濮王，其本身米麥并隨身傔糧〔二〕，乞依《禄格》全支本色，并取賜生日，令入内内侍省依舊全支。」從之。

三年四月二十三日〔三〕，詔兩浙東路安撫使洪适、福建路安撫使王之望、四川 71 安撫制置使汪應辰〔四〕、前宰執知寧國府汪澈、知泉州周葵，並依例賜夏藥，令户部打造一百兩銀合四具，五十兩銀合一具。又四川宣撫使吴璘，御前諸軍都統制戚方、時俊、趙樽、王宣、王權、陳敏、任天錫、苗定、劉源，知階州、節制本州屯駐軍馬吴拱，并御前諸軍統制、統領、將佐、官屬，並依例賜夏藥，户部打造一百兩銀合一具，三十兩銀合十具，赴御藥院送納，降付進奉院，附遞給賜。其逐軍依年例令近上統制官分賜，仍傳宣撫問。

四年三月一日，詔樞密院逐房副承旨見今闕借金帶、服繫趁赴朝參等，可令祗候庫依條例就賜。今後轉至，仍

〔一〕此句原作「七月十日」，承上文似爲隆興二年之七月十日。然後文禮六二之七三及本書帝系二之四八、帝系七之二一均有乾道二年七月十二日士輵奏言，内容與此相同，文字則互有小異。蓋本爲同一事，不同之處取舍詳略小有不同。據此，本條亦應爲乾道二年七月十二日，茲補五字。以下諸條亦爲乾道事，即因承此條而省去「乾道」字。

〔二〕傔：原作「縑」，據文意改。傔，侍從，傔糧即隨從人之口糧。《宋史》卷一七一《職官志》一一有「傔人衣糧」條，注云「任宰相執政者有隨身，任使相至正任刺史已上者有隨身，餘止傔人。」士輵爲嗣濮王、節度使，有隨身，故此云「隨身傔糧」。

〔三〕按，因原稿前一條脱去「乾道二年」字，則此條承上似爲隆興三年，但隆興只有二年。文中稱「浙東安撫使洪适」，考洪适以乾道元年十二月除右僕射，二年三月罷。同年七月除知紹興府、浙東安撫使（見《盤洲文集》附録許及之《洪公行狀》、吴廷燮《南宋制撫年表》中華書局版頁四二三）。據此，則此「三年」乃乾道三年（因前條已補「乾道」二字，此處不再補），以下亦皆乾道事。

〔四〕汪：原作「江」，據《宋史》卷三三《孝宗紀》一改。

依此取旨給賜。

十二月十一日，詔權主管殿前司公事王逵遇立春日并冬、年、寒食節，特與依見今主管馬步軍公事例，給賜幡勝、簽賜。

七年二月十八日，內東門司狀：「契勘取賜皇太子生日節次物色指揮，比親王例三分增一分。今來皇子恭王爲皇太子，所有合取物色，本司即未敢便行取賜。」詔依數取賜。

二十三日，詔皇子魏王出鎮，令左藏南下庫祗備金三千兩，銀一萬兩，令承受取賜。

三月二十八日，詔四月二十四日皇子判寧國府、魏王生日，特差內侍陸彦端取賜牲餼。

四月二十二日，宰執進呈皇子魏王賜夏藥，虞允文奏曰：「前二府用百兩銀合，親王易以金否？」上曰：「用金。」梁克家奏曰：「自乾道初載，雖前二府亦皆令進奏院遞賜，今親[72]王領藩，恐須遣中使，以示陛下恩意。」上曰：「甚好。」八年、九年賜(樂)〔藥〕同。

五月三日，詔皇子判寧國府、魏王愷到闕，入內內侍差使臣謝安道傳宣撫問，并賜金合茶藥。

十一月八日，客省劄子奏：「本省見依格簽賜宰臣、親王已下正旦、寒食、冬至節料。檢準本省格，上有宰臣、執政官奉使出外取旨，今(有)〔者〕皇子魏王愷判寧國府，取旨施行。」詔依格賜，自發付寧國府，仍令本府依數排辦就賜。今後准此。

八年五月七日，詔居廣生日支賜，依士輵、士得已得指揮。

九年四月二十五日，詔魏王合賜夏藥，令學士院降勅書一道，户部打造二百兩金合一具，差內侍張詠給賜。

乾道元年正月二十三日[一]，詔：「主管侍衛馬軍司公事張守忠一軍率先赴都督府調撥，據守定山，又自淮西往來應援，道路遥遠，委是勞苦，即與諸軍事體不同。令户部支給錢三萬貫，內庫更支銀五千兩，勞賜本軍，委守忠等第給散。」

九月六日，詔御藥院、東門司，皇太子合取賜生日等物色，比親王例三分增一分取賜。

十一月十七日，士輵言：「濮安懿王(國)〔園〕令士程，在任恭奉神主神貌，并躬親監督修造園廟、龕室、屋宇，並皆如法。乞依士奇前任園令體例，將兩次該遇園令月日，每一年與減一年磨勘。仍許通理轉官後歷過年月，揍行收使，于見今官上特與轉行。」詔從之。

二年四月二十九日，詔于左藏庫取銀四千兩，充犒設神[73]武軍使用。

十二月十五日，詔行在諸軍依年例支雪寒錢。

[一] 以下當出自《會要》之另一門類，故重起「乾道元年」。

七月十二日〔一〕，士輵言：「叨冒襲封，每月(諸)〔請〕給止(此)〔比〕宗室正任防禦使。今先乞依《禄格》全支本色，仍免折支，及每歲生日令入内内侍省依舊全支取賜。」詔依。

〔乾道元年〕十二月二十九日〔二〕，宰執内殿進呈都承旨龍大淵言，已支銀三千兩并茶引，約計錢萬餘貫，付權發遣楚州胡明。洪适等奏曰：「胡明元乞二萬緡，昨已降旨令淮東總領司支萬緡，湊銀以(其足)〔足其〕數矣。」上曰：「總司錢今不須支。」

三年二月十六日，詔降下《武經龜鑑》、《孫子》各二十本，令樞密院差使臣一員給賜鎮江府駐劄御前諸軍都統制戚方、建康府駐劄御前諸軍都統制劉源，仍令選擇兵官，各給賜一本。

閏七月十三日，詔王友直已除鎮江都統，令(在)〔左〕藏南庫支錢一萬兩〔三〕，本軍更支錢二萬貫充犒賞。以友直初除，從其請也。

十月四日，詔士輵已除開府儀同三司，其生日支賜并使臣依已降指揮外，所有應干恩數、請給、人從等，並依居廣例施行。

十一月一日，詔應從駕諸班直、親從親事官并諸軍將校等，爲寒凜，令户部給賜柴炭並增三分，願請錢者聽。以後倣此。

四年正月二十九日，户部言：「侍衛步軍司得旨，(蓋)〔差〕撥官兵三千人前去六合，交替劉福所管人馬歸司。」詔所差官兵依例犒設一次。

三月十三日，詔禮物局如將來空閒，令臨安府將上件屋宇同嗣濮王見住宅子一 74 併撥賜嗣濮王士輵永遠居住，仍與量行修葺。

五月十二日，樞密院言：「殿前司差撥策選鋒軍全軍人馬前去揚州看守城壁，乞依例支給犒設等錢。」詔依。其鎮江府都統司合差官兵，并日後兩司更替人，並依此例。繼而十月三日，樞密院言：「鎮江府駐劄御前諸軍差撥全軍人馬前去揚州，與殿前司策選鋒軍人馬前去，同去看守城壁。乞依殿前司差撥前去揚州看守城壁官兵〔四〕，比之鎮江府都統司所差官兵地(星)〔里〕遥遠。」詔令淮東總領所照殿前司差往揚州看守城壁官兵犒設則例支三分之一。其後五年二月二十七日，淮東總領所言：「鎮江府駐劄御前諸軍都統制司申，爲差撥御前中軍人馬前去揚州抵替前軍人馬歸軍，乞依昨來差發官兵前去揚州看守城壁，支給

〔一〕按，此條内容與上文重複，月日又與上條失次。或是《大典》從他處抄來，誤補於此（本書帝系二之四八亦有文字相同之一條）。

〔二〕乾道元年：原無。按文中云宰執「洪适等奏」，查洪适以乾道元年十二月除右僕射，次年三月罷，則此「十二月」爲乾道元年無疑，因補。省此條内容似非關賚賜，或是《大典》從他處抄來，又脱抄年分，遂胡亂插入此處。

〔三〕錢一萬兩：按錢不當以「兩」作單位，當爲「銀一萬兩」或「錢一萬貫」。

〔四〕此句語意未完，疑有脱誤。

犒設等錢。」從之。

乾道五年六月十日，詔自初伏日賜學士冰一月。

七月十四日，詔令左藏南庫支發錢三千貫付御前忠鋭軍統制張師顔，充揀到軍兵緊急支用。

九月十一日，户部言：「王逵奉聖旨權主管殿前司公事，所有請給、供給券錢見在步軍司曆内，乞行下所屬分〔壁〕〔擘〕批勘施行。」行在諸司糧料院申：「王逵即無給到自分料錢文曆，其請受不合批勘外，所有供給券錢，昨差作主管步軍司公事日，係承指揮支破了當。今來差權殿前司公事，即未有許行分擘依舊支破係給券錢指揮。王宏權主管侍衛步軍75司公事，每月給券錢，乞依例下所屬批勘施行。院司照得三衙主管官供給券錢，並係專降指揮支破。今來本官即無承降到指揮許行支破。」詔權主管殿前司公事王逵、權主管侍衛步軍司公事王宏，並特與依例支破供給券錢。

十月十八日，詔令四川宣撫司支錢二十萬貫，充員琦初到軍犒設使用。

二十日，詔降銀三百二十兩、錢三萬七千四百七十貫七百、會子萬八百六十二貫三百，付步軍司。又降銀三百九十六兩六錢、錢四萬五千七百八十三貫六百、會子萬二千八百五十六貫，付馬軍司，充瀨上親閲軍馬犒設使用。

十一月一日，詔降錢四百四貫五百、會子一百五貫五百，付馬軍司，充瀨上射生官兵犒設使用，令差人付内藏庫交撥。

十八日，詔支錢三萬貫，應付楊欽犒軍使用，仍(領)〔令〕湖廣總領所就支。

十二月二日，王友直除主管步軍司(執)〔職〕事，言到任之初，欲行點看諸軍應管人馬，緣步軍司闕乏，無以犒賞。詔令左藏南庫支錢三萬貫，以會子支。

是年廷試〔一〕，始依文舉給黄牒，同正奏名三十三人，牓首賜武舉及第，餘並賜武舉出身。

六年五月八日，詔于左藏南庫取會子一萬貫，充賜忠鋭軍犒設使用，候降合用除破，限日下供納。

八月二日，總領兩淮浙西江東財賦軍馬錢糧所申：「得旨，郭振諸般請給可特支錢俸。户部勘當，合支統兵戰守臣諸般全分請給、全俸料76(料)錢四百貫，禄粟一百五十石，准細色九十石，内米四十五石，小麥四十五石。元隨五十人，各每月糧二石，計一百石，每石折錢三百文。」詔依已降指揮支破全俸。

七年正月二十八日，宰執進呈三衙舊司禁軍人數，上曰：「祖宗時上四軍分止是支數百料錢。」虞允文奏曰：「今不知幾倍矣。」梁克家奏曰：「秘閣中有太祖御札，禁軍券錢至親筆裁減一二百者。」上曰：「雖一麻鞋之微亦經區處，祖宗愛惜用度如此。」克家奏曰：「用度豈可不愛惜？

〔一〕此條乃抄自《文獻通考》卷三四《武舉》門，不當編入「賚賜」目。

且如非泛賜予，尤不可輕。韓昭侯非靳一弊袴也，不以予無功之人，其意深矣。」上曰：「予及無功，則人不知勸。」克家奏曰：「豈非無功者不勸，有功者解體矣。」上曰：「然。」因顧允文。允文奏曰：「昨遣內侍往江上，欲就令撫問，以卿言而止，正爲此也。」允文奏曰：「非陛下從諫如流，臣豈敢昌言之？郭子儀所得上賜甘蔗幾條，柑子幾顆，人主以此示恩意耳，不必在金帛之多也。今諸將受陛下厚恩，未有以報陛下者。」上曰：「郭子儀有大功于唐，今諸將孰有子儀功？賜予誠是不可輕也。」

同日，詔：「浙東諸州軍起發第三番弓弩手，並已到忠鋭軍，可特與依例犒設一次。內將校一貫五百文，長行一貫文，令都承旨張説前去傳旨閲視給散。其錢于左藏南庫支給，見錢、會子各一半。」

二月八日，詔：「三衙并外路諸軍揀汰官兵，分撥諸州軍添差、養老，道路遥遠，闕乏盤費。除支破合得請給外，令本軍參【77】照遠近等第，更行量支盤費津遣。」

三月九日，提舉御前弓馬子弟所吳挺奏：「本所元承指揮差置幹辦官二員，指教官十員，押教官二員，其所請微薄，乞每人逐月各添支三貫。」詔並與支破本等銜官券錢，見請錢更不支給。內幹辦官二員，每月添支錢二十貫文；無銜官人，通見請添作一十五貫文；甲長一十人，每月各更添支三貫文。

七月十六日，詔：「馬軍司官兵連老小移屯建康，訪聞有不伏水土身故之人。其軍校請給低小，令淮西總領所將身故軍校已請本月不該錢米並免回尅，仍更候展支一月。日後有似此之人，依此，今年終止。有男兒少壯及等，雖年十五歲以上，二十歲以下，或未及等仗，並與插板招刺一次，亦至年終止。孤幼之家，仰〔本〕軍量支錢米養贍，常加存恤。」

七年十一月六日〔一〕，士輵言：「濮安懿王神主神貌見在紹興府光孝寺奉安，每年四季仲享，合差三獻官行禮，其亞獻、終獻依格合差子姪充。已前係紹興府行司差南班官權充，今來行司已併歸（依）〔行〕在宗正司，其紹興府並無南班官司差兼。士輵係襲封初獻官，蒙先降指揮，如遇士輵忽患，亦令差官權攝行事。欲望特降指揮，每遇四仲享月，就差嗣濮王位子姪或紹興府見任、寄居待闕宗室，依長〔幼〕次序，許士輵牒紹興府逐時權差行事。庶得崇奉祖宗，仲享不致闕誤。」詔依。

十二月十一日，詔浙東七州禁軍、弓弩手至〔今〕【78】年十二月十八日已後，至來年正月二十四日終寔及一年，合行交替，發歸元來去處。將來替回起發日，合支犒設，內將校一貫五百文，節級一貫二百文，長行一貫文。一千里以下至五百里以上，依前項則例支給，五百里以下以十分爲率，支給七分。令所屬依第二番例等第支降施行。

八年正月十七日，詔浙東七州府起發一半弓弩手，並

〔一〕此條亦無關「賚賜」。

已到忠鋭軍，可特與依例犒設一次，令王抃前去傳旨給散。其錢于左藏南庫支給，見錢、會子各一半。具已散并支過錢數申樞密院。

七月十九日，鄂州駐劄御前諸軍都統制秦琪言：「都統制到任，例行犒設諸軍一次，共錢六萬七千餘貫。緣都統司激賞截日實在錢五千二百餘貫，逐急于軍器錢内借撥六萬二千貫支犒訖。」詔令湖廣總領所於鄂鹽會子内支還六萬二千貫。

十一月十一日，詔將兩浙路州軍已起到厢軍與支犒設一次。内臨安府人支錢三貫，一百里以上三貫，二百里以上五貫，並令左藏南庫支降會子。其人盡數發回，未起發人與免起發，已起未到人令逐州拘收。

九年三月二日，主管侍衛步軍司公事郭□奏[一]：「自來帥臣到任點看軍馬，支散犒設一次，用錢五萬貫文。本司闕乏，乞依王友直到任體例，支降錢五萬貫文。」詔支錢三萬貫。

四月二十五日，樞密院言：「兩浙路起到揀中禁軍權行發回，依例支給犒設，緣係兩番到行 79 在教閲之人，理宜優恤。」詔令户部依已發回例，更支犒設一次。

六月三日，宰臣梁克家等奏：「昨起發到福建路禁軍赴行在忠鋭軍教閲，已支給犒賞，發回特更與犒設一次。」上曰：「歸途既遠，人又適大暑，正要路中盤費從容。計其地理，倍支犒設。」

八月二十六日，中書門下省勘會：「内外諸軍有家累官兵亡歿，殿前、馬、步三司並請支給一月，其江上諸軍内有止支請受去處，委是多寡不同，理宜一等。」詔今後江上諸軍有家累官兵遇有亡歿之人，令三總領所並與支請給一月，仍劄下逐軍照會。

十一月十一日，楚州駐劄御前武鋒軍副都統制魯安仁言：「到任依例點看軍馬，合行犒設一次，乞依戚世明例，御前降錢二萬貫。」詔令鎮江府于樁管朝廷會子内支撥。

十二月二十三日，江州駐劄御前諸軍都統制皇甫倜言：「得旨差撥官兵五十人于黄州麻城縣、興國軍大冶縣屯戍，將帶器甲前去，與累年差撥出戍人事體一同。乞下湖廣總領所照應自來體例，勘支起發，并内有家累人添支錢米，自起發日爲始批放。日後差撥更戍人，亦乞依此施行。」從之。

淳熙二年五月三日，詔平江府長洲縣金鵝鄉係官常平田九百三十八畝，撥賜蕭邈古[二]。

三年九月二十七日，詔兩浙轉運司于秀州官田内摽撥一十頃，給賜蕭奮里懶。

十月二十六日，殿前副都指揮使王友直言：「諸軍見

[一] 此處原脱一格，似當作「棣」，蓋明人避永樂皇帝朱棣之諱空格。郭棣於孝宗朝統禁軍，史籍中屢見。

[二] 蕭邈古：本書兵一七之二八載紹興三十二年十一月二日來歸之契丹首領有蕭邈舌，當即此人，然字作「舌」，未知孰是。

請雄威請給、衣糧，[80]子弟乞照應雄威軍額支破大禮賞給。」從之。

十二月二十九日，詔敦武郎以下任閤門舍人，大禮賞給與依熊飛等體例支給。

四年正月三日，詔新除侍衛馬軍都指揮使吳拱合得明堂禮畢支賜，與依格支給。户部言：「拱舊係節度使、環衛官，今以馬軍都指揮使，支賜減半，比舊職數少。緣在法舊請多者從舊，合止(合)〔支〕破節度使、環衛官支賜。緣拱係在降御劄後除授，其禮畢支賜依指揮合減半批放。」故有是命。

四月十二日，殿前司言：「本司諸軍牧放馬軍十月朔時服，已承指揮特與批放，緣無自今依此之文，乞下所屬依步軍司已放行體例特與批放。日後年分依此施行。」從之。

四月[一]，賜李龍𣈗馬二匹[二]，金鍍銀鞍轡、金帶銀匣。

五年二月二十二日，詔殿前副都指揮使、奉國軍節度使王友直除殿前都指揮使，正謝日特與依初除例擡賜衣帶。自今管軍遷職準此。

十一月八日，詔賜少保、右丞相史浩後洋街宅一區。

七年五月六日，詔讀《三朝寶訓》終篇，就秘書省賜御筵，宰執賜牙簡、金帶、鞍馬、香茶，侍讀金硯匣、端硯、鞍馬、香茶，侍講、説書、修注官鞍馬、香茶。

同日，胡宿有《講畢周禮詔賜御筵》詩：「西清閒縹帙，東面授丹書[三]。」

九月十九日，上謂輔臣曰：「六部侍郎在觀察使之上，自今正侍郎以上，可依觀察使格賜綿襖。」

九年三月十八日，賜耶律适哩平江府宅一區。

六月二十三日，詔湖[81]廣總領所，令湖(要)〔廣〕安撫司將飛虎軍官賜衣服分(物)〔賜〕。

十二月四日，詔嗣濮王士歆每遇生日，特與全行取賜。入内内侍省言：「士歆昨任節度使日，依居中例，每生日特與全行取賜。今來除授開府儀同三司，本官奏請到指揮，恩數、諸般請給、人從等，並依士輵前後已得指揮，其生日取賜合取旨。」故有是詔。

十年二月二十五日，詔皇孫女安康郡主下嫁，令臨安府踏逐空閒第宅，添修給賜。

十二月十六日，太上皇后慶壽，詔曾任太中大夫、觀察使以上，仍與倍賜，長(史)〔吏〕致禮。應給賜物，並令長吏差官實行就賜，不得呼集煩勞，徒爲文具。

十一年十月二十四日，詔兼權馬步軍司職事梁師雄，

〔一〕按，此條乃抄自《玉海》卷一五四，《會要》此門之賞賜不含外國國王。

〔二〕𣈗：原作「翰」，據《宋史》卷四八八《交阯傳》改。此乃承《玉海》之誤。

〔三〕按，以上二條乃抄自《玉海》卷二七「帝學」門「經筵賜宴」目。原書於第一條之後引「周必大進詩」云云，其後另一行即爲「胡宿有《講畢周禮詔賜御筵詩》」云云，其前並無「同日」二字。按胡宿爲北宋名臣，此詩全文見於《文恭集》卷六。其中云「千載逢亨際，三冬罷講初」，則是某年十二月經筵講《周禮》畢賜宴之事，與前一條淳熙七年五月讀《三朝寶訓》終篇毫無關係。《玉海》引此，非謂詠前一事，而是作爲「經筵賜宴」目之另一條。《永樂大典》抄《玉海》此文，不加分辨，又妄加「同日」二字，是錯上加錯。

遇立春日并冬、年、寒食節，特與依翟安道權司體例，給賜幡勝，簽賜。遇合賜花朵，特與依横行例支破。

十六年八月十九日，詔今次明堂大禮，權侍衛步軍司職事翟安道特與依步軍都虞候全格支賜。

二十九日，詔明堂大禮，殿前司差充代班直并執擊儀仗鋌巷使臣，特與犒設一次。

光宗紹熙元年十一月十三日，紅霞帔裳氏上牋：「比承秦魏國夫人王氏遺詣闕庭，躬進生辰香蔬，奏乞特與仍舊放行歲賜米三千石，未蒙處分。竊緣當來所賜米，係隆興二年内蒙恩撥賜没官田五千畝爲子孫業。至乾道年間，拘上元田，于紹興府湖田米内歲賜三千石代租，即與其他恩賜不同。乞特賜處分。」詔令紹[82]興府于上供米内，自今年爲始，每歲特賜一千石。

二年正月二十三日，安穆皇后宅言：「先來安穆皇后追册，已蒙賜田二十頃，今來宗廟推恩，乞更賜田一十頃，輳三十頃。」詔令兩浙轉運司依所乞撥賜。

二十八日，户部言：「將來大禮，沿江駐劄諸軍合用賞給，欲專委逐路總領所將撥定窠名錢别用庫眼收盛，並限今年七月終樁辦數足。如至期所科錢未到，或欠闕數目，先就于大軍經常錢内輳數兑撥，到日却行撥還。候將來支散訖，開具夾細帳狀供申朝省。鎮江駐劄大軍并武鋒軍諸軍，乞劄下鎮江府于樁管見錢内取撥一十萬貫。建康、池府駐劄諸軍并馬軍行司移屯官兵，乞于寧國府、徽州、建康府、廣德軍科撥共一十萬八千六百八十一貫七百七十文，無爲軍、和州共科撥一萬六千六百六十八貫二百三十文。已上共科撥一十二萬五千三百五十貫。江、鄂州、江陵、襄陽府駐劄諸軍，乞于江州、臨江軍、吉州紹熙二年應副馬司官兵支遣錢内對兑一十二萬貫，却于寧國府今年合撥行在折帛錢内取撥一十二萬貫，起赴淮西總領所理還對兑過上件馬司錢數。」從之。

二月五日，詔敷文閣(侍)〔待〕制、四川安撫制置使、兼知成都府京鏜除寶文閣(侍)〔待〕制再任，特賜帶。既而祗候庫申：「每遇初除宰執、侍從，合賜衣帶，依格移關糧料院勘旁折色。今來係特賜，未審從例折色，或令本庫打造給賜。」[83]詔令户部支金二十兩，下文思院打造給賜。

四月二日，焕章閣學士、新知襄陽府張杓朝辭。六日，詔于封樁庫取金二百兩賜之。

八月十日，臣僚言：「平涼郡夫人李氏近承指揮，撥賜湖州縣下没官田二千五百畝。照對乾道九年三月内指揮，今後應有撥賜田畝，令所屬止將係官閒田標撥，不許指占已佃之田。今來李氏指(謝)〔射〕到湖州烏程、德清、長興三縣田二千五百畝，據浙西提舉奏，内二百五十餘畝係給還徐通直等元典買及逃户唐齊安等歸業田，非係没官。其餘田二千二百四十餘畝，雖是没官，緣見有一百九户請佃在户，正礙乾道九年指揮。臣以爲不若姑使之少待，却令湖州纔有没官田産，先次撥與。如湖州猝未有没官田産，亦許于鄰州指射，年歲之間，自然足數。」從之。

十月五日，宰執進呈大禮支賜，留正等言：「户部方議論，欲管兵官例皆三分減一。」上曰：「管兵官及歸正官皆不要減。三年一次恩賞，他輩所指望，三衙却減一分不妨。十四兩以下免減。」

二十一日，詔宰執郊禮支賜，並照逐郊體例減半外，仍依紹熙元年十月二十一日已降指揮，三分減一。

十一月二十六日，詔爲天寒，應從駕諸班直、親從親事官并諸軍指揮軍兵、將校等，並特依淳熙六年郊禮例增三分給賜柴炭，願依例折錢者聽。

三年八月三日，幹辦御前忠佐軍頭引見司李孝純等言：「本家該遇[84]皇后受册，所有賜田，欲乞依紹興十三年、乾道元年則例給賜三十頃，令兩浙轉運司、常平司于平江府諸縣係官田内揀選良田標撥。如不足，于湖州管下縣分揍數。除苗税外，與免諸般科敷等。」詔特依所乞。

四年四月五日，利州觀察使、安定郡王子濤言：「嘗乞安奉燕王影貌堂宇，蒙劄下臨安府踏逐應副，却每月支錢令臣僦居。竊見自來襲封安定，並是朝廷撥賜居屋，即無僦賃體例。乞許臣于臨安府見管官舍踏逐一所陳乞。」從之。

五年十月二十七日，詔臨安府贍軍中酒庫相對官舍一所，并南鄰張府房廊屋三間，令臨安府日下支錢于張府，估計時直回買，并官舍併賜與武德郎、閤門看班祗候邢汝楫，永爲己業。

寧宗慶元三年三月十八日，詔臨安府前石版(卷)〔巷〕官廨舍一所，元係知閤蔡必勝居止，見今韓同(鄉)〔卿〕親屬在下安泊。候遷移日，可特撥賜知閤譙令雍，永爲己業居住。

太和八年十二月五日〔一〕，四川安撫制置使董居誼奏：「西蜀立功之人，惟楊巨源、李好義厥功尤大。但好義抱恨而殁，生計蕭然，向來帥臣吳獵累乞朝廷給賜田宅，而事久未下，物論猶鬱。巨源殞于非命，尚此藁殯，妻弱子幼，惸然無依。臣雖已支錢物卹其家，趣其辦葬，而巨源家素貧，終難贍給。此二人者，乃褒卹有所未周者也。欲乞各優賜田宅以贍其家。巨源葬事，行下利路監司及所屬州郡如法應辦，[85]使之早畢。」並從之。

嘉定元年十一月二十七日，皇太子奏：「伏見右丞相史彌遠丁所生母憂。臣竊惟曩者權臣擅命，妄開兵端，幾危社稷，陛下奮發英斷，臣雖得與大議，而彌遠能贊聖謨，遂剪元惡。自此繼好息民，北虜退聽，宗廟再安，天下蒙福。方彌遠密承聖旨，投機之會，間不容髮，然猶有顧望，

〔一〕太和八年：按「太和」乃金章宗年號，太和八年即宋嘉定元年，然此不應用金國年號。據《宋史》卷三九《寧宗紀》，董居誼于嘉定七年三月始爲四川制置使，疑此「太和八年」本是嘉定八年。《宋史全文》卷三〇載：嘉定八年「十二月己丑(五日)，詔楊巨源、李好義子孫各進一官」，正與此條同日，當即從董居誼奏所下之詔。此條或是《大典》從別處抄來。

欲遲回其事者，非彌遠忘其體命，奉行天誅，萬一泄謀，必誤大計。陛下軫念南北生靈肝腦塗地，屈己就和，量力相時，初非得已。今和好賴以堅定，虜人恃以信服，由陛下獨斷于上，而彌遠能祗承于下，故人心妥安，無復疑慮。如彌遠一旦去國，誠恐無以係虜情、慰民望。以此觀之，彌遠乃陛下腹心之寄、社稷之臣，其一身去留，寔天下重輕之所繫。欲乞聖慈特賜睿旨，賜第行在，令其得以就第持服。國有議論，庶幾便咨訪，而臣講學有疑，亦可因而質問，不勝區區至願。臣冒昧奏陳，惟陛下裁擇。」詔：「史彌遠有功社稷，力贊和盟，佐佑朕躬，輔導元子，委任方隆，難便去國。皇太子所奏甚合朕意，可特賜第行在，以便咨訪。」繼而修内司踏逐到本司見管大和樓南官屋一所，詔令修内司、臨安府、轉運司日下併功修蓋。彌遠繼以所生母之喪歸葬，有詔起復，候葬事畢前來賜第居止。

十四年七月十一日，詔皇子國公大禮賞給、支賜并春冬(折)〔拆〕洗，並依格例全支本色，令户部供納。(以上《永樂大典》卷一三七二六)

【宋會要】

86 仁宗天聖三年正月，詔裁造院：「自今所造賜臣僚衣服，除端午、十月一日[一]、非時傳宣依舊造成送納外[二]，長寧、乾元兩節並只料段支遣[三]。如欲請造成者亦聽。」

四年八月，上封者言：「伏見每歲賜外郡中冬衣襖，舊例差翰林伎術官押賜，近年皇親多陳乞骨肉，或諸司使副、閤門祗候、京朝官亦充此使，頗聞張皇，過求事例。欲望降勅止絶，庶免騷擾州郡。」樞密院請下逐路轉運使覺察，如有違犯，具職位、姓名實封聞奏。仍每遣使，先取知委文狀。從之。

五年十二月二十四日，供奉官從質爲兄從謹疾，刲股肉以療，帝頗以爲純孝。宰臣王曾等以爲身體髮膚，受之父母，此雖出於孝友，然在昔聖賢所不許。閭里小民相傚爲之，未能止絶，況在宗室，不可嘉賞。遂止給賜縑帛。

七年四月，三司言：「準詔，以賜臣僚中冬衣内紫羅披襖袖節窄狹，緣欹正限絲三十兩，紫羅限絲二十五兩，欹正雖重而不及羅。今勒工匠計料，每領添羅絹六寸製造。」從之。

七月，三司言：「每歲賜諸路州軍文武臣僚、軍員中冬衣襖，自京差驢騾駱駞、兵士等搬赴逐處，費用勞擾。欲乞下三京諸道州[四]、府、軍、監，每年預先計度染練匹帛，依降下名件尺丈就便製造，係帳收管。只差降使臣賫詔勅至逐處取索賜予，具數申奏，照會除破。如無物帛染練、裁造不得處，即申轉運司，於鄰近州軍 87 製造赴本處，或因上

[一] 日：原作「并」，據本書食貨六四之二〇改。

[二] 舊：原脱，據本書儀制九之三二補。

[三] 遣：原無，據本書食貨六四之二〇補。

[四] 下：原無，據本書儀制九之三二補。

京衙前請領，附帶往彼。其合支細謹對衣處，即令使臣將帶往彼。仍自來年十月一日爲始。」從之。

【宋會要】

88 慶曆六年六月二十六日，詔：「自今皇族之喪，皆官爲製服。」時諫官李京言：「皇叔德文卒，而在宮緦麻以上親並不給服，蓋因近歲減省致此，甚非厚親飾哀之道。」遂下太常禮院議而復給。

十月，大宗正司言：「近制，宗室子孫候一十五歲，即令裹頭穿執赴起居。每年及者，即經本司奏陳，乞賜例物，内降憑由付内東門司，關三司施行，踰時方蒙支賜。欲自今年一十四歲，即令本司關赴所司，依例支賜，且令在宮教習朝儀，次年即赴起居。」從之。

嘉祐五年六月，閤門編修條例所言：「諸賜與物等，多是逐人自乞，方得支給。然賜與者，乃人君所以優恤，臣下有祇受之禮，無自請之文。今當賜者，有司不即舉行，必待自言，或至援引此例，章訴紛然，殊失上下之體。内文臣及軍員換右職者，多是進狀乞賜公服、韡、笏、腰帶，乞今後凡換右職者，便令閤門舉例支賜。又臣僚放朝辭，更不支賜分物。看詳連值假故，或有急速差遣，方許放免，有當賜分物，例須自陳，亦有近侍朝臣不免如此，尤失事體。乞今後臣僚放免朝辭，非罪累被譴者，便於特降指揮後著合得分物，令閤門依例支給。又使臣朝辭，雖非親民差遣，如宣命内理爲親民資序，並依監押例支朝辭分物。如宣命不著本官稱合係親民資序，即會同三班院支給，則是使臣分物，不以差遣高下，乃 89 繫本人之資序。乞下三班院，今後如使臣受差遣理爲親民資序，不是情願乞充監當者，畫時關報閤門。其知州折資充通判，通判折資充僉判，知縣非因過降授者，並依資序支朝辭分物。欲乞令審官院依三班院體例關報。」從之。

至和三年八月五日，樞密院言：「應文武臣僚因差遣合賜錢銀等，欲令逐房置印曆一道發放。所降宣頭劄子，左藏庫監官親於印曆上書字收領，次日令本房副承旨點檢印曆簽押。」從之。

【宋會要】

90 （英宗治平四年）〔神宗熙寧元年〕十一月二十五日〔一〕，大宗正司言：「大將軍叔瀚、檢之，將軍克猛、克勁、叔慈、叔劉、臆之，不赴太廟陪位。」詔各罰俸三月，南郊更不賜賚。（以上《永樂大典》卷一三七二八）

〔一〕神宗熙寧元年：原作「英宗治平四年」。按，本書帝系四之一八亦有此條，作「熙寧元年十一月二十五日」。考本條内容有「赴太廟」及「南郊」事，查《宋史》卷一四《神宗紀》一，治平四年並無此等事，而熙寧元年十一月「丙戌，朝饗太廟」，「丁亥，祀天地於圜丘」，正與本條合。則作熙寧元年是也，因改。

濫賜

【宋會要】91 孝宗隆興元年十月十四日，權中書舍人胡銓奏：「侍衛步軍司後軍統領王世祖援關德等例給賜金帶，照得關德等三人係一時特恩給賜，今王世祖所乞，顯是澆濫。」上曰：「繳得是，豈可援例？」

密賜

哲宗(元年)〔元符〕三年正月十五日[一]，密賜宰臣章惇金合三百兩，小龍茶一斤；知樞密院曾布[二]、中書侍郎許將、尚書左丞蔡卞金合二百兩，小龍茶一斤。

辭賜

英宗治平元年正月，翰林學士賈黯言：「得入内供奉官李用希狀，賜宰臣曾公亮、宋庠生日物，乞降詔録。竊惟大臣生日，朝廷頒齎詔文，須言資助家庭宴樂之意。伏見聖壽節日，陛下但以夷使來會，特以舉觴，自餘慶禮，率從損抑。將相大臣同國休戚，生日頒齎，伏恐亦宜權寢。」於是曾公亮奏：「臣亦竊思朝廷向來止沿久例，恐未經討論，今黯所言寔於人情爲順，望賜允從。」詔以大臣有已經賜者，令賜之如例。

十一月二十六日，宰臣曾公亮言，乞寢罷生日器幣、鞍馬等，以皇帝在亮陰故也。詔不許辭免。

富鄭公爲樞密使[三]，英宗初即位，賜大臣永昭陵遺留器物，已拜賜，又例外獨賜鄭公如干，鄭公力辭。東朝遣小黄門諭云：「此微物，不足辭。」雖家人亦以爲不害大體，屢辭恐違中旨。公曰：「此固微物，要是例外也。大臣例外受賜不辭，若人主例外作事，何以止之[四]？」竟92辭不受。

神宗熙寧三年十一月，新授河陽三城節度使、守司徒、兼侍中、集禧觀使曾公亮言：「恩賜公使錢一分，本職別無支費，乞寢罷。」從之。

高宗建炎二年正月十六日，中書侍郎張慤言：「宰執支賜，已有指揮減半。舊例，宰執遷除在一年内者，支賜減半，今合於見減半數内又減其半。臣自同知樞密院事除尚書左丞，未及一月，又蒙恩遷授中書侍郎，乞免除尚書左丞一次支賜。」從之。

十一月七日，同知樞密院事李回乞免初除合賜衣帶、鞍馬，詔減半支(紹)〔給〕。

紹興二十九年十月十二日，尚書左僕射、同中書門下平章事湯思退等言，乞免初除僕射支賜銀絹二千匹兩。優

[一] 元符：原作「元年」，據《宋史》卷二一二《宰輔表》三改。

[二] 布：原作「希」，據《宋史》卷二一二《宰輔表》三改。

[三] 此條乃抄自宋沈作喆《寓簡》卷五，非《宋會要》文。「會要」乃國史之一體，於人臣依例直稱姓名，此稱「富鄭公」，非會要之體也。

[四] 止：原作「上」，據《寓簡》卷五改。

詔允所請，減半支。

三十二年十二月二十九日，同知樞密〔院〕事張燾言：「臣辭免新除支賜銀絹，詔不允。臣仰惟朝廷賜賚，雖存彝章，有不可廢，然而近歲減半之例，事則從權，可以依倣。伏望特許依例減半。」從之。

孝宗隆興元年正月十四日，崇慶軍承宣使、安定郡王令詪奏：「臣自紹興三十一年十二月至隆興元年正月諸色請給、支賜及郊祀賞給等，並不敢幫請，少助軍須。今至〔在〕〔任〕所，用度稍增，不免幫行，內生日支賜、郊祀賞給乞行減半。」岳陽軍節度使、權主奉益王祭祀居廣乞將諸般支賜及差破使臣併行裁減，從之。

二十一日，入內內侍省奏：「檢准本省令，諸宰執官一年內再有遷轉者，支賜減半，特旨全賜者依 93 特旨。勘會史浩於去年八月內除參知政事，今來轉右僕射，支賜合行減半。」詔特與全賜。浩尋奏乞減半，從之。

二月一日，安慶軍節度使士籛言：「邊埸未寧，調度尚繁，臣今得生日支賜、郊祀賞給銀絹，例各千數，乞各減半，候邊事寧日依舊。」從之。

六月〔一〕，崇慶軍節度使士術乞將拜郊、生日支賜減半，從之。

〔乾道〕九年七月十二日〔二〕，試御史中丞姚憲辭新除銀絹各一百五十四兩，從之。

淳熙十六年九月二十四日，左丞相周必大、知樞密院事黃洽、參知政事兼同知樞密院事留正〔三〕、參知政事蕭燧言：「臣等恭值大禮告成，蒙恩各加封邑，所有例賜衣帶、鞍馬，乞權許寢免一次。」從之。

光宗紹熙元年十一月二十一日，左諫議大夫何澹等言，乞將拜郊支賜如宰執、文武諸百司，並與三分減去一分。詔依。如十四兩以下並與免減。（以上《永樂大典》卷一三七三〇）

〔一〕六月：疑當作「六日」。

〔二〕乾道：原無。按《宋史》卷三四《孝宗紀》二：乾道九年十二月「乙丑，以御史中丞姚憲簽書樞密院事」。則知此處之「九年」乃乾道九年，因補。

〔三〕留：原作「劉」，據《宋史》卷二一三《宰輔表》四改。

宋會要輯稿　輿服一

大駕五副輅

【宋會要】

1 五副輅制如正輅，並駕六馬，駕士四十人。神宗熙寧七年八月十二日，太常寺言：「大駕鹵簿五輅之副，謹按《周禮・車僕》：『凡師，共革車，各以其萃。』釋者謂萃各從其元，則諸輅之副宜次正輅。又羊車本前代宮中所乘，五牛旗蓋古之五時副車也，以木牛載旗，用人輿之，失其本制，二者宜省去。」並從之。徽宗政和三年四月二十九日，議禮局上皇帝車輅之制〔一〕，製五輅。凡玉輅用金塗銀裝，象輅、革輅、木輅及五副輅並金塗銅裝。詳「輅」。

鹵簿法駕中有指南車。

鹵簿法駕中有記里鼓車。

鹵簿法駕中有白鷺車。

鼓吹車。制見前白鷺車下。

鹵簿法駕中有鸞旗車，赤質，曲壁，一轅。上載赤旗，繡鸞鳥。駕四馬，駕士十八人，服繡瑞鸞。

鹵簿法駕中有辟惡車。

鹵簿法駕中有耕根車，耕籍則以載耒耜。《玉海》：端拱元年耕籍，有司議乘玉輅，以耕〔根〕車載耒耜先馳。又請載於象輅，以重其事。明道二年〔二〕，制如玉輅而無飾，駕士服繡鳳銜嘉禾。紹興十五年，詔來春親耕。閏十一月二十三日，禮官言：「端拱親耕，以耕根車載耒耜，耕籍使不乘車。」從之。侍中奉耒耜載于耕根車，耕籍使乘騎從行於仗內。

鹵簿法駕中有進賢車，即古安車也。太祖乾德元年八2月改今名。制並詳見安車下。

鹵簿法駕中有四望車。

鹵簿法駕中有明遠車，即古四望車也。乾德元年八月改今名。制並詳四望車下。漢制，黃鉞車，乘輿建之〔三〕，在大駕後〔四〕。

鹵簿法駕中有黃鉞車，赤質，曲壁，中設金鉞，錦囊綢杠。左武衛隊正一人，在車中執鉞。駕兩馬，駕士十五人，服繡對鵝。

鹵簿法駕中有崇德車，本秦辟惡車也。太祖乾德元年八月改。並詳見前辟〔惡〕車下。

鹵簿〔中〕〔法〕駕中有皮軒車。

鹵簿法駕中有豹尾車。古者軍正建豹尾〔五〕。漢制，最後車一乘垂豹尾。豹尾以前即同禁中。唐貞觀後，始加此車於鹵簿內〔六〕，制同黃鉞車。上載朱漆竿，首綴豹尾，

〔一〕議：原作「儀」，據《宋史》卷一四九《輿服志》一改。
〔二〕二年：原作「三年」，據《玉海》卷七九改。
〔三〕乘：原作「從」，據《宋史》卷一四九《輿服志》一改。
〔四〕此與後條天頭原批：「二條互移。」
〔五〕正：原作「政」，據《宋史》卷一四九《輿服志》一改。
〔六〕加：原作「駕」，據《宋史》卷一四九《輿服志》一改。

右武衛隊正一人執之。駕兩馬，駕士十五人，服繡(元)〔玄〕豹。(以上《永樂大典》卷一六八七、一六八八)

皇后車輦

【宋會要】 3 皇后車輦，唐制六等：一曰重翟，二曰厭翟，三曰翟車，四曰安車，五曰四望車，六曰金根車。國朝鹵簿唯用厭翟車。其制，箱上有平盤，四角曲欄，兩壁紗窗〔一〕，龜文，金鳳翅。前有虛樻、香鑪、香寶，緋繡幰衣、絡帶、明簾〔二〕，三轅鳳首，畫梯，推竿，行馬，緋繒裹索。駕六馬，金銅面，纓轡，(鈐)〔鈴〕襻，緋屜〔三〕。駕士三十人，武弁，緋繡衫。常出止用正副金塗銀裝白藤輿各一〔四〕，上覆椶櫚屋，飾以鳳。輦官服同乘輿平頭輦之制。咸平中萬安太后輿上設行龍六，制飾率有加焉。

徽宗政和三年四月二十九日，議禮局上皇后車輿之制：重翟車，青質，金飾諸末，間以五采。輪金根朱牙。其箱飾以重翟羽〔五〕，四面施雲鳳、孔雀，刻鏤龜文。頂輪上施金立鳳〔六〕、耀葉。青羅幰衣一，紫羅畫雲龍絡帶二，青絲絡網二，紫羅畫帷一，青羅畫雲鳳夾幔二〔七〕。車內設紅褥及座，横轅上施立鳳八。香樻設香鑪、香寶，香匱飾以螭首。前後施簾，長轅三，飾以鳳頭，青繒裹索〔八〕。駕青馬六，馬有銅面，插翟羽，鞶纓，攀胸鈴拂，青屜，青包尾。若受册、謁景靈宮，則乘之。

厭翟車，赤質，其箱飾以次翟羽；紫幰衣，紅絲絡網，紅羅畫絡帶，夾幔錦帷，餘如重翟車。駕赤騮四。若親蠶則乘之。

翟車，黃質，其車側飾以翟羽；黃幰衣，黃絲絡網，錦帷絡帶，餘如重翟車。駕黃騮四。

安車，赤質，4 金飾，間以五采，刻鏤龜文；紫幰衣，錦帷絡帶，紅絲絡網，前後施簾；車內設褥及座。長轅三，飾以鳳頭，駕赤騮四。凡駕馬鞶纓之飾〔九〕，並從車質。

四望車，朱質，青幰衣，餘同安車。駕牛三。

金根車，朱質，紫幰衣，餘同安車。駕牛三。

自重翟車以下，備鹵簿則皆以次陳設。藤輿，金塗銀裝，上覆椶櫚屋，龍飾，常行之儀則用之。

〔一〕壁：原作「辟」，據《宋史》卷一五〇《輿服志》二改。
〔二〕明：《宋史》卷一五〇《輿服志》二作「門」。
〔三〕緋：原作「裶」，據《宋史》卷一五〇《輿服志》二改。
〔四〕正：原脱，據《宋史》卷一五〇《輿服志》二補。
〔五〕羽：原作「車」，據《宋史》卷一五〇《輿服志》二改。
〔六〕頂：原作「丁」，據《宋史》卷一五〇《輿服志》二改。
〔七〕鳳：《宋史》卷一五〇《輿服志》二作「龍」。
〔八〕裹索：原作「裹素」，據《宋史》卷一五〇《輿服志》二改。
〔九〕飾：原作「質」，據《宋史》卷一五〇《輿服志》二改。

皇太子車輅

【宋會要】

皇太子車輅。至道初，真宗爲皇太子，謁太廟，乘金輅；常朝則乘馬。天禧中，仁宗爲皇太子，亦同此制。徽宗政和三年四月二十九日，議禮局上皇太子車輅之制：金輅，赤質，金飾諸末。重較，箱畫檳文鳥獸；黃屋，伏鹿軾，龍輈，金鳳一在軾前。設鄣塵。朱蓋黃裏。輪畫朱牙。左建旂，九旒，右載闟戟。旂首金龍頭，銜結綬及鈴緌。八鸞在衡，二鈴在軾。駕赤騮四，金鍐方釳，插翟尾，鏤錫，鞶纓九就。從祀、謁太廟、納妃則供之。軺車，金飾諸末，紫油通幰，紫油纁朱裏，駕馬一。四望車，金飾諸末，青油通幰，青油纁朱裏，朱絲絡網，駕馬一。軺車、四望車以次列於鹵簿仗內。（以上《永樂大典》卷一六八八九）又詳見「公侯大夫車制」內。

【宋會要】

5 孝宗乾道元年八月十四日，禮部太常寺言：「討論到立皇太子典禮，依禮例，皇太子受册，朝謁景靈宮，次朝謁太廟、別廟。太廟合乘金輅，設仗。」詔從之。已而皇太子愭奏〔一〕：「竊惟五輅之制，蓋備天子法駕，雖至道、天禧中皇太子嘗有乘輅謁廟故事，然施之臣子，終不遑安，乞免乘金輅、設仗，庶幾少安分義。」從之。

七年二月十一日，禮部太常寺言：「皇太子受册畢，朝謁景靈宮，次朝謁太廟、別廟，宮僚導從如儀。其謁太廟，係合乘金輅，設仗。」詔依。皇太子惇奏：「准已降指揮，依討論，令臣將來朝謁太廟乘金輅、設仗。竊惟載輅以出，天子盛容，儀物昭陳，等威斯在。今陛下以臣初陞儲貳，特示恩優，雖典故之有稽，在觀瞻而可懼。冒昧以受，非分所安。伏望眷慈，聽其控免。」詔從之。

九年七月二十三日，詔：「將來大禮，依《五禮新儀》，皇太子從祀，合乘金輅，令有司排辦施行。」二十八日，皇太子惇奏：「竊惟從祀郊丘，將謹駿奔之禮；許乘金輅，遽頒優異之恩。伏望聖慈，俯從懇免，豈獨全臣子之分，且不紊司存之常。」詔依所乞，令學士院降詔。詔曰：「朕紹承聖緒，茂建儲闈。守器宗祧，既夙聞於仁孝；貳體宸極，必求稱於禮文。矧親郊將事於紫壇，則從祀當承〔於〕金輅。兹典章之具在，豈恩意之敢踰。卿毓德粹温，挺資莊 6 重。謂方修於大報，期克謹於駿奔。備陳私意之難安，乃加力請；爰屈彝儀而俯徇，用協雅懷。勉申從欲之恩，益懋好謙之義。所請宜允。」

金輅色以赤，駕六赤馬，駕士六十四人，制同玉輅，惟

〔一〕愭：原作「惇」。按惇爲光宗名，然乾道元年立爲太子者乃皇子愭，而非光宗。《宋史》卷三三《孝宗紀》一：乾道元年八月「乙酉（九日），詔立子愭爲皇太子」，是也。據改。

無玉飾。景祐五年，禮制局討論，重加修飾，旂戟皆金塗，銀龍頭，制飾並如玉輅，唯無玉飾。輪衣、絡帶、旂旒、門簾、駕士服、馬屜並以緋，輪轅以朱，馬以赤。舊儀：祀還不乘金輅，止進大輦。（以上《永樂大典》一四七六〇）

皇帝儀衛

【宋會要】

7 高宗紹興十三年七月二十二日，御前忠佐軍頭引見司言：「今後遇車駕行幸，乞輪本司官二員於駕前禁圍內行馬，提轄等子祗應，準備聽旨宣問。如遇職事相妨，並報所屬免。」從之。

十五年十月十七日，詔：「自今後遇後殿坐日并駕出，御馬權免入殿，至於殿門外排立；如遇射殿引公事，依舊。」

孝宗隆興元年正月十五日，有旨：「今後詣德壽宮起居，可於見棄差隨（後）從、禁衛班直，親從內減一千人隨行。」

乾道三年十二月二十二日詔：「今後詣德壽宮，其隨駕禁衛諸班直、天武親從及𨍏巷官兵等合支折食錢，並依前後已得指揮體例，等第支散，特免審奏。」

四年五月十四日，中書門下省奏：「契勘每遇車駕詣德壽宮起居，逐處差撥祗應人，殿前司六百二十九人，皇城在內巡檢司三百九十一人，崇政殿四百四十九人，共計一千四百六十九人。每遇四孟，車駕詣景靈宮行禮，逐處差撥祗應人，殿前司八百七十五人，皇城在內巡檢司五百二十八人，崇政殿五百二十一人，共計一千九百二十四人。」有旨於左藏南庫支絹二千匹，令文思院製造從駕人衣服，發赴所屬椿管，遇駕出，關請服着。

十月五日，閤門狀：「契勘近來每遇駕出，（駕出）路上諸色人公然服便休及乘馬、坐轎，并無色號人往來喧鬧。欲乞今後遇駕出，令臨安府差人於駕（上） 8 上編攔止約，及𨍏巷軍兵依舊例約攔，不得放行。如有不伏止約諸色人，并擡輪及馬下人，即得收捉，赴臨安府依條斷遣。有官人止根問姓名，具申朝廷，取旨施行。」有旨依。

九年正月二十五日，有旨令閤門自今後每遇駕出，御後殿坐，宰執百官并儀衛等並赴後殿起居，殿上登輦，出後殿門。駕迴入祥曦殿門。

神宗元豐元年十一月（一）十三日[一]，詳定正旦御殿儀注所言：「正旦朝會，用黃麾仗及以車輅、輿輦充庭，乞先頒降，以本所祗應職掌及諸司排儀仗班次等人赴大慶殿，豫審度容布儀仗、輦輅等地，具圖以聞。」詔車輅未設，餘依所請。

[一] 按，上文叙高宗、孝宗事，此又從神宗起，蓋《會要》原文本不在一處，《大典》抄來，未加整合。

二年四月二十三日，詳定正旦御殿儀注所言：「按周制，天子太常垂旒曳地，諸侯入（廟）〔朝〕，亦載龍旂弧韣。故《考工記》曰：『弧旌枉矢，以象弧也〔一〕。』鄭氏注：『旌旗之屬皆有弧，以張縿之幅。』覲禮，天子祀方明，公侯伯子男皆就其旂而立。漢諸侯、羣臣朝十月，設兵張旗職。若旒縿纏竿，則彩章不著。今正旦御殿旗幟不展，恐失禮意。伏請張旗幟，以昭文物。又按《開元禮》及《開寶通禮》，朝日依時刻，將士填街，諸衛勒所部列黄麾大仗屯門及陳於殿庭。今元會既設黄麾大仗于庭殿，門外亦陳儀物，而不闢殿門，甚無謂也。臣等謂闢大慶殿門爲得禮意。」從之。

徽宗崇寧二年十二月二十七日，三省言：「諸殿儀衛無總率之人，雖管軍臣僚侍立兩朶殿，然親從、親事官屬皇城司，馬軍 9 不隸步軍，既非管轄，則或有違犯，難於按舉。」詔遇御殿，應左右儀衛人令侍立管軍臣僚兼提轄。非御殿，各隨所隸。

高宗紹興九年六月十八日，詔：「今後後殿坐及射殿引呈公事，日景已高，令文思院依舊制製造衛士青涼傘十柄，差儀鸞司指説，劄付閤門施行。」

十四年十一月二十五日，詔：「大朝會於常御殿權設，垂拱殿權免駐輦、設簾，止設椅子。稱賀班絶，過大慶殿後幄。」閤門言：「舊例，正朝會，垂拱殿設簾，殿上駐輦，候起居稱賀班絶，乘輦，樞密院知閤門官〔二〕、樞密都副承旨、諸房副都承旨前導，管軍引駕，至大慶後幄，皇帝降輦，入次更衣。今來垂拱殿過大慶殿，經由道路與在京不同。」故降是詔。

十二月二十六日，閤門言：「正旦朝會大慶殿上壽，皇帝出東閤，殿上合鳴鞭。今來殿上以設臣僚坐次，委是窄隘，乞權免鳴鞭。」詔可。

孝宗乾道元年九月四日，禮部太常寺狀：「已降御筆手詔，皇子立爲皇太子。今具合行申請事件。將來大慶殿行册禮，依儀，其日尚輦陳輿輦於龍墀，繖扇於沙墀。其輿輦欲乞依隆興二年發册體例，權不張設。所有繖扇，乞於大慶殿下隨宜張設。」有旨依。

三十日，兵部言：「已降指揮，皇太子受册畢，十月十八日，紫宸殿特坐，引皇太子稱謝，望參官令赴起居，依儀制設仗。本部契勘紹興十三年六月六日紫宸殿望參，排設黄麾角仗一千五十六人。今欲乞依前項指揮施 10 行。緣見排辦使人到闕朝見黄麾角仗一千五〔十〕六人，欲乞就用排設。」從之。

七年二月十五日，詔：「皇太子受册日，有司備黄麾仗列于大慶殿，并設宮架樂，令兵部及太常寺各行條具，申請施行。」

九年十二月十四日，兵、禮部狀：「准都省批下白劄

〔一〕弧：原作「孤」，據《周禮注疏》卷四〇改。
〔二〕院：原無，據《補編》頁八〇三補。

子，爲大朝會設仗，送逐部同共討論，申尚書省。一、兵部契勘所承批下前項儀仗一節，本部照得紹興十四年大朝會已降指揮節文，契勘自來合排設黄麾大仗五千二十七人。緣大慶殿比之在京地步窄狹，權減三分之一，用三千三百五十人隨宜擺列外，紹興十三年已降指揮，視朝於文德殿，排設黄麾半仗二千四百一十五人。所有今來正旦朝賀節次，本部今討論指定，欲乞依紹興十三年指揮，用黄麾半仗二千四百一十五人排設。」有旨依。

十七日，禮部、太常寺狀：「勘會將來正旦朝賀，今欲比附《（正）〔政〕和五禮新儀》月朔視朝儀，皇帝御大慶殿，服鞾袍，即御座；皇太子、文武百僚並服常服稱賀。所有合設黄麾半仗，乞令兵部排辦施行。」有旨依。

二十五日，兵部狀：「左右金吾衛仗、六軍儀仗司申：今來正旦朝賀，節次已降指揮依紹興十三年用黄麾半仗二千四百一十五人。本司勘會昨紹興十三年已降指揮，視朝合於文德殿排設黄麾半仗二千四百一十五人。本司開具合行事件：一、合用部轄統制將官各二員，請納儀仗旁頭一十人，并執擎儀[11]仗人兵二千三百六十四人，合於殿前司差撥。一、契勘儀仗並合於殿前隨宜排設，所有大旗三十四口，合於殿門外排設，前一日卓立，依例量留人兵三十四人、部轄將官二員守宿看管。其餘儀仗，至日守麗正門入殿排立。一、合差庫部金吾司人吏共五人充職掌祗應，所有法服係於祗候庫關（謂）〔請〕。一、應合用儀仗、法服等，係請納儀仗旁頭於祗候庫關請。一、執仗人兵、職掌旁頭係入殿應奉之人，合用敕入殿門號，具數於皇城司關請。一、應奉依例於前二日報皇城司，前一日關職掌旁頭，入殿摽認地分。一、金吾司合差本司官二員充攝上將軍。一、金吾司合差引駕排列四色官碧襴共三十人，緣逐司無空閒人兵差撥[一]，乞依例於本司閑慢廳分摘那差撥前來應奉，候畢日依舊發還。」有旨並依。（以上《永樂大典》卷一五三一二）[二]

[12]淳熙元年十一月九日，兵部言：「將來冬至朝賀，其儀〔仗〕乞〔用〕黄麾角仗一千五十六人排設。」從之。

十五年十月十六日，閤門言：「生辰人使到闕見辭日，行門禁衛諸班直、親從等令殿門外分兩壁排立，迎駕起居；朝見日，儀仗排設。」從之。

元豐二年五月二日，詳定正旦御殿儀注所言：「正旦御殿，合用黄麾仗。按唐《開元禮》，冬至朝會，及皇太子受册、加元服、册命諸王大臣、朝宴蕃國，皆用黄麾仗。本朝故事，皇帝受羣臣上尊號，諸衛各帥其屬勒所部屯門，殿庭列仗衛。今獨修正旦儀注，而餘皆未及。欲乞冬會等儀注悉加詳定。」從之。

[一] 兵：原作「共」，據《補編》頁八〇三改。
[二]《大典》卷次原缺，據《永樂大典目録》卷四〇補。

十月八日，詳定朝會御殿儀注所請制大黃麾一，當元會陳仗衛建於御厢之前，以爲表識。其當御厢之後，則建黃麾幡二。上批：「黃麾制度，考詳前誌，終是可疑，宜且闕之，更俟討求。黃麾幡仍舊。」詳見「旗物制度」。（以上《永樂大典》卷一八二五六）

皇太后儀衛

【宋會要】

13 仁宗天聖元年五月二十七日，太常禮院言，定皇太后出入護從儀式及諸班直、寬衣天武人數，及隨行諸司儀衛體式。詔依。殿前指揮使每班四十四人，如逐日輪番內宿，不及元額人數，即於御龍直并骨朵直長行內權差二十五人，代殿前指揮使應內宿者隨從。

七年二月二十五日，捧日天武四廂都指揮使鄭守忠等請如殿前都指揮使例，從皇太后駕，從之。

英宗治平元年五月十六日，詔：「皇太后尊居母道，時遘家艱，閔子哀荒，勉同聽覽。恭惟神德之至静，實厭事機之久煩。萬國多虞，則共濟天下之務；惟時無事，亦宜饗天下之安。當極尊崇，以稱朕意。應合行儀範等事，令中書、門下、樞密院參議以聞。」

十（十）〔七〕日詔：「皇太后令稱聖旨，出入唯不鳴鞭，他儀衛如章獻明肅太后故事。」

六月六日，中書、樞密院參詳（列）〔到〕皇太后駕出合設護衛等，御龍直至寬衣天武人數，並同章獻明肅太后故事。其擡從物、擡底箱差輂官，打椅子、踏床子、傘差御龍官，御燎子、茶床、御厨、儀鸞司、翰林司、法酒庫、內酒坊〔一〕、入內內品、入內院子、尚衣庫、合供扇，臨時取旨定數。祗候庫、內衣物庫、新衣庫、香藥庫并入內都知、內侍省都知已下，並隨行祗應。內臣二人駕前引喝。詔依。

九月二十七日，入內供奉官吳士安等言：「皇太后未尊無已前〔二〕，有鞍轡庫、乳酪院、翰林院、化（城）〔成〕殿、果子庫、內東門司並從。又執擎從物、檐子輂官、內夫人車馬親事官、車子、官健、教駿等，欲定數送入內內侍省施行。」詔差供御輦官三番，次供御五十人，下都五十人，車子五十量，內金銅車五量，并隨車子輦官、官健等，馬六十（四）〔匹〕，左右院教駿七十人，攏馬親事官百八十人，餘悉依奏。

二年四月九日，太常禮院言：「皇太后駕出，儀衛乞下皇城司添差行宫司人員百人祗應。」從之。

四年四月七日，詔：「太皇太后已定儀範，皇太后合設儀衛：御龍直、骨朵子直差都虞候、都頭、副都頭各一名，十將、長行各共三十人。弓箭直、弩直差指揮使、都頭、副都頭各一名，十將、長行各共二十人。皇城司親從官一百

〔一〕坊：原作「皆」，據下「四年四月七日」條改。
〔二〕上句疑誤。

人，執骨朵寬衣天武官一百五十人，充圍子行宮司人員共一百人，入内院子五十人，充圍子皇城司親事官八十人。打燈籠〔一〕、短鐙馬、攏馬親從官，金銅車、椶車隨車子衹應人，擎檐子供御輦官、執擎從物等供御、次供御并下都輦官等，人數不定。都知一員，御藥院使臣二員，内東門司使臣二員，内酒坊、御厨、法酒庫、儀鸞司、乳酪院、翰林司、翰林院、車子院、御膳素厨、化成殿、果子庫，並從。遇出新城門，添差帶器械内臣。」

五月十七[14]日，詔：「皇太后出入用黄羅傘、掌扇，差入内使臣二人引唱，準備取賜茶酒等。」

神宗元豐五年正月九日，詔：「自今皇太后行幸，百司儀衛宜依太皇太后萬歲日施行。」

八年正月十二日，御輦院言：「太常禮院定皇太后儀衛，御龍、骨朵子直都虞候、都頭各一人，十將、長行各三十人；弓箭、弩直指揮使、都〔頭〕、副都頭各一人，十將、長行各二十人。内外諸司局務監官，每遇皇太后出，差官管押。乞自今輪本院監官隨行。」從之。

元豐八年六月十二日，詔：「皇太后出入儀衛，依治平四年四月内參定。」是年八月十五日，宰臣又進呈皇太后行幸儀物禮例，至是優有此詔。

哲宗紹聖元〔年〕十月六日，詔皇太后新增儀制内，帶御器械内侍更增二人。

皇太妃儀衛

哲宗即位，尊朱貴妃爲皇太妃，出入乘檐子。有司請用牙魚鳳爲飾，傘用青。

元祐三年，太皇太后詔有司尋繹典故，於是檐子飾以龍鳳，繖用紅。

九年，群臣議改檐子爲輿，上設行龍五，出入由宣德東偏門。帝以皇太后諭旨令太妃坐六龍輿出入，進黄繖，由宣德正門。于是三省議：「皇太妃坐龍鳳輿，繖紅黄兼用，從皇太后出入，止用紅。」（以上《永樂大典》卷一五三一三）

常行儀衛

仁宗康定元年九月七日，參知政事宋庠上言：「車駕行幸，非郊廟大禮具陳鹵簿外，其常日導從，惟前有駕頭，後擁繖扇而已，殊無典禮所載公卿奉引之盛。其侍從及百司官屬〔二〕，下至厮役，皆雜行道中〔三〕。步輦之後，但以親事官百許人執檛以殿，謂之禁衛。諸班勁騎，頗與乘輿相

〔一〕燈：原作「金」，據《宋史》卷一四四《儀衛志》二改。
〔二〕司：原脱，據《長編》卷一二八補。
〔三〕道：原作「導」，據《長編》卷一二八改。

遠，而士庶觀者率隨扈從之人夾道馳走，喧呼不禁。所過有15旗亭市樓，垂簾外蔽，士民憑高下瞰，了無忌憚，邏司街使，恬不呵止。威令弛闕，玩習以爲常，非所謂旄頭先驅，清道後行之慎也。且自黃帝以神功盛德，猶假師兵爲營衛，則防微禦變，古今一體。按漢魏以降，有大駕、小駕之儀。至唐，又分殿中諸衛、黃麾等仗，名數次序，各有施設。國朝承五姓蕪殘之弊〔一〕，事從簡略，每鳴鑾遊豫，盡去戈戟、旌旗之制，儀衛寡薄，頗同藩鎮。此皆制度放失，憚于改作之咎。謂宜專委一二博學近臣，討繹前代儀注及鹵簿令，以乘輿常時出入之儀，比之三駕諸仗，酌取其中，稍增儀物，嚴其法禁，上以示尊極，下以防未然。革去因循，宜在今日。」詔太常禮院與兩制詳定，遂會奏：諸班直禁兵步騎爲禁衛，仍舊數，復增清道馬百，佩弓矢，爲五重。騎而執罕畢者一，騎而執衙門旗前後四，騎而執緋繡鳳氅二十四，雉扇十有二，皆分左右。天武兵徒行者執柯舒。左右親從兵增其數爲三百，殿前指揮使增爲二百，並騎。左右相對開二門，間容二丈，以擬《周禮》之人門〔二〕。凡前牙門旗後、後牙門旗前爲禁衛〔三〕，輒入者論以法。禁乘高下瞰，垂簾外蔽、夾道喧呼馳走者。頗著于令，其後寖弛。

凡街巷寬闊處，儀衛並依新圖排列。如遇窄狹街巷，禁衛只用親從官二重，御龍直二重〔四〕，雉扇隨輦。其殿前指揮使〔五〕、天武官，並權分于駕前後隨行。候至寬闊處，乘輿徐行，儀仗却依舊排列。或駕幸園苑、宮觀、寺院并臣僚宅，即清道馬、儀仗、殿前指揮使、天武官更不入，却於外排立。其隨駕臣僚及諸司人，自依常例隨從，候駕行，依次排列。或臣僚宅在巷内，前去不通人行處，其儀仗、殿前指揮使等各於巷口排立，止絶行人〔六〕，餘並如故。時詳定閲習既畢，或言新制嚴密，慮違犯者衆，因不果行。（以上《永樂大典》卷一八二五六）

鹵簿儀仗雜録〔七〕

16太祖建隆四年八月六日，南郊儀仗使劉温叟言：「兵部取到唐明宗朝儀仗字圖，導駕用三引，諸司法物人數極多。周太祖用六引，其數差少。今請用六引，其鹵簿準近例不給。」又定兵部儀仗五千一百人，太常寺鼓吹儀仗八百五十人，太僕寺車輅四百八十人，殿中省儀仗二百六十人，司天監法物二十一人，左右金吾衛鼙鼓及喝探二百五十人，左右金吾仗執皂纛、矟等六百七十六人，六軍執旗槍等五百五十二人，宮苑司六人。從之。

〔一〕朝：原闕，據《長編》卷一二八補。
〔二〕擬：原作「禮」，據《長編》卷一二八改。
〔三〕「牙」上原有「爲」字，據《長編》卷一二八删。
〔四〕二：原作「上」，據《宋史》卷一四四《儀衛志》二改。
〔五〕殿：原作「後」，據《太常因革禮》卷八五改。
〔六〕止：原脱，據《宋史》卷一四四《儀衛志》二補。
〔七〕原作「鹵簿雜律儀仗」，「雜律」二字不可通，疑是「雜録」之誤。此目下各條出自《大典》「宋儀仗」目，今據内容改題爲「鹵簿儀仗雜録」。

十八日，南郊禮儀使陶穀言：「按《禮令》，大駕車輅三十六乘。今太僕寺見管只二十八乘，內(王)〔玉〕輅等二十五乘，本寺見修飾。餘安車、四(乘)望車、辟惡車三乘，望亦令修飾。所闕白鷺車一、革車一、屬車六。又令文舊有副將軍引駕、押仗，自來只著紫衣，今請依《開元禮》，各服本色繡袍。金吾以辟邪，左右衛以瑞馬，驍衛以彫虎〔一〕，威衛以赤豹，武衛以瑞鷹，領軍衛以白澤，監門衛以獅子，千牛衛以犀牛，六軍以孔雀爲文，並下所司脩製。又儀仗內所著五色畫衣既法五行，合依其序。望以五行相生之色爲次，黑爲先，青、赤、黃、白次之。又仗中有具裝人馬甲，自來止以常鎧甲給之，今請依式別造，用補墜典。」從之。

九月二十八日，南郊大禮使范質言：「大駕儀仗，除執持法物，馬步兵隊計百八十五隊，17用騎軍大將軍六人，郎將、都尉九十人，騎士四千四百四十六人，步軍將軍二十人，郎將、都尉八十二人，校尉四人，主帥二百九十八人，並騎，步人六千二百七十六人。」白澤旗二隊，九十騎；夾道佽飛、鐵甲佽飛二隊，七十二騎；左青龍旗一隊，四十騎；右白虎旗一隊，四十騎；朱雀旗一隊，四十七騎；(元)〔玄〕武旗一隊，五十七騎；散手翊衛二隊，六十騎；親勳翊衛二隊，四十八騎；翊衛二隊，五十六騎；鳳旗、飛黃旗、吉利旗六隊，二百四十騎；斑劍二十四隊，千五百三十六騎；諸衛馬四十八隊，千九百二十騎；鈒戟六隊，二百四十人；夾轂二十隊，三百六十人；步甲四十八隊，千四百四十四人；黃麾仗二十四隊，二千二百九十二人；殳叉仗二隊，千人掩後。」詔：「馬步兵隊以上軍充，其大將軍、將軍以軍主、都虞候充，如不足，即通用指揮使。其中郎將、都尉以指揮使、副指揮使充，如不足，即通用軍使、都頭。其校尉及主帥以軍使、副兵馬使、都頭、十將已下充。」

乾德四年五月九日，帝親閱諸州法物，舊用彩繪者皆令易以文繡。

六年十一月十七日，詔節度使已下除在京巡檢及押儀仗外，並令服袴褶衣導引。

太宗太平興國九年六月十六日，宰臣以東封，議導駕儀衛。帝曰：「此行蓋爲告謝天地，與蒼生祈福，廣陳儀衛，即是勞擾，非朕意也。但一如令式。」

真宗咸平五年十月十四日，詔南郊儀仗，遣宮苑使康仁寶、內園使李神佑於御路分左右編排，引駕官不得多帶從人，止以見任官爲例。俟至青城，於御營四面巡警，仍給弓劍器械。

十一月，詔南郊引駕官，中書、樞密院一行在東，親王一行在西，餘依官次。

景德二年九月二日，〔上〕封者言：「國家郊祀有期，仗衛，司天監十二神輿、行漏，殿中省芳亭、鳳輦等，舊制太重，望減制稍輕。」詔鹵簿使王欽若與內侍同詳閱修飾。

大中祥符元年四月二十三日，詳定所言：「按唐明皇封禪備法駕，請准故事，告饗太廟及乘輿出京、封泰山、禪

〔一〕虎：原作「威」，據《宋史》卷一四五《儀衛志》三改。

社首，御朝覲壇，並用法駕。其所過州縣，即不排儀仗。」從之。

五月九日，詳定所言：「皇帝出京日，欲具小駕儀仗。太常寺（言）三百二十五人，兵部五百六十六人，殿中省九十一人，太僕寺二百九十九人，六軍諸衛四百六十八人，左右金吾仗各百七十六人，司天監三十七人。」從之。初，有司定告廟、出（言）〔京〕、泰山、社首山並用法駕。帝以前詔惟祀事豐潔，餘從簡約，乃再命詳定，而有此制。

二十三日，詳定所言：「天書出京至泰山日，合用儀衛。今參詳自出京日，創新几褥置玉輅中，備儀仗導從七百五十人，前後部鼓吹，中使二員夾侍，仍遣官充使。」從之。

九月十一日，詔定儀仗內導駕官從人之數，親王、輔臣、宣徽、三司使四人，學士、尚書丞郎、節度使三人，給諫、知制[18]誥、大卿監、三司副使、樞密（丞）〔承〕旨、客省、閤門使副〔一〕、金吾大將軍押仗鳴珂、內殿崇班已上二人，餘皆一人。仍命通事舍人焦守節、西京左藏庫副使趙守倫左右巡察之。鹵簿使上言：「鑾駕儀仗合使人馬：兵部員僚三人，步卒五百五十六人，職掌五人，騎；太僕寺牽駕步卒百九十四人，職掌五人，騎，駕輅馬二十六匹；殿中省員僚二人，步騎卒八十九人〔二〕，職掌十人，騎；六軍司員僚六人，騎，步卒四百二十五人；排列官六人，左右金吾仗員僚二人，騎，步卒九十七人；帶金駕天武官一人，職掌二十九，騎；司天監員僚一人，騎，步卒三十二人，職掌四人，騎；太常寺馬軍樂官三百人，職掌二十五人，騎。」詔並以殿前司天武、神勇將軍充之。

三年八月十七日，詳定所言：「告太廟、祀后土，並用法駕。車駕出京、還京、初至及離祀所行宮、半程往還西京，並同鑾駕〔三〕。又車駕經西京，合用儀仗。其留司太僕寺見管車輅法物，望令留司、留臺先行修飾。又朝覲壇仗衛，請令諸司比御殿（列）〔例〕，於法駕內量取戟、槊、旗等陳設。又二引內寶鼎令、河中尹，望令太僕別造車上題牓。」並從之。

二十一日，詔定天書儀仗爲一千六百人。初止千人，東封塗中，分法駕儀仗以申崇奉。還至含芳園，以仗衛簡省，遂益人數。至是始爲定式。

六年十二月十二日，天書扶侍使趙安仁、權三司使林特上天書車輅鼓吹儀仗。帝御崇政殿，召宗室、輔臣觀之。

八年正月一日，玉清昭應宮奏告上聖號用鑾駕儀仗。舊制用二千一百二十二人，詔添及三千人。

仁宗明道二年二月三日，御天安殿閱太僕寺新製車輅。

〔一〕副：原脱，據《宋史》卷一一四《禮志》一七補。
〔二〕騎：疑衍。
〔三〕同：似當作「用」。

景祐五年七月十一日，詔太常禮院詳定鹵簿儀物，有未合典制者釐(整)正之。仍令內侍張永和等領工修飾。既成，帝親閱于大慶門外。

九月，天章(閤)〔閣〕侍講賈昌朝言：「南郊鹵簿，車駕出宮詣郊廟日，令執毬杖供奉官於導駕官前分列迎引〔一〕，至於齋宮。切以毬(仗)〔杖〕非古，蓋唐世尚之，以資翫樂。其執者皆褻衣，錦繡珠玉，競爲侈麗，既不足以昭文物，又不可以備軍容。常時豫遊，或宜施用。方今夙夜齋戒，親奉大祀，端冕顒昂，鼓吹不作，而乃陳戲賞之具，參搢紳之列，導迎法駕，入於祠宮，稽諸典儀，未爲允稱。況導引官自有兩省，員數悉備，不煩更有此色供奉官在前迎引。欲乞今後乘輿出詣郊廟日，權令撤去毬(仗)〔杖〕，候禮畢還宮，鼓吹振作，即依常式排列。又大駕鹵簿有羊車前列。按羊車本漢、晉之代乘於後宮，隋大業中增金寶之飾，駕以小駟，御以丱僮，自是以來，遂爲法從。唐制兼有輦車、副車之名，國朝因循，尚未改革。伏以郊祭天地，廟見祖宗，車服所陳，動必由禮。至于四望、耕根之類，兼包歷代，皆或有因，豈容後宮所乘，參陪五輅〔二〕？欲望今後大駕鹵簿內不用 19 羊車，儻施禁中，自有前制。又大駕鹵簿儀衛甚衆，有司雖依典禮，名物次第、兵仗數目預先分布，及五使量行按閱。其如被差職掌吏員兵伍素不閑習〔三〕，行列先後多失次序，所持名物亦或差互。押當官但以行事爲名，從便趨進，失其處守。切謂三載親郊，國之大事，旁陳象物，仰法乾行，四方之人，觀禮於是，宜詳制度，以顯光華。欲乞今後大駕鹵簿前後仗衛次第，於致齋前命儀仗〔四〕、鹵簿使令有司執簿籍，率押當官員人吏暨諸衛、諸省執仗兵士爲將領者，自殿門至郊廟分定行列之處，詳視先後次序及器仗名品，無令差忒。嚴戒押當官、職掌人吏等不得絶離位處。所冀闡朝家稽古之法，示聖人饗帝之誠。」詔送禮儀使宋綬與太常禮院詳定以聞。綬等言：「鹵簿內有諸司供奉，蓋資備物，以奉乘輿。今昌朝所奏，以齋宿之時，不可陳翫樂之具〔五〕。欲望祀前一日，應供奉官等令宿于幕次，候皇帝行禮畢，降壇導引至青城，由青城前引歸大內。又按後漢劉熙《釋名》曰：『羸車〔六〕、羊車，各以所駕名之也。』《隋書·禮儀志》曰：『漢氏或以人牽，或駕果下馬。』此乃漢代已有，晉武偶取乘于後宮，非特爲掖庭制也。況歷代載于《輿服志》，自唐至今，著之禮令，欲望且依舊陳列。其鹵簿、儀仗，每遇南郊前，五使預行點閱素備〔七〕，各認地方。欲望下儀仗、鹵簿使至時更切照檢，務

〔一〕杖：原脱，據《宋史》卷一四五《儀衛志》三補。
〔二〕參陪五：原作「三倍玉」，據《宋史》卷一四五《儀衛志》三改。
〔三〕被：原作「彼」，據《宋史》卷一四五《儀衛志》三改。
〔四〕命：原脱，據《宋史》卷一四五《儀衛志》三補。
〔五〕具：原作「句」，據《宋史》卷一四五《儀衛志》三改。
〔六〕羸：原作「贏」，據《釋名》卷七改。
〔七〕使、備：原作「日」、「隊」，據《宋史》卷一四五《儀衛志》三改。

令整肅。」從之。

皇祐五年十月二十一日，御延和殿，召輔臣觀指南車。二十四日，太常禮院言：「《唐六典》，一曰神寶，二曰受命寶。將來南郊儀仗內，請以鎮國神寶在受命寶之前。」從之。

嘉祐二年八月，太常禮院言：「大慶殿恭謝，請如明堂故事，用法駕儀仗。」從之。

神宗熙寧七年八月十二日，太常寺言：「准詔看詳兵部《大駕鹵簿字圖》。切聞制器尚象，故有其數者必有其義。後世所用車駕儀仗，多雜秦漢以下制度，蓋取一時之華觀，而傳襲已久，未易釐改。今但擇尤非禮制者欲請減罷，及排列次序略行更易。五輅各有副，陳列于後，相去隔遠，理有未順。按《周禮·車僕》：『凡師，共革車[一]，各以其萃。』鄭氏以謂萃各從其元，則諸輅之副，宜亦如此。請副輅各移在正輅之後。羊車本宮中游幸行乘，請減罷。」並從。

元豐中，大駕鹵簿仗下官一百四十六員，執仗、押引從軍員、職掌諸軍諸司二萬二千二百八十一人。禮儀使司差官一百二員，尚書兵部諸隊一萬三千一百四十三人，門下省一百五十八人，內侍省官四員，殿中侍御官二十一員，仗下五百八十三人，太僕寺官一員，車輅下一千一百二人，太常寺鼓吹一千六百八十人，司天監一百五十人，殿前司捧日、奉宸隊四千人，左右金吾仗司官五員，執仗四百四十七人，左右街司本使下引從各十二人，皇城司九人，御輦院官一員，輦官三[20]百七十七員，養象所押象官一員，騎象簇引三十人。法駕比大駕減太常卿、司徒、兵部尚書、白鷺車、崇德車、大駕車輅五副、進賢車、明遠車，餘並三分減一。鸞駕本名小駕，大中祥符元年改此名。又減縣令、州牧、御史大夫、指南車、記里鼓車、鸞旗車、象輅、耕根車、黃鉞車、豹尾車、小輦、小輿，餘並減半。舊用二千[二]，祥符五年告太廟，至七千人。黃麾仗用大橫鼓吹部、太僕寺金玉輅、殿中省大輦，其制無定，然減于鸞駕。

徽宗建中靖國元年十一月十四日，中書省、尚書省送到太常寺狀，具到南郊一行儀仗人兵，計二萬一千五百七十五人[三]，從之。

政和七年四月十八日，禮制局言：「皇祐已來，明堂當一郊，故詣太廟、景靈宮行禮，陳法駕，鹵簿，回宿文德殿，即轉仗，自宣德門陳列，南至天漢橋。今明堂郊饗後次年行禮，故不詣太廟、景靈宮。即車駕不出皇城，惟列仗于宣德門外。所有鹵簿儀仗，更不排設。」從之。

高宗紹興十二年七月十八日，太常寺言：「準詔詳定製造儀仗車輅等制度。檢會國朝典故，五輅之制，惟玉輅以玉飾之。玉輅以祀，金輅以賓。今依次序，當先造玉輅。所有儀仗，按本朝文德殿視朝及大慶殿册命，所有黃麾仗共二千二百六十五人，制度之數，最爲酌中。今詳定，欲依

[一] 革：原作「草」，據《宋史》卷一四五《儀衛志》三改。
[二] 二：原作「一」，據《宋史》卷一四五《儀衛志》三改。
[三] 「計」上原有「部」字，據《宋史》卷一四五《儀衛志》三删。

此製造。」從之。先是，臣僚言：「國朝考定制度，郊廟之禮，具陳鹵簿，則有三駕諸仗之盛。恭聞皇太后鑾輿還闕，陛下方將奉迎于郊，而儀衛弗講，誠爲缺文。乞詔大臣集禮官、博士蒐舉往憲，舉行舊章。」有詔：車輅儀仗委工部尚書莫將、户部尚書張澄同内侍邵諤製造。既而將等言：「按《周禮》：『玉輅(錫)〔鍚〕樊纓十有再就，建太常十有二斿以祀。金輅鉤樊纓九就，建大旂以賓。』鄭氏注曰：以賓，謂以會賓。又按《晉輿服志》曰：『金輅，建大旂九旒，以會萬國之賓。』本朝文德殿視朝，及大慶殿册命，用黄麾仗二千三百六十五人，陳腰輿于東西朵殿〔一〕。今檢照降到圖册内同黄麾仗，又有紫宸殿黄麾角仗，排設儀仗、法物等，用一千一百一十五人。又照孫綬所進册内〔二〕，黄麾仗係用一千二百四十五人，并有御輦院、左右金吾仗等處三百一十八人。」事下太常寺，至是詳定上焉。（以上《永樂大典》卷一八二五六）

中興鹵簿〔三〕

【宋會要】

21 高宗紹興十二年七月十八日〔四〕，太常寺言：「准詔詳定製造儀仗車輅等制度。檢會國朝典故，五輅之制惟玉輅以玉飾之。玉輅以祀，金輅以賓。今依次序，當先造玉輅。所有儀仗，按本朝文德殿視朝及大慶殿册命，所有黄麾仗共二千三百六十五人，制度之數，最爲酌中。今詳定，欲依此製造。」從之。先是，臣僚言：「國朝考定制度，郊廟大禮〔五〕，具陳鹵簿，則有三駕諸仗之盛。恭聞皇太后鑾輿還闕，陛下方將奉迎于郊，而儀衛弗講，誠爲缺文。乞詔大臣集禮官、博士蒐舉往憲，舉行舊章。」有詔：車輅儀仗委工部尚〔書〕莫將、户部尚書張澄同内侍邵諤製造。既而將等言：「按《周禮》〔六〕：『玉輅(錫)〔鍚〕樊纓十有再就，建太常十有二旒以祀；金輅鉤樊纓九就，建大旂以賓。』鄭氏注曰：以賓，謂以會賓客。又按《晉輿服志》曰：『金輅，建大旂九旒，以會萬國之賓。』本朝文德殿視朝及大慶殿册命，用黄麾仗二千三百六十五人，陳腰輿、小輿于東西朵殿。今檢照降到圖册内，又有紫宸殿黄麾角仗，排設儀仗法物等，用一千一百一十五人。又照孫綬所進圖册内，黄麾仗係用一千二百四十五人，并有御輦院、左右金吾仗等處三

〔一〕下條複文「腰輿」下有「小輿」二字。

〔二〕下條複文「册」上有「圖」字。又「綬」，原作「授」，據下條複文改。

〔三〕此題原作「鹵簿三」。按此是《永樂大典》卷一四五八七原有之標目與編序（見《永樂大典目録》卷三九），其内容爲宋朝高宗、孝宗、光宗三朝鹵簿。今《輯稿》之編序已打亂，姑據實際内容改題爲「中興鹵簿」。

〔四〕此條與上條爲複文。

〔五〕自此句「廟大禮」以下至「左右金吾仗等」凡二百五十三字原錯簡在下文「二月十八日」條末「並以纈充代」之後，今據上條複文移正。

〔六〕禮：原作「輅」，據上條複文改。

百一十八人。」事下太常寺，至是詳定上焉〔一〕。

九月十八日，上御射殿，臨軒再坐，令百官觀玉輅畢，宣宰執賜茶。

十三年正月十五日〔二〕，詔製造大安輦了畢，官屬轉官、減磨勘年有差，選人比類施行，餘並犒設一次。

二月十八日，兵部侍郎程瑀等言：「將來郊祀大禮，用國初大駕儀仗，總萬一千二百二十二人。除已有黄麾半仗二千四百八十三人，玉輅、腰輿、小輿、大輦、平輦、逍遥子下一千九人，共三千四百九十二人法物儀仗外，見闕金輅、象輅、革輅、木輅、芳亭、鳳輦、屬車、寶輿等一千二百七十三人，天武、捧日、奉宸隊等六千四百五十七人，共七千七百三十人法物儀仗。望下所屬取會應奉官司合用數目製造。」詔依，合用文繡，並以纈充代。22 既而差兵部郎官錢時敏，軍器監劉才卲，主簿宋貺專一點檢催促，參訂樣制造製，令本部長貳提舉。是年十月畢工，造車輅官屬第一等轉一官，第二等減三年磨勘，第三等減二年；造儀仗官屬第一等減三年磨勘，第〔三〕〔二〕等減二年磨勘，第三等減一年。内選人並比類施行，餘各犒設一次。

八月二十三日，太常寺言：「將來郊祀大禮，車駕前後部并六引合用鼓吹令丞已下至執色人共八百十四人，并指教使臣一名，前後擺拽，導引作樂，在京並合騎導。切恐今來經由道路窄狹，相度欲乞止令步導。」從〔之〕。

《宋史》〔三〕：高宗初至南京，孟太后以乘輿服御及御輦儀仗來進。建炎初，詔東京所屬起發祭器、法服、儀仗赴行在所。十一月，帝郊于揚州，儀仗用一千三百五十五人。倉卒渡江，皆爲金兵所焚。紹興十二年，有司言：「天子起23 居，當備法駕，況太母回鑾，將奉郊迎。」遂令工部尚書莫將等檢會本朝文德、大慶殿舊儀，下太常定，用二千二百六十五人。于是始備黄麾仗，慶、册、親饗皆用焉。是年冬，玉輅成。明年，郊，準國初大駕之數，一萬一千二百二十二人。内舊用錦襖子者以纈繒代，用銅革帶者以勒帛代。而指揮使、都頭仍舊用錦帽子、錦臂袖者，以方勝練鵲羅代；用絁者以紬代。禁衛班直服色，用錦繡、金銀、真珠、北珠者七百八十人，以頭帽、銀帶、纈羅衫代。旗物用繡者，以錯采代；車路院香鐙案、衣褥、睥睨，御輦院華蓋、曲蓋及仗内幢角等袋用繡者，以生色代。殿前司仗内金鎗、銀槍、旗簳，易以漆飾；而拂扇、坐褥以珠飾者去之。帝曰：「事天貴質，若惟事華麗，非初意矣。」十月，鹵簿器物及金象革木四輅、大安輦皆成。太常又奏，前後六引鼓吹八百八十

〔一〕上條天頭原批：「下接『九月十八日』條。」此條天頭原批：「『高宗紹興十二年』至『詳定上焉』已見上條，此删。」

〔二〕天頭原批：「此下廿頁有重文。」

〔三〕以下引《宋史》卷一四五、一四七《儀衛志》三、五之文，多有錯訛，又原作小字書寫，而引文中復多小注，不便區分。今换用中華書局標點本《宋史》本文爲底本，不再一一出校，并依《宋史》正文作大字，注文作小字。

四人，舊制騎。今路狹擁遏，欲止令步導。從之。十六年，始增捧日、奉宸隊，合一萬五千五十人。鹵簿之制備矣。

紹興鹵簿。宋初大駕用一萬一千二百二十二人，宣和增用二萬六十一人。建炎初，裁定一千三百三十五人。紹興初，用宋初之數，十六年以後，遂用一萬五千五十人；明堂三分省一，用一萬一十五人。孝宗用六千八百八十九人，明堂用三千三百十九人。以後，並用孝宗之數。

紹興用象六、副象一。乾道用象一，淳熙用象六而不設副，紹熙如乾道，慶元後不設。

六引：第[24]一引，清道二人；孝宗省之。幰弩一人，騎；方繖一，雜花扇二，曲蓋一；外仗青衣二人，車輻棒二，告止、傳教、信幡各二，戟十。第二引，清道二人；孝宗省之。幰弩一人，騎；鼓一，鉦一，大鼓十；節一，稍三，皆騎；方繖一，雜花扇四，孝宗省爲二。曲蓋一，幢一，麾一，皆騎；大角四，鐃一，簫二，笳二，橫吹二，笛一，簫一，觱篥一，笳一；外仗青衣四人，孝宗省爲二。車輻棒四，孝宗省爲二。告止、傳教、信幡各二，儀刀十，戟二十，弓矢二十，孝宗皆省爲十六。刀盾二十，稍二十。孝宗並省。第三、第四、第五、第六引，並同第二引。內花扇、大角各二，青衣二人。孝宗朝，第三、第四、第五、第六引內大角省爲二，餘並同第二引已省之數。

金吾纛稍隊：纛十二，孝宗省爲六。押纛二人，孝宗省爲一。押衙四人，孝宗省爲二。上將軍四人，將軍四人，孝宗省之。大將軍二人，孝宗省爲一。犦稍十二，並騎。孝宗省爲八。朱雀隊：朱雀旗一，犦稍二，弩四，隊前後引、押各天武指揮使一人，騎。龍旗隊：引旗一，風師、雨師、雷旗、電旗各一，五星旗五，攝提旗二，北斗旗一，護旗一，左右衛大將軍一人。金吾引駕騎，神勇都指揮使；次弩、弓、矢、稍各四，並騎。

太常前部鼓吹：鼓吹令二，府史四人，管轄指揮使一人，帥兵官三十六人，孝宗省作十四人。掆鼓十二，金鉦十二，孝宗鼓、鉦並省爲十。大鼓六十，孝宗省作二十四。小鼓六十，孝宗省作三十。節鼓一，鐃鼓六，羽葆鼓六，歌工二十四，拱[25]宸管二十四，孝宗歌工、管並省爲十八。簫、笳各三十六，孝宗朝，簫十八、笳二十四。長鳴六十，中鳴六十，孝宗朝，並省爲十八。大橫吹六十，孝宗省爲二十四。笛十二，孝宗增爲十八。觱栗十二，桃皮觱栗十二。

持鈒前隊：驍騎都指揮使一人，將軍二人，軍使四人，並騎。稱長一人，靈芝旗二，瑞瓜旗二，雙蓮花旗二，太平瑞木旗二，朱雀旗一，甘露旗二，嘉禾旗二，芝草旗二。絳引幡一，孝宗省之。黃麾幡一，青龍、白虎幢各一，金節十二，罕、畢各一，叉一，鈒戟五十。孝宗省爲四十八。

六軍儀仗：第一隊，軍將二，卒長二，騎。熊虎旗二，赤豹旗二，吏兵旗、力士旗二，戈六，矛四，戟四，鉞四，白柯槍五十。平列[26]旗二十，在仗外分夾旗槍。第二隊，軍將二，卒長二，騎。龍君旗、虎君旗各三，黃熊旗四，赤豹旗二，吏兵旗、力士旗各一，戈六，矛四，戟四，鉞四，白柯槍四十。平列旗二十，分夾仗外。第三隊，軍將二，卒長二，騎。通直官二，吏兵旗、力士旗各一，熊虎旗二，龍君旗、虎君旗各一，天王旗四，十二辰旗各一，戈六，矛、戟、鉞各四，白柯槍三十。平列旗二十，分夾仗外。孝宗朝，第一隊，軍將、卒長各一，龍虎旗、赤豹旗、吏兵旗、力士旗各二，矛四、戈四、戟二、鉞二、白柯槍三十，平列旗十四，餘同。第二隊軍將、卒長各一，龍君、虎君、黄熊、赤豹旗同。戟六、鉞六、戈四、矛四、白柯槍二十。第三隊，軍將、卒長各一，吏兵、力士、熊虎、龍君、虎君、天王旗並同，十二辰旗十二，通直官二，白柯槍十，平列旗十二。

龍墀旗隊：天下太平旗一，排仗大將二人夾之；五方龍旗各一，爲三重。赤在前，黄在中，黑在後，青左、白右。次金鸞旗一，左，金鳳旗一，右；獅子旗二；君王萬歲旗一；日旗一，左，月旗一，右。御馬十匹，分左右，爲五重。中道隊。左右衛大將軍一人檢校，騎。日月合璧旗一，慶雲旗二，五星連珠旗一，祥光旗、長壽幢各一。

金吾牙門第一門：牙門旗四，次監門使臣六，分左右，騎。孝宗省旗爲二，監門爲三。金吾細仗。青龍旗一，左，白虎旗一，右；五嶽神旗五，分前、中、後、左、右，爲三列；五方神旗五，陳列亦如之。五方龍旗二十五，相間爲五隊，每隊赤前、黄中、黑後、青左、白右。五方鳳旗二十五，相間爲五隊，陳列亦如之。五嶽旗在左，五方旗在右；五龍旗在左，五鳳旗在右；四瀆旗，江、淮在左，河、濟在右；押二人，分左右，騎。孝宗五龍、五鳳旗止各一隊，共省四十旗，餘同。

八寶輿：鎮國神寶左，受命之寶右；皇帝之寶左，天子之寶右；皇帝信寶左，天子信寶右；皇帝行寶左，天子行寶右，爲四列。每寶一輿，每輿一香案，輿、案前燭罩三十二。引寶職掌八人，侍寶官一人，内外符寶郎各二人，扈衛一百人。碧襴二十人，夾扈衛之外。孝宗省碧襴爲十二，餘同。

殿中繖扇、輿輦：方繖二，孝宗省一。朱團扇四。孝宗省二。金吾四色官六人；孝宗省爲二。押仗二人，騎；金甲二人，執鉞；進馬官四人，騎；千牛衛大將軍一人，孝宗省之。千牛 27 衛將軍八人，孝宗省爲二。金吾引駕官二人，導駕官四人，並騎導。大繖二，孝宗省一。鳳扇四，孝宗省二。夾繖而行。前同。腰輿一，鳳扇十六，夾輿。孝宗省爲四。華蓋二，排列官一人，香凳一，火燎一，小輿一，逍遥子，平輦。

駕前諸班直：駕頭、鳴鞭、誕馬、燭罩三百三十人。孝宗省爲二百一十人。前驅都下親從官一百五十人，孝宗省爲四十五人。東西班六人，孝宗省爲二十二人約攔。殿前指揮使四十二人，東第三班長入祗候五十人，班直主首九人，孝宗省爲三人。茶酒新舊班一百六人，孝宗省爲四十四人。開道旗一，纛一十二，鈞容直二百七十人，駕回則作樂。孝宗乾道元年省之，乾道六年以後再用。吉利旗五，五方龍旗五，龍旗二十，孝宗省之。門旗六十，孝宗省爲三十。殿前指揮使、引駕骨朵子直四十人。分左右，夾門旗外。駕頭，駕頭下天武官二十二人，孝宗省爲十七人。都下親從一十六人，孝宗省爲八人。茶酒班執從物殿侍二十二人，又都下親從二十二人，孝宗省爲十七人。劍六人，孝宗省爲三人。纛旗一，人員一，孝宗省之。殿前指揮使、行門二十二人，鳴鞭十二人。孝宗增爲二十四人。次御龍直百二十人，孝宗省爲八十六人。快行五十人，日、月、麟、鳳旗各一，青龍、白龍、赤龍、黑龍旗四，人員二，引駕千牛上將軍一人。

玉輅奉宸隊：分左右充禁衛。圍子八重：崇政殿親從圍子二百人，爲第一[28]重；從裹數出。御龍直二百五十人，爲第二重；崇政殿親從外圍子二百五十人，爲第三重；御龍直、骨朵子直二百五十人，爲第四重；御龍弓箭直二百五十人，爲第五重；御龍弩直二百五十人，爲第六重；禁衛天武二百五十人，爲第七重；都下親從圍子三百人，爲第八重。孝宗以上並同。天武約攔二百人，孝宗省作百八十八人。在禁衛圍子外，編排禁衛行子二十一人，快行五十九人，孝宗省爲四十二。管押相視御龍四直八人，孝宗省爲四人。照管行子御龍四直二十四人，孝宗省爲八人。天武六人，孝宗省之。禁衛内攔前崇政殿親從三十二人。孝宗省作二十五人。

駕後部：扇筤，大黄龍旗一。駕後樂：東西班三十六人，鈞容直三十一人，並騎。孝宗此下增招箭班三十四人。扇筤，扇筤下天武二十二人，孝宗省作一十七人。都下親從十六人，孝宗省作八人。茶酒班執從物五十人，騎。孝宗省爲三十人。

大輦：輦下應奉并人員合六百一十四人，分五番；孝宗乾道元年省之，六年以後復設。御馬十疋，爲五重。

持鈒後隊：神勇都指揮使二人，騎，重輪旗二人，大繖二，孝宗省爲一。朱團扇八，孝宗省爲四。鳳扇二，小雉扇二十二，孝宗省鳳扇，而減雉扇爲六。華蓋二，孝宗省爲一。俾倪十二，孝宗省爲六。御刀六，玄武幢一，絳麾二，叉、細矟十二，孝宗省爲六。驍騎都指揮使一人，騎，總領大角。大角四十。孝宗省爲二十。

[29]太常後部鼓吹：鼓吹丞二人，典吏四人，孝宗省爲三人。管轄指揮使一人，羽葆鼓六，歌工二十四，拱宸管十二，簫三十六，笳二十四，鐃鼓六，小横吹六十，笛十二，觱栗十二，帥兵官十人。孝宗歌工十八，拱宸管十二，簫十八，笳二十四，鐃鼓六，笛十八，節鼓一，小横吹三十，觱栗十八，桃皮觱栗十二，羽葆鼓吹六，帥兵官八人。

黄麾幡一，中道。金輅、象輅、革輅、木輅各一。每輅誕馬各六在輅前，駕士各百五十四人。乾道元年省之，六年以後復用。掩後隊，中道。宣武都指揮使二人，大戟、刀盾、弓矢、矟各十五。

金吾牙門第二門：中道。牙門旗四，分左右，孝宗省之。監門使臣六，分左右，騎。孝宗省爲三。玄武隊：並騎。中道。虎翼都指揮使一人，爆矟二，玄武旗一，矟、弓矢各十，孝宗並省爲五。弩五。外仗。分左右道，以夾中道儀仗。清游隊：並騎。白澤旗二，捧日指揮使二，弩四，弓矢十，矟十六，左、右金吾十六，騎，天武都頭二人，弩八，弓矢十二，矟十二。孝宗弩、弓矢、矟並省爲六。佽飛隊：並騎。拱聖指揮使二，虞候佽飛二十，鐵甲佽飛十二。前隊殳仗：都頭六人，騎，殳、叉六十。後隊殳仗：都頭四人，騎，殳、叉四十。

前部馬隊：第一隊，捧日都指揮使二人，角、斗、亢、牛旗各一，弩四，弓矢十，矟八；第二隊，捧日都指揮使二人，氏、女、房、虛旗各一，弩、弓矢、矟如第一隊；第三隊，天武都指揮使二人，心、危旗各一，弩、弓矢、矟如第二隊；第四隊，天武[30]都指揮使二人，尾、室旗各一，弩、弓矢、矟如第三隊；第五隊，拱聖指揮使二人，箕、壁旗各一，弩、弓矢、矟如第四隊；第六隊，拱聖都指揮使二人，奎、井旗各一，弩、弓矢、矟如第五隊；第七隊，神勇都指揮使二人，婁、鬼旗各一，弩、弓矢、矟如第六隊；第八隊，神勇都指揮使二人，胃、柳旗各一，弩、弓矢、矟如第七隊；第九隊，驍騎都指揮使二人，昴、星旗各一，弩、弓矢、矟如第八隊；第十隊，宣武都指揮使二人，畢、張旗各一，弩、弓矢、矟如第九隊；第十一隊，虎翼都指揮使二人，觜、翼旗各一，弩、弓矢、矟如第十隊；第十二隊，廣勇都指揮使二人，參、軫旗各一，弩、弓矢、矟如第十一隊。孝宗省爲七隊，二十八宿旗每隊四，弓矢、矟每隊六，餘同。

步甲前隊：第一隊，捧日指揮使、都頭各二人，騎，下同。鶡鷄旗二，青鍪甲、刀盾二十；孝宗刀盾省爲十二，下並同。第二隊，捧日指揮使、都頭，貔旗，朱鍪甲、刀盾；第三隊，天武指揮使、都頭，萬年連理木旗，黃鍪甲、刀盾；第四隊，天武指揮使、都頭，芝禾並秀旗，白鍪甲、刀盾；第五隊，拱聖指揮使、都頭，祥鶴旗，黑鍪甲、刀盾；第六隊，拱聖指揮使、都頭，犀旗，黃鍪甲、刀盾。孝宗改黃鍪甲爲青鍪甲，餘並同。

金吾左右道牙門第一門：牙門旗四，分左右，監門使臣八人，並騎。孝宗旗省爲二，使臣省爲四人。步甲前隊第七隊，神武指揮使、都頭，鶡鷄旗，青鍪甲、刀盾；第八隊，神武指揮使、都頭，麟旗，朱鍪甲、刀盾；第九隊，驍[31]騎指揮使、都頭，白狼旗，黃鍪甲、刀盾；第十隊，驍騎指揮使、都頭，蒼烏旗，次白鍪甲、刀盾；第十一隊，虎翼指揮使、都頭，鸚鵡旗，黑鍪甲、刀盾；第十二隊，廣勇指揮使、都頭，太平旗，黃鍪甲、刀盾。自二至十二隊，人、旗、刀盾，數列如第一隊。孝宗内去鶡鷄旗、麟旗而用慶雲旗、瑞麥旗。

金吾左右道牙門第二門：牙門旗四，分左右，監門使臣八人，並騎。孝宗旗省爲二，監門省爲四人。

前部黃麾仗：第一部，殿中侍御史二員，騎，下同。絳引幡二十，孝宗省爲十。爆矟二，捧日指揮使二，都頭五，並騎，下同。黃氅五十，孝宗省爲二十。鼓四，斧十，戟、弓矢二十，矟三十，孝宗省爲二十。弩十；第二部，殿中侍御史，天武指揮使、都頭，青氅，鼓，斧，戟，弓矢，矟，弩；第三部，殿中御史，拱聖指揮使、都頭，緋氅，鼓，斧，戟，弓矢，矟，弩；孝宗省作三部。第四部，殿中御史，神勇指揮使、都頭，黃氅，鼓，斧，戟，弓矢，矟，弩；第五部，殿中御史，驍騎指揮使、都頭，白氅，鼓，斧，戟，弓矢，矟，弩；第六部，殿中御史，廣勇指揮使、都頭，黑氅，鼓，斧，戟，弓矢，矟，弩。自二至六部，數列並如初部。

青龍白虎隊：並騎。青龍旗一，白虎旗一，虎翼都指揮使二，弩四，弓矢十，矟八。

班劍、儀刀隊：並騎。武衛將軍二人，捧日、天武、拱聖、神勇指揮使各二人，班劍六十，儀刀六十。次驍騎、驍勝、宣武、虎翼指揮使各二人，班劍六十，儀刀六十。

親勳、散手、驍衛翊衛隊：並騎。中衛郎四人，翊衛郎二人，親衛郎二[32]人，衛兵四十，甲騎四十在衛兵外。左右驍衛、翊衛三隊。並騎。第一隊，左右驍衛大將軍二人，雙蓮花旗二，弩四，弓矢十，孝宗減弓矢爲六，下同。稍十六；孝宗減稍爲八，下同。第二隊，廣勇指揮使二人，吉利旗，弩、弓矢、稍數如初隊。

金吾左右道牙門第三門：牙門旗四，分左右，監門八人，並騎。孝宗旗減爲二，監門減爲四人。捧日隊三十四隊，左右各十七隊，孝宗減爲十隊，左右各五隊。每隊引一人，押一人，旗三人，槍五人，弓箭二十人。

後部黃麾仗：凡六部，第一部至六部，並同前部黃麾仗，惟無絳引幡、⿰木暴稍。孝宗減爲三部，仗數亦同前部黃麾已減之數，併去⿰木暴稍、絳引幡。絳引幡二十。孝宗減爲十。

金吾左右道牙門第四門：牙門旗四，監門八人，騎。孝宗旗減爲二，監門減爲四人。

步甲後隊：第一隊，捧日指揮使、都頭各二人，騎，鶡旗、鶡鷄旗各二，青鍪甲、刀盾二十；孝宗減刀盾爲十六，逐隊並同。第二隊，天武指揮使、都頭，芝禾並秀旗、萬年連理木旗，朱鍪甲、刀盾；第三隊，拱聖指揮使、都頭，犀旗、鶴旗，黃鍪甲、刀盾；第四隊，神武指揮使、都頭，蒼烏旗、白狼旗，白鍪甲、刀盾；第五隊，驍騎指揮使、都頭，天下太平旗、鸚鵡旗，黑鍪甲、刀盾；第六隊，虎翼指揮使、都頭，鶡鷄旗、鶡旗，黃鍪甲、刀盾。自二至六隊，數列並如初隊。

金吾左右道牙門第五門：牙門旗四，監門八人，騎。孝宗減旗爲二，減監門爲四。

後部馬隊：第一隊，[33]捧日都指揮使二，角端旗二，弩四，弓矢十，稍十六；孝宗弓矢減爲六，稍減爲八。第二隊，捧日都指揮使，孝宗更用天武。赤熊旗，弩、弓矢、稍；第三隊，天武都指揮使，孝宗更用拱聖。兕旗，弩、弓矢、稍；第四隊，天武指揮使，孝宗時更神勇。天下太平旗，弩、弓矢、稍；第五隊，拱聖都指揮使，犀旗，孝宗用龍馬旗。弩、弓矢、稍；第六隊，拱聖都指揮使，芝禾並秀旗，孝宗用金牛旗。弩、弓矢、稍；第七隊，神勇都指揮使，萬年連理旗，弩、弓矢、稍；第八隊，神勇都指揮使，騶牙旗，弩、弓矢、稍；第九隊，驍騎都指揮使，蒼烏旗，弩、弓矢、稍；第十隊，宣武都指揮使，白狼旗，弩、弓矢、稍；第十一隊，虎翼都指揮使，龍馬旗，弩、弓矢、稍；第十二隊，廣勇都指揮使，金牛旗，弩、弓矢、稍。自二至十二隊，數列並如初隊。

《中興禮書》[一]：建炎二年八月二十八日，詔令東京所屬官司般取起發儀仗、法物赴揚州行在應副郊祀大禮。

[一] 自此以下所引《中興禮書》及《通考》、《玉海》，原仍作小字，今亦改爲大字。

十一月二十二日郊祀大禮，共用儀仗一千三百三十五人。紹興十三年二月九日，詔：「將來郊祀大禮合排設鹵簿并仗內六引，令禮、兵部、太常寺討論合排設名件數目，申尚書省。」十四日，試兵部侍郎兼侍讀、資善堂翊善程瑀等言：「勘會三駕鹵簿，大駕以郊饗上天，臨御九伐；法駕以祭方澤，祀明堂，奉宗廟，藉千畝；小駕以恭園陵，親蒐狩。將來郊祀大禮，合用大駕。緣《宣和重修鹵簿圖》大駕係象六頭并六引儀仗、鼓吹，及前後部黃麾仗內設34車輿、輦輅〔一〕，其駕士并擡擎人各有執著服色物件，大段數多。今來創行製造，竊慮不前。兼有司見今度地修建圓壇，去處不遠，難以排列。」禮、兵部、太常寺契勘：「昨建炎二年揚州郊祀，所用儀仗係于大駕鹵簿內從權裁定，總一千三百三十五人。今討論，欲參照祖宗舊儀及揚州郊祀人數，重別增損，并將昨來親饗黃麾半仗分爲二部，及中道設輦輅、腰輿等行列。所貴隨宜添置，前期易爲辦集。」小貼子：「契勘漢祀天南郊，用法駕三十六乘，亦用小駕十三乘，未嘗有定制。國初創立大駕鹵簿一萬一千二百二十二人，今來欲權約用國初大駕人數之半。」詔依國初大駕鹵簿人數，大駕三引，中道象六。中道分左右爲三重，各持鐵鈎一名跨其上。又准備象一。

紹興十三年郊祀，用象一，簇象兵級旂槍等共二十九人。自十六年至二十八年，用象六，準備象一，簇象兵級旂槍等共五十七人。乾道元年至九年，如紹興十三年之制。淳熙三年，如紹興二十八年之制，執旂槍一名，次擊鑼一名，次小鼓一十二人，管押節級二人，前引執鐵鈎一名在中，次執旂槍四人，次執碥石鈎二人，次執鐵鈎二人，次執旂槍四人，次執碥石鈎二人，次執旂槍二人，次執碥石鈎二人，次執鐵鈎二人，次執旂槍四人，並分左右行象外，爲一十二重。

馬端臨《通考》：高宗中興後，唯設大駕、法駕及黃麾仗。大駕鹵簿，郊祀用之。法駕，35明堂用之。黃麾大仗三千三百五人，大朝會用之。視政和舊儀減三之一。黃麾半仗二千四百五十人，正旦朝會、上尊號、册寶、親饗用之。親饗太廟，兵部設黃麾仗，自和寧門至太廟櫺星門外，鼓吹二百三十六人。又黃麾半仗一千四百九十九人，册皇后、皇太子用之。黃麾角仗一千五十六人，冬至朝賀、紫宸殿望參〔二〕、金國使賀正旦生辰、受玉寶、皇帝御正殿、皇太子稱謝起居用之。黃麾細仗五百人，奉迎册寶、玉牒、國史、聖政、會要、日曆、御集、寶訓用之。細仗一百人，進呈聖德事迹、《經武要略》及獨進玉牒用之。

凡郊祀鹵簿，用六千四百九十六人騎。立大旂十一，并執儀仗官兵三千三百五十六人、馬一千九百九十八匹，攝殿

〔一〕輅：原作「路」，據《中興禮書》卷一八改，與下文一致。
〔二〕紫：原作「至」，據《文獻通考》卷一一八改。

中侍御史、諸衛將軍等五十一人。御輦院繖扇、輿輦二百三十八人，控御馬天武等四十四人，太常寺鼓吹、樂工五百八十八人，左右金吾司碧欄等三十五人，總轄檢察儀仗、兵部郎中各一人，職掌十二人，輅下駕士等二百六十一人，車輅院般法物十人，諸班直等一千八百四十六人，馬執龍旗五十四人，步執龍旂三十三人，擊鞭六人，駕後大黃龍旗三人，捧日甲馬隊三百人，天武二百人，奉宸隊一千二百五十人。翰林司兵士二人。淳熙十二年八月，樞密院言：「大輦于前九十日、八寶于前六十日〔一〕、繖扇于前四十日閱習，並差殿前同步軍司兵及輦官。」從之。

明堂鹵簿用四千一[36]百四十八人〔二〕，卓立大旂十一，步執儀仗官兵二千二百五十八人，攝殿中侍御史、諸衛將軍及繖扇、輿輦等並同郊祀之數。唯逍遥輦下減十人。諸班六百六人，馬執龍旂五十四人，步執龍旂三十三人，擊鞭十四人，奉宸隊五百人，駕後大黃龍旂五人。不設金、象、革、木四輅及大安輦。

大駕鹵簿儀仗及六引用鼓吹八百八十四人。内鼓吹令丞二人，府史、典史各四人，指揮使二人，帥兵官四十六人，歌色四十八人，金鉦十七人，掆鼓十七人，大鼓一百一十人，小鼓六十人，中鳴六十人，鐃鼓十七人，拱辰(官)〔管〕三十六人，羽葆鼓十二人，觱篥二十九人，小横吹六十人，簫八十七人，笛二十九人，節鼓一人。此紹興十三年之制。法駕三分減一，鼓吹用五百八十八人。内令丞四人，府典史、指揮使、帥兵官、歌、簫、觱篥、笳笛、拱辰管、大小横吹、節鼓四百三十八人，金鉦、掆鼓、羽葆鼓、大小鼓、中長鳴一百四十六人。此乃紹興十三年之制也。

嚴更警場舊制，嚴鼓一百二十四，金鉦二十四，鳴角一百二十。紹興十三年，以地狹，移于櫺星門外，止用鼓角各六十，金鉦二十。

六引服飾：穳稍、左右金吾將軍，金銅甲冑，披膊解結錐。左右金吾街仗司，花脚幞頭，碧羅襖，紫緑羅袍，金銅帶，儀刀，烏皮履。執儀仗者，幞頭，武弁，平巾幘，錦帽，鸞彩抹額，緋螣蛇，銅革帶，紫緋羅繡袍，紫紬寬衫，緋紬袍，青羅黃紬銀褐，緋皁紬寶相花衫。駕[37]前殿前指揮使，細甲，方勝練鵲纈衫，緑羅甲，弓箭，銀劍，蒜瓣朵紅紫羅帽帶。殿前左右班，粉青緋紫三色大搭纈羅衫。長入祗候五十二人，合色頭鬚，鍍金帽環青紅二色。茶酒班殿侍，紫羅印皁斜搭衫。茶酒班十人，内紅拂扇二人，御龍直執從物八十三人，珠巾，方勝鵲衫；行門二十四人，金銀甲，方勝鵲衫，金束帶〔三〕，珠帽，銀骨朵。内押行門，纏枝袍；行門，花袍。御龍直二百五十人員，黃獅子纈衫；長行，方勝鵲衫。内殿直已下二百五十人員亦如之；長行，白師子纈衫。殿前指揮使編排禁衛，紫羅皁花衫。駕頭扇筤下各天武三十一人，白師子衫。東西班樂三十六人，紫帽帶。招箭班三十六人，幞頭束帶。親從圍子、行宮殿門中道左右壁：帽，鍍金束帶。其衫皆以白師子纈，餘並方勝練鵲。遥郡刺史衫以羅雲雁，都指揮使以御仙花，都虞候以簇四

〔一〕八：原作「入」，據《文獻通考》卷一一八改。
〔二〕明堂鹵簿：原作「鹵簿明堂」，據《文獻通考》卷一一八乙。
〔三〕帶：原作「帛」，據《文獻通考》卷一一八改。

金鵰，御前忠佐以宜男方勝，正副使以黃師子，正副都頭以方勝練鵲，控馬親從以青蓮，執燭籠親從二百人以寶照。餘從駕並以白師子。執燭二十二人，衫亦如之，鍍金帶。軍頭引見司人員四人，帽子、方勝練鵲衫。等子八十三人，帽子、團花寶照緋纈羅衫[一]、鍍金帶。左右騏驥院御馬六：特勒雕、拳毛騧、佛耳、赤騧、黃青騅、滴露紫。控馬執七寶百節鞭、杌子。御馬五十人，纈衫、皁紗帽、金鍍銀師帶。禁衛班直等，緋緑羅紅盤鵰背子。紹興三年正月，造緋二千領，緑一千 38 領，以絹代羅。十三年，又以纈代繡。乾道四年五月，文思院製從駕人衣服。慶元二年，皇后受册寶，排設逍遥、平輦人員各一人，輦官二十七人。人員：帽子、宜男纈羅衫、鍍金銀柘枝帶。輦官：幞頭、白師子纈羅衫、鍍金海捷帶。

紹興十二年，皇太后回鑾，上將躬迎于郊，命有司製常行儀仗。先是，石延慶請詔禮官參考康定中常行儀衛[二]，酌取中制，以正萬乘尊嚴之分。工部尚書莫將等請先造黃麾仗二千二百六十五人。

三十一年四月，臣僚言：「天子之出，清道而後行，千乘萬騎，稱警言蹕，旄頭前驅，豹尾後殿，其往來馳道與闌出入者，皆有厲禁。自六飛南渡，務爲簡便，唯四孟饗獻，乘輿躬行，前爲駕頭，後止曲蓋。而爪牙拱扈之士，或步或趨，錯出離立，無復行列。至有酌獻未畢，已捨而歸。士民觀者，駢肩接袂，雜遝虎士之中，而不聞有誰何之者。望詔有司講求其當，凡車駕行幸，從駕禁旅以若干人爲一列，相去各若干步；其乘馬前導者皆預上其數，命有司繪爲圖，先一日以聞，別具副本報御史臺。有不如令及不在圖中而輒冒至者，許有司舉之；蔽而不言，令御史臺覺察。」詔可。

王應麟《玉海》：紹興〔二〕〔三〕十一年[三]，明堂。五月十三日，有司陳法駕鹵簿，視郊祀三分減一，用一萬一千五人。

孝宗隆興二年二月八日[四]，尚書禮部侍郎、兼權兵部侍郎黃中言：「伏覩聖旨指揮，今歲冬日至郊見上帝，用遵太祖 39 皇帝典故，除事神儀物外，乘輿服御並從省約。本部已逐一條具外，獨有五輅未敢輕議。竊詳自來大禮，雖五輅並設，然考之禮經，玉輅以祀，金輅以賓，象輅以朝，革輅以即戎，木輅以田，而祭祀所用者，一玉輅而已。典輅之職雖曰『凡會同、軍旅以輅從』，而後鄭釋曰『王乘一輅，以其餘輅行，亦以華國』。然則金、象、革、木四輅，不過爲一時觀美，非其所乘也。方承平時，五者並設，固不爲過。今聖主方欲隆儉德而戒勞民，其乘輿服御之費，又無大於此四者，有司敢不欽承！所有今來郊禮，欲乞因時之宜，止用玉輅。其餘四輅，權不以從，庶幾有以仰副明詔，且於禮

[一] 團：原作「圍」，據《文獻通考》卷一一八改。
[二] 常：原作「當」，據《文獻通考》卷一一八改。
[三] 三十一年：原作「二十一年」，據《玉海》卷八〇改。
[四] 自此以下爲《會要》文，原作大字。

經無所背戾。」詔依，將來郊禮，除玉輅、逍遥、平輦外，其餘車輦並從省約。

九日，兵部言：「契勘昨紹興十三年郊祀大禮，依《政和五禮新儀》排設。國初大駕鹵簿共一萬一千二百二十三人，及紹興十六年至二十八年郊祀大禮，增添（俸）〔捧〕日、奉宸隊共一萬五千五十人，并三十一年明堂大禮，依二十八年例三分減一，用一萬一千五人。今承指揮，郊祀大禮乘輿服御，中外支費宜從省約。續承指揮，將來郊祀大禮，除玉輅、逍遥、平輦外，其餘車輦並從省約。本部今條具將來郊祀大禮，除玉輅、平輦、逍遥乞令依舊人數外，所有大駕鹵簿儀仗内六引前大象，欲依昨紹興十三年例，止用象一頭。其餘一行儀仗數内八寶下人數，本部已牒門下後省裁損 **40** 施行外，（除）〔餘〕儀仗人數依今來指揮合從省約，並乞依昨紹興二十八年郊祀大禮人數内乞權行減半，用六千八百八十九人，隨宜排設。」詔從之。

五月五日，禮部、太常寺言：「已降指揮，大駕鹵簿儀仗依紹興二十八年郊祀大禮人數權行減半，隨宜排設施行。今條具申請事件：一、將來郊祀大禮，奏嚴更警場并大駕鹵簿六引、駕前後部皷吹振作，比之儀仗人數稀少。今從省約，乞將皷吹八百八十餘人内三分減一，止用（八）〔五〕百八十八人；警場二百七十五人内三分減一，止用一百八十三人，隨宜排設。一、合用皷吹《導引》、《六州》、《十二時》、《奉禋歌》、《降僊臺》詞，從本寺具申學士院修潤，降下教習。一、合借差軍兵依今來三分減一，依例下所屬借差。一、教習日分支破官錢，依今來減定人數開具名色，依例下（量）〔糧〕審院，於本寺曆内批放。一、合差般擡奏嚴皷軍兵及合破緋方號，并提點一行事務所、大禮五使，於貢院按習幕次及就殿前司教場擺拽，至期逐處排設。皷吹警場、宿頓排辦等，乞（於）〔依〕例關報所屬排辦。一、教習去處，乞依例於懷遠驛下臨安府辦截。其皷吹警場服着、奏嚴皷角、執色樂器、宣赦皷籌等，經今六年，不曾修飾，脱落不堪。乞依今來人數開具，報所屬斟酌抽換修飾施行。」詔並從之。

十月三日〔一〕，太常少卿、兼權禮部侍郎洪适等言：「伏覩國朝典故，皇帝服通天冠、絳紗袍，乘玉輅以祀天。禮畢，**41** 乘輦，合進金輅於端誠殿門外。而舊制，皇帝降輿，並乘大安輦還宮。近因臣僚奏請，不設四輅；而二月八日指揮，除玉輅、逍遥、平輦外，其餘車輦並從省約。今歲郊壇禮畢，羣臣以朝服前導，皇帝以朝服而乘平輦，切恐禮容不相稱。若合用大安輦，即乞早降指揮，令有司從實修飾。」詔郊祀回，止乘平輦，冠服令禮官討論。「适等竊考國朝典故，自建隆四年陶穀創建大輦，祀禮畢，皇帝朝服，乘大輦還内，歷朝並無更改。政和四年北郊畢，乘大輦還

〔一〕十月三日：據《中興禮書》卷二〇，當作「八月二十八日」，蓋本書將洪适兩奏混爲一，僅署第二奏之時日。

齋宮，解嚴放仗，易常服，乘輦還内。按《唐會要》：明皇廢輦不用，開元十一年祀南郊畢，騎還。自是行幸、郊祀，皆騎於儀仗之内。又見行儀制，車駕朝獻日，閤門并諸司官並常服乘馬在駕前。适等參考古今沿革，唐制郊祀畢，尚是乘馬；本朝北郊回，曾用常服，即郊祀駕回，亦可以不用朝服。兼唐制乘騎亦可用儀仗，見今朝獻亦有臣僚乘馬在駕前。今來郊祀回，止乘平輦，所用冠服，乞比附景靈宮、太廟。郊祀畢，皇帝自齋殿服履袍、乘平輦還内。今導駕官以常服前導，其奉迎及侍中奏請升輦〔一〕，參知政事奏請進發，并傳敕侍臣上馬等，並乞于見行儀注内修改，關報施行。」詔從之。同日，禮部太常寺言：「勘會逐次郊祀大禮，皇帝自青城至大次并禮畢，自大次還青城，並係服通天冠〔二〕、絳紗袍，乘大輦。今來欲乞並服通天冠、絳紗袍，乘平輦。」詔從之。

乾道三年四月十一日，[42]兵部侍郎陳巖肖言：「近者恭覩三月十七日聖旨，今歲冬日至郊見上帝，可令有司，除事神儀物、諸軍賞給依舊制外，其乘輿服御及中外支費並從省約，仍疾速條具以聞。竊見紹興二十八年以前郊祀，輿衛、儀仗共用一萬五千五十人。至乾道元年初行郊祀，比舊數十分減去其六，止用六千八百八十九人。今參稽已減合用之數，今歲郊祀，輿衛、儀仗宜遵用乾道元年已減之數，今來更不增減，庶幾有合中制。」從之。馬端臨《通考》：乾道四年，中書門下奏：「車駕詣德壽宮，用殿前司六百二十九人〔三〕，皇城在内巡檢司三百九十一人，崇政殿四百四十九人，凡一千四百六十九人。四孟詣景靈宮，用殿前司八百七十五人，皇城在内巡檢司五百二十八人，崇政殿五百二十一人，凡一千九百二十四人。以左藏南庫絹二千匹下（衣）〔文〕思院製其衣服。」

六年九月一日，詔：「將來郊祀，並用五輅、大安輦，一如舊儀。」

九年六月五日，禮部、太常寺言：勘會乾道元年并乾道三年郊祀大禮〔四〕。

淳熙六年四月七日，禮部、太常寺言：「今歲明堂大禮，檢照《皇祐明堂記》并《政和五禮新儀》，明堂大禮用法駕鹵簿。祀前一日，皇帝于太廟朝饗畢，乘玉輅至宣德門，入門降輅，乘輿歸文德殿。鹵簿中玉輅〔五〕，次大輦，次金輅，次象輅，次革輅，次木輅。今明堂大禮所用鹵簿，大輦、車輅欲依上件典禮施行。」從之。

十八日，太常寺言：「今次明堂大[43]禮，並排設大輦五輅，祀前一日，皇帝朝饗太廟畢，乘玉輅入麗正門，降輅乘輿，用平輦。歸文德殿宿齋。所有大輦并其餘四輅，止合從後。」詔除大輦免行排設，餘依已降指揮。

五月十二日，禮部、太常寺言：「今歲明堂大禮，前一

〔一〕奏：原作「奉」，據《中興禮書》卷二〇改。
〔二〕天：原脱，據《中興禮書》卷二〇補。
〔三〕司：原脱，據《文獻通考》卷一一八補。
〔四〕此下有脱文，可參閲《中興禮書》卷二〇乾道九年六月五日條。
〔五〕中：疑當作「首」。

日，皇帝于太廟朝饗畢，乘玉輅詣麗正門。所由道路，乞是日朝饗太廟禮畢，皇帝于太廟櫺星門外乘玉輅，經由皇城東新路入麗正門，至南宫門外降(輿)〔輅〕，乘輿至文德殿上，降輿歸齋殿。其儀仗、法物合在車輅前排列。」從之。

光宗紹(興)〔熙〕二年四月十七日，禮部太常寺言：「淳熙十二年郊祀大禮，皇帝自太廟櫺星門外乘玉輅詣青城，禮畢還内，上乘大輦。今年郊祀大禮，乞依體例施行。」從之。

七月十三日，提點添修五輅大輦黄邁言：「得旨：玉輅軸依例修换外，其餘金、象、革、木四輅亦不堪應奉，乞行换造。」從之。（以上《永樂大典》卷一四五八七）

宋會要輯稿 輿服二

政和宣和鹵簿 [一]

【宋會要】

[1] 政和七年正月二十七日，禮制局言：「昨討論大駕六引，開封牧乘墨車，兵部尚書、禮部尚書、户部尚書、御史大夫乘夏縵，已經冬祀陳設訖。所有駕士衣服，尚循舊六引之制，宜行改正。況天子五輅，駕士之服各隨其輅之色，則六引駕士之服當亦如之。請墨車駕士衣皁，夏縵駕士皁質繡五色團花，於禮爲稱。」從之。

二月九日，詔：鹵簿圖籍當行改修，令禮制局限一年進呈。先是，兵部尚書蔣猷奏：「《大禮鹵簿圖記》，天聖間宋綬撰集。凡儀衛之物，既圖繪其形，又稽其制作之所自而叙之于後。陛下頃以治定制禮，如鹵簿儀制，革而新之者多矣。乞命有司取舊《圖記》，考今之所革者，依倣舊體，别爲一書，傳之久遠。」故有是詔。

政和宣和大駕鹵簿

六引中道

象六，中道，分左右，爲三重，各持鐵鉤一名跨其上。執轉光小緋旗一名前引；次擊鑼一名、節級二人爲一列；次[2]執七寶鉤二人在左，執銀鉤二人在右，行第一重象前。次三人行象内，爲三重；執轉光小緋旗十四人，分左右，行象外，爲七重。執鍮石鉤二人，行第三重旗前；執朱漆鉤二人，行第五重旗前；執鍮石鉤二人[二]，分行第七重旗前；又二人分行旗後；又執鐵鉤一名，在第三重象後當中。並服花脚幞頭、緋絁裌衫，或夏祭大禮，則以纈衫。凡六引及鹵簿内服飾以絁者並準此[三]。金鍍銀雙鹿帶。

法駕減象一，以一象居前，餘分左右，爲二重。執七寶鉤、銀鉤人各減大駕一名，行第二重象前；次二人行象内，爲二重；第四、第七重旗前執鍮石鉤各二人。其大駕各行第七重旗後二人，法駕無之，餘同大駕。

六引 法駕則開封令、牧、御史大夫爲三引。

第一引開封令，中道。清道二人，重行。次幰弩一，執人騎[四]。諸引執幰弩人並騎。次誕馬二，控馬每疋各二人。諸

[一] 原題作「鹵簿」，又旁批「大駕」二字。按此門出自《永樂大典》卷一四五八六，據《永樂大典目録》卷三九，原標目爲「宋鹵簿二」（本書前卷輿服一之二一至四三爲「宋鹵簿三」），究其内容爲政和、宣和鹵簿，包括大駕、法駕、小駕等，而不止爲大駕鹵簿。今據實際内容改題。

[二] 人：原脱，據《政和五禮新儀》卷一三補。

[三] 按，原稿此門除引《宋史》作小字外，其餘均作正文大字，但顯然其中有注文，今據文意并參《政和五禮新儀》將注文分出，改爲小字。

[四] 執：原作「人」，據《政和五禮新儀》卷一三改。

引控誕馬人准此。次軺車一乘，駕赤馬二，駕士十八人。次方繖一，次朱團扇一，次曲蓋一，次僚佐四員。外仗青衣二人，爲一列。次車輻棒二，次告止旛二，次傳教旛二，次信旛二，合爲一列。執旛各一名，紤二人，諸引執紤旛人數准此〔一〕。戟三十，爲十五重，在車輻棒至信旛外，並分左右廂。以下外仗並分左右廂。仗内清道服武弁、緋絁繡雲鶴衫、革帶，執黑漆杖；執㺐弩人平巾赤幘、緋絁繡辟邪衫、赤袴、革帶；控誕馬人平巾赤幘〔二〕、緋絁繡寶相花衫、大口袴、革帶；青衣人服平巾青[3]幘〔三〕、青絁衫、革帶，執仗，仗袋以青絹；執車輻棒人平巾赤幘、緋絁繡白澤衫、赤袴、革帶；執方繖、扇、戟、執紤、傳教幡、信幡人並黃絁繡抹額、寶相花衫、行縢〔四〕、韈襪、革帶；執朱團扇、曲蓋、執紤、告止幡人並緋絁繡抹額、寶相花衫、大口袴、革帶；駕士武弁、緋絁繡雉大袖勒帛。法駕曲蓋後有僚佐四員，戟減大駕十四，爲八重，餘同大駕。

第二引開封牧，中道。清道二人。次㺐弩一。次棡鼓一，在左；金鉦一，在右。次大鼓十，爲二重。次節一〔五〕、夾矟二，爲一列，執人騎。諸引執節、夾矟人並騎。次誕馬四，二重。次革車一乘，駕赤馬四，駕士二十五人。次方繖一。次朱團扇四，爲二重。次曲蓋一。次僚佐四員。次幢一在左，麾一在右，執人騎。諸引執幢、麾人並騎。次大角六，爲一列。次鐃一，次簫二，次笳二，次大橫吹二，各爲一列。次笛〔六〕、簫、觱篥、笳各一，笛、簫在左，觱篥、笳在右。外仗青衣八人，次車輻棒八，各爲四重。次告止幡二，次傳教幡二，次信幡四，爲二重。次儀刀十四，爲七重。戟七十，在車輻棒至儀刀外，爲三十五重。刀盾六十，在戟外，爲三十重，盾在左，刀在右。次弓矢六十，在刀盾外，爲三十重。每弓一箭二，連鞁。矟六十，在弓矢外，爲三十重。仗内執節、夾矟、幢、麾、大角、儀刀人並平巾幘、緋絁繡寶相花衫、大口袴、革帶。執刀盾人銀褐絁繡抹額、寶相花衫、大口袴、行縢、韈襪、革帶。執弓矢、矟人並錦帽、絁繡寶相花戎服、大袍、窄袴、革帶。内執弓[4]矢人袍以青，執矟人以紫。執棡鼓、金鉦人平巾幘、緋繡對鳳衫、抹帶、大口袴、錦螣蛇。執大鼓人黃繡雪花抹額、生色袍、抹帶袴。執鐃、簫、笳、笛、觱篥人並平巾幘、緋繡寶相花袍、大口袴、白抹帶。執大橫吹人緋繡苣文抹額、生色袍、抹帶袴。駕士武弁、緋絁繡皁大袖勒帛〔七〕。其餘執人行列、重數、并服飾並同第一引〔八〕。法駕大鼓減四，大角、信幡減爲二，鐃後左簫右笳、大橫吹各減一，外仗青衣、車輻棒、儀刀各減四，戟減三十，刀盾、

〔一〕諸：原作「謂」，據《政和五禮新儀》卷一三改。
〔二〕赤幘：原作「績」，據《政和五禮新儀》卷一三補改。
〔三〕衣：原作「衫」，據《政和五禮新儀》卷一三改。
〔四〕縢：原作「藤」，據《政和五禮新儀》卷一三改。
〔五〕一：原脱，據《政和五禮新儀》卷一三補。
〔六〕笛：原作「鐵」，據《政和五禮新儀》卷一三改。
〔七〕皁：原作「隼」，據《政和五禮新儀》卷一三改。
〔八〕并：原作「弁」，據《政和五禮新儀》卷一三改。

弓矢、矟各減二十四，餘同大駕。

第三引大司樂，中道。清道二人。次幰弩一。次棡鼓、金鉦各一。次大鼓十。次節一，夾矟二。次誕馬四。次革車一乘。駕士、駕馬並同第二引，以下革車准此。次方繖二。次朱團扇二。次曲蓋一。次僚佐二員。次幢、麾各一。次大角四。次鐃一。次簫、笳、大横吹各二。次笛、簫，次觱篥、笳，各一。外仗青衣六人，次車輻棒六，各爲三重。次告止旛二，次傳教幡二，次信幡四。次儀刀十二，爲六重；戟六十，爲三十重；刀盾、弓矢、矟各五十，各爲二十五重。駕士服武弁、緋絁繡鳳大袖勒帛。其餘執人行列、重數并服飾並同第一、第二引。法駕以御史中丞爲第三引，自第四引以下並減。

第四引少傅，中道。清道四人。次幰弩一。次棡鼓、金鉦各一。次大鼓十六，次長鳴十六，爲二重。次節一，夾矟二。次誕馬六，爲三重。次革車一乘，府佐四員，夾革車。次方繖一，次朱團扇四，次曲蓋二，爲一列。5次幢、麾各一，次大角八，次鐃一，次簫四，次笳四，次大横吹四，各爲一列。次節鼓一，次笛、簫、觱篥、笳各四，各爲一列。外仗青衣十人，次車輻棒十，各爲五重。次告止幡二，次傳教幡二，次信幡六，爲三重。次儀刀十六，爲八重。次戟九十，爲四十五重。絳引幡六，在戟外，爲一列分引。刀盾、弓矢、矟各八十，各爲四十重。仗内執長鳴人服同執大鼓人，執節鼓人服司執鐃人，執、絎絳引幡人服同執方繖人。駕士服武弁、緋絁繡瑞馬大袖勒帛。其餘執人行列、重數并服飾並同第一、第二引。

第五引御史大夫，中道。清道二人。次幰弩一。次棡鼓、金鉦各一。次大鼓十。次節一，夾矟二。次誕馬四。次革車一乘。次方繖一。次朱團扇二。次曲蓋一。次僚佐二員。次幢、麾各一。次大角四。次鐃一。次簫、笳、大横吹各二。次笛、簫、觱篥、笳各一。外仗青衣六人，次車輻棒六，各爲三重。次告止幡二，次傳教幡二，次信幡四。次儀刀十二，戟、刀盾、弓矢、矟各六十。駕士服武弁、緋絁繡獬豸大袖勒帛。其餘執人行列、重數并服色並同第一、第二引。法駕則爲第三引大鼓減四，大角減一，鐃後簫、笳、大横吹各減一，青衣、車輻棒、信幡各減二，儀刀減六，戟減二十四，刀盾、弓矢、矟各減半，餘同大駕。

第六引兵部尚書。革車一乘，駕士服武弁、緋絁繡虎大袖勒帛，其餘並同第五引。

中道鹵簿

金吾本司纛、矟，左右皁纛各六，爲一列。執、托各一名[一]，絎6四人。次押纛二人，騎。次押衙四人，騎，引穙矟。次穙矟八，爲二重。執穙矟各一名。次本衛上將軍、將軍各四人，爲二重。次衛司穙矟，本衛大將軍二人，騎；穙矟

[一] 托：原作「柘」，據《政和五禮新儀》卷一三改。本條下同。

四，夾大將軍〔一〕。執䂍稍各一名，夾二人，並騎。已上並分左右隊。内上將軍、將軍花脚幞頭、緋羅繡抹額、紫羅繡辟邪袍、鞾、弩，佩牙刀器仗，珂馬；大將軍平巾幘、紫絁繡辟邪袍、錦螣蛇、大口袴，佩横刀、弓矢。凡仗内大將軍、將軍、都尉、校尉、旅帥、中郎將、郎將並佩横刀、弓矢，唯朝服并黄麾仗内帥兵官不佩〔二〕。執夾衛司䂍稍人平巾幘〔三〕、緋絁繡寶相花裲襠、大口袴，佩横刀。執、托、絣皂纛人皂紗帽、皂絁寬衫、絹袴、鞵襪。押纛人幞頭、皁絁繡寶相花寬衫、絹袴、革帶、烏皮鞾。押衙金鵝帽、紫絁繡辟邪袍、革帶，佩儀刀。執䂍稍錦帽〔四〕、寶照錦袍、錦臂鞲、革帶、烏皮鞾。法駕減䂍稍二，爲一列，本衛上將軍、將軍各減二人，餘同大駕。

次朱雀旗隊，並騎。金吾衛折衝都尉一員引隊，䂍稍二，夾都尉。次朱雀旗，執旗一名，引二人，夾二人。凡仗内引、夾、執旗人數准此。次弩四，爲一列。次弓矢十六，次稍二十，各爲二重。次左右金吾衛果毅都尉二人，押隊。隊内折衝、果毅都尉平巾幘、紫絁繡辟邪袍、大口袴、錦螣蛇、革帶。執䂍稍、弩、弓矢、稍人並平巾幘、緋絁繡寶相花衫〔五〕、大口袴、革帶，佩横刀。内執弩、弓矢、稍人加佩横刀。引、夾、執朱雀旗人並緋絁繡抹額、寶相花(袴)〔衫〕、大口袴、革帶，佩横刀。内引、夾人加 7 佩弓矢。凡中道仗外仗内旗，引、夾旗人并執旗人並佩横刀，引、夾人並加佩弓矢。法駕弩減二，弓矢減六，稍減八，餘同大駕。《宋史》：宣和，引隊改天武都指揮使，押隊改天武指揮使。

次龍旗隊。大將軍一員檢校，騎。次引旗十二人，爲二重，並騎。次風伯旗一在左，雨師旗一在右。次雷公旗一在左，電母旗一在右。次五星旗五，爲一列。木星旗在左，餘火星、土星、金星、水星旗以次列于右。次左右攝提旗二，爲一列。次北斗旗一居後。次護旗十二人，爲二重，並騎。次副竿二，爲一列，執人並騎，分左右隊。内大將軍朝服；引旗、護旗人並黄絁繡抹額、寶相花衫，佩弓矢；引、夾、執風伯旗等人五色絁繡抹額、寶相花衫；執副竿人錦帽、黄絁繡寶相花衫、大口袴、革帶。法駕引旗、護旗各減四人，餘同大駕。《宋史》：宣和，檢校改左右衛大將軍，雷公、電母旗去公、母二字。

次指南等車。指南平車一，次記里鼓車一，駕士各三十人。次白鷺車一，次鸞旗車一，次崇德車一，次皮軒車一，駕士各十八人。並服武弁、緋絁繡大袖勒帛。指南車駕士服繡以孔雀，記里鼓車以對鵝，白鷺車以白鷺，鸞旗車以瑞鸞，崇德車以辟邪，皮軒車以虎。法駕無白鷺車、崇德車，餘同大駕。《宋史》：宣和有青旌、青雀、鳴鳶、飛鴻、虎皮、貔貅六車，

〔一〕大將軍：原作「上將軍」，據《政和五禮新儀》卷一三、《宋史》卷一四六《儀衛志》四改。

〔二〕帥兵官：原作「帥官兵」，據《政和五禮新儀》卷一三乙。

〔三〕人：原脱，據《政和五禮新儀》卷一三補。

〔四〕錦：原作「綿」，據《政和五禮新儀》卷一三改。

〔五〕衫：原作「袴」，據《政和五禮新儀》卷一三改。

在記里鼓之下、崇德之前，減白鷺、鸞旗、皮軒三車，駕士之數如前。

次金吾引駕，騎。本衛果毅都尉二人，分左右，平巾幘、緋絁[8]繡辟邪袍、大口袴，執儀刀。次弩、弓矢、矟各八，爲四重，每重弩二，弓矢二，矟二，相間行，分左右。執人平巾幘、緋絁繡寶相花裲襠、大口袴、革帶。法駕儀刀、弩、弓矢、矟各減二，爲三重，餘同大駕。《宋史》：宣和改都尉爲神勇都指揮使。

次大晟府前部鼓吹〔一〕，令二人，次府史四人，各爲一列，分左右。次管轄指揮使一名。次棡鼓、金鉦各十二，爲四重，鼓在左，鉦在右。部内棡鼓、金鉦並分左右。帥兵官八人領，爲一列，在棡鼓、金鉦重内行。次大鼓一百二十，爲十重；帥兵官二十人領，在大鼓重内行。次長鳴一百二十，爲十二重，帥兵官六人領，每二人領四重，各在前一重内行。次鐃鼓十二，爲二重；帥兵官四人領，在鐃鼓内行。次歌工，次拱辰管，次簫，次笳，各二十四，各爲二重。次大横吹一百二十，爲十重；帥兵官十人領，每二人領二重，各在前一重内行。小鼓行次准此。次節鼓二，次笛，次簫，次觱篥，次笳，次桃皮觱篥，各二十四，各爲二重。次棡鼓、金鉦各十二，爲二重；帥兵官四人領。次小鼓一百二十，爲十重。次中鳴一百二十，爲十二重；帥兵官八人領，每二人領三重，各在前一重内行。次羽葆鼓十二，爲二重；帥兵官四人領，各在鼓内行。次歌工，次拱辰管，次簫，次笳，各二十四，各爲二重。部内鼓吹令本色服，府史幞頭、綠羅寬衫、黃絹半臂；管轄指揮使平巾幘、紫繡寶相花袍〔二〕、錦[9]螣蛇、白抹帶。帥兵官并執棡鼓、金鉦、拱辰管、簫、笳、大鼓、笛、觱篥、桃皮篳篥、歌工服平巾幘、緋繡對鸞衫、大口袴、白抹帶；執棡鼓、金鉦人加錦螣蛇。執長鳴、中鳴、大鼓、小鼓同第二引執大鼓、長鳴服，執鐃、大横吹人同第二引執大横吹服，執羽葆鼓人青繡苣文抹額、生色袍、抹帶袴。法駕前後棡鼓、金鉦各減四，爲二重。大鼓減四十，帥兵官減八人，長鳴減四十，爲十重。鐃鼓減四，拱辰管後簫、笳各減八；大横吹減四十，帥兵官減六人。節鼓後笛、簫、觱篥、笳、桃皮觱篥各減八，小鼓、中鳴各減四十，各爲十重。帥兵官減四人，每人押五重。羽葆鼓減四，最後簫、笳各減八。餘同大駕。

次太史相風〔三〕、行漏等輿。（次）太史令一員，次書令史一名，並騎。次相風烏輿一〔四〕，輿士四人。次交龍鉦一在左，交龍鼓一在右，輿士各六人。次司辰一名，次典士一名，並騎。次刻漏生四人，分左右，爲二重。次鼓樓一在左，鐘樓一在右，次行漏輿一，輿士各一百人。次太史正一員，騎。次清道二人。次十二神輿一，輿士十四人。太史

〔一〕府：原脱，據《政和五禮新儀》卷一三補。
〔二〕袍：原作「袴」，據《文獻通考》卷一一八改。
〔三〕次：原無，據《宋史》卷一四六《儀衛志》四補。
〔四〕輿：原無，據《宋史》卷一四六《儀衛志》四補。

令、太史正朝服；書令史緑公服〔一〕；司辰、典士、漏刻生並袴褶，青絁大袖、絹袴、勒帛；輿士并管押節級并武弁、緋絁繡寶相花大袖、白絹袴、勒帛；清道平巾幘、青絁大袖、白絹袴、勒帛、執黑漆仗；管押相風烏等輿人員平巾幘、紫絁繡寶相花大袖、白絹袴、勒帛、錦縢蛇。法駕行漏輿輿士減四十人，神輿輿士多大駕二人，餘同大駕。《宋史》：宣和鼓、鐘樓並改爲輿，太史正前有捧日副指 10 揮使二人、捧日節級十人，神輿輿士增十。

次持鈒前隊。左右武衛果毅都尉二人引隊，次左右武衛校尉二人，並分左右。次絳引幡一，在中；金節十二，分左右，夾幡，執人騎。内絳引幡加紤二人。次罕一在左，畢一在右。次朱雀幢一，次叉一，次導蓋一，在中；青龍幢一，在左；白虎幢一，在右。次叉三，爲一列。幢、叉、導蓋執人並騎。次稱長二名，次鈒戟二百八十八，爲四十八重。次左右武衛將軍二人檢校，次左右武衛校尉四人押隊，並分左右隊。内左右武衛將軍、果毅都尉、校尉並平巾幘、紫絁繡瑞鷹袍、大口袴、錦縢蛇、革帶。執絳引幡、金節、罕、畢、朱雀幢、叉導蓋、叉鈒戟人并武弁、緋絁繡寶相花衫、大口袴、白勒帛。法駕金節減四，鈒戟減七十二，爲三十六重，餘同大駕。《宋史》：宣和，引隊改驍騎都指揮使，武衛校尉改驍騎軍使，增朱雀旗後之叉一，去龍虎後之叉三，檢校改用左右驍騎將軍〔二〕。

次黃麾幡一，執幡一名，紤二人，服飾同持鈒前隊執絳引幡人，内執人騎。法駕同此。法駕又有殿中侍御史二員，分左右，在黃麾前。

次六軍儀仗。左右神武軍統軍二員，分左右。次都頭二人押仗，在本軍旗内。左右神武軍旗各一，排闌旗二十，在仗外，分夾本軍旗。槍棒仗每二人爲一列，執旗、槍棒仗各一名，前一重與本軍旗齊行。次吏兵旗一，在左；力士旗一，在右。以下吏兵、力士旗分左右同。次白柯槍二〔三〕，次哥舒棒二〔四〕。次白（椅）〔柯〕 11 槍六，次鐙仗二。次白（椅）〔柯〕槍二，次吏兵旗、力士旗各一。次白（椅）〔柯〕槍四，次哥舒（槍）〔棒〕二。次白（椅）〔柯〕槍八，次鐙仗二。次吏兵旗、力士旗各一。次白（椅）〔柯〕槍四，次哥舒棒二。次白（椅）〔柯〕槍四，次吏兵旗、力士旗各一，次鐙仗二。次白（椅）〔柯〕槍八，次哥舒棒二。次白（椅）〔柯〕槍二，次吏兵旗、力士旗各一。次白（椅）〔柯〕槍二，次鐙仗二。次白（椅）〔柯〕槍四，次哥舒棒二。次白（椅）〔柯〕槍四，次掩尾天馬旗二。次左右羽林軍統軍二員，次都頭二人，次節級二人〔五〕。左右羽林軍旗各一，排闌旗二十，在仗外，如神武軍分夾。次赤豹旗一在左，黃熊旗一在右。以下赤豹、黃熊旗分左右同。其餘槍棒（杖）〔仗〕等行列、重數並同神武軍。次左右龍武軍統

〔一〕緑：原作「録」，據《文獻通考》卷一一八改。
〔二〕「校」原作「枝」，「左」原脱，據《宋史》卷一四六《儀衛志》四改補。
〔三〕柯：原作「椅」，據《文獻通考》卷一一八改。
〔四〕棒：原作「槍」，據《文獻通考》卷一一八改。
〔五〕級：原作「鈒」，據《政和五禮新儀》卷一三改。

軍二員〔一〕，次都頭二員。左右龍武軍旗各一，排闌旗二十，在仗外，如羽林軍分夾。次龍君旗一，在左；虎君旗一，在右。以下龍君、虎君旗分左右同。其餘檜棒(杖)〔仗〕等行列，人數並同羽林軍。仗內神武、羽林、龍武統軍並花脚幞頭、紫絁繡抹額、孔雀衫、韡弩，佩橫刀、鞠䩮、韔靬、珂馬。押仗都頭幞頭、紫絁繡寶相花大袖襖、革帶。引夾神武、羽林、龍武軍旗人貼金帽，執人錦帽，并五色絁繡寶相花衫、錦臂韝、革帶。其餘執旗人服飾准此。執哥舒棒、鐙仗人同夾旗人服飾。執白(椅)〔柯〕槍人交脚幞頭、五色絁繡抹額、寶相花衫、銀褐繡撲獸捍腰〔二〕、錦臂韝、革帶。法駕神武軍減排闌(干)旗十，羽林、龍武軍各減四。大駕六軍吏兵、力士旗各分五重，法駕各減一重。第[12]一重中節白(椅)〔柯〕槍減二，第二重第二節、第四重第一節白(椅)〔柯〕槍各減四，第四重(節)〔第〕二節減二。法駕羽林軍又減大駕節級二人，餘同大駕。《宋史》：宣和統軍改軍將，神武軍旗改熊虎，排闌旗改平列，哥舒棒改戈戟，鐙杖改矛戟。羽林隊無節級，黃熊旗改黃羆，龍武旗改熊虎〔三〕。

次引駕旗。天王旗二，次排仗通直官二人押旗，分左右。次十二辰旗各一：午未在前，次巳申，次辰酉，次卯戌，次寅亥，次丑子，午、巳、辰、卯、寅、丑旗在左，餘在右。次天王旗二，分左右。押旗幞頭、紫公服、烏皮鞾，執旗人並同執神武軍旗人服飾。法駕同此。

次龍墀旗。天下太平旗一，排仗大將二人，夾太平旗。次五方龍旗各一，爲三重〔四〕：赤龍旗在前，次黃龍旗在中，青龍旗在左，白龍旗在右，次黑龍旗在後。次金鸞旗一在左，金鳳旗一在右。次獅子旗二，次君王萬歲旗一。次日旗一在左，月旗一在右。排仗大將同押引駕旗通直官服，引、夾、執旗人同引、夾、執神武軍旗人服飾。法駕減鸞、鳳、獅子旗，餘同大駕。

次御馬二十四，分左右，爲十二重。控馬每匹天武二人，服貼金帽、紫繡寶相花大袖襖、革帶。騎御馬直二人，皂紗帽、青錦襖〔五〕、束帶。部押天武節級錦帽、紫繡寶相花寬衫。管押騎御馬直人員節級紅錦襖。法駕減八，爲八重，餘同大駕。

次中道隊。大將軍一員檢校，朝服，騎。法駕同。《宋史》：宣和，大將軍改爲左右驍衛大將軍〔六〕。

次日月合璧等旗。日月合[13]璧旗一在中，苣文旗二，分左右，爲一列。次五星連珠旗一，在中；祥雲旗二，分左右，爲一列。引、夾、執旗人各五色絁繡抹額、寶相花衫、錦臂韝。次長壽幢一，執人平巾幘、緋絁繡寶相花衫、大口

〔一〕次：原無，據《政和五禮新儀》卷一三補。
〔二〕撲：原作「襆」，據《政和五禮新儀》卷一三改。
〔三〕旗：原作「騎」，據《宋史》卷一四六《儀衛志》四改。
〔四〕三：原作「二」，據《政和五禮新儀》卷一三改。
〔五〕錦：原作「綿」，據《政和五禮新儀》卷一三改。
〔六〕衛：原作「騎」，據《宋史》卷一四六《儀衛志》四改。

袴、革帶。法駕同。《宋史》：宣和，苣文改慶雲，祥雲改祥光。

次金吾牙門旗，左右各二，爲中道第一門。執、夾人青絁繡抹額、寶相花寬衫、白絹袴、革帶。内夾人執弓矢，騎。次監門校尉，左右各三人，爲一列。押旗幞頭、緋絁繡抹額、獅子裲襠、烏皮韡〔一〕，佩横刀，騎。法駕，第一門在龍墀旗之後。

次金吾細仗。青龍旗一在左，白虎旗一在右，押旗二人，分左右，騎。次五嶽神旗五，爲三重：南嶽旗在前，次中嶽旗在中，東嶽旗在左，西嶽旗在右，次北嶽旗在後。次五方神旗五，如五嶽旗陳列。五方龍旗各五，相間爲五隊，爲三重：赤龍旗在前，次黄龍旗在中，青龍旗在左，白龍旗在右，次黑龍旗在後。前一隊次北方神旗，餘隊各次右仗黑鳳旗。五方鳳旗各五，如五方龍旗陳列，各次左仗黑龍旗。内執青龍、白虎旗、五嶽、五方神旗各一名，紤三人。執紤人四色絁繡抹額、寶相花寬衫。執人黄，紤人左青、右銀褐，後皁。内紤人執弓矢。執五方龍鳳旗人五色絁繡抹額、寶相花寬衫；押旗人並同押龍墀旗人服飾。次江瀆旗、河瀆旗各一，次淮瀆旗、濟瀆旗各一，並各爲一列。江淮旗在左，河濟旗左右。引、夾、執旗人並皁絁繡寶相花衫、繡抹額、革帶。法駕五 14 方龍鳳旗各減二，各爲三隊，餘同大駕。《宋史》：宣和改校尉爲使臣，五嶽神旗去「神」字。

次八寶，爲四重：鎮國神寶在左，受命寶在右；皇帝之寶在左，天子之寶在右；皇帝行寶在左，天子行寶在右；皇帝信寶在左，天子信寶在右。香案八，爲四重，每重列于寶輿之前。碧欄二十四人〔二〕，爲十二重，夾受命等寶。服弓脚幞頭、碧襴、塗金銅帶、烏皮韡，後二重執長刀，騎。内外符寶郎行于碧欄之間。法駕減碧欄八，爲八重，餘同大駕。《宋史》：宣和增引寶職掌二人〔三〕，香案職掌六人，援衛傳喝親從一百人〔四〕，奉寶輦官每寶二十八人，節級一人，奉寶一十二人，舁香案、行馬、執燭籠各四人，持席褥、油衣共三人，香案、寶輿各九，燭籠三十六，碧欄之數同前。

次方繖二，分左右。大雉尾扇四，夾方繖，執各一名。以下執繖、扇人准此。執人弓脚幞頭、碧襴衫、金銅帶、烏皮韡，法駕同此。

次金吾四色官六人，爲三重，每二人爲一重。幞頭、緑公服、白絹袴、塗金銅帶、烏皮韡。前二名執笏，餘執金銅儀刀。次押仗二人，幞頭、紫公服、塗金銅帶、烏皮韡，騎。法駕減二人，爲二重，餘同大駕。次金甲二人，分左右，服金甲、鳳翅兜鍪，執鉞。法駕同此。《宋史》：宣和，改爲銅甲。次太僕寺進馬四人，平巾幘、紫絁繡犀牛裲襠、大口袴、革帶、韡叉，佩横刀，弓矢。（旗）法駕同此。

〔一〕皮：原脱，據《政和五禮新儀》卷一三補。

〔二〕碧欄：《宋史》卷一四六《儀衛志》四作「碧襴」，當是，然以史籍中互見，今不改。

〔三〕寶：原脱，據《宋史》卷一四六《儀衛志》四改。

〔四〕援：原作「授」，據《宋史》卷一四六《禮衛志》四改。

次引駕千牛衛將軍一員，乘珂馬，服飾同太僕寺進馬人。次千牛八人，次中郎將二人，並乘珂馬。次千[15]牛二人，騎。並花脚幞頭、緋絁繡抹額、紫絁繡犀牛裲襠、大口袴、革帶、鞾叉，佩横刀、弓矢。法駕同此。《宋史》：宣和引駕改爲千牛衛大將軍，中郎將改爲捧日都虞候。次長史二人，緑公服、白袴、金銅帶，烏皮鞾，並騎。法駕同此。《宋史》：宣和無。

次金吾引駕官四人，爲二重，並騎。服同金吾押仗，法駕同此。次導駕官，分左右。法駕同此。次繖扇、輿輦。大繖二，分左右。中雉尾扇四，夾大繖。小雉尾扇四，夾腰輿。執人並武弁、緋絁繡寶相花大袖、白絹袴、白勒帛。以下執傘、扇、華蓋人服飾並同。腰輿一，應奉人員一名。指揮使以上宜男錦襖〔一〕，餘紅地黄盤獅子錦襖，十將、將虞候、節級二十人〔二〕。十將、將虞候紅方勝練鵲錦襖，節級紅地白獅子錦襖。長行十六人，紅地白獅子錦襖。

次排列官二人，次中雉尾扇十二，次華蓋二，執各二人。次香鐙一，執擎八人，服飾同尚輦執繖人。次香匙在左，火燎在右。

次小輿一，應奉人，逍遥、平輦下人，長行二十四人。次逍遥子一，應奉人十將、將虞候、節級共九人，長行二十六人。次平輦一，應奉人員七人。大輦下人、十將、將虞候、節級共九人，長行二十六人。《宋史》：平輦一，應奉人員七人。服飾與腰輿下同。法駕則排列官後中雉扇減四，餘並同大駕。《宋史》：宣和云小雉尾扇四，腰輿一，添管押人員二人，都將四人，僉押小輿排列官二人〔三〕。小輿一，奉輿二十四人，都將九人。逍遥子改爲逍遥輦，奉輦一十六人。[16]平輦一，奉輦人同上，後有上輦奉御二人，騎。小輿前又有大輅一〔四〕，駕馬六，太僕卿御，駕士二百二十人。

駕前東第五班。開道旗一，皁纛旗一十二，爲四行，每行三人。次引駕六十二人，次鈞容直三百人，引駕回作樂。次東第五班五方色龍旗五。次門旗四十。次御龍四直步執門旗六十。次天武駕頭下一十二人〔五〕。次下茶酒班内東門執從物一十一人。次御龍直仗劍六人。次天武把行門八人。以上並分左右。次東第五班麋旗一。次殿前班擊鞭一十人，次東第五班執簇輦龍旗八，並分左右。次日旗一在左，月旗一在右。次麟旗一在左，鳳旗一在右。次青龍旗一在左，白龍旗一在右；赤龍旗一在左，黑龍旗一在右。次御龍直四十人〔六〕，踏路馬二。次夾輅大將軍二員。次進輅職掌二員。次部押二人，教馬官二員，爲一列，教馬官在部押官外。法駕同此。《宋史》：宣和無鈞容直。開道旗内增押班一人，殿侍二人。皁纛旗十二，殿侍十二人執。引駕人員二人，長行六十人。五方色吉字旗殿侍三人，管押十人。門旗，殿侍二人，管押四十人，叉八，門旗六十，御龍直一十二人，骨朵直一十二人，御龍弓箭直、弩直各十八

〔一〕錦：原脱，據《政和五禮新儀》卷一四補。
〔二〕十：原脱，據《政和五禮新儀》卷一四補。
〔三〕僉：原作「兼」，據《宋史》卷一四六《儀衛志》四改。
〔四〕輅：原作「路」，據《宋史》卷一四六《儀衛志》四改。
〔五〕一：原作「二」，據《宋史》卷一四六《儀衛志》四改。
〔六〕十：原作「人」，據《宋史》卷一四六《儀衛志》四改。

人，御龍直仗劍六人。執纛旗殿侍二人，管押龍旗人員二人〔一〕，都知、副都知各一人。執骨朵殿侍十六人，內大將軍改爲千牛衛大將軍，朝服，步從；將軍二人，朝服，陪乘。掌輦四人。

皇帝乘玉輅，駕青馬六，駕士一百**17**二十八人，扶駕八人，骨朵直一百三十四人。行門一十八人，在玉輅之左；一十七人在右；陪乘將軍二員在後。法駕同。《宋史》：宣和，駕士增爲二百三十四人。

奉宸隊。分左右，充禁衛。從裏第一重御龍直，第二重左廂骨朵子直、右廂弓箭直，第三重弩直，第四重御龍四直，並以逐班直所管人數列成隊伍。第五重天武骨朵、大劍三百一十人，分左右。駕後東第五班，大黃龍旗一。次駕後樂東第四班三十一人。次鈞容直三十一人。次扇筤下天武三十人。次茶酒班簇輦三十一人。次招箭班三十二人。奉宸隊人員服帽子，十將以下戴兜鍪〔二〕，並服紅錦襖、背子。內人員緋背子〔三〕。帶鐵甲、劍人員並弓箭手帶弓箭器械，執骨朵十將以下（帶弓箭）帶弓箭器械，執骨朵弩手挾弩，帶弩箭、鞠䩫子，執骨朵槍刀手執骨朵。至宣德門執槍刀。天武步隊人員帽子、錦襖、背子。襖子正副指揮使以黃獅子，都頭以方勝練鵲。背子，正副指揮使以緋羅夾繡小團簇花，都頭以紅羅罨畫。銀帶。執骨朵十將以下至長行一百人，服紫絁繡孔雀襖、帶簇四金雕硬帽、金鍍銀帶。執骨朵二百人，服緋絁繡對鳳襖，帶金鍍銀花朱紅笠子、金鍍銀帶。執大劍天武扇筤下二十人，錦帽、紫絁繡對鳳花襖。十人服紫，十人服緋。駕前御龍直執從物人員帽子、紅錦襖，十將以下裹真珠頭巾〔四〕。殿前指揮使擊鞭，帽子、紅錦襖。執仗劍，帽子、紅錦襖、背**18**子。帶鐵甲、弓、劍、箭、器械、骨朵，玉輅下夾輅陪乘，大將軍並朝服，骨朵直並帽子、紅錦襖、緋背子。帶鐵甲、弓、劍、箭、器械、骨朵駕士，平巾幘、青繡鳳大袖、絹袴、勒帛、鞵襪。下茶酒班執從物，帽子、碧錦襖、紅背子。御龍四直旗頭戴兜鍪、紅錦襖、背子。帶鐵甲、劍，執槍繫旗東第五班人員〔五〕，帽子、紅錦襖、緋背子。帶鐵甲、弓、劍、箭、器械，執骨朵、執旗殿侍，戴兜鍪、紅錦襖、背子。帶鐵甲、劍執皂纛人〔六〕，黑漆鐵笠、皂絹衫袴、皁皮甲。

殿前指揮使、行門、諸班直引駕人員。殿前指揮使、引駕人帽子、紅錦襖、緋背子。帶鐵甲、弓、劍、箭、器械、執骨朵，駕後執大黃龍旗殿侍，帶兜鍪、紅錦襖、背子。帶鐵甲、劍東第四班、鈞容直、駕後樂人員以下，並帽子、紅錦襖、背子。內人員緋背子，執骨朵。招箭班、茶酒班人員，帽子、紅錦襖、緋背子。內殿侍碧錦襖、紅背子。扶駕人本色服，進輅職掌紫羅寬衫。法駕並同此。《宋史》：宣和止用黃龍旗，餘並無。

〔一〕旗：原脱，據《宋史》卷一四六《儀衛志》四改。
〔二〕下：原脱，據《政和五禮新儀》卷一四補。
〔三〕內人員緋背子：此六字原在下句「劍」下，據《政和五禮新儀》卷一四乙。
〔四〕裹真：原作「裹直」，據《政和五禮新儀》卷一四改。
〔五〕繫：原作「寨」，據後文輿服二之三二改。
〔六〕執：原作「劍」，據《政和五禮新儀》卷一四改。

次副玉輅一，駕青馬六〔一〕。駕士四十人，武弁、青繡對鳳大袖、絹袴、勒帛、鞵襪。法駕無副輅。《宋史》：宣和駕士二百人，內人員二人。大輦一，掌輦四人，在大輦前，爲二重。武弁、黃絁繡寶相花衫、紫繡組帶〔二〕、行縢、銀褐抹帶、革帶。應奉人員十二人，七人集輦內，一名傳喝，執骨朵，餘從輦。指揮使以上宜男錦襖，餘紅地黃獅子錦襖。十將、將虞候、節級共十人，十將、將虞候紅方勝練鵲錦襖，節級紅地白獅子錦襖。長行三百五十 19 五人，武弁、紅地白獅子錦襖、黃絁繡寬衫、紫羅生色雲鳳組帶、白絹勒帛、夾袴、紫絹行縢。次尚輦奉御二人，次殿中少監，次供奉職官二員，幞頭、紫公服，烏皮鞾。次令史四人，三人烏皮介幘，緋絁裌衫、白袴、白勒帛，一名幞頭、紫公服、烏皮鞾。次書令史四人，烏皮介幘，緋絁裌衫、白袴、白勒帛。法駕同此。《宋史》：宣和增奉輦爲九十人。次太僕御馬二十四，爲十二重，分左右。天武等服飾並同。次龍墀旗後控御馬等人。法駕減八，爲八重。《宋史》：宣和無太僕。

次持鈒後隊。左右武衛旅帥二人，騎，服平巾幘、紫絁〔瑞繡〕〔繡瑞〕鷹袍、大口袴、錦縢蛇、革帶。法駕同此。《宋史》：宣和改爲神勇都指揮使。次重輪旗二，分左右，引、夾、執人各五色絁繡抹額、寶相花衫。執幢叉、執綍麾人並武弁、絁繡寶相花衫。執幢以皂，絳麾叉以紫。法駕同此。次大繖、雉尾扇等：大繖二，大雉尾扇四，夾大繖。次大雉尾扇四，爲一列。次小雉尾扇十二，次朱團扇十二，各爲三重。次華蓋二。次叉二。次睥睨十二，爲二重。次御刀六，爲一列。次真武幢一，在中；絳麾二，分左右，爲一列。次叉一。次細矟十二，爲二重。殿中省執朱團扇人黃絁繡抹額、寶相花衫、行縢〔三〕、革帶。太僕寺執叉人武弁、緋絁繡衫、白袴、錦縢蛇。執睥睨人武弁、緋絁繡寶相花大袖、白絹袴、勒帛。執御刀人武弁、緋絁繡寶相花大袖、大口袴、白勒帛。絳麾加綍二人。法駕小雉尾扇、朱團扇、睥睨、矟各減四，20 各爲二重；華蓋減一。御刀減二，餘同大駕。《宋史》：宣和真武幢改爲〔元〕〔玄〕武。次左右金吾衛果毅都尉二人，總領大角，並騎。次大角一百二十，爲十重。都尉服平巾幘、紫絁繡辟邪袍、大口袴、錦縢蛇、革帶。執大角人平巾幘、緋絁繡寶相花衫、大口袴、革帶。法駕減大角四十，爲八重，餘同大駕。《宋史》：宣和改都尉爲驍騎都指揮使。

次大晟府後部鼓吹。丞二人，次典事四人。次管轄指揮使一名。次羽葆鼓十二，爲二重；帥兵官四人領，在鼓內行。下除小橫吹外，並爲二重。次歌工，次拱辰管，次簫，次笳，各二十四。帥兵官二人領，在笳前一重內行。次鐃鼓十二，帥兵官四人領，在鐃鼓內行。次歌工，次簫，次笳，各二十四。次小橫吹一百二十，爲十重；帥兵官八人領，第一、

〔一〕馬：原作「龍」，據《政和五禮新儀》卷一四改。
〔二〕組：原作「祖」，據《政和五禮新儀》卷一四改。下同。
〔三〕縢：原作「賸」，據《政和五禮新儀》卷一四改。

第四、第七、第十重各二人，在横吹内行。次笛，次簫，次觱篥，次笳，次桃皮篳篥，各二十四。丞本品服，典事同前部府史服，其餘並同前部人服飾。法駕，羽葆鼓減四，簫、笳、笛、篳篥、桃皮篳篥各減八，鐃鼓減四，領鐃鼓帥兵官減二人，小横吹減四十，爲十重，領横吹帥兵官減二人。餘同大駕。《宋史》：宣和，帥兵官改爲天武、神勇、宣武、虎翼四都頭。

次黄麾一，執、綷人數并服飾並同前部黄麾。法駕有殿中侍御史二員，分左右，在黄麾前。

次芳亭輦，鳳輦。芳亭輦一，奉輦六十人。次鳳輦一，奉輦五十人。並武弁、黄絁繡寶相花衫、組帶〔一〕、行縢、銀褐抹帶、革帶。法駕無鳳輦。《宋史》：【21】宣和，芳亭奉輦六十二人。

次金、象、革、木等（路）〔輅〕。金輅一，踏路赤馬二，次副金輅一，各駕赤馬六。次象輅一，次副象輅一，各駕赭白馬六。次革輅一，次副革輅一，各駕騧馬六。次木輅一，次副木輅一，各駕黑馬六。金輅駕士六十人，平巾赤幘、緋繡鳳大袖、絹袴、勒帛。其餘輅駕士各四十人，並武弁、繡大袖、絹袴、勒帛、韈襪。其繡大袖皆對鳳。副金輅以緋，象輅以銀褐，革輅以黄，木輅以皂〔二〕。法駕無副輅。《宋史》：宣和駕馬之色又異：金以騮，象以赤，革以赭白，木以烏〔三〕。駕士正百五十人，副一百人，管押人員各二人。

次耕根輦一，駕青馬六。駕士四十人，服以青繡鳳銜嘉禾合穗。法駕同此。《宋史》：宣和無。

次進賢車、明遠車。進賢車一，駕士二十四人。明遠車一，駕士四十人。法駕無此二車。《宋史》：宣和各增駕馬四。

次屬車十二乘，每乘駕牛三，駕士十人。法駕減四乘。《宋史》：宣和增衙官二人，管押節級一人。

次四省局官。門下省局官二員，在左；中書省局官二員，在右。次秘書省局官二，在左；殿中省局官二員，在右。法駕同此。

次黄鉞、豹尾。次黄鉞車一，次豹尾車一，各駕赤馬二，駕士十五人。進賢車以下駕士並武弁、緋絁繡大袖、勒帛。進賢車駕士繡以瑞麟，明遠車以對鳳，屬車以雲鶴，黄鉞車以對鵝，豹尾車以立豹。除進賢、明遠車外，法駕並同此。《宋史》：宣和有黄鉞天武副都頭及神勇副都頭各一。

次掩後隊。左右威衛折衝都尉【22】二人領隊，平巾幘、紫絁繡飛麟袍，大口袴，錦螣蛇，革帶。次大戟，次刀盾，次弓矢，次矟，各五十，各爲一列。執人並黑鍪甲、錦臂褠、皂袴、行縢、韈襪。法駕大戟、刀盾、弓矢、矟各減十六，餘同大駕。《宋史》：宣和，押隊改用宣武都指揮使二人。次金吾牙門旗，左右各二，爲中道第二門。執、夾人緋絁繡抹額、寶相花寬衫、白絹袴、革帶，騎。次監門校尉，左右各三人，爲一列。幞頭、紫絁繡抹頭、獅子裲襠、烏皮鞾，佩横刀，騎。法駕

〔一〕組：原作「祖」，據《政和五禮新儀》卷一四改。
〔二〕輅：原作「革」，據《政和五禮新儀》卷一四改。
〔三〕以：原作「爲」，據《宋史》卷一四六《儀衛志》四改。

同此。

次真武隊。金吾衛折衝都尉一名，㩟矟二〔一〕，夾都尉爲一列。次仙童旗一。次真武旗一在中，螣蛇旗一在左，神龜旗一在右，爲一列。次矟二十五，爲五重。次弓矢二十，爲四重。次弩五，爲一列。隊内金吾衛折衝都尉服平巾幘、紫絁繡辟邪袍、大口袴、錦螣蛇、革帶。執㩟矟及矟、弓矢、弩人平巾幘、緋絁繡寶相花衫、大口袴、革帶。引、夾、執仙童、真武、神龜、螣蛇旗，五色絁繡抹額、寶相花衫。法駕減矟六，爲四重：前三重各五人，後一重四人。弓矢減五，爲三重，弩減一。餘同大駕。《宋史》：宣和改爲玄武隊，改真武爲玄武。又去仙童、龜、蛇旗，改都尉爲虎翼都指揮使。

大駕外仗 並左右廂

清游隊。次第六引外仗〔二〕，白澤旗二，左右金吾衛折衛都尉二人分領，行旗外，並騎。次弩八，爲一列。次弓矢三十二，次矟四十，各爲二重。隊内折衝都尉平巾幘、紫絁繡辟邪袍、大口袴、錦螣蛇、革帶。引、夾、執旗、執弩、弓矢、矟人並甲騎[23]冠、具裝、錦臂韝、大口袴。法駕則次第三引外，弩減大駕之二，弓矢減八，矟減十，餘同大駕。《宋史》：宣和改都尉爲捧日都指揮使。

次左右金吾各十六，騎。帥兵官二人。次弩八，次弓矢，次矟，各十二，各爲一列。帥兵官及執弩、弓矢、矟人並平巾幘、緋絁繡辟邪裲襠、大口袴、佩橫刀。帥兵官加佩弓矢。法駕金吾騎及弓矢、矟各減大駕之四，餘同大駕。《宋史》：宣和改金吾爲天武都頭。

次佽飛隊。左右金吾衛果毅都尉二人分領，並騎，服佩並同清游隊折衝都尉。次虞候佽飛四十八人，爲二十四重〔三〕，平巾幘、緋絁繡寶相花衫、大口袴，佩橫刀，弓矢，並騎。鐵甲佽飛二十四人，爲六重，在虞候佽飛外〔四〕，並甲騎、具裝，錦臂韝，佩橫刀、弓矢。法駕虞候佽飛減大駕十八人，爲十五重；佽飛減八人，爲四重。餘同大駕。《宋史》：宣和改金吾衛爲拱聖都指揮使，改都尉爲都指揮使。

次前隊殳仗。次金吾十六騎，在佽飛仗最外行。左右領軍衛將軍二人檢校，並騎。次㩟矟四，爲二重，騎。次左右領軍衛帥兵官四人〔五〕，爲一列。以下帥兵官人數，行列准此。次殳叉一百六十，每二人爲一重，殳叉間列。以下殳叉並二人爲一重，行列准此。次左右威衛帥兵官，次殳叉八十。次左右衛帥兵官〔六〕，次殳叉一百。次左右驍衛帥兵官，次殳叉八十。次左右武衛帥兵官，次殳叉八十。隊内左右領軍衛將軍平巾幘、紫絁繡白澤袍、大口袴、錦螣蛇、革帶。執㩟[24]

〔一〕二：原作「一」，據《政和五禮新儀》卷一四、《宋史》卷一四六《儀衛志》四改。

〔二〕仗：原脱，據《政和五禮新儀》卷一五補。

〔三〕重：原作「人」，據《政和五禮新儀》卷一五改。

〔四〕外：原作「來」，據《政和五禮新儀》卷一五改。

〔五〕次：原作「佽」，據《政和五禮新儀》卷一五改。

〔六〕「右」下原衍「武」字，據《政和五禮新儀》卷一五删。

矟及帥兵官並平巾幘、緋絁繡寶相花衫、大口袴、革帶。執殳叉人並五色絁繡抹額、寶相花衫、行縢、革帶。法駕，前殳叉第一隊減大駕之六十，第二、第三各減三十，第四、第五各減二十四，餘同大駕。

次後隊殳仗。左右衛帥兵官〔一〕，次殳叉八十。次左右驍衛帥兵官，次殳叉八十。次左右武衛帥兵官，次殳叉一百。次左右威衛帥兵官，次殳叉八十。次左右領軍衛帥兵官，次殳叉一百六十。

凡前後隊殳仗，前接中道北斗旗，後盡鹵簿後隊。帥兵官人數，行列，服飾及執殳叉人行列，服飾並同前隊。法駕，後殳叉第一、第二隊各減大駕之二十四，第三、第四各減三十，第五減六十，餘同大駕。《宋史》：宣和，殳叉各一百，天武、神勇、宣武、虎翼、廣勇都頭。

次前部馬隊。次佽飛隊。第一隊：左右金吾衛折衝都尉二人分領。隊內都尉並分領。次角宿旗一，在左；斗宿旗一，在右。次亢宿旗一，在左；牛宿旗一，在右。次弩十，次弓矢二十，各爲一列。次矟四十，爲二重。第二隊：左右領軍衛果毅都尉。次氐宿旗一，在左；女宿旗一，在右。次房宿旗一，在左；虛宿旗一，在右。第三隊：左右領軍衛果毅都尉。次心宿旗一〔二〕，在左；危宿旗一，在右。第四隊：左右領軍衛果毅都尉。次尾宿旗一，在左；室宿旗一，在右。第五隊：左右威衛折衝都尉。次箕宿旗一，在左；壁宿旗一〔三〕，在右。第六隊：左右威衛折衝都尉。次奎宿旗一，在左；井宿旗一，在右。第七隊：左右武衛
25 果毅都尉。次婁宿旗一，在左；鬼宿旗一，在右。第八隊：左右武衛果毅都尉〔四〕。次胃宿旗一，在左；柳宿旗一，在右。第九隊：左右武衛果毅都尉。次昴宿旗一，在左；星宿旂一，在右。第十隊：左右驍衛折衝都尉。次畢宿旗一，在左；張宿旗一，在右。第十一隊：左右驍衛折衝都尉。次觜宿旂一，在左；翼宿旂一，在右。第十二隊：左右衛折衝都尉。次參宿旂一，在左；軫宿旂一，在右。自二隊至十二隊，都尉及執弩、弓矢、矟人數，行列並同第一隊。隊內都尉並錦帽，緋絁繡戎服大袍、窄袴、革帶。繡文，金吾衛以辟邪，領軍衛以白澤，威衛以飛麟，武衛以瑞鷹，驍衛以赤豹，左右衛以瑞馬。引、夾、執旗人並五色絁繡抹額、寶相花衫。執弩、弓矢人並錦帽、青絁繡寶相花袍、大口袴、革帶。執矟人並錦帽、緋絁繡寶相花袍、大口袴、革帶。法駕分二十八宿旗爲十隊，每隊弩減大駕之四，弓矢減六，矟減二十，餘同大駕。《宋史》：宣和，捧日、拱聖、神勇、驍衛、宣武五都指揮使分領上十隊〔五〕，以虎翼、廣勇都指揮使分領下二隊。

〔一〕帥：原作「殳」，據《政和五禮新儀》卷一五改。
〔二〕旗：原脱，據《政和五禮新儀》卷一五補。
〔三〕壁：原作「璧」，據《政和五禮新儀》卷一五改。
〔四〕果毅：原重此二字，據《政和五禮新儀》卷一五删。
〔五〕五：原作「四」，據《文獻通考》卷一一八改。

次步甲前隊第一隊至第六隊。左右領軍衛將軍二人，騎，分檢校十二隊。䂍矟四，在將軍内，爲二重。第一隊：左右領軍衛折衝都尉二人，騎，分領。隊内都尉並騎，分領。鶡鷄旗二〔一〕。次䂍矟，在都尉内。次朱鍪甲、弓矢六十人，爲三重。第二隊：左右領軍衛果毅都尉，貔旗，次朱鍪甲、刀〔二〕、盾。第三隊：左右領軍衛折衝都尉，玉馬旗，次[26]青鍪甲、弓矢。第四隊：左右領軍衛果毅都尉，三角獸旗，次青鍪甲、刀、盾。第五隊：左右威衛折衝都尉，黄鹿旗，次黑鍪甲、弓矢。第六隊：左右威衛果毅都尉，飛麟旗，次黑鍪甲、刀、盾。自第二隊以下每隊都尉及執旗、刀、盾、弓矢人數、行列並同第一隊。隊内將軍及都尉並平巾幘、紫絁繡袍、大口袴、錦螣蛇、革帶，繡文並同前部馬隊都尉服。執䂍矟人平巾幘，緋絁繡寶相花衫、大口袴、革帶。執旗人並五色絁繡抹額，寶相花衫。執刀、盾、弓矢人並錦臂褠、行縢、鞵韈。内行縢、鞵韈各隨鍪甲本色。第七隊至第十二隊内都尉、執旗、弓矢、刀盾人並准此。法駕止十隊，自一至六在第一門之前，自七至十次第一門，每隊弓矢各減大駕之二十，餘同大駕。《宋史》：宣和，檢校改用左右衛將軍，又去䂍矟，分領並改爲都指揮使。第一、第二並捧日，第三、第四並天武，第五、第六並拱聖，第七、第八並神勇，第九驍騎，第十宣武，第十一虎翼，第十二廣勇。

次金吾牙門旗四，爲左右道第一門。監門校尉左右各四人，並騎。執、夾旗人服飾、校尉服佩並同中道第二門。法駕同此。

次步甲前隊第七隊至第十二隊。第七隊左右武衛折衝都尉二人分領，駃騠旗，次白鍪甲、弓矢。第八隊：左右武衛果毅都尉，鸞旗，次白鍪甲、刀、盾。第九隊：左右驍衛折衝都尉，麟旗，次黄鍪甲、弓矢。第十隊：左右驍衛果毅都尉〔三〕，馴象旗，次黄鍪甲、刀、盾。第十一隊：左[27]右衛折衝都尉，玉兔旗，〔次〕黄鍪甲、弓矢。第十二隊：左右衛果毅都尉，辟邪旗，次黄鍪甲、刀、盾。

次金吾牙門旗四，爲左右道第二門。監門校尉左右各四人，並騎。執、夾旗人服飾、校尉服佩並同中道第二門。法駕同此。

次前部黄麾仗。絳引幡二十，爲一列。次第一部，左右威衛，殿中侍御史二員，騎，分左右。次本衛大將軍二人，分檢校。次本衛折衝都尉二人，分領。次帥兵官二十人，爲一列。次龍頭竿二十，並掛青繡孔雀五角氅。本部氅同。次掲鼓二，在仗外。仗内諸部掲鼓排列同〔四〕。次儀鍠五色幡二十。次龍頭竿二十。次小戟二十。次掲鼓二。次龍頭竿二十。次弓矢二十。次龍頭竿二十。次朱縢絡盾并刀二十。次龍頭竿二十。次弓矢二十。次矟二十。次掲鼓二。次緑縢絡盾并刀二十。並各爲一重。第二部左右

〔一〕鶡：原作「歇」，據《政和五禮新儀》卷一五改。
〔二〕刀：原作「弓」，據《政和五禮新儀》卷一五改。
〔三〕果：原作「各」，據《政和五禮新儀》卷一五改。
〔四〕仗：原作「馬」，據《政和五禮新儀》卷一五改。

領軍衛，第三部左右威衛，第四部左右武衛，第五部左右驍衛，第六部左右衛。諸部内殿中侍御史、大將軍、折衝都尉、帥兵官、龍頭竿等人數、行列並同第一部。惟第二部龍頭竿則以緋繡鳳六角氅，第三部以青繡孔雀五角氅，第四部以皂繡鵝六角氅，第五部以白繡鵝四角氅，第六部以黄繡鷄四角氅。仗内執、緌綘引幡人武弁、緋絁繡寶相花衫、大口袴、白勒帛。大將軍、都尉並平巾幘、紫絁繡袍、大口袴、錦螣蛇、革帶。繡文並同前部馬隊都尉服。帥兵官並執儀刀，平巾幘、緋絁繡寶相花衫、大口袴。執龍頭28竿、揭鼓、五色旛、小戟、弓矢、盾、刀、稍等人絁繡抹額、寶相花衫、行縢、鞵襪。衫、抹額並隨氅色。法駕止五部，綘引幡、帥兵官、龍頭竿、幡、戟、弓矢、盾、刀、稍並減大駕之六。第一部龍頭竿，掛緋繡鳳六角氅。第二部龍頭竿，以青繡孔雀五角氅。第三部以皂繡鵝六角氅。第四部以白繡鵝四角氅。第五部以黄繡雞四角氅。餘同大駕。《宋史》：宣和，六部：驍衛〔一〕、武衛、屯衛〔二〕、領軍衛、監門衛、千牛衛，皆左右上將軍；天武、神勇、宣武、虎翼、廣勇，皆都指揮、都頭。逐部上將軍、都頭各一人。

次青龍白虎旗隊。青龍旗一，在左；白虎旗一，在右。引、夾、執旗人五色絁繡抹額、寶相花衫、錦臂褠。次左右衛果毅都尉二人，分押旗，兼領後七十騎。平巾幘、緋絁繡瑞馬袍、大口袴、革帶。弩八，爲一重。弓矢二十二，爲二重，前十、後十二。稍四十，爲四重。執人平巾幘、緋絁繡寶相花衫、大口袴、革帶，佩横刀。法駕後騎減大駕之三十，弩減二，弓矢減八，爲一列。稍減二十，爲二重，餘同大駕。

次班劍、儀刀隊。並騎，左右衛將軍二人分領。次郎將二十四人，爲一列。親衛在内，餘以次外列。左右親衛四人，勳衛四人。每衛班劍二百二十人，以四人爲列，次郎將，爲五十五重。諸翊衛、左右衛六人，領儀刀四百八人，以六人爲列，各次郎將，在班劍外，爲六十八重。左右驍衛二人，(後)領儀刀一百三十(二)〔六〕人，並以二人爲列，各次郎將，在左右衛外，爲六十八重。下至金吾衛執人29爲列、次郎將並同，所領儀刀并重數亦准此。左右武衛二人，在左右驍衛外。左右威衛二人，在左右武衛外。左右領軍衛二人，在左右威衛外。左右金吾衛二人，在左右領軍衛外。隊内左右衛將軍平巾幘、紫絁繡瑞馬袍、大口袴、錦螣蛇、革帶；郎將並緋絁繡衫；餘同本隊内將軍服。繡文，親、勳衛以瑞馬，諸翊衛、左右衛以雕虎，驍衛以赤豹，武衛以瑞(膺)〔鷹〕，威衛以飛麟，領軍衛以白澤，金吾衛以辟邪。執班劍、儀刀人平巾幘、緋絁繡寶相花衫、大口袴、錦螣蛇。法駕，親、勳衛每衛班劍減大駕八十四人，郎將爲三十四重；翊衛儀刀減大駕百三十二人，爲四十六重；左右驍衛多大駕四人；班劍、儀刀九十二人，爲四十六重。餘同大駕。《宋史》：宣和，分領改

〔一〕驍：原作「騎」，據《宋史》卷一四六《儀衛志》四改。

〔二〕屯衛：原脱，據《宋史》卷一四六《儀衛志》四補。

左右武衛將軍及捧日、天武指揮四人，拱聖六人，神勇、驍騎、驍勝、宣武、虎翼指揮使各二人。

親勳、散手、驍衛翊衛隊。並騎。左右衛供奉中郎將四人〔一〕，爲一列，分領親勳翊衛。隊內郎將行列准此。次親勳翊衛四十八人，爲十二重。左右衛郎將二人，分領散手翊衛，在中郎將外。次散手翊衛六十人，爲三十重，在親勳翊衛外。左右驍衛郎將二人，分領驍衛翊衛，在左右衛郎將外。次驍衛翊衛五十六人，在散手翊衛外，爲二十八重。隊內中郎將、郎將並同班劍、儀刀隊左右衛將軍服飾。唯（繞）〔繡〕文，驍衛以赤豹，親勳、散手翊衛以瑞馬衫。驍衛甲、騎、冠、具裝、錦臂韝，佩橫刀，30 執矟。法駕，親勳衛減大駕一十六人，散手衛、驍衛各減二十人，餘同大駕。《宋史》：宣和改爲中衛、翊衛、親衛隊。中衛郎四人，分領衛兵四十八人；翊衛郎二人，分領衛兵六十人〔二〕；親衛郎二人，分領衛兵五十六人。

次左右驍衛翊衛三隊。並騎。第一隊：本衛大將軍二人分領，在旗外。花鳳旗二。次弩十，爲一列；次弓矢二十，爲二重；次矟四十，爲四重。第二隊：本衛將軍二人分領，飛黃旗二。第三隊：本衛郎將二人分領，吉利旗二。第一、第二、第三隊弩、弓矢、矟數，行列並同第一隊。隊內大將軍、將軍、郎將並同班劍、儀刀隊左右衛將軍服飾，唯繡文以赤豹。引、夾、執旗人銀褐絁繡抹額、寶相花衫、革帶。執弩弓人、矟人服飾並同執班劍、儀刀人。法駕，弩減大駕四，弓矢、矟各減半，餘同大駕。《宋史》：宣和，分領第一〔三〕、第二隊，左右驍衛大將軍、將軍；第三廣勇指揮使〔四〕。改花鳳旗爲雙蓮旗。

次夾轂隊。第一隊、第四隊左右衛折衝都尉二人，騎，分檢校。寶符旗二，分左右。次朱鍪甲、刀、盾，每隊各六十人，爲六重。第四隊在第一隊外，並行。第二、第五隊並左右衛果毅都尉二人〔五〕，分檢校。次白鍪甲、刀、盾，每隊各六十人，爲六重。第五隊在第二隊外，並行。第三、第六隊左右衛果毅都尉二人，分檢校。次黑鍪甲、刀、盾，每隊各六十人，爲六重。第六隊在第三隊外，並行。隊內都尉並同班劍、儀刀隊左右衛將軍服飾。引、夾、執旗人並五色繡抹額、寶相花衫。執刀盾人並行縢、鞵襪，各 31 隨鍪、甲色。法駕則每隊各減刀、盾二十，餘同大駕。《宋史》：宣和檢校改爲捧日、天武、拱聖三指揮使。

次金吾牙門四，爲左右道第三門。監門校尉左右各四人，並騎。執、夾旗人服飾、校尉服佩並同中道第一門。法駕同此。

次捧日隊。每隊人員三人，內引隊一名，押隊二人。長行殿侍二十八人，內旗頭三人，槍手五人，弓箭手二十人〔六〕，並以逐班直所管人數結成隊伍。左右廂天武約欄

〔一〕供：原作「拱」，據《宋史》卷一四六《儀衛志》四改。
〔二〕本句及下句共十二字，原脱，據《宋史》卷一四六《儀衛志》四補。
〔三〕領：原作「引」，據《宋史》卷一四六《儀衛志》四改。
〔四〕第：原作「大」，據《宋史》卷一四六《儀衛志》四改。
〔五〕並：原作「在」，據《宋史》卷一四六《儀衛志》四改。
〔六〕手：原脱，據《宋史》卷一四六《儀衛志》四補。

各一百五十五人，在捧日隊外。諸班直總領人員在捧日隊前，内左廂五人，右廂四人。捧日隊人員并殿前指揮使、長行服並帽子，金槍、銀鎗，戴鐵笠，餘並兜鍪。紅錦襖、緋背子。餘並紅背子。帶鐵甲、劍人員，帶弓箭器械、執骨朵長行殿侍，旗頭執槍繫旗槍手，執槍弓箭手，帶弓箭器械、執骨朵金槍、銀槍並槍手東第四班二隊弩手，挾弩、帶弩箭、鞠騄子、執骨朵天武約欄人員以下，帽子，銀帶。執骨朵正副指揮使黄獅子紅錦襖，都頭方勝練鵲紅錦襖，十將至長行白獅子紅錦襖。法駕同此。

次後部黄麾仗。第一部左右衛，第二〔班〕〔部〕左右驍衛，第三部左右武衛，第四部左右威衛，第五部左右領軍衛，第六部左右武衛。部内殿中侍御史、大將軍、都尉、帥兵官、龍頭竿等行列服飾並同前部。如後部左右衛並同前部左右衛，其餘准此。次絳引幡二十。執、紼人武弁、黄絁繡寶相花衫，大口袴，白勒帛。執、紼人數同前部絳引幡。法駕減大駕第32六部，絳引幡減六，餘同大駕。《宋史》〔一〕：宣和，六部：第一改爲左右驍衛大將軍，自二至六改爲天武、神勇、宣勇、虎翼、廣勇五指揮。

次金吾牙門旗四，爲左右道第四門。監門校尉左右並四人，並騎。執、夾旗人三色絁繡抹額，寶相花寬衫。執人黄，夾人左青右銀褐，並白絹袴，革帶。校尉服佩同中道第一門。法駕同此。

次步甲後隊第一隊至第六隊。第一隊左右衛果毅都尉二人，騎，分領。隊内都尉並騎，分領。總旗二，在都尉内，次黄鍪甲、刀、盾六十人，爲三重。第二隊左右衛折衝都尉，鶡鷄旗，次黄鍪甲，弓矢。第三隊左右驍衛果毅都尉，金仙鹿旗，次黄鍪甲、刀、盾。第四隊左右驍衛折衝都尉，金鸚鵡旗，次黄鍪甲，弓矢。第五隊左右武衛果毅都尉，瑞麥旗，次白鍪甲、刀、盾。第六隊左右武衛折衝都尉，孔雀旗，次白鍪甲〔二〕、弓矢。自第二隊以左，每隊都尉及旗，刀、盾、弓矢人數，行列並同第一隊。隊内都尉及引、夾、執旗人服飾並同步甲前隊；執刀、盾、弓矢人並錦臂褠，行縢，鞾韈。内行縢、鞾韈各隨鍪、甲本色。第七隊至第十二隊内都尉、旗、弓矢、刀、盾人並准此。法駕，自第一至第四隊在第五門前。第一隊左右驍衛果毅都尉分領，仙鹿旗二，刀、盾四十人，爲二重；第二隊左右驍衛折衝都尉，金鸚鵡旗；第三隊左右武衛果毅都尉，瑞麥旗；第四隊左右武衛折衝都尉，孔雀旗。餘同大駕〔三〕。

次金吾牙門旗四，爲左右道第五門。監門校尉左右各四人，並騎。執、夾旗人服、校尉服佩並同中道第二門。法駕同此。

33次步甲後隊第七隊至第十二隊。第七隊左右威衛

〔一〕此注原誤置於下條之末，據其内容移於此。
〔二〕「甲」上原衍一「旗」字，據文意删。
〔三〕此下原有小注，已移至下文「次步甲後隊第七隊」一節之末。

果毅都尉二人分領，野馬旗，次黑蠡甲、刀、盾。第八隊左右威衛折衝都尉〔一〕，犛牛旗，次黑蠡甲、弓矢。第九隊左右領軍衛果毅都尉，甘露旗，次青蠡甲、刀、盾。第十隊左右領軍衛折衝都尉，綱子旗，次青蠡〔甲〕、弓矢。第十一隊左右領軍衛果毅都尉，祥光旗，次朱蠡甲、刀、盾。第十二隊左右領軍衛都尉，翔鶴旗，次朱蠡甲、弓矢。法駕，步甲後隊止十隊，第五至第十共六隊，在第五牙門之後，旗、服、器械並同大駕第七至第十二。《宋史》〔二〕：宣和，自第七隊以下，分領改用都指揮使，七、八並神勇，九驍騎，十宣武，十一虎翼，十二廣勇。旗亦改其半，七天正堯瑞，八日有戴承，十翔鶴，十一紅光，十二文石。

次後部馬隊。第一隊左右衛折衝都尉二人分領，角端旗二〔三〕，爲一列。次弩十，次弓矢二十，次稍四十，爲二重。第二隊左右衛折衝都尉，赤熊旗。第三隊左右驍衛果毅都尉〔四〕，兕旗。第四隊左右驍衛果毅都尉，天下太平旗一。第五隊左右武衛折衝都尉，馴犀旗。第六隊左右武衛折衝都尉，鵔鸃旗。第七隊左右武衛折衝都尉，驢騮旗。第八隊左右威衛果毅都尉，騶牙旗。第九隊左右威衛果毅都尉，蒼烏旗。第十隊左右領軍衛折衝都尉，白狼旗。第十一隊左右領軍衛折衝都尉，龍馬旗。（第十二隊左右領軍衛折
34 衛都尉龍馬旗）第十二隊左右領軍衛折衝都尉，金牛旗。自第二隊至第十二隊都尉、旗、弩、弓矢、稍人數、行列並同第一隊。內都尉服飾繡文，引、夾、執旗、執弩弓人、稍人服飾並同前部馬隊。法駕止十隊，弩減大駕四，弓矢減六，稍減十二，爲一重，餘同大駕。《宋史》：宣和改都尉爲指揮使，一二並以捧日，三四並以天武，五六並以拱聖，七八並以神勇，九以驍騎，十以宣武，十一以虎翼，十二以廣勇。內六有芝禾並秀旗〔五〕，七有萬年連理木旗。以上鹵簿凡門有六〔六〕。中道之門二：第一門居日月合璧等旗之後〔七〕，法駕居龍墀旗之後；第二門居掩後隊之後，法駕同。各有金吾衙門旗四，監門校尉六人。左右道之門四：第一居步甲前隊第六隊之後，第二居第十二隊之後，第三居夾轂隊之後，第四居步甲後隊第六隊之後。法駕同。各有監門校尉四人，宣和改校尉爲使臣。

立仗

大黃龍負圖旗一，執綍二百人，陳于闕庭赤龍旗南少西，大黃龍旗之北。大黃龍旗一，執綍六十人，陳于逐頓宮門外宣德門，次大黃龍負圖旗之南。太廟在西櫺星門外路南，次赤龍旗少北。青城在泰禋門外，夏祭大禮在明禋門外，以下准此。赤龍旗之南。宗祀袷饗大禮不設大黃龍負圖旗、大黃龍旗。大神旗六，執綍各九十人。宣德門、泰禋門並陳于大黃龍旗之南，東西相對；太廟陳于西櫺星門外大黃龍（之旗）〔旗

〔一〕都尉：原脱，據上下文補。

〔二〕按，此注原誤置於上文「次步甲後隊第一隊至第六隊」條之末，今據其內容移於此。

〔三〕端：《宋史》卷一四六《儀衛志》四作「觿」。

〔四〕都尉：原脱，據上下文補。

〔五〕「六」原脱，「禾」原作「草」，據《宋史》卷一四六《儀衛志》四補改。

〔六〕「六」下原衍「十」字，據《宋史》卷一四六《儀衛志》四刪。

〔七〕門：原脱，據《宋史》卷一四六《儀衛志》四補。

之〕西少南，視赤龍旗爲列，35南北相對。龍墀執、紼各十二人，日旗一在左，月旗一在右。次君王萬歲旗一，宣德門、泰禋門在路東，太廟在門外路南。次獅子旗二，分左右。次金鸞旗一，在左；金鳳旗一，在右。次五方龍旗各一，宣德門、泰禋門青龍旗、黄龍旗、赤龍旗、黑龍旗、白龍旗在西；太廟青龍旗、黄龍旗、赤龍旗在南，黑龍旗、白龍旗在北。次天下太平旗一，宣德門、泰禋門在路西，太廟在路北。以上旗皆在車駕前發仗內。執、紼人並錦帽、五色絁繡寶相花衫，錦臂褠、革帶。

小駕

小駕鹵簿減大駕六引〔一〕、《五禮新儀》云：開封令、開封牧、大司樂、御史大夫、少傅、兵部尚書。指南車、記里車、白鷺車、鸞旗車、崇德車、皮軒車、象輅、木輅、革輅、五副輅、耕根車、進賢車、明遠車、黄鉞車、豹尾車、屬車、小輦、小輿，餘並減大駕之半。馬端臨《通考》：詳定官蔡攸等又言：「六引：開封令乘軺車〔二〕，開封牧、大司樂、司徒、御史大夫、兵部尚書乘革車次之。開封牧建繡隼旗〔三〕，太常卿繡鳳旗，司徒建繡瑞馬旗，御史大夫繡以獬，兵部尚書繡以虎，皆副之以闟戟〔四〕。其先後之序、所乘之車、所建之旗，揆古則不合，驗今則有戾〔五〕。且大駕之出，自漢光武時始有三引，先河南尹，次執金吾，次洛陽令，先尊後卑也。後魏亦三引，先平城令，次司隸校尉，次丞相，先卑後尊也。唐兼用六引，五代減爲三，後周復增爲六。皇朝因之〔六〕，開封令居前，終以兵部尚書。然以前爲尊，則大司樂不當次36令牧；以後爲尊，則兵部尚書不當繼御史大夫。此先後之序未正也。軺車非縣令宜駕，革車非公卿宜用，是所乘之車未稱也。鳳馬之繡無所經見，闟戟之設尤爲詭謬，是所建之旗未宜也。司徒，三公論道之官，車服非其所任，户部主之可也。奉常掌禮，司樂典樂，皆專于一事，禮樂之容非其所兼，禮部總之宜也。請改司徒用户部尚書，改大司樂用禮部尚書〔七〕。其僚佐、儀制視兵部尚書。御史大夫位亞三少，秩從二品〔八〕，又尊于六尚書。其行宜以兵部次令牧，禮部、户部又次之，終以御史大夫，則先後之序正矣。」

程氏《演繁露》曰〔九〕：「《宣和鹵簿圖》有誕馬，其制用色帛周裹一方氈，蓋覆馬脊，更不施鞍。此其爲制，必有古傳，非意創矣，然名以爲誕，則其義莫究也。蔡攸輩雖加辨識，終不協當。案《通典》：宋江夏王義恭爲孝武所忌，憂懼，故奏革諸侯國制，但馬不得過二，其字則書爲『但』，不書爲『誕』也。但者，徒也；徒馬者，有馬無鞍，如人袒裼之袒也。迹其義類，則古謂徒歌曰謠，是其比也，其所謂徒者，但有歌聲而無鐘鼓以將也。然則謂之但馬〔一〇〕，蓋散馬備用，而不施鞍轡者也。又王瓊每見道俗乞丐無已，道逢太保廣平王懷，遽自言馬瘦，懷即以誕馬并乘具與之。案此書『但』爲『誕』，誤也，所與者但馬而無鞍勒，故以乘具與之，其理相貫也。又案《酉陽雜俎》一卷，北齊迎南使，使主副各乘車，但馬在車後，鐵甲百餘人。其所書37曰『但馬』而不曰『誕馬』」，

〔一〕「六引」二字原在下句「指南車」之前、注文之後，據《文獻通考》卷一一八、《宋史》卷一四六《儀衛志》四移正。

〔二〕軺：原作「輅」，據《文獻通考》卷一一八改。

〔三〕隼：原作「皁」，據《宋史》卷一五〇《輿服志》三改。

〔四〕闟：原作「闒」，據《文獻通考》卷一一八改。下同。

〔五〕驗：原作「駭」，據《文獻通考》卷一一八改。

〔六〕之：原脱，據《文獻通考》卷一一八補。

〔七〕樂：原作「禮」，據《文獻通考》卷一一八改。

〔八〕二：原作「三」，據《宋史》卷一五〇《輿服志》三改。

〔九〕繁：原作「蕃」，據《文獻通考》卷一一八改。

〔一〇〕但：原作「誕」，據《文獻通考》卷一一八改。

在車後而名「佀」，知無乘具以備闕也〔一〕。」

馬端臨曰：「按《宋史》所載鹵簿凡三，至道、政和、紹興皆有之。至道則國初草創之規，而又參以前代相承之制。紹興偏安杭都，未遑禮文，蒐輯舊典，多已失墜，其可見者，比承平時不能以半〔二〕。獨政和所定，則自元豐以來置立詳定禮文所、議禮局，考訂精審，其儀不舛，而其文最詳，故具載之。」

（以上《永樂大典》卷一四五八六）

〔一〕闕：原作「具」，據《文獻通考》卷一一八改。

〔二〕比：原作「比」，據《文獻通考》卷一一八改。

宋會要輯稿　輿服三

鹵簿雜録

旗〔一〕

1 建隆四年，太祖又詔別造五龍旗五，南郊用之。

鹵簿法駕中有甘露旗〔二〕。

建隆四年將郊祀，禮儀使陶穀建議取天文列星之象，作十二辰旗。

建隆四年，太祖詔別造金鳳旗一，南郊用之。

建隆四年，太祖詔別造金鸞旗一〔三〕，南郊用之。

建隆四年，太祖詔別造大神旗六。

建隆四年，太祖詔別造萬歲旗一，南郊用之。其制赤質。

有力士旗五。

有吏兵旗五。

建隆四年，太祖又詔別造獅子旗二，南郊用之。

建隆四年，時有貢黃鸚鵡、白兔及馴象，自後又作金鸚鵡等旗。

元符二年制祥光旗。見寶符旗下。

元符二年制重輪旗。見寶符旗下。

鹵簿法駕步甲後隊中有瑞麥旗〔四〕。

元符二年八月三日，兵部侍郎黃裳言：「南郊大駕諸旗名物，除用典故制號外，餘因時事取名。伏見近者璽授元符，茅山之上日有重輪，太上老君眉間發紅光，武夷君廟有仙鶴。臣請制爲旗號，曰寶符、曰重輪〔五〕、曰祥光、曰瑞鶴。」從之。

2 政和四年十二月二十九日，詔製日有戴承旗。是年二月，日上生青赤黃戴氣，後日下生青赤黃承氣，故詔加此旗。先是，大觀中二月，日有戴承氣，遂作日有戴承旗。

政和四年十二月二十九日，詔製芝禾並秀旗。先是，大觀三年九月，西京(穎)〔潁〕陽縣大慶觀聖祖殿東有嘉禾、芝草並生。其嘉禾一本四穗，芝草葉圓而重起，故詔加此旗。

政和六年十二月三十日，詔製瑞鶴旗。先是，元符二年，武夷君廟有仙鶴迎詔；又政和二年延福宮燕輔臣，有羣鶴自西北來，盤旋於睿謨殿。徽宗又奏大晟樂，而翔鶴屢至，因加此旗。

〔一〕題下原批：「案：稿本輿輦旗物制與鹵簿法駕並列互引。疑當時儀注二簿録名。今仍其舊，彙類删繁，總題爲《鹵簿雜録》。」

〔二〕天頭原批：「此條移後。」

〔三〕一：原無，據《宋史》卷一四五《儀衛志》三補。

〔四〕天頭原批：「此條移後。」

〔五〕曰：原脱，據《宋史》卷一四八《儀衛志》六補。

《輿輦旗物制度》上〔一〕：五牛旗，依方色，皆小輿上刻木爲牛，背插旗〔二〕，錯采爲牛。旗竿上有小盤，盤衣及輿衣亦並繡牛形。輿士各四人，服繡五色牛衣。太祖詔用之。

《輿輦旗物制度》上：建隆四年，太祖又詔別造天下太平旗一，南郊用之，赤質。

鹵簿法駕步甲前隊中亦有玉馬旗。

鹵簿法駕步甲前隊中亦有駃騠旗。

亦有騶牙旗。

亦有黃鹿旗。

鹵簿法駕步甲前隊中亦有鵕鸃旗。

鹵簿法駕步甲前隊中有馴象旗。

3 鹵簿法駕步甲後隊中有龍馬旗。

亦有小黃龍負圖旗。

鹵簿法駕步甲後隊中有白狼旗。

亦有兕旗。

鹵簿法駕步甲後隊中亦有之〔三〕。

鹵簿法駕後部馬隊中有角端旗。

宋亦有之。飛黃旗。

鹵簿法駕後部馬隊中有馴犀旗。

鹵簿法駕真武隊中有螣蛇旗〔四〕。

鹵簿法駕真武隊中有仙童旗。

鹵簿法駕六軍儀仗中亦有赤豹旗。

鹵簿法駕六軍儀仗中有左右羽林軍旗。

鹵簿法駕六軍儀仗中有左右龍武軍旗。

鹵簿法駕六軍儀仗中有神武軍旗。

鹵簿法駕六軍儀仗中有本軍旗。

鹵簿法駕六引中道中有轉光小緋旗〔五〕。

鹵簿法駕中亦有吉利旗。

鹵簿法駕中有苣文旗。

有五方鳳旗。

亦有鵔鸃旗。

亦有飛麟旗。

亦有三角獸旗。

4 鹵簿法駕中有龍墀旗。

鹵簿法駕中有花鳳旗。

鹵簿法駕中有麖旗。

鹵簿法駕中有犛牛旗〔六〕。

〔一〕按，《輿輦旗物制度》當是《宋會要》之一門，本書輿服一之一二元豐二年「十月八日」條末注云「詳見『旗物制度』」，是也。

〔二〕背：原作「皆」，據《宋史》卷一四八《儀衛志》六改。

〔三〕天頭原批：「『鹵簿法駕步甲後隊中有瑞麥旗』移此。」

〔四〕螣：原作「騰」，據《政和五禮新儀》卷一四改。

〔五〕天頭原批：「『鹵簿法駕中有甘露旗』移此。」

〔六〕犛：原作「貓」。按宋代鹵簿中無「貓牛旗」，據字形審之，應作「犛」。「犛」字同犛、牦。《宋史》卷一四五《儀衛志》三大駕鹵簿步甲後隊第八隊有「犛牛旗二」，是也。因改。

鹵簿法駕中有簇輂龍旗〔一〕。

鹵簿法駕中有皂纛旗。

鹵簿法駕中有網子旗。

鹵簿法駕中有開道旗〔二〕。

鹵簿法駕有引駕旗。（以上《永樂大典》卷一四九七）

蓋

【宋會要】**5** 鹵簿法駕中有華蓋。

《輿輂旗物制度》上：有花蓋、導蓋，皆赤質，如繖而圓〔三〕，瀝水繡花龍。又有曲蓋，差小，繡瑞草，王公以下用之。又云：鹵簿法駕中有曲蓋。

《輿輂旗物制度》上：今有花蓋、導蓋，皆赤質，如繖而圓，瀝水繡花龍。

鹵簿法駕中有導蓋〔四〕。（以上《永樂大典》卷一五〇四〇）

旂

【宋會要】**6** 鹵簿左建太常右龍旂。（以上《永樂大典》卷一五〇〇〇）

氅

【宋會要】**7** 鹵簿法駕中有青繡孔雀五角氅。

鹵簿法駕中有白繡鵝四角氅。（以上《永樂大典》卷一一八三七）

幢

【宋會要】**8** 鹵簿法駕中幢制如節而五層，韜以袋，繡四神，隨方色，朱漆柄。取《曲禮》「行前朱雀而後玄武，左青龍而右白虎」之義也。

【宋會要】

鹵簿法駕中有白虎幢。（以上《永樂大典》卷六五二六）

鉦

【宋會要】**9** 鹵簿法駕中有金鉦、交龍鉦。詳簿。（以上《永樂大典》卷八〇一八）

角

【宋會要】**10** 鹵簿法駕中有金吾大角。（以上《永樂大典》卷二一八一三）

〔一〕簇：原作「族」，據《宋史》卷一四六《儀衛志》四改。

〔二〕道：原作「導」，據《宋史》卷一四六《儀衛志》四改。

〔三〕圓：原作「同」，據《宋史》卷一四八《儀衛志》六補。

〔四〕按，此條爲後來所添，字迹與原抄不同。

中鳴

【宋會要】11 鹵簿法駕中有中鳴。

⿰巾慮弩

【宋會要】《輿輦旗物制度》上：⿰巾慮弩，其制每弩加箭二，有靫，畫雲氣；弓箭每弓加箭二，有靫，同⿰巾慮（努）〔弩〕。仗内弩皆同。

刀

《輿輦旗物制度》上：刀〔一〕，本容刀也，以木爲之，無鞘〔二〕，有環，紫絲條帉鐠。

《輿輦旗物制度》上：御刀，晉、宋以來有之。黑鞘，金花銀飾，靶卮，紫絲條帉鐠〔三〕。

《輿輦旗物制度》上：儀刀，制同御刀，悉以銀飾，王公亦給之。鹵簿法駕中有儀刀。

金節

【宋會要】鹵簿法駕中有金節。（以上《永樂大典》卷八二三七）

盾

【宋會要】12 盾，旁排也。

【宋會要】朱縢絡盾，制悉同盾，惟緑縢緑質。皆持執之。（以上《永樂大典》卷一一二〇九）

棒

【宋會要】13 柯舒，黑漆棒也，制同車輻，以金銅釘飾。（以上《永樂大典》卷二〇二四）

班劍

【宋會要】14 班劍，本漢朝服帶劍，晉以木代之，亦曰象劍，取裝飾斑闌之義〔四〕。鞘以黄質，紫斑文，金銅飾〔五〕，紫絲條帉鐠。又鹵簿法駕中有班劍。（以上《永樂大典》卷一九五八五）

〔一〕刀：原作「容」，據《宋史》卷一四八《儀衛志》六改。

〔二〕鞘：原作「稍」，據《宋史》卷一四八《儀衛志》六改。下條及「班劍」條同。

〔三〕帉：原作「蚡」，據《宋史》卷一四八《儀衛志》六改。

〔四〕斑：原作「班」，據《宋史》卷一四八《儀衛志》六改。下同。

〔五〕飾：原脱，據《宋史》卷一四八《儀衛志》六補。

導駕象

【宋會要】

15《輿輦旗物制度》上〔一〕：象，漢鹵簿最在前。晉平吳後，南越獻馴象，作大車駕之，以載黄門鼓吹數十人，使越人騎之，以試橋梁。國朝鹵簿以象居先，設木蓮花座、金蕉盤、紫羅繡襜、絡腦，當胸、後鞦並設銅鈴杏葉，紅犛牛尾拂跋塵。每象南越軍一人跨其上，四人引，並花脚幞頭、緋繡窄衣、銀帶。

太平興國六年九月二十日，兩莊養象所奏：「詔以象十頭於南郊日引駕。檢開寶九年以南郊時，其象止在六引前列。」詔鹵簿使領其事。（以上《永樂大典》卷一八二一六）

鼓吹

【宋會要】

16國朝鹵簿大駕六引官，開封令無鼓吹。開封牧二十三人，棡鼓、金鉦各一，大鼓十，鐃鼓一，簫、笳、大横吹各二，笛及簫、篳篥及笳各一。太常卿同上。司徒六十四人，棡鼓、金鉦各一，大鼓、長鳴各十六，鐃鼓一，簫、笳、大鼓吹各四，節鼓一，笛及簫、篳篥及笳各四。御史大夫、兵部尚書並同開封牧。其大駕前部千六十四人，鼓吹令二員，府史四，主帥八。棡鼓、金鉦各十二，主帥二十。镸鳴一百二十，主帥四。鐃鼓十二，歌、拱宸管，或以篳篥充。簫、笳各二十四，主帥十。大横吹百二十，節鼓二，笛、簫、篳篥、笳、桃皮篳篥各二十四，主帥四。棡鼓、金鉦各十二，主帥十。小鼓、中鳴各百二十，主帥四。羽葆鼓十二，歌、拱宸管，或以篳篥充。簫、笳各二十四。後部四百八十人，鼓吹丞二員，典事四，主帥四。羽葆鼓十二，歌、拱宸管，或以篳篥充。簫各二十四，主帥二。笳二十四，主帥四。鐃鼓十二，歌、拱宸管，以笛充。簫、笳各二十四〔二〕，主帥八。小横吹百二十，笛、篳篥、笳、桃皮篳篥各二十四。若親祠，輿駕出宫，則宣德門、太廟、南郊警場千二百一十六人〔三〕，鼓吹令、丞各二員，職掌四，府典史八，都知一，院官録事二，歌、篳〔篥〕、簫、笛共百八，金鉦二十四，奏嚴鼓、鳴角、大横吹、小横吹各百二十，歌、笛各九十六，節鼓三，笳百四十四，篳篥九十六，桃皮篳篥四十八。通主轄人共千二百七十五。凡大駕鼓吹，通五引用工千17五百三十，法駕三分損一，用二引。開封牧、御史大夫各十六工。小駕八百一十六工。

初，太祖受命，承五代之後，損省浮長，而鼓吹局工多闕，每舉大禮，一切取於軍隸以足之，至一品以下葬應給者亦取於營隸。後遂爲常。大禮車駕宿齋所止，夜設警場。每奏，先

〔一〕制度：原脱，據前文補。
〔二〕各：原脱，據《文獻通考》卷一四七補。
〔三〕一百：原脱「一」字，據《文獻通考》卷一四七補。

作金鉦四，次大角四，次金鉦二十四，次大角鼓百二十，次横吹等作一曲。如是者三疊，謂之一奏。三奏少止，五分其夜而奏之。乘輿至青城，祀前一日，御闕門觀嚴警，亦勞賜焉。若巡幸，則夜奏於行宫前，人數減於大禮，用八百八十人。

真宗祥符中，親饗宗廟，登歌始作，聞外奏嚴，因詔：「當郊廟行禮，嚴警宜權止，須禮畢聽作。」

神宗熙寧初，親郊，罷青城闕門臨觀。

先是，角工不足，常取於州郡及營兵以充。祥符中命籍兵二百餘工，使長隸太常，以閲習焉。

凡大樂充庭，則鼓吹局設熊羆十二案於宫縣之外〔一〕。率一案用十工，龍鳳鼓一，金錞一，羽葆鼓一，歌工三，簫二，笳二。凡大角三曲，警嚴用之。《大梅花》、《小梅花》、《可汗》。鼓吹五曲。御製《奉禋歌》、舊曲《六州》、《十二時》、《導引》、《降仙臺》。真宗崇奉真聖，亦設儀衛，故别有《導引》二曲也。其餘大小皷、横吹曲悉不傳。唐末大亂，舊聲皆盡，國朝惟大角傳三曲而已。其皷吹四曲，悉用教坊新聲〔二〕。車駕出入奏《導引》及《降仙臺》，警嚴奏《六州》、《十二時》，皆隨月用宫。仁宗既定雅樂，并及鼓吹，且謂警嚴一奏，不應再用其曲，親製《奉禋歌》18以備三疊。又詔聶冠卿、李照造辭以配聲，下本局歌之，是年郊祀遂用焉。皇祐親饗明堂，御製《合宫歌》。熙寧親郊，導引還青城，增《降仙臺》曲。

太祖建隆四年九月五日，詔開封府選樂工八百三十人隸太常，以習鼓吹。十一月五日，南郊鹵簿使張昭言：「准舊儀，鑾駕將出宫入廟、赴南郊，齋宿皆有夜警晨嚴之制。唐憲宗親郊時，禮儀使高郢奏稱，據鼓吹局申〔三〕，齋宿夜奏嚴，是夜警，恐與搥鼓版奏三嚴事不同。況其時不作樂縣，不鳴鼓吹，務要清潔，其致齋夜奏三嚴請不行〔四〕。詳酌典禮，奏嚴之設，本緣警備，事理與作樂全殊。況齋宿之夜，千乘萬騎宿於儀仗之中，苟無鼓漏之徹巡，何以警衆多之耳目〔五〕？望依舊禮施行。」從之。

乾德六年十月二十七日，判太常寺和峴言：「郊祀有夜警晨嚴，《六州》、《十二時》及鼓吹迴仗時駕前導引三曲，見闕樂章，望差官撰進，下寺教習應奉。」詔諸樂章令峴修撰，教習供應。

真宗景德三年八月五日詔，太常鼓吹局見用三調六曲，詞非雅麗，令太常寺會音律人就學士院令晁迥以下依譜修正詞理，降下本局教習。

大中祥符元年六月六日，詳定所言：「鼓吹舊用《六州》、《十二時》曲，將來導引封禪，請下學士院增損舊詞，付本局教習。」從之。

〔一〕羆：原作「熊」，據《宋史》卷一二六《樂志》一改。
〔二〕用：原作「有」，據《文獻通考》卷一四七改。
〔三〕申：原作「中」，據《文獻通考》卷一四七改。
〔四〕三：原作「四」，據《文獻通考》卷一四七改。
〔五〕以：原脱，據《文獻通考》卷一四七補。

二十二日，太常寺言：「舊制，南郊警場人並於大駕儀仗內分充，車駕巡幸，即於府縣追集樂工。將來在路警場，欲望令法駕鼓吹軍士分番祗應。」【19】詔選天武、神衛、神勇、虎翼軍士充。

十月十六日，詔登山夜暫罷警場。

五年閏十月二十五日，詔太常寺選角手二人於殿前司教軍士警場，隸太常寺。舊例，行大禮皆於近州召鼓角匠，大約皆貧民，動有勞費，至是罷之。

七年二月十四日，詔曰：「朕虔脩祀典，祗禱靈禧，對越祖宗，肆類天地〔一〕。俾誠明之上達，必祗慄而內增。尚念齋居，每存嚴警。當牲幣之躬薦，乃金鼓而交音。詢訪攸司，雖云舊典；勵精予志，慮未協宜。將表克恭，宜頒新令。今後赴玉清昭應宮、太廟、郊壇，其逐夜警場，除二更以前奏嚴外，其將行禮前嚴警並權罷。玉清昭應宮、太廟〔二〕，俟行禮畢歸幄殿，郊壇俟禮畢，即警場奏嚴，鼓吹、音樂並振作。仍令所司，著爲永制。」

仁宗天聖八年五月六日，詔諸路轉運司抽選鳴角（守）〔手〕兵士昇立充武嚴指揮〔三〕，隸太常寺。

九年四月十一日，詔：「天武鳴角手自來止有節級二人部轄，今立武嚴指揮，已差指揮使、正副都頭、十將、將虞候，承局、押官等，向去有闕，即揀精習鳴角長行，送步軍司，以次補填。兵士如有年老疾患、不堪祗應，即依例放停，却於本指揮內選鳴角精習子弟送步軍司充填闕額〔四〕。如有儀仗不用鼓角處，止以武嚴兵士貼本寺樂工祗應。如人數少，牒步軍司差諸軍會樂藝人祗應。合要鞍馬，牒（郡）〔群〕牧司支借。」

皇祐二年八月一日，帝諭輔臣曰：「明堂直端門，而致齋於內，奏嚴於外，恐失靜恭之意，應下太常禮院議。」而言：「警場本古之所謂夜戒守鼓者也，故王者師行、吉行皆【20】用之。今乘輿宿齋，其儀衛本緣祀事，則警場亦因以警衆，非徒取觀聽之盛，恐不可廢。若以奏嚴之音去明堂近，則請列於宣德門百步之外，俟行禮時罷奏一嚴，亦足以稱虔恭祀事之意。」帝復謂輔臣曰：「既不可廢，則祀前一夕邇於接神，宜罷之。」

徽宗政和七年三月一日，議禮局奏曰：「古者王師克捷必奏愷，所以耀武事、旌勳伐。昔黃帝涿鹿有功，命岐伯作愷樂，以勸士諷敵，故其曲有《靈夔競》、《鵰鶚爭》、《石墜崖》、《壯士怒》之名。《周官》：王師大獻，則令奏愷樂。樂師凡軍大獻，則教愷歌。漢有《朱鷺》等十八曲，魏晉而下，莫不沿尚，皆謂鐃歌、鼓吹曲，各易其名，以紀功烈。今所設鼓吹，惟備警衛而已，未有鐃歌之曲，非所以彰休德而揚偉績也。乞詔儒臣討論撰述，因事命名，審協聲律，播之鼓

〔一〕類：原作「賴」，據《太常因革禮》卷二一改。
〔二〕「郊壇」以下至此凡三十二字原脫，據《太常因革禮》卷二一補。
〔三〕昇立：疑誤。
〔四〕額：原作「頗」，據文意改。

吹，俾工師習之。凡王師大獻，則令鼓吹具奏，以聳羣聽。」從之。

十二月二十九日，詔：《六州》改名《崇明祀》，《十二時》改名《稱吉禮》，《導引》改名《熙事備成》。六引内者，備而不作〔一〕。大禮車駕宿齋所止，夜設警場，用一千二百七十五人。奏嚴用金鉦、大角、大鼓，樂用大小横吹、篳篥、簫、笳、笛，歌《六州》、《十二時》，每更三奏之。

高宗紹興十三年五月六日，太常寺言：「將來郊祀大禮，排設大駕鹵簿儀仗并六引，共用鼓吹八百八十四人。内鼓吹令丞二人，昨在京本寺自有令丞，如闕，以次充攝，目今並闕人。又府史、典史各四人，舊係本寺人吏充21攝，緣人吏將來並充贊者等，以上乞並差殿司指揮使以上充。又指揮使二人，舊係殿前司差撥；又帥兵官四十六人，舊係殿前、馬、步三司差受宣人充。今乞並令逐司依舊歌色四十八人，金鉦十七人，棡鼓十七人，大鼓一百一十人，小鼓六十人，長鳴六十人，中鳴六十人，鐃鼓十七人，拱宸管三十六人，羽葆鼓十二人，觱篥二十九人，桃皮觱篥二十四人，笳八十七人，大横吹七十人，小横吹六十人，簫八十七人，笛二十九人，節鼓一名。已上舊係差本寺鼓吹局樂工一百餘人，不足，並於逐司貼差雜攢樂人充。今鼓吹局樂工即目並闕，其前項合用人數〔二〕，並乞令逐司依名色人數下諸軍及將下剗刷稍諳樂藝之人。」從之。

先是，太常寺言：「大駕鹵簿内鼓吹前後部用執色樂工等一千五百餘人，晝在仗内導駕，夜在警場奏嚴。舊制，本寺有鼓吹局，置令、丞、録事、院官、局長、引樂官、色長、引樂人共一百十九人爲額，遇大禮用本局人，餘不足係借差殿前、馬、步三司雜攢樂人等充。以鼓吹令丞以下教習腔詞樂藝，前連後次，陳拽排立次序、奏嚴節次。」時鼓吹局闕人，至是申明，詔（上）〔止〕令訪募舊大晟府及本局三五人教習，餘合用鼓吹人數並下三司差撥。

十月十六日，太常寺言：「郊祀大禮前一日，車駕詣太廟齋宿，依儀於櫺星門裏排設嚴更警場奏嚴。切慮地步窄狹，難（已）〔以〕排設，乞移於櫺星門外。」從22之。先是，在京排設嚴更警場，用奏嚴鼓一百二十四面，金鉦二十四面，鳴角一百二十隻。時止用鼓角各六十，金鉦二十，並差用殿前司中軍人物。

三十二年五月十三日，禮部、太常寺言：「將來明堂大禮，依典各有司陳。法駕鹵簿擬郊祀大禮人數三分減一。内鼓吹係用八百八十四人，若三分減一外，合用五百八十八人；内令丞四人，府典（吏）〔史〕、管轄指揮使、帥兵官、歌、簫、篳篥、笳、笛、拱宸管、大小横吹、節鼓四百三十八人；金鉦、棡鼓、羽葆鼓、大小鼓、中長鳴一百四十六人。欲依例於殿前、馬、步三司分差諸軍雜攢樂人充攝祗應。」

〔一〕作：原作「足」，據《文獻通考》卷一四七改。
〔二〕項：原作「用」，據《文獻通考》卷一四七改。

從之。

紹興三十二年孝宗已即位〔一〕，未改元。六月二十日，禮部、太常寺言：「皇帝登寶位，車駕詣太廟、別廟親行朝饗之禮，合用鼓吹係儀仗内排設導引祇應，合用鼓吹二百三十六人。本寺見管令丞三人外，其餘乞下殿前、馬、步三司差撥雜攢樂人。其合服著、執色樂器，乞下祇候庫揀選使用。其所差借人係是城外諸軍營寨，合前期赴寺閲習排列導引次序儀範。」從之。

八月十日，禮部、太常寺言：「將來奉上太上皇帝、太上皇后尊號册寶，依禮例合用鼓吹，乞差二百三十六人。除令丞三人外，其餘人下殿前、馬、步三司差撥。各人係前期赴寺閲習排列導引儀範，隨儀仗習儀。並前一日入赴大慶殿排立，次日隨儀仗導引番衮赴德壽宮排列應奉。其服著法衣、執色樂器，下祇候[23]庫〔闕〕〔關〕借施行。」詔從之。乾道九年正月加上册寶，亦如此例〔二〕。

十一月三日，禮部、太常寺言：「參酌將來追册皇后神主祔廟，依國朝故事，（因）〔用〕太常鼓吹，（在）〔左〕右金吾仗導引至太廟。今欲乞依顯仁皇后神主祔廟禮例，用細仗二百人，令兵部差撥。其鼓吹乞令太常寺依昨顯仁皇后祔廟例，下殿前、馬、步軍司差撥雜攢樂人，赴寺教習詞曲。自攢宮導引至太廟，行祔廟之禮，依禮例合設登歌宮架、樂舞。所有合用樂舞、樂章，乞令太常寺條具申請，排辦施行。」有旨依。

禮部、太常寺續具排辦申請事件：「一、神主祔廟，合用鼓吹導引詞曲，及添撰追册皇后祔廟合用鼓吹導引酌獻樂章，乞依例從本寺申學士院修撰，降下本寺教習施行。一、合用鼓吹，依昨顯仁皇后祔廟日降指揮禮例，係用一百三十一人。内令丞、職掌等一十人，係本寺人吏充攝；歌舞、簫、篳篥、笛、鼓、金鉦執色一百二十一人，係下殿前、馬、步三司差撥，教習五日。今來追册皇后祔廟，係用上件人數差撥。内除本寺見管令丞三人，其餘鼓吹執色並乞下殿前、馬、步三司，將見在諸軍剗刷會解樂藝及識字之人前期差撥赴寺，依例教習五日。所有合用服著、執色樂器，下祇候庫揀選使用，事畢拘收送納。一、合設登歌、宮架、樂舞，依昨顯仁皇后祔廟已降指揮禮例，係用節奏樂正六人、登歌樂工七十二人、宮架樂工九十九人、二舞九十人、教習[24]十人。今來追册皇后祔廟，亦是添撰樂曲，比之常享，事體尤重。今乞依前項已降指揮體例施行。所有教習日，今乞止教習七日。其合用般運大樂軍兵八十人，及遮護宮（駕）〔架〕油幕蓆屋，乞依例下所屬施行。」從之。

隆興二年九月五日，太常寺少卿、兼權禮部侍郎洪适言：「勘會今歲郊祀大禮，依逐次典故，用儀仗鼓吹。内皷

〔一〕已即位：原脱，據本書樂四之四補。

〔二〕天頭原批：「隆興二年九月五日條移此。」按，其意謂下文隆興二年條當移至此句「乾道九年」之前。批者蓋誤以「乾道九年」另是一條。嘉業堂本即照此批編排，大謬！

吹已赴警場振作，所有禮畢車駕回鑾導引振作，亦合用軍樂。端門肆赦，所設鼓吹宮架，係合用雅樂，並與燕樂不同，難以一例不用。」有旨依，以欽宗服未除故也。

乾道六年十二月十四日，禮部、太常寺言：「勘會已降指揮，加上光堯壽聖太上皇帝、壽聖太上皇后尊號册寶，依禮例合用前後部鼓吹導引執色人二百三十六人。除鼓吹令二人外，其餘人依例下殿前、馬、步司借差雜攢樂人充攝應奉。并各人係前期教習導引詞曲腔譜，乞就貢院擺拽教習前連後次，欲乞教習五日。」詔從之。其餘並如紹興三十二年八月之制。（以上《永樂大典》卷一五三九〇）[一]

[一]《大典》卷次原缺，據《永樂大典目録》卷四〇補。《大典》此卷爲「吹」字韻、「鼓吹」目。

宋會要輯稿　輿服四

天子服

【宋會要】❶太祖建隆元年二月九日，太常禮院言：「準敕追尊四廟，皇帝御崇元殿命使行册禮，衮龍服；五月一日御殿受朝通天冠、絳紗袍。伏請下内中尚司與少府監計會修製。」詔可。

十九日，太常禮院言：「准少府監（准少府監）牒，請具衮龍衣、絳紗袍、通天冠制度令式。衮冕，垂白珠十有二旒，以組爲纓，色如其綬，黈纊充耳，玉簪導。玄衣纁裳，十二章：八章在衣，日、月、星辰、山、龍、華蟲、火、宗彝；四章在裳〔一〕，藻、粉米、黼、黻。衣褾領如上，爲升龍，皆織就爲之。山、龍以下每章一行，重以爲等，每行十二。白紗中單，黼領，青褾、襈、裾〔二〕。蔽膝加龍、山、火三章。革帶，玉鉤䚢。大帶，素帶朱裏，紕其外，上朱下緑〔三〕，紐約用組。鹿盧玉具劍，大珠鏢首，白玉雙佩，玄組。雙大綬六采，玄、黄、赤、白、縹、緑，純玄質，長二丈四尺五寸〔四〕，首廣一尺。小雙綬長二尺六寸，色同大綬，而首半之，間施三玉環。朱襪赤舄，加金飾。」詔可。（以上《永樂大典》卷一九七八五）

皇太子服

【宋會要】

皇太子之服。衮冕：青羅表、緋羅紅綾裏，塗金銀鈒花飾，犀簪導，紅絲組，前後白珠九旒〔五〕，二纊貫水晶珠〔六〕。青羅衣，繡山、龍、雉、火、虎蜼五章。紅羅裳，繡藻、粉米、黼、黻四章。紅羅蔽膝，繡山、火二章。白紗中單，青褾、襈、裾。革帶，塗金銀鉤䚢，瑜玉雙佩。四采織成大綬，結二玉環，金塗銀鈒花飾。青羅襪帶，紅羅勒帛。玉具劍，金塗銀鈒花，玉鏢首。白羅襪，朱履〔七〕，金塗銀釦。從祀則服之〔八〕。遠遊冠：十八梁，青羅表，金塗銀鈒花飾，犀簪導，紅絲組爲纓〔九〕，博山。朱明服：紅花金條紗衣，紅紗裏，皂褾、襈，紅紗裳，紅紗蔽膝，並紅紗裏。白花羅中單，皂

〔一〕章：原脱，據《宋史》卷一五一《輿服志》三補。

〔二〕裾：原作「裙」，據《宋史》卷一五一《輿服志》三改。

〔三〕朱：原脱，據《宋史》卷一五一《輿服志》三補。

〔四〕「長」原作「天」，「丈」原作「杖」，據《宋史》卷一五一《輿服志》三改。

〔五〕白珠：原脱，據《宋史》卷一五一《輿服志》三補。

〔六〕貫：原作「冠」，據《宋史》卷一五一《輿服志》三改。

〔七〕「朱」上原衍「紅」字，據《宋史》卷一五一《輿服志》三删。

〔八〕祀：原脱，據《宋史》卷一五一《輿服志》三補。

〔九〕爲纓：原脱，據《宋史》卷一五一《輿服志》三補。

褾、襈，白羅方心曲領。白羅襪，黑舄，革帶〔一〕，劍，佩，綬。餘同衮服〔二〕。襪帶，勒帛〔三〕。受册、謁廟、朝會則服之。常服：皁紗折上巾，紫公服，通犀金玉帶。

太宗至道元年八月二十五日，册命皇太子。太常禮院言：「《周禮》天子執鎮圭，公執桓圭，無太子執圭之文。所謂公者，三恪及上公也。《晉書》太子出會，在三恪之下，三公之上。請定制，皇太子服遠遊冠、朱明衣，執桓圭以受册，朝會、謁廟亦如之。」詔可。

十二月二十五日，太常禮院言：「將來南郊，准禮例，皇太子侍從皇帝，充亞獻行禮，合着祭祀服色。准制度：衮冕，垂白珠九旒，以組爲纓，色如其綬，青纊充耳，犀簪導。玄衣纁裳，服九章，每章一行，重以爲等。每行五章在衣，山、龍、華蟲、火、宗彝；四章在裳，藻、粉米、黼、黻，皆織爲之。白紗中單，黼領，青褾、襈、裾。革帶，金鉤䚢。大帶，素帶不朱裏，亦紕以朱綠〔四〕，紐約用組。黻隨裳色〔五〕，火、山二章。玉具劍，金寶爲飾，玉鏢首，瑜玉雙珮。朱組，雙大綬四采〔六〕，赤、白、縹、紺，純朱質，長一丈八尺，三百二十首，廣九寸。小雙綬長二尺六寸，色同大綬，而首半 2 之，間施二玉環。朱襪，赤舄，舄加金飾。侍從皇帝祭祀及謁廟、加元服、納妃則服之。」詔令文思院製造。

徽宗政和三年四月二十九日，議禮局上皇太子冠服之制：「衮冕：垂白珠九旒，紅絲組爲纓，青纊充耳，犀簪導。青衣朱裳，九章：五章在衣，山、龍、華蟲、火、宗彝；四章在裳〔七〕，藻、粉米、黼、黻。白紗中單，青褾、襈、裾。革帶，塗金銀鉤䚢。蔽膝隨裳色，爲火、山二章。瑜玉雙佩，四采織成大綬，間施玉環三。白襪，朱舄，舄加金塗銀釦。加元服、從祀、納妃、釋奠文宣王服之。具服遠游冠：十八梁，金塗銀花飾。博山附蟬〔八〕，紅絲組爲纓，犀簪導。朱明服：紅裳，白紗中單，方心曲領，絳紗蔽膝，白襪黑舄，餘同衮冕。受册、謁太廟、朝會服之。」詔頒行。

政和三年四月二十九日〔九〕，又上皇太子妃冠服之制：「首飾：花九株，小花如大花之數，并兩博鬢。褕翟：青織成爲之，文爲摇翟之形，青質，五色九等。素紗中單，黼領，羅縠褾、襈。褾、襈皆以朱色。蔽膝隨裳色，以緅爲領緣，以摇翟爲章，二等。大帶隨衣色，不朱裏，紕其外，上以朱錦，下以綠錦，紐約用青組。以青衣革帶，白玉雙佩，純朱雙大綬。章采尺寸與皇太子同。受册、朝會服之。鞠衣：黄羅

〔一〕革：原脱，據《宋史》卷一五一《輿服志》三補。

〔二〕餘：原作「劍」，據《宋史》卷一五一《輿服志》三改。

〔三〕帛：原作「白」，據《宋史》卷一五一《輿服志》三改。

〔四〕「紕」原作「純」，「綠」原作「緣」，據《宋史》卷一五一《輿服志》三改。

〔五〕黻：原作「黼」，據《宋史》卷一五一《輿服志》三改。

〔六〕采：原作「綬」，據下文改。

〔七〕章：原作「裳」，據《文獻通考》卷一一三改。

〔八〕山：原作「士」，據《文獻通考》卷一一三改。

〔九〕按，此條《會要》原文或另在一處，《大典》抄來編於此，故年月日與上條重複。

爲之，蔽膝、大帶、革帶隨衣色，餘與褕翟同，唯無翟。從靏舄。餘同衮冕。衮冕：垂白珠九旒，紅絲組爲纓，青纊充耳，犀簪導。青衣朱裳，九章：五章在衣，山、龍、華蟲、火、宗彝；四章在裳，藻、粉米、黼、黻。白紗中單，青褾、襈、裾。革帶，塗金銀鉤鰈。蔽膝隨裳色〔六〕，爲火、❸山二章。瑜玉雙佩，四采織成大綬，間施玉環三。白襪、朱舄。舄加金塗銀釦。」從之。仍令工部行下文思院，照應上件冠服疾速修製。

服之。」詔頒行。

孝宗紹興三十二年即位後未改元。十月三日，禮部、太常寺言：「祗候庫申，已降指揮，新除皇子鄧王〔一〕、慶王、恭王，每遇行事，若服朝服，合服七梁額花冠、貂蟬籠巾〔二〕、金鍍銀立筆、真玉佩綬、金鍍銀革帶、烏皮履；若服祭服，合服金鍍銀八旒冕、真玉佩綬、緋羅襪履。乞下文思院各如法製造。」有旨依。

（龍）〔隆〕興二年十月二十九日，詔（王）〔皇〕子鄧王愭、慶王愷、恭王惇將來大禮合用朝〔三〕、祭服，玉佩綬，令祗候庫供見管真玉佩綬，兼專一椿管，日後遇有禮，依此供納。

乾道元年八月十七日，詔工部下文思院依禮部、太常寺定到制度製造皇太子冠服。禮部、太常寺狀：「勘會依禮例，皇太子服遠游冠、朱明衣，執桓圭及合服冠冕等。今討論申請：桓圭，檢會《太常因革禮》，至道二年册命皇太子，禮官上言：『《周禮》天子執鎮圭，公執桓圭，無太子執圭之文。所謂公者，三恪及上公也〔四〕。《晉書》太子出會，在三恪之下、三公之上。請定制，皇太子服遠游冠、朱明衣，執桓圭以受册，朝會、謁廟亦服之。』按《禮·玉人》云：命圭九寸，謂之桓圭。雙植謂之桓，博三寸，厚半寸，剡上左右各寸半。玉色一依《政和五禮新儀》制度名件〔五〕。遠游冠十八梁，金鍍銀花飾。博山附蟬，紅絲組爲纓，犀簪導。朱明服：紅裳，白紗中單，方心曲領，絳紗蔽膝，白襪，黑

二十九日，有旨：「皇太子桓圭用元降下見成玉圭時，作一尺製造。」先是，提點修製册寶禮服等都大主管所狀：「准工部侍郎王剳子：文思院修製皇太子桓圭，爲無玉材，遂降下全成玉圭一，長一尺三寸。本部同太常寺看詳得雖與典故不同，緣已成之圭，今隨宜碾造雙植，剡上左右各寸半〔七〕。續據監宮鄭昺按典禮，鎮圭尺有二寸，係天子守之；命圭九寸，謂之桓圭，係公守之。切於禮經未安。今來本部照得御前別降玉材頗大，見（令）〔今〕解製，依典禮修製，可及九寸。」本所遂具奏聞，故有是命。

〔一〕鄧：原作「都」，據《宋史》卷一五一《輿服志》三改。
〔二〕蟬：原脱，據《宋史》卷一五一《輿服志》三補。
〔三〕惇：原作「光宗廟諱」，據光宗本名回改。
〔四〕及：原脱，據《太常因革禮》卷二五補。
〔五〕色：原作「也」，據《玉海》卷八七改。
〔六〕裳：原脱，據《文獻通考》卷一一三補。
〔七〕寸：原脱，據上條補。

七年二月十二日，禮部、太常寺言：「續討論到禮例，皇帝服通天冠、絳紗袍，御大慶殿册皇太子。皇太子受册，合服遠游冠、朱明衣，執桓圭；及謁太廟、别廟行禮，合服衮冕。」從之。

三月七(十)〔日〕，禮部、太常寺言：「將來(王)〔皇〕太子受册畢，朝謁太廟、别廟，依典故係冠服外，所有朝謁景靈宫所服，依典故即無該載〔一〕。今欲乞依禮例，服常服。」有旨依。(以上《永樂大典》卷一九七八五)

后妃服〔二〕

【宋會要】 **4** 皇后之服，唐制有三等：一曰禕衣，朝會服之；二曰鞠衣，親蠶服之；三曰禮衣，(晏)〔宴〕見服之。國朝存其名，常服龍鳳珠翠冠、霞帔。

仁宗天聖二年正月十一日，中書門下言：「皇太后禮服，按典禮具有明文，望令所司預先修製。」詔太常禮院撿詳典禮以聞。禮院言：「按《開寶禮》，首飾花十二株，小花如大花之數，並兩博鬢。禕衣素紗中單、蔽膝、大帶，以青衣、革帶、青襪、舄，白玉雙珮，黝組，雙大綬。受册、親蠶、朝會諸大事則服之。又按《開元禮義羅》曰：隋朝置后服四等，其四曰朱衣，緋羅爲之，宴見賓客則服之〔三〕。今參詳，每遇朝謁聖容，往還於輦中服此朱衣，加蔽膝、革、大帶、珮綬、襪、金飾履，並隨衣色。如常程視事，則亦服朱衣，用大帶、綬、金飾履，或去綬，只用大帶亦可。即去蔽膝、革帶、珮、韈。或用黃羅爲衣，如鞠衣之色，亦無妨礙。仍用大帶、綬、金飾履。其首飾依十二株花。」奏可，仍命入内内侍省副都知周文質管勾修製。五月製成，上之。

十年九月十五日，太常禮院上言：「准詔出兩宮衣冠畫樣，參詳製造。今請皇太后革帶、襪、舄並隨衣青色，仍加金飾，不用劍，餘如畫樣修製。」奏可。

明道元年十二月三日，詔：「將來皇太后恭謝宗廟，有司製后妃禮衣、祭服及重翟等六車。」太常禮院言：「禮衣請准皇帝衮服減二章，衣去宗彝，裳去藻，不用劍。九龍十六株花，前後垂珠翠各十二旒〔四〕，以衮衣爲名。」詔冠名儀天。

九日，太常禮院言：「皇太后赴太廟，乘玉輅，服禕衣、九龍花釵冠；行禮服衮衣、儀天冠。皇太妃、皇后乘重翟車，服鈿釵禮衣，以緋羅爲之。蔽膝、革帶、佩綬、履。其冠用十二株花釵。太廟行禮，並服禕衣。」詔可之。敕有司製禮衣及重翟以下六車，太后遂以車服謁太廟。

神宗元豐八年八月八日，禮部言：「皇太妃冠服之屬，

〔一〕典故：原作「故典」，據現存《永樂大典》卷一九七八五乙。
〔二〕后妃服：原作「皇后服」，據現存《永樂大典》卷一九七八六改。
〔三〕則服：原脱，據《永樂大典》卷一九七八六補。
〔四〕十二：原作「二十」，據《文獻通考》卷一一四乙。

減皇后五分之一。」詔翰林學士、給舍、禮部、太常寺同詳定以聞。後翰林學士鄧温伯等言：「參詳皇太妃冠服，《禮令》不載〔一〕，亦無故事。請參詳裁定，損皇后五分之一。」詔依所定，内冠朵用牙魚〔二〕。

徽宗大觀四年十一月十六日，宰臣何執中奏皇后受册，冠服當辦具者。上曰：「比有司畫一來上，内頭（官）〔冠〕合用珠子。中宫一見〔三〕，輒自陳曰，方今朝廷未豐，不當以服飾費耗邦財。頭冠用珠數多，請以爲妃時所服冠命工改造，增篦插三枝足矣。朕喜其能躬儉節用，亦既許之。」執中奏曰：「此陛下克勤克儉，風化所及。」尚書右丞鄧洵仁請紀次其事，宣付史館，從之。（以上《永樂大典》卷一九七八六）

臣庶服

【宋會要】

5 太宗太平興國七年正月九日，詔曰：「士庶之間，車服之制，至于喪葬，咸有等差。近年以來，頗成踰僭〔四〕。宜令翰林學士承旨李昉等詳定以聞。」既而昉等上言：「今參詳，伏請今後富商大賈乘馬，漆素鞍者勿禁。近年品官緑袍及舉子白襴下皆服紫色，亦請禁斷。其私第便服，許紫皂衣、白袍。舊制，庶人服白，今請通許服皂。又參詳近年工商、庶人家乘檐子，或用四人、八人。今請禁斷，聽乘車；兜子，舁不得過二人。」並從之。

端拱二年十一月九日，詔曰：「國家先定車服制度，如聞士庶尚有奢僭。今後應文武升朝官及武臣、内職、禁軍指揮使、諸班押班、廂軍都虞候、防團副使以上並得乘銀裝條子鞍轡；其正五品以上即許鬧裝；餘人悉禁，恩賜不拘此限。京官充知州軍及通判者許權依六品以下升朝官例，乘銀裝條子鞍轡，迴日依舊。其品官所服帶，已有條制。今後縣鎮場務諸色公人并庶人〔五〕、商賈、伎術、不係官伶人，只得服皂、白衣，鐵、角帶，不得服紫。（至道元年六月，復許庶人服紫（帝）〔帶〕，以時俗所好，冒法者衆，故除其禁。）文武升朝官及諸司副使、禁軍指揮使、廂軍都虞候之家子弟，不拘此限。幞頭、巾子，自今高不過二寸五分。婦人假髻並宜禁斷，仍不得作高髻及高冠。其銷金、泥金及真珠裝綴衣服，除命婦許服外，餘人並禁。」至道元年六月二十四日，詔〔六〕：「先是端拱二年十一月乙酉詔書，申明車服制度，士、庶、工商先不許服紫。自今許，所在不得禁之。餘悉如前詔。」

真宗咸平二年正月，詔曰：「服用之制，典册具存，儻

〔一〕令：原作「今」，據《長編》卷三九五改。
〔二〕冠：原作「官」，據《長編》卷三九五改。
〔三〕宫：原作「言」，據本書后妃一之二三改。
〔四〕成：原作「咸」，據《宋史》卷一五三《輿服志》五改。
〔五〕公人：原作「公子」，據《宋史》卷一五三《輿服志》五改。
〔六〕天頭原批：「『詔』字下似有缺文。」按，並無缺文。

奢僭以不懲，則耗蠹之滋甚。先禁士庶之家不得服銷金、泥金，如聞尚有踰越。宜令御史臺、街司巡察斷絶，犯者嚴斷，違禁之物給與巡（促）〔捉〕人充賞。其鋪户敢製造者，亦令捕捉科罪。諸道州軍準此。」

大中祥符元年二月十五日，三司言：「準詔，開封府民違制造蹙金、泥金、銷金，已從别處分，令申明舊制者。竊以山澤之寶，所得至難，儻縱銷鎔，實爲虚費〔一〕。今約天下所用，歲不下十萬兩，俾上幣棄於下民〔二〕。自今金銀箔線、貼金、銷金、泥金、蹙金線裝貼什器土木玩用之物〔三〕，並請禁斷，非命婦不得以爲首飾。冶工所用器，悉送官，違者所由捉搦，許人糾告，並以違制論。告者給賞錢，仍以犯人家財充。諸州寺觀有以金箔飾尊像者，據申三司，聽自齎金銀工價就文思院换給。」從之。先是，真宗謂輔臣曰：「近者士庶頗事侈靡，衣服器玩多鎔金爲飾，工人鍊金爲箔者，其徒日繁，當令禁止。據其數歲費用甚多，壞不可復，寖以成風。此深可戒。」乃命條約焉。

五月二十九日，詔：「朕自肅膺纘服，慎守詒謀，循法度以建中，屏紛華而弗御〔四〕，聿修儉德，以導化源。而穹昊顧懷，靈符羡錫，載翼大中之道，宜師清净之風。姑務德先，宜張理本。眷言宗室，爰暨宷僚，當取實以革華，庶上行而下效。自今除衮冕、儀仗、法服及宴會所設一依舊例外，其宴 6 會陳設雖許依舊，自今製造亦不得偏地文繡〔五〕。其餘外朝宫禁應乘輿、服御、供帳并皇親臣僚之家進奉之物，並不得用銷金、金線、文繡。有司所闕須創造者，即許依例施行，諸司不得專擅，起樣進呈。其常所御物，有不如詔者，令皇城使劉承珪、龍圖（閤）〔閣〕待制戚綸變製以聞。其（晏）〔宴〕會陳設，如重製造，亦不得偏地文繡。庶成敦朴，漸復清淳，允符上帝之靈心，永奉混元之至寶。」帝謂宰臣王旦等曰：「清净節儉，貴在躬行，亦當自家刑國也。此詔親王、公主及貴戚等宜各賜一本。」

六月八日，禁皇親諸親召募工匠造侈靡服。

二年正月十日，詔申禁鎔金以飾器服，犯者重繩之。

景祐元年五月一日，詔曰：「織文之奢，不鬻於國市；纂組之作，寔害於女功。朕稽若令猶，務先儉化，深惟抑末〔六〕，緬冀還淳。然猶杼軸之家，相矜靡麗；衣服之制，弗戒紛華。浮費居多，踰侈斯甚。宜懲俗尚，用謹邦彝。内自掖庭，外及宗戚，當奉循於明令，無輕犯於禁科。其錦背、繡背、遍地密花透背段子〔七〕，並從禁止。見製造成者，與限百日，擘劃變轉。如有違犯，並根勘收禁奏裁，衣服没

〔一〕費：原作「廢」，據《宋史》卷一五三《輿服志》五改。
〔二〕俾、幣：原作「比」、「弊」，據《宋史》卷一五三《輿服志》五改。
〔三〕裝：原脱，據《宋史》卷一五三《輿服志》五補。
〔四〕而：原脱，據《宋大詔令集》卷一九九補。
〔五〕繡：原作「綉」，據《宋大詔令集》卷一九九改。
〔六〕惟：原作「爲」，據《宋大詔令集》卷一九九改。
〔七〕密：原作「蜜」，據《宋大詔令集》卷一九九改。

官，諸色人告捉賞錢五十貫，以犯人家財充〔一〕。皇親、宮院、公主宅勾當使臣覺察，無得違犯。在京、西川見織造上供者並停〔二〕。」

閏六月二十一日，梓州轉運使張從革乞申明條貫，禁絶透背段子。詔：「（密）〔遍〕地密花錦背透背段子、織成遍地密花錦背透背衣物並禁斷。其稀花團窠、雜花不相連者更不禁止。」

二年五月七日，詔曰：「幣品之興，金鎰爲重，制財藝貢，邦用賴焉。洪惟先朝，深監治本，特嚴塗鑠之禁，以杜奢僭之萌。而宵人末工，放利矜巧。如聞比日，濳冒舊防，糜壞至珍，崇華首服，（寢）〔寖〕相貿鬻，陰長奇衺。官司因循，曾未呵糾〔三〕。宜申布於前令，俾大革其非心。尚或弗悛，罔有攸赦。敦風遠罪，當稱朕懷。應市肆造作縷金爲婦人首飾等物，並嚴行禁絶。」

三年二月十三日，詔曰：「夫儉守則固，約失則鮮，典籍之格訓也。貴不逼賤，下不僭上〔四〕，臣庶之定分也。如聞輦轂之間，士民之衆，罔遵矩度，爭尚僭奢。服玩纖華，務極珠金之飾；室居宏麗，交窮土木之工。儻懲革之弗嚴，恐因循而滋甚。況歷代之制，甲令備存，宜命攸司，參爲定式，庶幾成俗，靡蹈非彝。其令兩制與太常禮院同詳定制度以聞。」

六月十五日，中書門下言：「臣庶之家，多刳鹿胎以爲冠飾，比來寖盛。欲令刑部布告，一切禁斷，不得採捕鹿胎，製造冠子。如違，許人陳告。」奏可。

八月三日，詔曰：「天下士庶之家，凡屋宇非邸店、樓閣臨街市之處，毋得爲四鋪作、鬧鬬八〔五〕。非品官毋得起門屋。非宮室、寺觀毋得綵繪棟宇及間朱黑漆梁柱、窗牖、雕鏤柱礎。凡器用表裏毋得用朱漆、金漆，下毋得襯朱。非三品以上官及宗室、戚里之家毋得用金稜器。其用銀稜者毋得鍍金。玳瑁酒食器非宮禁毋得用。純金器若經賜者，聽用之。凡命婦許以金爲首飾，及爲小兒鈴鋜，餘以爲釵篸、釧纏、珥環者聽之。仍毋得爲牙魚、飛魚 7 奇巧飛動若龍形者。其用銀仍毋得鍍金。非命婦之家毋得以真珠裝綴首飾、衣服及項珠、纓絡、耳墜、頭鬚、抹子之類。凡帳幔、繳壁、承塵、柱衣、額道、項帕、覆旌、牀裙，毋得用純錦徧繡。宗室戚里茶檐、食合，毋得以緋紅蓋覆。豪貴之族所乘坐昇子，毋得用朱漆及五綵裝繪，若用黑漆而間以五綵者聽之。民間毋得乘檐子，及以銀骨朵、水罐子引喝隨行。其用兜子者所昇毋得過二人。違者物主工匠並以

〔一〕財充：原倒，據文意乙。
〔二〕供：原作「工」，據《宋大詔令集》卷一九九改。
〔三〕呵：原作「可」，據《宋大詔令集》卷一九九改。
〔四〕「貴不」二句，原作「貴不福下，賤不擬上」，據《宋大詔令集》卷一九九改。
〔五〕鬧：《宋史》卷一五三《輿服志》五同此，《長編》卷一一九、《宋朝事實》卷一三作「及」，均可通。四鋪作、鬬八皆爲營制制度名稱，見《營造法式》。《格致鏡原》卷二〇引《事物紺珠》：「鬧鬬八，天花板上鬬八角。」

違制論，工匠刺配他州。有陳告者賞錢五萬，其過百日而不變毁者坐之。宜令宣徽院、御史臺、閤門、左右金吾街仗司，開封府覺察以聞。」

慶曆八年二月二十七日，詔曰：「聞士庶倣傚胡人衣裝，裹番樣頭巾，著青緑及乘騎番鞍轡，婦人多以銅緑兔褐之類爲衣。宜令開封府限一月内止絶，如違，並行重斷。仍仰御史臺、閤門彈糾以聞。」

皇祐元年十月十九日，詔婦人所服冠高毋得踰四寸，廣毋得踰一尺，梳長毋得踰四寸，毋得以角爲之，犯者重寘于法，仍聽陳告。先是，宫中尚白角冠、梳，人争倣之，至謂之内樣。冠名曰「垂肩」、「等肩」，至有長三尺者；梳長亦踰尺。議者以爲服妖，故禁止之。

四年五月一日，詔禁白角冠子，限一月止絶。

嘉祐五年六月，詳定編勅所言：「皇親宫院有違禁衣服，首飾、器用之類，及雖係所賜，或父祖所置者，聽（百）〔自〕改造之。如違，令本宫使臣覺察，申大宗正司施行。」從之。

七年十月二十二日，禁天下衣黑紫。初，皇親與内臣賜衣紫皆再入爲黝色，後士庶寖相效，而言者以謂奇衺之服，宜禁絶之。

神宗元豐五年正月十七日，大宗正司言：「宗室高年抱疾，恩許私家乘垂簾肩輿出入〔一〕，聞擁從猥多〔二〕，驕不可長。欲乞許乘肩輿者量出踏引，籠燭照夜毋得過兩對，如有違犯，從本司察舉。」從之。

哲宗紹聖二年六月二十六日，侍御史翟思言：「近者京城士人與豪右大姓，出入往來率以轎自載，四人舁之，甚者飾以椶蓋，徹去簾蔽，翼其左右，旁午於通達之衢，甚爲僭擬，乞行止絶。」從之。

（七）〔三〕年二月〔三〕，詔在京官出入不得令人執涼扇。

徽宗政和元年十二月七日，詔：「《元符雜勅》，諸服用以龍或銷金爲飾，并服徧地密花透（骨）〔背〕、錦背、繡背服，及以純錦徧繡爲帳幕者，徒二年，工匠加二等，許人告捕。雖非自用，與人造作，同嚴行禁之。」

六月十四日，知樞密院事鄧洵武奏：「今文臣九品以三等之服，至於命婦，陛下親灑宸翰，釐爲八等，而服制未有名稱。」詔送禮制局。

宣和元年正月五日，詔：「先王之法壞，胡亂中華，遂服胡服。習尚既久，人不知耻，未之有禁，非用夏變夷之道。應敢胡服若氈笠、釣墪之類者，以違御筆論。」

高宗紹興八年八月二十八日，宰執奏舉行禁止塗金、鋪翠、造作服用及爲婦人首飾事，上宣諭曰：「宫中禁之甚急，久當民俗自化，不必過爲刑禁也。可令刑部檢坐前後

〔一〕簾：原作「廉」，據《長編》卷三三二改。
〔二〕聞：原作「門」，據《長編》卷三三二改。
〔三〕三年：原作「七年」，據《宋史》卷一五〇《輿服志》二改。

累降罪賞條法指揮，申嚴行下。仍仰州縣守〔二〕〔貳〕令佐悉力奉行，毋致有犯，常切督責巡捕官用心緝[8]捕。如敢依前弛慢，縱令違戾，仰監司按劾以聞。」

九年八月十七日，臣僚言：「凡品服有章，貴賤以别，衣冠不易之法也。異時擾攘，未遑文治，上下大小，例衣紫窄衫，以從簡便。至今循習，輿臺皂隸，混爲一區，漢官威儀，有時而廢。臣願自軍旅外，申嚴有司討論（官）〔冠〕帶之制，俾公卿大夫、監司守令以臨吏民，有則象焉。」從之。

其後二十五年十二月十八日，參知政事魏良臣言：「除諸軍將校許服紫衫外，自餘並依承平服冠帶之制。」二十六年二月九日，臣僚言：「乞申嚴紫衫之禁。」並從之。

〔乾道初〕〔一〕，權尚書禮部侍郎王曮奏：「（覲）〔觀〕自古衣服所尚，載於史志，所繫甚大，不可不謹也。漢光武爲司隸時，諸將過雒陽者數十輩，皆冠幘而衣婦人衣，諸于繡䘿，見者莫不笑之，或有畏而走者。及見司隸僚屬，皆歡喜不自勝，或垂泣曰：『不圖今日復見漢官威儀。』由是識者皆歡喜焉。光武所以奄有四海，紹開中興者，此之謂助多矣。然則聖王之興，豈可以爲此細故微事，而不垂意哉？切見近日士大夫皆服涼衫，比肩疊迹，習以成風，甚不足觀也。既以代冠裳而交際，亦以居官制而聽理。處民物之上而躬賈客之衣，有金珠之意而爲遊士之飾，居平安之時而從征役之裝。至乃聚數十而錯立，環一堂而團坐，色皆淺素，極焉可憎。其詳則不敢悉言，恭惟陛下聖意有猒喻者矣。然今之衣之，非不知惡之也。前者議臣以謂紫衫之設，施於用武，故爲之禁，而人情終趨簡便，是以靡而至此。且文武並用，本不偏廢，朝章之外，宜有便衣，仍存紫衫，未害大體。」故詔從之。

九年十二月十五日，詳定三司敕令所狀：「《乾道重修儀制令》：『諸中書舍人、左右諫議大夫、龍圖、天章、寶文、顯謨、徽猷、敷文閣待制、權侍郎許服紅鞓排方、黑犀帶，仍佩魚。』改修下條：『諸中書舍人、左右諫議大夫、龍圖、天章、寶文、顯謨、徽猷、敷文閣待制、權侍郎許服紅鞓排方、黑犀帶，仍佩魚。諸狨毛座，職事官權六曹侍郎、寄禄官太中大夫以上，及學士、待制，或經恩賜者，許乘。二衙或節度使曾任執政官者準此〔三〕。』『諸凶服不入公門，居喪而奪情從職者照依本品，唯以淺色，去金玉飾。在家即如喪制。』改修下條：『諸凶服不入公門，居喪而奪情從職者服依本品，唯色淺，去金玉飾。在家即如喪制。』『諸文武陞朝官及伎術官大夫以上並用屨。學生同。內朝請、武功郎以下減繶，學生減綦。從義、宣教郎以下並用屨。伎術官、翰林良醫以下及將校亦同。』改修下條：『諸文武及伎術官並用靴。將校同。朝請、武功郎以上減繶，從義、宣教郎、伎術官、翰林良醫以下、將校各減繶、純。學生服者減綦。』『諸州職員及職級許履袍、執笏。經略、安撫、總管、鈐

〔一〕此條無年代。據《宋史》卷一五三《輿服志》五，爲乾道初事，兹據補三字。下條亦當爲乾道九年事。
〔二〕二衙：似當作「三衙」。

轄、發運、鹽司職級準此。』改修下條：『諸州職員及職級許靴、袍、執笏。靴減繶，經略、安撫、總管、鈐轄、發運、鹽司職級準此。』《乾道重修儀制式》：『履用黑革，以絇、繶、純、綦飾之，各隨服色。學生履以綦、純、繶，純用青。減繶者亦名履，減繶、純者名屨。絇，履上飾。繶，飾底。純，**9** 緣也。綦，履帶。』改修下條：『靴用黑革，以麻底一重、皮底一重、白絹納氈爲裏。自底至鞠口高八寸，以絇、繶、純、綦飾之，各隨服色。學生絇、純並用青。』詔從之。

【宋史】〔一〕

大中祥符二年，詔申禁鎔金以飾器服。又太常博士、知温州李邈言：「兩浙僧求丐金銀珠玉，錯末和泥，以爲塔像，有高袤丈者，毁碎珠寶，寖以成俗〔二〕。望嚴行禁絶，違者重論。」從之。

七年，禁民間服銷金及跋遮那纈。

八年，詔：「内庭自中宫以下並不得銷金、貼金、間金、戭金、圈金、解金、剔金、陷金、明金、泥金、楞金、背影金、盤金、織金、金線撚絲，裝著衣服並不得以金爲飾。其外庭臣庶家悉皆禁斷〔三〕。臣民舊有者，限一月許回易。爲真像前供養物，應寺觀裝功德用金箔，須具殿位真像顯合增修創造數，經官陳狀，勘會詣實聞奏，方給公據，詣三司收買。其明金裝假果、花板、樂身之類，應金爲裝彩物，降詔前已有者，更不毁壞，自餘悉禁。違者，犯人及工匠皆坐。」是年，又禁民間服皂班纈衣。

仁宗天聖三年，詔：「在京士庶不得衣黑褐地白花衣服，并藍、黄、紫地撮暈花樣；婦女不得將白色、褐色毛段并淡褐色匹帛製造衣服。令開封府限十日斷絶，婦女出入乘騎，在路披毛褐以禦風塵者，不在禁限。」

七年，詔士庶、僧道無得以朱漆飾床榻。

九年，禁京城造朱紅器皿。

神宗熙寧九年，禁朝服紫色近黑者。民庶止令乘犢車，聽以黑色間五彩爲飾，不許呵引及前列儀物。

徽宗大觀元年，郭天信乞中外並罷翡翠裝飾。帝曰：「先王之政，仁及草木禽獸。今取其羽毛，用於不急，傷生害性，非先王惠養萬物之意，宜令有司立法禁之。」

政和二年，詔後苑造纈帛。蓋自元豐初置爲行軍之號，又爲衛士之衣，以辨姦詐，遂禁止民間打造。令開封府申嚴其禁，客旅不許興販纈板。

七年，臣僚上言：「輦轂之下，奔競侈靡〔四〕，有未革者。居室服用以壯麗相誇，珠璣金玉以奇巧相勝。不獨貴近，比比紛紛，日益滋甚。臣嘗考之甲令，法禁雖具，其罰

〔一〕宋史：原無，以下接上文書寫。按，自此以下至輿服四之一〇「寧宗嘉泰初」條「犯者必罰」，實非《宋會要》之文，而是抄自《宋史》卷一五三《輿服志》五，唯删去與上文重複之文。今添「宋史」二字。

〔二〕寖：原作「寢」，據《宋史》卷一五三《輿服志》五改。

〔三〕皆：原作「得」，據《宋史》卷一五三《輿服志》五改。

〔四〕奔：原脱，據《宋史》卷一五三《輿服志》五補。

尚輕，有司玩習，以至於此。如民庶之家不得乘轎，今京城内暖轎，非命官至富民、倡優、下賤，遂以爲常。竊見近日有赴内禁乘以至皇城門者，奉祀乘至宫廟者，坦然無所畏避。臣妄以爲僭禮犯分，禁亦不可以緩。」於是詔非品官不得乘暖轎。

是歲，又詔敢爲契丹服若氈笠、釣墪之類者，以違御筆論。釣墪，今亦謂之韈袴，婦人之服也。

中興，士大夫之服大抵因東都之舊，而其後稍變焉。一曰深衣，二曰紫衫，三曰涼衫，四曰帽衫，五曰襴衫。淳熙中，朱熹又定祭祀冠婚之服，時頒行之。凡士大夫家祭祀、冠、婚，則具盛服。有官者幞頭、帶、鞾、笏，進士則幞頭、襴衫、帶。處士則幞頭、皂衫、帶，無官者通用帽子、衫、帶又不能具，則或深衣，或涼衫。有官者亦通用帽子以下，但不爲盛服。婦人則假髻、大衣、長裙，女子在室者冠子、背子，衆妾則假紒、背子。

冠禮，三加冠服：初加，緇布冠、深衣、大帶、納履；再加，帽子、皂衫、革帶、繫鞵；三加，幞頭〔一〕、公服、革帶、[10]納鞾。其品官嫡庶子，初加，折上巾、公服；再加，二梁冠、朝服；三加，平冕服。若以巾帽、折上巾爲三加者聽之。深衣用白細布〔二〕，度用指尺，〔衣〕全四幅，其長過脅，下屬於裳。裳交解十二幅，上屬於衣，其長及踝。圓袂方領，曲裾黑緣，大帶、緇冠、幅巾、黑履。士大夫家冠婚、祭祀、宴居、交際服之。

紫衫，本軍校服，中興士大夫服之，以便戎事。紹興九年，詔公卿、長吏復用冠帶，然迄不行。二十六年，再申嚴禁，毋得以戎服臨民。自是紫衫遂廢，士大夫皆服涼衫以爲便服矣。涼衫，其制如紫衫〔三〕，亦曰白衫。乾道初，禮部侍郎王曮奏：「竊見近日士大夫皆服涼衫，甚非美觀，而以交際、居官、臨民，純素可憎，有似凶服。陛下方奉兩宫，所宜革之。且紫衫之設以從戎，故爲之禁〔四〕。而人情終趨簡便，靡而至此。文武並用，本不偏廢。朝章之外，宜有便衣，仍存紫衫，未害大體。」於是禁服白衫，除乘馬道塗許服外，餘不得服。若便服，許用紫衫。自後，涼衫秖用爲凶服矣。

帽衫，帽以烏紗、衫以皂羅爲之，角帶，繫鞵。東都時，士大夫交際常服之。南渡後，一變爲紫衫，再變爲涼衫，自是服帽衫少矣，惟士大夫家冠婚、祭祀猶服焉。若國子生，常服之。

襴衫，以白細布爲之，圓領、大袖，下施横襴爲裳，腰間有辟積。進士及國子生、州縣生服之。

（紹）紹興五年，高宗謂輔臣曰：「金翠爲婦人服飾，不惟靡貨害物，而侈靡之習，實關風化。已戒中外，及下令不許入宫門，今無一人犯者。尚恐士民之家未能盡革，宜申

〔一〕幞頭：原作「帽頭」，據《宋史》卷一五三《輿服志》五改。
〔二〕深衣：原脱，據《宋史》卷一五三《輿服志》五補。
〔三〕自此句至下「皆服涼衫」，原脱，據《宋史》卷一五三《輿服志》五補。
〔四〕故：原脱，據《宋史》卷一五三《輿服志》五補。

嚴禁，仍定銷金及採捕金翠罪賞格。」

淳熙二年，孝宗宣示中宮褘衣，曰：「珠玉就用禁中舊物，所費不及五萬，革弊當自宮禁始。」因問風俗。龔茂良奏：「由貴近之家倣傚宮禁，以致流傳民間，鬻簪珥者必言内樣。彼若知上崇尚淳朴，必觀感而化矣。臣又聞中宮服澣濯之衣，數年不易。請宣示中外，仍敕有司，嚴戢奢僭。」

寧宗嘉泰初，以風俗侈靡，詔官民營建室屋，一遵制度，務從簡樸。又以宮中金翠燔之通衢〔一〕，貴近之家犯者必罰。

二年閏九月七日〔二〕，中書門下省言：「見今朝靴樣制不一。得旨降下樣制，鞾高九寸，鞾口可改作四直。工部勘當，欲參用履制度，絇、今抹口〔三〕。繶、今裏底。純、今緣。綦，今束。文武官各隨其服色。大夫以上具四飾，用抹口、緣、束、裏底。朝請郎、武功郎以下去繶，用抹口、緣、束。從義郎、宣教郎以下至將校、伎術官去繶、純。用抹口、束。仍用麻底二重，皮一重，裏用白絹納氈，表用皂皺、羊皮底，鞾口高八寸，准尺大小，隨宜增減，各隨服色。」詔工部畫樣頒下。

《唐鱠》〔四〕：胡証字啓中〔五〕，爲和親使，次漠南，虜人欲屈脅之，且言使者必易胡服，又欲主便道疾驅。證固不從，以唐官儀自將，卒不辱命。（以上《永樂大典》卷一九八一五）

朝服

【宋會要】

11 仁宗景祐三年十月十九日，御史臺言：「准詔，皇親諸司使以下除西班官百三十餘員，並隸本臺班簿，凡侍祠、大朝會，大將軍至副率各依本品朝服，宜下有司施行。」詔禮院檢詳典故，報三司製造。

康定二年十月，少府監言：「每大禮，朝服法物庫定百官品位，支給朝服。今朝班内有官卑品高及官高品卑者，難爲臨時參定，或恐差舛，有違典禮。望下禮院詳定百官朝服等第，令本庫依官品支給。」詔禮院參酌舊制。禮院言：「准《衣服令》：五梁冠，犀簪導，珥筆，朱衣，朱裳，白羅中單，並皂褾襈，方心曲領，大帶，革帶，蔽膝，隨羅色。玉裝劍，玉珮，錦綬間施二玉環，白韈，烏皮履。一品、二品侍祠、大朝會則服之，中書門下則加籠巾、貂蟬。准《官品

〔一〕宮中：原作「中宮」，據《宋史》卷一五三《輿服志》五乙。

〔二〕按，此條原無年號，承上似爲嘉泰，然嘉泰無閏九月。查兩宋二年閏九月者有雍熙、慶曆、元符、淳熙四年號，不知此處爲何，俟考。又按，此條原稿與上文接寫，但此條之前皆抄自《宋史》，而此條則非出《宋史》，當仍爲《宋會要》之文，因空一行。

〔三〕今抹口：原作「吟抹」，據下文改。

〔四〕按，《唐鱠》一書，宋張九成撰，記唐事，見《郡齋讀書附志》。此條乃誤收。

〔五〕中：原作「申」，據兩《唐書·胡証傳》改。

令》，一品：尚書令、太師、太傅、太保、太尉、司徒、司空，太子太師〔一〕、太傅、太保；二品：中書令、侍中、左右僕射，太子少師、少傅、少保，諸州府牧、左右金吾衛上將軍。又準《閤門儀制》，以中書令、侍中、同中書門下平章事爲宰臣，親王、樞密使、留守、節度使、京尹兼中書令、侍中、同中書門下平章事爲使相，樞密使、知樞密院事、參知政事、樞密副使、同知樞密院事、宣徽南北院使、簽書樞密院事並在東宮三師之上。以上品位、職事，請準上條給朝服。宰臣、使相則加籠巾、貂蟬。其散官勳爵不繫品位，止從正官。後條餘品準此。又準《衣服令》：三梁冠，犀簪導，白紗中單，銀劍，佩，銀環，餘同五梁冠。諸司三品、御史臺四品、兩省五品侍祠、大朝會則服之。近制並有中單。御史中丞則冠獬豸。準《官品令》，諸司三品：諸衛上將軍，六軍統軍，諸衛大將軍，神武、龍武大將軍，太常、宗正卿〔二〕，秘書監，光禄、衛尉、太僕、大理、鴻臚、司農、太府卿，國子祭酒，殿中、少府、將作、司天監，諸衛將軍，神武、龍武將軍，下都督，三京府尹，五大都督府長史，親王傅。御史臺三品、四品：御史大夫，御史中丞。兩省三品、四品、五品：左右散騎常侍，門下、中書侍郎，諫議大夫，給事中，中書舍人。尚書省三品、四品：六尚書，左右丞，諸行侍郎。東宮三品、四品：太子賓客，太子詹事，太子左、右庶子，太子少詹事，太子左、右諭德。又準《閤門儀制》：節度使、文明殿學士、資政殿大學士〔三〕、三司使、翰林學士承旨、翰林學士、資政殿學士、端明殿學士、翰林侍讀學士、侍講學士、龍圖（閤）〔閣〕學士、樞密直學士，龍圖、天章閣直學士〔四〕，並次中書侍郎；節度觀察留後，並次諸行侍郎；知制誥，龍圖、天章閣待制，觀察使，並次中書舍人；內客省使次太府卿；客省使次將作監；引進使、防禦、團練、三司副使，並次左右庶子。以上品位、職事，請準上條給朝服。又準《衣服令》：兩梁冠〔五〕，銅劍，佩，環，餘同三梁冠。四品、五品侍祠、大朝會則服之。六品則去劍、佩、綬，御史則冠 12 獬豸，衣有單（單）。準《官品令》，諸司四品：太常、宗正少卿，祕書少監，光禄等七寺少卿，國子司業，殿中、少府、將作、司天少監，三京府少尹，太子率更令、家令、僕，諸衛率府率、副率，諸軍衛中郎將，諸王府長史、司馬，大都督府左、右司馬，內侍。尚書省五品：左、右司諸行郎中。諸司五品：國子博士，五經博士，太子中允，左、右贊善大夫，都水使者，開封祥符、河南洛陽、宋城縣令，太子中舍、洗馬，內常侍，太常、宗正、祕書、殿中丞，著作郎，殿中省五尚奉御，大理正，諸王友，諸軍衛郎將，諸王府諮議參軍，司天五官正，太史令，內給事。諸陞朝官六品以下：起居郎，起居舍人，侍御史，尚書

〔一〕太師：原脱，據《宋史》卷一五二《輿服志》四補。
〔二〕宗：原作「中」，據現存《永樂大典》卷一九七九〇改。
〔三〕大：原脱，據《宋史》卷一五二《輿服志》四補。
〔四〕天章：原脱，據《宋史》卷一五二《輿服志》四補。
〔五〕梁：原作「朝」，據《永樂大典》卷一九七九〇改。

省諸行員外郎，殿中侍御史〔一〕，左、右司諫，左、右正言，監察御史，太常博士，通事舍人。又準《閤門儀制》，四方館使次七寺少卿，諸州刺史次太子僕，謂正任不帶使職者。東、西上閤門使次司天少監，客省、引進、閤門副使並次諸行員外郎。以上品位、職事，據令文但言四品、五品，亦不分班敘上下。今請自尚書省五品以上及諸州刺史以上，准上條給朝服。其諸司五品以上實有官高品卑及品高官卑者〔二〕，合自諸司五品、國子博士至内給事並依六品以下例〔三〕，去劍、佩、綬。御史則冠獬豸，衣有中單。其諸司使、副使以下至閤門祗候，如有攝事合請朝服者，並同六品。」詔從之。

神宗元豐二年四月二十(三)〔五〕日〔四〕，詳定正旦御殿儀注所言〔五〕：「按周以上祭服無劍而有履，故《周官》司服之職悉不著劍，惟朝服則有容刀，《詩》曰『鞞琫容刀』是也。《冬官》『桃氏爲劍』〔六〕，止以共武士服，若帶劍以祠郊廟、以朝天子，非古也。自秦及西漢，艱危用武之時，朝、祭服皆佩劍。東漢大祭祀，玉珮、約履以行事，惟朝尚佩劍。晉制，服劍以木代之，謂之班劍。東齊謂之象劍。今冬正大朝會，若服三代之冕服，而用三代之禮，則去劍可也；若服秦漢之服，而用秦漢之禮，則存劍可也。然文武異容，佩劍之制，不當施於朝事。又《周禮》以不脱履爲恭，以脱屨爲相親。《少儀》曰：『凡祭於室中，堂上無跣，燕則有之。』注曰：『祭不跣者，主恭也；燕則有跣，爲歡也。』《特牲》、《少牢饋食》之禮無脱屨，而《燕》與《鄉飲酒》之禮則有脱屨升堂，與《少儀》合〔七〕。自秦以下，冠服雖異于周，猶坐于席。夫坐于席，則劍不可以不解，屨不可以不脱。解劍、脱屨于至尊之前，則愈不恭矣，故將升堂，必解劍、脱屨也。其後相承既久，遂以解劍脱屨爲恭，與古益異。今冬正朝會〔八〕，若用周禮，則服當無劍，而惟燕坐，然後脱屨而升；若止襲秦漢之故，則因舊儀爲可。又恐佩劍而趍朝，脱屨而示恭，與三代禮意不合。其冬正朝會，欲乞約用周禮，不服劍，不脱屨舄。」從之。

八月二十九日，詳定朝會儀注所言：「周禮，天子視朝則皮弁，服十五升衣，積素以爲裳，《記》所謂『皮弁素積』是也。諸侯視朝則13委貌冠，其服緇布衣，亦積素以爲裳，《詩》所謂『緇衣之宜兮』是也。凡在朝，君臣同服。漢氏承秦，改六冕之制，但玄冠、絳衣而已。魏以來名爲五時朝服，隋唐謂之具服。一品以下、九品以上皆絳紗(禪)〔禪〕衣，其冠有五梁、三梁、二梁、一梁之別。《隋志》曰：梁別

〔一〕史：原脱，據《永樂大典》卷一九七九〇補。
〔二〕官高：原作「高高」，據《永樂大典》卷一九七九〇改。
〔三〕内：原脱，據《永樂大典》卷一九七九〇補。
〔四〕二十五：原作「二十三」，按《長編》卷二九七繫此條事於四月癸亥，即二十五日，據改。
〔五〕旦：原作「日」，據《永樂大典》卷一九七九〇改。
〔六〕桃：原作「祧」，據《周禮注疏》卷四〇改。
〔七〕合：原作「令」，據文意改。
〔八〕正：原作「至」，據《文獻通考》卷一一三改。

貴賤，自漢始也。綬則以組爲之，本以貫珮玉相承受。戰國尚武而去佩，但留其繫璲，而秦乃以采組連於璲，轉相結受，因以爲飾，所謂綬也。韋彤《五禮精義》曰：『綬以別尊卑，彰有德，故漢制相國至百石吏綬有三采、二采、一采之等。』然則冠以梁之多少別貴賤〔一〕，綬以采之麤縟異尊卑〔二〕，其來尚矣。古者制禮，上物不過十二，天之數也〔三〕。自上而下，降殺以兩。畿外諸侯遠於尊者而伸，則以九、以七、以五，從陽奇之數；王朝公卿大夫近於尊者而屈，則以八、以六、以四，從陰偶之數。本朝《衣服令》：通天冠二十四梁，爲乘輿服。蓋二十四梁，以應冕旒前後之數。若人臣之冠，則自五梁而下，與漢唐少異矣。至於綬，則乘輿及皇太子以織成，諸臣用錦爲之。一品、二品冠五梁，中書、門下加籠巾、貂蟬。諸司三品三梁。四品、五品二梁，御史臺四品、兩省五品亦三梁。而綬有暈錦、黄師子、方勝、練鵲四等之殊。六品則去劍、佩、綬。隋唐冠服皆以品爲定，蓋其時官與品輕重相準故也。今之令式尚或用品，雖因襲舊文，然以官言之，頗爲舛謬。槩舉一二，則太子中允、贊善大夫與御史中丞同品，太常博士品卑於諸寺丞，太子中舍品高於起居郎，内常侍纔比内殿崇班，而在尚書諸司郎中之上，是品不可用也。若以差遣，則有官卑而任要劇者，有官品高而處冗散者，有一官而兼領數局者，有徒以官奉朝請者，有分局莅職特出於一時隨事立名者，是差遣又不可用也。以此言之，用品及差遣定冠綬之制，則未爲允當。伏請以官爲定，庶名實相副，輕重有準。仍乞分官爲七等，冠綬亦如之。貂蟬、籠巾、七梁冠、天下樂暈錦綬〔四〕，爲第一等。蟬舊以玳瑁爲胡蝶狀，今請改爲黄金附蟬。宰相、親王、使相、三師、三公服之。七梁冠、雜花暈錦綬，爲第二等，樞密使、知樞密院至太子太保服之。六梁冠、方勝宜男錦綬，爲第三等，左右僕射至龍圖、天章、寶文閣直學士服之。五梁冠、翠毛錦綬，爲第四等，左右散騎常侍至殿中、少府、將作監服之。四梁冠、簇四雕錦綬，爲第五等，客省使至諸行郎中服之。三梁冠、黄師子錦綬，爲第六等，皇城以下諸司使至諸衛率府率服之。内臣自内常侍以上及入内省、内侍省、内東西頭供奉官、殿頭，前班、東西頭供奉官、左右侍禁、左右班殿直，京官秘書郎至諸寺監(簿主)〔主簿〕既預朝會，亦宜朝服從事。今參酌，自内常侍以上冠服，各從本等，寄資者如本官，入内内侍省、内東西頭供奉官、殿頭，三班使[14]臣、陪位京官爲第七等，皆二梁冠、方勝練鵲錦綬。高品以下服色依古者，(鞸)〔韠〕、韍、舄、屨並從裳色。今制，朝服用絳衣，而錦有十九等。其七等綬謂宜純用紅錦〔五〕，以文采高下爲差別，惟法官綬用青

〔一〕梁：原作「祭」，據《長編》卷二九九改。
〔二〕縟：原作「褥」，據《永樂大典》卷一九七九〇改。
〔三〕「天」下原衍「理」字，據《永樂大典》卷一九七九〇删。
〔四〕「樂」下原有「章」字，據《宋史》卷一五二《輿服志》四删。
〔五〕紅：原作「錦」，據《永樂大典》卷一九七九〇改。

地荷蓮錦，以別諸臣。《後漢志》〔一〕：『法冠一曰柱後〔二〕，執法者服之。侍御史、廷尉正監平也，或謂之獬豸冠。』《南齊志》亦曰：『法冠，廷尉等諸執法者冠之。』今御史臺自中丞而下至監察御史，大理卿、少卿、丞，審刑院、刑部主判官，既正定厥官，真行執法之事，則宜冠法冠，改服青荷蓮錦綬。其梁數與佩準本官。」從之。

詳定正旦御殿儀注所言〔三〕：「按《周禮·司服》：『王視朝，則皮弁服。』鄭氏注：『視朝，視内外朝之事。』『王受諸侯朝覲於廟，則衮冕。』賈公彦曰：『覲禮，天子衮冕，負黼扆。』故知朝覲在廟，王服衮冕。若然，春夏受贄在朝〔四〕，則皮弁服，故孔穎達曰：天子朝服，立於路門之外；諸侯朝服執贄，入應門。漢制，百官賀正月，天子服通天冠。張衡《東京賦》曰：『冠通天，珮玉璽。』韋彤《五禮精義》曰：『通天冠，朝會之正服，猶古之皮弁也。』自晉以來，天子郊祀天地、明堂、宗廟、元會臨軒，介幘、通天冠，平冕，皁表，朱綠裏〔五〕，加於通天冠上。衣畫而裳繡，爲日月星辰十二章。自此元日受朝，始用祭服。梁及隋唐既以因襲，而本朝之制〔六〕，亦用衮冕。臣等看詳《周禮》朝覲，若春夏受贄於朝，則君臣皆朝服；秋冬受贄於廟，則君臣皆祭服。今元會行禮於朝，而天子服祭服，群臣服朝服〔七〕，未合禮意。欲乞元日受朝賀，服通天冠、絳紗袍。」從之。

元豐五年十二月十一日，詔：冬正朝會，諸軍所服衣冠，廂都軍都指揮使、都虞候領團練使、刺史服第五等，軍都指揮使、都虞候服第六等，指揮使、副指揮使服第七等，並班於廷。副都頭以上常服，班殿門外〔八〕。

二十三日，吏部尚書李清臣奉詔檢閲朝會應奉事，欲令執事高品以下並服介幘、絳服、大帶、革帶、襪、履、方心曲領。從之。

六年九月二十八日，尚書禮部言：「樞密都承旨張誠一言：伏見朝服法物庫有太常協律郎、大樂丞新給袴褶冠。今檢諸書志，唯袴褶之制未詳所起。近代車駕親征〔九〕，中外戒嚴則服之。唐制，三品以上紫褶，五品以上緋褶，七品以上綠褶，九品以上碧褶。九品以下通用細綾，七品以下通用小綾。及檢會《鹵簿記》，止有鼓吹令丞冠，注漆皮爲之，兩耳鏤花形，如《三禮圖》委貌冠。今俗謂之袴褶冠，收載庫籍，即無所據。乞下禮官考正。」乃下太常

〔一〕志：原作「制」，據《永樂大典》卷一九七九〇改。

〔二〕冠：原作「官」，據《宋史》卷一五二《輿服志》四改。

〔三〕原無此句，據《長編》卷二九七、《文獻通考》卷一一三補。《長編》繫此奏於元豐二年四月二十五日癸亥，與上文輿服四之一二元豐二年條爲同時所奏；《文獻通考》則作元豐三年。

〔四〕贄：原作「摯」，據《文獻通考》卷一一三改。下同。

〔五〕綠：原作「緣」，據《文獻通考》卷一一三改。

〔六〕朝：原作「服」，據《文獻通考》卷一一三改。

〔七〕群臣：原作「諸侯」，據《永樂大典》卷一九七九〇改。

〔八〕門外：原作「侯門」，據《永樂大典》卷一九七九〇改。又此四字原作小字，今改大字，與上句「並班於庭」一致。

〔九〕「近」字原脱，「征」原作「戎」，據《長編》卷三三九補改。

寺〔一〕。太常寺言：「袴褶乃是從戎之服，以此名冠，尤無所據〔二〕。今協律郎如押樂太常卿，遇祠祭、朝會，各以本品朝、祭冠服從事。兼太樂令丞今止服本品官服，其袴褶並合不用。」從之。

〔六〕曹尚書〔三〕、侍郎，殿中監，大司〔丞〕〔成〕，散騎常侍，特進，金紫、銀青光禄大夫，〔光禄大夫〕，太尉，節度使，左右金吾衛，左右衛上將軍服之。（以上《永樂大典》卷一九七九〇）

【宋會要】

15 貞元六年正月七日〔四〕，祭官有縿服，既葬公除，及聞哀假滿者，請許吉服。赴宗廟之祭，其同〔宫〕〔官〕未葬，雖公除者，請依前禁之。

國家朝祭，百官冠服多用周制，每大朝會、侍祠則服之。襪有帶，履用皂，〔革〕袴，衣中單，勒帛，裙，蔽膝袍，大帶，革帶，方心曲領。佩則用石以代珠玉。冠有三梁、五梁之别，言官、刑法官則加獬豸。所執各用其笏。如導駕，除御史大夫、開封牧、開封令出各乘車外，他官員冠服而騎。

祭服

【宋會要】

王公以下冠服〔五〕。唐制有衮冕九旒、鷩冕八旒、毳冕七旒、絺冕六旒、玄冕五旒、爵弁、朝服、公服、袴褶、弁服。國朝省八旒冕、六旒冕、弁服。九旒冕：塗金銀花額，犀、玳瑁簪導，青羅衣繡山、龍、雉、火、虎蜼五章，緋羅裳繡藻、粉米、黼、黻四章，緋蔽膝繡山、火二章，白花羅中單，玉裝劍，佩，革帶，暈錦綬，二玉環，緋白羅大帶，緋羅襪，履，親王、中書門下奉祀則服之。九旒冕無額花，玄衣，纁裳，悉畫，小白綾中單，師子錦綬，二銀環，餘同上，三公奉祀則服之。七旒冕：犀角簪導，衣畫虎蜼〔六〕、藻〔七〕、粉米三章，裳畫黼、黻二章。銀裝佩、劍，革帶，餘同九旒冕，九卿奉祀則服之。五旒冕無章，銅佩、劍，革帶，餘同七旒冕，青羅爲衣裳，四品、五品爲獻官則服之。六品以下無劍、佩、綬。紫檀衣、朱裳，羅爲之，皂大綾綬、銅劍、佩，御史、博士服之。平冕無旒，青衣、纁裳，無劍、佩、綬，餘同五旒冕，太祝、奉禮服之。五梁冠：塗金銀花額，犀、玳瑁簪導，立筆，緋羅

〔一〕乃：原脱，據《長編》卷三三九補。

〔二〕無：原作「爲」，據《長編》卷三三九改。

〔三〕按，以下文字，現存《大典》卷一九七九〇亦如此。然據《宋史》卷一五二《輿服志》四，此乃政和中群臣朝服之制中服六梁冠人員之殘文，不知何以脱落於此。

〔四〕以下二條，原稿有勾删符號。按，其中第一條見《唐會要》卷一七，第二條見《麈史》卷一，皆非《宋會要》文。

〔五〕以下：原脱，據《文獻通考》卷一一三補。按此下通述諸臣祭服，非止王公。

〔六〕蜼：原作「雉」，據《文獻通考》卷一一三改。

〔七〕藻：原脱，據《玉海》卷八二補。

袍、白花羅中單、緋羅裙、緋羅蔽膝，並皂褾襈，白羅大帶、白羅方心曲領，玉劍、佩、銀革帶、暈錦綬，二玉環，白綾襪、皂皮履，一品、二品侍祠、朝會則服之。中書門下則冠加籠巾、貂蟬。籠巾編藤漆之，塗金銀飾；玳瑁蟬一，金蟬六，銜玉。三梁冠：犀角簪導，無中單，銀劍、佩，師子錦綬，銀環，餘同五梁冠，諸司三品、御史臺四品、兩省五品侍祠、朝會則服之。御史大夫、中丞則冠有獬豸角，衣有中單。兩梁冠：犀角簪導，銅劍、佩、練鵲錦綬，銅環，餘同三梁冠。四品、五品侍祠、朝會則服之。六品以下無中單，無劍佩、綬，御史則冠有獬豸角，衣有中單。袴褶紫、緋、綠各從本服色，白綾中單，白綾袴，白羅方心曲領，本品冠，導駕則騎而服之。

大駕鹵簿内巾服之制。金吾上將軍、將軍、六統軍、千牛中郎將，服花脚幞頭，抹額、紫繡袍，佩牙刀，珂馬。諸衛大將軍、將軍、中郎將、折衝、果毅，散手翊衛，服平巾幘、紫繡袍、大口袴，錦螣蛇，銀帶，佩橫刀，執弓箭。千牛將軍，服平巾幘、紫繡袍、大口袴、銀帶、鞾靿，橫刀、執弓箭，珂馬。千牛，服花脚幞頭、緋繡抹額、大口袴、銀帶、鞾靿。前馬隊内折衝及執矟者，服錦帽、緋繡袍、16銀帶。監門校尉、六軍押仗，服幞頭、紫繡裲襠。隊正，服平巾幘、緋繡袍、大口袴。諸衛主率、都尉、引駕騎、持鈒隊内校尉、旅帥、執衛司殳仗、㮰矟，金吾十六騎[一]、班劍、儀刀隊、親勳翊衛、執大角人，並服平巾幘[二]、緋繡裲襠、大口袴，佩橫刀、執弓箭。金吾押牙服金鵝帽、紫繡袍、銀帶，儀刀。金吾執纛者，服烏紗帽、皂衣袴，鞵韈。金吾押纛，服幞頭、皂繡衫、大口袴、銀帶、烏皮鞾。執金吾㮰矟，服錦袍、帽、臂鞲、銀帶、烏皮鞾。清游隊佽飛，執副仗矟，服甲騎具裝，錦鞲，橫刀執弓箭，白袴。朱雀隊執旗及執牙門旗、執絳引旛[三]、黃麾幡者，服緋繡衫、抹額、大口袴，銀帶。執殳仗，前後步隊、真武隊執旗，前後部黃麾[四]，執日月合璧等旗，青龍白虎隊、金吾細仗内執旗者，服五色繡袍、抹額、行縢、銀帶，執白幹棒人加銀褐捍腰。執龍旗及前馬隊内執旗人[五]，服五色繡袍、銀帶、行縢、大口袴。執弓箭、執龍旗副竿人，服錦帽、五色繡袍、大口袍、銀帶。執弩、弓箭人，服錦帽、青繡袍、銀帶。前後步隊人，服五色鍪甲、錦臂鞲、鞵韈、袴、銀帶[六]。朱雀隊内執弓箭、弩、矟，虞候佽飛[七]，執長壽幢、寶輿法物人，服平巾幘、緋繡袍、大口袴，銀帶。援寶，執絳麾、真武幢叉人，服武弁、紫繡衫。持鈒隊[八]、殿中黃麾、繖、扇、腰輿、香鐙[九]、華蓋、指南、進賢等車駕

[一] 吾：原作「五」，據《宋史》卷一四八《儀衛志》六改。
[二] 「並服」原脱，「幘」原作「績」，據《宋史》卷一四八《儀衛志》六補改。
[三] 絳：原作「降」，據《宋史》卷一四八《儀衛志》六改。
[四] 部：原作「步」，據現存《永樂大典》卷一九七九一改。
[五] 隊：原脱，據《永樂大典》卷一九七九一補。
[六] 銀：原作「錦」，據《宋史》卷一四八《儀衛志》六改。
[七] 佽：原脱，據《宋史》卷一四八《儀衛志》六補。
[八] 鈒：原作「鉞」，據《宋史》卷一四八《儀衛志》六改。
[九] 鐙：原作「蹬」，據《宋史》卷一四八《儀衛志》六改。

士，相風、鍾漏等輿輿士，服武弁、緋繡衫。駕羊車童子，服垂耳髻、青頭巾、青繡大袖衫〔一〕、袴、勒帛、青耳屨。執引駕龍墀旗、六軍旗者，服錦帽、五色繡衫、錦臂韝、銀帶。執引引、夾旗及執柯舒、鐙仗者，服貼金帽，餘同上。執花鳳、飛黃、吉利旗者，服銀褐繡衫、抹額、銀帶。夾轂隊，服五色質鍪、鎧、錦臂韝、白行縢、紫帶〔二〕、鞵韈。驍衛、翊衛三隊〔三〕，服平巾幘、緋繡袍、大口袴、錦螣蛇。五輅、副輅、耕根車駕士，服平巾幘、青繡衫、青屨韈。教馬官，服幞頭、紅繡抹額、紫繡衫、白袴、銀帶。掌輦、主輦，服武弁、黃繡衫、紫繡誕帶。攏御馬者，服貼金帽、紫繡大袖衫、銀帶。執真武幢者，服武弁、皂繡衫、紫繡誕帶。五牛旗輿士，服武弁、五色繡衫、大口袴、銀帶。掩後隊，服黑鍪甲、錦臂韝、行縢。鼓吹令丞，服緑袴褶冠、銀褐裙、金銅革帶、緋白大帶、履韈。太常寺府史、典事，司天令史，服幞頭、緑衫、黃半臂。太常主帥，棡鼓、金鉦、節鼓人，服平巾幘、緋繡袍、大口袴、抹帶、錦螣蛇；歌、拱辰管、簫、笳、笛、觱篥無螣蛇。太常大鼓、長鳴、小鼓、中鳴，服黃雷花袍、袴、抹額、抹帶〔四〕。太常鐃、大(黃)〔橫〕吹，服緋苣文袍、袴、抹額、抹帶。太常羽葆鼓、小橫吹，服青苣文袍、袴、抹額、抹帶。排列官〔五〕、令史、府史，服黑介幘、緋衫、白袴、白勒帛。司辰、典事、漏刻生，服青袴褶冠、革帶。殿中少監，奉御、供奉、排列官，引駕仗内排列承直官、大將、金吾引駕、押仗、押旗，服幞頭、紫公服、烏皮鞾。尚輦奉御、直長、乘黃令丞〔六〕、千牛長史、進馬四色官，服幞頭、緑公服、白袴、金銅帶、烏皮鞾。殿中職掌〔七〕、執繖扇人，服幞頭、碧襴、金 17 銅帶、烏皮鞾。舊衣黃，太平興國六年。并内侍省並改服以碧。

凡繡文，金吾衛以辟邪，左右衛以瑞馬，驍衛以雕虎，屯衛以赤豹，武衛以瑞鷹，領軍衛以白澤，監門衛以師子，千牛衛以犀牛，六軍以孔雀，樂工以鸞，耕根車駕士以鳳銜嘉禾，進賢車以瑞麟，明遠車以對鳳，羊車以瑞羊，指南車以孔雀，記里鼓、黃鉞車以對鵝，白鷺車以翔鷺，鸞旗車以瑞鸞，崇德車以辟邪，皮軒車以虎，屬車以雲鶴，豹尾車以玄豹，相風(鳥)〔烏〕輿士以烏，五牛旗以五色牛，餘皆以寶相花。

六引内巾服之制。清道官〔八〕，服武弁、緋繡衫、革帶。持幰弩、車輻(捧)〔棒〕者，服平巾赤幘、緋繡衫、赤袴、銀帶。青衣，服平巾青幘〔九〕、青袴褶。持戟、繖、扇、刀盾者，服黃繡衫、抹額、行縢、銀帶。持幡蓋者，服繡衫、抹額、大口袴、

〔一〕袖：原作「紬」，據《永樂大典》卷一九七九一改。
〔二〕帶：原作「口」，據《宋史》卷一四八《儀衛志》六改。
〔三〕翊衛：原脱「衛」字，據《宋史》卷一四八《儀衛志》六改。
〔四〕抹帶：原作「袜帶」，據《宋史》卷一四八《儀衛志》六改。下同。
〔五〕排：原作「緋」，據《永樂大典》卷一九七九一改。
〔六〕乘：原脱，據《永樂大典》卷一九七九一補。
〔七〕職：原作「執」，據《永樂大典》卷一九七九一改。
〔八〕官：原作「冠」，據《宋史》卷一四八《儀衛志》六改。
〔九〕幘：原作「服」，據《永樂大典》卷一九七九一改。

銀帶，内告止幡、曲蓋以緋，傳教幡、信幡、絳引幡以黄。執誕馬轡、儀刀、麾、幢、節、夾矟、大角者，服平巾幘、緋繡衫、大口袴、銀帶。大駕鹵簿内執轡，並錦絡衫帽。持弓箭、矟者，服武弁、緋繡衫、白袴。駕士，服錦帽、繡衩服、大袍、銀帶。弓箭以青，矟以紫。持㭎鼓者服平巾幘、緋繡對鳳袍、大口袴、白抹帶〔一〕、錦銀螣蛇。鐃吹部内，服平巾幘、緋繡袍、白抹帶、白袴。餘悉同大駕前後部。

其繡衣文，清道以雲鶴，𢥞弩以辟邪，車輻以白澤，駕士、司徒以瑞馬，牧以隼，御史大夫以獬豸，兵部尚書以虎，太常卿以鳳，縣令以雉，樂工以鸞，餘悉以寶相花。

太祖建隆四年八月十六日，宰臣范質與禮官議：「導駕官服袴褶之衣〔二〕。按袴褶衣，其制度所起〔三〕，先儒無説，惟《開元雜禮》五品以上通用細綾及羅，六品以下服小綾。褶衣之色，惟本品綬色。注：褶衣，即複衣也。又按諸王朱綬，四采：赤、黄、縹、紺，(亦)〔赤〕即朱也。以純朱爲地，更次第輕入黄、白、青汁内染之〔四〕，共爲四采，亦謂之朱褶。一品緑綟綬，四采：緑、紫、黄、赤。綟即緑也，是草之緑色。以純緑爲地，亦謂之緑綟褶。二品、三品紫綬，三采：紫、黄、赤，謂之紫褶。其衣身、領、袖、袂，請依今制〔五〕。又按令文，武弁金飾、平巾幘、簪導、紫褶、白袴、玉梁、珠寶鈿帶、韡，騎馬服之。金飾即金附蟬也。詳此，即是二品、三品所配弁之制也。附蟬之數，蓋一品九蟬，二品八，三品七，四品六，五品五。又令文武弁、平巾幘，侍中、中書令、散騎加貂蟬，侍左者左珥，侍右者右珥。又《開元雜禮》導駕官並朱衣，冠履依本品。此朱衣，今朝服也。然自一品至二品用四入之朱爲衣，乃協上下之文，異絳繒之色。又令文三品以上紫褶，五品以上緋褶，七品以上緑褶，九品以上碧褶，並白大口袴、起梁帶、烏皮韡。竊詳籠冠平巾與武弁大冠〔六〕，其名雖殊，本是一物，製同而飾别。蓋以官品爲差，其幘亦載在籠冠下。今請造袴褶如令文之制。其起梁帶形制，檢尋未獲〔七〕，望以革帶代之。」奏可。是歲，造成而未用。乾德六年郊禋始服，而冠未造，乃取朝服、進賢 18 冠、大帶、革〔帶〕、韈、履參用焉。

九月二日，宰臣范質言：「三公祭服，舊皆畫升龍，裲襠有緋紫之制，請令禮官檢尋故事。按三禮，三公毳冕，無龍章；上公衮冕，無龍，二品鷩冕。又《周禮》言上公衮冕九旒，以五采繩貫五采珠，旒長九寸，每寸以珠玉瑱。其衣玄色，五章：山、龍、華蟲、火、宗彝，畫於衣。其裳朱色，四章：藻、粉米、黼、黻，繡於裳。又按令文，旒並貫青色珠，

〔一〕抹：原作「袜」，據《宋史》卷一四八《儀衛志》六改。
〔二〕袴褶之衣：原作「袴諸衣」，據《宋朝事實》卷一一改。
〔三〕「袴褶衣其」四字原脱，據《宋朝事實》卷一一補。
〔四〕汁：原作「付」，據《宋朝事實》卷一一改。
〔五〕請：原作「謂」，據《宋朝事實》卷一一改。
〔六〕平：原作「子」，據《宋朝事實》卷一一改。
〔七〕獲：原作「是」，據《宋朝事實》卷一一改。

青纊。其珠及黈纊，今請（衣）〔依〕令文青色之制。又按《開元禮》，武官陪立大仗，加螣蛇裲襠，如袖無身，以覆其膊胳。音各。蓋掖下縫也。從肩領覆臂膊，共一尺二寸。又按《釋文》、《玉篇》相傳云其一當胸，其一當背，謂之兩當。今詳裲襠之制，其領連所覆膊胳，其一當左膊，其一當右膊，故謂之起膊。今請兼存兩説，擇而用之。」詔改製祭服，以青色造裲襠，用當胸、當背之制。

真宗咸平五年二月，大理寺丞李坦言：「臣聞禮行於郊，而百神受職焉；禮行於社，而百貨可殖焉。是故禮者治國之柄，服者飾身之儀，前代成規，後王不易。臣昨差郊壇助祭，竊見助祭之官所服六冕、衣裳，畫繡之等多不依古制，又慮後來增減不同。然按《尚書·皋陶》云：『予欲觀古人之象〔一〕，日、月、星辰、山、龍、華蟲，作會；宗彝、藻、火、粉米、黼、黻，絺繡。』此十二章也。六章畫於衣，象天也；六章繡於裳，象地也。夏商無文。至周，三辰畫於旌旂，惟九章在於衣裳之上。周有六冕，按《司服》云：王祭昊天上帝則大裘而冕，祭五帝亦如之；享先王則衮冕，享先公則鷩冕，祀四望山川則毳冕，祭社稷、五祀則絺冕，祭羣小祀則玄冕。鄭司農云：大裘，羔裘也。所以知爲羔裘者〔二〕，祭天尚質，故用之，象天色也。衮冕之旒，天子則十二旒，升龍於山，升火於宗彝。若上公則九旒，自山、龍而下九章。侯伯鷩冕七旒，自華蟲而下七章。子男即毳冕五旒，自宗彝而下五章。孤卿即絺冕三旒，三章，無畫，皆繡。凡奇數在衣，偶數在裳。今具六冕祭服異同，乞行改正。」詔送太常寺禮院詳定。

禮院言：「檢討如後。伏緣旒冕之制度、繡畫之等差，歷代以來，屢有沿革。若循古制，須議酌中。改作之間，安敢輕議！一〔三〕、周六冕皆玄上纁下，玄上法天，纁下法地，兼前後邃延。今覩冕板上下之色皆用玄青，亦無邃延，一失也。今檢詳《郊祀録》〔四〕，皇帝祀天地神祇，則服大裘冕。按《三禮義宗》云：祭天所以用大裘者，是羊羔裘也。冕黑者象天色玄，大者擬覆燾垂下，故服大裘以祀天也。冕者勉也，所以勉人爲高行。凡六冕之服，皆玄上纁下。冕既大同，無以爲别，但取畫章之異以爲立名，故用服名冕。一、六冕之旒數。若大裘冕，即無旒。若衮冕，天子十有二旒，前後邃延；上公即九旒。每旒五采就爲之，每一寸安一玉，玉皆五色：朱〔五〕、白、蒼、黄、玄。諸侯即三采。夏商朱緑〔六〕，皆周而復始。十二旒，旒各一尺二寸，用玉二百八十八。若上公九旒，用玉百六十二。

〔一〕予：原作「乎」，據《太常因革禮》卷二四改。
〔二〕爲：原脱，據《太常因革禮》卷二四補。
〔三〕一：原脱，據《太常因革禮》卷二四補。
〔四〕自此句以下至本段之末「先王禮意」，凡二千四百餘字，原錯簡在本卷後文輿服四之二四「高宗紹興十六年」條「奉祀不闕」之後，今據《太常因革禮》卷二四移正。
〔五〕「朱」上原有「先」字，據《太常因革禮》卷二四删。
〔六〕緑：原作「緣」，據《太常因革禮》卷二四改。

今覩旒玉純用一色，其數不與昔同，是二失也。今檢詳，凡享廟、謁廟及遣上將、征還飲至，則服袞冕。按自袞冕而下服名冕者，皆是畫衣章之首。袞冕所以祭先王者，爲服以龍爲首，龍德神異，應時潛見，象王者有神異之德也。其冕垂白珠十有二旒，以組爲纓〔一〕，色如其綬。《玉藻》云：『天子玉藻十有二旒，前後邃延，龍袞以祭。』鄭玄云：冕之旒，以藻紃貫玉爲飾，因以名也。十有二就，每一就貫一玉，就間相去一寸，則旒長尺二寸，垂而齊肩也〔二〕。五采者，依射侯之次，從上而下，初以朱，次以白，次以蒼，次以黃，次以玄。以五采玉既貫徧〔三〕周而復始，此並周制也。至漢明帝用曹褒之説〔四〕，皆用白璇珠〔五〕，與古異也。魏文帝好婦人飾，改珊瑚珠。至晉江左，又改漢制。今用白珠之制，自漢始焉。《大戴禮》曰：『冕而加旒，以蔽明也。』隋牛弘云：請以采綖貫珠爲旒。後只言采，不言五采。一〔六〕、《周禮》袞冕九章，升龍於山，升火於宗彝，以五章畫於衣，一曰龍，二曰山，三曰華蟲，四曰火，五曰宗彝。今衣上不見宗彝，又剩一藻文也。下四章繡於裳上，六曰藻，七曰粉米，八曰黼，九曰黻。今又無藻文，餘有三章亦不絺繡，是三失也。今檢詳《義纂》云：《周禮》袞冕九章，尚龍置於山上，謂之龍袞。鄭玄謂袞者卷也，龍能變化舒卷，因以名焉。以五采綜紃貫玉，前後各十二旒，用玉二百八十八也。秦除古制，皆服袀玄。漢明帝始采舊法，繫白玉珠爲旒，以組爲纓〔七〕，黈纊充耳〔八〕，玄衣纁裳，十二章。自日、月、星辰、山、龍、華蟲、火、宗彝八章畫之於衣，藻、粉米、黼、黻四章繡之於裳，織成爲之，褾領皆升龍焉。唐制，白紗爲中衣，以黼爲領，舄加金飾〔九〕，入廟、踐祚、加元服、納后、元日受朝及臨軒册拜公王則服之，是承漢禮也。又《周禮》天子袞冕十有二旒，十有二就，就貫一玉，就間相去一寸，則旒長尺二寸，各用十二玉也。又按《郊祀録》云〔一〇〕：其服玄衣纁裳，十二章。按《易》云〔一一〕：『黃帝、堯、舜垂衣裳而天下治，蓋取諸乾坤。』韓康伯注云：『上衣下裳，取乾坤之象有上下也。』《釋名》：『上服曰衣，衣者依也；下服曰裳，裳者障也，所以障蔽也。』夫衣用玄者，象天色也；裳用纁者，法地色也。不法蒼黃之色者，凡衣服悉明其身有章彩文物，以蒼黃太質，故用玄纁耳。纁者，是朱之小别，故《周禮·鍾氏》云：『三入爲纁。』鄭注《士冠禮》云：『朱則四入。』是與纁同類也。十二章者，法天之大數，虞帝之

〔一〕纓：原脱，據本書輿服五之二補。
〔二〕而：原無，據《太常因革禮》卷二四補。
〔三〕玉：原作「正」，據《太常因革禮》卷二四改。
〔四〕褒：原作「裒」，據《太常因革禮》卷二四改。
〔五〕璇：原作「旋」，據《太常因革禮》卷二四改。
〔六〕一：原無，據《太常因革禮》卷二四補。
〔七〕纓：原作「綬」，據《太常因革禮》卷二四改。
〔八〕充：原作「塞」，據《太常因革禮》卷二四改。
〔九〕加：原作「如」，據《太常因革禮》卷二四改。
〔一〇〕祀：原作「禮」，據《太常因革禮》卷二四改。
〔一一〕按：原作「安」，據《太常因革禮》卷二四改。

服也。聖朝之制，法舜服也。日、月、星辰、山、龍、華蟲、火、宗彝，此八章在衣；藻、粉米、黼、黻，此四章在裳。衣褾領爲升龍〔一〕，皆織成爲之。按《三禮義宗》曰：日、月、星辰三章直畫作其形，欲明王者有光照之功，垂於下土。山亦畫山形，取其能興雲雨，膏潤萬物，象王者之澤沾於下也。龍亦畫龍形，取其變化無方，或潛或見，適顯王者之德卷舒有時，應機布道。華蟲者，畫作鷩雉之體，有文飾，故謂之華。象其雉身被五色，有炳蔚之姿，似王者體合五常，兼文明之性。宗彝者，畫虎蜼于宗廟之器爲飾〔二〕，因而名之。象虎蜼以剛猛制物，王者亦以威武定亂也。藻畫其形，藻逐水上下，似王者之德日新也。火、粉米亦直畫其形，粉潔白，故以名之；米者人恃之以生，王者亦物之所賴以理也。黼畫斧形，象王者能斷割，臨事能決之也；黻者兩己相背，明民見善改惡也。此皆聖人法象之意。周則畫九章，又登龍於山，登火于宗彝，尊其神明故也。按古禮皆衣畫裳繡，法陰陽之義；衣數則奇，裳數則偶。今聖朝制令，上八下四，皆以偶而言。又王服自衮冕以下皆織成而爲之，是王者相變也。龍、山以下，每章一行，重以爲等，每行十二。按禮圖，凡章文參錯，滿衣裳而已，不拘其數。崔靈恩云各畫十二，亦取則天之大數〔三〕。一、鷩冕七章，畫三章於衣，繡四章於裳。毳冕五章，畫三章於衣，繡二章于裳。絺冕上下皆繡黻而已。今等級不同，是四失也。又檢詳《郊祀録》云〔四〕：鷩冕八旒，其服七章：華蟲、火、宗彝，此三章在衣；藻、粉米、黼、黻，此四章在裳。按《三禮義宗》云：雉言鷩者，以爲禽鳥體卑，義不足取，故文采章著者以爲稱也。祭先公者，鷩冕以雉爲首，雉有專介之志，象先公有賢才，能守節度也。故《左傳》云：聖達節，次守節。餘同衮冕。毳冕七旒〔五〕，其服五章：宗彝、藻、粉米三章在衣，黼、黻二章在裳。按《三禮義宗》云：凡章服之中，惟有龍雉虎蜼，並是禽獸。龍能變化，其體可尊，故不隱其名；鷩及虎蜼，嫌其體卑，故没其正體。所以龍、雉各自爲章，虎蜼合爲一章者〔六〕，龍爲神化，雉爲文明，神化文明，理皆是陽；虎蜼山林之獸，義皆是陰，故龍、雉各一而成章，虎蜼合兩而爲體，(故)〔效〕於陰陽之義也。以毳冕祭四望者，四望是五岳四瀆之神，虎蜼是山林所生，故服以明象也。然《周禮》之祭服止於六冕，所祭之神，其類甚多，但使理通，便皆同用。虎蜼非水物，山川氣通，故俱用毳冕，明有同氣之理。餘同鷩冕。絺冕六旒〔七〕，其服三章：粉米一章在衣，黼、黻二章在裳。按《三禮義宗》云：粉米一章

〔一〕句首原有「裳」字，據《太常因革禮》卷二四删。
〔二〕蜼：原作「雉」，據《太常因革禮》卷二四改。
〔三〕天：原作「大」，據《太常因革禮》卷二四改。
〔四〕録：原脱，據《太常因革禮》卷二四補。
〔五〕冕：原脱，據《太常因革禮》卷二四補。
〔六〕虎蜼合爲一章：原脱，據《太常因革禮》卷二四補。
〔七〕絺冕：原作「繡冕」，據《太常因革禮》卷二四改。下同。

刺於衣，黼、黻二章繡于裳也。祭社稷、五祀者，絺冕以粉米爲首，社稷者土穀之神，此米由之而成，故服之以象其功也。五祀者，古之五官之神〔一〕，能平五官之政，皆有水土之功，故亦同服也。所以獨衣刺者，凡畫繢之法，以衆色而成，一色則不足以成畫，故宜直刺而已。又此服是臣服之首，不畫衣，以下於君，是無陽之義也。今皆織成焉，是名存而制異也。餘同毳冕。玄冕五旒〔二〕，其衣無章，唯裳刺黼一章。按《三禮義宗》云：祭群小祀，本百物之神，其形難可偏擬，故但取兩（巳）〔己〕相背，以明其異。餘同絺冕。一、韠韍未依制度。按《玉藻》云：『下廣二尺，上廣一尺。』又《明堂位》云〔三〕：『有虞氏之韍，夏后氏以山，商人以火，周人以龍章。』注云：『天子備焉，諸侯火而下，卿大夫以山，士韎韋而已。』今別畫粉米、黼、黻，是五失也。今檢詳《義纂》：韠與黻何殊？《禮》云：韠，君朱，大夫素，士爵韋。上廣一尺，下廣二尺，長三尺，其頸五寸。肩革帶博二寸。注：頸中央，肩兩角皆上接革帶以繫之。肩與革帶，其廣同矣〔四〕，皆執事者黼其裳前，示恭謹也。於朝服謂之韠，於冕服謂之蔽膝。朝祭異名，其實一也。又按《五禮精義》，問蔽膝，對曰：皆從裳色。三品已上山、火二章，四品一章，五品無章。《玉藻》云：『韠，君朱，大夫素，士爵韋。』鄭玄云：此玄端服之韠也。韠象裳色，則天子、諸侯玄端朱裳，大夫素裳，惟士玄裳、黃裳，雜裳也。若祭服，皆玄上纁下，故云一命緼韍，再命已上赤韍也。又大帶制度，《玉藻》云：『天子素帶，朱裏終辟；諸侯素帶，終辟；大夫素帶，辟垂；士練帶〔五〕，率下辟。』今覩等級不當，是六失也。今檢詳《義纂》云：大帶何施？《禮》云：天子素帶，朱裏終辟，紐約用組〔六〕。鄭玄云：裨，緣飾也〔七〕。以素爲帶，以朱爲裏，紕其外者，上以朱，下以緑，則帶身在腰及垂皆飾之，是以謂之終裨。其制博四寸。紐，帶之交結處也。約，結其帶也。執事者以黼黻裳前，示恭謹之道。天子之黼以朱〔八〕，直方四角，無圓殺。上闊一尺，象天數一也〔九〕。下闊二尺，象地數二也。長三尺，象三才也。唐禮以繒爲之，朱質，畫龍、山、火三章爲飾，以備三代之法也。請按古今沿革，特行改正〔一〇〕。」詔付有司，依坦并禮院檢討名件制度改正，務合先王禮意。（以上《永樂大典》卷一九七九一）

【宋會要】

皇祐四年三月，太常禮院言：「按《禮》曰：『繡黼丹朱

〔一〕官：原作「宮」，據《太常因革禮》卷二四改。
〔二〕玄冕：原脱，據《太常因革禮》卷二四補。
〔三〕位：原脱，據《太常因革禮》卷二四補。
〔四〕同：原作「周」，據《禮記・玉藻》鄭注改。
〔五〕「辟垂士練帶」五字原脱，據《禮記・玉藻》補。
〔六〕組：原作「細」，據《太常因革禮》卷二四改。
〔七〕緣：原作「緑」，據《太常因革禮》卷二四改。
〔八〕朱：原作「半」，據《太常因革禮》卷二四改。
〔九〕數一也：原無，據《太常因革禮》卷二四補。
〔一〇〕特：原作「牧」，據《太常因革禮》卷二四改。

中衣，大夫之僭禮也。』注云：此言諸侯之禮。繡讀爲綃，繒名也。繡黼丹朱，以爲中衣領緣也。疏云：『黼，刺繒爲黼文也。丹朱赤色，〔謂〕染繒爲赤色也。中衣，謂以素爲冕服之裹衣，猶今中單衣也。』又《晉詩》云『素衣朱襮』，《正義》曰：『《釋器》云：黼領謂之襮。孫炎曰繡刺黼文以褔領，是襮爲領也。』『中衣者，朝服、祭服之裹衣也，其制如深衣。故《禮19記》：深衣，連衣裳而純之以采者。有表則謂之中衣〔一〕。』又《魯詩》云『素衣朱綃』，綃爲綺屬。然則綃是繒綺別名〔二〕，於此綃上刺爲黼文〔三〕，謂之綃黼也。綃上刺黼以爲衣領，然後名之爲襮。故《爾雅》云『黼領謂之襮』，襮爲領之別名也。《開元禮》：天子服袞冕、玄衣纁裳、白紗中單；羣官服袞冕、青衣纁裳、白紗中單。今參詳〔四〕，古者服之中衣，以素爲之，以朱爲領緣，而領刺以黼文，故《禮記》云『繡黼丹朱中衣』，《詩》云『素衣朱襮』，是也。今之祭服既有中單，又別爲裹，非也。然則中單之制宜用繒素，而朱丹領緣，領刺以黑白黼文可也〔五〕。《禮》云『大夫之僭禮』，則諸侯之服也。今五等祭服宜依此制。」詔可。

六月，同知太常禮院邵必言：「伏見監祭使、監禮官各冠五旒冕〔六〕，衣裳無章，色以紫檀，詳求古禮，並無此服。按《周禮》六冕之制〔七〕，凡有旒者，衣裳皆有章，上下之相應也。惟大裘冕無旒，衣裳無章；一命大夫之冕無旒，衣裳亦無章〔八〕。今監祭、監禮所服冕五旒，侯伯之冕也，而衣無章，深所不稱。又色以紫檀，益無經據〔九〕。故昨禮院所議，止欲從五等最下子男之服〔一〇〕。再詳監祭本於《周禮》祭僕之職，掌視祭祀，糾百官之戒具，誅其不恭者。至漢始以御史監祠〔一一〕，唐乃有監祭使之名。且祭僕，中士也；御史，執法官也。又監禮則奉常博士之職，其官與品則又差降，皆所以監視察舉其不如禮者。考其本末，既非祠官，必也正名，則御史、博士爾，而服用五等，且非所宜。況有旒無章，服色非古，此爲失禮甚矣。竊觀國家南郊大禮，太常卿止服朝服，前導皇帝；若亞獻、終獻及壇陛獻官，乃服以祭服，明太常卿非祠官而服朝服，禮也。又按唐《開元禮》，朝服凡侍祠、朝享、拜表大事則服之。欲乞今後監祭使冠獬豸，監禮〔官〕冠進賢，各服以侍祠祭，爲得其當。庶幾盛時典禮，不至差謬。」詔不允。

神宗元豐元年十一月二日，詳定郊廟禮文所言：「《周

〔一〕中：原作「深」，據《詩·唐風·揚之水》孔疏改。
〔二〕繒綺：原作「刺繡」，據《文獻通考》卷一一三改。
〔三〕黼：原作「繡」，據《文獻通考》卷一一三改。
〔四〕參詳：原作「詳參」，據《太常因革禮》卷二六乙。
〔五〕白：原作「文」，據《太常因革禮》卷二六改。
〔六〕官：原脱，據《太常因革禮》卷二六補。
〔七〕六：原作「云」，據《太常因革禮》卷二六改。
〔八〕章：原作「常」，據《太常因革禮》卷二六改。
〔九〕益：原作「蓋」，據《太常因革禮》卷二六改。
〔一〇〕最：原作「以」，據《太常因革禮》卷二六改。
〔一一〕始：原作「史」，據《大典》卷一九七九一改。

禮》弁師掌王之五冕，五采繅十有二就，皆五采玉（皆）十有二。鄭氏注謂五采絲爲繩，垂於延之前後各十二，所謂邃延也。賈公彦曰：以青、赤、黄、白、黑五色玉貫於藻繩，每玉間相去一寸，十二玉則十二寸，以一（至）〔玉〕爲一成結之，使不相并。此據衮冕前後二十四旒。孔穎達曰：旒長尺二寸，故垂而齊肩也。至後漢明帝用曹褒之説，乘輿服冕係白玉珠爲十二旒，前垂四寸，後垂三寸，遂失古制。國朝《衣服令》：乘輿服衮冕，垂白珠十有二旒，廣一尺二寸，長二尺四寸。蓋白珠爲旒，用東漢之制，而其冕廣長之度，乃自唐以來率意爲之，無所稽考。景祐中已經裁定，以叔孫通漢禮器制度爲法，凡冕版廣八寸，長尺六寸，與古制相合，更不復議。今取少府監進樣，如以青羅爲表，紅羅爲裏，則非《弁師》所謂玄冕朱裏者也。上用金稜天板，四周用金絲結網，兩旁用真珠、花素墜之類，皆不 20 應禮。伏請改用朱組爲紘，玉笄、玉瑱。以玄紞垂瑱，以五采玉貫於五色藻爲旒，以青、赤、黄、白、黑五色備爲一玉，每一玉長一寸，前後二十四旒，垂而齊肩。孔子曰：『麻冕，禮也。今也純儉，吾從衆。』釋者曰：純絲易成，故從儉。今不必績麻，宜表裏用繒，庶協孔子所謂純儉從衆之義。古者祭服，朝服之裳，皆前三幅，後四幅，殊其前後，不相連屬。前爲陽，故三幅，以象奇；後爲陰，故四幅，以象偶。惟深衣中單之屬連衣裳，而裳復不殊前後。然以六幅交解爲十二幅，象十二月。其製作莫不有法，故謂之法服。自後漢、晉、宋、後齊，天子祭祀皆云前三幅、後四幅。今少府監乘輿衮服樣，其裳乃以八幅爲之，不殊前後，有違古義，伏請改正。祭服之裳，以七幅爲之，殊其前後，前三後四。以今太常周尺度之，幅廣二尺二寸，每幅兩旁各縫殺一寸，謂之削幅。腰間辟積無數。裳側有純，謂之綼；裳下有純，謂之緆。綼、緆之廣各寸半，表裏合爲三寸。群臣祭服之裳倣此。」從之。

又詳定郊廟禮文所言：「《禮記》曰『大夫冕而祭於公，弁而祭於己』，則是臣子助祭不當朝服也。又曰『年穀不登，祭事不縣』，則於祭時既行吉禮，不當徹樂也。本朝祠祭，遇雨則望祀，不爲達禮。然而服公服不設樂，則非所以奉神。伏請遇雨望祀服祭服〔一〕，仍設樂〔二〕。」又曰：「『古之君子必珮玉。』所以比德也。右徵角，左宫羽。先儒謂徵角在右，事也，民也，宜勞；宫羽在左，君也，物也，宜逸。此左右之異也。又曰：『天子佩白玉而玄組綬，公侯佩山玄玉而朱組綬，士佩瓀玟而緼組綬〔三〕。』先儒謂尊者玉色純〔四〕，而公侯以降，則玉色漸雜，此尊卑之異也。佩玉之制，必上繫於衡，下垂三道，穿以蠙珠。其下之兩端則綴璜，中央則綴衡牙。牙居中央，以爲前後屬也。而琚瑀又

〔一〕祀：原作「冕」，據《古靈先生文集》卷一九改。
〔二〕仍設：原作「乃詔」，據《古靈先生文集》卷一九改。
〔三〕「山玄玉」至「士佩」原脱，「緼」原作「緺」，據《禮記・玉藻》改補。
〔四〕先儒：原作「米儒」，據《古靈先生文集》卷一九改。

在組之中央，下與衡牙相直，故曰『珮有琚瑀，所以納間』者是也。今佩上下則設三衡，以銀銅獸面爲之，而璜又夾中衡，不在下端，其所謂衡牙，亦異於古，又上有銀鈎以屬大帶，皆非古制。《爾雅》曰：『佩衿謂之褑。』郭璞以謂衣小帶謂之衿〔一〕，而佩衿則珮玉之帶上屬者也。今宜爲小帶以屬於革帶，而不用銀鈎。伏請並如古制，惟天子全玉〔二〕，餘皆珉石，略依其色，以辨諸臣之等。銀鈎獸面，其制不經〔三〕，伏乞除去。古者祭服有佩韍，無大綬、小綬并玉、銀、銅環。臣等看詳，自戰國以來〔四〕，佩非兵器，韍非戰儀，於是解去韍佩而留其繫璲。秦乃以采組連結於璲，轉相結受，而謂之綬。漢承用之，又加以雙印、佩刀之飾。至明帝始復制佩，而組織之綬亦不廢焉。故韋彤《五禮精義》曰：『漢乘輿黄赤綬，四采。』自後皆不合禮，而又有大綬、小綬之別。臣等以謂綬者所以貫受佩玉〔五〕，因爲之飾，以別尊卑。故諸侯朱組綬，大夫緇組綬。所謂綬者，如斯而已。取少府監皇帝袞冕進樣，有六彩織綬小帶三，上有三小環。及 21 一品祭服則錦綬、雙玉環，從一品則錦綬、雙銀環，三品、四品則皂綾綬、雙銅環，皆非古制，伏請改正。古者祭服皆玄衣纁裳，以象天地之色。裳之飾有藻、有粉米、有黼、有黻。今祭服上衣則以青，而其繡於裳者，藻及粉米皆以五采圓花繡之，而黻用深藍，黼用碧與黃。且虎蜼共一章，粉米亦一章〔六〕，今皆異章而畫，殊非古制，伏請改製。古者皆以冕爲祭服，未有服朝服而助祭者也。《周官》曰：公之服自袞冕而下如王之服，卿大夫之服自玄冕而下如孤之服。此助祭者服也。今服章，視唐尤爲不備。於令文，祀儀有九旒冕、七旒冕、五旒冕。今既無冕名，而有司仍不制七旒冕，乃有四旒冕，其非禮尤甚。又服之者不以官秩上下，故分獻四品官皆服四旒冕，博士、御史則冕五旒而衣紫檀，太祝、奉禮則服平冕而無珮玉，此因循不講之失也。且古者朝、祭服異服，所以別事神與事君之禮。今皇帝冬至及正旦御殿，服通天冠、絳紗袍，則百官皆服朝服，乃禮之稱。至親祠郊廟，皇帝嚴裘冕以事神，而侍祠之官止以朝服，豈禮之稱哉？古者齋祭且猶異冠〔七〕，而況人神之異禮〔八〕、朝祭之異事乎！則百官雖不執事，不當以朝服侍祠。至於景靈宮分獻官皆服朝服，尤爲失禮。伏請親祠郊廟、景靈宮，除導駕〔九〕、贊引、扶侍、宿衛之官，其侍祠及分獻者並服祭服〔一〇〕。如所考制度，修製五冕及爵

〔一〕衿：原作「鈐」，據《古靈先生文集》卷一九改。下句同。
〔二〕全：原作「金」，據《古靈先生文集》卷一九改。
〔三〕句首原有「而」字，據《古靈先生文集》卷一九删。
〔四〕來：原脱，據《古靈先生文集》卷一九補。
〔五〕受佩玉：原作「綬佩玉」，據《古靈先生文集》卷一九改。
〔六〕亦：原作「各」，據《古靈先生文集》卷一九改。
〔七〕齋：原作「齊」，據《古靈先生文集》卷一九改。
〔八〕神：原作「禮」，據《古靈先生文集》卷一九改。
〔九〕駕：原作「賀」，據《古靈先生文集》卷一九改。
〔一〇〕其：原作「且」，據《古靈先生文集》卷一九改。

弁服，各正冕弁之名。《禮》曰：『天子玄冕，朝日於東門之外。』又曰：『祀四望、山川則毳冕，祭社稷五祀則絺，祭羣小祀則玄。』注：『羣小祀，林澤、墳衍、四方百物之屬。』孔穎達謂此據地之小祀，以血祭社稷爲中祀，埋沉以下爲小祀也。若天之小祀，則司命、司中、風師、雨師，鄭雖不言，義可知矣。國朝祀儀，祭社稷、朝日、夕月、風師、雨師皆服衮冕，其蜡䄍祭〔一〕、先蠶、五龍亦如之，祭司命、户、竈、門、厲，行皆服鷩冕，壽星、靈星、司中、司寒、中霤、馬祭皆服毳冕，皆非是。今天子六服，自鷩冕而下，既不親祠，廢而不用，則諸臣攝事，自當從王所祭之服。伏請依《周禮》凡祀四望、山川則以毳冕，祭社稷、五祀則以絺冕，朝日、夕月、風師、雨師、司命、司中則以玄冕。若七祀、䄍祭百神、先蠶、五龍、靈星、壽星、司寒、馬祭，蓋皆群小祀之比〔二〕，當服玄冕。」從之。

【宋會要】

神宗元豐三年八月二十二日，詳定郊廟奉祀禮文所言：「《禮記》曰：『三公一命，衮。』則三公當服鷩冕。《詩》曰：『毳衣如菼。』則上大夫、卿當服毳冕。《周禮·典命》曰：『公之孤四命。』又曰：『王之大夫四命。』其衣服各視其命之數。公之孤，其服自(飾)〔絺〕冕而下，則王之大夫當服絺冕；諸侯、卿大夫之服，自玄冕而下，則王之士當服玄冕。所謂周人冕而祭也。《司服》曰：孤之服，自絺冕而下；卿大夫22之服，自玄冕而下；士之服，自皮弁而下。此諸侯之臣助祭服也。然而不著王朝公卿大夫之服者，蓋舉下以見上，可比義而知也。本朝官名雖與古不同，以《唐六典》考之，『吏部尚書』注曰：『周之天官，卿也。』『侍郎』注曰：『周之小宰，中大夫也〔三〕。』『員外郎』注曰：『周太宰屬官，上士也。』今約之《六典》，參以本朝班序，伏請資政殿大學士以上侍祠服鷩冕，觀察使以上服毳冕，監察御史以上服絺冕，朝官以上服玄冕，選人服爵弁。」從之，惟不用爵弁，供奉官以下至選人皆服玄冕，無旒。

【宋會要】

徽宗大觀元年七月十六日，議禮局劄子：「竊以國家祈穀社稷，崇奉先聖，上自京師，下逮郡邑，以春秋上丁社日行事。然太社、太學獻官祝禮，皆以法服，至於郡邑，則用常服。豈非因習已久，而未知所以建明歟？乞詔有司，降祭服于州郡，俾凡祭祀，獻官祝禮，各服其服。如允所奏，乞降付本局討論典禮，具合頒名件。」詔以衣服制度頒之，使州郡自製，弊則聽其改造，庶簡而易成。

【宋會要】

政和二年八月十五日，顯謨閣待制、前知襄州軍州俞㮚言：「伏見祭祀之服，以圖册下諸郡，未有明降朝旨製

〔一〕「蜡」字疑衍，「蜡」、「䄍」二字相通，不應重複，下文亦只作「䄍祭」。
〔二〕「皆」下原有「非」字，據《古靈先生文集》卷一九刪。
〔三〕也：原脱，據《長編》卷三〇七補。

造。其社稷、宣聖、風師尚服〔一〕，望早賜施行。」從之。

同日，尚書省議禮局言：「契勘大觀四年四月八日被受御筆，閲所上禮書并祭服制度，頗見詳盡。除改正外，餘依所奏修定。看詳侍祠、攝祭之服，除五等諸侯服飾已得御筆，依本司所奏，乞更不製造外，今具群臣冕服，乞依已得御筆修定，付有司依圖畫及看詳製造。」〔從〕之。

政和七年六月二十四日，詔：「天下州縣歲祭社稷、雷、雨、風師及釋奠文宣王，冠服悉循其舊，形制詭異，在處不同。可令禮制局造樣，頒下轉運司，令本司(制)〔製〕造，下諸州，州下縣，庶衣服不二，以齊其民。」

十二月二十九日，提舉利州路學事林晨言：「竊見廷按雅樂，製爲士服；廷按之後，雖大朝服用之，而士服不常用。今春秋兩學釋奠，雖用士作樂，衣服尚仍舊制。臣愚欲乞春秋釋奠用士執樂陪位，並服士服。」從之。

八年十一月五日，知永興軍席旦奏：「竊聞太學辟廱士人作樂，皆服士服，而外路諸生，尚衣襴幞。欲望下有司考議，籍爲圖式，頒賜外郡。」禮制局狀：「今欲頒上件士服之式，付之諸路學校。凡作樂釋奠，諸生皆服其服。畫到已討論士服圖樣，欲乞指揮，下製造所，每州造樣一副頒降，依樣製造。」從之。既而製造所每州造到頭冠、角簪、衣裳、珠佩、大帶、銀帶、履頒下。

重和元年十一月二十九日，詔令禮制局先自 23 冠服討論以聞，其見服韡先改用履。禮制局奏：「履有絇、繶、純、綦，請倣古制，皆隨服之色。」從之。

十二月三日，編類御筆所、禮制局奏：「今討論到履制度下項：絇，履上飾也。繶，飾底也。純，緣也。綦。履帶也。古者舄履各隨裳之色，有赤舄、白舄、黑舄。今履欲用黑革爲之，其絇、繶、純、綦並隨服色用之，以倣古隨裳色之意。」從之。仍自來年正月一日改用，在外自三月一日。

二十三日，禮制局奏：「履隨其服色，而武臣服色一等，當議差別。」詔文武官大夫以上具四飾；朝請郎、武功郎以下去繶，並稱履；從義郎、宣教郎以下至將校、伎術官去繶、純，並稱屨。

紹興四年五月，國子監丞王普奏言：「臣嘗考諸經傳，具得冕服之制。蓋王之三公八命，鷩冕八旒，衣裳七章，其章各八；孤卿六命，毳冕六旒，衣裳五章，其章各六；大夫四命，絺冕四旒，衣裳三章，其章各四；上士三命，玄冕三旒；中士再命，玄冕二旒；下士一命，玄冕無旒。衣皆無章，裳輒視其命數。自三而下，其繅至笄〔二〕、衡、紘、紞、瑱、纘、帶、佩、芾、舄〔三〕、中衣，皆有等差。近世冕服制度，沿襲失真，多不如古。夫後方而前圓，後昂而前俛，玄表而朱裏，此冕之制也；今則方圓俛仰〔四〕，幾於無辨，且以青

〔一〕尚服：疑誤。
〔二〕繅：原作「綵」，據《宋史》卷一五二《輿服志》四改。
〔三〕舄：原作「寫」，據《宋史》卷一五二《輿服志》四改。
〔四〕仰：原作「俛」，據《宋史》卷一五二《輿服志》四改。

爲表而飾以金銀矣。其衣皆玄，其裳皆纁，裳前三而後四幅，此衣裳之制也；今則衣色以青，裳色以緋，且以六幅而不殊矣。山以章也，今則以隋；火以圜也，今則以鋭。宗彝，宗廟虎蜼之彝也，乃畫虎蜼之狀而不爲虎蜼彝。粉米，米而粉之者也，乃分爲二章，而以五色圓花爲藉。佩有衡、璜、琚、瑀、衝牙而已，乃加以雙滴而重設二衡。綬以貫佩玉而已，乃別爲錦綬，而間以雙環。以至帶無紐約〔一〕，芾無肩頸，舄無絇繶，中衣無連裳。臣伏讀《國朝會要》，郊廟奉祀禮文，祖宗以來屢嘗講究，第以舊服無有存者。欲乞因兹改作，是正訛謬，一從周制，以合先聖之言。」尋禮部契勘奏言：「衣服之制，或因時王而爲之損益，事雖變古，要皆一時制作，不無因革。或考之先王而有繆戾者，雖行之已久，不應承誤襲非，憚於改正。按《周官》，自上公服衮，王之三公服鷩，至五品服玄冕，凡五等。唐制：自一品服衮冕九旒，至五品服玄冕，亦五等。國家承唐之舊，初有五旒之名，其後去三公衮冕及絺冕，但存七旒鷩冕、五旒毳冕，無旒玄冕，凡三等而已。衮服非三公所服，去之可也；乃併絺冕去之，自尚書服毳冕，以至光禄丞亦服焉，貴賤幾無差等〔二〕。此皆一時製作，不無因革。今合增鷩冕爲八旒，增毳冕爲六旒，復置絺冕爲四旒，并及無旒玄冕，共四等，庶幾稍合周制。若冕之方圓低昂至於無辨〔三〕，則制造之差也。以青爲表，非不用玄也，爲玄而不至者也；以緋爲裳，非不用纁也，爲纁而太過者也。山，止而静者也，今象其隋，是得山之勢，而不知其性。火〔四〕，圜而神者也，今象其鋭，24是得火之形，而不得其神也。至於宗彝、粉米、佩、綬、帶、紐、芾、屨之屬，皆宜改正施行。」是時諸臣奏請討論雖詳，然終以承襲之久，未能盡革也。

鷩冕：八旒，每旒八玉，三采：朱、白、蒼。角笄、青纊，以三色紞垂之。紘以紫羅，屬於武。衣以青、黑羅，三章：華蟲、火、虎蜼彝。裳以纁表羅裏，繒七幅，繡四章：藻、粉、黼、黻。大帶〔五〕，中單，佩以珉，貫以藥珠，綬以絳錦，銀環。韍上紕下純，繪二章：山、火。革帶〔六〕，緋羅表，金塗銀裝〔七〕。韈、舄並如舊制。宰相、亞、終獻，大禮使服之。前期景靈宫、太廟亞、終獻，明堂滌濯，進玉爵酒官亦如之〔八〕。

毳冕：六玉，三采。衣三章：繪虎蜼彝、藻、粉米。裳二章：繡黼、黻。佩藥珠、衡、璜等。以金塗銅帶，韍繪以山。革帶以金塗銅。餘如鷩冕。六部侍郎以上服之。前期景靈宫、太廟進爵酒幣官、奉幣官、受爵酒官、薦俎官，明

〔一〕至：原作「玉」，據《宋史》卷一五二《輿服志》四改。
〔二〕差：原脱，據《宋史》卷一五二《輿服志》四補。
〔三〕至：原脱，據《宋史》卷一五二《輿服志》四補。
〔四〕火：原脱，據《宋史》卷一五二《輿服志》四補。
〔五〕帶：原作「車」，據《宋史》卷一五二《輿服志》四改。
〔六〕革：原作「華」，據《宋史》卷一五二《輿服志》四改。
〔七〕銀：原作「銅」，據《宋史》卷一五二《輿服志》四改。
〔八〕官：原脱，據《宋史》卷一五二《輿服志》四補。

堂受玉爵、受玉幣、奉徹籩豆、進飲福酒、徹俎祝膢，贊引亞終獻、禮儀使，亞終獻爵并盥洗官四員，並如之。前二日奏告初獻，社壇、九宮壇分祭初獻、亞獻亦如之。

絺冕：四玉，二采：朱、緑。衣一章，繪粉米；裳二章，繡黼、黻。綬以皁綾，銅環。餘如毳冕。光禄卿、監察御史、讀册官、舉册官、分獻官以上服之。前期景靈宮、太廟奏奉神主官，明堂太府卿、光禄卿、沃水、舉册官、讀册官，押樂太常卿，東朶殿三員，西朶殿二員，東廊二十八員，西廊二十五員，南廊二十七員，軷門祭獻官，前二日奏告亞獻，終獻官，監察御史，並如之。社壇、九宮壇分祭終獻官、監察御史、兵工部、光禄寺卿丞亦如之。

玄冕：無旒，無佩綬。衣純黑，無章；裳刺黻而已，韍無刺繡。餘如絺冕。光禄丞、奉禮郎、協律郎、進摶黍官、太社令、良醖令、太官令、奉俎饌等官，供祠執事官内侍以下服之。明堂光禄丞、奉禮郎、良醖令、太祝、摶黍官、宫架協律郎、登歌協律郎，奉御官、内侍供祠執事官、武臣奉俎官，軷門祭奉禮郎、太祝令、太官令，社壇、九宮壇分祭太社、太祝、太官令、奉禮郎，並如之。

紫檀冕：四旒，服紫壇衣，博士、御史服之。

外州軍祭服：鷩冕八旒，三都初獻服之；毳冕六旒，經略、安撫、鈐轄初獻服之；絺冕四旒，經略、安撫、鈐轄亞獻服之。節鎮、防、團、軍事初獻亦如之〔一〕。玄冕無旒，節鎮、防、團、軍事亞終獻服之。

【宋會要】

高宗紹興十六年四月四日，上謂輔臣曰：「比降下祭服，更令禮官考古，便可依式（制）〔製〕造，庶將來奉祀不闕〔二〕。」（以上《永樂大典》卷一九七九一）

公服

【宋會要】

28 公服。唐制謂之常服，色同袴褶，曲領，垂胡加襴，折上巾，令常服之。太宗雍熙初郊祀慶成，始許升朝官服緋緑二十年者叙賜緋紫。真宗登極，京朝官亦聽叙。後東封、西祀赦書，京朝官並以十五年爲限。仁宗、英宗、神宗登極，亦如例。其特恩賜紫衣、犀帶、緋衣、塗金寶鉼帶。

太宗太平興國二年二月（三）〔八〕日〔三〕，詔：「朝官出知節鎮，及轉運使、副衣緋緑者，並借紫；知防禦、團練、刺史州，衣緑者借緋衣，緋者借紫；其爲通判、知軍監，止借緋。」後江淮發運使同轉運，提點刑獄同知刺史州。

七年正月九日，翰林學士承旨李昉言：「準詔，定車服

〔一〕事：原作「士」，據《宋史》卷一五二《輿服志》四改。

〔二〕此下原接「今檢詳郊祀録」至輿服四之二七「合先王禮意」，凡二千四百餘字，乃是前文輿服四之一八「一失也」後之文，錯簡在此，已移至該處，參見該處校記。

〔三〕八日：原作「三日」，據現存《永樂大典》卷一九七九二改。

制度。禮部式，三品已上服紫，五品已上服朱，七品以上服緑，九品以上服青，流外官及庶人並衣黄。參詳除服青、服黄久已寢廢，自今流外官及貢舉人、庶人許通服皂衣、白袍。」從之。

真宗景德三年六月十三日，詔：「内諸司使以下出入内庭，不得服皂衣，違者論其罪。内職亦許服窄袍。」

仁宗明道二年十月九日，詔：「審刑院詳議官、省府推判官，羣牧判官舊例合賜緋者，造謝日閤門取旨。」

景祐元年六月十二日，詔：「軍使曾任通判者借緋，曾任知州者借紫。」

慶曆元年二月二十八日，龍圖閣直學士任布言：「欲望自今贈官至正郎者，其畫像許服緋，至卿監許服紫。」從之。

七年五月十一日，侍御史吳鼎臣言：「武班及諸職司人吏曾因親喪出入禁門[一]，甚有裹素紗幞頭者，殊失肅下尊上之體。欲乞文武兩班除以官品起復許裹素紗外，其餘臣僚并諸職司人吏雖有親喪，服未除，並須光紗加首，不得更裹素紗。」詔送太常禮院，而禮官言：「準令文，凶服不入公門。其遭喪被起，在朝參處常服各依品服，惟色以淺，無金玉飾；在家者依其服制。其被起者及期喪以下居式假者，衣冠朝集皆聽不預。今鼎臣所奏有礙令文。」詔依所定。如遇筵宴，其服淺色素紗人更不令祗應。

嘉祐三年三月十三日，詔：「自後知雜、御史衣緑者，告謝日閤門取旨。」

紹興五年閏二月十九日，右奉議郎葛與時言：「切見去歲九月明堂恩，宣教郎以下父母年九十以上與官封。與時父世長年九十五，先已叙封宣教郎致仕。乞將前項恩上與父改换五品服色。」特從之。

紹興三十二年孝宗已即位，未改元。六月十三日赦，應承務郎以上服緑，服緋及十五年，並與改轉服色。

二十九日，詔：「今後無出身人，自年二十依今出官服緑日起理，服緋人亦自年二十服緋日起理；有出身人自賜出身日起理[二]。内除豁丁憂年月日不理外，歷任無贓濫私罪至徒，過犯至赦前及十五年，依赦改轉施行。」殿中侍御史張震奏：「今日之弊，在于人有僥倖之心；能革其俗，而後天下可治。且改轉服色，[29]常赦自陞朝官已上服緑，大夫以上服緋，涖事及二十年方得改賜。今赦自承務郎以上服緑、服緋及十五年，便與改轉，比之常赦，不惟年限已減，而又官品相絶，蓋已爲異恩矣。今竊聞省部欲自補官日便理歲月，即是嬰孩授命[三]，年纔十五者，今遂服緋；而貴近之子，或初年賜緋，年纔及冠者，今遂賜紫。朱紫紛然，不亦濫乎！竊聞靖康、建炎恩赦，亦不曾以補官日爲

[一] 職：原作「執」，據《宋史》卷一二五《禮志》二八改。
[二] 日：原作「人」，據《永樂大典》卷一九七九二改。
[三] 孩：原作「孫」，據《宋史》卷一五三《輿服志》五改。

始。若始於出官之日，頗爲折衷，蓋比之泣事，所減已多，而比之初補，粗爲有節。乞下禮部參酌施行〔一〕。」禮部看詳奏聞，故有是命。

隆興二年六月十八日，詔：「少傅、保康軍節度使、充醴泉觀使、大寧郡王吳益依韋淵例，賜花羅公服，許服著趁赴朝參。」

乾道四年正月十一日，詔：「太學上舍生黃倫釋褐，特與補左承務郎，依唱名例給賜袍笏，於國子監敦化堂祇受。」自後釋褐並如之。

九年十二月十（名）〔日〕，詔：「太學上舍鄭鑑釋褐補左承務郎，候太學録有闕日，取旨差下。祇候庫依唱名例，給賜袍笏，令於國子監敦化堂祇受。」以上《乾道會要》。

乾道四年十二月十三日，詔：「太尉、保信軍節度使、充萬壽觀使鄭藻賜花羅公服，許令着赴朝參。」

嘉祐三年〔二〕，詔：「三路轉（使）〔運〕使朝辭上殿日〔三〕，與賜章服。諸路轉運使候及十年，即與賜章服。」

徽宗重和元年，詔禮制局自冠服討論以聞，其見服韡先改用履。禮制局奏：「履有絇、繶、純、綦。古者舃履各隨裳之色，有赤舃、白舃、黑舃。今履欲用黑革爲之，其絇、繶、純、綦並隨服色用之，以倣古隨裳色之意。」詔以明年正旦改用。禮制局又言：「履隨其服色，武臣服色一等，當議差別。」詔文武官大夫以上具四飾；朝請郎、武功郎以下去繶，并稱履；從義郎、宣教郎以下至將校、伎術官去繶、純，並稱屨。當時議者以韡不（常）〔當〕用之中國，實廢釋氏之漸云。

中興，仍元豐之制，四品以上紫，六品以上緋，九品以上緑。服緋、紫者必佩魚，謂之章服，非官至本品，不以假人。若官卑而職高，則特許者有三：自庶官遷六部侍郎，自庶官爲待制，或出（爲）奉使者是也。又有以年勞而賜者，有品未及而借者。升朝官服緑，大夫以上服緋，莅事至今日以前及二十年，歷任無過者〔四〕，許磨勘改授章服，此賜者也。或爲通判者許借緋，爲知州、監司者許借紫，任滿還朝，仍服本品，此借者也。又有出于恩賜者焉。

紹興十二年九月，以皇太后回鑾，詔承務郎以上服緋、緑，莅事至今日以前十七年者，並改轉服色。（以上《永樂大典》卷一九七九二）

〔一〕禮：原作「吏」，又旁批作「禮」，據《永樂大典》卷一九七九二改。
〔二〕按，以下四段實乃抄自《宋史》卷一五三《輿服志》五，故文字全同，而與《宋會要》相同内容之條文不同，且致年代失次。
〔三〕三路：原作「三區」，據後文輿服四之三〇改。按，此乃照抄《宋史》而沿其誤。
〔四〕任：原作「仕」，據《宋史》卷一五三《輿服志》五改。

章服

【宋會要】

30嘉祐三年十二月十一日，詔：「今後三路轉運使朝辭上殿日，與賜章服。諸路轉運使候及十年，即與賜章服。」

神宗元豐五年四月二十七日，詔：「六曹尚書依翰林學士例，六曹侍郎、給事中依直學士例，朝謝日不以行、守、試，並賜服佩魚。罷職除他官日不帶行。」

高宗建炎元年七月二十八日，詔：「借通直郎、直龍圖閣、河北西路招撫使張所上殿，賜章服遣行。」

四年六月三十日，詔：「自庶官除侍郎，如遇服緋、緑，依待制告謝日改賜章服。」

紹興五年三月十七日，左通直郎周葵言：「乞將減三年磨勘恩例回授父裕章服。」特從之。自後内外官僚或以所得減磨勘無恩賞，或實歷磨勘，或轉31一官及郊恩合改服色乞回授父改章服者，皆特從其請。

六年八月五日，詔：「左司諫陳公輔論奏，深得諫臣之體〔一〕，可賜紫章服。」

七年二月十六日，詔：「范直方差充川陝宣諭，特與賜紫章服。」

二十九日，詔：「比引對，知無錫縣李德鄰，訪以民間疾苦，頗見留心，可賜緋章服。」

九年二月十三日，詔：「方庭實差充三京淮北宣諭，依轉運使例，借紫章服，回日依舊。」

八月十三日，詔：權四川宣撫使司計議軍事賈暉賜紫章服。以暉在任被檄赴行在稟議，引對，特賜之。

十二年九月十三日，以太母回鑾，赦：應承務郎以上服緑、服緋洎事至今日已前及十七年，無贓濫若私罪徒以上情理稍輕者，並與改轉服色。

十三年四月十八日，吏部言：「承務郎以上遇赦改(遇)〔賜〕章服，近有元係武臣，後因試换文資，并特恩换授文資者，内自使臣洎事以後至换文資以前歷過月日，即未曾申明許如何收使。緣自來使臣换官者遇陳乞奏薦，係以兩日比當一日。至换授文資上，再理年限通理，止爲奏薦。今承務郎以上陳乞服色，欲依奏薦已得指揮施行。」從之。

二十八年十二月二十七日，詔：吳撝特與轉承議郎，除軍器監丞，仍賜紫章服。録撝父之功，故有是命。

隆興元年十一月七日，詔：右承務郎、直秘閣、江淮都督府主管書寫機宜文字張栻特賜紫章服。

二年三月二日，詔：右通直郎、兩浙西路安撫司準備差遣、充奉使通問國信審議官胡昉賜緋章服。

二十三日，詔：右承事郎、利州西路安撫司主管機宜

〔一〕左：原作「三」，據《建炎要録》卷一〇四改。

文字吳掞賜紫章服。

九月二十一日，詔：右宣義郎、權通判階州吳揔特與轉右朝奉郎，賜紫章服，除太府寺丞。

乾道二年十一月十五日，詔：諸王宮大小學教授胡百能特賜章服。以供職一考，年老乞致仕也。

三年四月十八日，詔：右朝散大夫、充秘閣修撰、權發遣臨安府王炎特賜章服。

閏七月二十七日，詔：右中奉大夫、直龍圖閣、兩浙計度轉運副使姜詵賜紫章服。

十月二十三日，詔：「右朝請郎、直祕閣、兩浙東路提點刑獄公事張津已奉太上皇聖旨賜金帶，特賜紫章服。」

十一月二日，大禮赦：「應見任并致仕陞朝官服緑，大夫以上服緋，涖事至今日以前及二十年，歷任無贓濫若私罪徒以上情理稍輕者，並許於所屬投狀磨勘，改賜章服。」

十四日，詔：右朝請大夫、直龍圖閣、權發遣臨安府周淙賜紫章服。

十二月七日，詔：右通直郎、直敷文閣、權發遣和州、主管淮南路安撫司公事胡昉特賜紫章服。

四年二月十四日，詔：右承議郎、直秘閣韋璞特賜紫章服。

十二月六日，詔：「恭奉太上皇帝聖旨，秀王夫人長孫師夔特賜紫章服。」

六年十月十一日，詔：右朝散大夫、直顯謨閣、權發遣臨安府姚憲賜紫章服。

淳熙元年十二月十七日，慶壽赦：「應見任并致仕陞[32]朝官服緑、大夫以上服緋及十年，該今赦日年及七十以上，並改賜章服。」十年太上皇后慶壽同。十三年慶壽赦內年八十，並致仕官大夫以上，雖未及十年，亦與改賜。

四年二月五日，詔：國子祭酒林光朝賜紫章服。以車駕幸太學，光朝講《禮記·中庸》篇，故有是賜。

五年九月十三日，詔：秘書監陳騤、少監鄭丙並賜紫章服。以車駕幸省特賜。

七年三月二十八日，詔：敷文閣直學士韓（産）〔彦〕直特令佩魚。

十年十月十六日，詔：「權侍郎以上罷任不帶職名，許服紅鞓排方、黑犀帶，仍佩魚。」

十一月二日，詔：朝奉郎任紳賜紫章服。以湖州保奏紳自任處州通判，不磨勘三十餘年。先因母經兵火陷虜中，奉母歸，侍養十七年。母死廬墓，孝行顯著，故有是命。

十二年十一月二十八日，詔：承議郎張宗尹可特與賜章服。以宗尹係恩平郡王長女夫，特有是賜。

十五年六月十八日，詔：直秘閣、特添差兩浙轉運司主管文字、賜緋魚袋吳瑄改賜紫章服。以瑄係皇太后親姪，特有是賜。

淳熙十六年二月四日，登極赦：「承務郎以上服緑、服緋及十五年，並與改轉。」

紹熙二年八月八日，詔：知潭州趙善俊特賜紫章服。

以善俊招軍數足，特轉一官，更減二年(唐)〔磨〕勘，爲礙(正)〔止〕法，故有是賜。

十一月二十七日，南郊赦：「見任並致仕陞朝官服緑、大夫以上服緋及二十年，並改賜章服。」

三年七月二十四日，詔：通直郎、直秘閣、特添差兩浙轉運司主管文字釐務吳錡，特與賜紫章服。以錡係壽聖皇太后親姪孫，故有是賜。

五年正月一日，慶壽赦：「文臣致仕官朝奉大夫八十以上與賜紫章服；京朝官年八十以上服緑、服緋各及十年，與改賜章服。」

嘉定十三年十月五(日)〔日〕，詔：「淮東制置副使賈涉可特賜紫章服，仍賜金腰帶一條，許令服繫。」(以上《永樂大典》卷一九七九二)

宋會要輯稿　輿服五

衮冕

【宋會要】

1 真宗咸平五年二月〔一〕，大理寺丞李坦言：「臣聞禮行於郊，而百神受職焉；禮行於社，而百貨可殖焉〔二〕。是故禮者治國之柄，服者飾身之儀。前代成規〔三〕，後王不易。臣昨差郊壇助祭，竊見助祭之官所服六冕，多不依古制，又慮後來增減不同。按《司服》云：王祭昊天上帝則大裘而冕，祭五帝亦如之，饗先王則衮冕，饗先公則鷩冕，祀四望山川則毳冕，祭社稷、五祀則絺冕，祭羣小祀則玄冕。鄭司農云：衮冕之旒，天子則十二旒，若上公則九旒，侯伯鷩冕七旒，子男即毳冕五旒，孤卿即絺冕三旒。今具六冕祭服異同，乞行改正。」詔送太常寺禮院詳定。禮院言〔四〕：「檢討如後。伏緣冕旒之制度，繡畫之等差，歷代以來，屢有沿革。若循古制，須議酌中，改作之間，安敢輕議！周六冕皆玄上纁下，玄上法天，纁下法地，兼前後邃延。今覩冕板上下之色，皆用玄青，亦無邃延，一失也。今檢詳《郊祀録》，皇帝祀天地神祇，則服大裘冕。冕者勉也，所以勉人爲高行。凡六冕之服，皆玄上纁下。冕既大同，無以爲別，故不謂冕爲服，但取畫章之異以爲立名，故用服名冕。一、六冕之旒數。若大裘冕，即無旒。若衮冕，天子十有二旒，前後邃延；上公即九旒。每旒五采就爲之，每一寸安一玉，玉皆五色：朱、白、蒼、黄、玄。諸侯即三采。夏商朱緑，皆周而復始。十二旒，旒各一尺二寸，用玉二百八十八。今覩旒玉純用一色，其數不與昔同，是二失也。2 若上公九旒，用玉百六十二。今檢詳，凡饗廟、謁廟及遣上將、征還飲至，則服衮冕。其冕垂白珠十有二旒，以組爲纓，色如其綬。《玉藻》云：『天子玉藻十有二旒，前後邃延，龍衮以祭。』鄭玄云：冕之旒，以藻紃貫玉爲飾，因以名也。十有二就，每一就貫一玉，就間相去一寸，則旒長尺二寸，垂齊肩也。五采者，依射侯之次，從上而下，初以朱，次以白，次以蒼，次以黄，次以玄。以五采玉既貫徧〔五〕，周而復始，此並周制也。至漢明帝用曹褒之説，皆用白璇珠〔六〕，與古異也。魏文帝好婦人飾，改用珊瑚珠。至晉江左，又改漢制。今用白珠之制，自漢始焉。《大戴禮》曰：『冕而加旒，以蔽明也。』隋牛弘云〔七〕：請以采綖貫珠爲旒。後只言采，不言五采，是三失也。今檢詳《義

〔一〕按，此條又見前卷「祭服」門（輿服四之一八），但有節略。
〔二〕殖：原作「極」，據本書輿服四之一八改。
〔三〕前：原作「歷」，據本書輿服四之一八改。
〔四〕院：原作「既」，據本書輿服四之一八改。
〔五〕玉：原作「正」，據《太常因革禮》卷二四改。
〔六〕璇：原作「旋」，據《太常因革禮》卷二四改。
〔七〕弘：原作「引」，據《太常因革禮》卷二四改。

纂》云：《周禮》衮冕以五采綜紃貫玉，前後各十二旒，用玉二百八十八也。秦除古制，漢明帝始采舊法，繫白玉珠爲旒，以組爲纓，黈纊充耳，玄衣纁裳，十二章。唐制，入廟、踐祚，加元服、納后、元日受朝及臨軒册拜王公則服之〔一〕。是承漢禮也。又《周禮》天子衮冕十有二旒，十有二就，就貫一玉，就間相去一寸，則旒長尺二寸，各用十二玉也。又按《郊祀録》云〔二〕：其服玄衣纁裳，十二章，云云。詳「服」〔三〕。請按古今沿革，特行改正。」詔付有司，依坦并禮院檢討名件制度改正〔四〕，務合先王禮意。

大中祥符元年四月二十五日，詳定所言：「按《六典》，天子之服冕，一曰 3 大裘冕，無旒，裘以黑羊皮爲之，祀天神地祇則服。二曰衮冕，垂白珠十有二旒，黝衣纁裳，十有二章，饗廟、謁廟、告廟則服。今參詳封禪祭天地，準典禮，皇帝服大裘。又緣南郊合祭天地止服衮冕，欲封禪日依南郊例。」從之。

神宗元豐元年十一月二日，詳定郊廟禮文所言：「《周禮》弁師掌王之五冕，五采繅十有二就，皆五采玉十有二。鄭氏注謂合五采絲爲繩，垂於延之前後各十二，所謂邃延也。賈公彦曰：以青、赤、黄、白、黑五色玉貫於藻繩〔五〕，每玉間相去一寸，十二玉則十二寸，以一玉爲一成結之，使不相并。此據衮冕前後二十四旒。孔穎達曰：旒長尺二寸，故垂而齊(眉)〔肩〕也。至後漢明帝用曹褒之説，乘輿服冕係白玉珠爲十二旒，前垂四寸，後垂三寸〔六〕，遂失古制。今之《衣服令》，乘輿服衮冕，垂白珠十有二旒，廣一尺二寸，長二尺四寸。蓋白珠爲旒，用東漢之制，而其冕廣長之度，乃自唐以來率意爲之，無所稽考。景祐中已經裁定，以叔孫通漢禮器制度爲法，凡冕板廣八寸，長尺六寸，與古制相合，更不復議。令取少府監進樣，如以青羅爲表，紅羅爲裏，則非《弁師》所謂玄冕朱裏者也。上用金稜天板，四周用金絲結網，兩旁用真珠、花素墜之類，皆不應禮。伏請改用朱組爲紘，玉笄、玉瑱。以玄紞垂瑱，以五采玉貫於五色藻爲旒，以青、赤、黄、白、黑五色備爲一玉，每一玉長一寸，4 前後二十四旒，垂而齊(眉)〔肩〕。孔子曰：『麻冕，禮也；今也純儉，吾從衆。』釋者曰，純絲易成，故從儉。今不必績麻，宜表裏用繒，庶協孔子所謂純儉從衆之義。」從之。

(以上《永樂大典》卷一一四二九)

冕冠

【宋會要】

〔一〕王公：原作「公主」，據《太常因革禮》卷二四改。
〔二〕祀：原作「禮」，據《太常因革禮》卷二四改。
〔三〕按，此謂《永樂大典》「服」字韻。
〔四〕院：原脱，據《太常因革禮》卷二四補。
〔五〕色玉：原缺，據本書輿服四之二〇補。
〔六〕「四寸後垂」四字原脱，據本書輿服四之二〇補。

5 治平二年，詔裁定衮冕制度。禮院奏曰：「皇朝之制，天子之服有衮冕，前後十有二旒，二纊，並貫珠璣。又十有二碧鳳銜翠旒，在珠旒外。板以龍鱗錦表〔一〕，上綴玉爲七星，旁施琥珀瓶、犀瓶各二十四，綴金絲網，鈿以珠璣雜寶玉，加紫雲、白鶴錦裏〔二〕。四柱飾以七寶，衮服間以雲朵，飾以金鈒花鈿窠，裝以珠璣，琥珀、雜寶玉。祭天地、宗廟，朝享太清、玉清昭應、景靈宮等服之。」

元豐四年，臣僚言：「古者冕弁則用紘，冠則用纓。今《衣服令》乘輿服大裘冕，以組爲纓，色如其綬；衮冕朱絲組帶爲纓。冕而用纓，不與禮合。請改用朱組紘，仍改平冕爲玄冕，用繒色赤而微黑者〔三〕。」又別圖上載制。從之。

【宋會要】

太祖建隆元年二月十九日，太常禮院言：「請具通天冠制度令式：二十四梁，加金博山，附蟬十二，高廣各一尺。青表朱裏，首施朱翠，黑介幘，組纓，翠緌，玉犀簪導。」

仁宗天聖二年，南郊禮儀使李維言：「皇帝郊祀，服通天冠，緣上一字準勑迴避。」詔改爲承天冠。中興之制，冠高九寸，服用並同。

神宗元豐二年八月二十九日，詳定郊廟禮文所言：「通天冠二十四梁，爲乘輿服。蓋二十四梁以應冕旒前後之數。至於綬，則乘輿及皇太子以織成，諸臣 6 用錦爲之。」詔依。（以上《永樂大典》卷三九二七）

【宋會要】

景祐二年八月二十七日，續詔：「通天冠更不修製外，平天冠天板元闊一尺二寸，長二尺四寸，今製造廣八寸，長一尺六寸。減翠旒并鳳子，前後（使）二十四珠旒並合典制。天板頂上元是織成龍鱗錦爲表，紫雲白鶴錦爲裏。今製造使青羅爲表，彩畫出龍鱗；紅羅爲裏，綵畫出紫雲白鶴。所有上面犀瓶子、琥珀瓶子各二十四箇，今減不用。金絲結網子上舊別有金絲結龍八條，今減四條，亦減金絲令細。天板四面花墜子、素墜子依舊減輕製造。冠身并天柱元是織成龍鱗錦，今用青羅，彩畫出龍鱗。金輪等七寶，元造真玉碾成，今更不用。如補空（却）〔郤〕，以雲龍細窠。分旒玉鈎二枚，今減不用。天河帶、組帶、欵慢帶依舊，只減輕織造。納言元使玉製造，今來使青羅，綵畫出龍鱗錦依舊。金稜上面稜道依舊使金，即舊減輕製造。黈纊，玉簪。」（以上《永樂大典》卷三九二八）

諸臣冕

【宋會要】

7 哲宗元祐元年，太常寺言：「舊制，大禮行事、執事

〔一〕鱗：原作「鮮」，據《宋史》卷一五一《輿服志》三改。
〔二〕加、裏：原作「如」、「衣」，據《宋史》卷一五一《輿服志》三改。
〔三〕繒色：原作「纓不」，據《長編》卷三一八改。

官並服祭服，餘服朝服。至元豐七年〔一〕，呂升卿始有行事及陪祠官並服祭服之議。今欲充行事、執事官並服祭服；其贊引、行事、禮儀使、太常卿、太常博士、閤門使、樞密院官進接圭，殿中監止供奉皇帝，其陪位官止導駕、押宿及主管事務，并他處行事官仍服朝服。」從之。

元豐三年八月二十二日，詳定郊廟奉祀禮文所言：「《禮記》曰：『三公一命，衮。』則三公當服鷩冕。《詩》曰：『毳衣如菼』，則上大夫、卿當服毳冕。《周禮·典命》曰公之孤四命，又曰王之大夫四命，其衣服各視其命之數。公之孤其服自希冕而下，則王之大夫當服希冕；諸侯、卿大夫之服自玄冕而下，則王之士當服玄冕。所謂周人冕而祭也。《司服》曰，孤之服，自希冕而下；卿大夫之服，自玄冕而下；士之服，自皮弁而下。此諸侯之臣助祭服也。然而不著王朝公、卿、大夫、士之服者，蓋舉下以見上，可比義而知也。然今官名雖與古不同，以《唐六典》考之，『吏部尚書』注曰：『周之天官，卿也。』『侍郎』注曰：『周之小宰，中大夫也。』『員外郎』注曰：『周太宰屬官，上士也。』今約之《六典》，參以今之班序，伏請資政殿大學士以上侍祠服鷩冕，觀察使以上服毳冕，監察御〔使〕〔史〕以上服希冕，朝官以上服玄冕，選人服爵弁。」從之，惟不用爵弁，供奉官以下至選人皆服玄冕，無旒。

徽宗大觀四年，議禮局官宇文粹中上所編《祭服制度》曰：「古者冕以木版爲中，廣八寸，長尺六寸，後方前圓，後仰前低，染三十升之布，玄表朱裏。後方者，不變之體；前圓者，無方之用；仰而玄者，升而辨於物；俛而朱者，降而與萬物相見。後世以繒易布，故純8儉。今羣臣冕版長一尺二寸，闊六寸二分，非古廣〔尺〕〔長〕之制。以青羅爲覆，以金塗銀稜爲飾，非古玄表朱裏之制。乞下有司改正。古者冕之名雖有五，而繅就、旒玉，則視其命數以爲等差。合綵絲爲繩，用以貫玉，謂之『繅』。以一玉爲一成，結之使不相并，謂之『就』。就間相去一寸，則九玉者九寸，七玉者七寸，各以旒數長短爲差。今群臣之冕用藥玉、青珠、五色茸線，非藻玉三采、二采之義；每旒之長各八寸，非旒數長短爲差之義。又獻官冕服雜以諸侯之制，而一品服衮冕，臣竊以爲非宜。元豐中禮官建言，請資政殿大學士以上侍祠服鷩冕，觀察使以上服毳冕，監察御史以上服希冕，朝官以上服玄冕，選人以上服爵弁。詔許之，而不用爵弁。供奉官以下至選人盡服玄冕，無旒。臣竊謂依此參定，乃合禮制。古者三公一命衮，則三公在朝，其服當鷩冕。蓋出封則遠君而伸，在朝則近君而屈。今之攝事及侍祠皆在朝之臣也，在朝之臣乃與古之出封者同命數，非先王之意。乞下有司制鷩冕八旒，毳冕六旒，希冕四旒，玄冕三旒，其次二旒，又其次無旒。依元豐詔旨，參酌等降，爲侍祠及攝

〔一〕自「元豐七年」至本條末原脱，「至」字與下條連作一條。今據《宋史》卷一五二《輿服志》四補，並分爲二條。此條應移於下條之後。

祭之服。長短之度、采色之別，皆乞依古制施行。又按《周禮》，諸侯爵有五等，而服則三，所謂『公之服自衮冕而下，侯、伯自鷩冕而下，子、男自毳冕而下』是也。古者諸侯有君之道，故其服以五、七、九爲節。今之郡守雖曰猶古之侯
9 伯，其實皆王臣也。欲乞只用羣臣之服，自鷩冕而下分爲三等：三都四輔爲一等，初獻鷩冕八旒；經略、安撫、鈐轄爲一等，初獻毳冕六旒，亞獻並玄冕二旒，終獻無旒；節鎮、防、團、軍事爲一等，初獻希冕四旒，亞、終獻並玄冕無旒。其衣服之制，則各從其冕之等。」

又曰：「今之紘組仍綴兩繒帶而結於頤，冕旁仍垂青纊而不以瑱，以犀爲簪而不以玉笄、象笄，並非古制。乞下有司改正。」從之。

政和議禮局言：「大觀中所上羣臣祭服制度，已依所奏修定，乞付有司依圖畫製造。」既又上羣臣祭服之制：正一品，九旒冕，金塗銀稜，有額花，犀簪，親祠大禮使、亞獻、終獻、太宰、少宰、左丞，每歲大祠宰臣、親王、執政官、郡王充初獻服之。奏告官並依本品服，已下准此。從一品，九旒冕，無額花，餘如正一品服，親祠吏部、户部、禮部、兵部、工部尚書，太廟進受幣爵、奉幣爵宗室，每歲大祠捧俎豆，大祠、中祠初獻官服之。二品，七旒冕、角簪，親祠吏部侍郎〔一〕、殿中監、大司樂、光禄卿、讀册官，太廟薦俎、贊進飲福宗室，七祀〔二〕、配享功臣分獻官，每歲大祀，謂用宮架者。大司樂，大祠、中祠亞終獻，大祀禮官，小祀獻官，朔祭太常卿服之。三品，五旒冕，親祠舉册官、大樂令、光禄丞、奉俎饌籩豆簠簋官、分獻官，分獻壇壝從祀。太廟奉瓚槃、薦香燈，安奉神主、奉毛血槃〔三〕、蕭蒿篚、肝膋豆宗室，每歲祭祠大樂令，大中祠分獻官服之。無旒冕，奉禮、協律郎，郊社 10
令，太祝、太官令，親祠擡鼎官、進摶黍官，太廟供亞終獻金斝、供七祀獻官、執爵官服之〔四〕。五旒冕，紫檀絁衣，餘如三品服，監察御史服之。州郡祭服：三都初獻，八旒冕；經略、安撫、鈐轄初獻，六旒冕；亞獻並二旒冕，終獻無旒冕；節鎮、防團、軍事初獻四旒冕，亞、終獻並無旒冕。

中興之後，省九旒、七旒、五旒冕，定爲四等：一曰鷩冕，八旒；二曰毳冕，六旒；三曰希冕，四旒；四曰玄冕，無旒。其義以公、卿、大夫、士皆北面爲臣，又近尊者而屈，故其節以八、以六、以四，從陰數也。

先是，紹興四年五月，國子監丞王普奏言：「臣嘗攷諸經傳，具得冕服之制。蓋王之三公八命，鷩冕八旒，衣裳七章，其章各八。孤卿六命，毳冕六旒，衣裳五章，其章各六。大夫四命，希冕四旒，衣裳三章，其章各四。上士三命，玄冕三旒；中士再命，玄冕二旒；下士一命，玄冕無旒。其

〔一〕郎：原作「中」，據《政和五禮新儀》卷一二「群臣祭服」條改。
〔二〕祀：原作「祠」，據《宋史》卷一五二《輿服志》四改。
〔三〕奉：原脱，據《宋史》卷一五二《輿服志》四補。
〔四〕執：原作「木」，據《宋史》卷一五二《輿服志》四改。

纓至笄、衡、紘、紞、瑱、纊皆有等差〔一〕。近世冕服制度沿襲失真，多不如古。夫後方而前圓，後昂而前俛，玄表而朱裏，此冕之制也。今則方圓俛仰，幾於無辨，且以青爲表而飾以金銀矣。其衣皆玄，其裳皆纁，云云。詳「服」。臣伏讀今之《會要》，郊廟奉祀禮文，祖宗以來屢常講究，第以舊服無有存者。欲乞因兹改作，是正訛謬，一從周制，以合先聖之言。」尋禮部契勘奏言：「衣服之制，或因時王而爲之損益，事雖變古，要皆一時制作，不無因革。或考之先王而有繆戾者，雖行之已久，不應承誤襲非，11憚於改正。按《周官》，自上公服衮，王之三公服鷩，以至士服玄冕，凡五等。唐制，自一品服衮冕九旒，至五品服玄冕無旒，亦五等。國家承唐之舊，初有五旒之名，其後去三公衮冕及希冕，但存七旒鷩冕、五旒毳冕與無旒玄冕，凡三等而已。衮服非三公所服，去之可也，乃併希冕去之，自尚書服毳冕，以至光禄丞亦服焉，貴賤幾無差等。此皆一時制作，不無因革。今合增鷩冕爲八旒，增毳冕爲六旒，復置希冕爲四旒，并及無旒玄冕，共四等，庶幾稍合周制。若冕之方圓低昂，至於無辨，則制造之差也，皆宜改正施行。」是時，諸臣奏請討論雖詳，然終以承襲之久，未能盡革也。

鷩冕：八旒，每旒八玉，三采：朱、白、蒼。角笄、青纊，以三色紞垂之。紘以紫羅，屬於武。宰相、亞終獻、大禮使服之。前期景靈宮、太廟亞終獻，明堂滌濯、進玉爵酒官亦如之。毳冕：六玉，三采，六部侍郎以上服之。前期景靈宮、太廟進爵酒幣官、奉幣官、受爵酒幣官、薦俎官，明堂受玉爵、受玉幣、奉徹籩豆、進飲福酒、徹俎祝腥、贊引、亞終獻、禮儀使、亞終獻爵并盥洗官四員並如之〔二〕。前二日奏告初獻，社壇、九宮壇分祭初獻、亞獻亦如之。（希）〔絺〕冕：四玉，二采：朱、緑。光禄卿、監察御史、讀册官、舉册官、分獻官以上服之。前期景靈宮、太廟奏奉神主官，明堂太府卿、光禄卿、沃水、舉册官、讀册官、押樂太常卿、東朵殿三員、西朵殿二員、東廊二十八員、西廊二十五員、12南廊二十七員，軷門祭獻官，前二日奏告亞獻、終獻官、監察御史，並如之。社壇、九宮壇分祭終獻官、監察御史、兵工部、光禄卿丞亦如之。玄冕：無旒，光禄丞、奉禮郎、協律郎、進摶黍官、太社令、良醞令、太官令、奉俎饌等官、供祠執事官内侍以下服之。明堂光禄丞、奉禮郎、良醞令、太祝摶黍官、宮架協律郎、登歌協律郎、奉御官、内侍供祠執事官、武臣奉俎官，軷門祭奉禮郎、太祝令、太官令，社壇、九宮壇分祭太社、太祝、太官令、奉禮郎，並如之。紫檀冕：四旒，博士、御史服之。外州軍祭服：鷩冕八旒，三都初獻服之；毳冕六旒，經略、安撫、鈐轄初獻服之；希冕四旒，經略、安撫、鈐轄亞獻服之，節鎮、防、團、軍事初獻亦如

〔一〕《宋史》卷一五二《輿服四》所引普奏「纊」字下尚有「帶、佩、芾、舄、中、衣」六字。

〔二〕并：原作「弁」，據《宋史》卷一五二《輿服志》四改。

之；玄冕無旒，節鎮、防、團、軍事亞終獻服之。

徽宗政和三年，議禮局上群臣祭服之制：正一品，九旒冕，金塗銀稜，有額花，犀簪。親祠大禮使〔一〕、亞獻、終獻，太宰、少宰、左丞，每歲大祠宰臣，親王、執政官，郡王充初獻服之。奏告官並依本品服，已下准此。從一品，九旒冕，無額花，親祠吏部、户部、禮部、兵部、工部尚書，太廟進受幣爵、奉幣爵宗室，每歲大祠捧俎官，大祠、中祠初獻官服之。二品，七旒冕，角簪，親祠吏部侍郎，殿中監、大司樂、光禄卿、讀册官，太廟薦俎、贊進飲福宗室，七祀、配享功臣分獻官〔二〕，每歲大祀謂用宮架者。大司樂，大祠、中祠亞終獻，大祠禮官，小祠獻官，朔祭太常卿服之〔三〕。三品，五旒冕，親祠舉册官、13太樂令、光禄丞、奉俎饌籩豆簠簋官、分獻官，分獻壝壝從祀。太廟奉瓚盤、薦香燈，安奉神主、奉毛血槃、蕭蒿篚、肝膋豆宗室，每歲祠祭大樂令，大中祠分獻官服之。無旒冕，奉禮、協律郎、郊社令、太祝太官令，親祠擡鼎官、進摶黍官，太廟供亞終獻金斝、供七祀獻官、執爵官服之。五旒冕，監察御史服之。州郡祭服：三都初獻八旒冕；經略、安撫、鈐轄初獻六旒冕，亞獻並二旒冕，終獻無旒；節鎮、防、團、軍〔事〕初獻四旒冕，亞終獻並無冕旒。（以上《永樂大典》卷一一四二九）

諸色袍

黄袍

【宋會要】

14高宗紹興五年四月二十九日，禮部、太常寺言：「得旨，五月二日車駕詣〔太〕廟別廟行款謁禮。緣其日章懷皇后忌前一日，皇帝合服黄袍。參酌禮例，是日皇帝自内中先服紅袍，詣太廟別廟行禮畢，還内，俟至宮中易忌前之服。」從之。

絳紗袍

【宋會要】

乘輿服制：天子絳紗袍，以織成雲龍紅金條紗爲之〔四〕，紅裏，皁褾、襈、裾，白羅中單，蔽膝以紅紗紅羅裏，飾與袍同。紅羅裙紅紗裏，白羅方心曲領。餘同冕服。大祭祀致齋、出乘玉輅、入乘金輅、正冬大會、五月朔受朝則服之。

太祖建隆元年二月九日，太常禮院言：「準敕追尊四

〔一〕禮：原作「理」，據《宋史》卷一五二《輿服志》四改。
〔二〕功：原作「公」，據《宋史》卷一五二《輿服志》四改。
〔三〕太：原作「大」，據《宋史》卷一五二《輿服志》四改。
〔四〕紗：原脱，據《宋史》卷一五一《輿服志》三補。

廟，皇帝御崇元殿，命使行册禮，衮龍服；五月一日御殿受朝，通天冠、絳紗袍。伏請下内中尚司與少府監計會修製。」詔可。

十九日，太常禮院言：「準少府監牒，請具衮龍衣、絳紗袍、通天冠制度令式。通天冠加金博山，附蟬十二，首施朱翠，黑介幘，組纓翠緌〔一〕，玉簪導。絳紗袍，白紗中單，朱領、褾、襈、裾，白裾襦，絳紗蔽膝，白假帶，方心曲領。其帶劍珮綬與上同。白韈，黑舄。」詔可。

神宗元豐二年四月二十三日，詳定正旦御殿儀注所乞元日受朝賀服通天冠〔二〕、絳紗袍，從之。

四年十月二十二日，詳定郊廟奉祀禮文所言：「今 15 儀注，車駕赴青城，服通天冠、絳紗袍，祀之日乃服靴袍至大次，服衮冕臨祭，非尚質之義。」

哲宗紹聖三年十月七日，工部侍郎高遵惠言：「準朝旨，祀北郊通天冠、絳紗袍。慮當暑月，合行裁制。（接）〔按〕天聖《衣服令》，衮冕大綬六采〔三〕：黑、黄、赤〔四〕、白、縹、緑；小綬三，色同大綬，間施三玉環。所有減去摺迴，大綬一重只長二尺五寸，即於禮典别無制度。伏乞量宜製造。」

徽宗政和三年四月二十九日，議禮局上皇帝冕服之制：通天冠二十四梁，加金博山、附蟬。高一尺，廣一尺，犀簪導，朱絲組帶爲纓。絳紗袍，織成雲龍，皁羅褾、（繏）〔襈〕，紅羅爲裏。絳紗裙，蔽膝如袍飾，並皁褾、（繏）〔襈〕，繡雲龍。白羅方心曲領，革帶。餘同冕服。大祭祀致齋，詣景靈宫、太廟、行宫，禮畢還宫，元正、冬至大朝會，臨軒册命皇后、皇太后、諸王、大臣，親耕籍田，服之。詔頒行。

孝宗紹興三十二年未改元。七月十二日，禮部、太常寺言：「奉上光堯壽聖太上皇帝、壽聖太上皇后册寶，行禮日，太上皇帝合服通天冠、絳紗袍，皇帝亦服通天冠、絳紗袍。」續御藥院狀：「竊慮行禮日近，製辦不及。」有旨，將來（上）〔太〕上皇帝受册寶禮日，恭請服履袍。

乾道七年二月十二日，禮部、太常寺言：「續討論到禮例，皇帝服通天冠、絳紗袍，御大慶殿册皇太子及謁太廟、别廟行禮，合服衮冕。」從之。晨祼，皇帝服通天冠、絳紗袍至大次。

隆興二年十月三日〔五〕，禮部、太常寺言：「勘會逐次郊祀大禮，皇帝自 16 青城至大次，并禮畢自大次還青城，並係服通天冠、絳紗袍，乘大輦。今來欲乞並服通天冠、絳紗袍，乘平輦。」詔從之。

籍田。（大）〔太〕宗端拱元年正月十五日，帝齋於乾元殿。翌日，鑾駕出宫，備大駕鹵簿於丹鳳門外，帝服通天冠、

〔一〕組：原作「髮」，據《宋史》卷一五一《輿服志》三改。
〔二〕所：原脱，據《長編》卷二九七補。
〔三〕采：原作「綬」，據《宋史》卷一五一《輿服志》三改。
〔四〕赤：原脱，據《宋史》卷一五一《輿服志》三補。
〔五〕此條當置上條之前。

絳紗袍，執圭，乘玉輅，赴東郊行宮齋宿。十七日，親耕禮畢，解嚴還行宮，百官稱賀。帝改御大輦，服通天冠、絳紗袍，皷吹振作而還。御乾元門肆赦，改元，文武遞進官有差。

徽宗政和元年八月，議禮所條具者八事，一乞躬耕之服，止用通天冠、絳紗袍，百官並服朝服。

六年閏正月二十七日，詔：親耕籍〔田〕，以玉輅載耒耜，乘大輦，用法駕、黄麾仗，〔道〕〔導〕駕官朝服，結佩，耕籍使以儀仗二千人護衛耒耜。質明，先詣壇所。詣籍田，服鞾袍，御平輦。耕籍服通天冠、絳紗袍。至思文殿進食後，行禮畢，放仗，常服還内。令修定儀注。

高宗〔紹興〕十五年十一月，禮部太常寺言：「將來親耕籍田，是日車駕服履袍，乘平輦，詣思文殿進膳畢，服通天冠、絳紗袍，行親耕之禮。」從之。

履袍

【宋會要】

朝饗太廟行禮儀注。車駕詣太廟：前享一日，皇帝於景靈宮朝獻畢，既還大次，禮部郎中奏解嚴訖，皇帝入齋殿。文武侍祠、行事、執事、助祭之官、非從駕者。宗室先詣太廟祠所。其日，禮直官、宣贊舍人引禮部侍郎詣大次前〔一〕，奏請中嚴。少頃，又奏外辦。皇帝服履袍，自齋殿詣大次。出，行門〔二〕、17禁衛、諸班親從等、諸司祗應人員以下迎駕，奏聖躬萬福。車駕自齋殿詣太廟。

其日，文武侍祠、行事、執事、助祭官、宗室先詣太廟祠所，其從駕臣僚並服常服就次。有司進輦於齋殿，其從駕臣僚並俟從駕次。禮直官、宣贊舍人引禮部侍郎奏請中嚴。少頃，又奏外辦。皇帝自内服履袍詣齋殿，即御座，鳴鞭，行門、禁衛、諸班親從等、諸司祇應人員以下各自贊常起居。

鞾袍

【宋會要】

孝宗乾道九年十二月十七日，禮部、太常寺狀：「勘會將來正旦朝賀，今欲比附《政和五禮新儀》月朔視朝儀，皇帝御大慶殿，服鞾袍，即御座；皇太子、文武百僚並服常服稱賀。所有合設黄麾半仗，乞令兵部排辦施行。」有旨依。宮中導從。

儀仗錦袍

【宋會要】

鹵簿中道金吾本司纛矟：佩儀刀，執㦸矟，錦帽、寶照錦袍、錦臂韝，革帶，烏皮鞾。

〔一〕贊：原脱，據《文獻通考》卷九八補。
〔二〕門：原脱，據《文獻通考》卷九八補。

大駕鹵簿内巾服之制：執金吾㮶稍，服錦袍、帽、臂韝，銀帶、烏皮鞾。

文綾袍

【宋會要】

宮中導從，唐以前無聞焉。五代漢乾祐中，始置主輦十六人，捧足一人，掌扇四人，持踏牀一人，並服文綾袍、銀葉弓脚幞頭。

高鬢青袍

【宋會要】

18 宮中導從：五代漢乾祐中，始置新婦二人，高鬢、青袍。

緋袍

【宋會要】

宮中導從：捧真珠七寶翠毛華樹二人〔一〕，衣緋袍。

繡袍

【宋會要】

19 鹵簿三駕。國朝之初，將舉郊禮，以五代草創，官籍散落，始命有司詳定制度。惟得《長興南郊鹵簿字圖》，校以令文，頗有闕略違戾者。翰林學士承旨陶穀爲禮儀使，建議鹵簿内金吾及諸衛將軍導駕及押仗，舊服紫衣，請依《開元禮》各服本色繡袍。

緋繡袍

【宋會要】

大駕鹵簿内巾服之制：横刀、執弓箭、珂馬。千牛服花脚幞頭、緋繡袍、抹額、大口袴、銀帶、鞾靿。前馬隊内折衝及執稍者服錦帽、緋繡袍、銀帶。隊正服平巾幘、緋繡袍、大口袴。朱雀隊内執弓箭、弩、稍，虞候佽飛執長壽幢、寶輿法物人，服平巾幘、緋繡袍、大口袴、銀帶。驍衛翊衛三隊服平巾幘、緋繡袍、大口袴、錦螣蛇。太常主帥、掆鼓、金鉦、節鼓人服平巾幘、緋繡袍、大口袴、抹帶〔二〕、錦螣蛇。

六引内巾服之制：鐃吹部内服平巾幘、緋繡袍、白抹帶，白袴，餘悉同大駕前後部。

紫繡袍

【宋會要】

大駕鹵簿内巾服之制：金吾上將軍、將軍、六統軍、千牛、中郎將服花脚幞頭、抹額、紫繡袍，佩牙刀、珂馬。諸衛大將軍、將軍、中郎將、折衝、果毅、散手翊衛服平巾幘、紫

〔一〕樹：原作「株」，據《宋史》卷一四四《儀衛志》二改。

〔二〕抹：原作「袜」，據《宋史》卷一四八《儀衛志》六改。下同。

繡袍、大口袴、錦臘蛇、銀帶，佩橫刀，執弓箭。千牛將軍服平[20]巾幘、紫繡袍、大口袴、銀帶、韡鞾。金吾押牙服金鵝帽、紫繡袍、銀帶。凡繡文，金吾衛以辟邪，左右衛以瑞馬，驍衛以雕虎，屯衛以赤豹，武衛以瑞鷹，領軍衛以白澤，監門衛以師子，千牛衛以犀牛，六軍以孔雀，樂工以鸞。

宮中導從：太平興國初增主輦二十四人，改服高脚幞頭，輦頭一人〔一〕，衣紫繡袍，持金塗銀仗以督領之。

徽宗政和三年四月二十九日，議禮局上皇后鹵簿之制：護後衛各果毅都尉一員檢校，平巾幘、紫繡袍、大口袴、銀臘蛇、革帶。

紫絁繡袍

【宋會要】大駕外仗：次步甲前隊，第一隊至六隊，隊内將軍及都尉並平巾幘、紫絁繡袍〔二〕、大口袴、錦臘蛇、革帶。繡文並同。次前部黃麾仗，大將軍、都尉並平巾幘、紫絁繡袍、大口袴、錦臘蛇、革帶。繡文並同。

黃繡袍

【宋會要】宮中導從：執拂翟四人，鬅頭，衣黃繡袍。舊衣綾袍、紫衣者悉易以銷金及繡。復增司簿一人，内省一人〔三〕，司儀一人，司給一人，皆分左右前導，凡十七行〔四〕。每正至御殿〔五〕、祀郊廟、步輦出入至垂拱殿〔六〕，即用之。

緑繡袍

【宋會要】宮中導從：捧金寶山二人，衣緑繡袍。

青繡袍

【宋會要】[21]大駕鹵簿内巾服之制：執弩、弓箭人服錦帽、青繡袍、銀帶。

五色繡袍

【宋會要】大駕鹵簿内巾服之制：後步隊、真武隊執旗，前後部黃麾執日月合璧等旗，青龍白虎隊、金吾細仗内執旗者，服五色繡袍、抹額、行縢、銀帶。執白幹棒人加銀褐捍腰。執龍旗及前馬隊内執旗人服五色繡袍、銀帶、行縢、大口袴。

〔一〕頭：原脱，據《宋史》卷一四四《儀衛志》二補。
〔二〕紫絁繡袍：原作「紫袍繡」，據《政和五禮新儀》卷一五改。下同。
〔三〕此句下原衍「内增司簿一人」六字，據《宋史》卷一四四《儀衛志》二删。
〔四〕行：原脱，據《宋史》卷一四四《儀衛志》二補。
〔五〕正至：原作「至冬」，據《宋史》卷一四四《儀衛志》二改。
〔六〕垂拱殿：《宋史》卷一四四《儀衛志》二作「長春殿」。

執龍旗副竿人服錦帽、五色繡袍、大口袴、銀帶。執引駕龍墀旗、六軍旗者服錦帽、五色繡袍、臂鞲、銀帶。

緋繡對鳳袍

【宋會要】六引内巾服之制：持掆鼓者服平巾幘、緋繡對鳳袍、大口袴、白抹帶〔一〕、錦縢蛇。

瑞鷹袍

【宋會要】鹵簿中道：次持（級）〔鈒〕前隊，隊内左右武衛將軍、果毅都尉、校尉並平巾幘、紫絁繡瑞鷹袍、大口袴、錦縢蛇、革帶。

飛麟袍

【宋會要】徽宗政和三年四月二十九日，（儀）〔議〕禮局上大慶殿大朝會儀衛：次厢左右各三部，第一部左右屯衛大將軍各一員，果毅各一員，服飛麟袍。

同日，（儀）〔議〕禮局上文德殿視朝儀衛之制：次厢左右各三部，次左右厢仗首之南，東西相向。第一部左右屯衛大將軍各一員，果毅各一員，22次大將軍後，服飛麟袍。

瑞馬袍

【宋會要】大駕外仗：次青龍、白虎旗隊次，左右衛果毅都尉二人分押旗〔二〕，兼領後七十騎〔三〕，平巾幘、緋絁繡瑞馬袍、大口袴、革帶。

徽宗政和三年四月二十九日，（儀）〔議〕禮局上大慶殿大朝會儀衛〔四〕：左右衛果毅各一名，服瑞馬袍，於玉輅之前分左右，並北向。左右厢各步甲十二隊，第一隊左右衛果毅各一員，服瑞馬袍。

同日，（儀）〔議〕禮局上文德殿視朝儀衛之制：左右厢各步軍六隊，分東西，在仗隊後。第一隊左右衛果毅各一員，服瑞馬袍。

瑞馬大袍

【宋會要】徽宗政和三年四月二十九日，（儀）〔議〕禮局上大慶殿大朝會儀衛：左右厢後部各十二隊，第一隊左右衛折衝各一員，服錦帽、緋繡戎服、瑞馬大袍。

〔一〕抹：原作「袜」，據《宋史》卷一四八《儀衛志》六改。
〔二〕「左右」上原衍「次」字，據《宋史》卷一四六《儀衛志》四刪。
〔三〕十：原作「千」，據《宋史》卷一四六《儀衛志》四改。
〔四〕朝會：原作「會朝」，據《政和五禮新儀》卷二一乙。

同日，(儀)〔議〕禮局上文德殿(祝)〔視〕朝儀衛之制：左右廂後部各六隊，每隊三十八人，在都下親從後，東西相向。第一隊左右衛折衝各一員，服錦帽、緋繡戎服、瑞馬大袍。

白澤袍

【宋會要】

大駕外仗：並左右廂，次前隊殳仗。隊内左右領軍衛將軍平巾幘、紫絁繡白澤袍、大口袴、錦螣蛇、革帶。

紫繡白澤袍

【宋會要】

徽宗政和三年四月二十九日，(儀)〔議〕禮局上大慶殿大朝[23]會儀衛：第一部左右領軍衛大將軍各一員，服平巾幘、紫繡白澤袍、銀帶、大口袴、錦螣蛇。

師子袍

【宋會要】

仁宗康定元年九月七日，參知政事宋庠上言：「車駕行幸，六軍儀仗司供到儀仗法物，内夾人、執弓箭監門校尉二十人，每門四人，並服紫絁繡獅子袍、抹額，帶儀刀，烏皮靴；第七隊監門校尉六人，並服紫絁繡獅子袍、抹額，帶儀刀，烏皮靴。」

赤豹袍

徽宗政和三年四月二十九日，(儀)〔議〕禮局上大慶殿大朝會儀衛：次後廂左右各三部，第一部左右驍衛將軍各一員，服赤豹袍。

同日，(儀)〔議〕禮局上文德殿視朝儀衛之(志)〔制〕：次後廂左右各一部，次當御廂南。左右驍衛將軍各一員，服赤豹袍。

紫羅繡辟邪袍

【宋會要】

鹵簿中道金吾本司纛矟：内上將軍花脚幞頭〔一〕、緋羅繡抹額、紫羅繡辟邪袍，鞾。

紫絁繡辟邪袍

【宋會要】

鹵簿中道：佩牙刀、器仗、珂馬〔二〕。大將軍平巾幘、紫絁繡辟邪袍、錦螣蛇、大口袴；押衙金鵝帽、紫絁繡辟邪袍、革帶。次朱雀旗隊，左右金吾衛果毅都尉二人押隊〔三〕，

〔一〕内：原作「自」，據《政和五禮新儀》卷一七改。

〔二〕佩牙刀器仗珂馬：按，據《政和五禮新儀》卷一七，此七字乃屬上讀，爲上將軍、將軍之所佩服，蓋《大典》編者因誤讀而誤引。

〔三〕左：原作「次」，據《政和五禮新儀》卷一七改。

内折衝、果毅都尉平巾幘、紫絁繡辟邪袍、大口袴、錦螣蛇、24革帶。次金吾引駕旗〔一〕，本衛果毅都尉二人，分左右，〔服〕平巾幘、緋絁繡辟邪袍、大口袴。次左右金吾衛果毅都尉二人總領大角，並騎。次大角一百二十，爲十重。都尉服平巾幘、紫絁繡鬬邪袍、大口袴、錦螣蛇、革帶。

紫繡辟邪袍

【宋會要】徽宗政和三年四月二十九日，(儀)〔議〕禮局上大慶殿大朝會儀衛：真武隊，金吾折衝都尉一員，服平巾幘、紫繡辟邪袍、銀帶、大口袴、錦螣蛇。

同日，(儀)〔議〕禮局上文德殿視朝儀衛之制：真武隊五十七人，在端禮門内中道，北向。金吾折衝都尉一員，在隊前，服平巾幘、紫繡辟邪袍、銀帶、大口袴、錦螣蛇。

緋繡苣文袍

【宋會要】徽宗政和三年四月二十九日，(儀)〔議〕禮局上王公鹵簿制：鐃鼓、大横吹服緋繡苣文袍、抹額、抹帶〔二〕、袴。詔頒行。

緋苣文袍

大駕鹵簿内巾服之制：太常鐃、大横吹服緋苣文袍、袴、抹額、抹帶。

青苣文袍

【宋會要】大駕鹵簿内巾服之制：太常羽葆鼓、小横吹服青苣文袍、袴、抹額、抹帶。

青繡苣文袍

鹵簿中道：執鐃、大横吹人同第二引執大横吹服〔三〕。執羽葆鼓人青繡苣文25抹額、生色袍、抹帶、袴。

黄雷花袍

大駕鹵簿内巾服之制：太常大鼓、長鳴、小鼓、中鳴服黄雷花袍、袴、抹額、抹帶。

黄繡雷花袍〔四〕

【宋會要】徽宗政和三年四月二十九日，(儀)〔議〕禮局上王公鹵

〔一〕旗：原作「騎」，據《政和五禮新儀》卷一七改。

〔二〕抹：原作「袜」，據《政和五禮新儀》卷二〇改。以下六條皆有此誤，徑改。

〔三〕「執鐃大横吹人同」七字原無，據《政和五禮新儀》卷一三補。此亦《大典》編者誤讀而漏引，其實全句皆不須引。

〔四〕雷：原作「雪」，據《政和五禮新儀》卷二〇改。正文同。

簿之制：大鼓、長鳴、小鼓、中鳴服黄繡雷花袍、抹額、抹帶、袴。

緋繡寶相花袍

【宋會要】大駕鹵簿六引中道：執鐃、簫、笳、笛、觱篥人，並巾幘、緋繡寶相花袍、大口袴、白抹帶。

緋絁繡寶相花袍

【宋會要】大駕外仗：執矟人並錦帽、緋絁繡寶相花袍、大口袴、革帶。

青絁繡寶相花袍

【宋會要】大駕外仗：執弩、弓矢人，並錦帽、青絁繡寶相花袍、大口袴、革帶。

青繡寶相花袍

【宋會要】徽宗政和三年四月二十九日，(儀)〔議〕禮局上大慶殿大朝會儀衛：執弩五人爲一列，弓矢十人爲二重，矟二十人爲四重，服錦帽、青繡寶相花袍、革帶、大口袴。

紫繡寶相花袍

大駕鹵簿六引中道：次大晟府前部鼓吹，管轄指揮使平巾幘、紫繡寶相花袍、錦臘蛇、白抹帶。

皂衣白袍

【宋會要】26 公服：太宗太平興國七年正月九日，翰林學士承旨李昉言：「準詔定車服制度。禮部式：三品以上服紫，五品以上服朱，七品以上服緑，九品以上服青，流外官及庶人並衣黄。參詳除服青、服黄久已寢廢，自今流外官及貢舉人、庶人(詳)〔許〕通服皂衣白袍。」從之。

賜進士袍

【宋會要】乾道四年十二月二十一日，詔特賜同進士出身魏掞之補左迪功郎、太學録，仍令有司給賜袍笏。

釋褐賜袍

【宋會要】乾道四年正月十一日，詔太學上舍生黄綸釋褐，特與補左承務郎，依唱名例給賜袍笏，於國子監敦化堂祇受。自後釋褐並如之。

戎服大袍

【宋會要】27大駕鹵簿六引中道：第二引開封牧中道，執弓矢、矟人並錦帽、絁繡寶相花戎服大袍、窄袴、革帶。大駕外仗：次前步馬隊，隊内都尉並錦帽、緋絁繡戎服大袍、窄袴、革帶。六引内巾服之制：駕士服錦帽、繡戎服大袍、銀帶。

【宋會要】徽宗政和三年四月二十九日，議禮局上皇太子鹵簿之制。次正道龍旗六，各執旗一名，前二人引，後二人護，並戎服大袍，佩横刀、弓矢。（夾道單）〔一〕。副竿二，分左右，執各一名，騎，佩、服同執旗人。次左右廂步隊十六隊〔二〕，每隊各果毅都尉一名領，並戎服大袍。次馬隊，左右廂各十隊，帥兵官以下三十一人，旗一，執旗一名，引二人，夾二人，執矟十六人〔三〕，弓矢七人，弩三人，並戎服大袍，佩横刀。執旗並引、夾人加佩弓矢。前第一隊，左右清道率府果毅都尉各一員領；第二隊、第三隊、第四隊，左右司禦率府果毅都尉各一員領；第五隊、第六隊、第七隊，左右衛率府果毅都尉各一員領〔四〕；第八隊、第九隊、第十隊，左右司禦率府果毅都尉各一員領。並戎服大袍。

親王鹵簿：第三行廂，執矟，戎服大袍〔五〕。

緋銷金袍

【宋會要】宮中導從：捧龍腦合二人，衣緋銷金袍，並高脚幞頭。

（以上《永樂大典》卷五五一四）

帶制

【宋會要】28凡新除、恩慶，宰臣、樞密使、知樞密院事、參知政事、樞密副使、同知樞密院、簽書、同簽書樞密院事，賜金笏頭二十五兩帶，副以魚袋。武臣御（花仙）〔仙花〕帶，無魚袋。使相、節度使、宮觀使、觀文殿大學士曾任宰相者即賜金笏頭二十五兩帶，副以魚袋，餘只賜御仙花帶，無魚袋。三司使、（權及權使公事同。）觀文殿學士、資政殿大學士、翰林學士承旨、翰林學士、資政殿、端明殿、翰林侍讀、侍講、龍圖、

〔一〕夾道單：據《政和五禮新儀》卷一九，此下脱「行引至儀仗」五字，在上文「次正道龍騎六」之前，乃承「外清道直盪二十四人」而言，不當插於此處，當删。

〔二〕次：原作「決」，據《政和五禮新儀》卷一九改。

〔三〕執：原作「報」，據《政和五禮新儀》卷一九改。

〔四〕左右衛：《政和五禮新儀》卷一九作「左右清道」。

〔五〕按，此條不見於宋代其他文獻，而見於《新唐書》卷二三下《儀衛志》下「親王鹵簿」條，疑《大典》誤引。

天章、寶文閣、樞密直學士、御史中丞，兼、守並同。並賜金御仙花二十兩帶。知制誥賜牯犀帶，副以金魚。凡出使，見任中書、樞密(使)〔院〕、曾任宰相並使相、節度使，賜金御仙花二十五兩束帶。宣徽使曾任中書、樞密院、充諸路都總管、安撫使，賜金御仙花二十兩束帶。正任防禦使至刺史、内客省使至閤門使、延福宫使至昭宣使充諸路路分、一州總管、鈐轄、沿邊知州軍、安撫，賜金御仙花二十兩束帶；諸司使充者十五兩。客省、引進、閤門副使、諸司副使、内侍省内侍押班充諸路、沿邊路分鈐轄，賜金御仙花十五兩束帶。文臣换武臣並賜塗金銀寶瓶十五兩帶。御前軍班换前班，並賜塗金銀帶。諸司使寶鉼二十兩，副使至崇班寶鉼十五兩。供奉官至殿直荔枝十兩。奉職、借職雙鹿八兩。堂後官新除，賜塗金銀寶鉼十五兩帶。伎術官雖服紫緑，皆給銀帶。駙馬都尉初選尚，賜白玉帶。29 宗室許通服士大夫金帶(一)、雕玉、白玉、通犀、牯犀等帶。

高宗紹興三年正月六日，詔：「自今年二月一日，侍從官依舊繫金帶。如製造不前，許權於左藏庫關借，候製造了日回納。」

二十八日，詔：「管軍百僚并帶御器械官朝謝日、武臣授差遣朝辭日，依格該賜金帶，并許繫。並宗室外正任依舊許繫金帶。已賜花犀帶及見繫花犀帶臣僚，除宗室依條外，餘不許服。」

二月十三日，詔：「神武右軍統制官楊沂中爲收李成有功，曾經賜金帶，特令許繫赴朝參。」其後提舉宿衛親軍張宗彦詔特如沂中。

五月十六日，詔：「應殿庭供職横行依舊許繫金帶赴朝參。」

十八日，詔：「閤門官依舊許繫金帶赴朝，内闕者令於左藏庫權借。」

六年八月十四日，三省行首司言：「宰執秦檜昨係資政殿大學士，今來除觀文殿學士，到闕朝見，閤門稱不合繫笏頭毬文帶。」詔許服繫舊賜帶。宰執因降黜不帶職，並同庶官，復職者恩數並合依舊。以閤門誤認法意，有司申明，故降是命。

九年四月七日，詔：「太常寺應奉兼祗應使臣，自今可特依閤門兼祗應例，服繫紅鞓帶。」

紹興三十(一)〔二〕年六月十九日，孝宗已即位，未改元。詔：「鄂州駐劄御前諸軍都統制郭振並給賜金帶。」

九月十七日，詔：「差帶御器械梁珂前去賜吳璘玉帶，並傳宣撫問喝賜立功將士。其合用錢物，令四川總領所應副。候見數具申尚書省，取旨撥還。」

孝宗隆興元年八月十七日，池州 30 駐劄御前諸軍統制邵宏淵入見，服(再)〔在〕軍中日上遣人所賜帶。閤門奏宏淵官不該賜，既經特賜，閤門初無承受(開)〔關〕報。於是

(一) 士大夫：原作「工二六」，據《事實類苑》卷二五補改。

八年八月十九日，詔：「左諫議大夫姚憲元係六曹侍
31 郎，已賜金帶，可令依舊繫赴朝參等。今後準此。」

九年正月二十五日，詔：「賜三士輵已賜玉帶〔三〕，許令繫赴朝參等。」

十月十八日，詔：「恩平郡王璩已賜玉帶、金魚，許繫赴朝參等。」

十二月五日，詔：「中書舍人，左右諫議大夫，龍圖、天章、寶文、顯謨、徽猷、敷文閣待制，權侍郎，許服紅鞓、排方、黑犀帶，仍佩魚。」

【宋會要】

開寶元年二月十九日〔四〕，召皇弟晉王及吳越國王錢俶〔五〕、其子惟濬射苑中，俶進御衣、金器、壽星通犀帶以謝。此條見《桯史》〔六〕。（以上《永樂大典》卷一五〇一六）

宏淵始申照會〔一〕。

十月十四日，詔：步軍司後軍權統領王世祖乞依關德等例賜金帶指揮更不施行，令淮東總領所寄（敦）〔收〕。以中書舍人胡銓奏：「世祖（授）〔援〕關德等例，給賜金帶。照得關德等三人係一時恩給賜，今世祖所乞依逐人例，顯是澆濫。若例與給賜，切慮自餘五十餘人攀援浸多，僥求不已，難以止絶。」故有是命。

乾道元年八月二十一日，詔：「皇太子繫通犀玉帶，不佩魚。」先是，有旨皇太子合繫帶，令禮部、太常寺日下論矜〔二〕。續檢照典禮，皇太子合繫通犀玉帶。其典故所載通犀金玉帶即無制度及佩魚之文，故有是命。

九月二十三日，詔：「今後除環衛官，如係小〔使〕臣帶左右郎將，許繫紅鞓帶趁赴朝參。」

二年四月十九日，詔：「寧武軍節度使、開府儀同三司、（尤）〔充〕萬壽觀使吳蓋乞賜玉帶，可依例繫赴朝參等。」

五月七日，詔：「閤門簿書王正臣、鄭立之爲久在殿陛，應奉有勞，逐人見關借到左藏庫金帶並與（賜）〔給〕賜，令繫赴朝參。」

三年二月二十一日，權工部侍郎姜詵狀：「前任漕臣，蒙恩賜金御仙花帶，許令繫赴朝參。今假攝之初，難以僭踰。」詔免繫赴朝參等，只依本班服帶。

四年十二月十日，詔：「永陽郡王居廣三賜玉帶，許令繫赴朝參等。」

〔一〕照：原作「詔」，據文意改。《南宋館閣續録》卷六云「祕書郎費士寅等申照會本省」，《黄氏日抄》卷七〇云「今遇大參相公開藩之始，所合具申照會」，文例相同。
〔二〕矜：疑誤。
〔三〕賜三：疑當作「嗣濮王」。
〔四〕天頭原批：「此條移前頁高宗紹興三年上。」按，此條非原抄，乃後來添入。
〔五〕召：原脱，據《桯史》卷四補。
〔六〕按，此文乃《桯史》引《會要》。

淳熙七年三月四日〔一〕，詔：「新知明州范成大朝見，許服繫昨賜笏頭金帶。」以成大曾任參知〔知〕〔政〕事，今赴闕奏事，〔上〕〔止〕繫黑帶，佩金魚，有司取旨，故有是命。

九年九月十七日，詔：「趙伯圭除少保，封郡王，仍賜玉帶。」

十年十月十六日，詔：「權侍郎以上罷任不帶職名，許服紅鞓、排方、黑犀帶。」

十二年二32月二十三日，詔：「武臣知州軍官未陞朝者，可依文臣守倅借服色例，許權繫紅鞓、角帶，候回日依舊。」

十三年二月四日，詔：「新授太傅、保寧軍節度使致仕、魏國公史浩賜玉帶，令繫赴朝參。」

淳熙十六年七月十一日，詔：「閤門宣贊舍人、帶〔玉〕〔御〕器械霍漢臣昨在殿陛應奉日久，所有左藏庫元關借到金帶一條，特令就賜。」紹熙元年正月，閤門宣贊舍人張進之；十月，閤門宣贊舍人潘師稷；三年六月，閤門宣贊舍人、帶〔玉〕〔御〕器械郭抃，並以應奉日久，亦有是賜。

十六日，詔成忠郎吳晛特除閤門祗候，令祗候庫關〔借〕金帶一條，許令服繫，仍與家便差遣。

紹熙二年正月一日，宰執進呈四川制置使京鏜因任。上曰：「且與加寶文閣待制令再任，特賜帶。」

嘉定二年十一月十一日，樞密院劄子：「勘會已降指揮，鎮江軍統制馮榯、盧彥各特賜金腰帶一條，許令服繫。所合具申，取自指揮。」詔令左藏封樁庫證應，取撥給付。

四年三月十五日，樞密院奏：「檢會已降指揮，鎮江都統司統制官盧彥特賜金束帶一條。」詔令封樁庫於見管金束帶內支撥給賜。

七年二月十一日，樞密院奏，勘會鎮江都統司統制蔣世顯赴都堂稟覆職事訖。詔蔣世顯特改差楚州駐劄御前武鋒軍統制，填見闕，特賜金束帶一條，許令服繫。仍於封樁庫日下支給盤纏錢二千貫，付蔣世顯起發歸司，疾速前去本州管幹軍馬。各具知稟申樞密院。

十二年正月十二日，樞密院關：「檢會已降指揮節文，李全特賜金腰帶一條，許令服繫。」詔令封樁庫日下取撥給賜，具知稟申樞密院。

十二月二十六日，詔：「鄭莊孫昨任閤門看班祗候，曾於户部關借金腰帶一條，可特與就賜，許令服繫。」

十四年五月二十三日，奉直大夫、直寶謨閣、主管建康府崇禧觀趙不憹，詔以不憹行尊年高，中外屢更事任，自爲司農卿，今已十二年，理宜優異，可特换授保康軍承宣使、提舉祐神觀，仍奉朝請。賜金帶一條，許令服繫。（以上《永樂大典》卷一九七九二）

〔一〕按，據現存《大典》及徐松原稿，下文本接於輿服四之二九「公服」門「紹興十二年九月」條後，後來整理者剜出。其上四條乃《大典》抄《宋史》，此條則仍爲《宋會要》，參見輿服四之二九校記。

宋會要輯稿　輿服六

寶

尊號寶

【宋會要】 1 每上尊號，有司製玉寶，以尊號爲文。

真宗大中祥符初，登封太山，別製寶匣、寶盝，皆差小其制。

仁宗天聖元年九月二十二日，詔：以宮城火，重製皇帝受命寶、尊號册寶，參知政事陳堯佐〔一〕、晏殊書。

高宗紹興三十二年七月一日〔二〕，孝宗已即位，未改元。禮部、太常寺言：「六月二十九日詔書節文，太上皇帝宜恭上尊號曰光堯壽聖太上皇帝，太上皇后恭上尊號曰壽聖太上皇后。今先次討論，條具禮儀。一、依禮例，合差撰册文官二員。光堯壽聖太上皇帝册文係差宰臣撰，乞差尚書左僕射；壽聖太上皇后册文係差執政官撰，乞差知樞密院事。一、依禮例，合差書册官二員〔三〕，係差執政官充，乞差參知政事、同知樞密院事。一、依禮例，合差篆寶官一員，係差執政官充，乞差參知政事兼。並乞朝廷降敕，差官施行。一、合修製册二副〔四〕，依禮例，並係用珉玉造。寶二鈕，光堯壽聖太上皇帝寶〔係〕〔依〕禮例，係用玉造，壽聖太上皇后係用金造。并沿册寶法物等，並乞令工部下文思院修製施行。一、寶二鈕，乞以『光堯壽聖太上皇帝之寶』十字爲文、『壽聖太上皇后之寶』八字爲文。一、今來修製册寶，及將來奉上之禮，事體至重，依禮例，合差禮儀使一員，係差宰臣充。并合差都大主管官一員，係差近上内侍官充。伏乞朝廷取旨降敕〔五〕，差官施行。」詔並 2 從之。

九日，禮部、太常寺言：「奉聖旨，令文思院修製恭上太上皇帝、太上皇后尊號册寶，并沿册寶法物等。本院契勘自來即不曾經修製過尊號玉寶〔六〕，乞下禮官討論合修製玉寶範樣大小尺寸制度〔七〕、沿册寶法物下院，以憑遵守修製施行。奉旨，令禮部、太常寺疾速討論，申尚書省。禮部、太常寺今討論下項：修製光堯壽聖太上皇帝尊號册寶。今檢准《國朝會要》奉上尊號册寶制度禮例，册用珉玉，簡長一尺二寸，闊一寸二分，簡數從字之多少〔八〕。聯以金繩，首尾結帶。前後四枚，二枚刻龍鏤金，若捧護之

〔一〕堯佐：原倒，據《長編》卷一一一及天頭原批乙。

〔二〕天頭原批：「徽宗大觀條移此。」按，此指後文「徽宗大觀」以下三條。

〔三〕書册：原作「篆寶」，據《中興禮書》卷一八一改。

〔四〕二：原作「寶一」，據《中興禮書》卷一八一改。

〔五〕伏乞：原脱，據《中興禮書》卷一八一補。

〔六〕寶：原作「册制度」，據《中興禮書》卷一八一改。

〔七〕「尺」字原在「度」字下，據文意乙。

〔八〕簡：原作「檢」，據《中興禮書》卷一八一改。

狀。藉以錦褥，覆以紅羅泥金夾帊。册匣長廣取容册，塗以朱漆，金裝隱起突龍鳳，金鏁、分鐕。匣上又以紅羅繡盤龍蹙金帊覆之，承以金裝長竿牀，金龍首，金魚鉤。藉匣以錦緣薦褥〔一〕，鈕紅絲爲絛以縈匣。册案塗朱漆，覆之紅羅銷金衣。寶用玉，篆文，廣四寸九分，厚二寸二分。填以金盤龍鈕，係以暈錦大綬、赤小綬，連玉環。玉檢高七寸，廣二寸四分，皆飾以金，裹以紅錦，加紅羅泥金夾帕，納於小盝。盝以金裝，内設金牀、暈錦褥，飾以雜色玻璃、碧鈿石、珊瑚、金精石、瑪瑙。又盝二重，皆裝以金，覆以紅羅繡帊，載以腰輿，行馬，並飾以金。又有香爐、寶子、香匙、灰匙、火筯、燭臺、燭刀，皆以金爲之。以上册寶并沿册寶法物制度，乞令工部下文思院參照修製施行。一、修製壽聖太上皇后尊號册寶。乞令工部下文【3】思院，參照昨紹興十三年奉上慈寧殿册寶修製過册寶并沿册寶法物制度，修製施行。」詔依。乾道七年正月，加上尊號册寶制度，亦如此制。

十一日，工部言：「將作監文思院申，會（道）〔到〕太常寺檢照《國朝會要》奉上尊號玉寶例，廣四寸九分，厚一寸二分，填以金盤龍鈕，係用皇祐中黍尺。今蒙降下玉二塊，以黍尺打量，其大塊可以修製。」有旨令文思院依樣疾速製造。

孝宗乾道六年十一月十九日有旨，玉寶、玉環、玉牌各一件，令工部下文思院修製施行。

二十四日，工部據右朝奉大夫、提轄（文）〔行〕在文思院朱周卿等申：「契勘本院（修）修製光堯壽聖太上皇帝、壽聖太上皇后尊號册寶等法物，照得紹興三十二年奉上光堯壽聖太上皇帝玉寶一鈕，其寶用篆文，廣四寸九分，厚一寸二分，盤龍鈕，並用皇祐中法尺量度修製。本院今將降下玉寶材璞一件用黍尺量度，得廣分寸應得禮文〔二〕，可以修製。其寶厚八分半，比禮文少厚三分五厘。所有鈕合依盤龍，今來降下玉寶材璞，其鈕係螭龍〔三〕。鈕高二寸四分五釐，厚一寸一分五釐，竅透闊一寸，難以依昨來禮文修製盤龍，止堪改作蹲坐龍鈕，是致未敢興工修製。乞下太常寺參詳指定，以憑遵守修製施行。所有今來修製上件册寶并沿寶法物〔四〕，其應合用工物，亦乞參照紹興三十二年已修製過册寶并沿寶法物體例，支破施行。」並從之。續太〔常〕寺申：「今先【4】次將降下玉材鈕範樣徑寸，就行改造蹲坐龍鈕草樣，伏乞詳酌降下，以憑修製施行。」及玉寶樣〔五〕。有旨依樣製造，仍限半月畢工。

二十九日，左中大夫、參知政事兼同知樞密院事梁克家進呈篆到光堯壽聖憲天體道太上皇帝、壽聖明慈太上皇后尊號寶樣，詔依。

〔一〕緣：原作「被」，據《中興禮書》卷一八一改。
〔二〕廣：原作「度」，據《中興禮書》卷一八二改。又「廣」下似當有「厚」字。
〔三〕螭：原作「璃」，據《中興禮書》卷一八二改。
〔四〕有：原作「是」，據《中興禮書》卷一八二改。
〔五〕玉：似當作「上」。

十二月二日，禮部、太常寺言：「勘會已降指揮，大禮慶成，光堯壽聖太上皇帝、壽聖太上皇后加上尊號。今先次討論，條具到申請事件：一、寶二鈕，一鈕欲以『光堯壽聖憲天體道太上皇帝之寶』一十四字爲文，一鈕欲以『壽聖明慈太上皇后之寶』十字爲文。依禮例，候書篆册寶文官書篆寶文畢，令文思院修製訖，本院計會入内内侍省所差内侍進請御書（乞）〔訖〕，却降付本院修製。候修製畢，自文思院援衛册寶赴大慶殿安設，係發册寶前一日，所有殿上合設幄次，乞令都大主管所行下儀鸞司排辦施行。仍乞將射殿作大慶殿。一、加上尊號册寶行禮日辰，欲乞令工部責限文思院約度修製册寶畢工期日，申太常寺，關太史局選定，報禮部、太常寺，申取朝廷指揮施行。」詔並依。

淳熙十六年八月九日，禮部、太常寺言：「將來正月一日恭上壽聖皇太后、至尊壽皇聖帝、壽成皇后尊號寶文。壽聖皇太后金寶一鈕，乞以『壽聖皇太后寶』六字爲文；至尊壽皇聖帝玉寶一鈕〔一〕，乞以『至尊壽皇聖帝之寶』八字爲文；壽成皇后金寶一鈕，乞以『壽成皇后之寶』六字爲 **5** 文。」從之。篆寶文知樞密院事王藺、同知樞密院事葛邲。寶廣四寸九分，厚一寸二分，填以金盤龍鈕。

光宗紹熙二年九月二十七日，詔：「高宗皇帝徽號寶文，以『高宗受命中興全功至德聖神武文昭仁憲孝皇帝之寶』二十二字爲文。」篆寶文參知政事胡晉臣。寶用玉，廣四寸二分，厚一寸三分，坐龍鈕。係以暈錦大綬，連象牙環、金鍍銀稜牌，裹以紅羅夾帊，納於小盝。以金鍍銀裝，内設朱漆牀，暈錦褥。又盝二重，皆以朱漆，覆以紅羅夾帊，並以腰舁。

四年九月二十九日，禮部、太常寺言：「將來壽聖皇太后加上尊號金寶一鈕，乞以『壽聖隆祐備福皇太后〔之〕寶』十一字爲文。」從之。篆寶文參知政事陳騤。

紹興七年二月十二日〔二〕，禮部、太常寺言：「勘會今來道君皇帝、寧德皇后升遐，依故事合修製玉寶，合用玉二塊，各方二寸五分，并鈕通約高三寸三分。」詳「册」字。

（高宗）〔孝宗〕紹興三十二年十一月十七日〔三〕，禮部言：「太常寺申，勘會今來追册皇后謚號，已降勅下本寺，除已申請修製謚號册寶外，内寶文乞以『安穆皇后之寶』六字爲文。」詔從之。

寧宗嘉定十三年九月六日，中奉大夫、試户部尚書、兼詳定敕令官、兼權吏部尚書薛極言：「奉旨差篆景獻太子謚寶文官，臣今恭依聖旨，篆到寶樣，連粘在前。」詔令所屬依樣製造。

徽宗大觀元年十一月二日，詔：「自昔有尚符璽官，今雖 **6** 隸門下後省，遇親祠則臨時具員，訖事復罷。八寶既備，宜重典司之職。可令尚書省置官，如古之制。」

〔一〕「乞以」以下凡二十二字，原脱，據本書禮四九之四七補。
〔二〕以下年代混亂，當是從《會要》他處雜抄而來。
〔三〕孝宗：原作「高宗」。按此時孝宗已即位，未改元，按本書通例，當稱「孝宗」，因改。

八(月)(日)，詔：「永惟受命之符，當有一代之制，而尚循秦舊；六璽之用，度越百年之久，或未大備。自天申命，地不愛寶，獲全玉於異域〔一〕，得妙工於編氓。八寶既成，敻無前比。殆天所授，非人能爲。可以來年元日御大慶殿恭受八寶。」

十一日，詔：「八寶初成，可於來年正月二十三日後用之。」尚書省言：「請置符寶郎四員，隸門下省，二員以中人充，掌寶於禁中。按唐八寶，車駕臨幸，而符寶郎奉寶以從；大朝會，則捧寶以進。今鎮國寶、受命寶非常用之器，欲臨幸則從六寶，朝會則陳八寶，皆夕納。內符寶郎捧寶出以授外符寶郎，外符寶郎從寶行於禁衛之內，朝則分進于御座之前。」（以上《永樂大典》卷一一五七四）

傳國寶

【宋會要】

[7]元符元年四月七日，禮部、太常寺言：「奉詔詳定沿寶法物禮儀。今五月朔，於故事當大朝會，乞就大朝會日行受寶之禮。依上尊號寶册儀，有司豫製沿寶法物并寶進入〔二〕，俟降出，權於寶堂安奉。前三日差官奏告天地、宗廟、社稷，前一日上齋于內殿，翌日上服通天冠，御大慶殿降坐受寶，羣臣上壽稱賀。」從之。

十五日，詔龍圖、天章閣齋治平元年耀州所獻受命寶玉檢，赴都堂參驗〔三〕。

十八日，詔：「五月朔受傳國寶，命章惇書玉檢。」

十九日，詔：「國寶檢以『天授傳國受命之寶』爲文。」《九朝長編紀事本末》：五月戊申朔，上御大慶殿受傳國寶，行朝會禮。己酉德音，降天下死罪囚，徒以下釋之。詔：受寶畢，可就今月十一日宴于紫宸殿。丙寅，詔以六月朔改元爲元符。初議改元，上謂輔臣曰：「前代元鼎之類，皆明白，如何？」章惇曰：「元符最好。其次有真符、寶符，皆不及。兼寶字皆先世末歲所稱，如天寶皆是。」上曰：「如此，即且作元符。」曾布以爲昔天書降，嘗於承天門裏作元符觀，後以火廢，則元符之號亦不甚佳。自云以嘗論奏〔四〕，更不欲紛紛，故默而止。

先是，正月十七日，禮部言：「永興軍咸陽縣民段義斸地得古玉印，望委官講求典故。」詔尚書禮部、御史臺、學士院、秘書省、太常寺官講求定驗以聞。三月十六日，翰林院學士蔡京等奏〔五〕：「段義稱紹聖三年十二月內於河南鄉劉銀村修造家舍，掘土得之，曾有光照滿室。《邵氏後録》：段義夏日雨後村中立門〔六〕，足陷，得玉璽一，方四寸，篆文如鳳鳥之狀。臣等按所獻玉璽色緑如藍，温潤而澤〔七〕，其文曰『受命于天，既壽永昌』。其背螭鈕五盤，鈕間有小竅，用以貫組。又得玉螭首一，白如膏，亦温潤。其背亦螭[8]鈕五盤，鈕間亦有

〔一〕全：原作「金」，據《長編紀事本末》卷一二八改。
〔二〕并：原脱，據《長編》卷四九七補。
〔三〕驗：原作「議」，據《長編》卷四九七改。
〔四〕自：原作「白」，據《長編》卷四九八改。
〔五〕「士」字原脱，「京」原作「言」，據《長編》卷四九六補改。
〔六〕段義：按《邵氏聞見後録》卷二六作「段吉」。
〔七〕而：原作「如」，據《長編》卷四九六改。

貫組小竅。其面無文，與璽相合，大小不差毫髮。篆文工作，皆非近世所爲〔一〕。臣等以歷代正史考之，璽文曰『皇帝壽昌』者，晉璽也；曰『受命于天』者，後魏璽也；『有德者昌』，唐璽也；『惟德允昌』者，石晉璽也。則『既壽永昌』者〔二〕，秦璽可知。今得璽於咸陽縣，其玉乃藍田之色，其篆與李斯小篆體合，飾以龍鳳鳥魚，乃蟲書鳥跡之法，於今所傳古書，莫可比擬，非漢以後所能作明矣。今陛下嗣守祖宗大寶，而神璽自出，其文曰『受命于天，既壽永昌』，則天之所畀，烏可忽哉！漢晉以來，得寶鼎瑞物，猶告廟改元，肆眚上壽，況傳國之器乎！其沿寶法物禮儀，乞下所屬施行。」詔禮部、太常寺考按故事，詳定以聞。至是行受寶之禮。

七月十九日，禮部言：「講議玉璽官翰林學士蔣之奇與秘書省、御史臺、少府、將作監官凡十三員。」詔之奇賜銀絹一百匹兩，餘官各二十疋兩。

承天受命之寶

【宋會要】太祖受命，傳周二寶。至太宗又別製「承天受命之寶」。寶用玉，篆文，廣四寸九分，厚一寸二分，填以金盤龍鈕，繫以暈錦大綬、赤小綬，連玉環。玉檢高七寸，廣二寸四分，厚四分。玉㪷方二寸四分，厚一寸二分〔三〕。皆飾以紅錦，金裝，裏以紅錦，加紅羅泥金夾帊，納於小盝。盝以金裝，內設金牀〔四〕、暈錦褥，飾以雜色玻黎〔五〕、碧鈿石、珊瑚、金精石、瑪瑙。又盝二重，皆裝以金，覆以紅羅繡帊，載以腰輿及行馬，並飾以金。又 9 有香爐、寶子、香匙、灰匙、火筯、燭刀，皆以金爲之。朝會陳於御座前，大禮即列於仗衛中。

天下合同之寶

【宋會要】太宗雍熙三年十月十一日，詔以天下合同之印爲天下合同之寶，御前之印爲御前之寶，書詔之印爲書詔之寶。中書奏覆狀、流內銓歷任三代狀用天下合〔用〕〔同〕之寶；樞密院宣命、諸司奏狀用御前之寶；翰林詔勅、別録勅榜用書詔之寶。初，三寶皆爲印，鑄以金，又以鍮石各鑄其一。至是並改爲寶，別鑄以金，舊六印皆毀之。

御前之寶　書詔之寶

【宋會要】徽宗政和六年十一月六日，詔：「御寶自祖宗朝行用

〔一〕非：原脱，據《宋史》卷一五四《輿服志》六補。
〔二〕既：原作「説」，據《長編》卷四九六改。
〔三〕厚一寸二分：原脱，據《宋史》卷一五四《輿服志》六補。
〔四〕牀：原脱，據《宋史》卷一五四《輿服志》六補。
〔五〕「玻」字原脱，「黎」原作「璆」，據《宋史》卷一五四《輿服志》六補改。

至今，垂百五十餘年，四角刓缺，文篆暗訛，幾不可驗，恐無足以示信天下。舊有祖宗所藏御前金寶，可自冬祀大禮畢行用。今降新舊二寶印文付外，可照會，仍連新舊二寶印文。」

高宗建炎二年八月一日，詔：「新鑄天下合同之寶、書詔之寶，自今八月三日行使。」（以上《永樂大典》卷一一五七二）

恭膺天命之寶

【宋會要】

太宗至道三年十一月二十日，時真宗即位未改元。中書門下言：「皇帝受命寶，請以『皇帝恭膺天命之寶』爲文。」詔可。

真宗乾興元年三月十六日，仁宗已即位，未改元。禮儀院言：「皇帝登位，所有受命之寶、綬并緣寶法物，請下文思院、少府監修製。」從之。參知政事王曾書其文曰「恭膺天命之寶」。

10 仁宗嘉祐八年六月十三日，英宗即位未改元。翰林學士范鎮言：「伏聞大行皇帝受命寶及緣寶法物與平生衣冠〔一〕、器用，皆欲舉而葬之，恐非所以稱先帝恭儉之意。其受命寶，伏乞陛下自寶用之，且示有所傳者〔二〕。若衣冠器玩，則請陳於陵寢及神御殿〔三〕，歲時展視，以慰思慕。」詔檢討官檢尋典故，及命兩制、禮官詳議〔四〕。翰林學士王珪等奏議曰：「受命寶者，猶昔傳國璽也。其爲天子傳器，不當改作。古者藏先王衣服於廟寢〔五〕，至於平生器玩，則前世既不皆納於方中，亦不盡陳於陵寢。謂今宜從省約〔六〕，以稱先帝恭儉之實。」其後帝别作受命寶，而所議弗用。《宋史·輿服志》：英宗制「恭膺天命之寶」，命參知政事歐陽修篆文八字，曰「皇帝恭膺天命之寶」。

神宗元豐八年五月十二日，時哲宗即位未改元。門下侍郎章惇言：「奉詔篆皇帝受命寶，請以『皇帝恭膺天命之寶』爲文。」從之。

天下同文之寶

【宋會要】

真宗大中祥符元年五月五日，詳定所言：「按玉牒、玉册用皇帝受命寶印之，納玉匱於石磩，以天下同文之印封之。今封禪泰山，請依舊制，别造玉寶一枚，方寸二分，文同受命寶。其封石磩用天下同文之印，舊史元無制度，今請用金鑄，大小同御前之寶，以『天下同文之寶』爲文。所有緣寶法物，亦請依式製造。其寶二枚，候封玉匱、金匱、

〔一〕緣寶法：原作「法寶」，據《宋史》卷一五四《輿服志》六改。
〔二〕有：原脱，據《宋史》卷一五四《輿服志》六補。
〔三〕御：原作「節」，據《宋史》卷一五四《輿服志》六改。
〔四〕「議」上原衍「惠」字，據《宋史》卷一五四《輿服志》六删。
〔五〕先：原作「用」，據《宋史》卷一五四《輿服志》六改。
〔六〕從：原作「彼」，據《宋史》卷一五四《輿服志》六改。

石礎畢日，並進内。」從之。

昭受乾符之寶

【宋會要】11天禧元年十二月十八日，召輔臣於滋福殿〔一〕，觀新刻五嶽聖帝玉寶及皇帝昭受乾符之寶，命擇日迎導赴會靈觀奉安。仍令禮儀院詳定儀注以聞。寶並金柙、玉鈕，製作精妙。帝以奏章上帝，承前皆用御前之寶，理亦非便，故改用昭受乾符之寶〔二〕。

四年閏十二月二十三日，入内供奉官朱允中言：「御製御書印三面，請用金鑄。」從之。《玉海》：昭受乾符之寶，以印密詞。

欽崇國祀之寶

【宋會要】仁宗慶曆八年十一月三日，詔刻「皇帝欽崇國祀之寶」。宰臣陳執中書。天禧中，真宗刻昭受乾符之寶，而於醮祠表章用之。後經大内火，寶焚，止用御前之寶。至是，下學士院定其文，命執中書而刻之。

定命寶

【宋會要】又詔差官奏告宗廟、社稷〔三〕。

大宋受命中興之寶

【宋會要】紹興元年五月八日，内殿宣示「大宋受命中興之寶」，并道君皇帝所獲元圭寶玉，明潤無纖瑕，追琢精巧。上曰：「此玉今不復得，比道君皇帝定命寶猶大半分。元圭映日，則色紅且白。偶今日陰晦，卿等不見。」

皇后之寶

【宋會要】孝宗隆興元年十月二十六日，詔有司備禮册命皇后。其寶文以「皇后之寶」四字爲文，撰册文官一員，篆寶文12官一員，並降勅差宰執、侍從。禮部、太常寺請撰册文官差尚書左僕射陳康伯，書册文官差尚書右僕射湯思退，篆寶文官差參知政事周葵。

淳熙十六年十二月二十六日，詔册命皇后，其寶文以

〔一〕召：原作「詔」，據《宋史》卷一五四《輿服志》六改。

〔二〕昭受：原無，據《宋史》卷一五四《輿服志》六補。

〔三〕此句之上有脱文。按《宋史》卷一五四《輿服志》六述定命寶，略云：「政和七年，從于闐得大玉踰二尺，色如截肪。徽宗又制一寶，赤螭鈕，文曰『範圍天地，幽贊神明，保合太和，萬壽無疆』。篆以魚蟲，制作之工，幾於秦璽。其寶九寸，檢亦如之，號曰『定命寶』。……又詔差官奏告天地、宗廟、社稷。」《會要》之文，想亦略同，而此處僅存末句。

「皇后之寶」四字爲文。篆寶文同知樞密院事葛邲。

寧宗嘉泰二年閏十二月十三日，詔令所屬依樣造皇后之寶。

皇太子寶

【宋會要】

至道元年八月二十一日，命賈黄中撰册文，王旦、吕祐之書册、寶。二十五日，太常禮院言：「皇太子受册金寶一，按《禮義羅》〔一〕，寶以黄金爲之，其沿寶法物，乞下文思院約禮修製。」從之。

孝宗乾道元年八月十四日，禮部、太常寺言：「討論到立皇太子典禮，依禮例，寶文以『皇太子寶』四字爲文。」詔從之。（簽）〔篆〕寶文簽書樞密院事葉顒〔二〕。太常禮院言〔三〕：「皇太子受册金寶，按《禮義羅》，寶以黄金爲之，係龜鈕。其沿寶法物，乞下文思院修製。」並從之。仍令工部行下文思院疾速修製。

七年二月十一日，禮部、太常寺言：「今討論到皇太子受册合行典禮下項。一、依禮例，寶文合以『皇太子寶』四字爲文。」詔並依。十六日，詔皇太子册、寶差禮部尚書劉章撰，户部尚書曾懷書，工部侍郎胡銓篆。先是虞允文奏乾道元年洪适例，乞差梁克家撰皇太子册文。梁克家奏曰：「時無宰相，故以命适。」上曰：「此却不比加上尊號，若命宰相，恐失之太重耳。」虞允文奏曰：「容臣等退檢 13 典故取旨。」既而進呈國朝故事，皇太子册文皆從官書撰。上猶以命梁克家，克家固辭。虞允文奏曰：「洪适有近例，非所當辭。」梁克家奏曰：「故事具在，适失於檢照耳。臣不敢奉詔。」上曰：「卿具取從官姓名來。」至是進呈，故有是命。

親王之寶

【宋會要】

唐制，諸司皆用銅印，宋因之。諸王印方二寸一分，塗以金。（以上《永樂大典》卷二一五七三）

鼎

【宋會要】〔四〕

14《政和會要·祭鼐鼎篇》云〔五〕：崇寧三年二月，以隱士魏漢津言，備萬物之象，鑄鼎九，四年三月告成。與御

〔一〕義：原作「儀」，據文意改。下條同。《禮義羅》即《開元禮京兆義羅》。《新唐書》卷五八《藝文志》：「《開元禮京兆義羅》十卷。」通稱《開元禮義羅》，又簡稱《禮義羅》，史籍中屢見。

〔二〕顒：原脱，據《宋史》卷二一三《宰輔表》四補。

〔三〕太常禮院言：原脱，據上條例補。

〔四〕按，以下乃《大典》抄自《長編紀事本末》卷一二八，非《宋會要》之文。

〔五〕政和會要：原脱，據《長編紀事本末》卷一二八補。

製《九鼎記》年月不同。蔡絛《國史後補》與《記》同，與《會要》不同。今以《會要》爲據，於三年二月末載始鑄九鼎，并取御製《九鼎記》及蔡絛云云附此後。御製《九鼎記》其略曰：「朕荷天顧諟，相時揆事，庶幾有成。然世俗單見淺聞之士，駭心愕聽，胥動以言。朕取成於心，請命上帝，屏斥邪言，乃詔有司庀徒趨事，以崇寧四年乙酉三月戊戌朔二十有一日戊午，即國之南鑄之。中曰帝鼐，後改爲隆鼐。金二十二萬斤。鎔冶之夕，中夜起視，炎光屬天，一鑄而就。上則日、月、星辰、雲物，中則宗廟、朝廷、臣民，下則山川、原隰、墳衍。承以神人，盤以蛟龍，飾以黄金，覆以重屋。既而群鶴來儀，翔舞其上，甘露感格於重屋之下。不遷之器，萬世永固。萬物東作，於時爲春，故作蒼鼎，後改曰育。以奠齊魯。萬物南訛，於時爲夏，故作彤鼎，後改曰明。以奠荆楚。平秩西成，於時爲秋，故作晶鼎，後改曰蘊。以奠秦陝。平在朔易，於時爲冬，故作寶鼎，依舊。以奠燕趙。西北之區爲乾，物以資始，鼎曰魁鼎。後改曰健。西南之區爲坤，物以資生，鼎曰阜〔鼎〕。後改曰順。東北之區爲艮，艮爲終始，鼎曰牡鼎。後改曰穌。東南之區爲巽，巽以申命，鼎曰風鼎。後改曰潔。于以贊天地之化，協乾坤之用，道四時之和，遂 15 品物之宜，消水旱之變，弭兵甲之患，一夷夏之心，定世祚之永。非上帝博臨，宗廟眷祐，何以臻此〔一〕！」詔於帝鼐宫立大角鼎星祠，以導迎景貺。係正月丙戌。

七月甲辰，製造大樂局鑄帝鼐八鼎成，宣德郎〔二〕、大司樂劉炳轉一官，賜五品服；沖顯處士、大樂府師、授大樂局製造官魏漢津爲沖顯寶應先生。

八月甲申，奉安九鼎于九成宫。乙酉，幸九成宫酌獻。

蔡絛《五行篇》：崇寧四年三月，鑄九鼎，其制皆以九州水土内鼎中。及奉安於九成宫，翌日，車駕幸之，以禮焉。至北方曰寶鼎者，上方焚香再拜，而鼎忽漏，其中水流於外。然鼎金既厚數寸，水又久在其中，不應及上行禮而作。故魯公私怪之，殊不樂。於是劉炳進言曰：「鼎之水土皆取九州之地中，獨寶鼎取水土於雄州白溝之界，非幽燕之正方也，豈爲此乎？」當時尤以爲神，然其後終於北方致亂。

九月乙未朔，以九鼎成，御大慶殿受賀，始用新樂。

己亥，大赦天下。制曰：「朕承祖宗之烈，宅兆民之上，任大守重，靡敢遑寧。思持盈守成之至難，念繼志述事之攸濟，選用衆正，共圖康功。内則講脩憲章，興熙豐既墜之典；外則攘却戎狄，復版圖已棄之疆〔三〕。恢廱泮以賓賢能，招巖穴以收遺逸。隆九廟以尊祖，戢五兵以阜民。荷天降康，方夏綏靖〔四〕，星軌順序，年穀屢豐。南至夜郎、牂牁，西逾積石、青海，嚮風請吏，稽首來庭。永惟天命之至隆，宜有靈承之丕應。若時夏后，幽贊成能，命九州之牧而貢金，貫三才之命而制器。是爲大寶，三代奉之。千載

〔一〕按，此以上爲《長編紀事本末》卷一二八崇寧四年三月戊午「蔡京言九鼎鑄成」條原注。下句則爲崇寧四年正月丙戌正文。
〔二〕德：原作「成」，據《長編紀事本末》卷一二八改。
〔三〕疆：原作「彊」，據《宋大詔令集》卷一四九改。
〔四〕夏：原作「憂」，據《宋大詔令集》卷一四九改。

已還，百王敢議！迺者得隱逸之士於草茅之賤，窮制作之妙於範圍之先。乃因天之機，以身爲度，環大象以立極，興神物以16前民。上承天休，下奠坤載。以篤邦家之慶，以協神人之和。宜大澤之肆均，（興郡）〔與群〕生而共慶。可大赦天下。於戲！有典有則，纘禹之功；卜世卜年，過周之曆。惟天之所祚者厚，則澤之所施者鴻。布告遐邇，宜體朕意。」

乙巳，冲顯寶應先生、大樂府師、授製造九鼎官魏漢津爲虛和冲顯寶應先生，秩比中散大夫。賜宅一區，田六十頃，銀絹各五百疋兩。大司樂、兼同詳定大樂書劉炳轉三官，承務郎張阜轉承事郎，左藏庫使副俞隨等二十二人各轉一官，大將王恂等六人授三班借職。皆以九鼎成推恩故也。

政和六年九月癸卯，詔奉安九鼎，以太師蔡京爲定鼎禮儀使，提舉官楊戩就充都大管勾。蔡絛云：政和六年，方士王仔昔獻議，九鼎宜内之九重〔一〕，不宜處於外也。一日出御（華）〔筆〕曰：「還移神像大器，可令疾速安排。」既已施行，魯公曰：「何不祥邪！」乃奏改曰定鼎。

十月己卯，天章閣奉安九鼎。

十一月甲午，詔帝鼐改爲隆鼐，正南彤鼎爲明鼎，西南阜鼎爲順鼎，正西晶鼎爲蘊鼎，西北魁鼎爲健鼎，正北寶鼎依舊，東北牡鼎爲龢鼎〔二〕，正東蒼鼎爲育鼎，東南風鼎爲潔鼎。鼎閣爲圜象徽調之閣，閣上神像，左周鼎星君，中帝席星君，右大角星君。閣下鼎鼐、神像各守逐鼎排列。用方士王仔昔建議也。

重和元年二月辛酉〔三〕，御筆：「左右街道録院差威儀道士三百人赴禮制局製造所迎導神霄飛雲鼎，赴上清寶籙宮神霄殿奉安。」先是，七年七月詔禮制〔局〕製造所造太極飛雲洞劫之鼎，蒼（壼）〔壺〕祀天貯醇酒17之鼎，山嶽五神之鼎，精明洞淵之鼎，天地陰陽之鼎，混沌之鼎，浮光洞天之鼎，靈光晃耀鍊神之鼎，蒼龜火蛇蟲魚金輪之鼎。自十月十日始鑄，至是奉安。

十二月己卯〔四〕，詔：「九鼎新名，乃狂人妄有改革，皆無稽據，宜復舊名。圜象徽調閣仍舊。」狂人，指王仔昔也。

（以上《永樂大典》卷一一九六五）

洗制

【中興禮書】

18《三禮圖》：舊圖云洗高三尺，口徑一尺五寸，足徑三尺，中身小疏。中士以鐵爲之，大夫以上銅爲之，諸侯白金飾，天子黃金飾。案《士冠禮》云：洗，承盤洗者棄水之

〔一〕宜：原作「儀」，據《長編紀事本末》卷一二八改。

〔二〕牡：原作「牝」，據《長編紀事本末》卷一二八改。

〔三〕辛酉：原作「辛卯」，據《長編紀事本末》卷一二八改。按此月癸丑朔，無辛卯。

〔四〕十二月：原作「十年月」，據《長編紀事本末》卷一二八改。

器也。今既用木爲洗，以金飾口緣，朱中，其外油畫水文菱花及魚以飾之。《紹興制造禮器圖》：洗重八斤八兩，通足高五寸七分，口徑一尺三寸六分，深二寸九分，足口徑八寸九分。罍、洗之器所爲設也，有施於祭祀者，有施於冠昏者。罍以盛水，勺以挹水。以洗受棄水者，惡其棄於地也。《三禮圖》洗高三尺，諸侯、士、大夫以銅、鐵、白金之飾爲差；洗畫水文菱花，罍畫朵雲之象。循襲舊圖，未知所據。今《博古圖》所載，罍爲饕餮雷文，而洗著龜魚之飾，形製高古，宜爲定式。（以上《永樂大典》卷一一四二一）

百官佩綬

【宋會要】

19 神宗元豐二年，詳定朝會儀注所言：「古者制禮，上物不過十二，天之數也。自上而下，降殺以兩。畿外諸侯遠於尊者而伸，則以九、以七、以五，從陽奇之數。王朝公卿、大夫近於尊者而屈，則以八、以六、以四，從陰偶之數。本朝《衣服令》，通天冠二十四梁，爲乘輿服，以應冕旒前後之數。若人臣之冠，則自五梁而下，與漢唐少異矣。至於綬，則乘輿及皇太子以織成，諸臣用錦爲之。一品、二品冠五梁，中書門下加籠巾、貂蟬。諸司三品三梁，四品、五品二梁，御史臺四品〔一〕、兩省五品亦三梁。而綬有暈錦、黄獅子、方勝、練鵲四等之殊。六品則去佩綬。今之令式或尚用品〔二〕，雖因襲舊文，然以官言之，類爲舛謬。乞分官爲七等，冠綬亦如之。貂蟬籠巾七梁冠、天下樂暈錦綬爲第一等。蟬舊以玳瑁爲胡蝶狀，今請改爲黄金附蟬，宰相、親王、使相、三師、三公服之。七梁冠、雜花暈錦綬爲第二等，樞密使、知樞密院至太子太保服之〔三〕。六梁冠、方勝宜男錦綬爲第三等，僕射至龍圖、天章、寶文閣直學士服之〔四〕。五梁冠、翠毛錦綬爲第四等，左右散騎常侍至殿中〔五〕、少府、將作監服之。四梁冠、簇四鵰錦綬爲第五等，客省使至諸行郎中服之。三梁冠、黄獅子錦綬爲第六等，皇城以下諸司使至諸衛率府率服之。今參酌，自内常侍以上冠服各從本等〔六〕，寄資者如本官，入内内侍省内東西頭供奉官、殿頭，三班使臣〔七〕、陪位京官爲第七等，皆二梁冠〔八〕、方勝、練鵲錦綬。高品以下服色依古者，韠、韍、舄、屨並從裳色。今制朝服用絳衣，而錦有十九等。其七等綬謂宜純用紅錦，以文采高下爲差別。惟法官綬用青地荷蓮錦，以別諸臣。」（以上《永樂大典》卷一九二五〇）

〔一〕品：原作「梁」，據《長編》卷二九九改。
〔二〕用：原作「用用」，據《長編》卷二九九删。
〔三〕「樞密使知」四字原脱，「太保」原作「太師」，據《長編》卷二九九補改。
〔四〕文：原脱，據《宋史》卷一五二《輿服志》四補。
〔五〕常侍至：原作「侍武」，據《宋史》卷一五二《輿服志》四改。
〔六〕上：原作「下」，據《宋史》卷一五二《輿服志》四改。
〔七〕班：原脱，據《宋史》卷一五二《輿服志》四補。
〔八〕冠：原脱，據《宋史》卷一五二《輿服志》四補。

魚袋

【宋會要】20 魚袋。唐制，散官三品、京官文武職事五品已上，及都督、刺史皆佩。國初，其制多闕。太宗雍熙元年，南郊畢，內出以賜近臣，由是內外陞朝文武官皆佩。凡服紫者飾以金，服緋者飾以銀，庭賜紫者給金塗銀者，賜緋亦有特給者[一]。京朝官[二]、幕職、州縣官賜緋紫者亦佩。親王武官、內職將校皆不佩。

真宗大中祥符六年，詔伎術官未陞朝賜緋紫者不得佩魚袋。

仁宗天聖二年十月十四日，翰林待詔、太子中舍同正王文度因勒碑，賜紫章服，以舊佩銀魚[三]，請佩金魚。帝曰：「先朝不許伎術人輒佩魚，以別士類，不令混淆，宜却其請。」

景祐三年八月五日，詔殿中省尚藥奉御、賜紫徐安仁特許佩魚。

至和元年十一月四日，詔中書提點五房公事自今雖無出身，亦聽佩魚。舊制，自選人入爲堂後官，轉至五房提點，始得佩魚。提點五房呂惟和非選人入，援司天監五官正例求佩魚[四]，特許之。已上出《國朝會要》。

神宗元豐二年五月二十六日，蒲宗孟除翰林學士。上曰：「學士職清地近，非他官比，而官儀未寵，自今宜加佩魚。」遂著爲令。

三年十月十六日，詔：「自今中書堂後官並帶賜緋魚袋，餘依舊例。」

徽宗大觀三年六月十日，詔：「昨降旨揮，除學士、待制舊班高者聽從高，合佩魚乃許佩。緣元豐品秩次序悉 21 合其宜，所有已降旨揮，更不施行。」

政和元年十一月十七日，尚書兵部侍郎王詔奏：「今監司守倅等並許借服色，而不許佩魚，即是有服而無章，殆與吏無別。乞今後應借緋紫臣僚並許隨服色佩魚，仍各許入銜，候回日依舊服色。」從之。以上《續國朝會要》。《中興》、《乾道會要》無此門。（以上《永樂大典》卷一六一八）

旌節

【宋會要】22 神宗熙寧五年，詔新建節并移鎮，並降敕太常寺排比旌節[五]，下左右金吾街仗司、騏驥院，給執擎人員、

[一]者：原無，據《宋史》卷一五三《輿服志》五補。
[二]朝：原脫，據《長編》卷二五補。
[三]魚：原作「色」，據《宋史》卷一五三《輿服志》五改。
[四]援：原作「授」，據《宋史》卷一五三《輿服志》五改。
[五]「敕」下原衍「敕」字，據《宋史》卷一五〇《輿服志》二刪。

鞍馬。

紹興三年正月辛未〔一〕，賜劉光世兩鎮節度使印，及別錫寧國軍旌節，自是爲例。

【乾道會要】

凡命節度使，有司給門旗二、旌一、節一、麾鎗二、豹尾二。旗以梅紅絹，上設耀篦、鐵鑽，並用鑞攏黑漆杠。旌用銅螭頭，黑漆杠，梅紅絹，畫白虎，頂設黑漆圓盤，周用塗金飾。節亦用黑漆杠，上設黑漆圓盤三層，周用梅紅生絲裝釘爲旄，周以紫綾夾袋〔二〕，又加碧油絹袋。麾槍各用黑漆杠，上設黑漆圓盤，周以塗金飾，紫絹袋，又加碧絹袋。豹尾以黑漆杠，用布彩畫豹文。

孝宗紹興三十二年未改元。八月一日，詔藩邸旌節令迎詣天章閣安奉，從禮部、太常寺請也。（以上《永樂大典》卷二一四三九）

衛士帽

【宋會要】

23 大駕鹵簿内執轡者並錦絡衫帽。駕士及王公以下折衝及執稍者、副竿人、執弓弩箭人、執引駕龍墀旗、六軍旗者，俱服錦帽。金吾押衙服金鵝帽，金吾執纛者服烏紗帽，金吾犦稍者服錦袍，引、夾旗及執柯舒、鐙仗者服帖金帽。《國朝會要》。（以上《永樂大典》卷一七二七五）

鳴鞭

【宋會要】

24 鳴鞭，唐、五代有之，《周官》條狼氏執鞭趨辟之遺法也。内侍二人執之。鞭稍用紅絲，而漬以蠟。行幸則前騎而鳴之，大祀禮畢還宮亦用焉〔三〕。視朝、燕會，則用於殿庭。

紹興十三年親饗太廟，命去神位百步之内，毋得鳴鞭。十五年正旦朝會，帝出東閣，御大慶殿，〔殿〕上鳴鞭。以殿小，非在京比，乃免。（以上《永樂大典》卷四七二三）

馬珂

【宋會要】

25 馬珂之制，銅面，鵰翎鼻拂，攀胸，上綴銅杏葉、紅絲拂。又胸前及腹下皆有攀〔四〕，綴銅鈴。後有跋塵，錦包尾。獨鹵簿中金吾衛將軍導駕者皆有之。（以上《永樂大典》卷

〔一〕此條抄自《玉海》卷八五。
〔二〕「爲旄周」三字原脱，據《宋史》卷一五〇《輿服志》二補（《宋史》「周」作「綢」，字通，謂纏裹）。
〔三〕大：原脱，據《宋史》卷一四八《儀衛志》六補。
〔四〕又：原作「入」，據《宋史》卷一四八《儀衛志》六改。

五六二六）

繖蓋〔一〕

【宋會要】

26古張帛避雨之制。今有方繖、大繖，皆赤質，紫表朱裏，四角銅螭首。六引内者其制差小。蓋，本黄帝時有雲氣爲花蘤之象，因而作也。

繖，凡人臣通用，以青絹爲之。國初，京城内獨親王得用。太宗太平興國中，宰相、樞密使始用之。其後近臣及内命婦出入皆用。真宗大中祥符五年九月十二日，詔除宗室外，其餘悉禁。六年六月四日詔復許中書、樞密院用焉。京城外則庶官通用。

高宗建炎三年二月二十二日，執政官張澂、葉夢得、顔岐、盧益、路允迪言：「扈從車駕駐蹕杭州，方在兵間，禮宜簡便。乞權免張蓋，候回鑾日依舊。」從之。

紹興六年十二月二十二日，詔：「今後前宰相到闕，特許張蓋。」

十四年十一月四日，閤門言：「每駕出，或四孟朝獻，沿路如遇雨雪，得旨從（隨）駕臣僚許用雨具。禁衛内行馬者許告報皇城司，差親從臣轉接油衣、（報）〔執〕繖。」從之。

孝宗乾道八年五月六日，詔新除檢校少保、大同軍節度使、提舉萬壽觀蒲察久安病方安〔二〕，特許令張蓋。

孝宗乾道元年八月二十一日，禮部、太常寺言：「皇太子府左右春（防）〔坊〕申，皇太子赴後殿謝，次赴德壽宮謝，合與不合用繖、扇、圍子等。今檢照典故下項：一、繖，人臣通用，以青絹爲之。國初京城内獨親王得用。一、諸王儀物視宰相，張青繖蓋，繡鞍韉，以親事官呵哄27而已。政和三年春二月，乃賜二王三接青羅繖一、紫羅大掌扇二、塗金花鞍韉。若茶燎、水罐凡儀物皆用塗金，以壯維城之固。是後遂爲故事。舊諸王不施狨座，宣和末亦賜之。今討論，皇太子繖扇，合見行供使繖扇外，所有圍子，即無典故該載。」尋據武功大夫張孝傑言：「省記欽宗爲定王日出閤過東宮受皇太子册，繖用三簷青羅，掌扇四柄，係紫花羅，一行從物係依親王，即不曾用圍子。」詔並從之。

九月二十四日，皇太子府左右春（防）〔坊〕狀：「契勘皇太子妃已受告畢，所有出入合用乘座檐子并繖扇等，乞下有司討論。今據張孝傑狀，省記政和六年皇太子妃每遇出入，係乘檐子，竿樑係黑漆，角獸白藤。織花面掌扇四柄，係茜紅羅。檐子前係小殿侍二人抱鍍金銀香毬，人從係皇太子府親事官，輦官前抱從物，又近前係教駿兵士呵止。繖用三簷青羅。」詔依，令工部製造。

淳熙十六年四月二十四日，詔新除檢校少保，依前奉

〔一〕蓋：原無，按以下内容實兼繖、蓋，因補。
〔二〕久安：原脱「安」字，據《盤洲文集》卷一一補。

國軍節度使、提舉萬壽觀夏執中特許令張蓋。（以上《永樂大典》卷一一四二〇）[一]

甲

用毛飾甲

【宋會要】

[28]元豐元年八月，軍器監奏：「請將官皮甲以白絲染紅代紅犛牛尾爲飾。」上批：「絲可惜，宜用他毛。」

朱紅馬甲

【宋會要】

徽宗政和三年閏四月十八日，江南東路提點刑獄司奏：「江寧府都作院歲額合造馬甲四百副，舊絲黑漆[二]。今承降到朱紅馬甲工料法式樣製，合用三朱爲襯。緣本路民間不用三朱，所以無人販到。相度乞用礬朱代三朱爲襯，顏色不甚相遠。兼朱紅馬甲合用氈造瀝水裙襴，其氈本路並不出産。今據本院相度，乞面用纈絹，用青布裏面，更用熟白羊皮代氈結裹。」詔餘路准此。

三色甲

【宋會要】

乾道四年三月十五日，王琪進三色甲各一十副：「如得允當，其軍器所并馬步軍之數亦乞依此製造。」從之。開坐三色衣甲葉數片重如後：槍手甲每一副皮線穿舉，全成重五十八斤一兩至五十三斤八兩；甲身葉一千八百一十片至一千六百一十片，重三十六斤一十四兩至三十一斤四兩；披膊葉一千二百九十八片至一千二十八片，重十四斤至一十斤九兩四錢；頭牟葉六百七十四片至五百七片，重十斤一十二兩至九斤。弓箭手甲每一副皮線穿舉，全成重五十五斤至四十七[29]斤一十四兩；甲身葉一千八百一十八（斤）〔片〕至一千六百一十二片，重三十六斤一十二兩至三十一斤一十二兩；披膊葉八百五十片至六百四十六片，重一十斤至七斤一十二兩；頭牟葉四百二十片至三百四十九片，重八斤半至六斤一十兩。弩手甲每一副皮線穿舉，全成重四十五斤半至三十七斤一十兩；甲身葉一千三百二十六片至一千一百七十八片，重二十五斤半至二十二斤一十兩；披膊葉八百三十六片至六百三十片，重九斤半至七斤半；頭牟葉四百二十片至三百五十五（斤）〔片〕，重九斤至六斤一十二兩。

[一]《大典》卷次，原標作「一萬一千四百十九」，按《永樂大典目録》，「繖」字韻在卷一萬一千四百二十，據改。

[二] 絲：疑當作「係」。

宋會要輯稿　儀制一

垂拱殿視朝(一)

【宋會要】

1 國朝之制，垂拱殿受朝，先宰臣升殿奏事，次樞密使，次三司，次開封府，次審刑院，次羣臣，以次升殿。大兩省以上領務京師，若有公事，許時請對。自餘授使出入事功者欲面奏事，先聽進止。既退，進食訖，易服御崇政殿或延和殿。皇帝初出宮門，先帶御器械，次御龍親從官起居，次諸班都虞(侯)〔候〕已下奏聖躬萬福訖，前導駕至殿庭，分東西立，皇帝升座。軍員非導駕者，四邊各班首奏聖躬萬福。客省使至閤門副使、樞密都承旨以下及祇候、諸司使以下，勾當軍頭、翰林、儀鸞司、内弓箭庫、左右騏驥院至閤門祇候，都一班，次殿前馬步軍以下奏聖躬萬福。舍人喝各祇候，最先庫軍四厢都指揮使以上告謝(二)，如在京差遣，則窄衣執杖；加恩出使，則鞾、笏。次引改賜章服官(各)〔告〕謝，次引應告謝官。並依見、謝、辭班次引。次軍頭司祇候員僚起居，次軍頭司引公事，次三班、審官院、流内銓、刑部、羣官以次奏事訖，左右騏驥院呈馬。若呈試武藝諸色人，並雜次公事後，或令於三班院引對羣官了呈試。諸司公事絶，内侍奏「門外無公事」，皇帝降座，或延和殿再座。復有内臣、近職、諸路走馬承受奏，或閤館閣所進新修寫書籍、倉庫衣糧器物之式，謂之後殿再座。内侍省公事則内侍祇應，閤門公事則舍人祇應。如假日，則早御崇政殿，閱前殿公事既畢，移座臨軒，閱後殿公事焉。

太祖乾德六年九月十一日，詔自今每旬假日御講武殿，近臣更不赴晚朝。其節假及大祀(三)，並準令式處分。

2 開寶(元)〔九〕年四月二十三日(四)，詔：「自今後每旬假不視朝，百官賜休沐一日(五)。」

太平興國二年，旬休日復視事於講武殿。

太宗淳化四年十一月六日，金部員外郎謝泌上言：「陛下每曶爽即御前殿，受朝聽政，日旰而(態)〔罷〕，復崇〔政〕殿決事，比至將中，尚未御食。望自今前殿聽政既畢，且進御食，頗釋焦勞之心。」疏奏不答。時泌磨勘三班使臣功過，日詣後殿奏事，覩帝勤政，而有是奏。又右諫議大夫張洎上奏曰：「按舊史，中書、門下、御史臺爲三省，謂侍從供奉之官。今起居日，侍從官先入殿庭，東西列拜，甚失北面朝謁之儀。其侍從官東西立定，俟正班入，一時起居。」

(一) 天頭原批：「按此門垂拱及下之文德而外，尚有講武、崇政、崇德、延和、景德、長春、崇元、紫宸等視朝，蓋舉其大者，如漢建章、唐大明耳。今仍其舊，不爲區分。」

(二) 庫軍：似當作「管軍」。

(三) 祀：原作「祠」，據《宋史》卷一一六《禮志》一九改。

(四) 九年：原作「元年」，據《長編》卷一七改。

(五) 休：原作「修」，據《長編》卷一七改。

請準舊儀，侍從官先入起居畢，方行侍立於丹墀之下，謂之娥眉班。然後宰相率正班入起居，雅合於禮。臣又聞，古之王者躬勤庶務，其臨朝之疏數，視政事之煩簡。唐初五日一朝，景雲初始修〔正〕〔貞〕觀故事。自天寶兵興之後，四方多故，肅宗而下，咸隻日臨朝，雙日不坐。其隻日或遇大寒、盛暑、陰雨、泥濘，而放百官起居；雙日宰相當奏事，即特開延英召對；或蠻夷入貢，勳臣歸朝，亦特開紫宸殿引見。陛下自臨大寶，十有五年，未嘗一日不鷄鳴而起，聽天下之政。雖乾健不息，固天德之當然，而游焉息焉，亦聖人之謨訓。儻君父焦勞於上，臣子緘默於下，不能引大體以争，則忠亮之心有所不至矣。臣欲望陛 3 下依前代舊規，隻日臨朝，雙日不坐。其隻日遇大寒、盛暑、陰雨、泥濘，亦放百官起居；其雙日太官進食之後，於崇德、崇政兩殿召對宰臣、常參官以下。及非時蠻夷入貢、勳臣歸朝，亦時開上閤引見。並請準前代故事處分。」奏入不報。

真宗咸平元年十月二十七日，崇政殿視事，方午而罷。真宗自即位勤勞庶政，或閲軍事，講習武藝，多至巳午焉。

六年十二月，詔：「崇德、長春殿門板障上縱節眼，並令嚴密修補，不得疎漏，容人窺看。其崇政殿逐日差祗候指揮使員僚二人，押親從官十人，各執骨朵，遇崇政殿坐朝及長春殿再座，並於門外排立約攔。候公事退，即依舊崇政殿内祗候。候崇德、長春殿坐，輪差把行門指揮使、殿直等人分殿門裏外祗候。仍内侍省内侍班院差使臣四人，更番於崇德、長春殿板障門外覰步，有輒窺覰及便坐起，密具姓名聞奏。其長春殿門更添差親從官二人。其殿門裏指揮使、殿直候軍員起居退，辭見班絶，即出門外排立。直長春殿起居，歸逐處依舊祗候，只仰本門親從官四人常在門祗候守把。仰殿前司鈐轄，依此排立。」

大中祥符二年八月十四日，閤門言：「詳定崇政殿未坐前，合入殿内祗應臣僚不得用條床、杌子於殿側廊下列坐。其閒静處歇泊仍只得用氈條薦，俟臨軒視事，即赴侍立。其假日，宰臣、樞密、三司使、管 4 軍節度以下房廊幕（内）内坐物，並依舊例。」從之。

七年八月六日，以天書在萬歲殿，故不御長春殿，於崇德殿視事如式。

九年二月二十二日，中書門下上言：「陛下撫御庶邦，財成萬物，未嘗不大昕視政，端拱當陽。逮至退朝，再臨便坐。往歲以時臻下武，恩洽羣倫，夙夜在公，載矜於百執，休澣之令，俾舉於舊章。而陛下雖偶假寧，尚御禁殿。伏見唐朝故事，隻日視朝，雙日不坐，隻日若遇假亦不坐。今歸沐徧及於具僚，聽斷獨煩於君父。欲望自今旬休及諸假并風寒雨雪，特放朝日，兼乞後殿不坐。」詔答不允。翌日再表固請，詔自今上巳、端午、重陽、社及大雨雪放朝，更不視事，自餘如舊。其事須奏稟者，即時請對。後又表請今後旬休日後殿不坐，詔可。其日遇有合奏覆公事，即不拘時候，詣便殿請對。

天禧元年十一月五日，直集賢院祖士衡上言：「伏覩將相及遠方使辭見，並於内殿特開曲宴〔一〕，比至罷會，日已逾午，百司各已還第，而乘輿復御便座決事，殆非君逸臣勞之旨。欲望自今曲宴日，特輟視事，永爲著令。」從之〔二〕。

（二）〔三〕年五月四日〔三〕，禮儀院上言：「每歲重午，百官休務，皇帝不御前殿，惟宰臣、樞密奏事於承明殿。今邊警寧静，刑訟稀簡，望令其日罷奏事，不御後殿，著爲定式。百官謝衣服、扇子、賜酒如常儀。」從之。

六月一日，禮儀院言：「先准御劄，每月旬假及上巳、春秋二社、端午、重陽、三伏並休務一**5**日。内旬假皇帝前後殿不坐，餘日百官不入，中書、樞密院詣後殿起居。又准近詔，端午前後殿不坐。今參詳，欲望凡遇上件休務日，前後殿不視事。中書、樞密院及諸司有急速公事須面奏者，特取進止。」從之。

四年十月一日，中書門下上言：「昔在堯舜，優遊巖廊之上，而萬機允治。漢宣帝循名責實，最號勤政，而五日一聽事，丞相以下敷奏以言。唐太宗（正）〔貞〕觀十三年，房喬上言：『天下太平，萬機事簡，請三日一臨朝〔四〕。』高宗顯慶二年，長孫無忌等上言：『天下無虞，請隔日視事。』詔並從之。自後則有五日一開延英，隻日視事，雙日不坐，皆載在典册，垂爲常制。方今獄訟頗清，事機尤簡，在羣司百執猶遂於寧居，而當扆垂旒，尚勤於聽覽，輿情公議，咸所未安。伏望伏念芻言，參行舊典，或三日、五日一臨軒聽政，或隻日視事，雙日不坐。至於刑章、錢穀事務，差遣承受臣僚，除急切大事須面對外，其餘並令中書、樞密院附奏。」詔禮儀院詳定以聞。禮儀院上言：「請自今雙日前後殿不坐，隻日視朝，或於長春殿，或於承明殿，令入内内侍省臨時取旨。應内殿起居羣臣並依常日起居。文武羣臣有急切大事須面奏，不知中書〔五〕、樞密院知者，即許請對。自餘常事，並送中書、樞密院附奏。其諸路承受使臣，除内臣内及後殿奏事外〔六〕，餘並准此。」從之。

十一月二十四日，中書門下上言：「請隻日止於承明殿視朝，遇五日起居，**6**即御長春殿。或其日不坐，即閤門傳宣放朝。」從之。

十二月二十五日，禮儀院言：「請隻日御承明殿，並依假日例，便服視事，不鳴鞭。」從之。

五年十月十日，中書、樞密院言：「請准故事，每五七日一御便殿，或朔望坐朝。如有軍國大事，即非時召輔臣參決。其隻日資善堂商量公事，雙日中書、樞密院早入，並如舊制。」從之。

〔一〕於：原作「與」，據《長編》卷九〇改。
〔二〕之：原脱，據《長編》卷九〇補。
〔三〕三年：原作「二年」，據《長編》卷九三改。下條亦爲三年事。
〔四〕一：原作「以」，據《通典》卷七〇改。
〔五〕知：疑當作「欲」。
〔六〕此句疑有誤。

十五日，禮儀院言：「請每坐朝日，入内内侍省並前一日傳宣閤門。」從之。

乾興元年仁宗即位未改元。二月二十八日，中書門下上言：「請依先帝近制，隻日視事，（隻）〔雙〕日不坐，五日前殿起居。」詔付禮儀院參詳。禮儀院請自禫除後，不以雙日、隻日，百官依例常朝，及五日一赴前殿起居外，如遇隻日皇帝視事，雙日前後殿不坐。自餘休務及假日並如舊例。其隻日如值假故，只於崇政殿或承明殿視事。詔曰：「朕仰承先訓，肇纘慶基，思與忠賢，日勤聽覽，至於宵旰，非敢逭遑。卿等任重佐邦，道隆體國，協于僉論，陳此奏章。稽舊典之攸中，爲視事之經制，載惟明識，諒合通規。然每屬於清閒，亦靡圖於暇逸〔一〕，當延侍從，講習藝文，勉詢嘉謀，用依來請。所奏宜允。其雙日不視事，或遇政務稍暇，即當宣召侍臣入侍講讀。」

仁宗天聖五年七月十三日，詔以暑毒尤甚，自今日不御前殿，止於崇政殿視事。放百官起居，至八月一日依舊。

明道二年五月二十三日，權御史中丞范諷請雙日 7 視朝〔二〕，俾事務無壅。詔俟莊獻皇太后卒哭取旨。時自太后崩，帝且循故事，隻日視朝。羣臣見帝躬閲萬務，人人進見，欲有所言，故諷因以是請。

十月二十八日，詔曰：「朕欽膺駿命，寅紹慶基，虔遵簡易之風，勉荷承平之業。洪惟先聖，丕顯大猷，屬四方無事之辰，有隻日視朝之制。逮於眇質，獲稟成規，迄臻大寧，垂兹一紀。懼德弗類，惟懷永圖。念守文之固難，思置器之尤重，幅員至廣，庶務實繁，儻或壅於下情，安能召於和氣？當憂勞而靡暇，在旰昃而豈遑〔三〕。用詔近司，載頒定式，自十一月一日已後，每日於前殿視事。其餘休務並假日，並依舊例。一二萬機，躬勤於聽覽；股肱三事，同罄於謨明。惟文武之具僚，洎中外之庶職〔四〕，勵乃首公之節，副予求理之心。」

十二月一日，閤門言：「准天聖五年詔旨，十二月二日承明殿更不坐，爲真宗皇帝承天節，今後永爲定式。又准傳旨，今後十二月二日更不令引辭見公事。今合奏稟。」詔依例常朝。

景祐五年二月三日，詔曰：「朕紹宅丕基，撫臨函夏，緬蹈持循之戒，克敦勤約之風。洪惟祖宗，肅馭綱柄，著聽朝之令範，革分日之舊儀，勉徇邇言，聿圖簡政。肆予菲德，恪稟成謨，迄臻大寧，匪敢自暇。然以萬機之務，兢業不忘；四近之臣，諏詢罔後。期下情之盡達，雖中昃以弗遑。特出朕懷，載頒定式。自今月五日以後，每日於前殿視事。咨爾宰府，參寄國均，當申儆於具僚，尚 8 叶恭於庶治。勉勵交修之節，共遵無怠之規。佇格時和，以對靈

〔一〕圖：原作「國」，據《宋大詔令集》卷一四四改。
〔二〕雙：原無，據《長編》卷一一二補。
〔三〕豈：原作「起」，據《宋大詔令集》卷一四四改。
〔四〕洎：原作「自」，據《宋大詔令集》卷一四四改。

意。」先是，雙日不視朝，特降是詔。

寶元(三)〔二〕年七月二十九日〔一〕，知諫院韓琦請自今雙日止御後殿視事。帝問輔臣故事，而張士遜對曰：「隻日視事，已有成規。唐朝五日一開延英，蓋資問燕，以輔養聖神。」帝曰：「與夫宵衣旰食固不侔也。前代帝王靡不初勤政事，而後失於逸豫，不可不戒也。」時帝感小疾，太醫數進藥，故琦有是請。

康定元年五月一日，詔：「前殿奏事，自今不得過五班，餘班聽對於後殿。仍令御厨給食。」

六月三日，詔：「自今假日御崇政殿亦如前殿，毋得過五班。辰漏入內進食，俟再坐復對。」

二年二月十六日，詔中書、樞密院、三司，自今大節大忌給假一日〔二〕，餘小節、旬休並赴後殿奏公事。

慶曆五年三月十四日，閤門言：「光州刺史曹佾(旬)〔勾〕當軍頭引見司。檢會康定舊(則)〔制〕，舒州團練使李端愿(旬)〔勾〕當軍頭引見司，逐日後殿繫鞋袛候，假日穿執起居。」詔如例。

六年五月十六日，中書門下言：「制令：諸在京文武升朝官每日朝，其有制免常朝者五日一參起居。其內外諸司官長上者不在此限。若雨雪霑服失容及泥潦、祁寒、盛暑並停。」皆臨時聽旨。詔：「今後內殿常朝并起居，或遇雨雪霑服失容，如未有傳宣放免〔三〕，即令閤門、御史臺旋取旨。其泥潦、祁寒、盛暑臨時取旨。」閤門言：「看詳如非時雨雪不止，旋取旨，即須伺候門開，方始聞奏。如是【9】得旨放免常朝，或皇帝却御崇政殿視事。況前後兩殿儀制各異，深慮合赴後殿起居及袛應臣僚奔赴不及。如以爲遇紫宸殿起居，恐雨雪霑服失容，只乞自今後每遇朔望及合過前殿日，或雨雪不止，即令閤門旋取旨，乞傳宣前殿不坐。如(且)〔但〕循舊制，每遇朔望，須過前殿起居，即乞令侍衛司指揮使員僚等先於紫宸殿門外東廊上排立，俟班到依次起居畢，卷班西出。其文武百官即依次第，先於垂拱殿柱廊上排班。內左右巡使及御史中丞、知雜以下各於紫宸殿門外西廊上叙立，俟班到，即分引文武兩班於紫宸殿東西門入，起居畢，依舊分班出東西殿門，由垂拱殿柱廊歸朝堂。如以爲文武臣僚遇雨雪於殿門上立班不合禮制，設或得旨放免常朝，皇帝却御崇政殿視事，亦須自有合係後殿起居臣僚及上殿班次、軍頭司公事，復不免各在廊上起居。況前後兩殿，事體一同，但遇常朝及起居日雨雪不止，即乞臨時降旨，前後殿不坐。」詔今後如遇大起居并百官起居，值雨雪，並作常朝。

七年四月二十九日，殿前(赴)〔副〕都指揮使李昭亮言：「自來非時放朝參，稍早即軍頭司有印劄子關報，值晚

〔一〕二年：原作「三年」，據《長編》卷一二四改。
〔二〕忌：原作「日」，據《宋史》卷一一六《禮志》一九改。
〔三〕放免：原作「故免」，據文意改。

只是繫書閤門承受姓名白劄子，傳付逐司，令行告報，難以審實。欲乞令閤門給印紙付當宿承受，非次放朝參，即填寫告報，貴有准憑。」從之。

皇祐四年七月，閤門言：「准中書批下東上閤門副 10 使李惟賢狀，假日崇政殿起居，閤門諸司使副、閤門祗候班未到間，於東階下取便聚立，語話交雜，況儀制不載先詣殿庭立班。欲乞依垂拱殿常朝起居，候宰臣以下入殿庭，以次序班。仍添入儀制。詔〔閤〕門詳定。今相度，假日崇政殿起居，諸司使副、閤門祗候等班次未到間，於東階下便分東西班綴行序立，（冬）〔終〕須端謹，候宰臣以下入班庭，以次序班起居，不得取便聚立，語話交雜。有違，許閤門彈奏。」從之。

嘉祐元年六月一日，詔雙日不御殿，止隻日御前殿或後殿，至三伏終如舊制。

七月一日，詔三司、開封府、臺諫官、審刑院復上殿奏事，仍一日一班。初，帝不豫，惟二府得奏事，至是始引對群臣〔一〕。

八年三月二十一日，中書言：「聖體初安，未可日勞政事。請每遇隻日，且於後殿坐朝。其正衙辭見並權放。」從之。

英宗治平元年五月十一日，詔：「十五日以後，依先朝舊制，每日前後殿視事。」

六月十八日，步軍副都指揮使賈逵言：「自來軍員赴朝，只據諸軍晚探兵士問當；若是常朝，即至次日五更鎖匙到城門，便開放入，晝時鏁閉，別無條貫。欲乞將朝門各置鐵牌一面，深鑿『開朝門』（四）〔三〕字，牌後各鑿逐門名，降付鑰匙庫。遇常朝及非時合入，即與鑰匙牌一時降出。假故及放朝參，即更不降出。其牌與鑰（題）〔匙〕到門，令監門使臣親監開門，放入軍員，却（使）〔便〕鏁閉。仍下閤門，今後常朝及假故逐日關與鑰匙庫照會。」11 從之。

十九日，閤門言：「定到上殿侍立臣僚：客省、引進、四方館、閤門使副，樞密院都承旨已下，入內內侍省、內侍省都知、押班，修起居注，帶御器械臣僚，勾當皇城、翰林、儀鸞司監官。殿下祗應臣僚：殿前馬步軍以下。軍頭司如引公事，在殿階下進讀奏目，引撥公事。如引呈射人，即逐旋令內弓箭庫勾當使臣依㪷力旋〔備〕弓弩，階下進呈。其提點軍器庫臣僚，或內有都知、押班、御藥院使臣管勾，多進呈殿上祗候掌記策子，以備顧問。左右騏驥院監官押御馬入，在朵殿上祗候。內衣物庫朝官并祗候庫使臣隨准衣物等在排立諸班之後。」詔可。

二年八月十三日，詔：「自今月十三日後遇常朝日，依例常朝。新城門外住營軍員並權放起居，候水退道路通行依舊。」

神宗熙寧元年五月二十五日，西上閤門使李評言：

〔一〕群臣：原作「近日」，據《長編》卷一八三改。

「後殿逐日御馬祇候，每遇雨雪，御崇政殿，即循南廊於延和殿上過，歷迎陽門、邇英閣，近北面東擺立。伏思犬馬上堂，禮經所戒；況人主殿閣，天步經由，非路馬所宜登降。欲乞每遇雨雪，只令在崇政殿門内南邊東廊上擺立。」從之。

三年二月二日，詔：「今後遇風寒，令閤門取旨放起居。」

六月一日，編修閤門儀制所言：「觀文殿大學士、學士舊制前殿侍立，又赴假日後殿起居。緣已有旨罷前殿侍立，其假日後殿亦欲依資政殿、端明殿學士例，更不赴(居)〔起〕居。」從之。

四年二月十三日，樞密12院言：「都承旨如有假故，即輪那逐房都承旨權過後殿祇應。今有都副承旨二員供職，欲乞今後都副承旨全闕，即輪那逐房副承旨一員，權行祇應。」從之。

十二月五日，閤門言：「審官、三班院、流内銓凡引人至主判官親，即奏乞左右内侍代持奏目。伏緣引對、轉官、差遣，皆有司常法，已有定議。欲乞今後應有親屬，只具姓名奏知，不許乞左右人持文字。」從之。

十三日，閤門言：「在内監臨庫務京官遇本庫闕官，合入殿祇應日，於後臨時繫鞋，別班起居。除常朝已有體例外，假日宰臣等班數稍多，欲乞只令依監臨庫務三班使臣例繫鞋，綴大班起居。」從之。

六年九月十六日，引進使李端愨言：「近來朔望御文德殿視朝，然祁寒盛暑，數煩清蹕。竊緣紫宸之朝，歲中罕御〔一〕，欲乞朔日御文德，即望坐紫宸。〔所〕貴正衙内殿，朝儀並舉。」從之。

八年五月二十四日，詔以時熱，更不御後殿視事，候秋涼取旨。

元豐三年五月三日，閤門言：「每歲盛暑御後殿，便於決事。乞自五月一日至七月終當御前殿日，閤門取旨，如得旨御後殿，即放朝參。」詔自今三伏内五日一御前殿。

八年正月四日，詔不視事五日，三省、樞密院問候福寧殿東寢閤。宰臣言：「上未視事，應合行事，乞權作聖旨行出以聞，事體稍重者進畫施行。」以上寢疾故也。

元豐八年哲宗已即位，未改元。(二)〔三〕月二十二日〔二〕，三省、樞密院言：「按儀注，未釋服已前，遇隻日皇帝御迎13陽門，日參官並赴起居，依例奏事。每五日，遇隻日於迎陽門垂簾〔三〕，皇帝坐於簾内之北，宰臣、執政升殿奏事，權屏去左右侍衛。有機速公事，並許非時請對，及賜宣召。」

禮部、御史臺、閤門奏：「討論故事，詳定御殿及垂簾儀。每朔、望、六參，皇帝御前殿，百官起居，三省、樞密院

〔一〕歲中罕御：原脱，據《宋史》卷一一六《禮志》一九補。

〔二〕三月：原作「二月」，據《長編》卷三五三改。

〔三〕「隻」原作「雙」，「門」原脱，據《長編》卷三五三、《宋史》卷一一七《禮志》二〇改補。

奏事，應見、謝、辭退班，各令詣內東門進牓子。皇帝雙日御延和殿垂簾〔一〕，日參官起居太皇太后，移班少西起居皇帝，並再拜。三省、樞密院奏事，三日以上四拜〔二〕，不舞蹈。候祔廟畢，起居如常儀。簾前通事以內侍〔三〕，殿下以閤門。凡軍頭司引呈公事，可以權付有司者，續具條奏。吏部磨勘奏舉人，垂簾日引。應見、謝、辭臣僚遇朔望參日不坐，並先詣殿門，次內東門。應擡賜者，並門賜。」從之。

二十三日，上御迎陽門幄殿，同太皇太后垂簾。宰臣、親王以下合班起居。常制分一十六班，至是合班，以閤門奏請故也。

元祐三年二月十日，詔：「自今御垂拱殿日，如直放朝參，即取旨御崇政殿。」

元符三年十二月十六日，以皇太后服藥，不視朝。

崇寧五年十二月五日，詔：「臣僚請對，雖遇休假，特(遇)〔過〕便殿聽納。」

高宗紹興元年九月十一日，太常寺言：「得旨，今後遇朔(朔)〔望〕合不視事日分，御後殿坐，止引百官并起居班、三省、樞密院奏事。今月十五日係明堂大禮前三日，奏請宿齋，更不視事。」從之。

二年十一月四日，尚書左僕射、同**14**中書門下平章事呂頤浩言：「已曾面奏，行宮南門遇朔、望及冬、年節拜表日分，若依時開門，竊慮百官趁赴立班不及。欲依東京自來朝會例，早開一刻。」從之。

三年九月四日，詔：「爲射殿窄隘，百官起居權放，候御後殿日依舊。」

四年九月二十八日，上以瘡瘍有妨久坐，改坐內殿，引宰執奏事。

十三年正月十二日，閤門言：「依在京《禮令》，三元節前後各一日不視朝。」詔上元節前後各一日不坐，中元、下元正節日作假，前後各一日並後殿坐。

二月七日，詔：「今後遇假日坐後殿，止就常御殿。如有移倚子公事，亦就常御殿引。遇射射公事，射殿權作後殿坐引。」

十四年四月十七日，詔：「今後三省、樞密院開啓樞密院滿散天申節道場日〔四〕，並改作後殿坐。」

孝宗紹興三十二年未改元。六月十五日，詔：「今後宰執以(以)〔下〕詣德壽宮起居日，特不視事。」繼又詔：「遇宰執以下得太上皇帝聖旨免到宮，即改作後殿坐。或降旨值夜及臨期方得旨，集殿不及，即不視事。」十八日，上始御後殿。上自登極，建詣德壽宮及奏告等不視朝〔五〕，至是始御殿。

九月九日，閤門言：「太上皇帝巡幸以來，止御後殿。

〔一〕雙：原作「隻」，據《長編》卷三五三、《宋史》卷一一七《禮志》二〇改。
〔二〕日：原作「月」，據《宋史》卷一一七《禮志》二〇改。
〔三〕通：原脫，據《宋史》卷一一七《禮志》二〇補。
〔四〕下「樞密院」疑衍。
〔五〕建：疑是「連日」。

繼朝廷復興舊典，於紹興十三年二月四日初御前殿，特令四參官起居。伏自皇帝登寶位，止係後殿日分〔一〕。今已降旨，九月十二日初御前殿。欲乞是日皇帝御垂拱殿，四參官起居。」從之。

二十一日，閤門言：「每遇車駕詣德壽宮起居，若太上皇帝降旨免出，乞改作後殿坐。」從之。乾（德）〔道〕元年十一月二日，又言：「若詣宮日係御前殿日分，如前一 15 日得旨免赴宮，即改（得）〔後〕殿坐。如直夜或臨期方得旨，即前後殿不坐。如前二日得旨，御殿如常制。」從之。

隆興元年九月二十八日，閤門言：「昨依年例，自五月二十八日並後殿坐，至九月十二日當御垂拱殿。繼以飛蝗，避正殿至今。近文武百僚上表請御正殿，已允所請。」詔以十月四日垂拱殿坐。二十九日，詔：「（慶會）〔會慶〕聖節，前後各一日不視事，今後準此。」後又改用十九日習儀，是日不御朝，準此。

二年九月十六日，閤門言：「在京及行在舊例，御前殿日分，值雨雪及泥濘，得旨放朝參，即改後殿坐。今後乞依例取旨。」從之。

乾道元年三月十一日，閤門言：「昨爲霪雨不止，有傷蠶麥，詔避正殿，減常膳。近文武百僚拜表請御正殿，已允所請。」詔以三月十三日垂拱殿坐。

四年十二月十七日，詔：「今後金國賀正旦使人赴闕，自二月二十一日至二十六日；賀會慶節使人赴闕，自一月十五日至二十日，並放朝參，並後殿坐。今後準此。」

五年十月五日，又詔：「賀會慶節使人赴闕，自今月十一日爲始，至二十五日，並放朝參，仍後殿坐。今後準此。」

五年六月十三日〔二〕，宰臣陳俊卿等言：「聖躬康復，視朝有日，臣子之心，咸欲瞻望清光。欲乞是日令四參官並赴後殿，隨大班起居。」從之。

七年四月二十三日，詔：「爲暑熱，依年例自五月十三日並後殿坐，并放見、謝、辭及參假官，候秋涼日取旨。今後準此。」逐年檢會施行，以降旨立爲定例，故附見（放）〔於〕此。

淳熙三年二月十五日，閤門言：「三月三日進 16 呈光堯壽聖憲天體道性仁誠德經武緯文太上皇帝日曆，其日係上巳假〔三〕，不視事。」詔特御垂拱殿，次日不視事。

八月二十八日，禮部、太常寺言：「十月五日文德殿發中（官）〔宮〕册寶，依禮例前後殿不視事。」

十年七月十三日，避正殿，減饍，不視事。以季夏涉秋，旱暵爲虐。是月二十三日以雨霖感應，文武百僚拜表請御正殿，凡三表，從之。

十四年十月七日，詔：「太上皇帝未御常膳，可依唐貞觀四年典禮，自來日權不視朝。宰執依時赴内殿奏事，候

〔一〕殿日：原稿作「係後」，葉渭清據《文獻通考》卷一〇八改，今從之。

〔二〕按，以上二條月分無誤，次序應調整。

〔三〕其日係上巳假：原作「其餘係工已假」，不可通。按前云「三月三日」，即上巳節也，其日當放假，因改。

太上皇帝康(服)〔復〕，依舊。」

十五年三月二十六日，祕書省著作郎、兼權禮部郎官倪思言：「檢準永昌陵神主祔廟前三日不御殿，永熙陵虞主至京至于祔廟，皆不御朝。乞今比附上件典故，其祔廟前三日，乞皇帝特不視事，庶合祖宗禮意。」從之。

淳熙十六年二月十三日，閤門言：「已降指揮，今月十七日宰執以下赴重華宮起居，乞依例不視事。如前一日恭奉至尊壽皇聖帝聖旨免到宮起居，乞作後殿坐。如值夜及至日得旨免赴起居，竊慮集朝殿官起居不及，是日亦乞依例不視事一日。」詔依。宰執以下赴重華宮起居準此。（以上《永樂大典》卷五三五二）

【宋會要】

17 淳熙七年九月十四日，詔：「自今垂拱殿日參，宰臣特免宣名。」既而閤門言：「得旨，垂拱殿日參，宰臣特免宣名。所有駕出起居、奏萬福及引呈射射公事、後幄奏事、御試舉人并唱名，對御筵宴及諸處賜茶，合與不合宣名？」詔除朝賀六參并人使在庭依(議)〔儀〕，其餘日參，宰臣並免宣名。內樞密使日參如遇押班，亦免宣名。

八年正月十六日，詔宜州觀察使、安定郡王子棟除上壽、六參、郊祀外，餘並免趁赴。從其請也。

九年八月二十日，詔安德軍節度使、開府儀同三司、充萬壽觀使趙伯圭，令趁赴從駕筵宴、上壽、六參外，餘並免。

十四年十一月十二日，右監門衛大將軍、沂州防禦使、權知大宗正司不黯言：「乞依不(息)〔恴〕例，趁赴六參起居。」從之。

十五年七月八日，中書門下省言：「垂拱殿四參起居官，文臣監察御史以上，武臣正任刺史以上趁赴。已降指揮，權令侍從官趁赴後殿起居。其武臣觀察使以上未有該載。」(照)〔詔〕依文臣侍從官已得指揮。

十二月四日，詔：「少保、嗣濮王士歆特與依士輵例，除上壽、六參、郊禮外，其餘並免趁赴。」

紹熙二年七月十一日，皇伯太保、安德軍節度使、判大宗正事、嗣秀王伯圭言：「昨任萬壽觀使日，趁赴從駕筵宴、上壽、六參外，餘並免。兼照前知宗不恴、不黯亦係趁赴六參，所有日後朝參，欲依已降指揮。」從之。

三年四 18 月二十七日，詔：「皇姪永興軍承宣使、許國公抦令趁赴朝參。」

嘉定十二年正月十一日，臣僚奏：「竊見皇帝御正殿或御後殿，固可間舉，四參官亦有定日。近者每見改常朝爲後殿，四參之禮亦多不講，正殿、後殿四參間免。陛下臨朝之日固未嘗輟，而外廷不知聖意，或謂姑從簡便，非所以肅百執事也。常朝之禮止於從臣，後殿之儀從臣不與，四參止及卿郎，而乃累月僅或一舉。咫尺天威，疎簡至此，非所以尊君上而勵百辟也。伏願陛下嚴常朝、後殿、四參之禮，起臣下肅謹之心，彰明時厲精之治，豈不偉哉！」從之。

入閤〔一〕

【宋會要】

19 宋沿唐制，以月朔御紫宸殿，羣臣行入閤之儀。唐敬宗寶曆初，始以月朔御紫宸殿入閤。後唐明宗天成初，又以月望。國朝但以月朔行之。　馬端臨曰：入閤，唐制起于天寶。明皇以無爲守成，詔晏朝喚仗，百官從容至閤門入。蓋唐前含元殿非正，至大朝會不御，次宣政殿，謂之正衙。每坐朝，必立仗於正衙，或御紫宸殿，即喚正衙仗自宣政殿兩門入，是謂東、西上閤門，故謂之入閤。其後遂爲常朝之儀。五代以來，既廢正衙立仗，而入閤亦希闊不講。至是復行之，然御前殿，非唐舊矣。崇元殿即大慶殿前殿也，待制候對者，亦唐制也。每正衙，待制官兩員；正衙退後，又令六品以下於延英候對，皆所以備顧問。其後每入閤，即有待制次對官。後唐天成中廢，至是復行之。廊下食起唐貞觀，其後常參官每日朝退賜食，謂之廊餐。唐末浸廢，但於入閤起居日賜食，今循其制。　其儀：閤門先期舉奏，候詔可，即施行。前一日，有司供帳於文德殿。是日既明〔二〕，先列文武官於殿庭之東西。次引百官、軍校、行軍副使等序班於正衙門外。次引御史中丞、三院御史序立，中丞獨穿金吾班過揖兩班，一揖，歸本位。次引監察御史兩員監閤，於衙門外北面分立。次引中書門下、翰林學士、兩省官分班序立。次司天奏辰刻。次閤門版奏班齊。皇帝服鞾袍，乘輦上長春殿，駐輦，樞密使以下奉謁。前導至文德殿上，承旨索扇，卷簾，皇帝升座，扇却。次儀鸞使焚香。次文武官等拜。次司天鷄唱〔三〕。次閤門勘契。次閤門使，承旨呼四色官喚仗，其南班有辭謝者再拜先退。次引中書門下班對揖，序立於衙門外。次引翰林學士、兩省官、中丞、侍御史、殿中侍御史分立於衙門外。次引左右金吾將軍押細仗入正衙門後，橫行拜訖，分行，上黄道，仗隨

20 入，金吾將軍至龍墀分班揖訖，序立。次引吏部、兵部侍郎執文武班簿入，對揖立。次引中書門下、翰林學士、臺省官入，北面拜訖，上黄道。將至午階〔四〕，廞鞾急趣赴丹墀，彈奏御史至吏部侍郎南便落黄道，急趨就位。起居郎、舍人至兵、吏部侍郎後，急趨而進，飛至香案前，皆揖訖序立。次金吾大將軍先對揖並鞠躬，廞鞾行至折方石位，又對揖。北行至奏事石位，鞠躬，一員奏「軍國内外平安」，倒行就位。次引文武班至位，揖訖鞠躬，廞鞾急趨入沙墀。次引侍從班橫行，宰臣祝月起居畢，分班序立。次引文武兩班出，軍校等亦隨出，序立於衙門外。刑法、待制官赴監奏位，中書門下夾香案侍立。次臺省官出，次翰林學士，次兵、吏部侍郎出，次金吾將軍押仗出，次監閤御史出。出者皆依殿就衙門外位，唯翰林學士立門側以俟宰相。次中書門下詣香案前奏曰「中書公事，臣等已具文」，奏訖，乃退，

〔一〕原抄題爲「入閤」，被刪去，另題「文德殿視朝」。按入閤乃月朔朝會之禮，非平常視朝，且不全在文德殿，應以原題爲確，今改。

〔二〕日：原作「明」，據《宋史》卷一一七《禮志》二〇改。

〔三〕唱：原作「鳴」，據《宋史》卷一一七《禮志》二〇改。

〔四〕階：原作「街」，據《宋史》卷一一七《禮志》二〇改。

揖殿出。次刑法官奏事，次待制官奏事，畢，皆出就班次。彈奏官出，閤門有失儀者彈糾如式。次左右史出。凡出者皆廞韡急趨揖殿。次中書門下、學士就位。閤門使宣放仗，皆再拜，賜廊下食，又再拜。次閤門使奏：「閤内無事。」文武官出，殿上索扇，垂簾，輦還宫。其賜廊下食，自左右勤政門北東西兩廊，文東武西，以北爲上立定。中丞至本位，面南一揖，乃就坐。食至，臺吏乃贊「搢笏」。食將訖，復贊「食畢」而罷。閤内彈奏官自失儀[21]者，起居郎、閤門使、宣徽使以次糾之。

太祖建隆元年八月朔，帝常服御崇元殿，王應麟《玉海》：崇元殿即天安殿，太祖五行其禮，然御前殿非唐舊矣。文武百官入閤。置待制、候對官。仗退，賜食廊下。王應麟《玉海》：廊下食起唐貞觀。

三年八月朔，御崇元殿，文武百官入閤，工部尚書竇儀待制，太常卿邊光範候對。

十一月朔，御崇元殿入閤，宗正卿趙矩待制，知制誥張澹候對。

四年四月朔，帝服通天冠、絳紗袍，御崇元殿視朝，設金吾仗。羣臣入閤，工部侍郎艾（潁）〔穎〕待制，給事中馬士元候對。

八月朔，御崇元殿入閤，給事中劉載待制，左諫議大夫崔頌候〔對〕。

乾德四年四月朔，御文明殿入閤。王應麟《玉海》：文明殿即文德殿，一云大明殿，國史云即文明。

太宗太平興國二年閏七月二十八日，御史臺言：「八月一日入閤，準舊儀，諸軍軍主、廂主以下及前任、見任行軍副使等只於朝堂序班陪位，不入殿庭起居。其文武官至本位，廞韡（候）〔疾〕趨入沙墀，再拜鞠躬，不呼萬歲。今請諸軍軍主、廂主及行軍副使並如冬、正朝賀例，先赴殿庭陪位序立，隨大班退，赴門外序立。其文武官起居舞蹈，並如中書門下班。」從之。制下，會雨而止。

淳化二年十一月一日，詔：「以來月朔日御文德殿入閤，宜令史館修撰楊徽之、張洎與有司取舊圖校定儀注以聞。」徽之等請設殿墫位於押樂石南，其丹墀、龍墀内羣臣自外入至午（街）〔階〕，並廞韡急趨就位，退時亦廞韡急趨上黄道，急行至揖[22]殿位。文武班起居畢，亦倒廞韡就位，卷行急趨出。殿中省細仗左右各加一百人。廊下食，自左右勤政門北列文武兩班，門南列諸軍校。殿庭班當退而未退者，有司輕語令出，勿致喧咋。詔悉從之。洎又上奏曰：「謹按今之乾元殿，即唐含元殿也，在周爲外朝，唐爲大朝。冬至設仗衛、朝萬國，在此殿也。今之文德殿，即唐之宣政殿也，在周爲中朝，在漢爲前殿，在唐爲正衙。凡朔望起居及册后妃、太子、諸王、三公，對四夷君長，試制策舉人，在此殿也。今之崇德殿，即唐紫宸殿也，在周爲内朝，在漢爲宣室，在唐爲上閤，即隻日常朝之殿也。東晉太極殿有東（閤）閣，唐置紫宸上閤，法此制也。人君恭己南面，向明而理，紫宸黄屋，至尊至重，故巡幸則有大駕法從之盛，御殿則有鈎陳羽衛之嚴。雖隻日常朝，亦須立仗。所謂入閤者，蓋隻日御紫宸上閤之時，先於宣政殿前立黄麾金吾仗，俟契勘畢，喚仗自東西門而入，故謂之入閤。今朝廷以文德殿正衙權爲上閤，甚非憲度也。竊見長春殿正與文德殿相對，伏請改創此殿，以爲上閤，作隻日立仗視朝之所。其崇德殿、崇政殿即唐之延英殿是也，爲雙日常時聽斷之庭〔一〕，庶乎貂合前規，永垂昭範。」疏入不報。王應麟《玉海》：初，上以入閤舊圖承五代草創，禮容不備，命徽之等討論故事，别爲新圖。

十二月朔，御文德殿。宰臣李昉前跪致詞曰：「伏以四序將周，北陸正嚴於寒氣；一陽已發，東郊即扇於和風。二儀當交 23 泰之期，三殿舉會朝之禮。伏惟法天崇道皇帝陛下三靈睠命，萬國來王。膺曆數以紹洪基，奄寰區而作元后。宵衣布政，持（競競）〔兢兢〕翼翼之心；負扆主陽，顯赫赫威威之德。今者屬季冬之令旦，列多士於彤庭，煙塵永息於窮邊，文物重興於聖代。臣等叨居禄位，幸遇休明，虔傾捧日之心，共祝後天之壽。無任謌時樂聖，歡呼忭蹈之至。」王應麟《玉海》：禮畢，賜百官廊下食。唐制，朔望天子御宣政殿受百官起居及諸司奏事，仗衛如式。敬宗始於紫宸殿展入閤之儀。

三年五月朔，御文德殿入閤，詔有司增設黄麾仗二百五十人，令文武官隨中書門下横行起居，徙翰林學士位於參知政事後，與節度使分東西揖殿出，餘如舊制。舊制，入閤惟殿中省細仗與兩省供奉官班入陳於庭，帝以爲儀衛太簡，故命增設，仍先列於庭中。殿中省仗仍舊，（坦）〔但〕易黄衣，執儀刀人衣碧。

真宗咸平二年八月朔，御文德殿入閤。右司諫、直史館孫何待制，比部員外郎、直史館洪湛候對。

大中祥符二年六月十六日，帝問宰臣讀時令之禮何時可行〔二〕，王旦等曰〔三〕：「舊禮以四時首月讀之。」詔自今每入閤日，即行此禮。其後亦不果行。

三年閏二月朔，御文德殿入閤。右司諫、直史館李迪待制，金部員外郎杜夢證候對。

七年四月二日，閤門言：「《入閤圖》殿上侍立臣僚皆唐時職官，與今名品不同。望依新儀别畫副本。」詔禮儀院詳定，餘從其請。

24 仁宗景祐三年正月二十六日，詔知制誥李淑等重修《閤門儀制》，其入閤儀注頗省去繁文：前一日有司供帳於文德殿，入閤日殿庭立文武官等於東西，各衣繡。設殿中省、左右金吾仗於明堂階下，東西對列。文武百官、節度使、留後、觀察、防禦、團練使、刺（使）〔史〕、軍校及正衙見、謝、辭官各就班。次引御史中丞、知雜、三院御史揖班如常儀，各就位。次引監閤御史二員於正衙門外屏内北向揖訖，東西立，分屏東西入。次引兩省，分班立。次引文明殿

〔一〕時：原作「明」，據《長編》卷三二改。
〔二〕「帝」下原有「常」字，據《群書考索》卷二四删。
〔三〕旦：原作「昰」，據《群書考索》卷二四改。

學士以下，立左省前。次引中書門下、使相對立兩省前，分班立。仗整班定，司天奏時刻，閤門版奏班齊。皇帝服鞾袍輦出，樞密、三司使、副使、内諸司使以下迎謁於垂拱殿前，導至文德殿，鳴鞭升座，索扇，卷簾。儀鸞使焚香，文武官等拜，司天鷄唱，閤門勘契，閤門使承旨喚仗，謝、見、辭官再拜先退。引中書門下班對揖於屏外，立於正衙門外。次引學士、兩省、御史臺、殿中侍御史已上序立。次引左右金吾大將軍押細仗入，金吾將軍先至揖殿位，拜訖，分行上黄道，仗隨至龍墀，對揖，序立。次殿中省仗下（仗下）官入。次引吏部、兵部侍郎執文武班簿對揖於屏外，由黄道就本位對揖〔一〕，序立，吏部左，兵部右。中書門下、學士、兩省、御史臺官入，至揖殿位，重行拜訖，由黄道，將至午（街）〔階〕，廠鞾急趨至丹墀本位，對揖，序立。彈奏御史二員至吏部、兵部侍郎南下黄道歸本位。起居郎、起25居舍人至吏部、兵部侍郎北急趨，飛至香案前揖訖，分立。次左右金吾大將軍對揖鞠躬，廠鞾至折方石位，又揖；至奏事石位，鞠躬。左金吾大將軍奏「軍國内外平安」，倒行至折方石位，對揖就班。次文武班入，軍校隨至，對立於文武班南。文武班至本位。次中書門下、學士、兩省、御史臺官、金吾將軍、文武兩班並横行起居祝月畢，各急趨還位，對揖立。次文武班先退，序立於衙門外；軍校隨出，序立。刑法、待制官赴彈奏御史位南立，中書門下夾案侍立。次兩省官至揖殿位，揖訖出。次學士、節度使至揖殿位，揖訖出。次吏部、兵部侍郎對揖，至揖殿位，揖訖出。並就衙門外序立。次左右金吾大將軍以下至揖殿位，揖訖出；細仗、殿中省仗（仗）下官隨出，監閤御史北向揖訖出，皆就本班。中書門下詣香案前奏事畢，宣徽使贊「好去」，歸位。使相卷班至揖殿位，揖訖出。次待制、候對官並至奏事位再拜。先待制官前奏事畢，宣「所奏知」，歸位。次候對官如上儀，歸位。再拜舞蹈，舍人贊「好去」，分班至揖殿位，揖訖出。次彈奏御史至揖殿位，揖訖出。次起居郎、起居舍人退至揖殿位，揖訖出。次閤門舍人朝堂内放仗，百官對拜訖，舍人宣贊「賜酒食」。次閤門使至奏事石位鞠躬，奏「閤内無事」。次文武官出，索扇，垂簾，鳴鞭，輦還内，仗出。賜廊下食：文武百僚、待制、三司副使同自左右勤政門北兩廊，文東武西，北上立定。御史中丞26至本位，南向一揖，就坐。食至，臺吏乃贊「搢笏」。食訖，復贊「食訖」而罷。諸軍校賜食於左右勤政門南兩廊。其宰臣、樞密使以下至龍圖閣直學士於中書，親王、使相、節度使於賜食廳，留後、觀察使至刺史於客省廳，管軍節度使至四廂都指揮使於幕次。於舊儀詳略稍異，故再録之。

四年三月二十七日，詔五月朔行入閤之儀，仍讀時令〔二〕，付禮院詳定儀注以聞。先是，詔國朝時令委編修官

〔一〕本位：原作「本院」，據文意改。
〔二〕時：原作「食」，據《玉海》卷七〇改。

約《唐月令》撰定，以備宣讀。於是賈昌朝等采國朝律曆、典禮、日度昏曉中星及祠祀配侑諸事當以歲時施行者，改定爲一篇上之。遂詔因入閤行其禮。

四月七日，詔：「五月一日夏至假入閤，於禮妨否？」禮官言：「按《周易·復(封)〔卦〕》，先王以至日閉關，商旅不行，后不省方。注：方，事也。冬至，陰之復也；夏至，陽之復也。故爲復，則至於寂然大静，先王則天地而行者也。又《禮記》：仲夏之月，『日長至，陰陽争。君子齋戒，處必掩身〔一〕，毋躁〔二〕。止聲色，毋或進。薄滋味，毋致和。節嗜慾，定心氣。百官静，事勿刑，以定晏陰之所成。』鄭康成注曰：『《易》及《樂》、《春秋》説：夏至，人主與群臣從八能之士作樂五日。今止之，非其道也。』又蔡邕《〔獨〕斷》：『冬至陽氣始動，夏至陰氣始起，故寢兵鼓。身欲寧，志欲静，故不聽事迎送。冬至陽氣起，君道長，故賀；夏至陰氣起，君道衰，故不賀。』又《後漢志》：冬至、夏至，陰陽晷景長短之極〔三〕，微氣之所生，太(吏)〔史〕令與八能之士坐於端門左塾，太史具樂器，27夏赤冬黑。前殿之前乘輿親御臨軒，安體静居以聽之。夏至禮亦如之。今參詳五月朔朝會合唐舊制，其日雖是大(祠)〔祀〕假，比冬至圜丘禮成受賀，緣在質明以復，於禮無嫌。只緣是日夏至，據《易》象、《月令》及先儒蔡邕有閉關静事不賀之説。然鄭康成又據《樂緯》、《春秋》説夏至有前殿從八能作樂，後漢常行其儀，著在史志，亦存前準。今來五月初一日入閤讀時令，既屬嘉禮，在朔與假〔四〕，本無所礙，其夏至則於經義有妨。若因時變禮，約用漢法，即更繫朝旨。」詔改用七月一日入閤，仍讀時令。至期亦寢。

寶元二年十二月十二日，參知政事宋庠言：「近奉德音，詢及入閤故事。臣雖略陳梗槩，理有未詳；退而講求，敢此條悉。夫入閤者，是唐家隻日於紫宸殿受常朝之儀也。謹案唐有大内，有大明宮，宮在大内之東北，世謂之東内，謂大内爲西内。自高宗以後，天子多在大明宮。宮之正南門曰丹鳳門，門内第一殿曰含元，正、(制)〔至〕、大朝會則御之。對北第二殿曰宣政，謂之正衙，朔、望、大册拜則御之。又對北第三殿曰紫宸，謂之上閤，亦曰内衙，隻日常朝則御之。據唐制，凡天子坐朝，必須立仗於正衙殿。或乘輿止御紫宸殿，即唤正衙仗自宣政殿兩門入〔五〕，是謂東西上閤門也。如以國朝之制相爲比〔六〕，則今之宣德門，唐丹鳳門也；大慶殿，唐含元殿也；文德殿，唐宣政殿也；紫宸殿，唐紫宸殿也。今或欲求入閤本意，施于儀典，即28須先立仗於文德之庭。如天子止御紫宸殿，即唤仗自東西

〔一〕「處」上原衍「之」字，據《禮記·月令》本文删。
〔二〕毋：原作「無」，據《禮記》本文改。
〔三〕陽：原作「陰」，據《後漢書》本文改。
〔四〕假：原作「作」，據《長編》卷一二〇改。
〔五〕兩：原作「西」，據《群書考索》卷二四改。
〔六〕國：原作「宋」，據《群書考索》卷二四改。

閤門入。如此，則差與舊儀相合。但今之諸殿比於唐制，南北不相對，但以此爲殊耳。故後來論議，因有未明。又按唐自中葉以還，雙日及非時大臣奏事，別開延英殿賜對，若今假日御崇政、延和是也。乃知唐家每遇坐朝之日，即爲入閤〔一〕。而叔世離亂〔二〕，五朝草創，大昕之制，更從易簡，正衙立仗〔三〕，因而遂廢。其後或有行者，常人之所罕見，乃復謂之盛禮，甚不然也。今之相傳《入閤圖》者，是官司記常朝之制，如閤門有《儀制勑》、《合班雜坐圖》之類〔四〕，何足爲希闊之事哉〔五〕！況唐開元舊禮本無此制，至開寶中諸儒增附新禮〔六〕，始載月朔入閤之儀，又以文德殿爲上閤，差舛尤甚。蓋當時編撰之士討求未至〔七〕，臣伏恐朝廷佗日修復正衙立仗〔八〕，欲乞送付兩制，使預加商榷，改正舊儀。」詔兩制官詳定。翰林學士丁度等奏：「今詳元起請入閤者，是唐朝隻日於紫宸殿受常朝之儀。若今來隔日行之，禮頗爲煩〔九〕。況今殿宇與舊制不同，宜仍舊。」從之。

慶曆七年三月十七日，詔太常禮院權停所上立夏讀時令儀。先是，詔御史中丞高若訥與禮官定讀時令儀，將以四月五日就大慶殿行禮，而言者謂未合典禮，故權罷。

神宗熙寧三年五月，知制誥宋敏求等言：「奉詔重修定《閤門儀制》，內文德殿入閤儀，今儀制所（謂）載，與《國朝會[29]要》及時人論議頗或異同。按今文德殿，唐宣政殿也；紫宸殿，唐紫宸殿也。然祖宗視朝〔一〇〕，皆曾御文德殿入閤。唐制，常設仗衛於宣政殿，或遇只坐紫宸，即喚仗入閤。如此，則當御紫宸殿入閤〔一一〕，方協舊制。乞下兩制及太常禮院詳定。」詔學士院議。翰林學士承旨王珪等言：「按入閤者，乃唐隻日紫宸殿受常朝之儀也。唐宣政殿，即今文德殿；唐紫宸殿，即今紫宸殿也。唐制，天子坐朝，必立仗於正衙；若止御紫宸，即喚正衙仗自宣政殿東西閤門入〔一二〕，故爲入閤。五代以來，遂廢正衙立仗之制。今閤門所載入閤儀者，止是唐常朝之儀，非爲盛禮，不可遵行。」從之。《國史·李淑傳》〔一三〕：《議入閤》曰：「唐寶曆後，常以月朔御紫宸，行入閤儀。聖朝太祖五行其禮，多御崇元殿，備殿中、金吾諸仗，設待制、候對官。崇元，即今天安殿也。乾德之後改御大明殿，即今集英。太宗三行其禮，別定新儀，就文德廷增設黃麾仗。真宗亦三行之，繪圖講習，藏之禁閣。」《藝文志》：景祐三年，詔賈昌朝與丁度、李淑采國朝律曆、典禮、日度昏曉中星、祠祀配侑歲時施行者，約《唐月令》，定爲《時令》一卷，以備宣讀。而淑定入閤

〔一〕爲：原作「與」，據《群書考索》卷二四改。
〔二〕離：原作「雜」，據《群書考索》卷二四改。
〔三〕正：原作「立」，據《群書考索》卷二四改。
〔四〕圖：原作「類」，據《群書考索》卷二四改。
〔五〕足：原作「是」，據《群書考索》卷二四改。
〔六〕新：原作「雜」，據《群書考索》卷二四改。
〔七〕蓋：原作「當」，據《群書考索》卷二四改。
〔八〕正：原作「立」，據《群書考索》卷二四改。
〔九〕禮：原作「煩」，據《群書考索》卷二四改。
〔一〇〕視：原脱，據《宋史》卷一一七《禮志》二〇補。
〔一一〕殿：原作「閤」，據《宋史》卷一一七《禮志》二〇改。
〔一二〕衙：原作「御」，據《宋史》卷一一七《禮志》二〇改。
〔一三〕按，以下注文乃《永樂大典》抄自《玉海》卷七〇。

儀，異於《通禮》。明年，詔因入閤讀時令，尋停。

文德殿視朝

【宋會要】

30 神宗熙寧三年六月九日，右諫議大夫、編修《閤門儀制》宋敏求言：「本朝以來，惟入閤乃御文德殿視朝。今既不用《入閤儀》〔一〕，即文德遂闕視朝之禮。欲乞下兩制及太常禮院，約唐制御宣政殿裁定朔望御文德殿儀，以備正衙視朝之制。」詔學士院詳定儀注。學士韓維等以《入閤圖》增損（栽）〔裁〕定，上儀曰：「朔日不值假〔二〕，前五日，閤門關諸司排辦。前一日，有司供帳於文德殿。殿庭東（西）〔面〕，左金吾引駕官一名，四色官二人，各帶儀刀；帶金甲天武官一人，判殿中省一名，排列官一名，扇二，方繖一，金吾仗碧襴一十二人，各執儀刀；兵部儀仗排列職掌一名，押隊員僚二人。黃麾幡一，告止幡八，傳教幡八，信幡八，龍頭竿五十，戟五十。西面，右金吾引駕官一名，四色官二人，各帶儀刀；帶金甲天武官一名，殿中省〔一名〕，排列官一名，扇二，方繖一，金吾仗碧襴一十二人，各執儀刀；兵部儀仗排列職〔掌〕一名，押隊員僚二人。黃麾幡一，告止幡八，傳教幡八，龍頭竿五十，戟五十。天武官兩面共一百人。門外，東面青龍旗一，五嶽旗五，五龍旗十；西面白虎旗一，五星旗五，五鳳旗十。御馬每面五疋，人員二人，御龍官四人。設御（屋）〔幄〕於殿之後閤，及設中書、親王、皇親、百僚等幕次於朝堂。其日左右金吾將軍常服，押本衛仗，判殿中省官押細仗，先入殿庭，東西對列。天武官等分東西排立。

31 諸軍將校分入，北向立。朝堂引贊官引彈奏御史二員入殿門踏道〔三〕，當下殿北向立。次催文武班分入。其判殿中省官本〔位〕起居訖，歸押仗位。次丞郎、尚書、兩使留後、觀察、防禦、團練使、刺〔史〕入，以次序位立。次引兩省官、待制、御史中丞、知雜、三院御史入。次引文武班一品、二品入。次學士并節度使入，立於右省班前。次分引宰臣、（宰）〔親〕王、使相、參知政事入，並東西相向對立。諸軍將校即於殿庭北向立定。其班次並御史臺祇應。皇帝服鞾袍，垂拱殿座，鳴鞭。內侍省都知、押班、供奉官以下、帶御器械等，其入內內侍省、內侍省合公服窄衣，各如儀。祇應諸司使副等，並繫鞵，作一班〔四〕，四拜起居。次進讀奏目客省、閤門使，次通喝對立，覺察失儀引班舍人，次宿衛諸衛、諸班，次管軍臣僚以下，行門指揮使，依朔望常例起居。殿前都指揮使以下起居訖，換窄衣祇候引駕。次引樞密、宣徽使、三司使副、樞密直學士、內客省（吏）〔使〕以下至醫官、待詔，及修起居注官二員，並大起居。排立供奉官以下並先赴

〔一〕既：原作「即」，據《宋史》卷一一七《禮志》二〇改。
〔二〕假：原作「價」，據《宋史》卷一一七《禮志》二〇改。
〔三〕踏：原作「路」，據《宋史》卷一一七《禮志》二〇改。
〔四〕作：原脱，據《文昌雜録》卷三補。

文德殿〔一〕，於文武百僚班北東西排立。有司進輦，皇帝乘輦。樞密、宣徽使、三司使副、樞密直學士、内客省使至閤門副使、樞密都承旨至樞密院諸房副承旨，前導至文德殿後閤，各歸殿上侍立。修起〔居〕注官夾香案相向立於螭陛之下，舍人二員殿庭北向對立，餘並於殿下稍東侍立。司天監奏時刻，閤門奏班齊。皇帝自後閤出殿上，索扇升榻，鳴鞭。扇開簾卷，儀鸞使焚香，喝『文武官就位』，四拜起居。鷄 32 人唱時，舍人於彈奏御史班前西向，喝大起居。御史由文武班後至對立位。次引左右金吾將軍合班於宣制石南大起居，班首出班，躬奏『軍國内外平安』，歸位再拜，各歸東西押班位。通喝舍人於宣制石南北向對立〔二〕，舍人退於西階。次揖宰臣、親王以下，躬通文武百僚、宰臣某姓名以下起居，分引宰臣以下横行。諸軍將校仍舊立。閤門使喝大起居，舍人引宰臣至儀石北，俛伏跪，致詞祝月訖，其辭云：『文武百僚、宰臣全銜臣某姓名等言：孟春之吉，伏惟皇帝陛下膺受時祉，與天無窮。臣等無任歡呼抃蹈之至。』歸位五拜。閤門使揖中書由東階升殿，樞密使帶平章事以上由西階升殿侍立〔三〕。並依圖。給事中一員以知門下封駁事官充。歸左省位立，轉對官立於給事中之南〔四〕。如罷轉對官，每遇御史臺前期牒請，文官二員並依轉對官例，先於閤門投進奏狀。吏部侍郎及刑法官立於轉對官之南；兵部侍郎於右省班南，與吏部侍郎東西相向立定，搢笏，各出班籍置笏上。吏部、兵部侍郎以知審官東西院官充〔五〕，刑法以知審刑、大理寺官充。親王、使相以下分班出。引轉對官於宣制石南，宣徽使殿上承旨宣答如儀〔六〕。次吏部、兵部侍郎及刑法官對揖出。見、辭、謝班自從别儀。次彈奏御史無彈奏對揖出。如有彈奏，並如儀。引給事中至宣制石南揖，躬奏『殿中無事』，喝祇候，揖，西出。次引修起居注官，次引排立供奉官以下，各合班於宣制石南，躬，喝祇候，揖，分班出。喝天武官等門外祇候，出。索扇，垂簾，皇帝降座，鳴鞭。舍人當殿承旨放仗，四色官繖韉急趨至宣制石南，稱奉敕放仗。33 金吾將軍并判殿中省官對拜訖，隨仗出。親王、使相、節度使至刺史、學士、臺省官、文武百僚、諸軍將校等並序班朝堂，謝賜茶酒。皇帝御垂拱殿座，中書、樞密及請對官奏事，不引見、謝、辭班。後殿座不座，臨時取旨。其日遇有德音、制書、御劄，仍候退御垂拱殿座，制箱出外〔七〕。應正衙見、謝、辭文武臣僚，並依御史臺儀制喚班，依序分入於文武班後。以北爲首，分東西相向，重行異位，依見、謝、辭班序位。餘押班臣僚於班稍前押班，候刑

〔一〕「官以下並先」五字原無，據《文昌雜録》卷三補。
〔二〕「向」下原有「立」字，據《宋史》卷一一七《禮志》二〇删。
〔三〕章：原脱，據《宋史》卷一一七《禮志》二〇補。
〔四〕「立轉對官」四字原脱，據《宋史》卷一一七《禮志》二〇補。
〔五〕知：原作「以」，據《宋史》卷一一七《禮志》二〇改。
〔六〕答：原作「達」，據《宋史》卷一一七《禮志》二〇改。
〔七〕箱：原作「厢」，據《宋史》卷一一七《禮志》二〇改。

法官對揖出〔一〕，分引近前揖躬。舍人當殿宣班，引轉對班〔二〕，見、謝、辭〔班〕，並如紫宸殿儀。樞密使不帶平章事〔三〕、參知政事至同簽書樞密院事、宣徽使並立於宣制石稍北，宰臣、親王、樞密使帶平章事、使相係押班者立於儀石南，餘官並立於宣制石南。如合通喚，閤門使引並如儀。贊喝訖，係中書、樞密並揖，升殿，見、謝、辭，揖，西出。其合問聖體者並如儀，餘官分班出〔四〕。彈奏御史候見、辭、謝班絶，對揖出。其朝見，如謝都城門外御筵，及召赴闕〔五〕、謝茶藥、撫問之類，不可合班者，各依別班中謝對。賜酒食等並門賜。其係正衙見門謝辭，亦門外唱放。應正衙見、謝、辭臣僚，前一日依例於閤門投下詣正衙榜子，閤門依例上奏目。其御史臺、四方館正衙狀，亦依例投下。應朔日或得旨罷文德殿視朝，止御紫宸殿起居，其已上奏目，正衙見、謝、辭班並放免，依官品隨赴紫宸殿引。或值改作常朝，文德殿自有百官班日，並如舊儀。應外國蕃客見辭，候喚班，先引赴殿庭東邊，依本國職次，重行【34】異位立定，候見、謝、辭班絶，西向躬〔六〕。舍人當殿通班，轉於宣制石南，北向立，贊喝如儀，西出。其酒食分物並門賜。如有進奉，候彈奏御史出，進奉入；惟御馬及擔牀自殿西偏門入，東偏門出〔七〕。其進奉出入，天武官、起居舍人通『某國進奉』，宣徽使喝『進奉出』，節次如紫宸殿儀。候進奉出，給事中奏『殿中無事』，出。其後殿再座，合引出者，從別儀。其日賜茶酒，宰臣、樞密於閤子；親王於本廳；使相、宣徽使、觀〔於〕〔文〕殿大學士至寶文閣直學士、兩省官、待制、三司副使、文武百官、皇親、使相以下至率府副率，及廂都指揮使已下至副都頭，並於朝堂；如朝堂位次不足〔八〕，即於朝堂門外設次。管軍節度使至四廂都指揮使，節度使、兩使留後至刺史，並於客省廳。」詔從之。

四年五月，初視朝於文德殿。

元豐五年五月十九日，御文德殿視朝。新除職事官未正謝者許立班。

五年十二月二十三日，詔：「正旦朝會日，引駕殿前左右班及人員偯至殿閤，即分立於殿東西，夾行門，立於龍墀東西勾欄內。起居郎、舍人、左右巡使並就本位拜。其起居郎、起居舍人朔日視朝拜亦准此。」《文昌雜録》：後唐莊宗同光元年，中書門下奏：「每日常朝，百官皆拜，獨兩省官不拜。准本朝故事，朝退，於廊下賜食，謂爲廊下飡〔九〕，百官遂有謝食拜。惟兩省官本省有厨，不赴廊飡，故不拜。伏自僖宗幸蜀回，以多事之後，遂廢廊飡，百官拜儀，至今未改，將五十載，禮恐難停。惟兩省官獨尚不拜〔一〇〕，豈可終日趨朝，曾不一拜，獨

〔一〕候：原作「後」，據《宋史》卷一一七《禮志》二〇改。

〔二〕對：原作「官」，據《宋史》卷一一七《禮志》二〇改。

〔三〕使：原作「事」，據《宋史》卷一一七《禮志》二〇改。

〔四〕出：原作「立」，據《宋史》卷一一七《禮志》二〇改。

〔五〕闕：原作「官」，據《宋史》卷一一七《禮志》二〇改。

〔六〕西：原作「面」，據《宋史》卷一一七《禮志》二〇改。

〔七〕偏：原作「西」，據《宋史》卷一一七《禮志》二〇改。

〔八〕足：原作「見」，據《宋史》卷一一七《禮志》二〇改。

〔九〕飡：原作「食」，據《文昌雜録》卷三改。下「廢廊飡」同。

〔一〇〕兩：原作「西」，據《文昌雜録》卷三改。

於班列有所異同？若言官是近臣〔一〕，於禮尤宜肅敬〔二〕，自今已後〔三〕，逐日常朝宣不坐，其兩省官與東西兩班並齊拜。」從之。至明宗天成元年五月，內出御札一封，賜宰臣曉示文武百僚，每日正衙常朝外，五日一度赴內殿起居。其後遂以爲常，非故事也〔四〕。皇朝百餘年，未遑刊正謬誤。今上熙寧五年，方講朔日文德殿視朝立仗之儀。

35 哲宗紹聖元年二月十四日，禮部言：「閤門奏，三月朔日文德殿視朝。緣元豐三年四月十八日有旨，俟過諒闇依舊。」詔依元豐三年例。

高宗紹興十二年十月二十七日，臣僚言：「望詔有司講求祖宗故實，常朝、視朝、正衙、便殿之儀，舉而行之，用稱萬邦百辟尊君之心。」禮部、太常寺、閤門討〔論〕在京日御殿節次：「朔日文德殿視朝，紫宸殿日參、望參，垂拱殿日參、四參，假日崇政殿坐，聖節垂拱、紫宸殿上壽。若依所請，欲乞先次宰臣率百僚拜表，奏請皇帝御正殿視朝。」從之。既而御史臺請以射殿作崇政殿，遇朔望，權安置幕帳門作文德、紫宸殿。或有相妨去處，隨宜排立班次。每遇宣赦書、德音、麻制，崇政殿就充文德殿，集百官立班聽宣。及羣臣拜表，聽御劄批答，以崇政殿權作文德殿，東上閤門立班。其垂拱殿四參，依儀即於殿門外鋪設位版。以駐蹕殿宇未備，故有是請。王應麟《玉海》：天禧五年十月十日，中書、密院請準故事，五日一御便殿。《皇祐編敕》：正衙常朝及橫行，並宰臣立班。常朝日，輪宰臣一員押班。祥符初敕：宰臣依故事，赴文德殿押班。治平四年五月癸未，詔春分、秋分候辰正牌上，垂拱殿視朝未退，宰臣更不過文德殿押班。初，沿唐故事，百官日赴文德殿，宰臣押班，謂之常朝。休假三日以上，內殿起居官畢集，謂之橫行。宰臣以下應見、謝、辭者，皆先赴文德殿，謂之過正衙。宋楊傑《奏請罷文德殿常朝官狀》：「儒林郎、守祕書省著作佐郎〔五〕、充太常禮院主簿臣楊某奏：謹按《周禮》，宰夫掌治朝之法，以正王及三公〔六〕、六卿、大夫、羣吏之位。王眂治朝，則太宰贊廳治。又案《禮記》曰：視朝於內。朝臣辨色，始入內朝，及路寢門之外朝。羣臣治事，王者日於此以聽視之，故亦謂之治朝也。《唐六典》曰：凡京司文武職事九品以上，每朔望朝參；五品以上及供奉官、員外郎、監察御 36 史、太常博士每日參，謂之常參官。斯皆文武之有職事趨于朝，天子御宣政，或御紫宸，以視朝聽治，蓋沿周制也。其無聽職事，則無常參班次。故《會要》所載，如本官不是常參官，并憲官是攝者，惟聽於御史班中辭見。乃知辭見之日即入朝，自餘不入朝矣。今乘輿常日御紫宸，或御垂拱，見內朝之臣，聽天下之治，遵用周、唐故事，無不協于典禮。而其文德常朝官，考之載籍，似未爲得。於周則非公卿、大夫、羣吏治事者之比，於唐則異京司文武職事之官。竊聞其間多是待次之人，久在旅瑣，日趨闕庭，勞乏可惻。加之累歲以來，常候宰臣奏事退赴押班，或遇辰正牌上，方得放班。近者伏聞德音，令今後御史臺候垂拱殿坐，即一面放班，中外相傳，莫不稱頌。嚮非陛下至仁盛德，矜察微隱〔七〕，何以及此！以臣愚見，其文德殿常朝官在京未有職事，於禮可免常參〔八〕。伏乞朝廷特與放罷，或秖令赴朔望起居。其賀謝辭見及京司百官五日一赴起居者，自依定制。如此，則於周、唐舊儀，兩以爲得。臣雖賤愚，備員禮局，有所聞見，不敢不言。謹具狀奏聞，伏候敕旨。」（以上《永樂大典》卷五三五二）

〔一〕若：原作「君」，據《文昌雜録》卷三改。
〔二〕尤：原作「又」，據《文昌雜録》卷三改。
〔三〕自：原作「起」，據《文昌雜録》卷三改。
〔四〕故：原作「欲」，據《文昌雜録》卷三改。
〔五〕佐：原作「左」，據《無爲集》卷一五改。
〔六〕及：原作「公」，據《無爲集》卷一五改。
〔七〕矜：原作「於」，據《無爲集》卷一五改。
〔八〕於：原作「放」，據《無爲集》卷一五改。

宋會要輯稿　儀制二

常參起居

【宋會要】

[1] 國朝之制，垂拱殿常朝，皇帝初座，內侍省都知、押班率內供奉官以下及寄班等先起居。次客省〔一〕、閤門使以下。呈進目者。次三班使臣。節度、觀察、防禦、團練使、刺史等子弟充供奉官、侍禁、殿直，有旨令預內朝起居者。次內殿當直諸班。殿前指揮使、左右班都虞候以下〔二〕，內殿直、散員〔三〕、散指揮、散都頭、金槍班等〔四〕。次長入祗候、東西班殿侍。次御前忠佐〔五〕。次殿前都指揮使率軍校至副指揮使。次駙馬都尉。任刺史以上者綴本班。次諸王府僚。次殿前司諸軍軍使、都頭〔六〕。次皇親將軍以下至殿直。次行門指揮使率行門起居。以上並內侍贊喝〔七〕。如傳宣前殿不座，即宰臣與樞密使、觀文殿大學士以下至寶文閣直學士、三司使、中書舍人、三司副使、直龍圖閣、侍講、諫官、修起居注、如他官糾察在京刑獄、知東西審官、勾當三班院、知通進銀臺司、審刑院或三司、開封府判官、推官、審刑詳議官當奏事者亦赴。皇城內監庫藏朝官、橫行及東西班諸司使副、內殿承制、崇班、供奉官、侍禁、殿直、翰林醫官、待詔〔八〕、醫學、藝學等同班入。中書舍人乾德後始令赴內朝。三司判官太平興國前赴內殿，其後罷之，止隨百官五日起居。起居畢，宰臣、樞密、宣徽使升殿侍立，餘官並出。次親王。次侍衛親軍馬步軍都指揮使率軍校至副指揮使。次使相。次節度使。次統軍。如大將軍、上將軍特恩入赴內殿起居者，次統軍而入。次兩使留後、觀察使。兩使留後、觀察使特恩令綴節度使班者，即差後立。次防禦、團練使、刺史。次侍衛馬步軍軍使、都頭。起居訖，宰臣、樞密、宣徽使升殿。少頃，樞密、宣徽使並退。宰臣奏事。次樞密又奏事。如其日百官五日起居，即宰臣、中書舍人、直[2]龍圖閣以下至知起居注、皇城內監庫藏官不入，並隨大班起居。俟侍衛馬步軍軍使、都頭班退，次左右巡使入。次閤門使引宰臣、文武班分東西入，赴殿庭起居訖，宰臣升殿侍立。俟巡使出，樞密、宣徽使並退，宰臣奏事。餘如上儀。凡內殿起居日，止兩拜；朔望或連假三日，皆舞蹈。自十月朔至二月朔，每大起居，並賜茶酒，序班于殿門外，再拜訖，集于朝堂。凡紫宸殿常朝，則樞密使以下先就班，俟升座諸司使副以下至殿直分東西對立，餘並北向。起居訖，樞密、宣徽使、觀文殿學士、樞密直學士、三司、內客省使升殿侍立。樞密、宣徽升自西階，三司、客省升自東階。初升殿者再

〔一〕省：原脱，據《宋史》卷一一六《禮志》一九補。
〔二〕「班」字原脱，「候」原作「侯」，據《宋史》卷一一六《禮志》一九補改。
〔三〕散員：原脱，據《宋史》卷一一六《禮志》一九補。
〔四〕「金」原作「全」，「等」原作「頭」，據《宋史》卷一一六《禮志》一九改。
〔五〕前：原作「史」，據《宋史》卷一一六《禮志》一九改。
〔六〕頭：原作「使」，據《宋史》卷一一六《禮志》一九改。
〔七〕上：原作「下」，據《宋史》卷一一六《禮志》一九改。
〔八〕詔：原作「制」，據《宋史》卷一一六《禮志》一九改。

拜而後升。熙寧三年，罷觀文殿學士立殿。餘官並出。次親王以下至侍衛軍使、都頭，凡八班。次左右巡使。次宰臣率文武班入，並如垂拱之儀。宰臣與樞密分東西侍立。次行門殿值入。俟皇帝降座，並退。後詣垂拱殿奏事，如常儀。如紫宸座日，非百官起居，即宰臣亦在後入。凡崇政殿假日皇帝初座，内侍省都知以下起居。勾當軍頭司、禮賓院官亦同班。次客省、閤門使以下。呈進目者。次殿前馬軍步軍都指揮使至四廂都指揮使。次御前忠佐、馬步軍都頭以下〔一〕。次殿前指揮使、都虞(侯)〔候〕以下。次東西班都知以下。次軍頭司員僚。次皇親將軍以下。次行門殿直。次通事舍人引宰臣、樞密使以下、三司使副、觀文、樞密直學士、知開封府、内客省使、知起居注官、客省使以下、樞密都承旨、通事舍人、皇城内監庫藏朝臣〔二〕、諸司使使臣等〔三〕。並同一班。學士、知制誥以下朝臣應有公事奏覆者，復同此班。次親王。並起居訖，奏事如常儀。宰臣以下皆具鞾笏，諸司使臣以下悉繫 3 鞾。凡晚朝，宰臣、樞密、翰林學士當直者洎近侍執事之臣皆赴。國初用此制，後罷之。今惟太廟、青城致齋日晚朝如故。

【宋會要】

4 太祖乾德二年正月十二日，内殿起居無宰相，太子太師侯章爲班首。前一日，司徒、侍中范質罷爲太子太傅，司空兼門下侍郎、平章事王溥罷爲太子太保，樞密使、右僕射、同平章事魏仁浦罷守本官故也。

八月五日，詔百官内殿起居日，兩省、御史臺官分班於殿庭東西相向立，金吾將軍各在本班之上，中書舍人自今日赴内朝。先是，臺省官、金吾將軍俱爲侍從班，每内殿起居，横行立於一品之前。時王溥罷相爲太子太保，太祖見溥立於臺省官後，謂左右曰：「溥故相，爲東宫一品，安得在拾遺補闕之後乎！」遽命分之。

【宋會要】

5 太宗太平興國九年九月四日，詔：「常參官廨宇及監臨處在新城外者，及諸軍營在新城外者，軍使、都頭以下並五日一起居，副指揮使以上即依舊。」

雍熙二年十二月十三日，詔：「文武常參官以疾請告，經三日以上者，御史臺具名以奏，當遣醫官診視。如或妄託，即行朝典。」

端拱元年閏五月，閤門言：「準詔，永清軍節度使、駙馬都尉王承衍以下令赴前殿起居。其鄜州觀察使、駙馬都尉吳元扆自來與承衍長春殿一班起居，取進止。」詔元扆、承衍前殿一班起居。

淳化元年五月二十六日，詔：「兩省官併帶職或監臨物務者，自今疾病請假，令於中書下假牒押日後送本省。三日已上未朝參，仰本省具聞，當遣醫診視。如無假牒不赴常朝并五日起居，横行參假及非時追班慶賀不到，即本省聞奏；内殿起居不到，閤門糾舉奏聞。」先是，三司度支判官李

〔一〕軍都：原倒，據《補編》頁九二乙。
〔二〕朝：原作「頭」，據《補編》頁九二改。
〔三〕司：原作「使」，據《補編》頁九二改。

若拙不赴起居，不到省商量公事，下御史臺取勘，乃下是詔。

七月十日，詔：「右監門衛將軍柴嘉榮令預後殿起居。」嘉榮頃自應州歸順，尋授檀州刺史、來化指揮使。至是擢升環衛，俾赴內朝，蓋優之也。

二年六月十日，詔：「應兼內廷職務朝官等，除逐日後殿起居外，每遇內殿起居日，並須隨宰臣赴本班，各依官位資序排班。」

十三日，詔：「文武百官在京監當及主判公事〔一〕，除合免得常朝外，有內殿起居、橫行參假、入閤、非時慶賀、侍宴、正冬仗、御樓、御殿、承天節行香、衆集議事、城外立 6 班、國忌行香，並令赴班。如實有公事急速赴班不及，即具公文報臺。或公然託故，稍涉不恭，臺司糾舉施行。」

二十日，詔：「三司職官、翰林侍講、侍讀、諸王府侍講、諮議、翊善、記室及監左藏庫朝官等，每遇五日起居及承天節、冬正仗、御樓、御殿、非時慶賀、橫行參假、國忌行香，依舊儀並綴宰臣大班。」

二十九日，侍御史知雜事張郁言：「內殿起居〔二〕，百官皆無幕次，止權歇於客省、閤門使廳吏舍，及聚立廊下。欲望自今前一日，於東上閤門內東北兩廊預設幕次。」從之。

【宋會要】

7 至道三年二月二十三日，閤門言：「寒食假開，文武百僚只於崇政殿依常參起居，宰臣、太子、親王、樞密使、見任節度使、內外馬步將校分爲七班。後遇五日起居，亦於後殿。」從之。時太宗不豫故也。

真宗咸平二年六月，詔：「文武官五日起居及國忌行香、橫行參假，如有稱疾請〔假〕，令御史臺密察實否。如託故，即牒差醫官看驗以聞。內監當倉場，慮妨滯人户輸納者，即許臨時申狀〔三〕。」

四年閏十二月二十日，御史臺言：「舊例，假三日，羣臣並赴文德殿橫行朝參。近日以內殿起居不赴，望申舊制，以肅朝儀。」詔自今並許彈奏。

五年十一月二十一日，詔左衛將軍、恩州刺史、駙馬都尉柴宗慶令赴內殿起居。六年，右衛將軍、駙馬都尉王貽永，大中祥符六年，左龍武將軍〔四〕、駙馬都尉李遵勗並用此例。

十二月，詔：「每起居賜臣僚茶酒日〔五〕，委御史一人與中使、閤門祗候同鈐轄，翰林司盡所破料例供應。」

景德元年正月十三日，御史臺言：「請百官內殿起居日，令引贊官一人於殿門裏伺候，報班祇應。」從之。

十二月十日，車駕駐澶州河北行宮，免本州諸軍將校

〔一〕當：原作「常」，據《補編》頁九四改。
〔二〕殿：原作「班」，據《補編》頁九四改。
〔三〕許：原作「計」，據《補編》頁九四改。
〔四〕左：原作「在」，據《補編》頁九四改。
〔五〕起：原作「日」，據《補編》頁九四改。

每日起居〔一〕。以移軍河南，使就便董率也。

二年九月八日，詔：「應三館、秘閣、主判尚書省諸司、諸寺監朝官等，除已赴内殿起居外，並令赴常朝。其審刑院、大理寺臺直官、開封8府判官、推官、知縣、司録、判司天監、五官正、帶翰林天文、知筭造，并監在京倉場庫務、勾當糧料院朝官等，並依舊免常朝。」先是，光禄寺丞錢易上言，請文武百寮並赴常參，命有司詳定。乃下是制。

十一月三十日，左巡使艾仲孺言：「文武百官内殿起居日，文班先入殿門者只於階下近南立班，遂致後下階者難爲排立，臺司職掌人無例得至殿庭。乞下閤門，遇起居日，輪差閤門祗候一人於殿門階下排整班序。」從之。

三年八月十三日，詔：「起居日所賜軍校茶酒，如聞有司闕於檢校，宜令内侍副都知閻承翰差使臣監領省視〔二〕。其崇政殿賜番部酒食，亦令監殿門使臣督領其事。」

九月十六日，詔：「修長春殿，逐日皇帝於崇政殿坐，臣僚依長春殿例次第入起居。宰臣、知樞密院事已下依前殿不坐例起居，供奉官更不排立〔三〕，殿上祗應喝進奉依長春殿例不祗應。」

十月二十九日，詔：「長春殿修畢，依舊於前後殿起居。」

四年八月十四日，御史臺言：「文武百官五日内殿起居〔四〕，文班（丞）丞郎及百官班次多立班不正，或近東，或近南。殿門階側逼隘，甚有難爲拜跪者。臺司知班公吏緣不得至殿庭祗應，乞下閤門，每遇起居，專差通事舍人一員排連班次，那容近西立班。所貴東西臣寮拜舞稍便。」從之。

【宋會要】

9大中祥符二年四月十一日，詔：「朝堂立班及起居入長春門立班〔五〕，御史臺差引接排班人吏，及僕射以上差朝堂人吏引就班列者，一如舊制，無得於所差人數外更帶人入長春門。」

二十九日，詔：「自今宰臣依故事赴文德殿常朝立班。」

四年三月一日，祀汾陰迴，次陝州，放百官沿路起居，令先赴西京。

六月，詔：「自今常朝并起居，臣寮七人以上不到者，具官位姓名聞奏取旨，仍於朝堂告示百僚。」

八月，詔：「應常參文武官每日趨朝，並令早赴待漏院，候開内門，百官齊入。委知班驅使官二人常在正衙殿門視察，如有日出後方入朝堂者，以名聞。應稱病請假者，令御史臺據自來多請病假者，相度得别無疾病，具奏，乞差醫官看治。如顯託疾，即具狀彈奏。」

〔一〕免：原作「充」，據《長編》卷五八改。
〔二〕翰：原脱，據《補編》頁九五補。
〔三〕供：原作「依」，據《補編》頁九五改。
〔四〕居：原脱，據《補編》頁九五補。
〔五〕門：原作「院」，據《補編》頁九五改。

五年正月十九日，詔：「每歲十月朔後内殿起居，皆賜茶酒〔一〕，頗聞班至朝堂，所由司並不宿設，蓋御史、閤門曠職之故。又禁軍員僚逐日起居，所給茶酒亦不豐潔，自今當切戒之。」禁軍指揮使月給隨食酒，故不賜茶酒；都頭、軍使而下無隨食酒〔二〕，故因起居賜之。

二十二日，詔：「每遇起居，喝賜軍員茶酒，仰内侍省今後具四時合賜茶酒日數〔三〕，預前一日告報翰林、儀鸞司，令先備座物、酒菓。如遇喝賜，便排當監散。使臣點檢，盡料供給。仍仰閤門、皇城司覺察，如敢違慢，具事由聞奏，當議勘斷。」

二十八日，詔：「自今每遇百官起居合賜茶 10 酒，仰御史臺前一日牒報翰林、儀鸞司，令準備祗應。」

七年七月，詔：「應臣僚合赴常參，特令内殿起居及主判職司，特免常朝。五日一綴本班起居外，只有横行赴文德殿前立班，至日多以上殿奏呈公事及引見人爲言而不赴者。自今凡遇横行拜表、進名、行香，除宣召及本職合赴後殿祗應〔四〕，或急速公事外，其餘並須赴本班。如常程合上殿奏事及引見人〔五〕，仍候次日〔六〕，違者御史臺彈奏。」

八年四月二十七日，詔：「百官自拱宸門入，赴崇政殿起居，但不舞蹈。其鳴鞭、立殿文武班次一如長春殿之儀。」時大内火，權(折)〔拆〕長春殿兩廊，以絶火道也。

六月九日，御崇德殿，百官起居退，輔臣詣長春殿奏事如舊儀。

十一日，詔：「開封府自今應取勘文班升朝官以上、使臣殿直以上罪犯，不計輕重，從府司牒報閤門，勒住朝參，候公事斷遣了日，許令依舊。」

八月三十日，詔：「自今文武臣僚爲公事取勘，候罰放了日，令元取勘處晝時關報閤門及曉示本人，限五日内謝恩。如出限者，具名聞奏。」

天禧四年三月十四日，右司諫、直集賢院祖士衡上言：「常朝起居日長春、崇德殿，假日後殿，中書、樞密文武合班，而有閤門祗候一員在班前隨班再拜，側立贊喝。欲請自今令通班閤門祗候在前殿則與内殿供奉官已下同起居，後殿與軍頭司官同起居，然後立殿庭贊喝。」從之。

十月十五日，詔：「應軍使至副都頭，自十月一日後三日一度 11 起居，賜茶酒。前、後殿起居，即依例喝賜。遇雙日及放起居不坐，並亦給賜，至來年二月一日住賜。其文武百官每五日所賜茶酒，依舊例支給。」

【宋會要】

12 仁宗天聖元年七月二十九日，詔：「殿前都指揮使蔚

〔一〕皆：原作「海」，據《補編》頁九五改。
〔二〕食：原作「酒」，據《補編》頁九五改。
〔三〕時：原作「十」，據《補編》頁九五改。
〔四〕召：原作「昭」，據《補編》頁九六改。
〔五〕及：原作「又」，據《補編》頁九六改。
〔六〕日：原作「者」，據《補編》頁九六改。

昭敏今後與免前後殿起居，只奏萬福。」以昭敏患脚膝故也。

八月，詔閤門：「應文武臣僚有服藥并假故不赴起居，即時關報入内内侍省。」

二年八月十六日，上封者言：「諸司使、副使以下起居，多不整齊，或樞密使再拜未畢，後班先各舞蹈呼萬歲，前後諠譁，略無次序，無覺舉者〔一〕。」宣旨：「宜令閤門差人整肅。仍曉示諸司使以下，應内殿起居臣僚等，每遇起居，入殿門並須端謹，不得喧嘩，依班次排立。同樞密使起居，拜舞呼萬歲，班退，亦須整肅。稍涉慢易，仰閤門糾舉聞奏，當行朝典。閤門失於糾舉，使、副使等並勘罪施行。」

六年六月二十六日，免常朝官屯田郎中閭丘夢松等七人稱疾不赴朝參罪。詔御史臺，復有七人以上不到者論如法。

七年三月二十六日，東上閤門使李昭亮等言：「今雙日不坐，每月仍多假故，赴起居者不過十日，而臣僚請假不赴，月有至五六次者。欲乞除請將治假外，請朝假過三度者依不赴起居例責罰。其三班使臣乞下宣徽院察舉。」從之。

景祐二年十月二十七日，御史臺言：「諸衛大將軍、將軍並係三品一行序立，諸衛率府率、副率並係四品一行序立。今新除皇親諸衛大將軍、將軍八十五員，諸衛率府率、副率五十一員，緣皇親大將軍以下並内殿起居員數13稍多，殿庭難爲排立，及非次曲宴，殿上窄隘，亦是一行座次不得。」詔大將軍、將軍、率府率、副率品序排立，如殿庭窄隘，即重行。

寶元二年六月四日，詔：「宗室遥郡并大將軍以上遇朔望，令其長一人入内參起居。」

慶曆三年八月六日，詔諫官日赴内朝起居。

皇祐三年八月，詔閤門：「自今如有雨雪，便令上廊祗候，及開殿門引喝起居，永爲定式。」

至和元年八月十二日，詔觀文殿大學士、兵部尚書晏殊五日一赴内殿起居。

九月八日，彰德軍節度使、兼侍中、駙馬都尉王貽永言〔二〕：「奉詔許朝朔望，恩禮優絶。今足疾漸損，乞五日一奉朝。」從之。

十月二十五日，詔：「樞密使王德用高年，日入朝謁，其特免拜。」

嘉祐元年十一月二十三日，樞密使王德用罷，復兼同羣牧制置使，聽五日一詣崇德殿參起居，仍許其子若孫扶掖之。

四年六月二十四日，御史臺言：「據左右巡使邢夢臣等狀：『内殿起居，文武百官雖於殿門外令本臺引贊官依官位叙班立定，及入殿庭，引贊官無例入殿庭引揖，是致交雜，並不依序立班次。況殿庭立班，自係閤門管勾祗應并

〔一〕者：原脱，據《補編》頁九六補。

〔二〕言：原脱，據《補編》頁九七補。

諸般失儀彈奏。欲乞今後逐次起居，先以本臺知班三五名依次排定，引撥入殿門；乞令閤門祗候三五員於殿庭裏管勾引接。仍乞於紫宸、垂拱兩殿庭石位鐫定班次。其諸般失儀，即令巡使同閤門官員覺察彈奏。百官三次失儀〔一〕，乞與理爲過犯。」14 詔下閤門與御史臺同詳定以聞。今同參詳到下項：文武百官起居日，本臺知班、引贊官依官次排定，即序班入殿門〔二〕，令閤門祗候三員殿庭引揖〔三〕。各依官位，從北爲首，分定班次，聽側宣訖，揖，就北面位，並依上項序班就立。其引贊官一名，只依閤門舊例，至殿屏照管。紫宸、垂拱兩殿比舊來起居并側宣位各那稍前，逐班鐫定石位。閤門覺察舍人依左右巡使東西分立，同覺察失儀者。其出班彈奏，並依舊儀。左右巡使與覺察舍人不糾，即依舊儀制。閤門使彈奏百官起居班內諸班失儀，欲依慶曆七年八月內本臺起請，據勘到情理，分公私定斷，私罪即理爲過犯。文武百官起居儀制，並依官品序立。緣承久例，只依官位序班〔四〕，恐難更改。今只依舊以官位排定班次，員多者即許重行，員少者合作一班序立。」從之。

五年九月，詔：「今後差下陝西、河南、河東總管、駐泊，鈐轄、都監并管勾兵甲、知州等，自授命後，便罷在京職務，更不赴朝參，限半月內朝辭進發。曾任中書、樞密院官，令奏赴起居。宣徽使、管軍臣僚授外任差遣，且赴起居，候朝辭即不赴。已正衙辭，雖未朝辭，更不赴起居。應赴臺參謝臣僚內有合赴內殿起居者〔五〕，先入起居訖，方赴朝堂參謝。」

八年二月十五日，閤門言：「自來百官五日一次起居，如值放朝參，以次隻日作起居。欲乞今後遇放朝之類，以放日爲始，別實理五日。」從之。

15 英宗治平元年五月二十一日，詔曰：「夫尊尊而親親，人道之極也。有若諸父，保有賢德，以藩屏於王家。朕承大統，思廣骨肉之恩，以風天下，匪尊遇之，何以見愛乎！皇伯東平郡王允弼、皇叔襄陽郡王允良、寧國軍節度使、同中書門下平章事允初其免常朝，五日一次赴起居。」〔六〕

【宋會要】

16〔神宗〕熙寧二年九月十一日，閤門言：「知制誥吳充權三司使公事。勘會三司使合綴樞密使班起居〔七〕，上殿侍立；知制誥遇紫宸殿起居〔八〕，綴中書門下班。」詔遇紫宸殿起居日，三司使令侍班，即綴樞密使班。

三年八月二十五日，閤門言：「自來兩制以上帶外任

〔一〕儀：原作「宜」，據《補編》頁九七改。
〔二〕門：原作「同」，據《補編》頁九七改。
〔三〕揖：原作「損」，據《補編》頁九七改。
〔四〕依：原作「例」，據《補編》頁九七改。
〔五〕合：原作「臣」，據《補編》頁九七改。
〔六〕《補編》頁九八此下注云：「以上《國朝會要》。」
〔七〕勘會：原倒，據《補編》頁九八乙。
〔八〕知：原脱，據《補編》頁九八補。

差遣時暫到闕，朝見訖，並不赴起居〔一〕。諸司使副即却並赴起居，體例不同。」詔並令赴起居。

九(日)〔月〕〔二〕，編修閤門儀制所言〔三〕：「中書臣僚行事畢，並奏隨班起居，自餘臣僚無文。今參詳應祠祭及諸行事畢〔四〕，並合隨班起居〔五〕，并上奏。」從之。

十一月，樞密院言：「御史臺申，舊制，諸司使副、承制、崇班内差攝將軍二十人〔六〕，内有差遣者直申臺，不赴立班，是致武班闕官。乞今後差攝將軍，如授差遣，候別差到官，方得不赴常朝；如急速差遣，乞降指揮照會，方能免罷。」詔今後係將軍使臣，如授差遣，須候別差到人替，方得朝辭及不赴常朝。仍令審官西院限五日内差官承替。

四年五月六日〔七〕，詔：「今後百官起居，令御史臺將帶引贊官并副引贊官共二人入垂拱殿，依閤門承受體例，板壁外祇應。」

七月二十一日，閤門言：「勘會三班使臣、供奉官以下至殿直，並係逐日合赴起居。竊緣近歲人數倍多，趨就班列，殿庭壅隘，頗成喧冗〔八〕。欲乞除排立使臣依舊外，餘供奉官以下至殿直，並只令朔望并北朝人使見辭紫宸殿綴班起居 17 ；遇文德殿坐朝，綴樞密使以下大班，垂拱殿起居畢先退。」從之。

十月六日，詔：「中書、樞密院來日入東西府時辰有礙，與免起居，令以次官押班〔九〕。」

十一月一日〔一〇〕，詔：「中書門下自今文德殿常朝，候垂拱殿坐，令御史臺一面放班。」

十二月十八日，詔：「諸伎術官除帶升朝官及諸司使副各隨所帶官赴朝會起居外，餘依供奉官例〔一一〕，並令朔望并北朝人使見辭紫宸殿綴班起居〔一二〕。」

十年九月二十七日，閤門言：「前後殿祇應臣僚兵吏等，有執事御前並不起居者，欲乞應諸班職掌各著起居之次。」詔係衛士者並行起居。

元豐三年二月八日，詔：「高麗進奉使五日一赴崇政殿起居，班常起居後。」

五年四月十八日，殿前司言：「御龍骨朵直、弓箭直、弩直、東西班、招箭班日赴崇政殿祇候，遇放朝參改御延和殿，諸班都虞候、指揮使押班，在東華門、謻門、橫門排

〔一〕並：原作「並並」，據《補編》頁九八刪。
〔二〕九月：原作「九日」，據《補編》頁九八改。
〔三〕所：原脱，據《補編》頁九八補。
〔四〕參：原作「岑」，據《補編》頁九八改。
〔五〕合：原作「命」，據《補編》頁九八改。
〔六〕崇：原作「察」，據《補編》頁九八改。
〔七〕五月：《補編》頁九八作「正月」。
〔八〕喧：原作「宣」，據《補編》頁九八改。
〔九〕押：原作「揮」，據《補編》頁九八改。
〔一〇〕一日：《補編》頁九八作「十一日」，疑此脱「十」字。《長編》卷二一八此條則只作「是月」。
〔一一〕奉：原作「俸」，據《補編》頁九八改。
〔一二〕令：原作「令令」，據《補編》頁九八刪。

立〔一〕，距後殿且二里。乞依御龍直例，入拱宸門，赴延和殿迎駕起居。」從之。

五月二日，御史臺、閤門言：「開封府諸曹官〔二〕、左右軍巡、兩廂官、赤縣丞係比類附班，得預朝參。其秘書省校書郎〔三〕、正字，太常寺協律、奉禮郎、太祝、郊社令，三學博士、五監主簿，皆執事官，雜壓亦在赤縣丞之上，而獨不預。欲自今並令朝參。」從之。

七月七日，詔：「開封府推、判官以下至開封府祥符縣丞，寄禄官未陞朝者，比類在京職事官，並赴起居朝會。」

十二月二十四日，御史臺言：18「準詔，遼使見辭日，並特起居。其前後三日内當起居權罷〔四〕。二十六日，紫宸殿遼使見，來年正月六日垂拱殿朝辭。若各用本殿班〔五〕，即見日望參班赴，辭日六參班赴。」詔並用望參班。

七年六月十四日，户部尚書王存言〔六〕：「自官制行，户部尚書、侍郎領三司長貳職事，止赴前殿起居，惟知開封府依舊赴後殿。緣知府於後殿非供奉職司，而實廢決事時刻。」詔自今知開封府免後殿起居。

八年二月二十七日，詔：「諸三省〔七〕、御史臺官、寺監長貳，開封府推、判官六參，職事官赤縣丞以上、寄禄陞朝官在京釐務者望參〔八〕，不釐務者朔參。」

八月六日，詔：「朔、望皇帝御前殿合赴起居官，次日赴延和殿垂簾起居。」從御史中丞黄履請也。

哲宗元祐元年十一月二十六日，詔：「自今北朝人使見辭日，令朝參官起居〔九〕。」

十二月二十八日，中書省言：「元豐五年四月七日條，契丹使見辭日，並特起居。其前後三日内合起居權罷。」詔今後人使見辭，前後三日内除朔望參外，起居權罷。

四年十月十八日，户部尚書呂公孺言：「朝謁之制，曰日參、六參、望參、朔參〔一〇〕，其未有差遣陞朝官並朝參。緣每歲朔參〔一一〕，除假故外，遇視朝日方赴，其朝臣中頗有自元豐年出外，近到京參部未久，復授差遣出外者，於朝儀元不知習。乞以望參爲六參，朔參爲望參，别不增損儀制，於職事亦無妨廢〔一二〕。」詔禮部、御史臺、19閤門同共詳定以聞〔一三〕。其後詔朔參官兼赴望參，望參官兼赴六參〔一四〕。

〔一〕横：原作「權」，據《長編》卷三二五改。
〔二〕曹：原作「臺」，據《補編》頁九九改。
〔三〕郎：原作「初」，據《補編》頁九九改。
〔四〕當：原作「宜」，據《長編》卷三三一改。
〔五〕班：原脱，據《長編》卷三三一補。
〔六〕句首原衍「詔」字，據《長編》卷三四六删。
〔七〕三省：原作「三司」，據《長編》卷三五一改。
〔八〕者：原作「官」，據《補編》頁九九改。
〔九〕朝參：原作「朔望」，據《長編》卷三九二改。
〔一〇〕朔：原作「朝」，據《長編》卷四三四改。
〔一一〕緣：原作「係」，據《長編》卷四三四改。
〔一二〕亦：原作「不」，據《長編》卷四三四改。
〔一三〕聞：原作「開」，據《長編》卷四三四改。
〔一四〕兼：原作「並」，據《長編》卷四三四改。

【宋會要】

20 徽宗崇寧二年五月二十一日，詔殿中省官並赴內朝參，假日亦赴。

大觀元年十一月十四日，臣僚上言：「伏見近日六參官及釐務望參官遇起居日輒以病免，以致班列蕭疏。欲乞今後六參及釐務望參官非在病假，不妨入局；止是爲免朝請假連三次，及一歲通計及五六次者，本臺聞奏，乞與外任差遣。有因請免朝參假，其日不廢看謁，許本臺覺察彈奏。」從之[一]。

高宗紹興二年正月一日，閤門言：「車駕移蹕臨安府，沿路遇忌辰日，臣僚並免起居。」

二十九日，御史臺、閤門言：「車駕移蹕臨安府，百官趁赴朝參，若值雨雪，殿内向無南廊，其四參官係於南閣子内起居。若更令百官立班，委是窄隘。今相度如值雨雪，宰執、使相、前宰執、太尉於簷下立班，侍從、兩省、臺諫、正任管軍、横行御帶、閤門應奉官等於南面閣子内立班。内文(武)[臣]卿監、郎官以下，(文)[武]臣武功大夫以下，並於殿門外立班。」詔文臣卿監、郎官以下，武臣武功大夫以下並於東西兩廊立班，餘並依。

十二月六日，太尉、定江昭慶軍節度使、神武右軍都統制張俊言[二]：「見係管軍職任，望許依三衙管軍例，每遇朝參，由皇城北門入出[三]。」奉御寶批依。

五年閏二月二十五日，詔管軍遇救火日免朝參。

三月九日，詔天寧節、乾(隆)[龍]節(開)[啓]滿散道場，權免常參、六參官起居。從宰相趙鼎請也。

九月五日，詔御試唱名，六參官免赴起居。

21 九年二月三日，御史中丞勾龍如淵言：「比來每遇朔望或六參日，(令)[合]赴官類多託疾在告不赴，小者因循，大者偃蹇，班列蕭疎，甚非所以恭臣職、隆朝序之意。望申戒在位，以肅廷儀。仍從本臺將在告最多之人(刻)[核]實奏彈。」詔依(表)[奏]，仍出牓朝堂。

二月二十六日，御史臺言：「準條，朔參用釐務、不釐務通直郎以上，望參用釐務通直郎以上，宣制、非時慶賀以望參官，餘並以朔參官赴。昨申請添用行在承務郎見任寺監主簿以上職事官，緣即今殿庭窄狹，及值雨上廊有擁阻，拜跪艱難，欲依條止告釐務通直郎以上趁赴。」從之。

五月十三日，詔：「今後帶軍職非主管三衙公事，遇合赴起居立班，令履笏立本官班[四]。」時以張中彥帶龍神衛四廂都指揮使，故有是詔。

十二年三月一日，詔：「普安郡王出外第，朔望日赴起居，於太尉後、外官節度使前起居。」

八月十八日，詔：「人使見辭，不作常朝，今後依此。」

[一]《補編》頁一二〇此下注云：「以上《續國朝會要》。」
[二] 張俊：原作「張浚」，據《補編》頁一二〇改。
[三]「由」原作「内」，「城」原作「機」，據《補編》頁一二〇改。
[四] 立：原作「主」，據《補編》頁一〇〇改。

十三年二月十一日，詔張俊、韓世忠、韋淵並特令趍赴六參起居。皆以在京宮觀奉朝請故也。

十七日，詔：「殿前司統制、統領、將佐、使臣等係從軍差遣，每日趍赴閱教，多在城外置寨。見、謝、辭已依（議）〔儀〕外，應朝參特免趍赴。」拜表、國忌行香、開啓滿散等並同此制，步軍司亦依此。

十四年三月二十二日，詔：「今後臣僚面上有刺大字、雙旗等或燒炙之人，遇合朝參，並許趍赴。」時以李用任罷朝見，步元軍功出身，面上嘗刺雙旗，閤門申審〔一〕，故有是命。

十八年五月十八日，詔：「今後遇集英殿宴，其需雲 22 殿起居班，權移在集英殿後幄起居。今後準此。」

二十年正月五日，詔：「自今後使人朝辭，並依見宴，於後幄引起居班并上殿班〔二〕。」

十四日，詔：「今後使人朝辭，依見宴於後幄引起居班并上殿班，權令知閤門官以下〔三〕、內侍知省、御帶以下，并諸司應奉官等一班起居訖，次管軍一班，次引宰執奏事，次引上殿班。俟皇帝紫宸殿坐〔四〕，宰執以下赴坐官一班起居訖，分東西相向立。次館伴起居，次引使人起居訖，西序立。次坐官并使人一班謝坐〔五〕，兩拜訖，引升殿。次引三節人從起居，謝坐。餘起居班並權免赴。」

三十年二月六日，詔：「軍頭司見趍赴後殿起居祗候軍員，今後與忠佐作一班起居。」

三十一年十二月八日，太常寺言：「車駕巡幸視師禮例〔六〕，行宮官僚五日一拜常參起居表，欲乞權免，其表文付遞投進。」從之〔七〕。

紹興三十二年九月十二日，孝宗即位未改元。上御垂拱殿，四參官起居。

十二月三日，詔：「張燾、辛次膺許朝謁，常朝等假，依時入局治事。如有面對，於午後令內殿引見。」

孝宗乾道元年十二月二十五日〔八〕，詔：「來年正月一日人使入賀畢，車駕詣德壽宮起居。應從駕臣僚祥曦殿免奏萬福。內不該赴坐臣僚，與免祥曦殿起居。今後準此。」

二年八月三十日，詔：「自九月六日垂拱殿坐，遇四參日，依舊制令四參官起居。如值雨霑濕，令閤門取旨，改日參。」

九月七日，閤門奏：「垂拱殿四參，四參官，謂宰執、侍從、武臣正任、23 文臣卿監、員郎、監察御史以上。皇帝坐，先讀奏目。知閤以下，次御帶環衛官已下，次忠佐，次殿前都指揮使已

〔一〕申：原作「中」，據《補編》頁一〇一改。
〔二〕班：原作「殿」，據《補編》頁一〇一改。
〔三〕令：原作「於」，據《補編》頁一〇一改。
〔四〕俟：原作「次」，據《補編》頁一〇一改。
〔五〕一：原無，據《補編》頁一〇一補。
〔六〕例：原作「門」，據《補編》頁一〇一改。
〔七〕《補編》頁一〇一此下注云：「以上《中興會要》。」
〔八〕天頭原批：「此條移『德壽宮起居』門內淳熙十二年上。」按，批者之意謂此條應移至「德壽宮起居」門，該門見下頁。

下，次殿前司員僚，次皇太子，次行門，已上逐班並常起居。次樞密學士、待制、樞密都承旨已下，知閤并祇應武功大夫以下，通班常起居。樞密升殿侍立。次親王，次馬步軍都指揮使，次使相，次馬步軍員僚，已上逐班並常起居〔一〕。次殿中侍御史入，側宣大起居訖，歸侍立位。次宰執已下并兩省官、文武百官入，相向立定，通班面北立。大起居訖，凡常起居兩拜，大起居七拜。三省升殿侍立。餘官分立。次兩省官出，次殿中侍御史對揖出。有彈奏如儀。三省、樞密奏事，次引見、謝、辭，次引臣僚奏事訖，皇帝起。」詔今後遇四參日分，起居班次可移殿中侍御史及宰執以下百官班，令次樞密已下班起居。却令親王并殿前都指揮使以下、殿前司員僚逐班於宰執已下班後起居，餘並從之。

十二日，詔：「合赴四參官於今月十七日赴垂拱殿習儀。」淳熙三年，始詔習儀於都亭驛。

五年六月二十一日，上御後殿，四參官並隨大班起居。時聖體初康復。

十一月十七日，臣僚言：「今後如遇四參等臨時稱疾不赴，致班列蕭疎者，當(覆)〔覈〕實彈奏。」從之。

七年九月，詔：「自今垂拱殿日參，宰臣特免宣名。」

十月六日，詔：「太尉曹勛落致仕，提舉皇城司，特令趁赴六參起居。」

十一月十三日，詔：「左朝散大夫、試太子詹事、兼侍講陳良翰，令止赴六參起居。」

九(月)〔年〕正月二十[24]五日〔二〕，詔：「自今每遇駕出御後殿，宰執百官并儀衛等並赴後殿起居〔三〕。」（以上《永樂大典》卷五三五二）

德壽宮起居

【宋會要】

[25]臣僚起居，太常寺先奉詔脩定群臣朝太上皇帝儀注：「是日，宰執率文武百僚詣德壽宮，入班殿庭。太上皇帝即御座，殿下禁衛起居如常儀。宰執以下再拜舞蹈，又再拜。班首不離位，奏『聖躬萬福』，又再拜，卷班以出。」從之。自後並同此制。遇宰執除拜、加恩，正謝畢，即其奏劄於本宮投進。若許到宮或免到宮，臨時聽太上皇帝聖旨。

淳熙十二年九月二十八日，太常寺言：「已降指揮，十月二日皇帝帥百僚詣德壽宮奉表牋，恭請加上尊號。所有是日宰執已下詣德壽宮起居，改用四日。」從之。（以上《永樂大典》卷一六八八一）

〔一〕起：原作「居」，據《補編》頁一〇一改。
〔二〕年：原作「月」，據《補編》頁一〇二改。
〔三〕《補編》頁一〇二此下注云：「以上《乾道會要》。」

宋會要輯稿　儀制三

朝儀班序 [一]

【宋會要】

❶太祖建隆三年三月十八日，詔翰林學士班位宜在諸行侍郎之下；如官至丞郎，即在常侍之上；至尚書者依本班。故事，翰林學士侍從親密，不列外朝。每五日起居，班於宰相之後，會宴即座一品之前，合班在尚書之上。至是，陶穀以尚書居學士之首，同列王著、李昉官並未至丞郎，穀欲自尊大，以軋著等，乃因事白太祖，故有是詔。

二十三日，有司上《合班儀》：「太師，太傅，太保，太尉，司徒，司空，太子太師，太子太傅，太子太保，嗣王，郡王，左右僕射，太子少師，少傅，少保，三京牧，大都督，大都護，御史大夫，六尚書，常侍，門下、中書侍郎，太子賓客，太常、宗正卿，御史中丞，左右諫議大夫，給事中，中書舍人，左右丞，諸行侍郎，秘書監，光禄、衛尉、太僕、大理、鴻臚、司農、太府卿，國子祭酒，殿中、少府、將作監，前任節度使，開封、河南、太原尹，太子詹事，諸王傅，司天監，五府尹，國公，郡公，中都督，上都護，下都督，太子左右庶子，五大都督府長史，中都護，下都護，太常、宗正少卿，秘書少監，光禄等七寺少卿，司業，三少監，三少尹，少詹事，左右諭德、家令、率更令僕，諸王府長史、司馬，司天少監，起居舍人，侍御史，殿中侍御史，左右補闕、拾遺，監察御史，郎中，員外郎，太常博士，五府少尹，五大都督府司馬，通事舍人，國子博士，❷五經博士，都水使者，四赤令，太常、宗正、秘書丞，著作郎，殿中丞，尚食、尚藥、尚舍、尚乘、尚輦奉御，大理正，太子中允、贊善、中舍、洗馬，諸王友、諮議參軍，司天五官正。凡雜座者以此爲準。」詔曰：「尚書中臺，萬事之本，而班位率次兩省官；節度使出總方面，古諸侯也，又其檢校、兼、守官多至師傅、三公，而位居九寺卿監之下，甚無謂也。其給事、諫議、舍人宜降於六曹侍郎之下，補闕次郎中，拾遺、監察次員外郎，節度使升於六曹侍郎之上、中書侍郎之下。餘悉如故。」

乾德元年閏十二月二十九日，詔：「自今一品致仕官曾帶平章事者，朝會宜綴中書門下班。」先是，太子太師致仕侯益等來陪郊祀，太祖優待之，禮與丞相等，乃降是詔。

二年二月一日，詔重定内外官儀制。有司請令上將軍在中書侍郎之下，大將軍在少卿監之下，諸衛率、副率在東宮五品之下，内客省使視大卿，客省使視大監，引進使視庶子，判四方館事視少卿，閤門使視少監，諸司使視郎中，客省、引進、閤門副使視員外郎，諸司副使視太常博士，通事舍人從本品，供奉官視諸衛率，殿直視副率，樞密承旨視四

[一] 天頭原批：「徐輯《大典》無卷數。」

品朝官，兼南班官諸司使者從本品，副承旨視寺監丞，諸房副承旨視南省都事。凡視朝官者本品下，視京官者在其上。

四月十四日，置參知政事，班在宰相之後。

五年正月一日，詔升節度使班在龍墀內金吾將軍之上。故事：諸道[3]節度使不帶使相者皆位在卿監下，至是特命升之。

開寶六年九月二十一日，詔曰：「周之宗盟，異姓爲後，此先王所以睦九族而和萬邦也。晉王親賢莫二，位望俱崇，方資夾輔之功，俾先三事之列，宜位宰相上。」

九年十一月五日，詔：「齊王廷美、武功郡王德昭位在宰相上。」

太宗太平興國五年正月十五日，以禮部侍郎程羽爲文明殿學士，立樞密副使之下。後唐置端明殿學士二員，序立在翰林學士之上，累朝因而不改。國初在樞密副使之上，至是因殿名改爲文明，而移班在下。

六年九月十八日，皇弟秦王廷美乞序班在宰相趙普之下，詔從之。

八年十一月三日，詔曰：「並建子弟以蕃屏王室，申命相輔以羽翼公朝。藩邸之任雖崇，鈞臺之寄尤重。聿分內外，須正等威。自今宰臣立位宜在親王之上。」宋琪等頓首言：「宰衡之任，止曰台司；盤維之封，實承天緒。漢法，丞相在諸侯王之下。唐制，元子非百執事之例。典故昭晰，載在策書。伏望聖慈，俯遵前軌。」帝不允。琪等叩頭固請，久之，帝曰：「宰相之任，實總百揆，與群官禮絶；藩邸之設，奉朝請而已。元佐等尚幼，欲其知謙損之道[一]，卿等勿辭。」琪等拜舞稱謝。

雍熙三年十月九日，陳王元僖爲開封尹，宰臣李昉上表，乞立元僖之下，詔答不允。帝謂昉曰：「宰臣班位不用改易，亦不要上表固辭。」

淳化元年三月九日，中書門下上言，乞序立於[4]親王之下。詔答不允。

二年八月，有司上《重定合班儀》，詔升尚書令於三司之上。《合班儀》舊無此官，時將畫《正仗圖》[二]，欲備官故也。

四年二月十日，詔置昭宣使，在皇城使之上。

六月，詔金吾左右衛上將軍在尚書下，六統軍、諸衛上將軍在中書侍郎下，節度使在常侍之上，觀察使在秘書監之上，防禦、團練使在庶子之下，刺史在太子僕之下。昭宣使視品同閤門使，內殿崇班及閤門祗候視贊善大夫，侍禁視副率，殿直視著作佐郎，奉職、借職在幕職官上，樞密承旨視少卿監，副承旨視洗馬，餘如舊制。有帶南班官及領郡者，從品高序。俄又升金吾上將軍於節度使之上，引進

[一] 損：原稿旁批爲「益」，不取。

[二] 仗：原作「伏」，據《補編》頁一〇三改。

使於防禦使之上，閤門使於諸衛將軍之上，諸衛率、副率、樞密副承旨並在洗馬之上，供奉官在諸衛率之下，侍禁在副率之下。

五年六月二十二日，詔曰：「翰林、樞密直學士職參內禁，禮絶外司，況品秩以既殊，在等威而宜峻，頃有改易，深未便安。宜申明於舊章，用遵行於故事。自今序立班位，宜依舊在丞郎之上。」自陶穀改易舊制，至是因翰林學士張泊、禮部侍郎宋白同修國史，班次未定，乃詔復舊制。

八月十三日，詔宣政使在昭宣使之上。

九月二十六日，以左諫議大夫寇準參知政事。翌日參知政事呂端自右諫議大夫改左諫議大夫，詔序位準上。

至道元年正月二十日，以禮部郎中、集賢殿修撰王旦[5]知制誥，仍令復班在知制誥之首。旦淳化初知制誥，以妻父趙昌言參政，引唐獨孤郁、權德輿故事，請解職。帝重其識體，換集賢殿修撰。至是昌言出知鳳翔，即日復旦舊職，故優之。

二年十二月十九日，以工部郎中、直集賢院胡旦知制誥，詔序位馮起之上。故事：知制誥以先入者居上，不繫官次。至是馮起任祠部郎中，故命旦居上，非常例也。

三年正月十一日，詔升參知政事班在宣徽使之上。時命兵部侍郎温仲舒、户部侍郎王化基並爲參知政事，詔令依官位序立，仲舒、化基位宣徽使、知樞密院趙鎔之上。

七月，詔節度觀察留後在給事中之上。

八月七日，以客省使、簽書提點宣徽樞密院諸房公事、富州刺史周瑩爲宣徽北院使。瑩請位樞密副使之下，從之。先是，宣徽使位在樞密副使之上，自是遂以爲例。

真宗咸平元年十月十七日，宰臣張齊賢、李沆表請序位諸王之下，詔以先朝定制，不許。

五年三月七日，命右諫議大夫宋太初權管勾御史臺事。本臺言：「右諫議大夫王化基先權中丞，正衙常參立中丞塼位，內殿起居日立本官班。今太初權臺事，望定班制。」詔如化基例。時中丞趙昌言、知雜御史范正辭以勘任懿納賂洪湛登第事不實，被劾故也。

九月一日，刑部侍郎、權知開封府寇準言〔一〕：「閤門傳旨，內殿常朝，令臣立位在陳恕之上。緣恕見任吏部侍郎，兼五日百官起居，[6]合依官序立，望且仍舊。」從之。

六年十一月，翰林學士梁顥等言：「詳定《閤門儀制》，內三司副使舊制崇德殿起居，每從行幸，坐知制誥後，餘朝會合班、朝服比品素無定例。昨承天節齋設，依例坐知制誥後、郎中前。今請朝服比品同少卿監，班位在上，官至給諫卿監者自依本品。朝會、大宴隨判使赴長春殿起居，引駕侍立。」詔惟不令侍立，其朝會引駕至前殿日，與諸司使同退，餘依。

景德元年八月十二日，太常禮院言：「奉明德皇太后

〔一〕府：原脱，據《補編》頁一〇四補。

諡册告廟，親王、百官並赴立班。」詔其日親王不赴。時無宰相，帝顧參知政事畢士安曰：「卿總率百僚，若親王立班，與卿位序非便。」遂令不赴。及告廟日，士安已相，乃令親王復赴。

十月二十四日，詔起復右司諫、知制誥晁迥序班仍舊。迥時丁内艱起復，有司言：「故事，合綴本班之末。」特有是命。

二十五日，宴近臣於崇德殿，升光禄卿、權知開封府陳省華於兩省五品之南，别設位。舊制：卿監座於東廂，不升殿，特命之。

二年四月二十七日，詔置資政殿學士，位翰林學士之下、侍讀學士之上。

五月十日，詔右諫議大夫、權三司使公事丁謂每内殿起居，位知制誥上。

十二月十日，詔置資政殿大學士，位文明殿學士之下、翰林學士承旨之上。

十三日，詔駙馬都尉柴宗慶、王貽永同於内殿别班起居。

二十九日，閤門言：「殿前指揮使、節度使劉謙以下，自來班位在7不管軍節度使之下，未有定制。」詔仍舊例。

三年二月二十六日，以刑部侍郎、參知政事馮拯進兵部如故，資政殿大學士、兵部侍郎王欽若進尚書左丞，刑部侍郎、簽書樞密院事陳堯叟進兵部，並知樞密院事。翰林學士、工部員外郎趙安仁進右諫議大夫、參知政事，樞密都承旨、四方館使韓崇訓、東上閤門使馬知節進檢校太傅、太保，並簽書樞密院事。詔序班以欽若、拯、堯叟、安仁、崇訓、知節爲次。

四年正月十四日，詔皇姪武信軍節度使惟吉立班宜在鎮安軍節度使石保吉之上。惟吉、保吉俱帶平章事，而惟吉宗室，保吉先拜，帝令史官檢討故事。準唐武德中詔，宗室宜在同品官之上，故從之。

八月二十六日，命龍圖閣待制杜鎬爲右諫議大夫、充直學士，令赴内殿起居，位樞密直學士之下，仍少退。時中書議班位，將令就諫議大夫班，帝以謂直學士在龍圖閣，故與三館直學士不同，特有此命。

二十八日，詔龍圖閣待制位知制誥之下，遇行幸、宴會，在直館之上〔一〕。

二十九日，詔翰林侍講學士、工部尚書邢昺位翰林學士之上，用尚書班列也。

九月四日，大宴含光殿，升交州進奉副使、安南掌書記、殿中丞黄成雅位於尚書省五品之次。時樞密院定成雅與進奉使〔二〕、峰州刺史黎明昶悉座本班。帝以成雅班品

〔一〕在：原脱，據《補編》頁一〇五補。

〔二〕與：原作「爲」，據文意改。

稍遠，俾遷之，且訪其禮於輔臣。王旦曰：「昔管仲朝周〔一〕，王饗以上卿之禮，管仲 8 固辭，受下卿之禮而還。國家惠綏遠方，升其班序，亦無嫌也。」

十六日，詔令閤門每起居日，移宰相班於儀石之北。以群臣序位逼隘故也。

十二月十二日，御史臺言：「内殿起居、非時慶賀，舊例兩省官並序御史中丞一行立班，除依《班圖》内有御史大夫、散騎常侍，御史中丞後面別爲頭立班。見今無大夫、常侍，每朝會，中丞合與兩省一行立班。」詔自今每朝會，並依《入〔閣〕〔閤〕圖》儀制排定。

大中祥符元年正月二十八日，有司上《酺宴班位圖》，皇姪孫内殿崇班守節與皇姪右衛將軍惟叙同爲一班。帝曰：「族子、諸父安可同列！」乃令重行設位。

七月，詔自今慶賀、朝會，皇姪、皇孫止於内殿立班，各在本官之前，更不赴文武兩班序立。如非慶賀、朝會，並依舊例。

八月十四日，太子詹事慎從吉言：「詹事之官，始自秦建。按《六典》及《齊職儀》，品第三，秩二千石，擬尚書令，又《官品令》爲正三品。禮秩故事，焕然具在。侍宴本合升殿，唯比品者不升。況又三品之官，近例已曾升殿。伏望正茲舊位，庶合典彝。」詔兩制與崇文院詳定以聞。既而晁迥等言：「若移詹事升殿，則秘書監而下並爲三品，亦須同升。望且循近制。」從之。

二十日，詔升門下、中書侍郎班在常侍之上。

十二月二十一日，詔：「右諫議大夫、知制誥錢惟演班位依舊在知制誥孫僅之下。」先是，知制誥班序以先後不以官，至是以諫議大夫班在中書舍人之 9 上，故申明之。

二十五日，閤門言：「準詔，宣慶使立班在四方館使之上。其四方館使係横行，未審立班於横行，或於東班諸司使前、宣政使之上？」詔於東班宣政使前别行序立。

二年正月九日，置内殿承制〔二〕，在崇班上，視殿中丞。

三年七月二十二日，詔龍圖閣學士在樞密直學士之上。

四年四月十日，詔宗室將軍已下慶恩轉官，令御史臺不得分官高下，止依弟姪次序立位。

二十七日，閤門言：「《儀制》，臣僚班入，三司使在文明殿學士之前。今資政殿大學士向敏中起居見在三司使丁謂之上，其謝班取旨。」詔敏中先入。

七月五日，詔：「今後應差文武臣僚充安撫、巡檢使副、都監及提點刑獄之類，但係同差帶職名者，並令一班辭見；合重行異位，即依常例。」

六年二月六日，大酺。時盛度、路振除知制誥未謝，詔

〔一〕管仲：原作「子産」，據《左傳注疏》卷一二、《長編》卷六六改。下同。按《長編》原注云：「《實録》誤以管仲爲子産，今改之。」則《會要》之誤亦同《實録》也。

〔二〕制：原作「旨」，據《補編》頁一〇六、《長編》卷七一改。

令赴會，即依本班。

四月一日，閤門言：「《儀制》定辭見，參知政事大班退，親王起居後入，翰林學士依辭見班次入。近準詔，文武臣僚係同差帶職名者，並令一班辭見。今丁謂、李宗諤差充迎奉聖像使副，朝辭班入次第取旨。」詔丁謂、李宗諤依《儀制》定班次。今後除中書、樞密院外，其餘臣僚並一班辭見。

八年正月十一日，詔：「玉清昭應宮判官自今赴宴，在龍圖閣待制之下。」

七月，詔：「三司副使自今内殿起居，依舊例升殿侍立，自依《閤門儀制》外，如東上閤門拜表、國忌行香，即於右省10班後別立。如殿庭慶賀叙班時殿中侍御史分班立，三司副使於右省班後、殿中侍御史前次南立；合班於右省班後、殿中侍御史之前次西立。」

八月十八日，命户部侍郎林特爲同玉清昭應宮副使，班在翰林學士之上。帝以特久任三司，高年勤瘁，特置此職，班於學士之上，以寵之。

九年正月十九日，詔：「御前忠佐馬步軍都頭、誠州團練使夏守恩差同勾當軍頭引見司，令繫書在勾當軍頭司、昭宣使、誠州團練使趙承煦之下。」

二十三日，興州團練使德文言：「男侍禁承顯等準詔赴起居，請在惟忠子從恪之上。」時從恪雖姪行，而拜職在前，因命宗正寺定宗室班圖以聞。宗正上言：「按《公式令》，朝參行立，職事同者先爵，爵同者先齒。今以宗子官同而兄叔次弟姪者，並虚一位而立。」德文復言爵同先齒，當叙尊卑之制。帝曰：「朝廷儀制，以官次先後，不可易也。」

五月二十九日，以尚書右丞趙安仁爲景靈宮副使，班如同玉清昭應宮副使例。

八月四日，命翰林學士李迪爲會靈觀副使，止從本班。宮觀副使皆在學士之上，迪止從本班焉〔一〕。

九月七日，詔：「自今參知政事、樞密副使、宣徽使立位，並以先後爲次。」

十月二十九日，詔：「直龍圖閣序班於本官之上，仍預内殿起居，與修起居注官同行，依官次立。」

天禧二年十二月，詳定御史臺條制所言：「文武班有自來止以除官先後爲次，今請曾11任中書、樞密院者不以除官先後，並在同班之上；曾任平章事者復在上；俱曾任平章事，即以除授先後爲次。」從之。

三年十一月六日，詔翰林侍讀學士、刑部侍郎張知白序班在玉清昭應宮副使、尚書右丞林特之上。知白自天雄軍徙應天府，便道朝覲故也。

九日，閤門上《大禮稱慶合班圖》，皇太子序位在宰相上，太子懇辭。帝以諭宰臣，寇準等面陳儲副之重，不可謙

〔一〕焉：原作「馬」，據《補編》頁一〇七改。

抑，望遵儀制。凡再請，乃許。

十二月，詔令節度使班在中書侍郎之下。

四年四月三日，詔翰林學士楊億序班於錢惟演下、盛度之上。惟演言：「億景德中已爲學士，今並爲丞郎，望升億班在上。」從之。

五月三日，左正言、知制誥張師德言：「奉詔知（穎）〔潁〕州，皇弟德雍見任本州防禦使，其書銜望降規式。」中書言：「據御史臺稱，每大朝會立班，皇親防禦、團練、刺史次節度使下，稍退序立。」詔師德位德雍下。

七月一日，先天節，群臣上壽。涇王元儼攝太尉，以宰臣寇準罷未命相故也〔一〕。

九月二十日，詔太子太保王欽若入赴内殿起居，班在玉清昭應宮副使林特之上。從欽若之請。

五年八月，尚藥奉御、直醫官院姚可久言：「閤門告報，立位在贊善大夫同正、直醫官院蘇文遂之下。竊見閤門祗候不以帶職先後，並叙官資，今臣資序與崇班比品，望比類立位。」詔可久立文遂之上。

乾（熙）〔興〕元年三月二日〔二〕，蔡州團練使允升等言：「蒙恩授防12禦使，望許與觀察使德雍已下一班起居。」又崇儀使守約言：「蒙恩轉内園使、康州刺史，自來在内園副使承慶之上。今承慶授内藏庫使，望許仍舊。」並從之。

十月二十八日，翰林學士晏殊、李諮言：「天禧中楊億再授學士，位錢惟演之上。今劉筠復受學士，舊位在上，望依近例。」從之。

十一月五日，詔新保大軍節度使錢惟演序班在柴宗慶之上。惟演、宗慶並檢校太傅，而宗慶先除，時以惟演曾任樞密，故升之。

仁宗天聖三年十二月十二日，詔：「自今後除授宰臣、樞密使，立班次序並依久來儀式。」國朝故事，序班以宰臣爲首，親王次之，使相又次之。乾興中王曾拜平章事，時曹利用以樞密使兼侍中，曾充會靈觀使〔三〕，遂令曾班在下，覃恩降旨，即俱次親王後。唐時安重誨以太尉、中書令、樞密使，權任至重，然亦在列曹相之下。咸平初，曹彬以勳舊爲樞密使、兼侍中，在户部侍郎、平章事李沆下。若以利用帶正官，則親王任三師、尚書、中書令者亦未嘗叙，中外深以爲失。是歲，王欽若卒，王曾遷玉清昭應宮使；張知白爲相，兼會靈觀使。制命既下，詣便殿告謝，偕集門廬候對。閤門定班次，王曾明當居首，利用默不言，而恚形於色，閤門依違不決。帝意不欲特出指揮，故但令有司裁定，遣入内押班江德明監督焉。久之，承明殿已座，門司屢請班首姓名，欲先啓奏。曾乃抗聲曰：「但言王曾已下告謝。」班次始13定。至是雖降是命，而知白終讓利用居

〔一〕未：原作「來」，據《補編》頁一〇八改。
〔二〕興：原作「熙」，據《補編》頁一〇八改。
〔三〕觀：原作「館」，據《補編》頁一〇八改。

上焉。

十三日，閤門言：「刑部尚書林特差知承進銀臺司，立位取旨。」詔依先朝指揮，位翰林學士上。《儀制》，知承進銀臺司、三班院、審官院、審刑院、糾察在京刑獄朝臣，內殿起居立位臨時取旨。而特祥符中任户部侍郎，同玉清昭應宮副使，內殿起居立位在翰林學士之上。

四年十月二十三日，詔：「應三班差使、殿侍、散直、外殿直等往州軍勾當，並立班在命官之下，攝長馬之上。州府軍監醫博士在攝長馬之下。」時審刑院言令式元無品秩故也。

五年二月二日，龍圖閣學士陳堯咨爲翰林學士、知開封府，詔位蔡齊之上。時學士有劉筠、宋綬、蔡齊、章得象，以堯咨先朝初榜狀元及第，特令位齊之上。

八月二十六日，詔宿州觀察使、知大名府陳堯咨每契丹使經過，其座次權在丞郎之上。堯咨自翰林學士、工部侍郎特換觀察使故也。

九月二十八日，閤門言：「宗室防禦使已下自來與觀察使一班立位，今除長寧節上壽重行坐外，其餘宴並是一班。」詔自今應合預宴會坐次，並依元定儀制。既而復上言：「《儀制》：官次不論宗室。今依《儀制》，遇遊宴，令與外任防、團、刺史西面一行坐。或遇崇德殿上壽及宴，並合移過東面。」詔自今每遇遊宴、行幸、上壽及但係宴會合預坐者，並於皇親觀察使後重行而坐。

六年八月二十八日，詔御史中丞、兼刑部侍郎晏殊位
14 翰林學士宋綬之上。

十一月六日，以翰林侍講學士、兵部侍郎孫奭兼龍圖閣學士，位翰林學士馮元之上。從元之請也。時陳堯佐任翰林學士，依舊在元下。其後徐爽入翰林，亦在元下。

七年二月十一日，閤門言：「新除資政殿學士晏殊準《儀制》位翰林學士下。緣殊任御史中丞，已奉詔立宋綬之上，今欲依舊序立。」從之。

九月二日，詔入內內侍省內侍都知、押班，自今立班別作一行。閤門言：「都知、押班，各帶諸司使副，未審如何別作一行？」詔如帶昭宣使已上，即與客省使等依使名爲一班，如帶皇城使副以下，並在皇城使之前別作一行。

八年四月十二日，翰林學士章得象言：「伏覩召宋綬、盛度入院充學士。竊以綬天聖已爲學士，度在先朝即踐扃禁，願遵近例，升位在上。」從之。

十八日，翰林學士、中書舍人宋綬言：「蒙恩充學士，與右諫議大夫盛度並命。度在先朝已爲學士，望升位在上。」從之。

五月，詔應閤門祗候在京者，依舊以授職先後立位；如差外勾當，並依官品次序。

十月九日，閤門言：「給事中、權三司使公事胡則立位取旨。」詔依舊例立知制誥之上。

二十二日，詔置天章閣待制，立位令在龍圖閣待制

之下。

十一月五日，詔刑部尚書張士遜立位在資政殿學士晏殊之上。每從遊宴，尚書班在學士後。以士遜舊相，故升之。

九年閏十月十八日，樞密直學士程琳言：「樞密直 15 學士李諮先朝已爲翰林學士〔一〕，嘗總邦計，並位臣上。昨自杭州歸朝復職，故位臣下。望許仍舊。」從之。

二十四日，太清樓觀書，召太子少保致仕晁迥赴會，閤門定班在尚書之上。詔移於御史中丞之南。中丞座與學士同行，故升迥居前以優之。

十年八月七日，以新除樞密副使、兵部侍郎晏殊爲參知政事，立位趙稹之上。

明道元年十二月二十一日，詔上御藥比内殿承制，上御藥供奉比崇班，並在上。

二年五月十七日，詔新除武勝軍節度使、同中書門下平章事呂夷簡起居立位在泰寧軍節度使、同平章事錢惟演之下，彰德軍節度使、同平章事、駙馬都尉柴宗慶之上。

九月二日，詔升（閣）〔閤〕門使位昭宣使之上。

十月三十日，詔中書門下大勑後繫書，張士遜、楊崇勳在王曾之下。

十一月三日，閤門言：「新除龍圖閣學士、右諫議大夫、權三司使公事范諷立位在龍圖閣直學士狄棐之下。」詔諷位程琳之下。

景祐元年二月三日，閤門言：「資政殿學士薛奎立位，依《儀制》在翰林學士之下。」詔奎位翰林承旨之上。

七月十七日，詔新除樞密使、吏部侍郎、同平章事王（曉）〔曙〕，勑後繫書在張士遜之下。

二年二月二十三日，詔新除資政殿大學士李迪立位在三司使之上。

九月十一日，詔判司天監楊惟德座次在正郎之下，立於四品班内少退。

十二月三日，詔宗室德文、允升授節度使，令在 16 管軍節度使之前，別作一班起居；座次仍於管軍節度使之南少出一位。

四年三月二十七日，詔司封員外郎、直集賢院賈昌朝，祠部員外郎、崇文院檢討王宗道，主客員外郎楊安國，屯田員外郎趙希言並兼充天章閣侍講，立位在直館本官之上。仍令内殿起居與修起居注依官位序立。

四月二十七日，詔新除尚書左僕射、充資政殿大學士王曾立位起居在三司使之上。用祥符中向敏中例也。

閏四月十六日，翰林學士李淑言：「臣叨職史闈，十有一載，拜命之始，今翰林侍講學士馮元即是同修國史，其後並判禮院，臣亦在下。今忝恩命，寔異班儀。欲望特許史院、禮院依舊位元下。」從之。

〔一〕諮：原作「咨」，據《補編》頁一〇九改。

十九日，龍圖閣待制、權知開封府張逸言：「龍圖閣待制王舉正元知制誥，避親改授，欲乞立班在上。」從之。

十月二十五日，翰林學士李淑言：「父尚書工部侍郎若谷見任樞密直學士，臣聯升近職，寔爲榮遇。制朝辨位，雖不敢踰，因嚴訓恭，思有以避。欲望特降指揮下閤門，遇有父子趨班，聽立父下，庶以著定之際，無爽親尊之規。」從之。

五年四月六日，知制誥王堯臣等言：「(伏覩龍圖閣待制王堯臣等言)伏覩龍圖閣待制王舉正再授知制誥。竊以舉正嚮避親黨，今復詞職，望依王旦、夏竦例，令舉正復在綸閣之首。」從之。

五月十九日，詔刑部尚書兼御史中丞晏殊立位在翰林學士之上。

八月，閤門詳定《合17班雜座儀》：中書令，侍中，同中書門下平章事〔一〕，以上爲宰相，或謂之宰臣。親王，使相，樞密使、留守、節度、京尹兼中書令、侍中、同中書門下平章事。尚書令，太師，太尉，太傅，太保，司徒，司空，舊儀，太師、太傅、太保爲三師，太尉、司徒、司空爲三公。太尉在太保之下。國朝以來，自太傅除太尉，今依此相壓。其三師、三公之稱如舊儀制。樞密使，知樞密院事，參知政事，樞密副使，同知樞密院事，宣徽南北院使，簽書樞密院事，大中祥符九年九月七日詔：「自今參知政事、樞密副使、宣徽使立位並以先後爲次序，同知樞密院事亦同。」太子太師、太傅、太保，次舊有嗣王、郡王。嗣王今闕，郡王今皆領使，無特爲者。左右僕射，太子少師、少傅、少保，州府牧，冀州、兖州、青州、徐州、揚州、荆州、豫州、梁州、雍州、開封、河南、應天、大名、真定、京兆、鳳翔、河中、江寧、江陵、興元。又有大都督〔二〕、大都護，今皆領使，無特爲者。御史大夫，六尚書，左右金吾衛，左右衛上將軍，門下、中書侍郎，節度使，文明殿學士，學士官至尚書有特旨者從本班序。資政殿大學士，三司使，與文明殿學士、資政殿大學士班位臨時取裁。舊三部制置使亦在翰林學士上〔三〕，權三司使臨時取裁。翰林學士承旨，翰林學士，資政殿學士，端明殿學士，翰林侍讀、侍講學士，龍圖閣學士，樞密直學士，龍圖閣直學士，左右散騎常侍，六統軍，諸衛上將軍，太子賓客，太常、宗正卿，御史中丞，咸平五年三月，御史臺奏：「右諫議大夫王化基權中丞日〔四〕，正衙常參立中丞塼位，內殿起居日止立本官班次。右諫議大夫宋太初權臺事，請定班位。」詔如王化基例。左右丞，諸行侍郎，節度觀察留後，給事中，左右諫議大夫，中書舍人，知制誥，龍圖、天章閣待制，觀察使，祕書監，光禄、衛尉、太僕、大理、鴻臚、司農、太府卿，内客省使，國子祭酒，殿中、少府、將作監，景福殿使，客省使，開封、河南、應天尹，太子詹事，諸王傅，司天18監，左右金吾衛以下諸軍衛大將軍，次舊有次府尹、國公、郡公，今無單爲者。又有中都督、下都督，皆(有)領使，無特爲者。太子左右庶子，引進使，防禦使，團練使，次舊有大都督府

〔一〕章：原脱，據《補編》頁一一〇改。
〔二〕督：原作「護」，據《補編》頁一一一改。
〔三〕在：原作「使」，據《補編》頁一一一改。
〔四〕王：原作「正」，據《補編》頁一一一改。

長史，今皆領使，無特爲者。又中都護，副都護今皆闕。 三司鹽鐵、度支、户部副使，官至諫議以上從本官。 太常、宗正少卿，祕書少監，光禄等七寺少卿，宣慶使，四方館使，國子司業，殿中、少府、將作少監，開封、河南、應天少尹，太子少詹事，太子左、右諭德，太子家令，太子率更令，太子僕，諸州刺史，諸王府長史，司馬，司天少監，樞密都承旨，知客省使以下充樞密都承旨，亦依本職同班。如閤門使充，即在閤門使之上。如自見任内客省使以下轉南班官充樞密都承旨，亦與同班，仍在舊職之上。如自客省副使以下轉南班官充者，並在閤門使之上。 宣政使，西上閤門使，昭宣使，樞密承旨，樞密副都承旨，諸軍衛將軍，起居郎，起居舍人，知雜御史，諸行郎中，皇城以下諸司使，樞密院副承旨，樞密院諸房副承旨，如帶南班官者，在諸司使之下；不帶南班官者，在皇城副使之上。 殿中侍御史，左右司諫，諸行員外郎，客省、引進、閤門副使，左右正言，監察御史，太常博士，皇城以下諸司副使，次府少尹，大都督府司馬，兖、徐、潞、陝、揚、杭、越、福。 通事舍人，國子博士，國子《春秋》《禮記》《毛詩》《尚書》《周易》博士，都水使者，開封祥符、河南洛陽、宋城縣令，太常、宗正，祕書丞，著作郎，殿中丞，内殿承(旨)〔制〕，如帶閤門祇候，即在本官之上。 殿中省尚食、尚藥、尚衣、尚舍、尚乘、尚輦奉御，大理正，太子中允，左右贊善大夫，内殿崇班，如帶閤門祇候，即在本官之上。 閤門祇候，太子中舍、洗馬，樞密兵房、吏房、户房、禮房副承旨，太子諸率府率，19 左右衛、左右司禦、左右清道、左右監門〔一〕、左右内。 東西頭供奉官，太子諸率府副率，諸衛中郎將，左右衛、左右監門衛、左右千牛衛。 郎將，左右衛。 左右侍禁，諸王友，諸王府諮議參軍，官高者從本官。 司天春官、夏官、中官、秋官、冬官正，節度行軍司馬，副使，祕書郎，左右班殿直，著作佐郎，大理寺丞，諸寺監丞，大理評事，太學、廣文博士，太常寺太祝、奉禮郎，祕書省校書郎，正字，御史臺、諸寺監主簿，國子助教，廣文、太學、四門書學、筭學博士，律學助教，書學、筭學無助教。 司天靈臺郎，保章、挈壺正，三班奉職、借職，防禦、團練副使，留守、京府節度觀察判官，節度掌書記，觀察支使，防禦、團練判官，留守、京府節度觀察推官，軍事判官，防禦、團練軍事推官，軍監判官，諸州別駕，長史，司馬，司録，録事參軍，司理參軍，三京府軍巡判官在諸曹參軍之下。 諸曹諸司參軍，諸縣令，赤縣丞，諸縣主簿、尉，諸州文學、參軍、助教。

寶元二年五月二十六日，詔新授鎮海軍節度使、知樞密院事夏守贇立位在同知院陳執中之上、參知政事李若谷之下。

十一月十八日，詔端明殿學士李淑立位在翰林學士晁宗慤之上。先是，以父參知政事，自翰林學士换侍讀學士。至是復進端明殿學士，元位宗慤之次，而特優之。

閏十二月十六日，詔樞密院諸房副承旨仍舊在内殿崇班、閤門祇候之上。

〔一〕監：原作「盤」，據《補編》頁一一一改。

康定元年八月二十九日，詔新授宣徽南院使、天平軍節度使、判澶州夏守贇依周瑩例，立位在樞密副使之下。

二年五月十四日，閤門奏：「請以入内内侍省【20】都都知、内侍省左右班〔都〕都知比景福殿使，入内内侍省都知、内侍省左右班都知比宣慶使，入内内侍省副都知、内侍省左右班副都知比宣政使。入内内侍省、内侍省押班如帶諸司使以上，比昭宣使；如帶諸司副使以上，並在皇城使上。」先是，有旨令閤門升比班次，故有是命。

十月十八日，詔：「三司副使自今並以入省年月先後爲立班次序〔一〕，更不遞遷。在省繫書，即依部分。」

慶曆二年五月十三日，詔諸路轉運使副爲按察之官，其路分兵馬鈐轄並位其下；提點刑獄朝臣在州鈐轄之上，與路分鈐轄叙官。

七月二十一日，詔樞密使、刑部尚書、同中書門下平章事晏殊班護國軍節度使、左僕射兼侍中張耆之上。

八月十一日，詔資政殿學士、尚書禮部侍郎張觀立位在翰林學士承旨之上，用康定中陳執中例。

三年四月二十七日，詔新除資政殿學士富弼依本班立位。舊例鄭戩罷樞密副使，授資政殿學士，位翰林學士承旨之上。弼除樞密副使，不拜，告勑納中書，故有是命。

八月十五日，詔知諫院王素等自今比直龍圖閣及修起居注例，赴内朝起居，立位綴直龍圖閣以下班，依官位序立。

四年七月二十二日，詔閤門，東平郡王德文等十人並立本班之上少前。

八月二日，中書門下言：「親王之子承嫡者爲王，封郡王，又有封郡侯、郡公者。〔令〕〔今〕郡王皆領使，并國公、郡公無單爲者，其班序合從本官。」詔【21】令各在本班之上，仍少近前序立。

五年二月十四日，知制誥張方平言：「起居舍人、知制誥楊察服闋還職，班著乞依先入名次。」從之。

三月十九日，大宗正司言：「汝南郡王第十一男宗實見任大將軍、宜州刺史，有親兄宗懿、宗樸未帶遥郡，乞依例令在兄宗懿、宗樸之下立班。」從之。

十月二十五日，翰林學士孫抃、張方平言：「學士蘇紳已復舊職，緣紳位本在臣等之上，望許仍舊。」從之。

六年二月十二日，詔樞密使、保寧軍節度使、同中書門下平章事王貽永依晏殊例，在忠武軍節度使兼侍中德文之下〔二〕、鎮安軍節度使、同中書門下平章事章得象之上序立。

八年四月初八日，詔守司空致仕章得象每遇大朝會，許綴中書門下班。

七月十九日，詔翰林學士李淑立位在葉清臣之上。淑

〔一〕爲：原作「馬」，據《補編》頁一一二改。下同。
〔二〕中：原作「忠」，據《補編》頁一一三改。

知孟州還朝，詔特升舊位。

九月二十六日，沂州防禦使李端愿言：「臣兄端懿近復防禦使，與臣同班，有司以新授官，合在臣下。欲乞序立於端懿之下。」從之。

十月五日，知制誥楊偉等言：「知制誥趙槩丁憂服闋赴職，望仍舊立位在上。」從之。

十二月二十四日，詔景福殿使、武信軍節度觀察留後、入内内侍省内侍都知王守忠如正任班，他不得援例。

皇祐元年四月五日，詔駙馬都尉内殿起居次殿前都指揮使班後、宮僚班前。

六月十二日，御史臺言：「準詔，同閤門詳定景福殿使、武信軍節度觀察留【22】後、入内内侍省都知王守忠遇朝會班及集英等殿宴并隨駕諸處筵會對御（赴）座可否以聞。臺司勘會，自來朝會即無内臣綴正刺史、觀察使已上班序；及與閤門同檢會，自來亦無内臣對御赴座之儀。看詳：王守忠除恩例依前降御批指揮外，集英等殿宴并隨駕更不對御赴座。如遇朝會，即合歸景福殿使班。」詔守忠爲在左右，令依先降指揮排班立位，不令移改，即更不赴排立。自今内職應帶領使額、遥郡，並依御史臺所定施行。

十一月二十六日，詔江南、荆湖、福建、廣南等路提點鑄錢公事與提點刑獄朝臣，以官高下序之。

三年三月十三日，詔：「新授刑部尚書、觀文殿大學士宋庠，令學士院取口宣，於東上閤門賜告勑，立班在觀文殿學士前，別作一行，永爲定制。」

四月二十一日，詔太子太師致仕王德用遇大朝會許綴中書門下班。

五月二十一日，閤門言：「紫宸、垂拱殿臣僚立班石位，先準勑改文明殿學士爲紫宸殿學士，近又準勑改爲觀文殿學士。新除觀文殿大學士，其《閤門儀制》合班儀内高下相壓，并石位乞改正添入。」詔在六尚書之上，石位依例改正。

九月二十七日，詔尚書兵部員外郎、直史館曹穎叔差權三司度支副使，起居立位依正三司副使〔一〕。

五年六月七日，詔觀文殿學士、尚書左丞高若訥立位在新除觀文殿學士、禮部尚書王舉正之上。《閤門儀制》，六尚書【23】在觀文殿學士之上，又觀文殿學士官至尚書有特旨者從本班序。以若訥曾任樞密使，故升之。

閏七月九日，户部侍郎、新知鄆州龐籍遇正衙序百官班立在大卿之下。籍罷相出（知）鄆州，序班無特旨，御史臺檢《儀制》序位。

十月一日，詔新除尚書禮部侍郎、充三司使田況起居立位在觀文殿學士高若訥、王舉正之上。皇祐初，張堯佐以禮部侍郎、三司使位觀文殿學士、刑部侍郎丁度之上，故用爲例。二日，三司使、尚書禮部侍郎田況言：「竊聞閤門

〔一〕位：原脱，據《補編》頁一一三補。

定臣立位在觀文殿學士之上。伏緣高若訥曾任樞密使，王舉正官是尚書，與前來張堯佐、丁度立位事體不同。望令臣位舉正之下。」詔況常朝起居並依石位，如殿門外序班并筵會座位並在舉正之下。舊制，三司使内朝班學士之右，獨立石位，門外亦班其上。至是況以若訥、舉正二府舊人，故推之。

至和元年七月二十四日，龍圖閣直學士呂公弼言：「龍圖閣直學士歐陽修丁憂服闋，緣修除學士在臣之前，望令立位在上。」從之。

八月二十二日，詔觀文殿大學士晏殊遇賜茶并筵會令座杌子，出入戴涼傘，與中書、樞密院臣僚同處下馬，遇大朝會、筵宴綴中書門下班。

九月八日，三司使王拱辰言：「閤門以臣班觀文、資政學士之上，今高若訥、吳育皆二府舊臣，望許依近例，殿外序班於其下。」從之。

二年三月九日，詔修起居注自今每遇御邇英閣，24立於講讀官之次。初，修起居注賈黯請左右史入閣記事，而賜座於御榻之西南。至是修起居注石揚休言：「恐有宣諭及論推今古之事，座遠而不聞。」因令立侍焉。

七月八日，詔凡宰相召自外者，令百官班迎之；自内拜者，聽行上事儀。國朝待宰相蓋有故事，其後多承例辭。至是，文彥博、富弼入相，御史梁蒨請班迎於閤門，范師道又請行上事禮〔一〕，然亦卒辭之。

嘉祐三年六月九日，詔新除宰臣富弼、韓琦，樞密使田況，並依新官立位。

四年五月四日，天章閣待制錢象先、盧士宗、楊畋、唐介言：「天章閣待制何郯除職在臣等之先，服闋還朝，望仍舊位。」從之。

六月七日，詔：「觀察使、駙馬都尉李瑋令依柴宗慶、李遵勗例，綴節度使班次起居，於宗旦之前別作一班。」

八月十七日，閤門使李端慤言：「近陞觀察使、駙馬都尉李瑋班綴節度使，見爲雜壓班位，閤門已具申明外，復見宗室留後以上直綴親王班起居，如據舊制，合班座次盡當綴親王稍退。今未有親王，但宗室郡王、使相比親王禮數不完，正在親王、使相之間。檢會允弼、守節先任留後，援允寧例，方得綴節度使班，豈今留後便可直綴親王班？乞下閤門取索自前宗室陞班座次文字釐正。」閤門言：「先令節度使允初、留後承簡綴允良班，其座次自來各依本官班座。今既陞李瑋班綴節度使，若依李遵勗舊儀，座次合綴節度使稍退。有此交互〔二〕。」25詔與端慤同詳定以聞。閤門檢會：「華州觀察使允初奏：自來與承簡一班起居，欲乞依舊立班。慶曆八年七月十六日，特旨令綴允良班。又金州觀察使、徐國公承簡奏乞隨允初一班，大宗正司狀：

〔一〕事：原作「表」，據《長編》卷一八〇改。
〔二〕互：原脱，據《補編》頁一一五補。

爲允弼先任觀察留後，方綴節度使班。皇祐二年十一月十一日特旨，承簡是秦王後，北宅最長，特許綴允初班，餘人不得援例。今看詳，留後班前有皇親使相、節度使兩班，誠爲隔驀。緣承簡綴汝南郡王已下班歲久，欲乞自今後皇親留後更不許綴親王班。又檢會天聖十年五月内詔，德文等令在管軍節度使之南歇空出頭座。後來閤門循例，以節度使允初、留後承簡、觀察使宗旦座次在管軍節度使之南，即不奉朝旨。今欲乞將皇親節度使、留後、觀察使、防禦、團練、刺史依《儀制》班次〔一〕，移於管軍節度使之北一行歇空，并留後、觀察使已下依官次重行排列。駙馬都尉李瑋亦依《儀制》座次。如別奉恩旨，並繫臨時。」詔依所定。

〔五年〕十二月四日〔二〕，樞密副使陳升之言：「蒙恩授臣樞密副使，承前立位，當在趙槩之上。緣槩自翰林學士、禮部侍郎爲御史中丞，班列本高，欲乞立班在槩之下。」從之。

五年正月二十二日，知制誥劉敞、范鎮、王疇等言：「知制誥賈黯丁憂服闋歸朝，乞立班依舊。」從之。

三月二十八日，翰林學士吳奎、賈黯等言：「學士王珪位本在上，欲乞依舊在上。」從之。

六年四月六日，閤門言：「近準詔，26 入内都知至押班如帶昭宣使以上，即與客省使等依使名爲一班；帶皇城使副已下，即在皇城使之前別爲一班。將來乾元節錫慶院齋設座次〔三〕，若依近降條貫，入内都知〔帶〕〔至〕押班，如帶皇城使以下，即在皇城使之前別爲一行。其内侍省都知、押班只從本官赴坐。舊例錫慶院樞密使以下齋設座次，入内内侍省内侍都知、押班座次在西南，與客省、引進、四方館、閤門使副一行座。今除法官參詳到立班、繫書及座次相壓，依閤門條貫外，所有齋設座次取旨。」詔令依舊座次，餘如近制。

閏八月，閤門言：「先準康定二年五月詔書，閤門定奪，中書參詳前後殿都知、押班升比班次，入内内侍省都知、内侍省左右班都〔都〕知比景福殿使；入内内侍省左右班都知比宣慶使；入内内侍省押班帶諸司使已上比昭宣使，帶諸司副使已下並在皇城使之上。又準嘉祐五年十一月九日中書劄子，詳定編勑所奏，準送下閤門狀，檢會皇祐一司編勑内與兩省都知、押班繫書差互，方欲申明，次據莊宅使、端州刺史、内侍省内侍押班石全育狀，準勑差管轄三司大將，近差駕部郎中盧士宏權發遣三司開拆司。檢會《皇祐編勑》陞比班次，内侍省押班如帶諸司使以上比昭宣使，即不見得今來繫書相壓高下，申乞指揮。閤門即牒内侍省，請具本省編勑回報。據牒到前後殿都知、押班升比班次，勘會《皇祐 27 編勑》内應皇祐二年以前專下一司宣

〔一〕儀：原作「議」，據《補編》頁一一五改。
〔二〕五年：原無，據《長編》卷一九二補。陳升之（原名旭）、趙槩等除樞密副使在嘉祐五年十一月十六日辛丑。
〔三〕「節」下原有「度」字，據《補編》頁一一五删。

勑，除今來編載外，其不係編附者更不行用。看詳兩司編勑交互，申中書門下，伏乞裁定。」詔送編勑所詳定。「據刪定官張師顔等狀，檢會《皇祐閤門一司編勑》節文，東西上閤門使並在昭宣使之上。又條，入内都知至押班如帶昭宣使已上，即與客省使等依使名爲一班；帶皇城使副已下，即並在皇城使之前別爲一班。又條，入内内侍省都知、押班如帶昭宣使以上，已有定制；若帶皇城使以下，在皇城使之上繫書；帶皇城副使以下，在皇城副使之上繫書；帶内殿承制、崇班，在本官之上繫書。又準《皇祐内侍省一司編勑》節文，前後殿都知、押班升比班次依下項：入内内侍省都都知、内侍省左右班都〔都〕知比景福殿使；入内内侍省都知、内侍省左右班都知比宣慶使；入内内侍省副都知、内侍省左〔右〕班副都知比宣政使；入内内侍省押班如帶諸司使以上，比昭宣使；如帶諸司副使以下，並在皇城使之上。又條，兩省都知、押班如同勾當去處，其繫書官位各隨本職，入内内侍省在内侍省之上。又條，〔入〕内内侍兩省内臣非次轉入都知及押班者，更不依官資高下，只以新轉入職名先後相壓。所據前項申請〔一〕，今衆官參詳，其前後殿都知、押班升比班次係本省一司條貫，如只是與内臣立班繫書及座次相壓，合依此指揮。若與文武官立班繫書及座次相壓，即合 28 依閤門條貫指揮。其上項兩司勑條不係通使，別無差互。」詔從之。

九月五日，詔轉運判官，其位於本路通判及兵馬都監之上。

七年五月二十三日，入内内侍省都知史志聰言：「蒙遷入内都知，差勾當軍頭引見司。勘會西上閤門使、陵州團練使李端慤見勾當本司，伏覩閤門新除條貫，入内内侍省都知比宣慶使。詳定編勑所定到都知陞比班次，如是與内臣立班繫書及座次相壓，合依此指揮；若與文武等官立班繫書座次相壓，即合依閤門條貫指揮。勘會内臣宣慶使在宣政使之上，武臣東西上閤門使在内臣宣政使之下〔二〕。臣看詳先降編勑内，入内都知比宣慶使。今來編勑所詳定只是與内臣立班繫書及座次相壓。臣見係左騏驥使、嘉州防禦使、入内内侍省都知，若與内臣宣政使、武臣閤門使三人合班，或同勾當及同列座次，未審如何相壓。兼見與李端慤同勾當軍頭引見司，有此繫書疑慮。欲望詳酌，明降指揮。」詔送詳定編勑所詳定。編勑所奏：「據刪定官張師顔等狀，所據前項奏請并録到《儀制》條貫，勘會前來閤門不曾聲説上件康定二年五月十四日中書劄子，遂只據録到内侍省一司升比班次勑文定奪，只合於本司施行。今再詳前項升比班次元降指揮，合與《閤門儀制》一處施行。皇祐中編修一司條勑之時，只編入内侍省勑内，於閤門勑内漏收，遂致兩處指揮不同。29 其上件内侍省一司勑都知等升

〔一〕「前」上原有「將」字，據《補編》頁二二六刪。
〔二〕内臣：原脱「臣」字，據《補編》頁二二六補。

比班次條，亦合下閤門施行。閤門一司勑內聲説都知、押班在昭宣使以上立班繫書條貫二件，并嘉祐五年十一月九日中書劄子，更不行用。」詔送閤門，依所奏。

八月二十六日，詔明州觀察使、昌國公承亮，隴州防禦使、邢國公世永，起居立位並令在本班之上。

十一月二十九日，太常禮院言：「奉詔同閤門定皇子、齊州防禦使班位，請於皇親本班之前別爲一班〔一〕，殿門候班閤子在使相之下。」從之。

八年四月一日，英宗即位未改元。殿前副都指揮使李璋、鎮東軍節度觀察留後李端愿、同州觀察使李瑋以外戚乞隨宗室别班赴臨〔二〕。詔璋管軍，同百官入，端愿、瑋從所乞。

九月二十二日，宿州觀察使宗懿進封和國公，立位在世永之上。

十月八日，皇子淮陽郡王上表乞序位於叔祖允初之下，三表不允。

十一月八日，翰林學士王珪、賈黯、范鎮、馮京等言：「伏見端明殿學士兼龍圖閣學士、禮部尚書張方平自應天府徙鄆州，已乞朝見。緣方平踐歷近列，在臣輩之先，乞許立班在上。」從之。

英宗治平元年三月十三日，詔群牧都監、判官位在有群牧路分轉運使之下，同群牧事、知州軍員外郎之上，與提點刑獄序官。

五月，詔：「御史臺、閤門舊十日一具文武細書班簿以進，自今大書爲册，月上之。樞密院季一進者亦爲册。」

六月十二日，宰臣韓琦等上表請序位在 30 （穎）〔潁〕王之下，詔答不允。

十四日，詔大勑繫位，皇子頊在富弼之上〔三〕，顥在宋庠之下。

七月四日，皇子（穎）〔潁〕王上表乞序班於樞密使、平章事富弼之下。又言：「閤門請移東平郡王允弼等俟班閤位〔四〕，令在臣下，乞且仍舊。」並詔不允。

二年六月二十六日，涇州觀察使、舒國公從式言：「乞立班在叔承衍之下。」詔從式班於宗諤之上。

八月二十二日，詔寧國軍節度觀察留後、遂國公宗立位宗諤之上。

十月十九日，宰臣曾公亮言：「先朝樞密使兼侍中，有在平章事、集賢殿大學士之上者。今文彥博至，乞序班如故事。」閤門奏：「天聖中樞密使兼侍中曹利用領景靈宮使，宰臣王曾領會靈觀使，故利用在曾上。其後樞密使兼侍中不領宮觀，則宰臣在其上。」從之。

三年二月十七日，皇子（穎）〔潁〕王言：「得閤門報，國忌行香令臣押皇親班。乞改命允弼，所貴尊卑有辨，以寧

〔一〕親：原脱，據《補編》頁一一七補。
〔二〕瑋：原作「璋」，據《補編》頁一一七改。
〔三〕頊：原作「頃」，《補編》頁一一七注云「神宗廟諱」，而神宗名頊，因改。
〔四〕郡：原作「群」，據《補編》頁一一七改。

私分。」詔令允弼押班，（穎）〔潁〕王先燒香退。

五月十四日，三司使韓絳言：「序立雜座，乞在觀文殿學士胡宿下。」從之。

九月二日，殿中侍御史吳申言：「閤門引起居班多，比至臣僚升殿，顧視日旰，不敢從容敷奏。乞依舊例併班合引。」詔閤門詳定。閤門言：「起居班次自來遵守《儀制》，難議合併。」詔再詳定以聞。閤門乃請合併下項班次：「以内侍省都知已下讀奏（自）〔目〕，閤門通喝，引班通事舍人已下兩班合爲一；殿前指揮使、内殿直、散員、散指揮、散都頭、金槍班三31班合爲一；東西班忠佐、殿前都指揮使已下，駙馬都尉、宮僚、員僚、皇親大將軍已下，行門宰臣、樞密使已下，（穎）〔潁〕王、皇親郡王、侍衛馬軍都指揮使已下，皇親使相、皇親節度使、皇親觀察留後已下，皇親防禦、團練，刺史三班合爲一；節度使觀察留後已下，防禦、團練、刺史三班合爲一，並重行異位。」詔依所定。既而武康軍節度使李端愿言：「使相亦當合爲一班，不當獨行尊異。」詔令閤門再定，而閤門引《儀制》及以前議爲是，又從之。端愿復伸前議，自劾妄言，乃詔太常禮院與御史臺同詳定。禮院言：「參詳常朝起居班次，緣祖宗舊制，今來乞不併合。」從之〔一〕。

治平四年二月九日，神宗即位未改元。樞密副使呂公弼言：「新授樞密副使吳奎入院在臣先，比以憂制，今還舊職，乞令序班在上。」從之。

三月六日，新除昭德軍節度使、兼侍中曹佾大勑後繫書令在富弼之上。

閏三月十九日，太常禮院、閤門言：「准詔同詳定閤門使李端愨所奏《閤門儀制》，宰臣與親王立班、座位分左右，各爲班首。宰臣、樞密使帶使相或帶郡王，并使相作一行，總爲中書門下班。其親王獨作一班者，準封爵令，兄弟、皇子皆封國，謂之親王，所以他官不可參綴。檢會坐次圖子，直將宗室使相綴親王〔二〕。蓋更張之時，未見親王，遂致失於講求。近見朝拜景靈宮，東陽郡王顥亦綴親王班，竊恐未安。今取到《閤門儀制》，其合班宰臣、使相在東，親王在西，32分班立。又檢到祥符元年宴座次圖子，宰臣王旦與使相石保吉在東，寧王元偓、舒王元偁、廣陵郡王元儼、節度使惟吉在西，分班座。其元儼、惟吉是郡王與節度使，許綴親王班，竊慮當時出自特旨。今來檢尋元初文字不見，在先朝只依祥符元年宴座次圖子，親王及帶使相郡王在西爲一班。臣等參詳，請依《閤門儀制》，親王在西獨爲一班，宗室郡王帶使相及宗室使相許綴親王立班，座次即繫臨時特旨。」從之。

二十一日，保靜軍節度使、虢國公宗諤言：「伏覩仁宗朝宗室任觀察留後至節度使者，特許綴帶使相、侍中郡王

〔一〕《補編》頁一一八此下注云：「以上《國朝會要》。」

〔二〕綴：原作「輟」，據《補編》頁一一八改。

班。今蒙恩授集慶軍節度使，欲望比附前例，綴班起居。」閤門檢會前例，皆是特旨。今宗諤乞綴郡王班，難議詳定。詔依《儀制》，序班在侍衛馬步軍都指揮使下。

九月二十八日，詔新除樞密副使韓絳、邵亢，參知政事張方平、趙抃，並依官序立位。

十月十五日，翰林學士呂公著言：「司馬光近除翰林學士，緣光前入院在臣之先，今乞班在光下。」從之。

十一月二十五日，閤門言：「準傳宣駙馬都尉王師約起居班次令依李瑋例。今定師約在德州防禦使李珣之下。」從之。

神宗熙寧元年三月六日，知制誥宋敏求、呂夏卿、陳薦、楊繪等言：「近復錢公輔知制誥，緣公輔擢入西掖在臣等前，乞令立班在上。」從之。

七日，審刑、大理寺言：「準詔詳定知瀛州馬仲甫奏：『條例：少卿監與發運、33 轉運使副分官次高下相壓，又發運使副在轉運使之上。如轉運係大卿監，亦在發運使副員郎之下，部内知州軍少卿監却在發運、轉運使副正郎之上。不惟次序錯亂，況在統屬，於理未便。欲乞重行定奪，應少卿監在本路發運、轉運使副之下，大卿監即分官次。所貴稍重職司，高下有分。』寺司爲知州軍少卿監以下，與本路發運使副依官次行之已久，難議更改。詔重行定奪聞奏。檢會《嘉祐編勅》，江淮制置發運使副在轉運之上，轉運使副在提點刑獄之上，并諸州總管、本路分兵馬鈐轄之上。若路分鈐轄係正刺史以上，即依官次。其正刺史以上充路分總管，并少卿監以上知州軍者，與本路制置發運、轉運使副、提點刑獄與提點銀銅坑冶鑄錢公事官員亦依官次。其路分都監與本州都監、同巡檢等，並依官次相壓。又條，諸州官員及路分都監與本州都監、同巡檢等，並依官次相壓。又條，諸州縣官員以官品職任，依今勑相壓。若遇會集，有高下相妨者，如京官充通判，諸司副使充都監[一]，員外郎充簽判之類，其簽判官雖高於都監，緣職卑於通判，合在都監之下。又如京官充本州通判，崇班充本州都監，却與別州供奉官之類會集者，緣供奉官合押京官，其崇班雖高於供奉官，合在京官通判之下。其餘官局職任並依此例諸條，官位相壓。若權充職任者，並與正同。又準《慶曆編勅》，制置、34 發運使、轉運使副不以官品，並在提點刑獄朝臣、本路分兵馬鈐轄之上；提點刑獄朝臣、使臣在諸州兵馬鈐轄之上。若路分鈐轄[二]，即依官次序座。其同提點刑獄使臣與轄下知州軍監，並依官序。參詳欲乞今後江淮制置發運使副、轉運使副、提點刑獄朝臣並在本路知州軍光禄卿之上，與秘書監以上各依官次。其同提點刑獄使臣即依《慶曆編勅》舊條序座。」從之。

二十六日，權三司户部副使榮諲言：「新除鹽鐵副使

[一]「都監」上原衍「監」字，據《補編》頁一一九删。
[二] 分：原脱，據《補編》頁一一九補。

呂誨到省，舊制只以先後立班，不理權正。」詔諲立位在誨下。

四月八日，詔以權御史中丞滕甫借翰林學士館伴，令差官權攝中丞。中書門下勘會，嘉祐二年權御史中丞張昪充迴謝北朝國信使〔一〕，借龍圖閣學士、刑部侍郎。未發間遇宴，在所借龍圖閣學士行中座，即不差官權攝中丞。復詔依舊制。

十八日，翰林學士鄭獬言：「新授學士王安石入院，舊制以先後供職爲資次。緣安石與臣同知制誥，名在臣上。及除學士，臣草其制，臣後方爲學士。安石緣江寧赴召，入院在後，望令立班在上。」從之。

七月四日，閤門言：「秘書監陳述古差權糾察在京刑獄，立位取旨。」詔述古班於三司副使之上，用祥符中衛尉卿慎從吉例也。

九月六日，詔集慶軍節度使、虢國公宗諤令在見任節度使上立班。

十七日，詔新除彰化軍節度觀察留後、安定郡王從式令在本班之上，仍少近前序立。

35 二年三月一日，宣徽北院使王拱辰言：「準閤門告報，立班在參知政事王安石之上。緣近例，序班皆在執政臣僚之下，乞依近例。」從之。

四月一日，國信所言：「大遼賀同天節左番使耶律奭赴（德文）〔文德〕殿拜表，言南使到北朝，綴翰林學士班，今來却在節度使之下。館伴者諭之，始就班。時下御史臺、閤門同詳定，奏稱：人使不知本朝翰林學士班自在節度使之下；如遇合班，即節度使在翰林學士之西差前別爲一班；其大遼國人使又在節度使之西別爲一班立，俱不相壓。欲且依久來《儀制》體例。」詔依所定。

四日，御史臺、閤門言：「爲皇親正任班正刺史以上並綴節度使班，人既多，則節度使班不顯，慮人使疑問。今定奪，皇親正任兩使留後至防禦、團練使、正刺史已上，每遇合班，依舊於西班內序立，並於節度使後重行別作一班。仍與東班同品官前後略相照，即不得綴節度使班序立。」從之。

十月三日，詔中書門下曰：「二府者，政事之出也。維是一二股肱之臣，日謨謀於廟堂之上，皆朕所尊禮之，顧其勢豈有重輕哉！伏覩《仁宗實録》，天聖時二府之相猶以其職高下定位，則知往者不若今制之拘也。今文彥博蓋朝廷之宗臣，朕方倚以疆垂之事，雖用陳升之爲宰相，其令升之仍位彥博下，以稱朕遇賢之意。」繼而閤門言：「《儀制》，宰相班在親王上，樞密使帶使相班在親王下。今來陳升之班在樞密使 36 兼侍中文彥博下，或遇親王相壓，取旨。」詔送太常禮院詳定以聞。未幾，復詔中書門下曰：「朕惟國朝之制，雖兵民分於二府，然其委用者皆所謂執政之臣，豈

〔一〕昪：原作「昇」，據《補編》頁一一九改。

獨相樞密者以爲使相耶？朕嘗惑之。故丙申之詔，令彥博班升之上，所以尊老成而均政體也。今彥博數言武臣之例非可同於親王之班，理有未便，執謙慮損，情有莫回。予思罔然，雖拒勿得。其令中書門下如所請施行。」

二十五日，編修閤門儀制所言：「慶曆中改文明殿學士爲觀文殿學士，又置大學士。按文明殿即今文德殿，乃正衙前殿也。後唐始置學士，序位樞密副使之下，每遇紫宸殿坐朝，則升殿侍立〔二〕。蓋文德、紫宸通謂之前殿，故學士侍立爲宜。其觀文殿深在禁中，乃與資政、端明殿相類，而資政、端明學士並不侍立。竊詳慶曆所改職名，雖用舊之班著，而殿之次序與舊義理不同。其觀文殿大學士自今遇紫宸殿坐朝，請更不升殿侍立。」從之。

三年正月十三日，編修閤門儀制所言：「準中書批送到閤門奏：『準詔，令權發遣省府職司以上並與正權同，其時暫發遣候正官者不在此限。檢會《儀制》，三司副使在太常少卿之上，告謝宣名、遇假日見謝辭並舞蹈；內殿起居，立位在待制之後。即無權三司副使班位。皇祐三年尚書兵部員外郎、直史館曹穎叔權度支副使，依正副使立位，其餘禮數雜壓，未有明制。自來大兩省以上權三司[37]使公事，只依本官立位相壓，權知開封府本官少卿監以下假日不舞蹈。今既無明降儀式，即是權與權發遣副使便與正同，却與權三司使及知開封府少卿監儀式頗有差異。』詔本所詳定以聞。今參詳三司副使係正職事官，權與權發遣公事乃是權攝，其名既異，理難一同。今欲定權三司副使、權發遣副使公事隨駕與逐日內殿起居立位、歲時恩賜班入次第、在省相壓並同正副使。其權副使告謝不宣名，假日不舞蹈，對御座次及雜壓在知雜御史之下。係少卿監以上，即從本官。其權發遣副使公事惟雜壓以本官，仍在同官之上，餘並如權副使之儀。」詔依。

四月二十六日，御史臺言：「檢會《儀制》，右諫議大夫王化基權中丞日，正衙常參立中丞塼位，內殿起居日止立本官班。其後宋太初權臺事，如化基例。今龍圖閣直學士陳薦權臺事，若依宋太初例，即內殿起居合却歸學士班，取旨。」詔常參正衙并內殿起居並權立中丞班位。

五月二十一日，編修閤門儀制所言：「準中書劄子，閤門檢會右諫議大夫王化基權御史中丞、宋太初權御史臺事，具載《儀制》，而自來相承，不曾分異。今來翰林學士兼端明殿學士、禮部郎中、知制誥馮京權御史中丞，詔定奪聞奏。今參詳馮京帶學士職權御史中丞，欲定常參正衙并內殿起居並立中丞班位，其雜壓即從學士之儀。」詔依。

六月五日，詔兵部[38]郎中、同知審官西院韓縝與直龍圖閣一行序官立位。

九月二十三日，詔新除河陽三城節度使、集禧觀使、守司空、兼侍中曾公亮大勑後繫銜在曹佾上。

〔二〕殿：原脱，據《補編》頁一〇〇補。

二十四日，詔沿邊寨主不以官資，並在監押之右。

十月四日，詔皇城使、端州團練使、新除樞密副都承旨李綬常朝立班令在都承旨之後、宮苑使之前。

十一月二十四日，詔：「待制官係給諫者除權三司使外，如遇起居日，權於左右省班内序立。所有直舍人院、同知諫院見係兩省官職事，亦令權綴小兩省班内。同知諫院綴左省班，分東西序立。候兩省正官員數稍多，即却依舊。」

十二月十七日，御史臺言：「待制官係給諫并直舍人院，同知諫院，横行及行香等處，亦合依起居日例，權立左右省班。修起居注亦乞權綴左右兩小省班。」從之。

二十七日，三司使吳充言：「本省判官、主判官與本轄庫務監官，并權副使、權發遣副使於監當少卿監，除在朝廷自有彝制，其入省及諸處相遇，點檢到庫務，合存統攝之體，座次相壓，未有定制。」法寺檢會：鹽鐵曹案轄南北作坊，料物、甆器庫，御厨；度支賞給案轄裁造院，西染院，内衣物庫，文思院，雜物庫；發運案轄諸排岸司；斛斗司轄百萬倉；錢帛司轄左藏庫，内香藥庫，雜買務；百官案轄藥(密)〔蜜〕庫；糧料案轄三糧料院；户部户税案轄㪷秤務；修造案轄竹木務，箔場，都大提點寺務司；衣糧案轄專勾司；39 麴案轄麴院。參詳上項局務，皆係三司三部管轄。欲乞今後權與權發遣副使不須官序，並在庫務監官之上。判官、主判官在庫務監官正郎之上，餘依官序。」從之。

四年二月二十三日，詔皇弟顥大勑繫銜在文彦博之上。

八月二十七日，詔：「應兩制致仕不等職官遇朝會、上壽，陪位立班並依舊職。」

五年七月十八日，中書門下言：「據貴州防禦使宗愨狀：『準閤門告報，班位在姪世滋下、弟宗治上；更有宗輔見係團練使，亦壓却臣。今只乞依宗室尊卑相壓體例，依舊立班。』檢會大宗正司慶曆七年詔書，皇族趁赴起居及出入行馬，内有官位一般者，並以尊卑相次，雁序行馬。如有官位高者，依久來朝廷立班次序相壓，即不得差越。内有官高願在尊長之下亦聽。近宗諤奉復使相〔一〕，見立在舊使相宗樸之上；宗惠奉復防禦使，立在舊防禦使克繼之上。與宗愨奉復事體一類，其立位合依宗諤、宗惠例，下閤門改正施行。」詔依所定，閤門官吏特放罪。

七年正月二十八日，詔修起居注、直舍人院今後並許綴兩省班。初，御史臺奏：「起居日，兩省班内闕官，乞令待制官係給諫者除權三司使外，如遇起居日，權於左右省班内序立。直舍人院、同知諫院、修起居注亦權綴小兩省班，候正官員多，即仍舊。」詔從之，至是中書申明兩省員數稍多，乃降是詔，而同知諫院不預焉。

〔一〕諤：原作「愕」，據《補編》頁一二二改。下同。

八年閏四月二十四日，詔：「今40後知州兼安撫，著位並在本州路分兵官之上。」

九年十月二十五日，詔新除鎮南軍節度使、尚書左僕射、同中書門下平章事、判江寧府王安石大勑繫銜在陳升之之上。

十年二月一日，御史臺言：「定到管勾國子監、太子中允、兼天章閣侍講沈季長繫銜座次在同管勾國子監、知諫院、太子中允、崇政殿説書黄履之上。」從之。

八日，詔宗室、新除崇信軍節度使、同中書門下平章事、判大宗正事宗旦，大勑繫銜在宗樸之下。

十月二十八日，詔宗室、新除昭化軍節度使、同中書門下平章事宗誼，大勑繫銜在宗旦之下。

元豐二年十一月一日，翰林學士蒲宗孟乞叙班章惇下，從之。以惇先除翰林學士，丁憂故也。

五年二月二十一日，詔知樞密院、門下中書侍郎、同知樞密院、尚書左右丞爲定班〔一〕，班次以是爲差。

五月十四日，吏部尚書李清臣等言：「今月十二日，賀僕射上尚書省〔二〕，百官方就位，臺吏相繼趨臣等就列。三院御史及中丞久不至，臺吏復至臣等立班前贊云：『且歸幕次。』在廷觀者亦或竊笑。按御史中丞班品在學士下，合班即對引，無先令學士、尚書、侍郎就列，然後報引中丞之儀。況三院御史班品不同，竊慮立班不應在尚書之後。乞送臺吏付有司根治。」詔吏人令御史臺勘罰。

六年七月十七日，詔同知樞密院班尚書右丞下。

十一月十二日，中書舍人、兼侍講蔡卞乞序班於兄起居41郎京之下，從之。

七年三月二十一日，詔御史中丞雜壓在六曹侍郎之上。

四月十六日，御史臺、閤門言：「本朝舊《合班儀》，嗣王在郡王上，宗姓又在同列之上。近例郡王領使相者得吏二人前引，雖出特旨，緣嗣王恩數尤宜加隆。今參詳嗣王若止隨本官立班〔三〕，當在本班之上，使相即用雙引。」從之。詔：「嗣王雖著品分，然自國初以來，未嘗除授，故有司不能記其恩數。近除宗暉嗣濮王，宜下御史臺、閤門參定以聞。」故有是議。

十月二十一日，詔應職事官以除授先後爲序，同日除者以寄禄官。

哲宗元祐元年閏二月六日，詔觀文殿學士、資政殿大學士班序雜壓並在六曹尚書之上；資政殿學士曾任執政官準此。

四月二十二日，禮部言：「承旨司狀：後殿祗應，閤門官、起居郎、舍人已準朝旨許令上殿侍立，其樞密都承旨未

〔一〕爲定班：原無，據《長編》卷三二三補。
〔二〕賀：原脱，據《長編》卷三二六補。按，此謂賀新除尚書左右僕射王珪、蔡確上尚書省。
〔三〕止：原作「正」，據《長編》卷三四五改。

奉指揮。（令）〔今〕參詳，遇有奏覆及傳奏公事，即許升殿；如係供職横行使副兼領，即本班侍立。」從之。

五月二十六日，詔：太師、平章軍國重事文彦博已降旨令獨班起居，自今赴經筵、都堂，凡同三省、樞密院奏事〔一〕，並序位在宰相之上。

十二月十日，詔少府、將作、軍器監，都水使者，今後在七寺少卿之上；監丞在臺、寺主簿之上。

二年正月二十五日，端明殿學士、吏部尚書孫永爲資政殿學士、兼侍讀，提舉中太一宮兼集禧觀公事，立班、佩魚視資政殿大學士韓維例。

七月四日，詔42除諸行侍郎〔二〕，如未歷大兩省及待制以上職者，並帶「權」字，叙班在諸行侍郎之下，雜壓在太中大夫之上。

三年八月四日，詔文武官雜壓增冀、兖、青、徐、揚、荆、豫、梁、雍州牧，在御史大夫之上。

閏十二月十八日，置六曹尚書權官，叙班在試尚書之下，雜壓在左右常侍之下。

四年十月十八日，新除吏部尚書傅堯俞言：「翰林學士承旨、兼侍讀蘇頌與臣班列頗同，而臣冒居其上。頌自吏部尚書方除今任，欲乞逦英進見，許臣依舊居頌之次。」從之。

六年五月二日，詳定編修閤門儀制所言：「三師、三公舊儀雜壓在使相下，立班在文班僕射前，見、謝、辭與大卿監禮數一等。自官制行，立位雜壓在宰臣之上，其見、謝、辭、宴座未有定儀，欲依宰臣例。又百官起居日，宰臣遇假故，即以次官高者押班。今門下、中書侍郎係兩省分班先入，立位相遠，難以引揖。欲遇宰臣假故，權移門下侍郎在尚書左丞之上押班。」從之。

閏八月二十八日，詔集賢院學士如曾任權侍郎以上人充者，班列並在太中大夫之上。

九月六日，詔六曹尚書任執政官者立班在六曹尚書之上少前。

紹聖元年三月二十三日，殿中侍御史來之邵言：「集賢院學士之職，自先朝以來，體制與諸直館頗同。頃自李周以權侍郎罷，除集賢院學士，出守外郡，方有指揮，曾任六曹侍郎者立班在太中大夫之上。其後奏薦班列，並同待制。望43賜詳酌。」詔今後除集賢院學士曾任權侍郎以上者，立班雜壓在中散大夫之上，餘人立班雜壓在中散大夫之下。

元符三年三月二十七日，詔少府、將作、軍器少監雜壓並依元豐令，其元祐指揮更不施行。

徽宗崇寧元年五月二十日，以寶文閣待制、知瀛州葉祖洽爲書吏部侍郎。以嘗爲權尚書，序位令在吏部侍郎

〔一〕「凡」、「奏」二字原脱，據《長編》卷三七八補。

〔二〕諸：原作「中」，據《長編》卷四〇三改。

徐鐸之上。

十二月六日，詔顯謨閣學士、直學士、待制雜壓在寶文閣學士、直學士、待制之下。

二年五月二十一日，詔應殿中省官並赴内朝。閤門擬定在工部侍郎西別班立，少監以下各重行。

四年九月五日，詔提點坑冶鑄錢官、轉運判官、提舉常平、學事官，並在知州朝議大夫之上。

大觀元年七月七日，詔宗子博士序位，立班並在國子博士之上。

政和二年八月二十七日，詔京畿轉運副使、提點刑獄序位在三路轉運副使之上。

三年閏四月二日，禮部奏：「據沂州州學教授、宣德郎徐夐狀：依條，諸州學教授序位，承務郎以上在簽判之上，未審知縣如何序官。辟廱勘當：若教授係選人，合在選人知縣之上；如係承務郎以上，即合在承務郎以上知縣之上。」從之。

九月二十二日，保靜軍節度觀察留後、提舉龍德宮、直睿思殿楊戩奏：「朝廷肇新直殿之職，其繫銜等次序安敢有議。若止以帶職非帶職、正任轉官先後爲次，伏恐未稱朝廷肇新直殿職任之意。伏【44】望詳酌，立法施行。」詔帶直睿思殿人繫銜序位等在不帶職人之上。

二十三日，詔朝請郎、殿中監高伸立班并諸般恩數，並依龍圖閣學士例。

十一月二十二日，詔皇太子慶會、上壽押百僚班。

四年六月八日，詔殿前都指揮使在節度使之上，副都指揮使在正任觀察留後之上，馬步軍都指揮使、副都指揮使在正任觀察使之上，殿前馬步軍都虞候在正任防禦使之上，捧日天武四廂都指揮使、龍神衛四廂都指揮使在正任團練使之上。

八月三日，詔改端明殿學士爲延康殿學士，樞密直學士爲述古殿直學士，恩數品秩並依舊。

五年四月二十四日，詔：「宣和殿初建，自紹聖中經毁廢，其燕閒未始不居於此。近置直殿，以左右近侍官典領，吾士大夫有以處之。宜置新班，以彰榮近，以承其傳。可置宣和殿學士，班在延康殿之下，以兩制充，聽旨除授。凡厥恩數，並依延康殿學士體例施行。」

九月十九日，詔皇太子遇天寧節赴垂拱殿上壽，於親王前別爲一班。

六年四月二十日，詔宣和殿學士立班叙位在翰林學士之下、諸殿學士之上。

五月七日，比部員外郎梅執禮奏[一]：「修撰、直閣，其品甚高，乞定班著雜壓。」從之。

九月二十九日，詔集英殿修撰雜壓在七寺少卿之上，右文殿修撰以下遞升一等。

[一] 執：原作「如」，據《補編》頁一一二五改。

七年八月二十五日，樞密院言：「諸路廉訪使者之職，一路事無巨細，皆所按刺，[45]朝廷耳目之任，寄委非輕。今欲乞叙位在轉運使副、判官、提點刑獄、提舉學事〔一〕、常平官之下。內係橫行或內侍官帶睿思殿，許與提舉弓箭官序官。如係武功大夫以下，即與提舉木栰、坑冶、茶鹽序官。無提舉弓箭手、坑冶、茶鹽官路分，比類施行。」從之。

宣和元年九月四日，中書舍人孫宗鑑等奏：「先奉詔，曾楙、孫宗鑑、盧襄、許翰並召試中書舍人。欲乞依給事中傅墨卿等，依元降詔除命先後序位。」從之。

六日，詔軍器監鄧之綱已降指揮，特視待制。今後應諸朝參、扈從、筵宴等並綴待制班。

十六日，詔鄭居中已除少傅、威武軍節度使、佑神觀使、充神霄玉清萬壽宮使、進封崇國公，朝堂立班在少宰之下。

二年正月二日，詔太中大夫、將作監賈譓班綴恩數可視待制。

宣和二年三月四日，詔：「宣和秘殿名稱已標紀元號，所有見行帶領宣和殿職事，易以保和殿爲名。應干班綴、叙位、雜壓、恩數等並仍舊。」

六年十一月十一日，領樞密院事蔡攸言：「乞今後押班、稱賀、奉觴、上壽等並同三省長官。」詔攸立班序位少宰之次。

七年二月二十七日，詔：「諸州管轄宮觀道官，官職雖高，序位在通判之下。」從之〔二〕。

高宗建炎三年六月二十六日，詔依祖宗朝置樞密院檢詳諸房文字，序位在左右司之下。

八月七日，詔劉珏令隨宰執班奏事。以權同知洪州三省樞密院事故也。

四年六月三十日，詔：「自庶官[46]除侍郎，依舊例帶權字，若除外任差遣，(即)〔及〕除待制未及二年除修撰，其立班雜壓並依元祐令；如遇服緋綠，依待制告謝日改賜章服。」

七月八日，詔：「非見任宰執到都堂，除正一品外，序坐並在見任宰執之下，餘依自來條令。」

十一月十六日，詔樞密院幹辦官並改作計議官，叙位在太常博士之下。

十二月二十七日，詔招討使在宣撫使之下、制置使之上，永爲定制。

紹興元年三月十三日，閤門言：「自來職事官差權職任高者，與寄禄官差權人趁赴朝參立班不一。欲乞今後臣僚若係得旨差權職任，朝參立班並權依正官儀〔三〕，罷日依舊。侍從官已上權職任高者止立舊班。」從之。既而臣僚

〔一〕事：原作「士」，據《補編》頁一二五改。
〔二〕此條爲制詔，不應有「從之」二字，疑衍。又，《補編》頁一二五此下注云：「以上《續國朝會要》。」
〔三〕儀：原作「議」，據《補編》頁一二五改。

言：「祖宗舊制，應在京職事官兼權他職，並止立本班。若便依閤門奏請，即郎官以下被旨權卿監者須立卿監班，卿監以下被旨權侍從者須立侍從班，顯見班列之中紛然殺亂。」遂寢不行。

二年五月二十六日，閤門言：「昨准朝旨，六曹權侍郎立班叙坐並在侍郎之次，依舊分東西班。（令）〔今〕權侍郎雜壓在太中大夫之上，其立班合依舊在侍郎之次外，所有坐次欲依雜壓。」從之。

十一月二十一日，詔修注官赴起居殿陛侍立，比之餘官權職不同，特令立起居郎、舍人班。其後侍御史謝祖信言：「職事官兼權他職，止立本班，此祖宗舊制，不可輕改。」遂寢之。

三年七月二十八日，給事中黃唐傳言：「新除給事中 47 詹乂在宣和間已任給事中〔一〕，其年德望實俱出臣右。雖今除授偶在臣後，若依今爲序，臣實不遑安。望許叙位繫銜在臣之先。」詔依令。

五年二月十七日，詔：「尚書右僕射兼知樞密院事進呈三省密院文字並在西壁，與左僕射對展，陛降並由西階。如遇押班等，依舊制。」

四月七日，詔諸王宮大小學教授舊係宗子博士，序位合在國子博士之上。

六年二月十七日，勑令所言：「看詳到知閤門事、同知閤門事序位，入內內侍省副都知，左武大夫知閤門事，右武大夫同知閤門事，入內內侍省押班觀察使已上，除授即序官。若左武大夫以上任閤門職事與職事官序位，以職事爲序；與非職事官及外官序位，以職事階官爲序。」從之。

五月八日，詔范沖除翰林侍讀學士，其班序在翰林學士之下。

七年二月九日，詔新樞密使秦檜立班序依宰相例，尋辭，不允。

二十五日，詔岳飛已除太尉，不候正謝，令立新班。

九年三月二十一日，閤門言：「今後除權尚書立班，依權侍郎係在正尚書之次；如遇常朝、假日立班，仍舊分東西班；如遇賜茶，坐次高下依雜壓。」從之。

七月十七日，詔廣東提舉鹽事官序位在轉運判官之下，提舉市舶官序位在提舉鹽事官之下。以本路運司申明勑（令）〔令〕所定不當論官序，合以職事爲序，故有是詔。

九月十五日，新除給事中劉一止言：「奉詔，劉一止、馮檝並除給 48 事中。依條，同日除以寄祿官爲序。今馮檝係朝散大夫，一止係朝奉郎，乞以官序繫銜。」詔劉一止係自中書舍人除授，序位合在馮檝之上。

十年四月四日，詔：「今後起居班，三公、三少帶節鉞者，序班在宗室開府儀同三司不帶三公、三少班前；其外官不帶三公、三少使相自合併入帶節鉞三公、三少一班起

〔一〕「詹」上原衍「詹事中」三字，又「乂」原作「義」，據《補編》頁一二六刪改。

居，如無外官帶節鉞三公、三少班，其外官開府儀同三司依舊在宗室開府儀同三司後起居。」

八月二十三日，詔敕令所删定官立班序位在樞密院編修官之下。

十一年二(十)〔月〕八日〔一〕，詔樞密院編修官位在計議官之下。

三月八(月)〔日〕〔二〕，詳定一司敕令所言：「看詳到《紹興雜壓(令)〔令〕》內，『樞密院計議官』字下添入『編修』二字，在『官』字上；却於『官』字下添入『詳定一司敕令所删定官』(六)〔十〕字，在『陵臺令』字上；及於『國子監(承)〔丞〕』字下添入『諸王宮大小學教授』八字，在『大理(寺)〔司〕直』字上，爲雜壓之序。」從之。

四月二十五日，參知政事王次翁言：「近例，王庶任樞密副使，叙位在參知政事之下。今岳飛階官係少保，與王庶事體不同。」詔叙位在岳飛之下。

十二年二月二十八日，詔普安郡王出外(弟)〔第〕，赴朝參、起居等並立本官班。

十三年四月二十九日，詔宰執四參官赴垂拱殿習看石位。

十四年十二月十八日，詔皇太后、皇后宅教授叙位班次並依諸王宮教授。

二十六日，詔今後遇人使在庭，曾借官臣僚並依舊 49 例立借官班。

十五年十月二十七日，詔秦熺已除資政殿學士，係提舉萬壽觀、經筵侍讀官，立班、坐次綴參政一行。既而父太師、尚書左僕射檜請辭，改立簽書樞密院事之下。

十八年四月十五日，詔秦熺已除觀文殿學士，立班令在右僕射之次。

二十年二月三十日，閤門言：「今後遇人使在庭，不係侍從官曾經借官人免赴起居立班；如見差充接送伴者，依借官所服立班赴坐。」從之。

三月十九日，詔今後帶御器械官遇合班處，横行令立班在本官之上，餘官在横行之次。

二十五年十二月二十五日，詔金國賀正旦人使到闕，爲闕宰臣，依舊例權移少傅、信安郡王孟宗厚東壁押班。

二十七年四月二日，詔選人任删定官，雜壓在太學博士之下。以侍御史周方崇言：「《雜壓令》删定官在著作佐郎、國子監丞之上，既而改官，除監檢鼓院等差遣，則序位反在著作佐郎等之下。乞重修立，别爲一等。」吏部看詳，故有是詔。

二十九年五月二十三日，詔今後使人到闕，伴射官自人使朝見日權令綴馬步軍管軍班起居侍立〔三〕。

〔一〕月：原作「十」，據《補編》頁一二二六改。
〔二〕日：原作「月」，據《補編》頁一二二七改。
〔三〕起居：原作「侍立」，據《補編》頁一二二七改。

六月二十六日，詔今後遇有任節度使充主管馬步軍司公事者，令序官陞壓承宣使以下，照舊例起居侍立。國朝未有節度使主管馬步司，時以趙密除太尉充馬帥，令押本班稍前立，故有是詔。

三十年三月四日，宰執進呈：吏部檢照《職制令》，諸王開府儀同三司 50 立班叙位在左右僕射、同中書門下平章事之下，知樞密院事之上。閤門言：「親王赴垂拱殿後殿起居，合於宰執大班後入，遇(令)〔合〕班處，即立西班，與宰臣相對；遇景靈宮行香，即合押宗室班。」宰臣湯思退奏曰：「雖著令諸王在左右僕射之下，伏覩太宗朝除元佐等諸王，宰臣宋琪奏請乞班楚王元佐等下。臣等欲依故事上表。」上宣諭曰：「祖宗典故，親王在左右僕射下舊矣，卿等不必有請。」令建王立班、序位並依所定。先是，有詔皇子已除開府儀同三司、進封建王，其序位立班令有司檢具條例。至是吏部、閤門具上，宰執進呈，故有此宣諭。

十月一日，詔：「文武臣合班處，遇親王、使相立西班，令樞密院官權綴東班。如遇親王、使相請假之類，樞密院官却依舊立西班。」

紹興三十二年九月一日，孝宗即位未改元。閤門言：「奉旨檢具皇子鄧王愭、慶王愷、恭王惇序位立班幕次條例以聞。依《儀制》，親王遇合班處及景靈宮行香立班，合押宗室班；如麗正及和寧門外待漏、垂拱殿門外内及後殿門外侍班，景靈宮行香門外待漏、殿門外侍班，其閤子並合在西壁，與宰臣閤子相對。或無設置去處，即權設於宰臣閤子之次。」從之。

孝宗隆興元年正月二十五日，安慶軍節度使、同知大宗正事士籛言：「宗司行移，自來以官序高下列銜，故臣序位在臣兄同知大宗正事令詪之上。乞依士㒞推避令畤體例，許臣列銜 51 在令詪之下，庶幾協尊卑之序。」從之。

乾道元年六月二十七日，檢校少保、安慶軍節度使、同知大宗正事士籛又言：「乞援前例，許臣列銜在臣兄士銖之下。」從之。

九月二十二日，閤門言：「今來除環衛官係兼帶，即與正環衛官不同。兼已降指揮，照御帶體例施行，其環衛官五等班次亦合分別。今條具如後：一、副使帶中郎將以下起居奏萬福，與副使帶御器械序官，並在上將軍、大將軍、諸衛將軍、横行并正使帶御器械官之後重行立，在寄班祗候之前別行立班。一、五等環衛官立班，依官序在本等官之上，在帶軍職官之次。正使御帶及諸將軍遇合班處，依官序在横行之次差後立。如御帶、環衛官階官遥郡一同，即御帶在環衛官之上。一、副使帶御器械官并中郎將以下遇合班處，在横行御帶環衛官後重行，依官序一行立；如係小使臣帶左右郎將，即在副使中郎將之後重行立；中郎將遇後殿，於東朵殿侍立。」從之。

二年十月十三日，詔：「金國人使到闕見辭、上壽、大宴，魏杞權攝尚書右僕射，立班定次，並依權攝官制。」

三年正月二十一日，吏、刑部言：「近承指揮，看詳修立紹興職制雜壓條令。照得樞密使依紹興十二年指揮，在宰相之下、知樞密院之上。緣雜壓條内宰相之下又有王及開府儀同三司，其元降指揮即無明文，兼又無樞密副使一節。契勘樞密使立班係在知樞密院事[52]之上，樞密副使係在同知樞密院事之次。欲將樞密使雜壓在王之下、開府儀同三司之上，樞密副使在同知樞密院事之下修立。」從之。

四月十四日，詔：「閤門見今條令，宗室序位，官同者以尊卑爲次。今後外官如係本宗，官職同者並依宗室尊卑條法。」

五年七月二日，詔：「虞允文已除樞密使，立班、恩數並依宰臣。」

十月十四日，詔：「今後使相遇立班、坐次，與親王一行。」

六年五月二十八日，常德軍承宣使、同知大宗正事士銖言：「據定武軍承宣使、安定郡王令德言，乞立班在臣之下。尚書省具條，宗室序位，官同以尊卑爲序。卑幼官高，願在下者聽。劄令德照會。臣年齒雖長，其令德係是襲封郡王，於臣分守有所未安。乞止依官序，令臣立班在令德之下。」詔依令德所乞。

八月二十五日，敕令所看詳到帶御器械立班在樞密院檢詳諸房文字之下，中郎將在副使之上，左右郎將在奉議郎之上。從之。

九月十四日，中書門下省言：「已降指揮，帶御器械立班在樞密院檢詳諸房文字之下，其雜壓叙位亦合一體。」詔帶器械雜壓叙位在樞密院檢詳諸房文字之下；遇合班處，依閤門元降指揮立班。元降指揮，帶御器械合班處横行立班在本官之上，餘官横行之次也。

七年二月十六日，詔魏王愷出鎮，置長史、司馬各一人，序位依兩省官奉使法。記室參軍事二人，序位在諸州通判之上。按《職[53]制令》，兩省官奉使在發運監司之上，與發運監司、路分總管、知州太中大夫、觀察使以上叙官，臨安府判官準此。

三月二十六日，詔太子賓客、詹事立班座次等，依雜壓次序在給事中之上，遇日參令立東班。既而御史臺言：「遇大朝會、聖節上壽并朔望、四參、拜表及忌辰行香等，乞令太子賓客、詹事立班在臺官班東，與六曹侍郎一行立；遇宣麻立班日，在侍郎班之次；其趨朝行馬次序雜壓令在給事中之上。」從之。

五月十二日，宰執進呈除臨安府少尹以下官，上曰：「判官與長史位序何如？」宰臣虞允文等奏曰：「臨安除從臣爲少尹，高長史一等，則判官與長史雖均無嫌也。」上曰：「但與寧國府有差，則善矣。」於是詔：「皇太子領臨安府尹，少尹已差侍從官，所有判官序位，依兩省官奉使法，推官序位在諸州知州之上，任滿日仍理爲知州一任。」既而臨安府言：「本府推官，已降指揮位序在諸州知州之上。今來朝參等班次，欲乞依開封府推官雜壓條例。」從之。

六月十二日，詔：「今後馬步軍帥前後殿起居，於本班前立；侍立賜茶依官序。」以主管馬軍司公事李顯忠時復太尉，乞依楊存中恩例，閤門爲申請故也。

十二月二十六日，詔：「《職制令》雜壓内，翰林侍讀學士删去，承宣使改在給事中之下，步軍都指揮使在馬軍都指揮使之下，延福宫使在協忠大夫之下，景福殿使在知閤門之下，帶御器械在侍 54 御史之下。」令勑令所依此修立。

（以上《永樂大典》卷五三五三至五三五五〔一〕）

〔一〕《大典》卷次原缺，陳智超據《永樂大典目録》定於卷五三五三至五三五五（《解開宋會要之謎》頁一八七），近是，姑從之。此數卷爲「朝」字韻，「宋朝儀」目。

宋會要輯稿　儀制四

正衙

【宋會要】

1 宋制：兩省、臺官、文武百官每日赴文德殿立班，宰臣一員押班。常朝官有詔旨免常朝及勾當更番宿者不赴。遇假併三日以上，即横行參假，宰臣、參知政事及免常朝者悉集。事務急速，赴横行不及者，牒報臺；如遇親王、使相過正衙者取別旨[一]。羣官見、謝、辭者皆赴正衙[二]。其日文武班尚書、上將軍以下並先叙立於殿門之外，東西相向。文班一品、二品不叙立。正衙見、謝、辭官立於大班之南。右巡使立正衙位南[三]，北向。臺官大夫、中丞、三院御史各就揖班位再揖。三院不全即不揖。揖訖，臺官與左巡使先入，各就位。左右巡使立鍾鼓樓下。左巡使奏武班，右巡使奏文班。如只巡使一員，即就文班南立彈奏，如俱闕，即於臺官或員外郎以下差攝。次兩班及右巡使入。次見、謝、辭官入。次兩省官入。兩省官自殿西偏門入，於右勤政門北偏門立，候文武班將至，循午階就位。次文班一品、二品入。次宰臣出東上閤門就位。通事舍人一員立於閤門外，北向；四色官立其後。舍人通承旨奉敕不坐，四色官應諾，急趨至放班位宣敕，在位官皆再拜而退。其應横行者班定，通事舍人揖羣官轉班北向，舍人揖，再拜，復位，如常朝之儀。兩省官幕次舊在中書門外，近制就使權就朝堂門南上將軍幕次[四]。凡見、謝、辭官：新授、加恩、出使、到闕者。宰臣、親王、使相，候班定，引贊官引出東上閤門，至押班位西向立定，先赴午階南中書門下正衙位再拜，却還押班位[五]。樞密使、副使、知院、同知院、簽書院事、參知政事、宣徽使、宗室節度使以下至刺史[六]、將軍，候班定，四方館吏引出東上閤門，至殿庭，由東黄道赴正衙位，北向，以西爲首，將軍以東爲首。正衙畢，宰臣、樞密出西便門，親王、宗室入東上 2 閤門。觀文殿大學士、資政殿大學士、觀文殿學士、三司使、翰林資政侍講、侍讀學士[七]、直學士、知制誥、待制，直學士以上集丞郎幕次，待制集上將軍幕次。候班定，四方館吏引入殿西便門赴班，於大夫、中丞前出。門下、中書侍郎至正言[八]，四方館吏引先集勤政北門，候班定，於一品、二品官未就位前先就位。放班訖由西便門出[九]。御史大夫至御史，序班如常朝。三師、三公、僕射、東宮三師、三少，班入殿門，朝堂吏引入殿東便門赴班，於兩省臺官前出。尚書丞郎、左右金吾上將軍至將軍，序班如常朝。節度使至刺史、軍職四廂都指揮使

[一]旨：原作「日」，據《宋史》卷一一六《禮志》一九改。

[二]「辭」下原衍「謝」字，據《宋史》卷一一六《禮志》一九刪。

[三]位：原作「衛」，據《宋史》卷一一六《禮志》一九改。

[四]就使：原作「舊使」，據《宋史》卷一一六《禮志》一九改。

[五]還：原作「運」，據《宋史》卷一一六《禮志》一九改。

[六]史：原作「使」，據《宋史》卷一一六《禮志》一九改。

[七]「侍」原脱，「讀」下原衍「閣」字，據《宋史》卷一一六《禮志》一九補刪。

[八]正：原作「至」，據《宋史》卷一一六《禮志》一九改。

[九]訖：原作「乞」，據《宋史》卷一一六《禮志》一九改。

以上，三司副使、文班京朝官〔一〕、武班郎將以上，分司官、樞密都承旨、諸使副、醫官帶正員官者。並文東武西，相向重行叙立，餘如常朝。其權三司使、開封府、吏部銓、秘書監、修撰、直館閣、校理、檢討、三司判官、主判官、開封府判官、推官、（官）〔宮〕僚、內職、軍校領郡者，內客省使至通事舍人、節度行軍司馬至團練副使、幕職上佐州縣官、諸司勒留官新授者，京朝官改賜章服者，致仕、責授、降授者，並謝。行軍副使仍辭。京朝官貢舉發解畢者亦見。準儀制，知貢舉官合謝辭。近歲皆即時鎖宿，故謝辭皆停。若僕射、大夫、中丞過正衙，即常參官皆避；尚書丞郎過正衙，即本行郎中、員外皆避。應過正衙者，如催發及值假無班，事干急速者牒報臺。其赴臺參謝、辭者，尚書侍郎則三院御史各一員、中丞、大夫皆對拜。三院仍班迎，不全班即不赴。節度使、賓客、太常、宗正卿則御史一員，中丞、大夫皆對拜。兩使留後至刺史、秘書監至五官正、上將軍至郎將、四廂都指揮使及內職軍校遙郡以上，樞密都承旨及內職帶正員官者，四[3]赤縣令、三京司録、節度行軍至團練副使〔二〕、幕職官任憲銜者，皆御史一員對拜，中丞、大夫對揖。赤令揖訖，進言「得參風憲」，再揖而退。若曾任中書門下及左右丞，皆不赴。加階、勳、食邑、章服，館閣、三司、開封府職事及內職轉使額、軍額，亦不赴臺謝。僕射過衙日，臺官大夫以下與百官並詣幕次致賀。文官一品、二品曾任中書、樞密院者不赴。大夫、中丞則郎中，少卿監、大將軍以下亦然。本官約止則不赴，僕射赴上都省者罷此儀。

太祖乾德二年八月五日，關南總管張仁謙入朝。時連值假，正衙無班，未得入對。帝怪問其故，有司以經正衙爲對〔三〕。詔自今文武官自外至者並先赴內殿對，後赴正衙〔四〕。或出使急速者仍免衙引。

開寶九年十一月五日，詔曰：「外朝之設，舊章不忘。近年事出權宜，多從沿革，凡除拜出入，不由正衙。有司既失於舉行，經制遂成於寢廢。自今中外官除拜及假使出入，並須於正衙辭謝，違者有司議其罰。」

太宗淳化二年六月二十九日，侍御史知雜事張郁上言：「正衙之設，謂之外朝。凡羣臣辭見及謝，先詣正衙見訖，御史臺具官位姓名以報閤門，方許入對。此國家之舊制也。自乾德以後，始詔先赴中謝，後詣正衙。至今有司遵守此制。而文武官中謝辭見之後，多不即詣正衙。欲望自今內外官中謝後，次日並赴正衙。內諸司遙領刺史及閤門通事舍人已上新授者，皆同百官例，並赴[4]正衙辭謝。出使急速免衙辭者，亦須具狀報臺。違者罰一月俸。」從之。

四年六月七日，詔：「自今（五）〔正〕衙宣制及宣御劄日，非在殿庭立班之人敢輒闌入竊聽者以名聞外，門司不禁約，亦當嚴斷。」

〔一〕班：原作「武」，據《宋史》卷一一六《禮志》一九改。
〔二〕行：原作「使」，據《宋史》卷一一八《禮志》二一改。
〔三〕「以」下當脫「未」字。
〔四〕後：原作「從」，據《長編》卷五改。

真宗景德四年二月七日，車駕駐西京，詔先免常朝及西京見勾當事朝臣，五日一次起居外並免常朝。

閏五月二十三日，御崇政殿視朝，放正衙百官及諸軍將校常參。以暑雨累日故也。

天禧元年八月十六日，秘書監、知禮儀院楊億請依判南曹國子監例，權免常參，從之。

四年四月二十八日，兵部尚書、判都省馮拯請依知禮儀院例，特免常朝，從之。

仁宗天聖四年六月二十五日，御史臺言：「準宣，以霜雨泥濘，特放朝參五日。緣差出京朝官雖已辭，無正衙班，進發未得。臺司欲取七月四日已前辭朝官與放衙辭。」從之。

八(月)〔年〕六月二十三日，修國史院言：「太常丞〔一〕、直集賢院李淑每日緣早赴供職，所有常朝欲乞依例權免。」從之。

嘉祐三年六月十一日，詔正衙連十日值假者放一日。

英宗治平元年三月十三日，御史臺言：「昨爲闕官，西班對立乞差諸司使、副使、承制、崇班攝將軍立班。自來攝將軍權管勾金吾街司並依御史臺對班立。今據如京副使王澤、左藏庫副使柴貽忠牒，並爲權勾當左右金❺吾街仗司公事，乞免常朝。臺司詳王澤等不帶攝南班將軍，是致乞免常朝。乞令各攝一將軍，依舊權管勾金吾司公事，趁赴本臺叙班。」從之。

二年七月二十七日，御史臺言：「鎖院降麻，合告報兩省、臺官、文武百官赴文德殿聽麻。除中書進畫自有貼黃聲説追班外，如遇非時宣召學(士)鎖院，次日如非常朝起居，並從御藥院關報閤門追班。」詔如非時鎖院，次日不是常朝起居，仰監鎖院使臣與學士同關報閤門。

治平四年神宗即位未改元。閏三月十一日，御史臺狀：「檢會《皇祐編敕》，應正衙常朝及橫行並須宰臣立班。常朝日，中書門下輪宰相一員押班，尋常多據引贊官稱宰臣更不過來。竊慮上項編敕儀制別有衝改，更不行用，伏乞明降指揮。」既而御史中丞王陶奏彈宰相韓琦、曾公亮不赴文德殿押班，琦、公亮上表待罪，詔答不允。

二十三日，琦、公亮言：「近以御史中丞王陶彈奏不過文德殿押班，尋上表待罪，蒙降手詔不允。臣等先曾面奏，自來以前殿退晚及中書聚廳見客日有急速公事商量，故不及輪往押班，已是積有歲年，即非自臣等始。今檢詳有唐及五代《會要》，每月凡九開延英，對宰臣日，未御内殿前，便令閤門使傳宣不坐，令放班朝退，則可見宰臣更不赴正衙押班〔二〕。國朝自祖宗以來，繼日臨朝，宰臣奏事。祥符初降勑令宰臣依故事赴文德殿常朝立班，當日似未曾子細討論，故❻後來行之不久，漸復隳廢。若今後每遇前殿退晚，須輪宰臣赴文德殿押班，緣中書朝退後見客及商議公

〔一〕丞：原作「寺」，據《宋史·李若谷傳》附淑傳改。

〔二〕正：原作「五」，據《宋史》卷一一六《禮志》一九改。

事，動踰時刻，必於常朝事務大有妨滯。欲乞下太常禮院檢閱典故詳定，議立常制，貴得永遠遵行。」從之。

五月七日手詔：「今後宰臣赴文德殿押班，自春分後或遇辰初牌〔一〕，秋分後辰正牌上，垂拱殿視事未退，止令傳報宰臣更不過來，令御史臺一面放班。餘日並依（詳）〔祥〕符勅令指揮，永爲定制。其前降下太常禮院詳定，更不施行。」

二十六日，權御史中丞司馬光言：「準七日手詔如前。竊見前來垂拱殿視事，比至中書、樞密院及其餘臣僚奏事畢，春分以後少有不過辰初，秋分以後少有不過辰正。自陛下臨御以來，惟近因服藥，曾於辰牌以前駕起入内，自餘皆在辰牌以後。然則自今以往，無事之日，宰臣永不赴文德殿押班。臣竊惟文德殿爲天子正衙，宰臣爲百僚師率，百僚既在彼常朝，則宰臣理當押班。斯乃前世舊規，自祖宗以來未之或改。今陛下即政之始，事非大有利害者，恐未須更張。伏望特降聖旨，（今）〔令〕宰臣一依國朝舊制押班。若陛下以前者已降手詔，必欲限以時刻者，即乞春分遇辰正牌上，秋分遇巳牌上，並依今月七日指揮施行，猶庶幾此禮不至遂廢。」詔：「今後春分、秋分後並遇辰正牌上，垂拱殿視事未退，宰臣更不過文德殿押班。餘依前降指揮。」

熙寧元年九月，開封府 **7** 言：「自來每横行，推判官並赴文德殿，至巳時以來方退在府，公事闕官。欲乞今後遇横行，（横）〔權〕留推判官一員在府。」從之。

四年七月十七日，詔：「自來幕職州縣官擬注差遣，銓司具逐甲人數引見對敭，守候班次，住滯選人。今後與免正衙。」

十月二十九日，詔：「應合正衙臣僚無常朝，即與放免。」

五年三月二十八日，詔：「聖節及北使到闕，假故（移）〔稍〕多。應文武臣僚、三班使臣、幕職州縣官等見、謝、辭并正衙，宜令閤門、御史臺自四月三日後並權放，至十七日即却依舊。（令）〔今〕後准此。」

元豐四年十一月二十七日，侍御史知雜事滿中行言：「文德正衙之制，尚存常朝之虚名，襲横行之謬例，有司失於申請，未能釐正。兩省、臺官、文武百官赴文德殿，東西相向對立，宰臣一員押班，聞傳不坐，則再拜而退，謂之常朝。遇休假併三日以上，應内殿起居官畢集，謂之横行。自宰臣、親王以下應見、謝〔二〕、辭者，皆先赴文德殿〔三〕，謂之過正衙。然在京釐務之官，例以別勅免參。宰臣押班，近年已罷，而武班諸衛，本朝又不常置，故今之赴常朝者，獨御史臺官與審官，待次階官而已。今垂拱内殿宰臣以下既已日參，而文德殿常朝仍復不廢，舛謬倒置，莫此爲甚。

〔一〕初：原脱，據《宋史》卷一一六《禮志》一九補。
〔二〕謝：原脱，據《宋史》卷一一六《禮志》一九補。
〔三〕皆：原作「日」，據《宋史》卷一一六《禮志》一九改。

至於横行參假，與夫見、謝、辭官先過正衙，雖沿唐之故事，然必俟天子御殿之日行之可也。有司失於申請，未能釐正。欲望特降指揮，先次罷去。」下詳定官制所，本所言：「今天子**8**日聽政於垂拱，以接執政官及内朝之臣，而更於別殿宣敕不坐，實爲因習之誤。兼有職事陞朝官五日一赴起居，而未有職事者反日參，疏數之節，尤爲未當。又辭、見、謝已入見天子，則前殿正衙對拜，自爲虚文。其連遇朝假，則百官自赴大起居，不當復有横行參假。中行乞罷常朝及正衙横行爲是。」從之。《文昌雜録》：「正衙常朝，昔者省臺寺監應在京釐務官每日並集。其後以妨廢事，乃罷之，獨待次官赴耳，初無疏數之别。方唐盛時，正衙立仗，百官廊食，日以爲常。五日起居雖始於明宗，蓋亦唤仗入閤之遺意。」《春明退朝録》：「本朝文德殿曰外朝，凡不釐務官日赴，是謂常朝。垂拱殿曰内朝，宰臣以下并武班日赴，是謂常起（起）居。每五日文武朝官並赴内朝，謂之百官大起居。是謂三等。蓋天子坐朝，莫先於正衙，於臣禮無一日不朝者。故正衙雖不坐，常參官猶立班，俟放朝乃還。」（以上《永樂大典》卷五三五三）

門戟

【宋會要】 **9** 神宗元豐五年九月二十三日，修定景靈宮儀注所言：「《儀制令》〔一〕：諸廟社門、宮門各二十四戟。唐太清宮九門，亦設畫戟。竊惟景靈宮天興門及宮外門本以欽奉天神，不應立戟。祖御諸殿既緣生禮以事祖宗，宜依《儀制令》，宮門之制每門立戟二十四。」從之。

徽宗政和八年五月九日，知太原府姚祐奏：「政和格：臣僚私門經恩賜者許立戟，二品以上十四，一品十六。乞應臣僚勳名顯著與祠廟功施於民者，累功加封至二品以上，並許立戟於門。」從之。

八月二日，詔：「已降處分，應天下神霄玉清萬壽宮，視至聖文宣王立戟。」（以上《永樂大典》卷二〇七三四）

朱衣吏引

【宋會要】 **10** 凡宰相、參知政事、翰林學士、御史中丞並朱衣吏雙引，仍傳呼。親王如宰相例，而不傳呼。宰相、親王、參知政事用中書直省吏，餘用本司吏。開寶中，學士惟謝恩、初上雙引傳呼，餘日止一吏，不傳呼。宰相仍一吏引馬。樞密院使、副使、知院、同知院、簽書院事止本院紫衣吏一人前導。使相、僕射、兩省五品以上一吏，朱衣前引。

太宗淳化四年，詔：「東宮三少、丞郎入朝，聽以朱衣吏前導。二品以上用朝堂驅使官，餘用本司驅使官。」

真宗景德三年九月，皇城司言：「先準詔，文武官不得

〔一〕儀制令：原作「儀注令」，據下文改。本書禮一〇之一亦云：「按《儀制令》，廟、社每門二十四戟。」

領從人至排班處，其長春殿門未有條制。近日中書、樞密、三司、開封府多引從人出入，望降處分。」詔：「自今長春門内親王、宰臣、樞密使許引從各五人，知樞密院、參知政事、宣徽使以上各三人，三司使、開封府、廣平郡公德彝各二人，餘悉禁之。」既而學士晁迥等列狀，請如三司使例，又詔：「三司、開封府亦不得令人引接入殿内。」

大中祥符五年十月，詔：「樞密使帶檢校官、平章事，若不告引，止於本廳贊喝。」時王欽若、陳堯叟以檢校兼正官，同平章事，充樞密使，請立常例。有司言：「魏仁浦以宰相兼樞密使，故告引；曹彬以樞密使兼相，不告引。」遂定此例。

九年十月，三司言：「自來本司逐日帶吏人將緣邊糧草見在數及紙筆、公案隨從人入殿門閣子前祗候，準備取索。近日約欄，不放入門。11緣三司常有進呈公事及祗候急速文字，欲望依舊例，量帶司屬，隨行入殿門。」詔每遇有公事上殿，即將帶二人入長春門。

天禧元年七月，新除宰臣王旦守太尉，御史臺按（議）〔儀〕制，僕射以上朝堂差知班驅使官一人引接。詔尚書省三人引接。

二年四月，詔：「自今每有差出臣僚，合將帶引接人隨行者，並令抽差正名。」

仁宗天聖元年閏九月，三司、開封府言：「皇城司告報，不許將祇應人入殿門。伏緣錢帛、刑禁取旨公事不欲漏露，望許各將二人入殿門。」詔許各帶一人。

寶元二年閏十二月九日，閤門言：「請自今或遇皇帝御宣德門，宰臣、親王、樞密使、使相各許帶從者三人，參知政事、樞密副使、知院、同知院、簽書院事、宣徽使各帶二人，並至第三重門止；内外制官已上、節度使至觀察使、宗室正刺史以上各帶一名，至第二重門止；餘不許。」從之。先是，帝每御樓，左右近臣各挾所親上門闕無定限。時將及孟春觀燈之會，知開封府鄭戩上言：「天子所在，當嚴其制。」及是施行。

慶曆四年四月二日[一]，詔：「應隨從臣僚下合入幕次人數：宰臣、親王、樞密、使相各十人，兩府及宣徽使各七人，御史知雜、觀察使、皇親正任已上各五人，客司四人[二]。」（以上《永樂大典》卷一一八六）

導從

【宋會要】

12宮中導從，唐以前無聞焉。五代漢乾祐中，始置主輦十六人，捧足一人，掌扇四人，持踏牀一人，並服文綾袍、

[一] 天頭原批：「下文言紹興，此慶曆當是慶元之誤。」按，此說非，參下校。

[二] 原稿此下有自「所有」至「從之」三十一字，實是後文儀制四之一四「乾道元年」條之文，錯簡在此，與本條無關。原批以其中有「紹興」，便疑此條首「慶曆」當作「慶元」，誤。今已移出，可參彼處校記。

銀葉弓脚幞頭；尚宮一人，寶省一人，高鬟，紫衣；書省二人，紫衣，弓脚幞頭；新婦二人，高鬟，青袍；大將二人，紫衣，弓脚幞頭；童子執紅絲拂二人，高鬟髻，青衣；執犀盤二人，帶鬅頭，黄衣；執翟尾二人，帶鬅頭，黄衫。鷄冠二人，紫衣，分執金灌器〔一〕、唾壺；女冠二人，紫衣，執香鑪、香盤。分左右，以次奉引。

太平興國初，增主輦二十四人，改服高脚幞頭；輦頭一人，衣紫繡袍，持金塗銀仗以督領之；捧真珠、七寶、翠毛華樹二人〔二〕，衣緋袍；捧金寶山二人〔三〕，衣緑繡袍；捧龍腦合二人，衣緋銷金袍，並高脚幞頭；執拂翟四人，鬅頭，衣黄繡袍。舊衣綾袍、紫衣者，悉易以銷金及繡。復增司簿一人，内省一人，司儀一人，司給一人，皆分左右前導，凡十七行。每冬至御殿、祀郊廟、步輦出入至垂拱殿，即用之。

真宗大中祥符三年九月十一日，召輔臣於龍圖閣觀繪宮中迎奉天書出入及行大禮畢入宮之儀三圖〔四〕，帝因指所乘輿謂王旦等曰：「此應出唐制，前代輿輦制度未嘗有此。每乘之，則屈右足，垂左手，而凭几。」又指内官近輿班次曰：「有散員周衛於四面，此朕所加也。非此則班綴不整矣。」

太宗淳化四年，詔東宮三少、尚書⑬丞郎並許令從人通官呵止。

真宗咸平二年三月，詔：「節度、觀察、防禦、團練使、刺史如别知州府或掌兵處，止許役使本任公人，不得更於本使鎮處抽取。」

八月，詔：「諸路節鎮知州、都監給供身當直軍士各七十人，通判十五人。防團軍事知州〔五〕、都監各五十人，通判十人。河北、河東、陝西有駐泊兵處，節鎮知州、都監各百人，防團軍事知州、都監各七十人。」

景德元年五月，詔：「諸州節度、觀察、防禦、團練使、刺史以本郡兵隨行給使者以三年爲限〔六〕。」

二年，詔定在京諸司庫務監官當直人數：諸司使領郡者十二人，諸司使、副使、崇班及朝臣十人，閤門祇候及内供奉官、殿頭高品八人，寄班祇候七人，京官、供奉官、侍禁、殿直高品及寄班奉職六人，祇候内品、内品、奉職、借職四人，諸司庫務、都虞候三人，指揮使二人，員寮一人。

（二年四月）〔三年二月〕三日〔七〕，詔：「節度、觀察、防禦、團練使、刺史所領郡在川廣者，不得抽取公人以充

〔一〕分：原脱，據《宋史》卷一四四《儀衛志》二補。
〔二〕樹：原作「珠」，據《宋史》卷一四四《儀衛志》二改。
〔三〕人：原脱，據《宋史》卷一四四《儀衛志》二補。
〔四〕三：原作「王」，據《玉海》卷八〇改。
〔五〕事：原作「使」，據《長編》卷四五及下文改。
〔六〕本郡：《長編》卷五六作「本部」。
〔七〕三年二月：原作「二年四月」，據《長編》卷六一改。按，據《長編》同卷及《宋史》卷一七〇《職官志》一〇，下條亦爲景德三年事，益證此條之「二年」爲「三年」之誤。

給使。」

(十)〔七〕日〔一〕，詔：「文明殿學士、資政殿大學士、尚書，給事從人各七人，翰林學士、侍讀、侍(讀)〔講〕、樞密直學士、丞郎各六人，給諫、舍人各五人，諸司三品各四人〔二〕，於開封府、金吾司差借〔三〕，每季代之。如見勾當事公人數多，不得重疊抽差。中書先差金吾從人，(人)自今亦參用開封府散從官〔四〕。防團、刺史、閤門使副、皇親率府副率以上并諸衛大將軍、將軍至少卿監，修起居注、知太常禮院行事官、樞密都副承旨各三人，諸司使副、樞密院諸房副承旨、**14** 通事舍人、閤門祗候、中書堂後官及伎術官(外)〔升〕朝已上各一人。

嘉祐二年五月二十四日，詔：「殿學士、侍讀侍講學士許於學院抽人，雜學士、給諫、舍人許於本省抽人。」自來兩制(於)〔依〕例於諸司或學士院等處奏帶接引公人，皇祐元年後，只得隨官於本司奏帶，學士、舍人亦不得帶本司人，故有此詔。

神宗元豐七年四月十六日，御史臺、閤門言：「近例，郡王領使相者得吏二人前引。緣嗣王恩數，尤宜加隆。今參詳嗣王使相即用雙引。」從之。詳見《班序》門。

紹興三十二年孝宗已即位，未改元。九月十一日，詔皇子愭、愷、惇府引接直省，令三省行首司差撥。

孝宗隆興二年三月二十六日，尚書吏部侍郎、充淮西宣諭使王之望〔言〕：「奉旨差充上件職事，條具事內，照得汪澈係任御史中丞，合差贊引知班二人。昨之望川陝宣諭日，依虞允文已申畫一，改作引接名目。今乞依舊作引接差破。」從之。

乾道元年八月十七日，皇太子愭言：「奉旨合破人從比親王加倍。臣見破官吏人從粗可從用，除已蒙睿慈止令量行添置指使二員、直省官二員，所有今來差取，並依紹興三十二年九月内已得旨揮施行，其餘並乞蠲免。」從之〔五〕。

大中祥符二年六月，詔：「金吾街仗司從人自今不得假借。」時羣臣導從呵止行人，京師軍民頗煩趍避，呵止多踰式，故有是詔。

四年正月，詳定所言：「昨朝陵、封禪時，沿路縣鎮窄

〔一〕七日：原作「十日」，據《長編》卷六二改。

〔二〕三：原脫，據《長編》卷六二補。

〔三〕司：原脫，據《宋史》卷一七〇《職官志》一〇補。

〔四〕「自今」句：原錯簡在下文儀制四之一四「乾道元年」條末，今據《長編》卷六二、《宋史》卷一七〇《職官志》一〇移於此。

〔五〕原稿此條「直省官二員」之後接「自今亦參用開封府散從官」一句，本條至此而止。然末句與上文文意不貫。今按，此句乃上文景德三年二月七日條之文，錯簡於此（見校記〔四〕），今已移至彼處（「自今」上原有「人」字，乃是衍文，今删）。然則本條文意未完，尚有闕文。考前文儀制四之一一「慶曆四年四月二日」條末有「所有今來」等凡三十一字贅文，審其文意，正與本條相接。其中所謂紹興三十二年九月指揮，亦即上文「紹興三十二年九月十一日」條，其内容正爲皇子愭等從人事，知此三十一字實爲本條之文錯簡在彼，今移於此。

隘之處，隨駕臣僚出入，前驅呵喝，節數頗多，接續移[15]時，防阻行路。欲乞量官序次第差減馬前呵止之人，每至州，可以循舊。」詔：「親王、中書、樞密各三節至四節，餘清望官、在京合告官及喝止者止一節至二節。相去五七步已下，不得籠街呵喝。每至州縣，即依舊式。」

二月，詔：「隨從巡檢及諸臣僚執擎從物近車駕左右者，內殿崇班已上止許帶當直三人，崇班已下二人，不得更有剩數。」

五（月）〔年〕〔一〕，命翰林學士李宗諤〔二〕、龍圖閣直學士陳彭年與禮官詳定群臣導從〔三〕，宗諤等請中書、樞密〔四〕、宣徽使、御史中丞、知雜御史、金吾并攝事清道，如舊制呵導外，僕射已上、三司使、知開封府四節；文明、資政大學士、尚書三節；學士、丞郎以上、三司副使二節；大兩省、卿監、待制一節；小兩省、御史、郎中、員外、諸司四品，三司、開封判官、推官，二人前引，不得過五步。應於金吾借從人者，以諸軍剩員代之。從之。

七年五月，詔臣僚在京勾當及受外官者，不得占舊任公人在家役使。

八年閏六月一日，詔：「諸處駐泊忠佐遥領團練使、刺史者，定差當直兵士十人，不領郡七人。」以沿邊駐泊忠佐多差軍人當直役役〔五〕，故條約之。

三日，詔開封府諸縣都監自今定差當直兵士五十人，知縣十人。本府言諸縣多占兵士當直，故行條約。

天禧元年二月，給左右巡使常從三人，臺直官二人，主簿一人。從臺司之請也。

九月，詔諸司庫務監當命官、使臣自今不得以當直兵士於危所役使，致害[16]人命，違者不以合破當直人數刑名區斷。先是，監馳坊內侍張仁恭私遣兵士於汴流放栰，有溺死者，仁恭贖銅，降一資衝替，故下詔條約之。

二年九月，流內銓言：「請自今軍監判官更不兼通判。其當直公人更不差兵士，止依元定幕職人數，於本軍定差。」從之。

五年七月，給宰相、樞密使軍士三十人，參知政事、樞密副使二十人，皆以雄武兵充，著爲常例。若指抽外郡兵卒，亦聽。

仁宗天聖四年五月，左右巡使方慎言等言：「近日臣寮導從踰式，亦有不合前導，擅出踏引者，願申約束。」詔御史臺、左右街司覺察，有不依條貫出節者，收領從人送開封府，本官具名聞奏。

皇祐元年七月，諫院言：「今諫官二員，從人至少。昨

〔一〕五年：原作「五月」，據《宋史》卷一七〇《職官志》一〇改。《長編》卷七八繫此事於五年九月。
〔二〕諤：原作「鄂」，據《宋史》卷一七〇《職官志》一〇改。
〔三〕詳定群：原作「祥定郡」，據《宋史》卷一七〇《職官志》一〇改。
〔四〕樞：原脱，據《宋史》卷一七〇《職官志》一〇補。
〔五〕役役：疑當作「役使」。

三院御史增添人數，欲乞依例。」詔每員添差街司從人、神衛剩員各二人。

嘉祐六年五月十七日，詔：「殿前馬步軍都指揮使、副都指揮使除合（破）〔披〕帶人數依舊（人）〔外〕，其不披帶剩員備軍等各特與添一倍。今後不得更於額外私有勾抽役使，如違，重行朝典。」

治平四年閏三月六日，神宗已即位，未改元。詔：「在京勾當官員待闕間，不得預抽新任公人當直。」

七月二十二日，河東轉運使呂公孺言：「準天聖令敕，諸外州官合給當直兵士者，節鎮長吏五十人，餘州監長吏各四十人[一]。內河北、河東、陝西路有駐泊兵士者，節鎮長吏七十人，餘州軍監五十人。惟是有馬步州軍文武長吏[二]，例更[17]差有馬兵士隨逐，充馬直出入，其人騎數目不定，即無合破敕條。欲乞今後應係有馬軍州節鎮并其餘州軍文武長吏，許分兩等立定隨行馬直人騎數目，如闕，即據數差撥，不得旋行收買。其三路安撫、都總管所帶人騎，係備緩急應副，且乞仍舊存占。」詔除三路路分安撫使、總管依舊外，有馬軍處節鎮知州、路分鈐轄二十人，其餘知州軍、路分都監十五人。內本州軍總管、鈐轄即不得過知州軍人數。

神宗熙寧二年六月十九日，提舉司言：「裁定宗室供身驅使吏人，各以官序爲差。」從之。

閏十一月二十三日，詔：「應曾歷職司臣僚及大卿監到闕差權判寺監者，若舊當直人不及十人處，並差十人。」

五年七月十七日，詔：「白直人，前任宰臣、使相、樞密使二十人；參知政事、樞密副使、簽書樞密院事十五人；在京、在外同，並兵士、剩員中半差。致仕官曾任宰臣、使相、樞密使二十人；參知政事、樞密副使、簽書樞密院事、節度使十五人；宣徽使、已上兵士、剩員中半差。諸行尚書、留後、觀察使十人；樞密直學士以上七人；待制以上、防禦、團練、刺史四人。」已上全差剩員。

六年七月，兵部言：「街司兵士差在官員下當直，止是時暫呵用祇應，即與正軍白直不同，難作當直人數。」詔不作當直人數，餘悉仍舊。

高宗紹興四年正月二十四日，詔：「比行在百官所破人從已別立法，如遇闕人，即行勘請錢以充顧直。若[18]（若）於步軍司復借人兵，顯屬貪墨，可計贓論。如步軍司裹私借，令御史臺糾察以聞。」

十一年五月二十四日，臣僚言：「近歲大臣罷政及文武官視兩府恩數得宮祠者，陳乞差破隨行使臣等人，除依條合破人數外，又必援例差破直省官散祇候一二十人，及親兵將校等，多至一二百人。如宣借人依條所放已多，又或於數外更乞添差。其視兩府恩數臣僚所差名色，雖與執

[一]「州」下疑脱「軍」字。

[二]馬步：疑當作「馬軍」。此謂有馬軍之州軍，參下文可知。

政官不同，亦是更相援例，節次陳乞，有增無減。欲乞應奉祠閒居大臣差破使令，除依紹興條格外，有條格所無而援例差破諸色人數，並行裁減，量留三分之一，將合減人數發還元處。如更不願量留，却聽盡遣。其有依條合格而願發遣者亦聽。此令一行，非特使（使）大臣無冗占之嫌，凡在官者皆知守法畏謹，不敢冗占，而廩給無妄費矣。」詔令有司遵守格法施行。

十四年正月十四日，太傅、横海武寧安化軍節度使〔一〕、充醴泉觀使〔二〕、咸安郡王韓世忠言：「臣先蒙異恩，請給、人從並依見任宰執。今乞將臣見今請給截日住支；并朝廷元撥到官兵五百人、親隨背嵬使臣三十人，除事故外，見有四百餘人，今乞將親隨背嵬使臣三十人兼官兵七十人通作一百人，還赴朝廷使用外，有三百餘人〔三〕，乞留照管家屬。」詔背嵬使臣三十人交割付殿前司，餘不允。初，朝廷以世忠有功，特加異禮，世忠心不安，故有是請。

三十年十月六日，19 詔：「今後勳臣之家，令存留在家照管使臣、將校軍兵各依所行指揮人數，以五分之一差破。使臣不許差横行正任人，所差使臣不得過兩任。其文臣亦差破五分之一。」

紹興三十二年孝宗已即位，未改元。八月十五日，尚書左僕射陳康伯等奏：「左右僕射、知樞密院府依自來體例各破三百五十人，參知政事、同知樞密院府各破二百五十人，並係樞密院提轄親兵差撥前來，其間有係三衙軍兵人數。今欲各減三分之一，令逐司收管。」從之。

十月四日，少傅、保康軍節度使、大寧郡王吳益言：「益先除少保日，已降指揮，恩數並依樞密使例。今乞依例差破給使使臣。所有先借人已經裁減外，合減七人，顧募再合減一十一人，乞免行裁減。」又寧武軍節度使、開府儀同三司吳蓋言：「蓋先授太尉日，已降指揮，恩數益乞依吳益例〔四〕。今欲乞依例差（賦）〔破〕給使使臣。其宣借人已經裁減外，合減八人，并顧募再合減一十人，亦乞免行裁減，庶幾仰副朝廷優異戚里之意。」詔並依所乞。同日，詔：「已降旨揮，内外兩府使相見破宣借兵士權行減半，係爲未經裁減；其已經人自合依舊。」

隆興元年六月十二日，太傅、新差充御營使、和義郡王楊存中奏：「昨令臣往建康府措置營寨，點檢沿江一帶守備事務，有合行事件内，主管機宜文字破白直十五人，幹辦公事各破十三人，准備差遣各破十人。」詔從之。

二年五月 20 八日，兵部言：「步軍司契勘，除（還）〔環〕衛官無差破人從條法外，武臣正任刺史以上至節度使兼領逐項衛官，其人從止合依各帶正任官序上差撥。今條具比

〔一〕「海」下原有「軍」字，據《建炎要録》卷一四二删。
〔二〕使：原脱，據《建炎要録》卷一四二補。
〔三〕三：原作「五」，按前云總數「四百餘人」，還朝廷一百人，則當剩三百餘人，因改。
〔四〕益乞：疑衍。

擬見趁赴朝參正任官等差破人從下項：左右金吾衞上將軍、左右衞上將軍，若節度使兼領上將皆衞官〔一〕，其人從止合依節度使差破四十六人。左右驍衞、武衞、屯衞、領軍衞、監門衞、千牛衞上將軍，若承宣使并觀察使兼領上件衞官，其人從止合依承宣使、觀察使差破三十三人。左右金吾以下諸位大將軍，若防禦、團練使、刺史人差破二十人〔二〕。本司契勘，武臣遥郡横行已下，若兼領諸衞大將軍，令比擬差破當直一十五人。若兼領諸衞將軍，差破當直一十人。」從之。

九月十八日，吏部狀：「都省批下昭慶軍承宣使、提舉萬壽觀郭瑊狀，准尚書省劄子，安穆皇后追册並依懿節皇后宅推恩。今來有依例陳乞内，乞差破宣借兵處添破口食，以致郡計闕多，爲害甚大。」故有是命〔三〕。

十二月二十日，詔閤門舍人顧募添作八人。

二十四日，提領榷貨務都茶場所狀：「勘會提領務場所幹辦公事即無合破人數，今欲破顧募六人。」從之。

（乾道）九年二月二十一日〔四〕，臣僚上言：「太尉、威武軍節度使、提舉江州太平興國宮李顯忠奏乞帶宣借人并馬軍司使臣軍兵等共一百五十人隨行，奉旨依。臣取到步軍司專條，節度使在京合破宣借七十人，依建炎三年二月
21 内減三分之一旨揮，只合破四十六人。若在外，則只許帶隨行一十二人。顯忠係是在外宮觀，陛下降旨特與五十人，可謂異恩。今乃乞一百五十人，是三倍其數。欲望聖慈止與破五十人。」從之。

（紹）〔淳〕熙元年正月二十七日〔五〕，詔：「吴挺已除授太尉，所有人從依楊存中、楊政除授太尉已得指揮體例施行。」

淳熙二年四月二十二日，嗣濮王士輵言：「濮王近屬不愕等已比换南班，見朝參，乞特破雇募五人。」從之。

三年十二月七日，詔：「每遇朝會，合赴立班官將帶人從，宰執、使相、兩府合破引接、直省官、抱笏人外，大程官五名，侍從、兩省、臺諫、正任知閤、管軍從人四名，御帶、環衞、卿監、郎官三名，其餘百官二名。」先是，監察御史齊慶胄言：「比來官員朝謁及赴德壽宮起居，百司人從擁遏道路。乞令閤門、御史臺、皇城司條約。」至是條具來上，故有是詔。

十四年三月二十四日，步軍司勘會，正任節度使裁減外，破宣借兵士四十六人；其節度使致仕，未有承降指揮。詔令步軍司差破二十三人。以隨龍崇信軍節度使致仕張

〔一〕上將皆：據下文例，疑當作「上件」。
〔二〕此句疑有脱誤。
〔三〕據此句，本條前當闕詔語。
〔四〕乾道：原無。據《宋史·孝宗紀》及顯忠本傳，顯忠復威武軍節度使在乾道五年，復太尉在七年，提舉興國宮在其後，而卒於淳熙五年，據補。
〔五〕淳：原作「紹」。據《宋史·宗室四·趙彦逾傳》，吴挺淳熙初已爲太尉，據改。

世興陳乞差破，至有是請。

淳熙十六年三月二十四日，詔：「士峴已除少保，人從依士歆除少保前後已得指揮。」（以上《永樂大典》卷一三三二七）

得替官送還公人

【宋會要】

22 太祖乾德二年三月，詔：「訪聞使臣因遣及請假出人，或知州軍、監押、巡檢替回，多有借本處兵士防送，或津致行李物色。自今非准宣旨，不得差借。」

太宗至道二年三月，詔：「聞川峽得替臣僚或勾當公事使臣回日，多於本處抽帶兵士、公人隨行至京，並令自備盤纏；或即受其傭直，便即放回，多致人户破賣田産。自今一切禁止，如違，京朝官、諸司使副、內殿崇班、幕職州縣官並除名，使臣決配。仍委轉運使覺舉。」

三年，詔：「外任得替文武官，各差公人送還。丞郎、給諫、轉運使、副使、大卿監、祭酒、詹事、庶子、大將軍、防團、刺史十五人，諸司使帶遙郡及諸行郎中、少卿監、少詹事、司業、諭德、太子三寺令僕、將軍十人，不帶遙郡諸司使、副使至殿直及京朝官、率府率、副率七人，內品官奉職以下使臣、幕職州縣官五人。移任、丁憂亦準此。若守任在合般家地分，亦許依上項數抽差般家。其水路管船綱者各減元數三人，內品以下減二人。所差公（文）〔人〕並本官給在路日食。」

真宗咸平三年七月，詔：「川峽得替文武官差防送公人，丞郎、給諫、卿監、祭酒、詹事、庶子、大將軍、防禦、團練使、刺史、轉運使、副使十人，領郡諸司使、諸行郎中、少卿監、司業、少詹事、諭德、太子三寺令僕、將軍七人，不領郡諸司使以下至 23 殿直、京朝官、率府率、副率四人，內品以下至幕職、州縣官三人，仍並至鳳州界止。」

景德二年七月，殿中丞趙稹言〔一〕：「得替文武官給公人送還，具載編敕，而州郡本置散從官（丞）〔承〕符以備驅使。郡官罷任，常率數人，由此甚有占役。其江淮、兩浙、荆湖、福建、廣南路並押水運，請減送還公人之半。」詔元定十五人者減其五人，七人者減其三，五人者減其二。

大中祥符三年九月，詔諸路提點刑獄官得替，並依轉運使、副使例，差公人送還。

十一月，詔：「得替官或至中路，不用公人伴送者，明具公文送本屬州縣收管。」時殿中丞譚巽言，多於中路（愛）〔受〕所送公人錢物入己，衷私放還，請條約故也。

天禧元年八月一日，詔：「自今諸路得替官送還公人，除轉運使、副使、提點刑獄及正郎以上知州依元制外，餘官舊十五人減其五人，十人減其三，七人、五人減其二。水路押綱運者十人又減其三，七人、五人減其二，三人減其一。

〔一〕稹：原作「禎」，據《長編》卷六〇改。

縣尉給手力外，餘官悉以本處雜色公人充。」

五年八月，詔：「諸州官送還公人，準元年詔減省者並仍舊。」時有州縣官任西蜀還〔一〕，路乏騶從，經涉艱苦，題詩驛舍者，真宗聞之，故有是命。

仁宗天聖七年十月，詔：「外任得替官各差公人送還，依元敕定差人，並令本官在路給食。或不願公人送還，即牒送本處，不得取受顧直入己。如公人願自顧替名，即聽。或舊例更量差人送至近處，或赴任時差人遠接，並 24 依例差。應赴任、罷任及家屬經過道途嶮阻去處，（令）〔合〕差防送者，亦令量差人。除弓手不得差出外，並各於本轄處抽差。如無人，即並差本城軍士。其見任官不得專差人出本界三百里外勾當私事。其駐泊都副總管以下抽替或就移，送還遠接，並差軍人津（置）〔致〕行李。駐泊都總管禁軍四十人，本城六十人；駐泊副都總管本城、禁軍各四十人。駐泊總管、副總管並差禁軍二十人、本城四十人；駐泊鈐轄、知州軍監城管勾本處駐泊軍馬公事者，本城、禁軍各二十人；駐泊都監及河北、河東緣邊安撫使、副使、管勾沿邊安撫司、安撫都監，禁軍十人，本城二十人。乘船者不得更帶本城軍隨行，仍不得更差送還公人。川、廣、福建路轉運、知州軍、同判、都監、監押、巡檢、監當使臣得替，並依元定人數，差本城軍士送還。瓊管諸州得替，並差本城軍士送至桂州或虔、洪州，逐州別差本城軍士交替送至京。其替下兵士却歸本處，不得別有住滯。若至水路州軍，因便管押綱運前來者，送還軍人更不得占留，晝時發遣，却歸逐處。」

十一月，詔：「應差充外任文武臣僚等，自今除依條差定人數送還、遠接外，更不得陳乞管押因便兵士。」

八年二月，詔：「今後所差接送臣僚禁軍、本城軍士，並依王正平所奏，選差十將節（給）〔級〕部轄。數内禁軍送還到京者，殿前侍衛馬步軍司與限五日歇泊訖遣還；其廂軍、本城兵士，步軍司依 25 此日限發遣。」

至和元年十一月，詔：「諸路官代還者，其護送公人如聞已顧人爲代〔二〕，而官司復令執役，民甚苦之。自今須計程滿日，方得追呼。」

嘉祐三年四月，詔：「臣僚赴任益、梓、利、夔，其遠接人，陸路止於京師，水路止於荆南。若路不由京師，即計其地里，無得過六十驛。若舊制不及者，止如舊例〔三〕。」初，三司使張方平言：「西川迎送之役，有經涉水路，往復萬里之遠，至有饑乏病死者，不可勝數。」故著此條。

四年五月十三日，監察御史裏行沈起言：「三路安撫、總管等才方授命，逐處差遠近接〔送〕兵士，少不下千人。緣條貫送還，各有定數，乞檢會天下遠近接送體例，酌中限

〔一〕官：原脱，據《長編》卷九七補。
〔二〕送：原脱，據《長編》卷一七七補。
〔三〕如：原作「於」，據《長編》卷一八七改。

定逐官人數及地里遠近，著爲甲令，免致勞擾煩費。」詔檢用舊制。先是，皇祐四年條貫定遠近接送還人數，至是樞密院勘會行之。

英宗治平二年正月二十四日，詔：「命官尋醫(待)〔侍〕養，許送還公人如例。」以(朝)〔上〕《國朝會要》。

神宗熙寧七年正月一日，詔定知判州府使相五百五十人〔一〕，曾任二府并宣徽、節度四百五十人，待制、觀察使已上二百五十人，帶都總管者別差三百人，帶安撫、鈐轄者別差百人。都轉運、發運使，待制已上如知州府例，餘官二百人。通引司吏共九人。一路副都總管三百人，總管二百人，州總管、路鈐轄、沿邊安撫使副正任以上充都巡檢使一百五十人。發運副使、轉運副使、知大藩同州總管。通引等共六人。提刑并知節鎮州一百[26]二十人，發運使、轉運判官、知州百人，通引等共五人。安撫、路分都監、州鈐轄、沿邊都巡檢使百人，提舉常平倉、知軍監八十人，通引等共五人。通判五十人，客司、書表司共二人。都監、都巡檢使、承受、管勾、檢法官三十人，監押、巡檢、寨主二十人，簽判、知縣十五人，縣令十人，監當及幕職州縣官七人。

六月四日，詔：「應轉運使副、判官、提刑、提舉、同提舉常平倉官詣轄下諸州巡歷，每員許帶人吏二人，公事繁多，亦許隨處暫差人吏行遣。當直人不得過十五人。將帶不盡當直人聽留在家驅使。內轉運使副、判官、提刑逐州差送迎人，通計隨行當直人不得過合破人數。如本處無厢軍，即官吏結罪保明，許差近下禁軍。陸路別差擔擎兵士一十五人，節級一人。水路乘船不得過赴任隻數，仍破十分人牽駕〔二〕，並逐州交割。」

八年七月十九日，詔：「官員合破諸軍迎接者，計合到任日，除往還驛程前一月發遣；送還者除程占滯毋得過一月。」

元豐五年十一月十八日，詔：「州縣官得替，計程支顧錢，而中道物故丁憂者，程雖未滿，其錢勿追。」

哲宗元祐元年閏二月二十八日，詔：「八路知州、通判、簽判、監司屬官承務郎以上、知縣、大使臣員闕並歸吏部差注〔三〕，內接送人合支顧錢者並只差兵士。內有專條并奏差及一時指揮及其餘闕并水土惡弱及自來差攝官處，並依舊。」

八年十月一日，尚書兵部奏：「請諸接官官員軍人、公人，當職官不得[27]使令隨從人寄附物色。如違，并所隨從人並以私役兵防論。」從之。

紹聖元年七月三日，户部看詳役法所言：「幕職、監當官(按)〔接〕、送，舊差全請顧錢公人。今來合支顧人錢，並依元豐令定人數支破。其元祐敕所添人數並差厢軍。」詔

〔一〕「詔定」下當有脫文，據後文儀制四之二九「孝宗隆興元年」條之例，疑當作「詔定監司郡守所破接送人數」。

〔二〕十分人：「分」字疑誤。

〔三〕「大」下原衍「小」字，據《長編》卷三七〇刪。

減罷元祐敕添人數，餘從之。

徽宗建中靖國元年二月二十六日，資政殿學士、正議大夫、提舉中太一宮兼集禧觀公事黃履狀：「今准朝旨給假，暫歸邵武軍展省邱壠，至秋還闕。所是乘船路往來合要防護兵級，欲乞所經州郡量差五十名，逐郡替換。仍於往來出陸州郡即乞添一百名，亦每郡替換。」從之。

政和六年十二月十五日，詔川峽多闕正官〔一〕，事因廢弛，小臣遠官艱於般挈，理須措置。政和令內諸自川峽之官罷任，於接送人外，緣路差遞鋪兵，該載未盡。可令兵部看詳立法，限三日取旨頒降。兵部今擬修下條：諸川峽路之官罷任，分司、致仕、尋醫、侍養、丁憂、身亡同。因犯姦贓而替罷，若川峽路之官罷任，不出本路者非。於接送人外，及服闋赴闕者，緣路差遞鋪兵，由江陵府及荊門軍路者惟夔州路官許來。不般家者減半。別條已差鋪兵者從一多。負擔者每人不得過九十斤。逐鋪交替，不限官序，止以到鋪先後爲次。如或不足，於所在州依數差廂軍，不得過至京程數。以上《續國朝會要》。

高宗建炎二年二月四日，詔許支係省錢顧人代接送兵士旨揮勿行。先是，儒林郎馮迪德言：「昨降旨揮，應合差破接送兵士內廂軍闕，許支係省錢顧人。今州[28]郡更不差破兵士，一槩以和顧爲名，並支係省錢，暗損財計，欲望改正。」故有是詔。

九月七日，知揚州黃願言：「在京官員赴任顧人錢，依條係諸路起發上京，於户部樁管。今聖駕駐蹕揚州，日有注受差遣赴任之人，除勘請合得本官料錢外，別無寬剩役錢應副勘請在任顧人錢，乞令新任勘支。」從之。

紹興元年十月二十五日，詔：「應諸州幕職官、諸縣令（承）〔丞〕簿尉合破接送并在任般家顧人錢並權罷。」以臣僚言，所在妄指川廣遠處，多計地里，爲錢不貲，乞行裁省故也。

七年九月十七日，張浚言：「臣荷陛下知遇，出入總兵，幾及十年，其所施爲，不無仇怨。今奉親偕行，還家萬里，汎然舟寄，未有定居。除依例合破使臣外，乞許臣於都督府借差使臣四員，存留親兵五十人，以備緩急。」從之。

二十五年十一月十九日，南郊赦：「諸路官員任滿合差廂軍送還，到住程處，依條限半月發遣，從來多有妄作緣故占留，既不依時到營，致本處便作逃亡事故，開落名糧，因而老幼失所。如有似此之人，許經所在州軍自陳，給據發遣，歸元來去處，依舊收管。」

二十八年九月十九日，詔：「應官員除依條差破迎送人外，不得違法支顧脚顧船錢。」

十一月二十三日，南郊赦：「勘會累降旨揮，約束州縣差顧人夫應副過往人。訪聞州縣奉行滅裂，循習舊弊，甚

〔一〕川峽：原作「川陝」。按下文又言「川陝路」，宋代並無川陝路，諸「陝」字均爲「峽」之訛。據史志，乾德三年平兩川，併爲西川路，開寶六年分三峽地區爲峽路，西川路、峽路合稱「川峽路」。咸平四年分益、梓、利、夔四路，合稱「川峽四路」，仍簡稱「川峽路」。因改。

者抑令出顧錢。仰監司常切覺察，按劾以聞，當重寘典憲。」以上《中興29會要》。

孝宗隆興元年八月十七日，殿中侍御史周操言：「臣契勘監司郡守所破接送人載在令甲，各有定數：使相知州五百人，前宰執知州四百人，大藩知州二百三十人，節鎮知州一百二十人，餘州一百人，轉運使副一百三十人，提刑一百二十人，轉運判官一百人，此其格也。比緣監司、郡守數多，接送頻繁，所破借請，或至半年，或四五月，近者不下三月，所費不知其幾。加之公用什物，率皆創置，故一經接送，州縣倉庫爲之(楞)〔枵〕然。臣愚欲望今後監司郡守接送人，除使相、宰執知州人數太多，合行減三分之一外，其他並不得過數添差。仍戒諭監司、郡守，每事簡省，不得侈靡，並從御史覺察。若現接本任就移他處不候待闕之人，止得於舊任破送還人，(親)〔新〕任更不得別發接人。如在五百里外者，其送還人就五百里止，却令新任接人於所止處交替。庶幾免致重疊費耗，少寬州郡之力。乞附條令，永爲定制。」從之。以上《乾道會要》。（以上《永樂大典》卷一二二一〇）〔一〕

接送

【宋會要】

30淳熙元年五月二十九日，詔：「諸路監司、憲司州縣巡歷，只許帶本司公吏一名、掌管(按)〔案〕牘及使令三二名隨行，不得與外人交通。餘人並於所到州縣借差。如敢違戾，令御史臺覺察，以違制論。其他監司出巡及通判季點之類，並皆准此。」

四年九月二日，詔：「自今監司、郡守闕到赴行在奏事，未得取索遠方人從，候闕近方許計程發遣。」

五年十二月二十三日，臣僚言：「應荒歉州縣，當專以救荒爲務，所有迎新送舊兵卒公吏借請及供張、從物之屬，所(廢)〔費〕不貲，自合裁減。乞令旱傷州郡守倅而下迎送，並依近日楊布、錢象祖已得指揮，吏卒、供張、從物之屬並從減省。」從之。

九年正月十三日，上謂輔臣曰：「監司、帥守接送人借請等費用太多。」宰臣王淮等奏：「條格具存，往往巧作名色，全在監司覺察。」上曰：「只爲監司自犯法，可令侍從等集議。」於是集議來上曰：「一、監司守倅已依格差接送人從外，又有將帶公使錢作隨行支用，係是重疊破費，合行禁止。一、人從借請不多，合依格外，書表司等人近來多是妄作名色，增添借請，及格外差都吏、手分等，每名借請，犒設至多，合行禁止。一、(供)〔公〕堂供張、什物陳設等多是增添過多，以致科擾行鋪，侵耗公庫。一任之間，有置兩三次

〔一〕《大典》卷次原缺。按此門内容與下門全同，時間亦相銜接，《大典》應在同一卷，陳智超擬爲卷一二二一〇，今從之。

者。自今不得再有添置，候得替日，依[31]數逐一牒公庫交納，不得將帶前去，及作名色銷破。一、迎接轎乘，多是監司州郡分下所屬科率。一、接送如願乘船者，只合差破官船；如無官船，許和顧乘使，不得折支顧錢。一、合破接官從物，旗幟、撾劍及人從頭帽、衣衫之類，只許就界首等候，不許將帶出境迎接。一、諸公人違法借兑，并白狀批請，已有見行條法及紹興二十六年指揮，合行申嚴行下。今措置公人遇節，并經由州縣借請，及非時妄作名色犒設之類，亦合禁止。」詔依集議到事理施行。是歲六月初八日，詔合破接官人從頭帽、衣衫之類，許依舊例。

十四年八月八日，令應巡檢下土兵並不許差充接送。從廣東提刑管鑑請也。以上《孝宗會要》。

淳熙十六年七月十二日，臣僚言：「伏見諸路監司帥守接送人數，自有定法。今則不然，迎送之際，動以數百輩。如二廣、福建、湖南、江西，尤爲煩費。乞自今諸路監司、帥守接送人不得過數，借請不得過多，一行從物不令出境。如或過數差人，逗留不即赴上者，仰御史臺體訪覺察，重作施行。」從之。以上《光宗會要》。

慶元元年六月十九日，監登聞檢院張叔振言：「方今之患，莫大於州郡之不富實；州郡之不富實，其弊莫大於將迎之虛費。今州郡將迎，大者千計，少者不下數百人，高牙劍戟之外，不急之物無一不備。一兵而受一人之券，固所當得也，至其差出，則有借給焉，遠者幾歲，近者數月，以千百人計之，爲數（不）〔可〕見。乞[32]申嚴法制，行之諸道，凡將迎之費，一遵令甲，供張之具，務從簡省，愛民體國，無以華侈相尚，則郡國其有瘳矣。」從之。

嘉泰四年六月十九日，成都府路提點刑獄公事傅伯成言：「蜀之州郡，迎新送故，地有遠近，塗有川陸。乘舟則省吏卒，遵陸則捨舟船，皆適於用而已，非可私其費也。臣訪聞州郡將迎之際，費既不貲，及其去也，未嘗赴中都而破吏卒浙西之借請，未嘗下荊江而破舟艦浙西之顧錢。乞特降指揮，除在任被召合破送還人船至臨安外，餘止許計其所居之程差顧人船，亦各隨其水陸之便。其虛作遠地名色，多破官帑，歸於私家者，令監司按劾，併與當職官坐之。」從之。

開禧元年正月二十一日，中書門下省言：「監司守倅到罷迎送，合破吏卒、從物，各有條例。日來所在州軍例外過有差置，吏卒借請，殊無限制，理合禁約。」詔令諸路帥司、四川制置司、二廣經略司自今降指揮到日，日下取會所部州軍見今所破從物，吏卒并借請實數，攢類成册，保明申尚書省。

六月十一日，詔：「諸路監司并本司屬官凡是迎送從物，各從逐司支公使庫錢應辦，不得行下州縣。諸州知州、通判、幕職等官迎送從物，並從本州支公使庫錢置造。縣令、簿尉從物令本縣支係省錢製造，知縣不得過一百貫，佐官以下不得過五十貫，並不得科之鄉司。更敢妄作名色，科擾百姓，許民户越訴。」福建提刑朱思遠《便民五事》内言，知縣迎接，科率鄉33書吏貼，故有是詔。以上《寧宗會要》。

（以上《永樂大典》卷一二二一〇）

宋會要輯稿　儀制五

羣官儀制

【宋會要】

1 太祖乾德二年九月十二日，詔曰：「國家職位肇分，軌儀有序，冀等威之斯辨，在品式之惟明。矧著位之庶官，及内司之諸使，以至軒墀引籍、州縣命官，凡進見於宰司，或參候於長吏，既爲總攝，合異禮容。稽於舊儀，具無定法。或傳亢揖之制，或有没階之趨。既位貌之相殊，復典章之舛異。若以内司諸使承前規例，則朝官拜揖之制不同；若以《儀制令》遵守而行，則古今沿革之制不等。晉天福、周顯德中，以庭臣内職、賓從將校比其品數，著爲綱條，載於《刑統》，未爲詳悉(一)。宜令尚書省集臺省官、翰林學士、秘書監、國子司業、太常博士等詳定内外群官、諸司使副、供奉官、殿直及州縣官等見宰相、樞密使及所總攝正一品、二品官，東宮三師、三少、内外所屬長官及品位相隔者，以前後編敕故事，參定儀制以聞。」翰林學士承旨、刑部尚書陶穀等共奏議：「自今兩省官除授、假使，出入並參宰相。起居郎以下參同舍人(二)。五品以上官遇於塗，斂馬側立，須其過。常侍以下遇三公(三)、三師、尚書令，引避；值僕射，引馬側立。御史大夫、中丞皆分路行。起居郎以下避僕射，遇大夫引馬側立，中丞分路。尚書丞郎、郎中、員外並參三師、三公、令僕，郎中、員外郎兼參左右丞、本行尚書、侍郎及本轄左右司郎中、員外。御史大夫以下參三師、三公、尚書令僕，中丞兼參大夫，知雜事參中丞，2 三院御史兼參知雜及本院之長。大夫避尚書令以上，遇僕射分路，中丞引馬側立而避。大夫、中丞遇尚書丞郎、兩省官、諸司三品以上、金吾大將軍、統軍上將軍皆分路，餘官悉引避(四)。知雜兼避中丞，遇左右丞引馬側立，餘皆分路；郎中及少卿監、大將軍以下皆避之。三院同行，如知雜之例。少卿監並參本司長官，丞參少卿監。諸司三品遇僕射於塗，皆引避。諸衛大將軍參本衛上將軍。東宮官參隔品(五)。凡參者(六)，若遇於塗，皆避。公參之禮，列拜於堂上，位高受參者答焉。四赤令初見尹，趨庭，受拜後升廳如客禮。上將軍在中書侍郎之下，大將軍在卿監之下，將軍在少監之下，太子諸衛率府率在東宮五品官之下，内客省使視七寺卿，客省使視三監，引進使視左右庶子，判四方

(一) 未爲詳悉：原抄作「未爲悉心」，葉渭清批云：「渭清據《宋史·禮志·賓禮三》改補。」

(二) 同舍人：原作「司舍」，據《宋史》卷一一八《禮志》二一改補。

(三) 遇：原作「過」，據《宋史》卷一一八《禮志》二一改。

(四) 「餘官」句：《宋史》卷一一八《禮志》二一作「餘官遇中丞悉引避」。

(五) 隔品：原作「隔九品」，據《宋史》卷一一八《禮志》二一删。

(六) 凡：原脱，據《宋史》卷一一八《禮志》二一補。

館事視少卿，閤門使視少監，諸司使視郎中，客省閤門引進副使視員外郎，諸司副使視太常博士，供奉官視諸衛率，殿直視副率，樞密承旨視諸司四品常參官，副承旨視六品丞，諸房副承旨視南省七品都事。凡視朝官者序於本品之下，視京官者在上。內客省使謁宰相、樞密使以客禮，閤門使以上列拜皆答，客省副使至通事舍人、諸司使、樞密承旨不答焉。自樞密副使、宣徽使皆差降其禮，供奉官、殿直、教坊使、詞令官、伎術官並趨庭倨受。諸司副使參大使，通事舍人參閤門使，防團刺史謁本道節帥，節度、防團副使謁本使，[3]並具軍容趨庭，延以客禮。少尹、幕府於本使長官悉拜，防團判官謁本道節帥，並趨庭。天長、雄武等軍使謁宰相、樞密使，上佐州縣官見樞、宰及本屬長官，並拜於庭。參本府賓幕官及曹掾，縣令、簿尉參本府録事，簿尉參令，皆答拜。王府官見親王如賓職見長，府縣官兼三館職者見大尹同四赤令。六品以下未嘗參官見樞〔一〕、宰及本司長官，并拜階上。流外見流內品官，並趨庭。諸司非相統攝者，皆移牒。分路者不得籠街及占中道，依秩序以分左右。胥遇於驛舍，非相統攝及名位相隔，先至者居之。臺省官當通官呵止者〔二〕，如舊式。文武官不得借假呼稱，以紊朝制。當避路者，若被宣召及有所捕逐者，許徑度焉。」詔從之。

四月二十四日〔三〕，詔：「諸司使、副使、通事舍人見宰相、樞密使，升階，連姓通職展拜，不答拜。其見參知政事、樞密副使、宣徽使，以客禮展拜。他如舊儀。」

太宗太平興國八年正月十五日，詔曰：「浩穰之地，民庶實繁，宜申明於舊章，用激清於薄俗。《儀制令》云：賤避貴，少避長，輕避重。宜令開封府及諸州府各於要害處設木牌〔四〕，刻其字，違者論如法。」從大理正孔承恭之請也。

六月十三日，詔：「自今京朝官知録事參軍及知縣事者見本州長吏，用賓主之禮。宴集班位，其升朝官在判官之上，京官在推官之上。違者在所以聞，當行責罰。」

淳化元年四月二日，國子祭酒孔維言：「竊覩中外文武官稱呼[4]之間，多或假借。殿直、承旨差出者須邀『司徒』之稱，京朝官等不分品秩高下，一例遞呼『郎中』。伏乞今後員外郎以上只可正呼，五博至將作監丞得假『員外』之稱，助教以上只令正呼本官，毋致僭越班制，瀆亂典常。」詔翰林學士宋白等詳議。白等奏曰：「按《官品令》及內外職官名目，如並令只呼正官，又緣官品之內，甚有難爲稱呼者，遽令改易，皆從正名，亦慮有所未便。今欲且約孔維所奏，於過呼尤甚者重行條禁，所貴庶官易爲遵守。文班臺

〔一〕下：原作「上」，據《宋史》卷一一八《禮志》二一改。
〔二〕通：原作「道」，據《宋史》卷一一八《禮志》二一改。
〔三〕四月：疑當作「是月」。《宋史》卷一一八《禮志》二一載此詔於陶穀奏後，其前稱「又令」，則此詔應與陶穀奏同時或稍後。
〔四〕於：原作「村」，據《長編》卷二四改。

省官及(御)〔卿〕監、郎中、員外並只得呼本官，升朝官自太常博士以下并京官至大理評事並不得呼『郎中』。諸司使、諸衛將軍不帶遥郡者并諸司副使，並不得呼『太保』。三班自供奉官以下並不得呼『司徒』。京官自校書郎以下並不得呼『員外』。待詔、醫官等並不得呼『奉御』。府司録參軍、縣令等並不得呼『員外』；京府司録不在此限。判司簿尉等不得呼『侍御』。文武職事州縣等如有檢校兼、試、同正官者，伏請並(德)〔得〕呼之。」詔依詳定施行，降敕牓示諭。

二年六月五日，侍御史知雜事張郁言：「文武官常參、内殿起居，露立廊廡。望自今前一日預設幕次於閤門外。尚書省舊儀，郎中、員外郎見本曹尚書、侍郎及丞郎、尚書見僕射，皆有公禮及迴避之文，邇來遂成寢廢，望舉行之，違者加以責罰。舊制，御史(大)〔入〕臺及出使並重戴，近年(廉)〔兼〕領他職及出使者輒廢其儀。望自今違者罰一月俸料。」5並從之。

四年六月十二日，有司言：「文武常參官在京監管庶務，並免常參外，其内殿起居、横行參假、入閣門、非時慶弔，侍宴、冬正御殿、御樓朝賀、壽寧節、國忌行香、都省朝堂議事、城外立班並赴，違者以聞，請行朝典。」從之。

五年十一月二十四日，詔：「三司判官、主判、推官等見本使，並如郎中、員外見丞郎、尚書之儀。」

至道二年閏七月三日，詔：「今後中書門下只令宰臣押班知印，其參知政事遇正衙横行參假，重行異位，非議軍國政事，即不得升都堂。祠祭行香押敕，並以開寶六年六月庚戌詔書從事。」先是，呂端入相，因上言：「臣兄餘慶任參知政事日，班制悉與宰相同，願舉行之。」時從其請。至是，參知政事寇準坐除馮拯、彭惟節官不平罷免，因令閤門檢會參知政事見宰臣(休)〔體〕例。閤門言：「開寶六年六月内，敕中書門下押班知印及祠祭行香，今後宜令宰臣趙普與參知政事薛居正、呂餘慶等輪知。繫書列銜，參知政事即低次。雍熙四年九月内，御史臺言：文德殿前未有參知政事塼位，欲乞依位排砌。依奏。至道元年四月内，敕參知政事宜令與宰臣輪日知印，正衙押班，其塼位與中書門下一班。宰臣使相上事并應有公事，并升都堂。」(及)〔乃〕下是詔。

真宗咸平三年八月九日，御史知雜范正(亂)辭言：「内外官稱多過資品，望行條制，以肅紀綱。」詔兩制集官詳定。翰林學士承旨宋白等言：「今請6尚書省、門下、中書省、御史臺、九寺、三監、東宮常參官、京官、武班諸衛各呼本官。除臺省外，自有檢校兼官者，從高稱呼。兩京五府少尹並以本官稱呼，兩京留守、判官、通判、諸路(侍)〔轉〕運使副、四赤令、諸州知州、通判、監臨官並是京朝(宮)〔官〕充職，並以本官稱呼。其兩京留守、判官、諸道行軍副使各有檢校官者，以檢校官稱呼。節度、觀察使、兩使兵馬留後官至檢校太傅者，許通呼『太傅』；檢校高者從高稱。内客省使、客省、引進、四方館、昭宣、東西上閤門使、遥郡内諸司使官未至檢校太保者，許通呼『太保』。客省、引進、東西上閤門副使、未至遥郡内諸司使副，並許通呼『司徒』。内殿崇班、供奉官、侍禁、殿直、奉職、借職並只呼本職。其殿頭、高品、高班、黄門并内品並以本職稱呼。若銜命出外，即通呼『天使』。翰林待詔、醫官並通呼『待詔』、『奉御』。如有同正、檢校、兼官者，各呼本官。諸道幕職、録事參軍、縣令有檢校試(御)〔銜〕者，呼本官。録事參軍仍呼『都曹』，縣令呼『長官』，(薄)〔簿〕尉許呼『評事』。仍望下御史臺、宣徽院、閤門、諸路轉運使覺察聞奏，請科違制之罪。」從之。

九月十三日，詔：「應帶職、不帶職京官及中書堂後官帶京朝官者、樞密院主事帶諸衛將軍同正者，並許於皇城司内下馬。」

五年五月二十八日，詔：「開封府左右軍巡使、京官知司録及諸曹參軍到畿縣見知府〔一〕，並趨庭設拜。」

六月十七日，御史中丞温仲舒言：「兩省幕次不 7 合在朝堂，乞依舊例移歸中書。」從之。

大中祥符元年二月二十九日，詔：「自今文武群臣内庭出入，道路相逢，據品秩迴避側立，一依儀制。命婦車擔與文武官相遇，亦須迴避，不得交雜導從。仍令所由司咨示，違者具名以聞，當寘其罪。」時供奉官、(閣)〔閤〕門祗候劉文贊趨東華門，衝宰相馬。至崇政殿門，宰相與親王對揖，文贊又横絶而過，爲(閣)〔閤〕門所舉。詔宣徽院劾之，與遠小監當，仍令御史臺遣吏監出，故有是詔。

八月十二日，殿中侍御史趙湘言：「竊見含芳園迎天書日，街中布土，馳道闌以横木，止人踐履，而群臣前驅者徹木，行馬馳道上；又每逢輅馬，不止傳呵，分路而過，皆非人臣之禮。今如依古制，不絶馳道，則恐京師浩穰，阻滯車馬。欲請每遇大禮，布土馳道，群臣非導駕不得於其上行馬，及逢閲習輅馬，不得衝過，許令兩面行馬。違者御史糾舉。」從之。

二年五月十七日，皇城司言：「皇親車馬入内，多與臣僚行李相犯。今請分定門户出入。」詔：「自今如朝班未退，並令由玄武門，俟班退即聽從便。」

親王諸宫使李神福又言：「東宫諸院出入，未有定制。欲望自今朝班未退，並令於東華門裏夾道内過，入軍器庫東横門，崇政殿東横門赴内東門。如假日及朝班退後，依舊於左承天、祥符門出入。」亦從之。

8 六月二十一日，詔：「文武官非公事不得入京百司諸公廨。如監臨官挈家居止者，即許親故來，無得妨其公事。」

九月三日，詔：「宗室供奉官承慶以下假日朝參，許入玄武門。」時管勾宫宅事趙湘言〔二〕：「承慶等兩處朝參不

〔一〕到：原作「知」，據《宋史》卷一一八《禮志》二一改。
〔二〕宫：原作「官」，據《宋史》卷三〇三《趙湘傳》改。

及，請行按問。」承慶白言：「諸叔將軍等假日許由玄武門入，唯承慶輩須合入東華門，仍俟諸叔上馬，始由東華門而入，以故多就班後時。」故有是詔。

五年七月十九日，詔：「尚書丞郎、兩省給諫知州府，而本部郎中、員外及兩省六品以下官充本路轉運使副者，承前例須申報。自今知制誥、觀察使以上並止書案檢，令通判以下繫銜供申。如轉運使官秩在上者不在此限。」

九月十二日，翰林學士李宗諤、龍圖閣直學士陳彭年言：「准詔，以群官導從不合品式，與禮官詳定儀制以聞。今除中書、樞密、宣徽、御史中丞、知雜御史、左右金吾并攝事清道如舊制呵導外，僕射以上不得過四節，尚書以上、文明殿學士、資政殿大學士不過三節，翰林學士、樞密、龍圖閣直學士、尚書丞郎以上不過兩節，給諫、舍人、知制誥、卿監、待制不過一節。三司使、權知開封府不過四節，三司副使不過兩節，應提印執梃者不在其數。小兩省、御史、尚書郎中、員外、諸司四品、見任三司、開封府推判官許馬前一對踏引，不過五步。應出節者止[9]約衝突，不得呵止。衆官同行，止從上一員出節。有踰式者，委御史臺、左右街司彈糾。先准敕，合於開封府、金吾抽借從人者，內金吾從人悉還本司，止於諸軍剩員、開封府從人中抽差。其別局主判司分已有公人當直者，不得重疊。又文武百官遇宰相、樞密、參知政事並避，兩省官侍郎、常侍以下遇三師、三公、尚書令則避。遇僕射，則給舍以上斂馬側立，起居郎以下則避。給舍以上遇御史大夫、中丞，分路而行。起居郎以下遇大夫，給舍以上斂馬，遇中丞分路而行。御史大夫遇三師、三公、尚書令則避，遇僕射、東宮三師、尚書丞郎、兩省侍郎，分路而行。中丞遇大夫避，遇僕射斂馬。尚書丞郎、常侍以（丁）〔下〕至正言、東宮三師、三少、太常卿、金吾上將軍，並分路而行。知雜御史遇中丞則避，遇左右丞斂馬，遇尚書侍郎、諸司三品、金吾大將軍、統軍、諸衛上將軍，分路而行。尚書省五品、諸司四品以下、諸衛大將軍皆避之。三院同行，如知雜例；不同行，遇左右丞避。尚書丞郎、郎中、員外遇三師、三公、尚書令則避。郎中、員外遇丞郎則避。太常博士以下朝官遇本司長官、三師、三公、僕射、尚書丞郎、大夫、中丞、知雜御史，並避，權知、判官不避，遇兩省給舍以上斂馬。京官遇丞郎、給舍、大卿監、祭酒以上、本寺少卿監、司業並避。諸（位）〔衛〕大將軍以下遇上將軍、統軍亦避。詹事遇上臺官，如卿監之例。庶子、少詹事至太子僕遇太[10]子三師、三少並避，遇上臺官如少卿監例。中允以下遇太子三師、三少並避，遇賓客、詹事斂馬，遇上臺官如太常博士例。應合避尚書者，並避三司使。權知開封府者，如本官品避。其臺省官雖不合避，而職分見在三司、京府統臨者避。中書門下、樞密院常朝有衝突者，巡檢人員具名送開封府，京朝官謄報御史臺彈奏。內諸司使以下報宣徽院施行。不即申舉者，委御史臺、左右街司察訪以聞。入皇城司及殿門外當避而不避者，委親事官報皇城司捕送開封府，職官具名以聞〔一〕。諸色人當避臺省官及歛馬側立而有違者，街坊巡檢親事官止約固違不伏者，移牒官司，及申奏如上制，即不得凌辱命官。武班内職並依此品施行。」從之。

六年三月十七日，詔：「應富民得試銜官者不得與本州縣官、使臣接見。如曾應舉及衣冠之族，不在此限。」

八月六日，樞密直學士、禮部尚書、知昇州張詠言：「當州每有祠部司事，並申公狀。臣官忝六曹〔二〕，祠部即本行司局，例申公狀，似未合宜。欲望自今尚書丞郎知州，除申都省外，其本行官局並止簽檢。」從之。

七年七月二十日，詔：「在京勾當官差出外住程勾當，不得帶在京名目出外稱呼。」

九月一日，詔：「自今制置發運使、轉運使副更不以官品位次，並在提點刑獄官之上。」先是，諸路提點刑獄朝臣與轉運使副（正）〔止〕以官序爲高下，至是始定條約。

八年閏六月五11日，詔：「京官充刑部、大理寺、三司法官、御史臺主簿，不得便服於市肆下馬，委御史臺糾察。」

天禧二年十二月二十六日，詔：「文武官曾使契丹及接伴者，自今戎使到闕，除兩省舍人外，並令於左掖門出入。」

四年九月十七日，詔：「諸州縣尉見巡檢使臣供奉官以上，並升階公參，答拜如上佐州縣官見幕職之儀。侍禁以下用客禮。」時知利州（閤）〔閣〕門祇候張利用言：「縣尉與巡檢皆捕賊官，有公參客禮相見者，請班定制。」故有是命。

五年六月五日，詔：「自今諸州監當朝官殿直以上在通判、都監之下，判官之上。其通判與都監並依官次。京官奉職、借職監當者，即依知令録（列）〔例〕，在判官之下。」先是，知荆南府李諮言：「京朝官使臣監當場務，與本州通判位次未著定式。」故令禮官詳定下詔。

乾興元年六月七日，時仁宗即位後。詔曰：「國家並建庶官，分領衆職，當勵能勤之節，且遵靡（監）〔盬〕之規。如聞罔念夙興，幾將曠闕，爰頒戒告，用儆因循。宜勉罄於恪恭，勿自罹於悔咎。咨爾有位，體朕意焉。宜令閤門、御史臺遍行告示，應在京諸司勾當京朝官使臣及内有免常朝者，自今後並令早赴本司。仍令宣徽院、御史臺、入内内侍省常切覺察聞奏。」時中書門下上言：「先准詔，自三月十五日後每日百官並赴常朝，其内外諸（句）〔司〕並合早入。邇來多日晏方入本12司，請行條約。」故有是詔。

仁宗天聖四年十月二十一日，上封者言：「諸州有三班差使、殿侍及殿中、外殿直指使者，每與命官共事。望須定制。」詔法寺詳議，法寺言：「殿侍令式，元無品秩。外殿直本係單班，望自今並在命官之下、攝長馬之上。如充權

〔一〕聞：原脱，據本書儀制七之二三補。
〔二〕忝：原作「添」，據本書儀制七之二三改。

管指揮，自依元敕。」從之。

五年三月二日，皇城司言：「將來崇政殿放牓，據在内巡檢指揮使狀，自來狀元承例於軍器庫前東華門外上馬，即無條貫，其餘舉人並於東華門上馬。」詔依舊例。

六年十二月十四日，詔：「應臣僚聽下公人及本家親隨僮僕等出爲班行者，諸處相遇，並須迴避，不得接坐。如或同州郡勾當者，閤門祇候、内殿崇班已上并三班使臣充監押、巡檢，許令申奏，於鄰近州對换。其三班使臣以下監當物務，並令公參而退，更不接座。」

七年二月十六日，詔：「中書、樞密院自今午後五刻出，審官、三班院、流内銓並須早入，其出在中書、樞密院之後。」

八年十二月八日，中書門下言：「文武臣僚加恩敕告，檢會五年南郊例，尚書、(敕)〔刺〕史以上如有骨肉願賫去，許令乘遞馬往，今欲依(列)〔例〕。」從之。

明道二年十月四日，詔：「自今節度使知州軍兼總管者，即官借人骨鏁各五對〔一〕。」

景祐元年六月九日，中書門下言：「應文武臣僚並京朝官使臣今後失儀，依條責罰後，欲更不理爲過犯。」從之。

寶元二年閏十二月九日，閤門 13 言：「請自今皇帝御宣德門，宰臣、親王、樞密使、使相各許帶從者三人，參知政事、樞密副使、知院、同知院、簽書院事、宣徽使各帶二人。並至第三重門止，餘皆不許。」詔可。先是，帝每御樓，左右近臣各挾所親上門闕無定限。時將及孟春觀燈之會，知開封府鄭戩上言：「天子所在，當嚴其制。」及是乃施行之。

〔景祐〕四年九月十一日〔二〕，詳定(閣)〔閤〕門儀制所言：「紫宸、垂拱殿起居，臣僚石位上欲鐫字記之〔三〕，並《立班圖》欲用絹別寫四本，二本進内〔四〕，二本付閤門收掌。」從之。

慶曆三年六月十一日，翰林學士承旨丁度等言：「比奉詔詳定帥臣見所部儀制，請自今(閣)〔閤〕門祇候及路分都監以上見四路招討使，廳上公參，供奉官以下並庭參。其走馬承受及非統轄者勿拘此制。」從之。

五年六月二十八日，詔：「彰信軍節度兼侍中李用和出入許張傘、擊杖子，及上下馬如二府儀，餘無得援例。」其後左僕射、觀文殿大學士、判都省賈昌朝，鎮安軍節度使、同中書門下平章事程琳，太子太保致仕龐籍，司空致仕宋庠皆用此例。

七年正月十八日，侍御史知雜事李東之言：「自來侍從官自起居郎至正言、小兩省官并臺官、南省正郎出入重戴，執絲鞭。其給舍、丞郎、待制以上并三司副使更不重戴。出入内庭，臺省並執絲鞭。近歲除中書、樞密院依 14

〔一〕此句疑有脱誤。

〔二〕景祐：原無。天頭原批：「寶元僅二年，此恐誤。」今據《玉海》卷五六補。

〔三〕之：原作「驗」，據《玉海》卷五六改。

〔四〕二：原作「一」，據《玉海》卷五六改。

舊出入執絲鞭，其餘每日早辰只自漏舍略執絲鞭入內〔一〕。欲乞下御史臺，其大兩省、待制以上并三司副使、知雜出入並依舊例執絲鞭，如遇陰晦風雨，方許執小鞭出入中門。仍令臺司彈奏違犯。」從之。

皇祐四年十二月二十二日，詔：「今後常參官故作懈慢及行立失序，不得作常時失儀施行。仰具聞奏，降敕斷遣。」

五年六月一日，御史臺、審刑院、大理寺言：「乞自今趨朝臣僚入皇城門，並依次序行馬，違者減律條朝會應集告而不至罪一等，仍理爲過犯。」從之。初，御史臺奏：「近日百司官入朝，多不依次序，或於兩府臣僚中門行馬。法寺止坐失儀之罪爲輕。」尋令參詳，而降是詔。

嘉祐三年十二月十五日，翰林學士韓絳言：「中書門下，宰相所職，而以他官判省，名不相稱，請更定其制。」又曰：「百司常務，多關二府，請詳其輕重，移付于下，使大臣不爲細故攖慮，得以專講政事。又服章所以別尊卑，今走吏與公卿不殊。請依唐制，各以品數爲等級。其赦恩年考及階品合服之人，須未嘗犯徒流罪者乃聽。又臺閣、省寺，典章所由出也，今獨存勅條文案而已，本朝故事、名臣（遺）〔遺〕範無所傳録。請依《周禮》、《唐六典》著爲一書。」詔翰林學士胡宿、知制誥劉敞詳定以聞。而宿等以爲不足行，尋罷之。

五年六月二十六日，閤門編纂條例所言：15「伏見臣僚以疾乞免大起居舞蹈之類，竊以臣下見君，當極恭肅，一有不至，罪罰及之。以疾自言，乞損拜伏，人取其便，非所以致恭肅、尊朝廷也。且有疾與告，著令所容；殺禮見君，古訓無有。自今敢干請者，乞令閤門彈奏，重致其罰。惟勳德大臣，朝廷特禮，必藉任使，自從特旨。又昨崇政殿進呈大樂〔二〕，依觀雙竹例，宣群牧判官。檢會儀制，游宴宣召之人，皆著定式，而群牧判官不與焉。蓋當時有司之失，遂開此例。欲乞今後非次游宴觀看〔三〕，不復更召。其帶館職充者自從館閣官例。又都知、押班如趁班不上，令別作一班起居。臣等以爲朝廷之儀，皆有著定，苟不及禮，謂之不恭。不恭有罰，未聞預設別班，以待不及禮者，伏請蠲去。又三人內及第正權三司判官者，並賜緋。臣等以爲，古制有其官者服其服，未聞一官之中，更以入仕之階爲之輕重，恐非聖朝平均奬勸之道，伏請蠲去。又大朝會綴中書門下班，座杌子，戴涼傘，中書、樞密院下馬處下馬之類，皆是特恩異禮，近歲大臣例多得之。看詳前件禮數，皆朝廷所以尊異執政大臣也，非其人、無其位者不當有也。若人人得之，則車服輕而不尊；車服輕而不尊則賢者怠，而不肖者有慢上之心矣，其漸不可不慎也。以別具編録，非

〔一〕絲：疑當作「小」。

〔二〕又昨：原作「作」，據《長編》卷一九一補改。後三「又」字原脱，亦據《長編》補。

〔三〕後：原作「從」，據《長編》卷一九一改。

以爲例也。蓋備天子發非常之詔，加禮於老成勳德之臣，訪故事於有司，則以對也。仍乞令閤門，今後非詔旨詢問〔一〕，不得輒自申舉。」並16從之。

六年正月十一日，權御史中丞王疇言：「比歲兩制臣僚不得與執政之臣相見及臺諫官往還，議出一時，初無典故，當時論者即以爲非。今執政與諫官已弛其禁，而臺官尚設科防。臣愚以謂臺官主於議論，以補天子之聞見，豈一二人能周知天下事乎？兩制、侍從之臣，皆國之選，今偶或相見〔二〕，交自爲疑，其非所以示朝廷之大體也。請自今兩制亦許與臺官相見。」從之。

治平四年六月二十四日，神宗即位未改元。御史臺言：「檢會慶曆二年權御史中丞賈昌朝奏，臣僚出節呵引，已有條制，右職臣僚，舊無制度。尋詔兩制同詳定以聞。既而上言：節度使在尚書下，三節。節度觀察留後在諸行侍郎下，兩節。觀察使在中書舍人下，諸衛大將軍、防禦團練使在大卿監下，內客省使比諸司大卿，景福殿使、客省使比將作監，引進使比庶子，在防禦使上，已上各一節。諸州刺史，諸衛將軍在少卿監下；宣慶、四方館使比少卿，宣政、昭宣、閤門使比司天少監，（在）諸衛將軍上；皇城以下諸司使比郎中，客省、引進、閤門副使比員外郎，樞密都承旨在司天少監下、閤門使上，副都承旨在閤門使下，樞密院副承旨、諸房副承旨在諸司使下：已上並兩人呵引。如違，令御史臺、左右街司糾察以聞。尋詔施行，而皇祐二年編一司敕刪去此條，請復申明舉行。」從之。

神宗熙寧二年二月八日，刑部（官）〔言〕：「御街上只言許17近上臣僚行馬，即不指定品位職名。竊慮更有品位稍高，有犯此者，省司臨時無由定奪。欲乞朝廷特降指揮，指定品位職名得於御路行馬，以憑遵守。」詔御史臺、太常禮院同共詳定以聞。既而上言：「勘會自來近上臣僚及北朝人使并三節人到闕，並於御路上行馬，難以改更。檢會令文，臣寮（道）〔導〕從呵止，除中書、樞密院執政官、宣徽院、御史中丞、知雜御史、左右金吾攝事官清道者依舊式外，三司副使已上亦許出節。欲自宣德門前至天漢橋北御路上，今後只許應合出節臣僚及正觀察使已上行馬；如從駕出入，并宗室、內廷、諸宮院車騎並不在此限。」從之。

三年九月二十三日，詔：「樞密都承旨見樞密使副，並如閤門使禮。」時閤門使李評爲承旨，首用士人，而議與使副接見之禮。手詔令編修院檢討故事，本院言：「止載班著職事，即不見接遇儀範。」乃下是詔。

十一月三日，御史臺言：「臺參辭謝臣僚，自來於朝堂先赴三院御史幕次，又赴中丞幕次，得以體接老疾之人。今若只於御史廳一員對拜，不惟有失舊儀，兼恐不能公共參驗。乞依舊制，朝堂拜揖，如遇放常朝，即於御史臺。」

〔一〕旨：原作「者」，據《長編》卷一九一改。
〔二〕今：原作「命」，據《長編》卷一九三改。

從之。

四年七月二十一日，詔罷供奉官至殿直日赴垂拱殿起居，惟朔望并人使見辭，綴班于紫宸殿。

五年七月二十四日，閤門言：「龍神衛四廂都指揮使、昭18州防禦使張玉涇原路駐泊兵馬步軍副都總管〔一〕，暫赴闕奏事。檢會《儀制》，應外任客省使至閤門祗候、入內內侍都知、押班并帶御器械赴闕奏事，起居訖即退，更不供職。」詔玉赴起居，不供職，今後准例〔二〕。

六年八月二十七日，詔：「宰臣、親王、使相、兩府、宣徽使遇入樞密院門，許至從南第二重門外上下馬。」先是，宣徽使以上凡出入皇城門，上下馬處與三班使臣無以異，至是正之。

八年三月，詔：「今後每遇視朝，起居失儀，坐公罪，杖八十。」

元豐二年二月十八日，詔：「成都府鈐轄寄任頗重，與他路不同。其知府處置鈐轄司職事，自今並須參議。於接待儀範，並依蔡延慶未到任以前體例，毋輒裁損。先詔坐次與本路通判敘官，其罷之。」初，趙抃、馮京以前執政爲安撫使，故見鈐轄儀稍殺故也。

五年四月二十二日，詔：「百官見執政，三省給事中、中書舍人、侍郎以上，省寺監長官及待制橫行以上詣廳，餘官並詣三省、樞密院聚廳處。即有所請召并屬官及親戚不以服紀，不用此法。」

五月一日，詔：「自今宰臣上馬，樞密院次之，諸司又次之。左右丞上下馬處並同兩省侍郎。」

十四日，御史臺言：「尚書左丞蒲宗孟、右丞王安禮賀僕射上尚書省，於都堂下馬。檢會三省執政官上下馬儀範，尚書左右僕射許至都堂，左右丞於本廳。今19官府雖寓居，緣各有擬定廳事。按宗孟、安禮身爲執政，當朝廷董正名分之初，宜身先百執，遵行憲度，乃率先違法犯分，群工庶尹何以觀仰！請付有司推科。」安禮爭論上前，以爲今日置左右丞爲執政官，不應有厚薄。左右丞於都堂上下馬自此始。

十五日，詔：「樞密院自（合）〔今〕應入進文字，自來用押字者，並依三省例書臣名。」

十九日，詔：「翰林學士、兩省官見執政官議事，並繫鞵，六曹尚書以下並鞾笏。」

二十三日，（詔）應六曹寺監長（二）〔貳〕以下如有公事已見不同，許獨至執政聚廳處具事狀申議。

六月十九日，詔：「尚書侍郎奏事，郎中、員外番次隨上殿，不得獨留身。侍郎以下仍不得獨乞上殿。其左右選奏事，非尚書通領者，聽侍郎以下郎官自隨。秘書、殿中

〔一〕此句文意不明。考《宋史》卷二九〇《張玉傳》、《長編》卷二二三，熙寧四年五月，昭州防禦使、涇原路副都總管張玉降爲總管、陵州團練使，「居數月復之」。則此處「張玉」下疑脫「復爲」之類字詞。

〔二〕後：原作「依」，據《長編》卷二三五改。

省、諸寺監長官視尚書，二丞以下視侍郎。六曹於都省稟事，亦准此。侍郎以下仍日過尚書廳議事。」

八月六〔日〕，詔：「執政官退朝上馬，宰臣於樞密院隔門內，知樞密院以下於隔門外。都堂聚議退，左丞於門下侍郎廳，右丞於中書侍郎廳。」

六年七月十四日，詔陝西、河東經略司：「聞諸路蕃官雖轉大使臣，並在漢官小使臣之下。朝廷賞功轉資，以爲（徼）〔激〕勸，如此卑抑，則孰知遷官之榮？可定漢蕃官序位以聞。」後河南、〔河〕東經略司言：「蕃官部堡塞兵出戰，常以漢官驅策，恐難與漢官〔序〕位。」尚書兵部言：「乞應漢蕃官非統轄者並序官。」從之。

九月十一日，詔：「品 20 官詣尚書省并六曹上下馬依雜壓。詣尚書省，太中大夫以上就第一貯廊，監察御史以上就過道門。詣六曹尚書侍郎廳〔一〕，即太中大夫以上就本廳，監察御史以上就客位，餘並過門外。」

七年八月十五日，詔：「聞三省、樞密院出常早，妨六曹諸司結絶日務。自今冬夏並以未初爲限，著于令。」

哲宗元祐五年八月十八日，閤門言：「景德、祥符、寶元、熙寧中，朝廷委近臣梁顥、李宗諤〔二〕、陳彭年、張知白、李淑、宋敏求同閤門官修定儀制，行之已久，頗爲詳備。至元豐四年，諸司敕令式所釐爲儀式令敕，比之舊儀，殊甚闊略。請委官與閤門官以舊儀制圖策并見行儀式令敕同看詳修定，不分儀式令敕，仍舊爲閤門儀制。」詔樞密都承旨王巖叟、秘書少監王欽臣同閤門官修定〔三〕。

紹聖二年十二月十日，詔：「諸官司出入局不以時，委統轄次第覺察舉劾。」

元符元年十月二十九日，御史臺言：「按元豐法，諸赴朝宴、慶賀、宣制、拜表、奉慰、行香、集議，若臨時有急速公事，或上殿守宿趁赴不及〔四〕，并本處有條免赴者，並報御史臺。元祐法，應免者不報，乞依元豐法。」從之。

徽宗建中靖國元年正月十八日，刑部狀：「永興軍路安撫都總管司奏，逐司契勘久來行遣文字，除不係統攝及轄下州軍去處並行公牒外，有管下縣鎮將領訓練官司之類，並同劄子行下。近覩《文書令》內無劄子式，本部尋批送大理寺參詳。經略、安撫 21 或都總管、鈐轄等司事體稍重，於管下縣鎮將分訓練之類官司雖別無許用劄子條式，其逐司自來舊例用劄子去處，欲依舊施行。」從之。

崇寧二年十二月十四日，尚書右司員外郎、充講議司參詳官林攄奏：「檢會元符令，諸命官不得容人過稱官名。有兼官若檢校官者，聽從高稱。其或有郡王稱『大王』，正任稱『太尉』，少卿稱『判寺』，郎中、員外郎稱『省判』之類，如此呵引，既非檢校之官，即是過稱官名，自合科罪。再詳

〔一〕「詣」原作「詔」，「廳」字原脱，據《長編》卷三三九改補。
〔二〕宗：原脱，據《長編》卷四四七補。
〔三〕臣：原作「以」，據《長編》卷四四七改。
〔四〕宿：原作「門」，據《長編》卷五〇三改。

『大王』之稱，止謂如親王，太尉即須節度使或係檢校官者。郎中、員外郎合以本曹或本司之名，少卿止合以本職稱呼。欲乞申明行下。」從之。

政和三年八月十五日，中書省言，新提舉淮東路常平應安道奏：「臣伏覩《儀制令》內有州縣官參知州，贊姓名致恭，見通判，階上受拜，以至一簿尉參縣令，亦曰受拜，此於臣下實爲僭越。竊以昔日諸州長官禮上申陳，論及官屬舉書案、奉筆墨之類，陛下悉皆禁之。（令）今獨贊姓名致恭，受拜之令未聞講究，非人情所協。伏望將州縣官贊姓名致恭、受拜全文重行詳定。」從之。

十二月十一日，詔曰：「君視臣如手足，則臣視君如腹心。君臣相與，休戚一體，則上下親而政治舉。屬者時雪荐降，路滑馬蹶，臣僚造請，或至墜傷，朕甚憫焉。可特許暫乘車轎，惟不得入宮門，候路通依常例。」

六年九月十日，刑部奏：「大理寺修立到諸命官應赴尚書省陳乞或[22]訴事，而曾任郡守、監司及職事官郎官以上，或見任五品以上官者，並免親詣，聽遣人齎狀。」從之。

七年二月二十一日，尚書省言：「修立到諸朝參臣僚行馬次序，俟皇城門開，樞密入，次三省執政官，次一品、二品文臣、六曹侍郎、殿中監、開封尹、大司成、侍從官、兩省，次百官。御史臺編攔依次入。」從之。

八年四月十六日，臣僚言：「朝覲之儀，不可不嚴。今殿陛之下，刻所止名位，如侍從員數至少，至庶官序位不過數處，而班列之員數百，所以群聚無辨，錯立不整。乞稽臺省寺監，酌寄禄官中數，各布次序，以肅朝儀。」從之。

閏九月十一日，臣僚言：「拜爵公朝，謝恩私門，非人臣之節也。而比來士夫有私第干謁，不憚寒暑，既得之後，獲舉者必謝，受謝者不辭。乞立法禁止，以破朋附。」詔省臺寺監官以公事見宰執者詣都堂，替赴參辭亦如之。

宣和二年十一月十五日，尚書省言：「余深除鎮西軍節度使，依前少傅、知福州。緣本官係少傅，於未朝辭以前，合趁起居。所有張蓋、鳴杖子并上下馬等事，即未敢從宰臣體例。」詔特依宰臣例。

六年五月十二日，臣僚上言：「伏覩內之省臺寺監，外之監司（群）（郡）縣，文移往來，皆有定體，自下而上則用狀，自上而下則用帖，非相統屬則用牒。狀則書名，牒則押字，所以正尊卑，明分守，各有所當也。迺者官司不切遵奉，忌公家之體式，任私意之重輕，應用狀而移牒者有之，應用[23]牒而書名者有之，更相視傚，習以爲常，恐非所以尊朝廷、正名分之意。伏望在京委御史臺，在外委監司，常切覺察，敢或侵紊者，彈劾以聞。」詔出牓朝堂，仍令吏部遍牒行下，如違，以違制論。

高宗建炎元年七月十六日，詔御營使司屬官在外序官依寺監丞例。

十一月一日，詔：「揚州道路磚滑，自來不行車馬。今來駐蹕，雖合依京城條例，慮臣僚乘騎，或致疎虞，可特許乘暖轎，唯不許入皇城。」先是，宰相進呈，上宣諭曰：「君臣一體，所當深念，不忍使群臣奔走危地。」故降是詔。

（三）〔二〕年十二月九日〔一〕，兩浙提舉市舶司言：「切見隆祐太后前來杭州，自來州僚出入，並乘轎張蓋，若不少爲裁抑，則於禮有所未安。」詔不許乘涼轎。

三年閏八月二十二日，詔：「御營使司若勾差人馬，即合用劄付逐處州縣；如遇與監司行移，只用文牒往還。」初，劉光世爲御營副使，每事涉監司，輒行劄付。時臣僚言不當用劄，故降是詔。

四年七月八日，詔：「非見任宰執到都堂，除正一品序坐外，並在見任宰執之下，餘依自來條例。」

八月一日，臣僚言：「劉光世以公事移牒六曹。承平之時，雖宗室戚里之爲使相者，莫敢用牒。藩方大臣，所宜尊奬王室。若帶儀同三司可牒六曹，則亦可關三省、樞密院矣。光世不[24]知事體，望申戒遵守法制。」從之。

紹興二年閏四月二日，詔：「諸處分遣在州軍守戍兵官并餘統兵官等，元係朝廷遣使，即依將副序位。若止軍中或帥司一面差委，即與州都監序位。其餘使臣與當部隊將序位。」以軍興，守戍將官與州縣官無序位統攝，多在州縣欺凌官屬，從樞密院之請，故降是詔。

七月二日，福建、兩浙、淮東沿海制置使仇悆言〔二〕：「已得旨，叙位依發運使例。所有本司屬官，亦乞依發運司屬官條例施行。」從之。

九月十五日，詔：「方今尚武之時，訪聞方面常日視事，武臣一例庭趨，文臣一例循廊，甚失武臣之心。今後諸州武臣非緣教閲軍陣、出師討賊，若常日見長吏，職任與文臣等者並依文臣，其不應趨庭者勿庭趨，著爲令。」

三年二月二十九日，三省、樞密院言：「御史臺牓示行宮南門，令百官朝謁入出。檢准政和四年七月十九日指揮，今後皇城門開，先樞密院，次三省、執政官，次侍從官、一品、二品文官，次百官，次御史臺官，次侍御史，次御史中丞，次大夫。上馬、行馬失次序之官徒二年，控馬人杖一百。緣舊制，三省、樞密院各班奏事，各廳治事。今宰相兼知樞密院，係同班奏事，同堂治事。兼舊來（遇）〔過〕前殿，即樞密先上馬，入右掖門，於隔門外下馬，於密院過道門俟三省官同入。過後殿，即同三省官上馬，入東華門，係分兩門入出。今止係行宮南門一門[25]入出，雖遇六參等，止是後殿儀制，班次並與舊例不同。」詔三省、樞密院官赴朝且依見行儀制，回鑾日依舊。

七年三月十一日，詔監察御史以上出入並騎馬，遇陰雨滑即聽乘轎，仍自十五日爲始。

九年四月六日，詔六部長貳今後朝退，許出行宮北門。其後又詔兩後省官如上儀。

〔一〕二年：原作「三年」，據《文獻通考》卷一一九改。
〔二〕悆：原作「愈」，據《宋史》卷二七《高宗紀》四改。

五月二十四日，詔赴朝官於北門裏廊上待班。

十二年三月二日，御史臺、閤門言：「普安郡王出外第，合趁赴朝參及非次慶賀、拜表等。待漏合於皇城門外，待班合於殿門外，並在宗室正任幕次。其忌辰行香，合於百官之前先入。」從之。

十三年二月三日，詔：「三公、三少、親王、使相趁赴常朝，許帶直省官二人入殿門，至幕次止。」先是，太傅韓世忠、張俊、少保楊存(忠)〔中〕、開府儀同三司潘正夫言，乞將帶直省官、散祇候各二人入殿，趁赴朝參，故有是命。

四月十二日，詔：「今後赴朝臣僚及朝退出南皇城門，於百步外方許呵喝。仍令御史臺、閤門曉諭。」

三十日，閤門言：「今來垂拱殿内已安砌石位，其字與石色一同，百官難以辨認。乞行下有司，將四參石位裝字以黃蠟，日參石位以紅蠟。」從之。

同日，閤門言：「在京自垂拱殿門裏天井中有隔門，如值雨開隔門[一]，臣僚起居。今月二十九日，文武百僚赴垂拱殿習看石位。切見今來垂拱殿 26 門作宮門，其隔門却作殿門，百官下從人皆帶入出宮門。欲依在京日作殿門。」從之。

十月一日，詔：「今後臣僚未至合下馬處，自宮門裏不得披涼衫出。」

十四年十一月三日，詔：「文武百僚詣景靈宮諸殿行香，如值雨或地濕潤，分東西廊上立班。宰執並就東廊立班，僧道並於東廊授香。」

十七年十二月二十日，吏部言：「《紹興令》，雜壓從一高，同者異姓爲後，次以貼職、服色、資序。至改官先後同，方以出身。切緣修上件令文之時，文臣未分左右。今來有出身人帶左字，無出身人帶右字，即合官同者先以左右爲序，帶左字人仍以及第出身、同出身爲序。」從之。

十八年三月二十六日，詔：「御試舉人并武舉人及唱名日，並不鳴鞭。」

閏八月十五日，詔：「今後任副總管，若非正刺史以上，並合與轉運副使及轉運判官依雜壓序官。」先是，鎮南軍言：「本路轉運判官曹戩見任右中大夫，副總管翟襄係武功大夫、忠州團練使，每遇朝拜、行香，立班序位未有著令明文。」遂有是命。

二十二年五月十七日，詔：「今後筵宴贊喝，殿後(帝)〔帶〕器械班直喝謝茶酒；舍人入出門户，依帶器械班直。」

五月十七日[二]，詔：「今後人使見辭并燕，所有權赴後幄起居班及奏事及上殿班，令入出射殿後門，經(申)〔由〕東壁便門入出，赴後殿起居。」

二十六年二月九日，臣僚言：「先王患 27 賤之凌貴，而下之僭上也，故爵列稱謂，皆有次序，朝廷法令亦曲爲之

[一] 雨：原作「兩」，據《建炎雜記》甲集卷三改。

[二] 月日與上條重複，疑有誤。又或是《大典》從他處抄來補入，未即修潤。

防，無不備具。切見邇來士大夫習尚澆薄，爭爲夸誕，擬人不於其倫，稱謂不以其實。州縣之官不以高卑，出言即(白)〔曰〕『台旨』。士大夫公然爲之，恬不知愧恥。自一命以上，文臣即學士自居，武臣亦以團練自處。至有不曾任京局者，必欲强名寺監丞、郎中、省幹之類，以避本稱。此皆名浮於實也，安可不嚴其禁！」詔令刑部行下禁止。

三十年三月四日，閤門言：「奉詔，皇子已除開府儀同三司，進封建王。其人從、待班幕次，令有司條具。今討論親王趁赴起居，其麗正、和寧門外待漏閤子合在西廊，與宰(職)〔執〕閤子相對，在見今使相之上。如遇拜表、慶賀等，垂拱殿門外待班幕次合在宰執之次；垂拱殿門內(侍)〔待〕班閤子合在西廊，與宰(職)〔執〕閤子相對。緣殿門外東西廊別無設置去處，乞將見今南廊上宰執閤子之西空閒閤子充。若朝獻景靈宮，并(巳)〔忌〕辰行香，殿門外(侍)〔待〕班閤子合在西壁，與宰執閤子相對。」並從之。續又詔：「建王赴朝參，依宰臣上下馬。」

十月二日，詔：「文武臣合班處，遇親王、使相立西班，令樞密院官權綴東班。如遇親王、使相請假之類，樞密院依舊立西班。」

紹興三十二年六月十四日，(李)〔孝〕宗即位未改元。詔御史臺、閤門：「每月宰臣率文武百僚於初二日、十六日詣德壽宮，緣內外窄隘，或值雨霑濕，百官別無立班去處。今後過立23班日，本臺用文臣監察御史已上，閤門用武臣橫行御帶已上趁赴起居如儀。」

二十四日，詔軍器所添置提點官一員，叙位在提轄幹(辨)〔辦〕官之上，於入內都知、押班內差。

十一月二十五日，詔：「開府儀同三司居廣遇趁赴朝參，許令入出和寧門北宮門。」

隆興元年四月七日，詔：「太傅、寧遠軍節度使、充醴泉觀使、和義郡王楊存中應上下馬處，令依宰臣、親王。」

十月六日，詔：「宰執以下退朝入局並乘馬，遇陰雨許乘轎。方今用武之際，應內外兵官并沿邊臣僚、內地巡尉並令乘馬。」

乾道元年十二月十五日，詔樞密使汪澈立班、恩數並依宰臣。遇立班處，在右僕射之次。其從駕行馬次序，令依見行雜壓條令，在親王之次。以澈奏：「准指揮，立班、恩數並依宰臣。繼扈從車駕詣德壽宮，其所定行馬以臣在親王之前，一時猝然，從其次序。臣退而思之，戰恐無限。尋再三詢問閤門及御史臺，雖據所引雜壓樞密使在親王之前，臣遂檢照印本《職令》雜壓，尚書右僕射下便有『王』字，即無該載樞密使明文。伏念臣寒微疎遠，仰叨宸眷，今此異除，不獲辭避，天支崇貴〔一〕，豈容越序而先之？實所不遑。」故有是命。

二年九月十二日，詔：「今後三省、樞密院遇赴常朝等

〔一〕天支：原作「大支」，據文意改。

畢，許出南北門。」

十月十日，詔：「今後修注官遇常朝等當赴侍立，許入出皇城南北門。」

十二月十八日，詔：「臣僚 29 辭免，並令遵依舊制。如過制及不合申陳者，有司不得收接施行。」

四年正月二十一日，詔：「今後景靈宮行禮，宰執、親王、使相下人從，行禮前不得入行禮殿門外閤子，候行禮畢方得放入。」

六年正月三十日，詔：「臣僚導從至太廟、景靈宮牆，並禁喝止、張蓋。非薦獻行事，不得由欞星門。」太常少卿林栗劄子：「竊見自來車駕經由太廟前，有司預節音樂，止警蹕，稍近則却繖扇，至尊撫式，輦士趨進，以爲常制，誠得古禮式趨宗廟之儀。而臣下經由，呵導、張蓋，未有條約。竊聞在京日，太廟不臨通衢，竊慮自有專法，今來太常寺省記條内即無該載。欲望朝廷明降指揮約束，庶幾官吏軍民經由太廟前，知所嚴敬，仰副聖明奉先祇肅之意。」得旨，令本部條具申尚書省〔一〕。本部「檢准《紹興重修在京通用儀制令》節文，諸臣僚導從至景靈宮牆禁呵止。緣《儀制令》内即無『太廟』二字。今欲乞朝廷劄下敕令所日下看詳，於景靈宮字上添入『太廟』二字，候敕令所報到本部，以憑申請。」本所今看詳：「在法，臣僚出節喝引，各有定式，至景靈宮牆皆禁呵止。今准太常少卿林栗陳請，臣下經由太廟，呵導、張蓋，即未有條約。照得張蓋一節，已降指揮，令禮部條具外，所是乞禁呵（正）〔止〕，本所伏覩景靈宮、太廟皆係崇奉祖宗去處，理當一體嚴敬。止緣未有法禁，是致經由呵導。今來合於 30 在京法内臣僚導從至景靈宮牆禁呵止條内〔二〕，添入『太廟』二字，及『牆』字下添入『並』字，庶得補圓法意。又禁止張蓋一節，本寺今指定合修入條令，於『禁呵止』字下添入『張蓋』二字。」故有是命。

七年四月二十九日，詔：「皇太子領臨安府尹，禮上日，除東宮講讀官以上自有立定儀制外，其餘臨安府官廷參仍拜。冬、年節（乃）〔及〕到罷等准此。少尹係太中大夫以上，依會事例。」

五月九日，詔：「朕惟禮容進止，君子所宜留心。邇來中外之臣，以趨進拜舞視爲末節，恬不加意，非所以示朝廷之敬也。宜儆戒有位，自今罔或惰媮。儻紊常儀，當寘于罰。」

十二日，詔：「皇太子領臨安府〔尹〕，少尹已差侍從官。所有判官序位，依兩省官奉使法，推官序位在諸州之上，任滿日仍理爲知州一任。」

十七日，詔：「皇太子領臨安府尹，已擇日開府。其浙西諸司見趁赴天申節上壽，令候開府日就臨安府庭賀。」

七月十六日，詔：「今後除授職事官，並令不候授告，先次供職。」

〔一〕本部：據文意，此本部當指禮部。
〔二〕禁：原脱，據前文補。

十一月二十九日，詔：「應百司有兼職官，先赴本職治事畢，次詣(廉)〔兼〕職。若本職簡少，兼職繁劇，即先赴兼職，仍並依時入出。」

十二月六日，詔：「右選入品官若遇公參，並不許贊拜。」

八年八月一日，詔：「今後不合辭免官，有司不許受接文字，如有違令，御史臺覺察聞奏。」中書門下省奏：「檢會紹興元年十一月二日敕，勘會臣31僚辭免恩命，(名)〔各〕有定制。紹興五年六月三日已降指揮，遵依舊制。比來不合辭免官亦具申陳，委是妨廢職事，理合申嚴。有旨並令遵依舊制，如過制及不合申陳者，有司不得收接施行。乾道二年十二月十八日再降旨揮，令吏部申嚴行下。近來各務虛文，多不遵依。」故有是命。

十二月八日，詔：「今後有宰臣到闕，如遇赴宴賜茶，其合用坐墪禮，舊有旨並依官品。及今後遇筵宴等，行門、禁衛、諸色祗應人與依紹興二十八年以前例，並賜絹衫。」

九年正月二十五日，詔令閤門：「自今後每遇駕出御後殿坐，宰執百官并儀衛等並赴後殿起居。候登輦出後殿門，駕迴入祥曦殿門。」

閏正月二日，詔：「太中大夫、觀察使以上許辭免外，餘依乾道八年八月一日指揮。」

【續宋會要】

淳熙三年十一月二十七日，詔：「自今管軍、御帶、環衛官并皇城司官如服窄衣束帶，並令著黑靴。」

二十八日，詔禁衛所：「將來太乙宮對御，本宮便門作行宮殿門，依垂拱殿門法。」六年十月三日，詔對御賜酒合服錦襖子臣僚，更令服著一日。

十二月七日，監察御史齊慶胄言：「(此)〔比〕來朝謁，百司人從擁遏，官員輿馬並驅。又每赴德壽宮起居，宮門之外街道狹隘，百執奔趨於車馬之間。乞令閤門、御史臺與皇城司措置，嚴行條約。」從之。32既而四年二月二十五日，(閣)〔閤〕門、御史臺措置條具到事件：「一、每遇朝會，合赴立班官將帶人從，宰執、使相、兩府合破引接直省官抱笏人外，大程官五名，侍從、兩省、臺諫、正任知閤、管軍從人四名，御帶、環衛官、卿監、郎官三名，其餘百官二名。俟皇城門開，百官入排立，行門班直等於應奉官後入。不係入殿祗應人並控馬人及內宿諸色等人，候朝官并祗應人入絕，方許放行。及擊生物人須管隨本官入。一、每遇車駕詣德壽宮，並如朝會名數，仍許乘馬至合下馬處。一、每遇忌辰行香，除宰執、使相、兩府於合下馬處，侍從、兩省、臺諫、正任知閤、管軍、御帶、環衛官、卿監、郎官、其餘百官至景靈宮櫺星門外上下馬。人從止許在思成門內外，不許入過道門。」又皇城司條具到：「一、每遇朝謁，并赴德壽宮起居，本司添差親從守把約欄。如有爭先擁遏喧鬧之人，許即收領，從本司斷遣施行。一、每遇常朝、後殿并拜表之類，從人並不得上殿門及於殿廊上立。如有事先擁遏之人，許收領，赴閤門、御史臺，送所屬斷罪。」一、每遇車駕詣德壽宮，起門至望僊橋下，不許安頓轎馬。」

九年八月七日，詔：「明堂大禮，自宿殿日，宰執、使相、郡王并前兩府於皇城南北門裏幕帳門外下馬，文臣待制、武臣觀察使以上於皇城南北門為宮門。外下馬〔一〕，行事、陪祠、執事官并觀察使以下於皇城南北門外綽楔門 33 為皇城門。外下馬。」

十月七日，詔：「自今人使到闕，伴射官自人使朝見前十日，令權綴馬步軍班起居侍立。」

十年正月十一日，詔：「自今人使到闕，見辭宴改垂拱殿坐，合赴後幄起居班次，並令入垂拱殿新置便門，赴後幄起居。」

十二年二月二十三日，詔：「武臣知州軍官未墜帶者，可依文臣守倅借服色例，許權繫紅鞓角帶，候回日依舊。」

十三年四月十二日，敷文（閤）〔閣〕待制洪邁言：「景靈宮國忌陪位行香及四孟親饗，在列之臣除宰執、使相外，其百官從人帶入宮門號，方得隨入櫺星門，（乃）〔及〕中門即退，不得踰閾。」從之。

八月六日，詔承旨司：「每遇（柏）〔拍〕試兵將官，自今可令上廳茶湯，下階（柏）〔拍〕試。」

十四年五月一日，詔：「自今遇引呈射公事，御馬依後殿坐日分，令殿門外排立，迎駕起居。」

十五年五月十四日，權禮部侍郎尤袤等言：「檢準《國朝會要》，嘉祐八年三月二十九日仁廟之喪，英宗七月十三日始御紫宸殿見群臣，退御垂拱殿，中書、樞密以次奏事。蓋始御内朝，猶未御正衙也。今外朝、内朝皆入臨御，竊詳後殿及延和殿乃祖宗崇政、延和之比，緣今延和地步窄隘，難以排立侍從、史官、管軍、（銜）〔御〕帶、環列、禁衛等。今參酌，欲乞皇帝於後殿視事，所有儀制乞下閤門禁衛所條具，申尚書省。」閤門奏：「奉旨後殿坐起居班次並如假日儀，遇（西）〔四〕參（目）〔日〕，權令侍從官趁赴起居。其御後殿日分，令太史局選日。主管 34 禁衛所照得日常後殿稟差班直親從共三百人排立祗應。」詔裁減一百五十人，餘依。以上孝宗朝。

淳熙十六年二月六日，詔：「今後車駕詣重華宮，除經過官司起居外，餘並免。」

十三日，閤門言：「恭承至尊壽皇聖帝聖旨，今後車駕詣重華宮起居，如遇忌辰，并忌前一日並免到宮，并宰執以下合赴宮起居日分，如遇忌辰，亦免。今後準此。」

同日，閤門言：「今月十七日，宰執以下赴重華宮起居，乞依例不視事；如前一日恭奉壽皇聖帝聖旨免到宮赴起居，乞作後殿坐；如值夜雨及至日得旨免赴起居，竊慮集朝殿官起居不及，是日亦乞依例不視事一日。」從之。

閏五月九日，詔：「太尉、保大軍節度使、提舉萬壽觀

〔一〕句中小注原作大字書寫，據文意改。下同。

郭師禹依吳益例，賜花羅公服，許令服著趁赴朝參等。」

十一月十七日，御史臺、禮部、太常寺言：「將來迎奉高宗聖神武文憲孝皇帝、憲節皇后神御赴景靈宮奉安，合用百官陪位，乞從御史臺、閤門申請施行。文臣集應釐務通直郎以上〔一〕，及行在見任寺監主簿、承務郎以上職事官趁赴奉迎及陪位立班。」從之。

十二月三日，詔：「嘉王出外第日，令南班宗室自府門送至第，仍就賜御筵，入内内侍省差内臣二員管幹。」

九日，御史臺、閤門言：「已降指揮，用正月一日恭上壽聖皇太后、至尊壽皇聖帝、壽成皇后尊號。參照禮例，將來大慶殿發册寶及赴重華宮奉上尊號册寶行禮，用通直[35]郎以上及行在見任寺監主簿、承務郎以上職事官，并武臣修武郎以上，并三衙員僚以上趁赴逐處陪位〔二〕。緣重華宮殿内地步窄隘，乞宰執、侍從、兩省、臺諫横行以上并應奉官於殿下立班，餘官於殿門外隨地之宜攢那立班。」從之。

同日，閤門言：「十四日迎奉高宗皇帝、憲節皇后神御，詣景靈宮奉安，令正任觀察使以上并管軍趁赴陪位、騎導。」從之。

十日，御史臺言：「迎奉高宗聖神武文憲孝皇帝、憲節皇后神御赴景靈宮萬壽觀奉安，依禮例，宰執、親王、使相、侍從、臺諫、兩省官、禮官、閤門官、南班宗室騎導，合用儀衛、儀仗、鼓吹、僧道等導引，務要整肅。乞令所屬預行告報鈐束，各依次序行列。如有違犯之人，從本臺送所屬重作施行。乞下皇城司差撥親從官三十人，沿路隨行約攔。」從之。

紹熙元年十月十四日，三省檢會《在京通用令》：諸駙馬都尉、宗室南班官、戚里之家並不許出謁及接見賓客。詔禮部申嚴行下，常切遵守。

二年四月十九日，刑部言：「大理寺丞陳棅申，奉旨兼勑令局删修官。伏覩淳熙十六年十月五日指揮，大理寺官許休日出謁。竊緣棅前件兼職，有無相妨？」詔遇有商議職事，許令出入。

十月十七日，監察御史何異言：「伏覩淳熙十六年三月四日御筆：『廷尉天下之平，日來官吏出入無時，賓客日有請屬，漏泄之弊，無以隔絶。日後不得接見賓客，雖假日亦不得出謁。』此令一[36]出，棘寺官吏知所警畏，不敢踰禁。至十月五日，有旨大理寺官許休日出謁，又有以仰見聖度涵容，終不以法禁而廢人情。夫既許以休日出，則一月之内三日周施於人事，恩亦優矣。而後進晚至，不識事體，或遇假日，往往並緣出謁，甚至如七夕、重九之類，間有以節假爲名，擕具出城，馳逐遊賞，似若初無職守者。又縱

〔一〕按，本書禮一三之二一有寧宗時同類之條文，此句作「文臣應釐務不釐務通直郎以上」，似當據改。
〔二〕位：原脱，據下文補。

容晝工、遊謁之士攘袂出入，門禁不敢誰何，殊失天獄嚴重之意。」詔大理寺長貳遵依前項已降指揮，申嚴禁止，官屬非旬休日不得出謁。其外人無故輒入，依法施行。委御史臺常切覺察。

四年三月二十三日，右丞相葛邲言：「伏見昨來周必大、留正任右丞相日，序位、行馬乞在親王之下。今來臣蒙恩除右丞相，序位、行馬亦乞在親王之下，庶得少安。」奉御筆：「依禮例，序位、行馬合在親王之上，更不必辭免。」《續宋會要》。（以上《永樂大典》卷一三五七三）

羣臣奏事

[1]國朝舊制：凡近臣知制誥、待制、(二)〔三〕司副使、知雜御史以上，武班上將軍以上，内職閤門副使以上，及宣慶、宣政、昭宣使有事欲升(天)〔殿〕者，先奏取旨。京朝官使臣、大將軍以下任大藩及制置、茶鹽、轉運、提點刑獄、安撫、府界提點公事、三門發運使、判官、諸河催綱撥發，見辭並聽上殿。慶曆以來，尚書左右丞、侍郎、給事中、諫議大夫、祕書監，及樞密副都承旨、諫院、御史裏行、考課院、吏部流内銓、尚書刑部、大宗正司、司農寺、群牧司監牧使、提舉在京諸司庫務，軍器、都水、將作監，都提舉市易司、提舉常平廣惠倉并管勾[2]官、提舉制置屯田使，國信使副、館伴、接伴、送伴使副、使夏國回者，亦許上殿。舊制：河南、大名、京兆、鳳翔、江陵、河中知府，鎮、定、滄、(具)〔貝〕、冀、邢、瀛、保、莫、雄、霸、(祈)〔祁〕、隰、潞、并、代、忻、嵐、麟、府、石、憲、邠、涇、延、環、原、渭、秦、儀、潭、昇、洪、(抗)〔杭〕、(楊)〔揚〕、兖、青、徐、登、益、嘉、彭、漢、蜀、邛、梓、遂、利、夔、廣、桂、邕、宜、容、福知州，乾寧、信安、保定、順安、安肅、廣信、永定、寧化、岢嵐、(大)〔火〕山、保德、保安、鎮戎、永康、慶成知軍，又瀛、保、定、(草)〔莫〕、(堰)〔雄〕、霸、祁、并、(伐)〔代〕、忻、嵐、麟、府、石、憲、延、環、慶、原、渭、秦、儀、益、嘉、彭、漢、蜀、邛、梓、遂、利、夔、廣、桂、邕、宜、容、福州、乾寧等十四軍通判，及兖州奉符、河南永安、劍州劍門知縣，並上殿。其後又許應天、真定知府，鄆、曹、孟、許、陳、蔡、鄧、襄、潭、相、晉、陝、同、亳、(盧)〔廬〕、壽、宣、蘇、越、湖、明、泉、熙、岷、河知州，永寧知軍上殿。而祁、隰、忻、嵐、憲、邠、涇、(義)〔儀〕、嘉、彭、漢、蜀、邛、容等知州，永定、寧化、保德、永康、慶成知軍，及州軍通判、三泉知縣、諸河催綱(潑)〔撥〕發並罷上殿。舊制：總管至駐泊都監并内職閤門祇候以上差知州軍監、巡檢，並令上殿。慶曆以來，諸路大提舉捉賊、諸路安撫副使、都監，亦聽上殿。北平寨、鎮州北寨、定州軍城寨、洪德寨、瓦亭寨、肅寧城、淮安鎮、制勝關、劍門沿邊巡檢、雄、霸州(汾)〔沿〕界河巡檢、沿邊都同巡檢使、益、彭、邛、蜀、黎、雅、忻、代、維、茂、簡都巡檢使、巡護黄河隄岸京朝官有緊要任使及諸司使(刻)〔副〕至閤門祇候，亦許上殿。其後鎮、定、祈、趙沿邊、山東、山西都巡檢使、保州、廣信、安肅軍沿邊巡檢[3]亦上殿，而北平寨、鎮州北寨、定州軍城寨、洪德寨、瓦亭寨、肅寧城、淮安鎮、制勝關、劍門沿邊巡檢並罷之。知貢舉發解事畢，亦令上殿。諸被指出使者，並閤門臨時取旨。

開寶九年十(二)月二十三日〔一〕，太宗即位未改元。詔：「自今内外群臣有所論列，並許實封表疏，詣闕以聞。必須面奏者，仰閤門使即時引對〔二〕。」

太宗雍熙三年十月十八日，詔閤門：「開封尹、陳王元僖進呈文書，俟樞密使奏事畢，令上殿。」

淳化元年十月二十五日，詔：「自今後諸路轉運使更不得以壽寧節輒獻文章。其民間利害及合廢置釐革等事，

〔一〕十月：原作「十二月」，據《長編》卷一七、《太平治迹統類》卷二改。

〔二〕使：原作「吏」，據《長編》卷一七改。

只令實封，附傳置以聞。必須面奏者，別聽進止。」

四年六月十二日，詔：「自今京朝官充川峽、廣南、漳、泉、福、建及緣邊知州、通判，朝辭日乞上殿，即取旨。其餘州郡差遣不令上殿。大兩省以上升殿，仍舊取旨。」時頗有受命出使，以細務干聽覽者，故條約之。

（真宗咸平四年）十一月五日〔一〕，詔：「諸司非言要切事不得上殿。其合取朝旨者，具狀以聞。」時諸司事無巨細，悉上殿取旨，帝以謂臣僚自有職分，不當如是。會秘書丞孫冕上章極論不可，故降是詔。

六年十二月九日〔二〕，詔皇城司：「長春殿門裏板障外不得更排（杭）〔杌〕子。其宰臣、樞密使、宣徽使、三司使等未進呈文書間，並於殿門外閤子內祇候，俟閤門報上殿奏公事臣僚已退，則入殿門，上殿奏事。仰閤門日差通事舍人、閤門祇候一人於殿門裏板（章）〔障〕東頭侍立，纔4候殿上臣僚退，疾速報覆，及引喚以次合上殿臣僚，不得延遲。」

真宗景德三年五月十日，樞密院言：「近日長春殿奏事官班次甚多，欲望自今每日上殿奏事不得過五班。仍下閤門著爲定例。」詔從其請。內事有急速者令詣崇政殿。

八月十三日，詔閤門：「自今河北、河東、陝西沿邊、川峽、廣南兵馬都監閤門祇候以上許上殿，自餘有公事，令實封以聞。其恩賜準給之。」時有司言：「升殿官多徇私干求，請行條制。」

九月十一日，軍頭司言：「準詔，內外百司遇旬假并上巳、春秋二社、重午、重陽並休務一日，請是日後殿更不引對公事。」從之。

十一月十六日，詔客省、閤門：「長春門裏東廊從南第一第二閤子輪差承受或軍將一人，朝未退間，常在彼祇候。閤子內奏事臣僚令於長春門外勾喚祇應人，三司使、御史中丞、開封府所帶從人亦止在長春門外。如有公事，旋令承受軍將勾喚，不得於長春門內引接。」

四年閏五月二十九日，詔：「先是，中書門下、樞密院、三司奏事，得旨即日覆奏。惟開封府得旨或即付外施行，刑名決遣，慮未詳審，自今如三司例。」

八月八日，詔審官院三班引對京朝官使臣奏課不得〔過〕三人，京朝官差遣不得過五人，使臣差遣及吏部銓選人各不得過十人。時候引對者頗多，帝憫之，故定其數。

大中祥符元年十二月九日，契丹使入辭，賜宴，帝遣中使諭中書、樞密院，許先奏事。是月自5受册至大宴，皆值休務。舊制：契丹使辭日，亦不視事。帝慮機務有壅，故特令奏事。

二年正月二十九日，詔：「以官吏稍衆，三班每引磨勘

〔一〕真宗咸平四年：原無，據《長編》卷五〇補。

〔二〕按，此「六年」亦爲咸平六年，因淳化僅五年。由此益可證上條脱「咸平」年號。

增至五人，吏部銓每引十五人。」

六月十六日，詔羣臣上殿劄子自今爲二本進內，可行者一留中，一付有司，否者俱留不報。

七月十七日，帝諭宰臣曰：「京朝官諸司使副將赴外任，有上殿者，朕皆諭以當行之事，期以舉職。其不上殿者，今後宜爲辭戒勵，摹印賜之。」知樞密院陳堯叟言：「幕職州縣官亦望誡勵。」從之。帝曰：「先朝嘗以《儒行篇》賜臣僚，今當復賜之。」

三年二月十二日，詔：「三司提舉庫務、提點倉場、管勾國信官應自來承準宣敕條貫，並仰遵守，不得將有條事件再具劄子，上殿取旨。若實有不便，乞行改正者，具狀以聞。」

十〔六〕〔九〕日〔一〕，閤門言：「崇德殿群臣見、謝、辭及升殿奏事，僅及亭午〔二〕。欲望自今朔望除三司、開封府、審刑院外，自餘奏事官非有急切，並令次日升殿。」從之。

十二月二十日，以將祀汾陰，詔行在勾當官除常程公事依例申奏外，如須上殿奏覆者，並連書名銜同請對。」

四年正月二十八日，詔：「臣僚上殿奏事，多是偏詞，未經有司檢會始末利害，亦有挾情用事，即批依奏施行，洎於檢會，多成妨礙。宜行約束，庶警異同。自今如於進呈文字款內敢有增減者，當正其罪。」

八月十六日，詔文武官奏事者須時政得失、人民疾苦、刑獄冤濫、軍馬未 6 便，事涉機密，即許上殿。餘常程細務，本司合行事宜，並令具狀聞。如閤門、御史臺不切曉示，致有違犯，與所犯人同行朝典。仍令中書、樞密院舉劾聞奏。

十二月十日，太常博士江嗣宗言：「竊見臣下奏事，取自宸斷。今乞天下要務，除禮樂征伐大事出自一人，餘細務當委任□□□之大臣〔三〕。」帝曰：「嗣宗此奏，深識大體。」即降詔褒諭之。

五年四月二十一日，詔：「文武臣僚出使還及以外任職事赴闕，合上殿奏稟。如因公事係取勘及曾經降敕斷遣責罰差替者，中書、樞密院具職位姓名劄與閤門，並無得上殿。」

七年三月七日，詔：「應臣〔僚〕上殿劄子，奏事進呈後不得批依奏，並批送中書、樞密院、三司等處別取進止。」

九年二月一日，詔：「在京勾當庫務臣僚有以公事上殿取旨者，並與同官參議平允，具體例以聞，違者坐之。」初，監官上殿，多以獨見奏稟進止〔四〕，而所陳非當，故命條約。

六日，〔詔〕：「昨大中祥符四年十月，嘗詔宣徽院、三

〔一〕十九日：原作「十六日」，據本書儀制九之九所載同條改。《長編》繫於二十日庚子，則爲「從之」之日。

〔二〕及：原作「其」，據本書儀制九之九改。按，此處「僅」意同「近」。

〔三〕《長編》卷七六此句作「自餘細務委任大臣百司」。

〔四〕多：原作「嘗」，據《長編》卷八六改。

司、群牧司、提舉諸司庫務司、入內〔內〕侍省、內侍省、在京諸司庫務、倉場、院務、坊監，今後凡有公事，並謫量允當〔一〕，方得施行，及連銜申奏。或事須奏覆者，應得條貫，不得同乞上殿。其本轄人犯罪，亦同謫量區分，不得一面行遣，及不連銜申奏并專獨上殿。違者委因同職官覺察〔二〕，當坐以違敘之罪；同職失舉者，當司同罪。近日有司多違前詔，宜令中書、樞密院復申明之。」

三月一日，詔：[7]「今後旬假更不視事〔三〕，遇合奏覆公事，即詣便殿請對。」

五月十五日，詔：「黃、汴、廣濟、石塘河催綱巡河京朝官使臣，每歲許一次入奏公事〔四〕。三門白波發運使、判官，每歲許二人更番入奏。」先是，未有定制，故條約之。

九月二十二日，詔：「三司使、副使自今同上殿奏事，判官有大事亦令上殿。凡公事先須論定，不得臨事異同。」舊制：副使、判官皆對，其後止使、副使同之，至是舉舊制也。

天禧二年七月十三日，詔：「後殿進呈劄子，並須子細書寫，具官員印書報〔丞〕〔承〕旨司，無得鹵莽，違者坐其罪。」

三年六月一日，禮儀院言：「欲今後凡遇上巳、春秋二社、重午、重陽、三伏假日，並依旬假例，前後殿不視事。如中書、樞密院有急速須合面奏公事，即取旨。」從之。

四年二月十三日，詔：「祁州知州入辭日，升殿奏事。」時命供奉官、閤門祗候張淡成知州事。祁州舊無上殿之例，淡成爲請，特有是命。

乾興元年二月八日，詔：「三班院、刑部、殿前侍衛馬步軍軍頭司、騏驥院估馬司，自今崇政殿引呈公事，支配鞍馬，逐處具報承旨司。」

八月二十八日，詔：「審官、三班院、流內銓、刑部，今後不限班次，並令引見公事。」

仁宗天聖元年四月八日，中書門下請令河北、河東、陝西總管、鈐轄、都監、諸路轉運使、副使及入契丹使辭見，並令上殿。」從之。

五月十二日，詔：「御〔使〕〔史〕臺、三司、開封府如有合奏公事，每遇承明殿垂簾，並令升殿聞奏。」

閏[8]九月二十二日，詔審官院，差知州軍、知縣以上，並令引見。

二年九月十四日，閤門言：「舊制，知瀛州合該上殿。近詔惟許路分鈐轄以上。新知瀛州張昭遠緣兼高陽關駐泊鈐轄，不該新制。」詔高陽關自今並令上殿。

三年二月二十三日，詔：「自今垂簾日上殿奏事，并中

〔一〕謫量：似當作「體量」。下同。

〔二〕因：疑當作「自」。

〔三〕視事：原缺，據《長編》卷八六補。

〔四〕一次入：原作「二人」，據本書職官四二之一三、食貨四五之一及《長編》卷八七、《職官分紀》卷四七改。

書、樞密院不得過五班。」既而又詔不定班次。

六年三月二十六日，詔：「審官、三班院、流内銓、軍頭司，並令主判官臣僚引對公事。」帝爲皇太子，令宰臣等於資善堂呈引諸司公事。及即位未改，至是始還有司。

七年五月十一日，詔：「閤門祗候以上任知州軍者，迴日各上邊機民事三五條。」時上封者請選崇班以上有武勇謀略者三二十人知河〔一〕、陝、川、廣衝要州軍，代還，令上所任民事、邊防利害十條，庶因敷納，可見能否，緩急任使，免至乏人，故有是命。

二十二日，承明殿垂簾，臣僚升殿奏事者十九班。至第九班，日已過中，詔賜輔臣食于崇政殿門。頃之再座奏事〔二〕，方午乃罷〔三〕。

九年十二月二十一日，詔：「河北、河東沿邊安撫副使〔四〕、都監并同管勾安撫司公事（使）臣、諸路承受使臣，今後到闕奏公事，只得住十日，令閤門、内侍省催促進發。如遇急速，不在此限。」

明道二年四月十七日，詔：「今後内中傳宣，委逐處具實封覆奏。其三司、開封府并合係上殿之處，仰次日審奏取旨。」

二十一日，中書門下言：「羣臣升殿奏事，准詔書當於末批送中 9 書門下若樞密院，別取進（旨）〔止〕。比日奏事，或直批制旨，便付有司。請盡如詔書，違者論罪。」從之。

十二月二十三日，權御史中丞孔道輔、司諫范仲淹率諫官、御史十人直詣垂拱殿門，持榜子云：「爲中宫動摇，不協物議，請對。」閤門使張敏以聞，詔押往中書。宰臣呂夷簡等告諭而（而）退。二十四日，道輔以本官右諫議大夫知泰州，仲淹以本官仍舊秘（閤）〔閣〕校理、知睦州〔五〕，餘各罰銅三十斤。仍戒諭知諫院孫祖德等：「今後言事，依久來體例，密具章疏，直言無隱。不得糾察羣官〔六〕，直詣殿門。取知委狀以聞。」

景祐元年閏六月十三日，詔閤門：「凡上殿臣僚，各具鄉貫、年幾、出身、歷任過犯、轉官章服年月文狀一本，前一日進入。」

（十）〔七〕月十三日〔七〕，詔：「諸處承準宫闈教旨，未得施行。内有合該上殿處，仰次日審奏取旨；不該上殿處，即當日内具事由實封申中書、樞密院取旨。」

三年九月十七日，淮南轉運司言：「近罷逐年上京奏

〔一〕三二十：原作「三十二」，據《長編》卷一〇八改。
〔二〕再：原作「在」，據程俱《北山集》卷二八改。
〔三〕方午乃罷：「乃」原作「副」，據《北山集》卷二八改。又《長編》卷一〇八作「日昃乃罷」。
〔四〕副使：原作「使使」，據《長編》卷一一〇、卷一八二改。
〔五〕睦州：原作「越州」，據《長編》卷一一三、樓鑰《范文正公年譜》等改。
〔六〕糾察：此詞用於此不合上下文意，底本圈去「察」字而未補字，按文意「察」似當作「率」。
〔七〕七月：原作「十月」，據《長編》卷一一五改。

事，乞依舊赴闕敷奏。」詔每年以次赴闕奏事。

慶曆二年閏九月二十九日，詔：「今後非近上臣僚，不得用劄子奏事。」

三年五月二十七日[一]，詔中書門下：「近日御史中丞王拱辰奏，乞遇朔望日前殿視朝退，御後殿召中書、樞密院臣僚從容賜座，講議時政得失事。朕祇嗣先構，高處宸極，夙夜寅畏，踰二十年。永惟祖宗之鴻烈，歷考皇王之令典，循東漢之曩制，勤每旦以臨朝，(廷)〔延〕見群臣，講修庶政。慕稽衆10舍己之論，體納諫轉規之美，下情盡達，大猷是經。而中司之臣，援古有請，欲因朔望之視事，仍許公卿之論道。朕敷求至理，思致大寧，聽納之間，孜孜靡倦。眷惟台輔之職，實總幾微之繁，倚矚所深，諮詢無間。且當世要務，經國顯謀，詎止開陳于其端，所宜紬繹而乃已。雖至中昃，朕罔怠焉。自今中書、樞密院臣僚除常程奏事外，如別有敷陳政事，及朕非次特有留對，不限時刻，並許從容奏述，仍不拘定朔望。」

九月八日，詔：「京西轉運、按察使兼白波發運使，自今歲輪一員入奏計事。」

十一月二十七日，起居院言：「自今應前後殿上殿臣僚或有詢問指揮，除機密外，令少留殿門，俟知記注官出[二]，面自寫録，或令關報。」奏可。

四年九月十二日，三司户部判官、殿中侍御史趙祐言：「近乞上殿奏事，得旨，尋牒閤門須索申狀，仍要出身文狀兩本。比至引對，已經七日。竊緣臺諫之官，俱職言事。臺官則具奏候旨，諫官則直牒閤門，事體有殊。欲許依諫官例，直牒閤門。」詔免供家狀。

五年六月七日，詔審官、三班院、流内銓、軍頭司詳定後殿引對公事，去甚繁細務。

二十六日，樞密院言：「準詔，殿前都指揮使李昭亮凡奏公事，許免杖子，窄衣升殿。欲請自今殿前與馬步軍應奏本司公案自如舊例，若係他事及在後殿祗應，許免杖子，窄衣升殿。或別有奏請公事，先關報閤門，依常例上殿。」從之。

八年八月二11十六日，詔：「臣僚坐罪罷還京師，毋得輒求上殿奏事。」

皇祐二年閏十一月十五日，御史中丞王舉正留百官班于朝堂[三]，欲言張堯佐，有詔止之，而復下詔曰：「近臺諫官累乞罷張堯佐三司使，及言親連宮掖，不可用爲執政之臣；若優與之官爵，於體無妨。遂除宣徽使、淮康軍節度使。兼已指揮，自今后妃之家，毋得除兩府職任。今臺諫官重有章疏，其言反覆，及進退之時，失於諠譁，以法便當責降。朝廷特示含容，且各戒諭之。其下閤門，自今如臺

[一] 五月二十七日：按，《長編》卷一四二、《宋大詔令集》卷一四四均繫此詔於七月六日辛未。

[二] 注：原作「住」，據文意改。

[三] 官：原作「户」，據《長編》卷一六九改。

諫官相率上殿，並申中書門下取旨。」

三年八月三日，閤門言：「近日頻有臣僚陳乞上殿，欲請除入内内侍省合奏事外，其餘侍立祗應及無特旨上殿臣僚，今後不許約人奏事。如有已見利便，只許實封聞奏。」從之。

五年五月六日，詔曰：「朕循三聖之法，監百王之憲。永惟唐虞之世，以及文武之時，上有求教之勤，下有告猷之助，憂勞旰昃，罔敢自安，日與輔臣，裁決萬物。雖極辯之不倦，當退公而益彊。宜即燕閒，同講治道。自今中書、樞密院輔臣，如有軍國大政、邊防重事，候前殿退〔一〕，別請對於後殿。仍前一日先具所陳事以聞。」

二十六日，臣僚上言：「乞自兩制、兩省等官言事，不得朋私挾情，決擿陰細，無益治道，務在公實，以副上意。」詔觀文殿以下學士至待制合係直牒閤門上殿者，許請對言事外，餘官令具奏章實封以聞。

至和元年二月二十七日，詔：「京 12 （幾）〔畿〕轉運使自今遇乾元節許上壽，仍歲終一（人）〔入〕奏事。」

二年二月二十三日，閤門使李惟賢言：「禮賓副使郭逵上殿奏事，至巳刻尚未退。請自今上殿臣僚，春分前毋得過辰正，春分後毋得過辰初。敷陳未盡，令實封進内，或須面對，令後殿再引，違者閤門揖下。近臣、臺諫即不問。」從之。

五月二十五日，詔：「臺諫官不許相率上殿，今御史臺孫抃、郭申錫、毋湜、范師道、趙抃同乞上殿，有違近制。其令輪日入對。」時宰臣陳執中家婢以過笞，出就外舍死，而諫官欲合奏斥之。

（七日）〔八月十日〕〔二〕，知諫院范鎮言：「先朝以御寶印紙給言事官，使以時奏上，所以知言者得失而殿最之。陛下雖喜聞諫諍〔三〕，然考於施用，其實無幾。豈大臣重因循而多廢格乎？請據今御史、諫官見員置章奏簿於禁中，時觀省之。仍以中書舊所置簿具其言行否，每季録付史官。」詔中書置臺諫官言事簿〔四〕，令以時勾銷注之，仍録與樞密院。

三年三月十七日，侍御史梁蒨言：「伏聞天聖條制，河北、河東沿邊安撫副使、都監并同管勾安撫司公事使臣等到闕奏事，只得住十日。近年多不遵守，每入奏，妄作名目住滯，或敢曲邀聖旨，乞展日限，留身京城，幹辦私事，經營岐路，（布）〔希〕望恩澤。不惟妨本任管勾，兼亦紊煩朝廷。請申明前制。」從之。

嘉祐元年七月一日，詔：「三司、開封府、臺諫官、審刑院復上殿奏事，仍日引一班。」初，帝不豫，惟二府得奏事。至是，始引對近 13 臣。

〔一〕退：原脱，據《長編》卷一七四補。
〔二〕八月十日：原作「七日」，據《長編》卷一八〇改。
〔三〕諍：原作「爭」，據《長編》卷一八〇改。
〔四〕「置」、「官」二字原脱，據《長編》卷一八〇補。

二年八月七日，詔：「駙馬都尉李瑋自今有所見公事，許直牒閤門上殿。」

三年十二月十四日，閤門言：「近例，上殿班除三司、開封府、臺諫官遇進辰牌不隔外，其餘並次日上殿。或更有三司、開封府并官高者臣僚，亦於辰牌隔下臣僚後引，於理未便。欲乞今後未進辰牌，依舊例引外，其辰牌隔下者，如至三次，得旨許令特上者，即於自來不隔班之後引。」從之。

五年五月十一日，侍御史陳經言：「竊見故知陳州劉沆子瑾以知制誥張瓌撰父贈官告辭不當，五狀訴理，朝廷已黜瓌知黄州，奪瑾校勘之職。風聞瑾所奏狀並於内東門進入。瑾身居草土，名落班籍，未知何緣得至於彼？慮瑾陰結左右内臣，諭令收接。並乞根鞫情倖，嚴行責降。」中書門下取到御藥院狀：「昨準内降，草土劉瑾奏爲父沆身亡，所有本家合具奏陳文狀，欲乞依晏殊例，於御藥院投進。奉聖旨，令收接。自後賫到奏狀，即逐旋進呈。」詔：「今後臣僚乞於入内内侍省、御藥院、内東門司投下文字者，令逐處申中書再取旨。」

六年九月十三日，知諫院楊畋言：「故事，凡臣僚上殿奏事，悉屏左右内臣。今内臣不過去御座數步，對問之語，可得而聞，恐洩漏機事，非便。」詔：「自(合)〔今〕止令御藥使臣及扶侍四人升殿角[一]，以備宣喚，餘悉屏之。」

英宗治平元年正月二十一日，同知諫院呂誨言：「竊以君臣謀議，戒於不密。先帝朝兩府及臺諫官奏對，14即左右近侍皆引避於兩廡，故從容論(義)〔議〕，事無泄外者。臣近對丹扆，其侍從中官皆不引避。欲乞今後臣僚奏事，近侍之人並引避如故事。」從之。

二年十一月三日，詔：「鄭、兖、曹、蔡、相、(刑)〔邢〕、同、晉、壽、湖、明、宣、河中等知州府辭見者，並許上殿。」先是，侍御史知雜事呂誨奏：「乞除擬知州人引見令上殿，親有所問，又使中書閲其可否，然後授之。」故降是詔。

三年二月十五日，閤門使章希一言：「乞自今上殿人至巳四刻則令次日上殿。」從之。

十一月九日，中書、樞密院初奏事于福寧殿，以帝不豫也。

治平四年二月九日，神宗已即位，未改元。詔入内内侍省、皇城司合覆奏事，並執條覆奏。以御史吳申、劉庠言逐司不遵詔令，多不覆奏故也。

神宗熙寧元年正月二十二日，考課院王珪、滕甫言：「有本職公事，上殿敷奏。」從之。

二月九日，閤門言：「舊制，中書、樞密院奏，更引三班上殿，假日兩班，或隔過後殿。更遇報巳正即取旨，次日方引。伏緣再御後殿，引雜公事畢，已是巳時，方再引上殿臣僚，僅及午刻。遇開經筵，即須至申未，久勞聖躬非便。欲

[一] 侍：原作「持」，據《長編》卷一九五改。

乞今後遇經筵日，上殿班除中書、樞密院外，權只引一班。或有急速及言事官乞對，即取旨。候罷經筵仍舊。」從之。

十一日，詔翰林承旨至知雜御史各舉文臣嘗歷通判一人堪刑獄錢穀繁難任使。後王珪等以尚書虞部員外郎張諷等二十人應詔。詔罷官及未赴任見15在闕下者並令上殿。

五月十三日，編修實録院言：「修撰官三員欲同上殿奏稟公事，乞下閤門許令同敷奏，仍今後著（列）〔例〕。」從之。

六月十三日，閤門言：「假日御（宗）〔崇〕政殿，每遇辰時，隔上殿班，過延和殿再座便引。伏緣其日更不還内進食，直至巳時正方隔班，臨時取旨，尚許引對。欲望自今後假日御崇政殿，依例辰時隔班過延和殿，候進食畢再座，以次引對。遇寒暑大風雨雪，即閤門取旨，令次日上殿。」從之。

十一月二十七日，詔：「以英宗大祥，中書、樞密院、諸司前二日止進呈急速公事。」

（一）〔二〕年二月十八日，詔河北、陝西、河東轉運使副有要切公事須面奏者，許奏取旨，那官一員乘驛赴闕，住京不得過十日。

十月二十三日，監察御史裏行張戩、程顥言：「每有本職公事欲上殿敷奏，必奏候朝旨；既許上殿，伺候班次，動經旬日。倘遇朝政或闕，及外事有聞，繫於機速，不容後時者，如此稽遲，則已無所及。況使往復待報，必由中書，萬一事干政府，則或致阻滯。耳目之司，雖欲應急陳聞，安可得也？伏覩天（僖）〔禧〕詔書：『或詔令不允，官曹涉私，措置失宜，刑賞踰制，誅求無節，冤濫未申，並委諫官奏論，憲臣彈舉。』是蓋臺諫之職，言責既均，則進見之期，理無殊別，何獨憲臣隔絶疎異？欲乞朝廷推原天（僖）〔禧〕詔書之意，使依諫官例，牒閤門即許登對；或所言急速，仍乞先次上殿。所貴遇事入告，無憂失時。」詔三班御史及16裏行有公事，並許直申閤門上殿。

十二月二十七日，詔：「諸司官曾在假參者，許便赴奏覆引呈公事。」

三年五月二十一日，同修起居注、直舍人院蔡延慶言：「蒙恩除直舍人院。昨垂拱殿面奏，欲候奏事訖，下殿曲謝。奏事訖，未及趍庭，聖駕已起。欲乞正謝日，因後殿侍直次許令面奏，降殿曲謝。」從之。

六月八日，編修閤門儀制所言：「殿前馬步軍司有急速公事，許於後殿免杖子上殿。其不係本司公事，別有陳奏，即關報閤門，依體例上殿。欲乞如遇假日崇政殿座，免杖子上殿，即在已得旨上殿班後引。」從之。

八月七日，閤門言：「檢會編敕，自入伏後審官院、三班院、流内銓只引一處，秋涼仍舊。」詔曰：「引兩處。」

十二月三日，詔閤門：「今後樞密都承旨遇崇政殿坐日，令於上殿班後約人奏事〔一〕。」

四年六月十一日，皇姪〔二〕、左騏驥使〔三〕、邵州刺史〔四〕、許州兵馬都監令晏言：「今後每有差遣辭見並因事到闕〔五〕，並乞上殿。或遇大禮，亦乞陪位。」從之。自後宗室領外任者悉用此例。

七月二十八日，同修起居注、同知諫院張琥言：「竊以修起居注之職，古之左右史也。本以記録人主言動，書之典册，以示至公。本朝止令後殿侍立，人主言動，無復與聞。臣今所領修起居注兼知諫院，即與其餘修注官事體不同。既有言職，且得侍立，或有敷奏，便可面奏。竊見樞密院承旨每於侍立處尚得論事，亦不先行奏請。欲乞每因[17]後殿侍立，亦許奏事，更不移牒閤門。仍乞今後修起居注，常令諫官一員兼領。所貴左右史之職稍不曠廢。」詔諫官兼修起居注者，後殿侍立亦奏事，更不移牒閤門。令於樞密院承旨司奏事後、内侍省公事前奏稟。

五年七月二十二日，知大宗正司宗旦、宗惠言：「職事有當奏者，乞上殿敷奏。如止合到中書、樞密院商量，亦乞許同見執政稟議。」詔知判大宗正司皇親遇有合奏公事，許牒閤門上殿。

六年十月二十七日，詔：「都水監、司農寺、提舉在京諸司庫務，今後並許直牒閤門上殿。」

七年九月，詔：「兩制以上有公事合同上殿者，令同上殿。」

元豐四年十一月二十一日，詔：「尚書侍郎奏事，郎官一員同上殿。」

五年五月十五日，詔：「三省、樞密院獨班奏事，每日不得過三班。」

六月十九日，詔：「尚書侍郎奏事，郎中、員外番次隨上殿，不得獨留身。侍郎以下仍不得獨乞上殿。其左右選奏事，非尚書通領者，聽侍郎上殿，以郎官自隨〔六〕。秘書、殿中省、諸寺監長官視尚書，貳丞以下視侍郎。六曹於都省稟事亦準此。」

七月四日，詔：「三省、樞密院獨班奏事日，樞密院當亟聞，更展一班。」

二十二日，詔：「自今後臣僚上殿劄子，並進呈取旨。」先是，三省、樞密院或不以進呈，直寢之，故有是詔。

十二月二十日，引對奉議郎、權發遣府界常平等事張詢已下十人。是日旬休，上特御便殿延見，踰午始罷。

七年二月[18]九日，社，特御延和殿，户部、司農以職事對也。

〔一〕約：原注「原本缺」，據《長編》卷二一八補。
〔二〕姪：原缺，據王安禮《王魏公集》卷一補。
〔三〕左：原缺，據《長編》卷二二四補。
〔四〕刺史：《長編》卷二二四作「團練使」。
〔五〕今：原作「合」，據《長編》卷二二四改。
〔六〕上殿以：原作「以上」，據《長編》卷三二七改補。

哲宗元祐元年二月四日，詔：「臣僚上殿劄子於簾前進呈訖，並實封於通進司投進，即不得直乞批降三省、樞密院。」

八年九月二十九日，詔：「上殿班合直牒并帥臣、國信使副許依元豐八年以前儀制施行外，其餘合上殿班，並候祔廟了日取旨。」以三省、樞密院進呈聽政後上殿班，宰臣呂大防等奏曰：「陛下初見羣臣，願對者必衆，恐太煩勞，欲少爲之節。昨日垂簾日，羣臣惟臺諫得對，又必二人同上，故不敢以不正之言輒干天聽。今既人人得對，人心不同，善惡相雜，故於采納尤難。雖人君不可不博訪羣臣之言，至於聽納，尤當徐觀邪正，參驗是非，然後得實。」故降是詔。

紹聖元年閏四月十八日，詔：「在京官所受傳宣内降及内中須索并常行應奉，隨事申尚書省或樞密院覆奏，及類聚月終奏聞指揮，可並令隨處覆奏。得旨施行，即本司官親承處分須索，仍晝所得旨録奏，請實奉行。其官司奏請得旨，非有司所可行者，即仍舊申朝廷覆奏行下。」

五月九日，詔：「自今除臺諫官章疏依條外，其餘臣僚上殿劄子，如事合進呈，即取旨。」

六月八日，三省、樞密院言：「諸承受傳宣内降及内中須索並隨處覆奏得旨施行，即本司官親承處分須索，仍晝所得旨録奏，請實奉行。已上非有司所可行，或事干他司，奏請得旨者，並申中書省或樞密院奏晉。」從之。

19 四年十二月二十三日，殿中侍御史陳次升言：「乞自今文臣帶兵鈐及監司職任者，朝辭日並令上殿，不許援例不對。」從之。

元符元年八月五日，詔：「今後三省、樞密院進擬在京文臣開封府推判官，武臣横行使副，在外文臣諸路監司、藩郡知州，武臣知州軍以上，取旨召對。」

八日，詔：「今後承旨司得聖旨應合覆奏者，並令本司申樞密院覆奏。」

二年六月十七日，翰林學士承旨蔡京等言：「臣等每緣職事請對，待次或踰旬日，遇有急速文字，深恐失事。乞今後許翰林學士依六曹、開封府例，先次挑班上殿，仍不隔班。」從之。

八月十八日，詔：「諸上殿進呈文書，並批送三省、樞密院，不得直批聖旨送諸處。違者承受官司繳連以聞。」

十一月八日，監察御史石豫言：「請自今臣僚論事，如跡涉曖昧不根，先詢承傳之人察實施行。」詔：「如遇有此事理，令三省取旨。」

三年六月二十六日，詔：「上殿劄子侍郎以上進呈，小事擬進，餘則否。」

徽宗崇寧元年六月十九日，詔：「自今六曹尚書如有職事奏陳，許獨員上殿。」

五年十二月五日，詔：「臣僚請對，雖遇休假，特御便殿聽納。」

大觀二年六月二十日，詔：「外官正任陳乞上殿，多是不循分守，紊亂法度，或陳乞破格，以私害公，甚非肅戢戚里之意。可今後外官正任依宗室正任例，不許陳乞上殿，違者令御史臺彈奏。」

七月二十九日，詔：「自今正任及横行以上，無20職事不得上殿，有職事奏聽旨。若因而陳乞私事，以違制坐之。」先是，密州觀察使李許上殿，乞知趙州，了婚葬，許因降授濮州團練使，故有是詔。

三年九月十七日，臣僚上言：「伏覩已降詔旨，凡命郎官，必進對而後除，則濫進之徒不復覬其僥倖。近者楊夙等未經進對，故特降旨，並令上殿。今未對而各除開封府曹官，府曹秩視（即）〔郎〕省，其選亦高，伏望令上殿進對而審用。」從之。

政和三年十二月十四日，都官（員）外郎、提舉淮南兩浙路茶鹽事趙點奏：「昨往淮南、兩浙路提舉茶鹽，又按察州縣監司失職，近已回程，已上殿奏稟職事訖。今來本司結局，已見次第，有奏稟職事，伏望許依例不隔班，先次上殿。」詔趙點罷都官員外郎，送吏部，懲其妄有奏請，徼倖萬一也。

五年八月十三日，詔：「今後臣僚因上殿別除差遣，合再上殿者與免。」

十一月六日，詔：「諸監司、郡守在任不得陳乞赴闕奏事，違者委御史臺彈奏，尚書省互察。」

六年五月七日，詔：「太師蔡京已降指揮，令三日一造朝。今後遇有奏事，非赴朝者，亦許趁赴。」

八年八月二十二日，臣僚言：「比年以來，二三大臣入侍君前，奏對之際，留身面奏，排斥己怨，讒疏善良。至于請求相繼，甚非朝廷至公之體。」詔：「自今除蔡京緣五日一朝，許留身外，餘官非除拜遷秩因謝及陳乞解罷，並不許獨奏公事。違者東上閤門報御史臺彈劾。」

宣和元年五月九21日，祕書省校書郎王昂言：「乞今後除卿監，未經上殿人，並令上殿，如郎官之法。」詔：「今後初除郎官以上職事官，未經上殿人，並令東上閤門引見上殿。」

三年四月六日，詔：「元豐官制，寺監職事上部，部上省，故得上下維持，綱紀所出。今後雖係視兩制職司寺監，不許獨對。」

十一月七日，詔：「內外許上殿奏事官，除殿中省、辟廱太中大夫以上、知州、都大提舉、同提舉、都大管幹茶事、提舉學事、提舉保甲官係合上殿及係增置許上殿，餘並依元豐官制。」

十四日，詔：「已降指揮，上殿依元豐官制外，其見行東上閤門大觀上殿格內不該載上殿，並不許上殿。其正任、横行，依大觀二年逐次已降指揮。推勘制勘公事雖結案，亦不許陳乞。餘依見行條法。」

三年閏五月三日，詔：「諸路學士已罷提舉官，更不合上殿。」

十一月十九日，樞密院奏：「兩浙東西路廉訪使者劉仲元申：（淮）〔准〕令，諸使者每歲春秋依格輪赴闕奏事，獨員者以取索季奏文書入遞進納。仲元爲獨員，所有季奏文書，乞掩殺婺州等處賊徒了，取索入遞進呈。」從之。

四年十二月十日，臣僚言：「乞詔諸路監司，未經上殿者雖從外移，並令赴闕引對，方得之官，庶幾仰副爲官擇人之意。」從之。

高宗建炎二年二月一日，臣僚言：「次見陛下每對臣僚奏事〔一〕，從容紬繹，而未聞以得聖語付史官者。欲乞今後上殿臣僚被受睿訓，除機密外，關治體者悉録付史官，以備修纂。」從之。

三年閏八月二十九日，宰臣呂頤浩等言：「九[22]月朔，日有食之，禮不視事，是日欲晚朝進呈。」詔可，以車駕巡幸，機務至繁故也。

紹興元年十月二十六日，詔：「中丞近日上殿，奏事詳明，特與轉一官。」

二年十月七日，詔：「起居舍人王洋因奏事舉不急之務，可降一官。」詳見「存先代後」。

九日，右司諫劉棐言：「昨上殿奏事劄子内用字鹵莽，乞特賜嚴譴。」詔放罷。

十二月十五日，閤門言：「右諫議大夫徐俯得旨，今後凡遇有合奏稟事，不拘早晚及假日請對。緣内殿奏事，即不屬閤門引班。」詔令入内内侍省引。

三年三月十二日，詔：「今後臣僚上殿，不得輒論私事，及有僥求。對畢，並申閤門照會。」先是，浙東沿海制置使呂源賜對，輒奏私事，希幸恩旨。以臣僚彈劾，故降是詔。

五月八日，詔：「奉使官入國門，不以早晚，服紫衫赴内殿奏事。」

十四日，左中大夫、新除徽猷閣直學士、充淮南東路宣撫使司參謀官宋伯友言〔二〕：「前任知處州，召赴行在，令閤門引見上殿。緣道路中暑，乞先次朝見，乞伺候班次，別日上殿。」從之。

二十八日，詔：「權監察御史、兩浙西路宣諭胡蒙事畢回闕，令閤門於六月三日引見。仍不隔班，先次上殿。其御寶手曆，令先詣通進司投進。」先是，遣使往諸路宣諭，給御寶手曆，令記事，回日上殿面納。皆以手曆所書事多，卷軸稍大，進對拜伏不便，乞先次投進者，並從其請。

七月二十八日，參知政事、同都督江淮荆浙諸軍事孟庾言：「有軍期機[23]密利害，欲暫詣行在奏事，恭稟聖訓。」從之。

十月十五日，詔：「諸上言臣僚不得留身奏事，宰臣、

〔一〕次：似當作「伏」。
〔二〕伯：原作「泊」，據《建炎要録》卷六四改。

執政官非，仍著爲令。」

四年十一月二日，詔御内殿，止令宰執奏事，從官隨班赴起居。以巡幸故也。

五年五月十三日，詔：「中書舍人胡寅論奏使事，辭旨剴切，深得獻納論思之體，可令學士院降詔奬諭。」

十二月十一日，詔：「侍從官以論思獻納爲職，如有已見，勿拘以時，勿限以數，許令請對。」從給事中呂祉請也。

六年二月二十四日，宰臣趙鼎言：「李綱除江西帥，請覲已到，來日内殿引對，偶是寒食正節。」上曰：「朕宫中每日飯後整理此小家事了，即觀書寫字，此外别無他事，來日自可引對。」

五月六日，詔：「今後上殿官合審察人，如到行在所，令吏部取索歷任脚色并原得指揮，申尚書省，候審察訖，關牒閤門照會。」

八月五日，詔：「左司諫陳公輔論奏，深得諫臣之體，令尚書省將公輔奏疏修寫成圖上之。」

八年九月二十一日，右諫議大夫李誼言：「比年近〔以〕〔臣〕薦舉人材，得旨引對，並蒙與改合入官，或與陞擢差遣，循沿之久，遂以爲例，使奔競相傚，無復廉恥。望今後引對臣僚，須敷奏詳明，議論純一，合於聖意，即與改官，或陞美遣；儻非其人，不在此選。」詔依。

十月十三日，詔閤門：「今後應從官上殿，令次臺諫，在面對官之上引。」

九年六月一日，詔：「吴偉明除應天府路提點刑獄公事，曾緯除淮南東路提舉茶鹽，劉彦差權發遣徐州，並免上殿，令疾速前去之任。」舊制：監司、守臣朝辭，令上殿奏事訖之任。偉明、彦以知新復州軍，緯以淮東提鹽復置之初，皆待正官緝治，故免臨遣。

十一年七月十六日，中書門下後省言：「内殿非時引見臣僚，望令各具所得聖語申省，使修注者有紀焉。」從之。

十二年六月十三日，御史中丞〔萬〕〔万〕俟卨言：「敕差充欑宫按行使，内侍宋唐卿副使。遇有本司合行奏稟職事，欲與唐卿同班上殿敷奏。」從之。

十月十六日，資政殿學士、左朝奉大夫、知紹興軍府事樓炤言：「已到任訖。念臣久違軒陛，切欲一望清光，兼有本任職事。乞依張守、孟忠厚例，暫赴行在所奏事。」從之。

十三年二月十二日，詔：「閤門六參日，依合引上殿一班，止引面對官；如值假合後殿坐日分，依合引上殿兩班。」

十九年二月二十二日，詔：「今後監司、守臣替回上殿，並令以民事奏陳。」

二十七年四月十八日，詔：「上殿臣僚進呈劄子，或在當頭及不近前奏事，依例閤門官轉撥，令稍前奏事；如轉撥不得，令閤門官近前撥赴奏事位。」

二十九年五月四日，詔：「今後六參日上殿班數已定，遇臺諫官乞對，隔下面對官次日引。」

孝宗隆興二年五月十二日，詔：「今後應除監司，須於闕期前具名取旨。仍令先次上殿，不得在外及以資序差除，立爲定式。」

九月十五日，詔依建炎間指揮，今後應除郎官，令先次上[25]殿，然後供職。以臣僚上言：「古者爲郎，出宰百里，特以縣令之任爾，猶謂有非其人，民受其殃，以是難之。況在今日，(以其)〔其以〕郎官出而補外者，必爲監司，否亦得爲郡守，則其待之當何如哉！郎官雖(諫)〔監〕司、郡守之所從出，而今選授之間，若有不得與監司、郡守比者，臣於上殿一事見之。蓋除知州軍，見在行朝，而闕次已及，當即赴者，皆令上殿。至如監司，則近降指揮，須於闕期具名取旨，先次上殿，不得在外及以資序差除，立爲定式。可謂其選欲重，而其擇欲精矣。故有已除漕臣，因是遽改郡守者。獨於郎官差除，或在内而序遷，或在外而初授，皆未有上殿指揮。雖爲郎不稱職，不過一身僥倖，而監司不得人，必至一路被害。然未有爲郎官稱職，而爲監司不得人者。況建炎間，凡除郎官，即於所降指揮，便帶『如未經上殿』，令閤門引見上殿。此蓋祖宗舊制，建炎之初猶循而不改，雖經兵火，案籍散失，而當時曾任郎官之家，所除省劄多有存者，不知厥後於何年月始不帶行，却有先次供職之文。此所謂郎官乃監司、郡守之所從出，而選授之間反若甚輕，蓋於上殿見之也。」故有是命。

乾道元年六月一日，詔：「今後轉員、引呈將校換官、射射及御試舉人唱名日并疎決罪人，並依令不引上殿班。」先是，有旨：「防秋在即，除旬假如舊外，應國忌行香及小節省部並不作假，候將來解嚴日仍舊。若皇帝御殿廷，別有小[26]小公事，閤門並聽收接目下上殿班次。」續以邊事寧息，有旨依令式作假。閤門狀：「契勘《閤門令》，諸轉員、引呈將校換官、射射及御試舉人唱名日并疎決罪人等，並不引上殿班。今來已降〔指〕揮，〔依〕令式作假日分依舊。所有前項條令，不合引上殿班日分。」故有是命。

八月十八日，詔：「今後應文武知州軍、諸路釐務、總管、副總管、鈐轄、都監見辭，並令上殿，批入料錢文曆。如托避免對，並未得差除赴任，委臺諫、監司常切(接)〔按〕察，以違制論。」

二年三月十六日，詔：「應除郎官，先關報閤門，上殿訖，方得供職授告，立爲永法。」

八月十七日，詔：「今後遇垂拱殿坐日分，樞密都副承旨起居訖，合赴朵殿侍立。如有職事，許令上殿奏事。」

九月二十四日，詔：「今後臺諫、侍從章奏，各置一簿，隨所上録之，一以留禁中，時備觀覽，一以授大臣，使之詳閱。有事已行而輒廢，或行而於法有礙，於民未便，及監司、郡守言與事違者，各以時糾之。」從秘書少監汪大猷請也。大猷奏：「臣聞兼聽廣覽，人主之盛德；盡言無隱，臣子之忠誠。切惟陛下勤於聽覽，樂聞忠言，内之臺諫、侍從，外之監司、郡守，又有朝臣之轉對，公事之召見，隆寬廣問，殆無虛日。凡州縣之積弊，人情之利病，皆不下堂而周知，甚盛德也。疎遠之臣，登玉陛，奉清光，蓋千一之榮遇。故其所陳，雖事有大小，利有久近，孰不願竭忠誠以補聰明之萬分。其間仰契聖意者，固已不 27 崇朝而頒行之。然有事合討論，迹涉迂緩，下之有司，未蒙施用，往往不復再經天覽。不唯間有可行者因而廢格，兼亦無以考言者之是非，而知人才之得失。況監司、太守，所論民事，大率可喜，到官之後，所行未必如所言，朝廷無由察其果從違也。其興利除害之事，既已施行，有司或謹於始而怠於終，朝廷亦未嘗課其果行否也。行之而孰爲利，孰爲害，亦無所稽考也。如是，則獻言者既不責其實効，其流必務爲文具，徒美觀聽而已，恐非陛下求言之本意。臣伏聞真宗皇帝時，嘗詔中書置籍，記諫官、御史之言，事行與不行，歲終具奏。又范鎮在仁宗皇帝時，亦嘗乞禁中并中書、樞密院各簿上諫官、御史所奏，上以備觀覽之遺忘，下以責大臣之銷注。若此者，蓋非特稽所言之當否，亦用以知其人而防壅蔽也。臣考之故事，此實可行於今。」故詔從之。

三年閏七月十五日，詔：「今後監司、（群）〔郡〕守如授訖已上殿，應赴在二年內者，與免將來奏事，候闕到前去之任。其應赴在二年之外，及在外除授未經上殿人，依已降指揮，闕到半年前赴行在奏事訖之任。」

十二月三日，詔起居舍人洪邁令直前奏事，今後修注官遇常朝日有奏稟職事依此。

五年六月二十九日，詔閤門：「上殿班爲積壓班數稍多，内見、辭官該上殿者，及闕到半年前赴行在奏事，見待班次，并續下到上殿文字，曾經審察人並權免上 28 殿，依例放見、辭。新除郎官等候引上殿班日上殿。臺諫、侍從有本職公事及已見之實封進入〔一〕。餘並候得旨，引上殿班日依舊。」

八月二十日，詔自今月二十三日後殿起居班次并引上殿班令依舊。

六年七月八日，詔：「川廣監司、郡守未經上殿，許先赴任之人，今後任滿，須赴行在奏事訖，方得再有除授。」

十六日，詔：「今後除授郎官，不以曾未上殿，並令上殿訖供職。」

八年十一月八日，詔：「已降指揮，文武臣已授監司、郡守、諸路鼇務、總管、鈐轄、都監應赴在二年之外，闕到半年前赴行在奏事之人，令展作四年，餘依已降指揮。」

二十三日，詔：「今後應文武臣監司、知州軍、諸路鼇務〔二〕、總管、副總管、鈐轄、都監，見辭並令上殿，批入料錢文曆。如托避免對，並未得差除赴任，委臺諫常切覺察，以違制論。其已授未赴任人，如已經上殿赴在四年內，與免將來奏事，候闕到前去之任。其應赴在四年外，及在外除

〔一〕之：疑當作「可」。
〔二〕路：原作「務」，據前後同類條文改。

授未經上殿人，闕到半年前赴行在奏事。如本貫川廣，見在本鄉居住之人，即仰逐州知通結罪保明詣實，申取朝廷指揮。川廣見闕正官去處，許令一面先次之任，聽候朝廷指揮。及川廣未經上殿，許先赴任之人，今後任滿，須赴行在奏事訖，方得再有除授。」

九年五月十六日，詔：「在外臣僚召赴行在，或令赴行在奏事，被旨日久，往往遷延，間有托故稽留起發，令御史臺覺察以聞。」

八月七日，詔：[29]「監司、郡守、諸路釐務、總管、鈐轄、都監任滿迴，已經〔朝〕見上殿，再除授在半年之內，與免朝辭日奏事。」

九日，閤門奏：「勘會監司、郡守、諸路釐務、總管、鈐轄、都監因任滿回，已經朝見上殿，再除授今來差遣。若朝辭更令奏事，切慮煩瀆。」有旨：「如再除授在半年之內，與免朝辭日奏事。餘依已降指揮。」

淳熙四年二月十九日，詔職事官以上各陳弊事，凡事涉繁冗虛僞者，悉條上之。既而以祕書丞史彌大言〔一〕：「今日之事，繁而不簡、虛而不實者甚衆，願詔百官，俾各陳弊事。凡涉繁冗虛僞者悉條上之，然後與二三大臣日夜講求所以去之之術，磨以歲月，使天下之事盡歸於簡實。」故有是命。

七年三月九日，詔：「監司、郡守條具民間利病，悉以上聞，毋或有隱。」既而中書舍人鄭丙言〔二〕：「昨詔監司、郡守到任，必以民間利病條奏，而所在乃以細故塞責，民之疾苦不以實聞。如廣西因草竊之變，陛下令諸司講求利害，始有打筭歲計之請。近日臣僚進對，言諸路敷酒捉酒之弊，陛下始行約束，皆非監司守臣所自言，乞行申敕。」故有是命。

八年八月八日，詔：「朕謂侍從之臣，當以論思獻納爲任。自今或事有過舉，政有闕失，卿等即宜盡忠極言，或求對，或入奏，務在於當理而後已。各思體此，稱朕意焉。」

十年七月十二日，詔曰：「朕涉道日寡，秉事不明，政化失中，以干陰陽之和。迺季夏涉秋，旱暵爲虐，大田失望，民靡錯躬。夕惕以思，反己自咎。意者聽斷弗燭厥理，委任有非其人，獄訟不得其平，賦斂所共者大，阿諛成習、雷同順指者衆，忠讜切直之言鬱於上聞，致此眚災，下逮黎庶。側躬祗畏，憂心慘切。退次貶食，虛己求言，仰答天心，庶迎善氣。發朕至誠之慮，匪事虛文之行。可自今月十三日避殿減膳，令侍從、臺諫、兩省卿監、郎官、館職各條具朝政闕失，毋有所隱。朕將親覽，考求[30]其當，以輔政理。咨爾在位，副朕志焉〔三〕。」

十四年七月七日，詔：「政事不修，旱暵爲虐，可令侍

〔一〕既而：當屬衍文，蓋奏在詔前也。
〔二〕既而：當作「以」。
〔三〕此詔原分爲二詔，且將「可自今」以下文字置於「七月十二日」之後，今據《南宋館閣續錄》卷六乙正。又「可自今」上原有「詔」字，今刪。

嘉定八年四月十一日，奉御筆：「朕爲農閔雨，沛澤未周，方省厥愆，冀聞闕失。可令學士院降詔，布告中外，使盡〔言〕無隱，以輔朕不逮。」（以上《永樂大典》卷一三三九六）

從、臺諫、兩省卿監、郎官、館職疏陳闕失及當今急務，毋有所隱。」

十日，詔：「夏秋之交，旱暵爲虐。深慮州縣弊事、民間疾苦壅於上聞，致干和氣。可令諸路監司各限半月條陳聞奏。」

淳熙十六年八月二十三日，臣僚言：「侍從之臣，皆極一時之選，既無同對之拘，又無越職之禁，而猶承用近例，率數月一請對，又必以序進，殆未足以盡論思獻納之義。願陛下明詔近臣，凡朝政闕失、軍國利害，苟有所見，大則請對，小則抗章，直言無隱，皆無須時。如此，則近臣畢情竭慮，皆以國事爲意，獻可替否，競致盡規之忠，其於政治，誠非小補。」從之。

紹熙二年二月六日，詔：「近日陰陽不和，雷雪交作，朕恐懼修省，殊不遑寧。深慮庶政或有闕失，未能消弭。可令侍從、臺諫、兩省卿監、郎官、館職各條具時政闕失聞奏。」同日，宰執進呈次，留正等奏：「近日更有侍從、臺諫因災異入 31 文字否？」上曰：「只是羅點、陳騤有文字。陳騤欲得講筵間讀《洪範政鑒》。」留正奏：「此等書不可〔不〕觀，却不須專讀。」胡晉臣奏：「願陛下萬機之餘，時觀此書。」

六月十六日，詔：「宰臣、執政正宜寘諸左右，論道經邦，而常朝殿庭之間，不能盡從容。今後不時内殿宣引奏事，庶可講究治道，廣求民瘼，副朕意焉。」

宋會要輯稿　儀制七

拜表例

【宋會要】

1 宋朝之制，每正、冬不受朝及邦國大慶瑞〔一〕、奉上尊號、請行大禮，宰臣率文武(郡)〔群〕臣或并内諸司使、三班、諸軍將校、蕃夷酋長、僧道、耆老等詣東上閤門拜表，西京留守率留守司百官五日一上表起居。車駕巡幸，東宮、留守司百官每五日一上表起居。

太祖乾德二年，詔有司議定表首〔二〕。

真宗景德三年正月朔，宰臣率文武百官、内職、將校、契丹使詣閤拜表。故事，中書章表皆舍人爲之，東封後朝廷多慶禮，舍人或領他務，宰臣議擇館(閤)〔閣〕官，得盛度、路振、劉筠、陳越、夏竦、宋綬分撰表奏，仍先奏聞。自後中書表奏或多雜撰。

大中祥符元年十一月十九日，禮(部)〔儀〕院言：「准詔參詳太祖、太宗加謚禮畢，百官拜表進名儀式者。伏以慶成喬嶽，歸美祖宗，雖繫孝思，實爲吉禮，比之初上廟號謚册，理有不同。按唐朝修八陵及遷懿、獻二祖禮畢，並皆稱賀。欲望其日禮畢，許百官詣〔東〕上閤門拜表稱賀。」從之。

二年十二月承天節，群臣詣〔閤〕門拜表獻壽。時以晉國長公主薨，罷會故也。

四年〔二月〕十七日〔三〕，車駕幸汾陰，判天雄軍寇準遣官詣行在〔上表〕起居，特命降詔答之。其他州遣官至行在者亦然。

〔五年〕閏十月二十四日〔四〕，詳定所言：「冬至日，樞密使以下〔詣長〕春殿，百官東上閤門拜表稱賀。今月二十九日，皇〔帝致〕2齋於文德殿，欲望其日並於文德殿門外行拜表之禮。」從之。

六年三月二十七日，命殿中丞、集賢校理宋綬隨迎奉聖象使修撰章表。是年丁謂充奉祀制置使，復命綬。七年，王旦充兗州景靈宮朝修使〔五〕，命左正言、直集賢院夏竦。天(僖)〔禧〕元年，王旦兗州太極觀奉上寶册，向敏中西京奉安太祖聖容，並命左正言、集賢校理宋綬。乾興元年馮拯充真宗山陵使，天聖元年拯赴西京奉安真宗聖容，並命大理評事、館閣校勘李淑。嘉祐八年，韓琦充仁宗山陵

〔一〕邦：原作「郡」，據《文獻通考》卷一〇七改。
〔二〕天頭原批：「『表首』以上五行與上條重複，可節。」此所謂「上條」似指後文儀制七之一三「拜表儀」門，彼處此二條較詳。
〔三〕二月：原缺，按《長編》卷七五，幸汾陰在此年二月，據補。
〔四〕五年：原缺，按大中祥符惟五年有閏十月，據補。
〔五〕景靈宮：原無，據《長編》卷八二補。

使，命桂州臨桂縣令曾炳。治平四年，韓琦充英宗山陵使[一]，命許州司理參軍王汝翼：皆充修撰牋表。

十月二日，元德皇后升祔太宗廟室，百官拜表稱賀。九日，群臣詣東上閤門拜表稱賀亳州(大)〔太〕清宮枯檜復生。

七年正月二十一日，羣臣詣東上閤門拜表賀亳州靈芝、白鹿。

二月，詔建南京，知應天府馬元方請五日拜表，如西京之制，從之。

乾興元年九月十三日，西京留司御史臺上言：「當京分司官太子賓客韓援近上表謝遷秩，進奏院以無例通下。欲望自今分司致仕官凡受國恩，皆許上表稱謝。」從之。十一月，詔閤門日收臣僚表奏，簿記發付承進司封進，仍仰閤門據數開拆職位、姓名、奏狀事宜，都爲一目寫録，印書兩本，一隨表奏入，一令承進司收掌。

仁宗天聖五年十一月二日，以滑州天臺埽成，宰臣率百官班崇德殿拜表賀皇帝，又詣内東門拜表賀3皇太后。

嘉祐元年二月二十四日，以聖體康復，宰臣率百官詣東上閤門拜表稱賀。

神宗熙寧四年二月五日，詔中書門下罷上表賀老人星見。

十年二月二十五日，宰臣率文武百官詣東上閤門拜表賀克復交趾李乾德。

元豐八年十二月二十九日，哲宗即位未改元。太常寺言：「來年正月朔拜表賀太皇太后權同處分軍國事，遼國人使當赴内東門立班稱賀。」從之。

哲宗元祐元年三月十八日，禮部尚書韓忠彦等言：「今參詳如有祥瑞、邊捷，宰臣已下紫宸殿稱賀皇帝畢，赴内東門拜表賀太皇太后。」從之。

徽宗崇寧二年正月二十二日，宰臣蔡京等上表稱賀收復荆湖南北路疆土。

三年四月二十四日，收復鄯、廓[二]，宰臣百官上表稱賀。

四年閏(三)〔二〕月二十一日[三]，御端門納趙懷德降，群臣拜表稱賀。

三月三十日，以牂柯、夜郎獻納王江、古州一帶地，群臣拜表稱賀。

六月十一日，以興復解池鹽竇，宰臣以下拜表稱賀。

政和四年二月二十七日，皇帝御文德殿親行新定皇長子冠禮，方三加冠冕，日有五色及帶氣、冠氣、承氣。三月二日，太師魯國公蔡京等奉表稱賀。

六月二十一日，以霸州、保〔州〕、淯井監等處納土，宰

[一] 韓琦：原作「韓琣」，據本書禮二九之四七改。
[二] 廓：原作「郭」，據《宋史》卷一九《徽宗紀》一改。
[三] 二月：原作「三月」，據《宋史》卷二〇《徽宗紀》二改。

臣蔡京已下上表稱賀。

六年正月三日，太師蔡京等上表稱賀去年内無斷過。

十五日，湖南掘地得金，有類靈芝祥雲，太師蔡京等拜表稱賀。

三月十日，以開封尹奏上元之夕獄空，及路不拾遺，**4** 太師蔡京等拜表稱賀。

七月十五日，太師蔡京等拜表賀破湖北蠻寇黄安俊〔一〕。

十月二十八日，太師蔡京等上表賀九鼎成。

十二月三十日，太師蔡京等上表賀討蕩晏州夷賊。

七年二月十八日，太師蔡京等上表賀三山、聖功橋大河澄清。

四月二十八日，太師蔡京等以大理寺擬斷天下奏案盡絶，上表稱賀。

五月二日，玉清和陽宫奉上后土皇地祇徽號册寶。九日，太師蔡京等上表稱賀。

七月二十三日，太師蔡京等上表稱賀工部直舍後地芝草生。

八年五月十三日，太師蔡京等拜表賀討蕩綿、茂州蕃賊。

九月十一日〔二〕，以上清寶籙宫有鶴踰數千飛繇萬歲山，歷儲祥殿，太師蔡京率百僚拜表稱賀。

閏九月二十四日，以明堂大饗夜有鶴十六飛旋應門之上，蔡京以下拜表稱賀。

十月十八日，以黄鍾（太）〔大〕聲鍾一鏞而成，即與君聲相合，鏞造時有黄雲若華蓋狀，蔡京以下拜表稱賀。

二十六日，以十日上清儲祥宫天寧節授戒〔三〕，有五鶴東來，翔集殿壇，宰臣以下稱賀。同日，以廣武埽水勢湍急，投御書鐵符，即時水勢順流，文武百僚稱賀。同日，太師蔡京等上表賀宣示千葉仙芝。

二十九日，蔡京等上表賀神霄宫建天寧節道場日，仙鶴翔集神霄殿。

宣和元年三月四日，蔡京等上表稱賀安州獲商鼎六。

四月十五日，蔡京等拜表稱賀破西賊。

五月十二日，宰臣蔡京上表賀討蕩西賊。

三年五月十四日，**5** 宰臣以下拜表賀生擒睦州方賊。

七月七日，以兩年並無斷過大辟，太宰兼門下侍郎王黼等上表稱賀。

四年十月二十二日，太（常）〔宰〕王黼以下拜表賀收復涿、易二州。

五年四月十二日，以收復燕、雲，御文德殿受群臣上表稱賀。

〔一〕湖北蠻寇：原作「湖蠻北寇」。按《宋史》卷二一《徽宗紀》三載「沅州黄安俊……伏誅」，沅州屬荆湖北路，此處「蠻北」二字當互倒，今改。

〔二〕十一日：本書瑞異一之二三作「十二日」。

〔三〕寧：原作「聖」，據本書瑞異一之二三改。

二十三日，太宰王黼等上表稱賀撫定燕城。

五月七日，以收復燕山、雲中兩路，御文德殿受太宰王黼等上表稱賀。

七年五月十七日，文武百僚、太宰白時中等以在京神霄宮瑤壇木欒上甘露降〔一〕，上表稱賀。

高宗建炎元年五月十八日，詔：「附近州縣率官吏百姓來賀，非惟各有勞費，亦重增感慕。除今月十四日已到行在人許令稱賀外，餘並行下，無令起發。」以上登極故也。《禮書》註：凡遇大慶典禮，奉上尊號册寶，慶壽，册命皇后、皇太子，修纂祖宗玉牒、寶訓、御集等成書，幸太學、祕書省，宰臣率文武百僚拜表於文德殿下。

二年十月七日，詔許令天下列郡依三京月旦故事，率其屬拜表。先是，監察御史寇防宣諭江淮四路，每到州軍，集官吏以下設香案於鼓角樓下，伏跪受詔。防請以其餘州軍依三京留司故事，月旦率其屬拜表，如宣布詔書之儀。故有是詔。

紹興九年六月七日，邠州鄉貢進士李貢等以新復河南州軍，上表稱賀，詔令學士院降詔書奬諭。

七月七日，東京父老以復故疆，上表稱賀。是日，上臨軒引見遣之。先是，耆老以久淪僞地，謳吟思宋，土疆歸復，喜若更6生。初，耆老詣東京留司，乞捧表詣闕稱賀，降詔令留司接表以進。耆老力請，上留秦檜曰：「父老遠來，誠意可嘉，宜令入見。」於是詔表首河南府助教李茂松補右迪功郎，百姓寇璋、曲袞、郝璋、趙善道並補京府助教。内趙善道賜名道。餘九十九人並補諸州助教。内進武副尉范逸補承信郎，軍人劉青等八十三人並補守闕進義副尉。仍賜逐人常服冠帶有差。又詔：「應有似此欲詣行在捧表稱賀者，雖忠義可嘉，緣道路勞苦，深可憫念。仰新復諸路留司及帥臣並止令附表前來，仍乞行所屬照會。」

十（二）〔三〕年閏四月二十一日〔二〕，禮部、太常〔寺〕言：「檢准紹興《儀制令》節文，諸大慶、大禮，發運、監司官、提舉、主管茶事、提點坑冶鑄錢官（司）〔同〕。諸州長吏三泉知縣同。奉表賀。今來皇后受册畢，係大慶典禮，欲令進奏院遵依上條，遍牒施行。」從之。

十二月二日，以是月朔太陽交食，陰雲不見，宰臣率百僚拜表稱賀。自後日食陰雲不見，皆拜表賀。至二十八年，詔毋得稱賀。

八日，太師、尚書左僕射秦檜以臘雪應時，率百僚於文德殿拜表稱賀。自後雪降應時，並拜表稱賀。至三十年冬雪，以顯仁皇后喪制，詔特免稱賀。隆興元年以後，並依例拜表稱賀。

十四年二月九日，賜近臣喜雪御宴于尚書省。自是每歲遇雪，即賜之，宰執率赴坐官詣文德殿拜表稱謝。

〔一〕木：原作「本」，據本書瑞異一之二五改。按木欒乃樹名，又稱欒花，見《夢溪筆談·藥議》。

〔二〕十三：原作「十二」，按閏四月在十三年，據改。文中「皇后受册」指册貴妃吳氏爲皇后。

〔三月〕十八日〔一〕，上幸太學。越三日，宰臣率百僚拜表稱賀。

（十）〔七〕月二十七日〔二〕，上幸【7】秘書省。越三日，宰臣率百僚赴文德殿拜表稱賀。《中興禮書》：紹興十六年三月十九日，詔進讀《孟子》終篇。越三日，賜講讀官御筵于皇城司。侍讀秦熺等翌日上表稱謝。十八年四月六日，禮部太常〔寺〕言：「檢照《國朝會要》，淳化五年十二月一日司天監言：其日當食，雲陰不見，占與不食同，宰臣奉表稱賀，詔付史館。今據太史局申：契勘四月一日太陽當食，其日自平明蒼黑雲，時時有雨，至申時一刻復雲色遮映，並不見虧食。依經，即同不食。除已拜表稱賀外，合行宣付史館。」詔依。

二十年五月九日，玉牒所進《中興聖統》畢，宰臣率百僚拜表稱賀。《中興禮書》：紹興二十三年十一月七日，詔進講《尚書》終篇，特召宰執聽講。進讀畢，太師秦檜以下稱賀。二十五年四月二十三日，詔進講《周易》終篇。越二日，賜御筵于祕書省，秦檜等各上表稱謝。

二十五年五月五日，以太廟殿庭生芝草，宰臣率百僚（請）〔詣〕文德殿拜表稱賀。

二十六年十月（十）九日〔三〕，實録院進呈《皇太后回鑾事實》，宰臣率百僚拜表稱賀。《中興禮書》：紹興二十七年十月十六日，詔經筵進讀《三朝寶訓》終篇。越二日，賜講讀并修注官以下御筵于皇城司，侍讀王師心等上表稱謝。二十八年三月一日，詔：「日月薄食，皆上穹垂戒，有司乃以陰雨不見，欲集班表賀，甚非朕寅畏天戒之意。其令百官毋得稱賀。」

二十八年三月八日，以國史日曆所進呈《神宗皇帝寶【8】訓》畢，宰臣率百僚拜表稱賀。時玉牒所同日上《三祖仙源積慶圖》，亦拜表。

十一月十六日，上以親製《損齋記》賜百官。是日，宰臣以下詣文德殿拜表稱謝。

十二月二十一日，太學録劉甄夫、武學正葉懷忠等恭以皇太后聖壽八十，率兩學諸生拜表稱賀。繼以臨安府耆老全誠富亦率鄉老進表稱賀。《中興禮書》：紹興三十一年十月二十七日，太常少卿王普等言：「勘會今來車駕巡幸，行宮官僚遇旦望欲乞於和寧門外望行在拜慰表。所有表文，令禮部修撰。拜表訖，付進奏院入遞投進。」詔依。十一月八日，禮部、太常寺言：「勘會依紹興七年車駕巡幸禮例，行宮官僚五日一拜常參起居表。今來車駕巡幸視師，緣在恭文順德仁孝皇帝服制之内，依已降指揮，行宮官僚遇旦望日，於和寧門外望行在拜慰表。所有五日一拜常參起居表，欲乞權免。其旦望日如值雨雪或地面霑濕，欲乞免拜表，其表文入遞投進。」詔依。

紹興三十二年六月十三日，孝宗即位未改元。赦：「今來登寶位，除監司、郡守及在外侍從官以上許上表稱賀外，餘令有司毋得輒受。」

十月二十二日，禮部、太常寺言：「會慶節在欽宗皇帝服制内，欲免上壽，文武百官赴文德殿拜表稱賀。」詔從之。

十一月三日，詔：「今月八日冬至，已降指揮，宰臣率

〔一〕三月：原無，據《宋史》卷三〇《高宗紀》七補。

〔二〕七月：原作「十月」，據《宋史》卷三〇《高宗紀》七改。

〔三〕十九日：原作「九日」。按，本書后妃二之一〇及《建炎要録》卷一七五、《中興小紀》卷三七、《三朝北盟會編》卷二二三等均載進《皇太后回鑾事實》在十月十八日丙戌，此處「十月九日」當是「十月十九日」之誤，因補「十」字。

文武百僚拜表稱賀。是日拜表，從駕文武百僚許入出麗正門、和寧門。今後遇駕出拜表准此。」

孝9宗隆興元年十一月三日，爲立皇后，文武百僚詣德壽宮拜表稱賀，次詣文德殿拜表稱賀。

二年正月十六日，禮部、太常寺言：「文德殿發皇后册寶，穆清殿皇后受册寶訖，宰臣、文武百僚赴德壽宮拜表箋稱賀。」從之。

閏十一月二十九日，詔：「今後合立班處，如宰臣請假，依在京舊制，移親王一員過東（璧）〔壁〕押班。遇拜表，令執政官一員轉表。」《中興禮書》：乾道元年六月四日，尚書省言：「皇嫡孫降誕，宰執率文武百僚於六月五日詣文德殿拜表稱賀，次詣德壽宮拜表稱賀。」

乾道元年八月二十七日，禮部、太常寺言：「已降御筆手詔，皇子立爲皇太子。檢准紹興《儀制令》：諸大慶、大禮，發運、監司官，提舉、（司）〔主〕管茶事、提舉坑冶鑄錢官同。諸州長吏三泉知縣同。奉表賀。今來册皇太子，係大慶典禮，本部乞（休）〔依〕上件令，候皇太子受册畢，令發運、監司、諸州長吏等奉表賀皇帝，并賀光堯壽聖太上皇帝。候（令）〔今〕降指揮下日，令進奏院遍牒施行。」從之。

九月二十八日，太常寺言：「已降指揮，皇太子受册畢，文武百僚拜表稱賀，今照政和五年皇太子受册畢稱賀典禮改正。今照得政和五年典禮該載皇太子受册于庭，禮畢，太師魯公蔡京率百官稱賀，並如故事。尋檢照至道元年故事，册皇太子畢，文武百僚即行稱賀之禮。其日文武百僚并横行立定，班首致詞稱賀，侍中承旨宣答。所有今來皇太子受册畢，欲乞依上件典禮10稱賀。其稱賀儀範，並乞從御史臺、閤門、太常寺一就於行册禮儀内修定，申請施行。所有德壽宮拜表牋稱賀，乞依已降指揮。其拜牋賀皇后，緣典故未有該載，今檢照昨中宮受册并進降制立皇太子禮制〔一〕，文武百僚詣文德殿拜表稱賀皇帝，及移班拜牋稱賀皇后。緣將來皇帝行册禮畢，文武百僚就大慶殿稱賀，更不拜表，所有拜牋賀皇后，今欲乞比附前項禮例，候行册禮并稱賀班退，換常服，詣内東門拜牋賀皇后。」從之。

二年七月五日，太常寺言：「進呈安奉《三朝帝紀》、《光堯壽聖太上皇帝聖政》禮畢，執政率文武百僚詣文德殿拜表稱賀，次詣德壽宮拜表稱賀。」詔從之。

四年八月二十八日，四方館言：「進奏院繳申到任臣僚九月旦表，内武功大夫、達州刺史、鎮江府駐劄御前諸軍副都統制郭剛，武功大夫、建康府駐劄御前諸軍副都統制張榮，契勘逐官官職並未應合上表章格法，進奏院稱逐官職事係比將副以上，今來本館未敢繳進。」詔令從都統制、副都統制，並與收接投進。

六年十二月二十五日，禮部、太常寺言：「檢准紹興《儀制令》節文，諸大慶、大禮，發運、監司官、提舉、（司）〔主〕管

〔一〕進：疑當作「近」。

茶(軍)〔事〕、提點坑冶鑄錢官同。諸州長史三泉知縣同。奉表賀。所有今來光堯壽聖憲天體道太上皇帝、壽聖明慈太上皇后加上尊號册寶禮畢，係大慶典禮，合依上條施行。欲乞候今降指揮下日，令進奏院遵依，遍牒 11 施行。」從之。

七年(五)〔三〕月七日〔一〕，閤門言：「將來皇太子受册禮畢，宰執率文武百僚常服詣德壽宮拜表稱賀光堯壽聖憲天體道太上皇帝，次移班稍東，拜牋稱賀壽聖明慈太上皇后。」從之。

二十三日，上御大慶殿，行皇太子册禮。同日，文武百僚赴德壽宮拜表牋稱賀。

淳熙二年三月六日，宰臣、侍從、兩省、臺諫等爲觀太上皇帝宸翰并御製跋語，詣文德殿拜表稱賀。

十月十一日，詔冬至百官朝賀拜表，爲行奉上太上皇帝、太上皇后尊號册寶典禮，權免一次。其合詣德壽宮拜表稱賀，用前一日。

二十七日，臨安府耆老以太上皇帝慶壽，乞詣登聞檢院進表稱賀。從之。

十一月十六日，太學、武學、府學進士以太上皇帝慶壽，詣登聞檢院進表稱賀。十年十二月十六日，太上皇帝慶壽如之。

十二月五日，以加上太(皇)〔上〕皇帝、太上皇后尊號册寶，執政率文武百僚詣文德殿拜表稱賀。十二年十二月四日加上同。

十七日，以行太上皇帝慶壽禮畢，執政率文武百僚詣德壽宮拜牋稱賀太上皇后，次詣文德殿拜表。十年十二月十六日太上皇后慶壽、十一年正月四日太上皇帝慶壽同。

四年二月五日，執政言：「車駕幸太學〔二〕，合拜表稱賀。州郡監司亦當上表。」詔免。

十五日，詔：「三月九日進呈《徽宗皇帝實録》，免拜表。」

五年九月二十五日，以車駕幸祕書省，宰臣率文武百僚詣文德殿拜表稱賀。

七年五月六日，以進讀《三 12 朝寶訓》終篇，賜御筵于祕書省。翌日，宰臣率經筵官詣文德殿拜表稱謝。八年五月五日《真宗正説》終篇，十一年十一月一日《周易》終篇，十三年五月六日《陸贄奏議》終篇同。

八年十月十四日，宰臣王淮等言：「監司、帥守等謝上表之類，自祖宗時至紹興間皆報行，不特欲四方知其到官之日，是亦使人留意文字之端也。近歲偶廢。今後欲擇稍佳者報行，而去其不文者。」上曰：「不文在彼，皆與報行。」

九年十一月十八日，以冬至，宰臣率文武百僚詣文德殿及德壽宮拜表稱賀。十年亦如之，以免朝賀，故拜表。

十年七月十三日，上以旱暵避殿減膳。至二十三日，

〔一〕三月：原作「五月」。按，此下二條「皇太子」指光宗趙惇。據《宋史》卷三六《光宗紀》，皇子惇以此年二月八日癸丑立爲太子，三月二十三日丁酉行册禮，即下條事。可證此條之「五月」必爲「三月」之誤，因改。

〔二〕太：原脱，據《宋史》卷三四《孝宗紀》二補。

宰臣率文武百僚詣文德殿拜表(詣)〔請〕御正殿，未允；再上表，從之。

十四年七月十一日，上以旱暵避殿減膳。至八月一日，宰執率文武百僚詣文德殿拜表奏請御正殿，未允；再上表，從之，用初五日。

十月十二日，宰執率文武百僚詣德壽宮拜表奏請皇帝還内聽政，凡五上表，從之。

十五年八月二十七日，禮部、太常寺言：「檢照國朝典禮，諒陰内遇大禮畢御殿，羣臣稱賀。緣祖宗朝以日易月，山陵後羣臣並純吉服，禮畢稱賀，於事爲宜。今來皇帝見服衣素，羣臣未純吉，將來明堂禮畢，合依紹興三十一年典禮免稱賀外，其群臣拜表乞取旨。」詔並免。九月五日，又詔外路帥臣、監司、州軍等稱賀上表並權免。

九月二十一日，禮部、太常寺言：「檢會國朝典禮，**13** 元祐元年十二月八日興龍節，群臣及遼使詣東上閤門拜表稱賀，罷上壽賜宴。其將來會慶節上壽，文武百僚拜表稱賀，合取旨。」詔免賀，止就東上閤門拜表起居。

十六年(七月五日)〔二月二十一日〕[一]，宰執率文武百僚詣東上閤門，請以九月四日爲重明節，凡三表，從之。

十二月八日，禮部、太常寺言：「已降指揮，自十二月十八日民間開樂。乞於是日以後從朝廷定日，宰執率文武百僚先詣東上閤門拜表，請皇帝自來年正月一日奉上尊號册寶舉樂。同日，詣重華宮拜表，請至尊壽皇聖帝聽樂受册。」從之。

十二月[二]，禮部、太常寺言：「檢準淳熙《儀制令》，諸大慶、大禮，發運、監司官、提點坑冶鑄錢官同。諸州長吏奉表賀。來年正月十九日，皇后受册，係大慶典禮，合依上條施行。」從之。

二十日，右丞相留正率文武百僚詣東上閤門拜表，恭請皇帝自來年正月一日因奉上尊號册寶舉樂。

拜表儀

【宋會要】

國朝之制，每正、冬不受朝及邦國大慶瑞[三]、奉上尊號、請行大禮，宰臣率文武群臣或并内諸司使、三班、諸軍將校、蕃夷酋長、僧道、耆老等詣東上閤門拜表。其日班定，知名表官奉表案，於班前跪取表授於宰臣訖，退；次閤門使進前，宰臣跪授表於閤門使，乃由通進司奏御。其降批答者亦拜受於閤門，如降御劄之儀。若所請不允，則不舞蹈。獲可奏者，又奉表稱謝。凡拜表，若其三應横 **14** 行或當朝

[一] 二月二十一日：原作「七月五日」。按本書禮五七之二一載，以九月四日爲重明節在二月二十一日（《宋史》卷三六《光宗紀》亦同），又云：六月二十六日詔今歲重明節免進奉。可證此事決不可能在七月五日，因改。

[二] 十二月：疑當作「十二日」。

[三] 邦：原作「郡」，據《文獻通考》卷一〇七改。

者，其並拜表訖，再立拜。正、冬賜茶酒。正、冬，樞密使率內職庭臣拜表於長春殿門外，亦閤門使受之。西京留守率留守司百官五日一上表起居。質明集長壽寺立班，置表於案，再拜以遣。其春秋賜服及大慶瑞亦如之。或令分司官齎詣行在，或止附奏。南京、北京留守司約用此制。車駕巡幸，東宮、留守司百官每五日一上表起居。並集大相國寺，又遣朝臣奉表一員，貢香藥一員，賀禮畢一員，請還京一員。若非次慶賀，群臣皆集留守公府；若有宣諭，即望行(聞)〔闕〕再拜，餘如西京。

太祖乾德二年六月二十日，詔有司議定表首。太常禮院言：「僕射，南省官，品第二，太子三師官品第一，品位雖高，而南省上臺爲重〔一〕，合以僕射充首。如論一品高於二品，專以品秩爲定〔二〕，則諸行侍郎品第四，列於諸司三品卿監之上，固不可以品序爲準。按唐(正)〔貞〕元六年詔，每有慶賀及諸臣上表〔三〕，並合上公爲首；如三公闕，以令僕行之，中書、門下列貢章表。又《儀制令》：宮臣於太子稱臣，百官自稱名。則僕射是百僚師長，非同宮臣之例〔四〕。」事下御史臺、主禮部名表郎官議〔五〕，共上奏曰：「僕射爲中臺之師長，(官)〔宮〕師乃東朝之師傅。況僕射自唐武德以來，是正宰相之任，位望崇重，禮秩有殊。今若以(言)〔宮〕僚統率上臺，恐未爲允。」

又詔令百官集議，翰林學士承旨陶穀等議曰：「按唐制，上臺、東宮並是廷臣，當時以左右僕射、侍中、中書令爲正宰 15 相，(正)〔貞〕觀末帶同中書門下三品者方爲宰相。又(正)〔貞〕觀中太子太師長孫無忌、太子太傅房玄齡、太子太保蕭瑀並免師傅之任，許之，以蕭瑀同中書門下三品。東宮三師之爲重，明矣。馬周爲中書令，兼左庶子。高宗顯慶中，以中書令來濟爲太子賓客，崔敦禮爲太子少師。當時僕射爲正宰相，猶居少師之下。今僕射既非宰臣，合在太子三師之下〔六〕，理固不疑。若以宮僚非廷臣〔七〕，即宰相豈當兼領？今若先二品而後一品，升後列而退前班，紊其等威，事恐非順。請以太子三師爲表首。」

翰林學士竇儀等議曰：「今詳東宮三師爲表首，討論無證。左右僕射援引制敕，合爲表首者，其事有六：謹按《周官》先叙六官，又准《六典》尚書爲百官之本。今自一品至六品常參官每班以尚書省官爲首，則僕射合爲表首，一也。又按《唐會要》及《禮閣新儀》，(正)〔貞〕元中御史臺奏，每有慶賀及須上表，並令上公行之；如無上公，即尚書令僕已下行之。其嗣王合隨宗正，若有班位，合依王品。此

〔一〕南：原作「司」，據《宋史》卷一二〇《禮志》二三改。
〔二〕以：原作「次」，據《宋史》卷一二〇《禮志》二三改。
〔三〕臣：原脱，據《宋史》卷一二〇《禮志》二三補。
〔四〕同：原作「司」，據《宋史》卷一二〇《禮志》二三改。
〔五〕禮：原無。按《長編》卷一八九載，嘉祐中知制誥劉敞「兼領禮部名表」。《卻掃編》卷中云：唐制，禮部郎官掌百官牋表。宋朝常擇館閣中能文者同判禮部，便掌牋表，有印曰「禮部名表之印」。元豐官制行，遂復唐之舊。由此可知此處「部」上脱「禮」字，因補。
〔六〕在：原作「任」，據《宋史》卷一二〇《禮志》二三改。
〔七〕「宮」原作「官」，「廷」原作「庭」，並據《宋史》卷一二〇《禮志》二三改。

則嗣王雖一品，不得爲表首，二也。又據故事，僕射位次三公，則僕射合爲表首，三也。又准故事，僕射是百僚師長，即無東宮一品爲師長之文，是知上臺表章，僕射當爲首，四也。又准晉天福二年敕節文，今後凡有謝賀上表，並令上公行之；如三公闕，以令僕行之。則上臺表章，僕射當爲首，五也。又立班之制，卑者先入後出，尊者後入先出。見東宮一16品立定，僕射乃入；僕射既退，兩省班退後，東宮一品方出，即輕重先後之禮較然可知。則僕射合爲表首，六也。今御史臺檢討有憑，事理甚允。議者或引百僚起居之日，宰相偶不押班，東宮一品在前，不可却通僕射。臣等答曰：必合通前立之者，則兩省官班在前；如通最在前班，必求宰相之次爲首，則非上臺僕射而誰？又曰：一品爲尊，二品爲次。臣等答曰：班秩之内，輕重是分。或有自四品入三品爲黜官，丞郎入卿監是也；從四品入五品爲進秩，少卿入郎中是也；四品在三品之上，諸行侍郎於卿監是也；七品八品在雜五品之上，殿中侍御史、補闕、拾遺、監察於三丞五博是也。若不以省臺輕重次第相準，居此官者肯以品爲定乎？又大凡尊卑各有倫等，雖繫君臣之際，可論父子之間。上臺則君父之官也，東宮則君子之官也。若或品位殊邈，亦可尊卑各申；其如臺儀輕重不同，實恐統攝不得。假若輕重雖等，亦須推奬上臺。議者又曰：新定合班，最可爲準。臣等答曰：近敕合班之位，僕射與東宮三師不曾改移。上件所引故實敕文，當時與今無異，此乃仍舊，不是新條。又議者曰：僕射輕重不同往日。臣等答曰：此官崇重，儀亞三公〔一〕，上事舊規，典册見在。公參之禮，立朝之儀，見令可知，何曾損減？又議者曰：假如百僚同書一狀，必須依次書名。臣等答曰：此議只爲表章，獨以一人結銜爲首；且云『文武百17僚臣某等言』，則是總統文武衆官。見有正衙重官，太子宮臣難以爲首〔二〕。若援引依次連書，實又與此不同。又議者云：表首之人近亦曾有三少。臣等答曰：今爲在朝見有僕射，表首難定宮臣。歷朝典據分明，都求不取〔三〕；近或重輕顛倒，却引爲憑。脱或不論官曹，不取閑劇，不以近尊爲重，但只據品而言，則上來班位及於資品，以至僕射出入，今後並合改更〔四〕。若變舊章，於時何益？臣等今請依唐貞元〔五〕、晉天福故事，以僕射爲表首。」從之。

太宗太平興國元年三月，太常博士、通判河南府張佖上言：「伏見西京蒞事分司官五日一拜起居表，並集於長壽寺佛殿東南。欲望自今凡西京拜表，並於皇城内正殿前列班。」奏入不報。

真宗咸平二年十一月二日，車駕北巡，詔都官郎中、直

〔一〕儀：原作「議」，據《皇朝文鑑》卷一〇五改。
〔二〕難：原作「雖」，據《皇朝文鑑》卷一〇五改。
〔三〕求：原作「來」，據《宋朝文鑑》卷一〇五(明五經堂刻本)改。
〔四〕合：原作「各」，據《皇朝文鑑》卷一〇五改。
〔五〕貞：原作「正」，據《皇朝文鑑》卷一〇五改。

史館劉蒙叟留京師知宮中名表。

景德三年正月朔，宰臣率文武百官、內職、將校、契丹使詣閤拜表稱賀。舊制，諸軍將校與樞密使、內諸司使、副使以下詣長春殿拜表。是歲以戎使在列，故悉就文武班焉。

四年正月二十一日，車駕朝陵，詔著作佐郎、直史館陳越掌留司名表。

大中祥符六年十一月四日，詔：「自今朝會拜表及聽御札批答，如集僧道士衆，其應緣起居軍員並令立班。」

七年十一月二日，詔：「西京自今行香拜表，並以知府爲班首。」先是，左諫議大夫陳象輿權西京留守司御史臺，趙湘以郎中知留府。象輿自以位居湘右，每 18 行香拜表，輒倨慢不禮，使左右掖而進。上封者言之，故改授象輿分司〔一〕，而有是命。

乾興元年二月二十一日，仁宗即位未改元。中書、門下請內東門拜表差都知一員跪受傳進，從之。

孝宗乾道六年十二月二十日，禮部、太常寺言：「勘會來年正旦大朝會已降指揮權罷，欲乞是日宰執率文武百僚詣文德殿拜表稱賀。其從駕官以俟從駕詣德壽宮；不係從駕官拜表訖，先詣德壽宮門外俟迎駕起居。俟皇帝詣德壽宮大次降輦次，報宰執并文武百僚詣德壽宮殿下立班定。太上皇帝即御座，殿下禁衛起居如常儀，以俟皇帝升殿；并宰執、文武百僚朝見起居太上皇帝，並如紹興三十二年六月十一日已降儀注指揮施行。勘會來年正旦文武百僚趁赴文德殿拜表，所有趁赴拜表官并應奉人入出門户，欲乞(休)〔依〕昨乾道三年十二月二十七日已降指揮，入麗正門，出和寧門，徑赴德壽宮立班。」詔從之。

七年二月十六日，詔：「遇百僚稱賀拜表等，皇太子已行宮中之禮，與免趁赴立班。」（以上《永樂大典》卷一一四九六）

章奏

【宋會要】

19 章奏條貫〔二〕。

太宗雍熙二年二月一日，詔曰：「朝廷選用賢能，分膺事任，必資公共，以副憂勤。向者聯事同僚，多不連書奏牘。自今並須同書，永爲定式。其不合連奏者聽之。如事狀顯然，而同官固執，不共連奏者，當行勘鞫。」先是，帝覽諸路轉運使副、知州、通判有不連書者，乃下是詔。

淳化元年十二月十八日，詔中外所上書疏及面奏事制可者，並須下中書、樞密院、三司，以其事申覆，然後頒行，著爲定制。

二年六月十一日，詔：「應奏狀有差錯者，銀臺司副都

〔一〕此句文意不明，《長編》卷八三作「以象輿爲衛尉卿分司西京」。

〔二〕按，此四字應是《宋會要》原有之題，「章奏」則爲《大典》之目。

進奏院〔一〕，令報本處勘當職干繫人以聞。」十七日，詔：「都進奏院點檢諸州府軍監遞到奏狀，內有揩改脱錯洗補不依體式處，送銀臺司，令本院準前詔施行。」

四年四月二十二日，詔曰：「國家萬務至廣，蓋先於有司；舊章具存，必求於政府。近日中外官吏不守章程，凡有舉行，多稱特奉聖旨。鸞臺鳳閣既未降於勑書，金科玉條又靡干於律令，即有乖忤，無所辨明。自今諸司凡有奏行，不得輒稱聖旨，違者寘其罪。」

至道元年三月十四日，詔諸路轉運司指揮部內幕職、州縣官等，應公私利濟之事承例未經改正者，並仰具析擘畫，實封入遞聞奏。如能興利除弊事件多者，當加昇奬。仍委舍人院看詳定奪其可否，送中書施行。

真宗〔咸平〕四年正月十一日〔二〕，詔內外官上封事者委樞密直學士馮拯、陳堯叟詳定以聞。《玉海》〔三〕：咸平三年十一月壬午，詔舉行轉對。其未預次對群官〔四〕許上章奏事。十二月壬子，詔轉對章疏別録一本留中。

六月二日，命知制誥梁顥、薛映同詳定天下奏牘。先詔中外臣僚上章各陳便宜，命顥等詳定以聞。

五年七月二十五日，翰林學士梁周翰言：「今後稍關機密，乞下本院先具詔本進呈，取定可否，更不將付中書本房〔五〕。」詔應中書取索詔勑草本，並先實封送中書看詳定寫進。

景德三年六月十八日，知制誥朱巽言：「朝廷命令不可屢改，自合應陳述利害，更易法制者，請先委有司議其可否。如經久可行者行之，不可者止之。苟罔辨是非，一皆頒布，恐失重慎之道。」帝謂宰臣曰：「此甚識治體，卿等志之。且事有可否，執政者所宜盡言，無有隱也。」

十一月二十一日，詔：「每宣勑下諸路相度會問公事，多是稽留，不即結絶，致煩催促。況稽緩制書，律有明禁。當諭轉運使告示，自今凡受宣勑，並須當日內施行，律限內結絶。若別行會問的實限內未了者，亦須於限滿日具事由奏裁。如敢依前稽緩，官吏並當勘劾，依律科罪。仍委中書、門下、樞密院置簿提舉。」

四年六月，詔：「臣僚上章，如係機宜、刑獄、急速公 20
事，並令實封以聞。」時帝覽殿中丞、知開封府司録王諫奏鞫長垣知縣，朝臣請移司推勘者，其奏不實封，因條約之。

七月十八日，知制誥周起言：「諸司定奪公事，望令明具格勑律令條例聞奏。或事理不明，無條可援者，並須件

〔一〕副：似當作「劄」。

〔二〕咸平：原無，據《長編》卷四八補。

〔三〕按，此注原在「真宗」二字下，「玉海」原作「文心雕龍」。原稿天頭批云：「《文心雕龍》小注一段移注於『陳堯叟詳定以聞』下。『真宗』下疑脱『咸平』二字，下接『四年正月十一日』云云。」今從之，將注文移至段末。「文心雕龍」顯誤，查此注文實出於《玉海》卷六一，今改正（本書「儀制」門凡四處引《文心雕龍》，均爲《玉海》之文，不知何以致誤）。

〔四〕未：原作「末」，據《玉海》卷六一改。

〔五〕房：原缺，據《長編》卷五二補。

析事宜，具從長酌中之道取旨〔一〕，不得自持兩端，逗遛行遣。如〔狹〕〔挾〕情者，望許人告論，重行朝典。或止是畏避，亦量行責罰。」從之。

九月，詔：「外任官司臣僚實封、通封奏狀，並令簡節事宜，於奏狀前貼出。其封皮并内引單子上亦更略書貼事宜，用印，方得入遞。事係機密者，封皮上更不書貼。違者銀臺司、都進奏院舉劾以聞。」

大中祥符二年四月九日，詔：「邊奏係機宜者比來多不實封，頗乖慎密。自今並須實封以聞。」

十八日，詔：「中外表章文字有言玉皇者，並須平闕。黄帝故事，非聖祖、聖祖母文字不得引用。」

〔二〕〔三〕年五月九日〔二〕，三司度支判官曹谷言：「内外群臣上封者衆，多務更改宣勑，徒成煩擾。欲望自今言錢穀者先檢會三司前後編敕，議刑名者引律令格式、《刑統》、詔條，論户税者須按農田勑文，定制度者並依典禮故事。各於章疏具言前後宣勑未曾條貫；如已有條貫，即明言雖有某年敕令，今來未合便宜，方許通接。」從之。

四年七月十三日，詔中書、樞密院：「除改皇親檢行恩例，自今凡進卷草，並臣僚親封，朕當面拆之，即降處分。」時皇親加恩制未出，有傳知者。帝慮内省見之〔三〕，遂只令進名，付學士院草制，次日始進覆狀，又降此詔。

十月，詔：「諸司所奏公事，並須同官商議，無得各執異見。」時以朝廷頒行詔命之後，多有改更故也。

七年六月一日，詔中書表疏不得指斥黄帝名號。故事，經典舊文必不可避，則平空之。

十一月三日，禮儀院請自今中外所上表疏不得連用玉皇聖號二字，如執符、御曆之類。從之。

八年二月十七日，詔申禁諸司奏事取進止而疑似兩取指揮者。先是，吏部銓引選人，中書以累有論薦磨勘。事未行，坐誤入人死罪，準赦原放〔四〕，命與小處官。銓曹奏取進止。帝曰：「此自從後敕處分〔五〕。」命申明舊敕禁之。

四月二十一日，禮儀院言：「臣僚所進章表文字，不許使闊幅大紙脩寫。近日中外頗違約束，望令閤門、御史臺、進奏院申戒，除用常程表紙、三抄西川麻紙外，更不得别用展樣大紙、牋紙、屑紙。」從之。

九年十一月二十七日，詔：「自今選人凡表疏文字許銓司收受以聞。」

天禧元年七月十三日，右正言劉燁、魯宗道等言：「每有奏疏，例於閤門投進，事頗非便。欲於通進司進入。」從之。

二年閏四月三日，詔：「中外申奏文字有不貼事宜、脱

〔一〕具：原作「其」，據《長編》卷六六改。
〔二〕三年：原作「二年」，據《長編》卷七三改。
〔三〕慮：《長編》卷七六作「意」。
〔四〕赦：《長編》卷八四作「敕」。
〔五〕此：原作「比」，據《長編》卷八四改。「自從後敕」，《長編》作「自當從敕」。

『臣』、漏印〔一〕、字數差錯，於文無害，但不如式者，一次違犯，特與免罪，委進奏院置簿記録。再犯即依元敕案問干繫官吏。如自述身事及謝恩 21 表狀，止劾其人。」

七月二十五日，右正言劉燁、魯宗道言：「所上章例須手寫，伏緣筆札不精，慮瀆聖覽。」詔並令親書。

四年十二月〔九〕日〔二〕，詔：「應中使傳宣〔三〕，并齎劄子、御寶文字赴中書、樞密院。凡干改轉官資及行恩澤等事，今後並先送都知司上曆，仍委自入内都知覆奏訖，繳連實封，付元差内臣送中書、樞密院進呈，再取旨。」《玉海》〔四〕：真宗詔中書置籍記諫官、御史之言，事行與不行，歲終具奏。

仁宗天聖元年十月十二日，中書門下言：「臣僚陳述利便，每送三司，多係改更事件，不復奏稟，直下諸路。如聞奉行之際，多有妨礙。望令三司，自今雖所言有可行者，並是改更事奏裁，無輒行下。」從之。

四年十月六日，詔登聞鼓院：「今後應有合該條貫進狀人敘陳恩澤者，須是明言前後進狀月度數及委實未曾經陳乞恩澤，即令〔詔〕〔召〕命官一兩人委保，具結罪狀在内，方得投進。」從之〔五〕。

六年十二月二十七日，詔：「今後應京朝官、選人、舉人家狀内合具本貫外，寄貫別州者仰更朱書某州軍。」

七年五月十四日，中書、門下言：「刑部上殿奏事，本部官批奉聖旨依奏，送中書。檢會大中祥符七年詔書，凡臣僚升殿奏事，不得批依奏。今刑部不詳舊規，望〔中〕〔申〕明頒下。」詔可，刑部劄子特令改正，仍釋其罪。

六月四日，詔：「應内降群臣轉對章疏及諸色投進文字，但干陳述利便、理訴冤枉者，已差資政殿學士晏殊、龍圖閣待制孔道輔、馬季良同共看詳。如所陳利便允當，并實有枉濫者，仰開〔拆〕〔析〕聞奏〔乞〕〔訖〕，降付中書、樞密院施行。國家廣開言路，博訪群倫，果〔與〕〔輿〕議之日聞，且囊封之狎至。其或事關機密，辭切指陳，咸乞牘以留中，庶後害之無蹈。若乃建明邦憲，規益政經，須申飭於攸司，必刊名而付外。惟雋良之所述，慮采擇之或遺，爰命信臣，俾專詳閱。其盡甄於片善，用深副於虚懷。咨爾官師，當體予意。宜令御史臺出榜朝堂，并都進奏院頒行諸路。」九日，晏殊等言：「看詳章疏内有合係條貫者，望下刑部、大理寺檢詳供報。」奏可。

八月八日，詔：「昨許諸色人指陳大事，詣檢院投進，近日多不應詔。宜令登聞檢院自今須顯應勑條，指陳名目，方得投進，仍先取審狀以聞。」

二十二日，太子少保致仕馬亮言：「伏見工部侍郎朱昂致仕荆南，凡有聞奏特許本府附遞，望依昂例。」從之。

〔一〕印：本書職官二之四六作「官」。
〔二〕九：原缺，據《長編》卷九六補。
〔三〕中使：原作「求使」，據《長編》卷九六改。
〔四〕玉海：原作「文心雕龍」。按下文實出自《玉海》卷六一，據改。
〔五〕從之：疑衍。

明道二年五月十三日，閤門言：「命婦奏狀，乞於登聞鼓院、檢院投下；皇親奏狀，乞令本宮勾當使臣看詳，無違條貫，具印狀繳連，於閤門投進。」從之。

景祐二年正月十七日，中書門下言：「檢院、鼓院今後應有（詣）〔諸〕色人投進文字，依例取責審狀，書寫賫文書人姓名，於實封上粘連進入。如與元狀異同，並行勘斷。」從之。

四月二十五日，詔：「應在京臣僚每遇劄子奏公事，22 除中書、樞密院、學士院依久例外，今後並仰繫書銜位姓名。」初，知制誥丁度進牘只書名而不用姓，內中誤降於參知政事盛度故也。

四年十月十六日，知開封府張逸言〔一〕：「準勅，臣僚、皇親、諸色人奏狀，不得因親戚入內，輒於中投進。近見漸有違犯，望令承受官司未得施行，便即糾舉勘斷。」從之。

寶（光）〔元〕二年二月十一日，三司户部判官郭積言：「近日上封論列邊事甚衆，乞差近臣看詳，有可采者，委中書、樞密院施行。」詔並送翰林學士於本院看詳，不得漏泄於外。

康定元年四月二十七日，詔：「臣僚及諸色人所上章表、邊事及朝廷降下制誥、宣敕文字等，令都進奏院不得傳寫，學士院不得漏泄於外。」

七月十六日，權御史中丞柳植言：「比來上封者所陳兩事軍機皆送學士詳定〔二〕，多致傳布，有害事機。望只委中書、樞密院詳酌施行。」詔學士院密收掌，無致漏泄。

九月七日，詔開封府曉諭：「進邊事人所陳方略有可行者與恩澤外，無可采者已行告示及給盤纏錢，令逐便者。自今毋復接駕進狀，（市）〔希〕望恩澤。」

十月六日，詔：「應今後降出內批臣僚遷轉差遣文字，並行將元行條貫一處覆奏取旨。」

二年六月十六日，太常博士于房言：「臺諫官及內外臣僚所上實封章疏，輒敢漏泄及傳達草本示人，乞重行朝典。」從之。

十一月十五日，臣僚上言：「乞自今發機宜文字宣頭，令樞密院拜三司緘密題記〔三〕，付所差使臣齎下諸處。」詔樞密院、三司應添兵食、案籍、邊防機宜事，並實封下逐處；其河、陝三路州軍轉運司並準此，違犯重罰。

慶曆元年三月六日〔四〕，詔：「以羌寇平定，自今舉人並不得以進獻邊機及軍國大事爲名，妄希恩澤。」

二年五月十五日，詔：「近日諸色人所上邊事，多是開書鋪人將他人文字改易首尾，鬻於此輩，重疊進獻，倖望恩澤。宜令開封府嚴切（正）〔止〕絶。」

七月三日，詔登聞檢院：「諸色人除告陳密事即收接

〔一〕張逸：原作「張遶」，據《長編》卷一二〇改。
〔二〕兩事：似當作「邊事」。
〔三〕拜：疑是「并」之誤。
〔四〕按慶曆元年實爲康定二年（康定二年十一月改元慶曆），此條事應移于前。

通進，言邊事者於開封府并隨處州軍投下。如有可採，附遞以聞。」

三年四月五日，臣僚上言：「竊見近日臣僚將所上封章書疏令人鈔録出外，及密遣浮薄之輩傳誦稱揚，務取己名，欲彰君過。朝廷累行戒告，終未遵依，扇成澆風，無益聖化。大抵爲臣事主之道，務敦忠厚，靡尚激昂。倘惟節行之自存，豈患功名之不立〔一〕？苟虧祇慎，固有典章。乞曉示中外，更有違犯，察訪得知，重行貶降，以厲衆多。」從之。令御史臺出榜示朝堂。

五年九月二十五日，殿中丞李寔言：「今後臣僚上章疏迂誕詞語，乞不行下四方。」從之。

（十）〔七〕年五月二日〔二〕，知諫院王贄言：「臣僚章疏内有事合更張者，送兩制及臺諫官等同議，動經半年餘，未見結絶。緣官員數多〔三〕，遷移不定，其間若事或分寸有益，即遲一日有一日之損。蓋素無條約，23而務在因循。欲乞今後應批狀下兩制及臺諫等官同定者，乞限五日内聚議，半月内連書奏上。如議論不同，才識特異，稽合禮法，自有建明，即許别狀以聞。」從之。仍詔已送下詳定文字亦依此日限詳定聞奏。

十月九日，三司言：「準詔，今後每有傳宣及内降指揮，須候面奏訖，方得施行。緣有係急速合即時應副者，慮面奏不及，亦有體例分明者。今相度除係入納錢物并例外生事須候面奏施行外，其餘體例分明及急速事乞依舊實封覆奏。」從之。

皇祐元年正月九日，詔：「諸州軍不下司文字，知州、總管、鈐轄躬親書寫迴報，或專委通判職官收掌行遣，免致漏泄。如違，當行重責。」

六月二十四日，御史陳升之等言〔四〕：「近有臣僚繳奏交親簡尺，朝廷推究，事近深文；或不繳奏，又近請囑，因事顯露，悉皆科罪，遂令聖世成告訐之俗。自今非情涉不順，毋得繳簡尺以聞。其於官司請求非法，自論如律。」從之〔五〕。

〔三〕師〔六〕、三公、僕射、尚書丞郎、大夫、中丞、知雜御史並避，權知、判官不避，遇兩省給舍以上斂馬。京官遇丞郎、給舍、大卿監、祭酒以上、本寺少卿監、司業，並避。諸衛大將軍以下遇上將軍、統軍亦避。詹事遇上臺官，如卿監之例。庶子、少詹事至太子僕遇太子（王）〔三〕師、三少並避，遇上臺官如少卿監例。中允以下遇太子三師、三少並

〔一〕患：原作「悉」，據《長編》卷一四〇改。
〔二〕七年：原作「十年」，據《長編》卷一六〇改。
〔三〕多：原作「夕」，據《長編》卷一六〇改。
〔四〕等：原無，據本書儀制八之二九補。按《長編》卷一六六，此奏乃陳升之（旭）與李兑等同上。
〔五〕「自今」以下原脱，據《長編》卷一六六補。
〔六〕自此以下至「八月六日」條實爲本書儀制五之九「羣官儀制」之文，乃大中祥符中事，與本門「章奏」無關。蓋《會要》原文此處脱去一頁，而闌入他處文字。當删。

避，遇賓客、僉事斂馬，遇上臺官如太常博士例。應合避尚書者並避三司使。權知開封府者，如本官品避。其臺省官雖不合避，而職分見在三司、京府統臨者，避。中書門下、樞密院常朝有衝突者，巡檢人員具名送開封府，京朝官牓報御史臺彈奏。內諸司使以下報宣徽院施行。不即申舉者，委御史臺、左右街司察訪以聞。入皇城司及殿門外當避而不避者，委親事官報皇城司捕送開封府，職官具名以聞。諸色人當避臺省官及斂馬側立而有違者，街坊巡檢親事官止約；固違不伏者，移牒官司及申奏如上制，即不得凌辱命官。武班、內職並依此品施行。」從之。《玉海》〔一〕：仁宗時范鎮請禁中及中書、密院各置章奏簿，上以備觀覽之遺忘，下以責大臣之銷注。

六年三月十七日，詔：「應富民得試銜官者，不得與本州縣官使臣接見。如曾應舉及衣冠之族，不在此限。」

八月六日，樞密直學士、禮部尚書、知昇州張詠言：「當州每有祠部司事，並申公狀。臣官忝六曹，祠部即本行司局，例申公狀，似未合宜。欲望自今尚書丞郎知州除申都督外，其本行官局並止簽檢。」從之〔二〕。

乞留中〔三〕，每有文字留中者，對御批封降下〔四〕。」從之。

〔英宗治平元年〕十月十六日〔五〕，侍御史林大年言：「伏見兩府近臣、臺諫所言事件，多致通進司傳達出外。乞今後通進司更不差內臣，只於諸司使副內選擇勾當，仍別差有行止內臣充承受司。臣僚所進文字，並須用印；無印表狀，須與外封一手書寫。所貴禁中易爲點檢。」詔通進銀臺司相度如 24 何關防禁止，具經久利害以聞。既而本司乞應內外臣僚所進文字依常手粘實封訖，別用紙折角，重封用印，無印者臣名押字仍須一手書寫。及乞官員諸色人等不得輒入本司。從之。

三年八月七日，詔中書門下：「近日希求恩澤稍多，今後須管次日覆奏取旨。」以上《國朝會〔典〕〔要〕》。

四年四月十四日，神宗即位未改元。詔：「近許外任臣僚

〔一〕玉海：原作「文心雕龍」，按下文實出自《玉海》卷六一，因改。但此注內容仍屬「章奏」，並非上文之注，不知原爲何條之注。

〔二〕簽檢從之：原無，據本書儀制五之一〇補。

〔三〕「乞留中」以上脫，然檢其內容，與本書職官二之二八所載英宗治平元年六月十一日知通進銀臺司李東之奏相同，文字亦相近，當即李東之奏之殘文。

〔四〕對：原作「封」，據本書職官二之二八改。

〔五〕英宗治平元年：原無。按，據《宋史》卷四五七《林逋傳》：林大年「英宗時爲侍御史」。又檢本書職官二之二八云：「〔英宗治平元年〕十一月十三日，（知通進銀臺司）李東之等言：『應內外臣僚所進文字，不限機密及常程，但係實封者，並須依常下粘實封訖，別用紙摺角重封。有印者內外印，無印者於外封皮上臣名花押字，仍須一手書寫。……仍乞依三司、開封府條貫，並不得官員及諸色閑雜人輒入本司。』從之。」顯然，李東之此奏與本條末段所稱「既而本司（按，指通進銀臺司）乞」云云實爲同一事，只不過本條文字經過史官刪潤，略爲不同。即此可證本條乃治平元年事。又下文「四年四月」條原注云「神宗即位未改元」，則三年、四年均爲治平年，與本條相承。綜上數端，本條年代爲治平元年無疑，因補六字。

言事，委翰林學士承旨張方平、學士司馬光看詳。如有可採，即進呈施行。」

五月二十四日，翰林學士承旨張方平等言：「諸封事但陳箴諫之言，及汎論治體，據所可取者，欲節略編寫，候成一册，逐旋奏御。其指陳時務利害，或數事内除不足採者更不取録外，據可施行之事逐旋節録聞奏，乞降付中書、樞密院看詳施行。所上封事，其大意可採，雖文辭鄙俗，須至備録；其發明事理不盡者，臣等逐節後別立看詳一項，所冀文理稍備。其上封事人開陳政體時務，文理詳明，顯見才識出衆者，官員乞依詔書出自聖衷，特加甄擢，其次賜敕書奬諭。布衣乞下有司召問所上封奏内事節，令逐一條對，委有可取，即與量才録用。」從之。

七月十三日，以御史中丞滕甫、龍圖閣直學士趙抃、天章閣待制陳薦同共詳定前降手詔許中外臣庶所上差役利害章奏。

神宗熙寧二年八月二十七日，令知通進銀臺司、翰林院學士范鎮、權監察御史裏行程顥同看詳銀臺司所進文字數目，定奪當進與不，并令減罷名件聞奏。

閏十一月十四日，看詳銀臺司文字所言：「諸路州軍奏雨雪，内有月或旬(拜)〔并〕逐時旋奏去處。欲乞令逐月終一次具狀申中書，候齊足，即具逐路分得與不得雨雪，類聚作一狀聞奏。」詔：「今後諸處逐旬降雨雪，更不聞奏，並只於次旬内申司農寺。如有遲違，亦仰催促，常類聚收付，準備朝廷取索。」

十二月四日，詔：「文武臣僚及内臣等進呈公事，並批送合屬中書、樞密院別取進止，不得輒批依奏及直送諸處行遣。如違，並當重行朝典。」

二十四日，詔：「今後中書、樞密院宣敕劄子帶聖旨批狀，除係機密不送外，其餘並送銀臺司封駁。」

三年六月三日，詔司農寺，令具五月中諸路州軍所降雨澤聞奏，仍仰今後常切點檢察訪，如有旱澇特甚州軍，許具狀申奏。

八月一日，看詳銀臺司文字所言：「別無看詳減廢，欲乞罷局。」從之。

四年四月三日，詔：「内臣宫中凡有勾當，須稱聖旨。若盡關申中書、樞密院，則傷煩碎，或稽緩不及事。可令入内内侍省具自來合依久例施行事節開析以奏。」

八日，吏部侍郎、新知鄧州韓絳請於通進司下奏狀，從之。

六月四日，罷委官看詳臣僚所上封章，令中書門下看詳以聞。

五年五月八日，中書門下言：「西頭供奉官劉宋卿等乞今後通封赴銀〔25〕臺司投下常程文字，並依通進司例，次日不以有無假故，送中書施行。自來銀臺司文字於奏狀前貼寫事宜一行，其奏狀前自來有貼黄，亦乞減罷。」銀臺司奏狀稱：「進奏院下到諸州軍奏狀，自來作四日行遣。今欲乞作三日，更不貼寫事宜，當日便寫奏目發送，及寫發歷點對。第二日封卷印押訖進呈，第三日降出，分配發放。遇中書、樞密院早出及宅引并非次等假，乞依通進司體例，不理諸假故，每日並入赴司收接，投進發放。」從之。

九年十一月二十一日，中書門下言：「孔目房申，熙寧八年七月四日條貫，諸內外官司奏狀并申牒，銜位只書本處差遣。今看詳，既不見得是何官職，緩急却須勘會。欲自今應官司公文合書銜者，令並書官職。其兼領差遣及散官勳賜等，即依舊更不入銜。」從之。

十年八月二十三日，三司請：「今後應御前及太皇太后、皇太后傳宣旨，并內降取索，事干急速，并常須器用、酒醴、茶藥之類，先次施行訖，依條覆奏。」從之。

十月三日，閤門言：「臣僚經朝廷陳叙事理有不行者，中書諸房直做中書劄子體式送閤門告示，亦不知何官押字。乞賜定奪當否。」詔：「今後應檢正中書五房公事送閤門告示貼子，並月日後書姓押送。」

元豐五年五月二日，詔：「今後四方實封奏，除內降指定付三省、樞密院及中書門下、尚書省外，餘並降付中書省，可從本省分送所屬曹省。」

六月十七日，詔：「近諸司妄以非應奏請事輒奏者，其以應申不申、不應申而申及輒受之者罪法申明之。」

六年十月十六日，詔：「自今臣僚上殿劄子，其事干條法者，尚書省依條議奏。如事理難行，送中書取旨。」

哲宗元祐六年九月二十八日，刑部言：「文書應奏有涉穢濫者，並略說事宜聞奏。其深涉穢濫及毒藥、厭魅、呪詛事狀，悉隨事申尚書省、樞密院。」從之。

紹聖元年閏四月十八日，詔：「在京官司所(授)〔受〕傳宣、內降及內中須索常行應奉，隨事申尚書省或樞密院覆奏，及類聚月終奏聞指揮，可並令隨處覆奏，即本司官親承處分須索，仍畫所得旨錄奏，請實奉行。其官司奏請得旨非有司所可行者，仍申朝廷覆奏行下。」

五月九日，詔：「自今除臺諫官章疏依條外，其餘臣僚上殿劄子，如事合進呈，即取旨。」

三年八月五日，詳定重修勑令所言：「應奏事皆通封，仍於狀前及封面貼黃具事目。若有機密、災異及有所告言急速事合實封者，並摺角重封，不貼黃。(具)〔其〕臣僚自陳意見及被旨條析事狀，亦實封；即陳述己事，不得實封。違者繳奏。」從之。

元符元年正月二十八日，詔門下、中書後省、左右司將已編類到臣僚章疏并續編類者修寫進入，仍納三省。先是(一)，以臣僚章疏廢毀神宗法度，紹聖元年五月詔三省各差人吏編排臣 26 僚章疏及朝廷改更事目。二年十二月二

(一) 據文例，「先是」以下當屬追述文字，然本條首云「元符元年正月」，追述文字反有「元符二年七月」云云，疑原編者將它處文字誤繫於此，或其前尚有闕文。

十三日，命給舍、都司官將元豐八年五月至元祐九年四月十一日應臣僚章疏及申請事目編寫成册，申納三省。後又詔申納樞密院，元祐中嘗爲言官者毋得預。至元符二年七月，又詔所編章疏申請並著所任姓名，不得毀匿增減及漏泄。至是編類成，故有是詔。

三年六月，徽宗〔即位〕未改元。禮部言：「奉議郎吳時奏：『伏覩詔書，應中外臣僚以至民庶各許實封言事。然慮遠方臣庶封題未必如式，而有司拘文，便行卻迴，則恐所陳内有該涉邊防機密，偶因卻迴，別致漏泄，爲害不細。欲乞指揮應收接實封文字去處，如有不依式者，並許通奏，庶官司不敢妄生沮抑。』本部勘當，欲乞下諸路州軍，如有實封言事之人題寫外封未依條式者，即時指説，便令改正，當日内附奏。」從之。

徽宗崇寧元年正月二十二日，臣僚上言：「勘會熙寧編勑，諸臣僚不得因上表稱謝，妄有誣毁，及文飾己過，委御史臺糾奏。臣竊惟自來諸處所上章表多不到御史臺，逐時雖有朝報，或報或不報，雖報或已過時。陛下即位之初，咸與天下爲新〔一〕，一切牽復元祐竄逐之臣，其所謝表章但極意怨懟紹聖斥逐，爲過當語言，甚者率皆詆毁。臣子不敬，莫大於是，不可不禁。欲望於上條『文飾己過』字下添入『仍録副本申御史臺』八字，犯者本臺即時彈奏，重加黜削。」詔臣僚謝表令進奏院録申御史臺。

五月十六日，中書省〔言〕：「檢會元符三年三月内詔書：『中外臣僚以至民庶各許實封言事，在京於合屬處投進〔二〕，在外於所在州軍附遞以聞。』《元符令》：『諸上書言朝政闕失、公私利害者，本州附奏；責降散官及安置、編配之類言事者，所屬審可採不兼他事者，聽收接，不得實封及遣人進狀。』勘會自降上件詔旨，已及二年已上。」詔令所屬今後更不收接投進。其上書言朝政闕失、公私利害者，自依元符令施行。

九月十九日，中書省、尚書省送到白劄子：「勘會元符勑令，内外奏報文字内事涉機密，若要切急速，或事干邊防、軍政，或臣僚自有所陳，或事體稍大而不漏泄〔三〕，理須實封。或本條指定實封聞奏外，自餘常程小事，於法只合通封者，皆作實封聞奏，致御寶實封降出，顯屬紊亂煩擾。今後三省六曹并所屬官司常切點檢，如有違犯，並舉劾施行。」從之。

大觀三年六月二十日，上批：「國子監、太學、辟雍三舍生近來上書獻陳利害，或託以文詞，覬倖恩賞，有違學制，殊無廉耻。自今學生應有陳述所見，若利害灼然，有補時政，或進獻詩頌，文詞優贍者，仰經長貳點檢看詳，若無違礙，即連銜保明繳進。如違，御史臺彈糾以聞。」

〔一〕爲：疑當作「維」。
〔二〕於：原脱，據曾肇《曲阜集》卷三補。
〔三〕「不」下疑脱「可」字。

政和四年十月二十二〔日〕，詔：「今後命官案狀内令本處開坐干連有罪人吏姓名、已未斷決罪犯 27 申奏。」

宣和四年十二月二十八日，中書省言：「勘會近來諸處官司申請，多以乞依前後已得指揮，或再依某事年月日朝旨體例，並不分明開坐所乞事理，及所引指揮體例全文，致逐旋取會，動經月日，不能結絶，顯屬留滯。」詔令吏部遍牒内外官司，今後應申請文字，並據所乞，逐一分明開坐。如合引用條例，及所用朝旨，亦仰逐一開具全文，即不得更似日前泛行指引。如違，徒二年，人吏配千里外。

七年二月三十日，尚書省言：「臣僚陳乞不得言免執奏，如違，乞以違制論。」從之。以上《續國朝會要》。

高宗建炎元年六月十三日，詔：「應士庶（役）〔投〕獻章疏，見委官看詳。如有利害灼然可採，令看詳官先次保明，申尚書省議旌擢，以爲激勸。」

十一月十九日，詔：「諸處凡有使臣等傳宣，並畫時密具職位、姓名、所傳宣旨實封覆奏；如事有未便，仍具未便事理執奏。若所差使臣等不親赴逐處，只令人賫到傳宣文字者，並不得收接，亦具因依聞奏。」同日，詔：「如傳宣或降指揮及官司奏請，雖得旨依奏，係元無條貫者，並中書、樞密院覆奏取旨。内係非理干求恩澤及原減罪犯者，仍奏劾犯人。其上殿進呈文字批送中書、樞密院，不得直批聖旨送諸處。如違，所承官司未得施行，並具事狀聞奏。」

二十一日，詔：「今後官司及臣僚奏請，隨事奏乞，降付三省、樞密院施行。」先是，檢校少保、安德軍節度使鄭成之差在外宫觀，陳請支放請給等劄子内輒乞直降有司，侵紊紀綱，故降是詔，仍戒勵焉。

十二月二十三日，詔中書省：「自來年正月爲首，置簿將降出臺諫章疏施行訖，次月宰執以合上簿者取旨，編寫投進。」

二年七月二日，詔入内内侍省：「如係經制、統制軍馬奏狀，權許依舊收接外，其餘並赴進奏院投下，仍摺角實封，不得通封。」

八月十一日，詔：「諸路州軍日逐差人投下機密急速緊切文字赴通進司，往往通封，上有貼黄，稱説事目。慮恐未投進間，因而漏泄，深屬未便。仰通進司自今（後）〔投〕進文字用黄帕複包角，本司監官書臣名封記，赴内東門投進。仍令刑部遍牒諸路州軍，如奏機密文字，並須實封，面題『機密文字』，不得貼説所奏事宜，進奏院依自來條例施行。」

（十）〔三〕年三月三日〔一〕，臣僚言：「宜倣唐制及祖宗舊制，應獻陳章奏委翰林學士、給事中、中書舍人輪日於禁中看詳，條陳具奏，使是非予奪盡從公論，左右小臣不得妄言利害。既委臣僚，乞不差内臣傳送，只實封往復，庶免黨與交結之弊。」從之。

〔一〕三年：原作「十年」，據《建炎要録》卷二一改。

八月十八日，詔：「行在三省、樞密院專行軍旅邊機，令登聞鼓院、通進司除實封并邊機文字外，其餘應干常程文字並入遞發赴洪州三省、樞密承行。」時邊事未寧，上總師親征，分百司扈從隆祐太后于江西，常程事權聽處分。28 從左司郎中韓肖胄請也。

紹興三年六月十八日，詔：「常程上書人間有狂妄者，朕多留中，不欲置罪。今歐陽凱士狂妄之甚，若不懲戒，且慮扇惑群聽，亦害政之一端也。可將凱士文字宣示侍從、臺諫，議罪來上，當明坐事因，以置典憲。」凱士尋送洪州編管。

八月二十五日，詔：「應自今上書言事，毋有所諱。惟不許因書告訐他人過失，令鼓、檢院曉諭。」先是，下求言詔，時封事有告（諭）〔論〕州縣及許人過者，至是從給事中黃唐傳所請也。

四年七月二十四日，中書門下省言：「大理正胥介上殿奏陳劄子二件，並不書名，於法合行科罪。」詔特與放罪。

二十八日，詔二廣：「接發命官申奏院狀，每季類聚再奏。若程限稽遲不到，并下沿路究治。仍委本路提舉馬遞鋪及驅磨當職官吏常切檢察〔一〕。若在路計囑，私（折）〔拆〕藏匿，致稽遲不到者，合干遞鋪（者）〔諸〕曹司、兵級、巡轄使臣正根勘〔二〕，具案聞奏，重行斷遣。」

十一月九日，左宣教郎、太平州州學教授王言恭上書：「陳獻利便，事屬至密，疎遠小臣不敢求對清光，願許臣暫至行在，見宰執委曲陳之。」詔令本州守臣取索實封繳奏。

五年正月十五日，詔淮南路：「今收復之初，事有不便於民者，許士庶實封，經所屬投納附遞，申本路監司，擬定可否利害聞奏。」

十七日，尚書省言：「諸州軍縣鎮等處申奏文字往往空日遞發，是致無所稽考。」詔應奏狀及申三省、樞密院等處，並仰實填月日。

二月二十六日，宗正少卿、兼直史館范沖言〔三〕：「乞將近詔職事官陳對利害奏疏倣治平故事編類進呈，斷自聖意，擇而行之。」詔令翰林學士孫近、直學士院胡交修編類進入。既而殿中侍御史謝祖信又言〔四〕：「臣僚條畫利害，既上御府，願陛下留神省覽，或宣付大臣，俾之分閱，擇其可用，顯奏行之。」詔可。

六月三日，三省言：「臣僚辭免恩命，自宰（職）〔執〕以下皆有定制。近來或有過爲謙退，至於再三。當此多事之時，實於職事妨闕。」詔並遵依舊制施行。

〔一〕驅：原作「漸」，據文意改。按「驅磨」乃宋人常用語，意爲稽查、檢察、督察。本書方域一〇之五二：「委諸路提舉馬遞鋪及驅磨當職官吏常切約束。」與此處用語正同。

〔二〕正：疑當作「並」。

〔三〕范沖：原作「范仲」，據《建炎要録》卷八五改。

〔四〕信：原作「言」，據《建炎要録》卷九一改。

十二月二日，成都府潼川府夔州利州等路安撫制置大使、兼知成都府席益言：「應奏稟探報急速事，乞特許赴入内内侍省投進。」從之。

六年五月十七日，中書後省言：「看詳閔勍信所陳怪誕鄙惡，不成文理，（轍）〔輒〕敢狂妄投進，乞詳酌施行。」詔閔勍信特放罪。

七年七月二十七日，詔：「今後士庶獻陳利害，令給舍子細看詳，其可採者中書省取旨施行。」

十月二日，上謂輔臣曰：「向緣亢旱，許士庶直言時政闕失，投進書疏者甚多。雖皆經親覽，猶恐未能詳究利病。可令後省官子細看詳，有可採者具申中書門下省，條上取旨施行，庶幾詔令不爲虚文。」九日，又詔：「仍令中書籍記姓名，以備採擇。」

十二月二十七日，左朝奉郎、試給事中、兼史館脩撰傅崧卿言：「奉詔舉右（朝）散郎、29知常州武進縣吳師直堪充郡守、監司，其起奏誤寫爲『師孟』。有此謬誤，乞賜降黜，以爲在列不謹之戒。」詔放罪。

九年四月四日，詔：「應河南新復諸路州軍民間利病〔一〕，許監司、守臣條陳，餘官及士庶上書經所在州軍繳奏。」

七月十五日，御史中丞廖剛等奏：「伏覩近詔：臣僚上殿畢，具不曾輒論私事及僥求申閤門。切緣臺諫日逐上殿敷奏本職公事，即與其餘官奏對事體不同。欲乞今後臺諫官遇登對，止具所得旨應記注者依條關中書門下省外，免申閤門別無僥求文狀，所貴得體。」從之。

八月六日，臣僚言：「乞令州郡自今應管内去處若不雨過十日，至得通濟日及月内雨暘以時，並各具狀入遞，申尚書省。水潦亦如之。令左右司置籍拘録，以時檢察。仍令監司嚴行督責，其應報〔不報〕與報而不以實，徒爲文具者，悉許按劾以聞。」詔：「今後州郡須管以時申户部，候到限當日繳奏。」

十一年五月二十四日，詔登聞檢、鼓院今後有獻無益之言不干政體者，不得收接。時有詣檢院（轍）〔輒〕獻樂府者，即非政體，令還之，故有是命。

二十五年十一月二十六日，宰臣言：「臣聞天下之事，皆自人主總覽，人臣不過奉行而已。近來諸路監司、郡守以事達朝廷，止云由尚書省取指揮，殊失經意。自今事無巨細，皆須奏聞。如或准前違戾，許臣等具名銜進呈，當議黜責。」詔可。時宰臣奏欲示權綱悉歸于君上，非臣下所敢專也。上曰：「此乃大臣任意所爲，不欲朕知天下事。此奏可即行下。」

二十六年七月十四日〔二〕，詔：「士庶封事許詣登聞檢

〔一〕新：原脱，據《建炎要録》卷一二七補。

〔二〕按，據《建炎要録》卷一七三，以下實爲兩詔之節文：「士庶封事」云云在此年七月九日戊申；「其言」云云則在七月十四日癸丑。《會要》合而爲一，似不確。

院投進，仍令諸路監司、郡守條具便民寬恤事件聞奏。」其言刑獄事委刑部，財計事委户部。仍委吴秉信〔一〕、王綸、凌景夏、賀允中分輪看詳，務得詳盡。

十八日，吏部侍郎張綱言：「有司看詳群臣章奏，尚恐疎遠之人鋭於納忠，設意過當。有已出新意，而致衝改祖宗舊法者；有取便一時，而行之既久，不能無害者；有貪蠲復之名，而不以用度較之，致州縣不免暗取於民者。若此之類，自非深思熟慮，實難遽見。望詔有司必須詳審，究極事情，不得一切苟簡。更乞萬機之暇躬垂省覽，惟不悖戾祖宗舊法，可以經久而實惠及物，乃聽施行。」從之。

二十四日，詔：「今後臣下奏陳故事，不許講筵所取索副本，只就令通進司進入。」

二十七年十月十八日，右正言朱倬言：「近日陳利害者或不深知朝廷之典常，或不洞究百姓之利病，得之口耳，即以上聞，爲害莫大。欲乞自今獻言者必送有司精詳，參照既定，然後大臣審究至當。果若前法有害，不可經久，與夫不宜於民者，詳具本末，剖析利害，上取宸斷，付下有司，方可施行。」從之。

二十九年七月九日，臣僚言：「内外官司文書期會，官吏因循偷惰之日久矣。又胥吏並緣爲 30 姦，欲遲欲速，惟在其手。若不澄源，未易革也。望詔内外官司，今後應奏申文移並令實填月日，則易於鉤考。胥吏雖欲巧爲遲速，亦無所容其姦。然後嚴常緊之限於内，驗地里日時之限於外，稍有稽違，重寘于法，庶有以革驕怠之弊。」從之。其後吏部亦乞今後應内外官司凡申奏文字月日，並書文字填寫實日，並從其請。

三十年四月十七日，詔：「自今臣僚陳乞上殿，令具狀徑赴通進司投進，不許於都堂納劄子，永爲成法。」

十月三日，詔：「昨依故事，左内侍官承受内外諸軍奏報文字，慮恐稽遲，可盡罷承受官。今後諸軍奏狀劄子並實封於通進司投進；三衙有公事，即時上殿奏聞。」

三十一年四月二十四日，上宣諭宰臣曰：「臣僚利害奏劄，士大夫自合親書，不須計較字畫工拙。」以上《中興會要》。

紹興三十二年七月二十六日，孝宗即位未改元。詔：「今後直言上書，並付中書門下後省看詳，有可採者申尚書省取旨。」

孝宗隆興元年五月四日，詔：「自今以薦舉、上書登對，真才實能，無吝褒擢；其餘令籍記姓名，以俟選擇。無狀者罷之，仍追坐謬舉。」從中書門下檢正諸房公事余時言請也。

九月十五日，詔：「已降親劄付張浚、王彦，令逐處兵將官有奏報文字及有陳乞，並不得倚托近侍進達，可徑赴行在通進司投進。仍劄下通進司照應收接。」

二年十一月十三日，詔：「學校之士，久被教養，固知

〔一〕信：原作「言」，據《建炎要録》卷一七三改。

禮義。方今多事之日，必能愛君體國。如經檢、鼓院有所獻陳，自當採用，或加旌賞。若輕薄喜亂之輩，妄相鼓扇，不經檢、鼓院，輒行伏闕之人，不問是何名色，爲首者重寘典憲，餘人等第重行編配。事在必行，仍令尚書省出榜曉諭。」

乾道二年五月二十四日，詔：「今後看詳四方投獻書劄文字，擬定等第將上。」以起居舍人陳良祐奏：「仰惟陛下臨御以來，下詔求言，凡蒭蕘有陳，必經御覽，又盡以付兩省臣僚，使議其可行。惟是日積月累，奏牘益多，看詳去取，未能遍觀。間有可采，雖以申上，別無明降指揮，是致四方之人多懷不盡，以爲陛下求言而朝廷吝賞，省官不肯留意，有司不爲保明。甚者(侍)〔待〕報客邸，旅食無資，徒有望望之心，不知朝省已爲看詳寢罷。欲望聖慈令兩省官取四方投進書劄文字同共考閱，議論可采者第爲三等，量與推恩。如上等有官人與減二年磨勘，選人候改官收使，士人免解一次。中下等有官人與減一年磨勘，士人賜(東)〔束〕帛。此不過取其尤者十數人以慰(籍)〔藉〕進言者之心，且以示陛下勤於聽覽，盡天下之美；其餘無可采者明日行報罷〔一〕。且歲一舉之，使出上意，則四方之士樂爲陛下獻言，而聰明不壅，亦裨於治道。」故有是命。

三年五月九日，詔：「依故事，在外惟前兩府、在內惟大兩省許用劄子奏事，31他官皆用表狀。」臣僚奏：「通進司掌天下章奏案牘、左京百司文武近臣表疏進御頒布之事，職任爲重，是以在於祖宗時，檢察甚備，有謹密之戒，有漏泄之禁，有封題之式，有輒入之罰。雖舊任官高，時領要職，苟於格法不當者，不得上達也。伏見比來其制甚紊，不當進而輒進者，率爾得通，且又越格，惟以劄子十數累比，上瀆天聽，褻尊違禮，莫此爲甚。仁宗皇帝時有坐用劄子奏事降官如張孚者，則祖宗之維持法度，何其嚴也！伏望明詔攸司，申飭條格，不應進而輒進及越格以劄子奏事者，各令拒而不納；當刑罰者自從舊制，監典官吏亦各有坐。庶幾出入機要之地，不致輕慢，以黷國章。」故有是命。

七月四日，詔：「自今沿邊州軍并監司、帥臣、主兵官並許用劄子奏陳。」既而淮南路轉運判官呂企中奏：「臣誤蒙使令，即與其他路分不同。欲望許臣到本路，事干機密及臣有建明，並乞依乾道三年七月四日已降聖旨，用劄子實封奏陳，直達宸扆之前。」亦詔從之。

五年五月八日，詔後省官置籍看詳臣僚士庶言事，詳擇其可行者條上。臣僚奏：「切惟陛下舍己從人，比迹唐堯，好問察言，並隆虞舜。百職庶僚有輪對之章，監司郡守有五事之疏。以至公車之薦召，士庶之投匭，無不爲陛下言之。而累年以來，言事者不知其幾人，或以看詳而來上〔二〕，或以條具而不報者，尚多有也。報可者不知其幾

〔一〕此句疑有脱誤。
〔二〕來：似當作「未」。

事，或雖承受而廢格不行，或雖施行而循習不省者皆是也。如此，言之是非將何所擇，事之成否復何所稽哉！昔司馬光乞以上書言事者求其理道切審，各以貼黃節出，更以聖意擇其善者施行，仍籍記姓名。遇有重難，委以幹辦，果有功效，仍（如）〔加〕進用。臣謂由（先）〔光〕之説，則言事者知朝廷有考言之意。如若其言可行，不敢誕謾，上下無壅，而言之是非，於焉而可（釋）〔擇〕矣。乞下三省詳議，務令悠久遵行，庶幾不負陛下孜孜求言之意。」故有是命。

七月十二日，宰執言：「近日上書論邊事者，悉送兩編修官，擇其可行者與可去者或可存留者，各以其類相從，置簿抄上，以備他日采擇。」從之。

九年十一月四日〔一〕，詔後省旋次擇摘，取上書可採者，撮其樞要，斷章取義，立爲篇目，繕寫進呈〔二〕。從起居舍人趙師訓請也。以上《乾道會要》。《玉海》〔三〕：孝宗於群臣章奏〔四〕，取其所當行者疏之小册，以示大臣。或御便坐，則寘于香几，群臣皆得就觀。又有記事版，書其要旨，以備遺忘。

淳熙二年十月十五日，詔：「兩淮州軍及（師）〔帥〕臣、監司并駐劄御前諸軍應有事干邊防軍機文字，自今止得具奏，并申尚書省、樞密院，不得泛申他處。」

四年十二月十二日，詔：「沿邊帥臣、監司、守臣、諸軍主帥應有邊機事宜，除具奏外，止許實封申樞密院，四川仍申制置司。毋得 32 泛行申發及用私劄謄報。如有違戾，重作施行。內外諸軍所有兵馬帳狀，自今止許具奏及申樞密院，不得泛申發兵部等處。」

六年十一月十一日，詔：「自今官司書判並用『行』字，如有依某處行，改作『從』字。」從吏〔部〕尚書周必大請也。

七年三月二十八日，詔：「祖宗舊制，諸路禁軍委兵鈐專一訓練教閱。已降指揮，遇有奏聞事，如監司例具奏。自今合具奏事，務許徑赴進奏院、通進司投進。」

九年正月十二日，詔：「盱眙軍應有合發奏報文字、承傳旨回奏知稟劄子等，並令〔赴〕進奏院、（赴）通進司投進。」

十一月三日，宰執言：「臣僚章奏，應帥、漕、郡守、主兵官如事涉兵機，許用劄子。其餘僭越犯分，有不如式，則令所屬退還。其間帥守監司實有利國便民等事，若一例不許投進，竊慮壅蔽。」詔淳熙六年七月二十九日指揮更不施行。先是，六年七月二十九日，臣僚言：「竊見舊制，章奏凡內外官登對者許用劄子，其餘則前宰執、大兩省官以上許用劄子，以下並用奏狀。凡沿邊守臣與帥漕臣（拜）〔并〕主兵官許用劄子。自後他司內郡應用奏狀者或以劄子，其

〔一〕九年十一月四日：《玉海》卷六一同，而《宋史全文》卷二四下則繫於乾道元年十一月四日己未。按本書職官七之三〇載：乾道八年十月二十八日，以起居舍人趙師訓兼太子侍講。則作「九年」是也。《宋史全文》編者蓋誤認「九」字爲「元」字，以致大誤。

〔二〕寫：原作「瀉」，據《玉海》卷六一改。

〔三〕玉海：原亦誤作「文心雕龍」。按下文見於《玉海》卷六一，據改。

〔四〕於：原脱，據《玉海》卷六一補。

間往往抵(許)〔訐〕前政，陳説己能。欲望申嚴有司，應帥、漕、郡守、主兵官如事涉兵機，許用劄子；其餘僭越犯分，(其)〔有〕不如式，則令所屬退還。」

十年六月十五日，給事中宇文价言：「去年十二月臣僚劄子，具載太上皇帝紹興之初嘗下詔守臣，令到任半年以上，具民間利病五事聞奏。乾道修令，著爲定制。而近年以來，故事頗廢。乞明降詔旨，再行播告。」從之。同日，詔諸路州軍申發章奏，並要書填實日。以給事中宇文价言，欲計程驅磨故也。

十五年十一月十四日，臣僚言：「近者輪對之間，辭見之際，連章累劄，猥及細微，率皆常事，自有成憲。又有職分之所當爲，勢位之所可爲者，且亦(飭)〔飾〕辭以爲能，獻説以爲功，往往悉關聖慮。乞自今凡有輪對及辭見，並不許過三劄。若軍國利害，事大體重者，不拘於此。」從之。先是，十三日宰執進呈，上曰：「輪對官説此甚當，上殿官多是論事不務大體〔一〕，以至瑣屑；或事有成憲者，一一奏陳，以多爲能，無益於事。自今只用三劄。」

十六年六月十六日，詔：「祖宗成憲，自當遵守。日後或有臣僚奏請，事涉改更者，仰三省、樞密院詳具以聞。」既而以大司直任清叟言：「竊見近來臣僚奏陳利害，多是蔽於一己之私，不顧事之可行、利害之輕重，將祖宗成法動(輙)〔輒〕輕改，立爲己説，以競新奇。甚者甲是於前，乙非於後，一歲之間，紛然稠疊，民情物態，其誰適從？所以州縣之吏，每每視爲文具者，無怪其不能一意奉行也。望申嚴號令，確守祖宗成憲，無以一人之議而驟行，無以一人之議而輒改，使州縣之間知所遵承，而遐邇之民均被實惠。」故有是詔。

八月十三日，宰執進呈李[33]信甫乞遵用天禧、熙寧故事，許六察言事。上曰：「祖宗前後典故甚明，宜且遵守，不可輕易變更。」留正等奏：「六察臺格具在，條目詳備，若能舉職，則事亦儘有可言者。誠如聖訓，不必更變舊制。」

十九日，臣僚言：「陛下臨御以來，序見百官，靡有虚日，而累月於此，巡對將周，凡議論之中否，固已擇其善者而從之。臣願斷自聖裁，盡取前後奏劄留中而未出者，以付外廷，使得公共詳酌，芟夷乖剌，採摭忠實。凡可以裨益聖德、佽助國政者，以類相從，裒集成編，且各著其職位、姓名於下，正本進入，副在三省。自(古)〔今〕以往，亦繼此編附，庶幾宸居之暇，朝夕省覽，有以上沃聖聰，而廟堂之議，罷行因革，亦將於此有攷焉。」從之。

十一月二十八日，右諫議大夫何澹言：「竊見近日以來，有得旨而集議者，有得旨而詳議者，有得旨而看詳者，有得旨而薦舉者，往往多無限期，聽其自遲而自速。臣僚章奏，不無可采，而下之有司，即不聞報，況敢望其施行。然則何責乎外路供報之稽緩哉！乞今後有旨或集議，或

〔一〕事：原脱，據《宋史全文》卷二七下補。

詳議，或條具，或薦舉，與夫看詳、相度、稽考之類，並令中書隨事斟酌，以爲期限之遲速，使有考焉。事干衆者，御史臺先期催促，勿使違限。下有司者都司逐時檢舉，不得愆期。則詔令不爲虚文，而中外莫敢翫習矣。」從之。

紹興三年三月二十六日〔一〕，宰執進呈之次，上曰：「昨日莫叔光奏事，乞今後臣僚上殿奏事不許過三劄。但如外來曾作州郡人僅得一次上殿也，要論些事，若限以三劄，恐不盡其所懷。寧是教直截論事，少作文，不須限以數目。」

淳熙二年二月十四日，詔：「自今文武臣已授監司、郡守、諸路釐務、總管、鈐轄、都監，上殿訖，在半年之内改差合上殿差遣，與免奏事。」

五年六月二十二日，閤門言：「昨降指揮，監司、郡守、諸路釐務、總管、鈐轄因任滿回，已經上殿，再除授今來差遣在半年内，與免朝辭日奏事。其餘文武臣有已經奏事，除（投）〔授〕在半年内合上殿之人，未有該載。」詔依已降指揮，朝辭日免奏事。

六年二月八日，詔：「前宰執、侍從帶觀文殿大學士至待制及大中大夫以上守郡奉祠之人，自今如有已見利便，聽非時聞達，即不得輒陳乞恩澤，自述勞績之類。其責降官不在此限。」

九日，詔：「每遇宣押打毬〔二〕，其諸軍正額、額外統制官及賜酒之際〔三〕，非宣喚不得輒於馬上及擅趨榻前奏事。」從殿帥郭棣請也〔四〕。

九年九月八日，詔：「自今路分鈐轄帶訓練職事，令上殿。」

紹熙二年四月十二日，臣僚言：「人主之聽言，固欲致其詳審，又當防其壅蔽。欲望陛下聽納之際，無不致其審，而壅蔽之患每預爲之防，忠讜者益加招徠，狂直者益務優假。庶幾四方萬里，咸知陛下導人使諫之意，若小若大，更相戒飭，無有知而弗言，無有言而 34 弗盡，實聖明之盛事。」從之。

九月三日，祕書監、兼實録檢討官、兼權兵部侍郎耿秉言：「臣至愚極陋，識見淺短，十旬之間，三蒙宣引，在微臣可謂榮遇。臣聞臣下之望人君，如在天上，夢寐所不能到，一瞻龍顔，人以爲榮。陛下度越常規，宣召從臣，不間權官，雖旬休佳節庚暑，皆不廢宣引。陛下之於群臣可謂無負矣，如臣等輩乃不能吐一奇謀，陳一長策，以助陛下大有爲之志，臣等有負於陛下，臣則有罪。」上曰：「君臣之間，正欲咨詢。古人謂堂下遠於百里，君門遠於萬里，言情之

〔一〕按莫叔光，隆興元年進士（見《會稽續志》卷六），不得于紹興三年奏事，疑「紹興」爲「紹熙」之誤。時叔光爲起居舍人、兼權中書舍人（見《會稽志》卷一五）。

〔二〕押：原作「打」，據《宋史全文》卷二六下改。

〔三〕及賜酒之際：按文理，此五字似當在「宣押打毬」之下。

〔四〕棣：原作「杖」，據《宋史全文》卷二六下改。

難通也。朕正欲通上下之情，使無壅蔽。」秉奏：「陛下憂勤庶政，不憚咨詢之勞；爲從臣者既蒙時宣引，則朝夕之間，無非爲國家講究利病。」讀劄子至脩馬政，上曰：「馬綱倒斃之數多，正緣病馬在道，不得歇養。」又至論宕昌以東地險，乞增置馬驛。上曰：「朕曾理會來，宕昌以東誠有合增去處。」秉奏：「陛下不因臣僚奏請，萬機之暇，詢究及此，又明見萬里之外，曲盡事情。」上曰：「今歲郊祀，朕務從節省。如州郡（料）〔科〕買，亦令減節。」秉奏：「如鹵簿之内八寶不出，又如五輅減其副軸，於禮文無闕，而實能寬民省費。」秉因奏近日行更出迭入之制，上曰：「此正用人之法。」秉奏：「人之才能，必試而後知其可用與否。」上曰：「任賢使能，賢者當任之，能者當使之。不詳試無以知其能。求去者雖多，又斟酌其人，可留則留之，不盡聽其去也。」秉奏：「陛下深得人君之道。」（以上《永樂大典》卷一九三四三）

宋會要輯稿　儀制八

集議

■1國初，典禮之事當集議者，皆先下詔都省，省吏以告當議之官〔一〕，悉集都堂。設左右丞座於堂之東北，南向；御史中丞於堂之西北，南向；尚書、侍郎於堂之東廂，西向；兩省侍郎、常侍、給事、諫舍於堂之西廂，東向；知名表郎官於堂之東南，北向；監議御史於堂之西南，北向。又設左右司郎中、員外於左右丞之後〔二〕，三院御史於中丞之後，郎中、員外於尚書、侍郎之後，起居、司諫、正言於諫舍之後。如有僕射、御史大夫，即座於左右丞、中丞之前。如更集它官，即諸司三品於侍郎之南，東宮一品於尚書之前，武班二品於諫舍之南，皆重行異位。卑者先就席。左右丞升廳，省吏抗聲揖羣官就座〔三〕。知名表郎官以所議事授所司捧詣左右丞，當以判都（省）省官主席。左右丞執卷展讀訖授中丞，中丞授於尚書、侍郎，以次讀訖，復授知名表郎官。將畢〔四〕，左右丞捧筆叩頭揖羣官，以一幅紙書所議事節〔五〕，書字其下，授於四座。監議御史命吏告云〔六〕：「所見不同者請不書字。」以官高者爲表首。如止集本省官，座如常儀。其知名表郎官、監議御史座仍北向。僕射已上得乘馬至都堂，他官雖同中書門下平章事，亦止屏外〔七〕。

太宗太平興國七年四月七日，以兵部尚書盧多遜下吏，詔翰林學士承旨李昉、翰林學士扈蒙、衛尉卿崔仁冀〔八〕、祠部郎中知雜事滕中正雜治之。仍詔文武常參官集議於都堂。太子太師王溥等七十四人參議曰〔九〕：「引進使梁迥奉傳詔旨，以盧多遜與■2秦王廷美結搆姦謀，情狀顯露，比（令）〔令〕鞫劾，多遜具伏者。臣等今詳，盧多遜自言累遣堂吏趙白以中書機事密告秦王廷美，去年九月中又令趙白言於廷美云：『願宮車早晏駕，盡心事大王。』廷美又遣涓人樊德明報多遜曰：『丞相言正會我意，亦願宮車早晏駕。』又多遜嘗受秦王廷美私遺弓矢等事。臣等謹按：兵部尚書盧多遜身處宰司，心懷顧望，潛遣親吏，交結藩王，通達語言，呪詛君父，大逆不道，干紀亂常，上負國恩，下虧臣節，宜行誅滅，以正刑章。其盧多遜伏請削在身官爵，准法誅斬。按《賊盜律》：謀反大逆，父子年十六已上皆絞，十五已下及母女、妻妾、子妻妾、祖孫、兄弟、姊妹、

〔一〕省吏：原脱「省」字，據《宋史》卷一一〇《禮志》一三補。
〔二〕於：原脱，據《宋史》卷一一〇《禮志》一三補。
〔三〕吏：原作「史」，據《宋史》卷一一〇《禮志》一三改。
〔四〕「將」上原衍一「食」字，據《宋史》卷一一〇《禮志》一三删。
〔五〕紙：原脱，據《宋史》卷一一〇《禮志》一三補。
〔六〕「吏」原作「史」，「云」字原缺，據《宋史》卷一一〇《禮志》一三改補。
〔七〕亦：原脱，據《宋史》卷一一〇《禮志》一三補。
〔八〕尉：原脱，據《長編》卷二三補。
〔九〕七：原作「士」，據《長編》卷二三改。

部曲、資財、田宅並没入官。男年八十及篤疾、婦人年六十及廢疾者並免。伯叔父、兄弟之子皆流三千里，不限籍之同異。其秦王廷美伏請並同盧多遜處分。中書吏趙白、廷美涓人樊德明並請處斬。臣等謹具議定以聞。」詔：「盧多遜在身官爵及三代封贈、妻子官封並宜削奪追毁，一家親戚並配隸崖州，充長流百姓，終身禁錮，縱更大赦，不在量移之限。其期周已上親並配隸邊遠州郡禁錮，部曲、奴婢並縱之。餘依百官所議施行。」

八年五月十一日，御史知雜滕中正以鞫威塞軍節度、判（穎）〔潁〕州曹翰私市弓弩、槍劍、長矛、甲鎧，具裝不以聞；又於部内發民築烽臺，諸縣有寇盜，令舉烽火以應城中；擅補置牙吏，官賣鹽所得 3 錢銀、民歲輸官綿及輸租並取其餘羡；判官山玄羽掌官酒，歲所賣麴又取其羡利錢五百萬，絹百疋。獄具來上，法當死。帝重難其事，詔百官集議。工部尚書李昉等奏議曰：「謹案曹翰身備將壇，職當郡寄，而不守法度，擅賦閭閻，盜取官錢，隳紊國法。設烽燧於部内，摇編户之心；藏刀劍於私家，僭尚方之制。不法不道，黷亂紀綱。請如有司所定，寘于極典。臣等謹議定以聞。」帝以其勞舊，未忍寘于法，故止削奪官爵，登州禁錮。

真宗咸平元年九月二日，詔尚書省集文武常參官議户部尚書張齊賢、監察御史王濟（玄）〔互〕陳删定編敕利害。十月十一日，齊賢言：「前與王濟互執刑名，准詔集百官議定。今臣在中書，願寢其事。」許之。初，齊賢與濟同删定編勑，齊賢以小民犯盜者衆，欲寬其贓，冀多全宥；濟以爲寬則犯者益衆，以死懼之尚不畏，況緩其死乎！濟强抗，詞氣甚厲，目齊賢爲腐儒，不知適時之要，遂下都省詳議，並劾濟。齊賢既知政事，不欲與庶僚校曲直。帝忻然嘉納，濟免劾。

大中祥符元年九月十三日，太子詹事、判刑部慎從吉與刑部尚書温仲舒等互陳試審刑詳議官彭愈等刑名通粗，詔問狀。仲舒引禮部侍郎魏庠試慎錯通粗爲比。乃詔吏部尚書張齊賢、百官議於朝堂，且言錯等有不中程者。直史館張復知禮部名表，避事不草議狀。殿中丞丘雍代爲之，詔罰復金以懲之。

仁宗明 4 道二年七月五日，殿中侍御史段少連言：「國家每有體大之事，必集群官議於尚書省。臣近准臺牒，充監議官，於尚書省集官同禮官詳定莊獻明肅、莊懿太后祔廟事。伏見尚書省官内有帶兩制職或兼三司副使者，多移牒不赴。欲望自今每尚書省議事，其兩制以上帶尚書省并任三司副使者並不得託以他事不赴集議。如有違犯，乞以違制及不恭定罪。」從之。

景祐四年三月二十三日，集賢校理、兼宗正丞趙良規言：「伏見都省集官議謚，近制應本省官帶學士〔一〕、知制

〔一〕帶：原作「議」，據《宋朝事實》卷九改。

誥、待制、三司使、副使者並令赴議。其曰帶職官入省者，或在本官之次，或在本曹之上，著位舛（元）〔互〕，有乖舊制。謹按國朝故事及令勑儀制，則別有學士、知制誥、待制、三司副使著位，視品即與前朝制度不同，固無在朝叙職、入省叙官之理。今若全不論職，假有工、禮部侍郎兼學士者，使不在帶職兵部侍郎之下〔一〕；又如中行、後行郎官兼學士，在朝立丞郎之上，入省綴駕庫之次；知制誥、待制入朝與六行侍郎同行，入省（郎）〔却〕分在郎官之下；如員外郎任三司副使、郎中充判官者，在三司爲參佐，入省却在其上；又如員外郎兼學士，郎中兼舍人，待制在兩制自分職次，入省亦却在其上，即各綴本官班，於理未便。所以舊來議事，除別詔三省悉集，則中書舍人、知制誥與常侍、給諫至左右正言皆赴；若内朝官悉集，則學士、待制、三司使、副使 5 皆赴；若更集他官，則諸司三品、武官二品各在本司長官之次；若止是集尚書省官，其帶職者並合不赴。又按《天聖編敕》，學士、知制誥、待制、三司副使正官未至五品，並同五品官例。今若各綴本官班，則是與《編敕》不同。又按《雜坐圖》，學士在兩省侍郎之下，尚書丞郎之上；中書舍人、知制誥、待制在留後之下，秘書監之上；三司副使（右）〔在〕少卿監之上。今若復綴本官班，顯亦有違令文。又按《閤門儀制》：大宴，學士座殿上，與僕射同行；知制誥亦座殿上，與尚書丞郎同行。若曲宴，則三司副使預坐，即在知制誥之後，重行異位。其三司副使又准咸平六年勑，品與諸司少卿監同，而班其上。豈有親奉至尊於殿庭列座，其禮如此，暫入都省，便却降損？著位舛（元）〔互〕，於理未順。又按故事：尚書省官帶知制誥者並中書省奏班簿，即於尚書省、御史臺並不著籍，故有絶曹之語。今若復綴本官班，亦是有紊典故。又伏見國朝以來，凡定學士、舍人兩省以上著位，除先後入外，若有升降，皆是特稟朝旨，方定著位。豈有在朝入省〔二〕，迭爲上下？況省中會議，皆左曹在右曹之上。今來升降弗倫，典故無據。又伏見郎中、員外兼侍御史、起居舍人及任裏行者皆稱臺官，不赴都省議事。臣詳上件官並是本官兼任臺省，即是與帶知制誥、待制等事體無異，豈有兼領若一，赴集有異？又按唐朝故事，翰林學士有不知制誥者，並無別占 6 壓著位，只是與今來直館事體一般。若國朝學士、知制誥、待制，則顯有著位，與唐朝不同。其侍讀、侍講、龍圖閣、樞密等學士及三司副使，即是國朝新制。唐朝三司者自是尚書省之職〔三〕，自後唐別置使額，今來顯是不同。望委中書門下參酌舊規，詳加審定，自今除集三省官議事即依舊外，若只是本省議事，其學士、知制誥、待制、三司使、副使並依前項典故，不更赴議。庶使品位有序，典故無違。」詔御史臺與太常禮

〔一〕此句文意不明，疑有脱誤。
〔二〕入：原作「之」，據《宋朝事實》卷九改。
〔三〕是：原無，據《宋朝事實》卷九補。

院詳定。

太常禮院言：「臣等竊推禮意，旁按國經，且載有司，咸著成式。由議者之未悉，故疑論之互興。自非鋪陳，奚能折衷。今列唐制及國朝近例如左。按唐李肇《翰林志》：『凡學士無定員，皆兼他官充，下自校書，上至諸曹尚書，皆得爲之。既入院，與班行絶迹，亦不拘本司，不繫常參，守官三周爲滿歲，則遷知制誥。』韋執誼《翰林院舊事》：『翰林學士自建置以來，秩序未立，庭覲之際，各趨本列。洎興元元年，始有別勅，令朝服、班序與諸司官知制誥例同。』《唐會要》：『(太)〔大〕中初，勅翰林學士自今以後至郎中令知制誥，其餘並依本官月限及准外制例處分。』《五代史·職官志》：『天成初勅：令後翰林學士(八)〔入〕院並以先後爲定。唯承旨一員出自朕意，不計官資先後，在學士之上。』國朝《天聖編勅》：『學士、知制誥、龍圖閣待制、三司副使官未至五品者，並同五品官例。』附《儀制令勅》：『翰林學士、侍讀侍講學士、龍圖閣學士、樞密直學[7]士、龍圖閣直學士並在丞郎之上，龍圖閣待制在知制誥下，三司三部副使在少卿監之上。』大中祥符五年五月勅：『太常禮院奏，准勅新授僕射於都省上事，御史臺儀制同。其日僕射、尚書、丞郎、郎中、員外、三司使、副使、學士、兩省、御史臺、文武諸司常參官並集省内幕次以俟。僕射自正衙退，將至都堂，門外下馬。上事後乘馬出入並於都堂前〔一〕。朝堂差人着公衫前導，諸行尚書、丞郎、郎中、員外並於都堂門内分左右立班迎候。見帶内職及知制誥並不迎班。俟僕射判案訖，知班引贊官報班定，禮生贊三司使前賀，又贊學士前賀，次贊兩省、待制，次贊三司副使前賀訖，左右僕射降階，就褥位南向立。引贊官通文武兩班，相生言揖訖，班首出行致詞。以中丞充。闕，即於班内取官高者充班首。』此六事，自唐至國朝翰林學士、知制誥、待制、三司副使與本官絶曹，不在南省官之例。乾德三年十二月，以大理寺尹拙等奏稱婦人爲夫家父母喪紀不定，詔尚書都省集翰林學士、三省官及御史臺官等詳定喪紀年限聞奏。太平興國七年，以知開封府李符、法官查陶等狀，令尚書都省集翰林學士、三省官、御史臺官議定是非聞奏。雍熙三年三月，南雄州司理參軍劉鼎等坐違制掠囚，本州以勅與赦同日到上請，下尚書都省集本省官及翰林學士、兩省、御史臺官會議。咸平元年三月，太常禮院李宗訥等奏請事件，令尚書省集三省、御史臺官、翰林學士[8]同檢討典故，詳議可否聞奏。五年五月，知滎州(楮)〔褚〕德臻等言盜官銀處法不定，下其狀尚書都省，集翰林學士、本省四品以上官、兩省五品以上官、御史中丞、知雜御史定議以聞。此五事皆三省及翰林學士、御史臺同議。若詔語内不特言其官則不赴。乾德二年二月敕：『應内外文武職官儀制等，宜令尚書省集臺官、翰林學士、秘書監、國子司業、太常博士等詳議。』開寶九年十一月敕：『太

〔一〕「上」原作「士」，「前」原作「府」，據後儀制八之一四「吳育奏」内引文改。

子太師王(傳)〔溥〕等奏，中書劄子，諸道藩侯在京早要迎授恩命，其百官服式令文武班班首及學士、舍人同共詳酌。』淳化三年十二月，許王元僖薨。時將南郊，在王喪戚之内，太宗疑之，命宰臣於中書省〔集〕尚書、丞郎、翰林學士、中書舍人、御史臺、禮官、學官等詳議可否。咸平元年六月，太常禮院議：每遇大祭之日，太祖與太宗昭穆同位，皇帝自稱曰孝子嗣皇帝，敕都省集兩制并尚書省四品以上官同參議。大中祥符元年七月，爲九宮貴神於封祀壇不合用玉，詔(定)吏部尚書張齊賢、刑部尚書温仲舒集兩省給事、舍人以上同議定。此五事，則詔旨臨時指定。其官雖多少不同，然常別標翰林學士與知誥官，明知兩制，待制不係兩省官。至道二年六月勅：太常禮院奏，太宗皇帝祔廟有淑德皇后符氏，未審以何后祔饗配食？勅尚書都省員外郎以上、諸司四品以上官集議。又其年八月，勅尚書都省集翰[9]林學士、兩省、御史臺知雜以上、南省員外郎以上、諸司四品以上并判官院官詳定。景德元年七月，太常禮院奏請以懿德皇后、明德皇后同祔太宗皇帝室，以先後次之。勅尚書省集翰林學士、兩省、御史臺官、尚書省六品以上、諸司四品以上同議定。此二事，則三省及翰林學士、御史臺及諸司四品以上並集，明不因詔旨，則尚書都省止循常例，集本省官議事。建隆元年正月，兵部尚書張昭等奏建立廟恐未合禮例，集文武百官於尚書省定議。此事止言百官，則知兩省并學士等亦不赴。建隆三年三月，詔尚書省集議徒流笞杖用常杖制，此事止令本省尚書、丞郎、郎中、員外同議，兩制及帶職明皆不赴。《唐六典》：凡議謚之法，太常寺擬訖，考功於都堂集省内官議定，然後奏聞。此事自唐以來，凡議謚止集本省尚書至員外郎，不集兩省官及翰林學士之明據也。臣等謹詳會議之文，由來非一，或出朝廷別旨，或徇官司舊規。故言集本省者，即南省官也；集學士、兩省、臺官者，容有内制、給舍、中丞之類也；集學士、臺省及諸司四品以上者，容有卿監之類也；集文武百官者，容有諸衛之流。故謀事有大小，則集官有等威，率繫詔文，乃該餘職。昨緣段少連以太常易名，考功覆議，誤謂群司普當會席，列爲具奏，嬰以嚴科，遂使位敘頓差，憲章交戾。而趙良規援求故寔，采獲輿言，事悉而可求，理當而[10]難奪。然前之建白非是，蓋或失傳；後之辨正可稽，無容憚改。臣等參議，欲乞自今以後每有臣僚擬謚，止令南省官詳定。其帶兩制并待制、省副、雜端職任郎中、員外更不赴會。或事體大，臨時敕判，兼召三省、臺寺，即並依國朝舊例施行。」

御史臺別奏曰：「(有)〔看〕詳趙良規起請及檢會尚書都省自來朝廷降勅議事，或集尚書省五品以上及知雜御史者，或兩制、兩省五品以上、尚書省五品以上、御史臺知雜以上者，或翰林學士、丞郎、大兩省、御史臺知雜以上，或翰林學士、兩省官、御史臺官、員外郎以上者，或兩制、兩省及南省四品以上，并御史臺官者，或知制誥以上并兩省侍郎以上者，或兩制并秘閣、三館官者，或翰林學士、本省五品已上、兩省官知制誥以上、御史知雜以上者，或尚書省官與太常禮院官者，或百官者。若以翰林冠侍從之先，西垣掌書命之重〔一〕，待制參内閣之序，計庭領邦賦之繁，班朝則與衆絶曹，入省則叙官爲次，朝省異位，誠如良規之言。然古人創議，稽於本不稽於末；公朝立法，期於遠不期於近。且中臺設官，其來尚矣。故《書》稱龍作納言，《詩》載山甫出納王命，寔《周官》之司會，法文昌之六星。所以宣導政令，總領紀綱，居萬事之元，作百官之本。秦漢而下，臺閣增峻，首之以令僕，次之以尚書丞轄，又次之以侍郎、郎中、員外，列爲六曹，析爲二十四司，位有著定，職有統維。歷祀(寢)〔寖〕深，尋原 11 不紊。皇朝凝命立極，垂八十年，振起前規，正在今日。如曰未暇，則其舊事之體，固可存而勿失。今良規以謂固無在朝叙職、入省叙官之理，復云中行、後行員外郎兼學士在朝立丞郎之上。又今之正言掌誥，立班於待制、諫議大夫之間，則是用在朝叙職之説。若叙職惟允，則都省叙官不誣矣。又云若只是集尚書省官，故帶職者不赴。夫惟議事以制，是將建中於民，必在酌典刑之端，參禮法之變，所期清要之器識，以資折衷之討論。豈可不副朝廷慎重之意，輕易臺省諮詢之體哉！而又引《雜座圖》、《閤門儀制》，此並非都堂序本省官儀也。至於稱尚書省官任外制者不著臺省之籍，故有絶曹之語，而以爲重，則今尚書省官任内制者並係臺省之籍，寧有座曹之實，而可謂輕乎？然則論職官之言，正爲絶曹者設。豈有受禄則繫官爲俸，議事則絶曹爲辭？況列聖累朝，名臣間出，若王旦、王化基、趙安仁、晁迥、杜鎬、楊億，親嘗預議於倉卒，無變古之論。故相李昉爲主客郎中掌誥日，屢經都省議事〔二〕。與故散騎常侍徐鉉言江南議事，與此略同。則其談評，固可采據。又議大事，僕射、御史大夫入省，唯僕射至廳下馬，于今行之，蓋所以重名器而守品位也。故都堂會議，書狀以品，就座以官，亦已久矣。忽此更張，恐非通理。今與衆官詳定，都省今後承准勑命，令集在省衆官會議者，自知雜御史、三司副使以上且 12 係南(官)〔省〕官別帶兼官及帶職者並令依議預議。所有殿中侍御史段少連起請，今後每遇議事，其帶職尚書省官不赴集者，以違制及不恭定罪，竊以議事必有大小，致罰須分重輕。欲乞自今合赴集議之官而輒不赴者，如議國家典禮，即從違制施行；若議常程小事，止依律處分。」

又直集賢院、同知太常禮院吳育奏：「竊以趙良規所請合臺閣定議，是非不同，一則曰入省叙官〔三〕，一則曰絶班不赴，各持所見，互據所長。若但務引細文，拘牽末制，皆未足以斷朝廷之大體，作爲彝章。是必稽合人情，講求

〔一〕書命之：原作「書之命」，據文意乙。

〔二〕省：原作「督」，據《宋史》卷一二〇《禮志》二三改。

〔三〕入：原作「汰」，據下文改。

通誼，以輕重本末折衷而言之。臣以謂若從本省叙官之誼，有不可者二。大凡國家自朝廷而制臺省，自臺省而制郡縣，上下有次，輕重有倫。至上莫若君父之前，至重莫若朝廷之内。上可以統下，重可以臨輕。舉重則不可以輕者干，舉（止）〔上〕則不可以下者紊。夫尚書省雖制度雄大，亦天子之有司，官繫其中，謂之本省，本省相會〔一〕，須存朝廷。豈有君父之前、朝廷之内，班列殊隔，一入省司，輒易尊卑，而云在朝叙職，入省叙官？則是以一體爲二家〔二〕，以朝省爲彼我，上下異貫，輕重不倫。求之古先，出何經義？此其不可一也。官職之名，本非二體，官正其號，職供其事，名實相繫，豈有殊途。只如庖人是官，供庖是職，祝人是官，致祝是職，以何隔絶，分官職爲兩事？蓋自唐室以來，臨事雜置，遂有別帶職事之名，厥後因循，未歸 **13** 本務。必欲振復，則當一槩更張。若即今而言，須以隸名爲輕，供職爲重。儻云入朝叙職，入省叙官，則是官職相離，遂有限絶，推之於古，益紊源流。此其不可者二也。若從絶班不赴之議，有不可者三。古者尚書爲天下綱轄喉舌之地，萬事所本，巨細由之。二十四司各有臬品〔三〕，悉歸慎擇，未嘗輕授，皆用器識詳通之士以充其選。蓋國有謀議，取決其中。今則不然，（推）〔惟〕以叙遷而至，其間拔擢英異，又多歸（待）〔侍〕從之列。若議論之際，皆以絶班不赴，則朝事諮決，未盡其人。此不可一也。知制誥稱中書省奏班簿，是謂絶班〔四〕，可以不赴本省，只如翰林學士亦知制誥，又却不絶班簿。此皆因循之制，參差不倫，未可取爲確據。勅文中亦有連稱兩制三卷，似此之相，務要分明。致臨時文字重爲，即不是待立綱條可爲執者也〔五〕。縱絶班有例，而絶官無聞。謹按《唐六典》：中書舍人以他官兼者謂之兼制誥。故白居易草楊嗣復授庫部郎中、知制誥辭云：『前代制誥，中書令、侍郎、舍人通掌之。國朝以來，或以他官兼領。』又授元稹中書舍人辭云：『元稹自祠曹員外試（短）〔知〕制誥。』謂之『兼』則豈絶本官，謂之『試』則明未正職〔六〕，斯皆章灼不疑之事也〔七〕。今縱有明文絶其官省〔八〕，若遇詳定，猶當以體追而正之；况無明文，但引因循參差之事爲據？此其不可二也。今兩制遷改，其告身命辭必舉本省曹之務爲之訓諭。凡授一勅牒，則下至府寺冗局，猶供其職。豈有一人命官，三省連書，而都無所繫？盡是空言，止爲俸錢，徒加官號。命官之理，其若是乎？惟兩府大臣既爲宰執，明不可 **14** 更親有司之事，况其俸禄亦不繫其官，自餘臣僚豈

〔一〕「本省」原不重，據《宋朝事實》卷九補。
〔二〕二：原作「一」，據《宋朝事實》卷九改。
〔三〕臬：疑當作「其」。
〔四〕「不赴」至「絶班」，原脱，據《宋朝事實》卷九補。
〔五〕此注文意不明，疑有脱誤。且審其大意，與正文無關，《宋朝事實》引此文亦無此注，或是錯簡，闌入於此。
〔六〕未：原作「不」，據《宋朝事實》卷九改。
〔七〕斯：原作「在」，據《宋朝事實》卷九改。
〔八〕絶：原脱，據《宋朝事實》卷九補。

得援此？若二司公事，本自尚書省分出，非別省。或依兩制例，不赴本省，又何謂乎？凡搢紳遷次，所主者官名，俸給盡從本省。居常既不復至〔一〕，會議又不一來，則是自絕其官，帶之何謂？仲尼不去餼羊，粗存告朔之禮；若并羊一去，寄禮無地。則臺省之制，自此益隳，縱以絕班，皆可不赴〔二〕，若有詔兩制、臺省、百司畢會，則座次又如何爲定？此其不可三也。此皆舉其大端，決有不可。臣伏謂是非之議，止當歸一〔三〕，若又廣爲採摭，適足爲煩。今於國朝典故中取一最切最明之事，足以質定。准大中祥符五年五月勅：『新授僕射於都省上事，御史臺儀制同。其日僕射、尚書、丞郎、郎中、員外、三司使、副使、學士、兩省、御史臺、文武諸司常參官並集省内幕次以俟。僕射自正衙退，將至都省堂，門外下馬；上事後乘馬出入並於都堂前。朝堂差人着公衫前導，諸行尚書、丞郎、郎中、員外並於都堂門内分左右立班迎候。見帶内職及知制誥並不〔近〕〔迎〕班。俟僕射判案訖，知班引贊官報班定，禮生贊三司使前賀，又贊學士前賀，次贊兩省、〔行〕〔待〕制，次贊三司副使前賀訖，請僕射降階，就褥位南向立。引贊官通文武兩班，禮生言揖，揖訖，班首出行致詞。以中丞充。闕，即於文武〔武〕〔班〕次内取高官者充班首。』此則雖赴本省，自有甄明之例也。臣竊詳前來兩奏各有未安，須至折衷古今，斷以大體，用朝廷爲重，取著定爲常。臣子之心，雖在本司，如對君父，則所存者大，所處者安。臣愚欲乞今後 15 凡尚書省會議，如只集本省官，則帶職者並赴。唯其坐次則當甄明，須依朝中兩制班列，別作一行列座，行綴自異，亦非相壓。《春秋》之義，王人雖賤，必叙乎諸侯之上，所以尊王命而廣臣恭也。今兩制爲侍從近密之職，皆是朝廷拔擢寵異，以待殊才。既王命之所旌，亦臣子之當奉，雖在本省，禮合表異，況又自分行列〔四〕，不相妨壓。亦如僕射上事之儀，凡帶絕班之官並赴，而別頭贊引，不與本省官同在迎班，顯合本朝之典章，亦非今日之臆斷。若有詔兩制、臺省、諸司、諸衛官畢會，則各從其類，自作一行。其書議亦各如其座次而列。如此，則班聯區別，事體詳明，臺省之官自分，朝廷之議有定，時宜既合，人情亦安。若遇國家盡復正官，各從本務，則不假復議，自有尋倫〔五〕。臣忝備官司，合以愚見所安者上對。可否之斷，繫之朝廷。」詔曰：「自今後尚書省議事，應帶職官、三司副使並不赴；如遇集議大事，臨時指揮令赴者，即別設座次。其明道二年七月一日勅命更不行用〔六〕。」以諸議所執不同，故用所宜而降詔。

慶曆三年五月二十三日，詔：「自今兩制官詳定公事，

〔一〕至：原作「止」，據《宋朝事實》卷九改。
〔二〕可不：原作「不可」，據《宋朝事實》卷九乙。
〔三〕止：原作「至」，據《宋朝事實》卷九改。
〔四〕列：原作「殊」，據《宋朝事實》卷九改。
〔五〕尋倫：疑當作「彝倫」。
〔六〕一日：疑誤。此所謂「勅命」即從段少連奏所降之詔，據前文，段少連奏在七月五日，則下詔應在其後。

大事限一月，小事半月，其急速者勿拘。」

五年十一月二十日，樞密院請自今進退管軍臣僚，極邊長吏、路分兵馬鈐轄以上，並與宰臣同議。從之。

七年五月二十七日，詔：「西北邊有大事，自今令中書、樞密院召兩制以上同議之。」

皇祐元年正月二十一日，御史中丞張【16】觀言：「諸處起請文字，中書、樞密院批狀下兩制，令與御史臺同共詳定。學士院告報議事月日，承例御史臺官盡赴學士院連書聞奏。竊緣御史臺官務在彈奏，朝廷班序座位不同。蓋古者使異其局，專其職。欲乞今後免同兩制議事。」從之。

嘉祐四年六月四日，觀文殿學士兼侍讀學士、禮部尚書王舉正言：「朝廷每有送兩制詳定事，亦須臣預議。念臣常參重任，乞今後免預。」從之。

八月二十五日，翰林學士承旨孫抃等言〔一〕：「准詔送下翰林學士王綷奏，欲望慎擇名臣，討論有唐官制，參考本朝官職品秩事任，量加裁定，正其名體，令兩制詳定。乞依綷所請，差官三兩員置局詳定官制，爲一代典章，垂之無窮。」詔差翰林學士胡宿、知制誥劉敞同詳定聞奏。事具《冠服》篇。

英宗治平三年正月二十七日，詔罷尚書省集議濮安懿王典禮〔二〕。初，中書門下奏請議濮安懿王及三夫人合行典禮，下禮官及待制以上議，皆以爲准先朝封贈朞親尊屬故事。中書復請下尚書省、御史臺官議，而皇太后以手書詔執政，於是罷議。

神宗元豐六年六月四日，詔集議大典禮，令秘書省長貳〔興〕〔與〕。

哲宗元祐五年八月二十八日，中書省言：「臣僚上言：奉詔，皇帝尚虛中壼，令太常禮官參考古今典故，著爲成式。竊見近歲議太皇太后、皇太后、皇太妃寶册冠服儀衛等事，皆令翰林學士、兩省給舍與禮官同議。今皇帝婚禮，【17】其事甚重，請令翰林學士已下共議。」詔翰林學士、御史中丞、兩省給舍與禮部〔三〕、太常寺官同共詳議。

六年七月八日，宰臣呂大防等言：「納后儀注，昨制禮官集議，各具所見，皆有典據。今日恐難盡行，臣等尋已參酌修定進入。」太皇太后曰：「前議已曾省覽，其間有可行者，有不可行者。蓋取其便於近事，不必泥古昔也。」大防等曰：「誠如聖諭，欲望明示可否。」八月八日，三省、樞密院言：「議到納后六禮。」詳見「册后」門。

欽宗靖康元年十一月七日，詔：「朕曲意議和，而金人必欲得三鎮。與之及不與之〔四〕，其利害各如何，朕當從衆

〔一〕抃：原作「朴」，據《長編》卷一九〇改。

〔二〕禮：原脱，據《長編》卷二〇七補。

〔三〕給：原脱，據《長編》卷四四七補。

〔四〕「不與之」之下原有「反不與」三字，據文意刪。《三朝北盟會編》卷六二此二句作：「今欲與之，其利害如何；欲不與之，其利害如何？」

而行，不敢自任。令百官以明日於尚書省集議以聞〔一〕，宰執親戚不預。若割三鎮或不割，各如何保無後患？割之而來，不割而來，各如何備禦？擇衆議是者行之。」八日，集百官議三鎮于延和殿，各給筆札。文武分列廊廡，凡百餘人。惟梅執禮、孫傅、呂好問、洪芻、秦檜、陳國材等三十六人言不可與〔二〕，自范宗尹以下七十人皆欲與之。不與者曰：「朝廷經三世得河東，陵寢在焉。河北，天下之四支，四支苟去，吾不知其爲人，人民貢賦皆其末也。況天下者太祖之天下，非陛下之天下。石敬(塘)〔瑭〕故事，豈可遵乎？」與者曰：「朝廷嘗許三鎮，今反不與，是中國失信於夷狄。若姑且與之，縱復猖獗，則人怨神怒，師出無名，可不戰而屈也。」宗尹言最切，至伏地流涕，乞予之以紓禍。已而黄門持宗尹章疏示衆曰：「朝廷已有定議，[18]不得異論。」會李若水歸自粘罕所，慟哭于庭，必欲從其議。何㮚謂若水曰：「三鎮之地，割之則傷河外之情，不割則太原、真定已失矣。不若任之，但飭守備，以固其勢維持。」執禮建清野，尋召孫傅及執禮對，議遂定。

高宗建炎四年五月二十日，詔侍從、臺諫官並赴都堂議事。殿中侍御史沈與求言〔三〕：「(光)〔先〕爲患脚氣在假，趁赴不及。臣有本職，欲乞上殿敷奏訖，赴都堂稟議。」從之。

六月四日，臣僚言：「比年以來，每至防秋，未嘗不蒙召集群臣，咨以計畫，紛紛訖無定論。況事有幾微，難於遍曉，而又積粟聚財，屯兵拒守，事節至繁，皆不可以立談判。頃刻聚議，未必精詳。欲望特下今來所議者，宜許令侍從、臺諫等各以所見(降)〔條〕畫，直說利害，限三日寔封投進。」詔依已降指揮赴都堂聚議，如有未盡事件，令條畫寔封聞奏。

紹興三年四月十五日，御史臺言：「考功報本臺，除禮官外，監察御史以上官並合赴今月十五日尚書省集議隆祐皇太后改謚。今檢准本臺令，諸尚書省集議，輪御史一員監，告而不赴及不委議意而書者並彈奏，有異議者聽具狀論列。今來集議，全臺官未委合與不合趁赴。」詔依御史臺令施行。

七年二月九日，新除太常少卿吳表臣等言：「今集議道君太上皇帝、寧德皇后謚號，除禮部、太常寺官依禮例合赴外，所有集議日分，并合令甚官以上趁赴，乞指揮施行。」詔監察御史以上趁赴。

[19]八月二十九日，詔：「比令侍從官詳議徽宗皇帝祔廟配享功臣，而刑部尚書胡交修等請以故光禄大夫、尚書右僕射兼門下侍郎、贈太師、魏國公、謚文定(傳)〔韓〕忠彦配享，議狀來上。緣有在假、差出及新除到官，未經詳議，

〔一〕官：原作「百」，據《三朝北盟會編》卷六二改。
〔二〕國：原脱，據《靖康要録》卷九補。
〔三〕與：原脱，據《建炎要録》卷三三補。

可令一就詳議聞奏。」

紹興三十(年)〔二〕年六月二十日，孝宗即位未改元。詔有(可)〔司〕集議太上皇帝、太上皇后合上尊號。續禮部、太常寺言：「用今月二十二日宰執、侍從、臺諫、兩省官、禮官於尚書省集議。」從之。至是，尚書左僕射陳康伯、知樞密院事葉義問、參知政事汪澈〔一〕、同知樞密院事黄祖舜、翰林學士洪遵、尚書禮部侍郎黄中、中書舍人史浩、敷文閣待制知臨安府趙子潚、敷文閣待制樞密都承旨徐嘉、權尚書户部侍郎吴芾、權尚書禮部侍郎吕廣問、權尚書兵部侍郎陳俊卿、權尚書刑部侍郎路彬、權尚書工部侍郎許尹、宗正少卿張闡〔二〕、太常少卿王普、尚書禮部員外郎劉儀鳳、太常丞吴龜年〔三〕、太常博士林栗、太常博士楊民望、太常寺主簿嚴杭奏：「臣等竊惟至德之世，如容成、大庭、赫胥，皆洪荒杳邈，莫得而詳。自《詩》《書》所載，其甚盛者，必曰堯舜。迹其所以致之之效，能以天下遜。考之於古，皆以耄期而倦勤，天下後世，猶爲美談。恭惟太上皇帝撥亂反正，身濟大業，中興之功，煌煌乎不可掩已。方時敉寧，國威復振，上之五緯循度，下而百穀登衍。大功崇成，退却不居，以春秋鼎盛之年，20 脱屣萬乘，粃糠唐虞，古今一人而已。夫五帝之壽，唯堯最高；百王之聖，唯堯獨冠。今兹高世之舉，視堯有光，謂宜以『光堯壽聖』爲號，庶幾揚鴻烈而章緝熙，仰副太上皇帝巍巍甚盛之德。恭請上太上皇帝尊號曰『光堯壽聖太上皇帝』，太上皇后尊號曰『壽聖太上皇后』。臣等謹議。」二十三日，有旨恭依，令學士院降詔，太上皇帝宜恭上尊號曰光堯壽聖太上皇帝，太上皇后宜恭上尊號曰壽聖太上皇后，仍令禮部、太常寺疾速討論禮儀，條具申尚書省取旨。

孝宗隆興二年十一月二十一日，詔：「方今多事，理宜博謀。侍從、兩省官每日一到都堂，遇合關臺諫者，亦許會議。」

乾道三年七月一日，禮部、太常寺言：「勘會國朝園陵故事，尚書省集官擬謚，係令侍從、臺諫以上并禮官集議，六曹郎官以上書謚。所有今來大行皇后集謚，欲依上件故事施行。乞降下集謚日分施行。」詔用七月七日。議文見恭皇后。

五年四月十三日，詔工部侍郎薛良朋長到集議等指揮〔四〕，多與祖宗舊法相戾，令吏部長貳看詳，將上取旨，編入新勑。

九月十一日，太常少卿兼皇子慶王府宣講林栗、太常丞兼權倉部郎官陳損、太常博士龔滂、太常寺主簿馮仲夷劄子：「契勘今歲孟冬祫饗在近，所有欽宗皇帝廟庭配饗臣

〔一〕汪澈：原作「汪轍」，據《宋史·汪澈傳》改。
〔二〕宗正少卿：原作「權尚書工部侍郎」，按《建炎要録》卷二〇〇，此年六月四日以張闡爲宗正少卿，據改。
〔三〕丞：原作「寺」，據本書禮四九之二六改。
〔四〕此句疑有誤。

僚，尚虛其位。欲望特降明詔，令侍從臺諫集議以聞〔一〕，於十月三日祫享以前降付有司施行〔二〕。」詔依。議文見「配享功臣」門。

六年十一21月十一日，禮部、太常寺言：「已降指揮，大禮慶成，光堯壽聖太上皇帝、壽聖太上皇后合加上尊號，可令有司集議以聞。今檢照紹興三十二年奉上光堯壽聖太上皇帝、壽聖太上皇后尊號册寶禮例，朝廷定日劄下禮部、太常寺，是日宰執、侍從、臺諫、兩省官、禮官於尚書省集議。今來欲乞依上件禮例施行。」詔依，仍用今月十三日。詳見《册尊號》門。

淳熙三年六月二日，詔：「凡集議，當在尚書省、御史臺。比聞侍從、兩省並就殿中侍御史家，殊爲失禮。可以朕旨諭之。」時因議安南國王李天祚子龍(翰)〔𨊞〕承襲封爵，在侍御史柴謹家，故有是命。

四年七月十九日，詔：「集議除朝廷合就尚書省外，六曹就吏部尚書廳，侍從、兩省官就後省。如臺諫預議，即就御史臺。」監察御史齊慶胄論繁冗虛僞等事，有旨令侍(御)〔從〕、臺諫、兩省官集議，侍御史謝廓然具請故也。

八年五月四日，兵部侍郎芮煇言：「集議多惟彊有力者是從，不若令各爲議狀。如論科舉則禮部、祕書省、國子監官皆預之類。」上曰：「如此，則廢集議矣。」趙雄等曰：「煇所論乃漢所謂雜議也，恐亦可從。」上曰：「今後遇事，旋降指揮。」

十二年九月十一日，詔：「太上皇帝聖壽無(彊)〔疆〕，來歲八十，邦家大慶，載籍未聞。可令有司論討典禮來上。」既而禮部、太常寺言：「今檢照淳熙二年加上尊號及慶壽典禮，朝廷定日劄下禮部、太常寺。是日，宰執、侍從、臺諫、兩省官、禮官於尚書省集議。今來欲乞依上件禮例施行。」詔依，仍用今月十三日。詳見「册尊號」〔門〕。

十四年十月十三22日，詔令侍從、臺諫、禮官議金國賀會慶節使人入見。既而吏部尚書蕭燧、兵部尚書宇文价、翰林學士洪邁、權刑部尚書葛邲、權工部尚書韓彦質、户部侍郎葉翥、刑部侍郎劉國瑞、給事中王信、中書舍人陳居仁、李巘、右諫議大夫謝諤、權吏部侍郎章森、權户部侍郎張杓、權禮部侍郎顔師魯、太常少卿尤袤、起居舍人胡晉臣、禮部郎中鄭僑、殿中侍御史冷世光、監察御史吳博古、太常丞喻良能、太常博士黄黼言：「目今車馬見留德壽宫喪次，百官免上壽，恐難以引見人使。如人使必欲朝見，乞用明道故事，小祥兩日後，於二十三日只就德壽宫素幄引見，庶合典故。」從之。

十五年三月十七日，詔令侍從、臺諫、禮官詳議高宗聖神武文憲孝皇帝祔廟配饗功臣。既而兵部尚書宇文价、翰林學士洪邁、權刑部尚書葛邲、權工部尚書韓彦質、户部侍

〔一〕諫：原脱，據本書禮一一之六補。
〔二〕於：原作「趁」，據本書禮一一之六改。

郎葉翥、刑部侍郎劉國瑞、給事中王信、中書舍人陳居仁、李巘、右諫議大夫謝諤、敷文閣待制提舉佑神觀吴琚、權吏部侍郎章森、權兵部侍郎林栗、起居舍人鄭僑議，以故太師秦國公謚忠穆吕頤浩、特進觀文殿大學士謚忠簡趙鼎、太師蘄王謚忠武韓世忠、太師循王謚忠烈張俊配饗，從之。

四月十六日，太常少卿尤袤等言：「竊考祖宗典故，既祔廟，然後議配饗，必先有廟而後有從祀之臣，亦必詔禮官參議，務盡衆言。獨嘉祐八年議以王曾、**23** 吕夷簡配食仁宗，乃在山陵之前。然亦必先降詔旨下兩制定議，當用何人，而王珪等始以王曾等姓名上之。元祐元年裕陵復土已七閱月，有司始援典故，乞自兩制以上及太常寺、祕書省長貳同議配饗；又兩月，而吏部尚書孫永等始以富弼應詔。蓋宗廟至重，必嚴其事也。今來高宗猶未祔廟，所議配饗，少遲旬月，固未爲晚；乃忽定於靈駕發引一日之先，事出倉皇，衆以爲疑。仰惟高宗皇帝受命中興，一時將相依乘風雲，勒功帝籍，不出數人，自有公論。爲之子孫，皆以祖考得預爲榮。儻不按典故，不集衆論，則無以厭服其佗勳臣子孫之心，消弭衆多之口，而祖宗集議典禮，將恐遂廢。臣等備員禮官，誠見議論紛紛，以定配爲速，以不集議爲疑。既有前件典故，儻不條陳，是爲失職。乞俟升祔禮畢，别擇日下侍從、兩省、臺諫、禮官及祕書省集議施行。」小貼子稱：「竊惟配食清廟，係大典禮，付之衆人，則議論自公，遲以歲月，則名實自定。公則人無異辭，定則萬世不變。今宜反覆熟議，以盡衆言，庶幾得預者無愧，不預者無辭。」勘會宇文价、葛邲、葉翥、劉國瑞、王信、陳居仁、李巘、謝諤、吴琚、章森、林栗、鄭僑各（以）〔已〕集議，及韓彦質妨嫌外，詔未集議侍從、兩省、臺諫及太常寺、祕書省依典禮詳議聞奏。

二十四日，臣僚言：「配饗之議，已有一定之論，見於施行。今忽降指揮，再令詳議，則二三之論，又將紛紜而起，**24** 甲可乙否，重惑朝聽。」詔更不再集議。（以上《永樂大典》卷一三九四九）

彈劾

【宋會要】

25 國朝儀制：百官起居，文班失儀，右巡使彈奏；武班失儀，左巡使彈奏；左右巡使失儀，即互相彈奏；如兩不彈奏，則閤門使彈奏；閤門使不彈奏，則宣徽使彈奏。見辭謝及通事舍人祇應失儀，並閤門使彈奏；閤門使不彈奏及自失儀，則宣徽使彈奏。長春殿起居，如有墜笏失儀者，除軍校不問，餘並贊拜内侍報閤門依例施行。若羣官交雜品位，不依次序，回班將出却顧，軒墀執笏不端，接武紛亂者，並左右巡使彈奏；出入便門語笑及不端笏，並閤門、宣徽使以次彈奏。

太宗太平興國五年九月五日，詔曰：「表著之設，蓋有等威；闕庭之儀，所務恭肅。方屬承平之始，宜申沿革之規。應文武百官自今宜令有司徧行布告，凡遇朝會，皆務恭虔。每内殿起居日，即須踧踖入門，雍容就列。稍涉不謹，便同失儀。此外朝堂素有典彝，憲臺並須振舉。恪居官次，稱朕意焉。」

淳化二年七月十三日，詔：「自今内庭起居日，或班内有官失儀，本巡使于彈奏位先兩拜，奏云：『班内有官失儀，臣請出門外勘當聞奏。』如供奉班内有官失儀，即奏請付所司。宣徽使、殿上承旨宣所奏，又兩拜，却歸本位，對揖退。」

三年正月，詔有司復舉十五條：一、朝堂行私禮；二、跪拜；三、待漏行立失序；四、談笑諠譁；五、入衙門執笏不端；六、行步遲緩；七、至班列行立不正；八、趨拜失儀；九、語言微喧；26十、穿班；十一、仗出閤門不即就班；十二、無故離位；十三、廊下食行坐失儀、語諠；十四、入朝及退朝不從正衙門出入；十五、非公事入中書。犯者罰一月俸，有司振舉。拒不伏者録奏，乞行貶降。

四年六月十二日，御史臺言：「文武官在京監管庶務，並免常參外，其内殿起居、横行參假、入閤、非時慶弔、侍讌，正冬御殿、御樓、壽寧節、國忌行香、都省朝堂議事、城外立班並赴，違者望許彈糾以聞。」從之。

真宗咸平三年七月十二日，詔：「文武常參官入朝、退朝不由正衙門，非公事輒入中書，委御史臺彈奏。」

四年三月二十二日，御史中丞趙昌言、知雜御史范正辭言：「内宴更衣，百官有徑歸及過從于外者。臣等已于春宴前殿行戒勵，望降敕委外彈奏，特行懲戒。」從之。

閏十二月二十日，御史臺言：「舊例：假三日，群官並赴文德殿横行朝參。近日多以内殿起居不赴，望申舊制，以肅朝參儀。」詔自今並許彈奏。

景德二年九月七日，詔：「自今宴會，宜令御史臺預定位次告示，各令端肅，不得喧譁。違者殿上委大夫、中丞，朵殿委知雜御史、侍御史，廊下委左右巡使察視彈奏。内職殿直已上赴起居，入殿庭行私禮者，委閤門彈奏。軍員令殿前侍衛司各差都校一人提轄，但虧失禮容，即送所屬勘斷訖奏。仍令閤門、宣徽互相察舉，敢蔽匿者糺之。」

四年九月，詔：「御史臺左右巡使二員，自今每遇内殿起居，〔官〕高者東27邊立，彈西面供奉班并武班失儀；官低者西邊立，彈東面供奉班并文班失儀。或闕巡使，權差官應奉，亦依此例。」

大中祥符二年八月十二日，侍御史知雜事趙湘言：「伏見常參文武官每日趨朝，多不整肅，請頒條制以儆之。舊制：每日早赴待漏院，候開内門齊入。伏緣逐日辰時以來放朝，以故後時方入。望許令知班驅使官二人常在正衙殿門管勾，有入晚者，具名申奏。遇風雨寒暑稍甚，即多稱疾請假。望自今委御史臺酌度聞奏，遣醫診視〔一〕。如顯

〔一〕診：原作「軫」，據《長編》卷七二改。

有誣妄〔一〕，即具彈奏。」從之。

四年六月八日，詔：「今後常朝并起居，臣僚七人已上不到者，具名位聞奏取裁。如旋稱病患請假者，即差醫官看驗，仍密切覺察。」

五年十二月七日，詔：「應文武臣僚趨朝立班及崇政殿引見官員使臣，今後更有違慢，仰閤門、御史臺彈奏。逐處或不彈奏，亦當勘罪，重行朝典。」先是，臣僚上言：「近年趨朝立班，以至後殿引對奏事，並不端笏，行立怠惰。御史臺、閤門、軍頭司略不振舉，望降詔戒約。」故有是命。

六年十二月二十三日，御史臺言：「文武常參官失儀，凡十六條，内十三條緣事有失□，仍舊爲公罪外，其語笑喧譁、入正衙門執笏不端、至班行立不正，情涉故違；赴宴言語交錯、舉動不肅，並請坐私罪。」從之。

七年八月二十二日，閤門言：「崇政殿引對，三班使臣有所祈恩唐突者，宣徽院承例劾其罪，而諸司未有條約。自今唐突者，請令所隸官司舉奏；不舉奏者，聽閤門、軍頭司 28 彈奏。」從之。

天禧二年二月，御史臺言：「近内殿起居，右巡使廖安世彈左巡使王迎執笏不端；迎不知被彈，復彈安世拜起失儀。本臺謹按故事：知彈御史每遇入閤，凡有違失，皆是仗下彈奏。被彈者趨出，于朝堂待罪。如知彈御史被彈，即俟監奏畢趨出，亦待罪于朝堂。欲望自今左右巡使内有失儀被彈者，除見他官違失依例舉行外，如元彈奏者有僭犯，委自閤門糾察，被彈者不得復有申舉。仍委贊引閤門祗候告示被彈御史知委。」從之。

仁宗天聖元年十月二十八日，右巡使、監察御史鞠詠言：「武班臣僚小可失儀，望免彈奏。」宰臣王欽若奏：「詠自授憲官，百僚失儀，多不彈舉，累經罰俸。今此陳述，將成廢職。」詔詠免勘，與換舊官，小處同判。

三年八月十二日，上封者言：「諸司使、副使已下起居多不整肅。請詔閤門告諭，内殿起居臣僚自今出入殿門，並須端謹，不得喧譁。殿庭依班排立，視樞密使拜起舞蹈，毋得先後。違者閤門使副糾舉。」從之。

九月三日，閤門言：「自來輪差閤門祗候二人于殿庭覺察失儀臣僚，緣並隨班起居，難于伺察。今請令宣喝對立者于長春殿先起居訖，專切覺察〔聞〕奏。」從之。

六年三月二十三日，詔：「宴會座朝，左右侍立臣僚内有不務謹肅、語言喧譁，當職官司並不彈舉。自今如有上件違犯，令宣徽使、閤門、御史臺、内侍省都知、押班具名位以聞。」

七年五月，詔：「今後便殿 29 視事，令閤門祗候覺察臣僚失儀，依例申舉。垂簾日，即差内侍覺察彈奏，祗候、軍員等不得申報。」

慶曆二年八月二十八日，權御史中丞（貫）〔賈〕昌朝

〔一〕有：原脱，據《長編》卷七二補。

言：「臣僚起居失儀，請依唐制參定，列爲八節，分十六事：朝堂私禮及跪拜，待漏行立失序，談笑喧譁，入衙門執笏不端，行立遲慢，至班列行立不正，趨拜失儀，言語微喧，穿班仗出〔一〕，閤門不即就班，無故離位，廊下食，行坐失儀語鬧〔二〕，入朝退朝不從正衙出入，非公事入中書。」詔從之。

皇祐元年正月二十八日，詔曰：「朕聞自古爲治，靡不以苛察爲戒。而近歲風俗，争事傾危，獄案滋多，上下睽急，傷累和氣，朕甚悼焉。自今臺諫官非朝廷得失、民間利病，更不許風聞彈奏，違者坐之。」

六月二十四日，監察御史陳升之等言：「比歲臣僚有繳奏交親往還簡尺者，朝廷必推究其事而行之，遂使聖時成告訐之俗。請自今請求非法，自論如律。」從之。

二年九月十二日，詔：「應選人正衙對敭失儀，令御史臺、閤門牒報流内銓，候責罰訖謝恩。」

四年十二月二十二日，殿中侍御史俞希孟言：「日近班列多不整齊，將來元會如有失儀，除依例彈奏外，或有故違懈慢者，乞從私罪定斷。」詔：「今後常參官故作懈慢，及行立失序，不得作常時失儀施行，仰具奏裁。」

五年十月二十二日，左巡使、侍御史吴秘言：「内殿起居，百官多不成行列，惟前班稍有次序，自餘皆群進族立，甚非朝廷[30]齊肅之禮。准太平興國詔中書：文武百官每遇内殿起居之日，須屏氣隨班，鞠躬就列，班退不得回顧。斯蓋後來不見著令，及條貫未甚章白。臣按唐乾元中勅文：『如有朝堂私禮淳化中降令文。及跪拜、待漏行立失序、語笑喧譁、入衙入閤執笏不端、行立遲慢、立班不正、趨拜失儀、言語微喧、穿班穿仗出入閤門〔三〕、無故離位、廊下食行坐失儀諠鬧、入朝及退朝不從正衙出入、非公事入中書等有罰。』五代題爲十六愆，而脩補無取。淳化中兼舉舊儀，改『私禮』二字，（又）『〔入〕衙入閤』作『衙門』，又添『至班列』一科，『穿班穿仗出入閤門』作『穿班』，『仗出』爲一節，『閤門不即就班』爲一事，『諠鬧』作『語喧』〔四〕。又據令文，『跪拜』去『及』字，餘同後勅。慶曆二年，權御史中丞賈昌朝以天聖三年牓示頗依唐詔，而失其句讀，以『穿班仗出』爲一事，以『廊下食』爲一愆，又合『行坐失儀語鬧』爲一句，遂依唐制參定，列爲八節、十六事。以『穿班』爲一事，『仗出閤門』爲一節，雖甚精詳，與古終異。且禮制沿革，時代不同，至于令文有存而不用之目，豈兹儀範是日行急用之制，而須存無用之文？徒使朝士疑而不誠，非信（實）〔賞〕必罰之理。（宜）〔且〕以今朝言之，『待漏』之科却居『朝堂』

〔一〕按，下文皇祐五年吴秘奏云，賈昌朝所定八節、十六事，「頗依唐詔而失其句讀，以『穿班仗出』爲一事，以『廊下食』爲一愆，又合『行坐失儀語鬧』爲一句。」今以下數句據此標點。

〔二〕語鬧：原脱，據吴秘所引補。

〔三〕原無「穿班」二字，據下文所引補。

〔四〕下「喧」字原作「鬧」，據前文所引淳化三年詔改。

之後，況『入衙入閤』不宜删去，『仗出閤門』與『廊下食』二節四條今無其事，並可存而不用。其所闕者，若儀制捲班分東西出，不得回顧，並不在其間。若以不欲革于舊文，則又逐度不同，屢經改易。臣今參酌切于[31]用者，倫而序之：以今之『待漏』宜居衆科之首；『行立失序』仍注儀制；『語笑喧譁』請附『朝堂』之下；『私禮』自兼『跪拜』，不須重復；『入衙門』依舊作『入衙入閤』；『至班列行立不正』宜作『至班不成行列』；『無故離位』移次『至班』之科，亦可以兼『穿班』之義；請革『穿班』作『朝退不捲班』，增『回顧』一條次之；『入朝退朝不從正衙出入』作『入朝退朝不由正衙』，定爲六科十三條。如違者，依例彈奏勘罪。或拒過飾非，即録奏貶降。」詔御史臺、太常禮院同詳定。既而上言：「檢會今文武常參官朝堂儀，已係賈昌朝奏依唐制參定，列爲八節，分十六事。今參詳吴秘起請條件，難爲更改。」從之。

嘉祐二年八月二十四日，知諫院陳升之言：「比日内降，營求恩賞者多，雖許執奏，而有司時有奉行。自今請令中書、樞密院推劾，以正干請之罪。」從之。

三年十一月五日，陳升之言：「有司斷獄，而事連權倖者多以中旨釋之。自今有干内降而得縱釋者，請劾其干請之罪，以違制論。」從之。

英宗治平元年五月八日，閤門言：「檢會《儀制》，兩省常侍、給諫、舍人、待制、中丞、三司使副、太子三少、尚書、丞郎、卿監、上將軍、延福、景福、宣慶、宣政、昭宣使、樞密都承旨奉使勾當迴，賜酒食，客省使伴，客省使至閤門副使本廳就食。庶子、少卿監、大將軍已下、閤門祗候已上差充轉運、發運、提點刑獄、知州軍監、通判、總管、路鈐轄、都同巡檢、都監、寨主、駐泊迴，命賜酒食並門賜，閤門祗候[32]伴。近來臣僚謝賜酒食訖，多是不就閤門。欲乞今後合請賜酒食者並依（議）《（儀）制》施行，不許不就，違者令閤門彈奏。」從之。

神宗熙寧四年十二月十七日，閤門言：「内殿起居官數不少，向者諫官錢彦遠起請差官察視，中間漸亦廢去。今欲乞復差通事舍人、看班祇候二人察視，其無故不赴者，並令依《儀制》彈奏，分故失定斷。如三次不赴，不以故失，並勘罪取旨。察視之官自敢容庇，委閤門舉劾。」詔逐日輪差通事舍人、看班祇候二人察視。

元豐七年二月三日，詔：「外任官乞赴闕奏事，如到闕無所陳，其事非不可形于文字者，委御史臺彈奏。」

徽宗政和七年二月二十一日，尚書省言：「修立到諸入皇城門行馬不依次序，控馬人杖一百；約欄不止，失序之官仍加一等。」詔令御史臺覺察彈奏。

宣和元年正月六日，臣僚上言：「竊見班列未至齊肅，至駕已視朝，廣廷唱喝，猶或離位往來，不肯定立，或切切笑語，或蹺足以望，或整巾，或抱笏。比至合班，則争趨前列，以便觀看。有拜而不伏者，有跪而不俯者。其慢易不恭，亦已甚矣。又見正月八日明堂受朝，須朔既畢，輦御方興，班列紛然，離次趨走，逼近乘輿，舉首觀望，略無畏避。失君臣之儀，此尤甚者。臣願特降睿旨，嚴立法禁，每朝會之際，廣加察視，有不如儀，必罰無貸。」詔劄付東上閤門，同御史臺措置條畫以聞。

六年二月十三日，詔：「諸節朝謁、稱賀、宣33麻等，稱疾請假不賀者以違制論；應不告假不赴之人，御史臺聞奏。」先是，臣僚上言：「切見景靈宮行香，託疾在告，已有法禁外，諸節朝謁、非時稱賀，所以尊君父而奉上真也。宣麻以詔臣工，須朔以布時政，百官皆應祇赴，而在廷之士多不過百餘員。畏憚者尚以疾告于臺，至于簡敖自若者，有不告也。慢命不虔，無甚于此。」故降是詔。

十一月二十二日，詔：「文武臣僚朝集，皆有廬舍位序，所以正朝廷之容。邇來廢禮失度，交互讙笑，無復恭肅。迨至趨引，猶或族談。蓋不循分守，寖失事體，務狥諂瀆之私，殊無正直之行，可不革歟！已降指揮，閤門、御史臺覺察彈奏。尚慮狃于故常，特申戒諭。如敢弗率，邦有常刑。」

高宗建炎四年九月二十一日，詔：「今後應不以狀赴有司，而輒待班處陳述者，令御史臺覺察彈奏。」

紹興十三年正月二日，詔：「今後應殿内失儀臣僚，並令閤門具名彈奏，務要整肅，不得觀望。」

九月二十六日，御史臺言：「今後車駕遇大禮、朝享行禮並行幸有導駕官，欲乞文武官分左右步騎導，本臺量差知班于禁衛内往來覺察。」從之。

十四年十一月一日，御史臺、閤門、（上）〔主〕管禁衛所言：「四孟朝獻，詣景靈宮行禮，及遇車駕行幸，自來閤門差舍人乘騎于扇筤後，覺察臣僚行馬次序失儀。其御史臺、閤門係駕前後應奉、報引班次人，及沿路三省、樞密院諸房行首司、密院、客省，並除依例許34乘馬外，其餘不合乘馬官司諸色人不得于駕路往來乘騎。如違，御史臺、閤門覺察彈劾。」從之。

十八年九月二十日，詔：「每遇駕出，駕前諸司官及駕頭法物等行列並不依次序。可令閤門行下合屬去處，今後須管各依次序接續擺拽，務在整肅。如違，彈奏。閤門失覺察，仍令御史臺奏劾。」

十月一日，詔：「隨駕諸司并庫務官、諸司法物等自有貼定次序行列，如或不依次序及輒有先往者，令閤門彈奏。」

三十一年四月二十三日，臣僚言：「天子之出，清道而後行，千乘萬騎，稱警言蹕，旄頭前驅，豹尾後殿。凡在屬車，其往來馳道與夫闌出入者，皆有厲禁。自六飛時巡，務爲簡便。唯是四孟享獻，乘輿躬行，前爲駕頭，後止曲蓋，項背相望，僅千百步，而爪牙拱扈之士，或步或趨，錯出雜立，什什伍伍，無復行列。至有酌獻未畢，已捨而歸，士民觀者，駕肩接袂，雜遝虎士之中，而不聞有誰何之者。望詔有司講求其當，凡車駕行幸，從駕禁旅每以若干人爲一列，相去各若干步。其乘馬前導者悉豫上其數，命有司舉繪爲圖，先一日以聞。別具副本報御史臺，有不如令，及不在圖中而輒冒至者，許有司即糾之。蔽而不言者，令御史臺覺察，論其罪。」從之。

孝宗隆興元年六月十二日，新參知政事周葵奏事劄子墜地，知閤鄭藻舉奏，詔免彈。

九月十一日，詔：「宗室居廣起居手帕墜地，特與同罪〔一〕。」閤門彈奏，上曰：「使35相難贖罰。」故有是命。

乾道四年九月二十五日，詔：「今後文武百官舞蹈不如儀，並令閤門彈奏。」

五年正月二十三日，詔閤門：「後次臣僚舞蹈不如法令，即時彈奏。」

十一月十七日，詔御史臺：「今後如遇四參等朝殿，臨時稱疾不赴，致班列稀疎，並覈寔覆奏。」臣僚上言：「恭惟國家自祖〔宗〕以來用漢儀，凡朝會著爲定制，有大宴，有稱賀，有朔望參，有四參，有常朝。千官百辟，拜舞于堂下，陛高九級，若天地之相遠。使小大之臣咸懷尊君親上之誠，虔恭端謹，罔敢怠忽，所以爲表正之本也。《詩》曰：『夙夜匪懈，以事一人。』爲臣子者凡遇朝會起居合趨赴者，其可稱疾頓免，習常故，狃宴安，不恭孰大焉！恭聞仁祖天聖六年六月二十六日免常朝官屯田郎中閭丘夢松等七人稱疾不赴朝參罪，詔御史臺復有七人以上不到者論如法。臣職在殿中，合舉不如儀。今後如遇四參等朝殿，臨時稱疾不赴，致班列蕭疎者，當覈寔彈奏。」故有是詔。

六年八月十九日，詔置閤門舍人十員，專掌覺察諸殿失儀兼侍立，駕出覺察失儀，並行幸去處覺察兼侍立，六參常朝，後殿引親王起居。

七年正月十日，詔：「今後人使到闕朝見、入賀、宴辭，百官並應奉人並入出和寧門〔二〕，依御史臺、閤門檢坐條令，約束赴朝參并應奉官及諸色人入出次序，劄下皇城司施行。」御史臺、閤門〔言〕：「今檢舉下項：一、紹興九年九月五日，御史臺36狀：『契勘每遇朝參，官守候皇城門開，趁赴立班。近來有不係入殿應奉人多爭先，及有內宿諸色人并擔擎物色、乘馬官員擁撞入門，委是行步不得。欲乞自今後每遇朔望遥拜并六參日起居，除三省、樞密院及隨從宰執趁赴朝殿祗應人外，應諸色人不係殿內應奉者，并內宿及擔擎人等各候趁赴朝參官入到幕次訖，令逐地分合干人方得放行，免致擁遏朝路，立班後時。』奉聖旨依。一、紹興十年閏六月二十四日，御史臺狀：『准詔：自來臣僚朝謁，除應奉官先入外，百官並合于宰執後序入，違者令御史臺彈奏，仍檢舉舊例施行。契勘昨在京日，宰執、侍從、百官、正任南班、宗室等官各分門入出趁赴。今來行宮止

〔一〕同罪：疑當作「免罪」或「放罪」。
〔二〕和：原脱，據下文補。

是一門，即與在京事體不同。今權隨宜參酌，欲俟皇城門開，先應奉官，次管軍、御帶，次宰執、侍從、兩省官，次百官，次御史臺官，次三公、三少、使相、太尉，次正任南班、宗室，違者彈奏施行。候回鑾日，却依舊制。』奉聖旨依。今來已降指揮，自今後每遇人使到闕朝見、入賀、宴辭，百官并應奉人並出和寧門。今來若不措置檢舉，委是使赴朝起居百官立班遲緩。欲乞今後每遇人〔使〕到闕見辭、上壽、入賀并宴及遇駕出，應合入出和寧門赴起居官并應奉官等，並乞依前項逐次已降指揮，先應奉官，次管軍、御帶、環衛官，次宰執，次親王，次侍從、兩省官，次百官，次御史臺，次三公、三少、使相、太尉，次正 37 任南班宗室。俟入宮門訖，次其餘不係趁赴朝殿祇應并擔擎及牽馬人等訖，次放內宿等人。乞令所屬照應前項逐次已降指揮并今來措置到次序放令入出。伏乞朝廷劄下皇城司，依所申施行。』故有是命。

同日，詔：「殿庭立班及應奉朝參官諸色人等入出皇城門，務要整肅。令御史臺、閤門措置，條具取旨。」御史臺言：「今措置條具下項：一、殿庭立班，近來往往有交語、相揖或行立不謹之官，致不整肅，及有托疾在告不赴，列班蕭疎。今檢坐見行條令及續降指揮下項：一、崇寧重修本臺令：諸朝會儀，出入不由端禮門，紫宸、垂拱參日，兩省官及應差引接者非。入端禮門不端笏，朝堂行私禮，雖朝退，在殿門內犯者同。交互幕次語笑喧譁，殿門內聚談，行立失序，立班不正，交語相揖，無故離位，殿門外序班同。拜舞不如儀，穿班仗出，諸朝會不至，及失儀序并不赴臺參辭謝者，無故過十日同。人見謝辭日爲始〔一〕。殿中侍御史具姓名申臺，取審狀申尚書省。太中大夫、侍御史以上並奏，餘官拒過飾非准此。諸朝宴日稱疾並假狀內聲説疾狀。不赴者，牒內侍省醫官局差內臣押醫診視，不實者彈奏。國忌日准此。一、《在京通用敕》：諸朝會行立不謹，謂失序或穿班及無故離位、立班交語、側身相揖之類。若不歸幕次及請引不行，或竊窺未宣麻制，及宴集改易坐次者，杖八十。情重者奏裁。若職事官、仗衛士及諸色人言辭諠嚻，乖違儀式，及不依所給朝服色衣，或承告而不至者，各杖一百。主司不告准此，皆爲公坐。 38 諸趨朝行馬失序者各杖一百，控馬人減二等。』一、紹興九年二月四日臣僚上言：『比來每遇朔望或六參日，合赴官類多託疾，在告不赴。欲望申戒在位，以肅廷儀。』仍令御史臺將所告最多之人核寔彈奏。』有旨依。紹興二十七年十二月二十六日，詔：『應在京宮觀人，如托疾請假，不赴朝謁，令御史臺、閤門覺察奏劾。』乾道五年十一月十七日，尚書省劄子：『臣僚上言：今後如遇四參等朝殿，臨時稱疾不赴，致班列蕭疎者，當覈實彈奏。』有旨依。今措置，欲乞檢坐上件條令指揮，候今降指揮下日，從本臺出榜，每遇立班處張掛曉諭應赴朝參官。如有違犯，必定依條彈奏施行。一、應奉朝

〔一〕人：疑當作「仍」。

參官、諸色人等入出皇城門，契勘昨于乾道三年十二月丙申降指揮非不嚴備。今措置，欲將應（付）〔赴〕朝參官合破人從入出皇城門者，自今後並合量行帶入，庶得整肅。乞下皇城司措置。如係內宿并擔擎人等，自合遵依已降指揮施行。如有不依次序及奔走爭先，擁遏喧鬧，（及）〔即〕從皇城守把約攔人收領，一面送所屬施行。如守把人更不止約，從臺牒皇城司依條施行。」閤門今條具下項：「一、見行令：諸朝會臣僚失儀，謂立班交語、側身相揖、行立失序、不端謹或穿班、無故離位，並殿內輒行私禮、聚立言語之類。並具名彈奏。將校直關本轄，內御史臺班應彈而本臺不彈者聽舉彈。若職事官、仗衛士及諸色人語言諠嚻，乖違儀式，及不依所給朝服，或承告不至者，准此。諸殿內侍立臣僚次序已定，[39]輒越次及離行失序者，具名彈奏。祗應人奏知送所屬。諸臣僚朝集輒交互幕次，語笑諠譁，或不依官職序坐者，具名彈奏。諸臣僚趨朝不應入殿人，即時檢察糾劾。諸殿門外見引謝辭，非見謝辭臣僚及諸色人輒過往者，臣僚具名彈奏，諸色人送所屬。諸宴會應奏事有不如法者，聽糾舉。諸前後殿坐，殿門側近不得聲高，聞及殿庭。今來前項條令係殿庭赴朝參立班，并應奉官及諸色人入殿輒不整肅，依上件條令彈奏施行。」有旨並依。

五月十一日，閤門奏：「今月八日垂拱殿坐，有新授右宣教郎潘燾朝謝，拜舞生疎，舉止並不如儀。」詔燾可（時）〔特〕放罪，今後臣僚趍赴起居及見辭等，遇有舉止疎慢、不合朝儀者，並仰即時具名彈奏，以戒不肅。

十一月二十一日，詔檢坐百司出入局條法指揮，嚴行約束。如有違戾，依累降指揮，令御史臺覺察彈奏。先是，宰執進呈百司出入局條〔法〕指揮：一、紹興《在京通用令》：諸在任官庫務依官自依本條〔一〕。日初出入局，內官視門下省，餘院尚書省，次第出。執政官早出者以未時，自秋（春）〔分〕至春分日前以未時二刻。日初出，以開皇城門時，門下省、尚書省令係三省，次第出。謂如先宰執早出，或三省、樞密院作假，其餘官並行未時出。上因宣諭曰：「從來指揮，雖載御史臺覺察之文，元不曾覺察。卿等可類聚合覺察事件，預行措置。今後應覺察而不覺察者，並御史臺官施行。」故有是命。

八年二月七日，詔：「御史臺覺察[40]彈劾事件，分隸六察。如有違戾去處，監察御史許隨事具寔狀覺察彈劾聞奏。」御史臺狀：「今開具下項：到國都不曾朝見，而輒見宰執，干求差遣；文臣托避免對；官員違戾條禁，出謁受謁；行在百司、外路監司、州縣違法請謁接見，違戾抑奔競指揮；舉官非其人，及責降未牽復而薦舉百官；親年已高而不迎侍及歸養；觀察使以上舉所知，不許舉宰執、管軍、內侍親戚；觀察〔使〕以上舉所受賂；監司銓量老病守臣容隱等；運司違戾保明州縣差權官等；已除監司、郡守，

〔一〕上「依」字疑衍。

乞祠未歸，別有陳乞等；部使者具州縣臧否違戾；觀察使以上舉所受賂〔一〕，除授遠地監司、郡守，比近地爲加審訪聞糾察。以上事屬吏部，隸吏察。禁羨餘，罷權攝，戢苞苴，節宴飲。如監司官、守臣違戾錯支、侵欺常平錢米；過數支見任官供給；諸縣借支侵欺糯米麥；州縣預借人户税租；州縣受納物帛之類狥私；兩浙漕司寄造酒不支本柄，受納官作弊；州縣催納所放下絹；諸州將未成丁之人拘催丁錢；漕司、州縣違限催科；諸路荒田令揀退人支請給耕種，如奉行不虔；州縣違法支使窠名；所屬積壓不支鹽本錢；沿淮州縣起催二税，奉行不虔；差役觀望不公等；水旱災傷檢放不以實；兩浙、江東西夏税和買，高價勒民納錢；饒州、江州如措置賑濟滅裂；湖、秀、太平、宣州守臣如救恤災荒不虔；州縣令保正副出備參投等錢；宣州、太平州增科 41 隨苗錢；人户輸納疋帛，退换損污等；輸官錢以見會子中半，如有違戾；監司、郡守歲考縣令之課不以實。已上事屬户部，隸户察。奉使三節人私行博易，受餽送等；奉使、接送使副輒赴筵會；品官祖父母亡十年無故不葬；品官父母亡五年無故不葬；巧圖牒試，代筆傳義；總管、通判以下用妓樂；州軍發解差試官狥私；奉使三節人推恩，援例（遇）〔過〕有陳乞；巡幸視師經由去處過爲華飾，違戾貢獻果木、飲食之類；學官受理學生假，限外旋取公據；臨安府收買祠祭牲牢，不支還價錢；天申聖節筵宴，於例外因緣搔擾。以上事屬禮部，隸禮察。白直人於置司州被差，如占留諸州抽差人；帥司諸司屬官合破白直人，如依前占留；監司、郡守接送人過多等；諸軍收買物色，場務吏私請託漏税等；三司違法借差軍兵；諸軍私役占破借使軍器所工匠；諸百官司格外差占禁軍；應差破禁軍不放，於舊司人内差撥；諸州拖欠揀汰軍兵請給；諸軍合得犒設違戾支給未盡等；行軍臨敵，士不用命，致亡失掌兵官，監司隱蔽。已上事屬兵部，隸兵察。苞苴賂遺，群臣輒受苞苴，貴顯者受權要供饋等；監司、知、通隱庇用刑慘酷或入己贓；州縣之獄，守令決遣違戾，所屬透漏；販海越界，州縣奉行寬恤等事違慢；縣官庇姦，而監司不復誰何；治獄檢法違限；州軍大辟，情法相當，實無可憫而具奏；四川監司有違詔條等；監司、帥守 42 容庇州縣官出城迎送，不（接）〔按〕舉；州縣奉行告訐虚妄條法不虔；諸州奏案稽滯；提刑催促結絶見禁罪人，斷放不當；刑部郎官催促結絶見禁罪人，奉行不虔；州縣官貪污不法，監司不按治；四方奏請送有司者照成法不以實等；監司巡歷，所帶人吏過于州縣乞覓；寬恤事件隱匿，不切奉行；官司及在任官下行買物等；州縣奉行朝廷指揮弛慢違戾；當職官拘留不決遣，日生詞訟。已上事屬刑部，隸刑察。州軍違法差役工匠，事屬工部，隸工察。朝會賜酒食不如法；朝會失儀；臺參謝官有老病昏昧；赴

〔一〕此句與上文重複，疑衍。

宴不肅，及未罷先退；朝宴日稱疾不定；百司官入出局不遵條法；授外任已得告牒，辭見進發過限。已上事屬本臺前司。本臺契勘前件覺察彈劾事件，日前並係殿中與長貳通行風聞彈奏，即不屬六察掌行。其六察係專一掌管取索所隸百司簿書、公案等，點檢稽違差失、行遣迂迴不當等事。今依應指揮，將覺察彈劾事件令六察分隸，並開坐在前。切慮尚有未盡事件，本臺更切根刷，盡行抄録，別行具狀供申。」勘會御史臺具到合覺察彈劾事件，各有已降指揮，今來並分隸六察，故有是命。（以上《永樂大典》卷四三八二）

宋會要輯稿　儀制九

告謝

1 宋朝凡宰臣、親王、使相、樞密使、節度使降麻制日，並詣崇政或延和殿辭免，若不得請，即告謝。參知政事、知樞密院以下、宣徽使、殿前侍衛馬步軍副都指揮使以上、節度使新授或加恩，並即日捧官告勅牒叙謝。宰臣領使或自餘差遣並同。貴近者或延座賜茶。中書、樞密或再坐已起，亦殿門使臣奏聞再坐，餘官俟次日。觀文殿大學士至寶文(閤)〔閣〕直學士，三司使，三師，三公，東宮三師、三少，左右僕射，尚書，丞郎，大夫，中丞，太常、宗正卿，賓客，常侍，給事，諫議，中書舍人，知制誥，待制，三司副使，知雜御史，及三館、秘(閤)〔閣〕校理、檢討、校勘、編修，京朝官以上三司判官、主判官，開封府判官、推官，羣牧判官，審刑院詳議官，兩使留後至刺史，駙馬都尉，上將軍、統軍、大將軍任鈐轄以上，升朝官判司天監及翰林天文、直醫官院者〔一〕，內客省使至閤門祗候，內常侍，樞密都承旨至逐房副承旨，新授加恩及諸般差遣，並告謝。其不帶職官，如權知開封府、通進銀臺司、審官、審刑、三班，兼羣牧使，管勾景靈宮、會靈、祥源觀，修起居注，在京糾察刑獄，提舉諸司庫務，判刑部、太常、宗正、司農、大理、太府寺、國子監、流內銓、南曹、登聞檢院、鼓院，諸王宮記室〔二〕、諮議、翊善、侍講，開封府司録，兩赤知縣，發運、轉運使副，提點刑獄，府界提點公事，巡撫、經略使，押賜親王生辰、**2** 國信使，契丹、高麗、交州、夏州國(使信)〔信使〕副，並特令告謝。其日，皇帝臨軒，閤門使殿上口奏，舍人引出，當殿再拜，稍前告謝，又再拜退。如已起居初出，更不再拜。內客省使及待制、秘書監、三司副使、上將軍、觀察使以上仍先通名〔三〕，後告謝，餘官止引出，不通名。宣賜章服者謝恩再拜訖，赴東廂服賜服，再引出再拜。又前告謝，再拜退。

真宗景德元年三月，翰林學士梁顥等言：「詳定《閤門儀制》，舊例，皇城內監當庫務及在京鹽麴、商税、榷貨務、香藥、榷易、糧料院並告謝。今請在內監臨如殿庭每日祗應庫務使臣初授命日，並許告謝。其餘在內庫務及鹽麴等院，如京官不帶職，供奉官以下不帶閤門祗候，及左右軍巡使，並不告謝。如有特旨，不在此例。」從之。

四年七月二十一日，交趾進奉使黎明昶授峯州刺史，副使黄成雅授殿中丞，乞告謝，從之。

大中祥符四年六月九日，閤門言：「臣僚授恩命差遣該告謝，不拘時於崇政殿令勾當殿門使臣(使臣)奏入告謝，殊乖體式。自今惟降麻制及中書、樞密院依舊例不拘時奏

〔一〕官：底本原抄作「官」，復圈抹，旁改作「宮」。按，此實誤改，仍依原抄作「官」。

〔二〕諸王宮：原作「諸三宮」，據文意改。

〔三〕名：原作「令」，據下文改。

入，其餘臣僚乞令中書、樞密院劄送崇政殿門，方得奏引。其非時轉官、授急速差遣，便令辭發，及有特旨令引者，不限此制。」從之。

天禧二年八月二十四日，祕書監、知禮儀院、判祕(閣)〔閣〕楊億請比類三館直館校理例，自今遇差遣，許赴便殿告謝。從之。

四年四月，詔：「應告謝臣僚，自今令閤門並依官敘合班，惟班首出班致詞。」舊制：告謝皆各[3]有陳敘，及合班，悉如前殿之制。

五年十一月二十四日，詔：「自今羣臣受命，免其告謝。」

乾興元年三月，仁宗即位未改元。閤門請：「自今告謝臣僚，自後殿退，將所授官告勑牒宣頭詣內東門，閤門遣吏收接，附內東門使臣進呈。俟皇太后聖旨放謝，即再拜退。」從之。

仁宗天聖元年八月，閤門言：「準詔，文武官告謝者，並閤門供報承旨司，及關報入內內侍省。緣告謝臣僚多俟皇帝出宮，即時趁班，兩處供報，深慮漏落。今請應告謝官前一日計會閤門編排班次供報，次日引赴崇政殿告謝。所有合該《儀制》當日內告謝及急速差遣者，不在此例。」從之。

二年正月二十五日，翰林學士、權三司使事李諮言：「伏見閤門條制，文武官該告謝者，須隔日先申閤門。竊緣在京監左藏庫、三糧料、商税、麴院及司録參軍、兩赤知縣並皆告謝。若以侍從近臣一例隔日關報，實恐有傷國體。欲望自今應大兩省以上、三司使副、知開封府凡受恩命差遣，並許當日告謝。」從之，其刺史、閤門使以上亦如此例。

九年六月二十二日，詔：「文武臣僚除授差遣，除依(議)《〔儀〕制》許當日告謝外，其餘除假並限三日內告謝。」

神宗熙寧二年十月二十五日，修定閤門儀制所言：「奉使契丹國信使副、親王及臣僚生辰使並入謝。竊詳景德通好之後，務欲增重其儀，故命使至今庭謝。然自來不過正衙，蓋是出於一時。及親王、臣[4]僚生辰使亦皆入謝，竊恐未合事體。況臣僚差遣，只於後殿告謝者甚多。今欲請契丹國信使副、親王及臣僚生辰使並只令告謝。」從之。

三年六月二十五日，詔：「自今磨勘大使臣，依審官東院例引見，更不告謝。」

四年五月三日，閤門言：「自來臣僚告謝，並用劄子寫所授官職、差遣奏知，後通某人告謝，惟中書、樞密院、宣徽使并降磨官不寫劄子。今閤門已一例用劄子奏知，尋著爲例。」從之。

八月十三日，東頭供奉官李延迥等言：「奉宣差充閤門看班祇候，乞告謝。」閤門看詳係新置，欲乞令告謝。其見謝辭並依內殿崇班體例。從之。

十月二十五日，閤門言：「新定儀制：樞密都承旨、承旨、副承旨、逐房副承旨新授、加恩及差遣，並告謝。」詔中書檢正、樞密院檢詳官新授、加恩及差遣，並告謝。

五年二月十六日，詔：「自今諫官新授、加恩、差遣，並令告謝。」

元豐五年正月九日，濟陽郡王曹佾告謝，命坐。上對之涕泣，撫諭久之，以慈聖光獻喪除故也。

高宗紹興四年三月二十六日，閤門言，翰林學士綦密禮差兼史館修撰，告謝。禮部稱：雖史館修撰與修國史事體一同，與無立定條法〔一〕。詔依修國史官體例。

六年五月九日，閤門言：「范冲除翰林侍讀學士，見乞朝謝，見行雜壓儀制即不該載。緣學士正謝日合賜魚袋、鞍轡馬，所有范冲正謝日，未敢便依翰林學士恩數擅賜。」詔 5 范冲應干恩數，並依翰林學士體例。

八月二十七日，詔：「侍讀、侍講在法雖無許告謝之文〔二〕，多係前執政及從官兼充，理合正謝。令勑令所於《閤門格》內修入。」時以前執政孟庾提舉萬壽觀兼侍讀，受告申審，故有是詔。

九年四月二十九日，閤門言：「權吏部侍郎范同兼實録院修撰，會到實録院稱修撰與史館修撰事體一同，未敢依史館修撰官便令本官告謝。」詔依史館修撰體例。

十三年二月三日，詔：「今後宰臣、執政官轉官、加恩正謝，合賜衣帶、鞍馬，並令全賜，更不減半。」詳見「賜衣服分物」。

孝宗隆興二年六月二十一日，閤門言：「初除帶御器械官，授宣命訖，合告謝、正謝。今來除授係環衛官兼領，已降指揮，朝參、侍殿、請假、參假並依御帶體例，授告訖，即未有許告謝、正謝指揮。」詔令正謝。

乾道七年五月二十七日，閤門言：「據新授臨安府推官陸之望下到榜子，乞朝謝。契勘開封府判官、推官雜壓係在六曹郎中之下、直龍圖閣之上，其六曹郎中并直龍圖閣並該告謝、正謝。今來臨安府判官、推官依雜壓次序合該正謝，內告謝閤門條法即無該載。」詔依六曹郎中例告謝。（以上《永樂大典》卷五三五六）

辭謝

【宋會要】

6 國朝凡宰臣、親王、樞密、宣徽使、參知政事、樞密副使參假，一如起居之儀。使相亦然。親王、使相並西出，中書、樞密揖升殿。奉使朝辭及使迴，並如使相朝覲之儀。並升殿問聖體。樞密使以下如節度使儀。謝恩則宰臣、親王、使相通喚，餘官皆側立，候通起居畢，致辭，再拜舞蹈訖，有賜物者跪受，又再拜舞蹈訖，退。如坐垂拱殿，即不通喚，其日只引三班。三司使、副

〔一〕與：疑當作「然」。
〔二〕許：原作「詳」，據《建炎要録》卷一〇四引三省奏改。

使、學士、兩省侍郎、文武升朝官、京官、內客省使至閤門祗候見者喝賜酒食。假日，崇政殿不通官。凡通判、都監、駐泊以上則賜，餘皆不賜。三司使、學士、東宮三師、大夫、內客省使並宣徽使伴；兩省常侍、給諫、舍人、待制、中丞、三司副使、東宮三少、尚書丞郎、大卿監、上將軍、統軍、宣慶、宣政、昭宣使並客省使伴；客省使至閤門副使就食本廳；文班庶子以下、武班大將軍、諸司使以下即通事舍人伴。謝如常儀。辭者致辭三，再拜不舞蹈，賜物跪受，如中謝。二月以後賜窄衣或衫子分物，十月以後賜披襖分物，亦只賜通判、駐泊以上。供奉官至奉職暨官，待詔亦如上儀，惟奉職以下止門謝。使相朝覲者有通喚，又致詞，又謝茶藥、御筵。及賜衣物，又跪受訖，升殿(門)〔問〕聖體。若有撫問，或收進奉物者，各拜舞稱〔謝〕。又升殿奏事，賜茶，拜舞訖，退。節度使則不通喚，不謝御筵。使相賜酒食，樞密使伴；節度使，宣徽使伴；餘並客省使伴。謝如常儀。辭日，使相、節度使皆曲宴畢，敘辭。賜衣物，跪受訖，服其服入謝，拜舞訖，退。兩使留後、觀察使已下則不問聖體，防禦使至刺史止於致詞拜舞訖，退。留後以下無曲宴，餘如此儀。其進奉戀闕者並不謝。流內銓引對旨授幕職、州縣官 7 者，前一日以銓狀進呈。至日，判銓官引入起居致詞，就客省使侍立位，俟幕職、州縣官謝、辭訖，又引再拜而退。仍於殿門外宣詞戒勵。方鎮、節度使遣子弟來見者，亦附奏起居。留後以下即否，忠佐以下差領放牧者又賜衫子、食茶。僧尼、道士入見，有進香合等者，皆通事舍人接進。父老入見者，勑賜茶酒，又傳宣撫問。舉人群見者，前一日習儀，至日俟崇政殿奏公事退引見。舊以國子監解元爲首，後用開封府解元。其群官得假者皆門辭。假回者，待制、知雜御史、上將軍、刺史、閤門祗候以上及三館、祕閣、三司、開封府官僚、銀臺、審刑、審官、糾察刑獄、皇城司、監當庫藏官特令入見，餘悉門見。請假三日內只隨班起居，三日以上並參假。其門見、謝、辭者，祕書監、上將軍、觀察使、內客省使以上得拜殿門堦上，及升殿，止拜御座前，餘皆拜庭中。凡班見者先之，謝次之，辭又次之。先宰臣，次親王，次樞密使帶平章事者，次樞密、宣徽使、參知政事，樞密副使，次內職班，內客省，引進，四方館，閤門使，樞密都承旨，宣慶、宣政、昭宣使亦同此班。次諸司使、副使、承旨、崇班，次橫行副使，次樞密副都承旨、副承旨、諸房副承旨、逐房副承旨，次通事舍人、閤門祗候，次內常侍、內供奉官、殿頭，次(拱)〔供〕奉官，次使相班，次三司班、三司使副使，次學士、臺省班、文明殿學士，次龍圖閣直學士、中書舍人、知制誥、待制、御史大夫、中丞，次常侍、給諫，次起居郎至正言、侍御史至監察，次文班三師三公、東宮三師三少，次僕射、尚書，次丞郎，次節 8 度使，次太常、宗正卿及諸大卿監、詹事，次兩使留後、觀察使，次庶子至五官正，次防禦使至刺史，次武班統軍、上將軍，次大將軍至將軍，次諸軍馬步都軍頭至副都軍頭，帶團練使以上者別班。次廂都指揮使，次軍頭、都指揮使至諸軍副軍頭，次雜班教坊使、副使，次翰林天文、醫官、書畫琴棋待詔、藝學，次京官，次中書、樞密主事，堂後官帶京朝官者自如本班，無正官者入此班。次行軍副使，次幕職、州縣官，次諸道牙內都指揮使已下，次三司孔目官至句押官，次僧道、父老百姓。其分司官詣闕者從本官班入，宗室謝恩者各於本官别班入。

太祖乾德二年八月五日〔一〕，詔：「自今群臣見、謝、辭，並先赴內殿對，後赴正衙。」事見「正衙」。

太宗淳化二年六月五日，知雜御史張郁言：「按令式：每假日，百司不奏事。陛下憂勤萬機，每遇旬假，亦親決政事。邇來文武群官多就假日辭、謝，貴就便坐，以免舞蹈之儀。欲望自今假日除內職及將校外，閤門不得引接辭、謝〔二〕。其受急命者，不在此限。」從之。

至道三年十月，詔：「京朝官差充知府州軍監、通判、知縣及監臨物務得替者，限三日隨榜子於閤門投納家狀，方得引見。其家狀，閤門逐旋封付審官院。短使回者，亦具名報審官院。」

真宗咸平元年十二月，詔：「京朝官差知州、通判、知軍、監、縣、場及監臨物務者，差定後不得更赴朝參，限五日朝辭，除程更與限一月。如違，三日已上别具聞奏。」

景德元年七月二十九日，御史臺言：「檢會應文班朝官、京官、節度行軍司馬、節度、9 防禦、團練副使、武臣將軍、率府、郎將已上，並合請詣正衙謝及辭、見。內節度行軍司馬、防團副使回不見。使相、諸道節度使及管軍節度使、防禦使已上，並合正衙謝及辭、見。幕職、州縣官等只赴正衙謝，無辭、見。準淳化二年敕節文：文武官中見、中謝及朝辭後，次日須便詣正衙。或急速差使，雖放衙辭，亦須具狀報臺。如有違者，奪一月俸。應內諸司職官并管軍將校但授遥（都）〔郡〕已上及閤門通事舍人已上，凡授恩命，並須詣正衙謝。其中見、朝辭更不詣正衙。」詔：「應文武臣僚合赴正衙謝并辭、見者，宜令閤門一依前後敕條曉示，違者御史臺彈奏。」時工部員外郎朱台符差充陝西轉運使，已朝辭，不赴正衙辭，乃下是詔。

三年四月二十二日〔三〕，詔：「京朝官、內殿崇班已上得替，得先具民間利害，條列實封〔四〕，於閤門通進後，方許朝見。」

十一月十四日，新授翰林學士楊億中謝於長春殿，帝以億疾新愈，特詔免舞蹈。

四年正月十四日，給事中梁周翰參假兼門謝，差醫官看候。詔令後殿參假免舞蹈。

大中祥符二年六月二十七日，詔：「知府州、興州刺史折惟昌隨行蕃官首領等引見，如不過殿，候到（座）〔坐〕殿公事退引見，兼賜對見、朝辭例物。」

三年二月十九日，閤門言：「今月十五日崇政殿群臣

〔一〕天頭原批：「太祖以下當是雜録。」

〔二〕接：原作「按」，據《長編》卷三二改。

〔三〕二十二日：本書帝系九之八作「二十五日」。

〔四〕條列：原誤作「條例」，又誤移在上句「利害」之上，據本書帝系九之八移改。

見、謝、辭及上殿奏事，僅及亭午。欲望自今朔望除三司、開封府、審刑院外，其餘非急速公事，並令於别日敷奏。所[10]有見、謝、辭臣僚并百官起居日，欲只引兩班。」從之。

八月三十日，河中府遣虞鄉縣令氏昭度部送進士薛南及父老〔一〕、僧道詣闕奉迎車駕，對於崇政殿，賜以緡錢，即令辭還。近制假日閤門無辭見之例，以其衆遠來，特引對而遣之。

四年五月六日，閤門言：「自今内職將校請依文武官例，假日不許辭、見。」從之。

六月十八日，閤門言：「蕃部入見，只御龍官四人排立。緣蕃部數多，望自今更增行門六人排立。」從之。

七月八日，詔閤門：「自今文武臣僚充安撫使副、都監及提點刑獄之類，但係同差帶職名者，並令一班辭、見。内有合重行異位者，即依常例。」先是，帝宣示宰臣曰：「朝廷每命臣僚充使、副出外同勾當諸事，辭見之際，多以文武班例及資品高下，閤門不令同列，甚無謂也。」故有是詔。

六年四月二十五日，流内銓言：「今後應有選人引見，已得聖旨，不便謝恩，及於劄子外妄稱别有勞績，及唐突僥求恩澤者，所犯人且未與改官，仍乞令閤門、軍頭引見司告示。」從之。

八年五月三日，榮王元儼降封端王，謝恩於宣明殿。舊例降封止門謝，至是特許入謝。

七月，三司言：「文武官差出，朝辭賜絹者起今每疋給錢一千充直。」從之。

八月十八日，閤門言：「文武臣僚爲公事取勘勒住起居者，罰放後勘所並不關報，臣僚又不便謝恩；亦有奏乞權且令起居者，又爲已趁起居，亦不謝恩。欲乞今後爲公事勘罰者，令勘[11]所畫時關報，曉示本人，限五日内謝恩。出限不赴，依不赴起居例責罰。」從之。

天禧元年十月二日，尚書右丞兼宗正卿趙安仁言：「自今除前後殿臣僚依舊奏覆公事，其崇政殿、承明殿及再座，諸司常務顯有條例，只令本司施行訖奏知，更不引見。其審官、三班院、流内銓亦令分日引入。」詔閤門今後引見人日，不得過兩司。

十一月二十四日，詔：「京朝官使臣辭、見及謝，並赴崇政殿。」

三年三月二十八日，彰信軍節度使王能入辭，以疾，止對於崇政殿，仍命其子琪掖而升。又乞免辭日御筵及親王宴餞，並從之。

三年四月，詔：「先令得替官員及轉運使副、兩省、御史臺官出使還，並具民間利害及採訪官員治迹善惡等事，閤門通進，方得入見。訪(問)〔聞〕自是閤門須令指陳事狀，方許朝見。其間事理不得精詳，舉保鹵莽，或非本意，出自他求。宜令自今如有所聞見，即依前詔；如無利害，亦不

〔一〕進士：原作「進工」，據《玉海》卷九四改。

須令投進文字，便許朝見。」

七月二十一日，新授三司使李士衡以足疾，表求謝於長春殿門，從之。

四年四月二十七日，閤門言：「請自今庶子以下至京官、閤門祗候至三班使臣並爲一班。文武群官值假三日，則朝見、辭、謝於崇政殿。其酒食緡帛賜於門外。」從之。時帝不豫，故從省約之制。

五月，御史臺言：「三班使臣先準詔，諸處勾當迴，限七日須得朝見。如違，即三班申宣徽院勘問。所有不帶職京官望依例，如違，即諸司[12]寺監申舉。」從之。

九月二十二日，詔：「文武官辭、見、謝合過正衙及幕職、州縣官對敭衙謝在放朝假内者並放，當升殿奏事者實封以聞。」

十二月三日，承天節假，放文武群官、幕職、州縣官、契丹使前後殿起居、正衙辭、謝，其自外到闕者並門見。至十一日後仍舊。

二十二日，詔：「應文武官及京官使臣、幕職、州縣官遇雙日，並令門見及辭、謝，隻日依舊。」

乾興元年二月二十九日，仁宗即位未改元。中書門下言：「新授恩命，臣僚告謝後，望令便赴本職勾當，候釋服後謝恩。」從之。

三月十八日，禮儀院言：「準詔，自今遇隻日視事，雙日不坐，辭見謝班令與閤門參議。今請文武官見、謝、辭並就隻日，事干急速，亦許就雙日。自來合係門辭、見、謝者，亦許就雙日。三班使臣、京官、諸道進奉衙前等並許不限雙隻日。僧尼道士凡有進奉，並就隻日。」從之。

四月二十六日，閤門言：「雙日文武官望並許見、謝及辭。」從之。

十一月，皇城司言：「乞今後朝臣使臣差使出入見、辭日，並以職位、姓名報皇城外門人員，以憑奏聞。」從之。

仁宗天聖元年三月，詔閤門：「應差遣出外臣僚，如朝辭日合該上殿，並令先五日報閤門朝辭月日。閤門候到，即時申樞密院。」

三年六月八日，右巡使李紘言：「京朝官監當、知縣及新除京官假告出入，多就殿門外辭、見、謝，況幕職、州縣官尚得對敭。欲望自今京朝官但是差遣除授、假告出入，並令入殿。」中書[13]門下請自今京朝官及内職殿直以上但係親民差遣授恩命，並就隻日見、謝、辭，自餘監當及短使差遣許於隻日殿門外放辭、見。從之。

十一月，閤門言：「流内銓引見選人，内前鳳翔府支使林茂先、前虔化縣尉楊文敏不合唐突。」詔並特放，仍令銓司自今戒勵選人，引見不得唐突。如違，依條施行。

四年八月十四日，監察御史王沿言：「京朝官授差遣，多不即入辭，妄貢封章，希求恩獎。中書門下檢會舊條，京朝官受勑後不得更赴朝參，限五日朝辭，途程與限一月。又承明殿奏事官不得妄陳勞績，僥求章服恩澤。如違，委入内内侍省申奏。今請下御史臺，應新授京朝官並以條勑曉諭，違者彈糾聞奏。」從之。

五年四月九日，詔：「以併值假故，應新注幕職、州縣官與免對敭辭謝。其再試進士及諸科賜出身、試銜人等特放辭，候假開依舊。」以新及第舉人率多寒士，食貧京闕，特降恩旨。

六年四月二日，詔：「今後幕職、州縣官等磨勘，宜令流内銓一依近例，具節劄子并脚色，前一日進内。候降出，仰主判官員看詳。内有須合覆奏事件，於前殿再審取旨後，崇政殿引見。其元進御批劄子，候引見訖，實封送中書。其審官、三班院亦準此例。」

十二月二十七日，中書門下言：「以假故多，其見、謝、辭官并正衙並欲權放，候上元假開仍舊。」從之。

七年十一月，詔閤門：「應三班、審官院、流内銓引見官員，使臣内官品一[14]般者，令一處謝恩。」

八年六月七日，詔流内銓：「選人自今引見或謝、辭有失儀者，依條責罰後，更不書於歷任狀内。」

景祐二年十二月十五日，閤門言：「自除中書、樞密院降麻臣僚當日一齊謝恩外，餘班不引。遇常朝、假日見、謝、辭只引左班。今後臣僚須前一日前下牓子，皇親將軍已下有在假、年小及臣僚年小，降到告勑，差承受送赴私第宣賜。」從之。

四年七月二十五日，詔：「今後如遇假日後殿座，京朝官不該辭，見者，内有急速事，許令辭、見，餘依常例。」

慶曆二年五月十二日，詔：「自今應臣僚入見并辭、謝，如值假故，不御前殿，即依舊制並放。若事急速，許令後殿見、謝、辭，及放正衙，並繫臨時特降朝旨，即不得輒自上章陳乞。」時權御史中丞（貫）〔賈〕昌朝言：「護國軍節度使、兼侍中張耆赴河陽，武安軍節度使高化赴相州，乞免衙辭。河陽節度使楊崇勳復平章事，乞免衙謝。兼聞上件官等並乞只於後殿見、謝、辭，並合在前殿，仍詣正衙。除假故外，若事急速，或許於後殿，或免過正衙，並繫臨時特旨。耆等位爲節制，久去朝闕，辭、見不由前殿，出入不詣正衙，或扶以拜官，或揖而受賜，既稱衰疾，且冒寵榮。雖聖上眷待老臣，特推異數，猶宜避免，以示恪恭，豈可輒上奏封，自求優便？今國家外扞邊寇，方任武臣，所宜並示恩威，不可專用姑息。仍恐文武臣僚自此益更輕慢朝廷之儀。」乃[15]下是詔，仍牓示朝堂。

皇祐二年六月，詔：「臣僚移任求朝見者〔一〕，留京師毋得過十日〔二〕。」

四年六月，詔：「武臣除喪者自今如文臣例，先給告身，然後入見。」

至和元年六月十九日，閤門言：「臣僚參假，内官高者

〔一〕者：原脱，據《長編》卷一六〇補。
〔二〕過：原脱，據《長編》卷一六〇補。

通官位，卑者只通姓名。勘會《儀制》並不載定，並通班閤門祗候因循承例，以致差互。今後應參假臣僚並令通官位、姓名。」從之。

八月七日，詔：「自今將相遷拜、見辭之禮，令閤門以故事舉行。」初，知制誥韓絳言：「比年以來，國家多失故事。且將相遷拜，迎授，見辭，勞餞，各有寵數，或當行而輒罷，或假予之非宜，遂使恩禮所及，頗失其稱。請下有司申明舊制。」故下是詔。

嘉祐八年四月六日，英宗即位未改元。帝不豫，應文武臣僚並權放朝參、正衙見、辭、謝，俟平愈日依舊。至七月如故。

十月九日，詔：「前令閤門、御史臺自九月二十五日權放臣僚見、謝、辭，今宜如故。」

英宗治平元年六月二十五日，樞密使張昪以遷吏部侍郎入謝〔一〕，詔減其拜數。至受賜物，又令勿跪。以昪老疾故也。

三年十一月，詔三班院、流内銓磨勘使臣、選人，權免引見。所進文字令中書覆奏。

十二月二十五日，大遼賀正旦壽聖節國信使、副見於紫宸殿門外。明年正月，辭於殿門外。以帝不豫故也。

神宗熙寧二年正月二十三日，權監察御史裏行王子韶言：「伏覩朝廷以職事官年七十以上及疾病疲癃者付御史臺體量可否，以臣觀之，(比)〔此〕宜委 16 (宜)〔之〕有司，豈可每煩朝廷？又況内外職任頗有事繁務劇之處，其不能勝任者豈獨老病？至於孱懦庸闇之人，亦能曠官敗事者也。今必待朝旨，然後體量，則所察者少，而所遺者衆，恐未足以澄清簪笏也。竊見得替赴任官亦有赴臺參辭之制，自來只於朝堂與丞雜御史拜揖而已，徒襲舊儀，殊無義理。欲乞今後臺參辭，並須詣御史臺，每日令御史一人接見詢察。遇有老病昏懦之人，即白丞雜再同審覈。若委實不堪釐務者，並許彈奏。如是，則不待巡行天下，而能否粗别。」從之。

閏十一月十九日，閤門言：「準流内銓牒，權同判銓龔鼎臣先患請假〔二〕。銓司於引見選人奏狀内龔鼎臣下已書假字。今日朝參訖，爲前奏内在假，更不趁引見選人。」詔：「今後諸司在假，如參日便赴奏覆引呈公事。」

三年二月十三日，權監察御史裏行王子韶言：「自來節假放見、謝、辭、正衙，亦不到臺參辭。其間頗有避見本臺體量，多趁故冀幸免放。欲乞今後除朝廷非汎差遣及請假依舊外，其得替赴任並須赴臺參辭。」從之。

八月七日，閤門言：「準編勑，自入伏後，審官、三班院、流内銓只許引一處，候秋涼添上殿班依舊。今月十日秋分。」詔自今後一日只許引兩處。

〔一〕昪：原作「昇」，據《長編》卷一九五改。
〔二〕「患」下疑脱一字。

十二日，編修中書條例所言：「選人授差遣銜辭，流内銓繳進家狀、三代表，别無行遣，欲乞今後罷進。」從之。

七年十一月十一日，詔河北副將令依閤門班次入辭，所賜17人馬、甲冑、弓箭、佩刀等，並令於後殿門賜謝。

九年五月四日，以大遼國母卒，賀同天節使於紫宸殿朝辭。告(衰)〔哀〕使未至，未輟視朝，故不辭於崇政殿。

元豐五年十二月二十四日，御史臺言：「準詔，遼使見辭日，並特起居。其前後三日内當起居權罷。二十六日紫宸殿遼使見，來年正月六日垂拱殿朝辭。若各用本殿班，即見日望參班赴，辭日六參班赴。」詔並用望參班。

六年四月十九日，詔：「自今見任官召赴闕，上殿訖，限次日朝辭回任，聽候指揮。」

七年正月四日，文彦博言：「臣前辭闕下之日，嘗奏得致仕後當親辭天陛。臣今得請，欲赴闕廷。」降詔從之。

八年正月六日，大遼賀正旦使、副辭於紫宸殿門外。以帝不豫故也。

二十八日，以帝不豫，執政官入至福寧殿。王珪言：「閤門見、謝、辭權放，内不許隨放之人令入門見[一]。其上殿臣僚非召赴闕者有奏陳事，權令進入。」從之。

七月二日，太常寺、閤門言：「西人見、辭儀制，乞如嘉祐八年，見於皇儀殿門外。所有朝辭，緣太皇太后權同軍國事，乞許垂簾日朝辭，或止令門辭。」詔見依嘉祐八年，朝辭詣垂拱殿。

哲宗元祐元年四月十八日，詔：「尚書侍郎除改别曹，免入謝及進馬，仍不用初除恩例。給事中遷侍郎，如在一年内，除入謝外，亦如之。」

二十三日，新知(穎)〔潁〕昌府韓縝言：「故集賢校理、同修起居注江休復子懋相才質粹美，能守家法。比因覃霈轉官[二]，會足疾，偶18稽朝謝，遂踰百日之限，然實未嘗在假，有司不爲申理。欲望許令朝謝，及量其材質，稍加擢用。」詔江懋相特許朝謝。

六月十三日，禮部言：「近制，尚書侍郎除改别曹免入謝，郎官亦當免。」從之。

二年六月八日，樞密院言：「元豐八年四月八日朝旨，應見謝并軍迴、過軍並權令門見謝。按乾興元年例，軍迴人兵並係引見。」詔依舊引見。

元符三年正月六日，遼國賀正旦使、副辭於殿門外。以上服藥故也。

六月七日，遼使辭於皇儀殿，又赴紫宸殿朝辭。

徽宗崇寧二年五月九日，臣僚上言：「竊見日近帥臣多是受命訖，數以乞對爲名，不肯朝辭。既朝辭訖，又不肯起發，遲留都城，動踰旬月，只是謀爲身計，殊不體朝廷所以遣之之意。欲乞今後除授邊帥或身在闕下，或便路乞

[一] 入：原無，據《長編》卷三五一補。
[二] 比：原作「皆」，據《長編》卷三七六改。

見，欲乞與越班奏事，限日朝辭訖，限日進發，庶幾不至失事。仍乞令御史臺糾察。」從之。

欽宗靖康元年五月十五日，詔：「監司、守臣見待次朝辭上殿人並免。」

高宗建炎四年十一月三日，閤門言：「奉詔：今後臣僚投下見、辭、謝牓子，如經隔年月違限，令召本等保識官二員，委保正身甘伏除名結罪，批鑿印紙，方許引見、謝、辭。欲乞朝見自得替後限一年，謝、辭以授宣告敕劄日限一月，如出限，即許召保。」從之。

紹興元年四月十七日，閤門言：「故例，臣僚見、謝、辭並權放，候皇帝御殿日依舊。」從之。時隆祐皇太后上仙故也。

二年正月[19]二十四日，吏部侍郎李光言：「望檢舉見任郎中自建炎以來未經上殿人，並令引對。」從之。

八月九日，輔臣進呈左司諫吳表臣表，乞應郡守初自行在除授及自外罷任赴闕者，並令引見上殿。上曰：「郡守，民之師帥，若不得其人，千里受弊。」於是可其奏。

九月十二日，工部員外郎、宣撫處置使司主管機宜文字張宗元言：「隨行將佐、使臣遠路從軍，不曾將帶袍笏履，朝日乞許着紫衫。」從之。

三年五月八日，詔：「奉使官潘致堯、高公繪回，仰日下入門，不以早晚，服紫衫赴内殿朝見。」

四年四月十八日，新除起居舍人王居正言：「被旨，候到令引見上殿。緣見患喘渴，登對未得，望許令先次朝見，候痊愈日即起赴上殿。」從之。

八月二十六日，詔：「沿江帥守赴任，道由行在，權免朝見奏事，令取徑路之任。」時以防秋，從臣僚請也。

十一月三日，詔：「監察御史田如鼇回自張浚軍前，令内侍省於内殿引見。」

十二月二十二日，詔：「丁憂服闋及尋醫侍養假滿百日官如到行在，並許朝見、臺參。」

五年二月十一日，御史臺、閤門言：「車駕親征回，請依條令故事，俟還内次日，文武百官内殿起居，問聖體。」從之。

七年二月九日，都省言：「除授監司、郡守合朝辭上殿人，緣見在易月服内，皇帝未御正殿，引對未得，竊慮有妨起發之任。」詔並權免，如願伺候上殿者聽。

二十一日，閤門言：「將來御殿，臣僚起居、見、謝等，内有該舞蹈官。欲權[20]免舞蹈叩頭，候卒哭依《儀制》。」從之。時以徽宗皇帝、顯肅皇后喪制故也。

三月十日，知建康府葉宗諤言車駕移蹕到府，率本府應文武官朝見。從之。

九月二十二日，明堂大禮，應命官犯罪依今赦合該原免。如因結斷未了，未合朝見人，特先次朝見。

八年十月十一日，詔：「今後應從官上殿，令次臺諫，在面對官之上引。」

九年七月四日，詔：東京耆老寇瑋等詣闕上表，令四方館引見。時復河南諸郡故也。

十一年十月十三日，詔御前統制官等各以職次高下輪替入見。

十三年正月十八日，閤門言：「將來御前殿，合赴朝參臣僚切慮朝集不知儀範，難以整肅。自今後應在外臣僚、兵將官等到行在見、謝、辭，并應朝集等，並依《閤門儀制》。如請降到内殿或放免見、謝、辭等指揮，並令閤門執奏不行。」從之。

二月十一日，詔：「六參日依令引一班上殿，止引面對官。如值假，合後殿座日分，依令止引兩班。」

四月五日，兩淛西路提點刑獄公事王(鉄)〔鈇〕言：「本司官係在平江府置司，每遇出巡到臨安府，亦係部内。欲依兩淛轉運副使徐康國例，許免辭、見。」從之。

十一月二十一日，詔：「臣僚已有差遣，受命訖，違五日之限不即朝辭起發者，令御史臺彈劾。」從侍御史李文會請也。

十四年三月十八日，詔：「今後臣僚有面刺大字或燒灸之人，遇合見、謝、辭，並許趁赴。」詳見「常參起居」。

十二月二十五日，詔：「自今後每遇紫宸殿使人見、21辭，更不排設逍遥平輦。」

十五年十二月十一日，詔：「使人到闕、朝見、紫宸殿宴前一日，朝辭前二日，應奉官司並赴逐殿習儀。」

十七年六月三日，詔：「金國使人見、辭等，如遇垂拱殿、集英殿、紫宸殿階下立班，於拜處，宰臣、(使)使人令儀鸞司鋪氈，今後準此。」

十八年十一月十三日，禮部、太常寺言：「來年正月六日人使朝辭使樂〔一〕，係在上辛祠官致齋之内〔二〕。欲依治平故事用樂。」從之。二十三年五月十九日使人朝見，二十九年五月二十七日朝辭，並在夏至祭皇地祇致齋之内，亦引故事用樂。

二十年三月二十二日，詔：「今後人使見、辭，擡擎檜床等人令殿門外隨儀衛迎駕，奏萬福。」

二十五年十二月十八日，詔：「應召赴行在臣僚入國門日，令即時具狀聞奏。」

二十六年十二月十五日，詔：「三佛齊進奉人，依儀從人門見，可依舊例俱令入見。」

二十九年十二月十七日，詔：「使人朝見，後殿起居班絶，垂拱殿座，權令宰執、侍從日參官一班，次使相至刺史一班，次馬步軍都指揮使以下一班，次馬步軍員僚一班，次館伴一班。並令常起居次引使人。」

三十年五月六日，詔：「朕以國(使信)〔信使〕至，勉從群臣上壽之請。既未御純吉服，儀仗難以盡飾。人使朝見

〔一〕使樂：此二字似爲衍文。
〔二〕祠：原作「詞」，據《建炎要録》卷一五九改。

日，可止量增禁衛，更不設仗。」以顯仁皇后服制也。

十一月二十七日，禮部、太常寺言：「金國使人到闕朝見日，依《政和五禮新儀》排設黃麾角仗一千五十六22人。〔人〕使朝見，得旨未御純吉服，止量增禁衛，更不設仗。今自十月朔純吉服，所有儀仗合行排設。」從之。

三十一年五月二十七日，詔金國人使朝辭，御後殿東廊素幄。時聞欽宗皇帝訃音也。

十二月八日，太常寺言：「車駕巡幸視師，經由州府縣鎮官迎駕起居奉辭，緣在恭文順德仁孝皇帝服制之內，並乞常服、黑帶、去魚。」從之。

三十二年三月十八日，詔：「人使朝辭，在京日經由垂拱殿過。緣垂拱殿非係人使立班處，可先後殿坐，次紫宸殿引人使朝辭。」

孝宗隆興二年五月十三日，臣僚劄子言：「朝廷除授，當杜私謁。今士風奔競，廉恥汩喪，宜明示告戒，依已降旨，以半月爲限，有既除授而不朝辭，與夫至而不見、辭而復留者，令有司具名糾劾以聞。」從之。

乾道元年八月十四日，詔：「今後應文武知州軍、諸路釐務總管、副總管、鈐轄、都監見辭，並令上殿，批入料錢文曆。如託故避免，並未得差除赴任，委臺諫、監司按察，以違制論。」已而又詔：「内殿見、辭奏事訖，亦令閤門批上本官料錢文曆照會。」

二年三月一日，尚書吏部侍郎陳之茂言：「近者建議之臣欲以初改官人時出聖意臨軒引問，觀其能否。竊見選人改秩，亡(士)慮百員，每班不下十人。若盡令引對，則一朝之頃，不能遍及；若止取一二，則餘者幸免，政恐其間又多碌碌。盡棄之則非所以廣恩，盡容之則又非躬親顧問之意。乞止從都堂審察。」從23之。既而吏部言：「竊見故事：選人改官日，皇帝臨軒引見，政欲觀其人材。今立班之地相去稍遠，乞令立班移近軒陛，逐一宣名。其間聖意或有所疑，即乞指名宣諭吏部侍郎，令同到都堂審驗。如不中選，即別取旨，免致一一紊瀆聖聽。」從之。

四年五月二十四日，臣僚上言：「自今如有身到國都，不曾朝見，而輒見宰執，干求差遣者，乞重寘典憲。」從之。

五年六月二十九日，詔吏部奏舉改官人並權免引見，候引上殿班日依舊。時上目疾故也。

七年三月四日，主管侍衛馬軍司公事李顯忠奏：「乞移屯諸軍統制、統領、將佐、大小使臣與免朝辭。」從之。（以上《永樂大典》卷次原缺）〔一〕

〔一〕按：此前「告謝」門在《大典》卷五三五六「朝」字韻「宋朝儀」目，此門「辭謝」（實包括見、辭、謝）與「告謝」爲同一類，或當在其前後同韻同目之卷内。

賜服[一]

【宋會要】

24凡五月五日賜服，二府宰相至同簽書樞密院事、親王、三師、三公、使相、東宮三師、觀文殿大學士、僕射、宣徽使、殿前都指揮使至馬步軍都虞候、節度使、駙馬都尉；五事：潤羅公服、紅羅繡（袍）〔抱〕肚、黃（穀）〔縠〕汗衫、熟線綾夾袴、小綾勒帛。銀裝扇子二。舊式：大綾夾袴、勒帛。都尉須觀察使以上。金吾上將軍、皇親刺史以上；五事，扇子並同宰臣，惟小綾勒帛。兩使留後、觀察使、四廂都指揮使、忠佐領團練使；五事、扇子同皇親刺史，惟大綾夾袴，無潤羅。東宮三少、尚書、三司使至權發遣使公事、觀文殿學士至樞密直學士；並同僕射，惟綾繡抱肚。舊式：尚書同待制，三司使同節度使。防禦、團練使、刺史；同留後，惟綾繡抱肚。舊式同三司使，惟無潤羅。御史中丞、閣直學士、宮觀判官；四事：潤羅公服、黃縠汗衫、小綾勒帛、熟線綾夾袴。銀裝小扇子二。舊式：大綾夾袴。權中丞如待制之例，知審刑、判檢院並同。諸統軍；四事：同中丞，惟無潤羅，扇子無銀裝。諸衛上將軍；同統軍，惟增綾繡抱肚，又改小綾汗衫。常侍、賓客、丞郎、給諫、舍人、知制誥、待制、卿監、祭酒、詹事、三司副使至發遣公事；五事：羅公服、綾繡抱肚、小綾汗衫、勒帛、大綾夾袴。舊式：三司副使如宮觀判官。內客省使、延福宮、景福殿使；同防禦使，惟扇子無銀裝。皇親大將軍、將軍、諸司使、副使；四事：羅公服、小綾汗衫、勒帛、大綾夾袴。銀裝小扇子二。少卿監、知雜、司業、庶子、諭德、郎中、樞密都承旨至諸房副承旨，橫行使、宣慶、宣政、昭宣使、諸司使、大將軍，入內、〔內侍〕省都知、押班；四事：羅公服、小綾汗衫、勒帛、大綾夾袴。無扇子。舊式：三司判官、判勾准此，知雜、入內都知並同員外郎，押班同承旨。皇親崇班以上；三事：同諸司使而無袴。舊式：有扇子而無銀裝。起居郎至著作郎、三院御史、員外郎、少詹事、率更令、博士、三丞、大理正以上、開封府判官、將軍、橫行諸司副使、樞密逐房副承旨、皇親殿直以上；三事：同少卿監而無袴。通事舍人、承制、崇班及閤門祇候；二事：同諸司副使而無勒帛。中允至洗馬、尚藥奉御至五官正、閤門看班、三司勾當使臣、京官任在京職事者；二事：羅公服、絹汗衫。今選人充館閣職任同。幕職、州縣官、三班使臣任在京職事當賜者；止羅公服。監文思院門，紫絁衫。內侍兩省使臣。供奉官並紫羅公服。內常侍加小綾汗衫，內侍至黃門、入內殿頭至奉輦管勾，紫羅窄衫、絹襴。內侍祇候高品至後苑散內品、入內貼祇候內品至雲韶部內品，紫官絁窄衫、絹襴。其內侍非宿直及在京勾當不給。入內後苑內品至散內品[二]，紫平絁窄衫、絹襴。寄班祇候、奉職、借職，羅公服。殿直以上加絹汗衫。舊式：帶器械高品以上並羅公服、絹25汗衫。凡諸軍捧日、天武、龍衛、神衛、拱聖、驍勝、宣武、神勇、虎翼、步武、龍猛、吐渾、驍騎軍都指揮使、諸班殿前指

[一] 題下原批：「『告謝』條下引『見賜衣服分物』，則此當作『賜衣服』。」其下另一人批云：「原校。」按，指徐松原稿之校。其中所引見本書儀制九之五紹興十三年二月三日條注。

[二] 入：原作「至」，據本書禮六二之四改。

揮使、遥郡都虞候、御前忠佐馬步都軍頭及遥郡副都軍頭；五事：羅公服、綾綉抱肚、黄(縠)〔縠〕汗衫、小綾勒帛、大綾夾袴。扇子二。舊有銀裝。不遥郡副都軍頭；五事：並同都軍頭，惟小綾汗衫。小扇子二。捧日至神衛不遥郡都虞候及諸班内員僚、御龍四直都虞候、指揮使、御前忠佐步軍副都軍頭已上、行門殿前散直、鈞容直指揮使；五事：並同都軍頭，惟絹汗衫。開封府馬步都指揮使；四事：羅公服、小綾汗衫、勒帛、大綾袴。無扇子。拱聖至驍騎及雲騎、奉節、歸聖、効忠、武騎、雄武、渤海、寧朔都虞候，捧日至神衛指揮使，殿前都指揮使都知〔一〕；四事：羅公服、絹汗衫、大綾夾袴、小綾勒帛。小扇子一。内殿直散員、散指揮、散都頭、散祗候、龍旗、金槍東西班内員僚、外殿直都知；三事：羅公服、絹汗衫、大綾夾袴。小扇子一。開封府馬軍、步軍副都指揮使以上，牢城都指揮使；三事：同外殿直都知，而無扇子。拱聖至寧朔及驍猛、馬直、步直、揀中龍神衛、契丹、飛猛、衛聖、威虎、神威、宣効、横塞、威猛、廣勇、鞭箭、雲捷、歸明、雄武指揮使，捧日至神衛及御龍四直指揮使，教駿、廣備、忠節、威武都虞候，殿前指揮使副都知；三事：羅公服、絹汗衫、小綾夾袴。小扇子一。内殿直至外殿直副都知、殿前散直都知；三事：羅公服、絹汗衫、勒帛。拱聖、歸明、雄武副指揮使，教駿、騎御馬、歸聖、順聖、勇捷、步鬭、雄勇、廣德、静戎、平塞、歸化、順化、忠節、橋道、清塞、廣備、歸恩、雄勝、威武、懷勇、効順、懷愛指揮使，六軍搭材都虞候，殿前指揮使押班；二事：同威武都虞候，而無袴，亦小扇子一。御龍四直都頭；二事：同殿前指揮使、押班，而無扇子。皇城司都虞候；二事：羅公服、小綾汗衫。教駿至懷愛副指揮使，内殿直至外殿直押班、押蕃、御龍四直副都頭新立内員僚直行首、副行首，殿前散直副都知、押班，龍神衛剩員，保寧、搭材、窑務、廣德指揮使，開封府六軍副指揮使以上；羅公服。殿前指揮使行門殿直及内殿直之進御弩者，鈞容直、招箭班都知、副都知；紫羅旋襴、小綾汗衫。鈞容直、招箭班押班、都部頭，内園御輦、翰林、儀鸞、八作、綾錦、事材、車營務諸司都虞候；紫羅旋襴。捧日至神衛軍使、都頭，龍神衛剩員至廣德副指揮使，効節指揮使，員僚直行首、押蕃已上〔二〕，軍頭司副兵馬使以上；紫羅寬衫、旋襴。捧日至神衛副兵馬使、副都頭，拱聖至鞭箭軍使至副都頭，軍頭司(疆)〔彊〕壯及散指揮使、副指揮使以上，契丹、渤海、吐渾軍使以(下)〔上〕赴起居者；紫羅寬衫，絹襴。龍衛及骨朵子直、内殿直至内員僚直、殿前散直、招箭班及外殿直、散祗候、東西班權管指揮者，軍頭司散員至副兵馬使，强壯副都頭、散副都 26 頭以上，契丹、渤海、吐渾軍使以上不赴起居者，教駿、騎御馬軍使、副兵馬使，歸明散員僚諸司指揮使、副指揮使以上，軍頭司副都頭以上；紫羅窄衫，絹襴。御龍、弓箭、弩、鈞容、契丹、吐渾等直，歸聖至懷愛、龍神衛剩員至廣德都頭、副都頭，六軍喝探副

〔一〕都：原脱，據本書禮六二之五補。
〔二〕押：原脱，據本書禮六二之六補。

都頭以上，開封府步軍副都頭及諸司軍使、副都頭以上；紫官絁衫子。御輦院供御輦官以上，車子院將虞候；紫平絁衫子。外仗作坊前宿直者，軍頭司承局，御輦院下都輦官，車子院官健。紫南紬衫子[一]。凡增立諸軍並準視名額等第給之[二]。

凡在京諸色人：中書堂後官，樞密主事；二事：羅公服、小絹汗衫。前諸司使；二事：羅公服、絹汗衫。翰林天文，知曆筭，御書待詔[三]，翰林醫學，書藝、書直、藝學，御書祗候，前防禦、團練副使，當直、奉職以上，宣詞令、左右軍巡使、中書主事，諸鎮節度進奏官，教坊使；羅公服。中書錄事，守當官以上，樞密院令史，書令史，宣徽院前行，三司孔目官，教坊副使，色長，監承進司高品，學士院書詔，孔目官，客省行首，勾押官；紫羅寬衫。樞密院雜事，承進，銀臺司貼房，三司勾覆官以上，宣徽院後行，客省，閤門承受諸州進奏官，檢鼓院，糾察，提舉司府吏後行以上[四]，秘閣典書，翰林醫人；紫羅窄衫，絹襴。禮賓院，客省，軍頭司譯語，御輦院專典，提舉司貼司；紫官絁衫子。秘閣楷書，御輦院曹司，乳酪匠，學士院親事官，皇城鑰庫子；紫平絁衫子。內衣物庫專典；二事：小綾背子、絹汗衫。軍頭司勾押官以下。黄絹汗衫。其品目均者准此，餘以青絹紬、赤黄皂雜布衫袴、黄絹等第給之。

凡十月一日賜服[五]：二府宰臣至同簽書樞密院事、親王，三師、三公，使相，東宮三師，觀文殿大學士，僕射，宣徽使，殿前都指揮使至步軍都虞候，節度使，駙馬都尉，皇親正任團練使以上；寬對衣。五事：紫潤羅夾公服、天下樂暈錦寬錦袍、小綾汗衫、勒帛、熟線綾夾袴。舊式：大綾夾袴，都尉任觀察使者方給潤羅。皇親遥刺史以上；並同正任團練使。惟簇四鵰寬錦袍。舊式：刺史以上並同親王。東宮三少，尚書，三司使至權發遣使公事，觀文殿學士至樞密直學士，內客省使；紫潤羅夾公服、簇四鵰寬錦袍、小綾汗衫、勒帛、熟線綾夾袴。舊式：尚書同丞郎。兩使留後，觀察使，四廂都指揮使，皇親大將軍、將軍、諸司使、忠佐領團練使；紫羅夾公服、川錦寬綿袍、小綾汗衫、勒帛、大綾夾袴。舊式：簇四鵰錦。統軍上將軍，防禦、團練使，刺史，皇親諸司副使；五事。紫羅夾公服、翠毛細錦寬綿袍、小綾汗衫、勒帛、大綾夾袴。御史中丞，閣直學士，宮觀判官；紫羅夾公服、師子大錦寬綿袍、小綾汗衫、勒帛、大綾夾袴。舊式：知通進銀臺司、勾當三班、知審刑、判檢院准此。常侍，賓客，丞郎，給諫，舍人，知制誥，待制，卿監，祭酒，詹事，三司副使至權發遣公事；五[27]事：羅夾公服、綾繡夾抱肚、小綾汗衫、勒帛、大綾夾袴。舊式：三司副使同宮觀判官。延福宮使，景福殿使；五事：紫潤羅公服、熟線綾夾袴，餘同統軍。金吾大將軍；紫羅夾公服、紅錦寬綿袍、小綾汗衫、勒帛、大綾夾袴。舊式：同統軍。少卿監，知雜，司業，庶子，諭德，郎中，橫行使，宣慶、宣政、昭宣使，樞密承旨至諸房副承旨，大將軍，諸司使，入內、內侍省都知，押

[一] 紬：原作「袖」，據本書禮六二之七改。
[二] 等：原作「第」，據本書禮六二之七改。
[三] 待：原作「御」，據本書禮六二之七改。
[四] 提：原作「題」，據本書禮六二之七改。
[五] 日：原脱，據本書禮六二之七補。

班；羅夾公服、小綾汗衫、勒帛、大綾夾袴。舊式：三司判官、判勾准此，知雜同員外郎，內侍省都知、入內都知、副都知同橫行副使，內侍省副都知、押班、入內押班同通事舍人。起居郎至著作郎、三院御史、員外郎、少詹事、率更令、博士、三丞、大理正以上，橫行諸司副使、將軍，皇親率府率、副率，樞密院逐房副承旨；羅夾公服，小綾汗衫、勒帛。舊式：皇親崇班以上同諸司使，殿直以上同副使。通事舍人、承旨、崇班、率府率、副率；紫羅夾公服、小綾汗衫。中允至洗馬、尚藥奉御至五官正、三司勾當使臣、京官任在京職事者；羅夾公服、絹汗衫。今選人充館閣職任同。舊式：京官任親王諸宮者惟無汗衫。幕職、州縣官、三班使臣任在京職事當賜者；止羅夾公服。閤門看班、軍巡使，以紫綾綿旋襴爲差。內侍、兩省使臣。內常侍供奉官紫羅夾公服、小綾汗衫；入內殿頭至奉輦管勾、內侍殿頭至黃門，紫光色大綾綿旋襴；祇候高班內品至入內內品，紫花絁綿旋襴；入內貼祇候內品至後苑散內品、內侍祇候高品至後苑散內品，紫小綾綿旋襴；（辛）〔寄〕班祇候、紫乾色大綾綿旋襴。舊式：內常侍同宣事舍人，內侍並紫大綾綿絁襴，殿頭以上帶器械紫羅綿旋襴。

凡諸軍捧日至驍騎軍都指揮使，諸班、御龍四直、遥郡都虞候、忠佐馬步都軍頭及遥郡副都頭；翠毛細錦綿旋襴。不遥郡副都頭（頭）；舊式：方勝宜男細錦綿旋襴。不遥郡諸班及御龍四直、內員僚直、捧日至神衛軍都虞候，諸班至員僚直及殿前散直、行門、鈞容直指揮使，忠佐步軍副都軍頭以上，開封府馬步都指揮使；盤毬雲鴈細錦綿旋襴。拱聖、神勇、驍騎、雲騎、武騎、宣武、龍猛、雄武、虎翼、吐渾、廣備、渤海、驍勝、寧朔都虞候，捧日至神衛及員僚直指揮使；師子大錦綿旋襴。拱聖至寧朔及順聖、衛聖、歸聖、奉節、廣德、效忠、馬直、步直、威虎、雲捷、教駿、伴飯、騎御馬、內員僚直、龍神衛剩員指揮使，捧日至神衛、御龍四直、員僚直、神勇、吐渾、渤海副指揮使，忠佐都虞候，開封府馬步副都指揮使，供奉官以下權管軍者；方勝練鵲錦綿旋襴。飛猛、橫塞、神威、宣効、威猛、歸明、雄武指揮使；紅團花大錦綿旋襴。諸軍副指揮使，勇捷、歸化、順聖、清塞、忠節、橋道、保寧指揮使，六軍搭材都虞候，開封府馬步都虞候以上；紅團花中錦綿旋襴。六軍廂虞候；細團花次中錦綿旋 28 襴。殿前及行門都知；紫地紫花透身歘正綿旋襴。內殿直散祇候、散指揮使、散都頭、散員、東西班、金槍、龍旗、內員僚、殿前散直、外殿直都知，皇城都虞候；紫羅錦旋襴。內殿直至外殿直及殿前行門副都知，鈞容直、招箭班都知、副都知，諸班直押番、押班皇城等諸司都虞候；紫乾色大綾綿旋襴。內殿直已下及殿前節級、十將，捧日以下軍使至都頭、員僚直行首、押番，伴飯、騎御馬軍使〔一〕、副兵馬使，勇捷至保寧副指揮使〔二〕，六軍指揮使，軍頭司都指揮使至副都頭，鈞容、招箭押班，東西班小底，披帶殿侍、開封府本城指揮使，皇城諸司等指揮使，忠佐軍使、副兵馬使；紫大綾綿旋襴。御龍弓箭、弩手長行；紫花絁綿旋襴。東西班下茶酒殿侍之內宿者，內員僚、鈞容、殿前散

〔一〕軍：原作「都」，據本書禮六二之一一改。
〔二〕捷：原作「健」，據本書禮六二之一一改。

直長行；紫羅大綾綿旋襴〔一〕。諸軍都頭、副都頭以上，内員僚、員僚、契丹、女真等長行，軍頭司散副都頭以上，教駿、喝探、伴飯軍使、副兵馬使，皇城等諸司副指揮使至副都頭；紫小綾綿旋襴。玉清昭應宮雜役十將；皁細綿旋襴。牛羊司放牧軍士、外仗、作坊前宿直長行。黄絹綿襖。凡增立諸軍各隨名額等第給之。

凡在(官)〔京〕諸色人：前任防禦使至刺史；翠毛細綿旋襴。供奉官以下、皇城内監庫務及騏驥牧監文思院者；二事：羅公服、小綾汗衫。翰林天文、知曆筭、御書待詔、翰林醫官、醫學、書藝、書直、藝學、御書祗候、樞密主事、中書堂後官〔二〕、主事、學士院録事；羅公服。教坊使；紫羅綿旋襴。中書録事至守當官，樞密令史、書令史，三司孔目、勾押官；紫羅寛袍。前諸司使、教坊副使至色長；紫乾色大綾綿旋襴。宣詞令、左右軍巡使、供奉官以下當直者，節度使進奏官，秘閣典書，三班監左藏庫、文思院門及進奏、店宅務者，教坊都知；紫大綾綿旋襴。樞密院雜事，承進、銀臺司貼房，宣徽院後行以上，三司勾覆官，秘閣楷書，客省、閤門承受，學士院書詔孔目官，諸州進奏官，客省、禮賓院譯語，軍頭司押司官，檢鼓院、糾察、提舉司府(史)〔吏〕後行以上，翰林醫人、天文院節級、御輦官節級以上；紫小綾綿旋襴。司天節級、天文院學生、理檢院令史，秘閣、通進銀臺司親事官，契丹譯語，大内鑰匙庫子，乳酪匠，御輦〔院〕下都輦官，車子院官健；皂紬綿旋襴。軍頭司承局以上、儀鸞卓帳匠。黄絹綿襖。其品目均者准此，餘以赤黄紬綿襖、皁絹綿旋襴、緑平二宜紬襖子、絹夾袴等第給之。

凡賜外任初冬衣襖：使相、節度使、兩使留後、觀察使；五事：暈錦旋襴、大綾背子、夾袴、小綾汗衫、勒帛。尚書、管軍四廂都指揮使以上及知益州；五事：次暈錦綿旋襴，餘同觀察使。學士、直學士、丞郎及知并州；三事：簇四鵰細錦旋襴、小綾汗衫、大綾夾袴。給諫、舍人、待制、横行使以上；翠毛細法錦綿旋襴。防禦、團練使及正刺史知 29 州者；倒仙牡丹細錦綿旋襴。若任總管、鈐轄者及他官知廣州，皆賜三事：翠毛細法錦綿旋襴、小綾汗衫、大綾夾袴等。遥郡諸司使及益州鈐轄；方勝宜男細錦綿旋襴。益州鈐轄仍加小綾汗衫。諸司使、横行副使、副都軍頭以上；盤毬雲鴈細錦綿旋襴。大卿監至陞朝官〔三〕、諸司副使至供奉官、大將軍至將軍、内侍至高品以上；紫歊正綿旋襴。天聖年後改用紫羅。京官侍禁至借職、醫官及幕職知春州，紫乾色大綾綿旋襴。河北、河東、陝西都轉運使。舊亦止賜紫歊正，景德元年賜方勝練鵲大錦綿旋襴。其溪洞刺史；倒仙牡丹細錦綿旋襴。溪洞知州；方勝宜男細錦綿旋襴。溪洞都巡檢使及陝西沿邊巡檢、蕃官供奉官以上；方勝練鵲大錦綿旋襴。溪洞首領及陝西緣邊蕃官刺史以上知唐龍鎮；紅團花大錦綿旋襴。溪洞義軍指揮使及陝西緣邊巡檢、蕃官侍禁以下知豐州；紅團花中錦綿旋襴。溪洞義軍副

〔一〕羅：原作「川」，據本書禮六二之一一改。
〔二〕後：原作「行」，據本書禮六二之一一改。
〔三〕陞：原作「陛」，據本書禮六二之一三改。

指揮使及鑾界邊寨指揮使、把截寨將以上。紫小綾綿旋襴。凡外任通判、都監、監押〔一〕、巡檢、駐泊、知城寨以上皆賜。荆南、杭、益州監臨物務及真州榷貨務、雄州榷場、泗州守橋、府界捉賊、巡黄汴河皆賜之。駐泊、就糧、屯駐本城諸軍巡檢隨行者，皆降勅書示諭，第賜衣襖。

凡誕聖節賜服：二府宰臣至同簽書樞密院事，親王、三師、三公、使相、東宮三師、觀文殿大學士、僕射、宣徽使、殿前都指揮使至步軍副都指揮使、節度使、皇親遥〔郡〕刺史以上；六事：紫潤羅公服、紅羅繡襠、抱肚、小綾汗衫、勒帛、熟線綾夾袴。舊式：大綾夾袴，東宮三師、僕射無襠，駙馬都尉任觀察使以上准此。東宮三少、尚書、三司使至權發遣使公事、觀文殿學士至寶文閣直學士、中丞、宫觀副使；五事：紫潤羅公服、綾繡抱肚、小綾汗衫、勒帛、熟線綾夾袴。舊式：大綾夾袴，閣直學士無潤羅，尚書同丞郎。殿前都虞候至步軍都虞候、内客省使、延福宫使、景福殿使；五事：同節度使而無襠。兩使留後、觀察使、四廂都指揮使、皇親大將軍、將軍、忠佐領團練使；紫羅公服、紅羅繡抱肚、小綾汗衫、勒帛、大綾夾袴。舊式：同步軍都虞候，惟無潤羅〔二〕。金吾上將軍；舊式同僕射。上將軍、統軍；同留後。常侍、賓客、丞郎，給諫、舍人、知制誥、待制、卿監、宫觀判官、三司副使至權發遣公事、祭酒、詹事、率更令、防禦、團練使、刺史、皇親諸司使、副使、大將軍；同留後，惟綾繡抱肚。舊式：知審官院准此，大將軍同統軍。少卿監、知雜、司業、庶子、諭德、少尹、郎中、横行使，宣慶、宣政、昭宣使，樞密承旨至諸房副承旨、諸司使、將軍，入内都知、押班，皇親殿直以上；羅公服、小綾汗衫〔三〕、勒帛、大綾夾袴。舊式：知雜同員外郎，兩省都知並准此，押班無勒帛。起居郎至著作郎、三院御史、員外郎、少詹事、博士、大理正以上，30率府率、副率，横行諸司副使、樞密〔使〕逐房副承旨；三事：羅公服、小綾汗衫、勒帛。通事舍人、承制、崇班；羅公服、小綾汗衫。中允至洗馬、尚藥奉御至五官正、〔閣〕〔閤〕門祗候、三司勾當使臣、京官任在京職事者；羅公服、絹汗衫。幕職、州縣官充館閣職任者准此。舊式：三司推官、巡官並同京官，編修、校勘者止羅公服。幕職、州縣官、三班使臣任在京職事〔常〕〔當〕賜者；紫羅公服。内侍、兩省使臣。内常侍同崇班。供奉官及寄班羅公服，殿頭至黄門並紫羅窄衫，入内祗候、殿頭至後苑散内品紫官絁窄衫。舊式：當直、奉職内侍帶器械者並羅公服，内常侍加小綾汗衫，小底以上並紫羅窄夾四褛，監祗候庫内品紫羅官絁窄夾四褛。

凡諸軍捧日至驍騎軍都指揮使，諸班及殿前指揮使，御龍四直遥郡都虞候，御前忠佐馬步都軍頭、副都軍頭；五事：羅公服、綾繡抱肚、小綾汗衫、勒帛、大綾夾袴。諸班直及内員僚〔四〕、御龍四直不遥郡都虞候、指揮使，鈞容、行門散直指揮使，忠佐步軍都軍頭以上；五事：同遥郡都虞候，惟絹汗衫。開封府馬步都指揮使；四事：同都軍頭，惟小綾汗衫。拱聖至寧朔都虞候，捧日至神衛及員僚直指揮使，殿前都知，伴飯指揮

〔一〕押：原作「判」，據本書禮六二之一三改。
〔二〕惟：原作「雅」，據本書禮六二之一四改。
〔三〕綾：原作「綉」，據本書禮六二之一四改。
〔四〕及：原作「入」，據本書禮六二之一五改。

使；四事：羅公服、絹汗衫、小綾勒帛、大綾夾袴。開封府馬步副都指揮使；三事：羅公服、小綾汗衫、大綾夾袴。拱聖至寧朔及雲捷、雄武指揮使，捧日至神衛，員僚直副指揮使，殿前副都知，内殿直至外殿直及鈞容、招箭班都知；三事：同馬步副都指揮使，惟絹汗衫。内殿直以下副都知、御龍都頭；三事：羅公服、絹汗衫、小綾勒帛。皇城司都虞候；二事：羅公服、小綾汗衫。拱聖至寧朔副指揮使，搭材都虞候，教駿至騎御馬指揮使，伴飯副指揮使；二事：羅公服、絹汗衫。忠節至廣德指揮使，教駿至騎御馬副指揮使，御龍直副都頭，殿前及内殿直以下押班，内員僚直行首、副行首，龍神衛剩員，保寧指揮使、副指揮使，伴飯軍使；紫羅公服。捧日至虎翼軍使、副都頭以上，御龍内員僚、員僚直押番以上，鈞容直都部頭，軍頭司散兵馬使以上〔一〕，忠節、搭材副指揮使；紫羅寬夾四褛。招箭押班，行門殿直，皇城等諸司都虞候；紫羅夾旋襴。皇城等諸司副指揮使以上，法酒庫都頭以上，教駿、騎御馬副兵馬使以上；紫羅窄夾四褛。御龍直、骨朵子、内殿直至金槍直、行門天武官，軍頭司副押班，副都頭以上，宫觀雜役副指揮使，内宿殿侍、招箭殿侍、鈞容直；紫花絁窄夾四褛。御龍弓箭弩直、内員僚至員僚直，教駿至喝探副兵馬使以上，諸軍諸司副都頭以上，契丹、女真、渤海軍頭至長行；紫官絁窄夾四褛。樞密院大程官副都頭以上，外仗作坊前宿〔直〕長行。紫南紬窄四褛。凡增立諸軍，各准視名額等第給之。

凡在官諸色人：諸鎮進 31 奏衙内指揮使；四事，同諸司使。樞密主事、中書堂後官、主事、諸州進奏衙内指揮使；三事，同崇班。翰林天文、知曆筭、御書待詔、翰林醫官、醫學、書藝、書直、藝學、御書祗候、左右軍巡使、左藏監門、奉職、諸州進奉判官、節度使進〔奏〕〔奉〕官、禮直官、副禮直官、學士院録事；羅公服。教坊使、副使；紫羅寬夾四褛，小綾汗衫。監承進司内侍〔二〕，諸州進奏官，諸州進奉軍將以上，中書守當官，樞密書令史以上，學士院孔目官，宣徽院後行，三司孔目官，客省、閤門勾押官以上，教坊色長以上；紫羅寬夾四褛。諸州進奉人，樞密通進司雜事，客省、閤門承受；紫羅窄夾四褛。客省、禮賓院譯語；紫官絁窄夾四褛。三司勾覆官以上，尚衣庫專典；小綾背子、絹汗衫。軍頭司承局以上。絹汗衫。其品目均者准此，餘以紫花平絁等第給之。

太祖建隆元年二月，長春節，賜群臣衣各一襲。十月，始賜宰相、樞密、宣徽、三司使、端明、翰林、樞密直學士、見任前任節度、觀察、防禦、團練使、刺史、諸軍列校冬服有差。郡國長吏、邊防將士遣使就賜之。

三年十月，始賜文武常參官冬服。先是，累朝以來，止賜將相、翰林學士、諸軍大校，至是太祖謂侍臣曰：「冬服不賜百官，甚無謂也。」遂并賜之。

太宗太平興國二年十月，賜百官、諸軍校百夫長以上

〔一〕司：原作「使」，據本書禮六二之一六改。
〔二〕承：原作「丞」，據本書禮六二之一六改。

冬服有差；將校之在外者及藩鎮州郡，悉遣〔使〕賫以賜之。自是歲以爲常。

九年五月，又賜文武臣僚時服。

真宗景德元年九月，賜河北、河東、陝西三路轉運使副方勝練鵲錦袍。先是，河北轉運使劉綜言：「每歲朝廷遣使賜邊城冬服，諸軍將校皆錦袍，惟轉運使、副止須皁花欹正〔一〕，拜賜之際，頗用厚顏。」故有是命。

大中祥符三年九月，詔：「自今每遇節賜臣僚喫食，令内侍省差使臣就御厨先點檢精細，即付客省宣賜。若有不堪，便回换，仍具以聞。」

八年五月，三司言，端午合賜臣僚時服，以禁帑經火〔二〕，編排未得。帝以時服不可後期，仍令先給諸軍班及賜内侍。

九月，詔：「同玉清昭應宮副使、户部侍郎林〔持〕〔特〕，給事中、知制誥、同知審官院錢惟演，冬服並依學士例給錦袍。」（時）〔特〕自三司使授，惟演嘗知通進銀臺司，因上言，故給之。又詔賜注輦使冬服錦袍。使方（服）〔勝〕宜男錦，副使盤球雲鴈錦，判官方勝練鵲錦。仍賜八節燎羊〔三〕、法酒。

天禧二年四月，上封者言：「歲遣使臣賜府州蕃（郡）〔部〕冬服，悉召蕃部面給之，其使臣頗成留滯。望令麟、府州駐泊石知顒及知府州折惟忠受之，納于公庫，召蕃部給付，冀免侵欺留滯。」從之。

仁宗天聖元年四月，詔：「自今三班使臣殿直以上，雖未經差使見赴起居者，並依例賜聖節公服；未經差使不赴起居者不給。仍令三班院勘會年小使臣，及十五歲以上者令赴起居。」

九月，詔：「知舒州、秘書監李迪冬服，特依丞郎例
32 支。」

二年二月，殿中丞李丕緒請止絶皇親陳乞骨肉班行充賜外郡衣襖〔使〕。詔自今凡差衣襖使，其内出姓名者具知委結罪狀以聞。」

三年正月，詔裁造院：「自今所造賜臣僚衣服，除端午、十月一日，非時傳宣依舊造成送納外〔四〕，長寧、乾元兩節並只料段支。如欲請造成者亦聽。」

四年八月，上封者言：「伏見每歲賜外郡中冬衣襖，舊例差翰林伎術官押賜。近年皇親多陳乞骨肉，或諸司使副、閤門祗候、京朝官亦充此使，頗聞張皇，過求事例。欲望降勑止絶，庶免搔擾州郡。」樞密院請下逐路轉運使覺察，如有違犯，具職位姓名實封聞奏，仍每遣使先取知委文狀。從之。

五年九月，詔：「自今無得差朝臣押賜諸路衣襖，仍令御史臺於朝堂牓諭。」時上封者言：「虞部員外郎李文晟、

〔一〕使副：原倒，據《長編》卷五七乙。

〔二〕火：原作「史」，據本書禮六二之三四改。

〔三〕燎：原作「潦」，據本書禮六二之三四改。

〔四〕「日」原脱，「非」原作「并」，據本書禮食貨六四之二〇補改。

國子博士陳宗憲充逐路俵散衣襖。國家每歲遣伎術官將命賜服，實欲(同)〔周〕其闕乏，固不責於廉隅。近年以來，或差戚里及班行使臣，已爲失體。今文晟、宗憲各居朝列，豈可與伎術之輩争利僭求？伏乞特行追寢。」故有是詔。

七年四月，三司言：「準詔，以賜臣僚中冬衣，内紫羅披襖袖節窄狹，緣敧正限絲三十兩，紫羅限絲二十五兩，敧正雖重，而不及羅。今勒工匠計料，每領添羅絹六寸製造。」從之。

七月，三司言：「每歲賜諸路州軍文武臣僚、軍員中冬衣襖，自京差驢騾駱駞、兵士等般赴逐處，費用勞擾。欲乞下三京、諸道州、府、軍、監，每年預先計度染練疋帛，依降下名件尺丈就便製造，係帳收管。只差降使臣賫詔敕至逐處取索賜予，具數申奏，照會除破。如無物帛染練，裁造不得處，即申轉運司，於鄰近州軍製造赴本處[一]，或因上京衙前請領，附帶往彼。其合支細錦、對衣處，即令使臣將帶往彼。仍自來年十月一日爲始。」從之。三司又言：「今行條件内，衣襖每領用綿八兩，天下每年約支一十九萬餘兩。今並以本處係官綿支賜。如願請價錢，每兩不得過八十五文。其逐色錦旋襴，令諸州軍每年春初預具本處其年見管臣寮、使臣、軍員合支賜諸色錦衣襖數目，因便綱差人運賫狀上京計會，般請回州。凡天下州軍約支錦色數目：盤毬暈錦十六領，方勝宜男細錦二十五領，翠毛細錦二十六領，倒仙細錦一領，盤毬雲鴈細錦六十二領，簇四鵰兒細錦八領，黄獅子大錦五十七領。以上並在京織。方勝練鵲大錦二百二十四領，青州織；紅團花大錦五百五十五領，真定府織；紅團花中錦千二十二領，在京及真定府織；青荷蓮錦三十三領，在京織；黄花錦七十四領，西京及真定府織；紫色羅及大小綾及絹等，並令逐路就有物帛州軍供造。仍從京封降逐件中等丈尺襖樣各一領，并所破物帛尺寸及收剜子片數則例，下逐州軍監，永充式樣裁造。33 支賜紫羅旋襴每領羅三十五尺八寸、絹三十五尺五寸，紫乾色大綾旋襴每領綾三十四尺六寸、絹三十三尺七寸半，紫乾色大綾旋襴每領綾二十七尺五寸六分、絹二十七尺三寸半，紫光色小綾旋襴每領小綾二十八尺六寸、絹二十七尺三寸半。如有願請衣服段子者，乞依例折除下剜子，支與下項。若或有請價錢者，勒本州軍估計見賣價例。如本處價與在京今來降去錢數不等，即令就小價支給。其紫羅及紫乾色、光色大小綾旋襴各除折剜子表裏，自四尺八寸有畸至二尺二寸凡四等外，若支價錢，即各并綿八兩，共估錢自五貫四百八十至二貫三百八十凡四等。餘並準所起請支給。」從之。仍令諸州軍今後如有不依本官合破色額物帛，越外揀選上好綾羅，及曲要添料、加功織染，大破錢絲染色，并不依官定尺寸收附剜子，及所支價錢處有虚支，大破官錢，其所犯人並當嚴斷。

[一]軍：原作「運」，據本書禮六二之八六改。

九月，上封者言：「近年差伎術人賜諸路衣襖，徒啓倖門，固無賞勸。欲自今除皇親不差外，以先朝忠義、勳勞之家委的貧困子孫，并久在閤門祇候宣贊、不出外任臣僚，與伎術官相兼差遣。仍須自朝廷選差，不得自有陳乞，違者勘罪嚴斷。」從之。（以上《永樂大典》卷一九八一七）

宋會要輯稿　儀制一〇

官誥 〔一〕

【宋會要】

■1〔太宗淳化五年〕十月〔二〕，詔官告院，一品已下至四品綾紙褾軸，各書三五通，於舍人院封鏁，准備使用。

真宗咸平元年十二月，詔：「京百司今後如額內闕人處，吏部每歲一次，於十月內曉示諸司，於見祗應私名入仕三年以上，依次牒送比試補填，叙理資考。若抽在別處祗應、與計勞考者，不更充在司額。留司祗應者，亦於見定額內抽那，不得別補。所有歸司不歸司諸色事故，並準《長〔安〕〔定〕格》。諸司內或從來有添展闕額詔敕，一聽逐司存留〔三〕。」

景德二年九月，官誥院言：「奉詔重定諸蕃告身紙。其蕃官軍主、副軍主、首領、化外刺史、子承父任知州授銀青階者，請用大綾紙、法錦褾、大牙軸、色帶。化外幕職州縣官、上佐、指揮使至副兵馬使、衙前職員，請用中綾紙、中錦褾、牙軸、青帶。」從之〔四〕。

〔神宗熙寧〕六年六月十二日〔五〕，官告院言：「內殿承制無使紙條貫〔六〕，不以有無食邑，例用大綾紙七張。緣本官自在殿中丞下，乞改正，用中綾紙、褾、軸；如有食邑者，如舊。」從之。

國初於右掖門東廊置院〔七〕，四司告身案並集于此，以備中書除改。本司郎官各主其事。淳化五年，始專置官局於省內，凡官告各以本司告身印印之〔八〕。文臣用吏部，武臣用兵部，王公、命婦用司封，加勳用司勳。掌文武官將校告身及封贈，以朝官一員主判〔九〕，中書舍人一員提舉，餘綾紙庫入內侍一員管勾。

■2高宗紹興二年三月二十七日，詔：「四品以上官及職事官監察御史以上官告並用錦褾外，其餘官并封贈權纈羅代充。仍令所屬依舊制描樣，開版製造，先裝背四軸，申尚書省。」先是，官告院供到格法合用錦褾：太師至右弼八花暈錦褾，太宰至儀同天下樂錦褾，知樞密院至御史大夫用翠毛獅子錦褾，觀文殿學士至觀察使、宣奉大夫至太

〔一〕此下原批：「與職官門『官誥院』互見。」

〔二〕太宗淳化五年：原無，據本書職官一一之六一補。《補編》頁五四六作「二年」，疑誤。

〔三〕本條原僅存首句年月及條末「詔敕一聽逐司存留」八字，據本書職官一一之五八、《補編》頁一六〇補。

〔四〕本條原僅存條末「使衙前」至「從之」十九字，並與上條「逐司存留」緊接，今據本書職官一一之六三、《補編》頁五四七分條並補足。

〔五〕神宗熙寧：原無，據本書職官一一之六七補。

〔六〕內：原作「用」，據本書職官一一之六七改。

〔七〕此條應置于本類之首。

〔八〕下「印」字原作「以」，據本書職官一一之六〇改。

〔九〕以：原作「及」，據本書職官一一之六〇改。

子【3】賓客、詹事並暈錦褾，給事中至秘書、殿中監用法錦褾。已上係四品以上官。中大夫至典樂用法錦褾，七寺少卿至和安大夫用盤毬錦褾，尚書諸員外郎至翰林醫正，奉議郎至太子率用中錦褾，校書郎、正字至辟廱正録、幕職州縣官至伎術官用黄花錦褾，遥郡刺史以上用法錦褾，都指揮使至藩方馬步軍副都指揮使、都虞候用錦褾〔一〕，諸軍指揮使以下用黄花錦褾。而金部郎官李曦言：「諸處買錦地遠未到，乞權將别色充代。」故有是詔。

五年三月五日，工部言：「據文思院下界申，見承官告院牒，諸色官告萬數浩瀚，繫告青白絲線帶子係用機織造，闕少人匠，織造不前。今相度乞將封贈并焚黄告除四品以上及職事官監察御史以上並用絲線帶子，其餘官依造空名官告料，權用碧緑綾帶子充代，每五十條爲一料。其合用工料，令户部量審支給，候將來告命稀空日依舊。」從之。

【4】孝宗(隆興)〔乾道〕五年三月四日〔二〕，詔：「文武官誥身及僧道度牒並依舊式，以『文思院制勑綾』六字織造〔三〕，復行舊法。」以工部侍郎姜詵言：「自罷文思院制勑綾，用諸州雜貨綾，假冒犯禁者多，乞依舊法。」故有是詔。

乾道三年二月七日，主管官告院任紳、羅鞏言：「契勘應文武陞朝官以上封贈母妻告命，昨於紹興二年、七年已前係用七張五色絹紙，紅、黄各二張，青、赤、緑絹紙各一張。自紹興二十六年已降指揮，文武官告式依大觀格製造，仍自紹興二十七年正月一日爲始。降到告式内，文武官封贈母妻用七張五色羅紙書寫，紅、青各二張，赤、緑、黄羅紙各一張。數内黄紙舊係合用二張，今却【5】用一張；青羅紙合用一張，今却用二張，是致書寫告命黑、青一同，不見字跡。乞令文思院下界將見今封贈合用羅紙數内青羅紙二張依紹興二十七年已前體式，用紅、黄各二張，青、赤、緑羅各一張，以憑書寫告命。及七張銷金五色羅紙，亦乞依此造作，庶得書寫易辨認。」從之。

十月十三日，兵部侍郎周操劄子：「契勘官告綾紙自命官九品而上給降之式，用五等葵花様製，品則具在。自紹興二十六年已後，許用雜花、鳳綾二色，兼用已造下制敕綾參雜書填，制度蕩然，無復別識。欲望睿斷，盡復制敕綾紙舊制，將雜花、鳳綾二色並行住罷。」詔令文思院於左藏西庫雜花綾内且行關取〔四〕，與見制敕綾相兼使用，候織到新制敕綾日住罷。

四年八月十一日，官告院言：「本院出給文武官并諸軍都虞候、御前忠佐封贈父、母、妻告命，數内母告命合用生色玳瑁軸頭，其文思院造納不繼，恐致留滯。欲乞將文武官母、妻及忠佐封母告依格支給生色玳瑁軸頭外，其諸軍都虞候封贈母告許用次等紅牙中軸充代。」從之。

〔一〕「用」下疑有脱文。
〔二〕乾道：原作「隆興」，據本書職官一一之七三改。此條當移後。
〔三〕綾：原脱，據下文補。
〔四〕藏：原作「庫」，據本書職官一一之七二改。

七年〔一〕。

《兩朝國史志》〔二〕：官告院提舉一人，以知制誥充；判院一人，以帶職京朝官充。掌兵吏勳封官告，各以本司告身印印之。文臣用吏部，武臣用兵部，王公及命婦用司封，加勳用司勳。掌文武官將校告身及封贈〔三〕。《兩朝國史》十五人。（以上《永樂大典》卷一七三〇八）

臣僚恩慶封贈

【宋會要】 6 國朝宰相、使相正一品並贈曾祖、祖、父，東宮三師、僕射、留守、節度使並贈祖、父，餘止贈父。其後樞密使、副使、參知政事、宣徽、節度使並贈三世，三司使贈二世。初拜宰相即贈三世，其後簽書樞密院以上皆即時贈之。他官須經恩，學士及刺史以上、內侍都知、押班皆中書奉行，餘則有司奏請。其後觀文殿大學士、學士、資政殿大學士並同三司使例。應父曾任中書、樞密、使相并一品節度使，其子官雖低，不止定官品。見任大兩省并待制及大卿監、諸衛上將軍、正防禦、遥郡觀察使、景福殿使、客省使已上者，父不以曾與不曾任官，並贈至一品，即不得過三公。子官雖低，其父曾任上項文武官，亦贈至三公止。如不曾任官，及雖曾任官〔四〕，不至上項官者，即許封贈至諸行尚書、諸衛上將軍、節度使止。待制以上持服經恩，候服闋，許封贈父母。文官父不仕者，初封大理評事致仕，次轉一資〔五〕。皆不給俸。初贈亦然，次贈兩資。武官父不仕者，初封太子左清道率府副率致仕，次封左司禦率府率，次左衛率府率，次將軍。初贈、次贈亦然，次贈左監門衛將軍，次贈將軍，兩資。除中書、樞密院外，許兄弟列狀，比常例優加叙封。合封三代者，父少師，祖少傅，曾祖少保。已三少者入東宮三太，已三太入三師。如官高即從高贈，封二代者並優贈。百官並贈兩資，至侍郎止一資。內學士以上並三資，至侍郎止兩資。帶緊職者其父優入清名。都知、押班、軍員封贈並贈三資。宰相、使相正一品曾祖母、祖母、母封國太夫人，妻封國夫人。樞密院使副、參知政事、宣徽、節度使曾祖母、祖母、母封郡太夫人，妻封郡夫人。參知政事母再經恩則加封國太夫人，樞密副使母、妻舊（正）〔止〕郡君，後加夫人。天禧後再經恩，亦如參知政事。然雖有此制，不曾施行。簽書樞密院事曾祖母、祖母、母、三司使祖母、母並封郡太君，妻封郡君。

太祖建隆元年正月十五日赦書：「文武升朝官、內諸

〔一〕此段文字顯有脱誤。「七年」二字當承上四年續書而缺下文，其文當在本書職官一一「官告院」門乾道七年之三條內。

〔二〕按，此處所引《兩朝國史志》文屬總叙性内容，已略見前文熙寧六年後所引。

〔三〕掌：原作「餘」，據《文獻通考》卷六〇改。

〔四〕及雖曾任官：原脱，據《職官分紀》卷四九補。

〔五〕次轉：原作「資封」，據《職官分紀》卷四九改。

司使副、禁軍都指揮使以上及諸道行軍司馬、節度使副、藩方馬步軍都指揮使父、母、妻未有官及未曾叙封者，並與恩澤。亡父母未封贈者，並與封贈。」乾德元年十一月南郊赦書：「自開創以來，諸處征討，有將校歿於王事者，自軍使副、兵馬使已上及使臣等各與贈官；已贈官者更與加贈。」開寶元年十一月南郊赦書：「禁軍都指揮使及内諸司使父、母、妻未經封贈者，並與封贈。」四年十一月南郊赦書：「内諸司使及廂禁軍都指揮使帶遥郡者、都虞候月俸二十貫以上，未經封贈並與封贈。」九年四月西京赦書亦然。太宗登極赦書始令應都虞候、諸司副使已上並與恩澤，已有官封更與遷改，已封贈者更與封贈。太平興國三年十 7 一月南郊赦書，復限都虞候月俸二十千以上，諸司副使亦及之，而父、母、妻亡殁者即與封贈。六年十一月南效赦書同此制。雍熙元年十一月南郊赦書復如登極之制，文武常參官南郊日前升朝(二)〔未〕及二周年，及本品未合叙封者，不在此限。端拱元年正月籍田赦書如舊制。二年八月星變赦書：「應沿邊將校臣僚没於王事者，如未經贈官，並與贈官。」淳化四年十一月南郊赦書添内殿崇班，而無二周年限。至道二年正月南郊赦書改亡父母即與追贈。真宗登極赦書，添「諸班、諸軍都虞候、諸班指揮使、御前忠佐馬步軍都軍頭、副都軍頭」。咸平二年十一月南郊赦書：父、母、妻並與官封、追贈。五年十一月南郊赦書如舊。景德二年十一月南郊赦書，唯亡父母並與封贈。大中祥符元年十一月封禪赦書復如咸平之制。四年二月祀汾陰赦書添「諸軍班副都軍頭以上」，仍云「如祖父母在該此恩例，欲回授者亦聽」。七年二月東郊〔一〕、天禧元年正月南郊、三年十一月南郊赦書並同。仁宗登極赦書，如舊制。天聖二年十一月南郊、五年十一月南郊赦書同上。八年十一月南郊赦書添「應京官、幕職、州縣官因年老授升朝官致仕者，父、母、妻並依見任陞朝官例，特與叙封；亡父母亦與封贈」。明道二年二月籍田、景祐二年十一月南郊、寶元元年十一月南郊、慶曆元年十一月南郊赦書並同。四年十一月南郊赦書添「應陝西用兵以來，將校殁于陣者，自軍使副兵馬(司)〔使〕已上及使臣等未經贈官者，特與贈官」。七年十一月南郊赦書如舊。皇祐二年九月明堂赦書添「如明堂以後，冬至以前轉官合該得恩澤封贈者，其父母亦許特與依例施行」。五年十一月南郊赦書如舊。嘉祐元年九月恭謝、四年十月袷饗赦書並如明堂之制。七年九月明堂赦書如皇祐之制。英宗登極赦書如舊制。治平二年十一月南郊赦書亦同。神宗登極、熙寧元年十一月南郊赦書並如舊制。四年九月明堂添「父、母、妻亡殁未封贈者并與封贈」，餘如舊制。七年十一月南郊、十年十一月南效赦書並同。

三年二月六日，詔：「内外臣僚母妻封號，尚書令、三

〔一〕東郊：原作「東封」，按此時並無東封之事。《長編》卷八二：祥符七年二月「壬申，恭謝天地於東郊，大赦」。是「封」爲「郊」之誤，因改。

師、三公、中書令、侍中、平章事、王，母封國太夫人，妻封國夫人，並委中書門下施行。東宮三師、三少、左右僕射、嗣王、郡王、國公、三京牧、御史大夫、六尚書、兩省侍郎、太常卿、留守、節度使、諸衛上將軍、統軍、大都護、郡公、縣公、大都督，母封郡太夫人，妻封郡夫人，並司封施行。左右常侍、太子賓客、中丞、左右丞、諸行侍郎、諸(侍)〔寺〕卿監、國子祭酒、太子詹事、諸王傅、諸衛(太)〔大〕將軍、中都護、副都護、中都督、防禦、團練使，母封郡太君，妻封郡君。給事中、諫議大夫、中書舍人、左右庶子、諸寺少卿監、諸行郎中、國子司業、三京少尹、赤 8 令、太子少詹事、左右諭德、諸衛將軍、諸州刺史、下都督、下都護〔一〕、太子家令、太子率更令、太子僕，母封縣太君，妻封縣君。雜五品母、妻並許第三任叙封。其伎術頭銜準舊例〔二〕，不在此限。致仕官據官品與母、妻同現任官品例叙封。五品以上母、妻未叙封者便依夫、子見任官品施行，不論階爵。亡母、亡祖母追贈亦依此。」

真宗咸平二年十一月七日，南郊赦書：「應皇朝文武臣僚有勳績灼然，官品合至封贈，而無子孫食禄、封贈不及者，並與封贈。」

四年二月二十二日，舍人院言：「奉詔再議定百官封贈，請除見任將相及正一品、樞密使副、參知政事特恩追封三代外，其東宮一品以下官雖曾任皇朝將相者，請只依編敕，本品封贈。其曾祖母、祖母、母除中書門下二品、平章事及正一品官，使相封國太夫人外，餘請至郡太夫人止。如舊有國號者，則依舊追封。其位極將相，勳業崇高，薨謝之時，特追封王爵者，請依舊施行。如子孫追封，雖功隆位極，並請不封王爵。應子孫追贈，除祖父先居高位，累贈至一品外，如子孫官高，祖父官卑，每逢恩例，請令歷品而贈，勿得超越。如已贈五品，須歷四品，方贈三品；已贈四品，須歷三品，方贈二品；已贈三品，須歷二品，方贈一品；應一品須歷從一品，方贈正一品。其母妻所封郡縣，依本姓望封。」從之。

景德元年八月七日，宣徽使王繼英爲樞密使，三代以恩例合行贈典。詔繼英曾祖母、祖母、母並特追封國太夫人〔三〕。

大中祥符五年八月十一日，判官告院劉楷言：「準詔，文武官赦恩封贈住滯歲久，委定奪以聞。今請自汾陰赦已前東封、南郊未曾封贈者，並令止絶，不得陳乞，止許叙汾陰恩例。自今每遇覃恩，立限二周年，限外即便止絶。又據外州乞行封贈文狀多無先封官告録白及妻禮昏正室狀，并母、妻累封縣君，欲望自今委進奏院點檢，須齊足方得發付當院。」從之。

〔一〕下都護：原作「下都督」，據《宋史》卷一七〇《職官志》一〇「叙封」條改。

〔二〕術：原作「值」，據《宋史》卷一七〇《職官志》一〇改。

〔三〕並：原作「上」，據文意及字形改。《長編》卷五七云「特詔悉加國封」，是也。

天禧元年八月六日，翰林學士晁迥等言：「準詔詳定叙封所生母及致仕官封贈事。請自今文武陞朝官無嫡母、繼母者，許叙封所生母。致仕官須曾任陞朝官則依例封贈。如自京官、幕職、州縣轉授朝官致仕者，不在此限。」從之。

三年十一月九日，詔：「自今給事中、諫議大夫、中書舍人母封郡太君，妻封郡君。」

四年三月七日，詔：「翰林學士以下、龍(國)〔圖〕閣直學士以上比來官未至給諫者，該恩叙封母、妻並如給諫之例。」後天章閣直學士亦如龍圖閣直學士例。

仁宗天聖五年十月二十一日，直集賢院王皡言：「今後覃恩，如有兄弟俱該封贈者，除中書、樞密院外，欲望許令列狀陳乞。仍如官告内具兄弟職位〔一〕，特比常例，優加封叙。」事下禮院，既而請如皡奏，從之。

十年五月十六日，上封者言：「文武臣僚援赦封贈父母，有子孫 9 官卑，累經封贈，其父官或至崇品，全不相稱。蓋緣未曾定制，合止某官。望下兩制詳定遵行。」詔學士院集官詳定。翰林學士盛度等言：「按咸平三年十月學士院奏定封贈之制，如父居高位，即於原授官上加贈至一品止，更不繫於子品。今詳封贈事體，朝廷久已施行，欲自今後如子官卑，父雖居官，不是高位，或不曾居官者，贈官不得過子三資。其後子轉官高及親弟兄有官高者，即隨子官封贈至一品。每遇覃恩，除見任官合該封贈三代、二代，及子官雖卑，父任中書、樞密、節度以上及一品官者，並許依舊封贈，不定所止外，見任大兩省、大卿監、上將軍、防禦使、遥郡觀察使、景福殿使、客省使以上者，父不以曾與不曾任官，並許封贈至一品止，即不得過三公。如子官雖低，父曾任上項文武官，亦許封贈至三公止。如不曾任官，及雖曾任官，不至上件官者，即許封贈至尚書、上將軍、節度使止。」奏可。

景祐三年三月十一日，詔：「吏部侍郎、知樞密院王隨爲曾任參知政事，今除知樞密院，曾祖母、祖母、母再經追封，特與國太夫人。」（以上《永樂大典》卷一九一三〇）

勳臣封贈

10（傳進封信王）〔二〕。

石守信〔三〕，開封浚儀人。事周祖，得隸帳下。廣順

〔一〕如：似當作「於」。

〔二〕天頭原批：「此上係諸王。原稿上闕，勳臣封贈自石守信起。」按，原稿並非有缺，只是整理者將其中諸王部分剪出，編入「帝系」類，其末條「信王榛」之末句爲「遷檢校太傅，進封信王」，恰遇轉頁，末五字遂在下頁之首。整理者已將此五字抄入上頁，而此處忘删。參見本書帝系一之四三。

〔三〕按，《大典》卷三七〇此文，石守信以上爲諸王進封，係輯自《宋會要》。石守信以下，爲勳臣進封，經核對，實非《宋會要》之文，乃是《大典》節録《宋史》有關列傳，並添加少量連接性詞語而成。各傳之中，自趙汝愚以下，除留正外，記事直至理宗、度宗。

初，累遷親衛都虞候。太祖即位，遷侍衛馬軍副都指揮使，改領歸德軍節度。後以功加平章事。開寶中〔一〕，從征范陽，督前軍失律，責授崇信軍節度，兼中書令，俄進封衛國公。

王晏，徐州滕人。家世力田。晏少壯勇，後唐同光中，應募隸禁軍，累遷奉國小校。後歷官〔二〕，至周世宗即位，加兼中書令。太祖即位，以功進封趙國公，從北征李筠。師還，改安遠軍節度。乾德元年，進封韓國公。

武行德，并州榆次人。身長九尺餘，材貌奇偉。晉天福初，授奉國都頭，遷指揮使、寧國軍都虞候。歷官，至周世宗，封邢國公。恭帝嗣位，進封宋國公。宋初加中書令，進封韓國公，再授忠武軍節度，改封魏國公。

薛懷讓，其先戎人，徙居太原。少勇敢，喜戰鬭。後唐莊宗在鎮〔三〕，得隸帳下〔四〕，累歷軍職。明宗時改神武右廂都校、領獎州刺史。歷官，至周恭帝即位，封杞國公。

太祖開寶四年〔五〕，改鎮鄜州。太宗即位，進封衛國公。

張永德，字抱一，并州陽曲人。家世饒財。周祖時授左衛將軍、内殿直小底四班都知，加駙馬都尉，領和州刺史。逾年，擢爲殿前都虞候。至恭帝嗣位，移忠武軍節度。太祖即位，加兼侍中。入朝，授武勝軍節度。太宗即位，拜左衛上將軍〔六〕。真宗即位，進封衛國公。

潘美，字仲詢，大名人。父璘〔七〕，以軍校戍常山。少倜儻。太祖遇美素厚，以功授泰州團練使。太平興國初，改南11院使，加開府儀同三司。後封代國公，改忠武軍節度，進封韓國公。

劉重進，幽州人。本名晏僧。梁末隸軍籍。晉初爲西頭供奉。周廣順初，從征兗州。未幾，封薛國公。至世宗時，以功授武勝軍節度。淮南平，改鎮邠州。世宗北征，爲先鋒都指揮使。恭帝即位，加開府。宋初，進封燕國公。

張昭，字潛夫。本名昭遠，自言漢常山王耳之後，世居濮州范縣〔八〕。後唐莊宗署府推官〔九〕。同光初，授真秩，加監察御史。歷官，至恭帝即位，封舒國公。宋初，拜吏部尚書。乾德元年，進封鄭國公，後改封陳國公。

張耆，字元弼，開封人。年十一，給事真宗藩邸。及即位，授西頭供奉官，以功遷南作坊使、昭州刺史〔一〇〕。後進兼侍中，封鄧國公。

〔一〕開寶中：按，據《宋史》卷二五〇本傳，從征范陽在太平興國四年，《大典》編者誤爲開寶。

〔二〕按，此文「歷官」下略去所歷之官，並非有脱文。以下並同。

〔三〕唐：原脱，據《宋史》卷二五四《薛懷讓傳》補。

〔四〕得：原作「陽」，據《宋史》卷二五四《薛懷讓傳》改。

〔五〕按，此乃《宋史》卷二五四《趙贊傳》之殘文，上文脱。

〔六〕拜：原作「罷爲」，據《宋史》卷二五五《張永德傳》改。

〔七〕璘：原作「鄰」，據《宋史》卷二五八《潘美傳》改。

〔八〕「范」下原衍「陽」字，據《宋史》卷二六三《張昭傳》删。

〔九〕莊宗：原作「明宗」，據《宋史》卷二六三《張昭傳》改。

〔一〇〕州刺：原作「宗軌」，據《宋史》卷二九〇《張耆傳》改。

劉光世，字平叔，保安軍人，延慶次子。初以蔭補三班奉職，累升鄜延路兵馬都監。以功遷護國、鎮安、保静軍節度使。後拜少師、充萬壽觀使，奉朝請，封榮國公。卒〔一〕，賜號和衆輔國功臣，進封雍國公。

吕頤浩，字元直，其先樂陵人，徙齊州。中進士第。頤浩以轉輸功，爲燕山府路轉運使。至高宗即位時，除少保、浙西安撫制置大使、知臨安府、行宫留守。明堂禮成，進封成國公。

趙汝愚〔二〕，字子直，漢恭憲王元佐七世孫，居饒之餘干縣。汝愚早有大志，擢進士第一，簽書寧國軍節度判官。歷官至吏部尚書。後病作，爲守臣錢蓥所窘，暴薨。後復資政殿學士、大夫。已而贈少保，復元官，謚忠定，贈太師，追封沂國公。理[12]宗詔配享寧宗廟庭，追封福王。其後進封周王。

留正，字仲至，泉州永春人。六世祖從效事太祖，爲清遠軍節度使，封鄂國公。紹興三十年第進士，授南恩州陽江尉、清海軍節度判官。積官，至紹熙元年進左丞相，後進封申國公。嘉（太）〔泰〕元年，又進封魏國公。

趙善湘〔三〕，字清臣，濮安懿王五世孫。善湘以恩補保義郎〔四〕。嘉定十七年拜大理少卿〔五〕，進右文殿修撰、知鎮江府，封祥符縣男〔六〕，賜食邑。後進封子，加食邑。

董槐，字庭植，濠州定遠人。少學於永嘉葉師雍，聞輔廣者朱熹之門人，復往從廣，廣歎其善學。嘉定六年登進士第，調靖安主簿。丁父憂去官。起爲廣德軍録事參軍。後積官至觀文殿大學士，累進封至許國公。卒，贈太子少師，謚文清。

游似，字景仁，利路提點刑獄仲鴻之子。嘉定十四年進士。歷官爲大理司直，升大理寺丞。後拜端明殿學士、同簽書樞密院事，封南充縣伯，又進爵郡公。淳祐七年特授觀文殿大學士、醴泉觀使、兼侍讀，進爵國公。薨，贈少師。

趙葵，字南仲，京湖制置使方之子。與兄范俱有志事功，以戰功補承務郎、知棗陽軍。後授湖南路安撫使，判潭州。再辭，依舊職醴泉觀使，進少保、寧遠軍節度使，進封魏國公。

吴潛，字毅夫，宣州寧國人，祕閣修撰柔勝之季子。嘉定十年進士第一，授承事郎、簽鎮東軍節度判官。後積官至端明殿學士、簽書樞密院事，進封金陵郡侯。淳祐十一年入爲[13]參知政事，拜右丞相，進封崇國公。後進左丞相，進封慶國公，又改封許國公。

〔一〕按，據《宋史》卷三六九《劉光世傳》，賜功臣號乃紹興九年事，此時光世在世，《大典》誤添此「卒」字。

〔二〕按，以下各條，除留正外，記事均至理宗、度宗時，當非《宋會要》之文。

〔三〕湘：原作「德」，據《宋史》卷四一三《趙善湘傳》改。下同。

〔四〕保：原脱，據《宋史》卷四一三《趙善湘傳》補。

〔五〕嘉定：原作「慶元」，據《宋史》卷四一三《趙善湘傳》改。

〔六〕封：原無，據《宋史》卷四一三《趙善湘傳》補。

程元鳳，字申甫，徽州人。紹定元年進士。調江陵府教授。淳祐元年遷禮、兵二部架閣，後授端明殿學士、同簽書樞密院事。又累拜特進，依前職，充醴泉觀，兼侍讀。度宗即位，進少保。咸淳三年〔一〕，拜少傅、右丞相，兼樞密院使，進封吉國公。

楊次山子石，字介之，乾道間以恭聖仁烈后貴，賜第。嘉定中進封信安郡侯〔二〕。嘉定十五年，以檢校少保進封開國公。後進封魏郡王。卒，贈太師。（以上《永樂大典》卷三七〇）

陳請封贈

【宋會要】

14 陳請封贈。

太宗淳化四年二月七日，右僕射、同中書門下平章事李昉上言：「臣先臣贈太子太師沼〔三〕、追封陳國太夫人張氏，是臣叔父母。曾任工部郎中、集賢殿直學士超〔四〕，陳留郡謝氏，是臣所生父母。臣當未生之時，臣叔未有繼嗣，臣母謝氏指腹謂叔妣曰：『兒生是男，當與表叔妣爲子〔五〕。』襁褓之内，固不自知。臣叔父母鞠育之恩，慈愛兼備，至于成立，叨預官常。將臨壯室之年，始識所生之自。當時臣之父母皆已淪亡，臣更有兄，無祿早世，兩宗祭祀，獨臣主之。荏苒不陳，以至今日。臣犬馬之齒行近七十，祿位過極，生涯無幾。儻因循顧慮，不敢上言，一旦蒙霧露，填溝壑，既不能報昊天之罔極，亦所以爲名教之罪人。今郊祀覃恩，泉壤被澤，臣所生父母望與追榮。」即日詔封超爲太子太師，謝氏爲鄭國太夫人。

至道二年六月十九日，詔故右僕射、追封晉王魏仁浦進封齊王。其子駙馬都尉咸信上言有所(所)避，乞改封他國。帝以問宰臣，呂端奏曰：「晉國之上，維秦國爲大。」(冠)〔寇〕準曰：「自前中書不與朝廷執持紀(綱)〔綱〕。如魏仁浦生爲郡王，死當用三等以次追叙，豈可便封晉國？況晉國是陛下舊封，舉爲贈典，非允，乃致今來自晉封齊，殊不滿望。」帝曰：「因此下詔，以近世已來天下多故，憲章隳壞，有不遵古道者若干事，自今並從釐改。有司不能遵守，許憲司彈劾。」既而終不能奉行。

真宗景德二年正月十七日，翰林侍講學士邢昺言：「亡兄素嘗舉進士，願霑贈典。」詔特贈大理評事。

大中祥符二年二月二十九日，太常博士陳從易以東封恩例當封母、妻，請迴封祖母詹氏，詔封河間縣太君。

四年五月二十三日，左僕射張齊賢言：「兒昭度乞賜

〔一〕咸淳：原脱，據《宋史》卷二一四《宰輔表》五補。
〔二〕嘉定：原作「慶元」，據《宋史》卷四六五《楊次山傳》改。
〔三〕沼：原作「詔」，據《宋史》卷二六五《李昉傳》改。
〔四〕直：原作「真」，據《宋史》卷二六五《李昉傳》改。
〔五〕表：疑衍。

贈官。」詔贈光祿寺丞。

天禧元年八月十一日，左騏驥使、澄州刺史、入內內侍都知張景宗請封贈所生父母。詔特從之，餘人不得爲例。

五年七月五日，參知政事王曾上言：「臣幼孤，育于季父。今改葬，乞賜追贈。」詔故太子中舍致仕宗元贈工部員外郎，叔母嚴氏追封懷仁縣太君。

仁宗天聖元年二月八日，静難軍節度使、駙馬都尉柴宗慶言：「覃慶乞賜亡兄嫂封贈。」詔特從之。初尚主，以祖禹錫爲父，故有是請。

九日，龍圖閣直學〔士〕馮元(元)乞(授)〔援〕登位赦與父封贈，有司言元赦後授學士，詔特與依學士例。

十二月一日，宣州觀察使、駙馬都尉李遵勗言：「乞賜亡兄繼昌、嫂郭氏封贈。」從之。初尚主，以祖崇矩爲父，故有是請。

三年四月五日，詔國子博士王惟正援赦書，乞以妻恩迴授祖母永安縣太君高氏，從之，特進封昌樂縣太君。

十二月五日，侍禁、閤門祇候王化成言：「父侍禁、閤門祇候仁與先任歸峽等州 15 都巡檢使，與蠻賊鬭而歿，乞追賜贈典。」中書門下以歲遠未敢行，帝曰：「死於鋒鏑，人之所難，如無褒贈，何以激勸！當勿限年月。」特贈崇(義)〔儀〕使。

五年十二月九日，起居郎、知制誥徐奭言：「伏念臣父郁早緣叙封，猥聯表著。承榮東禁，已極於陞遷；揆景西榆，幾傷於遲暮。乞迴臣所加恩命，特授臣父文散一階。」詔郁特與朝散大夫階，奭仍依例加恩。

六年正月二十八日，建州觀察使康繼英乞將南郊加恩迴授先祖再遇封贈一官〔一〕，從之。

六月四日，晉州汾西縣令熊文雅言：「父任彭州永昌尉，歿於王事，乞以臣見任官迴贈父一官。」詔特與贈官，文雅依舊。

二十六日，大理寺丞戚舜舉言：「修國史院取索先臣綸所著文集，尋以奏議十卷進納，乞賜褒贈。」詔贈綸(佐)〔左〕諫議大夫。綸於先朝曾歷此官，以事累左遷，終於太常少卿，分(使)〔司〕南京。今特舉贈典，追復舊秩。

七月十七日，廣南西路轉運使王惟正言〔二〕：「亡祖劇元無祿仕，願以合該轉官迴贈。」詔特贈京官。

九年正月四日，直集賢院謝絳言：「母南宮縣君許氏近歲棄背，臣父濤見任秘書監，准恩例妻合封郡君。臣預奉郊祀，當加階勳，望以加恩，特許追封亡母郡君之號。」詔特追封晉陵郡君。

四月二十七日，彰德軍節度觀察留後、駙馬都尉王貽永言：「恩慶乞賜亡兄國子博士貽正、亡嫂鉅鹿縣君魏氏封贈。」初尚主，以祖溥爲父，故有陳請。

〔一〕使：原作「司」，據《長編》卷一〇六改。

〔二〕使：原作「司」，據《長編》卷一〇七改。

十月二十一日，太常博士段少連言：「臣父子昂進士及第，任陳州士曹參軍，身亡。先蒙贈太子中允，昨再贈國子博士。念先臣嘗陟詞科，望改贈一官。」詔：「子昂可贈太常博士。自今文武官請封贈祖父，並具析曾與不曾任官，文資仍具出身。」

十年三月二十七日，宰相張士遜言：「乞賜故表兄學究全文秀一官。」詔特贈太子贊善大夫。

七月二日，祠部員外郎、集賢校理陸軫言：「幼喪父母，育於伯父，乞以磨勘恩例願迴贈伯仁旺一官。」詔特贈光禄寺丞。

仁宗明道二年二月十六日，六宅使、康州刺史、知貝州劉承顔上言：「新授南作坊使，乞回贈亡祖父母官封。」從之。

十月十九日，國子博士盧察言：「臣父多遜位重成釁，福過生災，官秩削除，田園籍没。先父前兵部尚書，亡母邠國夫人蘇氏，乞援贈典，俾遂官封。」詔多遜特贈秘書少監，蘇氏追封郡君。

十二月二十二日，宰臣李迪言：「昨遇籍田恩例，臣合該封贈三代，臣弟遜合該封贈父母，並未曾陳乞。望欲迴贈臣叔諲諫一官，叔母薛氏邑號。」詔諲諫贈贊善大夫，薛氏追封縣君。

景祐元年正月十三日，駙馬都尉李遵勗、王貽永等乞依籍田赦文封贈三代并兄嫂。從之。

八月七日，駙馬都尉李遵勗言，所生母席氏欲乞特加贈典，詔特追封郡太夫人。

十月十一日，詔内侍押班周懷信16父母特與封贈。

二年正月五日，詔新除景福殿使、邕州觀察使藍繼宗父母，令更特與封贈。

四年三月一日，水部員外郎盧察言：「臣父多遜前兵部尚書，妣蘇氏前邠國夫人，昨籍田蒙恩，亡父贈秘書少監，妣追封京兆郡太君。伏覩南郊赦，望許復舊官。」詔多遜贈工部尚書，蘇氏追封郡太夫人。

康定二年三月二十五日，端明殿學士、翰林侍讀學士李淑言：「伏見近歲兩制官或以賞延例换得封邑，臣有女適大理評事韓宗彦身故，欲求賜一追封名目。如允，其合奏子孫更不敢陳乞。」詔追封高邑縣君。

慶曆五年四月四日，資政殿學士、右諫議大夫、新知邠州范仲淹上言：「念臣遭家不造，有生而孤，惟母之從，依之以立。繼父故淄州長山縣令朱文翰既加養育，復勤訓導，此而或忘，已將安處！伏遇禮成郊廟，澤被蟲魚，伏望以臣所授功臣階勳恩命回贈繼父一官。」詔文翰特贈太常博士。

皇祐二年二月十三日，追封故宰臣王曾妻南陽郡太君蔡氏爲莒國夫人，繼室贊皇縣太君李氏爲沂國夫人。曾弟子融辭一官，乞追封之。

十月五日，宰臣宋庠言：「亡男太常寺太祝華國乞賜贈官。」詔特贈秘書郎。

十二月二十二日，祠部員外郎、知制誥胡宿言：「乞將轉兵部員外郎兩資迴贈亡祖微一官，亡祖母龔氏一邑號。」詔許納轉官告敕，特與追贈祖父母。今後臣僚不得援例。

三年八月十四日，龍圖閣直學士、前知(穎)〔潁〕州孫祖德上言：「自去夏遘疾，(乞)〔迄〕今致仕。念臣之亡祖元匪仕途，今臣既解官，則永無贈典。欲乞以致仕合轉官資迴授亡祖厚、亡祖母范氏官邑。」詔特贈太子中允。

嘉祐四年九月十三日，翰林學士吳奎言：「亡祖文佑壯年夭閼，不及官榮；亡祖母李氏守義勤勞，以持門緒。欲乞以臣祫饗合加勳邑及後次磨勘更不遷轉，回贈一官封。」并奎父太常丞致仕懷德言：「伏遇祫饗，例當改官，欲望許回授臣亡父母。」詔依所乞，文祐贈太子中允，李氏封縣太君。

五年八月九日，鎮潼軍節度觀察留後李端懿卒，贈感德節度使。其弟端愿援蔡國公主子吳守禮例陳請，詔再贈兼侍中。

六年十一月二十九日，新廣南東路兵馬鈐轄、文思使、康州刺史李樞願還所除官以封贈父母，從之。

八年八月八日，環慶路經略司言，蕃官供備庫副使梅重信、內殿承制閤門祗候萌遁等乞封贈父、母、妻。詔許依漢官例施行。

英宗治平二年十二月三日，右司諫、知制誥鄭獬爲尚書兵部員外郎，請回授母郡太君，從之。

三年正月二十一日，樞密副使李公弼言，乞以南郊封贈三代恩追贈亡子希逸、希仁一官，從之。以上《國朝會要》。

神宗熙寧二年十月一日，詔宣徽南院使、判延州郭逵封贈三代及妻，如王拱辰近比[17]例。初，逵自簽書樞密院除宣徽使、判延州，請如拱辰例封贈，而中書以逵觀察留後領宣徽，前此無封贈，近例乃用簽書樞密例，止贈二代，其祖父上將軍，母妻郡君，而逵以爲言，故有是命。

元豐二年九月二十四日，洮東安撫司言：「皇城使、榮州團練使、岷洮州蕃部都巡檢使包順乞用南郊赦書封贈父母。」上批：「順自熙河開拓之初，率衆來附，又秉心忠義，前後戰功爲一路屬羌之最。雖舊無此例，可特依所乞。」迺并其妻封之。

十一月二日，文思使李諒母天水縣太君趙氏進封永嘉郡夫人。以諒言趙氏韓王普之曾孫、獻穆大長公主諸婦，乞依伯父端懿妻加贈例也。

六年十二月十四日，入內供奉官、寄內藏庫使、慶州團練使宋用臣修尚書省勞，遷一子官，乞贈曾祖思恭，從之。

二十六日，吏部侍郎陳安石等言：「乞以侍郎比類直學士例封贈父母。」從之，著爲令。

七年七月四日，四方館使、榮州團練使、涇原路總管姚麟乞以南郊奏子恩贈祖福一官，詔以麟世有戰功，特從之。

哲宗元祐元年四月二十二日，承(侍)〔事〕郎薛紹彭言：「父向任同知樞密院事日，因論（例）〔列〕京城人户養馬事，謫知隨州，得罪憂恐，遂至亡殁。欲乞依故執政官亡殁例贈官議謚。」詔薛向特贈銀青光禄大夫。

八年正月二十六日，尚書省言：「右通直郎李孝稱爲父及之年八十四歲，見任通議大夫致仕，雖遇大禮，緣拘吏部格，不許叙封，恐非朝廷推恩優老之意。」詔孝稱許叙封父一次，仍令今後官員如父贈太中大夫以上致仕，未經叙封者，許封一次，即不得至三公。

紹聖四年五月十五日，崔尹躬言父台符在元祐中無罪降官。詔故降授正議大夫、贈左光禄大夫崔台符贈右銀青光禄大夫。

元符二年十一月二十三日，嗣濮王宗漢言：「竊見故兄宗詠等六墳比諸王極有損降，望降睿旨與追贈。」詔故贈寧海軍節度使、沂國公宗詠特追封餘杭郡王，昭武軍節度使〔一〕、遂國公宗師特追封益川郡王〔二〕，建寧軍節度使、成國公宗邈特追封同谷郡王，鎮寧軍節度使、同中書門下平章事、陳國公宗治特贈開府儀同三司〔三〕、追封澶淵郡王，武寧軍節度使、同中書門下平章事、楚國公宗益特贈開府儀同三司〔四〕、追封山陽郡王，洺州防禦使〔五〕、廣平（候）〔侯〕宗沔特贈崇信軍節度使、追封漢東郡王。

徽宗崇寧元年八月二十八日，封華州觀察使姚雄并引進使成州團練使姚古、皇城使姚宏、東作坊使姚闢母安鄉太君史氏爲仁壽郡太夫人。先是，雄等乞各以建中靖國元年郊祀任子恩併封其母，上以雄等捍邊有勞，特恩封之。

政和三年六月十四日，宣德郎、知江陰縣李知元狀：「知元父假承務郎輝見年九十歲，乞依赦封叙。」吏部言：「知元父輝緣見18係假承務郎，即未見命官。父係已入官人，許與依赦官封體例。」詔李輝與承奉郎上加一等官封。

八月十日，中大夫、開封尹王詔言：「伏念先臣舉元故任給事中、天章閣待制，實臣祖故禮部尚書、參知政事化基之庶子，有祖母張氏，乃先臣所生。重念臣在襁褓中，祖母親加鞠養，慈愛備至。其後先臣歷官侍從，身故累經封贈南陽郡太君。自先臣殞殁，封贈遂絶。而臣今者竊冒邇臣之寵，敢忘鞠育之恩？欲望聖慈許臣迴授見任一官，乞與臣祖母張氏特封一夫人名目。幸當孝治之朝，得致報親之願。」詔依所乞，免回授，特封一夫人號。

十二月二十八日，武翼大夫、榮州刺史朱冲奏：「昨遇元圭赦恩，以男勔見任武功大夫、合州防禦使，合該叙封父母。未陳乞間特落致仕、提舉温州元封觀。緣所該恩在前，合該叙封。」尚書省言：「朱冲遇赦後致仕，合該叙封；後來已落致仕，合依赦與叙封。」詔於見任上與轉一官，可

〔一〕昭：原作「照」，據《長編》卷五一八改。
〔二〕川：原作「州」，據《長編》卷五一八改。
〔三〕府儀：原作「封議」，據《長編》卷五一八改。
〔四〕府義：原作「討議」，據《長編》卷五一八改。
〔五〕洺：原作「洛」，據《長編》卷五一八改。

轉武經大夫。

四年正月二十八日，保静軍節度觀察留後、提舉龍德宫楊戩奏：「臣伏蒙聖恩，差提〔舉〕皇城司，備員再任，已及三考，舊例合轉一官。伏念臣故祖父若（掘）〔拙〕未曾以恩澤陳乞特加贈典，伏見省官楊震曾將恩例回授與祖父，自入内殿頭上贈右衛上將軍。况臣祖父若拙故任皇城副使，已贈左衛上將軍，與楊震祖父故任官序不同。伏望聖慈以臣合轉官恩澤特依楊震例，許回授贈祖父（在）〔左〕衛上將軍，加贈一官；祖母仁壽縣太君謝氏乞隨祖父今來贈官封贈一次。」從之。

四月十四日，翰林學士、朝散郎、知制誥、兼侍讀王黼奏：「臣家貧窶，幼而多病，臣父妾雷氏鞠臣備極（難）〔艱〕苦。臣不幸年二十有二遽失所恃，終憂制即竊科第，今合贈宜人。臣伏按政和封贈令，臣僚不許以加恩轉官服色之類回授封贈，太中大夫以上不拘此令。臣見合磨勘，伏望聖慈憫惻，特許臣以見磨勘一官回授父妾雷氏一近上名稱。」詔依所乞，仍免回授，雷氏贈碩人。

七年二月九日，草土李懷奏：「昨奉詔，皇子韓國公頭晬，本（閣）〔閤〕官吏各轉一官。内臣係管幹官，令許回授。乞回授亡父武功大夫、威州防禦使宗立，特賜贈典。」詔宗立可落階官，贈華州觀察使，所乞回授不行。

宣和二年六月十二日，臣僚上言：「臣竊惟國家三歲一郊，赦文所載文武陞朝官並許封贈父母，此祖宗已來恩禮之常，不可得而紊亂也。臣切見邇來有見任監丞未陞朝者乞依例封贈，其失蓋自近年有京官任校書郎、正字者得之，而監丞輒又引雜壓在校書郎之上可得之，甚無（爲）〔謂〕也。不獨如此，日近有小使臣不自揆度，偶因薄勞，或磨勘轉官者，遂乞回授封贈父母。既係小使臣，又非該遇郊恩，乃敢更相引例，攀援無止，不亦太濫乎！欲望特降 19 睿旨，今後封贈乞並依舊法。敢有擅更陳乞，紊亂典章者，寘之典刑。庶幾僥倖者息，而名分正矣。」從之。以上《續國朝會要》。

高宗建炎元年十二月三日，詔：「樞密院主事以下不得（授）〔援〕副承旨例陳請封贈。」從臣寮請也。

紹興元年七月十五日，樞密院計議官顔爲言：「先係樞密院幹辦官，蒙改作計議官，叙位在太常博士之下。其雜壓令文，太常博士叙官在通直郎之上，即係陞朝職事官。遇將來明堂大禮，封叙合行申明。」詔依太常博士法許封贈。

四年四月二十一日，詔：「元祐石刻黨人未加贈典，並許本家自陳。」

六月二十八日，吏部侍郎劉岑言：「左儒林郎、前建州觀察判官黄彧，乞將致仕依格合改通直郎恩澤與白身故父意回贈一官。」從之。

七月二十九日，中奉大夫、守中書舍人致仕李公彦言：「乞將前來初除中書舍人恩例封贈父、母、妻。」司封謂條內不載致仕官封贈之文，詔特許。

八月二十五日，和州防禦使、同管客省四方館閤門公事張公裕言：「乞將今年明堂大禮合得蔭補保義郎恩澤，依封贈父母格換贈伯父母。」詔特依所陳乞。

九月八日，江南西路提點刑獄公事張叔獻言：「故兄於靖康間除簽書樞密院事〔二〕，合贈三代，未曾收使，乞給還。」從之。

二十三日，駙馬都尉、充醴泉觀使潘正夫言：「先父絳幼失所生父母，出繼親伯孝仁。臣除節鉞以來，已累經封贈（祖）養祖父母，唯有所生祖父母未曾封贈。伏覩明堂大禮赦文，合該加恩。望許與所生祖父母依臣合封贈三代條格特封贈一次。」從之。

十二月十四日，禮部尚書秦檜言：「昨任御史中丞，遇登極覃恩，又准告授資政殿學士；經南郊大禮，繼授禮部尚書。未審作一次封叙？」詔逐件恩例可依赦給還。先是，檜出使金國，有詔應干恩數候回日併還，至是陳請焉。

五年閏二月八日，權發遣提點淮南西路刑獄公事張澄言：「亡母李氏自澄幼年再適程堂，已封太恭人。澄陞朝後，拘礙條制，不該封贈。乞將轉一官賞特許回授，於太恭人上加贈一等。」從之。

十九日，祕書省正字李公懋言：「伏覩校書郎許搏依林待聘用汪藻例，以內殿宴食在通直郎之上，遇明堂大禮已許叙封仍帶下，今後依此。緣校書郎、正字官序雜壓，內殿宴食共係一班。公懋見係承事郎，與校（事）〔書〕郎事體一同，乞許依校書郎遇大禮叙封。」從之。

二十四日，右司諫趙霈言：「乞將扈從轉一官回贈亡兄霑一官。」從之。

二十五日，起居舍人、兼權中書舍人劉大中言：「前任秘書少監，遇明堂大禮合該封贈，內妻合封恭人號回贈祖母孫氏。」從之。

三月十六日，吏部言：「左奉議郎陳康伯乞將遇赦合贈父官回授祖父居仁，於見今朝散大夫致仕上封叙。」從之。

五月二日，承節郎 20 余祐之言：「先洪州保奏奉新縣父老舉祐之祖母顧氏節義，未蒙旌賞，不幸身故。今乞將祐之所得覃恩轉保義郎一官，換贈一孺人封號。」從之。

三日，拱衛大夫、忠州團練使馬欽叙陳該遇明堂合該封贈，緣父堯俊生前任北界彰武軍節度使，乞比附合換贈中原官品。詔馬堯俊特贈右武大夫、貴州團練使。

六月二十八日，忠訓郎李溫乞將故父庠先任捧日天武四廂都指揮使、洺州防禦使該宣和七年冬祀并淵聖皇帝登極赦恩合該封贈，及見今忠訓郎一官與母馮氏，隨故父官

〔二〕兄：原作「父」。按，靖康間除簽書樞密院事者乃張叔夜（見《宋史》卷二一二《宰輔表》三），而據《建炎要録》卷七〇：「叔獻，叔夜弟也。」則此處「故父」當作「故兄」，因改。

品封叙。從之。

十月二十一日，吏部侍郎劉大中言：「乞將史館修書轉一官回授故祖謹初封一官。」詔特贈承務郎。

六年正月十三日，刑部侍郎廖剛言：「故祖父丕行修於鄉，年八十有八，相繼見五世孫。臣雖致身侍從，無緣霑恩，乞許將磨勘轉官回贈故祖父一官。」詔特與贈承務郎。

四月十二日，廣南東路兵馬鈐轄、都督府摧鋒統制韓京言：「乞將捕賊轉兩官回贈亡祖楚一名目。」詔特贈承節郎。

十一月十五日，右朝奉郎致仕孫偉言：「該遇建炎元年登極赦恩，合轉朝散郎，至今未曾被受。欲乞回贈曾祖故任朝議大夫諭。」從之。

八年五月四日，兩浙西路安撫司幹辦公事司馬倬言：「父兵部侍郎朴先因扈從二帝北狩，至今未還。該遇累次郊禮合行封贈，未曾陳乞，特望一併收使。」從之。

十年四月三日，知建康府溧水縣李朝正言：「奉旨以本路安撫使葉夢得奏舉政迹顯効，特贈一官，賜緋章服。欲將服色與母乞一封號。」從之。

十一年二月三日，左宣教郎莫庭芬男濬言：「乞將故父致仕合轉一官回贈先祖迪功郎侗，於階官上擬贈。」從之。初，有司謂雖無條法，人子之心實可憫，故有是命。

八月十八日，中書舍人李易言：「初任簽書江陰軍判官日，適遭虜人入境，知軍胡紡謂易曰：『吾曹有死城郭之義，父母老，宜勉之少避。』母曰：『我去，則汝決不肯堅守，願與汝同死生。』聞者感泣。欲將揚州所得減年五年，加贈母親。仍乞命詞告，以光存殁。」從之。

十二年五月十七日，廣南東路馬步軍副總管、兼知循州韓京言：「先因功合轉官，蒙回贈故祖父承節郎，祖母、繼祖母並孺人。今又有轉三官，更乞回贈祖父母。」詔依所乞，韓京祖楚特贈保義郎，祖母馬氏、繼祖母李氏各贈安人。

六月七日，詔：「王淵初除簽書樞密院，封贈特許本家陳乞。」

十一日，河南府路兵馬副都監、御前同副統制梁興言：「家世農業，自金人犯順，與之百戰，父母爲賊殺戮。乞將見任親衛大夫、忠州刺史減削別贈。」詔特與加贈。

十月七日，權樞密院編修官臧保衡乞用該遇赦恩，依正官雜壓封叙封贈父、母、妻，從之。

十一日，秘書省著作郎王（楊）〔揚〕英言：「逮事祖 21 母朱氏，年九十八歲而終，自幼鞠育，恩意獨厚。乞將赦恩合得妻封換贈祖母一初等封號。」從之。

十三年二月十四日，監登聞鼓院吳嶬言：「嫡母彭氏昨以先父任給事中，已封碩人。自嶬入仕二十餘年，初未經加封。乞將未收使轉一官賞回授，於見今封邑上加封。」詔特封太淑人。

十四年正月十三日，右通直郎致仕魏伯能言：「有長男右奉議郎行可，於建炎二年借朝議大夫、禮部侍郎、充河北金國軍前通問使。近聞奉使洪皓回，稱男在虜中身亡，望賜贈官。」詔特贈朝奉郎、秘閣修撰，與致仕恩澤一名。

十七年正月二十七日，主管台州崇道觀趙令衿言：「母李氏年九十一歲，累封太宜人。望許將見任左朝請大夫官誥繳納回授，進封一等。」詔封太恭人。

二十年二月一日，領殿前都指揮使職事楊存中言：「故長女孺人楊氏出適而夫死，還家奉道。乞將大禮合得孺人封號追贈一道號。」詔與贈冲妙鍊師〔一〕。

〔二〕十五年四月十三日〔二〕，右監門衛大將軍、昌州防禦使、提舉祐神觀趙不微等言：「先父士夽昨任安德軍節度使〔三〕、開府儀同三司、充萬壽觀使、主奉濮安懿王祠事，與一般主奉官士樽官序、差遣、服屬、恩數並同，未蒙許依例封贈。」詔特許贈官封爵。

二十六年十二月二十七日，吏部言：「湖州進士莫庭贊乞將故父份任左奉議郎日陳乞守本官致仕合得轉一官，回贈故祖右承事郎振轉行階官。」從之。

二十八年十月二十七日，領殿前都指揮使職事、恭國公楊存中言：「有弟進士居中、執中靖康中隨父震於麟州建寧寨遇虜人，同死於難。乞將郊祀大禮合得異姓并門客文資恩澤兩資各贈一官。」詔並特贈承事郎，免收使恩例。

十二月二十八日，主管台州崇道觀張堅言：「見任左奉議郎，合依赦封贈父并嫡母。已陳乞外，內妻丁氏初遇大禮，亦合封叙。緣堅嫡母亡歿已（父）〔久〕，所生母李氏，見任於法未應陳乞。今若先封妻，於人子之心實有不安。乞將妻合得封號回授於所生母。」從之。以上《中興會要》。

（以上《永樂大典》卷一九一三一）

宗室外戚內外臣僚僞國王外臣等

叙封母妻

【宋會要】

22 國朝之制，皇太后三代外祖母〔四〕、皇太子三代外祖母、宗室郡國王曾祖母、祖母、亡母並追封國太夫人。諸叙封者：祖母、母追封亦同，下準此。宰相、使相、尚書令、三師、三公、王母爲國太夫人，曾祖母、祖母亦同。妻爲國夫人。並中書施行。參知政事、宣徽使、樞密副使、東宮一品二品、尚書省二品三品、御史大夫、兩省侍郎、太常卿、留守、節度使、西班二品、嗣王、郡王、國公、郡公、縣公、大都督、大都護母爲郡太夫人，妻郡夫人。參知政事第二次叙封，母特封國太夫

〔一〕贈：原作「增」，據文意改。
〔二〕二十五年：原作「十五年」。據《建炎要録》卷一六四，士夽卒於紹興二十五年。此條在二十三年之後、二十六年之前，則當是二十五年，因補「二」字。
〔三〕夽：原作「套」，據《建炎要録》卷一六一改。
〔四〕外祖母：《職官分紀》卷五〇無「外」字，似是。

人。並司封施行。如夫、子曾任將相，已經封國者，仍舊。曾經封三代、二代者準此。東宮一品、尚書省二品不帶平章事、留守、節度使，祖母並許追封郡太夫人止。左右常侍、太子賓客、御史中丞、左右丞、諸行侍郎、給事中、諫議大夫、正言〔一〕、中書舍人、翰林學士以下、龍圖閣直學士以上，諸寺大卿監、國子祭酒、太子詹事、諸王傅、諸衛大將軍、中都護、副都護、中都督、防禦、團練使並母封郡太君，妻封郡君。左右庶子、諸寺少卿監、諸行郎中、國子司業、三京少尹、赤縣令、太子詹事、左右諭德、諸衛將軍、諸州刺史、下都護、下都督、太子家令、太子率更令、太子僕並母封縣太君，妻封縣君〔二〕。諸母妻未封敘，雖位至三品，亦從初而敘。諸任上州刺史或帶使額都督，并在京六軍諸衛將軍、小將軍已上，初任聽敘封母〔三〕、妻。其自班行及遥郡除授中下州刺史23者已同兩任〔四〕，即便許敘封。五府少尹、大都督左右司馬並許與母、妻一次敘封。

太祖開寶九年正月，違命侯李煜妻周氏封鄭國夫人。

三月，以錢俶妻賢德順睦夫人孫氏爲吳越國王妃，女封彭城郡君。時宰相言：「自古異姓諸侯王妻無封妃之禮。」太祖曰：「行自我朝，勿拘舊典。」故有是命。

太宗太平興國六年三月，贈中書令岐王德芳妻廣平郡夫人焦氏進封岐國夫人。

至道二年三月，皇后母陳留郡太夫人吳氏進封衛國太夫人。

三年六月，楚王乳母劉氏封彭城郡君。

真宗咸平五年七月，封供備庫使、知麟州衛居實母郭氏爲汾陽郡太君。居實扞寇有功，母老寓潞州，真宗聞之，遣使存問，超加封號。

景德四年十一月，封兵部侍郎、知樞密院事陳堯叟母馮氏爲上黨郡夫人。初，馮氏從夫之故，未加郡號。堯叟父既卒，至是帝欲褒封之，以問宰臣王旦。旦曰：「雖私門禮制未闋，然公朝降命，亦無嫌也。」故有是命。

十二月，封駙馬都尉石保吉庶女爲樂陵郡君。初，晉國長公主亟爲乞恩，帝以無例，令中書詳討故事，而特加郡號。

大中祥符五年正月，知樞密院事王欽若舅祖母王氏特封壽安縣君。

【宋會要】

24天禧四年正月，大理寺丞齊嵩言：「自改京官四年半，今當進秩。母八十一歲，願以今授官敘封。」從之。

乾興元年仁宗即位未改元。四月，司徒兼侍中丁謂言：「有姊未有邑號。」司空兼侍中馮拯言：「妻早亡，本家宜氏久主家事，乞賜封邑。」參知政事王曾言：「乳母朱氏年七

〔一〕言：原脱，據《職官分紀》卷五〇補。
〔二〕君：原作「郡」，據《宋史》卷一七〇《職官志》一〇改。
〔三〕初：原脱，據《職官分紀》卷五〇補。
〔四〕兩任：《職官分紀》卷五〇作「兩班次任」。

十三，乞近下封邑名目。」並從之。

仁宗天聖五年十一月十一(月)〔日〕，樞密院使張士遜言：「親妹孀居歲深，年漸衰老。今嚴禋，乞將合奏兒孫恩例迴授臣妹封邑。」從之。

二十五日，太常少卿趙賀言：「臣先有親弟從則妻李氏，弟亡之時，年方二十一歲，唯有一女。其李氏守志，今近六十，閨門之內，婦禮如初。今遇南郊，臣見有孫男更不奏薦，望將恩例迴授李氏邑號。」從之。

七年十月，左班殿直崔仲恩言：「臣先父遵度贈工部侍郎，母舒城縣君何氏齒髮已衰。臣今將合該磨勘轉官資例迴授臣母郡號。」詔何氏特封郡君，仍許仲恩磨勘，餘人不得爲例。

二十六日，詔封太子少保致仕馬亮亡妻劉氏爲彭城郡夫人。從其婿宰臣呂夷簡之請也。劉氏早卒，亮雖歷尚書，以妻亡不當封贈。夷簡援張士遜任樞密副使乞封妻母例以爲言，故有是命。

九年十月十四日，詔故安遠軍節度觀察留後、左驍衛上將軍劉承規妻宜春郡太夫人彭 25 氏追封淮陽郡，俄又徙封申國太夫人。皆特恩也。

景祐二年二月，故彰武軍節度使、贈侍中曹瑋妻潘氏追封馮翊郡夫人。從瑋妻沈氏之請也。瑋先娶潘美女，而沈氏將議卜葬，以爲言，故有是命。

九月五日，殿中侍御史裏行蕭定基言：「乞今後朝臣每遇覃恩，奏請叙封，妻元出非類及立自女僕者，不得一例陳乞。」詔御史臺常〔切〕覺察以聞。

康定元年十月五日，審刑院言：「檢會令文，諸婦人因夫、子受邑號，而夫、子犯除名當免官者，其妻邑號亦隨除。自來法守不曾引用。欲乞今後應婦人因夫、子得邑號，犯除名當免官〔一〕，事相干連、情理稍重，即檢坐令文，取旨裁斷。」詔內情理重者依此取旨。

慶曆四年十一月二十五日，詔：「父、母、妻未有官及未曾叙封者〔二〕，並與恩澤；已叙封及有官者，更與加恩；亡父母未曾封贈者，並與封贈；已封贈者，更與封贈。如父母在，願迴授者亦聽之。」

【宋會要】

26 神宗熙寧二年二月，詔以知衛州、太常少卿田照鄰母彭城縣君劉氏年一百一歲〔三〕，特封仁壽郡太君。

三年六月十四日，詔：「今後封妻者，並隨夫郡國。」

六年九月，西京左藏庫使趙餘慶母巢氏賜冠帔。餘慶父明有力量，爲夏國所畏，兄弟屢有戰功，爲慶州柔遠寨大順城蕃官，已而相繼死。會朝廷命諸路得力蕃官赴闕，其母對使者泣，以被詔者多其夫子部曲，感二子之不得見至

〔一〕當免官：原作「免官當」，據上文乙。

〔二〕按，此詔乃南郊赦文之一部分，此句之前節略不當，不知加恩者爲何類官。

〔三〕照：原作「昭」，據《蘇魏公文集》卷三四改。

尊，猶有畫像，願使者以俱，萬一得達朝廷，雖死不朽。上憐傷其意，故有是命。

元豐元年四月九日，詔：「西上閤門使〔一〕、忠州團練使韓存寶聽(已)〔以〕減三年磨勘回授其母萬年縣君，進封仁壽郡君〔二〕，賜冠帔。非有戰功如存寶者，毋得援例。」

二年正月六日，封皇后妹大理評事程奇妻金華縣君爲永嘉郡君，將作監主簿李慎妻秀容縣君爲同安郡君。

十四日，進封皇太后乳母永嘉郡夫人賈氏爲燕國夫人〔三〕。

八月二十六日，詔封濮安懿王子洋州觀察使宗晟所生母仁壽郡太君孫氏爲安定郡太夫人。

【宋會要】27 五年三月十一日，賜龍圖閣直學士、知慶州曾布母仁壽郡太君朱氏冠帔，從布請也。

四月七日，上批：「仲潦新婦文安郡夫人曹氏昨以太皇太后遺恩進封〔四〕、增給俸錢等，有司自陳以爲誤支，可依舊支破。」

八月六日，以文思院副使曹識女始興郡君封同安郡夫人。以上批「先鞠於慶壽宮」也。

七年十一月，詔：「故鄆王宗惠妻江夏郡夫人郭氏進封榮國夫人。」

哲宗元祐元年四月二日，詔：「故太常寺太祝包繶妻壽安縣君崔氏特封永嘉郡君，仍旌表門閭。」以保信軍言其節行著於鄉里也。

二十八日，詔以權通判南劍州潘昂祖母劉氏年九十一歲，特賜冠帔。

八(年)〔月〕十四日，(楊)〔揚〕州言：「大理丞魯有儀妻孟氏夫亡守志，能葬夫之親屬凡七喪〔五〕，乞旌表門閭，及加以封號。」詔特封旌德縣君。

二年五月二十八日，詔：「故武泰軍節度使宗勝遺表，婦平昌郡夫人李氏特封英國夫人。」

四年正月二十七日，詔：「温豀心妻轄蘇南扶麻特封縣君，月給絹綵茶各有差〔六〕。」從權發遣熙河蘭會路經略司公事劉舜卿請也。

六年六月八日，詔：「實録院檢討官黄庭堅母壽光縣太君李氏特封爲安康郡太君〔七〕。」從庭堅乞以轉官恩回授也。

元符三年十月十三日，吏部侍郎徐鐸言：「文武陞朝官母、妻邑 28 號萬年、萬載縣君，皆非人臣母、妻所宜稱，

〔一〕門：原作「使」，據《長編》卷二八九改。
〔二〕郡：原作「縣」，據《長編》卷二八九改。
〔三〕太：原作「上」，據《長編》卷二九六改。
〔四〕仲潦：原作「范仲淹」，據《長編》卷三二五改。
〔五〕親：原脱，據《長編》卷三八五補。
〔六〕各：原作「名」，據《長編》卷四二一改。
〔七〕安康：原倒，據《長編》卷四五九乙。

乞立法禁止。所有已封者許改正。」從之。

徽宗建中靖國元年二月十八日，給事中徐勣乞以所遷官回授母一郡封，從之。

二十一日，封皇后姊妹三人爲縣君，仍賜冠帔。

崇寧二年十二月三十日，簡州文學張基母何氏年百歲，詔封孝感縣太君。

大觀二年八月十三日，内殿崇班、閤門通事舍人向宗夔奏〔一〕：「母安康郡太君宋氏見年七十一歲，乞將臣今來所積下磨勘一十二年回授〔二〕，封一郡太安人〔三〕。」重念母係欽聖憲肅皇后親堂嬸，詔特封永嘉郡太夫人。

九月七日，詔：「盧阿任免勘特放，封旌德縣君，仍支賜絹五十疋。」以梓州路提點刑獄司狀：「據昌州州院勘到阿任夫死已經十年，守志不嫁，被亡夫別居親兄盧化鄰侵逼强姦；阿任倉卒之間，無可逃免，拏撮盧化鄰身死。」故有是詔。

三年三月二十五日，定州奏：「婦人王氏年百三歲，已封長壽縣君，無子孫侍養，良可矜愍。乞月給常平司錢三貫。應男子婦人百歲以上無人侍養者，著爲例。」從之。

政和二年十二月二十二日，手詔：「古者妻隨其夫之爵服，今命婦猶封縣君、郡君。在昔元豐，改作未就。小君之稱雖見於古，而裂郡縣以稱君，蓋非婦道；又等級既少，重輕不倫。可通直郎以上封孺人，朝奉郎以上封安人，朝奉大夫以上封宜人，中散大夫以上封恭人，太中大夫以上封令人，侍郎以上封 29 碩人，尚書以上封淑人，執政以上封夫人。並爲隨其夫之官稱封之。武臣依此。若封母則隨其父官，若父、祖爵至公侯伯子男者，則隨其爵，庶幾近古。」

〔二〕〔三〕年二月二十五日〔四〕，吏部尚書張克公奏：「準勅節文，今來命婦爲隨其夫之爵秩，所有特封之人，其夫無官，或非通直郎以上者，則著姓名封贈。奉聖旨依。今勘會官員父并嫡、繼母亡，合封贈所生母。自來以子官封贈，子至中散大夫、團練使以上，郡君；銀青光禄大夫、節度使，郡夫人。今降指揮，命婦隨夫之爵秩封贈，所生母封號未有該載。」詔所生母封號令從子官爵。

六年五月八日，詔：「特封開封尹王革母李氏普安郡太夫人〔五〕。」

宣和元年七月五日，陝西河北河東路宣撫使童貫奏：「知府州折可求前後出入〔六〕，累立戰功，乞將所得功賞回

〔一〕天頭原批：「夔一作瓔。」按，所謂「一作」，今未見，當是徐稿已佚。

〔二〕天頭原批：「二一作三。」

〔三〕天頭原批：「安一作夫。」

〔四〕三年：原作「二年」。按《宋史》卷三四八《張克公傳》云「居吏部六年卒」。又據本書儀制一一之八，張克公卒於政和八年。倒推六年，則始爲吏部尚書在政和三年，是此處「二」字誤。且上條已爲二年十二月，此作「二年二月」亦失序。因改。

〔五〕普：原作「晉」。原批：「『晉』一作『普』。」按作「普」是，宋無晉安郡，因改。

〔六〕州：原脱，據《中興小紀》卷一補。

授與亡兄可大妻恭〔人〕張氏一夫人名號。」詔依所乞。

八月二十四日，中書省言：「草土范致虛奏：『母强氏隨班上壽及中宫親蠶，今其不幸，輒敢冒昧控告，欲望特賜臣母强氏一國封名號，永賁窀穸。』又奏：『臣年十餘歲喪母鮑氏，强氏繼母。緣臣母鮑氏與强氏並已封郡夫人，今來陳乞，不敢獨遺臣母鮑氏。伏望聖慈憫臣哀苦之誠，俾以國封及臣母，以爲教忠之勸。』」詔强氏、鮑氏並封贈國夫人。

三年十一月九日，南劍州奏：「沙縣百姓朱吟妻李氏見年一百四歲，依赦令合該封號。」詔特封孺人。

四年五月十四日，詔：「［30］故孟京傑妻王氏特封孺人。」以開封府尹王革奏：「王氏年二十二喪夫，有男方四歲，守志不嫁。父母以其年幼無所依，屢俾再適。王氏至剪髮自誓，以明終身。深居窮處，二十餘年，鄰里不識其面，義節卓然。」故有是詔。

五年二月二十三日，詔：「越州女子湯氏可特封孺人，仍令本州賜帛十匹。」以權發遣越州章鯨奏節操正絜，深可旌賞，故有是詔。

三月十八日，承議郎、充顯謨閣待制、提舉萬壽觀王棣奏〔一〕：「先臣雱止有一女，嘗嫁故通直郎呂安中，守志三十餘年。伏蒙聖恩，以臣祖安石被遇神考，輔政有爲，例加官封。伏望許臣更用去年合得冬祀大禮恩澤與臣姊，於宜人上加官封。」詔特封令人。

八月，南安軍奏大庾縣民婦黄氏一百二歲，詔封孺人。

七年二月二十九日，開封府奏：「迪功郎黄清卿母吴氏見年九十八歲，乞依赦封叙施行。」詔特封太孺人。

高宗紹興二年四月十八日，詔：「前承州鎮撫使薛慶忠義死事之節顯著，已降指揮贈官，與恩澤十資。其妻靖氏未有封號，許於見存恩澤内用兩資回授，特封碩人，以旌守志。」從淮南東路宣諭使傅崧卿請也。

閏四月十七日，御史臺檢法官晏敦復乞將見任承議郎一官换封曾祖母張氏爲孺人。從之。

三年六月五日，詔：「韓肖胄母文氏可進國封，以寵義方之訓。」文氏勉肖胄以勿辭使虜，忠義可嘉，故特有是命。

十五日，詔：「成忠郎、前權［31］觀州、提舉溪洞都巡檢羅宏母梁氏年九十以上，依建炎二年十一月二十二日郊祀赦，特封太孺人，依舊給告，更不命詞。今後有似此之人准此。」

四年六月二十一日，廣南西路提點刑獄司言：「歸明官故承信郎田承寬妻王氏遣家丁佃客自備糧餉，助官軍（計）〔討〕賊有功，乞與封叙。」詔特封宜人。

十一月十二日，武城感德軍節度使、開府儀同三司、充鎮江建康府、淮南東路宣撫使韓世忠言：「昨授太尉日得

〔一〕棣：原缺，據《至大金陵新志》卷一三下之上、雍正《江西通志》卷八〇補。此是《大典》避明成祖諱空字。

旨，恩數並依兩府例。今遇明堂大禮，乞依見任兩府條令，將所得有服親封號與長女。」吏部言：「本官雖恩數並依兩府例施行，難以比類見任宰執。」詔特依所乞。

二十五日，神武後軍統制、充江南西路舒蘄州兼荊南鄂岳黃復州漢陽軍德安府制置使岳飛奏：「母姚氏以臣除節度使，依格（上）〔止〕合封郡夫人。欲望特與封一國號。」從之。

五年正月十九日，賜韓世忠、劉光世、張俊有服親孺人封號三人，冠帔五道。

二月十七日，劉光世請以所賜孺人誥與男堯佐等所生母，吏部以爲非法，詔特許之。

二月二十一日，太常博士陳確言：「確在襁褓時，兄已壯有室，養確爲子，至二十一歲，始經有司改正。今兄亡，嫂年逾七十，待確情同己子。乞用去年大禮恩霈妻合得封叙回授與嫂楊氏，疇其平生撫養之恩。」從之。

六月四日，神武中軍前部統領軍馬王滋言：「祖母孟氏年九十二歲，乞將隨駕往平江 [32] 府護衛恩賞封叙。」從之。

二十四日，詔：「張俊妻華原郡夫人魏氏〔二〕，依韓世忠妻越國夫人梁氏例支破請給。」

七月一日，大理評事李洪乞將去年扈從車駕至平江府回蹕合轉一官恩例封祖母林氏，從之。

十月二十六日，中書門下省言：「楊珪母太宜人郭氏昨在僞齊，令男珪還朝，不從僞命。其郭氏拘留僞地，死於國事，顯見忠義，理宜褒贈。」詔特封郡夫人。

七年正月五日，故贈安化郡王王稟男忠訓郎王莊言：「父稟於靖康元年金人侵犯太原，自平陽應援，即被攻圍，堅守孤城，僅及一年，勢窮力竭，死不屈節。蒙朝廷憫其忠義，追贈王爵，而亡母未經加封，乞朝廷矜憫施行。」詔王稟妻陳氏特與贈郡夫人。

九年八月十四日，詔四川宣撫使司都統制、節制成鳳州楊政母特與封叙。以政言：「自從戎不遑恤家，母氏自陷虜來歸，積憂成疾，乞歸侍養。」故有是詔。

十年五月十一日，詔：「武德郎、樞密院都統制司第三將王全母屈氏特封孺人。」以全結約攻虜不遂，後虜掠屈氏去，不知所在，乞行封叙，故有是命。

二十三日，左宣義郎、知建康府溧水縣李朝正奏：「母年八十歲，乞以特賜章服恩例叙封。」從之。

九月十日，明堂赦：「應宣教郎以下至承務郎使臣、選人父母年九十以上，許於所屬自陳，俱保明聞奏，當議特與官封。士庶百歲以上婦人與封號。」

十一年二月十三日，禮部言：「新知紹興府餘姚縣朱伯臨言：『母林氏今明堂赦恩合封孺人，見年九十以上，依條給 [33] 賜冠帔。』」從之。

〔二〕張俊：原作「張浚」，據《建炎要録》卷八四改。

八月一日，荊南府奏：「監利縣長林村民王金母吳氏年一百二十歲，乞依赦恩封號。」從之。

十二年三月一日，詔：「中亮大夫、康州防禦使程俊母邵氏特封恭人。」先是，有旨程俊母特與叙封。俊言：「母自夏國已封孺人，兼該遇紹興十年明堂赦，已於興元府陳乞保明申朝廷訖，未蒙給降誥明〔一〕。」故有是詔。

六月十六日，詔左武大夫、忠州刺史、特差充環慶路第一將、御前同副統制趙雲母加封。以雲言與金虜戰，虜囚其母於絳州垣曲縣獄，今已數年。比以京西湖北宣撫司差往河北幹事，攻破其縣救出之。乞減削見授官資，加封其母。故有是命。

九月三日，詔：「皇太后姪女韋氏特與封信安郡夫人，依《禄式》破諸般請給。」

十三日，赦：「應命官未該封叙人父母年八十以上未有官封，許令所屬自陳，具保明聞奏，特與封叙。」

十七年十二月十六日，太師、尚書左僕射秦檜乞免降制加恩，從之。仍詔長孫女秦氏特封郡夫人。同日，詔：「秦熺妻建康郡夫人曹氏特封國夫人。」熺，檜之子也。

十九年六月二十七日，詔：「太師、尚書左僕射秦檜孫女孺人秦氏與封令人。」

二十年六月八日，太師、尚書左僕射秦檜言：「乞免郊祀加恩。」詔允所請，次孫女令人秦氏可特封永嘉郡夫人。

十月十一日，太師、尚書左僕射秦檜言：「乞將紹興十九年該遇南郊大禮合得有服親封邑一名，與長兄彬妻 34
孺人潘氏增封。」詔特封令人。

二十二年十月七日，詔：「臨安府助教田潤妻李氏醫治有勞，特與封孺人。」

十二月三日，詔：「才人劉氏祖母耿氏、才人吳氏母裴氏並封郡夫人。」

二十六日，太師、尚書左僕射秦檜奏免加食邑、食實封恩命，詔允所請。次孫女永嘉郡夫人封初等國夫人，孫女夫將仕郎吳益改初等京官。

二十三年九月四日，詔：「婉容劉氏母故永嘉郡夫人李氏可特贈榮國夫人。」

二十五年九月四日，詔：「將來大禮，主管馬軍司公事成閔母鄭氏特封郡夫人。」

二十七年正月二十四日，官誥院言：「乞將應內命婦遷轉并封贈及外命婦封贈郡夫人以上並依格用網袋外，其餘以次並權不給。其贈誥合用焚黄紙七張〔二〕、紅羅青裏褾、碧緑綾帶。」從之。

二十八年七月九日，詔：「故太尉、武當軍節度使致仕、武功郡開國公、贈開府儀同三司楊政妻永寧郡夫人南氏，可特封崇國夫人。」以政薨，故加恩以恤之也。

〔一〕明：疑當作「命」。

〔二〕天頭原批：「『合』一作『命』。」按，今未見。

二十九年正月二十六日，試起居舍人、兼權中書舍人張孝祥言：「丙辰詔書，以皇太后聖壽方增，新歲八十，均福海内，凡通籍於朝者皆馳恩其父母。非常之慶，千載一時，人子之心，孰不鼓舞！臣備數朝列，奉承雙親，尤極欣幸。緣父祁見任右承議郎，母時氏以視父官方封孺人，乞特許依臣官叙，引用今來恩詔加封。庶霑君父錫類之仁，俯爲臣子家庭之寵。」詔特依所乞。

二[35]月十八日，權吏部尚書賀允中言：「準正月一日詔書，應陞朝官父母及宗婦、宗女年八十以上與加封。契勘父依法每封進一官，母、宗婦、宗女加封止合隨夫、子之官爵。緣詔書有『加封』二字，今欲於合得官封上加一等施行。」從之。

八月二日，定江軍節度使、開府儀同三司、鄂州駐劄、領御前諸軍都統制職事田師中奏：「准誥，除開府儀同三司恩數並依吳璘例施行，妻蕭氏蒙恩特封衛國夫人，亦乞依例支破請給。」從之。

同日，詔：「右武郎吳挺合得解帶恩例，可特轉右武大夫；妻李氏特封淑人。」

二十日，詔：「起復慶遠軍節度使、龍神衛四廂都指揮使、主管侍衛馬軍司公事成閔故母建康郡夫人鄭氏，可特贈衛國夫人〔一〕。」從閔請也。

三十年十二月二十二日，詔：「右朝散郎、祕閣修撰郭瑊妻安人趙氏可特封永嘉郡夫人；右太中大夫、權尚書户部侍郎、兼樞密都承旨、兼權知臨安府錢端禮妻令人高氏，可特封平樂郡夫人。」

三十一年二月二十日，詔皇子寧國軍節度使〔二〕、開府儀同三司、建王〔瑋〕妾夏氏可特封齊安郡夫人，翟氏可特封咸安郡夫人。

十月十七日，詔：「知海州、武翼郎、閤門宣贊舍人魏勝妻于氏可特封安人。」勝守海州，與敵力戰，重傷以薨〔三〕。方病困時，于氏割股以食之，遂得小愈。至是，主帥李寶爲之請，故有是命。

紹興三十二年孝宗即位未改元。九月十四日，右從政郎陳嗣宗狀：「乞以覃霈循[36]資恩例回授與母吳氏封叙。」吏部以嗣宗雖官不該回授，而嗣宗乃陳東之子，東〔循〕〔徇〕國亡身，已蒙追贈，惟吳氏未受封，欲依所乞，封吳氏太孺人，以爲忠義之勸。從之。

二十八日，保義郎陳懌、龔鑾狀：「乞將覃恩合該轉一官，懌回授與母羅氏，鑾回授與所生母劉氏，乞賜封號。」吏

〔一〕國：原脱，據《建炎要録》卷一八三補。
〔二〕詔：原無，據文意補。
〔三〕重傷以薨：按，此句可疑。據本書兵一四之三六，紹興三十一年十月五、六日，魏勝在海州與金人血戰，重傷當有之，但並未死。隆興二年十月，詔「魏勝轉兩官，改差知楚州」（本書兵一九之一四），十一月，戰歿於楚州，贈官立廟（見本書禮二一之六二等）。至乾道元年五月，其妻于氏特封郡夫人（本書儀制一〇之三七）。據此，「以薨」二字疑衍。

部契勘：「依法，臣僚不許轉官回授封贈，有礙條法。」詔特依所乞，封孺人。

十一月三日，詔故追復左武大夫、忠州防禦使岳雲妻前恭人鞏氏特封恭人。

十〔二〕月二十七日(一)，安德軍節度使士街上遺表：「乞特與臣男不陋所生母牟氏，依不微所生母張氏封恭人。」從之。

隆興元年二月二十五日，詔起復右朝奉郎、尚書比部員外郎吳某除祕閣修撰、知閬州，妻趙氏特封淑人。

二十九日，詔婉容翟氏親屬淑人張氏與特封郡夫人。

五月十八日，詔：「皇弟少保、静江軍節度使、判大宗正事、恩平郡王璩妻齊安郡夫人靳氏，特進封慶國夫人。」

二十三日，詔寧國軍節度使、開府儀同三司李顯忠妻安康郡夫人周氏進封福國夫人。

十一月二十三日，詔：「故楊政妻崇國夫人南氏獻助錢引，可特封益國夫人。」

二年二月二十九日，詔皇太子妃母高氏特封潤國夫人。

三月二十一日，詔右朝請郎、新知洋州吳總妻米氏可特封淑人。

八月十六日，故武翼郎致仕劉漸妻孺人王氏狀：「亡夫致仕合得恩澤，別無子孫，止有一女，嫁[37]承節郎郝彥輝。乞如條制改授邑號。」從之。

九月二十五日，詔吳璘長男援妻楊氏、次男挻妻郭氏各特與封淑人。

乾道元年正月七日，起復拱衛大夫、邕州觀察使、御前馬軍統制蕭鷓巴妻耶律氏特封信安郡夫人。吏部勘當：「妻依條止得恭人，緣父不辣故任僞太師日(二)，妻已封郡夫人，今乞封於司封，即無條法。」故有是命。

四月二十八日，吏部狀：「准都省批下少師、奉國軍節度使吳璘申，昨除太尉及續除開府儀同三司，恩數並依楊存中，係見任執政官例，陳乞一女封邑。本部勘會依例係見任使相、執政官，遇大禮許奏乞有服親一人封號。緣本官即非見任。」詔特依所乞，並封孺人。

五月三日，又詔：「璘女三人特各封淑人，有服親趙氏特封碩人。」

四日，詔故贈寧國軍節度使魏勝妻于氏特封郡夫人。以勝死於國事，忠義可嘉，其妻于氏特依所乞，封齊安郡夫人。今後不得援例。

十三日，少師、奉國軍節度使、四川宣撫使吳璘狀：「契勘蕃官趙阿令結見陷北界，本人妻孺人包氏權洮州職事。昨來官軍到洮州城下，率本州官吏軍民迎降歸投，備

(一) 十二月：原作「十月」。按，據本書禮四一之三六，士街卒於此年十二月，因補。

(二) 天頭原批：「『任』一作『仕』」。

見忠義。欲望特與加封，庶幾有以激勸。」詔包氏特封令人。

二年三月九日，宗子左從政郎趙不遯以進士舉出身，合轉兩官，乞以一官回授，封所生母尚氏。詔特依。

五月十二日，（恩詔）〔詔恩〕平郡王璩妻王氏特進封澤國夫人。

六月四日，宗子忠訓郎[38]趙善仁以進士舉賜出身，合比换文資，轉兩官，乞以一官回授，封母馬氏。詔特依。

十月五日，太傅、寧遠昭慶軍節度使、充醴泉觀使、和義郡王楊存中以郊祀條許陳請有服親一名封號，乞與次孫女承受。詔特依。

三年四月十五日，保義郎趙伯汰乞將磨勘轉成忠郎一官回授，封母李氏。詔特封太孺人。

四年六月十六日，承奉郎趙不龐狀：「昨因父遺表，已降指揮，依所乞特封所生母孫氏恭人，未曾給誥。不龐今更將父致仕遺表恩澤一名併與母孫氏，乞放行封號。」詔特依。

十二月二十七日，詔耶律适哩女可封碩人。

五年三月六日，忠翊郎趙善學乞以覃恩轉官并今磨勘轉官併回授母李氏，加贈一次。詔特依。

八月十九日，詔：「龍神衛四廂都指揮使、明州觀察使蕭鷓巴女蕭氏等四人可並特封令人。蕭鷓巴男從義郎、殿前司忠毅軍正將從仁妻耶律氏可特封淑人。」

九月六日，檢校少保、崇慶軍節度使士衎上遺表，乞男不圯所生母丁氏於合得遺表恩澤内將一資特賜封號，從之。

十一月二十六日，詔入内内侍省東頭供奉官李愿妻張氏可特封安人。從其夫年勞比换之請也。

二十七日，詔：「楊倓妻程氏特封咸寧郡夫人；楊偰妻張氏特封咸安郡夫人；楊安中妻趙氏特封令人；第二女孫叔傑妻楊氏特封永嘉郡夫人；第六女趙汝勳妻楊氏、第七女周杞妻楊氏、第八[39]女郭雲妻楊氏並封碩人。」從前中奉大夫、充敷文閣待制楊倓乞推恩故也。

十二月八日，詔和義郡夫人蔡氏特與封碩人。

六年五月六日，詔：「故彰國軍節度使周大仁妻文安郡夫人張氏，特與依蕭琦妻例特封康國夫人。」

閏五月五日，右從事郎惠利民狀：「伏念利民幼而多難，纔及三歲，所生母趙氏爲舅氏奪志它適。經建炎兵火之後，奔走南北，各不相聞。於紹興二十三年遂得蹤跡，復獲侍養，母子如初。今利民考第舉主及格，已到部，合該磨勘宣義郎。以所生母趙氏見年七十八歲，情願乞改次第右承事郎，將合得宣義郎一官轉封所生母趙氏爲孺人。」詔特依所乞，封太孺人。

十九日，左宣義郎、祕書省正字趙汝愚劄子：「昨與修進《四朝會要》，得旨推恩，各轉一官。伏念汝愚有祖母晁氏高年未受封號，伏望朝廷敷奏，將汝愚所得轉一官恩例回授祖母晁氏作封號。」詔依所乞，特封太孺人。

十二月三日，殿前司選鋒軍統制趙良輔狀：「乞依蕭鷓巴、耶律造哩等條封叙。」詔妻王氏特封孺人。

七年四月一日，吏部言：「文武陞朝官母已封孺人，若子係文官未至朝奉郎、武臣未至大夫，其母並未合遷改。并母已隨夫官高封叙訖，或隨夫官亦未該遷改，其赦文無『加封』字。乞下本部，各於見封號上再行加封一等施行。」從之。

五月十一日，詔蕭鷓巴妻信安郡夫人耶律氏特封英[40]國夫人。中書舍人趙雄奏：「臣竊惟婦人之爵，至國夫人極矣，惟三公、三師、宰相、親王、使相之妻乃可得之。今鷓巴以向化來歸，誠足嘉尚，位以廉車，亦云厚矣。鷓巴得廉車爲厚，則妻從夫爵，當得碩人。已超轉至郡夫人，厚於鷓巴數等矣，今更超封爲國夫人。夫鷓巴官爲觀察使，止同侍從，而其妻乃同三公、三師、宰相、使相之妻，不惟於法非宜，而妻超夫爵愈甚，於理亦不當然也。所有詞命，臣未敢撰行。」有旨：「婦爵從夫，固是常典，然鷓巴向化遠來，耶律氏大遼宗族，理宜優異。可依已降指揮，特與撰行。」

二十八日，詔西戎蕃部知洮州鈐轄阿令結之妻令人包氏加封郡夫人。從宣撫司之請也。

十一月十五日，左文林郎冷世修狀：「欲依惠利民例，乞改次等官，合得宣教郎一官封母沈氏。」詔特封太孺人。

八年七月八日，右承奉郎、新差知臨安府錢塘縣段子方狀：「乞將子方昨任贛州興國縣尉日親獲彊盜一十人酬賞回授所生母馬氏，封太孺人。」詔特依所乞。

八月二十九日，詔武泰軍節度使曾覿妻碩人楊氏特封信安郡夫人。

九月十二日，詔入內內侍省副都知趙志忠妻令人陳氏可特封淑人。

十月十八日，新差充鄂州駐劄御前諸軍都統制吳挺劄子奏：「臣兄掖任左武大夫、中軍統制日，於紹興三十二年隨姚仲軍馬收復鞏州，軍前得病身亡。今有母淑人張氏年近七十，妻淑[41]人郭氏孀居一十餘年，伏望矜憐，將張氏、郭氏特賜加封。」詔依所乞，並與封郡夫人。臣僚上言：「婦人無爵，從夫之爵，著在《禮經》。故《鵲巢》之詩謂國君積行累功，以致爵位，夫人起家而居有之；《君子偕老》之詩謂其服飾之盛，與君子偕老。詩人之意若是其嚴者，以其從夫之爵，而又德可以配之，乃無忝焉。且郡夫人者，均係小君之稱，在法，節度使以上，其妻方應此封。吳掖本死於家簀，其妻不應封此。欲望聖慈特賜寢罷，所有録黃，臣未敢書。」續詔止與母張氏封新安郡夫人。

九年六月八日，奉國軍節度使士銖遺表陳乞男不謀所生母李氏，於合得遺表恩澤内將一資與封恭人。

七月二十八日，吏部狀：「准左修職郎劉藩(伏)〔狀〕，乞將合該改轉宣教郎一官改次等宣議郎，其合轉一官乞回授，封母閻氏。本部勘當，緣有礙條法，難以施行。」詔特依所乞，閻氏封太孺人。(以上《永樂大典》卷三六五)

宋會要輯稿　儀制一一

宰相追贈

【宋會要】

1 宰相追贈

司徒、兼門下侍郎王欽若，天聖三年十一月贈太師、中書令。　司空、兼門下侍郎薛居正，太平興國六年六月；　右僕射、兼門下侍郎李沆，景德元年七月；　右僕射、兼門下侍郎向敏中，天(僖)〔禧〕四年三月：　以上贈太尉、中書令。

吏部侍郎畢士安，景德二年十月；　工部尚書張知白，天聖六年三月：　以上贈太傅、中書令。　左僕射王珪，元豐八年五月以金紫光禄大夫、尚書左僕射、岐國公薨于位，初贈太尉，詔贈太師。　紹聖四年追貶萬安軍司户，至元符三年五月盡復故官、贈謚。　司馬光，元祐元年九月以正議大夫、尚書左僕射薨于位，贈太師、温國公。　紹聖元年七月，以周秩言，詔追所贈官，至靖康元年二月贈太師。　司空、平章軍國事呂公著，四年二月贈太師、申國公。　紹聖元年七月，以周秩言，詔追所贈官，至紹興元年復贈官。　太師、尚書左僕射秦檜，二十五年十一月追封申王。　尚書右僕射(萬)〔万〕俟卨，二十七年四月贈少師。　少保、尚書左僕射、同中書門下平章事、兼樞密使〔一〕、魯國公陳康伯，乾道元年三月除少師、觀文殿大學士致仕，贈太師。

前宰相

觀文殿大學士、正奉大夫、大名尹、兼北道都總管徐處仁，建炎元年六月贈特進。　責授建寧軍節度副使、復特進李邦彦，四年十月贈觀文殿大學士。　司空、同平章軍國事呂公著，四年十一月贈太師、追封魯國公〔二〕。　觀文殿大學士、左正議大夫呂大防，十一月贈太師、追封宣國公。　觀文殿大學士、左正議大夫范純仁，十一月特贈太師，追封許國公。　正議大夫何㮚，紹興元年五月贈觀文殿大學士。　追復觀文殿學士劉摯，七月贈少師。　摯元祐六年任右僕射。　資政殿大學士、左太中大夫、提舉臨安府洞霄宫吳敏，三年五月贈左銀青光禄大夫，追復觀文殿學士。　觀文殿學士、左通議大夫、提舉臨安府洞霄宫范宗尹〔三〕，六年八月贈故官。　少保、鎮南軍節度使、成國(宫)〔公〕呂頤浩，九年四月特贈太師。　觀文殿大學士、左金紫光禄大夫、提舉臨安府洞霄宫李綱，十年五月特贈少師。　開府儀同三司、檢校少傅、保信軍節度使汪伯彦，十一年六月特贈太師。　觀文殿大學士、左宣奉大夫、提舉臨安府洞霄宫朱勝非，十四年十二月贈特進。　責授汝州

〔一〕使：原作「副使」，據《宋史》卷三三《孝宗紀》一删「副」字。

〔二〕「追」原作「進」，「魯」原作「晉」，據《建炎要録》卷三九、《宋史全文》卷一七下改。

〔三〕臨：原作「寧」，按宋無「寧安府」，今據上下文改。

團練使黃潛善，二十六年九月贈左中大夫。觀文殿學士、左通奉大夫致（士）〔仕〕朱（悼）〔倬〕，隆興元年七月贈特進。少師、保信軍節度使、魏國公致（士）〔仕〕張浚，二年九月贈太保。觀文殿學士、左正奉大夫致仕葉顒，乾道四年正月贈特進。

三公追贈

【宋會要】

❷三師贈官封王

太師、魏國公趙普，淳化三年七月贈尚書令、真定王。

三公、三師

前司徒〔一〕、趙國公李穀，建隆元年七月贈侍中。太尉王旦，天禧元年九月贈太師、尚書令。太傅、魯國公曾公亮，元豐元年閏正月贈太師、中書令。

使相追贈

【宋會要】

使相贈尚書令

永興軍節度、司徒、兼侍中、魏國公韓琦，熙寧八年八月贈尚書令。

使相贈官封王

武平軍節度使、兼中書令周行逢，建隆三年十月追封汝南郡王。鳳翔節度使、守太保、兼中書令、太原郡王王景，四年五月贈太尉、岐王。山南東道節度使、同中書門下三品慕容延釗〔二〕，乾德元年十二月贈中書令、河南郡王。侍衛親軍馬步軍都指揮使、成德軍節度使、兼侍中韓令坤，六年四月追封南陽郡王。忠武軍節度使〔三〕、同中書門下平章事王審琦，開寶七年八月贈中書令、瑯琊郡王。武勝軍節度使、兼侍中、駙馬都尉、冀國公高懷德，太平興國七年七月贈中書令〔四〕、渤海郡王。鎮安軍節度使、守中書令、衛國公石守信，太平興國九年六月贈尚書令、衛王。安遠軍節度使、兼中書令、蕭國公錢惟濬，淳化二年二月追封邠王。保平静難軍節度使〔五〕、開府儀同三司、四川宣撫使吴玠，紹興九年七月贈少師。定江軍節度使、開府儀同三司致仕田師中，隆興元年九月贈少保。

使相贈三官

武勝軍節度使、兼侍中、魏國公馮拯〔六〕，天聖元年閏

〔一〕司徒：《長編》卷一作「司空」。

〔二〕中書門下三品：原作「中同令下二品」，據《宋史》卷二五一《慕容延釗傳》改。

〔三〕忠：原作「惠」，據《長編》卷一五改。

〔四〕七：原作「十」，按太平興國無十年，今據《宋史》卷二五〇《高懷德傳》改。

〔五〕平：原作「明」，據《建炎要録》卷一二九改。

〔六〕「侍」原脱，「拯」原作「極」，據《長編》卷九八、卷一〇一補改。

九月；武寧軍節度使、兼侍中夏竦，皇祐三年九月；彰信軍節度使〔一〕、左僕射、兼侍中王貽永，嘉祐元年五月〔二〕：以上贈太師、中書令。忠武軍節度使、同中書門下平章事王德用，嘉祐二年二月贈太尉、中書令。武寧軍節度使、檢校少師、守司徒、開府儀同三司、韓國公富弼，元豐六年閏六月贈太尉〔三〕。鎮江軍節度使、同中書門下平章事陳升之，二年四月贈太保、中書令。守司空、開府儀同三司、康國公韓絳，元祐三年三月贈太尉。檢校少保、鎮東軍節度使、開府儀同三司蔡卞，政和七年三月贈太傅。檢校少保、建武軍節度使、開府儀同三司劉（政）〔正〕夫，十月贈太保。寧遠軍節度使、〔開〕府儀同三司梁子美，宣和五年五月贈少保。

使相贈一官

護國軍節度使、兼侍中、趙國公楊承信，乾德二年四月；武寧軍節度使、同中書門下平章事、岐國公陳洪進，雍熙三年三月；忠武軍節度使、同中書3門下平章事、韓國公潘美，淳化三年六月；河陽三城節度使、同中書門下平章事王顯，景德四年正月；彰信軍節度使、同中書門下平章事王隨，寶元二年正月；武成軍節度使、同中書門下平章事、駙馬都尉（紫）〔柴〕宗慶，慶曆四年二月；鎮安軍節度使、同中書門下平章事程琳，嘉祐元年閏三月；護國軍節度使、同中書門下平章事狄青，三年三月；泰寧軍節度使、同中書門下平章事李昭亮，八年三月：以上贈中書令。永興軍節度使、同中書門下三品吳延祚〔四〕，開寶四年四月贈侍中。平盧軍節度使、兼中書令郭崇，乾德三年五月；前保大軍節度使、兼中書令、祁國公李洪義，五年六月：以上贈太師。

使相不贈官

前鳳翔節度使、守太師、中書令、魏王符彥卿，開寶六年六月。

執政追贈〔五〕

參知政事

兵部尚書宋綬，康定元年十二月贈司徒、兼侍中。吏部侍郎王堯臣，嘉祐八年八月贈左僕射。兵部侍郎陳彭年，天禧二年二月贈左僕射。禮部侍郎魯宗道，天聖七年二月贈兵部尚書。給事中明鎬，慶曆八年六月；唐介，熙寧二年五月：以上贈禮部尚書。左諫議大夫竇

〔一〕彰信：原作「章信」，據《長編》卷一七二改。然《長編》卷一七六、一八二及《宋史》卷四六四《王貽永傳》又均作「彰德軍」，疑「信」字亦誤。

〔二〕五月：原作「三年」，據《長編》卷一八二改。

〔三〕六年：原作「元年」。按，閏六月在元豐六年，又據《長編》卷三三六，富弼卒於元豐六年閏六月，可證「元年」爲「六年」之誤，因改。

〔四〕「三」原作「二」，「延」原作「廷」，據《宋史》卷二五七《吳延祚傳》改。

〔五〕追贈：原無。按，此題原作文中小字，按内容應與宰相、使相等平行，今改爲大題，並加「追贈」二字。

倆，太平興國七年十月；李穆，九年正月：以上贈工部尚書。樞密使、兼侍中曹彬，咸平二年六月贈中書令、濟陽郡王。吏部侍郎、檢校太傅、同中書門下平章事王（曉）〔曙〕，景祐元年八月贈太保、中書令。檢校太傅王繼英，景德三年二月贈太保、侍中。

知樞密院、同知院

户部侍郎、知院事李諮，景祐三年十二月贈右僕射。給事中、同知院事王博文，五年四月贈吏部侍郎。樞密副使、工部侍郎楊礪，咸平二年八月；禮部侍郎王疇，治平二年二月：以上贈兵部尚書。給事中包拯，嘉祐七年五月贈禮部尚書〔一〕。姜遵，天聖八年九月贈吏部侍郎〔二〕。

東宮官僚追贈

【宋會要】

東宮一品

太子太師、祁國公王溥，太平興國七年八月贈侍中。許國公呂蒙正，大中祥符四年四月贈中書令。太子太傅、魯國公范質，乾德二年九月贈中書令。寇準，明道二年十一月贈中書令、萊國公。

尚書丞郎追贈

【宋會要】

尚書

觀文殿大學士、兵部尚書晏殊，至和二年二月贈司空、兼侍中。觀文殿大學士、刑部尚書劉沆，嘉祐五年三月贈右僕射、兼侍中。《撫州臨川志》〔三〕：殊字同叔，臨川人。七歲能文，鄉里號神童。真宗奇之，使入秘閣讀書〔四〕。累4官至西京留守，封臨淄公。以疾歸京師，留侍邇英殿。明年薨，贈司空，謚元獻。兵部尚書、莒國公李濤，建隆三年十一月；工部尚書李昊，乾德三年七月；翰林學士、禮部尚書竇儀，四年十月；翰林學士承旨、户部尚書陶穀，開寶三年十二月；户部尚書劉熙古，九年九月；工部尚書扈蒙，雍熙三年九月；張宏，咸平四年三月；禮部尚書王化基，大中祥符三年二月；刑部尚書、分司南京薛映，天聖二年七月：以上贈右僕射。翰林侍讀

〔一〕禮部尚書：原作「禮部侍郎」，據《長編》卷一九六、《宋史》卷三一六《包拯傳》改。

〔二〕贈吏部侍郎：此五字原作「以上贈吏部尚書」，且作小字注。按宋庠《元憲集》卷三三《姜公行狀》云姜遵卒贈吏部侍郎，《隆平集》卷一〇、《宋史》卷二八八《姜遵傳》等均同，是「尚書」乃「侍郎」之誤，今改。又包拯與姜遵所贈官不同，不得云「以上」，今删，並將「贈吏部侍郎」五字作大字。

〔三〕按，此注應移至晏殊下。

〔四〕使：原作「除」，據雍正《江西通志》卷八〇改。

學士、禮部尚書郭贄，大中祥符三年六月；翰林侍讀學士、禮部尚書邢昺，六月；户部尚書温仲舒，七月；吏部尚書致仕宋白，五年正月；樞密直學士、禮部尚書張詠，八年八月；户部尚書林特，天聖四年五月；禮部尚書任中正，八月：以上贈左僕射。　資政殿大學士、禮部尚書范雍，慶曆六年正月贈太子太師。　翰林學士承旨、工部尚書宋祁，嘉祐六年五月；工部尚書余靖，治平元年十二月：以上贈刑部尚書。　觀文殿大學士、吏部尚書吳充，元豐三年四月贈司空、兼侍中。　延康殿學士、銀青光禄大夫王詔，宣和五年二月贈特進、資政殿學士。

丞郎以下曾任中書、樞密院

尚書左丞吕餘慶，開寶元年四月贈鎮南軍節度使。觀文殿大學士、兼翰林院侍讀學士、尚書左丞高若訥，至和三年八月贈右僕射。　翰林侍讀學士、户部侍郎、兼秘書監夏侯嶠，景德元年五月；尚書左丞、集賢院學士陳恕，六月；吏部侍郎趙昌言，大中祥符二年二月；御史中丞、尚書右丞、兼宗正卿趙安仁，天禧二年五月；資政殿學士、户部侍郎薛奎，景祐元年八月；觀文殿學士、尚書左丞張觀，皇祐二年閏十二月；資政殿學士、户部侍郎范仲淹，四年五月；觀文殿學士、翰林侍講學士、尚書右丞丁度，五年正月；資政殿大學士、尚書左丞吳育，嘉祐三年四月：以上贈吏部尚書。　户部侍郎蔡齊，寶元二年四月；觀文殿學士、禮部侍郎孫沔，治平三年四月；資政殿大學士、户部侍郎、知青州吳奎，熙寧元年八月：以上贈兵部尚書。　户部侍郎王沔，淳化三年十一月；御史中丞李惟清，咸平元年三月；鄧州觀察使錢若水，六年十月；工部侍郎王嘏，慶曆元年二月：以上贈户部尚書。　刑部侍郎張洎，至道三年正月；資政殿學士、禮部侍郎邵亢，熙寧八年二月：以上贈刑部尚書。　禮部侍郎、兼秘書監賈黄中，至道二年正月；禮部侍郎蘇易簡，十二月；周起，天聖六年五月：以上贈禮部尚書。　工部侍郎劉昌言，咸平元年二月；資政殿學士、給事中晁宗慤，慶曆二年四月：以上贈工部尚書。　秘書監致仕李昌齡，大中祥符 5 元年二月，不贈官。　資政殿學士、諫議大夫蔡挺，元豐二年五月贈工部尚書。　〔觀〕文殿學士、正議大夫王韶，四年六月贈金紫光禄大夫。　資政殿學士、中大夫曾孝寬，元祐五年八月贈右光禄大夫。　端明殿學士、太中大夫趙卨，元祐六年五月贈右光禄大夫。紹聖四年四月追所贈官，至元符三年五月復贈官。　資政殿學士、太中大夫范百禄，紹聖元年閏四月贈銀青光禄大夫。　資政殿學士、通議大夫胡宗愈，閏四月贈銀青光禄大夫。　觀文殿學士、右正議大夫蔡確，六月贈特進。　資政殿學士、太中大夫王安禮，三年九月贈右光禄大夫。　觀文殿學士、右正議大夫范純仁，建中靖國元年正月贈開府儀同三司。　資政殿學士、通議大夫林希，四月贈銀青光禄大夫。　資政殿學士、左正議大夫王存，七月贈銀青光禄大夫。　資政殿學士、左正議大夫黃履，十月贈金紫光祿大夫。資政殿學士、右光祿大夫李清臣，崇寧元年正月贈金紫光祿大夫，五月追所贈官。資政殿學士、通（義）〔議〕大夫章楶，八月贈右銀青光祿大夫。資政殿學士、中大夫管師仁，大觀三年六月贈正奉大夫。左光祿大夫、儀國公致仕韓忠彥，八月贈太師、魏國公。資政殿學士、中大夫劉逵，四年十一月贈光祿大夫。觀文殿學士、光祿大夫呂惠卿，政和元年十二月贈開府儀同三司。太中大夫蘇轍，二年十月贈宣奉大夫。資政殿學士、光祿大夫侯蒙，宣和三年三月贈開府儀同三司。觀文殿大學士、通奉大夫張商英，十一月贈少傅。秘書監丁謂，五年六月贈少保，十六日詔寢贈典。觀文殿大學士、宣奉大夫林攄，六月十一日贈特進。觀文殿學士、光祿大夫曾（希）〔布〕，七年十一月贈太師、魯國公。資政殿學士、提舉杭州洞霄宮許景衡，建炎二年五月贈正奉大夫。追復宣奉大夫耿南仲，四年十月贈觀文殿學士。資政殿學士、中大夫聶昌，紹興元年三月贈觀文殿大學士。資政殿學士、通奉大夫、知昇州范致虛，十月贈五官。資政殿學士、大中大夫呂好問，十月贈宣奉大夫。左通議大夫、資政殿學士許翰，三年七月贈五官。資政殿學士、左中大夫、知衢州謝克家，四年七月贈左正奉大夫。中大夫傅堯俞，五年五月贈光祿大夫。元祐間任中書侍郎，黨籍貶削，至是始贈也。資政殿大學士、左中大夫、提舉臨安府洞霄宮王綯，七年閏十月贈七官。資政殿學士、左太中大夫、提舉臨安府洞霄宮陳與義，八年十二月贈五官。資政殿學士、左中大夫席益，九年四月贈五官。資政殿學士、左光祿大夫、提舉鳳翔府上清太平宮宇文粹中，十月贈少保。端明殿學士、左通奉大夫、提舉西京崇福宮[6]王孝迪，十年二月贈左銀青光祿大夫。資政殿學士、左太中大夫馮澥，八月贈五官。端明殿學士、左中大夫徐俯，八月贈四官。資政殿學士、左中大夫顏岐，八月贈左中奉大夫。資政殿學士、左中大夫、提舉臨安府洞霄宮翟汝文，十月贈左正奉大夫。資政殿學士、左中大夫、提舉西京嵩山崇福宮張澂，十三年六月贈五官。資政殿大學士、降授左通議大夫張守，十五年二月贈左金紫光祿大夫。資政殿學士、左中大夫、提舉臨安府洞霄宮李邴，十六年七月贈左正奉大夫。端明殿學士、左朝散大夫胡松年，十月贈左太中大夫。崇慶軍節度使葉夢得，十八年八月贈檢校少保。資政殿學士、左太中大夫、知太平州范同，閏八月贈左宣奉大夫。資政殿學士、左太中大夫王次翁，二十年二月贈左宣奉大夫。資政殿學士、左太中大夫、提舉臨安府洞霄宮韓肖胄，九月贈左宣奉大夫。端明殿學士、朝奉郎、提舉江州太平興國宮何若，八月贈五官。資政殿學士、左朝奉大夫何鑄，二十三年正月贈左中大夫。資政殿學士、左朝奉郎、知建康府、兼行宮留守司公事楊愿，二月贈五官。端明殿學士、左中大夫富直柔，二十六年閏十月賵官官〔一〕。端明殿學士、左朝奉郎、成都潼川夔州利州路安撫使、兼知成都府李文會，二十七年八月贈左朝請大夫。資政殿學士、左中大夫程克俊，九月贈左正奉大夫。端明殿學士、左中奉大夫折彥質，三十年十月贈左正議大夫。資政殿學士、左中大夫、提舉臨安府洞霄宮魏良臣，三十二年四月贈左宣奉大夫。端明殿學士、左中大夫致仕董德元，隆興二年二月贈左正奉大夫。資政殿學士、左太中大夫致仕湯鵬舉，乾道元年二月贈左宣奉大夫。資政殿學士、左通議大夫致仕黃祖舜，三月贈銀青光禄大夫。資政殿學士、左通奉大夫致仕張綱，二年三月贈左銀青光禄大夫。資政殿大學士、左太中大夫致仕張燾，五月贈左宣奉大夫。資政殿學士、左中大夫致仕楊椿，三年八月贈左正奉大夫。資政殿大學士、左通議大夫致仕賀允中，四年四月贈左光禄大夫。端明殿學士、左中大夫致仕陳誠之，五年九月贈左正奉大夫。資政殿學士、左通奉大夫致仕辛次膺，六年閏五月贈左光禄大夫。端明殿學士、左朝請大夫致〔士〕〔仕〕李文會，八月贈左中奉大夫。文會先上遺表，爲有司繳駁，更不贈官。至是其家自陳，而有是命。資政殿學士、左通奉大夫致仕葉義問，八月贈左銀青光禄大夫。資政殿大學士、左太中大夫致仕王之望，七年四月贈左宣奉大夫。龍圖閣學士、左朝散郎致仕巫伋，九年五月贈左奉直大夫。

兵部侍郎程羽，太平興國九年七月贈禮部尚書。海州刺史喬維岳，咸平二年十月贈兵部侍郎。翰林侍讀學士、兵部侍郎、兼秘書監楊徽之，三年正月贈兵部尚書。景祐二年十二月，外孫參知政事宋綬言徽之嘗事真宗藩邸，請加贈謚，〔逐〕〔遂〕加贈太子太師，謚曰文莊。齊州防禦使王素，至道三年十二月贈給事中；司封員外郎王幼英，贈左諫議大夫。素、幼英並自真宗藩邸出授外官故也。吏部郎中、直史館、兼太子左諭德崔遵度，天聖元年二月贈工部侍郎。樞密直學士、兵部郎中、知秦州蔡〔杭〕〔抗〕，治平四年九月贈禮部侍郎。〔杭〕〔抗〕嘗侍英宗藩邸，上以先朝眷遇深厚，特優贈典。龍圖閣直學士、工部郎中、知渭州王廣淵，熙寧八年十二月贈右諫議大夫。詔以被遇先帝，特優贈典。三司使、給事中、權判三司侯陟，太平興國八年正月贈工部尚書。度支使、左衛大將軍陳從言，九年九月贈太尉。鹽鐵使張平，雍熙四年八月贈右千牛衛上將軍。三司使、户部侍郎楊察，嘉祐元年七月贈禮部尚書。端明殿學士、禮部侍郎蔡襄，治平四年十月贈吏部侍郎。户部使、右諫議大夫王子輿，咸平五年二月，不贈官。御史中丞李及，天聖六年八月贈禮部尚書。右諫議大夫魚周詢，慶曆八年四月贈工部侍郎。樞密直

〔一〕官官：似當作「五官」。

學士〔一〕、兵部郎中、知秦州蔡抗，治平四年九月贈禮部尚書〔二〕。抗嘗侍英宗藩邸，上以先朝眷遇深厚，特優贈典。　龍圖閣學士〔三〕、工部郎中、知渭州王廣淵，熙寧八年十一月贈右諫議大夫〔四〕。詔以被遇先帝，特優贈典。　觀文殿學士、正議大夫王陶，元豐三年閏九月贈吏部尚書〔五〕。刑部侍郎致仕李受，十月贈工部尚書；工部侍郎致仕王獵，贈兵部侍郎。並以英宗宮僚，故追贈之。　右諫議大夫、天章閣待制齊恢，贈工部侍郎；工部郎中、天章閣待制孫思恭，贈右諫議大夫。並以東宮官，故贈之。　資政殿學士、通議大夫陳薦，元祐元年四月贈右光禄大夫。　王巖叟言：「陳薦嘗事先帝東宮，薦早歿，未幾先帝升遐，贈典未備。」詔特加贈。　資政殿學士、通議大夫孫永，二年正月贈銀青光禄大夫。　寶文閣直學士、太中大夫徐勣，宣和六年十一月贈資政殿學士、正議大夫。

丞郎以下歷侍讀侍講

翰林侍講學士、兼龍圖（閣）學士（士）、户部侍郎馮元，景祐四年五月贈户部尚書。　翰林侍讀學士、尚書右丞李昭述，嘉祐四年十月；　端明殿學士、翰林侍讀學士、龍圖閣學士、尚書左丞錢明逸，熙寧四年五月：以上贈禮部尚書。　端明殿學士、兼翰林侍讀學士、龍圖閣學士、户部侍郎、集賢殿修撰李淑，嘉祐四年四月贈尚書右丞。　翰林學士、兼侍讀學士、中書舍人楊偉，嘉祐三年二月；　翰林 8 侍讀學士、給事中張揆，四年四月；　翰林侍讀學士、給事中楊安國，五年九月；　翰林侍讀學士、給事中唐詢，治平二年正月；　翰林侍讀學士、給事中（賞）〔賈〕黯，三年十月：以上並贈禮部侍郎。　翰林侍讀學士、右諫議大夫張錫，皇祐元年六月贈工部侍郎。　翰林侍讀學士、户部侍郎葉清臣，皇祐元年六月；　翰林侍讀學士、刑部郎中呂公綽，至和二年十一月；　刑部郎中、天章閣待制、兼侍讀孫甫，嘉祐四年正月；　龍圖閣學士（士）、吏部員外郎、兼侍讀、知諫院楊畋，七年五月；　右正言、天章閣待制、兼侍講王雱，熙寧九年六月；　右正言、天章閣待制常秩，十年三月：以上並贈右諫議大夫。　樞密直學士、給事中呂溱，熙寧元年五月贈禮部侍郎。　樞密學士、尚書右司郎中、兼侍讀陳襄，元豐三年三月贈給事中。　翰林侍讀學士、朝奉大夫、知審官東院錢藻，五年正月贈太中大夫。　端明殿學士、光禄大夫致仕范鎮，元祐三年閏十二月贈金紫光禄大夫。　龍圖閣學士、光禄大夫滕甫，五年十月贈銀青光禄大夫。　樞密直學士、朝請郎左膚，大觀三年正月贈中奉大夫。　顯謨閣直學士、朝請大夫郭知章，政和元年十月贈通議大

〔一〕此條與下條王廣淵皆重出，當删。
〔二〕尚書：據上文重出條及《宋史》抗附傳當作「侍郎」。
〔三〕據上文重出條及《宋史》廣淵傳，「學」上當有「直」字。
〔四〕十一：上文重出條作「十二」。
〔五〕元豐：原脱，據《長編》卷三〇九補。以下李受、王獵、齊恢、孫思恭亦俱爲元豐三年。

夫。　翰林學士、中奉大夫張閣，三年六月贈正議大夫。通議大夫、吏部侍郎致仕霍端友，五年七月贈宣奉大夫。龍圖閣直學士、中書大夫軒〔一〕，十月贈通奉大夫。　通議大夫、顯謨閣待制汪澥，六年正月贈宣奉大夫。　顯謨閣直學士、朝散大夫席旦，二月贈太中大夫。　延康殿學士、正議大夫强淵明，九月贈資政殿學士、金紫光禄大夫。通奉大夫、刑部尚書慕容彦逢，七年五月贈銀青光禄大夫。　朝散大夫、吏部尚書張克公，八年正月贈資政殿學士、太中大夫。　述古殿學士、朝散大夫錢遹，宣和三年二月贈太中大夫。　資政殿學士、通議大夫馮熙載，五年二月贈金紫光禄大夫。　保和殿大學士、中大夫蔡儵，六年閏三月贈少保。　朝奉大夫、顯謨閣待制潘兑，四月贈朝議大夫。　朝議大夫、徽猷閣待制吳時，七年十一月贈通議大夫。

丞郎以下曾任三司使

端明殿學士、禮部侍郎蔡襄，治平四年十月贈吏部侍郎。

丞郎以下特贈〔二〕

右散騎常侍歐陽迥，開寶四年十二月贈工部尚書。

膳部郎中、知制誥高冕，雍熙二年十二月贈右諫議大夫。

鴻臚少卿袁廓，淳化二年三月。　廓知温州，爲吏部誣告被劾〔三〕，快憤而卒。　帝追悼之，特贈右諫議大夫。　右諫議大夫、史館修撰田錫，咸平六年十二月，詔以錫清節素高，直躬無撓，特贈工部侍郎，官其三子，仍令布告天下。

翰林學士、尚書工部侍郎、知制誥楊億，景祐元年四月特贈禮部尚書，賜謚曰文。國朝故事，非嘗任 9 二府及事東宮則四品皆無贈官。　樞密使王(曉)〔曙〕言，億天禧中嘗與寇準議請皇太子親政〔四〕，爲憸人所傾，不得志而没，故特追寵之。　工部侍郎致仕楊偕，皇祐元年十月贈兵部侍郎。偕(常)〔嘗〕歷侍讀學士，至是遺奏《兵論》一篇，仁宗嘉之，故特贈焉。　禮部侍郎致仕蔣堂，五年四月；　刑部侍郎致仕郎簡〔五〕，嘉祐元年七月：　以上贈吏部侍郎。　樞密直學士、給事中呂溱，熙寧元年五月贈禮部侍郎。　龍圖閣直學士、右諫議大夫宋敏求，元豐二年四月贈禮部侍郎。　右諫議大夫致仕呂誨，元祐元年五月贈通議大夫。以右丞呂大防等言：「呂誨忠於先朝，極諫讜論，致忤時宰，謫死外藩，請加贈典。」詔特贈。　龍圖閣直學士、正議大夫呂公孺，五年三月贈右光禄大夫。　中散大夫王令圖，紹聖四年十二月贈左中散大夫，賞首建議主回河也。

〔一〕中書：疑當作「中奉」。軒：疑是陳軒。陳軒正是徽宗時加龍圖閣直學士，《宋史》卷三四六有傳。

〔二〕特贈：原作「特進」，據正文文意改。

〔三〕吏部：當誤。《宋史》卷二七六《袁廓傳》謂廓知温州，爲袁仁甫誣奏。袁仁甫「掌州之關征」，則是與袁廓爲同僚。

〔四〕「嘗」原作「常奏」，「太」原作「子」，據《長編》卷一一四改。

〔五〕郎簡：原作「郭簡」。按宋代典籍中未見有郭簡，當是「郎簡」之誤。查《宋史》卷二九九《郎簡傳》，其致仕、贈封官階均與此處相合。因改。

朝議大夫、吏部尚書徐鐸，崇寧四年四月贈太中大夫。龍圖閣直學士、太中大夫李南公，大觀元年九月贈光禄大夫。　太中大夫、刑部尚書王祖道，二年十月贈宣奉大夫。　龍圖閣學士、宣奉大夫杜常，三年六月贈太中大夫。龍圖閣學士、正議大夫劉賡，九月贈光禄大夫。　顯謨閣直學士、中奉大夫曾孝廣，政和元年九月贈正議大夫。顯謨閣直學士、通奉大夫胡宗回，二年五月贈銀青光禄大夫。　龍圖閣直學士、正議大夫宋喬年，三年六月贈龍圖閣學士、金紫光禄大夫。　顯謨閣直學士、通議大夫鄭僅，十月贈光禄大夫。　中奉大夫、徽猷閣待制呂雅，十月贈正議大夫。　龍〔圖〕閣學士、中奉大夫李孝壽，十一月贈正議大夫。　顯謨閣直學士、朝議大夫賈偉節，五年六月贈通議大夫。　朝議大夫、顯謨閣待制陳暘，七年正月贈通議大夫。　降授太中大夫、工部侍郎賈炎，四月贈銀青光禄大夫。　龍圖閣學士、宣奉大夫韓粹彦，八年正月贈特進、資政殿學士。　延康殿學士、光禄大夫姚祐，九月贈特進。　中大夫、徽猷閣待制致仕曹調，宣和二年二月贈正奉大夫。　通議大夫、顯謨閣待制方會，五月贈宣奉大夫。　通奉大夫、徽猷閣（侍）〔待〕制莊徽，九月贈光禄大夫。　通議大夫、徽猷閣待制周邦彦，三年五月贈宣奉大夫。　太中大夫、徽猷閣待制致仕范坦，六月贈通奉大夫。通議大夫、右文殿修撰何常，四年十月贈光禄大夫。延康殿學士、中大夫王漢之，四月贈正奉大夫。　中奉大夫、徽猷閣待制李浦，十二月贈龍圖閣學士、太中大夫。龍圖閣學士、正奉大夫錢即，六年三月贈金紫光禄大夫。徽猷閣直學士、中大夫韓純彦，四月贈正奉大夫。　龍圖閣學士、光禄大夫蔡安持，四月贈特進。　延康殿學士、光禄大夫馬防，四月贈特進。　通議大夫、顯謨閣[10]待制李百宗，六月贈光禄大夫。　朝議大夫、工部侍郎虞奕，八月贈龍圖閣學士、中大夫。　寶文閣直學士、中大夫致仕王渙之，八月贈正議大夫。　寶文閣學士、太中大夫李詩，七年正月贈延康殿學士、宣奉大夫。　朝議大夫、徽猷閣待制張漴，十月贈正議大夫。　通奉大夫、顯謨閣待制孫謩，靖〔康〕二年正月贈銀青光禄大夫。　都大京城四壁守禦使劉韐，建炎元年六月復銀青光禄大夫，仍贈資政殿大學士。　朝請大夫、試尚書禮部侍郎、兼侍讀譚世勣，六月贈延康殿學士。　資政殿學士、通議大夫、京東東路經略安撫使兼制置使、兼知青州曾孝序，十二月贈光禄大夫。　龍圖閣直學士、知永興軍唐重，二年二月贈資政殿學士〔一〕。朝散大夫、充徽猷閣待制、提舉南京鴻慶宮劉安上，正月贈太中大夫。　資政殿學士、朝奉大夫、充京城留守兼開封尹宗澤，七月贈觀文殿學士、通議大夫。　龍圖閣學士、朝請大夫周武仲，八月贈太中大夫。　禮部侍郎衛膚敏，三

〔一〕二年：原無。按，據《建炎要録》卷一三、一六、一七，唐重以下四人均卒於建炎二年，則此處當有「二年」二字，因補。

年四月贈太中大夫。　中書舍人葉濤，七月贈徽猷閣待制。　朝議大夫、徽猷閣待制李釜，四年八月贈四官。太中大夫、顯謨閣待制、知筠州商守拙，九月贈四官。　端明殿學士、正議大夫黄裳，十一月贈四官。　徽猷閣直學士、通奉大夫、提舉嵩山崇福宫郭思，十一月贈四官。　徽猷閣直學士、宣奉大夫蔣猷，紹興元年三月贈特進。　通議大夫、試兵部尚書、兼侍讀胡直孺，十一月贈端明殿學士。　樞密直學士、通議大夫、知遂寧府席益，十二月贈五官。　右中奉大夫、徽猷閣待制王昇，二年正月贈右正議大夫。　左中大夫、徽猷閣待制宋伯友，正月贈四官。　左中大夫、龍圖閣待制洪中孚〔一〕，二月贈四官。　顯謨閣直學士、宣奉大夫陳彦修，三月贈特進。　龍圖閣直學士、左朝奉大夫耿延禧，五月贈龍圖閣學士，仍贈四官，以嘗任元帥府屬官也。　右通奉大夫、充顯謨閣待制、提舉江州太平觀董正封，九月贈四官。　顯謨閣直學士、右通議大夫、提舉亳州明道宫李偃，三年二月贈右光禄大夫。　龍圖閣直學士、左太中大夫、提舉亳州明道宫林遹，五月贈四官。　左朝議大夫、寶文閣待制陳戩，六月贈左通奉大夫。　左通奉大夫、徽猷閣待制何志同，九月贈左正奉大夫。　左中大夫、充徽猷閣待制洪炎，十一月贈左通奉大夫。　端明殿學士、左正議大夫、川陝宣撫副使盧法原，五年三月贈五官。　龍圖閣直學士、左朝請大夫楊時，四月贈左太中大夫。　左中奉大夫、充集賢殿修撰、提舉江州太平觀王衣，四月贈徽猷閣待制。　左太中大夫、充徽猷閣待制、提舉亳州明道宫李皓，五年六月贈四官。　右正議大夫、充徽猷閣待制、提舉臨安府洞11霄宫趙嵘，七月贈四官。　左朝請郎、徽猷閣待制韓駒，八月贈四官。

正郎以下特贈

【宋會要】

正郎以下特贈

尚書工部員外郎曹修古，明道二年八月特贈右諫議大夫。修古嘗爲御史知雜，言事忤章獻太后旨被絀，未復故官，故特恤之。　太常博士劉越，九月特贈右司諫。　越嘗請章獻太后復辟，至是將命以諫官，而越已卒，故優卹之。尚書兵部郎中張夏，嘉祐六年十月贈太常少卿。以權御史中丞王疇言夏嘗守泗州，取土石爲城隄以拒長淮之暴故也。　度支員外郎范祥，熙寧三年八月贈秘書少監。以祥嘗經制古渭寨，拓土臨洮，自古渭始也。　宣德郎鍾世美，崇寧元年八月贈右諫議大夫。以元符中任福建常平，因日食上書乞復熙寧、紹聖政事也。　朝奉大夫王彭年，四(月)年閏二月特贈左諫議大夫。以其家上元祐遺藁故也。朝請郎、顯謨閣待制董必，閏二月贈龍圖閣學士、太中太

〔一〕中：原作「仲」，據《建炎要録》卷五一改。

夫。　朝奉大夫致仕邵材，十二月贈右諫議大夫。　以元祐間任御史，詆斥權要，冀復先猷故也。　承議郎、兵部(許)侍郎許敦仁，五年六月贈朝議大夫。　丁憂人前朝奉郎、吏部尚書張康伯，五年七月贈朝請大夫。　龍圖閣直學士、朝請郎鍾(傅)〔傳〕，大觀元年正月贈龍圖閣學士、太中大夫。　龍圖閣學士、朝請大夫虞策，三月贈正議大夫。　無官人鍾志，八月特贈承務郎。　以鍾(傅)〔傳〕卒，得〔與〕有服親二名初品官。鍾震言志生前無官職，故特贈。　顯謨閣直學士、朝請大夫王博聞，三年八月贈正議大夫。　朝奉大夫、徽猷閣待制席震，政和三年三月贈中大夫。　朝奉大夫、寶文閣待制楊畏，三年十二月贈太中大夫。　朝請大夫、顯謨閣待制呂益柔，七年四月贈太中大夫。　朝請大夫、顯謨閣待制致仕蔣静，宣和二年八月贈通議大夫。　朝奉郎、中書舍人張樸，四月贈朝散大夫。　朝散大夫、集英殿修撰陸藴，六月贈太中大夫。　朝請大夫、徽猷閣待制蔡居厚，七年十月贈中大夫。　右司員外郎陳瓘，靖康元年二月贈右諫議大夫。　以臣僚言瓘嘗讜言極論，明若蓍龜，至于今日，無一不効，終于廢死，乞賜加贈故也。　朝奉郎、左正言盧臣中，建炎元年十月贈左諫議大夫。　布衣陳東、(毆)〔歐〕陽徹，三年二月並贈承事郎。　監察御史常安民、司諫江公望，四年八月贈左諫議大夫。　朝請郎、兩浙提刑王翿，九月贈三官。　通判濠州國鳳卿，紹興(二)〔五〕年正月贈朝奉郎〔一〕、直秘閣。　温州軍事推官呂諒卿，六月贈宣教郎。　朝奉大夫沈千，四年二月贈一官。　通直郎高漸，二月贈奉議郎。　殿中(試)〔侍〕御史馬伸，五年 12 正月贈左諫議大夫。　進士趙霑，三月贈承務郎。　右朝奉大夫、知澧州黃琮，五月贈兩官。　左朝議大夫周中，六年三月贈中奉大夫、直秘閣。　左迪功郎章之邵，三月贈左宣議郎〔二〕。　以給事中呂祉言之邵上舍釋褐，操守端方，不求聞達，被召而死故也。　承議郎李新，八年正月贈一官。　元符三年任南鄭縣丞日，上書論事卒，其子時雨有請故也。　左宣教郎、幹辦諸軍糧料院董國度，十年五月贈朝奉郎。　國度先任萊州膠水縣主簿，泛海赴行在上利害，得幹辦諸軍糧料院，未幾卒，故也。　修職郎、前登州黃縣尉章珦，十年五月贈宣議郎。　以躬親獲强盜，恩賞未下身故，至是其子汝昭請于朝也。　左朝奉郎、權華陰縣事劉長孺，十四年二月贈兩官。　左朝散郎、充右文殿修撰、新知常州吳秉信，二十七年正月贈左中奉大夫。　右朝請大夫、直寶文閣張子儀，三月贈右通奉大夫。　右奉議郎何彦猷，隆興元年正月贈朝奉郎。　初，彦猷任大理丞，定岳飛獄事不阿徇，爲言者論罷，至是

〔一〕五年：原作「二年」，按《皇宋中興兩朝聖政》卷一六載：紹興四年十月「丙申，金人陷濠州，守臣寇宏棄城走，通判州事國鳳卿爲所殺。」據此，「二年」應爲「五年」之誤。因改。

〔二〕三月：原作「三年」。按《建炎要録》卷九九，章之邵贈官在紹興六年三月，據改。

其家有請，特贈之。　左朝奉大夫夏承，六月贈左朝議大夫。以其子言承于靖康初任開封少尹，有護宗室之節，乞行褒録，故特贈之。　左奉議郎、利州路轉運判官、兼權四（州）川宣撫使司參議官孫叔豹，乾道八年二月贈左朝奉郎。以宣撫使王炎言叔豹措置邊防，宣力頗多，故有是命。（以上《永樂大典》卷一九一二七）

從官贈職

【宋會要】13 **從官有職再贈職**

户部侍郎、寶文閣待制范育，紹聖二年四月特贈寶文閣學士，以元祐中議獨與衆異也。　龍圖閣直學士、朝奉大夫高遵惠，元符二年十二月贈樞密直學士。　奉議郎、龍圖待制舒亶，崇寧二年三月贈龍圖閣學士。　朝請大夫、寶文閣待制黄寔，四年閏二月贈龍圖閣直學士。　太中大夫、顯謨閣待制程之邵，十二月贈龍圖閣直學士。寶文閣直學士、太中大夫孫路，五年七月贈龍圖閣學士。

寶文閣直學士、左中散大夫路昌衡，宣和五年六月贈龍圖閣學士。以知開封府日具有治聲〔一〕，忠嘉蚤著，止緣上書得罪，亡殁至今，尚在責籍，可特與復舊職，贈龍圖閣學士。

庶官贈職

朝散大夫、直龍圖閣、涇原路經略安撫使毛漸，紹聖三年十月〔二〕。漸初以邊功，章惇欲與修撰，上不許，但加直龍圖閣，時漸卒已三月矣。尋特贈龍圖閣待制。　左中散大夫致仕趙令鑠，崇寧元年八月贈寶文閣待制。以令鑠太祖皇帝五世孫、安定郡王世雄子也。　朝請大夫、集英殿修撰王子韶，二年九月特贈顯謨閣待制。以元祐中力排詆毁之黨，其子相以遺稾來上故也。　奉議郎、宗正少卿姚舜仁，大觀元年六月特贈顯謨閣待制。因判大宗正司嗣濮王宗漢薦「涖事勤敏，實有功于宗學」，上知其才，而未及用，故特贈。　朝散郎、集賢殿修撰康位，二年二月贈顯謨閣待制。　太中大夫、太常少卿劉誂，政和二年七月特贈龍圖閣直學士，以嘗造燕樂故也。　奉議郎、知池州范致明，宣和元年十二月特贈徽猷閣待制。以監司言「（疚）〔究〕心職事，力疾董督修建神霄宮殿宇，疾勢加重而卒」故也。

朝奉郎蔡碩，二年正月贈徽猷閣待制。詔以嘗宣力助確，亦遭捃摭，猶在罪籍，未曾推恩故也。　中奉大夫、右

〔一〕自標題「從官贈職」至本句「以」字一段文字，原稿上頁末（儀制一一之一二）於「故有是命」後有重文，然「以」字之後全闕。因同在一卷，故删彼存此。

〔二〕紹聖：原作「紹興」，據《宋史》卷三四八《毛漸傳》、《鍾傳傳》改。

文殿修撰張鞏，三年閏五月贈徽猷閣待制。　朝奉大夫、直秘閣蔣彝，五年六月贈待制。　朝奉大夫、秘閣修撰朱載上，靖康元年八月贈徽猷閣待制。　司農少卿史徽，建炎二年正月贈右文殿修撰。　承議郎、秘書少監李朴，二月贈寶文閣待制。　朝散大夫、徽猷閣待制胡唐老，四年八月贈徽猷閣直學士。　吏部員外郎黄庭堅，朝散大夫晁補之、宣德郎秦觀，三月並贈直龍圖閣。　朝請郎張耒，三月贈右文殿修撰。　黄宰，十月贈直秘閣。以其子淳言宰崇寧五(月)(年)應詔上書，觸權臣之怒，流竄海島，未蒙昭雪故也。　殿中侍御史陳師錫，紹興元年四月贈直龍圖閣[一]。　朝散大夫、提舉南京鴻慶宮畢仲游，五月贈直徽猷閣。　右正言張庭堅，八月贈直龍圖閣。　殿中侍御14史龔夬，八月贈直龍圖閣。　追復端明殿學士蘇軾，八月贈資政(殿)學士、朝奉大夫。　左正言任伯雨，八月贈直龍圖閣。　太中大夫、吏部侍郎、責授横海軍節度使、均州安置張舜民，八月贈寶文閣學士。　通直郎、崇政殿説書程頤，八月贈直龍圖閣。　知廣州張上行，八月贈集英殿修撰。　知岳州袁植，九月贈直龍圖閣。　朝散郎、充秘閣校理、知太平州梅灝，二年二月贈直龍圖閣，元祐黨人也。　監察御史沈畸，四月贈直龍圖閣。　承議郎鄧考甫，七月贈直秘閣。　朝散大夫歐陽棐，三年五月贈直秘閣。　胡端修，三年六月贈直秘閣。以元符上書石刻黨人，被責死于貶所。　左通直郎、太常少卿唐恕，四年正月贈徽猷閣待制。　右奉直大夫、提舉江州太平觀邵伯温，五年七月贈秘閣修撰。　奉議郎范柔中，七月贈直秘閣。　中奉大夫、充集英殿修撰周鼎，八月贈徽猷閣待制。　通直郎范正平，十月贈直秘閣。　朝請大夫、充天章閣待制趙君錫，六年四月贈徽猷閣直學士。　右朝請大夫、直徽猷閣、權知廬州趙康直，七年閏十月贈徽猷閣待制。　朝散郎鄧忠臣，十年三月贈直秘閣。　敷文閣學士、降授左朝奉郎、知廣州莫將，十六年八月贈端明殿學士。　左中奉大夫、充秘閣修撰，提舉江州太平興國宮王賞，二十年七月贈敷文閣待制。　左朝散大夫洪興祖，二十七年贈直徽猷閣。　追復顯謨閣學士、左太中大夫汪藻，二十八年九月贈端明殿學士。　左宣教郎、守尚書祠部員外郎劉藻，紹興三十二年六月贈秘閣修撰。以藻嘗任潛邸教授，故有是命。　左朝散郎、知衢州王悦，乾道四年七月贈直龍圖閣。悦在郡有惠政，嘗禱雨憂勤致疾。既死，百姓哀慟，立祠祀之。郡官列上其事，故有是命。　承議郎、守司農少卿劉堯仁，十月贈敷文閣待制。詔以堯仁際遇于潛邸也。　右朝散郎致仕周閎，八年五月贈直徽猷閣。閎以郎官任總領，卒于官，特贈之。

[一] 直：原脱，據《建炎要録》卷四三補。

武臣追贈

上將軍、統軍

左衛上將軍、秦國公向拱，雍熙三年正月贈中書令。

右驍衛上將軍楚昭輔，太平興國七年十二月； 右衛上將軍、邢國公宋偓，端拱三年四月； 左龍武統軍、滕國公孟(元)〔玄〕喆，淳化三年八月； 左屯衛上將軍致仕王嗣宗，天禧五年正月： 以上贈侍中。 前右驍衛上將軍、商州安置劉(延)〔廷〕讓，雍熙四年十月； 左龍武統軍錢惟治，大中祥符七年七月： 以上贈太師。 右千牛衛上將軍李崇矩，端拱元年二月； 吳虔裕，八月； 曹翰，淳化三年五月； 左領軍衛上將軍戴興，咸平三年二月； 左屯衛上將軍王漢忠，五年九月； 右屯衛上將軍致仕鄭守忠，慶曆二年閏九 15 月； 高化，八年五月： 以上贈太尉。 左屯衛上將軍張鐸，雍熙三年七月贈太傅。 右龍武統軍陳承昭，開寶二年十月贈太子太師。 右羽林統軍孟仁裕，開寶三年九月贈太子太傅。 左驍衛上將軍李瓊，建隆四年四月贈太子太師。 左龍衛上將軍米信，淳化五年五月贈橫海軍節度使。 左領軍衛上將軍致仕譚延美，咸平六年六月贈建武軍節度使。 左金吾衛上將軍、判復州趙保忠，景祐元年六月贈威塞軍節度使。

不贈官： 右領軍衛上將軍王暉，建隆四年四月； 左領軍衛上將軍致仕郭瓊，乾德二年正月； 王祚，六年； 周景，開寶五年六月； 祁廷訓，太平興國六年正月； 前左金吾衛上將軍、許國公張從恩，乾(四德)〔德四〕年正月； 左屯衛上將軍薛可言，五年正月； 右千牛衛上將軍李廷珪，三月； 牛思道，雍熙三年六月； 李從善，四年九月； 解暉，淳化二年七月； 右監門衛上將軍秦習，乾(道)〔德〕五年八月； 左領軍衛上將軍、燕國公劉重進，六年正月； 左驍衛上將軍田景咸，開寶三年三月； 致仕李洪信，八年八月； 張進，雍熙二年九月； 左千牛衛上將軍白重贊，開寶三年四月； 楊廷璋，四年十月〔一〕； 左羽林軍統軍周保權，雍熙二年五月； 右龍武統軍孟仁操，三年八月； 右屯衛上將軍伊審徵〔二〕，端拱元年正月。

大將軍

左龍武軍大將軍孫行友，太平興國六年九月贈左衛上將軍，以其嘗任使相故也。 左衛大將軍、知(盧)〔廬〕州侯贇，淳化三年四月贈左衛上將軍。 右羽林軍大將軍、昭州團練使郝正，四年五月贈左龍武軍上將軍。 右金吾衛大將軍趙延義，咸平二年十二月贈左武衛上將軍。 左神武軍大將軍、康州團練使致仕王中正，大中祥符九年十月

〔一〕四年：原作「年四」，據《宋史》卷二五五《楊廷璋傳》乙。

〔二〕徵：原作「證」，乃避宋仁宗之諱而改，今據《宋史》卷四七九《伊審徵傳》回改。

贈鎮南軍節度使。左神武大將軍、順州團練使王彥昇，端拱元年三月贈洋州觀察使。右驍衛大將軍張遜，淳化五年七月贈桂州觀察使。武衛大將軍致仕王得一，咸平三年四月贈宣州觀察使。左龍武軍大將軍、昭州防禦使張昭遠，景祐元年閏六月贈應州觀察使。左領軍衛大將軍、康州團練使田紹斌，大中祥符四年九月贈衛州防禦使。左龍武軍大將軍、韶州防禦使、分司西京韓崇訓，大中祥符三年八月，不贈官。右武衛大將軍郭逵，元祐三年十一月贈雄武軍節度使。

將軍

右屯衛將軍高遵裕，元豐八年八月贈永州團練使。

管軍節度使

殿前都指揮使、鎮寧軍節度使楊信，太平興國三年六月；感德軍節度使白進超，五年正月；河西軍節度使范庭召，咸平四年正月；保靜軍節度使劉謙，大中祥符二年八月；蔚昭敏，天聖三年三月；建雄軍節度使劉懷德，嘉祐六年十二月：16以上贈侍中。忠武軍節度使曹璨，天禧三年七月贈中書令。時璨疾甚，命翰林草制授璨河陽節度、中書門下平章事。制入，璨卒，故特用使相例贈焉。都虞候、泰寧軍節度使李重勳〔一〕，太平興國三年三月；馬軍副都指揮使、武昌軍節度使彭睿，天聖六年正月；都虞候、彰國軍節度使張廷翰，開寶二年二月：以上贈侍中。步軍都指揮使、靜江軍節度使李進卿，開寶六（月）〔年〕十月；大同軍節度使李懷忠，太平興國三年五月；保順軍節度使王隱，大中祥符二年九月；威塞軍節度使馮守信，天禧五年八月：以上贈太尉。殿前都指揮使、安武軍節度使郝質，元豐元年六月贈侍中。武信軍節度使燕達，元祐三年七月贈開府儀同三司。副都指揮使、建武軍節度使賈逵，元豐元年十二月；寧遠軍節度使楊遂，三年十二月：以上贈侍中。武泰軍節度使盧政，四年八月；武康軍節度使劉昌祚，紹聖元年正月；保康軍節度使、檢校司空苗授，三年九月：以上贈開府儀同三司。定武軍節度使、檢校司徒姚麟，崇寧四年二月贈司徒、開府儀同三司。

管軍留後

馬軍副都指揮使、定國軍節度觀察留後曹琮，慶曆五年五月贈安化軍節度使、兼侍中。保勝軍節度觀察留後范恪，嘉祐五年二月贈昭武軍節度使。武勝軍節度觀察留後王凱，六年八月贈彰武軍節度使。步17軍副都指揮使、感德軍節度觀察留後王信，慶曆八年八月贈武寧軍節度使，兼侍中。靜難軍節度觀察留後馬懷德，嘉祐八年六月贈寧遠軍節度使。威武軍節度觀察留後宋守約，熙寧八年二月贈安武軍節度使。

軍職觀察使

馬軍副都指揮使、耀州觀察使周美，皇祐四年九月贈

〔一〕寧：原作「節」，據《長編》卷一一九改。

忠武軍節度使。　步軍副都指揮使、桂州觀察使張潛，寶元二年五月贈安武軍節度使。　殿前都虞候、密州觀察使鄭誠，大中祥符四年五月贈定國軍節度使。　馬軍都虞候、宣州觀察使張玉，熙寧八年八月贈建雄軍節度觀察留後。　步軍都虞候、豐州觀察使元達，淳化四年四月贈昭化軍節度使。　龍神衛四廂都指揮使、洋州觀察使皇甫繼明，至道二年三月贈彰武軍節度使〔一〕。　步軍都指揮使、邕州觀察使劉永年，元豐七年二月贈崇信軍節度使。

軍職防禦使

殿前都虞候、寧州防禦使張凝，景德二年五月贈彰德軍節度使。　眉州防禦使王從政，嘉祐三年二月贈建武軍節度觀察留後。　馬軍都虞候、綿州防禦使王達，皇祐四年十一月贈容州觀察使。　眉州防禦使孟元，嘉祐三年十一月贈遂州觀察使。　步軍都（禦）〔虞〕候、英州防禦使袁貴，大中祥符五年二月贈雲州觀察使。　王應昌，景祐元年閏六月贈豐州觀察使。　陵州防禦使安俊，嘉祐四年八月贈閬州觀察使。　端州防禦使【18】趙滋，治平元年九月贈遂州觀察使。　眉州防禦使石遇，三（月）〔年〕三月贈利州觀察使。　步軍都虞候、興州防禦使楊文廣，熙寧八年閏四月贈同州觀察使。　龍神衛四廂都指揮使、象州防禦使劉謙，康定元年十一月贈永清軍節度觀察留後。　龍捷左廂都指揮使、江州防禦使馬全乂，建隆二年十二月贈大同軍節度使。　捧日天武四廂都指揮使、温州防禦使趙隆，政和八年五月贈鎮潼軍節度使。

不贈官：捧日天武四廂都指揮使、鄭州防禦使王杲，雍熙六年七月；　步軍都虞候、韶州防禦使張進，景德元年正月；　捧日天武四廂都指揮使、權步軍都虞候、洋州防禦使郝暉，大中祥符元年十月。

軍職團練使

步軍都虞候、康州團練使和斌，元祐五年三月特贈寧州防禦使。　濠州團練使賈嵓，元符三年四月贈雄州防禦使。

節度使

河陽三城節度使張仁超，開寶五年十月；　武寧軍節度使王全斌，九年七月；　彰信軍節度使李漢瓊，太平興國六年十月；　彰德軍節度使、衛國公張永德，咸平二年九月；　鎮國軍節度使、駙馬都尉李遵勗，寶元元年八月：以上贈中書令。　前彰德軍節度使藥元福〔二〕，建隆元年九月；　永安軍節度使折德扆，乾德二年九月；　永清軍節度使張光翰，五年二月；　建雄軍節度使趙彥徽，六年五月；　鎮寧軍節度使張令鐸，開寶三年正月；　建武軍【19】節度使何繼筠，四年七月；　保信軍節度使尹崇珂，六年六月；　武寧軍節度使高繼沖，十一月；　彰德軍節度使韓重贇，七年七月；　護

〔一〕彰：原作「彭」，據《宋史》卷二五九《皇甫繼明傳》改。
〔二〕藥：原作「樂」，據《宋史》卷二五四《藥元福傳》改。

國軍節度使陳思讓，十二月；保靜軍節度使楊重勳，八年七月；泰寧軍節度使折御勳，太平興國二年七月；定國軍節度使、梁國公馮繼業，九月；保大軍節度使、衛國公趙贊，十月；忠武軍節度使党進，三年七月；武成軍節度使劉遇，雍熙二年三月；保靜軍節度使崔彥進，端拱元年十二月；鎮安軍節度使崔翰，淳化三年三月；天雄軍節度使劉廷翰，三年六月；定武軍節度使張訓，四年二月；永安軍節度使折御卿，至道元年十二月；永興軍節度使田重進，三年正月；武勝軍節度使李至，咸平四年正月；忠武軍節度使高瓊，景德三年十二月；建雄軍節度使王超，大中祥符六年正月；天平軍節度使周瑩，九年五月；永清軍節度使王守斌，天聖三年十一月；彰武軍節度使曹瑋，八年正月；崇信軍節度使錢惟演，景祐元年七月：以上贈侍中。　義武軍節度使昝居潤，乾德四年五月贈太師〔一〕。　定難軍節度使李克叡，太平興國三年五月；彰德軍節度使焦繼勳，七月；保靜軍節度使王昭遠，咸平二年十二月；鎮寧軍節度使柴禹錫，景德元年八月；昭德軍節度使葛霸，大中祥符元年十二月；彰信軍節度[20]使王能，天禧三年五月；武勝軍節度使陳堯咨，景祐元年三月；保靜軍節度使郭承祐，皇祐三年十一月；集慶軍節度使張孜，治平元年正月；建雄（節軍）〔軍節〕度使高繼勳，三年八月：以上贈太尉。　河陽三城節度使趙晁，建隆元年七月；河西軍節度使葉贇，景德三年十月：以上贈太傅。　大同軍節度使孟仁贄，開寶四年四月；安化軍節度使沈承禮，太平興國八年七月；泰寧軍節度使孫承祐，雍熙二年九月：以上贈太子太傅。　彰德軍節度使、檢校太師王拱辰，元豐八年七月；奉國軍節度使許將，政和元年八月：以上贈開府儀同三司。　淮康軍節度使折可適，三年二月贈檢校少保。　武康軍節度使吳居厚，四年七月贈開府儀同三司。　瀘川軍節度使劉仲武〔二〕，宣和二年十月贈檢校少保〔三〕。　鎮洮軍節度使、檢校少傅、河北河東宣撫使种師道，靖康元年十月贈開府儀同三司。　檢校少保、建武軍節度使楊（維）〔惟〕忠，紹興二（月）〔年〕五月贈開府儀同三司。　保信軍節度使、侍衛親軍馬軍都虞候解元，十二年十二月贈檢校少保。　檢校少保、奉國軍節度使、充侍衛親軍步軍都虞候、金房開達州安撫使郭浩，十五年十二月贈檢校少師。　檢校少師、岳陽軍節度使、提舉佑神觀王舜臣，十七年八月贈太尉。　慶遠軍節度使、知福州張澄，二十三年十二月贈檢校少保。　清遠[21]軍節度使、侍衛親軍馬軍都虞候、充荆湖北路馬步軍副都總管王德，二十四年十月贈檢校少保。　太尉、武當軍節度使楊政，二十七年六月贈開府儀同三司。　太尉、慶遠軍節度使、充醴

〔一〕德：原作「道」，據《宋史》卷二六二《昝居潤傳》改。
〔二〕川：原作「州」，據《宋史》卷三五〇《劉仲武傳》改。
〔三〕檢校：原作「校檢」，據《宋史》卷三五〇《劉仲武傳》乙。

泉觀使郭仲荀，三十年六月贈開府儀同三司。　太尉、威武軍節度使、提舉萬壽觀劉琦，三十二年二月贈開府儀同三司。　檢校少保、安德軍節度使、龍神衛四廂都指揮使張子蓋，隆興元年正月贈太尉。　檢校少保、威塞軍節度使蕭琦，二年閏十一月贈太尉。　隨龍岳陽軍節度使致仕韓公裔〔一〕，乾道二年二月贈太尉。　靖海軍節度使、兩浙西路馬步軍副都總管李寶，四月贈檢校少保。　保平軍節度使、龍神衛四廂都指揮使致仕王彥，九月贈檢校少保〔二〕。　寧武軍節度使龍大淵，四年六月贈太尉。　(彭)〔彰〕國軍節度使、提舉萬壽觀大周仁，六(月)〔年〕三月贈太尉。　武泰軍節度使、侍衛親軍馬軍都指揮使郭振，十一月贈太尉。　慶遠軍節度使、捧日天武四廂都指揮使李道，七年七月贈太尉。　清遠軍節度使致仕王權，九年二月贈檢校少保。

不贈官：　前山南東道節度使王仁鎬，建隆二年四月；　前横海軍節度使李萬全，乾德六年六月〔三〕；　鎮國軍節度使羅彥瓌，開寶二年四月；　前保大軍節度使袁彥，五年七月；　感義軍節度使趙【22】文度，七年四月；　建武軍節度使、檢校少師高敦復，五年正月。

留後

感德軍節度觀察留後安守忠，咸平二年六月贈太尉。　彰德軍節度觀察留後馬知節，天禧三年八月贈侍中〔四〕。　安化軍節度觀察留後孔守正，景德元年九月贈泰寧軍節度使。　安國軍節度觀察留後郝榮，天聖四年七月贈横海軍節度使。　武昌軍節度觀察留後錢惟濟，明道元年十二月贈臨江軍節度使。　建雄軍節度觀察留後楊景宗，至和元年正月贈安遠軍節度使。　鎮潼軍節度觀察留後李端懿，嘉祐五年八月贈感德軍節度使。　安德軍節度觀察留後李端愨，元符元年十二月贈昭德軍節度使。　保平軍節度觀察留後王師約，崇寧元年閏正月贈保静軍節度使。　武勝軍節度觀察留後王厚，五年九月贈寧遠軍節度使。　昭信軍(觀)節度觀察留後郭獻卿，十月贈昭信軍節度使。　通侍大夫、安德軍節度觀察留後楊震，政和五年十月贈開府儀同三司。　静江軍承宣使李宗振，宣和七年七月贈節度使。　以中書舍人莫儔言：「開府恩數悉視宰相，宗振胥吏，何以得此？」詔先贈開府儀同三司指揮不行，故有是贈。

不贈官：　静江軍節度觀察留後郭廷謂，開寶五年八月；　定難軍節度觀察留後李繼筠，太平興國四年四月。

承宣使

中侍大夫、奉國軍承宣使李質，紹興元年八月贈檢校

〔一〕岳：原作「兵」，據《宋史》卷三七九《韓公裔傳》改。

〔二〕自「保平軍」至「檢校少保」二十六字原有重文，今刪。

〔三〕乾德：原無。按建隆僅四年，據《宋史》卷二六一《李萬全傳》，云萬全爲横海軍節度使，「乾德中代歸」，則此「六年」乃指乾德六年，因補。

〔四〕三年：原作「八年」，據《長編》卷九四改。

少保、安化[23]軍節度使。　武信軍承宣使辛興宗，八月贈檢校少保、安化軍節度使。　武當軍承宣使王殖，二年七月贈節度使。　武信軍承宣使、知廬州〔一〕、兼主管淮南西路安撫司公事、馬步軍都總管張宗顔，九年八月贈節度使。　龍神衛四廂都指揮使、瀘川軍承宣使劉寶，十一年十月贈寧武軍節度使。　侍衛親軍馬軍都虞候、雄武軍承宣使關師古，十二年五月贈節度使。　淮康軍承宣使、熙河蘭鞏路經略安撫使、馬步軍都總管、兼節制利閬州屯駐行營右護軍軍馬孫渥〔二〕，六月贈節度使。　龍神衛四廂都指揮使、平海軍承宣使、兩浙東路馬步軍都總管藺整，十二月贈保康軍節度使。　捧日天武四廂指揮使、寧國軍承宣使牛皐，十七年五月贈安德軍節度使。　靜江軍承宣使劉錫，六月贈慶遠軍節度使。　捧日天武四廂都指揮使、昭信軍承宣使、江南東路馬步軍副都總管、鎮江府駐劄御前諸軍都統制王勝，十九年八月贈慶遠軍節度使。　保寧軍承宣使藍公佐，二十年十月贈節度使。　侍衛親軍步軍副都指揮使、武安軍承宣使、充福建路馬步軍都總管王貴，二十三年八月贈寧國軍節度使〔三〕。　通侍大夫、奉寧軍承宣使、知思州、充夔州路兵馬鈐轄、兼思珍州南平軍沿邊都巡檢使田祐恭，二十五年贈正任保康軍節度使〔四〕。　龍神衛四廂都指揮使、寧遠軍承宣使、侍衛步軍司統制梁[24]斌，六月贈寧武軍節度使。　龍神衛四廂都指揮使、建武軍承宣使、江南西路馬步軍副都總管〔五〕、筠州駐劄董先，二十六年閏十月贈節度使〔六〕。　起復龍神衛四廂都指揮使、武當軍承宣使、池州駐劄御前諸軍都統制李晧，四月贈昭化軍節度使〔七〕。　侍衛親軍步軍都虞候、安遠軍承宣使、添差充福建路馬步軍副總管、福州駐劄王進，四月贈昭慶軍節度使。　奉國軍承宣使、提舉台州崇道觀韓世良，三十年正月贈武當軍節度使。　定江軍承宣使致仕張振，隆興元年十一月贈龍神衛四廂都指揮使。　威武軍承宣使、主管侍衛馬軍司公事致仕張守忠，乾道元年二月贈保信軍節度使。　龍神衛四廂都指揮使、武泰軍承宣使李捧，八月贈奉國軍節度使。　安德軍承宣使、興元府駐劄御前諸軍都統制致仕李師顔，二年十二月贈寧遠軍節度使。

觀察使追贈

【宋會要】

〔一〕廬：原作「瀘」，據《宋史》卷三六九《張宗顔傳》改。
〔二〕軍馬：原脱「軍」字，據《建炎要録》卷一四五補。
〔三〕二十三：原作「二十八」，據《建炎要録》卷一六五改。
〔四〕節度使：《建炎要録》卷一六八作「承宣使」。
〔五〕副：原脱，據《建炎要録》卷一七五補。
〔六〕閏十月：原作「閏正月」，據《建炎要録》卷一七五改。
〔七〕四月：按，仍是二十六年，見《建炎要録》卷一七一。

觀察使贈二官

闕南巡檢、應州觀察使李漢超，太平興國二年九月贈忠武軍節度使、檢校太傅。　石嶺關兵馬總管、雲州觀察使郭進，四年四月贈安國軍節度使、檢校太傅。　涼州觀察使、判雄州劉福，淳化二年三月贈忠正軍節度使、檢校太傅。

贈三官

右武大夫、果州觀察使馬秦，紹興十九年七月贈三官。

贈節度使

朔州觀察使、判瀛州馬仁瑀，太平興國七年正月贈河西[25]軍。　蔚州觀察使趙延溥，雍熙四年三月贈天德軍。　容州觀察使、鎮州兵馬總管劉乂裕，端拱元年十二月贈寧遠軍。　代州觀察使安萬進，淳化五年八月贈河西軍。　安州觀察使、靈州兵馬總管郭密，至道二年二月贈保順軍。　誠州觀察使、鎮州兵馬副總管趙瑫，三月贈歸義軍。　容州觀察使傅思讓，八月贈保順軍。　壽州觀察使趙容，咸平元年三月贈忠正軍。　金州觀察使、判和州錢儼，六年正月贈昭化軍。　相州觀察使高翰，大中祥符九年六月贈保順軍。　耀州觀察使曹儀，景祐三年二月贈永清軍。　邠州觀察使張遵，三年五月贈威塞軍。　耀州觀察使夏隨，康定元年五月贈昭信軍。　鄜州觀察使魏昭昞，慶曆八年三月贈昭武軍。　密州觀察使向傳範，熙寧七年八月贈昭德軍。　徐州觀察使劉舜卿，元祐七年七月贈奉國軍節度使。　秦州觀察使折克行，大觀元年四月贈安武軍節度使。　閬州觀察使王殊，政和元年四月贈武泰軍節度使。　徐州觀察使陳仲穆，十一月贈安化軍節度使。

贈僕射

相州觀察使李維，景德元年二月贈右僕射。

贈留後

黔州觀察使李浩，紹聖二年正月贈安化軍節度觀察留後。

不贈官

金州觀察使錢儀，太平興國二年十一月；　密州觀察使丁罕，咸平二年閏三月；　桂州觀察使、知滄州李斌，三年二月；　正侍大夫、宣州觀察[26]使和詵，宣和六年正月。

贈承宣使

翊衛大夫、泉州觀察使、神武軍統制陳思恭，紹興元年十二月贈承宣使。　宣州觀察使、淮南東路馬步軍副總管董旼，八年三月贈承宣使。　利州觀察使、特添差江南東路兵馬鈐轄翟琮，十二年七月贈承宣使。　融州觀察使、知洋州軍州事、節制巴蓬洋州屯駐軍馬、行營右護軍、選鋒統制、兼四川宣撫使司統制王俊，十五年正月贈鎮西軍承宣使。　福州觀察使、知閤門事、兼客省四方館事王公亮，十月贈慶遠軍承宣使。　降授均州觀察使范訥，十一月贈昭化軍承宣使。　隨州觀察使張思正，十七年九月贈承宣使。　閬州觀察使、知閤門事、兼客省四方館事何彥良，十八年八月贈承宣使。　夔州觀察使、提舉萬壽觀陳仲堅，二十六年閏十月贈承宣使。　捧日天武四厢都指揮使、房州觀察使、江南西路兵馬鈴轄馬立，二十七年三月贈承宣使。　龍神衛四厢都指揮使、洪州觀察使王彦，二十九年三月贈昭化軍承宣使。　宜州觀察使、提舉建昌軍仙都觀王升，三十一年三月贈清遠軍承宣使。　鄂州觀察使、知成州向起，乾道二年九月贈光山軍承宣使。　福州觀察使、荆南駐劄御前諸軍都統制王宣，三年六月贈建武軍承宣使。　利州觀察使吳超，五年五月贈武寧軍承宣使。　復光州觀察使致仕陳敏，九年七月贈慶遠軍承宣使。

防禦使以下追贈[一]

27 沂州防禦使舒元，太平興國二年二月贈武泰軍節度使。　濮州防禦使[二]、知瀛州楊贊，淳化三年正月贈雲州觀察使。　端州防禦使靳懷忠，元祐元年十月贈誠州觀察使。　四方館使、端州防禦使魏昭高，二年九月贈安州觀察使。　懷州防禦使王延德，咸平三年十月贈邕州觀察使。　磁州防禦使郭崇仁，景祐二年八月贈彰德軍節度觀察留後。　客省使、眉州防禦使張亢，嘉祐六年十月贈遂州觀察使。　權御史中丞王疇言亢有邊功，故恤之。　東上閤門使、象州防禦使趙從約，治平三年二月贈博州防禦使。

合州防禦使趙思忠，熙寧十年六月贈鎮洮軍節度觀察留後。　磁州團練使弭進超，淳化二年六月贈容州觀察使。

保州團練使曹思退，至道三年三月贈滄州觀察使。　齊州團練使何承繼，景德三年十二月贈相州觀察使。　慈州團練使程德玄，大中祥符四年九月贈鄭州防禦使。　昭宣使、誠州團練使趙承煦，天禧元年三月贈高州防禦使。　保州刺史李處耘，乾德四年閏八月贈宣德軍節度使。　東上閤門使、榮州刺史李緯，至和五年五月贈引進使[三]、陵州團練使。　太子左衛率府率致仕李元亨，寶元二年三月以章惠太后妹夫贈内殿崇班。　供備庫使李端憲，慶曆八年三月以駙馬都尉李遵 28 勗男贈澤州刺史。　内藏庫副使焦從約，皇祐元年三月以魏國大長公主婿贈内藏庫使。　西京左藏庫使趙餘慶、文思使趙餘德，熙寧六年九月並贈團練使，母巢氏賜冠帔。　餘慶父明有力量，爲夏國所畏，兄弟屢有戰功，爲慶州柔遠寨大順城蕃官，已而相繼死。　會朝廷命諸路各遣得力蕃官赴闕，其母對使者泣，以被召者多其夫子部曲，感二子之不得見至尊，獨有畫像，願使者以俱，萬一得達朝廷，雖死不朽。　上憐傷其意，故有是命。

合州防禦使趙思忠，熙寧十年六月贈鎮洮軍節度觀察留後[四]。　榮州防禦使翟仲安，政和六年六月贈節度使。

[一] 追贈：原無，據上文題例補。
[二] 濮：原缺，據《宋史》卷五《太宗紀》二補。
[三] 五年：至和僅有三年，「五」字必誤。
[四] 此條與上文重複。

懷州防禦使張藴，宣和五年十一月贈感德軍節度使。　皇城使、嘉州防禦使曹佺，元豐元年十月贈同州觀察使。引進使、雄州防禦使李忠傑，建中靖國元年六月贈觀察使。四方館使、忠州防禦使郭祖德，崇寧五年七月贈欽州防禦使。　武功大夫、成州防禦使李宗立，政和七年二月贈華州觀察使。　中侍大夫、成州防禦使、帶御器械孫懌，宣和四年七月贈觀察使。　中亮大夫、解州防禦使劉延壽，宣和五年七月贈華州觀察使。　成州團練使李評，元豐元年六月贈冀州觀察使。　通州團練使姚兕，紹聖元年十二月贈忠州防禦使。　維州團練使王瞻，崇寧二年六月贈保寧軍節度觀察留後。　環州刺史時君卿，元祐二年十二 29 月贈信州防禦使。　東頭供奉官王克善，元豐二年七月贈成州團練使。　右騏驥使張秉淵，紹聖二年七月贈瀛州團練使。　降授東上閤門使劉安澤，大觀元年十二月贈建州觀察使。　武功大夫、閤門宣贊舍人、京西北路安撫制置使[一]、知河南府翟進，建炎二年十月贈左武大夫、忠州刺史。　右武大夫、果州防禦使、知滑州張撝，三年七月贈三官。　武功大夫、忠州團練使、兼閤門宣贊舍人、河南府孟汝唐州鎮撫使翟興，紹興三年五月贈保信軍節度使。　武翼郎白彦暉，三年十二月贈右武大夫、忠州防禦使[二]。　彦暉在僞權千户，率三千餘人歸朝，繼有戰功，至是身死。　四川宣撫使虞允文列其狀，故有是命。　蘄州防禦使、提舉佑神觀趙述，乾道二年十月贈昭信軍承宣使。　武功郎秦泰，八年八月贈右武大夫。泰向在虜中，權鞏州同知，欲結約歸朝，事覺，父子縋城來歸，其妻被戮。至是身死，特贈之。　武功大夫、兼閤門宣贊舍人致仕田汝端，十二月贈正任刺史。汝端世襲知思州，宣撫使王炎言其恭順有勞，特贈之。（以上《永樂大典》卷一九一二八）

[一] 京：原作「充」，據《建炎要録》卷一八改。

[二] 按，此條「三年」承上似爲紹興三年，然下文稱「四川宣撫使虞允文列其狀」云云，查虞允文兩任四川宣撫使，一在乾道三年至五年，一在乾道八年至淳熙元年，則此「三年」似應爲乾道三年。

外戚追贈

【宋會要】

1 太祖開寶三年十月一日，皇姨京兆郡夫人杜氏卒，詔追封齊國太夫人。杜先適奉國軍指揮使劉遷，早卒，至是亦詔贈太保。

七年四月六日，詔贈昭憲皇太后曾祖杜蘊太保，祖遠太傅，父爽太師。追封曾祖妣劉氏衛國，祖妣趙氏燕國，妣范氏齊國，並爲太夫人。仍令所司擇日備禮册命，終不果行。時詔檢討典故，禮院言：「按《開寶通禮》有策贈外祖父母之文。凡策贈之禮，必因啓葬之節而加焉。如封贈次第，禮文不載。」遂特降是詔。時宰相率百官奉慰皇帝，禮院言：「策贈外祖父母，遣使持節就本家行禮畢，策使弔慰主人，即無百官 2 奉慰至尊之禮。」遂罷。

真宗景德三年正月十七日，詔加贈昭憲皇太后曾祖贈太保杜蘊太傅，祖贈太傅遠太尉，父贈太師爽中書令。追封曾祖妣劉氏安國，祖妣趙氏魏國，妣范氏晉國，並太夫人。皇舅贈太保、寧國軍節度使審瓊太傅〔一〕，追封妻吳氏陳留郡太夫人；贈中書令審進京兆郡王，妻趙氏南陽郡太夫人；審瓊子贈歸義軍節度彥圭中書令。是秋審瓊改葬陪陵，特贈太師、中書令，又贈審進尚書令，彥圭太師。

大中祥符元年五月二十一日，詔元德皇后父乾州防禦使李英贈檢校太尉、安國軍節度使，追封常山郡王，母王氏追封魏國太夫人。

七月十七日，贈美人劉氏父虎捷都指揮使〔二〕、嘉州刺史通（穎）〔潁〕州防禦使，母龐氏追封京兆郡君。才人楊氏父崇儀使知儼單州團練使，母張氏追封清河縣君。

五年閏十月二十一日，詔贈德妃父贈（穎）〔潁〕州防禦使劉通定國軍節度使、兼侍中，母京兆郡君龐氏魯國太夫人。

六年六月十一日，詔贈皇后曾祖劉維嶽忠正軍節度使、檢校太傅，祖右驍衛將軍延慶彰德軍節度使、檢校太尉，父贈定國軍節度使、兼侍中通永興軍節度使、兼中書令，追封曾祖母宋氏吳國，祖母元氏許國，母龐氏徐國，並太夫人。

八年九月二十三日，詔皇后姨龐氏追封南安郡君，姨夫龔知進贈衛尉卿。

九年四月十一日，詔加贈淑妃楊氏〔父〕贈單州團練使知儼昭德軍節度使，母清河縣君張氏越國太夫人。

天禧二年六月二十五日，詔加贈皇后父贈永興軍節度

〔一〕太傅：《愧郯録》卷五作「太尉」。
〔二〕捷：原作「揵」，據《宋史》卷二四二《后妃傳》上改。

使、兼中書令劉通太師、尚書令。時改葬父母，故有是命。

四年十二月，詔贈淑妃楊氏祖瑫寧州團練使，祖母王氏太原郡太君；父贈昭德軍節度使知儼彰信軍節度使、檢校太尉，母越國太夫人張氏進蔡國；叔天武副指揮使知信永州刺史，叔母蓋氏河陽縣太君。時遷葬故也。

仁宗乾興元年即位未改（年）〔元〕。三月十一日，詔贈皇太后曾祖贈忠正軍節度使、太傅劉維嶽鎮寧軍節度使〔一〕、兼侍中，祖贈彰德軍節度使、太尉延慶建雄軍節度使、兼中書令，父贈太師、尚書令通追封彭城郡王。進封曾祖母宋氏陳國，祖母元氏衛國，母龐氏鄆國，並太夫人。姨龐氏武陵郡太夫人，姨夫贈衛尉卿龔知進工部尚書。皇舅侍衛親軍馬軍都虞候、武勝軍節度觀察留後，贈昭德軍節度使、太尉劉美侍中。贈皇太妃祖楊瑫安州觀察使，父知儼忠（美）〔義〕軍節度使、兼侍中。祖母王氏河南郡君，母張氏鄭國，並太夫人。叔知信（穎川）〔潁州〕防禦使，叔母蓋氏清河郡太君。

天聖三年正月二十六日，詔加贈皇太后曾祖劉維嶽彰信軍節度使、兼中書令，祖延慶鎮安軍節度使、兼尚書令，父通鄭王；曾祖母宋氏楚國，祖母元氏韓國，母龐氏魏 3 國，並太夫人。

二十八日，詔加贈皇后曾祖贈中書令郭崇尚書令、兼中書令，祖贈左千牛（制）〔衛〕大將軍守璘寧國軍節度使、太尉，父崇儀副使允恭安國軍節度使、太傅；曾祖母追封燕國夫人鄭氏曹國，祖母江夏郡太君李氏岐國，母長安縣君杜氏安國，並太夫人。

二十九日，崇儀使劉從德父侍衛親軍都虞候、武勝軍節度觀察留後、贈侍中美特贈中書令，母越國夫人錢氏追封鄆國太夫人。諸司使當於尚書省，從德以戚里故，於中書下告第。

六年正月二十六日，詔加贈皇太后曾祖劉維嶽天平軍節度使兼尚書令，祖延慶彰化軍節度使、許國公，父通開府儀同三司、魏王。曾祖母宋氏安國，祖母元氏齊國，母龐氏晉國，並太夫人。皇太妃祖楊瑫鎮寧軍節度使，父知儼彰德軍節度使、兼中書令，叔知信華州觀察使。祖母王氏京兆郡太夫人，母張氏韓國太夫人，叔母蓋氏河南郡太君。皇后曾祖郭崇英國公，祖守璘永清軍節度使、兼中書令，父允恭忠武軍節度使、兼侍中。曾祖母鄭氏陳國，祖母李氏邠國，母杜氏魯國，並太夫人。

八年十一月二十四日，詔加贈皇太后曾祖劉維嶽燕國公，祖延慶開府儀同三司，父通兼中書令。曾祖母宋氏魯國，祖母元氏越國，母龐氏秦國，並太夫人。

九年四月二十二日，詔加贈皇太妃祖瑫安國軍節度使、太師，父知儼兼尚書令。祖母王氏隨國，母張氏鄆國，並太夫人。叔知信宣德軍節度使，叔母蓋氏永寧郡太

〔一〕維：原作「繼」，據《愧郯錄》卷一五改。

夫人。

五月三日，詔加贈皇后曾祖郭崇鄧國公，祖守璘尚書令，父允恭中書令。曾祖母鄭氏楚國，祖母李氏韓國，母杜氏齊國，並太夫人。

十年三月四日，詔贈宸妃曾祖進士李應已光禄少卿，曾祖母沈氏吳興縣太君；祖婺州金華縣主簿延嗣光禄少卿，祖母汪氏新安縣太君；父左班殿直仁德崇州防禦使，母董氏高平〔郡〕太（君）君。

景祐元年二月九日，殿直張師古言：「故妹美人先詔令爲臣祖守英之女，近蒙聖恩追册充皇后，祖守英未蒙封贈。」詔特贈鄧州觀察使。

十一月二十二日，詔加贈皇后曾祖贈太師、尚書令、萊國公曹芸安國公，祖贈尚書令、冀王彬魯王，父虞部員外郎玘特進、太傅、兼侍中。曾祖母追封許國太夫人張氏韓國，祖母追封陳國太夫人高氏秦國，魯國太夫人唐氏舒國，楚國太夫人劉氏燕國，母長安縣君馮氏徐國，並太夫人。

二年三月二十八日，皇后兄耀州觀察使曹儀贈永清軍節度使。

四月八日，以皇太后尊上保慶殿名，詔加贈祖贈太師、兼中書令楊瑫尚書令，父贈彰德軍節度使、中書令、兼尚書令、冀國公知儼太（使）〔師〕，叔贈昭慶軍節度使、兼侍中知信寧國軍節度使、兼中書令。祖母追封吳國太夫人王氏齊國，**4** 母追封魯國太夫人張氏楚國，叔母追封榮國太夫人蓋氏（號）〔虢〕國，並太夫人。

六月十九日，右班殿直許義全特贈左領軍衛將軍。

三年七月五日，澤州團練使李用和言：「準修玉牒所取索莊懿皇（后太）〔太后〕二代封贈。」詔特加贈曾祖贈太子少傅李應已太傅，祖贈太子少師延嗣太師，父贈泰寧軍節度使、兼中書令仁德尚書令、兼中書令；曾祖母追封英國太夫人沈氏蔡國，祖母追封江國太夫人汪氏徐國，母追封越國太夫人董氏陳國，並太夫人。

四年七月十九日，齊國夫人許氏亡兄用誠、弟義真並贈左衛率府率。

八月十一日，磁州防禦使郭崇仁贈彰德軍節度觀察留後。

慶曆二年閏九月十八日，詔修媛張氏曾祖供奉官文漸贈寧州刺史，祖試秘書省校書郎穎贈光禄少卿〔一〕，外祖應天府助教曹簡贈著作佐郎。

五年正月四日，皇后弟四方館使、榮州刺史曹傳贈崇信軍節度使〔二〕。

（四年十月）〔四月十日〕〔三〕，章懿皇太后姪西頭供奉官李瑛贈如京使、榮州刺史。

〔一〕穎：《長編》卷一三七作「隸」。

〔二〕崇信：《長編》卷一五四作「保信」。

〔三〕四月十日：原作「四年十月」，據《長編》卷一五五改。

五月二十九日，皇后叔侍衛親軍馬軍都指揮使、定國軍節度觀察留後曹琮贈安化軍節度使、兼侍中。

六月九日，修媛張氏弟西頭供奉官、閤門祗候化基贈密州觀察使，八年再贈安遠軍節度使。

七年十二月二十一日，美人張氏伯進士堯卿贈太子中允，八年再贈太常少卿。

八年三月六日，駙馬都尉李遵(蠱)〔勗〕男供備庫使端憲贈澤州刺史。端憲拜魏國大長公主，拜出，特加贈。

六月八日，皇后姪閤門通事舍人曹詒贈內藏庫使、康州刺史。

十二月十一日，以美人張氏進册貴妃，詔曾祖贈刑部侍郎文漸太傅，曾祖母追封樂平郡太君湯氏魯國太夫人；祖贈吏部侍郎穎太尉，祖母追封安定郡太夫人錢氏韓國太夫人；父贈刑部尚書堯封太師；外祖父贈著作佐郎曹簡祠部郎中。

皇祐元年三月二十三日，魏國大長公主壻內藏庫副使焦從約贈內藏庫使。

二年六月十三日，贈貴妃張氏母越國夫人曹氏曾祖曙爲秘書丞，祖靖爲尚書祠部員外郎。

七月十九日，皇舅彰信軍節度使、兼侍中、充景靈宮使李用和贈太師、中書令，追封隴西郡王。

八月，追封皇后乳母榮國夫人周氏爲魯國夫人。

至和元年六月十三日，追封皇后父玘爲東海郡王〔一〕，温成皇后父堯封爲清河郡王，母曹氏爲齊國夫人。

嘉祐二年七月三日，特贈賢妃苗氏三代爲東宮三少官。

七年八月十一日〔二〕，詔贈婕妤周氏二代。初，知制誥張(壞)〔瓌〕言：「中書送下封贈婕妤三代詞頭，然婕妤位正三品，其封贈未應法，請下有司檢詳典故。」中書檢用崇國夫(氏)〔人〕許氏、美人張氏例送舍人院，而知制誥祖無擇又言，許夫人、張美人出一時之恩，未爲得禮。於是更下學 5 士院詳定，而止及二代焉。

〔英宗嘉祐八〕年五月九日〔三〕，贈皇后曾祖故忠武軍節度使追封韓國公高瓊太師，曾祖母故潘原縣太君李氏滕國太夫人，隴西郡夫人李氏舒國太夫人；祖建雄軍節度使繼勳兼尚書令，祖母會稽縣君康氏祁國太夫人，太原郡夫人郭氏鄖國太夫人，金城縣太君王氏成國太夫人；父北作坊副使遵甫檢校太傅、保信軍節度使，母鉅鹿郡君曹氏沂國太夫人，樂壽郡君李氏均國太夫人。

神宗治平四年即位未改元。二月十三日，詔加贈太皇太

〔一〕玘：原作「圮」，據《長編》卷一七六改。

〔二〕按，《長編》卷一九七繫此事於十月九日壬午。

〔三〕「英宗嘉祐八」五字原脫。按，據《宋史》卷一三《光宗紀》、《臨川文集》卷五三，高氏以嘉祐八年四月立爲皇后，其追贈三代制詞出王安石之手，與本條所述全合。考王安石嘉祐八年八月即丁母憂，至英宗之世未曾復出，故本條所述之事，必在嘉祐八年無疑，因補。

后曾祖芸太師、尚書令、兼中書令、鄧王，祖彬太師、尚書令、兼中書令、唐王，父玘太師、尚書令、兼中書令、韓王。曾祖母張氏周國，祖母高氏唐國，劉氏魯國，劉氏商國，母馮氏韓國，並太夫人。皇太后曾祖瓊太師、尚書令、兼中書令、秦國公，祖繼勳太師、中書令兼尚書令、代國公，父遵甫太保、兼中書令。曾祖母李氏吳國，李氏越國，祖母康氏秦國，郭氏楚國，郭氏魯國，母曹氏燕國，李氏魏國，並太夫人。皇后曾祖敏中太師、尚書令、兼中書令、魏國公，祖傳亮太保。曾祖母梁氏周國，張氏楚國，宋氏吳國，王氏兖國，祖母吳氏舒國，並太夫人。母李氏祁國，張氏蕭國，並夫人。

熙寧元年十二月十二日，詔加贈太皇太后曾祖芸陳王，祖彬商王，父玘越王；曾祖母張氏唐國，祖母高氏商國，劉氏吳國，劉氏漢國，唐氏周國，母馮氏越國，並太夫人。皇太后曾祖瓊大寧郡王，祖繼勳韓國公，父遵甫太傅、尚書令、兼中書令；曾祖母李氏越國，李氏燕國，祖母康氏吳國，郭氏秦國，王氏吳國，母曹氏魏國，李氏吳國，並太夫人。皇后曾祖敏中越國公，祖傳亮太傅，曾祖母梁氏徐國，張氏韓國，宋氏陳國，王氏吳國，祖母吳氏鄧國，並太夫人；母李氏邠國，張氏鄭國，並夫人。

四年九月二十一日，詔加贈太皇太后曾祖芸吳王，祖彬漢王，父玘魏王；曾祖母張氏楚國，祖母高氏夏國，劉氏越國，劉氏周國，唐氏漢國，母馮氏魏國，並太夫人。皇太后曾祖瓊崇王，祖繼勳燕國公，父遵甫太師；曾祖母李氏韓國，李氏吳國，祖母康氏燕國，郭氏魏國，王氏楚國，母曹氏陳國，李氏越國，並太夫人。皇后曾祖敏中魯國公，祖傳亮太師；曾祖母梁氏魯國，張氏魏國，宋氏韓國，王氏秦國，祖母吳氏鄭國，並太夫人；母李氏楚國，張氏越國，並夫人。

七年十二月三日，詔加贈太皇太后曾祖芸齊王，祖彬夏王，父玘燕王；曾祖母張氏韓國，祖母高氏晉國，劉氏秦國，劉氏魯國，唐氏吳國，母馮氏陳國，並太夫人。皇太后曾祖瓊衛王，祖繼勳康王，父遵甫太師、中書令、兼尚書令、武功郡王；曾祖母李氏魏國，李氏楚國，祖母康氏唐國，郭氏陳國，王氏周國，母曹氏秦國，李氏燕國，並太夫人。皇后曾[6]祖敏中唐國公，祖傳亮太師、中書令；曾祖母梁氏漢國，張氏燕國，宋氏周國，王氏吳國，祖母吳氏晉國，並太夫人；母李氏齊國，張氏商國，並夫人。

十年十二月十一日，詔加贈太皇太后曾祖芸夏王，祖彬周王，父玘秦王；曾祖母張氏夏國，祖母高氏周國，劉氏周國，劉氏夏國，唐氏夏國，母馮氏夏國，並太夫人。皇太后曾祖瓊魯王，祖繼勳許王，父遵甫衛王；曾祖母李氏魯國，李氏魯國，祖母康氏陳國，郭氏韓國，王氏陳國，母曹氏周國，李氏周國，並太夫人。皇后曾祖敏中秦國公，祖傳亮兼尚書令，父經太傅兼中書令、河間郡王；曾祖母梁氏秦國，張氏秦國，宋氏秦國，王氏周國，祖母吳氏楚國，母李氏魏國，並太夫人。

二十六日，封皇太后叔祖母故引進使、陵州團練使高繼隆妻長安縣太君呂氏仁壽郡夫人。

元豐元年正月六日，神宗乳母魏國安仁保祐夫人張氏乞依赦封二代，從之。

十月十七日，皇城使、嘉州防禦使曹佺，詔特贈同州觀察使。以駙馬都尉詩之父也。

二年七月二日，詔贈嘉王頵妻父故東頭供奉官王克善成州團練使，妻母張氏延安(君)〔郡〕夫人。

六年八月一日，詔嘉州刺史任澤贈崇信軍節度使。以澤乃仙遊夫人母弟也。

八日，詔濮安懿王任夫人父贈左監門衛將軍固贈寧國軍節度使，母仙源縣太君張氏封遂國夫人，兄守政贈資州防禦使，守沂贈昭州防禦使。

八年四月二十四日，詔加贈太皇太后曾祖贈太師、開府儀同三司、冀王瓊漢王，祖贈太師、開府儀同三司、越王繼勳豫王，父贈太師、開府儀同三司、魯王遵甫兖王；曾祖母贈冀國李氏漢國，冀國李氏雍國，祖母贈越國康氏豫國，郭氏贈吳國，王氏贈吳國，王氏贈冀國，母魯國曹氏贈兖國，並太夫人。 皇太后曾祖故任尚書左僕射、門下侍郎、平章事、贈太師、開府儀同三司、兖國公敏中文安郡王，祖故任駕部員外郎、贈太師、開府儀同三司、衛國公傳亮韓國公，父故任定國軍節度觀察留後、贈太師、開府儀同三司、河内郡王經益王；曾祖母兖國梁氏唐國，張氏荆國，宋氏楚國，王氏越國，祖母魏國吳氏韓國，母魯國李氏秦國，張氏吳國，並太夫人。 皇太妃曾祖任百祥贈太子太保，祖士清贈太子太傅，父延和贈太子太師〔一〕，繼父故供備庫副使朱士安贈開府儀同三司〔二〕；曾祖母孫氏贈郯國，祖母康氏贈(莒)〔莒〕國，母唐氏崇國，王氏榮國，逯氏昌國，並太夫人。

哲宗元祐元年閏二月二十二日，詔章懿皇后父贈太師、開府儀同三司、越國公李仁德特追封京兆郡王。 從泰寧軍節度觀察留後李珣等奏也。

四年十月八日，詔加贈太皇太后曾祖魏王瓊爲吳王，祖楚王繼勳爲兖王，父唐王遵甫爲周王；曾祖妣燕國李 7 氏爲邠國，衛國李氏爲韓國，祖妣魯國康氏爲楚國，豫國郭氏爲揚國，秦國王氏爲商國，妣吳國曹氏爲越國，秦漢國李氏進封荆雍國，並太夫人。 皇太后曾祖申王敏中爲定王，祖榮王傳亮爲衛王，父周王經爲秦王〔三〕；曾祖妣魏國梁氏爲秦國，魯國張氏爲陳國，唐國宋氏爲豫國，陳國王氏爲唐國，祖妣越國吳氏爲吳國，妣豫國李氏爲燕國，冀國張氏爲韓國，並太夫人。 皇太妃曾祖贈司空任百祥爲太保，祖

〔一〕延和：《長編》卷三五六作「廷和」。

〔二〕供：原作「洪」，據《長編》卷三五六改。又「開府儀同三司」，《長編》作「開州刺史」。

〔三〕父：原作「又」，參前後諸條改。

贈司徒士清爲太傅，父贈太尉延和爲太師，繼父贈和州團練使朱士安爲萊州防禦使；曾祖妣衛國孫氏爲秦國，祖妣曹國康氏爲魏國，妣蘇國唐氏爲魯國，鎮國王氏爲周國，益國逯氏爲漢國，並太夫人。

七年十二月十六日，詔加贈太皇太后曾祖吳王瓊爲韓王，祖兖王繼勳爲秦王，父周王遵甫爲陳王；曾祖妣邠國李氏爲兖國，陳國李氏爲越國〔一〕，祖妣楚國康氏爲漢國，揚國郭氏爲燕國，商國王氏爲雍國，妣越國曹氏爲鎮國，荆雍國李氏爲豫陳國，並太夫人。皇太后曾祖定王敏中爲秦王，祖衛王傳亮爲燕王，父秦王經爲冀王；曾祖妣荆國梁氏爲韓國，陳國張氏爲越國，豫國宋氏爲荆國，唐國王氏爲揚國，祖妣吳國吳氏爲魯國，妣燕國李氏爲周國，韓國張氏爲陳國，並太夫人。皇后曾祖贈太師孟元爲溫國公，祖贈檢校太傅、安化軍節度使隨爲淮康軍節度使、開府儀同三司。父在見存，已入「皇后雜録」。曾祖妣舒國苑氏爲蔡國〔二〕，祖妣潭國張氏爲定國〔三〕，隨國劉氏爲潞國，妣榮國王氏爲慶國，並太夫人。皇太妃曾祖贈太保任百祥爲太傅〔四〕，祖贈太傅士清爲太師，父贈太師延和爲康國公，繼父贈萊州防禦使朱士安爲青州觀察使；曾祖〔妣〕贈秦國孫氏爲陳國，祖妣魏國康氏爲楚國，妣魯國唐氏爲越國，周國王氏爲吳國，漢國逯氏爲冀國，並太夫人。

紹聖四年正月五日內批：「皇太妃昔以仁氏，並繼父朱氏被禮制封贈，近訪求得的父崔傑、母李氏皆已物故，可擬定始封初品秩。緣皇（后）〔太〕妃姓氏已布告中外，今更不歸宗，止（續）〔續〕朱氏。其任氏三代雖非的父母之家，亦是皇太妃近戚，存亡已受恩命，更不追奪逐年恩澤，特許奏薦朱、任二家。」詔皇太妃故父崔傑特贈太尉，妣李氏特贈兖國太夫人。

元符三年徽宗即位未改元。正月二十三日，追封皇太后曾祖太師、開府儀同三司、韓王敏中爲燕王，祖太師、開府儀同三司、唐王傳亮爲荆王，父太師、開府儀同三司、吳王經爲越王；曾祖妣陳國梁氏爲魏國，豫國張氏爲楚國，豫國宋氏爲越國，雍國王氏爲燕國，祖妣兖國吳氏爲荆國，妣荆國李氏爲鄆國，張氏爲吳國，並太夫人。皇太妃曾祖太子太保崔寔爲太保，祖太子太傅崔琳爲太傅，父太師崔傑爲崇國8公，繼父保寧軍節度使朱士安爲太尉；曾祖妣吳國柳氏爲魏國，祖妣秦國楊氏爲燕國，妣唐國李氏爲楚國，並太夫人。元符皇后曾祖太子少保劉詠爲太保〔五〕，祖太子少傅劉誌爲太傅，父太子太師安成爲太尉；曾祖妣福國耿氏爲徐國，祖妣吉國時氏爲梁國，妣永國時氏爲鄆國，所生母康國王氏爲鄆國，並太夫人。

〔一〕「爲兖國陳國李氏」七字原脱，據《長編》卷四七九補。
〔二〕苑：原作「怨」，據《長編》卷四七九改。
〔三〕「潭」原作「漳」，「定國」原脱，據《長編》卷四七九改補。
〔四〕妃：原作「妣」，據《長編》卷四七九改。
〔五〕詠：後文作「泳」，未知孰是。

四月十九日，詔贈皇后父德州刺史王藻爲彰化軍節度使。

六月十一日，詔皇太后曾祖敏中贈太師，追封楚王，祖傳亮追封楚王，父經追封魏王。

七月八日，詔贈皇太后曾祖贈太師、開府儀同三司、燕王向敏中爲尚書令、兼中書令，追封楚王；祖贈太師、開府儀同三司、荆王向傳亮爲尚書令、兼中書令，追封楚王；考贈太師、開府儀同三司、魯王經爲尚書令〔一〕、兼中書令，追封魏王。曾祖妣魏國梁氏爲揚豫國，張氏爲雍唐國，越國宋氏爲漢越國，燕國王氏爲魯韓國，祖妣荆國吳氏爲燕冀國，妣鄆國李氏爲魏陳國，秦國張氏爲周荆國，並太夫人。以太后還政褒贈也。

八月一日，詔追封皇太后曾祖敏中之曾祖贈開府儀同三司、太師、尚書令、兼中書令、萊國公貽孫爲康王，祖贈開府儀同三司、太師、尚書令、兼中書令、許國公載爲德王，父贈開府儀同三司、太師、尚書令、兼中書令、曹國公瑀爲徐王；曾祖妣韓國張氏爲秦鄧國，祖妣衛國孫氏爲兗徐國，妣晉國史氏爲邠益國，並太夫人。

徽宗建中靖國元年十二月十一日，詔元祐皇后曾祖贈太師、温國公孟元，祖贈淮康軍節度使、開府儀同三司孟隨，元符皇后曾祖贈太保劉泳，祖贈太傅劉誌，父贈太師劉安成，皇后曾祖贈太子少保王世延，祖贈太子太傅王克詢，父贈彰信軍節度使王藻，皇太妃曾祖贈太保崔寔，祖贈太傅崔琳，父贈太師崔傑，繼父贈太尉朱士安及曾祖母、祖母、嫡母、所生母，並以(並以)郊禮進封。所贈官並號闕。

崇寧三年十一月，詔美人喬氏曾祖仁睿特贈太子太保，祖贈左屯衛將軍文質特贈太子少傅，父任文思副使可特贈太子少師；曾祖母贈永嘉郡，祖妣仙居縣太君李氏贈普寧郡，壽昌郡太君華氏贈長樂郡，母仙源郡君侯氏贈宜春郡，長樂縣君康氏贈德陽郡，並太夫人。

政和五年五月一日，詔修容胡氏父武節郎中立特依初遇大禮例贈右武衛將軍。

均州觀察使謝寧特贈寧遠軍節度使〔二〕。淳熙元年正月二十二日。

曾祖謝忠正贈太保，祖慶祖贈太傅，父贈寧遠軍節度使寧太師；曾祖母馮氏贈榮國，祖母史氏嘉國，母劉氏淑國，並夫人。三年十月二十三日立爲皇后故也。

贈太保謝忠正追封永王，祖贈太傅慶祖和王，父贈太師寧惠王，曾祖母贈榮國夫人馮氏贈魏國，祖母贈嘉 9

〔一〕爲：原存偏旁「糸」，當屬誤寫而未改，茲據上文用語改。

〔二〕此條上原有「外戚追贈」四字，此四字已作正題標於卷首，不應重出，故刪。然此前後文例略有差異，一將時日正書於首，一將時日小注於後。蓋上文出於《國朝會要》《續國朝會要》，以下則出於李心傳《續總類國朝會要》，體例不同。天頭原批云：「年月移於各條之上。下同。」今存原貌，僅空一行，以示區別。

國夫人史氏陳國，母贈淑國夫人劉氏越國，並夫人。三年十一月十六日。

贈太保、追封永王謝忠正追封鄭王，祖贈太傅、追封和王慶祖隨王，父贈太師、追封惠王寧衛王；曾祖母贈魏國夫人馮氏贈楚國，祖母贈陳國夫人史氏齊國，母贈越國夫人劉氏秦國，並夫人。六年十月三日。

贈太保、追封鄭王謝忠正追封秦王，祖贈太傅、追封隨王慶祖齊王，父贈太師、追封衛王寧吳王；曾祖母贈楚國夫人馮氏贈魯國，祖母贈齊國夫人史氏越國，母贈秦國夫人劉氏吳國，並夫人。九年九月二十六日。

贈太保、追封秦王謝忠正特追封漢王，曾祖母魯國夫人馮氏特贈漢國夫人；祖贈太傅、追封齊王謝慶祖特封周王，祖母越國夫人史氏特贈周國夫人；父贈太師、追封吳王謝寧追封陳王，母吳國夫人劉氏特贈陳國夫人。十二年十二月十五日。

太保、追封漢王謝忠正特追封唐王，曾祖母漢國夫人馮氏特贈唐國夫人；祖贈太傅、追封周王謝慶祖特追封燕王，祖母周國夫人史氏特贈燕國夫人；父贈太師、追封陳王謝寧特追封冀王，母陳國夫人劉氏特贈冀國夫人；親屬故贈太尉、昭化軍節度使蔣世忠特贈少保。十五年九月六日。

德壽宮貴妃劉氏曾祖贈太師、追封秦國公琮特追封秦國公，曾祖母秦國夫人陳氏特贈秦國夫人；祖贈太師、追封秦國公從遠特追封秦國公，祖母秦國夫人唐氏特贈秦國夫人；父故任昭慶軍節度使致仕、贈少師懋贈太師，母秦國夫人李氏特贈秦國夫人。淳熙十二年十二月二十一日。

德壽宮淑妃張氏曾祖武功大夫元逸特贈太子太保，曾祖母安人李氏特贈通義郡夫人；祖贈武義大夫顯道特贈太子太傅，祖母淑人董氏特贈文安郡夫人；父贈武節大夫恕特贈太子太師，母淑人王氏特贈太寧郡夫人。淳熙十二年十二月二十一日。

武功大夫贈太子太保元逸特贈少保，曾祖母通義郡夫人李氏特贈和國夫人；祖贈太子太傅顯道特贈少傅，祖母文安郡夫人董氏特贈榮國夫人；父贈太子太師恕特贈少師，母大寧郡夫人王氏特贈成國夫人。十五年九月二十五日。

貴妃張氏曾祖安特贈太子少保，曾祖母閻氏特贈清河郡夫人；祖任保義郎、贈武義大夫鎮特贈太子少傅，祖母淑人羊氏特贈永嘉郡夫人；父贈武節大夫昇特贈太子少師。淳熙十五年九月四日。

親屬贈武節大夫楊訥特贈衛州防禦使，妻恭人王氏特贈令人。九月十八日。

親叔故任秉義郎張文特贈榮州刺史。十一月十五日。

婉容蔡氏親屬贈武節大夫霍端贈和州防禦使，妻恭人孫氏贈令人。九年七月二十二日。

婕妤李氏祖彥清贈武義大夫，祖母林氏贈淑人；父振贈武節大夫。十一月10十四日。

淳熙十六年十二月九日，詔皇太后曾祖贈太師、追封秦王吳文誠特追封秦王，曾祖母秦魏國夫人王氏特贈秦魏國夫人，祖贈太師、追封秦王吳從亨特追封秦王，祖母秦魏國夫人劉氏特贈秦魏國夫人；父贈太師、追封秦王吳近特追封秦王，母秦魏國夫人張氏特贈秦魏國夫人。

紹熙元年二月四日，詔皇后曾祖李泰特贈太保，曾祖母劉氏特贈崇國夫人；祖任秉義郎致仕、贈吉州刺史李能特贈太傅，祖母碩人趙氏特贈信國夫人；父任（俸）〔捧〕日天武四廂都指揮使、慶遠軍節度使致仕、贈少傅、謚忠毅李道特贈太師，母魏國夫人張氏特贈秦國夫人。

二十三日，詔壽聖皇太后親弟太師、保康軍節度使、大寧郡王致仕、追封順王吳益追封衛王，妻秦國夫人王氏特贈唐國夫人；少傅、寧武軍節度使、新興郡王致仕、贈太師、追封永王吳蓋追封鄭王。

三月十日，詔重華宮淑妃陳氏（魏）〔親〕屬曾祖陳琛特贈太子少保，曾祖母楊氏特贈咸寧郡夫人；祖贈武義大夫陳通特贈太子少傅，祖母淑人時氏特贈信安郡夫人。

二十七日，詔皇后親屬親兄故任閤門宣贊舍人李範特贈金州觀察使，故任閤門宣贊舍人李籌特贈宜州觀察使，故任忠訓郎李[illegible]特贈利州觀察使。

同日，詔貴妃黃氏親屬曾祖黃顯特贈太子少保，曾祖母孫氏特贈永嘉郡夫人；祖黃思特贈太子少傅，祖母楊氏特贈信安郡夫人。

四月二日，詔貴妃黃氏母新安郡夫人楊氏特贈成國夫人。

五月十一日，詔壽聖皇太后親屬太師、順王吳益妻秦國夫人王氏加贈齊楚國夫人。

六月二日，詔貴妃張氏親屬贈榮州刺史李亶特贈保寧軍節度使，妻朱氏特贈咸安郡夫人。

二年十二月二十九日，詔皇后曾祖贈太保李泰特追封永王，曾祖母崇國夫人劉氏特贈唐國夫人；祖贈太傅李能特追封信王，祖母信國夫人趙氏特贈周國夫人；父贈太師李道特追封和王，母秦國夫人張氏特贈魯國夫人。

同日，詔淑妃張氏曾祖任武功（夫人）〔大夫〕、贈太保張元逸特贈太傅，曾祖母鄭國夫人李氏特贈魯國夫人；祖贈太傅張顯道特贈太師，祖母慶國夫人董氏特贈吳國夫人；父贈太師張恕特追封永國公，母福國夫人王氏特贈越國夫人。

三年三月二十七日，詔重華宮淑妃陳氏親屬曾祖陳琛特贈太子太保，曾祖母楊氏特贈和政郡夫人；祖陳通特贈太子太傅，祖母淑人時氏特贈蘄春郡夫人。

九月二十日，詔皇后曾祖贈太保、追封永王李泰特追封衛王，曾祖母唐國夫人劉氏特贈衛國夫人；祖贈太傅、追封信王李能特贈鄭王，祖母周國夫人趙氏特贈秦國夫人；父贈太師、謚忠毅、追封和王李道特追封福王，[11]母魯國夫人張氏特贈商國夫人。

紹熙五年九月十八日，恭淑皇后曾祖資政殿學士、大中大夫，贈少師韓肖冑追贈太師，曾祖母秦國夫人王氏追贈魏國夫人，魯國太夫人文氏追贈齊國夫人； 祖承議郎、贈中奉大夫韓協追贈太傅，祖母令人馮氏追贈信國夫人。慶元三年二月，肖冑追封陳王，曾祖母魏國夫人王氏加贈燕魯國夫人，齊國夫人文氏加贈魏楚國夫人； 協加贈太師，追封冀王，祖母信國夫人馮氏加贈秦齊國夫人； 父太尉、慶遠軍節度使、提舉佑神觀韓同卿慈母太令〔人〕陳氏特贈淑人。 嘉泰元年二月，肖冑追封齊王，同卿追封崇國公。

閏十月十七日，成肅皇后親屬蔣堯甫贈安武軍節度使，蔣世忠贈少師。

慶元元年七月二十四日，憲聖慈烈皇后弟太師、保康軍節度使、(太)〔大〕寧郡王致仕、追封衛王吳益追封吳王，少傅、寧武軍節度使、(親)〔新〕興郡王致仕、贈太師、追封鄭王吳蓋追封荆王。 三年三月，益追封秦王，蓋追封魏王，宜州觀察使吳珪贈靜江軍節度使。

八月二十三日，成恭皇后弟少傅、奉國軍節度使夏執中贈少師。

五年十月六日，成穆皇后弟太師、永寧郡王郭師禹追封廣陵郡王。

嘉泰元年九月二十八日，皇后曾祖贈太子少保楊舜元(知)〔加〕贈太子太保，祖贈太子少傅楊全加贈太子太傅，父贈太子少師楊漸加贈太子太師。 三年五月，舜元加贈太保，全贈太傅，漸贈太師。 四年正月，舜元加贈太傅，全贈太師，漸追封成國公。 開禧元年八月，舜元追封祁王，全封永王，漸封安王。 二年十月，舜元追封魏王，全封鄭王，漸封慶王。 嘉定元年閏四月，舜元封鄧王，全封魏王，漸封秦王。 二年十月，舜元、全、漸並追封漢王。

高宗紹興元年三月八日〔一〕，詔隆祐皇太后姪信安郡王孟忠厚母福國太夫人李氏贈兩國夫人。國名闕。

三年九月十二日，詔昭慈獻烈皇后親弟故贈太子少師孟彥弼特贈太師，親姪故贈直龍圖閣孟忠亮特贈秘閣修撰。

十(二)〔一〕月二日〔二〕，詔皇后父慶遠軍節度使〔三〕、贈開府儀同三司邢煥贈少師，追封嘉國公。 以煥妻能氏上遺表陳請皇后受册，當時未曾加恩，至是進呈。 上曰：「朕於外戚不敢有所私也。 況待遇后家，又不敢與宣和皇后家等。 前此官邢氏中外親已減於韋氏矣，今祈請不已，故特贈焉。」

六年四月五日，詔宣仁聖烈皇后弟故任保大軍節度使高士遜，故任保大軍節度使、贈太師士林並追封郡王，姪孫

〔一〕按，以下部分應移於上文淳熙之前，正相銜接。

〔二〕十一月：原作「十二月」。按，《建炎要録》卷一〇繫於十一月三日丙寅，據改。

〔三〕皇后：原作「王后」，據文意改。

故任左武大夫、達州防禦使世賞贈遥郡承宣使，故任供備庫副使、(閣)〔閤〕門宣贊舍人世美，故任武節郎、閤門宣贊舍人世延，各贈兩官。

七年五月二十七日，詔皇太后三代特贈一次。兄韋宗顔贈武功大夫、遥郡防禦使；宗閔贈武功大夫、遥郡刺史。

12 八年十月二十九日，詔才人吳氏父故武翼郎近三經大禮，未曾贈官，特贈觀察使。

十年九月十日，詔皇太后曾祖任郊社齋郎、贈太師、追封岐國公韋舜臣追封雍國公，曾祖母唐國夫人段氏贈楚國夫人；祖贈太師、追封新(年)〔平〕郡王子華追封安康郡王，祖母漢國夫人(社)〔杜〕氏贈魏國夫人；父贈太師、追封豫王安禮追封魯王，母益國夫人宋氏贈秦國夫人。

十一年正月二十一日，詔才人吳氏故父任武翼郎、贈宣州觀察使近贈慶遠軍承宣使。

十二年四月五日，詔皇太后曾祖韋舜臣追封惠王，祖子華追封德王。

五月二十四日，詔貴妃吳氏故曾祖文誠贈太子少保，曾祖母王氏贈永嘉郡夫人；祖敦武郎從亨贈太子少傅，祖母孺人劉氏贈咸安郡夫人；父任武翼郎、贈慶遠軍承宣使近贈太子少師，母咸寧郡夫人張氏贈大寧郡夫人。

十月十九日，詔皇太后曾祖任郊社齋郎、贈太師、追封惠王韋舜臣追封廣王，曾祖母楚國夫人段氏贈秦國夫人；祖贈太師、追封德王子華追封福王，祖母魏國夫人杜氏贈鎮國夫人；父贈太師、追封魯王安禮追封兖王，母秦越國夫人宋氏贈陳魯國夫人。時回鑾故也。

十三年二月十九日，詔貴妃吳氏故曾祖贈太子少保文誠贈太子太保，曾祖母永嘉郡夫人王氏贈同安郡夫人；祖贈太子少傅從亨贈太子太傅，祖母咸安郡夫人劉氏贈通義郡夫人；父任武翼郎、太子少師近贈太子太師，母咸寧郡夫人張氏贈永寧郡夫人。

五月十六日，詔懿節皇后曾祖任右監門衛將軍、贈太傅邢允迪追封恭王，曾祖母蜀國夫人李氏贈越國夫人，曾祖母秦國夫人郭氏贈楚國夫人；祖任中奉大夫、贈太師宗賢追封永王，祖母韓國夫人侯氏贈揚國夫人；父任慶遠軍節度使、充醴泉觀使、贈太師、追封楚國公焕追封安王，母魏國夫人能氏贈梁國夫人。

二十七日，詔皇后故曾祖贈太子太保吳文誠追封恭王，曾祖母同安郡夫人王氏贈益國夫人；祖贈太子太傅從亨追封和王，祖母通義郡夫人劉氏贈鎮國夫人；父任武翼郎、贈太子太師近追封榮(生)〔王〕，母永寧郡夫人張氏贈揚國夫人。

十一月二十五日，詔皇太后曾祖任郊(祖)〔社〕齋郎、贈太師、追封廣王韋舜臣追封徐王，曾祖母秦國夫人段氏贈鄆國夫人；祖贈太師、追封福王子華追封揚王，祖母鎮國夫人(社)〔杜〕氏贈荆國夫人；父贈太師、追封兖王安禮追封魏王，母陳魯國夫人宋氏贈韓豫國夫人。

十二月七日，詔皇后故曾祖贈太子太保、追封恭王吳文誠贈少保，曾祖母益國夫人王氏贈秦國夫人；祖（曾）〔贈〕太子太傅、追封和王從亨贈少傅，祖母鎮國夫人劉氏贈魏國夫人；父任武翼郎、贈太子太師、追封13榮王近贈少師，母揚國夫人張氏贈魯國夫人。

十四年十月十四日，詔皇太后兄故贈武功大夫、秀州刺史韋宗閔贈崇慶軍節度使，故贈武功大夫、真州防禦使宗顏贈定國軍節度使，娣故贈希元宣淨葆真（太）〔大〕師惠旃贈十字師號。

十五年二月十二日，詔賢妃慕容氏曾祖贈太子左清道率府副率德凝贈太子少保，曾祖母安福縣君崔氏贈咸寧郡夫人；祖内殿承制惟明贈太子少傅，祖母安福縣君符氏贈信安郡夫人；父贈武功大夫渙才贈太子少師，母安人趙氏贈永嘉郡夫人。

十月十五日，詔皇太后育母故榮國夫人許氏贈榮國柔嘉明淑恭勤慈惠育聖夫人。

十六年十一月二十一日，詔皇后曾祖贈少保、追封恭王吳文誠贈太保，曾祖母秦國夫人王氏贈漢國夫人；祖（曾）〔贈〕少傅、追封和王從亨贈太傅，祖母魏國夫人劉氏贈周國夫人；父任武翼郎、贈少師、追封榮王近贈太師，母魯國夫人張氏贈吳國夫人。

二十九日，詔皇太后故曾祖任郊社齋郎、贈太師、追封徐王韋舜臣追封韓王，曾祖母鄆國夫人段氏贈吳國夫人；祖贈太師、追封揚王子華追封楚王，祖母荆國夫人杜氏贈周國夫人；父贈太師、追封魏王安禮追封陳王，母韓豫國夫人宋氏贈唐鄧國夫人。

十八年八月十二日，詔婕妤劉氏兩經進封，未曾封贈祖父，故贈修武郎從遠特贈刺史。

閏八月十一日，詔皇后曾祖贈太保、追封恭王吳文誠贈太傅，曾祖母漢國夫人王氏贈吳國夫人；祖贈太傅、追封和王從亨贈太師，祖母周國夫人劉氏贈吳國夫人；父任武翼郎、贈太師、追封榮王近追封代王。母已贈吳國夫人，本家乞不（敢）〔改〕贈。

〔十〕九年十二月十三日，詔皇太后故曾祖任郊社齋郎、贈太師、追封韓王韋舜臣追封冀王，曾祖母吳國夫人段氏贈冀國夫人；祖贈太師、追封楚王子華追封周王，祖母周國夫人杜氏贈潭國夫人；父贈太師、追封陳王安禮追封越王，母唐鄧國夫人宋氏贈吳越國夫人。

三十日，詔皇后故曾祖太傅、追封恭王吳文誠贈太師，祖贈太師追封和王從亨追封華王。父任武翼郎、贈太師、追封代王近追封吳王。曾祖母、祖母、母並已贈吳國夫人，本家乞不改贈。

二十二年十二月二十七日，詔皇太后故曾祖任郊社齋郎、贈太師、追封冀王韋舜臣追封吳王，曾祖母冀國夫人段氏贈魏國夫人；祖贈太師、追封周王子華追封魯王，祖母潭國夫人杜氏贈越國夫人；父贈太師、追封越王安禮追封雍王，母吳越國夫人宋氏贈陳魏國夫人。

二十八日，詔皇后故曾祖贈太師、追封恭王吳文誠追封慶王，祖贈太師、追封華王從亨追封吳王，父已追封吳王，本家乞不改封。

二十四年二月二十一日，詔14貴妃劉氏故曾祖琮贈太子少保，曾祖母陳氏贈平樂郡夫人；祖贈和州防禦使從遠贈太子少傅，祖母永嘉郡太夫人唐氏贈蘄春郡夫人；母榮國夫人李氏贈慶國夫人。進封貴妃，初封三代故也。

二十五年十一月二十九日，詔貴妃劉氏故曾祖贈太子少保琮贈太子太保，曾祖母平樂郡夫人陳氏贈大寧郡夫人；祖贈太子少傅從遠贈太子太傅，祖母蘄春郡夫人唐氏贈彭城郡夫人；母慶國夫人李氏贈蜀國夫人。

十二月二十五日，詔皇太后故曾祖任郊社齋郎、贈太師、追封吳王韋舜臣追封楚王，曾祖母魏國夫人段氏贈楚國夫人；祖贈太師、追封魯王子華追封荆王，祖母越國夫人杜氏贈荆國夫人；父贈太師、追封雍王安禮追封魏王，母陳魏國夫人宋氏贈吳魏國夫人。同日，詔皇后故曾祖贈太師、追封慶王吳文誠追封吳王。

二十八年十二月二十六日，詔皇太后故曾祖任郊社齋郎、贈太師、追封楚王韋舜臣追封周王，曾祖母楚國夫人段氏贈周國夫人；祖贈太師、追封楚王子華追封陳王，祖母楚國夫人杜氏贈陳國夫人；父贈太師、追封魯王安禮追封韓王，母吳魏國夫人宋氏贈韓魏國夫人〔一〕。

二十八日，詔貴妃劉氏曾祖贈太子太保琮贈少保，曾祖母大寧郡夫人陳氏贈建國夫人〔二〕；祖贈太子太傅從遠贈少傅，祖母彭城郡夫人唐氏贈嘉國夫人；母蜀國夫人李氏贈楚國夫人。

三十一年九月二十五日，詔貴妃劉氏曾祖贈少保琮贈太保，曾祖母建國夫人陳氏贈定國夫人；祖贈少傅從遠贈太傅，祖母嘉國夫人唐氏贈福國夫人；母楚國夫人李氏贈魏國夫人。以上《中興會要》。

孝宗紹興三十二年未改元。八月三日，詔加貴妃劉氏曾祖贈太保琮贈太傅，曾祖母定國夫人陳氏贈益國夫人；祖贈太傅從遠贈太師，祖母福國夫人唐氏贈越國夫人；母魏國夫人李氏贈秦國夫人。以皇帝登極赦故也。

十月六日，詔加太上皇后妹故楚國夫人吳氏贈秦魏國夫人。

十九日，詔加太上皇后曾祖母吳國夫人王氏、祖母劉氏、母張氏並贈吳魏國夫人，以吳益等遇皇帝登極赦故也。

隆興二年正月二十一日，詔加安穆皇后曾祖西京左藏庫副使、贈開府儀同三司郭若節贈太保，曾祖母德國夫人曹氏贈福國夫人；祖奉直大夫、贈金紫光禄（夫）〔大〕夫直

〔一〕吳：原脱，據上條補。
〔二〕大寧郡：原作「太寧國」，據前「二十五年十一月二十九日」條改。

卿贈太子太傅，祖母永寧郡夫人夏氏贈和國夫人。

二月十七日，詔加皇后曾祖儒林郎、(言)吉州吉水縣主簿令吉贈太子少保，曾祖母宜春郡夫人張氏贈榮國夫人；祖贈太子少傅穀贈少傅，祖母永嘉郡夫人孫氏贈惠國夫人；父贈太子少師協贈少師，母和義郡夫人趙氏贈淑國夫人。

七月十六日，詔以加貴妃翟氏進位，15 親屬謝寧贈武義大夫、遥郡團練使；武翼郎蔣湜贈武功郎，妻武氏贈孺人；修武郎蔣堯輔贈武翼郎，妻張氏贈孺人；武節郎、贈武義大夫蔣世忠加贈正任觀察使。

十一月十四日，詔加貴妃劉氏曾祖琮贈太師，曾祖母陳氏贈魯國夫人；祖從遠追封榮國公，祖母唐氏贈魏國夫人。

閏十一月二十五日，詔加皇后曾祖夏令吉贈太保，曾祖母張氏贈衛國夫人；祖穀贈太傅，祖母孫氏贈蔡國夫人；父協贈少師，母趙氏贈福國夫人。

二十八日，詔貴妃翟氏曾祖世俊贈太子少保，曾祖母孫氏贈齊安郡夫人；祖思誠贈太子少傅，祖母張氏贈和義郡夫人；父益贈太子少師。

乾道三年十一月二十六日，詔加貴妃劉氏曾祖琮追封榮國公，曾祖母陳氏贈楚國夫人；祖從遠追封慶國公，祖母唐氏贈秦國夫人。

六年十一月二十三日，詔加貴妃劉氏曾祖琮追封秦國公，曾祖母陳氏贈魏國夫人；祖從遠追封益國公，祖母唐氏贈秦國夫人。以遇郊祀赦也。

同日，詔加貴妃翟氏曾祖世俊贈少保，曾祖母孫氏贈嘉國夫人；祖思成贈少傅，祖母張氏贈信國夫人；父益贈少師，母劉氏和國夫人。以郊祀赦故也。以上《乾道會要》。

(以上《永樂大典》卷一九一二六)

再贈官

太祖建隆元年七月二十七日，河陽三城節度使、贈太子太師趙晁再贈侍中。晁周初與宣祖分掌禁兵，有宗盟之分，太祖常優禮之，故再加贈典。

太宗至道元年四月七日，尚書左丞、贈鎮南軍節度使呂餘慶再贈侍中。餘慶弟端時中爲宰相[一]，故特贈之。

三年真宗即位未改元。六月六日，詔皇兄故魏王德昭贈太傅，岐王德芳贈太保，仍遣中使致祭。

真宗咸平三年三月九日，詔贈侍中呂餘慶加贈中書令，餘慶妻商氏追封陳留縣夫人。時端任(子)〔太〕子太保，疾甚，車駕臨問，特有是命。

六月十三日，詔宣徽南院使、贈侍中郭守文特追封彭王。

[一] 中：疑是「用」之誤。

景德二年十二月二十一日，樞密使、給事中、贈吏部侍郎宋湜再贈(邢)〔刑〕部尚書。湜從幸大名，卒於塗中，帝追念之，特有是命。

大中祥符七年十一月九日，贈左衛上將軍、鎮江軍節度使劉承規再贈侍中。承規修玉清昭應宮未畢而卒，及是宮成，有贈，仍命謁墳致告。

八年三月三日，詔贈太傅劉熙古再贈太尉，贈侍中楚昭輔再贈中書令。熙古、昭輔並嘗事太(事太)祖藩府，時幸南京，制書並加追贈故也。

九年正月十四日，贈貝州觀察使秦翰加贈彰國軍節度使。翰預修大內，未成而卒，至是功畢故也。

天禧二年六月四日，贈保信軍節度使、追封申國公德恭加贈護國軍節度使〔一〕、兼侍中，贈寧遠軍節度使、追封臨沂郡公德隆加贈崇信軍節度使、同中書門下平章事。從其子承慶、承訓之請也。

仁宗乾興元年未改元。三月十一[16]日，詔贈皇叔祖故秦王廷美太師、尚書令，皇伯贈中書令、守太傅、追封魏王德昭，贈中書令、守太保、追封岐王德芳，並太師，王悉如故。皇叔贈太保、尚書令、追封鄆王元份改封陳王。皇叔贈太尉、尚書令、追封安王元傑，贈太尉、尚書令、追封曹王元偁，並太師，王悉如故。皇叔贈太師、尚書令、追封鄧王元偓改封密王。皇兄追封周王祐贈太尉、中書令，王如故。皇兄贈中書令、追封南陽郡王惟吉太尉，王如故。

寶元二年正月七日，贈昭化軍節度觀察留後、廣平郡公允懷追封廣平郡王。允懷大中祥符五年卒。善賦詩，真宗多令賡和。至是，仁宗覽其詩惻然，特加追封也。

慶曆四年十一月一日，加贈皇弟□州防禦使承拱武勝軍節度觀察留後〔二〕、南陽郡公，皇姪懷州刺史從善瀛州防禦使、河間侯，保州刺史守廉磁州防禦使、滏陽侯，左屯衛大將軍世宏蘄州防禦使、蘄春侯，六宅副使從溥宮苑使、陵州刺史，太子右衛率府率克平右領軍衛將軍。大宗正司言：承拱等婦皆願不出，故特加贈其夫焉。

六年十一月二十七日，加贈洺州防禦使、廣平侯承矩相州觀察使。以其子克循上承矩所書真宗御詩石本也。

八年三月八日，昭宣使、眉州防禦使、內侍右班都知劉從願贈崇信軍節度觀察留後。以舊侍東宮，再贈大同軍節度使。

皇祐二年二月六日，再贈皇姪齊州防禦使、濟南侯從讜爲同州觀察使〔三〕、馮翊侯。

嘉祐四年十二月六日，長子贈太傅、追封褒懷靖王昉贈太師、中書令、追封魏王，第二子贈太師、中書令、追封豫悼穆王昕贈兼尚書令、追封越王，第三子贈太師、中書令、追封鄂悼懿王曦贈兼尚書令、追封陳王。追封第二女楚國

〔一〕申：原作「中」，據《宋史》卷二四四《宗室傳》一改。

〔二〕「州」上缺字疑是「棣」，《大典》避明成祖諱，每遇「棣」字多空。

〔三〕讜：原字殘缺，據《宋史》卷二四四《宗室傳》一補。

公主周國，第三女唐國公主漢國，第四女越國公主秦國，第五女鄆國公主魏國，第七女隨國公主吳國，第八女韓國公主燕國。

英宗治平元年閏五月十一日，詔贈皇伯祖贈太師、中書令、尚書令、吳懿王德昭追封越王，贈太師、中書令、尚書令、潭康惠王德芳楚王，天策上將軍、守太師、尚書令、中書令、行雍州牧、兼江陵尹、贈河中鳳翔河南牧、潞恭憲王元佐魏王，贈崇信軍節度使、同中書門下平章事、廣平郡恭肅王德隆兼侍中，贈昭德軍節度使、兼中書令、潁川郡安簡王德彝太師〔一〕，贈護國軍節度使、兼侍中、高密郡王德恭兼中書令。叔祖贈太師、中書尚書令、行真定牧、潤恭靖王元份追封魯王，贈太師、中書尚書令、行興元牧、邢文惠王元傑陳王，贈太師、中書尚書令、行大名牧、蘇恭懿王元偓韓王，贈太師、中書尚書令、行江陵牧、華恭惠王元偁蔡王，贈宣德軍節度使、同中書門下平章事、廣陵郡康簡王德雍兼侍中，贈保平軍節度使鄆國公德鈞，贈中軍節度使江國公德[17]欽並同中書門下平章事，贈太尉、兼中書令、中恭裕王德文太師，贈武昌軍節度使、紀國公德存同中書門下平章事，贈天策上將軍、淮南湖南節度大使、守太師、尚書中書令、行荆揚兗徐州牧、燕肅王元儼吳王，贈博州防禦使、博平侯允熙滄州觀察使，贈左衛將軍、代國公元億左衛上將軍、追封安定郡王，贈應州觀察使、金城侯德潤保康軍節度觀察留後，贈涼州觀察使、姑臧侯德愿昭化軍節度觀察留後。伯贈太尉、平陽郡懿恭王允升太師〔二〕，贈安遠軍節度使、密國公允言同中書門下平章事，贈鎮江軍節度使、兼侍中、郇國公允成兼中書令，贈太尉、信安郡僖簡王允寧太師，贈昭化軍節度觀察留後、廣平郡王允懷保靜軍節度使。叔贈太尉、永嘉郡思恪王允迪太師。弟贈太師、中書令、兼尚書令、魏懷靖王昉周王，贈太師、中書尚書令、越悼穆王昕唐王〔三〕，贈太師、中書尚書令、陳悼懿王曦燕王。追封第二妹周國公主唐國，第三妹漢國公主吳國，第四妹秦國公主楚國，第五妹魏國公主吳國，第六妹魯國公主陳國，第七妹吳國公主燕國，第八妹燕國公主秦國，第九妹楚國公主韓國，並加號長公主。以上《國朝會要》。

神宗元豐二年六月二十四日，贈鎮寧軍節度使、同中書門下平章事、魏國公宗懿再贈舒王。以濮安懿王元子也。

八月四日，贈防禦使、濟陰侯、皇伯宗邈再贈建寧軍節度使、越國公。以其子仲覽等乞優贈也。

六日，贈洺州防禦使、廣平侯宗沔再贈武平軍節度使、福國公，贈洪州觀察使、豫章侯宗詠再贈寧海軍節度使、沂國公，贈密州觀察使、高密侯宗師再贈昭武軍節度使、遂

〔一〕潁川：原作「穎平」，據《宋史》卷二四四《宗室傳》一改。
〔二〕升：原作「叔」，據《宋史》卷二四五《宗室傳》二改。
〔三〕悼：原作「倬」，據《長編》卷一三一改。

國公。

三年閏九月二十六日，贈太師、中書令兼尚書令、劉沆再贈兗國公，贈太尉王堯臣再贈太師、中書令。

六年五月四日，皇伯祖贈保静軍節度使、蕭國公承幹再贈安定郡王。以其子克敦進父文集，詔以承幹父子世以藝文儒學名於宗藩，在朝廷旌善與能之義，宜有寵褒〔一〕。

同日，贈皇城使宋玠再贈英州刺史。以其子滋言玠有收復石堡城功，未賞而死也。

哲宗紹聖二年五月十五日，贈左光禄大夫崔台符再贈右銀青光禄大夫。以子尹躬訴台符在元祐無罪降官，故命復之。

十一月三十日，贈特進蔡確贈太師，加成、衛二國公。

元符二年十一月二十三日，贈寧海軍節度使、沂國公宗詠再贈餘杭郡王，贈昭武軍節度使、遂國公宗師再贈益州郡王，贈建寧軍節度使、成國公宗邈再贈同谷郡王，贈鎮寧軍節度使、同中書門下平章事、陳國公宗治再贈開府儀同三司、澶淵郡王，贈武寧軍節度使、同中書門下平章事、楚國公宗益再贈開府儀同三司、山陽郡王，贈洺州防禦使、廣平侯宗沔再贈 18 崇信軍節度使、漢東郡王。宗詠等並以嗣濮王宗漢言「諸兄比諸王極有損降」，故有是贈。據詔，宗沔自洺州防禦使、廣平侯上特贈，不言元豐二年已贈節鉞、國公階(御)〔銜〕，二者必有一誤。

三年徽宗即位未改元。三月四日，追贈邕王光濟已下三十三人。並詳具「贈官」門。

徽宗大觀元年正月二十一日，贈太師、尚書令、兼中書令、韓王似再贈楚王。贈尚書令、兼中書令、徐州牧、燕王佖再贈侍中，追封吳王。

政和三年正月十九日，贈太師、荆國公王安石追封舒王。

五年三月十四日，贈尚書令韓琦追封魏郡王。詔：「比覽元豐中訓詔，及得故臣之子韓粹彦、文及甫所奏，明其父功。審聞至和、嘉祐援立之法，定策之勳，所謂功在社稷，久而彌彰。追往念功，惻然永嘆。琦以其子贈至其品，止緣常(恪)〔格〕，未加褒異。彦博罪籍未除，舊官未復。琦可封郡王，彦博可除罪籍，復舊官，與其所得恩例。仍並付國史院記載其實，以爲盡忠任職者之勸〔二〕。」

宣和二年正月二十三日，贈太師、成衛二國公蔡確追封清源郡王。詔：「蔡確力排異意，輔立哲宗，功在社稷。元祐間遭讒被謗，竄在遐荒五年，終不得還。雖經褒録，較無功有罪之人輕重未稱。其弟碩宣力助確，亦遭捃摭，猶在罪籍，未曾推恩。比緣確子懋面對，得其詳，爲之惻然。可封郡王，賜第一區百間。長子懋除延康殿學士、提舉醴泉觀，莊除侍郎，女與淑人，婿二人各轉官一，與堂除陞等差遣。碩與落罪籍，贈徽猷閣待制。長、次子改合入官，並堂除陞等差遣。次子未有官，與迪功郎。女已有封號，還

〔一〕有：原作「其」，據《長編》卷三三五改。

〔二〕勸：原作「觀」，據《宋宰輔編年録》卷一〇改。

二等，未有封號，並與封號。壻白身者與初品官，已有官轉一官。燕達、向宗回、李嗣徽、閻守懃皆佐建立謀議，亦可嘉録，特與本宗有服親初品官一名。」

五年十二月二十二日，贈感德軍節度使、追封通義侯仲科爲開府儀同三司。

六年閏三月二十九日，贈忠州刺史劉範再贈正任觀察使。

欽宗靖康元年二月六日，贈太師、追封楚國公范仲淹可特追封魏國公，追復右正議大夫司馬光贈太師，贈少傅張商英特贈太保。詔曰：「朕獲奉宗廟，即位累日〔一〕，於四方賢材未暇遠有號召也。永惟國家大政事，已詔三省、樞密院盡遵復祖宗法，而近世名臣未有褒録，何以示朕意焉？」故有是命。以上《續國朝會要》。

高宗紹興元年九月五日，詔贈通奉大夫梁士能贈正奉大夫。以元祐黨人贈恤也。

二年四月，詔觀文殿大學士、贈太師、相國公韓忠彦追封魏國公。

三年六月十六日，詔承議郎、贈朝請大夫胡端修贈直祕閣。

四年十月，詔贈承事郎陳東、歐陽徹贈朝奉郎、祕閣修撰。以靖康間上書言事，忠義可嘉，故有是命。

五年三月，詔觀文殿大學士、左正奉大夫、贈特進徐處仁贈[19]少保。

五月，詔朝議大夫、充實文閣待制、贈開府儀同三司馬默贈少傅。

六月，詔太尉、同知樞密院事、贈開府儀同三司种師道贈少保〔二〕。

六年三月，詔承議郎、殿中侍御史、贈直龍圖閣龔(史)〔夬〕贈右諫議大夫。

四月，詔同知樞密院事、贈右銀青光禄大夫趙瞻贈資政殿大學士、銀青光禄大夫。

五月九日，詔贈少師劉摯贈太師。

十一月二日，詔尚書左丞、贈延康殿學士范純禮贈資政殿學士。

七年十一月，詔殿中侍御史、贈直龍圖閣陳師錫贈諫議大夫。

九年，贈直龍圖閣趙叔近贈集英殿修撰。以建炎初秀州軍賊作過被害故也。

十月，詔左光禄大夫、贈特進陳彦修贈開府儀同三司。

十年八月，詔左武大夫、吉州刺史、統領涇原路軍馬、昭化軍節度使張達贈開府儀同三司。靖康二年間，與金賊大兵鬬敵戰歿故也。

十二年五月二十五日，詔武信軍承宣使、贈保静軍節

〔一〕立：原作「王」，據《靖康要録》卷二改。

〔二〕种師道：原作「神道」，據《建炎要録》卷九〇改。又據《宋史》卷二一二《宰輔表》，師道靖康元年除同知樞密院事，此句脱一「同」字，因補。

安保静軍節度使、揚國公、贈太師劉光世追封安城郡王。

九年二月二十四日，詔故禮部尚書、端明殿學士、贈資政殿學士蘇軾贈太師。以上《乾道會要》。（以上《永樂大典》卷一九一二六）

度使張宗顔，龍神衛四廂都指揮使、瀘川軍承宣使、贈武寧軍節度使劉寶，並贈檢校少保。

十月二十七日，詔入内内侍省高班、贈率府副率李繼元贈武節郎，入内内侍省東頭供奉官、贈修武郎李僅贈武德郎。時以皇太后回鑾，繼元、李〔僅〕嘗侍宫闈有勞也。

三十年十一月六日，詔贈左正議大夫曹輔贈左光禄大夫。輔建炎元年五月七日辛未經贈官，因郊恩贈左正議大夫，至是始加贈焉。以上《中興會要》。

三十二年孝宗即位未改元。九月二十三日，詔贈左宣奉大夫、資政殿學士魏良臣贈左光禄大夫。先是，良臣知潭州，因賣官田賞當轉一官，至是收使，特與再贈。

十二月二十四日，詔少師、安武軍節度使、（附）〔駙〕馬都尉、康國公、贈太師、追封鄧國公錢景臻追封德陽郡王。

孝宗乾道二年十二月十三日，詔太師、寧遠昭慶軍節度使、追封蘄春郡王楊存中追封和王。

四年五月十一日，詔揚武翊運功臣、太傅、鎮南武安寧國軍節度使、通義郡王、贈太師韓世忠追封蘄王。詳見《贈官雜録》。

五年二月十一日，詔少師、保信軍節度使、魏國公、贈太保張浚贈太師。

六年十一月二十一日，贈宜州觀察使蔣世忠贈昭化軍節度使，贈武義大夫、高州團練使謝寧贈均州觀察使。

八年十二月二十一日，詔和衆輔國功臣、太傅、護國鎮

宋會要輯稿　儀制一三

内侍追贈

[1]内侍贈二官

左驍衛上將軍、安遠軍節度觀察留後致仕劉承規，大中祥符六年七月贈左衛上將軍、鎮江軍節度使。　宣慶使、遂州觀察使、入内内侍省内侍都知麥允言，皇祐二年八月贈司徒、安武軍節度使。　延福[2]宮使、武信軍節度觀察留後、入内内侍省内侍都知王守忠，至和元年正月贈太尉、昭德軍節度使。　左藏庫使、梓州觀察使、入内内侍省内侍副都知藍元用，二年三月贈司徒、保大軍節度使。　延福宮使、入内内侍省内侍都都知、武康軍節度觀察留後鄧保吉，治平四年十月贈鎮寧軍節度使、守太尉。　延福宮使、武信軍節度觀察留後石全彬，熙寧三年十月贈定武軍節度使、守太尉。　宣慶使、昭武軍節度觀察留後石全育，四年十二月贈昭德軍節度使〔一〕、守太尉。　入内内侍省東頭供奉官任源，紹興□年九月以武顯大夫致仕〔二〕，贈右武大夫。　内殿崇班李從約，十二年十月贈武翼大夫。以皇太后回鑾，從約嘗侍宮闈有勞也。

贈使相特進附

内客省使、奉國軍節度觀察留後、知入内内侍省事郝隨，大觀三年十月。　内客省使、彰化軍節度觀察留後致仕馮世寧，政和七年七月。　以上贈開府儀同三司。　彰德軍承宣使張祐，宣和六年四月贈特進。

贈節度使

左騏驥使、英州團練使周懷政，明道二年十一月贈安國軍。　景福殿使、英州觀察使藍繼宗，景祐三年正月贈安德軍。　右騏驥使、象州防禦使、入内内侍省内侍都知王惟忠，慶曆元年六月贈武康軍。　皇城使、眉州防禦使、入内内侍省内侍副都知岑守素，五年閏五月贈振武軍。　皇城使、象州防禦使、入内内侍省内侍副都[3]知皇甫繼明，七年十二月贈保順軍。　昭宣使、眉州防禦使、内侍省内侍右班副都知劉從愿，八年三月贈大同軍。　初贈崇信軍節度觀察留後，以舊侍東宮，故特贈之。　昭宣使、梓州觀察使楊懷敏，皇祐二年三月贈昌化軍。　如京使、果州團練使、入内内侍省内侍都知張惟吉，至和元年十二月贈保順軍。　延福宮使、武信軍節度觀察留後石全彬，熙寧三年十月贈定武軍。　宣慶使、昭武軍節度觀察留後石全育，四年十二月贈昭德軍。　皇城使、海州團練使、入内内

〔一〕昭：《長編》卷二二八作「彰」。

〔二〕原稿「九月」上無年代，則承前當爲熙寧四年，然據《建炎要録》卷五一，任源紹興二年尚存，《畫繼》卷五云其人死於紹興間，又下條亦爲紹興間事（見《建炎要録》卷一四七），則此條當是「紹興□年九月」（最可能是四年），因補。

侍省副都知蘇利涉，元豐五年十月贈奉國軍。　昭宣使、康州防禦使、入内内侍省副都知梁從吉，元祐五年十一月贈感德軍。　宣州觀察使李憲，紹聖元年贈武泰軍。　宣政使、成州防禦使、入内内侍省副都知馮崇道，元符元年六月贈安德軍。　宣慶使、蔡州觀察使、入内内侍省副都知宋用臣，三年十月贈安化軍。　通侍大夫、昭慶軍節度觀察留後、直睿思殿梁和，政和六年三月贈安化軍。　延福宮使、奉國軍承宣使董懋，紹興元年五月贈安化軍節度使。景福殿使、湖州觀察使、内侍省副都知藍安石，九年正月贈節度使。　延福宮使、保康軍承宣使黄晃，二十三年五月贈保寧軍節度使。　内侍省押班康諝，二十六年二月贈保信軍節度使。　宣政使、保成軍承宣使宋唐卿，二月贈清遠軍節度使。　宣政使、安慶[4]軍承宣使陳瑛，二十八年十二月贈建寧軍節度使。　感德軍承宣使梁邦彦，三十年十月贈節度使。　延福宮使、寧遠軍承宣使李珂，隆興二年九月贈清遠軍節度使。　武功大夫、保寧軍承宣使致仕續瑆，乾道元年六月贈清遠軍節度使。　延福宮使、德慶軍承宣使致仕衛茂寔，四年九月贈奉國軍節度使。　延福宮使、保康軍承宣使致仕林肇，十月贈武寧軍節度使。　保康軍承宣使致仕張見道，八年十二月贈慶遠軍節度使。　寧海軍承宣使邵諤，八年正月贈武寧軍節度使。

贈留後

延福宮使、雅州防禦使、入内内侍省副都知韓守英，明道二年五月贈某軍。　宣政使、耀州觀察使張若水，熙寧九年六月贈天平軍。　宣慶使、内侍省副都知、康州防禦使王守規，十年三月贈昭武軍。　皇城使、入内内侍省副都知、忠州防禦使藍元振，四月贈鎮海軍。　果州刺史、内侍押班張允誠，元豐六年四月贈奉國軍。　宣慶使、忠州團練使、内侍省押班、副都知趙世長，紹聖二年三月贈崇信軍。　昭宣使、康州刺史、入内内侍省押班劉維簡，三年三月贈安化軍。

贈承宣使

昭宣使、榮州防禦使、入内内侍省押班李珪，紹興十七年十二月贈正任承宣使[一]。

贈觀察使

宣慶使、昭州防禦使、勾當皇城司李神福，大中祥符三年四月贈潤州。　昭宣使、誠州團練使、内侍省左右班都都知張崇貴，四年[5]八月贈豐州。　皇城使、入内内侍省内侍都知、恩州團練使鄧永遷，七年十一月贈宣州。　昭宣使、平州團練使、入内内侍都知秦翰，八年閏六月贈貝州[二]。　左藏庫使、果州防禦使江德明，景祐四年二月贈耀州。　昭宣使、嘉州防禦使閻文應，寶元二年九月

[一] 紹興：原無。按李珪爲紹興間宦者（見《建炎要録》卷一四六），此「十七年」爲紹興十七年無疑，因補。

[二] 貝：原作「具」，據《長編》卷八五改。

贈邠州〔一〕。皇城使、達州團練使、帶御器械程昉，熙寧九年九月贈耀州。文思使、内侍押班張恭禮，元豐三年五月贈邠州，以嘗事東宮故也。内侍押班高居簡，四年正月贈耀州。成州團練使石得一，紹聖三年贈隨州。

贈防禦使

南作坊使、獎州團練使、入内内侍省内侍都知閻承翰，大中祥符七年十一月贈懷州。文思使、昭州刺史、入内内侍省内侍副都知鄧守恩，天禧五年三月贈淄州。六宅使、榮州刺史、入内内侍省内侍副都知夏守恩，天聖二年七月贈沂州。

贈團練使

皇城使、巒州刺史竇神寶，天禧三年九月贈冀州。内園使張繼能，五年四月贈汀州。西頭供奉官郭世及，元豐六年十一月贈皇城副使。

贈大將軍

左武衛將軍致仕任守忠，熙寧元年十月贈左千牛衛。

贈内侍

入内都知、洛苑副使王仁睿，雍熙四年六月贈内侍省内侍，非常例也。

奉使追贈〔二〕

西上閤門使符惟忠與富弼使契丹，至深州武强縣卒，慶曆三年五月贈客省使、眉州防禦使。四方館使、新州刺史王克忠使契丹，感疾于幽州，還第 6 而卒，皇祐元年四月贈引進使、果州團練使。供備庫使、兼閤門通事(合)〔舍〕人郭士遜送伴契丹使，道卒，四月贈皇城使。司勳郎中、判三司理欠憑由司李永德送伴契丹使，道卒，五月贈太常少卿。朝散郎、尚書吏部員外郎傅察，靖康元年五月贈徽猷閣待制，以奉使金國不屈節死之故也。刑部尚書王雲，建炎三年贈觀文殿學士，以奉使金國，至磁州爲郡人所害。奉議郎、守尚書水部員外郎、借工部侍郎滕茂寔，紹興二年二月贈龍圖閣直學士。靖康中遣往軍前議和，虜人逼令改易衣冠，不從，被拘留，死于虜中。右朝奉大夫、光禄卿、奉使金國陳通，五年六月贈右文殿脩撰。右通直郎、試兵部侍郎司馬朴，十三年九月贈兵部尚書。以靖康間奉使金國而没，忠蹟顯著故也。右奉議郎、借朝議大夫、禮部侍郎、充河北軍前通問使魏行可，十四年正月贈朝奉郎、秘閣脩撰。左朝散郎、徽猷閣待制、河北河東充和議副使張宇發，三十一年五月贈左朝奉大夫。以靖康初奉使死于虜中，其子介有請也。從義郎、閤門祇候、充金國賀生辰國信副使趙應熊，乾道三年四月贈武翼郎。以使事回，病死于中道也。武德大夫劉滌，四年十二月

〔一〕邠州：原作「某州」，據《宋史》卷四六八《閻文應傳》改。
〔二〕追贈：原無，徑補。以下四題同。

贈武功大夫、忠州刺史。滁奉使出疆，道中病死，其家有請，故特贈之。

僞國主追贈

檢校太師、兼中書令、秦國公孟昶，乾德三年七月贈尚書令〔一〕、楚王。 7 右千牛衛上將軍李煜，太平興國三年七月贈太師、吳王。 左監門衛上將軍、衛國公劉鋹，五年三月贈太師、南越王。 武勝軍節度使、太（使）師、尚書令、兼中書令、鄧王錢俶，端拱五年八月贈秦國公。 保康軍節度使劉繼元，淳化二年十二月贈中書令、彭城郡王。 僞蜀前山南節度使韓保正，乾德四年六月贈右千牛衛上將軍。保正自蜀入朝，未及命官而卒。

前朝臣追贈

周天平軍節度使、同平章事韓通，建隆元年正月贈中書令。

外臣追贈

定難軍節度使、太尉、兼中書令、西平王李彝興，乾德元年八月贈太師、夏王。 西涼府六谷大首領〔二〕、朔方軍節度使潘羅支，景德元年十月贈追封武威郡王〔三〕。 靜海軍節度使、南平王黎桓，四年七月贈中書令、南越王。 豐州防禦使王承美，大中祥符五年十二月贈恩州觀察使。 靜海軍節度使〔四〕、同中書門下平章事、安南都護、南平王李公蘊，天聖七年四月贈侍中、南越王。 定難軍節度使、守太尉、尚書令、兼中書令、夏王趙德明，明道元年十一月贈太師、尚書令、兼中書令。 寧州團練使折惟忠，景祐五年六月贈寧州防禦使，再贈耀州觀察使。 靜海軍節度使、同中書門下平章事、南平王李德政，至和二年十一月贈侍中、南越王。 靜海軍節度使、同中書門下平章事李日尊，熙寧六年四月贈侍中、南越王。 推誠佐運保節忠亮同德崇仁宣力守正順化 8 懷躬贊治安信謹度承命濟美建勳率義（郭）〔敦〕禮揚休翊戴功臣、靜海軍節度觀察處置等使、開府儀同三司、檢校太師、守司空、同中書門下平章事、安南都護、上柱國、南平王李乾德，紹興二年三月贈侍中，追封南越王。 遼國宣徽北院使、崇祿大夫、檢校太傅、行左金吾衛大將軍、兼御史中丞、護國劉彥昇，五年九月贈右武大夫、貴州團練使。

〔一〕乾德：原作「乾道」，據《宋史》卷四七九《世家》二改。

〔二〕六：原作「上」，據《宋史》卷四九二《外國傳》八改。

〔三〕「贈」下疑有脫字。

〔四〕海：原作「南」，據《長編》卷一〇七改。

隱逸追贈

陝州處士魏野，天禧四年正月；河中府處士李漢，三月：以上贈著作郎。光禄寺丞致仕孔旼，嘉祐五年十一月贈太常丞。（穎）〔潁〕州團練推官邵雍〔一〕，熙寧十年九月贈著作郎。　魏漢津，崇寧五年十二月贈太中大夫。以嘗造九鼎，作大樂，故特褒贈。

追贈雜録

太宗淳化三年七月十八日，太師、魏國公趙普薨，贈尚書令，追封真定王。以新罷相，仍用宰相例。是後王旦、馮拯皆如例。

真宗天禧二年五月三日，成德鎮寧軍節度使、守太尉、尚書令、兼中書令、徐王元偓薨，贈太尉、尚書令、鄧王。

仁宗天聖五年五月二十三日，天策上將軍、太尉、尚書令、雍州牧、兼江陵牧、楚王元佐薨，贈鳳翔河中牧、齊王。自咸平後，親王例贈二官，仍追封大國，故徐王生爲尚書令，復贈是官，楚王加二府牧，皆以滿二官之數。

慶曆八年三月，供備庫使李端憲卒，贈澤州刺史。故事，公主之子有特贈者。端憲非魏國大長公主出，有司之失也。

皇祐元年六月二十七日，太子少 9 傅致仕李若谷薨。詔以子在近侍，特贈太子太傅，不得爲例。

嘉祐四年四月二十四日，端明殿學士、兼翰林侍讀學士、龍圖閣學士、户部侍郎、集賢殿脩撰李淑卒于河中府，詔特贈官。故事，學士四品官無贈典，唯侍經筵，同列有請，即詔可。至是不緣奏請，特下詔加贈。以上《國朝會要》。

神宗熙寧八年八月九日，右龍武衛大將軍、均州團練使宗制卒，中書擬贈華州觀察使、華陰侯。手詔：「宗室名連『宗、從』字者，皆太祖、太宗諸王之後，今于皇家最爲行尊屬近。比歲淪亡相繼，存者無幾，送終之典，理宜加厚。可贈彰化軍節度觀察留後、北海郡公，著爲例。」

九年六月，右正言、天章閣待制、兼侍講王雱卒，詔特加贈。

哲宗紹聖元年七月八日，詔宗室换授文官身亡者，通直郎以上于見任寄禄官上加贈二官。

元符三年三月四日，詔祖宗諸子除存者以進封外，其亡殁已封贈者更與封贈，未及名者追賜名。以上《續國朝會要》。

高宗紹興元年正月一日德音：「元祐黨籍臣僚未經褒贈人，近降指揮令吏、刑部限一月檢舉條具，申尚書省。如内有無案牘可照者，仰逐部行下本家取索。今來尚慮無案

〔一〕「練」下原有「使」字，據《長編》卷二八八刪。

牘可照，黨籍臣僚子孫遠在四方，逐部取索，艱于周遍，致有稽滯，未稱朝廷褒崇忠良之意。可令諸路州軍多方曉諭黨籍臣僚之家，録白係籍人出身告敕或干照文字，經所在州軍驗寔保明，申尚[10]書省，當議優加褒贈。」

四年二月二十五日，左金紫光禄大夫、充龍圖閣待制、提舉華州雲臺觀王革上遺表，有司言：「寄禄官止有特贈，乞更不贈官。」詔依，特與合得恩澤。

十一年五月九日，詔：「應官員遇恩該贈父祖，如係有官出身，與帶『左』字；無出身及白身並帶『右』字。」從臣僚請也。

二十四年八月二十六日，宰執進呈禮部擬定張俊贈典，欲依韓世忠例。上曰：「俊在明受間有兵八千屯吳江，朱勝非降指揮與秦州差遣，俊不受，進兵破賊，寔爲有功。可與贈一國一字王，令禮部擬定。」于是特封循王。以上《中興會要》。

孝宗乾道元年七月二十一日，忠訓郎不礙言：「父士跂係濮安懿王下，向任右監門衛大將軍、吉州團練使，于建炎四年陷虜，居于邢州。自後欲結約歸朝，事覺遇害，有歸正官范邦彦備見。」既而會到邦彦言：「向在虜中，不記年月，有趙士跂自邢州收捕至京城，繼聞已戮死于市。」詔特贈節度使。

三年七月二十五日，臣僚言：「伏覩詔旨，沈該特贈少師，依條與遺表恩澤。謹按該廉聲不聞，汙迹素著，既爲宰相，賄賂公行。起知明州，復掛白簡，遂勒令致仕。今其死也，復以宰相恩數與之，可謂幸矣，豈可又以非常恩典加惠姦貪？乞寢罷贈官恩數，以協四海公議。」從之。

四年四月十八日，宰執進呈統制官張青言韓世忠之功，乞追封王。上曰：「事已歷年，又無所因。」宰臣陳俊卿曰：「張俊、楊存[11]中已封王，則于韓世忠似有不足。前此失于無人建白，若聖意行之，亦足勸有功而勵將士。」上可之，遂封蘄王。以上《乾道會要》。（以上《永樂大典》卷一九一二八）

帝諱 諱忌附録〔一〕

【宋會要】

[12]大中祥符九年正月九日，供奉官承益請改名承炳，避壽春郡王名也。

天禧三年九月二十七日，度支郎中、兼御史知雜杜夢證以名下字與皇太子名近，請改曰堯臣，許之。

仁宗明道二年八月十三日，上封者言：「莊獻明肅皇太后上仙，中外不當更避彭城郡王名。」從之。

治平三年正月二十六日，中書門下言：「請避濮安懿

〔一〕按此題與內容實不相符。所謂「帝諱」者，當爲避當今皇帝之諱，而下引諸條僅爲避皇太后、太子、親王之諱。蓋《宋會要》原書本有「帝諱」一門，其中亦含帝室之諱，此處殘存者僅爲帝室之諱中的部分條文。

王名下一字。」從之。

神宗元豐八年四月十九日，禮部言：「高魯王名正字並迴避，有難迴避者空點畫，仍以黃紙覆之。嫌名於禮不諱，亦無迴避故事〔一〕。」詔可，仍自今進呈并入奏文字，雖嫌名亦覆之。

政和五年七月八日，詔姓氏犯濮安懿王諱者改爲遜字。《金玉新書》：「諸犯濮安懿王、秀安僖王（偉）〔諱〕者改避。若書籍及傳録舊事者，皆爲字不成。其濮安懿王在（貞）〔真〕宗皇帝謚號内者不避，應奏者以黃紙覆之。」

【宋會要】

乾興元年十一月十一日，禮儀院言：「準遺制，軍國事權取皇太后處分。今參詳中外表章中有犯皇太后先代名諱，並合迴避。今或遍諱三代，即緣正月三日天書降節及聖祖殿名、外州名多須迴改；如只諱彭城郡王名，則表章合避。如難避者，即用黃紙蓋貼，或空點畫。其通進銀臺司近在禁中，日夕封進文字，望請改爲承進銀臺司。」詔只避彭城郡王名，餘從所請。應改通判爲同判，13 通利軍爲安利軍，通州爲崇州，大通監爲交城監，通奉大夫爲中奉大夫，通直郎爲同直郎，通事舍人爲宣事舍人，《開寶通禮》爲《正禮》，通天冠爲承天冠。諸縣鎮、宫觀、寺院、在京諸城門、倉庾之名，並以義改易。

紹聖元年二月二十三日，三省、樞密院言：「宣仁聖烈皇后同聽政之日，天下章奏皆避高陳王名諱。按《國朝會要》，章獻明肅皇后上仙，中外不復避彭城郡王名。」詔依章獻明肅皇后故事。

四月二十六日，尚書左丞鄧温伯言：「舊名潤甫，昨避高陳王諱，今請復舊名。」從之。

廟諱

【宋會要】

大中祥符二年六月二十四日，詔曰：「太宗皇帝藩邸舊諱，溥率咸知，雖先訓之具存，俾臨文而不避，近觀列奏，或犯二名，聞之瞿然，載增永慕。自今中外文字有與二字相連及音同者，並令迴避。」

五年七月二日，帝謂宰臣曰：「僖祖廟諱本是上聲諱避，近見臣僚章奏文字，多避去聲眺字。當更令兩制詳定。」晁迥等言：「僖祖諱字從月，按《説文》曰『晦而月見西方』也，音土了切。又朓，從肉，祭肉也，土了切，一作他弔切。今請止從去聲，於義無害。又眺，目不正也，他弔切，音義各異，望不迴避。」從之。

閏十月八日，詔：「聖祖諱上字曰玄，下字曰朗，公私文字不得斥犯。」詳定所言：「上字如遇仙道事，即改爲真；如顔色，即改爲黝；自餘並臨文取意，或元或明字，傳

〔一〕故事：原倒，據《長編》卷三五四乙。

寫之時，並空闕點[14]畫。又按《周禮》：孟冬祀司民。唐朝避文皇諱，改爲司人。今請改玄武爲真武，玄冥爲真冥，玄戈爲真戈，玄枵爲真枵。緣各配南郊及臘祭，合行祭告。又緣並無正壇，常爲配座。今欲先擇日差官於南郊設昊天位，及于本龕設玄武以下四位，各用香幣酒脯，告以改名之意。」從之。詳定所請改玄中爲元中，玄都爲真都，玄元皇帝爲太上老君，玄極爲元極，洞玄爲洞元，左玄、右玄爲左元、右元，唐玄宗爲唐明皇帝，房玄齡爲房喬，朗州爲鼎州〔一〕，蔡州朗山縣爲確山縣〔二〕，梓州玄武縣爲中江縣，大内玄武門爲拱宸，姓(武)〔氏〕爲都氏。

八年六月十五日，詔改含光殿名曰會慶。以光字太宗舊名之上字，故避之。

天禧四年五月六日，衛尉寺丞林湜言：「國子監經書印板字內有聖祖諱，望令空闕。」從之。

寶元元年四月四日，翰林侍讀學士李淑言：「真宗藩邸舊名，請令天下毋得連用，有爲名者令改易。」從之。

皇祐五年四月二十一日，詔毋得連用太宗、真宗舊名。

治平元年十一月三日，翰林學士賈黯言：「仁宗初名受益，請詔中外文字不得連用。」從之。

元祐元年正月十二日，禮部言：「翼祖皇帝奉藏夾室，伏請依禮部例不諱。」謹依。

元符二年十一月二十日，太常少卿曾旼言：「黑帝配座名號帝顓下一字與神宗皇帝廟諱音同，請改稱高陽氏。」從之。

崇寧四年閏二月五日，詔：「翼祖皇帝未應祧遷，已還本室。所[15]有翼祖皇帝廟諱，並依元豐(公)〔令〕式，諱字仍添入《集韻》所載。」

大觀元年十一月八日，宣德郎范之純言：「竊謂《周官》小史詔王之諱，所以尊宗廟〔三〕、示孝思於四方也。今祖宗廟諱著令當避，天下宜曉然知之矣。然邊鄙之民猶或沿襲舊姓，仍因不改。欲望下有司詳定姓氏犯祖宗廟諱者，隨文更易，如苟字、商字之類。」詔申明行下。

四年五月十九日，詔士庶姓軒轅去轅字。

政和元年九月二十六日，太常寺言：「姓氏犯宣祖皇帝廟諱者，乞作商字。」從之。

二年五月三日，詔姓氏犯聖祖名者，改爲明字。

八月一日，禮部奏：「凡姓氏犯翼祖皇帝廟諱，乞改作恭字。」從之。

三年九月二十九日，禮部言：「知開德府觀城縣事張隨狀：爲母故姓去王切氏〔四〕，犯太祖皇帝廟諱，乞擬定合改姓氏。欲取聲音相近，改作康字。」詔從之。

〔一〕朗：原作「郎」，據《宋史》卷八八《地理志》四改。

〔二〕朗：原作「郎」，據《宋史》卷八五《地理志》四改。

〔三〕尊：原作「遵」，據文意改。

〔四〕「去王切」原作大字，天頭原批：「『去王切』三字《大典》作小注。」按「去王切」即「匡」字，《大典》作小注是也，今從改。

四年四月二十七日，太常寺言：「軒轅星犯聖祖皇帝諱，乞改爲權星。」從之。

七月十四日，詔承直郎宋敬可改名兢，應有似此偏傍全同廟諱者，比附改賜訖奏。

五年二月八日，禮部言：「博州高唐縣申，本縣有高趙村一户姓呼玉切，係犯廟諱，合行迴避。」詔改作「五」字〔一〕。

紹興二年十一月二十六日，禮部尚書洪擬言〔二〕：「禮部、太常寺申：『伏覩淵聖皇帝御名見於經傳義訓者，或以威武爲義，或以回旋爲義，又爲植立之象，又爲亭郵表名，又爲圭名，又爲姓氏，又爲木名，又爲水名，當各以其義類求之。今謹按《詩》有曰：「桓〔三〕，武志也。」孔穎達曰：『有威武之義。』又按《詩》曰：『桓桓武王。』鄭康成曰：[16]『有威武之王。』又按《詩》曰：『玄王桓撥。』毛公曰：『桓，大也。』又按《書》曰：『勗哉夫子！尚桓桓。』孔安國曰：『武貌。』又按《爾雅》曰：『桓桓烈烈，威也。』凡此皆以威武爲義也。若此之類，今欲定讀曰威。又前代帝王公侯謚法：辟土服遠曰桓，能成武志曰桓，克敵服遠曰桓，壯以有立曰桓，克咸成功曰桓。凡此亦皆以威武爲義，其前代謚號，亦當讀曰威。又按《易》曰：『盤桓，利居貞。』孔穎達曰：『盤桓，不進之貌。』又按《莊子》曰：『鯢桓之審爲淵。』郭象曰：『未始失其靜然。』凡此皆以回旋爲義也。若此之類，今欲定讀曰旋。又按《禮記》曰：『三家視桓楹。』孔穎達曰：『四植謂之桓。』又按《周禮》曰：『公執桓圭。』鄭康成曰：『雙植謂之桓。』又按《説文》曰：『桓，亭郵表也。』又按《集韻》曰：『亭郵四角建大木，貫以方板，名曰桓表。』凡此皆以植立爲義。若此之類，今欲定讀曰植。若姓氏，今欲定去木爲亘。從一從面，思緣切。如《書》曰：『西傾因桓。』水名也。《玉篇》曰：『桓木葉似柳。』桓，木名也。若此之類，皆欲定作亘，從二從回，思緣切。又緣漢法，邦之字曰國，盈之字曰滿，止是讀曰國曰滿，其本字見於經傳，未嘗改易。司馬遷，漢人也，作《史記》曰：『先王之制，邦内畿服，邦外侯服。』又曰：『盈而不持則傾。』於邦字、盈字亦不改易。今來淵聖皇帝御名欲定讀如前外，其經傳本字即不當改易，庶幾萬世之下有所考證。今來看詳所議定推求義類別無未盡。」詔依。先是，吏部尚書、兼權翰林學士沈與求言：「自漢以來，御名[17]皆有他字代之，用爲定制。淵聖皇帝御名涉前代姓謚最多，而臣下遷就迴避，有可槩見者。如魯公則謂爲允公，齊公則謂爲小白，皆以名易其謚也。周王則謂爲莊王，漢帝則謂爲剛帝，或謂齊、魯二公爲安公，他皆倣此，隨意更易，無復質據。至於姓則去木爲亘，而有司行移，有不可通曉者，士人科舉程文，枉被黜落，往

〔一〕「五」字疑誤。「呼玉切」，查宋以前字書及舊注，應是「旭」字，旭姓見《萬姓統譜》卷一一三引《姓苑》。「旭」與神宗名「頊」同音。然「旭」改作「五」似無義理。疑當作「玉」，取其反切之下字。

〔二〕「洪擬」上原衍「項」字，據《建炎要録》卷六〇删。

〔三〕按，原稿此段以下「桓」字俱缺末筆。

往有之。矧經筵讀《春秋》而稱謚、稱名，具存褒貶之例，循用私說，于義未安。乞詔禮官議以他字代之，使姓謚名物，義例相通，略如漢制，庶幾四方臣子得以遵用。」尋下禮部、太常寺同共議定，至是又詔令〔洪〕擬看詳故也。

紹興三十二年正月，禮部、太常寺言：「欽宗祔廟，翼祖當遷。於正月九日告遷翼祖皇帝、簡穆皇后神主奉藏於夾室，所有以後翼祖皇帝諱，依禮不諱。」詔恭依。

淳熙七年五月十一日，大理少卿梁總言：「得旨將《刑統》內有本朝聖祖名、廟諱各隨文義擬易他字，繕寫爲三册，乞下國子監刊印。」從之。先是，總言：「校勘律文、《刑統》，竊見前代國諱皆易以他字。詳律文係古法書，比擬經傳，不當改易外，其《刑統》前後詳定不一。既非古書，兼建隆四年詳定廟諱、御名，既曾易以他字，止緣後來有司失於申明，循習開雕，尚仍舊本。」得旨編類，至是上之。

十五年十月二十六日，禮部、太常寺言：「文書式及國子監見今遵用《韻略》內，所載高宗皇帝御名合改爲廟諱〔一〕，下刑部、國子監改正。」18從之。

紹熙元年四月九日，詔：「今後臣庶命名，並不許犯祧廟正諱。如名字見有犯祧廟正諱者，並合改易。」先是，將作監倪思言：「祧廟不諱，禮也。然於文字之間不諱可矣，至若臣子命名，亦不回避，揆之人情，有所未安。若不避嫌諱，猶之可也；至不避正諱，則已甚矣。竊見近者省試揭牓，士子之名有犯翼祖皇帝正諱者。以是推之，恐天下用祧廟之諱命名者不止一人。臣以爲皆宜使之改避。」既而禮官詳議來上，故有是詔。

慶元元年正月二十一日，禮部、太常寺言：「文書式及國子監見行遵用《韻略》內，所載孝宗皇帝御名合改爲廟諱，下刑部、國子監改正施行。」詔恭依。

六年十一月十七日，禮部、太常寺言：「文書式及國子監見今遵用《韻略》內，所載大行聖安壽仁太上皇帝御名合改爲廟諱，下刑部、國子監改正。」詔恭依。

嘉定十三年十月五日，司農寺丞岳珂奏：「臣聞尊祖敬宗者，帝王之達孝；以諱事神者，國家之定規。宗廟有諱，刊之令式，布之民庶，昭如日星，而有司沿襲故常，猶有條奏弗時之弊，臣竊惑焉。恭惟孝宗皇帝盛德巍巍，以華協勛，而潛躍基命之始，威熛招紀之名，所以與天挈崇者，尚未昭布于天下，至乃舉其二而廢其一，即其新而志其舊，知一名之當避，而不知二字之不可連。故今舊諱之從伯、從玉、從宗者，形諸文書則聯翩而不疑，仕於官府則習讀而弗怪。甚而下俚閭19閻之賤，或得以命名而稱之。尊避敬諱之典，(乞)〔訖〕未得視祖宗以爲(北)〔比〕，甚非陛下揭虔教孝之本意也。臣常伏攷國朝之制，太宗、仁宗、英宗、神宗舊諱二字者凡八，皆著令不許並用。(改)〔故〕《紹興文書令》有曰：『廟諱正字皆避之。』又令之注文曰：『舊諱內

〔一〕合：原無，據下文「慶元元年」條文例補。

二字連用爲犯。』夫廟諱之盡列嫌名，舊諱則惟存其正，列聖相授，酌禮用中，又從而申制焉。字之復者則勿連，字之一者則盡避，不簡不苛，情文叶稱，弗可改已。今累朝之已行者既極其明備，而祖廟之未舉者猶事於因循，則何以光丕承之烈於方來，而慰奏假之孝於今日？乞下之禮官，討論訂議，亟頒明詔，增附甲令，盡孝治之美，以宣示億萬世。」又言：「竊惟欽宗皇帝舊諱二字，其一從(面)〔亘〕從旦，其一從火從亘。雖享國日淺，未遑頒下，而攷之哲宗、孝宗舊(北)〔比〕，皆合回避。乞併下禮寺討論，頒降施行。」從之。既而禮寺討論：「所有欽宗皇帝舊諱，一從亘從旦，一從火從亘。孝宗皇帝舊諱，一從伯，一從玉從宗。若二字連用，照條並合回避。指定欲從本官所請，刊入施行。」詔依。

羣臣名諱

【宋會要】

雍熙二年六月二十八日，詔曰：「名終將諱，禮有舊章，子孫則難言，公家則不避。況二名之不偏，是六籍之正文，復不諱於嫌名，悉存之於古典。如聞近日因其家諱，致忤物情。後內外臣僚三代名字只得私諱，州府長吏不 [20] 得令人於客次牓列；新授職官除三省、御史臺五品、文班四品、武班三品以上許準式奏改，其餘不在請改之限。」

景祐二年七月十一日，流內銓言：「選人改名，勘會過犯聞奏，降朝旨行遣，虛費文移，復恐久遠差互。欲乞今後更名者更不施行。內有稱與尊長同名，若尊長不在仕籍，即令尊長任便改名，免本人告勑名姓交加，別生僞濫。」詔無過犯者即許改名，餘依奏。

嘉祐六年五月二十八日，翰林學士、知審官院賈黯言：「伏見大理寺丞雷宋臣除太子中舍，以父名顯忠，乞迴避，從其請。臣按《曲禮》曰：『不諱嫌名，不偏諱。』釋者曰：『嫌名，謂聲音相近，若禹與雨、丘與蓲也；偏，謂二名不一一諱也。』據律文，諸府號、官稱犯祖父名而冒榮居之者徒一年。釋曰：府有正號，官有名稱。府號者，若父名衛，不得於諸衛任官；或祖名安，不得任長安縣職之類。官稱者，或父名軍，不得作將軍；或祖名卿，不得爲卿之類。又諸上書如奏事犯祖廟諱者杖八十，如嫌名及二名偏犯者不坐。今按宋臣父名顯忠，而避『中』字，於禮所謂嫌名。臣謂既許避免，若後有如此而不避者，豈得不謂犯冒榮之律？如前代故事，東晉以王舒爲會稽內史，舒父名會，求易他郡，時議以字同音異，於禮無嫌，得改會爲鄶，舒遂行。後又以舒子允之爲會稽內史，允之亦乞更授。詔曰：『祖諱曷如君命之重〔一〕？』下八座詳之。給事中譙王

〔一〕君：原缺，據《長編》卷一九三補。

無忌以《春秋》之義〔一〕，21不以家事辭王事。《通典》：「是上之行乎下也。」夫王命之重，不得崇其私。又故事無以祖名辭命之制。唐賈曾除中書舍人，父名忠，固辭。議者以中書是曹司之名，又與曹父名音同字別，於禮無嫌。至于國朝，雖雍熙中嘗下詔，凡除官內有家諱者，除三省、御史臺五品、文班四品以上許用式奏改，餘不在此制。然推尋國初迄於近年，或小官許改，或大官不從。雖二名、嫌名而有許避者，或正犯單諱而有不許者。如建隆初慕容延釗除同平章事，以父名章，改爲同中書門下三品〔二〕；吳廷祚以父名璋，改爲同中書門下三品；趙延進除起復雲麾將軍，以父名暉，改授起復光禄大夫。天聖中著作郎王溥父名著，奉禮郎張子奭父名宗禮，以溥爲大理寺丞，子奭爲太祝，皆請避而許者。如淳化中畢士安父名乂林，除翰林學士；天聖中韓億父名保樞，除樞密直學士；景德中王繼英父名忠，賜推忠功臣；天禧初寇準父名湘，除襄州節度使；天聖中劉筠父名繼隆，除龍圖閣學士；近年楊偉父名自牧，爲羣牧使。皆曾固辭，此又雖請避而不許者。前後許與不許，繫之一時，蓋由未嘗稽詳禮律，立爲永制。請約雍熙詔書，自幾品官以上，每有除授，若犯父、祖名諱，有奏陳者先下有司詳定。若於禮律當避者，聽改授之，餘不在避免之限。」詔太常禮院、大理寺同定奪，而言：「父、祖之名，爲子孫者所不忍道。不繫官品之高下，並聽迴避。」22遂詔凡府號、官稱犯父、祖名而非嫌名及二名者，不以官品高下，並聽迴避。

宣和四年九月二十九日，臣僚言：「近以馬向爲開封府工曹掾，自陳父名開，與府號相犯，乞迴避。而本府乃奏令銜內不書府名。昔吳中復守荆南，當帶提舉兵馬，以父名舉，乞改爲提轄。神考謂朝廷官稱，難以避守臣私諱。今向之事類此，爲人屈法，有虧國體。」詔别與差遣。

紹興四年四月五日，都官員外郎魏良臣言：「間有副尉陳狀名與遠祖名相犯，乞依條迴避者。雖有許申請改易之文，緣近年軍功及非泛補授之人，弊倖不一，豈可臨時妄有改易？貪冒之人得以依法爲姦。乞應在籍者並不許改名。」從之。

乾道五年二月二十五日，詔：「吏部應文武臣轉官礙父祖名合行寄理人，具因依給公據理作付身，更不取旨給降。」

淳熙三年七月四日，禮部侍郎、兼同修國史、兼實録院同修撰李燾言：「該轉中奉大夫，其中字犯父名。今官名有所避者往往於所授官上帶『寄理』字，其條貫並不該載。今臣止合帶舊官朝議大夫，更不帶『寄理』字。」吏部檢準令，諸官應稱避者擬以次官，即願仍舊（舊）官者聽。詔依，爲係侍從，仍特免帶寄理。

〔一〕忌：原作「忘」，據《長編》卷一九三改。

〔二〕三品：原作「二品」，據《長編》卷一九三改。下同。

《羣臣名諱序》〔一〕：「生而制名，歿而是諱，蓋孝子因心之道，先王立禮之方。然而君所無隱，奉至尊也；臨文亦稱，存大義也。若乃畏冒榮之禁，慮犯上之咎〔二〕，史家自變其例，連職難與之俱。理所未安，事必改23作。其或惡其聲近，特以字行，發乎智端，無所廢事。又若初不內出，人肆凌犯，形於諧玩，深辱士風。亦有封執沽名，矯枉傷正，是爲過當，殊非中禮。至人德愛在民，久而彌劭，衆爲之避，不亦韙乎！」

家諱

【宋會要】24翰林學士宋郊言〔三〕：「臣鄉里耆舊言，遠叔祖有與臣同名者。雖昭穆已疎，禮當迴避，今改名庠。」從之。

張琥權三司度支副使、太常寺丞、集賢殿修撰，以避五世祖嫌名，乞改名瑑，從之。

（江）〔汪〕洋賜進士及第，特賜名應辰。先是，洋陳乞名與遠祖諱同音，欲改名。三省有司言：「依法，承直郎以下及出官未及二考者不許改名。」故特賜名也。

改地避諱

【宋會要】宋敏求以右諫議大夫、史館修撰提舉萬壽觀公事，敏求言：「觀名犯先臣嫌名。」詔改提舉醴泉觀。

賈易左朝散郎，改知宣州。先是，除易知壽州，以犯祖名，改知廬州。易以廬帶一路（共鈐）〔兵鈐〕，不敢受，故有是命。

王崇拯爲侍衛親軍步軍副都指揮使、福州觀察25使，改爲秦州觀察使，避祖諱也。

邊順爲龍神衛四廂都指揮使、忠州防禦使、權主管侍衛馬步司公事，言：「準告命，除授忠州防禦使。內『忠』字犯曾祖諱，合行迴避。」詔改授萊州防禦使。

張鎬爲左朝請郎，言：「蒙恩差主管台州崇道觀，緣『道』字係犯祖名。」詔改差江州太平觀。

孔傳右中散大夫，改差提舉建州武夷山沖佑觀。先差提舉台州崇道觀，緣傳自陳「道」字係祖名，故也。

馬騭爲左朝奉大夫，言：「准敕，差發遣衡州。緣本州所管五縣內，一縣係是安仁縣，犯父名，乞宮觀差遣一次。」詔差主管台州崇道觀。

張時義爲右朝散郎，言：「蒙差通判成都府，緣時義父名『成』，乞別換一班差遣。」詔與通判潼川府鮮于戭兩易

〔一〕按，此是《册府元龜》卷八六三《總録部·名諱》門之序，非《會要》文。
〔二〕犯：原脱，據《册府元龜》卷八六三補。
〔三〕郊：原作「祁」，據《宋史》卷二八四《宋庠傳》改。

其任。

歐陽懋提舉江州太平觀，改差提舉亳州明道宮。以「觀」字係犯曾祖名也。

令詪新〔除〕昭慶軍承宣使〔一〕、安定郡王〔二〕，改除崇慶軍。以令詪言『昭』字係高祖燕王名諱故也。

草土楊倓言：「父存中追封信王，緣父五世祖名信，慮合迴避。」改封和王。

何偁所主管台州崇道觀改主管建寧府沖〔右〕〔佑〕觀。以偁父名志密，從其請也。

李椿新除知隆興府，言曾祖名乞避。詔改除湖南運副。

郭棐敦武郎、新差知成州，與知階州家誠之兩易。以曾祖名成，乞避故也。

余端禮朝議大夫、提舉南京鴻慶宮。以『慶』字犯曾祖名，乞避。詔改差提舉西京嵩山崇福宮。

辭官避諱

【宋會要】

26 宋慕容延釗鎮寧軍節度使、加同中書門下三品〔三〕。以父名章故也。

吳廷〔祈〕〔祚〕樞密使，爲同中書門下三品，以父名璋故也。

趙延進右龍武軍將軍、起復雲麾將軍，以「麾」字與私〔鑄〕〔諱〕音同，改授起復光禄大夫。

晁迥以翰林學士權判吏部流内銓、知通進銀臺司、兼門下封駁事。迥以父名佺，援前詔上言，遂换其任。

王溥爲祕書省著作佐郎，言：「父名著，乞改授大理寺丞。」從之。

張子奭爲太常寺奉禮郎，言：「父名宗禮，乞换一官。」遂换太祝。

薛奎爲參知政事，上言：「蒙恩授金紫光禄大夫，『光』字是先臣名，願守舊階。」詔可，仍賜推忠佐理功臣。

徐處仁以資政殿學士新知青州，改除端明殿學士。以處仁自陳避祖諱故也。

謝克家新除翰林學士，詔以爲述古殿直學士、提舉杭州洞霄宮。初，克家除翰林學士，以知制誥犯祖諱，有詔權不繫「知制誥」三字。克家言「祖宗時翰林學士若兼領他官，止與職名同。元豐官制既行，專典内制，則必帶『知制誥』三字，此不易之制也，詎可緣微臣輕有改革？乞除一

〔一〕詪：原作「誏」，據《宋史》卷二四四《宗室傳》一改。下同。

〔二〕「王」字原在句首「令詪」上。按《建炎要録》卷一八三：紹興二十九年七月「癸巳，左太中大夫、尚書户部侍郎趙令詪復爲崇慶軍承宣使、安定郡王」。則是「王」字當在「安定郡」下，據移。據《建炎要録》載，令詪先封安定郡王，後以爵讓其從兄，至是復封也。

〔三〕三品：原作「二品」，據《長編》卷一九三改。下同。

宫觀」故也。

張俊新除樞密使，以樞使稱呼。俊自陳父名密，乞迴避故也。

詹猷新差主管官告院，猷言：「高祖名『告』字，乞易一般差遣。」詔與新監進奏院胡涓兩易其任。

祝師龍詔新主管台州崇道觀，改差主管建州武夷山冲佑觀。以師龍自陳「道」字係父名也。

董弇徽猷閣待制、提舉江州太平興國宫，[27]改差提舉台州崇道觀。以避祖名有請也。

沈該爲尚書左僕射、同中書門下平章事，言：「準勅差提舉編修玉牒所，緣『舉』字係曾祖名，合行避免。」詔改作提領。

湯思退爲尚書右僕射、同中書門下平章事，言：「被旨差提舉（寶）〔實〕録院、詳定一司勅令所，緣『舉』字係父名，合行避免。」詔改作提領。

朱倬爲尚書右僕射、同中書門下平章事，詔改提舉《三朝國史》。先是，倬提舉修《三朝國史》，緣「修」字係祖名，乞避免故也。

周葵爲參知政事，詔兼權知樞密院事。以祖諱密，乞避。除事闕本院外，並免繫銜。

王剛中爲敷文閣直學士，以除翰林學士官稱首係祖名，詔改除禮部尚書。

張永年爲右朝請大夫，以繳進父閤遺文，授直秘閣。緣犯父名，請避。繼被論列，該赦，許令復職，乞以職名易一近下差遣。從之。

梁克家爲右丞相，以《國朝中興會要》書成，轉左銀青光禄大夫。内「光」字犯父名，詔回授施行。又觀文殿學士、宣奉大夫、新授醴泉觀使、兼侍讀克家言：「叨恩遷三官，内有『光』字係先臣名，當避。」詔用舊官繫銜。

樓鑰以太府寺丞除太常博士，以「常」字犯曾祖名，乞避。詔依舊太府寺丞。

奚商衡宣教郎、樞密院編修官，除太常丞，以祖名丞，乞避。詔改除太常博士。

施師點新除簽書樞密院事、加食實封，緣「實」字犯父名，乞寢免。詔免繫銜。

羅點朝散郎、新除起居舍人，以「起」字犯曾祖名，乞避。詔改除太常[28]少卿。（以上《永樂大典》卷一五二五一）

犯諱

【宋會要】

[29]李評任成（志）〔忠〕郎、建康府溧水縣管押巡檢，詔依斷特降一官。評祖名建，被辟輒冒居之。偶赦原，止該杖罪也。

不諱

【宋會要】

趙洙以國子司業爲宗正少卿。洙父名漢卿，御史以其冒寵授官，欲糾之；執政者舉禮文不偏諱之義，乃止。

畢士安知制誥，除翰林學士，言父名乂林，請罷新命。朝議以二名不偏諱，乃詔不避。

王繼英新授樞密使，言：「蒙賜推忠佐理功臣，其『忠』字與先臣名同。」詔不避。

寇準新授襄州刺史、山南東道節度使，言：「臣父名湘，今州名與〔父諱〕音同，乞守舊鎮。」宰臣言：「景德中樞密使王繼英父名忠，而功臣有『推忠』號，勅旨不避。況湘襄嫌名，成命已行，不可追改。」遂詔諭之。

劉筠爲翰林學士承旨，授兼龍圖閣學士，上言：「臣父繼隆與兼職音同。」詔不避。

韓億以龍圖閣(侍)〔待〕制授樞密直學士，上言：「父名保樞，與新授官稱同。」詔不避。

宋(祈)〔祁〕爲太常丞、直史館，言：「勅差同修起居注，緣臣父名玘。」詔更不迴避。景祐五年差修起居注亦然。

李迪知徐州、刑部尚書，改户部〔一〕，言：「蒙恩授户部尚書，臣父名與『户』字音同，望許且守舊官。」詔迪除資政殿大學士，仍舊户部尚書、知兖州，嫌名更不迴避。

韓絳新除樞密副使，言：「『樞』字是臣祖名下一字，於禮合 30 從避免。」詔不許。

吳中復以龍圖閣直學士新差知荆南府、充荆湖北路兵馬都鈐轄、提舉本路兵馬巡檢等事，言：「銜内『提舉』字係先臣名，乞改『充提轄』字。」手詔曰：「易朝廷官稱，避守臣私諱，於義未安，宜不行。」先是，中書以(忠)〔中〕復狀入奏請依，上特批也。

趙雄禮部尚書，言：「以韓世忠賜謚忠武，得旨差書撰碑額。臣曾祖名忠，適與世〔忠〕名謚相犯，秉筆之際，實所未安。」詔：「君前臣名臨文不諱，不許辭避。」

史浩以少傅、保寧軍節度使、充醴泉觀使、衛國公除少師，以先臣師仲與今來官稱適同，乞避。吏部奏：「淳熙令：諸府號、官稱犯父祖嫌名及二名偏犯者皆不避，違詔大臣合降。」詔不允，可坐(熙)〔淳〕熙令令學士降詔。（以上《永樂大典》卷一五二五二）

私忌

【宋會要】

31 太祖開寶九年九月三日，詔：「應常參官及内殿起

〔一〕改户部：原無。按原文文意不明，據《宋史》卷三一〇《李迪傳》，仁宗時迪爲刑部尚書、知徐州，改户部尚書、知兖州。今據此補三字。

居職官等，自今刺史、郎中、將軍已上遇私忌，請準式假一日。」

真宗景德三年二月二日，詔：「文武官私忌並給假一日，忌前之夕聽還私第。」開寶勑文不載編勑，然有司相沿遵用，至是降詔，遂溥及焉。

大中祥符元年十一月二十四日，龍圖閣待制陳彭年言：「今月二十七日上太廟尊謚册寶，前夕宿齋，其日私忌，望下禮官詳定。」太常禮院上言：「唐貞元八年，將作監元亘攝太尉，薦饗昭德皇后廟，以私忌不受誓戒，爲御史劾奏。今《假寧令》雖有給假一日之文，又緣《春秋》之義，不以家事辭王事。望令彭年依例宿齋。」從之。

【宋會要】

慶曆五年六月五日，詔輔臣自今私忌給假。以疆事漸寧，復舊制也。

【宋會要】

熙寧元年十月二十八日，太常禮院言：「參詳三司奏臣僚忌日諸神祠、生日道場，事無稽據，誠爲非禮，伏乞寢罷。」從之。

四年三月十八日，太常禮院言：「檢詳令勑，諸私忌給假一日，忌前之夕聽還私第。又按《禮記·祭義》曰：『君子有終身之喪，忌日之謂也。』忌日，親亡之日。看詳父母之忌則有《禮記》明文，其餘親爲忌，於禮無聞。今請凡子爲父母、爲人後者爲所後父母，並與依令給假。」從之。（以上《永樂大典》卷一四〇二一、一四〇二二）〔一〕

〔一〕原缺《大典》卷次，據《永樂大典目録》補。此二卷爲「忌」字韻「事韻」目。